Lehr- und Handbücher zu
Geld, Börse, Bank und Versicherung

Herausgegeben von
Universitätsprofessor Dr. Guido Eilenberger

Bisher erschienene Werke:

Bankenaufsicht

Die Überwachung der Kreditinstitute
und Finanzdienstleistungsinstitute nach
dem Gesetz über das Kreditwesen

Von

Privatdozent Dr. Gerd Waschbusch
Universität des Saarlandes

R. Oldenbourg Verlag München Wien

Die Deutsche Bibliothek - CIP-Einheitsaufnahme

Waschbusch, Gerd:
Bankenaufsicht : die Überwachung der Kreditinstitute und
Finanzdienstleistungsinstitute nach dem Gesetz über das Kreditwesen /
von Gerd Waschbusch. – München ; Wien : Oldenbourg, 2000
    (Lehr- und Handbücher zu Geld, Börse, Bank und Versicherung)
    Zugl.: Saarbrücken, Univ., Habil.-Schr., 1997/98 u.d.T.: Waschbusch,
    Gerd: Bankenaufsicht in der Bundesrepublik Deutschland
    ISBN 3-486-25506-1

© 2000 Oldenbourg Wissenschaftsverlag GmbH
Rosenheimer Straße 145, D-81671 München
Telefon: (089) 45051-0
www.oldenbourg-verlag.de

Gedruckt auf säure- und chlorfreiem Papier
Gesamtherstellung: Druckhaus „Thomas Müntzer" GmbH, Bad Langensalza

ISBN 3-486-25506-1

Vorwort

Die vorliegende Arbeit wurde im Wintersemester 1997/98 unter dem Titel „Bankenaufsicht in der Bundesrepublik Deutschland" von der Rechts- und Wirtschaftswissenschaftlichen Fakultät der Universität des Saarlandes, Saarbrücken, als Habilitationsschrift angenommen. Sie berücksichtigt die seit diesem Zeitpunkt eingetretenen Änderungen bankenaufsichtsrechtlicher Vorschriften. Rechtsstand der Arbeit ist März 2000.

Mein tiefer und aufrichtiger Dank gilt meinem akademischen Lehrer, Herrn Professor Dr. Hartmut Bieg, durch dessen umfassende Förderung diese Arbeit erst möglich wurde. Herrn Professor Dr. Joachim Zentes danke ich herzlich für seine wertvollen Anregungen im Rahmen der Erstattung des Zweitgutachtens.

Herzlich bedanken möchte ich mich auf diesem Wege auch bei meinen derzeitigen und ehemaligen Kolleginnen und Kollegen am Lehrstuhl für Betriebswirtschaftslehre, insbesondere Bankbetriebslehre, an der Universität des Saarlandes, Saarbrücken. Herr Dr. Christopher Hossfeld, Herr Diplom-Kaufmann Thomas Kern, Frau Diplom-Kauffrau Susanne König-Schichtel, Frau Dr. Stefanie Meyer-Haberhauer sowie Herr Diplom-Kaufmann Andreas Nestel haben durch ihre Hilfsbereitschaft und konstruktiven Vorschläge wesentlich zum Gelingen dieser Arbeit beigetragen. Besonders zu danken habe ich hierbei meinem langjährigen Kollegen Herrn Diplom-Kaufmann Gregor Krämer für seine stets vorhandene Bereitschaft zur Diskussion und seine konzeptionellen Hilfestellungen. Dank gebührt ferner Herrn Dr. Peter Regnery für seine Unterstützung bei der Beschaffung zeitnaher Informationen hinsichtlich der vom Gesetzgeber vorgenommenen Änderung bankenaufsichtsrechtlicher Regelungen.

Bedanken möchte ich mich schließlich beim Lektor des Verlages, Herrn Diplom-Volkswirt Martin Weigert, für die entgegenkommende Zusammenarbeit bei der Veröffentlichung dieser Schrift.

Gerd Waschbusch

INHALTSÜBERSICHT

INHALTSVERZEICHNIS

VERZEICHNIS DER ABBILDUNGEN

VERZEICHNIS DER ANLAGEN

VERZEICHNIS DER ABKÜRZUNGEN

A	
a. A.	anderer Ansicht
Abb.	Abbildung
ABl.	Amtsblatt
Abs.	Absatz; Absätze
Abschn.	Abschnitt
ADRs	American Depositary Receipts
a. F.	alte Fassung
AG	Aktiengesellschaft, auch: Die Aktiengesellschaft (Zeitschrift)
AktG	Aktiengesetz
AKV	Allgemeine Kreditvereinbarungen
AMR	Anweisung der Deutschen Bundesbank über Mindestreserven
Anm.	Anmerkung
Anm. d. Verf.	Anmerkung des Verfassers
AnzV	Anzeigenverordnung
AnzVÄndV	Erste Verordnung zur Änderung der Anzeigenverordnung
AO	Abgabenordnung
Art.	Artikel
Aufl.	Auflage
AuslInvestmG	Auslandinvestmentgesetz
AVK	Ausschuss der Verbände für das Kreditwesen
Az.	Aktenzeichen

B	
BAKred	Bundesaufsichtsamt für das Kreditwesen
BAnz.	Bundesanzeiger
BauGB	Baugesetzbuch
BausparkG	Bausparkassengesetz
BAV	Bundesaufsichtsamt für das Versicherungswesen
b. a. w.	bis auf weiteres
BAWe	Bundesaufsichtsamt für den Wertpapierhandel
BB	Der Betriebs-Berater (Zeitschrift)
BBankG	Gesetz über die Deutsche Bundesbank
BBG	Bundesbeamtengesetz
B. Bl.	Betriebswirtschaftliche Blätter (Zeitschrift)
BCCI	Bank of Credit and Commerce International

Bd.	Band
BdB	Bundesverband deutscher Banken e.V.
betr.	betreffend, betreffs
BewG	Bewertungsgesetz
BFuP	Betriebswirtschaftliche Forschung und Praxis (Zeitschrift)
BGB	Bürgerliches Gesetzbuch
BGBl.	Bundesgesetzblatt
BI	Bankinformation (Zeitschrift)
BI/GF	Bankinformation/Genossenschaftsforum (Zeitschrift)
Bio.	Billion
BIZ	Bank für Internationalen Zahlungsausgleich
BKRL	Bankrechtskoordinierungsrichtlinie
b & m	bank und markt (Zeitschrift)
BörsG	Börsengesetz
BRD	Bundesrepublik Deutschland
Bsp.	Beispiel
bspw.	beispielsweise
BUZA-Ver-ordnung	Verordnung über die Bestätigung der Umstellungsrechnung und das Verfahren der Zuteilung und des Erwerbs von Ausgleichsforderungen
BVerwG	Bundesverwaltungsgericht
BVR	Bundesverband der Deutschen Volksbanken und Raiffeisenbanken e.V.
bzgl.	bezüglich
bzw.	beziehungsweise

C

ca.	circa
CAD	Kanadischer Dollar
cet. par.	ceteris paribus
CMBS	Consbruch/Möller/Bähre/Schneider (KWG-Textsammlung)

D

DAX	Deutscher Aktienindex
DB	Der Betrieb (Zeitschrift)
DBW	Die Betriebswirtschaft (Zeitschrift)
DDR	Deutsche Demokratische Republik
Dez.	Dezember
d. h.	das heißt

Diss.	Dissertation
DM	Deutsche Mark
Dr.	Doktor
DSGV	Deutscher Sparkassen- und Giroverband e.V.
DSL	Deutsche Siedlungs- und Landesrentenbank
DStR	Deutsches Steuerrecht (Zeitschrift)
DtA	Deutsche Ausgleichsbank
DTB	Deutsche Terminbörse
DtSparkZ	Deutsche Sparkassenzeitung

E

EAG	Europäische Atomgemeinschaft
ECU	European Currency Unit
EDV	Elektronische Datenverarbeitung
EEA	Einheitliche Europäische Akte
EFTA	European Free Trade Association
eG	eingetragene Genossenschaft
EG	Europäische Gemeinschaft(en)
EGKS	Europäische Gemeinschaft für Kohle und Stahl
EIB	Europäische Investitionsbank
einschl.	einschließlich
EKom	Europäische Kommission
EMR	Europäischer Ministerrat
endg.	endgültig
EP	Europäisches Parlament
ESAEG	Einlagensicherungs- und Anlegerentschädigungsgesetz
EStG	Einkommensteuergesetz
ESZB	Europäisches System der Zentralbanken
etc.	et cetera
EU	Europäische Union
EUR	Euro
EUREX	European Exchanges
Euribor	European Interbank Offered Rate
EuZW	Europäische Zeitschrift für Wirtschaftsrecht
E. v.	Eingang vorbehalten
e. V.	eingetragener Verein
evtl.	eventuell
EWG	Europäische Wirtschaftsgemeinschaft
EWR	Europäischer Wirtschaftsraum

EWU	Europäische Währungsunion
EZB	Europäische Zentralbank

F

f., ff.	folgende, fortfolgende
Feb.	Februar
FLF	Finanzierung-Leasing-Factoring (Zeitschrift)
Fn.	Fußnote
FN-IDW	Fachnachrichten des Instituts der Wirtschaftsprüfer in Deutschland e.V. (Zeitschrift)
FRF	Französischer Franc

G

GBP	Great Britain Pound
GbR	Gesellschaft bürgerlichen Rechts
gem.	gemäß
GenG	Genossenschaftsgesetz
GG	Grundgesetz
ggf.	gegebenenfalls
GmbH	Gesellschaft mit beschränkter Haftung
GmbHG	Gesetz betreffend die Gesellschaften mit beschränkter Haftung
GRD	Griechische Drachme
GroMiKV	Großkredit- und Millionenkreditverordnung
GTIAD	Groupe technique pour l'Interprétation et l'Application des Directives Bancaires
GWB	Gesetz gegen Wettbewerbsbeschränkungen
GwG	Geldwäschegesetz

H

HB	Handelsblatt (Zeitung)
HdWW	Handwörterbuch der Wirtschaftswissenschaft
hEK	haftendes Eigenkapital
HGB	Handelsgesetzbuch
Hrsg.	Herausgeber
hrsg.	herausgegeben
HypBankG	Hypothekenbankgesetz

I

i. d. F.	in der Fassung
i. d. R.	in der Regel
inkl.	inklusive
insb.	insbesondere
IOSCO	International Organization of Securities Commissions
i. S. d.	im Sinne der/des/dieser
i. S. v.	im Sinne von
i. V. m.	in Verbindung mit
IWB	Internationale Wirtschafts-Briefe (Zeitschrift)
IWF	Internationaler Währungsfonds

J

Jan.	Januar
JPY	Japanischer Yen
JuS	Juristische Schulung

K

KAD	Kapitaladäquanzrichtlinie
KAGG	Kapitalanlagegesellschaftengesetz
KfW	Kreditanstalt für Wiederaufbau
kg	Kilogramm
KG	Kommanditgesellschaft
KGaA	Kommanditgesellschaft auf Aktien
KuK	Kredit und Kapital (Zeitschrift)
KWG	Kreditwesengesetz
Kza.	Kennzahl

L

LIBOR	London Interbank Offered Rate
Liko-Bank	Liquiditäts-Konsortialbank GmbH
lit.	litera

M

m. a. W.	mit anderen Worten
mbH	mit beschränkter Haftung
MESZ	Mitteleuropäische Sommerzeit
MEZ	Mitteleuropäische Zeit

Mio.	Millionen
Mrd.	Milliarden
m. w. A.	mit weiteren Autorenangaben

N

NIF	note issuance facilities
NJW	Neue Juristische Wochenschrift (Zeitschrift)
No.	Number
Nr.	Nummer

O

ÖBA	Österreichisches Bank-Archiv (Zeitschrift)
OECD	Organization for Economic Co-operation and Development
OGAW	Organismen für gemeinsame Anlagen in Wertpapieren
OTC	Over-the-Counter
o. V.	ohne Verfasser
OWiG	Gesetz über Ordnungswidrigkeiten

P

p. a.	pro anno
PrüfbV	Prüfungsberichtsverordnung

R

rd.	rund
RechKredV	Verordnung über die Rechnungslegung der Kreditinstitute
RGBl.	Reichsgesetzblatt
RegE	Regierungsentwurf
RIW	Recht der Internationalen Wirtschaft (Zeitschrift)
RK	Reischauer/Kleinhans (KWG-Kommentar)
Rn.	Randnummer
RUF	revolving underwriting facilities

S

S.	Seite
SchiffsBankG	Schiffsbankgesetz
SFR	Schweizer Franken
sog.	so genannte(n)

Sp.	Spalte
SPD	Sozialdemokratische Partei Deutschlands
StPO	Strafprozessordnung

T

Tab.	Tabelle
Tz.	Textziffer

U

u.	und
u. a.	unter anderem; und andere
u. Ä.	und Ähnliches
USA	United States of America
USD	United States Dollar
usw.	und so weiter
u. U.	unter Umständen

V

v.	von
VA	Vermittlungsausschuss
VAG	Versicherungsaufsichtsgesetz
VerbrKrG	Verbraucherkreditgesetz
VerglO	Vergleichsordnung
vgl.	vergleiche
v. H.	vom Hundert
VÖB	Verband öffentlicher Banken e. V.
VwVfG	Verwaltungsverfahrensgesetz
VwVG	Verwaltungs-Vollstreckungsgesetz

W

WAbwG	Westvermögen-Abwicklungsgesetz
WDR	Wertpapierdienstleistungsrichtlinie
WiB	Wirtschaftsrechtliche Beratung (Zeitschrift)
WiSt	Wirtschaftswissenschaftliches Studium (Zeitschrift)
WISU	Das Wirtschaftsstudium (Zeitschrift)
WM	Wertpapier-Mitteilungen (Zeitschrift)
WPg	Die Wirtschaftsprüfung (Zeitschrift)
WpHG	Wertpapierhandelsgesetz
WPO	Wirtschaftsprüferordnung

| WpVerkProspG | Wertpapierverkaufsprospektgesetz |
| WSA | Wirtschafts- und Sozialausschuss |

Z

z. B.	zum Beispiel
ZBB	Zeitschrift für Bankrecht und Bankwirtschaft
ZfB	Zeitschrift für Betriebswirtschaft
ZfbF	Zeitschrift für betriebswirtschaftliche Forschung
ZfgG	Zeitschrift für das gesamte Genossenschaftswesen
ZfgK	Zeitschrift für das gesamte Kreditwesen
ZfhF	Zeitschrift für handelswissenschaftliche Forschung
ZHR	Zeitschrift für das gesamte Handelsrecht und Wirtschaftsrecht
ZIP	Zeitschrift für Wirtschaftsrecht
ZIR	Zeitschrift für Interne Revision
ZKA	Zentraler Kreditausschuss
ZPO	Zivilprozessordnung
z. T.	zum Teil

Einführung – Problemstellung, Ziel und Aufbau der Untersuchung

Das Bankenaufsichtsrecht in der Bundesrepublik Deutschland ist nunmehr seit Jahren ein Gebiet großer Aktivität und damit auch Aktualität [1]. Ein deutlicher Beleg hierfür ist die Anzahl der kurzfristig aufeinander folgenden Novellierungen des Kreditwesengesetzes. Die Veränderung bankenaufsichtsrechtlicher Vorschriften wurde zum Zustand. Die Ursachen für diesen andauernden, z. T. erheblichen Umgestaltungsprozess bankenaufsichtsrechtlicher Regelungen sind vielfältig. Sie liegen vor allem in der Entstehung globaler, weitgehend vernetzter Finanzmärkte und der zunehmenden Internationalisierung der Geschäftstätigkeit von Kredit- und Finanzdienstleistungsinstituten. Zweifelsohne sind diese Reformen aber auch eine Konsequenz der in der heutigen Zeit beschleunigten Entwicklung produktmäßiger Innovationen im Kredit- und Finanzdienstleistungswesen.

Die Erschließung neuer Geschäftsfelder mit zunehmend komplexeren Produkten kann indessen, wenn auch häufig erst mit zeitlicher Verzögerung, nicht ohne Auswirkungen auf das Bankenaufsichtsrecht bleiben. Gleiches gilt für die sich aus der Globalisierung der Finanzmärkte ergebende grenzüberschreitende Erbringung von Bankgeschäften und Finanzdienstleistungen. Die Bankenaufsicht muss auf diese Veränderungen reagieren und ihr Regelwerk den sich wandelnden Rahmenbedingungen anpassen, um ihrer Zwecksetzung weiterhin gerecht werden zu können. Die Verfolgung bankenaufsichtsrechtlicher Ziele erfordert – auch im Interesse der beaufsichtigten Marktteilnehmer – ein entschiedenes Nachziehen des Gesetzgebers sowie der für die Durchführung der Bankenaufsicht verantwortlichen Institutionen. Es kommt hinzu, dass in einer Welt, in der die nationalen Finanzmärkte immer stärker zu einem großen internationalen Finanzmarkt zusammenwachsen, eine internationale Angleichung bankenaufsichtsrechtlicher Bestimmungen auch aus Gründen der Wettbewerbsgleichheit unausweichlich ist.

Vorläufiger Höhepunkt der Fortentwicklung des Bankenaufsichtsrechts ist das Gesetz zur Umsetzung von EG-Richtlinien zur Harmonisierung bank- und wertpapieraufsichtsrechtlicher Vorschriften vom 22. Oktober 1997 [2]. Art. 1 dieses Gesetzes beinhaltet das „Sechste Gesetz zur Änderung des Gesetzes über das

---

[1] Aus Gründen der Einheitlichkeit werden im Folgenden auch wörtliche Zitate der neuen Rechtschreibung angepasst.

[2] Vgl. DEUTSCHER BUNDESTAG (Gesetz zur Umsetzung von EG-Richtlinien 1997), S. 2518 ff.

Kreditwesen" [3]. Zusammen mit den beiden Bekanntmachungen des Bundesaufsichtsamtes für das Kreditwesen (BAKred) über die Änderung und Ergänzung der Grundsätze über die Eigenmittel und die Liquidität der Institute vom 29. Oktober 1997 und 25. November 1998 [4] sowie insbesondere der Verordnung des BAKred über die Erfassung, Bemessung, Gewichtung und Anzeige von Krediten im Bereich der Großkredit- und Millionenkreditvorschriften des Gesetzes über das Kreditwesen (Großkredit- und Millionenkreditverordnung) vom 29. Dezember 1997, zuletzt geändert durch Art. 1 der Ersten Verordnung zur Änderung der Großkredit- und Millionenkreditverordnung vom 8. März 1999 [5], ist dies die dritte tiefgreifende Überarbeitung und Ergänzung bankenaufsichtsrechtlicher Regelungen in diesem Jahrzehnt [6]. Nahezu alle Vorschriften des Kreditwesengesetzes sind von dieser Novellierung betroffen. Dabei ist nicht die Quantität, sondern die Qualität der Veränderungen der ausschlaggebende Faktor. Sowohl die Regelungsdichte als auch die Regelungstiefe haben sich gegenüber früher wesentlich erhöht. Selbst der Präsident des BAKred, WOLFGANG ARTOPOEUS, konzediert, dass die bankenaufsichtsrechtlichen Bestimmungen als Folge des oben angesprochenen rapiden Wandels der Finanzmärkte und des gesamten Kredit- und Finanzdienstleistungsbereichs voluminöser, komplizierter und schwerer verständlich geworden sind [7]. Analogien zur Steuergesetzgebung drängen sich auf [8]. Vor diesem Hintergrund bietet es sich an, sich grundlegend mit Fragen der aktuellen Beaufsichtigung von Kreditinstituten und Finanzdienstleistungsinstituten – Letztere wurden im Rahmen der Sechsten KWG-Novelle neu in den Kreis der von der Bankenaufsicht zu überwachenden Unternehmungen aufgenommen – auseinander zu setzen, zumal umfassende Abhandlungen neueren Datums zu dieser Thematik fehlen. Gegenstand der vorliegenden Untersuchung ist eine ausführliche Darstellung und Analyse des Gebiets der Bankenaufsicht in der Bundesrepublik

---

[3]   Teile der Sechsten KWG-Novelle, insbesondere sämtliche die Kreditinstitute entlastenden Regelungen, sind am 29. Oktober 1997 in Kraft getreten. Am 1. Januar 1998 sind sodann die übrigen Bestimmungen der Sechsten KWG-Novelle unter Berücksichtigung der in § 64e KWG enthaltenen Übergangsvorschriften in Kraft getreten.

[4]   Vgl. BAKRED (Bekanntmachung 1997), S. 13555 ff.; BAKRED (Bekanntmachung 1998), S. 16985 f.

[5]   Vgl. BAKRED (Großkredit- und Millionenkreditverordnung 1999), S. 242 ff. Zeitpunkt des In-Kraft-Tretens dieser Rechtsverordnung war der 1. Januar 1998; vgl. § 53 GroMiKV.

[6]   Im Verlauf der 90er Jahre wurden die bankenaufsichtsrechtlichen Vorschriften bereits durch die Vierte und Fünfte Novelle des Kreditwesengesetzes – sie sind zum 1. Januar 1993 bzw. 31. Dezember 1995 in Kraft getreten – einschneidend geändert; vgl. DEUTSCHER BUNDESTAG (Viertes Gesetz zur Änderung des Gesetzes über das Kreditwesen 1992), S. 2211 ff.; DEUTSCHER BUNDESTAG (Fünftes Gesetz zur Änderung des Gesetzes über das Kreditwesen 1994), S. 2735 ff.

[7]   Vgl. ARTOPOEUS, WOLFGANG (Wandel 1995), S. 528; ferner JAKOBS, GEORG (Vorteil 1996), S. 23.

[8]   Vgl. KÖLLHOFER, DIETRICH (Eigenmittelvorschriften 1994), S. 273; ARTOPOEUS, WOLFGANG (Erfordernis 1998), S. 131 f.

Deutschland auf der Grundlage der neuen Aufsichtsvorschriften. Die Arbeit verfolgt das Ziel, die staatliche Beaufsichtigung und Regulierung von Kredit- und Finanzdienstleistungsinstituten ordnend zu beschreiben und zu erklären. Die Arbeit ist somit gekennzeichnet durch eine anwendungsorientierte-pragmatische Ausrichtung. Sie widmet sich einem sowohl für das Lehr- und Forschungsgebiet der Bankbetriebslehre als auch für die Praxis der Kreditinstitute und Finanzdienstleistungsinstitute interessanten und höchst aktuellen Thema.

Die den einzelnen Hauptabschnitten der Arbeit (Kapitel A bis F) vorgeschaltete *Einleitung* dient der Hinführung zur Themenstellung. Ziel und Aufbau der Untersuchung werden vorgestellt.

Der *erste Hauptabschnitt* der Arbeit (Kapitel A) enthält im Anschluss an einige Vorbemerkungen (Kapitel A.I.) Überlegungen zur Rechtfertigung einer staatlichen Wirtschaftsaufsicht über den Kredit- und Finanzdienstleistungssektor (Kapitel A.II. und Kapitel A.III.). Eine Auseinandersetzung mit dieser Problematik ist aus zweierlei Gründen unabdingbar. Zum einen sind derartige Überlegungen zur Beurteilung der Relevanz bankenaufsichtsrechtlicher Maßnahmen erforderlich. Zum anderen bilden sie die Basis für die Einbeziehung der Finanzdienstleistungsinstitute als weitere Adressatengruppe in den Regelungsbereich der Bankenaufsicht.

Der *zweite Hauptabschnitt* der Arbeit (Kapitel B) widmet sich den internationalen Einflüssen auf die Ausgestaltung nationaler bankenaufsichtsrechtlicher Bestimmungen. Neben der Erörterung der grundsätzlichen Notwendigkeit und der Ziele einer Internationalisierung der Bankenaufsicht (Kapitel B.I.) erfolgt vor allem eine Diskussion der Zusammenarbeit in bankenaufsichtsrechtlichen Fragen zwischen den Mitgliedstaaten der Europäischen Union (Kapitel B.II.) sowie den im Baseler Ausschuss für Bankenaufsicht vertretenen Ländern (Kapitel B.III.). Es zeigt sich, dass die nationalen Aufsichtsrechte in wachsendem Maße durch das europäische Gemeinschaftsrecht sowie die Arbeiten des Baseler Ausschusses für Bankenaufsicht überlagert werden.

Im *dritten Hauptabschnitt* der Arbeit (Kapitel C) werden die Rechtsgrundlagen der bundesdeutschen Bankenaufsicht präzisiert. Diese Rechtsgrundlagen – insbesondere das in starkem Maße neu gestaltete Kreditwesengesetz – bilden die Bezugsbasis für die weiteren Ausführungen zum institutionellen Rahmen, den Tätigkeitszielen sowie dem Instrumentarium der allgemeinen staatlichen Bankenaufsicht in der Bundesrepublik Deutschland. Eine kurze historische Rückschau (Kapitel C.I.) ergänzt die Beschreibung der derzeitigen Rechtssituation (Kapitel C.II.).

Der *vierte Hauptabschnitt* der Arbeit (Kapitel D) beschäftigt sich mit dem institutionellen Rahmen der allgemeinen staatlichen Bankenaufsicht in der Bundesrepublik Deutschland. Im Anschluss an einen kurzen Überblick (Kapitel D.I.) werden zunächst die Träger der Bankenaufsicht erörtert (Kapitel D.II.). Danach folgen Ausführungen zu den Adressaten der Bankenaufsicht (Kapitel D.III.).

Inhalt der Analyse des *fünften Hauptabschnitts* der Arbeit (Kapitel E) sind die zur Erreichung des Gläubiger- und Funktionenschutzes dem Bundesaufsichtsamt für das Kreditwesen zugewiesenen Aufgabenbereiche. Gemäß dem Überblick in Kapitel E.I. handelt es sich zum einen um die Beaufsichtigung der Kredit- und Finanzdienstleistungsinstitute nach den Vorschriften des Kreditwesengesetzes (Kapitel E.II.) sowie zum anderen um das Einschreiten gegen bestimmte Missstände im Kredit- und Finanzdienstleistungswesen (Kapitel E.III.). Es wird zudem deutlich, dass sowohl die Bankenaufsicht im engeren Sinne (Kapitel E.II.) als auch die Bankenaufsicht im weiteren Sinne (Kapitel E.III.) nur im Allgemeininteresse ausgeübt werden (Kapitel E.IV.).

Der *sechste Hauptabschnitt* der Arbeit (Kapitel F) widmet sich dem Instrumentarium der allgemeinen staatlichen Bankenaufsicht in der Bundesrepublik Deutschland. Den Ausgangspunkt bilden einführende Bemerkungen sowie eine zweckdienliche Systematisierung der dem Bundesaufsichtsamt für das Kreditwesen zur Verfügung stehenden bankenaufsichtlichen Mittel (Kapitel F.I.). Eine Erörterung der Eigenmittelbasis der Kredit- und Finanzdienstleistungsinstitute – sie ist in ihrer Gesamtheit bzw. in Teilen zentraler Anknüpfungspunkt und Eckstein für eine ganze Reihe wichtiger bankenaufsichtsrechtlicher Bestimmungen – schließt sich an (Kapitel F.II.). Aufbauend auf diesen Ausführungen erfolgt sodann die Diskussion der insgesamt vier Maßnahmenbereiche der Bankenaufsicht. Es sind dies als erstes die Marktzugangsregelungen für Kredit- und Finanzdienstleistungsinstitute (Kapitel F.III.). Als zweites folgt der Ordnungsrahmen der laufenden geschäftlichen Tätigkeit von Kredit- und Finanzdienstleistungsinstituten (Kapitel F.IV.), der entsprechend seiner Bedeutung den Schwerpunkt der Betrachtung dieses Hauptabschnitts darstellt. Der dritte Maßnahmenbereich befasst sich mit den Informationsgewinnungswegen der Bankenaufsichtsträger zur Überwachung des laufenden Geschäftsbetriebs und der Risikostrukturen von Kredit- und Finanzdienstleistungsinstituten (Kapitel F.V.), bevor sich Kapitel F.VI. zum Abschluss dieses Hauptabschnitts mit dem vierten Maßnahmenbereich, den verschiedenen Einwirkungsmöglichkeiten des Bundesaufsichtsamtes für das Kreditwesen auf die Kredit- und Finanzdienstleistungsinstitute, auseinander setzt.

Den Abschluss der vorliegenden Arbeit bildet eine *Schlussbetrachtung*, in der vor allem auf die Notwendigkeit der Unterstützung der allgemeinen staatlichen Bankenaufsicht durch wirksame Einlagensicherungs- und Anlegerentschädigungseinrichtungen hingewiesen wird.

Kapitel A

Überlegungen zur Rechtfertigung einer staatlichen Wirtschaftsaufsicht über den Kredit- und Finanzdienstleistungssektor

I. Vorbemerkungen

Staatliche Ordnungspolitik umfasst nach TUCHTFELDT alle rechtlich-organisatorischen Normen, die langfristige Rahmenbedingungen für den Wirtschaftsprozess eines Landes schaffen und damit die strukturellen Relationen dieser Volkswirtschaft festlegen [1]. Hierzu zählen insbesondere auch die Regelungen des Bankenaufsichtsrechts [2]. Sie greifen als grundsätzlich langfristig angelegte Ordnungsstrukturen in die Geschäftstätigkeit der Kreditinstitute [3] und der Finanzdienstleistungsinstitute [4] ein und bestimmen in vielfältiger Weise die Zulässigkeit, den Umfang und die Folgen des betrieblichen Handelns dieser Institute [5].

Über die Berechtigung einer solchen Einflussnahme des Staates insbesondere auf den Bankensektor besteht offensichtlich ein allgemeiner Konsens [6]. Es wird weithin als selbstverständlich angesehen, das Betreiben von Bankgeschäften ge-

---

[1] Vgl. TUCHTFELDT, EGON (Wirtschaftspolitik 1967), S. 264.

[2] Vgl. SCHUSTER, LEO (Bankenaufsicht 1967), S. 44; MÖSCHEL, WERNHARD (Wirtschaftsrecht 1972), S. 235 ff. u. S. 240 f.; BIEG, HARTMUT (Bankenaufsicht 1983), S. 7; BÄHRE, INGE LORE (Probleme 1985), S. 64; WOLF-WACKER, ELIZABETH (Bankenaufsicht 1987), S. 83; RICHOLT, KURT (Rahmenbedingungen 1989), S. 33.

[3] Die Begriffe „Kreditinstitut", „Bank" und „Bankbetrieb" werden in der vorliegenden Arbeit – dem allgemeinen Sprachgebrauch folgend – synonym verwendet. Zur Definition des Begriffs „Kreditinstitut" im Sinne des Kreditwesengesetzes vgl. Kapitel D.III.2.a), S. 139 ff. Zu einem ersten Überblick vgl. *Anlage 1*, S. 555 f.

[4] Zur Definition des Begriffs „Finanzdienstleistungsinstitut" im Sinne des Kreditwesengesetzes vgl. Kapitel D.III.2.b), S. 150 ff. Zu einem ersten Überblick vgl. *Anlage 1*, S. 555 f. Der Begriff des Finanzdienstleistungsinstituts deckt sich hierbei in weiten Teilen mit dem EU-rechtlichen Begriff der Wertpapierfirma gemäß Art. 1 Nr. 2 Wertpapierdienstleistungsrichtlinie; vgl. dazu auch *Anlage 5*, S. 562 f.

[5] Wenn im Folgenden von Bankenaufsicht die Rede ist, bezieht sich dies nicht wie seither allein auf Kreditinstitute, sondern entsprechend der mittlerweile erfolgten Ausdehnung des Adressatenkreises der Bankenaufsicht auch auf Finanzdienstleistungsinstitute. Sprachlich korrekter wäre deshalb die Bezeichnung „Banken- und Finanzdienstleistungsinstitutsaufsicht".

[6] Vgl. BIEG, HARTMUT (Bankenaufsicht 1983), S. 5; MERTENS, HANS-JOACHIM (Gruppenkonsolidierung 1984), S. 228.

werberechtlichen Sonderbestimmungen zu unterwerfen und von besonderen staatlichen Organen überwachen zu lassen [7]. Dies betrifft auch die Bundesrepublik Deutschland. Banken unterliegen hier einer speziellen Fachaufsicht durch den Staat [8], die in ihrem Umfang über die Gewerbeaufsicht anderer Wirtschaftszweige z. T. weit hinausgeht [9]. Die Kreditwirtschaft gehört damit in der Bundesrepublik Deutschland – ebenso wie in vielen anderen Ländern auch – zu den am stärksten vom Staat kontrollierten Branchen [10]. Vergleichbares zeichnet sich für den Finanzdienstleistungssektor ab.

Die Feststellung, dass aus heutiger Sicht kaum ein Land den Banken- und Finanzdienstleistungssektor sich selbst überlässt, reicht jedoch für sich nicht aus, bereits eine Sonderstellung des Kredit- und Finanzdienstleistungsgewerbes in ordnungspolitischer Hinsicht zu begründen. Es genügt eben nicht, allein in der verbreiteten Existenz bankenaufsichtsrechtlicher Bestimmungen gewissermaßen eine empirische Legitimation für die Notwendigkeit der besonderen Reglementierung des Kredit- und Finanzdienstleistungswesens im Vergleich zu sonstigen Gewerbezweigen zu sehen [11]. Denn die staatliche Beschränkung des geschäftspolitischen Handlungsspielraums von Banken und Finanzdienstleistungsinstituten darf kein Selbstzweck sein.

Wer sich also dem Problemkreis der Bankenaufsicht als Untersuchungsgegenstand zuwendet, muss deshalb vorab prüfen, ob der allgemein vorherrschenden Auffassung, der Kredit- und Finanzdienstleistungswirtschaft komme in einer Volkswirtschaft eine ordnungspolitische Sonderstellung zu, überhaupt zugestimmt werden kann. Es sind die konkreten Gründe darzulegen, die in einem auf marktwirtschaftlichen Prinzipien beruhenden Wirtschaftssystem wie dem der Bundesrepublik Deutschland eine gewerbepolizeiliche Sonderbehandlung der

---

[7]   So bereits die Einschätzung STÜTZELS zu Beginn der sechziger Jahre; vgl. STÜTZEL, WOLFGANG (Bankpolitik 1964), S. 9, Tz. 4. MÖSCHEL zufolge gehört „die Vorstellung, Kreditinstitute müssten im öffentlichen Interesse einer spezifischen Kontrolle unterliegen, weltweit zum legislativen Allgemeingut"; MÖSCHEL, WERNHARD (Wurzeln 1991), S. 590.

[8]   Vgl. u. a. STARKE, O.-ERNST (Reform 1978), S. 169; SCHMIDT, REINER (Wirtschaftsaufsicht 1982), S. 34 u. S. 39.

[9]   Vgl. WELCKER, JOHANNES (Bankenaufsicht 1978), S. 12.

[10]   Vgl. MÖSCHEL, WERNHARD (Wirtschaftsrecht 1972), S. 17; BIEG, HARTMUT (Bankenaufsicht 1983), S. 1 u. S. 5; BALTENSPERGER, ERNST (Regulierung 1988), S. 53; RICHOLT, KURT (Rahmenbedingungen 1989), S. 33; ARTOPOEUS, WOLFGANG (Erfordernis 1998), S. 131; BÜSCHGEN, HANS E. (Bankbetriebslehre 1998), S. 253; MEISTER, EDGAR (Wettbewerb 1998), S. 4; SÜCHTING, JOACHIM; PAUL, STEPHAN (Bankmanagement 1998), S. 455.

[11]   So aber offenbar MAYER, HELMUT (Bundesaufsichtsamt 1981), S. 37.

Bank- und Finanzdienstleistungsbranche rechtfertigen [12]. Nur wenn dies gelingt, ist es statthaft, sich mit Fragen der staatlichen Bankenaufsicht weiter auseinanderzusetzen. Mit der Begründung der ordnungspolitischen Sonderstellung des Kredit- und Finanzdienstleistungswesens wird zudem die Basis gelegt für die Ableitung bankenaufsichtsrechtlicher Tätigkeitsziele [13].

---

[12] Vgl. für den Bankenbereich vor allem die Arbeiten von STÜTZEL, WOLFGANG (Bankpolitik 1964), S. 9 ff., Tz. 3 ff.; MÖSCHEL, WERNHARD (Wirtschaftsrecht 1972), S. 245 ff.; KRÜMMEL, HANS-JACOB (Normen 1975), S. 524 ff.; WELCKER, JOHANNES (Bankenaufsicht 1978), S. 12 ff.; MÜLLER, WERNER A. (Gläubigerschutz 1981), S. 17 ff.; BIEG, HARTMUT (Bankenaufsicht 1983), S. 5 ff.; KRÜMMEL, HANS-JACOB (Run 1984), S. 474 ff.; DEGENHART, HEINRICH (Eigenkapitalnormen 1987), S. 22 ff.; CHRISTIAN, CLAUS-JÖRG (Informationsbasis 1992), S. 5 ff.

[13] Vgl. MÜLLER, WERNER A. (Gläubigerschutz 1981), S. 17 u. S. 24. Zur Ausgestaltung der Tätigkeitsziele der allgemeinen staatlichen Bankenaufsicht in der Bundesrepublik Deutschland vgl. Kapitel E, S. 161 ff.

II. Zur Begründung der staatlichen Überwachung von Kreditinstituten

1. Überblick

Regulatorische Eingriffe des Staates in die Gewerbefreiheit der Banken lassen sich in einer freiheitlichen Wirtschaftsordnung nur rechtfertigen, wenn sie aus Gründen des Gemeinwohls geboten sind [14]. Dieses Erfordernis ist im Kreditsektor dann als gegeben anzusehen, falls öffentliche Interessen nachgewiesen werden können, die im Rang dem individuellen Recht der Banken auf freie unternehmerische Entfaltung vorgehen und in einer nicht vernachlässigbaren Weise durch die geschäftliche Betätigung der Kreditinstitute gefährdet sind. Solche übergeordnete Allgemeininteressen, die als Argumente zur Begründung einer besonderen staatlichen Wirtschaftsaufsicht auf dem Gebiet des Kreditwesens vorgebracht werden könnten, sind [15]:

1. der Schutz der Gläubiger (Einleger) von Banken vor Vermögensverlusten aus ihren Geldanlagen bei Kreditinstituten und zwar über den allgemein üblichen rechtlichen Schutz hinaus, den Gläubiger von Nichtbanken genießen [16], sowie

2. der Schutz der „Wirtschaft", d. h. der Gemeinschaft der Rechtsgenossen, vor Störungen des Geld- und Vermögensverkehrs durch Funktionsunfähigkeit des Kreditgewerbes als einem seiner wesentlichen Träger.

Beide Vorstellungen sollen im Folgenden näher untersucht werden. Weitere mögliche Anhaltspunkte für die Begründung einer gewerbepolizeilichen Sonderbehandlung von Kreditinstituten wie z. B. die Währungssteuerung, der Wettbewerbsschutz sowie sonstige öffentliche Zwecke (u. a. Finanzierung der Staatsver-

---

[14] Vgl. hierzu BUNDESREGIERUNG (Entwurf eines KWG 1959), S. 19; KUPITZ, ROLF (Ausnahmebereich 1983), S. 56; KRÜMMEL, HANS-JACOB (Run 1984), S. 475; DEGENHART, HEINRICH (Eigenkapitalnormen 1987), S. 24; CHRISTIAN, CLAUS-JÖRG (Informationsbasis 1992), S. 5.

[15] Vgl. KRÜMMEL, HANS-JACOB (Run 1984), S. 475; DEGENHART, HEINRICH (Eigenkapitalnormen 1987), S. 22; ferner BALTENSPERGER, ERNST (Regulierung 1988), S. 54.

[16] Die Belange des allgemeinen Gläubigerschutzes finden vor allem in den Vorschriften des Handels- und Gesellschaftsrechts ihren gesetzlichen Niederschlag; vgl. hierzu u. a. BIEG, HARTMUT (Schwebende Geschäfte 1977), S. 95 ff.; BIEG, HARTMUT (Gläubigerschutzprinzip 1981), S. 686 ff.

schuldung, Schutz des Bankensystems vor Überfremdung oder sektorale Finanzierung) werden hingegen in dieser Arbeit als nicht gerechtfertigt abgelehnt [17].

2. Gläubigerschutz

Bei der Prüfung der Notwendigkeit eines speziellen Gläubigerschutzes im Kreditgewerbe ist in einem ersten Schritt der Frage nachzugehen, ob sich unter den Bankeinlegern überhaupt eine Gruppe von Wirtschaftssubjekten befindet, deren Vermögensinteressen in einer besonderen Weise schutzwürdig sind. Trifft dieser Sachverhalt zu, so ist in einem zweiten Schritt darzulegen, inwieweit Bankgläubiger, deren Vermögensinteressen als besonders schutzwürdig einzustufen sind, aus ihren Geldanlagen bei Kreditinstituten auch besonderen, d. h. sektorspezifischen Vermögensverlustgefahren ausgesetzt sind. Lässt sich ein solcher Sachverhalt ebenfalls bestätigen, so sind die besonders schutzwürdigen Vermögensinteressen dieser Einlagenkunden, weil besonders bedroht, auch besonders schutzbedürftig. Aus Sicht des Gläubigerschutzes liefert also erst die Bejahung beider Tatbestände die eigentliche Rechtfertigung für ein überwiegendes öffentliches Interesse an einer speziellen aufsichtsrechtlichen Beschränkung der geschäftlichen Gestaltungsfreiheit von Kreditinstituten.

Für die besondere Schutzwürdigkeit bestimmter Bankeinleger sprechen mehrere Eigenschaften [18], in denen sie sich von den übrigen Bankgläubigern, aber auch von den Gläubigern anderer Unternehmungen [19] – bei diesen handelt es sich im Wesentlichen um Kaufleute – deutlich unterscheiden. So bieten Banken in ihrer Funktion als Einlagensammelstellen [20] nicht nur dem begüterten Teil der Bevöl-

---

[17] Vgl. zu diesen Problemkreisen insb. STÜTZEL, WOLFGANG (Bankpolitik 1964), S. 13 ff., Tz. 10 ff.; KRÜMMEL, HANS-JACOB (Normen 1975), S. 525 f.; KRÜMMEL, HANS-JACOB (Bankenaufsichtsziele 1983), S. 13 f.; HERRHAUSEN, ALFRED (Regulierung 1983), S. 5 f.; MÖSCHEL, WERNHARD (Systematik 1985), S. 1066 ff. u. S. 1076 ff.; DEGENHART, HEINRICH (Eigenkapitalnormen 1987), S. 65 ff.

[18] Vgl. dahingehend KRÜMMEL, HANS-JACOB (Normen 1975), S. 528; BIEG, HARTMUT (Bankenaufsicht 1983), S. 26 ff.; CHRISTIAN, CLAUS-JÖRG (Informationsbasis 1992), S. 7 f.; BALLWIESER, WOLFGANG; KUHNER, CHRISTOPH (Rechnungslegungsvorschriften 1994), S. 21; REGNERY, PETER (Bankeneigenkapital 1994), S. 9 ff.; SCHENKE, WOLF-RÜDIGER; RUTHIG, JOSEF (Amtshaftungsansprüche 1994), S. 2326 f.

[19] Gegenüber der häufig gebrauchten, verbal bestimmten Wortform Unterneh*men* wird in dieser Arbeit grundsätzlich „die auf die Selbstständigkeit und Verantwortlichkeit im Tätigsein abgestellte, und den Entscheidungsbereich abgrenzende Wortform Unterneh*mung* bevorzugt"; SANDIG, CURT (Betriebswirtschaftspolitik 1966), S. 19 (Hervorhebung auch im Original).

[20] Zu den (Elementar-)Funktionen der Bank vgl. STÜTZEL, WOLFGANG (Bankpolitik 1964), S. 12 f., Tz. 9; WELCKER, JOHANNES (Struktur 1981), S. 7 f.; SÜCHTING, JOACHIM; PAUL, STEPHAN (Bankmanagement 1998), S. 3 ff.

kerung Geldanlagemöglichkeiten unterschiedlichen Typs [21] an. Zu den Gläubigern von Kreditinstituten zählen vielmehr „auch viele wirtschaftlich schwache
Personen, die nur über ein geringes Vermögen verfügen, wesentliche Teile dieses
Vermögens aber in eigenverantwortlicher Vorsorge für das Alter und für die
Wechselfälle des Lebens als Bankeinlagen halten" [22]. Diese so genannten Kleineinleger (auch Kleinsparer) würden von dem teilweisen oder vollständigen Verlust ihres den Kreditinstituten überlassenen Vermögens infolge von Bankzusam-
menbrüchen entsprechend hart getroffen, eventuell sogar in ihrer ökonomischen
Existenz bedroht [23]. Sie sind deshalb in besonderem Maße schutzwürdig [24].

Schutzwürdig sind allerdings nicht nur die Kleineinleger aufgrund ihrer wirtschaftlichen Schwäche. Fehlende bzw. geringe Verhandlungsmacht sowie mangelnde Erfahrung und Urteilsfähigkeit in wirtschaftlichen Angelegenheiten sind
weitere charakteristische Eigenarten vieler Bankgläubiger, die das dargelegte
Merkmal der wirtschaftlichen Schwäche ergänzen bzw. überlagern. Sie führen
insgesamt zu einer umfassenderen Abgrenzung des Kreises besonders schutz-
würdiger Bankeinleger.

Dem Kriterium der fehlenden bzw. geringen Verhandlungsmacht zufolge befinden sich die weitaus meisten Bankgläubiger, also nicht nur die bereits angesprochenen Kleineinleger, gegenüber der Bank, der sie ihr Geld anvertrauen wollen,
in einer nachteiligen Verhandlungsposition [25]. Gewöhnliche Bankeinleger [26]
sind kaum in der Lage, sich die für die Bonitätsbeurteilung dieser Bank tatsächlich notwendigen Informationen selbstständig zu beschaffen; ihre Informationsbasis beschränkt sich weitgehend auf die für Kreditinstitute gesetzlich vorgesehe-

---

[21] Vgl. hierzu STÜTZEL, WOLFGANG (Bankpolitik 1964), S. 13, Tz. 9; WELCKER, JOHANNES (Bankenaufsicht 1978), S. 20.

[22] BIEG, HARTMUT (Bankenaufsicht 1983), S. 26 f.

[23] Vgl. DÜRRE, GÜNTER (Problematik 1974), S. 132; KRÜMMEL, HANS-JACOB (Normen 1975), S. 528;
MAYER, HELMUT (Bundesaufsichtsamt 1981), S. 38; BIEG, HARTMUT (Bankenaufsicht 1983), S. 27;
KRÜMMEL, HANS-JACOB (Bankenaufsichtsziele 1983), S. 93.

[24] Die sozialpolitische Komponente des Schutzes von Bankgläubigern wird auch von Seiten des Staates ausdrücklich anerkannt; vgl. BUNDESREGIERUNG (Bericht über die Wettbewerbsverschiebungen
im Kreditgewerbe und über eine Einlagensicherung 1968), S. IX f.; BUNDESREGIERUNG (Entwurf
eines Dritten Gesetzes zur Änderung des KWG 1984), S. 20. TIETMEYER zufolge „entspricht ein
Anlegerschutz durch staatliche Aufsichtsmaßnahmen ... dem Sozialstaatsprinzip"; TIETMEYER,
HANS (Finanzmärkte 1996), S. 2.

[25] Zur Verhandlungsmacht des Bankkunden vgl. grundlegend KRÜMMEL, HANS-JACOB (Bankzinsen
1964), S. 229 ff.

[26] Zur Verwendung dieses Begriffs im vorliegenden Zusammenhang vgl. STÜTZEL, WOLFGANG (Bankpolitik 1964), S. 31, Tz. 53.

ne Berichterstattung [27] [28]. Gewöhnliche Bankeinleger verfügen im Allgemeinen auch nicht über genügend Verhandlungsstärke, um an ihre Zahlungsmittelüberlassung besondere risikoreduzierende Vertragsbedingungen zu knüpfen; eine Sicherheitenstellung durch die kreditannehmende Bank wird ihnen in aller Regel verwehrt [29]. Ihre Entscheidungsfreiheit erschöpft sich daher im Wesentlichen darin, die standardisierten Vertragsvorgaben der Kreditinstitute im Einlagengeschäft anzunehmen oder abzulehnen [30].

Schließlich ist davon auszugehen, dass der gewöhnliche Bankeinleger im Geschäftsleben häufig wenig erfahren ist und ausgeprägte Sachkenntnisse in ökonomischen Fragen bei ihm normalerweise nicht vorliegen [31]. Mangelnde Erfahrung und Urteilsfähigkeit in wirtschaftlichen Angelegenheiten sind insofern auch die Ursachen dafür, dass sich die meisten Bankgläubiger – selbst bei einer angenommenen angemessenen Informationsversorgung durch die Banken – regelmäßig außerstande sehen, die wirtschaftlichen Verhältnisse eines Kreditinstituts und damit die mit einer Bankeinlage verbundenen Risiken richtig einzuschätzen und zu beurteilen [32]. So konstatiert auch die DEUTSCHE BUNDESBANK, „dass die breite Masse der Einleger zu einer sachgerechten Einschätzung der Bonität einzelner Kreditinstitute nicht in der Lage ist" [33]. Gemeinhin leisten die meisten

---

[27] Vgl. STÜTZEL, WOLFGANG (Bankpolitik 1964), S. 31, Tz. 53; ERDLAND, ALEXANDER (Eigenkapital 1981), S. 39; BIEG, HARTMUT (Bankenaufsicht 1983), S. 27 f.; WOLF-WACKER, ELIZABETH (Bankenaufsicht 1987), S. 62.

[28] Diese Aussage unterstellt implizit eine nur eingeschränkte Aussagefähigkeit des den Gläubigern von Banken aufgrund gesetzlicher Vorschriften zugänglichen Informationsmaterials (insbesondere des handelsrechtlichen Jahresabschlusses). Als Beleg hierfür mag an dieser Stelle ein Verweis auf die zahlreichen jahresabschlusspolitischen Möglichkeiten genügen, die es den Kreditinstituten erlauben, eine gezielte Informationspolitik im Rahmen ihrer handelsrechtlichen Rechnungslegung zu betreiben. Ausführlich hierzu WASCHBUSCH, GERD (Jahresabschlußpolitik 1992), S. 90 ff. u. S. 238 ff. KUPITZ sieht in der angesprochenen Existenz unvollständiger, zwischen Bankeinlegern und Kreditinstituten asymmetrisch verteilter Informationen über die geschäftspolitische Situation von Banken eine spezielle Form des Marktversagens im Kreditgewerbe; vgl. KUPITZ, ROLF (Ausnahmebereich 1983), S. 146 ff. u. S. 201; ferner RUDOLPH, BERND (Gestaltungsformen 1991), S. 597.

[29] Vgl. STÜTZEL, WOLFGANG (Bankpolitik 1964), S. 31, Tz. 53; SCHNEIDER, MANFRED (Wettbewerb 1973), S. 123; ERDLAND, ALEXANDER (Eigenkapital 1981), S. 39; BIEG, HARTMUT (Bankenaufsicht 1983), S. 28 u. S. 39.

[30] Vgl. BIEG, HARTMUT (Bankenaufsicht 1983), S. 27; CHRISTIAN, CLAUS-JÖRG (Informationsbasis 1992), S. 7.

[31] Vgl. STÜTZEL, WOLFGANG (Bankpolitik 1964), S. 31, Tz. 53; DÜRRE, GÜNTER (Problematik 1974), S. 132; ENGELS, WOLFRAM (Bankensolvenztheorien 1978), S. 23; CHRISTIAN, CLAUS-JÖRG (Informationsbasis 1992), S. 7; REGNERY, PETER (Bankeneigenkapital 1994), S. 10.

[32] Vgl. KRÜMMEL, HANS-JACOB (Normen 1975), S. 528; ERDLAND, ALEXANDER (Eigenkapital 1981), S. 39; BIEG, HARTMUT (Bankenaufsicht 1983), S. 28; WOLF-WACKER, ELIZABETH (Bankenaufsicht 1987), S. 62 u. S. 91; KUNTZE, WOLFGANG (Wettbewerbsgleichheit 1991), S. 8; CHRISTIAN, CLAUS-JÖRG (Informationsbasis 1992), S. 6.

[33] DEUTSCHE BUNDESBANK (Einlagensicherung 1992), S. 37.

Gläubiger von Kreditinstituten ihre Einlagen im Vertrauen in die Solidität der Geschäftspolitik der Banken.

Kommt es also bei Kreditinstituten zu Insolvenzen, die für Bankeinleger mit Vermögensverlusten verbunden sind, so treffen die Wirkungen solcher Ereignisse zweifelsohne eine Gruppe von Wirtschaftssubjekten, die aus den vorstehend aufgezeigten Gründen weder spezifische Wünsche nach Informationen und Sicherheitsnachweisen eigenhändig hat durchsetzen können noch die fachlichen Voraussetzungen besitzt, vorhandene Informationen über die wirtschaftlichen Verhältnisse einer Bank sachgerecht auswerten zu können. Es besteht ein allgemeiner Konsens, dass gerade diese fehlenden Möglichkeiten zur Durchführung hinreichender vermögenssichernder Selbstschutzmaßnahmen die Schutzwürdigkeit des Großteils der Bankgläubiger, namentlich vor allem der breiten Privatkundschaft von Banken [34], begründen [35].

Nachdem somit für die Mehrheit der Bankeinleger angesichts ihrer Eigenarten eine besondere Schutz*würdigkeit* gegeben ist, stellt sich nun die Frage, ob für die Masse der Bankgläubiger auch eine besondere Schutz*bedürftigkeit*, die letztlich erst den Einsatz staatlicher Maßnahmen zur Regulierung der Geschäftstätigkeit von Kreditinstituten rechtfertigen würde, angenommen werden kann. Der entsprechende Nachweis soll im Folgenden erbracht werden.

Ausgangspunkt der Überlegungen zur Feststellung einer besonderen Schutzbedürftigkeit der Mehrzahl der Bankeinleger ist die im Vergleich zu Unternehmungen anderer Branchen besonders geringe Nettohaftungsreserve [36] deutscher Banken [37]. So betrug in der Bundesrepublik Deutschland zum 31. Dezember 1998 der durchschnittliche Anteil des Eigenkapitals [38] der zur Bankenstatistik

---

[34] Hierzu zählen insbesondere auch die oben bereits als schutzwürdig isolierten Kleineinleger.

[35] Vgl. STÜTZEL, WOLFGANG (Bankpolitik 1964), S. 31, Tz. 53; MÖSCHEL, WERNHARD (Wirtschaftsrecht 1972), S. 250 f.; MÖSCHEL, WERNHARD (Bankenrecht 1975), S. 1028; MÜLLER, WERNER A. (Gläubigerschutz 1981), S. 19; CHRISTIAN, CLAUS-JÖRG (Informationsbasis 1992), S. 7.

[36] Die Nettohaftungsreserve wird definiert „als der Überschuss des gesamten haftenden Vermögens über die Schulden"; STÜTZEL, WOLFGANG (Bankpolitik 1964), S. 28, Tz. 46; ferner MÖSCHEL, WERNHARD (Wirtschaftsrecht 1972), S. 249. Synonym hierfür auch die Begriffe „Eigenkapital", „Eigenmittel", „Nettohaftungskapital" bzw. „Reinvermögen".

[37] „Die Banken sind ihrem Wesen nach Betriebe, die nahezu ausschließlich mit Fremdkapital arbeiten"; SZAGUNN, VOLKHARD; WOHLSCHIEß, KARL (Kreditwesen 1990), S. 160.

[38] Nach der hier zugrunde gelegten Definition umfasst das Eigenkapital der Banken neben dem gezeichneten Kapital die offenen Rücklagen, das Genussrechtskapital sowie den Fonds für allgemeine Bankrisiken (abzüglich ausgewiesener Verluste); vgl. DEUTSCHE BUNDESBANK (Statistischer Teil 1999), Tab. IV.2, S. 19* (Anm. 11); DEUTSCHE BUNDESBANK (Bankenstatistik 1999), Tab. I.2, S. 9.

berichtenden Kreditinstitute an ihrem Geschäftsvolumen [39] (ohne Aktiva und Passiva der Auslandsfilialen sowie der Bausparkassen) lediglich 4,03 % [40]. Die westdeutschen Unternehmungen des nichtfinanziellen Sektors [41] kamen dagegen zum Jahresende 1997 immerhin auf einen durchschnittlichen Anteil der Eigenmittel [42] an der Bilanzsumme [43] von ca. 18 % [44].

Selbst wenn dieser Abstand zwischen den Eigenkapitalrelationen der Kreditinstitute und Nichtbanken ein Beleg dafür ist, „dass allenthalben bei der Beleihung von Geldforderungen ... höhere Beleihungsquoten für vertretbar angesehen werden als bei der Beleihung von Sachaktiven oder Beteiligungstiteln" [45], so ergeben sich gleichwohl aus den verhältnismäßig niedrigen Nettohaftungsreserven deutscher Banken [46] jene für die Gläubiger von Kreditinstituten typischen Gefährdungen [47]. Ihre Einlagen sind nämlich bereits bedroht, sobald ihre Bank auch nur einen relativ kleinen Bruchteil (im Durchschnitt $^1/_{25}$) ihres gesamten Vermögens verliert [48]. Demgegenüber brauchen die Gläubiger von deutschen Nichtbanken

---

[39] Das Geschäftsvolumen der Banken errechnet sich aus der Bilanzsumme zuzüglich Indossamentsverbindlichkeiten aus rediskontierten Wechseln, den Kreditnehmern abgerechnete eigene Ziehungen im Umlauf sowie aus dem Wechselbestand vor Verfall zum Einzug versandte Wechsel; vgl. DEUTSCHE BUNDESBANK (Statistischer Teil 1999), Tab. IV.1, S. 16* (Anm. 1).

[40] Der Anteil des Eigenkapitals an der Bilanzsumme betrug zum gleichen Zeitpunkt 4,05 %. Eigene Berechnungen nach Angaben der DEUTSCHEN BUNDESBANK; vgl. DEUTSCHE BUNDESBANK (Statistischer Teil 1999), Tab. IV.2 u. Tab. IV.3, S. 18* ff. In *Anlage 2*, S. 557, findet sich für die Jahre 1995-1998 eine Differenzierung der Eigenkapitalquoten nach den einzelnen Bankengruppen.

[41] Es handelt sich um Unternehmungen aus den Wirtschaftsbereichen „Verarbeitendes Gewerbe", „Energie- und Wasserversorgung", „Baugewerbe", „Großhandel", Einzelhandel", „Verkehr" und „Bergbau"; vgl. DEUTSCHE BUNDESBANK (Finanzierungsverhältnisse 1998), S. 42 (Anm. 1).

[42] Die Eigenmittel der westdeutschen Unternehmungen des nichtfinanziellen Sektors setzen sich wie folgt zusammen: Eigenkapital, Rücklagen und Gewinnvortrag, abzüglich Berichtigungsposten zum Eigenkapital (u. a. Abzug der ausstehenden Einlagen, der eigenen Aktien im Bestand sowie der Darlehen an Gesellschafter) und einschließlich anteiliger Sonderposten mit Rücklageanteil; vgl. DEUTSCHE BUNDESBANK (Finanzierungsverhältnisse 1998), S. 42 (Anm. 7 u. 8).

[43] Abzüglich Berichtigungsposten zum Eigenkapital; vgl. DEUTSCHE BUNDESBANK (Finanzierungsverhältnisse 1998), S. 42 (Anm. 6).

[44] Vgl. DEUTSCHE BUNDESBANK (Finanzierungsverhältnisse 1998), S. 40. Eine nach Wirtschaftsbereichen differenzierte Aufschlüsselung für die Jahre 1994 bis 1996 findet sich in *Anlage 3a*, S. 558. *Anlage 3b*, S. 559, enthält einen Überblick über die Eigenmittelquoten ostdeutscher Unternehmungen des nichtfinanziellen Sektors für die Jahre 1994 bis 1997. Zur Eigenkapitalausstattung der gewerblichen Unternehmungen in der Bundesrepublik Deutschland vgl. auch BIEG, HARTMUT (Eigenkapitalausstattung 1989), S. 26 ff.

[45] STÜTZEL, WOLFGANG (Bankpolitik 1964), S. 29, Tz. 48.

[46] Im internationalen Vergleich des Kreditgewerbes zeigen sich ähnlich niedrige Eigenkapitalquoten.

[47] Vgl. STÜTZEL, WOLFGANG (Bankpolitik 1964), S. 29, Tz. 48.

[48] Vgl. STÜTZEL, WOLFGANG (Bankpolitik 1964), S. 29, Tz. 49; MÖSCHEL, WERNHARD (Wirtschaftsrecht 1972), S. 249 f.; WELCKER, JOHANNES (Bankenaufsicht 1978), S. 19 f.; MÖSCHEL, WERNHARD (Systematik 1985), S. 1074.

im Durchschnitt auch dann keine Schädigungen zu befürchten, falls diese Unternehmungen aus den eingegangenen Risiken einen Verlust erleiden sollten, der nahezu $^1/_5$ des Wertes ihrer Aktiva erreicht.

Der Umstand, dass Kreditinstitute nur über eine vergleichsweise geringe Ausstattung mit Eigenkapital verfügen [49], könnte allerdings als Indiz für die besondere Schutzbedürftigkeit des Großteils der Einlagenkunden vernachlässigt werden, wenn Kreditinstitute von sich aus ihr Risikopotenzial stets auf einem entsprechend niedrigen Niveau halten würden wie ihre Nettohaftungsbasis, sodass ein Durchschlagen von Verlusten auf ihre Gläubiger grundsätzlich nicht zu befürchten wäre [50]. Davon kann aber keine Rede sein. Es ist geradezu ein Kennzeichen von Banken, dass der Umfang der von ihnen übernommenen Risiken [51] im Verhältnis zu dem ihnen zur Verfügung stehenden Eigenkapital als notwendigem Risikopolster [52] verhältnismäßig groß ist [53]. „Er ist – worauf es hier besonders ankommt – größer als der Umfang der von Unternehmungen anderer Wirtschaftszweige übernommenen Risiken im Verhältnis zu dem dort jeweils zur Verfügung stehenden Eigenkapital" [54].

Schließlich besteht auch bei Banken, ebenso wie bei jeder anderen Wirtschaftsunternehmung, durchaus ein Anreiz, „die Wahrscheinlichkeit der Gläubigerschädigung in Kauf zu nehmen" [55]. Insolvenzen von Kreditinstituten in der Ver-

---

[49] Eine ähnlich geringe Eigenmittelausstattung weisen der Einzelhandel und das Baugewerbe auf; vgl. hierzu *Anlage 3a*, S. 558.

[50] Ähnlich KRÜMMEL, HANS-JACOB (Normen 1975), S. 527.

[51] Zur Systematisierung bankbetrieblicher Risiken vgl. insbesondere BIEG, HARTMUT (Bankbetriebslehre 1992), S. 60 ff.; CHRISTIAN, CLAUS-JÖRG (Informationsbasis 1992), S. 110 ff.

[52] Zu den Funktionen des Eigenkapitals von Banken vgl. u. a. HAGENMÜLLER, KARL FRIEDRICH (Strukturlehre 1976), S. 228 ff.; SIEBEL, ULF R. (Eigenkapital 1980), S. 19 ff.; MÜLLER, WERNER A. (Gläubigerschutz 1981), S. 61 ff.; DEPPE, HANS-DIETER (KWG-Novellierung 1984), S. 286 f.; KRÜMMEL, HANS-JACOB (Funktionen 1985), S. 188 ff.; PECCHIOLI, RINALDO M. (Bankenaufsicht 1989), S. 151 ff.; RUDOLPH, BERND (Bankeigenkapital 1991), S. 32 ff.; BIEG, HARTMUT (Bankbetriebslehre 1992), S. 77 ff.; BÜSCHGEN, HANS E. (Bankbetriebslehre 1994), S. 124 f.; REGNERY, PETER (Bankeneigenkapital 1994), S. 76 ff.

[53] Vgl. BIEG, HARTMUT (Bankenaufsicht 1983), S. 14; ferner KRÜMMEL, HANS-JACOB (Liquiditätssicherung 1968), S. 265; MÜLHAUPT, LUDWIG (Bankenkrise 1982), S. 452; HERRHAUSEN, ALFRED (Regulierung 1983), S. 10 f.; MERTENS, HANS-JOACHIM (Gruppenkonsolidierung 1984), S. 228.

[54] BIEG, HARTMUT (Bankenaufsicht 1983), S. 14; ferner BIEG, HARTMUT (Vertrauensempfindlichkeit 1986), S. 261.

[55] DEGENHART, HEINRICH (Eigenkapitalnormen 1987), S. 27; ähnlich RUDOLPH, BERND (Gestaltungsformen 1991), S. 599. Zur finanzierungstheoretischen Begründung dieses Sachverhalts vgl. m. w. A. MÜLLER, WERNER A. (Gläubigerschutz 1981), S. 19 u. S. 92 ff.; KUPITZ, ROLF (Ausnahmebereich 1983), S. 142 f.; BITZ, MICHAEL (Begründung 1988), S. 36 ff.; REGNERY, PETER (Bankeneigenkapital 1994), S. 13 ff.

gangenheit belegen dies [56]. Sie lassen erkennen, dass die Geschäftsleitungen einzelner Banken tatsächlich dazu tendieren, die ihnen von den Einlegern anvertrauten Finanzmittel bewusst zu Spekulationszwecken einzusetzen [57]. Darüber hinaus lehrt die Geschichte, dass Kreditinstitute mitunter in bemerkenswerter Weise zu Fehlentscheidungen neigen [58]. In all diesen Fällen ist aber bei Banken wegen der hohen Fremdfinanzierung ihres Vermögens die Gefahr einer Schädigung der Gläubiger regelmäßig relativ größer als bei Unternehmungen anderer Wirtschaftszweige [59], sind also Bankeinleger aus ihren Geldanlagen bei Kreditinstituten aufgrund eines dazu geeigneten Bankverhaltens besonderen, d. h. sektorspezifischen Vermögensverlustrisiken ausgesetzt. Diese können jedoch den gewöhnlichen Bankgläubigern in Anbetracht ihrer oben bereits angeführten Eigenschaften nicht ohne weiteres zugemutet werden; ihre schutzwürdigen Vermögensinteressen sind aus diesem Grunde auch in besonderer Weise schutzbedürftig [60].

Unter dem Gesichtspunkt des Gläubigerschutzes kommen somit zwei Sachverhalte zusammen [61], aus denen sich eine Sonderstellung des Kreditgewerbes in ordnungspolitischer Hinsicht ableiten lässt [62]. Es sind dies auf der einen Seite die fehlenden Möglichkeiten der Mehrheit des Bankenpublikums zur Durchführung hinreichender vermögenssichernder Selbstschutzmaßnahmen sowie auf der anderen Seite die im Verhältnis zu den eingegangenen Risiken vergleichsweise geringe Eigenkapitalausstattung der Banken. Beide Tatbestände lassen die besondere Schutzwürdigkeit und Schutzbedürftigkeit der Masse der Bankeinleger erkennen;

---

[56] Zu den Ursachen von Insolvenzen im Kreditgewerbe vgl. u. a. STEIN, JOHANN HEINRICH VON (Insolvenzen 1969), S. 5 ff.; KÜBLER, BRUNO M. (Nachkriegsinsolvenzen 1975), S. 162 ff.; MERTEN, HANS-LOTHAR (Pleitenmacher 1975), S. 42 ff.; SCHULTZE-KIMMLE, HORST-DIETER (Schwierigkeiten 1977), S. 224 ff.; WELCKER, JOHANNES (Bankenaufsicht 1978), S. 35 ff.; BIEG, HARTMUT (Bankenaufsicht 1983), S. 19 ff.

[57] Vgl. CHRISTIAN, CLAUS-JÖRG (Informationsbasis 1992), S. 9. STÜTZEL spricht in diesem Zusammenhang von einem Lotteriespiel der Banken mit dem Geld der Einleger; vgl. STÜTZEL, WOLFGANG (Bankpolitik 1964), S. 29, Tz. 49.

[58] Dies konzedieren im Übrigen auch Vertreter der Praxis; vgl. o. V. (Top-Player 1997), S. 22.

[59] Vgl. BIEG, HARTMUT (Bankenaufsicht 1983), S. 18 f.; DEGENHART, HEINRICH (Eigenkapitalnormen 1987), S. 27. SÜCHTING/PAUL verweisen diesbezüglich auf die Sensitivität eines Kreditinstituts gegenüber dem (financial) Leverage-Risiko bzw. dem Kapitalstrukturrisiko; vgl. SÜCHTING, JOACHIM; PAUL, STEPHAN (Bankmanagement 1998), S. 208 f.

[60] Vgl. auch STÜTZEL, WOLFGANG (Bankpolitik 1964), S. 31, Tz. 53.

[61] Diesen Aspekt betonen insb. STÜTZEL, WOLFGANG (Bankpolitik 1964), S. 31, Tz. 54; KRÜMMEL, HANS-JACOB (Normen 1975), S. 527; MÜLLER, WERNER A. (Gläubigerschutz 1981), S. 19; BIEG, HARTMUT (Bankenaufsicht 1983), S. 33.

[62] MÜLLER nennt als ein ergänzendes Kriterium die Effizienz der staatlichen Regulierung des Gläubigerschutzes, die in erheblichen Kosteneinsparungen gegenüber dem individuellen Selbstschutz begründet liegt; vgl. MÜLLER, WERNER A. (Gläubigerschutz 1981), S. 19 ff.; ferner MÖSCHEL, WERNHARD (Systematik 1985), S. 1075. Kritisch hierzu KUPITZ, ROLF (Ausnahmebereich 1983), S. 153 f.; REGNERY, PETER (Bankeneigenkapital 1994), S. 16 f.

sie rechtfertigen in ihrem Zusammenwirken [63] ein überwiegendes öffentliches Interesse an einer gläubigerschutzmotivierten gewerbepolizeilichen Regulierung des geschäftspolitischen Handlungsspielraums der Kreditinstitute [64].

3. Funktionenschutz

Neben dem Gläubigerschutz als Argument zur Rechtfertigung der Notwendigkeit einer staatlichen Wirtschaftsaufsicht auf dem Gebiet des Bankwesens wird als zweites Argument die besondere Bedeutung kreditwirtschaftlicher Transformationsleistungen [65] für die Funktionsfähigkeit einer Gesamtwirtschaft hervorgehoben [66]. Das Kreditgewerbe ist danach „ein System, welches mit fast allen Rechtsgenossen in Geschäftsverbindung steht, das für deren Vermögenstransaktionen unerlässlich ist, das mit Krediten und Darlehen, mit Einlagen und Emissionen den Ausgleich ihrer Wirtschaftspläne unersetzlich erleichtert und so zur Sicherung ihrer Zahlungsbereitschaft beiträgt" [67]. Aufgrund dieser zentralen Stellung,

---

[63] CHRISTIAN zufolge besteht zwischen den hier angesprochenen Sachverhalten eine Wechselbeziehung; er führt die im Verhältnis zum vorhandenen Eigenkapital vergleichsweise hohen Risiken der Kreditinstitute auf die unzureichenden Selbstschutzmöglichkeiten der gewöhnlichen Bankeinleger und damit auf das weitgehende Scheitern einer Marktkontrolle der Risiko/Eigenkapitalrelationen im Bankenbereich zurück; vgl. CHRISTIAN, CLAUS-JÖRG (Informationsbasis 1992), S. 10 ff. Ähnliche Überlegungen finden sich bei DEGENHART, HEINRICH (Eigenkapitalnormen 1987), S. 27 ff.; BÖSL, KONRAD (Risikobegrenzung 1993), S. 19 ff.

[64] ERDLAND subsumiert die gläubigerschützenden Regelungen im Kreditgewerbe unter den allgemeinen Maßnahmenkomplex zur Wahrung des Konsumenten- bzw. Verbraucherschutzes; vgl. ERDLAND, ALEXANDER (Eigenkapital 1981), S. 39 f.; ferner Schneider, Manfred (Bankenaufsicht 1978), S. 89 ff.; WELCKER, JOHANNES (Bankenaufsicht 1978), S. 22 f.; MAYER, HELMUT (Bundesaufsichtsamt 1981), S. 222; WOLF-WACKER, ELIZABETH (Bankenaufsicht 1987), S. 90; BALTENSPERGER, ERNST (Regulierung 1988), S. 54; BITZ, MICHAEL (Begründung 1988), S. 36 (Fn. 19); KUNTZE, WOLFGANG (Verbraucherschutz 1988), S. 10.

[65] Zu den Transformationsleistungen der Banken – sie sind für diese geradezu wesensbestimmend und erklären zugleich deren volkswirtschaftliche Bedeutung – zählen insbesondere die Fristentransformation, die Betrags- oder auch Losgrößentransformation, die Risikotransformation sowie die räumliche Transformation; vgl. hierzu STÜTZEL, WOLFGANG; FRÖHLICH, HANS-PETER (Finanzvermögen 1993), S. 49 f.; ferner BITZ, MICHAEL (Erscheinungsformen 1989), S. 433 f.; RUDOLPH, BERND (Bankeigenkapital 1991), S. 20 ff.; BAXMANN, ULF G. (Transformationsleistung 1993), S. 113 f.; BITZ, MICHAEL (Finanzintermediäre 1994), S. 265 ff.; BURGHOF, HANS-PETER; RUDOLPH, BERND (Bankenaufsicht 1996), S. 5 f.; BÜSCHGEN, HANS E. (Bankbetriebslehre 1998), S. 38 ff.; SCHIERENBECK, HENNER; HÖLSCHER, REINHOLD (BankAssurance 1998), S. 21 ff.

[66] Vgl. u. a. BUNDESREGIERUNG (Entwurf eines KWG 1959), S. 19; WIRTSCHAFTSAUSSCHUSS DES DEUTSCHEN BUNDESTAGES (Bericht über den Entwurf eines KWG 1961), S. 2; BRESSER, KARL-LUDWIG (Kontrolle 1978), S. 12; MAYER, HELMUT (Bundesaufsichtsamt 1981), S. 37; MERTENS, HANS-JOACHIM (Gruppenkonsolidierung 1984), S. 228; SCHNEIDER, UWE H. (Bankenrecht 1990), S. 6; CHRISTIAN, CLAUS-JÖRG (Informationsbasis 1992), S. 19 f.; ARTOPOEUS, WOLFGANG (Freiheit 1994), S. 1085; FALTHAUSER, KURT (Hauptproblem 1994), S. 1079; ZIMMERMANN, FELIX A. (Finanzintermediation 1994), S. 23; BÜSCHGEN, HANS E. (Bankbetriebslehre 1998), S. 271.

[67] KRÜMMEL, HANS-JACOB (Run 1984), S. 477. Dem BAKRED zufolge „erfüllen Banken heute Grundbedürfnisse jedes einzelnen Bürgers"; BAKRED (Jahresbericht 1996), S. I (Vorwort).

die Banken als Finanzintermediäre innerhalb des Güter- und Geldkreislaufes einer Volkswirtschaft einnehmen [68], können ernste Funktionsstörungen des Kreditsektors weit mehr als nur eine Störung der unmittelbar betroffenen Branche zur Folge haben. Es besteht die Gefahr, dass sie „mit gleichsam multiplikativer Wirkung auf die gesamte Wirtschaft durchschlagen" [69].

Die Befürchtung, Fehlentwicklungen bei Kreditinstituten könnten eine viel größere Breitenwirkung haben als vergleichbare Schwierigkeiten bei sonstigen Wirtschaftsunternehmungen und nur allzu leicht erhebliche Schäden für das Wirtschaftsgefüge eines ganzen Landes nach sich ziehen, beruht auf der besonders hohen Vertrauensanfälligkeit des Bankenapparates. „Wie kaum ein anderer Wirtschaftszweig hat das Kreditgewerbe für seine Tätigkeit das uneingeschränkte Vertrauen der Öffentlichkeit in die Sicherheit und in das solide Geschäftsgebaren des gesamten Gewerbes zur Voraussetzung" [70]. Dies zeigt sich vor allem im Verhältnis der Banken zu ihren Gläubigern.

Bei den meisten Bankeinlegern ist davon auszugehen, dass sie sich nicht als Kreditgeber ihrer Bank fühlen und daher nicht bereit sind, „deren Risiko auch nur zu einem kleinen Teil mitzutragen" [71]. Dementsprechend sensibel werden sie

---

[68] Vgl. WASCHBUSCH, GERD (Jahresabschlußpolitik 1992), S. 170 f.; BÜSCHGEN, HANS E. (Bankbetriebslehre 1994), S. 105; WESSEL, KARL-HEINZ (Partner 1994), S. 1105; BAKRED (Jahresbericht 1996), S. I (Vorwort); ARTOPOEUS, WOLFGANG (Erfordernis 1998), S. 132 f.; MEISTER, EDGAR (Wettbewerb 1998), S. 4. KARIGER spricht diesbezüglich vom „Lebensnerv des Wirtschaftskreislaufes"; KARIGER, JÖRG C. (Kreditaufsicht 1991), S. 17; ähnlich BAUER, KLAUS-ALBERT (Recht 1985), S. 35. Für RUDOLPH sind die Transformationsleistungen der Kreditinstitute „wichtige Elemente der ökonomischen Infrastruktur einer Wirtschaft"; RUDOLPH, BERND (Bankeigenkapital 1991), S. 20 (Hervorhebung auch im Original).

[69] BRESSER, KARL-LUDWIG (Kontrolle 1978), S. 12; ferner BUNDESREGIERUNG (Entwurf eines KWG 1959), S. 19; WIRTSCHAFTSAUSSCHUSS DES DEUTSCHEN BUNDESTAGES (Bericht über den Entwurf eines KWG 1961), S. 2; MAYER, HELMUT (Bundesaufsichtsamt 1981), S. 37; HOFFMANN, DIETHER (Börsenrecht 1990), S. 15; DÜRSELEN, KARL E. (Novellierung 1994), S. 101; KUNTZE, WOLFGANG (Bankenaufsicht 1994), S. 43; ARTOPOEUS, WOLFGANG (Erfordernis 1998), S. 133. Die Erfahrungen aus der schweren Bankenkrise des Jahres 1931 – zu deren Verlauf, Ursachen und Auswirkungen vgl. u. a. WALB, ERNST (Bankkrise 1932), S. 1 ff.; HONOLD, EDUARD (Bankenaufsicht 1956), S. 51 ff.; BORN, KARL ERICH (Bankenkrise 1967), S. 9 ff.; STUCKEN, RUDOLF (Bankenkrise 1968), S. 390 ff.; LÜKE, ROLF E. (Geheimnis 1981), S. 53 ff.; MÜLHAUPT, LUDWIG (Bankenkrise 1982), S. 435 ff.; PONTZEN, MARTIN (Bankenkrise 1999), S. 77 f. – stützen diese Einschätzung.

[70] BUNDESREGIERUNG (Entwurf eines KWG 1959), S. 19. Zur Vertrauensempfindlichkeit des Kreditwesens vgl. ferner DÜRRE, GÜNTER (Aufsichtsamt 1974), S. 186; BUNDESREGIERUNG (Bericht über die Ausnahmebereiche des Gesetzes gegen Wettbewerbsbeschränkungen 1975), S. 17; MAYER, HELMUT (Kreditwesen 1982), S. 125; SANIO, JOCHEN (Bundesaufsichtsamt 1992), Sp. 1159; GRELCK, MICHAEL; RODE, MICHAEL (Mindestanforderungen 1998), S. 1080; MEISTER, EDGAR (Wettbewerb 1998), S. 4; DEUTSCHE BUNDESBANK (Kreditwesen 1999), S. 6.

[71] BIEG, HARTMUT (Bankenaufsicht 1983), S. 29. Zur extrem hohen Risikoaversion vieler Bankgläubiger vgl. auch KRÜMMEL, HANS-JACOB (Normen 1975), S. 528; MÜLLER, WERNER A. (Gläubigerschutz 1981), S. 100; DEGENHART, HEINRICH (Eigenkapitalnormen 1987), S. 31; BÜSCHGEN, HANS E. (Bankbetriebslehre 1998), S. 271.

– im Falle des *Fehlens* wirksamer Gläubigerschutzvorkehrungen im Bereich des Bankwesens – auf Informationen über negative geschäftliche Entwicklungen bei Kreditinstituten reagieren [72]. Sie werden aus Furcht vor Vermögensverlusten schon beim geringsten Gerücht über eine wesentliche Verschlechterung der wirtschaftlichen Verhältnisse ihrer Schuldnerbank danach trachten, ihre Einlagen bei diesem Institut ohne Rücksicht auf Fälligkeiten und Kündigungsfristen schnellstmöglich abzuziehen [73]. Ein solcher Run der Gläubiger auf die Schalter *einer* Bank [74] – hervorgerufen durch einen sich gegenseitig verstärkenden Vertrauensentzug all ihrer Einleger – ist für diese aber zwingend mit schwerwiegenden Konsequenzen verbunden; er führt üblicherweise zur Einschränkung, wenn nicht gar zur Einstellung der Geschäftstätigkeit dieses Kreditinstituts [75].

Der Zusammenbruch *eines* Kreditinstituts infolge eines Runs der Einleger auf seine Schalter – SEIFERT bezeichnet diese Ausprägung des Runs als einen begrenzten Gläubigerrun [76] – bleibt jedoch in Zeiten *ohne* geeignete einlegerschützende Sonderregelungen für das Bankwesen nicht notwendig ein singuläres Ereignis [77]. Vielmehr können unter den genannten Rahmenbedingungen fehlender aufsichtsrechtlicher Regulierungen offen zutage tretende Schwierigkeiten auch nur einer einzigen maßgebenden Bank leicht eine Rufschädigung des ge-

---

[72] Bei den hier in Rede stehenden Informationen handelt es sich erfahrungsgemäß „um Informationen über gefährdete Großkredite, über bedeutende Verluste aus kurs-(zins-)abhängigen Engagements oder um größere fraudulöse Vorgänge, nicht dagegen um Nachrichten über die andauernde Unrentabilität einer Bank"; KRÜMMEL, HANS-JACOB (Run 1984), S. 479; ferner STÜTZEL, WOLFGANG (Bankpolitik 1964), S. 36, Tz. 68.

[73] Vgl. KRÜMMEL, HANS-JACOB (Liquiditätssicherung 1968), S. 266; KRÜMMEL, HANS-JACOB (Normen 1975), S. 528; BIEG, HARTMUT (Bankenaufsicht 1983), S. 29 f.; BÜSCHGEN, HANS E. (Bankbetriebslehre 1998), S. 271 f. Das fehlende Vertrauen der Einleger auf *bereits bestehende* Schutzmaßnahmen dürfte entsprechende Reaktionen zur Folge haben; vgl. BIEG, HARTMUT (Bankenaufsicht 1983), S. 31 (Fn. 175). Ein Beispiel für einen solchen einzelbetrieblichen Run ist die zwar der bundesdeutschen Bankenaufsicht unterliegende, aber keinem Einlagensicherungssystem angehörende Mody Privatbank in Hamburg AG; vgl. O. V. (Kunden 1995), S. 17.

[74] MÖSCHEL sieht in einem derart massierten Einlagenabzug durch die Gläubiger *einer* Bank zu Recht „nur eine Ausformung der allgemeinen und nicht nur Kreditinstitute treffenden Verhaltensweise, dass einem dubios gewordenen Schuldner ohne besondere Sicherheit in der Regel kein Kredit mehr gewährt wird"; MÖSCHEL, WERNHARD (Wirtschaftsrecht 1972), S. 250; ebenso MÖSCHEL, WERNHARD (Systematik 1985), S. 1075. Diese Art des Runs gelte es daher „auch nicht durch regulative aufsichtsrechtliche Maßnahmen zu verhindern"; CHRISTIAN, CLAUS-JÖRG (Informationsbasis 1992), S. 21 (Fn. 51); ferner SEIFERT, EKKEHARD (Privilegierung 1984), S. 190.

[75] Vgl. MAYER, HELMUT (Bundesaufsichtsamt 1981), S. 38; BIEG, HARTMUT (Bankenaufsicht 1983), S. 30; SEIFERT, EKKEHARD (Privilegierung 1984), S. 124; BIEG, HARTMUT (Vertrauensempfindlichkeit 1986), S. 301; WOLF-WACKER, ELIZABETH (Bankenaufsicht 1987), S. 54.

[76] Vgl. SEIFERT, EKKEHARD (Privilegierung 1984), S. 188 u. S. 189 f.

[77] Vgl. BUNDESREGIERUNG (Entwurf eines KWG 1959), S. 19 f.; WIRTSCHAFTSAUSSCHUSS DES DEUTSCHEN BUNDESTAGES (Bericht über den Entwurf eines KWG 1961), S. 2; MAYER, HELMUT (Bundesaufsichtsamt 1981), S. 38; BIEG, HARTMUT (Bankenaufsicht 1983), S. 30; MERTENS, HANS-JOACHIM (Gruppenkonsolidierung 1984), S. 228; FRANKE, GÜNTER (Finanzmärkte 1987), S. 438.

samten Kreditgewerbes mit sich bringen und auf diese Weise zu einem Problem aller Kreditinstitute werden [78]. Es lässt sich nämlich nicht ausschließen, dass in einer solchen Situation des „free banking" bereits die Insolvenz einer einzelnen Bank, insbesondere wenn sie mit Vermögensverlusten für deren Gläubiger verbunden ist, zu einem Vertrauensschwund der Einleger auf breiter Basis führt, der sich alsbald darin äußert, dass auch die Gläubiger an sich wirtschaftlich gesunder Kreditinstitute in einer Art Schneeballeffekt ihre Einlagen zurückrufen [79]. Ein sich derart auf sämtliche Kreditinstitute ausdehnender kumulativer Einlagenabzug – STÜTZEL beispielsweise spricht in diesem Zusammenhang von der Gefahr eines allgemeinen Runs auf die Bankschalter [80] – beinhaltet aber unverkennbar das Risiko eines partiellen bis totalen Zusammenbruchs des Kreditsektors mit möglicherweise gravierenden Wohlfahrtsverlusten für die gesamte Volkswirtschaft [81].

Die dargestellten potenziellen Ausbreitungswirkungen eines individuellen Bankzusammenbruchs (Gefährdung von Bankensystem und Gesamtwirtschaft durch Auslösen eines allgemeinen Gläubigerruns) sind für das Kreditgewerbe – im Vergleich zu anderen Wirtschaftszweigen – charakteristisch [82]. Sie weisen auf

---

[78] Vgl. BRESSER, KARL-LUDWIG (Kontrolle 1978), S. 13; HERRHAUSEN, ALFRED (Regulierung 1983), S. 6; BECKER, WOLF-DIETER (Bankenregulierung 1987), S. 400; SZAGUNN, VOLKHARD; WOHLSCHIEß, KARL (Bankenaufsicht 1993), S. 259.

[79] Zur Präzisierung der Bedingungen für das Zustandekommen dieser Sogwirkung im Kreditgewerbe aufgrund *eines* Bankzusammenbruchs vgl. STÜTZEL, WOLFGANG (Bankpolitik 1964), S. 29 f., Tz. 50; BIEG, HARTMUT (Bankenaufsicht 1983), S. 30 ff.; KUPITZ, ROLF (Ausnahmebereich 1983), S. 163 ff.; KRÜMMEL, HANS-JACOB (Run 1984), S. 478 ff.; SEIFERT, EKKEHARD (Privilegierung 1984), S. 123 ff. u. S. 186 ff.; DEGENHART, HEINRICH (Eigenkapitalnormen 1987), S. 31 ff.; CHRISTIAN, CLAUS-JÖRG (Informationsbasis 1992), S. 21 ff.

[80] Vgl. STÜTZEL, WOLFGANG (Bankpolitik 1964), S. 29, Tz. 50; ferner BUNDESREGIERUNG (Entwurf eines KWG 1959), S. 20; WIRTSCHAFTSAUSSCHUSS DES DEUTSCHEN BUNDESTAGES (Bericht über den Entwurf eines KWG 1961), S. 2; SEIFERT, EKKEHARD (Privilegierung 1984), S. 188 u. S. 190. Zur Rationalität bzw. Irrationalität dieser Verhaltensweise von Bankgläubigern vgl. MÜLLER, WERNER A. (Gläubigerschutz 1981), S. 100 f.; SEIFERT, EKKEHARD (Privilegierung 1984), S. 124 f. u. S. 191 ff.; DEGENHART, HEINRICH (Eigenkapitalnormen 1987), S. 32 f.; BALLWIESER, WOLFGANG; KUHNER, CHRISTOPH (Rechnungslegungsvorschriften 1994), S. 32 ff. u. S. 118 ff.; REGNERY, PETER (Bankeneigenkapital 1994), S. 17 (insb. Fn. 93).

[81] Vgl. u. a. BUNDESREGIERUNG (Entwurf eines KWG 1959), S. 20; WIRTSCHAFTSAUSSCHUSS DES DEUTSCHEN BUNDESTAGES (Bericht über den Entwurf eines KWG 1961), S. 2; WELCKER, JOHANNES (Bankenaufsicht 1978), S. 20 ff.; MÜLLER, WERNER A. (Gläubigerschutz 1981), S. 22 f.; BIEG, HARTMUT (Bankenaufsicht 1983), S. 33; KUPITZ, ROLF (Ausnahmebereich 1983), S. 161 f.; BIEG, HARTMUT (Vertrauensempfindlichkeit 1986), S. 301; BALTENSPERGER, ERNST (Regulierung 1988), S. 56; BÜSCHGEN, HANS E. (Bankbetriebslehre 1998), S. 272; MEISTER, EDGAR (Banks 1999), S. 7.

[82] Historisch lassen sich die Folgen des allgemeinen Gläubigerruns – ausgelöst durch das Fallissement einer einzelnen Bank – vor allem anhand der Bankenkrise des Jahres 1931 belegen; vgl. hierzu BIEG, HARTMUT (Bankenaufsicht 1983), S. 30 f. (Fn. 166 u. Fn. 172); KUPITZ, ROLF (Ausnahmebereich 1983), S. 171 ff.; SEIFERT, EKKEHARD (Privilegierung 1984), S. 127 ff.; DEGENHART, HEINRICH (Eigenkapitalnormen 1987), S. 30 f.; NIRK, RUDOLF (Kreditwesengesetz 1999), S. 11; ferner die Literaturhinweise zur Bankenkrise des Jahres 1931 im vorliegenden Kapitel auf S. 19, Fn. 69.

die Existenz erheblicher negativer externer Effekte [83] der Geschäftspolitik von Kreditinstituten hin [84]. Wenn einzelne Banken aber grundsätzlich in der Lage sind, durch ihre geschäftspolitischen Entscheidungen derart negative externe Effekte für die Volkswirtschaft, in der sie tätig sind, zu erzeugen, so rechtfertigt diese Erkenntnis zweifelsohne eine über die allgemeine Gewerbeaufsicht hinausgehende Regulierung des Kreditwesens durch den Staat [85]. Es besteht dann ein überwiegendes öffentliches Interesse an einer speziellen aufsichtsrechtlichen Beschränkung der geschäftlichen Gestaltungsfreiheit von Banken zum Schutz der „Wirtschaft", d. h. der Gemeinschaft der Rechtsgenossen, vor Störungen des Geld- und Vermögensverkehrs durch Ausfall des Bankenapparates als einem seiner wesentlichen Träger [86]. Auf diese Weise sollen auch hier Folgeschäden bei einem breiten Kreis von Wirtschaftssubjekten, der nicht unbedingt in einer direkten Beziehung zu der zuerst in Schwierigkeiten geratenen Bank stehen muss und selbst keine hinreichende Schutzmaßnahmen gegen die Auswirkungen von Funktionsstörungen im Kreditgewerbe ergreifen kann, möglichst vermieden werden [87].

---

[83]   Von negativen externen Effekten wird gesprochen, „wenn durch Produktion oder Verbrauch bestimmter Güter bzw. Erbringung und Entgegennahme von Dienstleistungen für Dritte Nachteile entstehen, die nicht notwendig in die Marktbeziehungen zwischen den Beteiligten eingehen und deshalb bei der Preisbildung nicht berücksichtigt werden"; MÖSCHEL, WERNHARD (Systematik 1985), S. 1073. Zur Definition (negativer) externer Effekte vgl. auch SEIFERT, EKKEHARD (Privilegierung 1984), S. 55 ff.; WOLF-WACKER, ELIZABETH (Bankenaufsicht 1987), S. 58.

[84]   Vgl. KUPITZ, ROLF (Ausnahmebereich 1983), S. 161 u. S. 191; SEIFERT, EKKEHARD (Privilegierung 1984), S. 200; MÖSCHEL, WERNHARD (Systematik 1985), S. 1075 f.; FRANKE, GÜNTER (Finanzmärkte 1987), S. 438; WOLF-WACKER, ELIZABETH (Bankenaufsicht 1987), S. 2 f. u. S. 54; BALTENSPERGER, ERNST (Regulierung 1988), S. 56.

[85]   Vgl. SEIFERT, EKKEHARD (Privilegierung 1984), S. 200; FRANKE, GÜNTER (Finanzmärkte 1987), S. 438 u. S. 443; WOLF-WACKER, ELIZABETH (Bankenaufsicht 1987), S. 3; BALTENSPERGER, ERNST (Regulierung 1988), S. 56; ROSENTHAL, MARTIN (Weiterentwicklung 1992), S. 60; BURGHOF, HANS-PETER; RUDOLPH, BERND (Bankenaufsicht 1996), S. 31; MEISTER, EDGAR (Wettbewerb 1998), S. 5.

[86]   Vgl. auch BUNDESREGIERUNG (Entwurf eines KWG 1959), S. 20; WIRTSCHAFTSAUSSCHUSS DES DEUTSCHEN BUNDESTAGES (Bericht über den Entwurf eines KWG 1961), S. 2; MÜLLER, WERNER A. (Gläubigerschutz 1981), S. 24 u. S. 26 f.; KRÜMMEL, HANS-JACOB (Run 1984), S. 475 u. S. 477 f.; PECCHIOLI, RINALDO M. (Bankenaufsicht 1989), S. 224; CHRISTIAN, CLAUS-JÖRG (Informationsbasis 1992), S. 19; DÜRSELEN, KARL E. (Novellierung 1994), S. 101; KÜMPEL, SIEGFRIED (Kapitalmarktrecht 1995), S. 91 f. u. S. 1329 f.; ARTOPOEUS, WOLFGANG (Erfordernis 1998), S. 133 f.; BÜSCHGEN, HANS E. (Bankbetriebslehre 1998), S. 272. BÄHRE sieht in der Bankenkrise als Branchenkrise den eigentlichen Ansatz bankenaufsichtlicher Tätigkeit; vgl. BÄHRE, INGE LORE (Internationales Banking 1982), S. 1354. BRESSER zufolge dürften die Banken aufgrund der oben beschriebenen Kettenreaktionsgefahr „selbst das größte Interesse daran haben, Fallissements in ihren Reihen erst gar nicht ... auftreten zu lassen"; BRESSER, KARL-LUDWIG (Kontrolle 1978), S. 13; ferner WELCKER, JOHANNES (Bankenaufsicht 1978), S. 29; BÖSL, KONRAD (Risikobegrenzung 1993), S. 12.

[87]   Vgl. MÜLLER, WERNER A. (Gläubigerschutz 1981), S. 23 f. u. S. 26; MÜLLER, WERNER A. (Abgrenzung 1981), S. 284; SEIFERT, EKKEHARD (Privilegierung 1984), S. 200.

Die Sicherstellung der volkswirtschaftlichen Funktionsfähigkeit des Bankensektors durch Verhinderung des Runs der Gläubiger auf die Schalter *aller* Kreditinstitute (kurz: der Funktionenschutz) ist somit – neben dem bereits oben erörterten Gläubigerschutz – als ein weiteres zentrales Anliegen bankenaufsichtlichen Handelns anzusehen. Es ist nur konsequent, wenn der Staat durch seine Aufsicht über Kreditinstitute Vertrauenskrisen, die nicht allein das Bankensystem, sondern die Gesamtwirtschaft gefährden können, von vornherein zu begegnen sucht. Das übergeordnete öffentliche Interesse an einem gesunden und stabilen Kreditwesen, gleichbedeutend mit der Aufrechterhaltung der monetären Infrastruktur eines Landes, darf allerdings nicht dahingehend interpretiert werden, dass stets jede einzelne Bank – etwa durch eine staatliche Bestandsgarantie – vor dem Zusammenbruch zu bewahren sei [88]. Hierdurch ließe sich zwar unbestreitbar ein lückenloser Schutz der Gläubiger von Kreditinstituten vor Vermögensverlusten und damit auch ein Schutz des Vertrauens der Öffentlichkeit in die Funktionsfähigkeit des Bankgewerbes erreichen, eine solche Handlungsweise widerspräche jedoch in eklatanter Weise der unserer Wirtschaftsordnung immanenten Auslesefunktion des Wettbewerbs. Eine Bank, die den Anforderungen des Marktes nicht mehr gerecht zu werden vermag, hat deshalb gleichermaßen „aus dem Wettbewerb auszuscheiden, wie unwirtschaftliche Unternehmen in anderen Wirtschaftszweigen; im äußersten Falle geschieht dies zwangsweise durch Konkurs" [89]. „Dieser Vorgang ist marktwirtschaftlich nicht nur unvermeidlich, sondern erwünscht und notwendig" [90]. Er stellt in einer Wettbewerbswirtschaft das typische Gegenstück zu der Möglichkeit dar, sich in den Grenzen der Gesetze zwecks Gewinnerzielung frei gewerblich zu betätigen [91]. Im Übrigen würde die Gefahr einer Bankenschieflage sogar noch erhöht, wenn Vorstände von Kreditinstituten in jedem Ernstfall mit staatlicher Hilfe rechnen könnten. In der berechtigten Erwartung staatlicher Unterstützung im Krisenfall entstünde das so genannte moral hazard-Problem „mit der Folge einer überhöhten Risikoübernahme, um höhere Renditen zu erzielen im Vertrauen darauf, dass im Misserfolgsfall öffentliche Hilfe geleistet wird" [92].

---

[88] Gleicher Auffassung MÖSCHEL, WERNHARD (Bankenrecht 1975), S. 1028; MAYER, HELMUT (Bundesaufsichtsamt 1981), S. 39; BIEG, HARTMUT (Bankenaufsicht 1983), S. 34 ff.; KRÜMMEL, HANS-JACOB (Run 1984), S. 485; BIEG, HARTMUT (Bankrichtlinien 1989), S. 9.

[89] MAYER, HELMUT (Bundesaufsichtsamt 1981), S. 39.

[90] BECKER, WOLF-DIETER (Thesen 1975), S. 758.

[91] Vgl. WELCKER, JOHANNES (Bankenaufsicht 1978), S. 28.

[92] MEISTER, EDGAR (Banks 1999), S. 7.

Vorstehendes lässt erkennen, dass aus Sicht der Marktwirtschaft die Marktauslese unter den Konkurrenten an den Bankleistungsmärkten grundsätzlich bestehen bleiben soll. Infolgedessen kann die Lösung des Problems des allgemeinen Gläubigerruns bankenaufsichtspolitisch auch nicht darin liegen, jedes einzelne Kreditinstitut staatlicherseits durch eine unumschränkte Bestandsgarantie am Leben zu erhalten [93]. Die totale Existenzsicherung für Banken ist mit dem Wettbewerbsgedanken der Marktwirtschaft vielmehr unvereinbar [94]; sie würde „so starke Eingriffe (des Staates; Anm. d. Verf.) in die Betätigungsfreiheit der Kreditinstitute erfordern, dass die privatwirtschaftliche Initiative in diesem Wirtschaftszweig weitgehend zum Erliegen käme" [95]. Daher gilt es, dem möglichen Ansteckungseffekt eines Bankzusammenbruchs, also der Gefahr, welche sich aus der Insolvenz bereits einer einzelnen Bank für die Sicherheit und die Stabilität des Kreditgewerbes in seiner Gesamtheit ergeben kann, auf eine andere Art und Weise wirkungsvoll entgegenzutreten. Es ist ein umfassendes Geflecht von gläubigerschützenden Maßnahmen zu errichten, das von den Bankeinlegern allgemein als ausreichend für die Werthaltigkeit ihrer Einlagen angesehen wird [96]. Gelingt dies, so „greifen die gläubigerschützenden Maßnahmen über den individuellen

---

[93]   Ebenso MÖSCHEL, WERNHARD (Wirtschaftsrecht 1972), S. 249; BÄHRE, INGE LORE; SCHNEIDER, MANFRED (KWG-Kommentar 1986), S. 63; a. A. ERDLAND, ALEXANDER (Eigenkapital 1981), S. 114 (Fn. 2).

[94]   Vgl. KRÜMMEL, HANS-JACOB (Normen 1975), S. 530; BIEG, HARTMUT (Bankenaufsicht 1983), S. 35; MERTENS, HANS-JOACHIM (Gruppenkonsolidierung 1984), S. 228; SCHIEBER, HELMUT (Aspekte 1993), S. 7. DÜRRE zitiert diesbezüglich die prägnante Formulierung eines Politikers: „Wenn es keine Bankpleiten mehr gibt, ist für mich die Marktwirtschaft nicht mehr in Ordnung"; DÜRRE, GÜNTER (Möglichkeiten 1973), S. 1189.

[95]   BUNDESREGIERUNG (Entwurf eines KWG 1959), S. 20; ferner BIEG, HARTMUT (Bankenaufsicht 1983), S. 35; ARTOPOEUS, WOLFGANG (Freiheit 1994), S. 1087. Aus diesem Grunde ist der absolute Institutsschutz auch nicht Ziel der Bundesregierung. Sie bezweckt mit ihren Maßnahmen zwar eine Verminderung der Krisenanfälligkeit einzelner Banken, grundsätzlich befürwortet sie aber auch für den Kreditsektor die Anwendung des Wettbewerbsprinzips; vgl. BUNDESREGIERUNG (Entwurf eines KWG 1959), S. 20; BUNDESREGIERUNG (Bericht über die Ausnahmebereiche des Gesetzes gegen Wettbewerbsbeschränkungen 1975), S. 17; dies bestätigend BÄHRE, INGE LORE (Herausforderung 1983), S. 24. Vgl. ferner Kapitel E.II, S. 163 ff.

[96]   Vgl. BIEG, HARTMUT (Bankenaufsicht 1983), S. 36 f.; BIEG, HARTMUT (Bankrichtlinien 1989), S. 10; BIEG, HARTMUT (Bankbetriebslehre 1992), S. 76. Bei den Instrumenten des Gläubigerschutzes, die in der Bundesrepublik Deutschland zum Zwecke der Vermeidung eines allgemeinen Gläubigerruns ein Klima des Vertrauens in die Sicherheit von Bankeinlagen schaffen sollen, handelt es sich im Wesentlichen um den handelsrechtlichen Jahresabschluss der Kreditinstitute, die Bankenaufsicht durch das BAKred sowie die Einlagensicherungseinrichtungen der verschiedenen Institutsgruppen; ausführlich hierzu BIEG, HARTMUT (Bankenaufsicht 1983), S. 38 ff. BÄHRE weist ergänzend darauf hin, dass es beim Einsatz gläubigerschützender Maßnahmen nicht nur auf die Erhaltung des Vertrauens der privaten Gläubiger ankommt, sondern vor allem auch auf die Erhaltung des Vertrauens der inländischen Banken untereinander bzw. zwischen in- und ausländischen Kreditinstituten; vgl. BÄHRE, INGE LORE (Herausforderung 1983), S. 26.

Gläubigerschutz hinaus" [97]. Es wird dann im Falle von Schwierigkeiten bei einer einzelnen Bank in aller Regel nicht zum Run auf die Schalter dieses Kreditinstituts kommen, vor allem wird aber der in einer Marktwirtschaft nicht völlig auszuschließende Zusammenbruch einer einzelnen Bank [98] nicht zu einem allgemeinen Run der Einleger auf die Bankschalter mit seinen einzel- und gesamtwirtschaftlichen Schäden führen [99]. Eine Gefährdung der Funktionsfähigkeit der Kreditbranche durch einzelne Insolvenzen innerhalb dieses Wirtschaftszweiges ist insoweit dann nicht mehr gegeben [100]. Es fehlt dann der auslösende Impuls für den oben angesprochenen Dominoeffekt.

Als Beleg für diese Überlegungen kann in der Bundesrepublik Deutschland das beobachtbare Verhalten der Bankgläubiger in den letzten Jahrzehnten herangezogen werden. Trotz mehrerer Krisen und Insolvenzen selbst bedeutender Banken hat keiner dieser Fälle einen Run der Einleger auf das *gesamte* Kreditwesen zur Folge gehabt. Durch den permanenten Ausbau der staatlichen Bankenaufsicht sowie deren Ergänzung durch spezielle Selbstschutzsysteme des Kreditgewerbes sind die Bankgläubiger in der Bundesrepublik Deutschland vor dem Verlust ihres bei Kreditinstituten angelegten Vermögens so umfassend geschützt, dass es bisher gelungen ist, destabilisierende Kettenreaktionen der beschriebenen Art zu vermeiden. Dies dürfte auch in Zukunft weitgehend gewährleistet sein [101]. Es zeigt sich zudem deutlich, dass bei einer Analyse der Gründe zur Rechtfertigung einer gewerbepolizeilichen Sonderbehandlung von Banken „nicht von einem Verhalten der Bankgläubiger ausgegangen werden darf, das gerade die Existenz eines Geflechts gläubigerschützender Maßnahmen voraussetzt" [102].

---

[97] BIEG, HARTMUT (Bankenaufsicht 1983), S. 37.

[98] Hierauf wird insbesondere auch in der amtlichen Begründung zum bundesdeutschen Kreditwesengesetz hingewiesen; vgl. BUNDESREGIERUNG (Entwurf eines KWG 1959), S. 20; ferner DÜRRE, GÜNTER (Aufsichtsamt 1974), S. 187 u. S. 195; ARTOPOEUS, WOLFGANG (Freiheit 1994), S. 1087.

[99] Vgl. BIEG, HARTMUT (Bankenaufsicht 1983), S. 37; BIEG, HARTMUT (Bankrichtlinien 1989), S. 10; BIEG, HARTMUT (Bankbetriebslehre 1992), S. 76 f.

[100] Vgl. BIEG, HARTMUT (Bankenaufsicht 1983), S. 37; BIEG, HARTMUT (Bankrichtlinien 1989), S. 10; BIEG, HARTMUT (Bankbetriebslehre 1992), S. 76 f.

[101] Vgl. auch SÜCHTING, JOACHIM (Scheinargumente 1981), S. 216 u. S. 219; MÖSCHEL, WERNHARD (Systematik 1985), S. 1076; BIEG, HARTMUT (Vertrauensempfindlichkeit 1986), S. 301; BIEG, HARTMUT (Bilanzpolitik 1995), Sp. 284; für den internationalen Bereich vgl. BANK FÜR INTERNATIONALEN ZAHLUNGSAUSGLEICH (Jahresbericht 1992), S. 228.

[102] CHRISTIAN, CLAUS-JÖRG (Informationsbasis 1992), S. 15 f.

4. Fazit

Die Ausführungen dieses Kapitels belegen das Erfordernis einer besonderen Wirtschaftsaufsicht des Staates über den Kreditsektor [103]. Sie zeigen, dass auch in einem System der Marktwirtschaft aus Gründen des Gemeinwohls (Sicherstellung der Vermögensansprüche der Masse der Bankgläubiger sowie Aufrechterhaltung der Funktionsfähigkeit des gesamten Kreditapparates) regulatorische Eingriffe des Staates in die wirtschaftliche Betätigungsfreiheit der Banken unerlässlich sind. Vor allem sind Rahmenbedingungen notwendig, die das Entstehen von bestandsgefährdenden Situationen bei einzelnen Kreditinstituten zu verhindern suchen, indem sie dem Illiquiditäts- bzw. Solvabilitätsrisiko [104] der Banken entgegenwirken (schadensvorbeugende Aufsichtsvorschriften) [105]. Neben der Verpflichtung, die unternehmerischen Risiken der Kreditinstitute angemessen zu erfassen, zu kontrollieren und in vernünftigen, d. h. von bestimmten öffentlichen Interessen her definierten Grenzen zu halten, um auf diese Weise die Eintrittswahrscheinlichkeit von Problemfällen (illiquiden oder insolventen Banken) im Kreditwesen zu reduzieren, kommt der aufsichtlichen Tätigkeit des Staates in einem wettbewerblich organisierten Bankenmarkt aber auch die Aufgabe zu, geeignete Verfahren zur Bewältigung unvermeidlicher Problemfälle zur Verfügung zu stellen, also Modalitäten festzulegen, die eine rasche und geordnete Abwicklung auftretender Zusammenbrüche von Kreditinstituten ermöglichen (schadensbegrenzende Aufsichtsvorschriften) [106]. Beide Maßnahmenbündel – RUDOLPH spricht von den präventiven und protektiven Instrumenten der Bankenaufsicht [107] – sind hierbei so auszugestalten, dass die Position der Bankgläubiger erkennbar

---

[103] Die staatliche Regulierung des Bankgewerbes wird einer möglichen privaten Selbstregulierung wegen der Realisierung von Informationsvorteilen bei der Überwachung der im Bankenbereich auftretenden Risiken vorgezogen. Insbesondere kann eine staatliche Bankenaufsicht „als zentrale Informationssammelstelle die Informationen *billiger* erwerben als die Marktteilnehmer; sie kann die Informationsbereitstellung als nicht im Wettbewerb stehender Marktteilnehmer *neutral* behandeln, und sie kann notwendige *Sanktionen* wirksamer bzw. kostengünstiger durchsetzen"; RUDOLPH, BERND (Gestaltungsformen 1991), S. 597 f. (Hervorhebung im Original in Fettdruck); vgl. ferner WOLF-WACKER, ELIZABETH (Bankenaufsicht 1987), S. 87 ff.

[104] Während das Illiquiditätsrisiko die Gefahr der Zahlungsunfähigkeit beschreibt, wird unter dem Solvabilitätsrisiko die Gefahr der Eigenkapitalaufzehrung durch Verluste verstanden, also auf den Überschuldungstatbestand abgestellt. Beide Risiken weisen somit auf die Insolvenzgefahr eines Kreditinstituts hin. Zur Begriffsabgrenzung vgl. SÜCHTING, JOACHIM (Finanzmanagement 1995), S. 459 f. u. S. 487. Nach BIEG äußert sich das Solvabilitätsrisiko einer Bank „in einer Gegenüberstellung der Verlustmöglichkeiten bei den Vermögenspositionen auf der einen Seite sowie dem als Risikodeckungsmasse vorhandenen Haftkapital auf der anderen Seite"; BIEG, HARTMUT (Bankrichtlinien 1989), S. 14.

[105] Vgl. auch WOLF-WACKER, ELIZABETH (Bankenaufsicht 1987), S. 1, S. 4 u. S. 82 f.

[106] Ebenso WOLF-WACKER, ELIZABETH (Bankenaufsicht 1987), S. 1, S. 4 u. S. 82 f.

[107] Vgl. RUDOLPH, BERND (Gestaltungsformen 1991), S. 598.

weniger riskant und als Folge davon deren Vertrauen in die Sicherheit ihrer Einlagen gestärkt wird. Sofern dies in einem hinlänglichen Umfange geschieht, wirken die bankenaufsichtlich zu ergreifenden Regelungen über den allgemeinen Gläubigerschutz hinaus auch als stabilisierende Faktoren der in besonders hohem Maße vertrauensempfindlichen Kreditwirtschaft. Es wird dann nicht nur dem gläubiger-, sondern zugleich auch dem funktionenschützenden Aspekt der Bankenaufsicht Genüge getan [108].

Die vorgebrachten Argumente zur Rechtfertigung einer staatlichen Überwachung des Kreditgewerbes finden in der Bundesrepublik Deutschland bei den Betroffenen selbst grundsätzliche Anerkennung. Die bundesdeutschen Banken bejahen „uneingeschränkt die Aufsicht durch den Staat" [109], warnen in diesem Zusammenhang jedoch auch davor, aus dieser Zustimmung einen Freibrief für jegliche Art von Regulierungen abzuleiten [110]. Sie fordern vielmehr eine ordnungspolitisch vertretbare Aufteilung der Verantwortung zwischen Staat und Markt nach der Devise „So viel Wettbewerb wie möglich, nur so viel Aufsicht wie unbedingt nötig", d.h., sie akzeptieren zwar die Bemühungen des Staates um den Schutz der Einleger und die Erhaltung der Funktionsfähigkeit der Kreditwirtschaft, erwarten aber gleichzeitig, dass die Einwirkungen des Staates dort enden, wo marktwirtschaftliche Grundprinzipien in ihrer Substanz berührt werden [111].

Die staatliche Bankenaufsicht befindet sich damit in einem Dilemma. Sie soll einerseits nicht überreglementieren, andererseits aber auch nicht zu lasche Aufsichtsmaßstäbe erlassen. Die Lösung dieses Zwiespaltes ist gleichbedeutend der Suche nach der „richtigen" Balance von Wettbewerb und Regulierung [112]. Welche Aufsichtsdichte schließlich genau die richtige ist, dürfte allerdings nicht immer leicht zu bestimmen sein. Ein Idealmaß bietet sich im Bereich des Banken-

---

[108] Zum Verhältnis von Gläubigerschutz und Funktionenschutz in der Bundesrepublik Deutschland vgl. auch BIEG, HARTMUT (Bankenaufsicht 1983), S. 36 ff.; BIEG, HARTMUT (Bankbetriebslehre 1992), S. 76 f.

[109] KÖLLHOFER, DIETRICH (Macht 1993), S. 153; ferner HERRHAUSEN, ALFRED (Regulierung 1983), S. 21; ARTOPOEUS, WOLFGANG (Freiheit 1994), S. 1085; WESSEL, KARL-HEINZ (Partner 1994), S. 1105.

[110] Vgl. HERRHAUSEN, ALFRED (Regulierung 1983), S. 6.

[111] Vgl. GAMERDINGER, DIETER (Finanzplatz 1993), S. 718; ARTOPOEUS, WOLFGANG (Freiheit 1994), S. 1085 u. S. 1091.

[112] LUSSER verweist diesbezüglich auf die Maximen der Konzentration der Kräfte auf das Wesentliche sowie der Freiheitlichkeit der Regelung und verlangt deren Beachtung nicht nur durch den nationalen Gesetzgeber, sondern vor allem auch im Prozess der internationalen Harmonisierung des Bankenaufsichtsrechts; vgl. LUSSER, MARKUS (Harmonisierung 1989), S. 106; ähnlich HOFFMANN, DIETHER (Börsenrecht 1990), S. 9.

aufsichtsrechts ebenso wenig an wie in vielen anderen Bereichen [113]. Spannungen im Verhältnis zwischen Staat und Banken werden sich deshalb auch nie ganz ausschließen lassen [114].

Wie restriktiv die gesetzlichen Bestimmungen im Laufe der Zeit ausfallen, ist zudem nicht völlig unabhängig vom Auftreten der Kreditinstitute selbst. Da die Begrenzung, Streuung und Kontrolle der Risiken zu den ureigensten Aufgaben jeder gewissenhaft geführten Bank gehören [115], gibt es im Grunde genommen „keine Herausforderung an die Bankenaufsicht, die nicht zuvor schon eine Herausforderung an die Kreditinstitute ist oder sein sollte" [116]. Je mehr die Banken sich daher ihrer besonderen Verantwortung für das eigene Tun und Handeln bewusst sind und durch Selbstdisziplin und Selbstregulierung zur Stabilität des Kreditwesens beitragen, desto mehr wird der Staat sich mit seinen Eingriffen zurückhalten können [117]. So gesehen beginnt die beste Aufsicht letzten Endes in den Häusern der einzelnen Banken [118].

---

[113]   Vgl. ARTOPOEUS, WOLFGANG (Freiheit 1994), S. 1091.

[114]   Vgl. ARTOPOEUS, WOLFGANG (Freiheit 1994), S. 1090.

[115]   Vgl. HERRHAUSEN, ALFRED (Regulierung 1983), S. 10.

[116]   BÄHRE, INGE LORE (Herausforderung 1983), S. 27. Aktuell zeigt sich dies in der Diskussion zur Beaufsichtigung des Derivategeschäfts der Banken.

[117]   Vgl. ARTOPOEUS, WOLFGANG (Freiheit 1994), S. 1091. BIEG empfiehlt in diesem Zusammenhang als geeignete Handlungsmöglichkeit das so genannte „Prudent-Banking", d. h. ein vorausschauend kluges und vorsichtiges Betreiben der Bankgeschäfte; vgl. BIEG, HARTMUT (Bankenregulierung 1997), S. 59 ff.

[118]   Vgl. BANK FÜR INTERNATIONALEN ZAHLUNGSAUSGLEICH (Jahresbericht 1992), S. 233; ferner BANK FÜR INTERNATIONALEN ZAHLUNGSAUSGLEICH (Jahresbericht 1986), S. 94.

III. Zur Begründung der staatlichen Überwachung von Finanzdienstleistungsinstituten

Seit In-Kraft-Treten der Sechsten KWG-Novelle [119] werden neben den Kredit-instituten auch die Finanzdienstleistungsinstitute als weitgehend gleichwertige Adressaten der Bankenaufsicht erfasst. Diese Ausdehnung des Adressatenkreises der Bankenaufsicht [120] auf bislang nicht regulierte Unternehmungen des finan-ziellen Sektors erfolgt aus Gründen der Verbesserung des Kundenschutzes und als Beitrag zur Funktionserhaltung der für eine Volkswirtschaft besonders wich-tigen Finanzmärkte [121]. Ihr liegen somit vergleichbare Überlegungen zugrunde wie der Rechtfertigung der Aufsicht über Kreditinstitute. Die zur Begründung der staatlichen Überwachung von Kreditinstituten vorgebrachten Argumente [122] las-sen sich von daher in analoger Weise auf Finanzdienstleistungsinstitute übertra-gen. Auch hier geht es in erster Linie um die Sicherung gewerbepolizeilicher Ziele.

Forciert wurde die Ausweitung des Adressatenkreises der Bankenaufsicht aber auch durch internationale Einflüsse. Besonders deutlich zeigt sich dies im Rah-men der Harmonisierung des Bankenaufsichtsrechts in der Europäischen Union. Durch den Einbezug der Finanzdienstleistungsinstitute in die bankenaufsichts-rechtlichen Regelungen sollen hier neben der Erreichung des Anleger- und Funk-tionenschutzes vor allem auch Wettbewerbsverwerfungen zwischen international konkurrierenden Instituten aufgehoben bzw. deren Entstehen entgegengewirkt werden [123].

---

[119] Vgl. Art. 1 i. V. m. Art. 4 des Gesetzes zur Umsetzung von EG-Richtlinien zur Harmonisierung bank- und wertpapieraufsichtsrechtlicher Vorschriften. Teile der Sechsten KWG-Novelle, insbe-sondere sämtliche die Kreditinstitute entlastenden Regelungen, sind am 29. Oktober 1997 in Kraft getreten. Am 1. Januar 1998 sind sodann die übrigen Bestimmungen der Sechsten KWG-Novelle unter Berücksichtigung der in § 64e KWG enthaltenen Übergangsvorschriften in Kraft getreten.

[120] Zum Adressatenkreis der Bankenaufsicht vgl. Kapitel D.III, S. 138 ff.

[121] Vgl. ARTOPOEUS, WOLFGANG (Wandel 1995), S. 530; BAKRED (Jahresbericht 1998), S. 3. Die BUNDESREGIERUNG weist ausdrücklich darauf hin, dass diejenigen Kunden, die einem Finanz-dienstleistungsinstitut ihr Geld oder andere Vermögenswerte anvertraut haben, nicht weniger schutzwürdig sind als die Kunden eines Kreditinstituts; vgl. BUNDESREGIERUNG (Entwurf eines Ge-setzes zur Umsetzung von EG-Richtlinien 1997), S. 97.

[122] Vgl. dazu ausführlich Kapitel A.II, S. 10 ff.

[123] Vgl. auch RAT DER EUROPÄISCHEN GEMEINSCHAFTEN (Wertpapierdienstleistungsrichtlinie 1993), S. 27 (2. u. 6. Erwägungsgrund), S. 29 (33. u. 34. Erwägungsgrund) u. S. 30 (42. Erwägungs-grund); RAT DER EUROPÄISCHEN GEMEINSCHAFTEN (Kapitaladäquanzrichtlinie 1993), S. 2 (10. Er-wägungsgrund).

Kapitel B

Die Internationalisierung der Bankenaufsicht

I. Grundlagen

1. Die Notwendigkeit einer Internationalisierung der Entwicklung und Ausgestaltung bankenaufsichtsrechtlicher Bestimmungen

In den vergangenen Jahren und Jahrzehnten hat sich die Geschäftstätigkeit der Kredit- und Finanzdienstleistungsinstitute zunehmend internationalisiert [1]. Die Gründe hierfür sind vielfältig. Sie liegen vor allem im raschen Fortschreiten der weltweiten Arbeitsteilung und der damit verbundenen Internationalisierung des Waren- und Dienstleistungsverkehrs sowie in der rasanten Weiterentwicklung der Informations- und Kommunikationstechnologie. Begleitet wird dieser Prozess von einer wachsenden Verflechtung der bedeutendsten nationalen Märkte für Bank- und Finanzdienstleistungen zu einem weltumspannenden Finanzmarkt [2].

Die angesprochene Internationalisierung des Wirtschaftsverkehrs einschließlich des Bank- und Finanzdienstleistungswesens bleibt für eine Bankenaufsicht mit grundsätzlich nationaler Ausrichtung nicht ohne Folgen. Denn es genügt allgemein nicht mehr, mit der Ausübung der Aufsichtstätigkeit aufsichtsrelevante Sachverhalte allein innerhalb der jeweiligen einzelstaatlichen Grenzen erfassen zu wollen. Eine derart konzipierte Bankenaufsicht wird ihren elementaren Aufgaben bzw. Tätigkeitszielen nur noch unzureichend gerecht [3]; sie stößt an die Grenzen ihrer Leistungsfähigkeit [4]. Eine schadensvorbeugende Bankenaufsicht hat daher auch den Problemen und Risiken, die sich zwangsläufig aus dem Prozess der Internationalisierung der Geschäftsaktivitäten der Kredit- und Finanz-

---

[1] Vgl. u. a. TROBERG, PETER (Liberalisierung 1981), S. 39; KÖHLER, CLAUS (Aspekte 1983), S. 1; SCHNEIDER, MANFRED (Zusammenarbeit 1987), S. 144.

[2] Der Begriff „Finanzmarkt" steht im Folgenden als Synonym für den umfassenderen Begriff „Bank- und Finanzdienstleistungsmarkt".

[3] Vgl. KÖHLER, CLAUS (Bankenaufsicht 1983), S. 370; GAMERDINGER, DIETER (Finanzplatz 1993), S. 717.

[4] Vgl. auch BÜSCHGEN, HANS E. (Bankbetriebslehre 1998), S. 294.

dienstleistungsinstitute sowie der starken Interdependenz der nationalen Finanzmärkte ergeben [5], wirksam zu begegnen. Um internationale Aufsichtsgesichts-
punkte ausreichend berücksichtigen zu können, bedarf es jedoch zwingend einer
entsprechenden Anpassung der Reichweite der nationalen Bankenaufsicht. Der
territoriale Zuschnitt ist zu überwinden, Überwachungs- und Eingriffsmöglichkeiten einer Aufsichtsinstanz dürfen nicht mehr an Landesgrenzen enden, und nationale Regelungen sind durch internationale Bestimmungen zu vervollkommnen
oder abzusichern. Es stellt sich somit „gleichsam als Spiegelbild für die geschäftliche Expansion (der Kredit- und Finanzdienstleistungsinstitute; Anm. d. Verf.)
auf den grenzüberschreitenden Finanzmärkten" [6] die Notwendigkeit einer Internationalisierung der Entwicklung und Ausgestaltung bankenaufsichtsrechtlicher
Bestimmungen [7]. Diese Erkenntnis wird auch von der Bank- und Finanzdienst-
leistungspraxis „prinzipiell anerkannt und akzeptiert" [8].

2. Die Ziele einer internationalen Ausrichtung bankenauf-
sichtsrechtlicher Regelungen

a) Überblick

Mit der Abkehr von einer isolierten einzelstaatlichen Vorgehensweise in der Beaufsichtigung von Kredit- und Finanzdienstleistungsinstituten und der Hinwen-
dung zu einem einheitlichen, international geprägten Ansatz für die Ausgestaltung von Bankenaufsichtsnormen sind aufsichtspolitisch die folgenden grundlegenden Ziele verbunden [9]:

---

[5] Vgl. hierzu KÖHLER, CLAUS (Aspekte 1983), S. 2 f.; HELLENTHAL, LUDGER (Bankenaufsichtsrecht
1992), S. 30 ff.

[6] DAMM, ULRICH (Internationalisierung 1985), S. 212. Vgl. auch ROSENTHAL, MARTIN (Weiterentwicklung 1992), S. 61.

[7] Vgl. insbesondere KÖHLER, CLAUS (Aspekte 1983), S. 4; TROBERG, PETER (Zukunft 1985), S. 957;
FITCHEW, GEOFFREY (Bankrechtsentwicklung 1987), S. 45; GADDUM, JOHANN WILHELM (Rahmen-
bedingungen 1989), S. 48; ARNOLD, WOLFGANG (Eigenkapitalausstattung 1993), S. 11; ARTOPOEUS,
WOLFGANG (Freiheit 1994), S. 1087; MEISTER, EDGAR (Spielregeln 1998), S. 1. FRANKE prägt in
diesem Zusammenhang den Begriff der „Kartellierung der Bankenaufsicht"; FRANKE, GÜNTER
(Finanzmärkte 1987), S. 437. LUSSER spricht von dem Erfordernis einer internationalen Vernetzung
der Bankenaufsicht; vgl. LUSSER, MARKUS (Harmonisierung 1989), S. 103; ferner MÜLLER, LOTHAR
(Bankrechtsharmonisierung 1992), S. 31.

[8] DICKEN, ENGELBERT (Bankenwirtschaftspolitik 1981), S. 88; ferner BUNDESVERBAND DEUTSCHER
BANKEN E. V. (HRSG.) (Perspektiven 1994), S. 54.

[9] Ähnlich LUSSER, MARKUS (Harmonisierung 1989), S. 103 u. S. 106; CORDEWENER, KARL-FRIEDRICH
(Internationale Gremien 1990), S. 505; HELLENTHAL, LUDGER (Bankenaufsichtsrecht 1992), S. 32;
ARNOLD, WOLFGANG (Eigenkapitalausstattung 1993), S. 11.

1. die Sicherstellung des Allgemeininteresses sowie

2. die Beseitigung bzw. Vermeidung von Wettbewerbsverzerrungen.

Beide Ziele sind allerdings nicht völlig unabhängig voneinander zu betrachten.

b) Die Sicherstellung des Allgemeininteresses

Die Sicherstellung des Allgemeininteresses umfasst im Wesentlichen den Gläubi-
ger- und den Funktionenschutz, also das Bestreben, die Gläubiger von Kredit-
und Finanzdienstleistungsinstituten vor Vermögensverlusten zu bewahren sowie
die Funktionsfähigkeit des Kredit- und Finanzdienstleistungsgewerbes zu erhalten und zu stärken. Da eine ausschließlich national orientierte Aufsichtspolitik
die Erreichung dieser Elementarziele nicht mehr ausreichend zu gewährleisten
vermag [10], ist sie zwingend um eine internationale Komponente zu ergänzen. Nur
durch die Internationalisierung der Bankenaufsicht lassen sich Lücken und
Schwachstellen in der Beaufsichtigung international tätiger Kredit- und Finanzdienstleistungsinstitute schließen bzw. beheben.

Ein Hauptaugenmerk der grenzüberschreitenden Gestaltung der Bankenaufsicht
sollte von daher in dem Bemühen liegen, die Wirksamkeit der einzelnen nationalen Aufsichtssysteme zu verbessern. Um dieses Ziel zu erreichen, gilt es vor
allem, den Möglichkeiten einer Aufsichtsarbitrage entgegenzuwirken. Der Schutz
der Gläubiger von Kredit- und Finanzdienstleistungsinstituten sowie die Bonität
und die Stabilität des Finanzmarktes eines Landes dürfen nicht durch ein Abwan-
dern dieser Institute auf andere Finanzmärkte, die – aus nationaler Sicht betrachtet – geringere Sicherheitsstandards aufweisen, beeinträchtigt werden. Es ist also
zu verhindern, dass sich Kredit- oder Finanzdienstleistungsinstitute den regulato-
rischen Beschränkungen der Bankenaufsicht ihres Heimatlandes zu entziehen
versuchen, indem sie einen Teil ihrer Geschäftsaktivitäten in Märkte verlagern,
die weniger strengen Aufsichtsbestimmungen unterliegen. Aufgrund der Interdependenz der Märkte drohen ansonsten von aufsichtsärmeren Märkten ausgehende
Störungen sich im Wege der Ansteckung wellenförmig auch auf vergleichsweise
umfassender reglementierte Märkte auszubreiten und damit nicht nur die Effektivität der Aufsicht auf den zuerst betroffenen Märkten, sondern auch die Sicherheit des gesamten internationalen Finanzsystems zu gefährden. Deswegen muss
es Zweck einer internationalen Konzipierung der Bankenaufsicht sein, derartige
Wechselwirkungen zu berücksichtigen und darauf hinzuarbeiten, die einzelnen

---

[10] Vgl. Kapitel B.I.1, S. 31 f.

nationalen Märkte und somit auch die dort tätigen Akteure auf ein möglichst stabiles Fundament zu stellen.

c) Die Beseitigung bzw. Vermeidung von Wettbewerbsverzerrungen

Die Verfolgung des Ziels „Beseitigung bzw. Vermeidung von Wettbewerbsverzerrungen" geht von der Erkenntnis aus, dass durch aufsichtsrechtliche Regelungen wesentliche geschäftspolitische Rahmenbedingungen für die Wettbewerbsfähigkeit der Kredit- und Finanzdienstleistungsinstitute auf den einzelnen Finanzmärkten gesetzt werden. Wenn nun aber auf einem Finanzmarkt die aufsichtsrechtlichen Maßstäbe für im Grunde gleichgeartete Sachverhalte erheblich anders ausgestaltet sind als auf anderen Finanzmärkten, dann ist zu befürchten, dass auf Dauer Störungen im internationalen Wettbewerbsgefüge auftreten werden. Denn von Land zu Land unterschiedlich stark eingreifende Aufsichtsbestimmungen begründen u. U. ungleiche Chancen im internationalen Wettbewerb. Es besteht die Gefahr, dass es zu strukturellen Verwerfungen kommt, die aufsichtsrechtlich bedingt sind.

Die Problematik von Wettbewerbsverzerrungen aufgrund divergierender nationaler Aufsichtsvorschriften stellt sich vor allem deswegen, weil sich einige Staaten dazu veranlasst sehen könnten, aufsichtsrechtliche Freiräume bewusst als wettbewerbspolitisches Instrument einzusetzen [11]. Sie könnten versuchen, die Geschäftsmöglichkeiten ihrer derzeitigen Marktteilnehmer zu verbessern oder neue Marktteilnehmer zu gewinnen, indem sie diesen durch die administrative Einräumung aufsichtsrechtlicher Erleichterungen Vorteile im internationalen Wettbewerb verschaffen [12]. Andere Staaten, die konzeptionell grundsätzlich eine entschiedenere Aufsichtspolitik verfolgen, könnten sich daraufhin zu einer entsprechenden Vorgehensweise verleiten lassen. Sie könnten nun ihrerseits bemüht sein, ihren Marktteilnehmern vergleichbare aufsichtsrechtliche Freiheiten zuzugestehen, um so zu verhindern, dass diese im internationalen Wettbewerb benachteiligt werden. Reaktionen dieser Art hätten eine allgemeine Tendenz zur Aufweichung von Aufsichtsstandards und damit einhergehend eine Schwächung der

---

[11] Vgl. LUSSER, MARKUS (Harmonisierung 1989), S. 102.

[12] Vgl. u. a. FRANKE, GÜNTER (Finanzmärkte 1987), S. 430; LUSSER, MARKUS (Harmonisierung 1989), S. 102; GAMERDINGER, DIETER (Finanzplatz 1993), S. 717. FRANKE und GAMERDINGER nennen als weitere bedeutende Wettbewerbsfaktoren Unterschiede in der Geldpolitik, in der Besteuerung sowie in der Zulässigkeit von Finanztransaktionen; vgl. FRANKE, GÜNTER (Finanzmärkte 1987), S. 430; GAMERDINGER, DIETER (Finanzplatz 1993), S. 718.

Effektivität der Bankenaufsicht zur Folge [13]. Ziel einer wirkungsvollen Bankenaufsicht muss es aber gerade sein, einem unvertretbaren Wettlauf einzelner Länder um aufsichtsrechtliche Freiräume entschlossen entgegenzutreten [14]. Andere
Staaten könnten sich deshalb zwecks Beibehaltung strengerer Aufsichtsmaßstäbe
auch auf eine stärkere Abschottung ihrer Märkte von den nachgiebiger regulierten
besinnen. Solche Verhaltensweisen würden jedoch letztlich zu nichts anderem
führen als zu einer wesentlichen Einschränkung der Freizügigkeit des internationalen Geld- und Kapitalverkehrs [15]. Dies wiederum kann nicht im Interesse international ausgerichteter Kredit- und Finanzdienstleistungsinstitute liegen.

Um die vorstehend beschriebenen Anpassungs- bzw. Abgrenzungsprozesse wei-
testgehend auszuschließen, ist das internationale Bankenaufsichtsrecht möglichst
wettbewerbsneutral auszugestalten. Wettbewerbsverzerrungen zwischen international tätigen Banken und Finanzdienstleistungsinstituten dürfen nicht auf un-
gleichen Aufsichtsregeln für gleiche Geschäfte mit gleichen Risiken beruhen.
Vielmehr müssen Kredit- und Finanzdienstleistungsinstitute im grenzüberschreitenden Geschäft nahezu übereinstimmenden Ausgangsbedingungen ausgesetzt
sein. Sie müssen miteinander auf einem halbwegs ebenen Spielfeld konkurrieren
können [16]. Nur auf diese Weise lassen sich Störungen im internationalen Wettbewerb aufgrund eines rechtlichen Gefälles zwischen den Aufsichtsbestimmungen einzelner Länder beseitigen bzw. vermeiden.

Die Schaffung international annähernd gleichwertiger Aufsichtsmaßstäbe für die
Geschäftätigkeit der Kredit- und Finanzdienstleistungsinstitute ist nicht unbe-
einflusst von der bereits besprochenen „Sicherstellung des Allgemeininteresses"
zu sehen [17]. Bei einer Angleichung internationaler Aufsichtsstandards sind Gesichtspunkte des Gläubiger- und Funktionenschutzes ausreichend zu berücksichtigen. Aus diesem Grunde muss sich die wettbewerbspolitisch anzustrebende Annäherung bankenaufsichtsrechtlicher Rahmenbedingungen auch auf einem denkbar hohen Sicherheitsniveau vollziehen [18]. Einer Einigung auf den kleinsten gemeinsamen Nenner ist unter Einbeziehung des Allgemeininteresses eine klare
Absage zu erteilen. Die Entwicklung eines einheitlichen, international geprägten
Ansatzes für die Gestaltung der Bankenaufsichtsnormen darf sich infolgedessen

---

[13] LUSSER spricht in diesem Zusammenhang von einer „competition by laxity"; vgl. LUSSER, MARKUS
(Harmonisierung 1989), S. 103; ferner SCHNEIDER, MANFRED (Zusammenarbeit 1987), S. 148.

[14] Vgl. BIEG, HARTMUT (Bankrichtlinien 1989), S. 28.

[15] Vgl. auch KÖHLER, CLAUS (Aspekte 1983), S. 4.

[16] Vgl. auch GAMERDINGER, DIETER (Finanzplatz 1993), S. 718.

[17] Vgl. dahingehend Kapitel B.I.2.b), S. 33 f.

[18] So auch die Forderung von GLESKE, LEONARD (Elemente 1989), S. 198 f.

auch nicht ausschließlich auf die Herstellung eines funktionsfähigen und nicht diskriminierenden Wettbewerbs beziehen, sie hat zugleich in der Absicht zu erfolgen, die Bonität und Solidität des internationalen Finanzsystems zu stärken sowie den Schutz der Gläubiger von Kredit- und Finanzdienstleistungsinstituten zu erhöhen [19]. Einer so verstandenen Internationalisierung des Bankenaufsichtsrechts kommt damit sowohl eine wettbewerbsregulierende als auch gleichzeitig stabilitätserhaltende bzw. -verbessernde Aufgabe zu.

Zur Erfüllung vorstehender Aufgaben besteht zwischen den Aufsichtsinstanzen der verschiedenen Länder mittlerweile eine allgemeine Bereitschaft zur Zusammenarbeit. In Anbetracht einer immer enger werdenden weltweiten Verflechtung der Finanzmärkte und einer zunehmenden Betätigung der Kredit- und Finanzdienstleistungsinstitute über die Ländergrenzen und nationalen Märkte hinweg hat sich grundsätzlich die Erkenntnis durchgesetzt, dass sich nur durch eine verstärkte internationale Kooperation im Bereich des Bankenaufsichtsrechts weitere Fortschritte in der Überwachung des Marktzugangs und Marktaustritts sowie der laufenden Geschäftstätigkeit von Kredit- und Finanzdienstleistungsinstituten erzielen lassen. Die vorzufindende Intensität der Zusammenarbeit ist allerdings noch sehr unterschiedlich. Sie reicht von der eher sporadischen gegenseitigen Kontaktaufnahme über die Abstimmung bis hin zur Annäherung des Verhaltens durch Harmonisierung [20] divergierender nationaler Aufsichtsnormen und -standards [21]. Mittlerweile besonders weit gediehen ist die internationale Zusammenarbeit in Fragen der Bankenaufsicht innerhalb der Europäischen Union sowie bei der Bank für Internationalen Zahlungsausgleich.

---

[19] Vgl. ARNOLD, WOLFGANG (Harmonisierung 1990), S. 668.

[20] Zum Begriff der Harmonisierung vgl. Kapitel B.II.1, S. 43, Fn. 63.

[21] Ähnlich HÜTZ, GERHARD (Bankenaufsicht 1990), S. 5; ferner LUSSER, MARKUS (Harmonisierung 1989), S. 103. PECCHIOLI gibt einen umfassenden Überblick über die einzelnen Entwicklungsschritte der internationalen Kooperation auf dem Gebiet der Bankenaufsicht; vgl. PECCHIOLI, RINALDO M. (Policy Issues 1993), Chapter IV, Abschnitt B und C; ferner PECCHIOLI, RINALDO M. (Bankenaufsicht 1989), S. 52 ff.

II. Die Zusammenarbeit in der Bankenaufsicht in der Europäischen Union

1. Der einheitliche Europäische Binnenmarkt auf dem Gebiet des Finanzwesens – der „Europäische Finanzraum"

Während der am 7. Februar 1992 in Maastricht unterzeichnete und am 1. November 1993 in Kraft getretene Vertrag über die Europäische Union (EU-Vertrag) [22] die Geburtsstunde der Europäischen Union (EU) markiert, unternimmt der am 2. Oktober 1997 vereinbarte und am 1. Mai 1999 in Kraft getretene Vertrag von Amsterdam „wichtige konkrete Schritte, um die Europäische Union bürgernäher zu gestalten und ihre politische Identität sowohl nach innen wie nach außen sichtbarer und wirksamer zu machen" [23]. „Insoweit schließt der Amsterdamer Vertrag unmittelbar an die umfassende Fortentwicklung der Vertragsgrundlagen der Europäischen Gemeinschaften und der Europäischen Union an, die durch die Einheitliche Europäische Akte (EEA) von 1986 [24] eingeleitet und durch den Vertrag von Maastricht (1992) fortgesetzt wurde" [25]. Der EU-Vertrag in der Fassung des Vertragswerks von Amsterdam [26] „stellt eine neue Stufe bei der Verwirklichung einer immer engeren Union der Völker Europas dar ..." [27]. Die zwölf Gründerstaaten der Europäischen Union sind Belgien, die Bundesrepublik Deutschland, Dänemark, Frankreich, Griechenland, Irland, Italien, Luxemburg, die Niederlande, Portugal, Spanien sowie das Vereinigte Königreich Großbritannien und Nordirland. Am 1. Januar 1995 sind mit Finnland, Österreich und Schweden drei weitere Länder der Europäischen Union beigetreten.

---

[22] Vgl. BUNDESMINISTERIUM DES AUSWÄRTIGEN (Bekanntmachung 1993), S. 1947.

[23] LÄUFER, THOMAS (Texte 1998), S. 8.

[24] Vgl. Einheitliche Europäische Akte (EEA), S. 1 ff.; ferner DEUTSCHER BUNDESTAG (Gesetz zur EEA 1986), S. 1102 ff. Die Einheitliche Europäische Akte, die als originärer völkerrechtlicher Vertrag die Grundlage für die europäische Zusammenarbeit in der Außenpolitik legte und zugleich zu einer Änderung und Ergänzung der EG-Gründungsverträge führte, ist nach ihrer Ratifizierung durch die einzelnen europäischen Mitgliedstaaten am 1. Juli 1987 in Kraft getreten; vgl. BUNDESMINISTERIUM DES AUSWÄRTIGEN (Bekanntmachung 1987), S. 451.

[25] LÄUFER, THOMAS (Texte 1998), S. 8.

[26] Vgl. VERTRAG ÜBER DIE EUROPÄISCHE UNION (EU-Vertrag), S. 18 ff.

[27] Art. 1 Abs. 2 EU-Vertrag. Zur Einstufung der Europäischen Union als Staatenverbund vgl. BUNDESVERFASSUNGSGERICHT (Urteil 1994), S. 155 ff.; ferner KIRCHHOF, PAUL (Maastricht-Urteil 1995), S. 35 f.

Im Mittelpunkt der völkerrechtlichen Vereinbarung zur Gründung einer Europäischen Union [28] steht der Wunsch der Unterzeichnerstaaten nach einer Vertiefung ihrer Beziehungen nach innen sowie einer Stärkung ihrer Handlungsfähigkeit nach außen [29]. Fortschritte bei der wirtschaftlichen Integration sollen mit gleichlaufenden Fortschritten auf anderen Gebieten einhergehen [30]. Der Vertrag über die Europäische Union umfasst daher neben der ökonomischen vor allem auch eine politische Dimension. Er regelt nicht nur im Wege einer umfassenden Änderung und Ergänzung der Gründungsverträge der drei Teilorganisationen der Europäischen Gemeinschaften, nämlich der Europäischen Gemeinschaft für Kohle und Stahl (EGKS) [31], der Europäischen Atomgemeinschaft (EAG) [32] und der Europäischen Gemeinschaft (EG) [33], früher Europäischen Wirtschaftsgemeinschaft (EWG) [34], das weitere wirtschaftliche Zusammenwachsen der Vertragsparteien [35], er enthält zusätzlich auch Bestimmungen über eine gemeinsame Außen- und Sicherheitspolitik der Mitgliedstaaten [36] sowie insbesondere über deren polizeiliche und justitielle Zusammenarbeit in Strafsachen [37]. Diese mit dem Vertrag von Maastricht bzw. Amsterdam neu eingeführten Politiken und Formen der Zusammenarbeit bilden gemeinsam mit den bereits bestehenden drei Gemeinschaften die Standpfeiler der Europäischen Union [38]; sie sind die Säulen, auf denen die Europäische Union als Dach mit eigener juristischer Persönlichkeit ruht [39].

---

[28] Vgl. Art. 1 Abs. 1 EU-Vertrag.

[29] Vgl. LÄUFER, THOMAS (Vertragstexte 1993), S. 7.

[30] Vgl. z. B. die Erwägungsgründe in der Präambel zum EU-Vertrag.

[31] Vgl. VERTRAG ÜBER DIE GRÜNDUNG DER EUROPÄISCHEN GEMEINSCHAFT FÜR KOHLE UND STAHL (EGKS-Vertrag), S. 80 ff.

[32] Vgl. VERTRAG ZUR GRÜNDUNG DER EUROPÄISCHEN ATOMGEMEINSCHAFT (EAG-Vertrag), S. 86 ff.

[33] Vgl. VERTRAG ZUR GRÜNDUNG DER EUROPÄISCHEN GEMEINSCHAFT (EG-Vertrag), S. 54 ff.

[34] Vgl. VERTRAG ZUR GRÜNDUNG DER EUROPÄISCHEN WIRTSCHAFTSGEMEINSCHAFT (EWG-Vertrag), S. 5 ff. Der EG-Vertrag baut auf dem EWG-Vertrag auf und tritt an dessen Stelle. Mit der Umbenennung des EWG-Vertrages in EG-Vertrag und damit einhergehend der EWG in EG soll unterstrichen werden, dass die Gemeinschaft sich nicht ausschließlich auf die Wirtschaft beschränkt, sondern ihr daneben zahlreiche neue bzw. erweiterte Kompetenzen, insbesondere in den Bereichen Sozialpolitik, Bildung und Jugend, Kultur, Gesundheitswesen, Verbraucherschutz sowie Umwelt (vgl. Art. 136 ff. EG-Vertrag), zugewiesen werden.

[35] Vgl. Titel II, III und IV des EU-Vertrages.

[36] Vgl. Titel V des EU-Vertrages.

[37] Vgl. Titel VI des EU-Vertrages.

[38] Vgl. Art. 1 Abs. 3 Satz 1 EU-Vertrag.

[39] Vgl. RESS, GEORG (Europäische Union 1992), S. 985 u. S. 986; KLANTEN, THOMAS (Unionsvertrag 1994), S. 16; ENSTHALER, JÜRGEN (Binnenmarkt 1995), S. 12 f.; DEUTSCHE BUNDESBANK (Gremien 1997), S. 19; LÄUFER, THOMAS (Texte 1998), S. 10 f.

Ein wesentliches Ziel der Europäischen Union ist und bleibt die Fortentwicklung der wirtschaftlichen Integration ihrer einzelnen Mitgliedstaaten [40]. Als Mittel zur Erreichung dieses Ziels wird u. a. die Schaffung eines Raumes ohne Binnengrenzen genannt [41]. Allerdings finden sich im Vertrag über die Europäische Union keine näheren Einzelheiten zur Verwirklichung des Binnenmarktes. Es erfolgt lediglich ein Verweis auf die überarbeiteten Regelungen des EG-Vertrages [42]. Damit sind aber die im Kern erhalten gebliebenen Bestimmungen des früheren EWG-Vertrages auch weiterhin die „Grundlage des Handelns der europäischen Organe im ökonomischen Bereich" [43]. Der EU-Vertrag bekräftigt auf diese Weise den von den seitherigen Gemeinschaftsverträgen bereits verfolgten Prozess des wirtschaftlichen Zusammenschlusses europäischer Staaten.

Art. 2 EG-Vertrag bezeichnet es als Aufgabe der Europäischen Gemeinschaft,

– eine harmonische, ausgewogene und nachhaltige Entwicklung des Wirtschaftslebens,

– ein hohes Beschäftigungsniveau und ein hohes Maß an sozialem Schutz,

– die Gleichstellung von Männern und Frauen,

– ein beständiges, nichtinflationäres Wachstum,

– einen hohen Grad von Wettbewerbsfähigkeit und Konvergenz der Wirtschaftsleistungen,

– ein hohes Maß an Umweltschutz und Verbesserung der Umweltqualität,

– die Hebung der Lebenshaltung und der Lebensqualität,

– den wirtschaftlichen und sozialen Zusammenhalt und

– die Solidarität zwischen den Mitgliedstaaten

zu fördern. Ein Weg zur Erfüllung dieser Aufgabe wird in der Errichtung eines Gemeinsamen Marktes gesehen [44]. Dieser Gemeinsame Markt – als Synonym hierfür auch Europäischer Binnenmarkt [45] – ist dadurch gekennzeichnet, dass die

---

[40] Vgl. Art. 2 Abs. 1, 1. Gedankenstrich EU-Vertrag.

[41] Vgl. Art. 2 Abs. 1, 1. Gedankenstrich EU-Vertrag.

[42] Vgl. Art. 1 Abs. 3 Satz 1 i. V. m. Art. 5 EU-Vertrag.

[43] KLANTEN, THOMAS (Unionsvertrag 1994), S. 16. Die generelle Handlungsbefugnis der europäischen Organe – hierzu gehören das Europäische Parlament, der Europäische Ministerrat, die Europäische Kommission, der Europäische Gerichtshof sowie der Europäische Rechnungshof – ergibt sich aus Art. 5 EU-Vertrag. Vgl. auch Art. 7 und Art. 189 ff. EG-Vertrag; ferner DEUTSCHE BUNDESBANK (Gremien 1997), S. 28 ff.

[44] Vgl. Art. 2 EG-Vertrag.

[45] Vgl. DEUTSCHE BUNDESBANK (Europa 1992), S. 17; ferner GRILLER, STEFAN (Binnenmarkt 1992), S. 3; ENSTHALER, JÜRGEN (Binnenmarkt 1995), S. 10; a. A. EVERLING, ULRICH (Rechtsangleichung 1990), S. 1162.

störendsten Hindernisse für den freien Waren-, Personen-, Dienstleistungs- und Kapitalverkehr zwischen den einzelnen Mitgliedstaaten der Europäischen Gemeinschaft beseitigt werden sollen [46]. Er wird daher definiert als ein „Raum ohne Binnengrenzen, in dem der freie Verkehr von Waren, Personen, Dienstleistungen und Kapital ... gewährleistet ist" [47].

Die konstitutiven Elemente des Europäischen Binnenmarktes, die so genannten vier Grundfreiheiten, lassen erkennen, dass der angestrebte Aufbau binnenmarktähnlicher Wettbewerbsverhältnisse für die Gemeinschaft als Ganzes untrennbar mit der Schaffung eines einheitlichen Europäischen Binnenmarktes auf dem Gebiet des Finanzwesens verknüpft ist [48]. Der Europäische Finanzraum – synonym hierfür Europäische Finanzmarkt – ist ein wesentlicher Bestandteil der angestrebten Integration im Bereich der Wirtschaft und eine Voraussetzung für das Funktionieren des Gemeinsamen Marktes [49]. Ohne einen freien Fluss von Geld, Kapital und finanziellen Dienstleistungen – hierzu zählen sowohl Bank- als auch Wertpapier- und Versicherungsdienstleistungen – blieben alle Binnenmarktbestrebungen letztlich ein Torso [50].

Die vorstehende Einschätzung impliziert zwei grundlegende Ausrichtungen des Europäischen Finanzraums, und zwar zum einen die Schaffung eines integrierten europäischen Kapitalmarktes sowie zum anderen die Schaffung eines integrierten europäischen Marktes für finanzielle Dienstleistungen [51]. Sowohl die Liberalisierung des grenzüberschreitenden Kapitalverkehrs [52] als auch die Liberalisierung

---

[46] Vgl. Art. 3 Abs. 1 Buchstabe c) EG-Vertrag. Art. 3 Abs. 1 Buchstabe g) EG-Vertrag fordert ergänzend die Errichtung eines Systems, „das den Wettbewerb innerhalb des Binnenmarkts vor Verfälschungen schützt". Schließlich umfasst die Tätigkeit der Europäischen Gemeinschaft nach Art. 3 Abs. 1 Buchstabe h) EG-Vertrag „die Angleichung der innerstaatlichen Rechtsvorschriften, soweit dies für das Funktionieren des Gemeinsamen Marktes erforderlich ist". Vgl. hierzu auch Art. 94 und 95 Abs. 1 EG-Vertrag; ferner KOMMISSION DER EUROPÄISCHEN GEMEINSCHAFTEN (Weißbuch 1985), S. 4, Rn. 4.

[47] Art. 14 Abs. 2 EG-Vertrag. Die für die schrittweise Verwirklichung des Europäischen Binnenmarktes erforderlichen Maßnahmen sollten von der EG bis zum 31. Dezember 1992 getroffen werden; vgl. Art. 14 Abs. 1 EG-Vertrag. Dieses Ziel wurde weitgehend erreicht; vgl. DEUTSCHE BUNDESBANK (Währungsunion 1994), S. 25; DEUTSCHE BUNDESBANK (Geschäftsbericht 1994), S. 102 ff.; DEUTSCHE BUNDESBANK (Gremien 1997), S. 66 f.

[48] Vgl. auch BIEG, HARTMUT (Bankrichtlinien 1989), S. 3.

[49] Vgl. SERVAIS, DOMINIQUE (Finanzraum 1988), S. 11; DEUTSCHE BUNDESBANK (Europa 1992), S. 20. DELORS spricht diesbezüglich von einem „Grundpfeiler des gemeinsamen Wirtschaftsraums"; DELORS, JACQUES (Finanzraum 1988), S. 6.

[50] Vgl. DUWENDAG, DIETER (Europa-Banking 1988), S. 17.

[51] Vgl. SERVAIS, DOMINIQUE (Finanzraum 1988), S. 11; DELORS, JACQUES (Vorwort 1988), S. 9; DUWENDAG, DIETER (Europa-Banking 1988), S. 17 u. S. 18; DEUTSCHE BUNDESBANK (Europa 1992), S. 20.

[52] Vgl. Art. 56 ff. EG-Vertrag.

der Erbringung finanzieller Dienstleistungen über Niederlassungen [53] bzw. über Grenzen hinweg [54] sind wichtige Hebel zur Erreichung gesamtwirtschaftlicher und europapolitischer Ziele [55]. So stellt der Abbau von Kontrollen und Beschränkungen im innereuropäischen Kapitalverkehr „eine notwendige Ergänzung des Leistungsaustausches in der Gemeinschaft dar und ist insbesondere Voraussetzung dafür, dass der Produktionsfaktor Kapital gemeinschaftsweit optimal eingesetzt werden kann" [56]. „Knappes Kapital soll in die Regionen und Sektoren mit der höchsten Produktivität fließen und damit das Wirtschaftswachstum und die Wettbewerbsfähigkeit in der Gemeinschaft insgesamt stärken" [57].

Freie Kapitalströme sind zwar eine bedeutsame, allerdings noch keine hinreichende Bedingung für das Entstehen eines einheitlichen Europäischen Finanzraums; sie sind durch die Beseitigung von solchen staatlichen Regulierungen der nationalen Finanzmärkte zu ergänzen, die das Zustandekommen europaweiter finanzieller Dienstleistungen behindern oder gar diskriminieren [58]. „Nur bei gleichen Wettbewerbsbedingungen (auf dem Europäischen Markt für finanzielle Dienstleistungen; Anm. d. Verf.) kann das Kapital wirklich frei zirkulieren" [59]. Dies gilt sowohl für den Europäischen Banken- und Wertpapiermarkt als auch für den Europäischen Versicherungsmarkt. Kreditinstitute, Wertpapierfirmen [60] sowie Versicherungen müssen deshalb mit der Vollendung des Europäischen Marktes für finanzielle Dienstleistungen die Möglichkeit haben, ihre Leistungen an jedem Punkt der Gemeinschaft anbieten zu können, sei es durch Errichtung von Niederlassungen in anderen Mitgliedstaaten oder sei es über den grenzüber-

---

[53] Vgl. Art. 43 ff. EG-Vertrag.

[54] Vgl. Art. 49 ff. EG-Vertrag. Zur Abgrenzung der Begriffe „Niederlassung", „Dienstleistung" und „Kapitalverkehr" i. S. d. EG-Vertrages vgl. RÖMER, MONIKA (Bankenaufsicht 1977), S. 37 ff.; SERVAIS, DOMINIQUE (Finanzraum 1988), S. 25 ff.; HELLENTHAL, LUDGER (Bankenaufsichtsrecht 1992), S. 34 ff.

[55] Vgl. DUWENDAG, DIETER (Europa-Banking 1988), S. 18 m. w. A.; KOMMISSION DER EUROPÄISCHEN GEMEINSCHAFTEN (Weißbuch 1985), S. 26, Rn. 100 u. S. 27, Rn. 101. Zum Verhältnis beider Maßnahmenbündel zueinander vgl. Art. 50 Abs. 1 i. V. m. Art. 51 Abs. 2 EG-Vertrag; ferner KOMMISSION DER EUROPÄISCHEN GEMEINSCHAFTEN (Schaffung 1987), S. 2 u. S. 5 f.; BADER, UDO-OLAF (Kreditwirtschaft 1988), S. 474 f.; DUWENDAG, DIETER (Europa-Banking 1988), S. 18 f. u. S. 25 f.; SERVAIS, DOMINIQUE (Finanzraum 1988), S. 19; HELLENTHAL, LUDGER (Bankenaufsichtsrecht 1992), S. 35.

[56] GLESKE, LEONARD (Elemente 1989), S. 189.

[57] TIETMEYER, HANS (Bankenmarkt 1989), S. 24. Vgl. auch KOMMISSION DER EUROPÄISCHEN GEMEINSCHAFTEN (Weißbuch 1985), S. 5, Rn. 8.

[58] Vgl. DUWENDAG, DIETER (Europa-Banking 1988), S. 18 u. S. 25 f.

[59] DEUTSCHE BUNDESBANK (Europa 1992), S. 20.

[60] Die Begriffe „Wertpapierfirma" sowie „Wertpapierinstitut" werden im Folgenden synonym verwendet. Zur Verknüpfung des EU-rechtlichen Begriffs der Wertpapierfirma mit dem kreditwesengesetzlichen Begriff des Finanzdienstleistungsinstituts vgl. *Anlage 5*, S. 562 f.

schreitenden Vertrieb von Finanzprodukten vom Ursprungssitz .der Unternehmung aus [61].

Einen zusammenfassenden Überblick über die einzelnen Segmente des Europäischen Finanzraums gibt *Abbildung 1.*

Abb. 1: Die Segmente des Europäischen Finanzraums

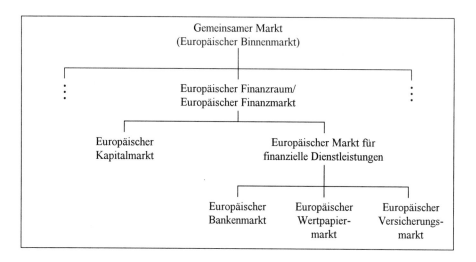

Die folgenden Ausführungen beschränken sich auf ein Teilgebiet des einheitlichen Europäischen Binnenmarktes auf dem Gebiet des Finanzwesens, nämlich den Europäischen Markt für finanzielle Dienstleistungen und als wichtige Ausschnitte hieraus den Europäischen Banken- und Wertpapiermarkt. Die Integrationsbemühungen auf diesen Märkten laufen darauf hinaus, den dortigen Akteuren, den Kreditinstituten einerseits sowie den Wertpapierinstituten andererseits, Funktionsbedingungen zu bieten, nach denen die Marktchancen dieser Institute möglichst groß und die wettbewerbsrechtlichen Verhältnisse möglichst gleich sind. So sollen auf der einen Seite durch umfassende Liberalisierungsmaßnahmen Kostensenkungen für die Banken und Wertpapierfirmen erreicht und Produktivitätsreserven freigelegt werden, von denen ihrerseits positive Ausstrahlungen auf weitere Sektoren der Volkswirtschaft erhofft werden [62]. Auf der anderen Seite

---

[61] Vgl. TROBERG, PETER (Integrationsprozeß 1989), S. 40.

[62] Quantitative Hinweise zu den ökonomischen Auswirkungen eines Europäischen Marktes für finanzielle Dienstleistungen finden sich u. a. im sog. „Cecchini-Bericht" sowie in einer Studie von PRICE WATERHOUSE; vgl. CECCHINI, PAOLO (Vorteil 1988), S. 64 ff.; PRICE WATERHOUSE (Cost 1988), S. 289. Zur Kritik an den Prognosen beider Untersuchungen vgl. FRAUWALLNER, EDITH (Preiseffekte 1992), S. 1167 ff. sowie GRILLER, STEFAN (Binnenmarkt 1992), S. 6.

sollen die Kredit- und Wertpapierinstitute auf dem einheitlichen Europäischen Banken- und Wertpapiermarkt eine annähernd identische Ausgangssituation vorfinden. Wettbewerbsverzerrungen aufgrund ungleicher Rahmendaten für die geschäftliche Betätigung der Banken und Wertpapierfirmen sollen vermieden und auf diese Weise die Akzeptanz des angestrebten Liberalisierungsprogramms innerhalb der Europäischen Union sichergestellt werden.

Vor allem der Aspekt der Wettbewerbsneutralität zeigt, dass es unerlässlich ist, zumindest die wichtigsten Rechts- und Verwaltungsvorschriften für die Aufnahme und Ausübung der Geschäftätigkeit der Kredit- und Wertpapierinstitute auf den einzelnen nationalen Banken- und Wertpapiermärkten einander anzupassen, d. h. auf eine materiell gleichwertige Basis zu stellen. Ohne die Harmonisierung [63] der wesentlichsten Start- und Tätigkeitsbedingungen der Kredit- und Wertpapierinstitute auf dem Europäischen Banken- und Wertpapiermarkt – hierzu gehören insbesondere auch solche des Bankenaufsichtsrechts [64] – ist die Liberalisierung des Marktes für Bank- und Wertpapierdienstleistungen nicht möglich. Liberalisierung und Harmonisierung sind untrennbar miteinander verbunden [65].

Die Maßnahmen zur Harmonisierung des Bankenaufsichtsrechts dürfen allerdings nicht ausschließlich der freien Erbringung finanzieller Dienstleistungen unter Wahrung zufriedenstellender Wettbewerbsverhältnisse dienen. Der Ausgleich des Regelungsgefälles, das sich aus den Disparitäten im Hinblick auf die Struktur und die Intensität der einzelnen nationalen Bankenaufsichtssysteme ergibt, hat sich vielmehr in einem rechtlichen Ordnungsrahmen zu vollziehen, der zugleich sowohl einen angemessenen Gläubigerschutz garantiert als auch die Stabilität des Finanzsystems gewährleistet [66]. Damit wird ersichtlich, welches

---

[63]   Unter Harmonisierung – in der Sprache des EG-Vertrages auch Koordinierung – verstehen wir im Folgenden die Angleichung bzw. die Anpassung, nicht aber die vollständige Vereinheitlichung nationaler Rechts- und Verwaltungsvorschriften. Ähnlich RÖMER, MONIKA (Bankenaufsicht 1977), S. 19 (Fn. 41); ferner TROBERG, PETER (Europäische Aufsicht 1979), S. 55; BUNDESMINISTERIUM FÜR WIRTSCHAFT (HRSG.) (ABC 1984), S. 32; WINDMÖLLER, ROLF (Harmonisierung 1989), S. 265; KRUMNOW, JÜRGEN (Bedeutung 1991), S. 11; KLOOS, GERHARD (Transformation 1993), S. 53.

[64]   Weitere Eckpfeiler der Harmonisierung sind die Rechnungslegungs- und Publizitätsvorschriften, die Besteuerungsregeln sowie die Anforderungen an den Verbraucherschutz.

[65]   Zu den Interdependenzen von Liberalisierung und Harmonisierung vgl. insbesondere HOFFMANN, DIETHER (Börsenrecht 1990), S. 14 ff.; ferner SCHWARK, EBERHARD (Liberalisierung 1981), S. 15 u. S. 30; HORN, NORBERT (Entwicklungslinien 1994), S. 131. Nach TROBERG erfüllt die Harmonisierung der regelnden Vorschriften „eine marktöffnende, liberalisierende Funktion"; TROBERG, PETER (Integrationsprozeß 1989), S. 45.

[66]   Vgl. zu diesen beiden Postulaten Kapitel B.I.2.b), S. 33 f.; ferner KOMMISSION DER EUROPÄISCHEN GEMEINSCHAFTEN (Schaffung 1987), S. 6; FITCHEW, GEOFFREY (Bankrechtsentwicklung 1987), S. 45 u. S. 47; SERVAIS, DOMINIQUE (Finanzraum 1988), S. 19, S. 23 u. S. 49; HELLENTHAL, LUDGER (Bankenaufsichtsrecht 1992), S. 13.

Gewicht der Angleichung des Bankenaufsichtsrechts im Liberalisierungsprozess der Europäischen Union zukommt. Die Harmonisierung des Bankenaufsichtsrechts ist eine Grundvoraussetzung für die Verwirklichung des gemeinsamen Europäischen Banken- und Wertpapiermarktes [67]. Es stellt sich daher die Frage, wie die einzelnen nationalen Bankenaufsichtsbestimmungen in Einklang mit dem gemeinsamen Europäischen Banken- und Wertpapiermarkt gebracht werden können.

2. Das Bankenaufsichtsrecht im Harmonisierungsprozess der Europäischen Union

a) Konzepte der Harmonisierung des Bankenaufsichtsrechts innerhalb der Europäischen Union

aa) Überblick

Die Harmonisierung des Bankenaufsichtsrechts ist nunmehr seit über 30 Jahren Bestandteil des europäischen Integrationsprozesses. Die Bemühungen der europäischen Institutionen zur Anpassung national unterschiedlich ausgestalteter Bankenaufsichtsbestimmungen verliefen jedoch nicht immer gleichförmig. Es lassen sich vielmehr *drei grundlegende Entwicklungsphasen* mit jeweils eigenständigen Ansätzen zur Schaffung eines einheitlichen europäischen Bankenaufsichtsrechts unterscheiden [68]. Die *erste Phase* umfasst den Zeitraum von 1969 bis 1972/73 mit dem Entwurf eines umfassenden gesamteuropäischen Kreditwesengesetzes. Es wurde das Konzept einer weitestgehenden Harmonisierung der nationalen bankenaufsichtsrechtlichen Vorschriften in einem einzigen großen Schritt verfolgt. Die sich anschließende, bis 1985/86 reichende *zweite Phase* führte zu einem Strategiewechsel. In dieser Periode wurde zwar weiterhin eine Angleichung nationaler Bankenaufsichtsregeln auf einem möglichst hohen ge-

---

[67] Ebenso TROBERG, PETER (Liberalisierung 1981), S. 39; BESTER, DIETMAR (Kontrolle 1986), S. 180 f.; GEIGER, WALTER (Bankaufsichtsnormen 1989), S. 260; KALDENKERKEN, THOMAS VAN (Controlling 1992), S. 40; BÜSCHGEN, HANS E. (Geld und Banken 1993), S. 473. Zu den Konsequenzen der Harmonisierung des Bankenaufsichtsrechts für die Geschäftspolitik der Banken vgl. u. a. BADER, UDO-OLAF (Kreditwirtschaft 1988), S. 478 ff.; BADER, UDO-OLAF (Rahmenbedingungen 1989), S. 94 ff.; GRÖSCHEL, ULRICH (Bundesrepublik 1990), S. 53 ff.; MÜLLER, LOTHAR (Bankrechtsharmonisierung 1992), S. 36 ff.; FRANCK, CHRISTIAN (Binnenmarkt 1992), S. 689 f.

[68] Vgl. dahingehend GADDUM, JOHANN WILHELM (Harmonisierung 1988), S. 112 ff.; SCHNEIDER, MANFRED (Harmonisierung 1989), S. 246 ff.; BADER, UDO-OLAF (Rahmenbedingungen 1989), S. 77 ff.; BADER, UDO-OLAF (Entwicklung 1990), S. 19 ff. KNOBL prägt in diesem Zusammenhang den Begriff der „Europäisierung in homöopathischen Dosen"; KNOBL, PETER (Europabankrecht 1992), S. 28.

meinsamen Standard angestrebt, als Vorgehensweise wurde allerdings das Konzept der stufen- bzw. abschnittsweisen Harmonisierung gewählt. Mit Beginn der *dritten*, bis heute andauernden *Phase* wurde schließlich die Politik der umfassenden Harmonisierung in kleinen Schritten durch das Konzept der gegenseitigen Anerkennung der Gleichwertigkeit und nur noch minimalen Harmonisierung nationaler Bankenaufsichtsnormen ersetzt.

ab) Phase 1: Das Konzept einer weitestgehenden Harmonisierung der nationalen bankenaufsichtsrechtlichen Vorschriften in einem einzigen großen Schritt

Die ersten bedeutsamen Ansätze zur Harmonisierung des europäischen Bankenaufsichtsrechts gehen auf das Jahr 1969 zurück [69]. In diesem Jahr begann eine bei der Europäischen Kommission eingerichtete „Arbeitsgruppe Bankrechtskoordinierung" sich mit den Einzelheiten und Problemen einer Harmonisierung bankenaufsichtsrechtlicher Vorschriften zu beschäftigen [70]. Sie konnte hierbei auf eine in den Jahren 1965 bis 1968 entstandene rechtsvergleichende Studie [71] über die nationalen Bankenaufsichtssysteme in den damals sechs Mitgliedstaaten der EG (dies waren Belgien, die Bundesrepublik Deutschland, Frankreich, Italien, Luxemburg und die Niederlande) zurückgreifen [72]. Die Arbeit der Bankrechtskoordinierungsgruppe mündete schließlich 1972 nach dreijährigen Beratungen in den „Entwurf einer Richtlinie zur Koordinierung der Rechts- und Verwaltungsvorschriften für die Aufnahme und Ausübung der selbstständigen Tätigkeiten der Kreditinstitute" [73].

Bei diesem 1972 von der Europäischen Kommission vorgelegten Entwurf einer Richtlinie zur Bankrechtskoordinierung handelte es sich um ein in sich geschlos-

---

[69]   Vgl. MAYER, HELMUT (Bundesaufsichtsamt 1981), S. 208; TROBERG, PETER (Integrationsprozeß 1989), S. 38. In den Jahren zuvor (seit Unterzeichnung der Römischen Verträge) gab es auf europäischer Ebene – abgesehen von Vorarbeiten zur sog. „Niederlassungs- und Dienstleistungsrichtlinie" von 1973 – keine nennenswerten Initiativen zur Anpassung des Bankenaufsichtsrechts. Vgl. hierzu BOPP, RICHARD (Europäische Aufsicht 1982), S. 140 ff.; GADDUM, JOHANN WILHELM (Harmonisierung 1988), S. 112; BADER, UDO-OLAF (Entwicklung 1990), S. 20 f.

[70]   Vgl. dazu BOPP, RICHARD (Europäische Aufsicht 1982), S. 142; TROBERG, PETER (Geduldprobe 1975), S. 232. Näheres zur „Arbeitsgruppe Bankrechtskoordinierung" in Kapitel B.II.2.cb), S. 62.

[71]   Vgl. KLUG, ULRICH (Gutachten 1968), S. 1 ff.

[72]   Vgl. BOPP, RICHARD (Europäische Aufsicht 1982), S. 64 u. S. 141 f.; TROBERG, PETER (Bangen 1976), S. 588.

[73]   Vgl. KOMMISSION DER EUROPÄISCHEN GEMEINSCHAFTEN (Entwurf einer Koordinierungsrichtlinie 1972), S. 1 ff. Eine ausführliche Besprechung dieses Entwurfs findet sich bei RÖMER, MONIKA (Bankenaufsicht 1977), S. 80 ff. Zur Richtlinie als Instrument der Angleichung nationaler Rechts- und Verwaltungsvorschriften vgl. Kapitel B.II.2.b), S. 58 ff.

senes System für ein einheitliches europäisches Bankenaufsichtsrecht [74]. Konzipiert als eine Art gesamteuropäisches Kreditwesengesetz [75] stellte er ein breites
Spektrum bankenaufsichtsrechtlicher Regelungen zur Diskussion. So sind in der
Entwurfsfassung insbesondere Bestimmungen enthalten über das Zulassungsverfahren von Kreditinstituten, die Qualifikation der Geschäftsleiter, Bezugsgrößen
für die Überwachung der Zahlungsfähigkeit und -bereitschaft der Kreditinstitute,
die Höhe sowie die Zusammensetzung der erforderlichen Eigenmittel der Institute, die Errichtung von Zweigstellen innerhalb und außerhalb der EG, die Vorlage
von Monats- und Jahresausweisen, die Einreichung bestimmter Kreditanzeigen,
ein europaweites Meldewesen für Kredite, eine Einlagensicherung und nicht zuletzt den Entzug der Geschäftserlaubnis. In Anbetracht dieser Fülle angesproche-
ner Aufsichtsbereiche bezeichnet TROBERG deswegen auch zu Recht den Entwurf
als ein Monumentalwerk [76].

Der Kommissionsentwurf aus dem Jahre 1972 war somit der angedachte Ver-
such, das Bankenaufsichtsrecht in Europa in seinen wesentlichen Zielen, Prinzipien und Instrumenten in einem einzigen umfassenden Schritt zu koordinieren [77].
Seine Verwirklichung hätte die einzelnen europäischen Bankensysteme „aufsichtsrechtlich eng verbunden und recht weitgehend gleichgestellt" [78]. Aufgrund
der bestehenden strukturellen Unterschiede im Bankwesen der europäischen
Mitgliedstaaten sowie der historisch bedingten konzeptionellen Abweichungen in
den nationalen Aufsichtssystemen „ließ sich jedoch ein Richtlinienentwurf zur
Koordinierung des EG-Bankenaufsichtsrechts in dieser konzentrierten Form po-
litisch nicht durchsetzen" [79]. Der Globalentwurf fand bereits bei den sechs Gründerstaaten der EG keinen nachhaltigen Anklang [80]; er war zur damaligen Zeit zu

---

[74] Vgl. BESTER, DIETMAR (Kontrolle 1986), S. 188; SCHNEIDER, MANFRED (Harmonisierung 1989),
     S. 246.

[75] So bspw. RÖMER, MONIKA (Bankenaufsicht 1977), S. 80; BOPP, RICHARD (Europäische Aufsicht
     1982), S. 64 u. S. 142; BIEG, HARTMUT (Bankrichtlinien 1989), S. 5; BADER, UDO-OLAF (Rahmen-
     bedingungen 1989), S. 77; BADER, UDO-OLAF (Entwicklung 1990), S. 21 u. S. 41; KRUMNOW,
     JÜRGEN (Bedeutung 1991), S. 2; TROBERG, PETER (Bankaufsichtsrecht 1991), S. 1745; KNOBL,
     PETER (Europabankrecht 1992), S. 28.

[76] Vgl. TROBERG, PETER (Zukunft 1985), S. 958; ferner KNOBL, PETER (Europabankrecht 1992), S. 28.

[77] Vgl. BOPP, RICHARD (Europäische Aufsicht 1982), S. 64 f.; GADDUM, JOHANN WILHELM (Harmoni-
     sierung 1988), S. 112; BADER, UDO-OLAF (Entwicklung 1990), S. 21. ARNOLD/BOOS sprechen dies-
     bezüglich auch von einer „Vollharmonisierung"; ARNOLD, WOLFGANG; BOOS, KARL-HEINZ (KWG-
     Novelle 1991), S. 364.

[78] SCHWARK, EBERHARD (Liberalisierung 1981), S. 24; vgl. auch TROBERG, PETER (Europäische Auf-
     sicht 1979), S. 9; ZEITLER, ISABELLA (Bankenaufsicht 1984), S. 209.

[79] ZEITLER, ISABELLA (Bankenaufsicht 1984), S. 209; ferner RÖMER, MONIKA (Bankenaufsicht 1977),
     S. 81.

[80] Vgl. TROBERG, PETER (Zukunft 1985), S. 958.

ehrgeizig und progressiv und daher wahrscheinlich von vornherein zum Scheitern verurteilt [81].

Als dann am 1. Januar 1973 mit Dänemark, Irland sowie dem Vereinigten Königreich Großbritannien und Nordirland drei weitere Mitglieder der EG beitraten [82] und diese Länder z. T. ebenfalls erhebliche Bedenken gegen den Richtlinienentwurf äußerten, mussten schließlich Ende 1973 die Arbeiten der Europäischen Kommission an dem Entwurf einer umfassenden Bankrechtskoordinierungsrichtlinie endgültig aufgegeben werden [83]. Angesichts des damals geltenden generellen Einstimmigkeitserfordernisses für Entscheidungen des Rates der Europäischen Gemeinschaften [84] bestanden keine Aussichten mehr für seine Durchsetzung. Ein Umdenken in der Harmonisierung des Bankenaufsichtsrechts in Europa war die Folge. „Das Streben nach der vollendeten Lösung aus einem Guss und in einem einzigen Schritt" [85] wurde durch eine Strategie der Teilschritte ersetzt [86]. Dennoch blieb der Globalentwurf von 1972 in seinen Grundzügen weiterhin das Fernziel einer harmonisierten europäischen Bankenaufsicht, auf das man sich aber jetzt in kleinen Schritten hinzubewegen versuchte [87].

[81] Ebenso BADER, UDO-OLAF (Entwicklung 1990), S. 21; KNOBL, PETER (Europabankrecht 1992), S. 28 f.

[82] Vgl. RAT DER EUROPÄISCHEN GEMEINSCHAFTEN (Beitritts- und Anpassungsakte 1973), S. 1 ff.; ferner BUNDESMINISTERIUM DES AUSWÄRTIGEN (Bekanntmachung 1973), S. 175.

[83] Vgl. BOPP, RICHARD (Europäische Aufsicht 1982), S. 66 u. S. 143; BRANDENSTEIN-ZEPPELIN, CONSTANTIN VON (Bankaufsichtsrechtliche Konsolidierung 1989), S. 7.

[84] Vom Rat der Europäischen Gemeinschaften (mittlerweile Rat der Europäischen Union), der sich gemäß Art. 203 Abs. 1 EG-Vertrag aus den für den jeweiligen Beratungsgegenstand zuständigen Fachministern der europäischen Mitgliedstaaten zusammensetzt, ist der Europäische Rat nach Art. 4 EU-Vertrag zu unterscheiden. Als Europäischer Rat wird gemäß Art. 4 Abs. 2 Satz 1 EU-Vertrag das regelmäßige Zusammentreffen der Staats- und Regierungschefs der europäischen Mitgliedstaaten sowie des Präsidenten der Europäischen Kommission bezeichnet. Nach Art. 4 Abs. 1 EU-Vertrag ist es Aufgabe dieses Gremiums, der Europäischen Union für ihre Entwicklung erforderlichen Impulse zu geben und die allgemeinen politischen Zielvorstellungen für diese Entwicklung festzulegen. Im Folgenden wird statt vom Rat der Europäischen Gemeinschaften bzw. Rat der Europäischen Union vereinfachend vom Europäischen Ministerrat gesprochen.

[85] SCHNEIDER, MANFRED (Harmonisierung 1989), S. 246.

[86] Vgl. MÜLLER-ENDERS, WALDEMAR (Harmonisierung 1986), S. 460.

[87] Vgl. RÖMER, MONIKA (Bankenaufsicht 1977), S. 48, S. 81 u. S. 142; ferner ZEITLER, ISABELLA (Bankenaufsicht 1984), S. 211. Nach TROBERG diente der Globalentwurf in der Folgezeit als „Steinbruch für Ideen"; TROBERG, PETER (Zukunft 1985), S. 959.

ac) Phase 2: Das Konzept der stufen- bzw. abschnittsweisen Harmonisierung nationaler Bankenaufsichtsregeln auf einem möglichst hohen gemeinsamen Standard

Nachdem die Europäische Kommission Ende 1973 mit dem Gedanken eines allgemein gültigen europäischen Bankenaufsichtsrechts am Widerstand einzelner europäischer Mitgliedstaaten gescheitert war, entschloss sie sich Anfang 1974 zu einer Änderung ihrer Vorgehensweise. Sie verfolgte von nun an eine Politik der Anpassung des Bankenaufsichtsrechts in mehreren kleinen Schritten [88]. Aber auch mit dem Konzept der stufen- bzw. abschnittsweisen Harmonisierung wurde grundsätzlich weiterhin eine umfassende Angleichung der unterschiedlichen nationalen bankenaufsichtsrechtlichen Systeme angestrebt. Das Gesamtpaket von 1972 wurde lediglich in eine Reihe konkreter Einzelvorhaben aufgeschnürt [89]; programmatisch blieb es indessen bei der ursprünglichen Festlegung einer Vollharmonisierung [90].

Die wichtigsten Etappen auf dem Weg zur schrittweisen Harmonisierung der nationalen Bankenaufsichtssysteme in Europa waren die Niederlassungs- und Dienstleistungsrichtlinie aus dem Jahre 1973 [91], die Erste Bankrechtskoordinierungsrichtlinie von 1977 [92], die Konsolidierungsrichtlinie von 1983 [93] sowie die Bankbilanzrichtlinie von 1986 [94]. Ergänzend wurden von der Europäischen

---

[88] So beispielsweise zu finden in den Erwägungsgründen zur Ersten Bankrechtskoordinierungsrichtlinie von 1977 sowie zur Konsolidierungsrichtlinie von 1983; vgl. RAT DER EUROPÄISCHEN GEMEINSCHAFTEN (Erste Bankrechtskoordinierungsrichtlinie 1977), S. 30 (3. Erwägungsgrund); RAT DER EUROPÄISCHEN GEMEINSCHAFTEN (Konsolidierungsrichtlinie 1983), S. 18 (3. Erwägungsgrund). Vgl. ferner RÖMER, MONIKA (Bankenaufsicht 1977), S. 81; BLAUROCK, UWE (Einleitung 1981), S. 11; BOPP, RICHARD (Europäische Aufsicht 1982), S. 66; GADDUM, JOHANN WILHELM (Harmonisierung 1988), S. 113; BÜSCHGEN, HANS E. (Bankbetriebslehre 1998), S. 295.

[89] Vgl. BOPP, RICHARD (Europäische Aufsicht 1982), S. 67; TROBERG, PETER (Zukunft 1985), S. 958; BADER, UDO-OLAF (Rahmenbedingungen 1989), S. 77; KNOBL, PETER (Europabankrecht 1992), S. 28.

[90] Vgl. auch BADER, UDO-OLAF (Bankenmarkt 1988), S. 245 u. S. 246; TROBERG, PETER (Integrationsprozeß 1989), S. 38; BADER, UDO-OLAF (Entwicklung 1990), S. 21.

[91] Vgl. RAT DER EUROPÄISCHEN GEMEINSCHAFTEN (Niederlassungs- und Dienstleistungsrichtlinie 1973), S. 1 ff. Die Niederlassungs- und Dienstleistungsrichtlinie von 1973 wird hier nur der Vollständigkeit halber aufgeführt. Ihre Verabschiedung fällt noch in die Phase der Beratung des Entwurfs für ein gesamteuropäisches Kreditwesengesetz.

[92] Vgl. RAT DER EUROPÄISCHEN GEMEINSCHAFTEN (Erste Bankrechtskoordinierungsrichtlinie 1977), S. 30 ff. Eine ausführliche Besprechung der Ersten Bankrechtskoordinierungsrichtlinie findet sich bei TROBERG, PETER (Europäische Aufsicht 1979), S. 9 ff.

[93] Vgl. RAT DER EUROPÄISCHEN GEMEINSCHAFTEN (Konsolidierungsrichtlinie 1983), S. 18 ff.

[94] Vgl. RAT DER EUROPÄISCHEN GEMEINSCHAFTEN (Bankbilanzrichtlinie 1986), S. 1 ff. Ausführlich hierzu CHRISTIAN, CLAUS-JÖRG; WASCHBUSCH, GERD (EG-Bankbilanzrichtlinie 1987), S. 2335 ff.; BADER, UDO-OLAF (Bankbilanzrichtlinie 1988), S. 15 ff.; BIEG, HARTMUT (Grundlagen 1988), S. 3
(Fortsetzung nächste Seite)

Kommission Ende 1986 zwei Empfehlungen [95] verabschiedet, die sich mit der Überwachung und Kontrolle der Großkredite von Kreditinstituten [96] bzw. mit der verpflichtenden Einführung von Einlagensicherungssystemen in der Europäischen Gemeinschaft [97] befassten. Insgesamt betrachtet waren jedoch die mit der Politik der abschnittsweisen Vollharmonisierung des Bankenaufsichtsrechts erreichten Ergebnisse – verglichen mit dem weit reichenden Entwurf eines gesamteuropäischen Kreditwesengesetzes von 1972 – eher bescheiden [98]. In Anbetracht der Komplexität der zu bewältigenden Koordinierungsbereiche wurden nur sehr zäh Fortschritte erzielt. Die Langwierigkeit des Konzepts der kleinen Schritte war aber auch eine Folge des zumeist schwerfälligen Prozesses der Entscheidungsfindung zwischen den einzelnen europäischen Mitgliedstaaten, die in Wahrung ihrer eigenen Interessen strukturelle Gegebenheiten ihrer Finanzsysteme und ihrer aufsichtsrechtlichen Praxis zu verteidigen suchten [99]. Diese Verzögerungstaktik wurde zudem durch das weiterhin bestehende Gebot der einstimmigen Beschlussfassung im Europäischen Ministerrat bei der Verabschiedung von Richtlinien begünstigt. Neue Impulse waren daher erforderlich, damit die europäische Integration auf dem Gebiet des Finanzwesens weiter voranschreiten konnte.

ad) Phase 3: Das Konzept der gegenseitigen Anerkennung der Gleichwertigkeit und nur noch minimalen Harmonisierung nationaler Bankenaufsichtsnormen

War es bis 1985/86 Ziel der Europäischen Kommission, im Bankenaufsichtsbereich zuerst in einem einzigen großen Schritt, dann abschnittsweise zu einer weitestgehenden Angleichung der nationalen Rechts- und Verwaltungsvorschriften zu gelangen, so änderte sie ab diesem Zeitraum aufgrund der mit einer solchen

---

(*Fortsetzung*)
ff.; BIEG, HARTMUT (Bewertung 1988), S. 149 ff.; BIEG, HARTMUT (Bankbilanzrichtlinie 1988), S. 43 ff.

[95] Zu diesem Instrument der Angleichung nationaler Rechts- und Verwaltungsvorschriften vgl. Kapitel B.II.2.b), S. 58 ff.

[96] Vgl. KOMMISSION DER EUROPÄISCHEN GEMEINSCHAFTEN (Großkreditempfehlung 1987), S. 10 ff.

[97] Vgl. KOMMISSION DER EUROPÄISCHEN GEMEINSCHAFTEN (Empfehlung Einlagensicherungssysteme 1987), S. 16 f.

[98] So auch GADDUM, JOHANN WILHELM (Harmonisierung 1988), S. 117; SCHNEIDER, MANFRED (Harmonisierung 1989), S. 249; KRUMNOW, JÜRGEN (Bedeutung 1991), S. 2 u. S. 3.

[99] Vgl. BESTER, DIETMAR (Kontrolle 1986), S. 204. Nach TROBERG handelt es sich bei der Harmonisierung bankenaufsichtsrechtlicher Vorschriften um „eine Kunst des Möglichen"; TROBERG, PETER (Integrationsprozeß 1989), S. 40. MÜLLER spricht diesbezüglich von einem auszubalancierenden Geflecht einzelstaatlicher Interessen; vgl. MÜLLER, LOTHAR (Bankrechtsharmonisierung 1992), S. 31 u. S. 33.

Vollharmonisierung zwangsläufig verbundenen Durchsetzungsprobleme ihre Vorgehensweise grundlegend [100]. Sie entwickelte das bis heute angewandte Konzept der gegenseitigen Anerkennung der Gleichwertigkeit und nur noch minimalen Harmonisierung einzelstaatlicher Bankenaufsichtsnormen [101]. Die inhaltlichen Grundlagen dieses neuen Integrationsansatzes finden sich in dem von der Europäischen Kommission ausgearbeiteten und im Juni 1985 vom Europäischen Ministerrat gebilligten Weißbuch über die „Vollendung des Binnenmarktes" bis zum 31. Dezember 1992 [102]. Rechtliche Basis der neuen Strategie ist die „Einheitliche Europäische Akte" (EEA) aus dem Jahre 1986 [103], in der sich die europäischen Mitgliedstaaten zur Verwirklichung der im Weißbuch niedergelegten Absichten verpflichteten [104].

Ziel des 1985 vorgelegten Weißbuches war die Beschleunigung des europäischen Integrationsprozesses durch den Vorschlag eines detaillierten Aktionsprogramms und genauen Zeitplans für den Abbau materieller, technischer und steuerlicher Schranken [105], die einem freien Waren-, Personen-, Dienstleistungs- und Kapitalverkehr in der Gemeinschaft entgegenstanden. Unter den nahezu 300 Einzelmaßnahmen, die das Weißbuch diesbezüglich aufzählte, kam der Liberalisierung des Europäischen Marktes für finanzielle Dienstleistungen und damit auch des Europäischen Banken- und Wertpapiermarktes eine besondere Bedeutung zu [106]. Denn die Europäische Kommission rückte von ihrer bislang verfolgten Strategie einer umfassenden, systematischen Angleichung aller Bereiche des europäischen Aufsichtsrechts ab und formulierte in Analogie zum Bereich des Warenaus-

---

[100] BADER spricht von einer „Kehrtwende von immenser Bedeutung"; BADER, UDO-OLAF (Rahmenbedingungen 1989), S. 79.

[101] Vgl. auch FITCHEW, GEOFFREY (Bankrechtsentwicklung 1987), S. 45; SCHNEIDER, MANFRED (Zusammenarbeit 1987), S. 148; BADER, UDO-OLAF (Bankenmarkt 1988), S. 246; SERVAIS, DOMINIQUE (Finanzraum 1988), S. 15 f.; BIEG, HARTMUT (Bankrichtlinien 1989), S. 5; BOOS, KARL-HEINZ; MENTRUP, HORST (EG-Bankrechtsharmonisierung 1989), S. 14 f.; SCHNEIDER, MANFRED (Harmonisierung 1989), S. 249 f.; DÜRSELEN, KARL E. (Änderungen 1993), S. 267.

[102] Vgl. KOMMISSION DER EUROPÄISCHEN GEMEINSCHAFTEN (Weißbuch 1985), S. 6, Rn. 13, S. 17, Rn. 58 u. S. 27 f., Rn. 102 ff.

[103] Vgl. Einheitliche Europäische Akte (EEA), S. 1 ff.; ferner DEUTSCHER BUNDESTAG (Gesetz zur EEA 1986), S. 1102 ff. Die Einheitliche Europäische Akte ist nach ihrer Ratifizierung durch die einzelnen europäischen Mitgliedstaaten am 1. Juli 1987 in Kraft getreten; vgl. BUNDESMINISTERIUM DES AUSWÄRTIGEN (Bekanntmachung 1987), S. 451.

[104] Vgl. Einheitliche Europäische Akte (EEA), S. 24 (Zusatzerklärung im Schlußprotokoll zu Art. 8a EWG-Vertrag).

[105] Vgl. KOMMISSION DER EUROPÄISCHEN GEMEINSCHAFTEN (Weißbuch 1985), S. 4 ff., Rn. 1 ff.

[106] Vgl. KOMMISSION DER EUROPÄISCHEN GEMEINSCHAFTEN (Weißbuch 1985), S. 26 ff., Rn. 100 ff. sowie den Anhang zum Weißbuch, S. 31 ff.

tauschs [107] ein weitaus praktikableres Konzept zur Herstellung der Niederlassungs- und Dienstleistungsfreiheit der Kredit- und Wertpapierinstitute [108]. Danach sind zukünftig die folgenden vier Prinzipien die Eckpfeiler einer Harmonisierung des Aufsichtsrechts im Bereich der Bank- und Wertpapierdienstleistungen:

1. die Beschränkung der Harmonisierung auf die grundlegendsten Elemente (Kernbereiche) aufsichtsrechtlicher Regeln und Standards (Grundsatz der Geltung bestimmter Minimalanforderungen an gemeinsame Aufsichtsvorschriften, kurz: Grundsatz der Mindestharmonisierung),

2. die gegenseitige Anerkennung der Art und Weise, wie auf Basis der Mindestharmonisierung aufsichtsrechtliche Regeln und Standards in den einzelnen europäischen Mitgliedstaaten jeweils angewandt werden (Grundsatz der gegenseitigen Anerkennung der Gleichwertigkeit nationaler Aufsichtsvorschriften),

3. das Recht eines jeden in einem europäischen Mitgliedstaat ordnungsgemäß zugelassenen Kredit- oder Wertpapierinstituts, seine Geschäftstätigkeit, sei es durch die Errichtung von Zweigniederlassungen oder sei es in Form der Erbringung grenzüberschreitender Dienstleistungen, in allen anderen europäischen Mitgliedstaaten nach den in seinem Sitz- bzw. Heimatland geltenden Aufsichtsbestimmungen [109] frei entfalten zu können (Grundsatz der Erteilung einer einheitlichen europaweiten Lizenz für Kreditinstitute und Wertpapierfirmen durch das jeweilige Herkunftsland), sowie

4. die Überwachung sämtlicher Aktivitäten einer Bank oder einer Wertpapierfirma auf europäischer Ebene – unabhängig davon, ob sie über eine Zweigniederlassung oder durch grenzüberschreitende Dienstleistungserbringung ausgeübt werden – von den zuständigen Behörden desjenigen europäischen Mitgliedstaates, in dem die Zulassung zum Geschäftsbetrieb der Bank oder

---

[107] Vgl. KOMMISSION DER EUROPÄISCHEN GEMEINSCHAFTEN (Weißbuch 1985), S. 6, Rn. 13 u. S. 17 ff., Rn. 57 ff. Grundlage der neuen Philosophie war vor allem das richtungsweisende Urteil des Europäischen Gerichtshofs zum Fall des französischen Johannisbeerlikörs „Cassis de Dijon" von 1979; vgl. GERICHTSHOF DER EUROPÄISCHEN GEMEINSCHAFTEN (Urteil 1979), S. 1 f. In diesem Urteil wurde der Grundsatz aufgestellt, dass ein Produkt, das in einem europäischen Mitgliedstaat rechtmäßig produziert und in den Verkehr gebracht worden ist, auch in allen anderen europäischen Mitgliedstaaten verkauft werden darf, „selbst wenn es nicht den Vorschriften des Aufnahmelandes für derartige Produkte entspricht"; ENSTHALER, JÜRGEN (Entwicklung 1989), S. 16 f.

[108] Vgl. KOMMISSION DER EUROPÄISCHEN GEMEINSCHAFTEN (Weißbuch 1985), S. 6, Rn. 13 u. S. 27, Rn. 102 f.

[109] Die Einhaltung von Aufsichtsvorschriften des Gastlandes (Aufnahmestaates) darf nur noch verlangt werden, wenn dies durch das Allgemeininteresse wie den Verbraucher- bzw. Einlegerschutz gerechtfertigt ist und diesem Interesse nicht schon durch die Einhaltung der Rechtsvorschriften des Herkunftslandes Rechnung getragen wird.

der Wertpapierfirma erteilt wurde (Grundsatz der Sitzland-, Heimatland-
bzw. Herkunftslandkontrolle) [110) 111)].

Kurzgefasst lassen sich die vorstehend aufgeführten Prinzipien des Weißbuchs
auch wie folgt zusammenfassen: „Harmonisierung also nur so weit wie nötig, gegenseitige Anerkennung nationaler Aufsichtsvorschriften so weit wie möglich" [112)]. Besonderes Gewicht erhielt diese Richtungsänderung der Europäischen
Kommission auf dem Weg der Koordinierung des Bankenaufsichtsrechts allerdings erst durch zwei wesentliche Bestimmungen der Einheitlichen Europäischen
Akte. Zum einen legte Art. 13 EEA mit dem 31. Dezember 1992 das genaue Datum für die Errichtung des Europäischen Binnenmarktes fest [113)], wodurch die
Vertragsparteien zu einem rascheren Handeln gezwungen wurden. Zum anderen
enthielt Art. 18 EEA eine Ergänzung des bis dahin generell geltenden Prinzips
der Einstimmigkeit im Europäischen Ministerrat bei der Verabschiedung von
Richtlinien [114)]. Maßnahmen des Europäischen Ministerrates zur Verwirklichung
und Aufrechterhaltung des gemeinsamen Europäischen Binnenmarktes können
seitdem grundsätzlich mit qualifizierter Mehrheit [115)] erlassen werden, sofern es

---

[110)] Vgl. hierzu insbesondere KOMMISSION DER EUROPÄISCHEN GEMEINSCHAFTEN (Schaffung 1987),
S. 6 f.; DUWENDAG, DIETER (Europa-Banking 1988), S. 27 f.; SERVAIS, DOMINIQUE (Finanzraum
1988), S. 50 f.; SCHNEIDER, MANFRED (Harmonisierung 1989), S. 250; BADER, UDO-OLAF (Entwicklung 1990), S. 25 f.; KLUGE, OLAV (Mindestharmonisierung 1990), S. 182; SCHNEIDER, UWE
H. (Harmonisierung 1991), S. 313; GRILLER, STEFAN (Binnenmarkt 1992), S. 7 ff.; KNOBL, PETER
(Europabankrecht 1992), S. 75 u. S. 77; NIERHAUS, MICHAEL; STERN, KLAUS (Regionalprinzip
1992), S. V u. S. 2 ff.; STOBBE, SUSANNE H. (Bankenrecht 1993), S. 22 f. BADER nennt darüber
hinaus allgemeine Regeln, von denen sich die Europäische Kommission bei ihrer Arbeit im Bereich
des Bankenaufsichtsrechts leiten lässt; vgl. BADER, UDO-OLAF (Entwicklung 1990), S. 29 f.

[111)] Letztlich bedeuten diese Prinzipien eine Absage an die Institutionalisierung einer supranationalen
europäischen Bankenaufsichtsbehörde. Träger der Bankenaufsicht bleiben die einzelnen nationalen
Aufsichtsbehörden. Die Bankenaufsicht in der Europäischen Union erhält damit einen föderativen
Charakter. Vgl. dazu KUNTZE, WOLFGANG (Wettbewerbsgleichheit 1991), S. 5 f.; SCHNEIDER, UWE
H. (Harmonisierung 1991), S. 316; HELLENTHAL, LUDGER (Bankenaufsichtsrecht 1992), S. 124.

[112)] BIEG, HARTMUT (Bankrichtlinien 1989), S. 5; ferner MEYER-HORN, KLAUS (Bankenpolitik 1988),
S. 170; MEYER-HORN, KLAUS (Freizügigkeit 1989), S. 98; BADER, UDO-OLAF (Entwicklung 1990),
S. 26; DEUTSCHE BUNDESBANK (Europa 1992), S. 18; EMMERICH, VOLKER (4. KWG-Novelle 1993),
S. 46.

[113)] Art. 13 EEA führte zur Einfügung von Art. 8a Abs. 1 EWG-Vertrag (mittlerweile Art. 14 Abs. 1
EG-Vertrag).

[114)] Darüber hinaus wurde die Rolle der Europäischen Kommission durch die Übertragung von Durch-
führungsbefugnissen sowie des Europäischen Parlaments durch die Einführung des „Verfahrens der
Zusammenarbeit" gestärkt; vgl. RAT DER EUROPÄISCHEN GEMEINSCHAFTEN (Beschluß zu den
Durchführungsbefugnissen der Kommission 1987), S. 33 ff.; GADDUM, JOHANN WILHELM (Harmo-
nisierung 1988), S. 118 f.; WAGNER-WIEDUWILT, KLAUS (Zusammenwirken 1988), S. 600 ff.;
WAGNER-WIEDUWILT, KLAUS (Rechtsetzungsverfahren 1988), S. 390 ff.

[115)] Für eine qualifizierte Mehrheit im Europäischen Ministerrat sind derzeit bei Beschlüssen, die auf
Vorschlag der Europäischen Kommission zu fassen sind, mindestens 62 der insgesamt 87 Stimmen
aller Mitgliedstaaten erforderlich. In Fällen, in denen Beschlüsse nicht auf Vorschlag der Europäischen Kommission zu fassen sind, müssen außerdem mindestens zehn Mitgliedstaaten zustimmen.

(Fortsetzung nächste Seite)

sich nicht um steuerrechtliche, die Freizügigkeit oder die Rechte und Interessen der Arbeitnehmer berührende Bestimmungen handelt [116]. Diese Regelung in der Einheitlichen Europäischen Akte zur Erleichterung der Beschlussfähigkeit des Europäischen Ministerrates bei der Verabschiedung binnenmarktrelevanter Maßnahmen stellte in der Folgezeit ein wichtiges Instrument zur Überwindung der Partikularinteressen einzelner europäischer Mitgliedstaaten dar [117].

Das neue Harmonisierungskonzept der Europäischen Kommission, die zeitliche und sachliche Festlegung des Binnenmarktziels sowie das modifizierte Abstimmungsverfahren im Europäischen Ministerrat bei Binnenmarktentscheidungen bewirkten gemeinsam eine deutliche Beschleunigung des europäischen Integrationsprozesses auf dem Gebiet der Bankrechtskoordinierung [118]. Es entfaltete sich unter Beachtung der Prinzipien des Weißbuches von 1985 eine „enorme legislative Dynamik" [119], als deren Ergebnis zahlreiche neue Richtlinien verabschiedet wurden. Zu den bedeutendsten zählen:

- die Richtlinie betreffend die Jahresabschlüsse von Zweigstellen ausländischer Banken von 1989 [120],

- die Zweite Bankrechtskoordinierungsrichtlinie von 1989 [121],

---

(Fortsetzung)
Vgl. Art. 205 Abs. 2 EG-Vertrag. Einzelgesichtspunkte bei der Verabschiedung von Richtlinien erfordern allerdings auch heute noch einstimmige Beschlüsse im Europäischen Ministerrat.

[116] Vgl. Art. 95 Abs. 2 i. V. m. Abs. 1 EG-Vertrag. Mittlerweile verfügt das Europäische Parlament im Binnenmarktbereich mit der Ratifizierung des Vertrages von Maastricht am 1. November 1993 anstelle des „Verfahrens der Zusammenarbeit" (vgl. die vorhergehende Seite, Fn. 114) über das „Verfahren der Mitentscheidung (Kodezision)", bei dem das Europäische Parlament zusammen und gleichberechtigt mit dem Europäischen Ministerrat über den Erlass von Rechtsakten auf wichtigen Gebieten wie z. B. dem Europäischen Binnenmarkt befindet. Vgl. hierzu Art. 95 Abs. 1 i. V. m. Art. 251 EG-Vertrag.

[117] Vgl. auch GADDUM, JOHANN WILHELM (Harmonisierung 1988), S. 112.

[118] Vgl. SCHNEIDER, MANFRED (Harmonisierung 1989), S. 249; MÜLLER, LOTHAR (Bankrechtsharmonisierung 1992), S. 29 f.

[119] KRUMNOW, JÜRGEN (Bedeutung 1991), S. 4.

[120] Vgl. RAT DER EUROPÄISCHEN GEMEINSCHAFTEN (Richtlinie betreffend die Jahresabschlüsse von Zweigstellen ausländischer Banken 1989), S. 40 ff.

[121] Vgl. RAT DER EUROPÄISCHEN GEMEINSCHAFTEN (Zweite Bankrechtskoordinierungsrichtlinie 1989), S. 1 ff. Der Zweiten Bankrechtskoordinierungsrichtlinie kommt eine zentrale Funktion bei der Schaffung eines gemeinschaftsweiten Bankenbinnenmarktes zu; vgl. RAT DER EUROPÄISCHEN GEMEINSCHAFTEN (Zweite Bankrechtskoordinierungsrichtlinie 1989), S. 1; ferner BADER, UDO-OLAF (Bankenmarkt 1988), S. 249; SCHNEIDER, MANFRED (Harmonisierung 1989), S. 254; NIERHAUS, MICHAEL; STERN, KLAUS (Regionalprinzip 1992), S. 2. Mit ihr erfolgt für die Kreditwirtschaft „die Umsetzung der im Weißbuch vorgestellten grundsätzlichen Ideen"; KLUGE, OLAV (Mindestharmonisierung 1990), S. 182. Die Zweite Bankrechtskoordinierungsrichtlinie wird daher häufig auch als das „Grundgesetz der europäischen Kreditwirtschaft" bzw. die „magna charta" des europäischen Bankensektors qualifiziert; vgl. SCHNEIDER, UWE H. (Harmonisierung 1991), S. 315; FRANCK, CHRISTIAN (Binnenmarkt 1992), S. 688; PRIESEMANN, JOHANNES (Überblick 1994),

(Fortsetzung nächste Seite)

- die Eigenmittelrichtlinie von 1989 [122],
- die Solvabilitätsrichtlinie von 1989 [123],
- die Konsolidierungsrichtlinie von 1992 [124],
- die Großkreditrichtlinie von 1992 [125],
- die Kapitaladäquanzrichtlinie von 1993 [126],
- die Wertpapierdienstleistungsrichtlinie von 1993 [127],
- die Richtlinie über Einlagensicherungssysteme von 1994 [128],
- die Richtlinie zwecks verstärkter Beaufsichtigung von Finanzunternehmen von 1995 (sog. „BCCI-Folgemaßnahmen-Richtlinie") [129] sowie
- die Richtlinie über Anlegerentschädigungssysteme von 1997 [130].

Ferner liegen Vorschläge bzw. Entwürfe der Europäischen Kommission u. a. für Richtlinien zu den Regelungsbereichen Sanierung und Liquidation der Kreditinstitute [131], Hypothekarkredit [132] sowie Beaufsichtigung von Finanzkonglomeraten [133] vor. Angesichts dieser Fülle von bereits durchgeführten bzw. geplanten Maßnahmen und gemessen an den Maßstäben des neuen Harmonisierungskon-

---

(*Fortsetzung*)
S. 1155; zurückhaltender BIEG, HARTMUT (Bankrichtlinien 1989), S. 7; MÜLLER, LOTHAR (Auswirkungen 1989), S. 7; BADER, UDO-OLAF (EG-Grundgesetz 1990), S. 117; MÜLLER, LOTHAR (Bankrechtsharmonisierung 1992), S. 32.

[122] Vgl. RAT DER EUROPÄISCHEN GEMEINSCHAFTEN (Eigenmittelrichtlinie 1989), S. 16 ff.; ferner RAT DER EUROPÄISCHEN GEMEINSCHAFTEN (Richtlinie zur Durchführung der Eigenmittelrichtlinie 1991), S. 33 f. sowie RAT DER EUROPÄISCHEN GEMEINSCHAFTEN (Richtlinie zur Änderung der Eigenmittelrichtlinie 1992), S. 48 ff.

[123] Vgl. RAT DER EUROPÄISCHEN GEMEINSCHAFTEN (Solvabilitätsrichtlinie 1989), S. 14 ff.

[124] Vgl. RAT DER EUROPÄISCHEN GEMEINSCHAFTEN (Konsolidierungsrichtlinie 1992), S. 52 ff.

[125] Vgl. RAT DER EUROPÄISCHEN GEMEINSCHAFTEN (Großkreditrichtlinie 1993), S. 1 ff.

[126] Vgl. RAT DER EUROPÄISCHEN GEMEINSCHAFTEN (Kapitaladäquanzrichtlinie 1993), S. 1 ff.

[127] Vgl. RAT DER EUROPÄISCHEN GEMEINSCHAFTEN (Wertpapierdienstleistungsrichtlinie 1993), S. 27 ff.

[128] Vgl. EUROPÄISCHES PARLAMENT; RAT DER EUROPÄISCHEN UNION (Richtlinie über Einlagensicherungssysteme 1994), S. 5 ff.

[129] Vgl. EUROPÄISCHES PARLAMENT; RAT DER EUROPÄISCHEN UNION (Richtlinie zwecks verstärkter Beaufsichtigung von Finanzunternehmen 1995), S. 7 ff.

[130] Vgl. EUROPÄISCHES PARLAMENT; RAT DER EUROPÄISCHEN UNION (Richtlinie über Anlegerentschädigungssysteme 1997), S. 22 ff.

[131] Vgl. KOMMISSION DER EUROPÄISCHEN GEMEINSCHAFTEN (Geänderter Vorschlag für eine Richtlinie zur Sanierung und Liquidation der Kreditinstitute 1988), S. 1 ff.

[132] Vgl. KOMMISSION DER EUROPÄISCHEN GEMEINSCHAFTEN (Geänderter Vorschlag für eine Hypothekarkreditrichtlinie 1987), S. 4 ff.

[133] Vgl. DOK XV/1130/94-Rev. 3.

zepts kann die Angleichung des europäischen Bankenaufsichtsrechts mittlerweile als weitgehend abgeschlossen gelten.

Bei der Beurteilung des Erfolgs des gegenwärtigen europäischen Integrationsprozesses im Bereich des Bankenaufsichtsrechts darf allerdings nicht übersehen werden, dass mit dem Rückzug aus der umfassenden, detaillierten Bankrechtskoordinierung und der Suche nach einem Verhandlungskompromiss zwischen angemessenen gemeinschaftsrechtlichen Mindeststandards und ausreichenden einzelstaatlichen Maßnahmen – trotz gegenteiliger Vorgaben an die Europäische Kommission [134] – grundsätzlich die Gefahr einer Angleichung nationaler Bankenaufsichtssysteme auf einem vergleichsweise niedrigen Gemeinschaftsniveau einhergeht [135]. Europäische Mitgliedstaaten mit einem hohen Aufsichtsanspruch können dieser drohenden qualitativen Verschlechterung ihrer seitherigen aufsichtsrechtlichen Bestimmungen nicht mehr allein durch eine Nichtzustimmung im Europäischen Ministerrat bei der Verabschiedung von Richtlinien entgegentreten. Es steht ihnen allerdings bei der Umsetzung von Richtlinien in nationales Recht grundsätzlich frei, durch die Festlegung bzw. Beibehaltung zusätzlicher und/oder strengerer nationaler Bankenaufsichtsregeln „die unter ihre jeweilige Zulassungs- und Aufsichtsbefugnis fallenden Kreditinstitute (und Wertpapierfirmen; Anm. d. Verf.) 'am kürzeren Zügel' zu führen" [136]. Kreditinstitute und Wertpapierfirmen mit Sitz in einem anderen europäischen Mitgliedstaat dürfen dagegen derart erhöhten aufsichtsrechtlichen Anforderungen – BADER spricht von einem nationalen Übersoll [137] – nicht mehr unterworfen werden [138]. Somit ist es als Folge des neuen Harmonisierungskonzepts durchaus möglich, dass innerhalb eines europäischen Mitgliedstaats Kreditinstitute und Wertpapierfirmen miteinander konkurrieren, die wegen verschiedener Herkunftsländer unterschiedlich strengen Aufsichtssystemen und Aufsichtsregeln unterworfen sind. Es stellt sich das Problem

---

[134] Vgl. Art. 95 Abs. 3 Satz 1 EG-Vertrag. Auch GLESKE fordert eine Angleichung der Gemeinschaftsnormen auf hohem Niveau; vgl. GLESKE, LEONARD (Elemente 1989), S. 198 f.

[135] Vgl. dahingehend BIEG, HARTMUT (Bankrichtlinien 1989), S. 3; ferner SCHNEIDER, MANFRED (Zusammenarbeit 1987), S. 148; FOLLAK, KLAUS-PETER (Vereinheitlichung 1990), S. 160; SCHNEIDER, UWE H. (Bankenrecht 1990), S. 15; GRÖSCHEL, ULRICH (Bundesrepublik 1990), S. 53; weniger skeptisch BADER, UDO-OLAF (Kreditwirtschaft 1988), S. 476; BADER, UDO-OLAF (Entwicklung 1990), S. 26.

[136] NIERHAUS, MICHAEL; STERN, KLAUS (Regionalprinzip 1992), S. 4. Vgl. auch BADER, UDO-OLAF (Bankenmarkt 1988), S. 246; BIEG, HARTMUT (Bankrichtlinien 1989), S. 5 f. u. S. 18; GEIGER, WALTER (Bankaufsichtsnormen 1989), S. 261; BADER, UDO-OLAF (Entwicklung 1990), S. 26.

[137] Vgl. BADER, UDO-OLAF (Rahmenbedingungen 1989), S. 83; BADER, UDO-OLAF (EG-Grundgesetz 1990), S. 118; ferner ARNOLD, WOLFGANG; BOOS, KARL-HEINZ (KWG-Novelle 1991), S. 364.

[138] Ebenso KRUMNOW, JÜRGEN (Bedeutung 1991), S. 11; NIERHAUS, MICHAEL; STERN, KLAUS (Regionalprinzip 1992), S. 4.

der so genannten „Inländerdiskriminierung" [139], also der Besserstellung von Banken und Wertpapierfirmen aus anderen Mitgliedstaaten gegenüber den einheimischen Kreditinstituten und Wertpapierfirmen.

Es ist unübersehbar, dass derart veränderte Konkurrenzbedingungen auf einem nationalen Banken- bzw. Wertpapiermarkt nicht ohne Auswirkungen für die dortige Bankenaufsicht bleiben können. Unterschiedliche nationale bankenaufsichtsrechtliche Normen treten auf dem gleichen Markt in einen unmittelbaren Wettbewerb [140], und europäische Mitgliedstaaten mit tendenziell restriktiveren Aufsichtsvorstellungen kommen nicht umhin, diesen Tatbestand im Rahmen ihrer zukünftigen Aufsichtsgesetzgebung zu berücksichtigen. Sie unterliegen bei der Lösung des Zielkonflikts zwischen den aufsichtsrechtlichen Zielen des Gläubiger- und Funktionenschutzes einerseits und der Berücksichtigung des Wettbewerbs auf dem europäischen Banken- und Wertpapiermarkt andererseits zunehmend dem Druck der von ihnen überwachten Kreditinstitute und Wertpapierfirmen, im Grunde für richtig erachtete strengere Aufsichtsanforderungen aufzuweichen, um auf dem Inlandsmarkt vergleichbare Tätigkeitsbedingungen sowohl für inländische als auch für ausländische Kreditinstitute und Wertpapierfirmen zu schaffen [141].

Ein solcher Anpassungsdruck zur Errichtung liberalerer, d. h. niedrigerer Aufsichtsstandards ist allerdings nicht unproblematisch [142]. Zwar ist es allgemein schwierig, „im Spannungsfeld von Wettbewerb und ordnungspolitischer Konzeption die 'richtige' Balance zu finden" [143], dennoch dürfte davon auszugehen sein, dass vergleichsweise hohe Aufsichtsstandards nicht nur besser geeignet sind, die angesprochenen bankenaufsichtsrechtlichen Zielsetzungen zu gewährleisten, sondern gleichzeitig auch im wohlverstandenen Eigeninteresse der Kreditinstitute

---

[139] Vgl. dazu u. a. HORN, NORBERT (Bankrecht 1989), S. 112; ENSTHALER, JÜRGEN (Diskriminierung 1990), S. 734 ff.; SCHNEIDER, UWE H.; TROBERG, PETER (Finanzdienstleistungen 1990), S. 169.

[140] Vgl. DUWENDAG, DIETER (Europa-Banking 1988), S. 33 f.; SCHRAMM, BERNHARD (Perspektiven 1988), S. 310 f.; BIEG, HARTMUT (Bankrichtlinien 1989), S. 26; SCHNEIDER, UWE H. (Bankensysteme 1989), S. 121; GRÜGER, WOLFGANG (Bankrechtsharmonisierung 1993), S. 25.

[141] Vgl. SCHRAMM, BERNHARD (Perspektiven 1988), S. 311; HORN, NORBERT (Bankrecht 1989), S. 107, S. 112 u. S. 120; TIETMEYER, HANS (Bankenmarkt 1989), S. 33; SCHNEIDER, UWE H. (Bankenrecht 1990), S. 17 u. S. 20; GRÜGER, WOLFGANG (Bankrechtsharmonisierung 1993), S. 25. GRÖSCHEL sowie KRUMNOW verweisen diesbezüglich auf die Notwendigkeit der Herstellung eines „broadly level playing field"; vgl. GRÖSCHEL, ULRICH (Spielfeld 1990), S. 242 sowie KRUMNOW, JÜRGEN (Bedeutung 1991), S. 9.

[142] So auch HORN, NORBERT (Bankrecht 1989), S. 107 u. S. 121; MÜLLER, LOTHAR (Bankrechtsharmonisierung 1992), S. 33.

[143] BIEG, HARTMUT (Bankrichtlinien 1989), S. 19.

und Wertpapierfirmen selbst liegen [144]. Mitunter geäußerte Behauptungen, Kreditinstitute und Wertpapierfirmen, die ihren Sitz in europäischen Mitgliedstaaten mit strengeren Aufsichtsanforderungen hätten, seien gegenüber Kreditinstituten und Wertpapierfirmen aus anderen europäischen Mitgliedstaaten, deren aufsichtsrechtliche Bestimmungen nicht oder nicht in gleichem Maße über die von europäischen Richtlinien geforderten Minimalregelungen hinausgingen, generell im Wettbewerb benachteiligt [145], sind deshalb differenziert zu betrachten.

Auf der einen Seite bedeuten höhere aufsichtsrechtliche Sicherheitsstandards grundsätzlich höhere Kosten für die Kreditinstitute und Wertpapierfirmen [146]. Es ist daher nicht völlig von der Hand zu weisen, dass Kreditinstitute und Wertpapierfirmen, die verschärften Aufsichtsbestimmungen unterworfen sind, „Teilbereiche ihres Produktangebots ... bei ansonsten vergleichbaren Kosten- und Erlösstrukturen nur teurer anbieten können, als dies ausländischen Wettbewerbern (mit weniger strengen Aufsichtsregeln; Anm. d. Verf.) bei ihren entsprechenden Konkurrenzprodukten möglich sein wird" [147]. Gleichwohl besteht auf der anderen Seite für die hiervon betroffenen Banken und Wertpapierfirmen die Chance, derartigen Beeinträchtigungen des Wettbewerbs auf der preispolitischen Ebene eine gezielte Kommunikationsstrategie entgegenzustellen, die auf den Qualitätsunterschied derjenigen Bankprodukte und Wertpapiergeschäfte hinweist, die höheren bankenaufsichtlichen Anforderungen unterliegen [148]. Höhere Aufsichtsstandards führen in diesem Fall zu einem höheren Standing [149] und damit zu einer Stärkung der Wettbewerbsposition. Mögliche Nachteile im Preiswettbewerb lassen sich also unter Einbeziehung des einem Kreditinstitut oder einer Wertpapierfirma insgesamt zur Verfügung stehenden absatzpolitischen Instrumentariums durch Vorteile im Bonitätswettbewerb ausgleichen, evtl. sogar überkompensieren [150]. Ähnlich argumentiert die DEUTSCHE BUNDESBANK. Nach ihrer Auffassung dürfte „ein hoher Sicherheitsstandard ... – auch wenn er vorübergehend mit gewissen Belastungen verbunden ist – im Wettbewerb mit ausländischen Banken (und Wertpapierfirmen; Anm. d. Verf.) letztlich eher ein Aktivum

---

[144] Vgl. KUNTZE, WOLFGANG (Entwicklungstendenzen 1988), S. 8; LANDESZENTRALBANK IN HESSEN (Bankenaufsicht 1991), S. 4; MÜLLER, LOTHAR (Bankrechtsharmonisierung 1992), S. 31.

[145] So bspw. KRUMNOW, JÜRGEN (Bedeutung 1991), S. 11.

[146] Vgl. GLESKE, LEONARD (Elemente 1989), S. 199.

[147] BIEG, HARTMUT (Bankrichtlinien 1989), S. 27.

[148] Vgl. BIEG, HARTMUT (Bankrichtlinien 1989), S. 27.

[149] „Das *Standing* der Unternehmung ist ihr Ruf in der für sie relevanten Öffentlichkeit"; WITTSTOCK, JAN (Elemente 1970), S. 849 (Hervorhebung auch im Original).

[150] Vgl. BIEG, HARTMUT (Bankrichtlinien 1989), S. 28.

als eine Behinderung darstellen"[151]. Auch ARTOPOEUS sieht in einer strengen und gründlichen Bankenaufsicht einen Vorteil für den Finanzplatz Deutschland[152].

Als Fazit kann abschließend festgehalten werden: Europäische Mitgliedstaaten mit hohen Aufsichtsvorstellungen sind nicht grundsätzlich gehalten, als Folge der neuen Harmonisierungsstrategie in einen Wettlauf um aufsichtsrechtliche Freiräume einzutreten. Gelingt es, die Bedeutung des Aufsichtsrechts als Imagefaktor stärker hervorzuheben, so besteht – entgegen der Befürchtung BERGERS[153] – durchaus keine Unvereinbarkeit zwischen der wettbewerbsbedingten Expansion von Kreditinstituten und Wertpapierfirmen einerseits sowie der vergleichsweise stärkeren Absicherung von Risiken durch die Bankenaufsicht andererseits[154]. Im entstehenden Wettbewerb der Bankenaufsichtssysteme[155] werden sich auf Dauer diejenigen mit effizienteren Strukturen durchsetzen[156]. Schließlich erfordert auch der europäische Banken- und Wertpapiermarkt eine vernünftige Begrenzung und damit die Beherrschbarkeit der Risiken aus dem Geschäftsbetrieb der Kreditinstitute und Wertpapierfirmen[157].

b) Die vertraglich formulierten Rechtshandlungen der Europäischen Union zur Angleichung der Rechts- und Verwaltungsvorschriften der europäischen Mitgliedstaaten

Zur Errichtung und Aufrechterhaltung des Europäischen Binnenmarktes und damit auch des Europäischen Banken- und Wertpapiermarktes stehen den Organen der Europäischen Union eine Reihe spezieller Handlungsformen mit unterschiedlicher rechtlicher Wirkung zur Verfügung. Gemäß Art. 249 Abs. 1 EG-Vertrag können das Europäische Parlament und der Europäische Ministerrat gemeinsam, der Europäische Ministerrat sowie die Europäische Kommission jeweils allein zur Erfüllung ihrer Aufgaben und nach Maßgabe des EG-Vertrages Verordnungen, Richtlinien und Entscheidungen erlassen, Empfehlungen ausspre-

---

[151] DEUTSCHE BUNDESBANK (Europa 1992), S. 22; ferner GADDUM, JOHANN WILHELM (Implementierung 1990), S. 5; TIETMEYER, HANS (Perspektiven 1992), S. 3.

[152] Vgl. JAKOBS, GEORG (Vorteil 1996), S. 23.

[153] Vgl. BERGER, KLAUS PETER (Eigenkapitalausstattung 1989), S. 1021.

[154] Ebenso BIEG, HARTMUT (Bankrichtlinien 1989), S. 28.

[155] Vgl. hierzu u. a. GRÖSCHEL, ULRICH (Bundesrepublik 1990), S. 51 u. S. 53; GRÖSCHEL, ULRICH (Bankenmarkt 1992), S. 2 ff.; BANK FÜR INTERNATIONALEN ZAHLUNGSAUSGLEICH (Jahresbericht 1992), S. 226; FRANCK, CHRISTIAN (Binnenmarkt 1992), S. 688.

[156] Eher zweifelnd EVERLING, ULRICH (Rechtsangleichung 1990), S. 1172.

[157] Vgl. BIEG, HARTMUT (Bankrichtlinien 1989), S. 28.

chen oder Stellungnahmen abgeben [158]. Diese Rechtshandlungen stellen die nach Art. 95 Abs. 1 Satz 2 EG-Vertrag zu ergreifenden Maßnahmen zur Angleichung der Rechts- und Verwaltungsvorschriften der europäischen Mitgliedstaaten dar. Sie zielen somit auch auf die Harmonisierung des europäischen Bankenaufsichtsrechts.

Während Empfehlungen und Stellungnahmen lediglich offizielle Meinungsäußerungen bspw. der Europäischen Kommission darstellen und als solche nicht rechtsverbindlich sind [159] und auch Entscheidungen nur eine beschränkte Rechtswirkung entfalten, da sie sich auf den Einzelfall beziehen und damit ausschließlich ihre Adressaten binden [160], werden durch den Erlass einer Verordnung oder Richtlinie allgemein gültige Normen geschaffen. So ist eine Verordnung in allen ihren Teilen für und gegen jedermann verbindlich und ab dem Zeitpunkt ihres In-Kraft-Tretens [161] in jedem europäischen Mitgliedstaat unmittelbar anzuwendendes Recht [162]. Sie hat damit ohne jede weitere Transformation eine einem innerstaatlichen Gesetz vergleichbare Bedeutung.

Eine Richtlinie besitzt dagegen hinsichtlich des zu erreichenden Ziels nur für die Mitgliedstaaten, an die sie gerichtet wird, Verbindlichkeit [163]. Diese sind verpflichtet, ihr nationales Recht an die in einer Richtlinie festgeschriebenen Vorgaben innerhalb der festgesetzten Frist und innerhalb des von der Richtlinie festgelegten inhaltlichen Rahmens anzupassen, wobei ihnen jedoch die Wahl der Umsetzungsform und der Umsetzungsmittel selbst überlassen bleibt [164]. Die Wirkung einer Richtlinie ist also diejenige einer indirekten Rechtsetzung; sie wendet sich nach ihrem In-Kraft-Treten [165] zuerst an innerstaatliche Gewalten und strebt dann über diese die gemeinschaftliche Umgestaltung nationalen Rechts an [166]. Auf diese Weise verfügen die einzelnen europäischen Mitgliedstaaten bei der Festlegung entsprechender Vorschriften über einen Handlungsspielraum, der es

---

[158] Darüber hinaus sind Entschließungen und Mitteilungen zu nennen, die aber „in der Regel keine Rechtswirkungen erzeugen, sondern die Beschlussgremien selbst binden"; DEUTSCHE BUNDESBANK (Gremien 1997), S. 42. Zu einem Überblick über die vertraglich formulierten Rechtsakte der Europäischen Union gemäß Art. 249 EG-Vertrag vgl. HOSSFELD, CHRISTOPHER (Jahresabschlüsse 1996), S. 10.

[159] Vgl. Art. 249 Abs. 5 EG-Vertrag.

[160] Vgl. Art. 249 Abs. 4 EG-Vertrag.

[161] Vgl. Art. 254 EG-Vertrag.

[162] Vgl. Art. 249 Abs. 2 EG-Vertrag.

[163] Vgl. Art. 249 Abs. 3 EG-Vertrag.

[164] Vgl. Art. 249 Abs. 3 EG-Vertrag.

[165] Vgl. Art. 254 EG-Vertrag.

[166] Vgl. TROBERG, PETER (Europäische Aufsicht 1979), S. 55.

ihnen erlaubt, den nationalen Besonderheiten ihrer seitherigen Bestimmungen durch höhere Anforderungen als in einer Richtlinie vorgesehen Rechnung zu tragen. Abweichend davon wird einer Richtlinie gleichwohl unter bestimmten Voraussetzungen eine unmittelbare Wirkung beigemessen, beispielsweise wenn sie nicht fristgerecht oder unzulänglich in innerstaatliches Recht umgesetzt wird [167].

Bisher wurde zur Angleichung einzelstaatlicher Bankenaufsichtsnormen von dem Instrument der Verordnung kein Gebrauch gemacht [168]. Neben einigen Empfehlungen und Mitteilungen wurden in diesem Bereich ausschließlich Richtlinien vorgelegt [169]. Dies ist darauf zurückzuführen, dass die Europäische Kommission gehalten ist, bei ihren Vorschlägen zur Angleichung binnenmarktrelevanter Rechts- und Verwaltungsvorschriften dem Instrument der Richtlinie den Vorzug zu geben, „wenn die Angleichung in einem oder mehreren Mitgliedstaaten eine Änderung gesetzlicher Vorschriften erfordert" [170].

Während Empfehlungen aufgrund ihrer fehlenden rechtlichen Bindung keine gravierenden Formulierungsprobleme aufwerfen, vollzieht sich die Verabschiedung von Richtlinien auf dem Gebiet der Beaufsichtigung von Banken und Wertpapierfirmen gemäß Art. 95 Abs. 1 i. V. m. Art. 251 EG-Vertrag in einem komplexen Rechtsetzungsverfahren, dem so genannten „Kodezisionsverfahren" [171]. BADER weist allerdings bezüglich der fehlenden rechtlichen Bindung von Empfehlungen ausdrücklich darauf hin, dass die Europäische Kommission im Allgemeinen nicht zögern wird, Vorschläge für die Umwandlung von Empfehlungen in Richtlinien vorzulegen, falls einzelne europäische Mitgliedstaaten ihren Inhalt nicht in die nationale Gesetzgebung aufnehmen sollten [172]. Die Wirkung einer

---

[167] Vgl. dazu m. w. A. NIERHAUS, MICHAEL; STERN, KLAUS (Regionalprinzip 1992), S. 58 ff.; KLANTEN, THOMAS (EG-Richtlinie 1994), S. 555.

[168] Vgl. auch GADDUM, JOHANN WILHELM (Harmonisierung 1988), S. 120; HOFFMANN, DIETHER (Börsenrecht 1990), S. 17 (Fn. 3); DEUTSCHER SPARKASSEN- UND GIROVERBAND E. V. (HRSG.) (Binnenmarkt 1993), S. 1.

[169] Vgl. den Überblick in *Abbildung 3*, S. 72-79.

[170] Einheitliche Europäische Akte (EEA), S. 24 (Zusatzerklärung im Schlussprotokoll zu Art. 100a EWG-Vertrag).

[171] Mit dem durch die Ratifizierung des Vertrages von Maastricht am 1. November 1993 eingeführten „Verfahren der Mitentscheidung (Kodezision)" wurden dem Europäischen Parlament im Bereich des Binnenmarktes erstmals entscheidende Mitwirkungsrechte in der europäischen Gesetzgebung eingeräumt; vgl. BUNDESMINISTERUM FÜR WIRTSCHAFT (HRSG.) (ABC 1992), S. 42; ferner Kapitel B.II.2.ad), S. 53, Fn. 116. Vor diesem Zeitpunkt verfügte das Europäische Parlament lediglich über das sog. „Verfahren der Zusammenarbeit" gemäß Art. 149 Abs. 2 EWG-Vertrag; vgl. auch Kapitel B.II.2.ad), S. 52, Fn. 114. Derzeit ist das „Verfahren der Zusammenarbeit", dessen Anwendungsbereich sich nicht mehr auf Binnenmarktvorhaben erstreckt, in Art. 252 EG-Vertrag geregelt.

[172] Vgl. BADER, UDO-OLAF (Rahmenbedingungen 1989), S. 78 (Fn. 11); ferner SCHNEIDER, MANFRED (Harmonisierung 1989), S. 248.

Empfehlung liegt von daher im politisch-psychologischen Bereich [173]. Ihr kommt eine grundsätzlich faktische Verbindlichkeit zu.

c) Institutionelle Regelungen der Europäischen Union zur Harmonisierung des Bankenaufsichtsrechts

ca) Überblick

Gemäß Art. 95 Abs. 1 i. V. m. Art. 251 Abs. 2 Satz 1 EG-Vertrag liegt das Initiativmonopol für die Einleitung von Richtlinien zur Angleichung nationaler Bankenaufsichtsnormen ausschließlich bei der Europäischen Kommission [174]. Nur der Europäischen Kommission steht das Recht zu, dem Europäischen Parlament und dem Europäischen Ministerrat als den beiden eigentlichen Rechtsetzungsorganen Vorschläge für den Erlass von Richtlinien zur Harmonisierung des europäischen Bankenaufsichtsrechts zu unterbreiten [175]. Dem Europäischen Parlament und dem Europäischen Ministerrat ist es daher nicht möglich, von sich aus auf diesem Gebiet tätig zu werden. Sie können allerdings die Europäische Kommission jeweils dazu auffordern, zu bestimmten Fragen geeignete Untersuchungen durchzuführen und entsprechende Richtlinienentwürfe vorzulegen [176]. Kommt die Europäische Kommission einer derartigen Aufforderung des Europäischen Parlaments bzw. des Europäischen Ministerrates nicht nach, so bleibt diesen beiden Organen als Zwangsmittel allein die Möglichkeit einer Untätigkeitsklage vor dem Europäischen Gerichtshof [177].

Anregungen zur Erarbeitung und Ausgestaltung eines Richtlinienvorschlags zur Bankrechtsharmonisierung gehen jedoch nicht nur von der Europäischen Kommission selbst bzw. dem Europäischen Parlament und dem Europäischen Minis-

---

[173] Vgl. auch BAUMANN, WOLFGANG (Entscheidungsprozeß 1988), S. 13.

[174] Vgl. auch TROBERG, PETER (Europäische Aufsicht 1979), S. 46; BAUMANN, WOLFGANG (Entscheidungsprozeß 1988), S. 13; GADDUM, JOHANN WILHELM (Harmonisierung 1988), S. 118 ff.; WAGNER-WIEDUWILT, KLAUS (Zusammenwirken 1988), S. 598; WAGNER-WIEDUWILT, KLAUS (Rechtsetzungsverfahren 1988), S. 388. Das zuständige Ressort bei der Europäischen Kommission ist die Generaldirektion XV „Binnenmarkt und Finanzdienstleistungen".

[175] Gleichwohl besitzt die Europäische Kommission in einem gewissen Rahmen auch eigene rechtsetzende Kompetenzen, jedoch dienen diese im Wesentlichen zur Ausübung der ihr vom Europäischen Ministerrat übertragenen Durchführungsbefugnisse; vgl. RAT DER EUROPÄISCHEN GEMEINSCHAFTEN (Beschluß zu den Durchführungsbefugnissen der Kommission 1987), S. 33 ff. Als Beispiel für einen diesbezüglichen Rechtsetzungsakt der Europäischen Kommission vgl. KOMMISSION DER EUROPÄISCHEN GEMEINSCHAFTEN (Richtlinie zur technischen Anpassung der Definition der „multilateralen Entwicklungsbanken" 1991), S. 20.

[176] Vgl. Art. 192 Abs. 2, 208 EG-Vertrag.

[177] Vgl. Art. 232 EG-Vertrag.

terrat aus, sondern zusätzlich von zahlreichen weiteren Gruppierungen und Ausschüssen, die in unterschiedlicher Zusammensetzung bei der Europäischen Kommission angesiedelt sind und diese bei ihrer Tätigkeit beraten und unterstützen. Zu den wichtigsten zählen die „Arbeitsgruppe Bankrechtskoordinierung", die „Kontaktgruppe der Bankenaufsichtsbehörden", der „Beratende Bankenausschuss", der „Sachverständigenausschuss für die Interpretation und Anwendung der Bankrechtsrichtlinien" sowie der „Ausschuss der Verbände für das Kreditwesen" (AVK). Außerdem bestehen Einwirkungsmöglichkeiten des „Wirtschafts- und Sozialausschusses" (WSA), der sowohl für die Europäische Kommission als auch den Europäischen Ministerrat als Beratungsgremium fungiert, sowie des „Ausschusses der Ständigen Vertreter", der mit seinen Unterausschüssen (u. a. der für Fragen der Bankrechtsintegration zuständigen „Arbeitsgruppe Wirtschaftsfragen") dem Europäischen Ministerrat zugeordnet ist. All diese Einrichtungen besitzen ihre charakteristische Aufgabenstellung und beeinflussen damit in verschiedenster Weise den Entstehungsprozess einer Richtlinie zur Angleichung des Bankenaufsichtsrechts. *Abbildung 2* (vgl. S. 63) zeigt in einem Überblick das entsprechende Zusammenspiel der europäischen Organe sowie der ansonsten beteiligten Institutionen.

cb) Arbeitsgruppe Bankrechtskoordinierung

Die „Arbeitsgruppe Bankrechtskoordinierung" wurde bereits im Jahre 1969 eingerichtet [178]. Sie wird von der Europäischen Kommission je nach Bedarf einberufen und geleitet. Aufgrund ihrer Zusammensetzung aus sachverständigen Vertretern der einzelnen Mitgliedstaaten – Deutschland ist durch je einen Mitarbeiter des Bundesfinanzministeriums, des Bundesaufsichtsamtes für das Kreditwesen und der Deutschen Bundesbank vertreten [179] – dient sie sowohl der detaillierten Besprechung als auch dem vorzeitigen Ausloten der Realisierungschance eines geplanten Richtlinienvorschlags. Zu erwartende Widerstände einzelner Mitgliedstaaten sollen möglichst früh erkannt werden, um die Vorlage gegebenenfalls noch entsprechend korrigieren zu können [180]. Die „Arbeitsgruppe Bankrechtskoordinierung" erfüllt auf diese Weise eine die Europäische Kommission direkt unterstützende Funktion bei der Ausarbeitung von Harmonisierungsvorschlägen im Bereich der Kreditwirtschaft.

---

[178] Vgl. TROBERG, PETER (Europäische Aufsicht 1979), S. 46; BOPP, RICHARD (Europäische Aufsicht 1982), S. 147; ferner Kapitel B.II.2.ab), S. 45.

[179] Vgl. CORDEWENER, KARL-FRIEDRICH (Internationale Gremien 1990), S. 507.

[180] Vgl. WAGNER-WIEDUWILT, KLAUS (Zusammenwirken 1988), S. 598; WAGNER-WIEDUWILT, KLAUS (Rechtsetzungsverfahren 1988), S. 390.

Abb. 2: Das Zusammenwirken der europäischen Organe sowie weiterer europäischer Institutionen bei der Angleichung des europäischen Bankenaufsichtsrechts

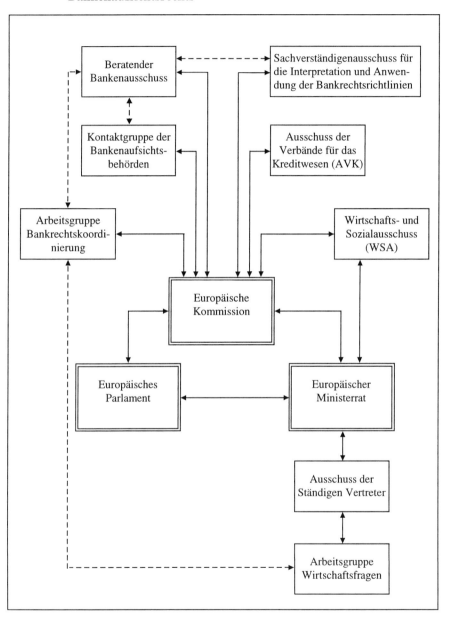

cc)   Kontaktgruppe der Bankenaufsichtsbehörden

Während die „Arbeitsgruppe Bankrechtskoordinierung" aus Sicht der Europäischen Kommission substanzielle Hilfestellung bei der Formulierung eines Richtlinienvorschlags leistet, handelt es sich bei der „Kontaktgruppe" – andere Bezeichnungen sind „Kontaktausschuss", „Groupe de Contact" sowie „Dondelinger Komitee" – um eine eher lose geregelte Form der praktischen Zusammenarbeit von Vertretern der Bankenaufsichtsbehörden der europäischen Mitgliedstaaten. Repräsentanten Deutschlands in der „Kontaktgruppe der Bankenaufsichtsbehörden" sind je ein Mitarbeiter des Bundesaufsichtsamtes für das Kreditwesen und der Deutschen Bundesbank [181].

Die im Jahre 1972 auf Anregung der Benelux-Länder, insbesondere Luxemburgs, auf freiwilliger Basis ohne jedes Gründungsstatut entstandene „Kontaktgruppe der Bankenaufsichtsbehörden" [182] übt die die auf konkrete Einzelfälle bezogene europäische Bankenaufsicht aus [183]. Gegenstand ihrer Beratungen sind u. a. die Bonität einzelner Kreditinstitute, die Zuverlässigkeit bestimmter Geschäftsleitungen sowie das Schicksal neuer Zulassungsanträge [184]. Neben diesen speziellen Problemfällen dient der „Kontaktausschuss" dem „freien, zwanglosen Gedankenaustausch" [185] der europäischen Bankenaufsichtsbehörden. Im Rahmen vertraulicher persönlicher Gespräche erfolgt eine gegenseitige Unterrichtung über bemerkenswerte Geschehnisse und Entwicklungen auf dem jeweiligen Aufsichtsgebiet sowie eine Erörterung allgemeiner Aufsichtsfragen von grundlegender Bedeutung [186].

Die „Kontaktgruppe der Bankenaufsichtsbehörden" hat sich bisher nur partiell von den europäischen Organen vereinnahmen lassen. Sie übt ihre länderübergreifenden Tätigkeiten grundsätzlich unabhängig von Weisungen der Europäischen

---

[181]   Vgl. CORDEWENER, KARL-FRIEDRICH (Internationale Gremien 1990), S. 510.

[182]   Vgl. dahingehend TROBERG, PETER (Europäische Aufsicht 1979), S. 45; BOPP, RICHARD (Europäische Aufsicht 1982), S. 157; GADDUM, JOHANN WILHELM (Rahmenbedingungen 1989), S. 63. Der „Kontaktausschuss zwischen den Bankenaufsichtsbehörden" wurde auf europäischer Ebene erst im Jahre 1977 offiziell anerkannt; vgl. RAT DER EUROPÄISCHEN GEMEINSCHAFTEN (Erste Bankrechtskoordinierungsrichtlinie 1977), S. 31 (15. Erwägungsgrund).

[183]   Vgl. TROBERG, PETER (Europäische Aufsicht 1979), S. 46 f.; BOPP, RICHARD (Europäische Aufsicht 1982), S. 158; DAMM, ULRICH (Internationalisierung 1985), S. 213.

[184]   Vgl. TROBERG, PETER (Europäische Aufsicht 1979), S. 45; BOPP, RICHARD (Europäische Aufsicht 1982), S. 157.

[185]   GADDUM, JOHANN WILHELM (Rahmenbedingungen 1989), S. 63.

[186]   Vgl. MAYER, HELMUT (Bundesaufsichtsamt 1981), S. 204.

Kommission aus [187]. Da aber zu einzelnen Vorhaben der Europäischen Kommission inhaltliche Überschneidungen bestehen, findet in Teilbereichen sowohl aus fachlichen Gründen als auch aus Gründen der Zweckmäßigkeit eine Zusammenarbeit statt. So wird die Europäische Kommission von der „Kontaktgruppe" formlos informiert und z. T. auch an der Diskussion bestimmter Problemkreise beteiligt [188]. Zugleich erfolgt eine Beratung der Europäischen Kommission bei der Planung weiterer Harmonisierungsarbeiten [189]. Darüber hinaus wird der „Kontaktausschuss" als das geeignete Forum für den gegenseitigen Informationsaustausch zwischen den europäischen Aufsichtsinstanzen in Bezug auf die Auslandsaktivitäten der Kreditinstitute [190] angesehen [191]. Schließlich übernimmt die „Kontaktgruppe" durch die Ausarbeitung von Berichten und Gutachten zu verschiedenen Fragen der Bankenaufsicht zunehmend die Funktion eines Expertenteams für den „Beratenden Bankenausschuss".

cd) Beratender Bankenausschuss

Der „Beratende Bankenausschuss", der am 19. Juni 1979 erstmals tagte [192] und seitdem regelmäßig zusammentritt, ist eine offizielle europäische Institution [193]. Seine Bildung geht auf Art. 11 Abs. 1 Erste Bankrechtskoordinierungsrichtlinie zurück. Diese Vorschrift sieht vor, dass bei der Europäischen Kommission ein „Beratender Ausschuss" der für die Bankenaufsicht in den einzelnen europäischen Mitgliedstaaten zuständigen Behörden eingesetzt wird. Entsprechend gehören dem Ausschuss neben Vertretern der Europäischen Kommission Mitarbeiter

---

[187] Vgl. TROBERG, PETER (Europäische Aufsicht 1979), S. 45; BOPP, RICHARD (Europäische Aufsicht 1982), S. 157.

[188] Vgl. TROBERG, PETER (Europäische Aufsicht 1979), S. 45.

[189] Vgl. TROBERG, PETER (Geduldprobe 1975), S. 233.

[190] Vgl. hierzu Art. 7 Abs. 1 Erste Bankrechtskoordinierungsrichtlinie i. d. F. des Art. 14 Abs. 1 Zweite Bankrechtskoordinierungsrichtlinie.

[191] Vgl. RAT DER EUROPÄISCHEN GEMEINSCHAFTEN (Zweite Bankrechtskoordinierungsrichtlinie 1989), S. 3 (21. Erwägungsgrund). Die bilaterale Zusammenarbeit einzelner Bankenaufsichtsbehörden wird durch diesen gegenseitigen Informationsaustausch im „Kontaktausschuss" gleichwohl nicht ersetzt; vgl. RAT DER EUROPÄISCHEN GEMEINSCHAFTEN (Zweite Bankrechtskoordinierungsrichtlinie 1989), S. 3 (22. Erwägungsgrund). Dementsprechend hat das Bundesaufsichtsamt für das Kreditwesen unter Beteiligung der Deutschen Bundesbank mittlerweile mit fast allen Bankenaufsichtsbehörden der europäischen Mitgliedstaaten sog. „Gemeinsame Standpunkte" beschlossen, in denen im Einzelnen die Form der bilateralen Zusammenarbeit mittels umfangreicher Informations- und Konsultationsverfahren geregelt wird; vgl. als Beispiel BAKRED; COMMISSION BANCAIRE; COMITÉ DES ÉTABLISSEMENTS DE CRÉDIT (Gemeinsamer Standpunkt 1992), S. 1 ff.

[192] Vgl. BOPP, RICHARD (Europäische Aufsicht 1982), S. 145; WEGENER, ULRICH (Bankenausschuß 1982), S. 16.

[193] Vgl. DAMM, ULRICH (Internationalisierung 1985), S. 213.

der nationalen Regierungsstellen (Wirtschafts- oder Finanzministerien), Zentralnotenbanken und sonstigen Aufsichtsämter an [194].

Art. 11 Abs. 4 Satz 1 Erste Bankrechtskoordinierungsrichtlinie begrenzt die Zahl der Vertreter eines jeden Mitgliedstaates und der Europäischen Kommission auf höchstens drei. Für Deutschland sind dies je ein hochrangiger Mitarbeiter des Bundesfinanzministeriums, des Bundesaufsichtsamtes für das Kreditwesen und der Deutschen Bundesbank [195]. Der „Beratende Bankenausschuss" hat eine eigene Geschäftsordnung und einen Vorsitzenden aus dem Kreis der Mitgliedstaatenvertreter [196]; das Sekretariat wird von der Europäischen Kommission wahrgenommen [197].

Die Aufgaben des „Beratenden Bankenausschusses" sind genau umrissen. Er hat den Auftrag, die Europäische Kommission bei der ordnungsgemäßen Anwendung der Ersten Bankrechtskoordinierungsrichtlinie von 1977 [198] sowie der Niederlassungs- und Dienstleistungsrichtlinie von 1973 [199] zu beraten sowie bestimmte in der Ersten Bankrechtskoordinierungsrichtlinie vorgesehene Tätigkeiten auszuführen [200]. Danach besitzt der „Beratende Bankenausschuss" u. a. ein Vorschlagsrecht im Hinblick auf die Koordinierung der in den europäischen Mitgliedstaaten anzuwendenden Beobachtungskoeffizienten für die Überwachung der laufenden Geschäftstätigkeit der Kreditinstitute (z. B. Solvabilitätskoeffizient, Liquiditätskoeffizient) [201]. Zur Erfüllung dieser besonderen Aufgaben arbeitet der „Beratende Bankenausschuss" in aller Regel mit der „Arbeitsgruppe Bankrechtskoordinierung" sowie dem „Kontaktausschuss der Bankenaufsichtsbehörden" eng zusammen [202]. Darüber hinaus umfasst das Aufgabengebiet des „Beratenden Bankenausschusses" die Unterstützung der Europäischen Kommission bei der Ausarbei-

---

[194] Vgl. WEGENER, ULRICH (Bankenausschuß 1982), S. 16 f.; DAMM, ULRICH (Internationalisierung 1985), S. 213; TROBERG, PETER (Zukunft 1985), S. 957 (Fn. 8); SCHNEIDER, MANFRED (Zusammenarbeit 1987), S. 148.

[195] Vgl. BOPP, RICHARD (Europäische Aufsicht 1982), S. 89.

[196] Vgl. Art. 11 Abs. 5 Satz 2 Erste Bankrechtskoordinierungsrichtlinie.

[197] Vgl. Art. 11 Abs. 4 Satz 4 Erste Bankrechtskoordinierungsrichtlinie.

[198] Vgl. RAT DER EUROPÄISCHEN GEMEINSCHAFTEN (Erste Bankrechtskoordinierungsrichtlinie 1977), S. 30 ff.

[199] Vgl. RAT DER EUROPÄISCHEN GEMEINSCHAFTEN (Niederlassungs- und Dienstleistungsrichtlinie 1973), S. 1 ff.

[200] Vgl. die Auflistung bei TROBERG, PETER (Europäische Aufsicht 1979), S. 48 f.

[201] Vgl. Art. 6 Abs. 4 Erste Bankrechtskoordinierungsrichtlinie; ferner RAT DER EUROPÄISCHEN GEMEINSCHAFTEN (Solvabilitätsrichtlinie 1989), S. 14 (1. Erwägungsgrund); RAT DER EUROPÄISCHEN GEMEINSCHAFTEN (Großkreditrichtlinie 1993), S. 1 (3. Erwägungsgrund).

[202] Vgl. auch TROBERG, PETER (Europäische Aufsicht 1979), S. 49; WEGENER, ULRICH (Bankenausschuß 1982), S. 18; BADER, UDO-OLAF (Eigenkapitalanforderungen 1990), S. 10.

tung weiterer Koordinierungsvorschläge im Bereich des Kreditwesens [203]. Hierzu gehört auch die Initiierung neuer Richtlinienvorschläge. Schließlich fungiert der „Beratende Bankenausschuss" als „Regelungsausschuss" im Rahmen der technischen Anpassung bereits verabschiedeter Richtlinien [204]. Konkrete Einzelfälle der europäischen Bankenaufsicht zählen dagegen – wie ausdrücklich festgestellt wird [205] – nicht zu seinem Tätigkeitsgebiet. „Für die Prüfung von Problemen, die ein einzelnes Kreditinstitut betreffen, bleibt der ... Kontaktausschuss zwischen den Bankenaufsichtsbehörden der geeignete Rahmen" [206].

Der wichtigste Aufgabenbereich des „Beratenden Bankenausschusses" dürfte die angesprochene Unterstützung der Europäischen Kommission bei der Ausgestaltung geplanter Richtlinienvorschläge zur Harmonisierung des Bankenaufsichtsrechts sein [207]. Diese Aufgabenzuweisung lässt zwar eine Parallelität zur Tätigkeit der „Arbeitsgruppe Bankrechtskoordinierung" erkennen, beide Gremien sind sich jedoch ihrer spezifischen Zwecksetzung bei der Formulierung entsprechender Richtlinienvorschläge bewusst. Während in der „Arbeitsgruppe Bankrechtskoordinierung" unter dem Vorsitz der Europäischen Kommission schwerpunktmäßig die Klärung der fachlichen Details der einzelnen Richtlinienvorschläge erfolgt, befasst sich der „Beratende Bankenausschuss" unter der Leitung eines Mitgliedstaatenvertreters hauptsächlich mit der politischen Vorbereitung dieser Richtlinienvorschläge [208]. Ihm obliegt es als „eine Art Stimmungsbarometer" [209] bzw. als „Motor der Bankrechtsintegration" [210], „die verschiedenen aufsichtsrechtlichen Erfordernisse (der europäischen Mitgliedstaaten; Anm. d. Verf.) auf einen gemeinsamen politischen Nenner zu bringen" [211]. Hierzu entwickelt er Vorstellungen über die allgemeinen Leitlinien der künftigen Bankrechtsharmonisierung, über die Lösungswege für besonders wichtige Probleme sowie über die

---

[203] Vgl. Art. 11 Abs. 2 Erste Bankrechtskoordinierungsrichtlinie.

[204] Vgl. u. a. RAT DER EUROPÄISCHEN GEMEINSCHAFTEN (Zweite Bankrechtskoordinierungsrichtlinie 1989), S. 3 (23. Erwägungsgrund) i. V. m. Art. 22 Abs. 2 Zweite Bankrechtskoordinierungsrichtlinie; RAT DER EUROPÄISCHEN GEMEINSCHAFTEN (Solvabilitätsrichtlinie 1989), S. 15 (14. Erwägungsgrund) i. V. m. Art. 9 Abs. 2 Solvabilitätsrichtlinie; ferner CORDEWENER, KARL-FRIEDRICH (Internationale Gremien 1990), S. 510.

[205] Vgl. Art. 11 Abs. 3 Erste Bankrechtskoordinierungsrichtlinie.

[206] RAT DER EUROPÄISCHEN GEMEINSCHAFTEN (Zweite Bankrechtskoordinierungsrichtlinie 1989), S. 3 (21. Erwägungsgrund).

[207] So auch TROBERG, PETER (Europäische Aufsicht 1979), S. 49.

[208] Vgl. TROBERG, PETER (Europäische Aufsicht 1979), S. 47 u. S. 49; CORDEWENER, KARL-FRIEDRICH (Internationale Gremien 1990), S. 510.

[209] BAUMANN, WOLFGANG (Entscheidungsprozeß 1988), S. 13.

[210] KNOBL, PETER (Europabankrecht 1992), S. 40.

[211] DAMM, ULRICH (Internationalisierung 1985), S. 213.

Prioritäten bei diesen Arbeiten [212]. Der „Beratende Bankenausschuss" besitzt damit als Konsultationsgremium der Europäischen Kommission in Fragen der Kreditwirtschaft eine erhebliche praktische Bedeutung [213]. Es kommt wesentlich auf die Bereitschaft und Initiative seiner jeweiligen Mitglieder an, ob in enger Abstimmung mit der Europäischen Kommission – SCHNEIDER [214] nennt als Beispiel einer ersten gelungenen Zusammenarbeit zwischen dem „Beratenden Bankenausschuss" und der Europäischen Kommission die Konsolidierungsrichtlinie von 1983 – Fortschritte in der Angleichung des europäischen Bankenaufsichtsrechts erzielt werden [215].

ce) Sachverständigenausschuss für die Interpretation und Anwendung der Bankrechtsrichtlinien

Der „Sachverständigenausschuss für die Interpretation und Anwendung der Bankrechtsrichtlinien" – die offizielle Bezeichnung lautet „Groupe technique pour l'Interprétation et l'Application des Directives Bancaires" (GTIAD) – wurde von der Europäischen Kommission Ende 1992 als technische Arbeitsgruppe eingerichtet [216]. Anlass war die Erkenntnis, „dass bei der Umsetzung der Bankrechtsrichtlinien der Europäischen Union und der Durchführung der darin enthaltenen Bestimmungen Auslegungsprobleme auftraten, die möglichst eindeutig gelöst werden mussten, um Unsicherheiten zu verringern und eine möglichst einheitliche Auslegung des gemeinschaftlichen Bankrechts zu gewährleisten" [217]. Vor diesem Hintergrund ist es Aufgabe dieses Gremiums, die von den Delegationen der Mitgliedstaaten aufgeworfenen Fragen zu prüfen und dem Beratenden Bankenausschuss seine Schlussfolgerungen zur Beurteilung vorzulegen [218]. Auf diese Weise tragen die Arbeiten dieses Sachverständigenausschusses „in hohem Maße dazu bei, einen möglichst breiten Konsens über die Auslegung der gemeinschaftlichen Rechtsakte zu erzielen, ..." [219].

---

[212] Vgl. DORMANNS, ALBERT (Zusammenarbeit 1979), S. 470; TROBERG, PETER (Europäische Aufsicht 1979), S. 47 u. S. 49; TROBERG, PETER (Liberalisierung 1981), S. 40; BOPP, RICHARD (Europäische Aufsicht 1982), S. 152.

[213] So auch BESTER, DIETMAR (Kontrolle 1986), S. 194; BIENER, HERBERT (Rechnungslegung 1989), S. 73.

[214] Vgl. SCHNEIDER, MANFRED (Zusammenarbeit 1987), S. 148.

[215] Vgl. SCHWARK, EBERHARD (Liberalisierung 1981), S. 26.

[216] Vgl. KÖCKLER, WOLFGANG D. (Bankenbinnenmarkt 1995), S. 809.

[217] KOMMISSION DER EUROPÄISCHEN GEMEINSCHAFTEN (Bankenausschuß 1994), S. 3.

[218] Vgl. KOMMISSION DER EUROPÄISCHEN GEMEINSCHAFTEN (Bankenausschuß 1994), S. 3.

[219] KOMMISSION DER EUROPÄISCHEN GEMEINSCHAFTEN (Bankenausschuß 1994), S. 3.

cf) Ausschuss der Verbände für das Kreditwesen

Da in keinem der bisher besprochenen Gremien die europäische Kreditwirtschaft vertreten ist, wurde am 15. Oktober 1979 auf Anregung der Europäischen Kommission der „Ausschuss der Verbände für das Kreditwesen" (AVK) ins Leben gerufen [220]. Seine Bildung erfolgte in der Absicht, alle Verbände, die auf europäischer Ebene kreditwirtschaftlich relevante Belange wahrnehmen – dies sind u. a. die Europäische Bankenvereinigung, die Europäische Sparkassenvereinigung, die Europäische Vereinigung der Genossenschaftsbanken, die Europäische Vereinigung der Hypothekenbanken sowie die Europäische Vereinigung der Bausparkassen –, in einen institutionellen Rahmen einzubinden, innerhalb dessen sie von Anfang an am Meinungsbildungsprozess zu allen Projekten im Bereich der Bankrechtskoordinierung beteiligt sind. Auf diese Weise sollen die Harmonisierungsbemühungen der Europäischen Kommission unterstützt und gleichzeitig die Interessen der Kreditwirtschaft unmittelbar berücksichtigt werden.

Insgesamt betrachtet ist jedoch die Bedeutung des AVK als Forum für einen sachbezogenen Gedankenaustausch zwischen den europäischen Verbänden der Kreditwirtschaft und der Europäischen Kommission eher gering [221]. Aufgrund seiner äußerst heterogenen Zusammensetzung gestaltet es sich in aller Regel sehr schwierig, eine einheitliche Position gegenüber der Europäischen Kommission einzunehmen. Die einzelnen europäischen, aber auch nationalen Interessenverbände suchen daher häufig bereits im Vorfeld der Entstehung eines Richtlinienvorschlags selbst den direkten Gesprächskontakt zur Europäischen Kommission sowie zu den anderen bereits besprochenen Institutionen, um unabhängig von der Arbeit des AVK ihren Einfluss geltend zu machen [222]. Schließlich bestehen zur Wahrung gemeinsamer Interessen weitere Einwirkungsmöglichkeiten über den „Wirtschafts- und Sozialausschuss" sowie den „Ausschuss der Ständigen Vertreter" [223].

---

[220] Vgl. TROBERG, PETER (Liberalisierung 1981), S. 42; ferner BOPP, RICHARD (Europäische Aufsicht 1982), S. 145 u. S. 151.

[221] So auch TROBERG, PETER (Zukunft 1985), S. 958; ferner DORMANNS, ALBERT (Zusammenarbeit 1979), S. 471.

[222] Allgemeine Ausführungen zum Euro-Lobbyismus finden sich bei PIEPER, ULRICH (Wirtschafts- und Sozialausschuß 1993), S. 575 f. sowie DEUTSCHER SPARKASSEN- UND GIROVERBAND E. V. (HRSG.) (Binnenmarkt 1993), S. 8 ff.

[223] Vgl. BAUMANN, WOLFGANG (Entscheidungsprozeß 1988), S. 16; CORDEWENER, KARL-FRIEDRICH (Internationale Gremien 1990), S. 507 f.

cg) Wirtschafts- und Sozialausschuss

Der „Wirtschafts- und Sozialausschuss" setzt sich gemäß Art. 257 Abs. 2 EG-Vertrag aus Vertretern der verschiedenen Gruppen des wirtschaftlichen und sozialen Lebens der europäischen Mitgliedstaaten zusammen. Seine Aufgabe ist es, an der Gestaltung des Gemeinschaftsrechts beratend mitzuwirken [224]. Auf diese Weise sollen die Interessen der unterschiedlichen gesellschaftlichen, beruflichen und branchenspezifischen Organisationen (u. a. auch aus dem Bereich der Kredit- und Finanzdienstleistungswirtschaft) repräsentiert werden und vor dem Erlass von Rechtsakten in den Entscheidungsprozess der europäischen Organe mit einfließen [225]. Um diesen Einfluss sicherzustellen, erfolgt in einer Reihe von Fragen eine obligatorische Anhörung des „Wirtschafts- und Sozialausschusses" durch die Europäische Kommission oder den Europäischen Ministerrat [226]. Daneben sieht Art. 262 Abs. 1 Satz 2 EG-Vertrag auch eine fakultative Anhörung des „Wirtschafts- und Sozialausschusses" durch diese Organe vor, von der in der Praxis zunehmend Gebrauch gemacht wird [227]. Schließlich wird dem „Wirtschafts- und Sozialausschuss" das Recht zugebilligt, Stellungnahmen in all den Fällen abzugeben, „in denen er dies für zweckmäßig erachtet" [228]. Der „Wirtschafts- und Sozialausschuss" kann damit von sich aus gegenüber der Europäischen Kommission bzw. dem Europäischen Ministerrat initiativ tätig werden [229]. Eine bindende Wirkung für die europäischen Organe besitzen die Stellungnahmen des „Wirtschafts- und Sozialausschusses" allerdings nicht [230].

ch) Ausschuss der Ständigen Vertreter

Der „Ausschuss der Ständigen Vertreter" ist zur Unterstützung des Europäischen Ministerrates bestellt. Seine Mitglieder sind die Leiter der diplomatischen Missionen der Mitgliedstaaten bei der Europäischen Union [231]. Es gehört zu den Aufgaben des „Ausschusses der Ständigen Vertreter", mit seinen zahlreichen

---

[224] Vgl. Art. 7 Abs. 2 i. V. m. Art. 257 Abs. 1 EG-Vertrag.

[225] Vgl. PIEPER, ULRICH (Wirtschafts- und Sozialausschuß 1993), S. 573.

[226] Vgl. Art. 262 Abs. 1 Satz 1 EG-Vertrag. Anhörungspflichten bestehen beispielsweise auf dem Gebiet des Niederlassungsrechts (vgl. Art. 44 EG-Vertrag), des freien Dienstleistungsverkehrs (vgl. Art. 52 EG-Vertrag) sowie der Rechtsangleichung (vgl. Art. 94 sowie Art. 95 EG-Vertrag).

[227] Vgl. PIEPER, ULRICH (Wirtschafts- und Sozialausschuß 1993), S. 574.

[228] Art. 262 Abs. 1 Satz 3 EG-Vertrag.

[229] Vgl. auch DEUTSCHER SPARKASSEN- UND GIROVERBAND E. V. (HRSG.) (Binnenmarkt 1993), S. 5.

[230] Vgl. PIEPER, ULRICH (Wirtschafts- und Sozialausschuß 1993), S. 574.

[231] Vgl. Art. 207 Abs. 1 Satz 1 EG-Vertrag.

Unterausschüssen (u. a. der für Fragen der Bankrechtskoordinierung zuständigen „Arbeitsgruppe Wirtschaftsfragen" [232]) die Arbeiten und Entscheidungen des Europäischen Ministerrates vorzubereiten und die ihm vom Europäischen Ministerrat übertragenen Aufträge auszuführen [233]. Hierbei stehen die Ständigen Vertreter sowohl mit der Europäischen Kommission als auch den einzelnen europäischen Mitgliedstaaten in engem Kontakt. Zudem können auch auf dieser Ebene die unterschiedlichsten Interessenverbände ihre Argumente vortragen. Der damit insgesamt verbundene gute Überblick der Ständigen Vertreter über die Position aller Beteiligten ermöglicht eine Förderung des Informationsflusses in jedweder Richtung, sodass für Fragen, die in den Unterausschüssen letztlich offen geblieben sind, eine politische Lösung gesucht werden kann [234].

d) Überblick zum Stand der Harmonisierungsarbeiten der Europäischen Union im Bereich des Bankenaufsichtsrechts

Die Harmonisierung des Bankenaufsichtsrechts in der Europäischen Union ist bereits relativ weit fortgeschritten. In den letzten Jahren wurde ein engmaschiges Netz gemeinschaftsrechtlicher Aufsichtsnormen über die mitgliedstaatlichen Rechtsordnungen des Kredit- und Finanzdienstleistungswesens gezogen und damit ein tragfähiges aufsichtsrechtliches Fundament für die Errichtung des Europäischen Banken- und Wertpapiermarktes gelegt. Nachhaltige Auswirkungen dieser europarechtlichen Vorgaben auf die bankenaufsichtsrechtlichen Bestimmungen der Bundesrepublik Deutschland sind unübersehbar. Jüngste Novellierungen des Kreditwesengesetzes [235] zeugen von der Notwendigkeit, das nationale Bankenaufsichtsrecht an europäische Rechtsakte anzupassen. Weitere Änderungen und Ergänzungen als Folge europäischer Harmonisierungsinitiativen zeichnen sich ab.

---

[232] Die personelle Zusammensetzung der „Arbeitsgruppe Wirtschaftsfragen" ist weitgehend mit derjenigen der „Arbeitsgruppe Bankrechtskoordinierung" identisch. Allerdings geht die Leitung von der Europäischen Kommission auf denjenigen Mitgliedstaat über, der jeweils den Ratsvorsitz innehat; vgl. CORDEWENER, KARL-FRIEDRICH (Internationale Gremien 1990), S. 507.

[233] Vgl. Art. 207 Abs. 1 Satz 1 EG-Vertrag.

[234] Vgl. CORDEWENER, KARL-FRIEDRICH (Internationale Gremien 1990), S. 507 f.; DEUTSCHER SPARKASSEN- UND GIROVERBAND E. V. (HRSG.) (Binnenmarkt 1993), S. 4.

[235] Vgl. DEUTSCHER BUNDESTAG (Drittes Gesetz zur Änderung des Gesetzes über das Kreditwesen 1984), S. 1693 ff.; DEUTSCHER BUNDESTAG (Viertes Gesetz zur Änderung des Gesetzes über das Kreditwesen 1992), S. 2211 ff.; DEUTSCHER BUNDESTAG (Fünftes Gesetz zur Änderung des Gesetzes über das Kreditwesen 1994), S. 2735 ff.; Art. 1 des Gesetzes vom 22. Oktober 1997 zur Umsetzung von EG-Richtlinien zur Harmonisierung bank- und wertpapieraufsichtsrechtlicher Vorschriften (Sechste KWG-Novelle).

Abbildung 3 [236] (vgl. S. 72-79) verdeutlicht die vorstehende Einschätzung. Sie vermittelt einen umfassenden Überblick zum derzeitigen Stand der Harmonisierungsarbeiten der Europäischen Union auf dem Gebiet des Bankenaufsichtsrechts. *Abbildung 3* (vgl. S. 72-79) beschränkt sich allerdings nicht ausschließlich auf die Aufzählung der Kernelemente des europäischen Bankenaufsichtsrechts, sie umfasst daneben auch bedeutsame Harmonisierungsvorhaben aus bankenaufsichtsnahen Bereichen wie beispielsweise dem Börsen- und Investmentrecht, dem Gesellschaftsrecht sowie dem Verbraucherschutzrecht [237].

Abb. 3: Übersicht über angenommene, vorgeschlagene und vorgesehene Rechtsakte der Europäischen Union in kredit- und finanzwirtschaftlich besonders relevanten Bereichen

I. Verabschiedete und bereits in deutsches Recht umgesetzte Richtlinien	
Dokumentennummer (chronologisch geordnet)	Bezeichnung der Harmonisierungsmaßnahme
73/183/EWG	Richtlinie des Rates vom 28. Juni 1973 zur Aufhebung der Beschränkungen der Niederlassungsfreiheit und des freien Dienstleistungsverkehrs für selbständige Tätigkeiten der Kreditinstitute und anderer finanzieller Einrichtungen
77/780/EWG	Erste Richtlinie des Rates vom 12. Dezember 1977 zur Koordinierung der Rechts- und Verwaltungsvorschriften über die Aufnahme und Ausübung der Tätigkeit der Kreditinstitute (sog. „Erste Bankrechtskoordinierungsrichtlinie")
78/660/EWG	Vierte Richtlinie des Rates vom 25. Juli 1978 aufgrund von Artikel 54 Absatz 3 Buchstabe g) des Vertrages über den Jahresabschluss von Gesellschaften bestimmter Rechtsformen
79/279/EWG	Richtlinie des Rates vom 5. März 1979 zur Koordinierung der Bedingungen für die Zulassung von Wertpapieren zur amtlichen Notierung an einer Wertpapierbörse
80/390/EWG	Richtlinie des Rates vom 17. März 1980 zur Koordinierung der Bedingungen für die Erstellung, die Kontrolle und die Verbreitung des Prospekts, der für die Zulassung von Wertpapieren zur amtlichen Notierung an einer Wertpapierbörse zu veröffentlichen ist

---

[236] Ähnliche Übersichten finden sich bei DEUTSCHER SPARKASSEN- UND GIROVERBAND E. V. (HRSG.) (Binnenmarkt 1993), S. 30 ff.; O. V. (EG-Vorhaben 1994), S. 430 ff.; BUNDESVERBAND ÖFFENTLICHER BANKEN DEUTSCHLANDS E. V. (HRSG.) (Vorhaben 1999), S. 12 ff.

[237] Die exakten Fundstellen der in *Abbildung 3* (vgl. S. 72-79) aufgeführten Harmonisierungsmaßnahmen können aus dem Literaturverzeichnis unter „Europäisches Parlament; Rat der Europäischen Union", „Kommission der Europäischen Gemeinschaften" bzw. „Rat der Europäischen Gemeinschaften" entnommen werden.

Fortsetzung Abb. 3:

Dokumentennummer (chronologisch geordnet)	Bezeichnung der Harmonisierungsmaßnahme
82/121/EWG	Richtlinie des Rates vom 15. Februar 1982 über regelmäßige Informationen, die von Gesellschaften zu veröffentlichen sind, deren Aktien zur amtlichen Notierung an einer Wertpapierbörse zugelassen sind
82/148/EWG	Richtlinie des Rates vom 3. März 1982 zur Änderung der Richtlinie 79/279/EWG zur Koordinierung der Bedingungen für die Zulassung von Wertpapieren zur amtlichen Notierung an einer Wertpapierbörse und der Richtlinie 80/390/EWG zur Koordinierung der Bedingungen für die Erstellung, die Kontrolle und die Verbreitung des Prospekts, der für die Zulassung von Wertpapieren zur amtlichen Notierung an einer Wertpapierbörse zu veröffentlichen ist (keine nationalen Durchführungsmaßnahmen erforderlich)
83/349/EWG	Siebente Richtlinie des Rates vom 13. Juni 1983 aufgrund von Artikel 54 Absatz 3 Buchstabe g) des Vertrages über den konsolidierten Abschluss
83/350/EWG	Richtlinie des Rates vom 13. Juni 1983 über die Beaufsichtigung der Kreditinstitute auf konsolidierter Basis (wird durch die Richtlinie 92/30/EWG ersetzt)
84/569/EWG	Richtlinie des Rates vom 27. November 1984 zur Änderung der in ECU ausgedrückten Beträge der Richtlinie 78/660/EWG
85/345/EWG	Richtlinie des Rates vom 8. Juli 1985 zur Änderung der Richtlinie 77/780/EWG zur Koordinierung der Rechts- und Verwaltungsvorschriften über die Aufnahme und Ausübung der Tätigkeit der Kreditinstitute
85/611/EWG	Richtlinie des Rates vom 20. Dezember 1985 zur Koordinierung der Rechts- und Verwaltungsvorschriften betreffend bestimmte Organismen für gemeinsame Anlagen in Wertpapieren (OGAW)
86/137/EWG	Richtlinie des Rates vom 17. April 1986 zur Ermächtigung bestimmter Mitgliedstaaten, die Anwendung der Richtlinie 77/780/EWG hinsichtlich einiger Kreditinstitute erneut aufzuschieben (durch Zeitablauf gegenstandslos geworden)
86/524/EWG	Richtlinie des Rates vom 27. Oktober 1986 zur Änderung der Richtlinie 77/780/EWG hinsichtlich der Liste der ständigen Ausklammerungen bestimmter Kreditinstitute
86/635/EWG	Richtlinie des Rates vom 8. Dezember 1986 über den Jahresabschluss und den konsolidierten Abschluss von Banken und anderen Finanzinstituten (sog. „Bankbilanzrichtlinie")
87/102/EWG	Richtlinie des Rates vom 22. Dezember 1986 zur Angleichung der Rechts- und Verwaltungsvorschriften der Mitgliedstaaten über den Verbraucherkredit
87/345/EWG	Richtlinie des Rates vom 22. Juni 1987 zur Änderung der Richtlinie 80/390/EWG zur Koordinierung der Bedingungen für die Erstellung, die Kontrolle und die Verbreitung des Prospekts, der für die Zulassung von Wertpapieren zur amtlichen Notierung an einer Wertpapierbörse zu veröffentlichen ist

Fortsetzung Abb. 3:

Dokumentennummer (chronologisch geordnet)	Bezeichnung der Harmonisierungsmaßnahme
88/220/EWG	Richtlinie des Rates vom 22. März 1988 zur Änderung der Richtlinie 85/611/EWG zur Koordinierung der Rechts- und Verwaltungsvorschriften betreffend bestimmte Organismen für gemeinsame Anlagen in Wertpapieren (OGAW) in Bezug auf die Anlagepolitik bestimmter OGAW
88/361/EWG	Richtlinie des Rates vom 24. Juni 1988 zur Durchführung von Artikel 67 des Vertrages – Liberalisierung des Kapitalverkehrs
88/627/EWG	Richtlinie des Rates vom 12. Dezember 1988 über die bei Erwerb und Veräußerung einer bedeutenden Beteiligung an einer börsennotierten Gesellschaft zu veröffentlichenden Informationen
89/117/EWG	Richtlinie des Rates vom 13. Februar 1989 über die Pflichten der in einem Mitgliedstaat eingerichteten Zweigniederlassungen von Kreditinstituten und Finanzinstituten mit Sitz außerhalb dieses Mitgliedstaats zur Offenlegung von Jahresabschlussunterlagen
89/298/EWG	Richtlinie des Rates vom 17. April 1989 zur Koordinierung der Bedingungen für die Erstellung, Kontrolle und Verbreitung des Prospekts, der im Falle öffentlicher Angebote von Wertpapieren zu veröffentlichen ist
89/299/EWG	Richtlinie des Rates vom 17. April 1989 über die Eigenmittel von Kreditinstituten (sog. „Eigenmittelrichtlinie")
89/592/EWG	Richtlinie des Rates vom 13. November 1989 zur Koordinierung der Vorschriften betreffend Insider-Geschäfte
89/646/EWG	Zweite Richtlinie des Rates vom 15. Dezember 1989 zur Koordinierung der Rechts- und Verwaltungsvorschriften über die Aufnahme und Ausübung der Tätigkeit der Kreditinstitute und zur Änderung der Richtlinie 77/780/EWG (sog. „Zweite Bankrechtskoordinierungsrichtlinie")
89/647/EWG	Richtlinie des Rates vom 18. Dezember 1989 über einen Solvabilitätskoeffizienten für Kreditinstitute (sog. „Solvabilitätsrichtlinie")
90/88/EWG	Richtlinie des Rates vom 22. Februar 1990 zur Änderung der Richtlinie 87/102/EWG zur Angleichung der Rechts- und Verwaltungsvorschriften der Mitgliedstaaten über den Verbraucherkredit
90/211/EWG	Richtlinie des Rates vom 23. April 1990 zur Änderung der Richtlinie 80/390/EWG hinsichtlich der gegenseitigen Anerkennung der Prospekte für öffentliche Angebote als Börsenprospekt
90/604/EWG	Richtlinie des Rates vom 8. November 1990 zur Änderung der Richtlinie 78/660/EWG über den Jahresabschluss und der Richtlinie 83/349/EWG über den konsolidierten Abschluss hinsichtlich der Ausnahme für kleine und mittlere Gesellschaften sowie der Offenlegung von Abschlüssen in ECU
91/31/EWG	Richtlinie der Kommission vom 19. Dezember 1990 zur technischen Anpassung der Definition der „multilateralen Entwicklungsbanken" in der Richtlinie 89/647/EWG des Rates über einen Solvabilitätskoeffizienten für Kreditinstitute

Fortsetzung Abb. 3:

Dokumentennummer (chronologisch geordnet)	Bezeichnung der Harmonisierungsmaßnahme
91/308/EWG	Richtlinie des Rates vom 10. Juni 1991 zur Verhinderung der Nutzung des Finanzsystems zum Zwecke der Geldwäsche
91/633/EWG	Richtlinie des Rates vom 3. Dezember 1991 zur Durchführung der Richtlinie 89/299/EWG über die Eigenmittel von Kreditinstituten
92/16/EWG	Richtlinie des Rates vom 16. März 1992 zur Änderung der Richtlinie 89/299/EWG über die Eigenmittel von Kreditinstituten
92/30/EWG	Richtlinie des Rates vom 6. April 1992 über die Beaufsichtigung von Kreditinstituten auf konsolidierter Basis (ersetzt die Richtlinie 83/350/EWG)
92/121/EWG	Richtlinie des Rates vom 21. Dezember 1992 über die Überwachung und Kontrolle der Großkredite von Kreditinstituten (sog. „Großkreditrichtlinie") – (Umwandlung der Empfehlung 87/62/EWG der Kommission vom 22. Dezember 1986)
93/6/EWG	Richtlinie des Rates vom 15. März 1993 über die angemessene Eigenkapitalausstattung von Wertpapierfirmen und Kreditinstituten (sog. „Kapitaladäquanzrichtlinie")
93/22/EWG	Richtlinie des Rates vom 10. Mai 1993 über Wertpapierdienstleistungen (sog. „Wertpapierdienstleistungsrichtlinie")
94/7/EG	Richtlinie der Kommission vom 15. März 1994 zur Anpassung der Richtlinie 89/647/EWG des Rates über einen Solvabilitätskoeffizienten für Kreditinstitute betreffend die technische Definition der „multilateralen Entwicklungsbanken"
94/8/EG	Richtlinie des Rates vom 21. März 1994 zur Änderung der in ECU ausgedrückten Beträge der Richtlinie 78/660/EWG
94/18/EG	Richtlinie des Europäischen Parlaments und des Rates vom 30. Mai 1994 zur Änderung der Richtlinie 80/390/EWG zur Koordinierung der Bedingungen für die Erstellung, die Kontrolle und die Verbreitung des Prospekts, der für die Zulassung von Wertpapieren zur amtlichen Notierung an einer Wertpapierbörse zu veröffentlichen ist, im Hinblick auf die Verpflichtung zur Veröffentlichung eines Prospekts
94/19/EG	Richtlinie des Europäischen Parlaments und des Rates vom 30. Mai 1994 über Einlagensicherungssysteme (sog. „Einlagensicherungsrichtlinie) – (Umwandlung der Empfehlung 87/63/EWG der Kommission vom 22. Dezember 1986)
95/15/EG	Richtlinie der Kommission vom 31. Mai 1995 zur Anpassung der Richtlinie 89/647/EWG des Rates über einen Solvabilitätskoeffizienten für Kreditinstitute hinsichtlich der technischen Definition der „Zone A" sowie der Gewichtung der Aktiva in Form von durch die Europäischen Gemeinschaften ausdrücklich garantierten Forderungen
95/26/EG	Richtlinie des Europäischen Parlaments und des Rates vom 29. Juni 1995 zur Änderung der Richtlinien 77/780/EWG und 89/646/EWG betreffend Kreditinstitute, der Richtlinien 73/239/EWG und *(Fortsetzung nächste Seite)*

Fortsetzung Abb. 3:

Dokumentennummer (chronologisch geordnet)	Bezeichnung der Harmonisierungsmaßnahme
	(Fortsetzung) 92/49/EWG betreffend Schadenversicherungen, der Richtlinien 79/267/EWG und 92/96/EWG betreffend Lebensversicherungen, der Richtlinie 93/22/EWG betreffend Wertpapierfirmen sowie der Richtlinie 85/611/EWG betreffend bestimmte Organismen für gemeinsame Anlagen in Wertpapieren (OGAW) zwecks verstärkter Beaufsichtigung dieser Finanzunternehmen (sog. „BCCI-Folgemaßnahmen-Richtlinie")
95/67/EG	Richtlinie der Kommission vom 15. Dezember 1995 zur Anpassung der Richtlinie 89/647/EWG des Rates über einen Solvabilitätskoeffizienten für Kreditinstitute betreffend die technische Definition der „multilateralen Entwicklungsbanken"
96/10/EG	Richtlinie des Europäischen Parlaments und des Rates vom 21. März 1996 zur Änderung der Richtlinie 89/647/EWG des Rates im Hinblick auf die aufsichtliche Anerkennung von Schuldumwandlungsverträgen und Aufrechnungsvereinbarungen („vertragliches Netting")
96/13/EG	Richtlinie des Rates vom 11. März 1996 zur Änderung des Artikels 2 Absatz 2 der Richtlinie 77/780/EWG hinsichtlich der Liste der auf Dauer ausgeschlossenen Kreditinstitute
97/5/EG	Richtlinie des Europäischen Parlaments und des Rates vom 27. Januar 1997 über grenzüberschreitende Überweisungen
97/9/EG	Richtlinie des Europäischen Parlaments und des Rates vom 3. März 1997 über Systeme für die Entschädigung der Anleger (sog. „Anlegerentschädigungsrichtlinie")
98/26/EG	Richtlinie des Europäischen Parlaments und des Rates vom 19. Mai 1998 über die Wirksamkeit von Abrechnungen in Zahlungs- sowie Wertpapierliefer- und -abrechnungssystemen
98/31/EG	Richtlinie des Europäischen Parlaments und des Rates vom 22. Juni 1998 zur Änderung der Richtlinie 93/6/EWG des Rates über die angemessene Eigenkapitalausstattung von Wertpapierfirmen und Kreditinstituten
98/32/EG	Richtlinie des Europäischen Parlaments und des Rates vom 22. Juni 1998 zur Änderung – im Hinblick auf Hypotheken – der Richtlinie 89/647/EWG des Rates über einen Solvabilitätskoeffizienten für Kreditinstitute
98/33/EG	Richtlinie des Europäischen Parlaments und des Rates vom 22. Juni 1998 zur Änderung des Artikels 12 der Richtlinie 77/780/EWG des Rates zur Koordinierung der Rechts- und Verwaltungsvorschriften über die Aufnahme und Ausübung der Tätigkeit der Kreditinstitute, der Artikel 2, 5, 6, 7 und 8 sowie der Anhänge II und III der Richtlinie 89/647/EWG des Rates über einen Solvabilitätskoeffizienten für Kreditinstitute und des Artikels 2 sowie des Anhangs II zur Richtlinie 93/6/EWG des Rates über die angemessene Eigenkapitalausstattung von Wertpapierfirmen und Kreditinstituten

Fortsetzung Abb. 3:

II. Verabschiedete und zur Transformation in deutsches Recht anstehende Richtlinien	
Dokumentennummer (chronologisch geordnet)	Bezeichnung der Harmonisierungsmaßnahme
98/7/EG	Richtlinie des Europäischen Parlaments und des Rates vom 16. Februar 1998 zur Änderung der Richtlinie 87/102/EWG zur Angleichung der Rechts- und Verwaltungsvorschriften der Mitgliedstaaten über den Verbraucherkredit
III. In der Beratung befindliche sowie zurückgestellte oder zurückgezogene Richtlinien- und Verordnungsvorschläge	
Dokumentennummer (chronologisch geordnet)	Bezeichnung der Harmonisierungsmaßnahme
XIV/508/72-D	Entwurf einer Richtlinie des Rates zur Koordinierung der Rechts- und Verwaltungsvorschriften für die Aufnahme und Ausübung der selbständigen Tätigkeiten der Kreditinstitute (wird in dieser Form nicht mehr weiterverfolgt)
87/C 161/04	Geänderter Vorschlag der Kommission vom 27. Mai 1987 für eine Richtlinie des Rates über die Niederlassungsfreiheit und den freien Dienstleistungsverkehr auf dem Gebiet des Hypothekarkredits (die Beratung ist zur Zeit ausgesetzt)
XV/140/87	Entwurf eines Vorschlags der Kommission für eine Richtlinie des Rates über die Harmonisierung der Ausgabe von hypothekarisch gesicherten Schuldverschreibungen (wird in dieser Form nicht mehr weiterverfolgt)
88/C 36/01	Geänderter Vorschlag der Kommission vom 11. Januar 1988 für eine Richtlinie des Rates über die Sanierung und Liquidation der Kreditinstitute und die Einlagensicherungssysteme
XV/35/89 XV/37/89	Vorentwurf der Kommission für eine Richtlinie des Rates zur Festlegung eines Gemeinschaftsinstruments betreffend die regelmäßigen Meldungen, die die Kreditinstitute den Bankaufsichtsbehörden übermitteln müssen (zur Zeit zurückgestellt)
91/C 53/11	Geänderter Vorschlag der Kommission vom 31. Januar 1991 für eine Verordnung (EWG) des Rates über die von den Kreditinstituten und Versicherungsunternehmen geleisteten Sicherheiten (wird in dieser Form nicht mehr weiterverfolgt)
XV/1130/94-Rev. 3	Beaufsichtigung von Finanzkonglomeraten vom 10. Mai 1995 (ergänzende Maßnahmen zu der geltenden Richtlinie 92/30/EWG über die konsolidierte Beaufsichtigung)
96/C 207/08	Vorschlag der Kommission vom 30. Mai 1996 für eine Richtlinie des Europäischen Parlaments und des Rates über die Endgültigkeit der Abrechnung und die Stellung von Sicherheiten in Zahlungssystemen

Fortsetzung Abb. 3:

Dokumentennummer (chronologisch geordnet)	Bezeichnung der Harmonisierungsmaßnahme
KOM(97) 706 endg.	Vorschlag der Kommission vom 15. Dezember 1997 für eine Richtlinie über die Aufnahme und Ausübung der Tätigkeit der Kreditinstitute (kodifizierte Fassung)
KOM(98) 449 endg.	Vorschlag der Kommission vom 17. Juli 1998 für eine Richtlinie des Europäischen Parlaments und des Rates zur Änderung der Richtlinie 85/611/EWG zur Koordinierung der Rechts- und Verwaltungsvorschriften betreffend bestimmte Organismen für gemeinsame Anlagen in Wertpapieren (OGAW)
KOM(98) 451 endg.	Vorschlag der Kommission vom 17. Juli 1998 für eine Richtlinie des Europäischen Parlaments und des Rates zur Änderung der Richtlinie 85/611/EWG zur Koordinierung der Rechts- und Verwaltungsvorschriften betreffend bestimmte Organismen für gemeinsame Anlagen in Wertpapieren (OGAW) zwecks Regulierung der Verwaltungsgesellschaften und der vereinfachten Prospekte für OGAW
KOM(98) 461 endg.	Entwurf eines Vorschlags der Kommission vom 21. September 1998 für eine Richtlinie des Europäischen Parlaments und des Rates über die Aufnahme, Ausübung und Beaufsichtigung der Tätigkeit von E-Geldinstituten sowie einer Richtlinie zur Änderung der Richtlinie 77/780/EWG zur Koordinierung der Rechts- und Verwaltungsvorschriften über die Aufnahme und Ausübung der Tätigkeit der Kreditinstitute
KOM(1999) 352 endg.	Vorschlag der Kommission vom 14. Juli 1999 für eine Richtlinie des Europäischen Parlaments und des Rates zur Änderung der Richtlinie 91/308/EWG vom 10. Juni 1991 über die Verhinderung der Nutzung des Finanzsystems für Zwecke der Geldwäsche
KOM(1999) 385 endg.	Geänderter Vorschlag der Kommission vom 23. Juli 1999 für eine Richtlinie des Europäischen Parlaments und des Rates über den Fernverkauf von Finanzdienstleistungen an Verbraucher und zur Änderung der Richtlinie 90/619/EWG des Rates und der Richtlinien 97/7/EG und 98/27/EG

IV. Empfehlungen der Europäischen Kommission sowie des Europäischen Ministerrates

Dokumentennummer (chronologisch geordnet)	Bezeichnung der Harmonisierungsmaßnahme
77/534/EWG	Empfehlung der Kommission vom 25. Juli 1977 betreffend europäische Wohlverhaltensregeln für Wertpapiertransaktionen
85/612/EWG	Empfehlung des Rates vom 20. Dezember 1985 zu Artikel 25 Absatz 1 zweiter Unterabsatz der Richtlinie 85/611/EWG
87/62/EWG	Empfehlung der Kommission vom 22. Dezember 1986 über die Überwachung und Kontrolle der Großkredite von Kreditinstituten (ersetzt durch die Richtlinie 92/121/EWG des Rates vom 21. Dezember 1992)

Fortsetzung Abb. 3:

Dokumentennummer (chronologisch geordnet)	Bezeichnung der Harmonisierungsmaßnahme
87/63/EWG	Empfehlung der Kommission vom 22. Dezember 1986 zur Einführung von Einlagensicherungssystemen in der Gemeinschaft (ersetzt durch die Richtlinie 94/19/EG des Europäischen Parlaments und des Rates vom 30. Mai 1994)
87/598/EWG	Empfehlung der Kommission vom 8. Dezember 1987 für einen Verhaltenskodex im Bereich des elektronischen Zahlungsverkehrs
88/590/EWG	Empfehlung der Kommission vom 17. November 1988 zu Zahlungssystemen, insbesondere zu den Beziehungen zwischen Karteninhabern und Kartenausstellern
90/109/EWG	Empfehlung der Kommission vom 14. Februar 1990 zur Transparenz der Bankkonditionen bei grenzüberschreitenden Finanztransaktionen
97/489/EG	Empfehlung der Kommission vom 30. Juli 1997 zu den Geschäften, die mit elektronischen Zahlungsinstrumenten getätigt werden (besonders zu den Beziehungen zwischen Emittenten und Inhabern solcher Instrumente)
XV/1090en-2	Empfehlung der Kommission vom 13. November 1997 für die Offenlegung von Informationen über Finanzinstrumente und andere Posten in Ergänzung zur Offenlegung gemäß der Richtlinie 86/635/EWG des Rates vom 8. Dezember 1986 über den Jahresabschluss und den konsolidierten Abschluss von Banken und anderen Finanzinstituten (noch im Beratungsstadium)
V. Mitteilungen der Europäischen Kommission	
Dokumentennummer (chronologisch geordnet)	Bezeichnung der Harmonisierungsmaßnahme
XV/291/80	Mitteilung der Kommission über die Berechnung von Beobachtungskoeffizienten zur Beurteilung der Zahlungsfähigkeit der Kreditinstitute
XV/292/80	Mitteilung der Kommission über die Berechnung eines Beobachtungskoeffizienten zur Beurteilung der Rentabilität der Kreditinstitute
97/C 209/04	Mitteilung der Kommission zu Auslegungsfragen über den freien Dienstleistungsverkehr und das Allgemeininteresse in der Zweiten Bankenrichtlinie
97/C 220/06	Mitteilung der Kommission über bestimmte rechtliche Aspekte von Investitionen innerhalb der EU
KOM(1998) 625 endg.	Mitteilung der Kommission „Finanzdienstleistungen: Abstecken eines Aktionsrahmens" vom 28. Oktober 1998
KOM(1999) 232 endg.	Mitteilung der Kommission „Umsetzung des Finanzmarktrahmens: Aktionsplan" vom 11. Mai 1999

III. Die Zusammenarbeit in der Bankenaufsicht bei der Bank für Internationalen Zahlungsausgleich

1. Das Erfordernis einer weltweit kooperierenden Bankenaufsicht

Die Sicherstellung bankenaufsichtsrechtlicher Tätigkeitsziele verlangt, dass sich die Bemühungen um die Herbeiführung einer Annäherung einzelstaatlicher Bankenaufsichtssysteme nicht allein auf die Errichtung und den Ausbau des integrierten Europäischen Banken- und Wertpapiermarktes beschränken. Angesichts der fortschreitenden Verflechtung der bedeutendsten nationalen Finanzmärkte zu einem globalen Finanzmarkt, „dessen Regulierung nur noch durch eine grenzüberschreitende Abstimmung des Handelns der einzelnen nationalen Bankaufsichtsbehörden möglich ist" [238], ist es vielmehr unerlässlich, über den regionalen Bereich der Europäischen Union hinaus Konzepte einer internationalen Zusammenarbeit in Bankenaufsichtsfragen zu entwerfen. Weltweit vernetzte Märkte für Bank- und Finanzdienstleistungen bedingen nun einmal eine weltweit vernetzte Bankenaufsicht [239]. Es stellt sich das Erfordernis einer weltweit kooperierenden Bankenaufsicht. COOKE bemerkt hierzu: „Within a global banking system, safety is indivisible" [240]. Auch die BANK FÜR INTERNATIONALEN ZAHLUNGSAUSGLEICH sieht in der Stärkung der Rahmenbedingungen für die Bankenaufsicht eine globale Herausforderung [241].

Die Vorstellung von einer Zusammenarbeit in der Bankenaufsicht auf weltweiter Basis ist eng verknüpft mit der Schaffung eines angemessenen institutionellen Rahmens. Die Festlegung gemeinsamer Grundprinzipien für die Beaufsichtigung von Kreditinstituten und Wertpapierfirmen sowie die nachfolgende Verfeinerung dieser Regeln setzen im Allgemeinen eine funktionierende Verständigung in maßgeblichen internationalen Organisationen voraus. Besonders hervorzuheben ist in diesem Zusammenhang der „Baseler Ausschuss für Bankenaufsicht". Dieses unter dem Dach der Bank für Internationalen Zahlungsausgleich, Basel, an-

---

[238] SANIO, JOCHEN (Bundesaufsichtsamt 1992), Sp. 1165.

[239] Ähnlich LUSSER, MARKUS (Harmonisierung 1989), S. 103.

[240] Zitiert bei DAMM, ULRICH (Internationalisierung 1985), S. 212.

[241] Vgl. BANK FÜR INTERNATIONALEN ZAHLUNGSAUSGLEICH (Jahresbericht 1993), S. 200.

gesiedelte Gremium steht im Zentrum der gegenwärtigen Bankenaufsicht auf internationaler Ebene [242].

2. Die Institutionalisierung der weltweiten Kooperation durch den „Baseler Ausschuss für Bankenaufsicht"

a) Organisation, Aufgaben und Kompetenzen des „Baseler Ausschusses für Bankenaufsicht"

Der „Baseler Ausschuss für Bankenaufsicht" (vormals „Baseler Ausschuss für Bankenbestimmungen und Bankenüberwachung" [243]) wurde Ende 1974 als Reaktion auf eine internationale Bankenkrise von den Notenbankgouverneuren der Länder der Zehnergruppe (G-10) [244] sowie der Schweiz [245] und Luxemburgs ins Leben gerufen [246]. Er setzt sich aus hochrangigen Vertretern der Zentralnotenbanken und Bankenaufsichtsbehörden dieser Staaten (einschließlich eines Vertreters der Europäischen Zentralbank) zusammen und tagt seit seiner ersten Zusammenkunft im Februar 1975 [247] mehrmals jährlich am Sitz der Bank für Internationalen Zahlungsausgleich in Basel [248]. Diese stellt auch das ständige Sekretariat des Ausschusses [249]. Repräsentanten Deutschlands im „Baseler Ausschuss für Bankenaufsicht" sind je ein Mitarbeiter der Deutschen Bundesbank sowie des Bundesaufsichtsamtes für das Kreditwesen [250].

---

[242] Vgl. PECCHIOLI, RINALDO M. (Bankenaufsicht 1989), S. 18 f.; ROSENTHAL, MARTIN (Weiterentwicklung 1992), S. 61; O. V. (Überwachung 1994), S. 39; BUNDESVERBAND ÖFFENTLICHER BANKEN DEUTSCHLANDS E. V. (Verbandsbericht 1998), S. 18 f.

[243] Die Umbenennung erfolgte 1989; vgl. DEUTSCHE BUNDESBANK (Internationale Organisationen 1992), S. 168. Andere Bezeichnungen wie „Blunden-Komitee" sowie „Cooke-Komitee" orientieren sich an den Namen früherer Vorsitzenden dieses Ausschusses. Verkürzt wird auch vom „Baseler Ausschuss" bzw. „Baseler Komitee" gesprochen.

[244] Dies sind Belgien, die Bundesrepublik Deutschland, Frankreich, Italien, Japan, Kanada, die Niederlande, Schweden, die USA sowie das Vereinigte Königreich Großbritannien und Nordirland.

[245] Die Schweiz war zum Zeitpunkt der Gründung des „Baseler Ausschusses für Bankenaufsicht" lediglich assoziiertes Mitglied der Zehnergruppe. Sie wurde dort erst 1984 als vollgültiges elftes Mitglied aufgenommen; vgl. DEUTSCHE BUNDESBANK (Organisationen 1997), S. 195.

[246] Vgl. u. a. BANK FÜR INTERNATIONALEN ZAHLUNGSAUSGLEICH (Basler Zusammenkünfte 1980), S. 60 ff.; MAYER, HELMUT (Bundesaufsichtsamt 1981), S. 204 f.; ZEITLER, ISABELLA (Bankenaufsicht 1984), S. 192; BESTER, DIETMAR (Kontrolle 1986), S. 171 f.; GADDUM, JOHANN WILHELM (Rahmenbedingungen 1989), S. 59; BADER, UDO-OLAF (Eigenkapitalanforderungen 1990), S. 4; BACHMANN, ROLF (Bankkonzernrechnung 1991), S. 31.

[247] Vgl. BADER, UDO-OLAF (Eigenkapitalanforderungen 1990), S. 4.

[248] Vgl. auch BOPP, RICHARD (Europäische Aufsicht 1982), S. 149.

[249] Vgl. BANK FÜR INTERNATIONALEN ZAHLUNGSAUSGLEICH (Basler Zusammenkünfte 1980), S. 61.

[250] Vgl. CORDEWENER, KARL-FRIEDRICH (Internationale Gremien 1990), S. 505.

Das „Baseler Komitee" hat in erster Linie die Aufgabe, die Diskussion und die Zusammenarbeit zwischen den für die Bankenaufsicht in den einzelnen Mitgliedsländern zuständigen Stellen zu intensivieren [251]. Durch einen umfassenden Gedanken- und Informationsaustausch über die verschiedenen nationalen bankenaufsichtsrechtlichen Vorschriften und Überwachungssysteme in den beteiligten Ländern sollen sowohl das gegenseitige Verständnis für die jeweiligen Verhältnisse in diesen Ländern gefördert als auch die Erfahrungen einzelner Länder in der Behandlung bankenaufsichtsrechtlicher Problemfälle zum Nutzen aller erschlossen werden [252]. Ziel der Aktivitäten des „Baseler Ausschusses" ist es weiterhin, mögliche Lücken und Fehlentwicklungen in der Überwachung des internationalen Finanzsystems frühzeitig zu erkennen und durch die Aufstellung allgemeiner Grundsätze Anregungen für eine wirkungsvolle Änderung nationaler Bankenaufsichtsnormen und -praktiken zu geben [253]. Auf diese Weise soll eine verstärkte internationale Angleichung der wichtigsten bankenaufsichtsrechtlichen Bestimmungen herbeigeführt werden [254].

Der „Baseler Ausschuss für Bankenaufsicht" ist im Allgemeinen bestrebt, die Resultate seiner Arbeit in diversen Berichten festzuhalten sowie die Erörterungen besonders wichtiger Aufsichtsfragen mit Zustimmung der Zentralbankgouverneure der Länder der Zehnergruppe (einschl. Luxemburgs) in so genannte Empfehlungen, Richtlinien oder Mindestanforderungen einmünden zu lassen [255]. Diese Verlautbarungen besitzen allerdings keine rechtliche Bindungswirkung [256]. Es bleibt somit den Behörden der im „Baseler Komitee" vertretenen Länder überlassen, ob und inwieweit sie die Erkenntnisse dieses internationalen Sachverständigengremiums verwenden wollen. Gleichwohl sind die vom „Baseler Ausschuss" ausgesprochenen Empfehlungen, Richtlinien oder Mindestanforderungen in ihrer

---

[251] Vgl. BANK FÜR INTERNATIONALEN ZAHLUNGSAUSGLEICH (Basler Zusammenkünfte 1980), S. 61; DAMM, ULRICH (Internationalisierung 1985), S. 213; BADER, UDO-OLAF (Eigenkapitalanforderungen 1990), S. 5; CORDEWENER, KARL-FRIEDRICH (Internationale Gremien 1990), S. 505.

[252] Vgl. MAYER, HELMUT (Bundesaufsichtsamt 1981), S. 205; BESTER, DIETMAR (Kontrolle 1986), S. 172; GADDUM, JOHANN WILHELM (Rahmenbedingungen 1989), S. 59; BÜSCHGEN, HANS E. (Bankbetriebslehre 1998), S. 302.

[253] Vgl. WAGNER, KLAUS (Tätigkeit 1982), S. 210; BESTER, DIETMAR (Kontrolle 1986), S. 172; GADDUM, JOHANN WILHELM (Rahmenbedingungen 1989), S. 59; DEUTSCHE BUNDESBANK (Internationale Organisationen 1992), S. 168; BÜSCHGEN, HANS E. (Bankbetriebslehre 1998), S. 302.

[254] Vgl. LUSSER, MARKUS (Harmonisierung 1989), S. 103; BADER, UDO-OLAF (Eigenkapitalanforderungen 1990), S. 5; SANIO, JOCHEN (Bundesaufsichtsamt 1992), Sp. 1167.

[255] Vgl. MAYER, HELMUT (Bundesaufsichtsamt 1981), S. 205.

[256] Vgl. u. a. DAMM, ULRICH (Internationalisierung 1985), S. 214; BADER, UDO-OLAF (Eigenkapitalanforderungen 1990), S. 8 u. S. 13; SANIO, JOCHEN (Bundesaufsichtsamt 1992), Sp. 1167. Sie unterscheiden sich hierdurch von den Richtlinien der Europäischen Union, die mittelbar geltendes Recht darstellen; vgl. Kapitel B.II.2.b), S. 58 ff.

praktischen Bedeutung nicht zu unterschätzen. Sie werden in den einzelnen Mitgliedstaaten trotz ihres rechtlich unverbindlichen Charakters weitgehend akzeptiert [257]. Der Grund hierfür liegt zum einen in dem hohen Ansehen des „Baseler Ausschusses", der seine Stellung aus der dahinterstehenden Autorität der Notenbankpräsidenten der Länder der Zehnergruppe (einschl. Luxemburgs) ableitet [258]. Zum anderen stellt die auf dem Konsensprinzip beruhende Kooperation der Mitgliedstaaten sicher, dass diese den gemeinsam gezogenen Schlussfolgerungen Rechnung tragen [259].

Das „Baseler Komitee" will mit seinen Empfehlungen, Richtlinien oder Mindestanforderungen aber nicht nur Maßstäbe für die Weiterentwicklung und Angleichung der nationalen Bankenaufsichtssysteme in den angeschlossenen Mitgliedstaaten setzen. Es erhebt vielmehr Anspruch darauf, ein Forum für die weltweite Diskussion bankenaufsichtsrechtlicher Fragestellungen zu sein [260]. Dementsprechend bemüht sich der „Baseler Ausschuss" auch unentwegt um einen kontinuierlichen Ausbau der Beziehungen zu anderen internationalen Gremien und Institutionen, die für die Beaufsichtigung von Banken und Wertpapierfirmen von Belang sind.

Besonders enge Verbindungen bestehen zur Europäischen Kommission [261]. Da verschiedene Staaten sowohl der Europäischen Union als auch dem „Baseler Komitee" angehören, wird von beiden Seiten in gleichen bankenaufsichtsrechtlichen Problembereichen eine möglichst starke Übereinstimmung der Lösungsansätze angestrebt [262]. Von wachsender Bedeutung sind zudem die ständigen Gespräche des „Baseler Ausschusses" mit weiteren regionalen und überregionalen Zusammenschlüssen von Bankenaufsichtsbehörden – so beispielsweise mit der Offshore Group of Banking Supervisors, der Association of Banking Supervisory Authorities of Latin America and the Caribbean, der Caribbean Banking Supervisors

---

[257] Vgl. mit Nachweis ZEITLER, ISABELLA (Bankenaufsicht 1984), S. 192; ferner HÜTZ, GERHARD (Bankenaufsicht 1990), S. 7 u. S. 68; DEUTSCHER SPARKASSEN- UND GIROVERBAND E. V. (HRSG.) (Binnenmarkt 1993), S. 7.

[258] Vgl. BADER, UDO-OLAF (Eigenkapitalanforderungen 1990), S. 13; ferner DAMM, ULRICH (Internationalisierung 1985), S. 114; SANIO, JOCHEN (Bundesaufsichtsamt 1992), Sp. 1167.

[259] Vgl. DEUTSCHE BUNDESBANK (Organisationen 1997), S. 191.

[260] Vgl. PADOA-SCHIOPPA, TOMMASO (Banking Supervision 1994), S. 13.

[261] Vgl. BADER, UDO-OLAF (Eigenkapitalanforderungen 1990), S. 6 ff.; BADER, UDO-OLAF (Entwicklung 1990), S. 22; DEUTSCHER SPARKASSEN- UND GIROVERBAND E. V. (HRSG.) (Binnenmarkt 1993), S. 7; KOMMISSION DER EUROPÄISCHEN GEMEINSCHAFTEN (Bankenausschuß 1994), S. 18 f.

[262] Vgl. u. a. RAT DER EUROPÄISCHEN GEMEINSCHAFTEN (Eigenmittelrichtlinie 1989), S. 17 (14. Erwägungsgrund); RAT DER EUROPÄISCHEN GEMEINSCHAFTEN (Solvabilitätsrichtlinie 1989), S. 14 (5. u. 10. Erwägungsgrund); RAT DER EUROPÄISCHEN GEMEINSCHAFTEN (Richtlinie zur Durchführung der Eigenmittelrichtlinie 1991), S. 33 (3. Erwägungsgrund).

Group, dem SEANZA (South-East Asia, New Zealand and Australia) Forum of Banking Supervisors sowie dem GCC (Gulf Co-operation Council for the Arab States) Committee of Banking Supervisors [263] – sowie die unter der Leitung des „Baseler Komitees" regelmäßig stattfindende „Internationale Konferenz der Bankenaufseher" [264]. Vorrangiges Ziel dieser Gespräche und Konferenzen ist es, möglichst allen Bankenaufsichtsinstanzen der Welt Gelegenheit zu geben, die Ergebnisse bzw. den Stand der Beratungen des „Baseler Ausschusses" kennenzulernen. Dem Meinungsaustausch sowie der Suche nach gemeinsamen Problemlösungen dienen außerdem die Kontakte der Baseler Bankenaufseher zu speziellen Fachgruppierungen wie dem „International Accounting Standards Committee" (London), dem „International Auditing Practices Committee of the International Federation of Accountants" (New York) sowie der „International Chamber of Commerce" (Paris) [265]. Schließlich fungiert das „Baseler Komitee" als Koordinierungsstelle für Verhandlungen mit den Wertpapieraufsichtsbehörden, die sich in der in Montreal ansässigen „International Organization of Securities Commissions" (IOSCO) vereinigt haben. Zweck dieser Zusammenarbeit ist im Wesentlichen die Durchsetzung der aufsichtsrechtlichen Gleichbehandlung von Universalbanken und Wertpapierhäusern [266].

Das vorstehend aufgezeigte Kommunikationsgeflecht verdeutlicht die zentrale Position des „Baseler Ausschusses" innerhalb der internationalen Bankenaufsicht. Weltweit gehen die wichtigsten Anstöße zur Verbesserung sowie Anpassung bankenaufsichtsrechtlicher Bestimmungen von der Arbeit dieses Gremiums aus [267]. Seine Empfehlungen, Richtlinien oder Mindestanforderungen sind weit über den Kreis der Länder der Zehnergruppe sowie Luxemburg hinaus richtung-

---

[263] Vgl. PECCHIOLI, RINALDO M. (Bankenaufsicht 1989), S. 53; CORDEWENER, KARL-FRIEDRICH (Internationale Gremien 1990), S. 506; NADIG, RETO (Bankenaufsicht 1991), S. 24.

[264] Bisher wurden zehn internationale Bankenaufsichtskonferenzen in London (1979), Washington (1981), Rom (1984), Amsterdam (1986), Tokio (1988), Frankfurt (1990), Cannes (1992), Wien (1994), Stockholm (1996) und Sydney (1998) abgehalten.

[265] Vgl. NADIG, RETO (Bankenaufsicht 1991), S. 21. Ergebnisse dieser Konsultationen sind u. a. folgende fachbezogene Richtlinien: „Interbank confirmation procedures", „Relationships between bank supervisors and external auditors", „Uniform rules for foreign exchange contracts"; vgl. BASLE COMMITTEE ON BANKING SUPERVISION (Report 1990), S. 66 ff.

[266] Bislang konnte in dieser Frage der entscheidende Durchbruch zwischen dem „Baseler Ausschuss für Bankenaufsicht" sowie der IOSCO noch nicht erzielt werden; vgl. ENGELEN, KLAUS C. (Bereitschaft 1994), S. 10; ENGELEN, KLAUS C. (Streit 1994), S. 13; ENGELEN, KLAUS C. (Schwächen 1994), S. 12; FLESCH, JOHANN RUDOLF (Anforderungen 1996), S. 1044 u. S. 1048 ff.; MEISTER, EDGAR (Wettbewerb 1998), S. 6.

[267] Vgl. LUSSER, MARKUS (Harmonisierung 1989), S. 103; PECCHIOLI, RINALDO M. (Bankenaufsicht 1989), S. 53; KARIGER, JÖRG C. (Kreditaufsicht 1991), S. 24.

weisend [268]. Sie entwickeln sich zu allgemein anerkannten Standards, an denen das Standing eines Kreditinstituts oder einer Wertpapierfirma gemessen wird [269]. Das „Baseler Komitee" leistet auf diese Weise einen unverzichtbaren Beitrag zur Vervollständigung des globalen Bankenaufsichtsnetzes.

b) Überblick über die Verlautbarungen des „Baseler Ausschusses für Bankenaufsicht"

Die Bemühungen des „Baseler Komitees" um eine stärkere Koordinierung der internationalen Bankenaufsicht haben in der Vergangenheit zur Verabschiedung zahlreicher Empfehlungen, Richtlinien und Mindestanforderungen geführt. Die nachfolgende *Abbildung 4* (vgl. S. 85-87) enthält eine umfassende chronologische Zusammenstellung dieser vor allem für international tätige Kreditinstitute und Wertpapierfirmen bedeutsamen Verlautbarungen. Ergänzend zu den bereits beschlossenen Empfehlungen, Richtlinien und Mindestanforderungen des „Baseler Ausschusses" wurden auch solche aufgenommen, die sich derzeit noch im Beratungsstadium befinden [270].

Abb. 4: **Übersicht über die beschlossenen bzw. vorgesehenen Empfehlungen, Richtlinien und Mindestanforderungen des „Baseler Komitees" zu Themen der internationalen Bankenaufsicht**

Zeitpunkt der Vorlage	Bezeichnung der Koordinierungsmaßnahme
März 1982	Steuerung des internationalen Kreditgeschäfts der Banken – Analyse des Länderrisikos sowie Messung und Kontrolle des Länderengagements
Mai 1983	Grundsätze für die Beaufsichtigung der ausländischen Niederlassungen von Banken (sog. „Baseler Konkordat")
März 1986	Die Behandlung nicht bilanzwirksamer Risiken der Banken aus der Sicht der Bankenaufsicht

---

[268] Vgl. BASELER AUSSCHUSS FÜR BANKENAUFSICHT (Ergänzung des Baseler Konkordats 1990), S. 9a; ferner LUSSER, MARKUS (Harmonisierung 1989), S. 103; KARIGER, JÖRG C. (Kreditaufsicht 1991), S. 24; FOLLAK, KLAUS-PETER (Eigenkapitalanforderungen 1993), S. 862.

[269] Vgl. u. a. PECCHIOLI, RINALDO M. (Bankenaufsicht 1989), S. 55; SANIO, JOCHEN (Bundesaufsichtsamt 1992), Sp. 1167; DEUTSCHE BUNDESBANK (Geschäftsbericht 1993), S. 115.

[270] Die exakten Fundstellen der in *Abbildung 4* (vgl. S. 85-87) aufgelisteten Koordinierungsmaßnahmen können aus dem Literaturverzeichnis unter „Baseler Ausschuss für Bankenaufsicht" bzw. „Basle Committee on Banking Supervision" entnommen werden. Vgl. auch BANK FOR INTERNATIONAL SETTLEMENTS (Compendium of documents 1999), S. 1 ff.

Fortsetzung Abb. 4:

Zeitpunkt der Vorlage	Bezeichnung der Koordinierungsmaßnahme
Juli 1988	Internationale Konvergenz der Eigenkapitalmessung und Eigenkapitalanforderungen (sog. „Baseler Eigenkapitalvereinbarung" bzw. sog. „Baseler Konvergenzmodell")
Dezember 1988	Grundsatzerklärung zur Verhütung des Missbrauchs des Bankensystems für die Geldwäscherei
Juli 1989	Risks in Computer and Telecommunication Systems
April 1990	Informationsaustausch zwischen Bankenaufsichtsbehörden – Ergänzung des Baseler Konkordats
September 1990	Richtlinien zur Auslegung der Baseler Eigenkapitalvereinbarung (kein offizielles Dokument)
Januar 1991	Messung und Überwachung von Großkrediten
November 1991	Änderung der Eigenkapitalvereinbarung betreffend die Einbeziehung allgemeiner Wertberichtigungen in das Eigenkapital
Juli 1992	Mindestanforderungen für die Beaufsichtigung internationaler Bankkonzerne und ihrer grenzüberschreitenden Niederlassungen – Ergänzung des Baseler Konkordats
Juli 1994	Änderung der Eigenkapitalvereinbarung vom Juli 1988
Juli 1994	Baseler Eigenkapitalvereinbarung: Behandlung des Kreditrisikos aus bestimmten nicht bilanzwirksamen Positionen (Netting-Änderungen)
Juli 1994	Richtlinien für das Risikomanagement im Derivativgeschäft
Dezember 1994	Aufsicht über das Derivativgeschäft der Banken
April 1995	Behandlung des potenziellen Engagements aus nicht bilanzwirksamen Positionen
Januar 1996	Änderung der Eigenkapitalvereinbarung zur Einbeziehung der Marktrisiken
Januar 1996	Aufsichtliches Rahmenkonzept für Backtesting (Rückvergleiche) bei der Berechnung des Eigenkapitalbedarfs zur Unterlegung des Marktrisikos mit bankeigenen Modellen
April 1996	Interpretation of the capital accord for the multilateral netting of forward value foreign exchange transactions
Oktober 1996	Grenzüberschreitende Bankenaufsicht
November 1996	Survey of Disclosures about Trading and Derivatives Activities of Banks and Securities Firms
September 1997	Grundsätze für das Management des Zinsänderungsrisikos
September 1997	The Year 2000 – A Challenge for Financial Institutions and Bank Supervisors
September 1997	Core Principles for Effective Banking Supervision
November 1997	Survey of Disclosures about Trading and Derivatives Activities of Banks and Securities Firms 1996

Fortsetzung Abb. 4:

Zeitpunkt der Vorlage	Bezeichnung der Koordinierungsmaßnahme
Januar 1998	Framework for the Evaluation of Internal Control Systems
März 1998	Risk Management for Electronic Banking and Electronic Money Activities
April 1998	Amendment to the Basle Capital Accord of July 1988
April 1998	Consultative paper on on-balance-sheet netting (Konsultativpapier zur Eigenkapitalvereinbarung)
Juni 1998	Supervisory Cooperation on Year 2000 Cross-Border Issues
September 1998	Framework for Supervisory Information about Derivatives and Trading Activities of Banks and Securities Firms
September 1998	Framework for Internal Control Systems in Banking Organisations
September 1998	Enhancing Bank Transparency
Oktober 1998	Sound Practices for Loan Accounting, Credit Risk Disclosure and Related Matters
November 1998	Survey of Disclosures about Trading and Derivatives Activities of Banks and Securities Firms 1997
Januar 1999	Geschäftsbeziehungen zwischen Banken und Instituten mit hoher Risiko/Eigenkapital-Relation (HLI)
Januar 1999	Sachgerechte Methoden für Geschäftsbeziehungen zwischen Banken und Instituten mit hoher Risiko/Eigenkapital-Relation (HLI)
Februar 1999	Recommendations for Public Disclosure of Trading and Derivatives Activities of Banks and Securities Firms – Consultative Paper
Februar 1999	Supervision of Financial Conglomerates (Joint report)
April 1999	Credit Risk Modelling: Current Practices and Applications
Juni 1999	A New Capital Adequacy Framework (Consultative Paper)
Juli 1999	Principles for the Management of Credit Risk – Consultative Paper
Juli 1999	Best Practices for Credit Risk Disclosure – Consultative Paper
Juli 1999	Sound Practices for Loan Accounting and Disclosure
Juli 1999	Supervisory Guidance for Managing Settlement Risk in Foreign Exchange Transactions – Consultative Paper

Kapitel C

Die Rechtsgrundlagen der Bankenaufsicht

I. Historische Rückschau

Auslösendes Ereignis für die Einführung einer *allgemeinen* staatlichen Bankenaufsicht in Deutschland [1] war die schwere Bankenkrise des Jahres 1931 [2] mit
ihren weit reichenden Folgen für die gesamte Volkswirtschaft [3] [4]. Sie veranlass-
te die damalige Reichsregierung, im Wege des Notverordnungsrechts Regelungen
zu treffen, die als Sofortmaßnahmen die akuten Schwierigkeiten innerhalb der
Kreditwirtschaft beheben sollten. Besondere Bedeutung erlangt hierbei die „Verordnung des Reichspräsidenten über Aktienrecht, Bankenaufsicht und über eine
Steueramnestie" vom 19. September 1931 [5]. Mit ihr wurde in Deutschland der
Grundstein zur Errichtung eines gesetzlichen Rahmens für eine generelle Auf-

---

[1] Zu den historischen Entwicklungslinien der Bankenaufsicht in Deutschland vgl. u. a. HONOLD,
EDUARD (Bankenaufsicht 1956), S. 39 ff.; KLEINHANS, JOACHIM (Bankenaufsicht 1967), S. 137 ff.;
MÖSCHEL, WERNHARD (Wirtschaftsrecht 1972), S. 33 u. S. 200 ff.; HARTMANN, MANFRED (Reform
1977), S. 25 ff. u. S. 123 ff.; SCHNEIDER, MANFRED (Bankenaufsicht 1978), S. 7 ff.; MAYER, HELMUT
(Bundesaufsichtsamt 1981), S. 9 ff.; MÜLHAUPT, LUDWIG (Bankenkrise 1982), S. 440 ff.; SCHNEI-
DER, UWE H. (Entwicklung 1984), S. 83 ff.; BÄHRE, INGE LORE; SCHNEIDER, MANFRED (KWG-Kom-
mentar 1986), S. 47 ff.; HÜTZ, GERHARD (Bankenaufsicht 1990), S. 20 ff.; KUNTZE, WOLFGANG
(Bankenaufsicht 1994), S. 46 f.; ALSHEIMER, CONSTANTIN (Entwicklung 1997), S. 27 ff.; SZAGUNN,
VOLKHARD; HAUG, ULRICH; ERGENZINGER, WILHELM (Kreditwesen 1997), S. 57 ff.; BÜSCHGEN,
HANS E. (Bankbetriebslehre 1998), S. 253 ff.; NIRK, RUDOLF (Kreditwesengesetz 1999), S. 11 ff.

[2] Zum Verlauf der deutschen Bankenkrise von 1931, ihren Ursachen und Folgen vgl. u. a. WALB,
ERNST (Bankkrise 1932), S. 1 ff.; HONOLD, EDUARD (Bankenaufsicht 1956), S. 51 ff.; BORN, KARL
ERICH (Bankenkrise 1967), S. 9 ff.; STUCKEN, RUDOLF (Bankenkrise 1968), S. 390 ff.; LÜKE, ROLF
E. (Geheimnis 1981), S. 53 ff.; MÜLHAUPT, LUDWIG (Bankenkrise 1982), S. 435 ff.; PONTZEN,
MARTIN (Bankenkrise 1999), S. 77 f.

[3] Vgl. u. a. WIRTSCHAFTSAUSSCHUSS DES DEUTSCHEN BUNDESTAGES (Bericht über den Entwurf eines
KWG 1961), S. 1; DÜRRE, GÜNTER (Bundesaufsichtsamt 1972), S. 33; MÖSCHEL, WERNHARD (Wirt-
schaftsrecht 1972), S. 33; SCHNEIDER, MANFRED (Wettbewerb 1973), S. 122; BORN, KARL ERICH
(Auseinandersetzung 1978), S. 13 u. S. 20; STARKE, O.-ERNST (Reform 1978), S. 171; MAYER, HEL-
MUT (Bundesaufsichtsamt 1981), S. 9; BÄHRE, INGE LORE (Internationales Banking 1982), S. 1354;
HERRHAUSEN, ALFRED (Regulierung 1983), S. 6; HÜTZ, GERHARD (Bankenaufsicht 1990), S. 22 u.
S. 50; KUNTZE, WOLFGANG (Bankenaufsicht 1994), S. 46; SCHORK, LUDWIG; SCHORK, LEO (Kredit-
wesen 1999), S. 11.

[4] Einen grundlegenden Überblick über alternative Möglichkeiten der Ausgestaltung von Aufsichtssystemen, differenziert nach Zielsetzungen, Umfang, Trägern sowie Maßnahmen der Bankenaufsicht,
gibt HONOLD, EDUARD (Bankenaufsicht 1956), S. 32 ff.; in Anlehnung hieran vgl. auch HARTMANN,
MANFRED (Reform 1977), S. 20 f. u. S. 121 f.

[5] Vgl. REICHSPRÄSIDENT (Verordnung 1931), S. 493 ff.

sicht des Staates über den Bankensektor gelegt, von der zu diesem Zeitpunkt nur noch diejenigen Kreditinstitute ausgenommen waren, die wie z. B. die Sparkassen und die privaten Hypothekenbanken bereits aufgrund anderer Bestimmungen [6] einer speziellen Einflussnahme des Staates unterlagen [7]. Ergänzende Vorschriften zur Notverordnung vom 19. September 1931 folgten noch Ende des Jahres 1931 sowie in den Jahren 1932 und 1933 [8].

Das Notverordnungsrecht Anfang der 30er Jahre hatte allerdings nur Übergangscharakter. Bereits im September 1933 wurde von der Reichsregierung ein „Untersuchungsausschuss für das Bankwesen" eingesetzt, dessen Aufgabe es war, die damals im deutschen Kreditgewerbe vorhandenen Mängel zu analysieren und zur Vorbereitung einer Neuordnung des Bankenaufsichtsrechts Vorschläge für Reformmaßnahmen zu unterbreiten [9]. Die Ergebnisse der Verhandlungen dieser Untersuchungskommission wurden in einem umfangreichen Bericht festgehalten [10]. Dieser bildete die Diskussionsgrundlage für das am 5. Dezember 1934 von der Reichsregierung verabschiedete „Reichsgesetz über das Kreditwesen" [11].

Das Kreditwesengesetz (KWG) von 1934, das am 1. Januar 1935 in Kraft trat [12], stellte eine Fortentwicklung und Neukodifizierung des bis dahin auf Notverordnungen beruhenden Rechts dar [13]. Es verwirklichte die Vorstellungen des eingesetzten „Untersuchungsausschusses für das Bankwesen" weitgehend [14] und

---

[6] Aufsichtsrechtliche Normierungen für bestimmte Teilbereiche des Kreditwesens gehen in Deutschland bis in das 17. Jahrhundert zurück; vgl. den Überblick bei KLEINHANS, JOACHIM (Bankenaufsicht 1967), S. 137; HARTMANN, MANFRED (Reform 1977), S. 26 ff.; MAYER, HELMUT (Bundesaufsichtsamt 1981), S. 12 f.; BÜSCHGEN, HANS E. (Bankbetriebslehre 1998), S. 253.

[7] Vgl. HONOLD, EDUARD (Bankenaufsicht 1956), S. 58 f.; MAYER, HELMUT (Bundesaufsichtsamt 1981), S. 13; MÜLHAUPT, LUDWIG (Bankenkrise 1982), S. 440 u. S. 441; BÄHRE, INGE LORE; SCHNEIDER, MANFRED (KWG-Kommentar 1986), S. 49.

[8] Vgl. die Nachweise bei HONOLD, EDUARD (Bankenaufsicht 1956), S. 61; SZAGUNN, VOLKHARD; HAUG, ULRICH; ERGENZINGER, WILHELM (Kreditwesen 1997), S. 60 f.

[9] Vgl. WIRTSCHAFTSAUSSCHUSS DES DEUTSCHEN BUNDESTAGES (Bericht über den Entwurf eines KWG 1961), S. 1; MÜLHAUPT, LUDWIG (Bankenkrise 1982), S. 441; SZAGUNN, VOLKHARD; HAUG, ULRICH; ERGENZINGER, WILHELM (Kreditwesen 1997), S. 61; SCHORK, LUDWIG; SCHORK, LEO (Kreditwesen 1999), S. 11.

[10] Vgl. UNTERSUCHUNGSAUSSCHUSS FÜR DAS BANKWESEN 1933 (Untersuchung 1933/34), S. 1 ff.

[11] Vgl. REICHSREGIERUNG (KWG 1934), S. 1203 ff.

[12] Vgl. § 58 Abs. 1 KWG 1934.

[13] Vgl. MÖSCHEL, WERNHARD (Wirtschaftsrecht 1972), S. 215.

[14] Vgl. HONOLD, EDUARD (Bankenaufsicht 1956), S. 63; DÜRRE, GÜNTER (Bundesaufsichtsamt 1972), S. 33; MÖSCHEL, WERNHARD (Wirtschaftsrecht 1972), S. 216.

unterwarf erstmals in Deutschland – von einzelnen Ausnahmen abgesehen [15] – alle Kreditinstitute (also auch die bereits anderweitig beaufsichtigten Sparkassen und privaten Hypothekenbanken) einer Genehmigungspflicht für das Betreiben von Bankgeschäften sowie einer einheitlichen Aufsicht des Staates [16]. Damit wurde der in Deutschland schon seit dem Jahre 1874 schwelende Streit zwischen dem Festhalten an einer nahezu unbegrenzten Gewerbefreiheit in der Kreditwirtschaft auf der einen Seite und dem Aufbau einer allgemeinen, d. h. möglichst sämtliche Kreditinstitute umfassenden staatlichen Bankenaufsicht auf der anderen Seite [17] endgültig zugunsten der Letzteren entschieden [18].

Die Regelungen des Kreditwesengesetzes von 1934 wurden in der Folgezeit durch verschiedene Durchführungsverordnungen ergänzt und wiederholt abgeändert [19]. Bei diesen Modifikationen ging es im Grunde genommen aber weniger um eine inhaltliche Neukonzeptionierung der bankenaufsichtsrechtlichen Praxis als vielmehr um die Umgestaltung der Organisationsstruktur der allgemeinen Bankenaufsicht. Schließlich wurde am 25. September 1939 die Neufassung des „Gesetzes über das Kreditwesen" bekannt gemacht [20]. Dieses wurde noch während des Zweiten Weltkrieges durch zwei weitere Verordnungen überarbeitet [21]. Anlass hierfür waren wiederum vor allem organisatorische Gesichtspunkte.

---

[15] Von den Anforderungen des KWG von 1934 wurden lediglich die Reichsbank, die Deutsche Golddiskontbank, die Deutsche Reichspost und ihre Anstalten sowie die gemeinnützigen Wohnungsunternehmen und das Pfandleihgewerbe freigestellt; vgl. § 2 KWG 1934.

[16] Vgl. MÖSCHEL, WERNHARD (Wirtschaftsrecht 1972), S. 33; MAYER, HELMUT (Bundesaufsichtsamt 1981), S. 14; MÜLHAUPT, LUDWIG (Bankenkrise 1982), S. 441; BÄHRE, INGE LORE; SCHNEIDER, MANFRED (KWG-Kommentar 1986), S. 50; SZAGUNN, VOLKHARD; HAUG, ULRICH; ERGENZINGER, WILHELM (Kreditwesen 1997), S. 61.

[17] Der Gedanke einer einheitlichen Aufsicht des Staates über *alle* Kreditinstitute wurde in Deutschland zum erstenmal im Jahre 1874 anlässlich der Beratungen im Deutschen Reichstag über das spätere Bankgesetz von 1875 – bei diesem Gesetz handelte es sich um ein reines Notenbankgesetz – in Erwägung gezogen; vgl. hierzu sowie zu weiteren Auseinandersetzungen am Ende des 19. und zu Beginn des 20. Jahrhunderts um die Einführung der allgemeinen staatlichen Bankenaufsicht in Deutschland HONOLD, EDUARD (Bankenaufsicht 1956), S. 40 ff.; KLEINHANS, JOACHIM (Bankenaufsicht 1967), S. 137 f.; DÜRRE, GÜNTER (Bankenaufsicht 1976), Sp. 87; HARTMANN, MANFRED (Reform 1977), S. 28 ff.; BORN, KARL ERICH (Auseinandersetzung 1978), S. 13 f.; MAYER, HELMUT (Bundesaufsichtsamt 1981), S. 9 ff.; BÄHRE, INGE LORE; SCHNEIDER, MANFRED (KWG-Kommentar 1986), S. 47 ff.; HÜTZ, GERHARD (Bankenaufsicht 1990), S. 20 ff.; SZAGUNN, VOLKHARD; HAUG, ULRICH; ERGENZINGER, WILHELM (Kreditwesen 1997), S. 58 ff.

[18] Vgl. MÜLHAUPT, LUDWIG (Bankenkrise 1982), S. 440.

[19] Vgl. die Nachweise bei HONOLD, EDUARD (Bankenaufsicht 1956), S. 71 (Fn. 267); STARKE, O.-ERNST (Reform 1978), S. 171 (Fn. 26 u. Fn. 27).

[20] Vgl. REICHSWIRTSCHAFTSMINISTER (KWG 1939), S. 1955 ff. Zeitpunkt des In-Kraft-Tretens war der 1. Oktober 1939; vgl. ebenda, S. 1955.

[21] Vgl. MINISTERRAT FÜR DIE REICHSVERTEIDIGUNG (Verordnung 1940), S. 1047; MINISTERRAT FÜR DIE REICHSVERTEIDIGUNG (Verordnung 1944), S. 211 ff.

Nach dem Ende des Zweiten Weltkrieges behielt das Kreditwesengesetz von 1939 i. d. F. der Verordnungen vom 23. Juli 1940 und vom 18. September 1944 hinsichtlich seiner meisten materiell-rechtlichen Bestimmungen seine Gültigkeit, und zwar zunächst in den neu geschaffenen Ländern der Besatzungszonen der drei Westmächte, später dann nach In-Kraft-Treten des Grundgesetzes [22] gemäß Art. 123 Abs. 1, Art. 125 Nr. 1, Art. 74 Nr. 11 GG auch in der Bundesrepublik Deutschland einschließlich West-Berlin [23]. Mehrere Gründe sprachen jedoch alsbald für eine Ablösung des KWG von 1939 durch ein neues Gesetz [24]. So stimmten wichtige Einzelnormen des KWG von 1939 in ihrer Ausgestaltung nicht mehr mit den in der Nachkriegszeit veränderten wirtschaftspolitischen Grundanschauungen und den durch das Grundgesetz geschaffenen verfassungsrechtlichen Voraussetzungen überein. Unausgefüllte Rahmenvorschriften sowie unklare Kompetenzabgrenzungen erschwerten überdies die Anwendbarkeit des KWG von 1939. Außerdem bestanden Zweifel an der Fortgeltung gewisser Regelungen des KWG von 1939. All dies ließ die Neuausfertigung eines Bankenaufsichtsgesetzes dringend geboten erscheinen, zumal es nur dadurch auch als möglich angesehen wurde, die infolge des Erlasses zahlreicher ergänzender Durchführungsanweisungen und Bekanntmachungen zum KWG von 1939 entstandene Unübersichtlichkeit der Rechtslage zu beseitigen.

Trotz verschiedener Anläufe bereits in den Jahren 1949/50 kam es allerdings erst Ende der 50er/Anfang der 60er Jahre zu einer grundlegenden Revision des KWG von 1939. Ergebnis dieser Bemühungen war das „Gesetz über das Kreditwesen" vom 10. Juli 1961 [25]; es unterstellte die allgemeine staatliche Bankenaufsicht mit Wirkung vom 1. Januar 1962 [26] neuen Normen des Bundesrechts [27]. In seinen

---

[22] Vgl. DEUTSCHER BUNDESTAG (Grundgesetz 1949), S. 1 ff.

[23] Vgl. u. a. BUNDESREGIERUNG (Entwurf eines KWG 1959), S. 20; MÖSCHEL, WERNHARD (Wirtschaftsrecht 1972), S. 33 u. S. 219 f.; BÄHRE, INGE LORE; SCHNEIDER, MANFRED (KWG-Kommentar 1986), S. 47, S. 51 f. u. S. 53; HÜTZ, GERHARD (Bankenaufsicht 1990), S. 24; SZAGUNN, VOLKHARD; HAUG, ULRICH; ERGENZINGER, WILHELM (Kreditwesen 1997), S. 62; REISCHAUER, FRIEDRICH; KLEINHANS, JOACHIM (Kreditwesengesetz 2000), Kza. 112, S. 3.

[24] Zu den Gründen sowie zum Werdegang des neuen Kreditwesengesetzes vgl. insbesondere BUNDESREGIERUNG (Entwurf eines KWG 1959), S. 20; WIRTSCHAFTSAUSSCHUSS DES DEUTSCHEN BUNDESTAGES (Bericht über den Entwurf eines KWG 1961), S. 2; MAYER, HELMUT (Bundesaufsichtsamt 1981), S. 16 ff.; BÄHRE, INGE LORE; SCHNEIDER, MANFRED (KWG-Kommentar 1986), S. 52 ff.; SZAGUNN, VOLKHARD; HAUG, ULRICH; ERGENZINGER, WILHELM (Kreditwesen 1997), S. 62 f.

[25] Vgl. DEUTSCHER BUNDESTAG (Gesetz über das Kreditwesen 1961), S. 881 ff.

[26] Vgl. § 65 KWG 1961.

[27] Zur Vereinbarkeit des KWG von 1961 mit dem Grundgesetz vgl. insbesondere MÖSCHEL, WERNHARD (Wirtschaftsrecht 1972), S. 269 ff.; BIEG, HARTMUT (Bankenaufsicht 1983), S. 71 f.; HÜTZ, GERHARD (Bankenaufsicht 1990), S. 50 ff.

Kernbestandteilen lehnt sich das KWG von 1961 freilich auch weiterhin an seine Vorläufer aus den Jahren 1934 und 1939 an [28].

---

[28] Vgl. u. a. BUNDESREGIERUNG (Entwurf eines KWG 1959), S. 20; WIRTSCHAFTSAUSSCHUSS DES DEUTSCHEN BUNDESTAGES (Bericht über den Entwurf eines KWG 1961), S. 1 u. S. 2; DÜRRE, GÜNTER (Bundesaufsichtsamt 1972), S. 34; MAYER, HELMUT (Bundesaufsichtsamt 1981), S. 14 u. S. 17; MÜLHAUPT, LUDWIG (Bankenkrise 1982), S. 441; BÄHRE, INGE LORE; SCHNEIDER, MANFRED (KWG-Kommentar 1986), S. 50 u. S. 59; MÖSCHEL, WERNHARD (Wurzeln 1991), S. 583; SANIO, JOCHEN (Bundesaufsichtsamt 1992), Sp. 1155; SZAGUNN, VOLKHARD; HAUG, ULRICH; ERGEN-ZINGER, WILHELM (Kreditwesen 1997), S. 61; NIRK, RUDOLF (Kreditwesengesetz 1999), S. 11.

II. Derzeitiger Stand

Seit seinem In-Kraft-Treten hat das KWG von 1961 zahlreiche Modifikationen erfahren [29]. Sofern diese im Zusammenhang mit der Verabschiedung neuer oder mit der Überarbeitung sonstiger Gesetze erfolgten, waren sie aber zumeist nur von untergeordneter Bedeutung. Mit den eigentlichen Änderungsgesetzen zum KWG von 1961, den sog. KWG-Novellen [30], verhält es sich indessen anders. Mit ihnen wurden – von einer Ausnahme abgesehen [31] – weitaus gehaltvollere Eingriffe in das bis dahin jeweils geltende Aufsichtsrecht der Kreditinstitute vorgenommen. Maßgebend hierfür waren im Wesentlichen drei, z. T. miteinander verwobene Ursachen. Erstens bestand mehrfach die Notwendigkeit, erkennbar gewordene Aufsichtsdefizite nachträglich zu beheben bzw. dem Auftreten von Aufsichtsdefiziten vorbeugend zu begegnen. Zweitens musste vor allem seit Mitte der 80er Jahre den internationalen Bestrebungen zur Harmonisierung bankenaufsichtsrechtlicher Normen [32] wiederholt durch entsprechende Reformmaßnahmen Rechnung getragen werden. Drittens spiegeln die Anpassungen des Kreditwesengesetzes und der dazu erlassenen Ausführungsvorschriften den fortschreitenden Wandel im Bank- und Finanzdienstleistungswesen wider, der sich unter dem Druck eines verschärften Wettbewerbs vollzieht und nicht nur durch das Entstehen immer neuer Finanzprodukte und Formen der Leistungserbringung sowie weit reichende Umstrukturierungsprozesse, sondern auch durch eine Zunahme der Risiken und Veränderungen traditioneller Risikostrukturen gekennzeichnet ist [33].

---

[29] KÖLLHOFER zufolge ist das Kreditwesengesetz „zwar *statisch* in seiner Zielsetzung, gleichwohl aber *dynamisch* in seinem Instrumentarium"; KÖLLHOFER, DIETRICH (Macht 1993), S. 153 (Hervorhebung auch im Original). Es wurde immer wieder den jeweiligen aktuellen Notwendigkeiten angepasst; vgl. ebenda, S. 153.

[30] Vgl. DEUTSCHER BUNDESTAG (Erstes Gesetz zur Änderung des Gesetzes über das Kreditwesen 1971), S. 2139; DEUTSCHER BUNDESTAG (Zweites Gesetz zur Änderung des Gesetzes über das Kreditwesen 1976), S. 725 ff.; DEUTSCHER BUNDESTAG (Drittes Gesetz zur Änderung des Gesetzes über das Kreditwesen 1984), S. 1693 ff.; DEUTSCHER BUNDESTAG (Viertes Gesetz zur Änderung des Gesetzes über das Kreditwesen 1992), S. 2211 ff.; DEUTSCHER BUNDESTAG (Fünftes Gesetz zur Änderung des Gesetzes über das Kreditwesen 1994), S. 2735 ff.; Art. 1 des Gesetzes zur Umsetzung von EG-Richtlinien zur Harmonisierung bank- und wertpapieraufsichtsrechtlicher Vorschriften (Sechste KWG-Novelle).

[31] Die KWG-Novelle von 1971 führte lediglich zu einer geringfügigen Änderung der damaligen Sparverkehrsvorschriften für Kreditinstitute; vgl. Art. 1 KWG-Novelle 1971.

[32] Ausführlich hierzu Kapitel B, S. 31 ff.

[33] Vgl. BAKRED (Jahresbericht 1997), S. 3.

Gegenwärtig gilt das Kreditwesengesetz von 1961 in der Neufassung der Bekanntmachung vom 9. September 1998 [34], zuletzt geändert durch Art. 1 des Gesetzes zur Änderung des Einführungsgesetzes zur Insolvenzordnung und anderer Gesetze vom 19. Dezember 1998 [35]. Seiner Rechtsnatur nach handelt es sich hierbei um ein branchenspezifisches Gewerbegesetz mit einem überwiegend präventiv-polizeilichen Charakter [36]. In ihm werden sowohl der institutionelle Rahmen als auch die Tätigkeitsziele der Bankenaufsicht festgelegt [37]. Daneben enthält es umfangreiche Vorschriften über die der Bankenaufsicht zur Erfüllung der ihr übertragenen Aufgaben zur Verfügung stehenden Instrumente [38]. Da diese in ihrer Gesamtheit zweifelsohne mit einer deutlichen Einschränkung des geschäftspolitischen Bewegungsspielraums der Kreditinstitute und auch der Finanzdienstleistungsinstitute verbunden sind, stellt das Kreditwesengesetz von 1961 in seiner derzeitigen Weiterentwicklung den sicherlich gewichtigsten rechtlichen Einflussfaktor auf die Geschäftsentfaltungsmöglichkeiten dieser Institute dar. Es wird daher zu Recht immer wieder auch als das „Grundgesetz der Kredit- und Finanzdienstleistungswirtschaft" bezeichnet [39].

Das Kreditwesengesetz selbst bildet allerdings nicht die alleinige Rechtsgrundlage der allgemeinen staatlichen Bankenaufsicht in der Bundesrepublik Deutschland. Seine Vorschriften werden vielmehr laufend in Gestalt von Rechtsverordnungen und Verwaltungsmaßnahmen [40] der für die Abwicklung der Bankenaufsicht zuständigen Organe sowohl ergänzt als auch inhaltlich präzisiert [41]. Daneben existieren für ausgesuchte Teilbereiche der Kreditbranche weitere gesetz-

---

[34] Vgl. BUNDESMINISTERIUM DER FINANZEN (Bekanntmachung 1998), S. 2776 ff.

[35] Vgl. BGBl. I, 1998, S. 3836. Sofern im Weiteren bei den Paragraphenverweisen zum Kreditwesengesetz kein anderer Vermerk vorgenommen wird, beziehen sich diese jeweils auf die aktuelle Fassung des Kreditwesengesetzes.

[36] Vgl. MÖSCHEL, WERNHARD (Wirtschaftsrecht 1972), S. 240; ferner SCHNEIDER, UWE H. (Entwicklung 1984), S. 95.

[37] Vgl. Kapitel D, S. 99 ff. sowie Kapitel E, S. 161 ff.

[38] Vgl. Kapitel F, S. 173 ff.

[39] So oder ähnlich KLEIN, WILHELM (Entwurf 1960), S. 219; KRÜMMEL, HANS-JACOB (Normen 1975), S. 524; MAYER, HELMUT (Bundesaufsichtsamt 1981), S. 25; LEHNHOFF, JOCHEN (KWG-Novelle 1993), S. 277; SZAGUNN, VOLKHARD; WOHLSCHIEß, KARL (Ordnungsrahmen 1993), S. 196; BÜSCHGEN, HANS E. (Bankbetriebslehre 1994), S. 109; PRIEWASSER, ERICH (Bankbetriebslehre 1996), S. 24; NIRK, RUDOLF (Kreditwesengesetz 1999), S. 5.

[40] Zu diesen Möglichkeiten der Maßstabsbildung im Bereich der Bankenaufsicht vgl. BIEG, HARTMUT (Bankenaufsicht 1983), S. 72 ff.; ferner HOLTERHUS, GERHARD (Abschlußprüfung 1985), S. 12 ff.

[41] Eine umfangreiche Zusammenstellung dieser Rechtsverordnungen und Verwaltungsmaßnahmen findet sich u. a. in den Loseblattsammlungen von CONSBRUCH, JOHANNES; MÖLLER, ANNEMARIE; BÄHRE, INGE LORE; SCHNEIDER, MANFRED (KWG-Textsammlung 1999) sowie REISCHAUER, FRIEDRICH; KLEINHANS, JOACHIM (Kreditwesengesetz 2000).

liche Vorgaben mit bankenaufsichtlicher Relevanz [42], so etwa für die Hypothekenbanken im Hypothekenbankgesetz [43], für die Schiffspfandbriefbanken im Schiffsbankgesetz [44], für die Bausparkassen im Gesetz über Bausparkassen [45] sowie für die Kapitalanlagegesellschaften im Gesetz über Kapitalanlagegesellschaften [46]. Diese Sonderaufsichtsgesetze berücksichtigen die spezifischen Verhältnisse der auf bestimmte Geschäfte spezialisierten Kreditinstitute. Das Pfandbriefgesetz [47] enthält darüber hinaus Sondervorschriften für das von öffentlich-rechtlichen Kreditanstalten auf Schuldverschreibungsbasis betriebene langfristige Kreditgeschäft. Betroffen von den Regelungen des Pfandbriefgesetzes sind insbesondere die öffentlichen Grundkreditanstalten sowie die Landesbanken-Girozentralen.

Die Sparkassen und Landesbanken-Girozentralen unterliegen zudem nicht nur der allgemeinen Fachaufsicht des Staates nach den Bestimmungen des Kreditwesengesetzes, sondern unabhängig davon zusätzlich noch einer anderen staatlichen Überwachung, der sog. Anstalts- oder Körperschaftsaufsicht [48]. Die diesbezüglichen Regelungen, die teilweise weitergehende Befugnisse als die Bankenaufsicht nach dem Kreditwesengesetz einräumen – SZAGUNN/HAUG/ERGENZINGER nennen als Elemente der öffentlich-rechtlichen Sonderaufsicht das Informationsrecht, das Aufhebungsrecht, das Anordnungsrecht, das Ersatzvornahmerecht sowie das Genehmigungsrecht [49] –, finden sich im Wesentlichen in den von den einzelnen Bundesländern erlassenen Sparkassengesetzen [50], Sparkassenmustersatzungen [51] und Sparkassenordnungen [52]. Daneben besteht wegen ihrer spezifischen Aufgaben eine besondere Staatsaufsicht über weitere öffentlich-rechtlich

---

[42] Ausführlich hierzu SCHNEIDER, MANFRED (Bankenaufsicht 1978), S. 65 ff.; MAYER, HELMUT (Bundesaufsichtsamt 1981), S. 147 ff.

[43] Vgl. DEUTSCHER BUNDESTAG (Hypothekenbankgesetz 1998), S. 1 ff.

[44] Vgl. DEUTSCHER BUNDESTAG (Schiffsbankgesetz 1963), S. 1 ff.

[45] Vgl. DEUTSCHER BUNDESTAG (Bausparkassengesetz 1991), S. 1 ff.

[46] Vgl. DEUTSCHER BUNDESTAG (Kapitalanlagegesellschaftengesetz 1998), S. 1 ff.

[47] Vgl. DEUTSCHER BUNDESTAG (Pfandbriefgesetz 1998), S. 1 ff.

[48] Zu den unterschiedlichen Zielsetzungen der allgemeinen staatlichen Bankenaufsicht sowie der besonderen staatlichen Anstalts- oder Körperschaftsaufsicht vgl. BUNDESREGIERUNG (Entwurf eines KWG 1959), S. 25 f.; MAYER, HELMUT (Bundesaufsichtsamt 1981), S. 149.

[49] Vgl. mit weiteren Erläuterungen SZAGUNN, VOLKHARD; HAUG, ULRICH; ERGENZINGER, WILHELM (Kreditwesen 1997), S. 668.

[50] Vgl. u. a. BAYERISCHER LANDTAG (Sparkassengesetz 1956), S. 1 ff.; SAARLÄNDISCHER LANDTAG (Sparkassengesetz 1993), S. 360 ff.

[51] Vgl. bspw. BAYERISCHES STAATSMINISTERIUM DES INNERN (Satzungsmuster für Sparkassen 1995), S. 1 ff.

[52] Vgl. bspw. BAYERISCHES STAATSMINISTERIUM DES INNERN (Sparkassenordnung 1997), S. 1 ff.

organisierte Kreditinstitute wie z. B. die Kreditanstalt für Wiederaufbau (KfW) sowie die Deutsche Siedlungs- und Landesrentenbank (DSL), die jeweils durch eigene Gesetze errichtet wurden [53].

---

[53] Vgl. DEUTSCHER BUNDESTAG (KfW-Gesetz 1969), S. 574 ff.; DEUTSCHER BUNDESTAG (DSL Bank-Gesetz 1989), S. 1421 ff. Die Kreditanstalt für Wiederaufbau ist aufgrund ihrer Sonderstellung von den Normen des Kreditwesengesetzes – bis auf wenige Ausnahmen – freigestellt; vgl. § 2 Abs. 1 Nr. 2 u. Abs. 6 Satz 1 Nr. 2 KWG i. V. m. § 2 Abs. 2, 1. Halbsatz KWG.

Kapitel D

Der institutionelle Rahmen der Bankenaufsicht

I. Überblick

Nachdem im vorangegangenen Kapitel C die Rechtsgrundlagen der allgemeinen staatlichen Bankenaufsicht in der Bundesrepublik Deutschland dargelegt wurden, widmet sich nun das vorliegende Kapitel D dem institutionellen Rahmen der allgemeinen bundesdeutschen Bankenaufsicht. Die beiden folgenden Fragen stehen dabei im Mittelpunkt der Betrachtung:

1. Welche Institutionen (Organe) sind in der Bundesrepublik Deutschland für die Ausübung der allgemeinen staatlichen Bankenaufsicht zuständig (Träger der Bankenaufsicht)?

2. Welche Unternehmungen werden in der Bundesrepublik Deutschland von der allgemeinen staatlichen Bankenaufsicht erfasst (Adressaten der Bankenaufsicht)?

Abbildung 5 (vgl. S. 100) ermöglicht dahingehend eine erste Orientierung.

Abb. 5: Der institutionelle Rahmen der allgemeinen staatlichen Bankenaufsicht in der Bundesrepublik Deutschland

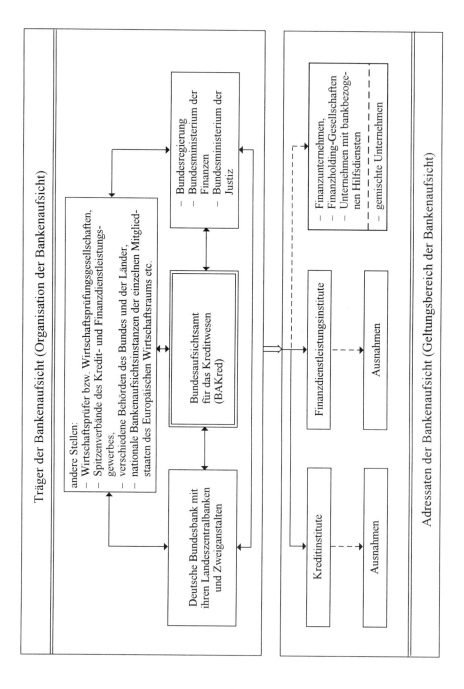

II. Die Träger der Bankenaufsicht

1. Das Bundesaufsichtsamt für das Kreditwesen

Institutionelles Kernstück der allgemeinen staatlichen Bankenaufsicht in der Bundesrepublik Deutschland [1] ist das zu Beginn des Jahres 1962 errichtete Bundesaufsichtsamt für das Kreditwesen (im Folgenden kurz „BAKred" genannt) [2]. Ihm obliegt als zentrale Bankenaufsichtsbehörde [3] mit Sitz in Bonn [4] die Ausübung der laufenden Aufsicht über die „Kreditinstitute" und die „Finanzdienstleistungsinstitute" [5] nach den Vorschriften des Kreditwesengesetzes sowie verschiedener Sonderaufsichtsgesetze [6]. Darüber hinaus hat es „Missständen im Kredit- und Finanzdienstleistungswesen entgegenzuwirken, welche die Sicherheit der den Instituten anvertrauten Vermögenswerte gefährden, die ordnungsmäßige Durchführung der Bankgeschäfte oder Finanzdienstleistungen beeinträchtigen oder erhebliche Nachteile für die Gesamtwirtschaft herbeiführen können, soweit nicht das Bundesaufsichtsamt für den Wertpapierhandel nach dem Wertpapierhandels-

---

[1]   Zu den Organen der Bankenaufsicht in den einzelnen OECD-Ländern vgl. die Übersicht bei PECCHIOLI, RINALDO M. (Bankenaufsicht 1989), S. 34 f.

[2]   Vgl. SZAGUNN, VOLKHARD; HAUG, ULRICH; ERGENZINGER, WILHELM (Kreditwesen 1997), S. 72 u. S. 163; DEUTSCHE BUNDESBANK (Kreditwesen 1999), S. 6.

[3]   Zu Pro und Contra der Zentralisierung der Bankenaufsicht in der Bundesrepublik Deutschland vgl. insbesondere BUNDESREGIERUNG (Entwurf eines KWG 1959), S. 20 ff.; BUNDESRAT (Stellungnahme 1959), S. 49 ff.; WIRTSCHAFTSAUSSCHUSS DES DEUTSCHEN BUNDESTAGES (Bericht über den Entwurf eines KWG 1961), S. 5 f. Zur Überprüfung der Verfassungsmäßigkeit der Zentralisierung der Bankenaufsicht vgl. BUNDESVERFASSUNGSGERICHT (Urteil 1963), S. 197 ff.

[4]   Vgl. § 5 Abs. 1 Satz 2 KWG. Gegenwärtig befindet sich das BAKred noch an seinem ursprünglichen Sitz in Berlin. Die Verlegung des Sitzes nach Bonn ist erst im Anschluss an den Umzug der Bundesregierung nach Berlin vorgesehen; vgl. § 7 Abs. 4 i. V. m. § 3 Abs. 2 Berlin/Bonn-Gesetz.

[5]   Zur inhaltlichen Ausgestaltung dieser beiden Begriffe im Kreditwesengesetz vgl. Kapitel D.III.2.a), S. 139 ff. und Kapitel D.III.2.b), S. 150 ff. Aus Gründen der gesetzestechnischen Vereinfachung bezeichnet das Kreditwesengesetz die Kreditinstitute und die Finanzdienstleistungsinstitute auch verkürzt als „Institute"; vgl. § 1 Abs. 1b KWG.

[6]   Vgl. § 6 Abs. 1 KWG, § 3 HypBankG, § 3 SchiffsBankG, § 3 Abs. 1 Satz 1 BausparkG sowie § 2 Abs. 1 KAGG i. V. m. § 1 Abs. 1 Satz 2 Nr. 6 KWG. § 52 KWG stellt zugleich klar, dass eine ansonsten noch bestehende staatliche Aufsicht über Kredit- oder Finanzdienstleistungsinstitute wie z. B. die Anstalts- oder Körperschaftsaufsicht sowohl in ihrem Bestand als auch in ihren Aufgaben und Befugnissen durch die Tätigkeit des BAKred nicht angetastet wird. Umgekehrt beschränkt aber auch das Bestehen einer anderen staatlichen Aufsicht nicht die Kompetenzen des BAKred. Das BAKred hat gegenüber derart beaufsichtigten Instituten dieselben Rechte und Pflichten wie gegenüber den anderen Kredit- und Finanzdienstleistungsinstituten. Vgl. für die Bausparkassen auch § 3 Abs. 2 BausparkG.

gesetz zuständig ist" [7]. Ergänzend zu diesen beiden eigentlichen Betätigungsfeldern [8] werden dem BAKred durch den Gesetzgeber noch einige andere sachverwandte Aufgabenbereiche übertragen. Es handelt sich um die Mitzuständigkeit des BAKred für die Durchführung des Geldwäsche-Gesetzes [9], die Kontrolle des öffentlichen Vertriebs ausländischer Investmentanteile [10], die Prüfung und die Bestätigung der Umstellungsrechnungen der Geldinstitute und der Außenhandelsbetriebe der ehemaligen DDR von Mark der DDR auf Deutsche Mark [11], die Zuteilung von Ausgleichsforderungen an die genannten Unternehmungen gegen den „Ausgleichsfonds Währungsumstellung" bzw. von Forderungen an den „Ausgleichsfonds Währungsumstellung" gegen diese Unternehmungen [12], die Aufsicht über Entschädigungseinrichtungen und institutssichernde Einrichtungen [13] sowie die Einleitung und die Überwachung der Abwicklung der unter Sonderverwaltung stehenden Westvermögen von Kreditinstituten, die vor dem Ende des Zweiten Weltkrieges in Gebieten außerhalb des ursprünglichen Geltungsbereiches des Grundgesetzes ansässig waren [14]. Das zuletzt angesprochene Arbeitsfeld ist mittlerweile aber fast vollständig abgeschlossen [15].

Das BAKred ist gemäß § 5 Abs. 1 Satz 1 KWG als eine selbstständige Bundesoberbehörde zu organisieren [16]. Dies bedeutet zweierlei. Zum einen kann es nur mit solchen Aufgaben betraut werden, die der Sache nach für das gesamte Bundesgebiet von einer Stelle, d. h. ohne einen eigenen Mittel- und Unterbau und ohne die Inanspruchnahme von Verwaltungsbehörden der Bundesländer – außer für reine Amtshilfe – wahrgenommen werden können [17]. Zum anderen ist es ei-

---

[7]   § 6 Abs. 2 KWG. Zur Zusammenarbeit von BAKred und BAWe vgl. Kapitel D.II.3.d), S. 125 ff.

[8]   Vgl. hierzu ausführlich Kapitel E, S. 161 ff.

[9]   Vgl. § 16 Nr. 2 GwG; ferner BAKRED (Bekämpfung 1998), S. 20b ff.; BAKRED (Geldwäsche 1998), S. 5 ff.

[10] Vgl. § 14 Abs. 1 AuslInvestmG; ferner SCHNEIDER, MANFRED (Bankenaufsicht 1978), S. 73 ff.; MAYER, HELMUT (Bundesaufsichtsamt 1981), S. 187 ff.

[11] Vgl. BAKRED (Jahresbericht 1996), S. 4 u. S. 49; BAKRED (Jahresbericht 1999), S. 95.

[12] Vgl. BAKRED (Jahresbericht 1996), S. 4 u. S. 49; BAKRED (Jahresbericht 1999), S. 95.

[13] Vgl. § 7 Abs. 3 u. § 12 Abs. 2 ESAEG; BAKRED (Jahresbericht 1999), S. 11 u. S. 81 ff.

[14] Vgl. §§ 1 Abs. 1 und 16 ff. WAbwG; ferner SCHNEIDER, MANFRED (Bankenaufsicht 1978), S. 75 ff.; MAYER, HELMUT (Bundesaufsichtsamt 1981), S. 192 ff.

[15] Vgl. SANIO, JOCHEN (Bundesaufsichtsamt 1992), Sp. 1157; BAKRED (Jahresbericht 1997), S. 56.

[16] Die Verwaltungszuständigkeit des Bundes ergibt sich aus der Kompetenznorm des Art. 87 Abs. 3 Satz 1 GG i. V. m. Art. 72 Abs. 1 und Art. 74 Nr. 11 GG; vgl. BUNDESVERFASSUNGSGERICHT (Urteil 1963), S. 210 ff.

[17] Vgl. BUNDESVERFASSUNGSGERICHT (Urteil 1963), S. 211; BÄHRE, INGE LORE; SCHNEIDER, MANFRED (KWG-Kommentar 1986), S. 110; HÜTZ, GERHARD (Bankenaufsicht 1990), S. 60 f.; SANIO, JOCHEN (Bundesaufsichtsamt 1992), Sp. 1156.

ner obersten Bundesbehörde (d. h. einem Bundesministerium) unmittelbar nachgeordnet [18]. Seit Ende 1972 ist dies das für das Geld- und Kreditwesen zuständige Bundesministerium der Finanzen [19]. Dieses übt die Dienstaufsicht über das BAKred aus und ist berechtigt, diesem jederzeit allgemeine oder spezielle fachliche Weisungen zu erteilen [20]. Der Bundesminister der Finanzen ist damit Dienstvorgesetzter des Präsidenten des BAKred und oberste Dienstbehörde für die Beamten des BAKred [21]. Er trägt zugleich die parlamentarische Verantwortung für die Tätigkeit des Amtes [22].

Vorstehendes zeigt, dass das BAKred in der Erfüllung seiner Aufgaben keineswegs unabhängig ist. Die Bezeichnung „selbstständig" bezieht sich allein „auf die organisatorische Trennung von der Ministeriumsverwaltung und die eigenständige Zeichnungsberechtigung" [23]. Damit wird zudem deutlich, dass die allgemeine staatliche Bankenaufsicht von Natur aus keine Aufgabe ist, „die unabhängig von der Regierung und außerhalb der parlamentarischen Kontrolle erfüllt werden muss" [24]. Als organisatorische Gestaltungsalternative zur indirekten staatlichen Bankenaufsicht durch eine besondere Bankenaufsichtsbehörde (= delegierte Bankenaufsicht) ist von daher auch die direkte Ausübung der Bankenaufsicht durch den Staat vorstellbar (= direkte staatliche Bankenaufsicht in Form der Regierungsaufsicht) [25]. SCHUSTER plädiert allerdings zum Zwecke der Loslösung von der Tagespolitik für die in der Bundesrepublik Deutschland gewählte Ausgliederung der Bankenaufsicht aus dem zuständigen Fachministerium [26].

---

[18] Vgl. BUNDESVERFASSUNGSGERICHT (Urteil 1963), S. 211.

[19] Vor diesem Zeitpunkt gehörte das BAKred zum Geschäftsbereich des Bundesministeriums für Wirtschaft; vgl. u. a. MAYER, HELMUT (Bundesaufsichtsamt 1981), S. 28; SCHORK, LUDWIG; SCHORK, LEO (Kreditwesen 1999), S. 117; REISCHAUER, FRIEDRICH; KLEINHANS, JOACHIM (Kreditwesengesetz 2000), Kza. 115, § 5, S. 1.

[20] Vgl. u. a. MAYER, HELMUT (Bundesaufsichtsamt 1981), S. 28; BÄHRE, INGE LORE; SCHNEIDER, MANFRED (KWG-Kommentar 1986), S. 111; HÜTZ, GERHARD (Bankenaufsicht 1990), S. 61 f. u. S. 79; SANIO, JOCHEN (Bundesaufsichtsamt 1992), Sp. 1156; REISCHAUER, FRIEDRICH; KLEINHANS, JOACHIM (Kreditwesengesetz 2000), Kza. 115, § 5, S. 2.

[21] Vgl. § 3 BBG; ferner BÄHRE, INGE LORE; SCHNEIDER, MANFRED (KWG-Kommentar 1986), S. 111.

[22] Vgl. SCHORK, LUDWIG; SCHORK, LEO (Kreditwesen 1999), S. 117.

[23] BURGHOF, HANS-PETER; RUDOLPH, BERND (Bankenaufsicht 1996), S. 64.

[24] KUNTZE, WOLFGANG (Wettbewerbsgleichheit 1991), S. 5.

[25] Vgl. hierzu HONOLD, EDUARD (Bankenaufsicht 1956), S. 15, S. 32 u. S. 35; ferner PECCHIOLI, RINALDO M. (Bankenaufsicht 1989), S. 30; HELLENTHAL, LUDGER (Bankenaufsichtsrecht 1992), S. 26.

[26] Vgl. SCHUSTER, LEO (Bankenaufsicht 1967), S. 44.

Das BAKred selbst steht unter der Leitung eines Präsidenten, der auf Vorschlag der Bundesregierung durch den Bundespräsidenten ernannt wird [27]. Eine Besonderheit gegenüber dem sonst üblichen beamtenrechtlichen Ernennungsverfahren besteht hierbei darin, dass die Bundesregierung bei ihrem Kandidatenvorschlag gehalten ist, vorher die Deutsche Bundesbank anzuhören [28]. Zweck dieser Vorschrift ist es, personell die Voraussetzungen für eine vertrauensvolle Zusammenarbeit zwischen dem BAKred und der Deutschen Bundesbank zu schaffen [29]. Für die Ernennung des Vizepräsidenten des BAKred, der als Stellvertreter des Präsidenten fungiert, sieht das Kreditwesengesetz hingegen keine ausdrückliche Regelung vor. Wegen der weitgehenden Einbindung der Deutschen Bundesbank in den Vollzug der Bankenaufsicht [30] dürfte aber auch in diesem Fall ein Mitspracherecht der Deutschen Bundesbank grundsätzlich gegeben sein [31].

Dem Präsidenten und Vizepräsidenten des BAKred unterstehen insgesamt acht Abteilungen (Abteilung Z sowie die Abteilungen I bis VII) mit jeweils vier bis sieben Referaten (Stand: 1. September 1999). Neben der Beantwortung bankenaufsichtsrechtlicher Grundsatzfragen sowie der Erledigung diverser Sonderaufgaben sind diese Abteilungen insbesondere mit der Ausführung der laufenden Aufsicht über die Kreditinstitute und Finanzdienstleistungsinstitute befasst. Die Tätigkeit dieser acht Abteilungen wird durch die sog. „Gruppe D" ergänzt. Der „Gruppe D" – sie setzt sich organisatorisch aus drei Referaten zusammen – obliegt im Wesentlichen die Durchführung der Zulassungsprüfungen für interne Risikomess- und -steuerungsmodelle von Kredit- und Finanzdienstleistungsinstituten sowie die Bearbeitung der damit zusammenhängenden Grundsatzfragen. *Abbildung 6* (vgl. S. 105) zeigt in einem Überblick die Schwerpunkte der Aufgabenzuweisung an die einzelnen Organisationseinheiten des BAKred [32].

Zur Erfüllung der in *Abbildung 6* (vgl. S. 105) aufgelisteten umfangreichen Aufgaben stehen dem BAKred alles in allem lediglich 573 Mitarbeiter (Stand: 31. Dezember 1998) zur Verfügung [33]. In Anbetracht dieser verhältnismäßig klein ge-

---

[27] Vgl. § 5 Abs. 2, 1. Halbsatz KWG.

[28] Vgl. § 5 Abs. 2, 2. Halbsatz KWG.

[29] Vgl. BUNDESREGIERUNG (Entwurf eines KWG 1959), S. 30.

[30] Ausführlich hierzu Kapitel D.II.2, S. 106 ff.

[31] So SCHORK, LUDWIG (Kreditwesen 1993), S. 77 f.

[32] Vgl. im Detail BAKRED (Organisationsplan 1999), S. 1.

[33] Vgl. BAKRED (Jahresbericht 1999), S. 104. Die Kosten des BAKred werden, soweit sie nicht schon durch Gebühren oder durch besondere Erstattungen gedeckt sind, zu 90 % auf die beaufsichtigten Kredit- und Finanzdienstleistungsinstitute umgelegt; die restlichen 10 % gehen zu Lasten des Bundeshaushalts. Zu näheren Einzelheiten vgl. § 51 KWG sowie BAKRED (Umlage-Verordnung Kredit- und Finanzdienstleistungswesen 1999), S. 3-6a.

Abb. 6: Die Arbeitsbereiche der einzelnen Organisationseinheiten des BAKred

Präsident und Vizepräsident
Leitung des BAKred (einschließlich einer Stabsstelle für Presse- und Öffentlichkeitsarbeit);
Abteilung Z
Organisation; Haushalt; Personal; Informationstechnik; Beschwerdebearbeitung; Aufgaben nach dem Geldwäschegesetz;
Abteilung I
Grundsatzfragen der nationalen sowie der internationalen Bankenaufsicht; Rechtsfragen; volkswirtschaftliche und betriebswirtschaftliche Fragen; Mitwirkung bei der Rechtsangleichung des Bankenaufsichtsrechts im EU-Bereich und bei Projekten anderer internationaler Einrichtungen (Rechtsangleichung);
Abteilung II
Aufsicht über Kreditbanken und Repräsentanzen ausländischer Banken;
Abteilung III
Aufsicht über Sparkassen, Landesbanken, Hypothekenbanken und Schiffspfandbriefbanken, öffentlich-rechtliche Realkreditinstitute, Bausparkassen sowie öffentlich-rechtliche und privatrechtliche Sonderinstitute; Grundsatzfragen des Hypothekenbank- und Bausparkassenrechts;
Abteilung IV
Aufsicht über Kreditinstitute in der Rechtsform der eingetragenen Genossenschaft – ausgenommen Teilzahlungskreditinstitute – und in anderer Rechtsform, wenn sie genossenschaftliche Zentralkassenfunktionen wahrnehmen, einem genossenschaftlichen Prüfungsverband angehören oder eingetragene Genossenschaften oder Kreditinstitute mit genossenschaftlicher Zentralkassenfunktion mindestens zur Hälfte an ihnen beteiligt sind; Aufsicht über die institutssichernden Einrichtungen der Genossenschaftsverbände;
Abteilung V
Aufsicht über Kapitalanlagegesellschaften, Wertpapier-, Geldmarkt- und Grundstücksfonds sowie über Berliner Altbanken; Grundsatzfragen der inländischen und internationalen Investmentaufsicht; Überwachung des Vertriebs ausländischer Investmentanteile, der freigestellten Unternehmungen und der Westvermögen-Abwicklung; Depotprüfungen;
Abteilung VI
Fragen der Währungsumstellung und der Bilanzierung in DM bei Geldinstituten und Außenhandelsbetrieben in der ehemaligen DDR; Prüfung und Bestätigung der Umstellungsrechnung; Zuteilung von Ausgleichsforderungen; Regelung des Verfahrens hierzu;
Abteilung VII
Aufsicht über Finanzdienstleistungsinstitute und Wertpapierhandelsbanken; Verfolgung ohne Erlaubnis betriebener Bank- und Finanzdienstleistungsgeschäfte;
Gruppe D
Grundsatzfragen der Eignung von Risikomodellen für Aufsichtszwecke; Fortentwicklung des Aufsichtsrechts hinsichtlich ihrer Verwendung; Durchführung von Eignungsprüfungen;

haltenen Beschäftigtenzahl [34] verwundert es deshalb nicht, dass das BAKred allein kaum in der Lage ist, seinen Aufsichtsfunktionen ausreichend nachzukommen. Aus arbeitstechnischen Gründen – am 31. Dezember 1998 beaufsichtigte das BAKred 3.404 Kreditinstitute mit 59.929 inländischen Zweigstellen (einschließlich der 14.702 inländischen Zweigstellen der Deutschen Postbank AG) und einem Geschäftsvolumen von 11,4 Bio. DM [35] – ist das BAKred vielmehr darauf angewiesen, durch verschiedene Institutionen, Personen und Einrichtungen wirkungsvoll unterstützt zu werden. Das Kreditwesengesetz trägt diesem Sachverhalt Rechnung. Es normiert zum einen die Zusammenarbeit des BAKred mit der Deutschen Bundesbank sowie mit anderen in- und ausländischen Stellen [36]. Zum anderen weist es der Bundesregierung, dem Bundesministerium der Finanzen und – in geringerem Umfang – auch dem Bundesministerium der Justiz unmittelbare Mitwirkungspflichten auf dem Gebiet der Bankenaufsicht zu [37].

2. Die Einbeziehung der Deutschen Bundesbank in die Bankenaufsicht

Der ordnungspolitische Auftrag an die Deutsche Bundesbank [38] zur Mitwirkung bei der allgemeinen staatlichen Bankenaufsicht ergibt sich aus § 7 KWG. Das BAKred und die Deutsche Bundesbank sind danach gehalten, nach Maßgabe des Kreditwesengesetzes zusammenzuarbeiten [39] und einander Beobachtungen und Feststellungen mitzuteilen, die für die Erfüllung ihrer jeweiligen Aufgaben erforderlich sind [40]. Dazu gehört auch, dass die Deutsche Bundesbank dem BAKred Angaben zur Verfügung stellt, die sie aufgrund statistischer Erhebungen nach

---

[34] Zur besonderen Verschwiegenheitspflicht der Mitarbeiter des BAKred vgl. § 9 KWG; ferner die diesbezüglichen Kommentierungen bei BÄHRE, INGE LORE; SCHNEIDER, MANFRED (KWG-Kommentar 1986), S. 127 ff.; SZAGUNN, VOLKHARD; HAUG, ULRICH; ERGENZINGER, WILHELM (Kreditwesen 1997), S. 191 ff.; SCHORK, LUDWIG; SCHORK, LEO (Kreditwesen 1999), S. 133 ff.

[35] Vgl. BAKRED (Jahresbericht 1999), S. 60. Darüber hinaus unterlagen Ende 1998 insgesamt 3.460 Unternehmungen als Finanzdienstleistungsinstitute der Aufsicht durch das BAKred; vgl. ebenda, S. 65.

[36] Vgl. §§ 7, 8 KWG; ferner Kapitel D.II.2, S. 106 ff. sowie Kapitel D.II.3, S. 111 ff.

[37] Vgl. u. a. §§ 47, 48 KWG; ferner Kapitel D.II.4, S. 130 ff.

[38] „Die Deutsche Bundesbank ist als Zentralbank der Bundesrepublik Deutschland integraler Bestandteil des Europäischen Systems der Zentralbanken"; § 3 Satz 1 BBankG. Sie hat ihren Sitz in Frankfurt am Main; vgl. § 2 Satz 3 BBankG.

[39] Vgl. § 7 Abs. 1 Satz 1 KWG.

[40] Vgl. § 7 Abs. 1 Satz 2 KWG. Nach Auffassung von BÄHRE/SCHNEIDER geht diese gegenseitige Informationspflicht „außerordentlich weit; sie steht über dem Amts- und dem Bankgeheimnis und ist unabhängig von konkreten Auskunfts- oder Amtshilfeersuchen"; BÄHRE, INGE LORE; SCHNEIDER, MANFRED (KWG-Kommentar 1986), S. 120.

§ 18 BBankG erlangt [41]. Über Einzelangaben aus einer statistischen Erhebung der Deutschen Bundesbank darf das BAKred allerdings nur dann unterrichtet werden, wenn und soweit dies in der Anordnung über die betreffende Statistik geregelt ist [42]. Damit in dieser Hinsicht sowie bei der inhaltlichen Ausgestaltung einer statistischen Erhebung die Informationsbedürfnisse der Bankenaufsicht angemessen berücksichtigt werden, hat die Deutsche Bundesbank vor der Anordnung einer solchen Erhebung das BAKred anzuhören [43].

Die in § 7 KWG festgelegte Verpflichtung des BAKred und der Deutschen Bundesbank, eng zu kooperieren, ist Ausdruck der allgemeinen Überzeugung [44], dass beide Institutionen nicht völlig unabhängig voneinander agieren können. Zur Vermeidung sich widersprechender Maßnahmen von BAKred und Deutscher Bundesbank – die BUNDESREGIERUNG spricht von der „Gefahr eines Gegeneinanderarbeitens" [45] – wird deshalb ein intensiver Kontakt zwischen diesen beiden Einrichtungen, so wie er in § 7 KWG gefordert wird, als unerlässlich angesehen. Er entspricht der Interessenlage sowohl des BAKred als auch der Deutschen Bundesbank.

Nach den Vorstellungen des Gesetzgebers ist die Zusammenarbeit zwischen dem BAKred und der Deutschen Bundesbank auf dem Gebiet der Bankenaufsicht durch die folgende Aufgabenverteilung gekennzeichnet [46]:

1. Die hoheitlichen Befugnisse gegenüber den einzelnen Kredit- und Finanzdienstleistungsinstituten wie z. B. der Erlass von Verwaltungsakten liegen

---

[41] Vgl. § 7 Abs. 1 Satz 3 KWG. Eine Zusammenstellung der nach § 18 BBankG angeordneten Statistiken auf dem Gebiet des Bank- und Geldwesens findet sich bei DEUTSCHE BUNDESBANK (HRSG.) (Bankenstatistik 1999), S. 9 ff.

[42] Vgl. § 7 Abs. 1 Satz 4, 2. Halbsatz KWG i. V. m. § 18 Satz 5 BBankG; ferner MAYER, HELMUT (Bundesaufsichtsamt 1981), S. 32.

[43] Vgl. § 7 Abs. 1 Satz 4, 1. Halbsatz KWG; ferner MAYER, HELMUT (Bundesaufsichtsamt 1981), S. 32; SCHORK, LUDWIG; SCHORK, LEO (Kreditwesen 1999), S. 124. § 7 Abs. 2 KWG enthält die gesetzliche Grundlage für die Übermittlung personenbezogener Daten zwischen der Deutschen Bundesbank und dem BAKred sowie den Abruf gespeicherter Daten im automatisierten Verfahren.

[44] Ein Blick in die Historie der Bankenaufsicht zeigt, dass in Deutschland die Zentralbank seit jeher maßgeblich an der Durchführung bankenaufsichtsrechtlicher Vorschriften beteiligt war; vgl. HONOLD, EDUARD (Bankenaufsicht 1956), S. 16; MAYER, HELMUT (Kreditwesen 1982), S. 125; BÄHRE, INGE LORE; SCHNEIDER, MANFRED (KWG-Kommentar 1986), S. 120; HÜTZ, GERHARD (Bankenaufsicht 1990), S. 63.

[45] BUNDESREGIERUNG (Entwurf eines KWG 1959), S. 22.

[46] Vgl. BUNDESREGIERUNG (Entwurf eines KWG 1959), S. 23; MÖSCHEL, WERNHARD (Wirtschaftsrecht 1972), S. 231 f.; HÜTZ, GERHARD (Bankenaufsicht 1990), S. 64; DEUTSCHE BUNDESBANK (Geldpolitik 1995), S. 34 f.; SCHIERENBECK, HENNER; HÖLSCHER, REINHOLD (BankAssurance 1998), S. 115; DEUTSCHE BUNDESBANK (Kreditwesen 1999), S. 6 f.

grundsätzlich beim BAKred [47]. Beispiele hierfür sind die Erteilung der Erlaubnis zum Betreiben von Bankgeschäften bzw. zur Erbringung von Finanzdienstleistungen für andere (§ 32 KWG), die Aufhebung der Betriebs- bzw. Erbringungserlaubnis (§ 35 Abs. 2 KWG), die Abberufung bzw. Verwarnung von Geschäftsleitern (§ 36 Abs. 1 und 2 KWG), das Einschreiten gegen ungesetzliche Geschäfte (§ 37 KWG), die Auskunfts- und Prüfungsrechte (§ 44 bis § 44b KWG), die Eingriffsmöglichkeiten bei unzureichenden Eigenmitteln oder unzureichender Liquidität eines Kredit- oder Finanzdienstleistungsinstituts (§ 45 KWG) bzw. bei Gefahr für die Erfüllung der Verpflichtungen eines Kredit- oder Finanzdienstleistungsinstituts gegenüber seinen Gläubigern (§ 46 KWG) sowie die Durchsetzung von Verfügungen mit Zwangsmitteln (§ 50 KWG).

§ 44 Abs. 1 Satz 1 KWG macht von dieser Aufgabenzuweisung insofern eine Ausnahme, als danach auch der Deutschen Bundesbank das Recht zusteht, von einem Kredit- oder Finanzdienstleistungsinstitut sowie den Mitgliedern seiner Organe Auskünfte über alle Geschäftsangelegenheiten und die Vorlage von Büchern, Schriften und anderen Unterlagen zu verlangen, soweit sie nach dem Kreditwesengesetz tätig wird. Entsprechende Kompetenzen der Deutschen Bundesbank bestehen nach § 44 Abs. 2 Satz 1 und Satz 5 KWG gegenüber den dort genannten Unternehmungen, sofern es um die Überprüfung der Richtigkeit und Vollständigkeit der im Rahmen der bankenaufsichtsrechtlichen Konsolidierung und der Monatsausweise erteilten Auskünfte oder übermittelten Daten geht.

2. Soweit das BAKred allgemeine aufsichtliche Regelungen für die Kredit- und Finanzdienstleistungsinstitute treffen will, hat es sich mit der Deutschen Bundesbank abzustimmen. Für den Grad der Mitwirkungsrechte ist hierbei entscheidend, in welchem Ausmaß der Aufgabenbereich der Deutschen Bundesbank durch die beabsichtigten Regelungen des BAKred tangiert wird. So ist das BAKred zum Beispiel bei der Aufstellung von Grundsätzen über die Eigenmittel- und die Liquiditätsausstattung der Kredit- und Finanzdienstleistungsinstitute stets an das Einvernehmen mit der Deutschen Bundesbank gebunden [48]. In anderen Fällen ist dagegen lediglich eine Anhörung oder das

---

[47] Vgl. auch BUNDESVERFASSUNGSGERICHT (Urteil 1963), S. 211 f. u. S. 218; ferner BÄHRE, INGE LORE; SCHNEIDER, MANFRED (KWG-Kommentar 1986), S. 120.

[48] Vgl. § 10 Abs. 1 Satz 2, 1. Halbsatz sowie § 11 Satz 2, 1. Halbsatz KWG. Sofern das BAKred zum Erlass einer Rechtsverordnung
    – über die Voraussetzungen zur Freistellung einzelner Emittenten dreiseitiger Geldkartensysteme von wesentlichen Vorschriften des Kreditwesengesetzes,

(Fortsetzung nächste Seite)

Tätigwerden im Benehmen mit der Deutschen Bundesbank vorgesehen [49]. Üblicherweise fungiert die Deutsche Bundesbank aber auch unabhängig von diesen im Kreditwesengesetz ausdrücklich festgelegten Einflussmöglichkeiten als Fachberater des BAKred. Die Ratgeberfunktion der Deutschen Bundesbank in bankenaufsichtsrechtlichen Fragen zeigt sich zudem deutlich an ihrer Mitarbeit in zahlreichen internationalen Bankenaufsichtsgremien [50].

3. Bei der Durchführung der praktischen Bankenaufsicht, d.h. der laufenden Beobachtung der inneren Struktur der Kredit- und Finanzdienstleistungsinstitute, wird das BAKred durch die Deutsche Bundesbank maßgebend unterstützt. Die Deutsche Bundesbank übernimmt mit ihren Landeszentralbanken und Zweiganstalten – sie verbindet insofern Sachkunde mit Ortsnähe [51] – die routinemäßige Überwachung des Kredit- und Finanzdienstleistungsgewerbes anhand der von den Banken und Finanzdienstleistungsinstituten bei ihr einzureichenden Unterlagen. Diese Unterlagen (u.a. in Form von Kreditanzeigen, Monatsausweisen, Jahresabschlüssen und Prüfungsberichten [52]) werden von den Mitarbeitern der Deutschen Bundesbank [53] ausgewertet und, soweit sie zur Erfüllung der Aufsichtszwecke von Bedeutung sind, mit einer Stellung-

---

(Fortsetzung)

– über ergänzende Vorschriften zur bankenaufsichtsrechtlichen Konsolidierung,
– über Großkredite und Millionenkredite,
– über Art, Umfang und Zeitpunkt der nach dem KWG vorgesehenen Anzeigen und Vorlagen von Unterlagen und über die Ergänzung der bestehenden Anzeigepflichten durch die Verpflichtung zur Erstattung von Sammelanzeigen und zur Einreichung von Sammelaufstellungen bzw.
– über Art und Umfang der Monatsausweise sowie über weitere Angaben

ermächtigt ist, ist auch hier jeweils das Einvernehmen mit der Deutschen Bundesbank herzustellen; vgl. § 2 Abs. 5 Satz 4, § 10a Abs. 6 Satz 11, § 22 Satz 3, § 24 Abs. 4 Satz 2 und § 25 Abs. 3 Satz 3 KWG. Die Erzielung des Einvernehmens „ist die stärkste Form des Zusammenwirkens mehrerer Träger öffentlicher Verwaltung, die das Recht kennt. ... 'Kann das Einvernehmen nicht hergestellt werden ..., so darf die Rechtshandlung nicht erlassen werden. Eine gleichwohl erlassene ist unwirksam.'"; REISCHAUER, FRIEDRICH; KLEINHANS, JOACHIM (Kreditwesengesetz 2000), Kza. 115, § 10, S. 12 f.

[49] Im Falle der Weiterübertragung der Ermächtigung zum Erlass von Rechtsverordnungen auf das BAKred durch die primär befugte Stelle vgl. u.a. § 29 Abs. 4 und § 31 Abs. 1 KWG. Die Mitwirkung der Deutschen Bundesbank in Form der Anhörung oder des Benehmens hat „keine andere Bedeutung wie die einer unverbindlichen Stellungnahme"; REISCHAUER, FRIEDRICH; KLEINHANS, JOACHIM (Kreditwesengesetz 2000), Kza. 115, § 10, S. 13.

[50] Vgl. dahingehend Kapitel B.II.2.c), S. 61 ff. sowie Kapitel B.III.2.a), S. 81.

[51] Vgl. SZAGUNN, VOLKHARD; WOHLSCHIEß, KARL (Bankenaufsicht 1993), S. 261.

[52] Vgl. insb. die §§ 10 Abs. 8, 13 Abs. 1 und Abs. 4, 13a Abs. 1 und Abs. 6, 13b Abs. 1, 14 Abs. 1, 24, 25 und 26 KWG.

[53] Nach § 9 Abs. 1 Satz 1 KWG sind die im Dienst der Deutschen Bundesbank stehenden Personen, soweit sie bei der Bankenaufsicht mitwirken, hierüber zur Geheimhaltung verpflichtet.

nahme versehen an das BAKred weitergeleitet [54]. Auf diese Weise entlastet die Deutsche Bundesbank das BAKred „von der Sichtung des Einzelmaterials und wirkt als Filter, durch den nur die bankaufsichtlich bedeutsamen Fälle an die Aufsichtsbehörde gelangen" [55]. Das BAKred kann sich folglich auf die Kontrolle derjenigen Kredit- und Finanzdienstleistungsinstitute konzentrieren, „bei denen Mängel oder bedenkliche Entwicklungen festgestellt worden sind" [56]. Die Effektivität der Bankenaufsicht wird hierdurch ebenso erhöht wie ihre rationelle Ausübung [57].

Die enge Verbundenheit von BAKred und Deutscher Bundesbank findet ihren Niederschlag letztendlich auch darin, dass der Präsident des BAKred bzw. im Falle der Verhinderung sein ständiger Stellvertreter berechtigt ist, an den Sitzungen des Zentralbankrates der Deutschen Bundesbank teilzunehmen, sofern dort Gegenstände seines Aufgabenbereiches behandelt werden [58]. Er hat hierbei zwar kein Stimmrecht, wohl aber die Befugnis, Anträge zu stellen [59]. Durch diese Mitberatungs- und Antragsmöglichkeit wird der Präsident des BAKred in die Lage versetzt, dem Zentralbankrat als dem obersten willensbildenden Organ der Deutschen Bundesbank [60] seine Auffassung unmittelbar vorzutragen und dessen Ansicht zu bankenaufsichtlich relevanten Sachverhalten aus erster Quelle zu erfahren [61].

An der vorstehend geschilderten Art und Weise der Zusammenarbeit zwischen dem BAKred und der Deutschen Bundesbank auf dem Gebiet der Bankenaufsicht ändert sich in der Europäischen Währungsunion grundsätzlich nichts [62]. Gemäß Art. 105 Abs. 5 EG-Vertrag trägt das Europäische System der Zentralbanken „zur

---

[54] Zur Anzahl der in den letzten Jahren von der Deutschen Bundesbank im Rahmen der laufenden Bankenaufsicht bearbeiteten Vorgänge vgl. den Überblick bei DEUTSCHE BUNDESBANK (Geschäftsbericht 1999), S. 163.

[55] BUNDESREGIERUNG (Entwurf eines KWG 1959), S. 23; ferner KLEINHANS, JOACHIM (Bankenaufsicht 1967), S. 139; DÜRRE, GÜNTER (Bankenaufsicht 1976), Sp. 90. KÖNNEKER spricht diesbezüglich von einer Vorprüfungs- und Auslesefunktion der Deutschen Bundesbank; vgl. KÖNNEKER, WILHELM (Bundesbank 1973), S. 81.

[56] BUNDESREGIERUNG (Entwurf eines KWG 1959), S. 23.

[57] Vgl. auch SCHNEIDER, MANFRED (Bankenaufsicht 1978), S. 13; SANIO, JOCHEN (Bundesaufsichtsamt 1992), Sp. 1158.

[58] Vgl. § 7 Abs. 3 Satz 1 KWG.

[59] Vgl. § 7 Abs. 3 Satz 2 KWG.

[60] Vgl. § 6 BBankG.

[61] Vgl. WIRTSCHAFTSAUSSCHUSS DES DEUTSCHEN BUNDESTAGES (Bericht über den Entwurf eines KWG 1961), S. 6.

[62] Vgl. hierzu sowie zu den folgenden Ausführungen dieses Absatzes LANDESZENTRALBANK IN HESSEN (Rolle 1998), S. 6 f.

reibungslosen Durchführung der von den zuständigen Behörden auf dem Gebiet der Aufsicht über die Kreditinstitute und der Stabilität des Finanzsystems ergriffenen Maßnahmen bei". Der Europäische Ministerrat kann hierbei nach Art. 105 Abs. 6 EG-Vertrag durch einstimmigen Beschluss auf Vorschlag der Europäischen Kommission nach Anhörung der Europäischen Zentralbank und nach Zustimmung des Europäischen Parlaments der Europäischen Zentralbank *besondere Aufgaben* im Zusammenhang mit der Aufsicht über Kreditinstitute und sonstige Finanzinstitute mit Ausnahme von Versicherungsunternehmen übertragen. *Generelle Aufgaben* im Rahmen der Bankenaufsicht kann die Europäische Zentralbank dagegen nicht wahrnehmen. Art. 25.2. der Satzung des Europäischen Systems der Zentralbanken und der Europäischen Zentralbank stellt dies ausdrücklich noch einmal klar. Ob und inwieweit der Europäische Ministerrat von der Möglichkeit des Art. 105 Abs. 6 EG-Vertrag in der Zukunft Gebrauch macht, ist derzeit nicht abzusehen [63]. Damit bleibt die Organisation und die Durchführung der Bankenaufsicht bis auf weiteres auch weiterhin allein Sache der einzelnen Mitgliedstaaten der Europäischen Union. Gleichwohl dürfte es unabdingbar sein, dass die Zusammenarbeit zwischen den nationalen Bankenaufsichtsbehörden so weit ausgebaut wird, dass in der Eurozone quasi ein „kollektiver Aufseher" entsteht, der so wirkungsvoll am Markt operieren kann, als handele es sich um eine einzige Behörde [64].

3. Die Mitwirkung anderer Stellen bei der Bankenaufsicht

a) Vorbemerkungen

Neben der gesetzlich fixierten Zusammenarbeit mit der Deutschen Bundesbank in § 7 KWG kann sich das BAKred gemäß § 8 Abs. 1 KWG bei der Erledigung seiner Aufgaben auch anderer Personen und Einrichtungen bedienen [65]. Diese Ermächtigung ist das Ergebnis verwaltungsökonomischer Überlegungen des Gesetzgebers [66]. Sie ermöglicht es dem BAKred, den eigenen Mitarbeiterstab ver-

---

[63] Zweifel an der Anwendung dieser Regelung des EG-Vertrages äußert insbesondere das EZB-Direktoriumsmitglied PADOA-SCHIOPPA; vgl. O.V. (EWU-Bankenaufsicht 1999), S. 3.

[64] Vgl. auch O.V. (EWU-Bankenaufsicht 1999), S. 3.

[65] Unabhängig von den Bestimmungen des § 7 KWG zählen zu den anderen Personen und Einrichtungen i.S.d. § 8 Abs. 1 KWG auch die Deutsche Bundesbank; vgl. BÄHRE, INGE LORE; SCHNEIDER, MANFRED (KWG-Kommentar 1986), S. 124; SZAGUNN, VOLKHARD; HAUG, ULRICH; ERGENZINGER, WILHELM (Kreditwesen 1997), S. 180; REISCHAUER, FRIEDRICH; KLEINHANS, JOACHIM (Kreditwesengesetz 2000), Kza. 115, § 8, S. 2 u. S. 3.

[66] Vgl. WIRTSCHAFTSAUSSCHUSS DES DEUTSCHEN BUNDESTAGES (Bericht über den Entwurf eines KWG 1961), S. 7; BÄHRE, INGE LORE; SCHNEIDER, MANFRED (KWG-Kommentar 1986), S. 123.

hältnismäßig klein zu halten und bei Bedarf außenstehende hoch qualifizierte
Personen und Einrichtungen auf der Basis privatrechtlicher Geschäftsbesor-
gungsverträge [67] oder im Wege der Rechts- und Amtshilfe mit der Durchführung
bestimmter Aufsichtsgeschäfte zu betrauen [68]. Dabei kann es sich allerdings immer nur um die Übertragung begrenzter technischer Tätigkeiten wie z. B. die
Vornahme von Prüfungen handeln, die Zuweisung hoheitlicher Entscheidungs-
befugnisse ist dagegen grundsätzlich nicht zulässig [69]. Als Erfüllungsgehilfen des
BAKred kommen von daher vornehmlich Wirtschaftsprüfer und Wirtschaftsprüfungsgesellschaften sowie die Spitzenverbände des Kredit- und Finanzdienstleistungsgewerbes in Betracht [70]. Verlängerter Arm des BAKred sind darüber hinaus
aber auch verschiedene Behörden des Bundes und der Länder [71] sowie die nationalen Bankenaufsichtsinstanzen der einzelnen Mitgliedstaaten des Europäischen
Wirtschaftsraums [72].

Aus § 44 Abs. 1 und Abs. 2 KWG ergibt sich, dass die Personen und Einrichtungen, auf deren Unterstützung das BAKred gemäß § 8 Abs. 1 KWG zurückgreift,
im Rahmen ihres Mandats dieselben Befugnisse haben wie das BAKred selbst.
Die besondere Schweigepflicht der nach § 8 Abs. 1 KWG beauftragten Personen
regelt § 9 Abs. 1 Satz 1 KWG.

b)   Die Mitwirkung der Wirtschaftsprüfer und Wirtschaftsprüfungsgesell-
schaften

ba)   Überblick

Die besondere Bedeutung der Wirtschaftsprüfer und Wirtschaftsprüfungsgesellschaften für die Aufgabenerfüllung des BAKred zeigt sich im Wesentlichen in
zwei Bereichen, und zwar bei der Prüfung der handelsrechtlichen Rechnungslegung von Kredit- und Finanzdienstleistungsinstituten einerseits sowie der Prüfung des Depotgeschäfts der Kreditinstitute andererseits. Weitere Beteiligungsmöglichkeiten sind u. a. bei der Durchführung von Sonderprüfungen (§ 44 Abs. 1

---

[67]   Vgl. § 675 BGB.

[68]   Vgl. BÄHRE, INGE LORE; SCHNEIDER, MANFRED (KWG-Kommentar 1986), S. 123; HÜTZ, GERHARD
(Bankenaufsicht 1990), S. 65.

[69]   Vgl. BUNDESREGIERUNG (Entwurf eines KWG 1959), S. 30; WIRTSCHAFTSAUSSCHUSS DES DEUT-
SCHEN BUNDESTAGES (Bericht über den Entwurf eines KWG 1961), S. 7.

[70]   So BUNDESREGIERUNG (Entwurf eines KWG 1959), S. 30.

[71]   Vgl. hierzu Art. 35 Abs. 1 GG; ähnlich § 4 VwVfG für die dort erfassten Behörden.

[72]   Entsprechende Bestimmungen finden sich insbesondere in § 8 Abs. 3 und Abs. 4 KWG.

Satz 2 und Satz 3 KWG), der Überprüfung der Richtigkeit und Vollständigkeit der im Rahmen der bankenaufsichtsrechtlichen Konsolidierung und der Monatsausweise erteilten Auskünfte oder übermittelten Daten (§ 44 Abs. 2 Satz 2 und Satz 3 KWG), der grenzüberschreitenden Prüfung der in die Beaufsichtigung auf zusammengefasster Basis einbezogenen Unternehmungen (§ 44 Abs. 3 KWG) sowie der Prüfung der Inhaber bedeutender Beteiligungen (§ 44b Abs. 2 Satz 1 KWG) gegeben [73].

bb) Wirtschaftsprüfer und Wirtschaftsprüfungsgesellschaften in ihrer Funktion als Abschlussprüfer von Kredit- und Finanzdienstleistungsinstituten

Die Verpflichtung zur Prüfung der handelsrechtlichen Rechnungslegung von Kredit- und Finanzdienstleistungsinstituten [74] durch eine unternehmungsexterne Prüfungsinstanz ergibt sich aus den Bestimmungen des § 340k HGB. Danach haben Kredit- und Finanzdienstleistungsinstitute – unabhängig von ihrer Rechtsform [75] und Größe – ihren Jahresabschluss und Lagebericht sowie ihren Konzernabschluss und Konzernlagebericht einer Prüfung durch einen unabhängigen Abschlussprüfer zu unterziehen [76]. Erstellt ein Kredit- oder ein Finanzdienstleistungsinstitut Zwischenabschlüsse zur Ermittlung von Zwischenergebnissen i. S. d. § 10 Abs. 3 Satz 1 und Satz 2 KWG, so sind auch diese Zwischenabschlüsse durch einen Abschlussprüfer zu prüfen. Die Regelungen des Handelsgesetzbuches über den Jahresabschluss von Kredit- und Finanzdienstleistungsinstituten sowie § 340k HGB über die Prüfung dieser Institute sind in diesen Fällen entsprechend anzuwenden [77]. Analoge Vorschriften bestehen für die Erstellung von Konzernzwischenabschlüssen zwecks Ermittlung von Konzernzwischenergebnissen i. S. d. § 10a Abs. 1 Satz 2 i. V. m. § 10 Abs. 3 Satz 1 und Satz 2 KWG [78].

---

[73] Vgl. auch BÄHRE, INGE LORE; SCHNEIDER, MANFRED (KWG-Kommentar 1986), S. 451; SZAGUNN, VOLKHARD; HAUG, ULRICH; ERGENZINGER, WILHELM (Kreditwesen 1997), S. 585.

[74] Gemäß § 340 Abs. 4 HGB erstreckt sich der Anwendungsbereich der für Kreditinstitute geltenden branchenspezifischen Rechnungslegungsbestimmungen (§§ 340a bis 340o HGB) bis auf wenige Ausnahmen auch auf Finanzdienstleistungsinstitute. Der Grund hierfür liegt in der Einbeziehung der Finanzdienstleistungsinstitute in den Adressatenkreis der Bankenaufsicht.

[75] Vgl. hierzu § 340 Abs. 1 und Abs. 4 HGB.

[76] Vgl. § 340k Abs. 1 Satz 1, 1. Halbsatz HGB. Dort findet sich auch ein Verweis auf die §§ 316 bis 324 HGB sowie die §§ 28 und 29 KWG. Zur Pflichtprüfung der Kreditgenossenschaften vgl. ferner § 53 GenG.

[77] Vgl. § 340a Abs. 3 HGB.

[78] Vgl. § 340i Abs. 4 HGB.

Die Prüfung der handelsrechtlichen Rechnungslegung von Kredit- und Finanz-dienstleistungsinstituten, in die die Finanzbuchhaltung einzubeziehen ist [79], ist spätestens bis zum Ablauf von fünf Monaten nach Schluss des vorhergehenden Geschäftsjahres vorzunehmen [80]. Erst mit Beendigung dieser Revision liegt die erforderliche Voraussetzung für die Feststellung des handelsrechtlichen Jahresab-schlusses prüfungspflichtiger Unternehmungen vor [81]. Als Abschlussprüfer von Kredit- und Finanzdienstleistungsinstituten – die Modalitäten seiner Bestellung und Abberufung werden in § 318 HGB i. V. m. § 28 KWG näher geregelt – kommen grundsätzlich nur öffentlich bestellte Wirtschaftsprüfer und anerkannte Wirtschaftsprüfungsgesellschaften in Frage [82]. Abweichend hiervon dürfen Fi-nanzdienstleistungsinstitute, deren Bilanzsumme am Bilanzstichtag 300 Mio. DM nicht übersteigt, auch von vereidigten Buchprüfern bzw. Buchprüfungsgesell-schaften geprüft werden [83]. Die Bundesregierung begründet diese Ausnahme-regelung für kleinere Finanzdienstleistungsinstitute mit der zu erwartenden hohen Anzahl erstmals zu prüfender Finanzdienstleistungsinstitute, ihrer häufig nur ge-ringen Betriebsgröße sowie einer für diese Institute vertretbaren Kostenbelas-tung [84]. Schließlich entspricht es gängiger Praxis, dass Kreditgenossenschaften von dem jeweils zuständigen regionalen Prüfungsverband des Genossenschafts-sektors sowie Sparkassen von der Prüfungsstelle eines Sparkassen- und Girover-bandes geprüft werden [85].

Durch die Institution der Prüfung des Jahresabschlusses und Lageberichts sowie des Konzernabschlusses und Konzernlageberichts von Kredit- und Finanzdienst-leistungsinstituten soll – so wie bei zu prüfenden Unternehmungen anderer Bran-chen gleichermaßen vorgesehen – insbesondere der Einhaltung der Rechnungs-legungsvorschriften des Handelsrechts Nachdruck verliehen werden. Auch der dem Abschlussprüfer von Kredit- und Finanzdienstleistungsinstituten nach Maß-gabe des Handelsrechts zu erteilende Prüfungsauftrag erstreckt sich deshalb von seinem Grundanliegen her auf nichts anderes, als dass der Prüfer zunächst zu be-urteilen hat, ob der Jahresabschluss bzw. der Konzernabschluss den gesetzlichen Vorschriften sowie gegebenenfalls den gesellschaftsvertraglichen oder satzungs-mäßigen Bestimmungen entspricht, wobei die Prüfung so anzulegen ist, dass Un-

---

[79]   Vgl. § 317 Abs. 1 Satz 1 HGB.

[80]   Vgl. § 340k Abs. 1 Satz 2 HGB.

[81]   Vgl. § 316 Abs. 1 Satz 2 HGB i. V. m. § 340k Abs. 1 Satz 3 HGB.

[82]   Vgl. § 319 Abs. 1 Satz 1 HGB i. V. m. § 340k Abs. 1 Satz 1, 2. Halbsatz HGB.

[83]   Vgl. § 340k Abs. 4 HGB.

[84]   Vgl. BUNDESREGIERUNG (Entwurf eines Begleitgesetzes 1997), S. 30.

[85]   Vgl. § 340k Abs. 2 und Abs. 3 HGB; für Kreditgenossenschaften ferner die §§ 54 ff. GenG.

richtigkeiten und Verstöße gegen gesetzliche Vorschriften sowie gesellschaftsver-
tragliche oder satzungsmäßige Bestimmungen, die sich auf die Darstellung des
sich nach § 264 Abs. 2 HGB ergebenden Bildes der Vermögens-, Finanz- und
Ertragslage des Kredit- oder Finanzdienstleistungsinstituts wesentlich auswirken,
bei gewissenhafter Berufsausübung erkannt werden [86]. Darüber hinaus hat der
Abschlussprüfer festzustellen, ob der Lagebericht mit dem Jahresabschluss bzw.
der Konzernlagebericht mit dem Konzernabschluss sowie mit den von ihm bei
der Prüfung gewonnenen Erkenntnissen im Einklang steht und ob der Lagebericht
bzw. Konzernlagebericht insgesamt eine zutreffende Vorstellung von der Lage
des Kredit- oder Finanzdienstleistungsinstituts bzw. des Kredit- oder Finanz-
dienstleistungskonzerns vermittelt [87]. Dabei ist auch zu prüfen, ob die Risiken
der künftigen Entwicklung – gemeint sind Risiken, die entweder bestandsgefähr-
dend sind oder einen wesentlichen Einfluss auf die Vermögens-, Finanz- und Ertragslage haben können – zutreffend dargestellt sind [88]. Außerdem ist bei einer
Aktiengesellschaft, die Aktien mit amtlicher Notierung ausgegeben hat, im Rahmen der Prüfung zu beurteilen, ob der Vorstand die ihm nach § 91 Abs. 2 AktG
„obliegenden Maßnahmen in einer geeigneten Form getroffen hat und ob das danach einzurichtende Überwachungssystem seine Aufgaben erfüllen kann" [89].

Im Kredit- und Finanzdienstleistungsgewerbe ist allerdings mit den vorstehend
angesprochenen Prüfungsaussagen allein den an den Abschlussprüfer von Banken
und Finanzdienstleistungsinstituten gestellten Anforderungen nicht Genüge getan.
Da bei der Konzeption der bundesdeutschen Bankenaufsicht bewusst darauf verzichtet wurde, diese als eine permanente Prüfungsaufsicht auszugestalten [90], war
es vielmehr unumgänglich, die Erkenntnisse der Abschlussprüfer in der Kredit-
und Finanzdienstleistungsbranche eng an den Informationsinteressen der Bankenaufsicht auszurichten. Das Kreditwesengesetz trägt diesem Sachverhalt Rechnung. Es weist dem Abschlussprüfer von Kredit- und Finanzdienstleistungsinstituten über den allgemeinen Grundauftrag der Begutachtung des Jahresabschlusses und Lageberichts sowie des Konzernabschlusses und Konzernlage-

---

[86] Vgl. § 317 Abs. 1 Satz 2 und Satz 3 HGB.
[87] Vgl. § 317 Abs. 2 Satz 1 HGB.
[88] Vgl. § 317 Abs. 2 Satz 2 HGB.
[89] § 317 Abs. 4 HGB. § 317 Abs. 3 HGB enthält weitere Prüfungspflichten für den Abschlussprüfer des Konzernabschlusses.
[90] Vgl. BÄHRE, INGE LORE (Interne Revision 1979), S. 33. Eine solche Vorgehensweise würde eine ständige oder zumindest häufig kontrollierende Anwesenheit von Mitarbeitern des BAKred in den Kredit- und Finanzdienstleistungsinstituten und damit den Aufbau und die Unterhaltung eines eng-maschigen bankenaufsichtseigenen Prüfungsnetzes zur Folge haben; vgl. auch BÄHRE, INGE LORE (Wirtschaftsprüfer 1985), S. 37 f. u. S. 42.

berichts dieser Institute hinausgehend weitere Aufgaben zu, die sich als Konsequenz seiner Einbindung in die Überwachungstätigkeit des BAKred ergeben. Vor allem kommt es zu einer inhaltlichen Ausweitung des Prüfungsumfangs bei Kredit- und Finanzdienstleistungsinstituten sowie zu besonderen Offenbarungsverpflichtungen der Abschlussprüfer von Kredit- und Finanzdienstleistungsinstituten gegenüber dem BAKred und der Deutschen Bundesbank [91].

Das zusätzliche Ausmaß der vom Abschlussprüfer bei Kredit- und Finanzdienstleistungsinstituten zu betrachtenden Sachverhalte regelt § 29 Abs. 1 Satz 1 bis 3 und Abs. 2 Satz 1 KWG. Der Abschlussprüfer hat danach bei der Prüfung des Jahresabschlusses eines Kredit- oder Finanzdienstleistungsinstituts neben der Ausforschung der wirtschaftlichen Verhältnisse dieses Instituts [92] – HOLTERHUS versteht hierunter die Beantwortung der Frage nach der Existenzfestigkeit bzw. der Existenzgefährdung einer Unternehmung [93] – insbesondere Feststellungen darüber zu treffen, ob das Kredit- oder Finanzdienstleistungsinstitut während des abgelaufenen Geschäftsjahrs wesentlichen Anzeigepflichten nach den Vorschriften des Kreditwesengesetzes nachgekommen ist. Er hat außerdem darzulegen, inwieweit das Kredit- oder Finanzdienstleistungsinstitut in der vergangenen Rechnungslegungsperiode bestimmte Anforderungen des Kreditwesengesetzes (beispielsweise die §§ 10, 10a, 12, 13 bis 13b, 18 und 25a KWG) eingehalten hat. Ebenfalls zu überprüfen sind die Verpflichtungen des Kredit- oder Finanzdienstleistungsinstituts nach dem Geldwäschegesetz (hier vor allem die Einrichtung interner Sicherungsmaßnahmen nach § 14 GwG) [94]. Werden dem haftenden Eigenkapital des Kredit- oder Finanzdienstleistungsinstituts [95] nicht realisierte Reserven nach § 10 Abs. 2b Satz 1 Nr. 6 oder Nr. 7 KWG zugerechnet, so hat er bei der Prüfung des Jahresabschlusses schließlich auch zu kontrollieren, ob bei der Ermittlung dieser Reserven die Bestimmungen des § 10 Abs. 4a bis 4c KWG

---

[91] Zu den aufsichtsspezifischen Prüfungs- und Berichtspflichten des Abschlussprüfers von Kredit- und Finanzdienstleistungsinstituten vgl. auch BIEG, HARTMUT (Bankenaufsicht 1983), S. 96 ff.; BIEG, HARTMUT (Rechnungslegung 1994), S. 249; BIEG, HARTMUT (Bilanzierung 1994), S. 85 f.; BIEG, HARTMUT (Rechnungslegung 1999), S. 637 ff.; ferner HOLTERHUS, GERHARD (Abschlußprüfung 1985), S. 26 ff.

[92] Eine Untersuchung der wirtschaftlichen Verhältnisse eines Kreditinstituts oder eines Finanzdienstleistungsinstituts hat auch im Rahmen der Prüfung eines Zwischenabschlusses zu erfolgen; vgl. § 29 Abs. 1 Satz 1 KWG.

[93] Vgl. HOLTERHUS, GERHARD (Abschlußprüfung 1985), S. 30.

[94] Zu den Pflichten der Kredit- und Finanzdienstleistungsinstitute aus dem Geldwäschegesetz vgl. BAKRED (Bekämpfung 1998), S. 20b ff.; BAKRED (Geldwäsche 1998), S. 5 ff.; ferner MAYER, DIETMAR; BRECHFELD, DIRK (Geldwäschegesetz 1995), S. 336 ff.; RABE, STEPHAN (Geldwäsche-Verlautbarung 1998), S. 335 ff.

[95] Zum Begriff des haftenden Eigenkapitals von Kredit- und Finanzdienstleistungsinstituten vgl. Kapitel F.II, S. 179 ff.

beachtet worden sind. Der Abschlussprüfer eines Kredit- oder Finanzdienstleistungsinstituts nimmt somit aus Sicht der Bankenaufsicht die wichtige Aufgabe
einer Beurteilung der Ordnungsmäßigkeit des Geschäftsgebarens dieses Instituts
hinsichtlich der Befolgung aufsichtsrechtlicher Gebote wahr [96]. Spezielle Mitteilungspflichten des Abschlussprüfers von Kredit- und Finanzdienstleistungsinstituten gegenüber dem BAKred und der Deutschen Bundesbank sind von daher unerlässlich.

Die besonderen Offenbarungsverpflichtungen der Abschlussprüfer von Kredit-
und Finanzdienstleistungsinstituten gegenüber dem BAKred und der Deutschen
Bundesbank finden sich im Wesentlichen in § 26 Abs. 1 Satz 3 und § 29 Abs. 3
KWG [97]. Der Abschlussprüfer eines Kredit- oder Finanzdienstleistungsinstituts
ist hiernach gehalten, Art und Umfang sowie das Ergebnis seiner (erweiterten)
Prüfungstätigkeit mit der gebotenen Klarheit in einen schriftlich zu verfassenden
Prüfungsbericht aufzunehmen [98], diesen zu unterzeichnen und unverzüglich nach
Beendigung der Prüfung nicht nur den gesetzlichen Vertretern des Kredit- oder
Finanzdienstleistungsinstituts [99], sondern entsprechend der vorgenommenen Aus-
weitung der Prüfungssachverhalte auch dem BAKred und der Deutschen Bundesbank vorzulegen [100]. Gleiches gilt für etwaige Prüfungsberichte von Konzern-
abschlussprüfern [101]. Während also den externen Adressaten des Jahres- und
Konzernabschlusses von Kredit- und Finanzdienstleistungsinstituten vom Abschlussprüfer durch die schriftliche Erteilung des Prüfungstestats [102] lediglich

---

[96] Vgl. auch WASCHBUSCH, GERD (Jahresabschlußpolitik 1992), S. 209 sowie BIEG, HARTMUT (Bilanzierung 1994), S. 85. HOLTERHUS verweist in diesem Zusammenhang auf die Präventiv-, Korrek-
tur- und Sicherheitswirkung der Überwachungstätigkeit des Abschlussprüfers im Rahmen der Bankenaufsicht; vgl. HOLTERHUS, GERHARD (Abschlußprüfung 1985), S. 35 f.

[97] Die Abschlussprüfer von Kredit- und Finanzdienstleistungsinstituten werden insoweit von ihrer
beruflichen Schweigepflicht gemäß den §§ 43 Abs. 1 und 50 WPO entbunden.

[98] Vgl. § 321 Abs. 1 Satz 1 HGB i. V. m. § 29 Abs. 1 Satz 4 KWG. Die Regelungen des § 321 Abs. 1
Satz 2 und 3 sowie Abs. 2 bis 4 HGB geben allgemeine Hinweise zum Inhalt des Prüfungsberichts
von Kredit- und Finanzdienstleistungsinstituten. Nähere Bestimmungen über den Gegenstand der
Prüfung, den Zeitpunkt ihrer Durchführung und den Inhalt der Prüfungsberichte der Kredit- und
Finanzdienstleistungsinstitute sind dagegen in der auf § 29 Abs. 4 KWG beruhenden Rechtsver-
ordnung des BAKred enthalten; vgl. BAKRED (Prüfungsberichtsverordnung 1998), S. 3690 ff.;
ferner BAKRED (Erläuterungen zur PrüfbV 1998), S. 1 ff.; SEITZ, JÜRGEN (Verordnung 1994),
S. 489 ff.; HÜLSEN, ANDREAS (Jahresabschlußprüfung 1999), S. 101 ff.

[99] Vgl. § 321 Abs. 5 Satz 1 HGB. Hat der Aufsichtsrat den Prüfungsauftrag erteilt, so ist der Prüfungsbericht ihm vorzulegen; dem Vorstand ist jedoch vor Zuleitung an den Aufsichtsrat Gelegenheit zur Stellungnahme zu geben; vgl. § 321 Abs. 5 Satz 2 HGB.

[100] Vgl. § 26 Abs. 1 Satz 3 KWG.

[101] Vgl. § 26 Abs. 3 Satz 2 KWG. Zur sofortigen Einreichungspflicht der Prüfungsberichte von Zwischenabschlüssen vgl. § 10 Abs. 3 Satz 6 KWG.

[102] Vgl. § 322 HGB.

Auskunft darüber gegeben wird, inwieweit die von Gesetz, Satzung oder Gesellschaftsvertrag geforderte Übereinstimmung vorliegt, werden dem BAKred und
der Deutschen Bundesbank hingegen als quasi-internen Adressaten des Jahres-
und Konzernabschlusses von Kredit- und Finanzdienstleistungsinstituten mittels
der Übergabe des Prüfungsberichts als einem ihrer bedeutendsten Informations-
medien [103] sehr viel weit reichendere Erkenntnisse der vorgenommenen Ab-
schlussrevision mitgeteilt. Sie erhalten sowohl ausführliche Hinweise über die
Vornahme jahresabschlusspolitischer Maßnahmen als auch detaillierte Informationen zur Einhaltung einzelner Regelungen des Kreditwesengesetzes.

Mit der Zuständigkeit des Abschlussprüfers für die unmittelbare Einreichung von
Prüfungsberichten bei den Bankenaufsichtsstellen wird zudem der Informations-
weg abgekürzt und einer möglichen Verfälschung dieser Prüfungsberichte durch
Kredit- bzw. Finanzdienstleistungsinstitute entgegengewirkt [104]. Sofern Kreditgenossenschaften einem regionalen genossenschaftlichen Prüfungsverband angehören bzw. Sparkassen durch die Prüfungsstelle eines Sparkassen- und Giroverbandes geprüft werden, sind diese Institute allerdings von der generellen Pflicht
zur Vorlage eines Prüfungsberichts freigestellt. Der Bericht über die Prüfung des
Jahresabschlusses bzw. Konzernabschlusses ist bei diesen Kreditinstituten angesichts ihrer großen Anzahl nur auf eine direkte Anforderung des BAKred bzw.
der Deutschen Bundesbank hin von dem zuständigen Prüfungsverband bzw. der
zuständigen Prüfungsstelle einzureichen [105]. Unabhängig hiervon ist die Überprüfung der Obliegenheiten eines Kredit- oder Finanzdienstleistungsinstituts nach
dem Geldwäschegesetz in einem gesonderten Prüfungsbericht festzuhalten, der
ebenso wie der Bericht über die Prüfung des Jahresabschlusses bzw. Konzernabschlusses unverzüglich nach Beendigung der Prüfung dem BAKred und der
Deutschen Bundesbank einzureichen ist [106]. Erfolgt im Zusammenhang mit einer
Einlagensicherungs- oder Anlegerentschädigungseinrichtung eines Verbandes der
Kredit- und Finanzdienstleistungsinstitute eine zusätzliche Prüfung der Rechnungslegung von Kredit- oder Finanzdienstleistungsinstituten, so ist auch der

---

[103] Vgl. hierzu BUNDESREGIERUNG (Entwurf eines KWG 1959), S. 37; MAYER, HELMUT (Bundesaufsichtsamt 1981), S. 43 u. S. 105; SANIO, JOCHEN (Bundesaufsichtsamt 1992), Sp. 1163; SEITZ, JÜR-
GEN (Verordnung 1994), S. 489 u. S. 492; MEISTER, EDGAR (Herausforderungen 1995), S. 10.

[104] Vgl. BUNDESREGIERUNG (Entwurf eines Dritten Gesetzes zur Änderung des KWG 1984), S. 48.

[105] Vgl. § 26 Abs. 1 Satz 4 sowie Abs. 3 Satz 3 KWG. Während das BAKred mit Wirkung zum Jahresabschluss 1996 die Berichte über die Jahresabschlussprüfung *aller* Sparkassen anforderte, lag die
Einreichungsquote bei den Kreditgenossenschaften bei lediglich rd. 50 %; vgl. BAKRED (Jahresbericht 1998), S. 58 u. S. 60.

[106] Vgl. § 29 Abs. 2 Satz 3 KWG.

Bericht über diese Prüfung vom Prüfer oder Prüfungsverband ohne zeitliche Verzögerung an das BAKred und die Deutsche Bundesbank weiterzuleiten [107].

Sollten bestimmte Sachverhalte bei der Auswertung des Prüfungsberichts dem BAKred bzw. der Deutschen Bundesbank nicht klar werden, so besitzen die genannten Behörden das Recht, sich den eingereichten Prüfungsbericht vom Prüfer erläutern zu lassen [108]. Auf Verlangen des BAKred oder der Deutschen Bundesbank ist hierbei auch über sonstige bei der Prüfung bekannt gewordene Tatsachen zu berichten, die gegen eine ordnungsgemäße Durchführung der Geschäfte des geprüften Kredit- oder Finanzdienstleistungsinstituts sprechen [109]. Das BAKred und die Deutsche Bundesbank können damit „auch Informationen erfragen, die nicht Teil des Prüfungsberichtes sind" [110].

Unabhängig von diesem ausdrücklichen Auskunftsbegehren der Bankenaufsichtsbehörden hat der Abschlussprüfer eines Kreditinstituts oder eines Finanzdienstleistungsinstituts aber bereits von sich aus, also ohne eine besondere vorherige Aufforderung, diese unverzüglich, d. h. regelmäßig noch während der laufenden Prüfungshandlungen, über das Vorliegen von Tatsachen zu unterrichten, „welche die Einschränkung oder Versagung des Bestätigungsvermerks rechtfertigen, den Bestand des Instituts gefährden oder seine Entwicklung wesentlich beeinträchtigen können oder die schwerwiegende Verstöße der Geschäftsleiter gegen Gesetz, Satzung oder Gesellschaftsvertrag erkennen lassen" [111]. Mit dieser unmittelbaren Redepflicht des Abschlussprüfers eines Kredit- oder Finanzdienstleistungsinstituts wird sowohl in zeitlicher als auch in sachlicher Hinsicht eine weitgehende Annäherung seines Wissensstandes an den der aufsichtsführenden Stellen erreicht [112]. Das BAKred soll hierdurch in die Lage versetzt werden, so früh wie möglich von seinen Einwirkungsmöglichkeiten [113] zur Abwendung von Gefahren für einzelne Banken oder Finanzdienstleistungsinstitute und ihre jeweiligen Gläubiger Gebrauch machen zu können. Entsprechend hoch ist die Verantwortung, die der Abschlussprüfer eines Kredit- oder Finanzdienstleistungsinstituts im

---

[107] Vgl. § 26 Abs. 2 KWG.

[108] Vgl. § 29 Abs. 3 Satz 2 KWG.

[109] Vgl. § 29 Abs. 3 Satz 2 KWG.

[110] HOLTERHUS, GERHARD (Abschlußprüfung 1985), S. 43.

[111] § 29 Abs. 3 Satz 1 KWG. Zur Konkretisierung dieser anzeigepflichtigen Tatbestandskategorien vgl. HOLTERHUS, GERHARD (Abschlußprüfung 1985), S. 47 ff.; ferner STANNIGEL, HELLMUT (Berichterstattungspflicht 1977), S. 570 ff.; SZAGUNN, VOLKHARD; HAUG, ULRICH; ERGENZINGER, WILHELM (Kreditwesen 1997), S. 464 f.

[112] Vgl. BÄHRE, INGE LORE (Wirtschaftsprüfer 1985), S. 45. Zu den Grenzen der Wirksamkeit externer Prüfsysteme vgl. ebenda, S. 43 u. S. 45 f.; ferner DÜRRE, GÜNTER (Aufsichtsamt 1974), S. 194.

[113] Vgl. dazu Kapitel F.VI, S. 528 ff.

Rahmen seiner Krisenwarnfunktion [114] als Informationslieferant der Bankenaufsicht trägt [115]. BÄHRE weist diesbezüglich darauf hin, dass mit der Einführung der Vorabberichtspflicht des Abschlussprüfers gemäß § 29 Abs. 3 Satz 1 KWG „der 'Schwarze Peter', den das Amt bei jeder Bankinsolvenz seit seinem Bestehen erhielt – nämlich der Vorwurf, es habe nicht rechtzeitig festgestellt, dass eine kritische wirtschaftliche Entwicklung sich bei dem Kreditinstitut anbahne oder schon gegeben sei – dass dieser 'Schwarze Peter' nun gewissermaßen kraft Gesetzes geteilt wird mit dem Wirtschaftsprüfer des Jahresabschlusses" [116]. Die Wahrnehmung der Verantwortung wird dem Abschlussprüfer allerdings dadurch erleichtert, dass er nicht für die Richtigkeit von Tatsachen haftet, „die er ... in gutem Glauben anzeigt" [117].

bc) Wirtschaftsprüfer und Wirtschaftsprüfungsgesellschaften in ihrer Funktion als Depotprüfer von Banken

§ 29 Abs. 2 Satz 2, 1. Halbsatz KWG regelt als eine Maßnahme der allgemeinen staatlichen Bankenaufsicht die besondere Prüfung des Depotgeschäftes der einzelnen Kreditinstitute [118]. Danach unterliegen sämtliche Banken, die für andere die Verwahrung und die Verwaltung von Wertpapieren unmittelbar oder mittelbar ausüben [119], hinsichtlich dieses Geschäftsbereiches einer besonderen Überwachung [120]. Gemäß § 71 Abs. 1 Satz 1 und Satz 3 PrüfbV findet die Prüfung des Depotgeschäftes von Banken einmal im Geschäftsjahr zu einem vom Depotprüfer unregelmäßig zu bestimmenden Zeitpunkt statt [121]. Der Depotprüfer ist hierbei gehalten, die Prüfung, insbesondere die Bestandsprüfung, nach pflicht-

---

[114] Vgl. dazu BIEG, HARTMUT (Bankenaufsicht 1983), S. 100 f.; BIEG, HARTMUT (Rechnungslegung 1994), S. 249; BIEG, HARTMUT (Bilanzierung 1994), S. 85; BIEG, HARTMUT (Rechnungslegung 1999), S. 646 f.

[115] Vgl. auch SZAGUNN, VOLKHARD; HAUG, ULRICH; ERGENZINGER, WILHELM (Kreditwesen 1997), S. 464; kritisch dazu CHRISTIAN, CLAUS-JÖRG (Informationsbasis 1992), S. 53 ff.

[116] BÄHRE, INGE LORE (Interne Revision 1979), S. 36.

[117] § 29 Abs. 3 Satz 3 KWG.

[118] Nähere Einzelheiten über Gegenstand, Zeitpunkt, Berichtszeitraum und Umfang der Depotprüfung von Kreditinstituten finden sich im Abschnitt 6 der Prüfungsberichtsverordnung des BAKred; vgl. die §§ 70 ff. PrüfbV.

[119] Vgl. § 1 Abs. 1 Satz 2 Nr. 5 KWG.

[120] Vgl. auch § 70 Abs. 1 Satz 1 PrüfbV. Zu den Befreiungsmöglichkeiten einzelner Kreditinstitute von der jährlichen Depotprüfung vgl. § 75 PrüfbV.

[121] Im ersten Geschäftsjahr der Aufnahme des Depotgeschäftes „ist eine Prüfung vorzunehmen, wenn das zu prüfende Geschäft länger als ein halbes Jahr betrieben worden ist"; § 71 Abs. 1 Satz 2 PrüfbV.

gemäßem Ermessen unangemeldet durchzuführen [122]. Verlangt das zu prüfende Kreditinstitut wiederholt eine Verlegung der Prüfung, so ist dies dem BAKred und der Hauptverwaltung der zuständigen Landeszentralbank unverzüglich mitzuteilen [123]. Gleiches gilt für den Fall, dass ein Kreditinstitut sich weigert, die Depotprüfung vornehmen zu lassen oder der Prüfer in anderer Weise an der Wahrnehmung seiner Rechte behindert wird [124]. Der Berichtszeitraum der Prüfungen „ist jeweils der Zeitraum zwischen der letzten und der folgenden Prüfung (Beginn oder Stichtag)" [125]. Da die Depotprüfung damit als Zeitraumprüfung mit während des Kalenderjahres frei wählbarem Prüfungszeitpunkt durchzuführen ist, hat die Depotprüfung derjenige Prüfer vorzunehmen, der den in den Berichtszeitraum fallenden Jahresabschluss des Kreditinstituts geprüft hat [126].

Die im Kreditwesengesetz vorgesehene Prüfung des Depotgeschäftes der Banken dient in erster Linie dem Schutz des Vermögens der einzelnen Depotkunden [127]. Zur Erreichung dieses Zwecks hat der Depotprüfer eines Kreditinstituts in einer umfassenden Nachschau [128] zu beurteilen, ob das Kreditinstitut das Depotgeschäft ordnungsgemäß abgewickelt und insbesondere den geltenden gesetzlichen Bestimmungen und sonstigen Vorschriften für die Verwahrung und die Verwaltung von Wertpapieren für andere entsprochen hat. Zu den diesbezüglich in Frage kommenden Gesetzesvorgaben gehören vor allem die Regelungen des Depotgesetzes [129], dessen Ziel es ist, die Eigentümerrechte von Depotkunden sicherzustellen. Darüber hinaus umfasst die Depotprüfung die Verbuchung von Lieferansprüchen aus wertpapierbezogenen Derivaten sowie die depotrechtlichen Anforderungen an die Eigentumsübertragung bei Wertpapiergeschäften [130]. Die Depotprüfung hat sich ferner ausdrücklich auch auf die Kontrolle der Einhaltung des § 128 AktG über die Weitergabe von Mitteilungen durch Kreditinstitute an ihre

---

[122] Vgl. § 71 Abs. 2 Satz 1 PrüfbV.

[123] Vgl. § 71 Abs. 2 Satz 2 PrüfbV.

[124] Vgl. BAKRED (Schreiben 1998), S. 31.

[125] § 71 Abs. 3 Satz 2 PrüfbV. Im Falle der ersten Prüfung des Depotgeschäftes ist der Berichtszeitraum „der Zeitraum zwischen der Aufnahme des Depotgeschäftes ... und dem Zeitpunkt der ersten Prüfung (Beginn oder Stichtag)"; § 71 Abs. 3 Satz 1 PrüfbV. Der Stichtag, der nach § 71 Abs. 3 PrüfbV festgelegt werden kann, darf in dem Zeitraum liegen, während dem die Depotprüfung durchgeführt wird; vgl. BAKRED (Erläuterungen zur PrüfbV 1998), S. 25.

[126] Vgl. BAKRED (Erläuterungen zur PrüfbV 1998), S. 25.

[127] Vgl. BUNDESREGIERUNG (Entwurf eines KWG 1959), S. 38. Nach Auffassung des BAKRED ist angesichts der Höhe des von Banken verwalteten Wertpapiervermögens ein „sicheres und gut funktionierendes Depotwesen ... auch für die Volkswirtschaft von großer Bedeutung"; BAKRED (Jahresbericht 1999), S. 59.

[128] Zum Umfang der Depotprüfung vgl. § 72 PrüfbV.

[129] Vgl. DEUTSCHER BUNDESTAG (Depotgesetz 1995), S. 1 ff.

[130] Vgl. § 70 Abs. 1 Satz 2, 1. Halbsatz PrüfbV.

Depotkunden und des § 135 AktG über die Ausübung des Vollmachtstimmrechts durch Kreditinstitute zu erstrecken [131]. Zu den sonstigen zu prüfenden Vorschriften zählen im Wesentlichen die vom BAKred bekannt gemachten Anforderungen an die Ordnungsmäßigkeit des Depotgeschäfts und der Erfüllung von Wertpapierlieferungsverpflichtungen [132] sowie die in die Allgemeinen Geschäftsbedingungen der Kreditinstitute aufgenommenen Regelungen zur Verwahrung und Verwaltung von Wertpapieren [133]. Nimmt ein Kreditinstitut nach § 12 Abs. 1 Satz 1 KAGG oder eine Zweigniederlassung nach § 12 Abs. 1 Satz 3 und 4 KAGG bzw. nach § 2 Abs. 1 Nr. 2 AuslInvestmG die Aufgaben einer Depotbank wahr, so ist bei diesen Unternehmungen die ordnungsgemäße Wahrnehmung der Depotbankaufgaben zu prüfen (sog. „Depotbankprüfung") [134].

Nach Abschluss der Prüfung hat der Depotprüfer über die Ergebnisse seiner Prüfungstätigkeit einen gesonderten schriftlichen Bericht zu erstellen und diesen sowohl dem BAKred als auch dem BAWe sowie der Hauptverwaltung der zuständigen Landeszentralbank unverzüglich zuzuleiten, sofern nicht auf seine Einreichung wird verzichtet [135]. Bei Kreditinstituten, die einem genossenschaftlichen Prüfungsverband angehören oder durch die Prüfungsstelle eines Sparkassen- und Giroverbandes geprüft werden, ist der Bericht über die Depotprüfung allerdings nur auf Anforderung dem BAKred einzureichen [136]. Enthält der Bericht über die Depotprüfung eines solchen Kreditinstituts jedoch nicht unerhebliche Beanstandungen, so ist dies vom Depotprüfer unverzüglich dem BAKred mitzuteilen [137]. Der Depotprüfer von Banken erfüllt somit aus Sicht der Bankenaufsicht die wichtige Funktion eines Informationslieferanten. Sein Bericht muss darüber Aufschluss geben, „ob das geprüfte Geschäft ordnungsgemäß betrieben und die Depotbankaufgaben ordnungsgemäß erfüllt worden sind" [138]. Im Bericht ist ferner „darzulegen, ob Mängel vorlagen, wie sie beseitigt oder welche Maßnahmen zu ihrer Beseitigung eingeleitet worden sind" [139]. Bei organisatorisch bedingten Mängeln ist darüber hinaus festzuhalten, „welche organisatorischen Maßnahmen

---

[131] Vgl. § 29 Abs. 2 Satz 2, 2. Halbsatz KWG sowie § 70 Abs. 1 Satz 2, 2. Halbsatz PrüfbV.

[132] Vgl. BAKRED (Ordnungsmäßigkeit 1998), S. 17906 f.

[133] Vgl. O. V. (Geschäftsbedingungen 1993), S. 14 f.

[134] Vgl. § 70 Abs. 1 Satz 3 PrüfbV.

[135] Vgl. § 29 Abs. 2 Satz 3 KWG sowie § 73 Abs. 1 Satz 1 PrüfbV. Die ansonsten bestehende Schweigepflicht der Depotprüfer regelt § 9 Abs. 1 Satz 1 KWG.

[136] Vgl. § 73 Abs. 1 Satz 2, 1. Halbsatz PrüfbV.

[137] Vgl. § 73 Abs. 1 Satz 2, 2. Halbsatz PrüfbV.

[138] § 73 Abs. 2 Satz 3 PrüfbV.

[139] § 73 Abs. 3 Satz 1 PrüfbV.

von dem geprüften Unternehmen getroffen worden sind, um derartige Mängel in der Zukunft zu vermeiden" [140].

Vorstehendes lässt deutlich werden, dass neben der Funktion des Depotprüfers als Informationslieferant der Bankenaufsicht die besondere aufsichtliche Bedeutung des Depotprüfers von Banken vor allem auch darin zum Ausdruck kommt, dass er an der Beseitigung von Mängeln beteiligt ist, die sich im Verlaufe der Prüfung in der Handhabung des Depotgeschäfts des geprüften Kreditinstituts zeigen [141]. Handelt es sich dabei lediglich um die Feststellung unwesentlicher Beanstandungen, die nicht zu einer Schädigung von Kunden führen können, so kann der Depotprüfer bereits von sich aus für die Korrektur dieser Unzulänglichkeiten Sorge tragen. Zu diesem Zweck hat der Depotprüfer die Innenrevision des Kreditinstituts zu unterrichten [142]. Sofern die Beseitigung der angemahnten Missstände nicht mehr während der laufenden Depotprüfung geschehen kann, ist der Depotprüfer verpflichtet, „den Abschluss der Prüfung so lange auszusetzen, bis er sich von der Abstellung der Mängel überzeugt hat" [143]. Insbesondere aber bei solchen Unzulänglichkeiten, die zu einer Schädigung von Kunden führen können, oder bei Verdacht auf strafbare Handlungen in der Depothaltung hat der Depotprüfer sofort das BAKred und die Hauptverwaltung der zuständigen Landeszentralbank zu informieren [144]. Über das weitere Vorgehen und etwaige Maßnahmen entscheidet dann das BAKred. Es dürfte in diesen Fällen auch über die Fortführung oder den Abbruch der Depotprüfung bestimmen [145].

c) Die Mitwirkung der Spitzenverbände des Kredit- und Finanzdienstleistungsgewerbes

In der Bundesrepublik Deutschland spielen die Spitzenverbände der verschiedenen Zweige der Kreditwirtschaft [146] und zunehmend auch jene der Finanzdienstleistungswirtschaft eine nicht unbedeutende Rolle bei der Durchführung der Ban-

---

[140] § 73 Abs. 3 Satz 2 PrüfbV. Weitere Details über den Inhalt des Prüfungsberichts des Depotprüfers enthalten die §§ 73 und 74 PrüfbV.

[141] Vgl. auch Szagunn, Volkhard; Haug, Ulrich; Ergenzinger, Wilhelm (Kreditwesen 1997), S. 469.

[142] Vgl. BAKred (Schreiben 1998), S. 31.

[143] BAKred (Schreiben 1998), S. 31.

[144] Vgl. BAKred (Schreiben 1998), S. 31.

[145] Vgl. dazu Bähre, Inge Lore; Schneider, Manfred (KWG-Kommentar 1986), S. 362; Szagunn, Volkhard; Haug, Ulrich; Ergenzinger, Wilhelm (Kreditwesen 1997), S. 469 f.

[146] Vgl. zu einem Überblick Deutsche Bundesbank (Hrsg.) (Verzeichnis 1999), S. 217 ff.

kenaufsicht. In Ausübung ihrer allgemeinen Aufgabe, die Belange der ihnen jeweils angeschlossenen Mitgliedsinstitute in der Öffentlichkeit und gegenüber diversen staatlichen Stellen möglichst wirkungsvoll zu vertreten [147], übernehmen sie zwangsläufig auch eine gewisse Mittlerfunktion im Bereich der bankenaufsichtlichen Reglementierung des Kredit- und Finanzdienstleistungswesens [148]. So werden auf der einen Seite Verlautbarungen des BAKred, für die keine bestimmte Verbreitungsform vorgeschrieben ist [149], häufig über die Dachverbände der Institute den im Einzelnen betroffenen Kredit- oder Finanzdienstleistungsinstituten zugeleitet [150]. Auf der anderen Seite bedient sich das BAKred regelmäßig der Spitzenverbände der Institute als Diskussionspartner, um die Meinungen und Stellungnahmen des Bank- und Finanzdienstleistungsgewerbes zu bestimmten Fragen oder beabsichtigten Aufsichtsmaßnahmen kennen zu lernen. In einigen Fällen – so bspw. vor dem Erlass oder vor der Änderung von Grundsätzen über die Eigenmittel und die Liquidität der Kredit- und Finanzdienstleistungsinstitute, einer Rechtsverordnung über Großkredite und Millionenkredite oder von Werbeanordnungen allgemeiner Art [151] – ist die Anhörung der Spitzenverbände im Kreditwesengesetz sogar ausdrücklich vorgeschrieben. Durch eine solche Anhörung der Interessenverbände der Kredit- und Finanzdienstleistungswirtschaft soll sichergestellt werden, dass geplante bankenaufsichtsrechtliche Regelungen praktikable und so weit wie möglich auch wettbewerbsneutrale Lösungsansätze darstellen [152]. Hat das BAKred in dem einen oder anderen Fall Anhaltspunkte für ein Fehlverhalten eines oder mehrerer Kredit- oder Finanzdienstleistungsinstitute, so wird zudem oftmals so verfahren, dass das BAKred den jeweils zuständigen

---

[147] Um eine noch bessere „Durchschlagskraft" zu erreichen, haben sich die wichtigsten Bankenverbände im „Zentralen Kreditausschuss" zusammengeschlossen. Mitglieder des „Zentralen Kreditausschusses" sind der Bundesverband der Deutschen Volksbanken und Raiffeisenbanken e. V., der Bundesverband deutscher Banken e. V., der Deutsche Sparkassen- und Giroverband e. V., der Bundesverband Öffentlicher Banken Deutschlands (VÖB) e. V. sowie der Verband deutscher Hypothekenbanken e. V.; vgl. DEUTSCHE BUNDESBANK (HRSG.) (Verzeichnis 1999), S. 217.

[148] Vgl. hierzu sowie zum Folgenden MAYER, HELMUT (Bundesaufsichtsamt 1981), S. 34 f.

[149] BIEG zufolge handelt es sich hierbei im Wesentlichen um rechtlich nicht unmittelbar verbindliche Mitteilungen und Schreiben des BAKred, also um eine Maßstabsbildung des BAKred im Wege der Bekanntgabe von internen Verwaltungsgrundsätzen; vgl. BIEG, HARTMUT (Bankenaufsicht 1983), S. 76 ff.

[150] Als kleinen Ausschnitt aus der Vielzahl derartiger Äußerungen der Bankenaufsichtsbehörde vgl. BAKRED (Anerkennung 1963), S. 13 ff.; BAKRED (Innenrevision 1976/1977), S. 124 ff.; BAKRED (Wohnungsunternehmen 1990), S. 31 ff.; BAKRED (4. KWG-Änderungsgesetz 1993/1994), S. 332 ff.

[151] Vgl. § 10 Abs. 1 Satz 2, 2. Halbsatz, § 11 Satz 2, 2. Halbsatz, § 22 Satz 4 und § 23 Abs. 2 KWG.

[152] Zur Berücksichtigung der Erfordernisse des Bank- und Finanzdienstleistungsgewerbes im Wege der Anhörung der Spitzenverbände der Kredit- und Finanzdienstleistungsinstitute vgl. auch BUNDESREGIERUNG (Entwurf eines KWG 1959), S. 24; BUNDESREGIERUNG (Entwurf eines Fünften Gesetzes zur Änderung des KWG 1994), S. 33.

Spitzenverband in dieser Sache formlos um eine Überprüfung und um Abhilfe bittet [153]. Die Spitzenverbände des Kredit- und Finanzdienstleistungsgewerbes, die vom BAKred zu solchen Hilfestellungen herangezogen werden, sind zwar in der Annahme eines solchen Auftrags völlig frei [154]. Aus Gründen einer einvernehmlichen Zusammenarbeit mit dem BAKred kommen sie jedoch einem derartigen Hilfeersuchen der Bankenaufsichtsbehörde zumeist bereitwillig nach [155].

d) Die Mitwirkung verschiedener Behörden des Bundes und der Länder

Die Pflicht der Behörden des Bundes und der Länder, das BAKred bei seiner Tätigkeit zu unterstützen, musste im Kreditwesengesetz nicht nochmals eigens ausgesprochen werden [156]. Sie ergibt sich vielmehr bereits aus der Vorschrift des Art. 35 Abs. 1 GG [157]. Danach haben grundsätzlich alle öffentlich-rechtliche Institutionen des Bundes und der Länder mit Behördencharakter, also auch die Körperschaften und Anstalten des öffentlichen Rechts, dem BAKred bei einem entsprechenden Ersuchen gemäß § 8 Abs. 1 KWG Rechts- und Amtshilfe zu leisten [158]. In der Praxis der Bankenaufsicht sind hiervon vor allem folgende behördliche Einrichtungen betroffen [159]: die obersten Wirtschafts- und Finanzbehörden des Bundes und der Länder, die Finanzämter im Rahmen des § 30 AO unter Beachtung des Steuergeheimnisses [160], die Industrie- und Handelskammern, die

---

[153] Vgl. MAYER, HELMUT (Bundesaufsichtsamt 1981), S. 26. So enthalten z. B. mehrere Schreiben des BAKred an die Spitzenverbände des Kreditwesens kritische Äußerungen zu Praktiken einzelner Kreditinstitute bei der Zins- und Gebührenberechnung; vgl. u. a. BAKRED (Vorschußzinsen 1987), S. 269 ff.; BAKRED (Zinsberechnung 1989), S. 287a f.

[154] Vgl. BUNDESREGIERUNG (Entwurf eines KWG 1959), S. 30.

[155] Zur Mitwirkung der verbandseigenen Prüfungseinrichtungen des Sparkassen- und Genossenschaftssektors bei der Bankenaufsicht vgl. Kapitel D.II.3.bb), S. 114 u. S. 118 f. sowie Kapitel D.II.3.bc), S. 122. Vgl. ferner § 26 Abs. 1 AnzV.

[156] Vgl. BUNDESREGIERUNG (Entwurf eines KWG 1959), S. 31.

[157] Ähnlich § 4 VwVfG.

[158] Vgl. BÄHRE, INGE LORE; SCHNEIDER, MANFRED (KWG-Kommentar 1986), S. 123; SZAGUNN, VOLKHARD; HAUG, ULRICH; ERGENZINGER, WILHELM (Kreditwesen 1997), S. 180 u. S. 182 f.

[159] Vgl. BÄHRE, INGE LORE; SCHNEIDER, MANFRED (KWG-Kommentar 1986), S. 123; SZAGUNN, VOLKHARD; HAUG, ULRICH; ERGENZINGER, WILHELM (Kreditwesen 1997), S. 182; REISCHAUER, FRIEDRICH; KLEINHANS, JOACHIM (Kreditwesengesetz 2000), Kza. 115, § 8, S. 3.

[160] Werden gegen Inhaber oder Geschäftsleiter von Kredit- oder Finanzdienstleistungsinstituten Steuerstrafverfahren eingeleitet (berufliche und/oder private Sphäre), so steht § 30 AO Mitteilungen an das BAKred über das Verfahren und über den zugrunde liegenden Sachverhalt nicht entgegen; das Gleiche gilt, wenn sich das Steuerstrafverfahren gegen Personen richtet, bei denen der Verdacht besteht, dass sie das Steuervergehen als Bedienstete eines Kredit- oder Finanzdienstleistungsinstituts begangen haben; vgl. § 8 Abs. 2 KWG. § 8 Abs. 2 KWG normiert somit den Vorrang einer Unterrichtung des BAKred gegenüber der Einhaltung des Steuergeheimnisses.

Wirtschaftsprüferkammer, das Bundeskartellamt, das Statistische Bundesamt, die Bundes- und Landesgerichte, die staatlichen Aufsichtsbehörden im Sinne des § 52 KWG, das Bundesaufsichtsamt für das Versicherungswesen (BAV) sowie das Bundesaufsichtsamt für den Wertpapierhandel (BAWe). Die vom BAKred begehrte Hilfeleistung muss allerdings „der darum ersuchten Stelle sachlich zumutbar sein; sie darf nicht außerhalb des Rahmens der eigenen Aufgaben dieser Stelle liegen und auch nicht zu einer diese Aufgaben beeinträchtigenden Belastung führen" [161].

Eine in Zukunft eher noch zunehmende Bedeutung kommt in diesem Zusammenhang den Beziehungen des BAKred zu dem im Jahre 1994 neu errichteten BAWe zu [162]. § 4 Abs. 1 Satz 1 WpHG weist nämlich mit seinem In-Kraft-Treten zum 1. Januar 1995 [163] die allgemeine öffentliche Marktaufsicht über den börslichen und außerbörslichen Handel mit Wertpapieren, Geldmarktinstrumenten und Derivaten sowie über das gesamte Wertpapierdienstleistungsgeschäft der Wertpapierdienstleistungsunternehmen dem BAWe zu. Gemäß § 2 Abs. 4 WpHG sind Wertpapierdienstleistungsunternehmen Kreditinstitute, Finanzdienstleistungsinstitute sowie nach § 53 Abs. 1 Satz 1 KWG tätige Unternehmen, „die Wertpapierdienstleistungen allein oder zusammen mit Wertpapiernebendienstleistungen gewerbsmäßig oder in einem Umfang erbringen, der einen in kaufmännischer Weise eingerichteten Geschäftsbetrieb erfordert" [164]. Die einzelnen Aufgabenfelder des BAWe werden dabei im Wertpapierhandelsgesetz sowie im Wertpapierverkaufsprospektgesetz wie folgt näher präzisiert:

– die Verfolgung, die Ahndung und die präventive Bekämpfung von Insidergeschäften (§§ 16 bis 19 WpHG),

– die Kontrolle der Ad-hoc-Publizität börsennotierter Unternehmen (§ 15 Abs. 5 WpHG),

– die Überwachung der Mitteilungs- und der Veröffentlichungspflichten bei Veränderungen des Stimmrechtsanteils an börsennotierten Gesellschaften (§ 29 und § 30 WpHG),

– die Entgegennahme von Meldungen sowie die Überwachung und die Prüfung der Einhaltung der Meldepflichten von Wertpapierdienstleistungsunternehmen (§ 9, § 35 Abs. 4 und § 36 WpHG),

---

[161] BÄHRE, INGE LORE; SCHNEIDER, MANFRED (KWG-Kommentar 1986), S. 123.

[162] Die Gründung des BAWe erfolgte mit Wirkung vom 1. August 1994 in Frankfurt am Main; vgl. BUNDESMINISTERIUM DER FINANZEN (Bekanntgabe 1994), S. 10129.

[163] Vgl. Art. 20 Zweites Finanzmarktförderungsgesetz.

[164] Zu Ausnahmen vgl. § 2a WpHG. Zur Enumeration der Wertpapierdienstleistungen sowie der Wertpapiernebendienstleistungen vgl. § 2 Abs. 3 und Abs. 3a WpHG. Vgl. auch *Anlage 4*, S. 560 f.

- die Überwachung und die Prüfung der Einhaltung der Verhaltensregeln von Wertpapierdienstleistungsunternehmen (§ 35 und § 36 WpHG),
- die Tätigkeit als Hinterlegungsstelle von Verkaufsprospekten für Wertpapiere, die erstmals im Inland öffentlich angeboten werden und nicht zum Handel an einer inländischen Börse zugelassen sind (§ 8 WpVerkProspG), sowie
- die internationale Zusammenarbeit in Fragen der Beaufsichtigung des Wertpapierhandels (§ 7, § 19 und § 30 WpHG sowie § 14 und § 15 WpVerkProspG).

Das Procedere der Zulassung von Wertpapierdienstleistungsunternehmen fällt demgegenüber ausschließlich in den Zuständigkeitsbereich des BAKred. Gleiches gilt für die laufende Überwachung der Solvabilität und der Liquidität der Wertpapierdienstleistungsunternehmen [165].

Als Ergebnis dieses funktionalen Aufsichtskonzepts [166], welches eine Fragmentierung der staatlichen Aufsicht über gleichartige Geschäftstätigkeiten vermeidet, sind die Handlungsbereiche des BAWe sowie des BAKred im Grundsatz zwar klar voneinander getrennt, aus der Natur der Sache ergeben sich aber dennoch genügend Berührungspunkte zwischen den beiden Aufsichtsämtern, die der weiteren Abstimmung und Koordinierung bedürfen. § 6 Abs. 3 WpHG verpflichtet deshalb auch das BAWe und das BAKred zur konstruktiven Zusammenarbeit. Beide Behörden sind danach ausdrücklich gehalten, einander Beobachtungen und Feststellungen einschließlich personenbezogener Daten mitzuteilen, die für die Erfüllung ihrer jeweiligen Aufgaben erforderlich sind [167]. Dem BAKred werden

---

[165] Zur Zuständigkeitsverteilung zwischen dem BAKred und dem BAWe vgl. auch WITTICH, GEORG (Erfahrungen 1995), S. 537; BAWE (Jahresbericht 1996), S. 32; BAWE (Jahresbericht 1997), S. 31 f.; BUNDESREGIERUNG (Entwurf eines Gesetzes zur Umsetzung von EG-Richtlinien 1997), S. 60; BAWE (Finanzdienstleistungssektor 1998), S. 2.

[166] Vgl. dahingehend RIEPE, STEFAN (Wertpapieraufsicht 1994), S. 1160; MEISTER, EDGAR (Herausforderungen 1995), S. 10; VERBAND ÖFFENTLICHER BANKEN E. V. (Verbandsbericht 1995), S. 10; BAWE (Jahresbericht 1996), S. 32; BAWE (Jahresbericht 1997), S. 31; BUNDESREGIERUNG (Entwurf eines Gesetzes zur Umsetzung von EG-Richtlinien 1997), S. 60; BAWE (Finanzdienstleistungssektor 1998), S. 2.

[167] Entsprechendes gilt für das Verhältnis des BAWe zu den Aufgaben des Bundesaufsichtsamtes für das Versicherungswesen, der Deutschen Bundesbank, soweit sie nach Maßgabe des Kreditwesengesetzes tätig wird, sowie der Börsenaufsichtsbehörden der Länder; vgl. § 6 Abs. 3 WpHG. Ergänzend dazu hat die Deutsche Bundesbank dem BAWe *auf Anfrage* Auskünfte über die ihr aufgrund des § 14 Abs. 1 KWG „mitgeteilten Daten zu erteilen, soweit dies zur Verfolgung von verbotenen Insidergeschäften erforderlich ist"; § 6 Abs. 4 WpHG. Schließlich darf das BAWe zur Erfüllung seiner Aufgaben die nach §§ 2b, 14 Abs. 3 i. V. m. § 19 Abs. 2, § 24 Abs. 1 Nr. 1 bis 3, Nr. 6, Nr. 8 und Nr. 11 und Abs. 3, § 32 Abs.1 Satz 1 und Satz 2 Nr. 2, Nr. 6 Buchstabe a) und b) KWG bei der Deutschen Bundesbank oder dem BAKred gespeicherten Daten im automatisierten Verfahren abrufen; vgl. § 6 Abs. 5 Satz 1 WpHG. Vgl. auch BUNDESREGIERUNG (Entwurf eines Gesetzes zur Umsetzung von EG-Richtlinien 1997), S. 104.

außerdem aus Gründen der sachgerechten Ausgestaltung unterschiedliche Mitwirkungsmöglichkeiten bei der Aufstellung von Richtlinien des BAWe zu den Verhaltens- und Organisationspflichten der Wertpapierdienstleistungsunternehmen nach den §§ 31, 32 und 33 WpHG eingeräumt [168]. Eine zusätzliche institutionelle Basis für Kontakte zwischen Banken- und Wertpapierhandelsaufsicht stellt schließlich der sog. Wertpapierrat dar, der gemäß § 5 Abs. 1 Satz 1 WpHG beim BAWe zu bilden ist [169]. Das BAKred ist neben weiteren Einrichtungen berechtigt, an den Sitzungen dieses Gremiums als Gast teilzunehmen [170]. Dort können dann bei Bedarf auch Gespräche zu Fragen der Vermeidung von Informationshemmnissen und Reibungsverlusten zwischen beiden Aufsichtsämtern geführt werden.

e) Die Mitwirkung der nationalen Bankenaufsichtsinstanzen der einzelnen Mitgliedstaaten des Europäischen Wirtschaftsraums

Im Zuge der Harmonisierung des Bankenaufsichtsrechts in der Europäischen Union [171] war es unerlässlich, Verfahren der Kooperation zwischen den Bankenaufsichtsbehörden der einzelnen Mitgliedstaaten des Europäischen Wirtschaftsraums [172] einzurichten. Vor allem § 8 Abs. 3 und Abs. 4 KWG trägt diesem Sachverhalt aus bundesdeutscher Sicht Rechnung [173]. So bestimmt § 8 Abs. 3 Satz 1 KWG, dass das BAKred bei der Aufsicht über Kredit- und Finanzdienstleistungsinstitute, die in einem anderen Staat des Europäischen Wirtschaftsraums Bankgeschäfte betreiben oder Finanzdienstleistungen erbringen, sowie bei der Aufsicht nach Maßgabe der EG-Konsolidierungsrichtlinie [174] mit den zuständigen Stellen des betreffenden Staates zusammenarbeitet. Gleiches gilt für die Deutsche Bundesbank, soweit sie nach den Vorschriften des Kreditwesengesetzes

---

[168]   Vgl. § 35 Abs. 6 Satz 2 WpHG.

[169]   Zur Organisation und zu den Aufgaben des Wertpapierrates vgl. im Einzelnen § 5 WpHG.

[170]   Vgl. § 5 Abs. 1 Satz 5 WpHG.

[171]   Ausführlich hierzu Kapitel B.II.2, S. 44 ff.

[172]   Gemäß § 1 Abs. 5a Satz 1 KWG umfasst der Europäische Wirtschaftsraum für die Belange des Kreditwesengesetzes die Mitgliedstaaten der Europäischen Gemeinschaften sowie die weiteren Vertragsstaaten des Abkommens vom 2. Mai 1992 über den Europäischen Wirtschaftsraum. Dies sind Island, Liechtenstein und Norwegen; vgl. BUNDESREGIERUNG (Entwurf eines Gesetzes zur Umsetzung von EG-Richtlinien 1997), S. 68. Entsprechend den EG-rechtlichen Vorgaben werden diese EWR-Vertragsstaaten in allen einschlägigen Regelungen des Kreditwesengesetzes den Mitgliedstaaten der Europäischen Gemeinschaften gleichgestellt; vgl. ebenda, S. 68. Alle anderen Staaten, die nicht dem Europäischen Wirtschaftsraum zugerechnet werden, fallen somit für die Zwecke des Kreditwesengesetzes unter den Begriff der Drittstaaten; vgl. § 1 Abs. 5a Satz 2 KWG.

[173]   Zu den Regelungen über grenzüberschreitende Auskünfte und Prüfungen vgl. § 44a KWG.

[174]   Vgl. RAT DER EUROPÄISCHEN GEMEINSCHAFTEN (Konsolidierungsrichtlinie 1992), S. 52 ff.

tätig wird [175]. Auskünfte aufgrund eines vertraulichen Informationsaustausches mit den zuständigen Aufsichtsstellen eines anderen Staates des Europäischen Wirtschaftsraums dürfen vom BAKred jedoch nur für die Erfüllung der im Kreditwesengesetz ausdrücklich genannten bankenaufsichtlichen Zwecke verwendet werden [176], und zwar gemäß § 8 Abs. 3 Satz 2 Nr. 1 bis 4 KWG:

– zur Prüfung der Zulassung zum Geschäftsbetrieb eines Kredit- oder Finanzdienstleistungsinstituts,

– zur Überwachung der Tätigkeit der Kredit- und Finanzdienstleistungsinstitute auf Einzelbasis oder auf zusammengefasster Basis,

– für Anordnungen des BAKred sowie zur Verfolgung und Ahndung von Ordnungswidrigkeiten durch das BAKred sowie

– im Rahmen eines Verwaltungsverfahrens über Rechtsbehelfe gegen eine Entscheidung des BAKred.

Nach § 8 Abs. 3 Satz 2 Nr. 5 KWG ist der Gebrauch der mitgeteilten Informationen u. a. aber auch vor Verwaltungs- und Strafgerichten zulässig.

Entzieht das BAKred einem Kredit- oder Finanzdienstleistungsinstitut mit Sitz im Inland die Erlaubnis zum Betreiben von Bankgeschäften oder zur Erbringung von Finanzdienstleistungen, so ist das BAKred als Herkunftsstaatbehörde seinerseits dafür verantwortlich, hierüber die zuständigen Aufsichtsstellen in allen anderen Staaten des Europäischen Wirtschaftsraums zu unterrichten, in denen dieses Kreditinstitut oder Finanzdienstleistungsinstitut Zweigniederlassungen ohne spezielle Genehmigung durch diese Stellen errichtet hat oder im Wege des freien Dienstleistungsverkehrs grenzüberschreitend tätig gewesen ist [177]. Diese Informationspflicht ist als Folge der innerhalb des Europäischen Wirtschaftsraums verwirklichten Herkunftslandkontrolle unerlässlich, weil die zuständigen ausländischen Stellen für die betroffenen Zweigniederlassungen hinsichtlich der noch nicht harmonisierten Aufsichtsnormen bzw. des Allgemeininteresses zur Aufsicht verpflichtet sind [178]. Darüber hinaus ist das BAKred gehalten, den zuständigen Aufsichtsstellen eines Staates des Europäischen Wirtschaftsraums, in dem ein im Inland zugelassenes Kredit- oder Finanzdienstleistungsinstitut über eine Zweigniederlassung oder durch Erbringung grenzüberschreitender Dienstleistungen tätig ist, diejenigen Maßnahmen mitzuteilen, die es einzusetzen gedenkt, um Verstöße dieses inländischen Kredit- oder Finanzdienstleistungsinstituts gegen

---

[175] Vgl. § 8 Abs. 3 Satz 1 KWG.

[176] Vgl. BUNDESREGIERUNG (Entwurf eines Vierten Gesetzes zur Änderung des KWG 1992), S. 29.

[177] Vgl. § 8 Abs. 3 Satz 3 KWG; ferner § 38 Abs. 3 Satz 2 KWG im Falle des Erlöschens der Erlaubnis.

[178] Vgl. REISCHAUER, FRIEDRICH; KLEINHANS, JOACHIM (Kreditwesengesetz 2000), Kza. 115, § 8, S. 9.

Aufsichtsnormen des Aufnahmestaates zu ahnden [179]. Dies setzt allerdings voraus, dass dem BAKred die Verfehlungen dieses Kredit- oder Finanzdienstleistungsinstituts zuvor von den zuständigen Aufsichtsstellen des Aufnahmestaates auch angezeigt worden sind [180].

Die vorstehend geschilderten Regelungen des § 8 Abs. 3 und Abs. 4 KWG werden durch gesonderte bilaterale Vereinbarungen ergänzt, in denen die näheren Umstände der praktischen Zusammenarbeit auf dem Gebiet der Bankenaufsicht zwischen den einzelnen Aufsichtsstellen der Staaten des Europäischen Wirtschaftsraums festgehalten sind [181].

4. Die Beteiligung der Bundesregierung, des Bundesministeriums der Finanzen und des Bundesministeriums der Justiz an der Bankenaufsicht

a) Überblick

Bereits bei der Konzeption des Kreditwesengesetzes setzte sich allgemein die Erkenntnis durch, dass eine vollständige gesetzliche Fixierung der für die Erfüllung der Ziele der Aufsichtstätigkeit erforderlichen Maßstäbe wegen der Vielgestaltigkeit und Wandelbarkeit des Geschehens auf den Bank- und Finanzdienstleistungsmärkten nicht möglich ist [182]. An dieser Einschätzung änderten auch die zahlreichen Novellierungen des Kreditwesengesetzes in den Folgejahren nur sehr wenig. Als Konsequenz hieraus besteht bis heute die Bereitschaft der Legislative, die Exekutive an der Durchführung der im Gesetz über das Kreditwesen vorgesehenen Maßnahmen zu beteiligen. Der Gesetzgeber ermächtigt in Übereinstimmung mit Art. 80 Abs. 1 GG die Bundesregierung, das Bundesministerium der Finanzen sowie in geringem Umfang auch das Bundesministerium der Justiz in Einzelvorschriften des Kreditwesengesetzes bzw. des Handelsgesetzbuches zum Erlass von Rechtsverordnungen [183] auf dem Gebiet der Bankenaufsicht. Konkret verteilen sich die Aufgaben dieser Stellen dabei wie folgt.

---

[179] Vgl. § 8 Abs. 4 KWG.

[180] Vgl. § 8 Abs. 4 KWG; ferner BUNDESREGIERUNG (Entwurf eines Vierten Gesetzes zur Änderung des KWG 1992), S. 29.

[181] Als Beispiel für eine solche Kooperationsvereinbarung (sog. „Memoranda of Understanding") vgl. BAKRED; COMMISSION BANCAIRE; COMITÉ DES ÉTABLISSEMENTS DE CRÉDIT (Gemeinsamer Standpunkt 1992), S. 1 ff.

[182] Vgl. BIEG, HARTMUT (Bankenaufsicht 1983), S. 73; ferner STEIN, EKKEHART (Wirtschaftsaufsicht 1967), S. 88 f.

[183] Nach SCHORK sind Rechtsverordnungen „allgemein verbindliche Anordnungen, die sachlich dem formellen Gesetz gleichstehen und zu dessen Durchführung dienen"; SCHORK, LUDWIG (Maßnahmen 1964), S. 35; ähnlich REISCHAUER, FRIEDRICH; KLEINHANS, JOACHIM (Kreditwesengesetz 2000), Kza. 115, § 6, S. 7.

b) Bundesregierung

Die Erfahrungen aus der Bankenkrise des Jahres 1931 zeigen, dass der drohende Zusammenbruch bereits eines einzigen Großinstituts den ganzen Kreditapparat und damit die gesamte Wirtschaft eines Landes erschüttern kann [184]. In solchen Krisenfällen bedarf es deshalb eines rasch und wirksam einsetzbaren Instrumentariums zur Wahrung oder Wiederherstellung des wirtschafts- und geldpolitischen Gleichgewichts einer Volkswirtschaft [185]. Dieses Instrumentarium in Form bestimmter Notstands- und Übergangsmaßnahmen liegt wegen seiner beträchtlichen Eingriffe in den Geschäftsbetrieb der Kreditinstitute – Finanzdienstleistungsinstitute sind hiervon nicht betroffen – sowie seiner erheblichen politischen Relevanz in der Hand der Bundesregierung [186]. Die entsprechenden Regelungen des Gesetzgebers finden sich in den §§ 47 und 48 KWG.

§ 47 Abs. 1 KWG beschreibt die Handlungsalternativen der Bundesregierung, falls bei Kreditinstituten wirtschaftliche Schwierigkeiten zu befürchten sind, die schwerwiegende Gefahren für die Gesamtwirtschaft und insbesondere für den geordneten Ablauf des allgemeinen Zahlungsverkehrs erwarten lassen [187]. Die Bundesregierung kann danach durch Rechtsverordnung

„1. einem Kreditinstitut einen Aufschub für die Erfüllung seiner Verbindlichkeiten gewähren und anordnen, dass während der Dauer des Aufschubs Zwangsvollstreckungen, Arreste und einstweilige Verfügungen gegen das Kreditinstitut sowie das Insolvenzverfahren über das Vermögen des Kreditinstituts nicht zulässig sind [188];

2. anordnen, dass die Kreditinstitute für den Verkehr mit ihrer Kundschaft vorübergehend geschlossen bleiben und im Kundenverkehr Zahlungen und

---

[184] Vgl. BUNDESREGIERUNG (Entwurf eines KWG 1959), S. 42; ferner Kapitel A.II.3, S. 18 ff.

[185] Vgl. BÄHRE, INGE LORE; SCHNEIDER, MANFRED (KWG-Kommentar 1986), S. 486; HÜTZ, GERHARD (Bankenaufsicht 1990), S. 226.

[186] Vgl. SZAGUNN, VOLKHARD; HAUG, ULRICH; ERGENZINGER, WILHELM (Kreditwesen 1997), S. 174.

[187] Zur Konkretisierung dieser Voraussetzungen vgl. BÄHRE, INGE LORE; SCHNEIDER, MANFRED (KWG-Kommentar 1986), S. 486 ff.; SZAGUNN, VOLKHARD; HAUG, ULRICH; ERGENZINGER, WILHELM (Kreditwesen 1997), S. 643 f.

[188] Durch ein solches Moratorium zugunsten eines wirtschaftlich angeschlagenen Kreditinstituts soll der zu vermutende weitere Abzug der dem Kreditinstitut anvertrauten Mittel aufgehalten und diesem gleichzeitig Gelegenheit gegeben werden, zusammen mit den zuständigen staatlichen Stellen geeignete Vorkehrungen zur Behebung seiner Notlage zu treffen; vgl. BUNDESREGIERUNG (Entwurf eines KWG 1959), S. 42. Laut Gesetzesbegründung kann ein derartiger Zahlungsaufschub auch mehreren einzelnen Kreditinstituten eingeräumt werden; vgl. ebenda, S. 42.

Überweisungen weder leisten noch entgegennehmen dürfen[189]; sie kann diese Anordnung auf Arten oder Gruppen von Kreditinstituten sowie auf bestimmte Bankgeschäfte beschränken;

3. anordnen, dass die Börsen im Sinne des Börsengesetzes vorübergehend geschlossen bleiben"[190].

Vor der Bekanntmachung einer oder mehrerer dieser Maßnahmen muss die Bundesregierung allerdings die Deutsche Bundesbank anhören[191]. Ergreift die Bundesregierung Maßnahmen der beschriebenen Art, so ist sie zugleich verpflichtet, „durch Rechtsverordnung die Rechtsfolgen zu bestimmen, die sich hierdurch für Fristen und Termine auf dem Gebiet des bürgerlichen Rechts, des Handels-, Gesellschafts-, Wechsel-, Scheck- und Verfahrensrechts ergeben"[192].

Zwecks Normalisierung des Bank- und Börsenwesens hat die Bundesregierung gemäß § 48 Abs. 1 Satz 1 KWG außerdem das Recht, für die Zeit *nach* einer vorübergehenden allgemeinen Schließung der Kreditinstitute und Börsen nach vorheriger Anhörung der Deutschen Bundesbank durch Rechtsverordnung Übergangsvorschriften für die Wiederaufnahme des Zahlungs- und Überweisungsverkehrs sowie des Börsenverkehrs zu erlassen. Dabei kann sie vor allem die Barauszahlung von Guthaben bei Kreditinstituten zeitweiligen Beschränkungen unterwerfen[193], um auf diese Weise eine allmähliche Lockerung der nach § 47 Abs. 1 Nr. 2 und 3 KWG getroffenen weit reichenden Maßnahmen zu ermöglichen[194]. Für Geldbeträge, die von den Banken erst nach Beendigung einer allgemeinen Institutsschließung angenommen werden, sind derartige Auszahlungsbeschränkungen durch die Bundesregierung jedoch unzulässig[195]. Durch diese

---

[189] Von dieser zeitlich befristeten allgemeinen Bankenschließung – man spricht gemeinhin auch von Bankfeiertagen – wird nur der Kundenverkehr erfasst, nicht dagegen der Verkehr zwischen den Kreditinstituten und der Deutschen Bundesbank oder sonstigen Zentralkreditinstituten, da hierdurch die Zuführung liquider Mittel, die in einer solchen Situation besonders dringlich ist, verhindert würde; vgl. BUNDESREGIERUNG (Entwurf eines KWG 1959), S. 42.

[190] § 47 Abs. 1 Nr. 1 bis 3 KWG. Zu Einzelheiten vgl. die Kommentierungen bei BÄHRE, INGE LORE; SCHNEIDER, MANFRED (KWG-Kommentar 1986), S. 488 ff.; SZAGUNN, VOLKHARD; HAUG, ULRICH; ERGENZINGER, WILHELM (Kreditwesen 1997), S. 645 ff.

[191] Vgl. § 47 Abs. 2 KWG; ferner SZAGUNN, VOLKHARD; HAUG, ULRICH; ERGENZINGER, WILHELM (Kreditwesen 1997), S. 648.

[192] § 47 Abs. 3 KWG; ferner BÄHRE, INGE LORE; SCHNEIDER, MANFRED (KWG-Kommentar 1986), S. 491 f.; SZAGUNN, VOLKHARD; HAUG, ULRICH; ERGENZINGER, WILHELM (Kreditwesen 1997), S. 648 f.

[193] Vgl. § 48 Abs. 1 Satz 2 KWG.

[194] Vgl. BUNDESREGIERUNG (Entwurf eines KWG 1959), S. 43.

[195] Vgl. § 48 Abs. 1 Satz 3 KWG.

Regelung soll das Publikum dazu angeregt werden, den Kreditinstituten neue Bareinlagen anzuvertrauen und somit deren Liquidität zu verstärken [196].

§ 48 Abs. 2 KWG begrenzt schließlich die zeitliche Geltungsdauer der Rechtsverordnungen, auf die die Bundesregierung gemäß den Bestimmungen der §§ 47 Abs. 1, 48 Abs. 1 KWG zurückgreifen kann. Diese treten, wenn sie von der Bundesregierung nicht zuvor schon aufgehoben worden sind, spätestens drei Monate nach ihrer Verkündigung automatisch außer Kraft. Hierdurch wird deutlich, dass es sich bei den genannten Notstands- und Übergangsverordnungen der Bundesregierung lediglich um vorübergehende Verfügungen handeln darf. Erfordert die Situation bei den Banken länger anhaltende Maßnahmen, so bleibt der Bundesregierung keine andere Wahl, als den Weg der ordentlichen Gesetzgebung [197] zu beschreiten [198]. Die letzte Kompetenz in Fragen der Bankenaufsicht verbleibt somit bei den legislativen Instanzen.

c) Bundesministerium der Finanzen

Während die Bundesregierung dazu berechtigt ist, Rechtsverordnungen zur Abwehr von umfassenden Funktionsstörungen der Gesamtwirtschaft zu treffen, die ihren Ursprung in wirtschaftlichen Schwierigkeiten von Kreditinstituten haben, fällt in den Zuständigkeitsbereich des Bundesministeriums der Finanzen der Erlass von Rechtsverordnungen mit allgemeinem Ordnungscharakter [199]. Im Einzelnen sind hiervon die nachstehenden Sachverhalte betroffen [200]:

- Bezeichnung weiterer Unternehmen als Finanzunternehmen (§ 1 Abs. 3 Satz 2 KWG);

- Bestimmung der Voraussetzungen für die Freistellung von Unternehmen, die ausschließlich das Geldkartengeschäft betreiben, von wesentlichen Vorschriften des Kreditwesengesetzes (§ 2 Abs. 5 Satz 3 KWG);

- Berücksichtigung der Haftsummenverpflichtung der Genossen als Zuschlag bei der Berechnung des haftenden Eigenkapitals von Kreditgenossenschaften (§ 10 Abs. 2b Satz 1 Nr. 8 KWG);

---

[196] Vgl. auch BUNDESREGIERUNG (Entwurf eines KWG 1959), S. 43; BÄHRE, INGE LORE; SCHNEIDER, MANFRED (KWG-Kommentar 1986), S. 492.

[197] Vgl. dazu Art. 76 bis 78 GG.

[198] Vgl. BÄHRE, INGE LORE; SCHNEIDER, MANFRED (KWG-Kommentar 1986), S. 487; SZAGUNN, VOLKHARD; HAUG, ULRICH; ERGENZINGER, WILHELM (Kreditwesen 1997), S. 652.

[199] Vgl. BIEG, HARTMUT (Bankenaufsicht 1983), S. 73; PRIEWASSER, ERICH (Bankbetriebslehre 1996), S. 37; SZAGUNN, VOLKHARD; HAUG, ULRICH; ERGENZINGER, WILHELM (Kreditwesen 1997), S. 174; BÜSCHGEN, HANS E. (Bankbetriebslehre 1998), S. 281.

[200] Zur eventuellen Beteiligung der Deutschen Bundesbank beim Erlass dieser Rechtsverordnungen im Wege der Anhörung bzw. des Benehmens vgl. den Wortlaut der jeweiligen Rechtsnorm.

– Festlegung ergänzender Vorschriften zur bankenaufsichtsrechtlichen Konsolidierung (§ 10a Abs. 6 Satz 10 KWG);

– Konkretisierung der Regelungen für Groß- und Millionenkredite (§ 22 Satz 1 und Satz 2 KWG);

– Konkretisierung der Bestimmungen über Art, Umfang und Zeitpunkt der nach dem Kreditwesengesetz vorgesehenen Anzeigen und Vorlagen von Unterlagen sowie Ergänzung der bestehenden Anzeigepflichten durch die Verpflichtung zur Erstattung von Sammelanzeigen und zur Einreichung von Sammelaufstellungen (§ 24 Abs. 4 Satz 1 KWG);

– Übertragung von Vorschriften zur Errichtung einer Zweigniederlassung und Erbringung grenzüberschreitender Dienstleistungen in einem anderen Staat des Europäischen Wirtschaftsraums auf die Errichtung einer Zweigniederlassung in einem Drittstaat (§ 24a Abs. 5 KWG);

– Bestimmung der Einzelheiten der Anzeigepflicht und der Unterrichtung der Kommission der Europäischen Gemeinschaften gemäß § 24b Abs. 1 KWG sowie des Auskunftsanspruchs gemäß § 24b Abs. 2 KWG hinsichtlich der Veranstaltung von Zahlungs- und/oder Wertpapierliefer- und -abrechnungssystemen (§ 24b Abs. 3 KWG);

– Konkretisierung der Bestimmungen über Art und Umfang der Monatsausweise sowie über weitere Angaben (§ 25 Abs. 3 Satz 1 und Satz 2 KWG);

– Konkretisierung der Bestimmungen über den Gegenstand der Prüfung, den Zeitpunkt ihrer Durchführung und den Inhalt der Prüfungsberichte (§ 29 Abs. 4 Satz 1 KWG);

– Freistellung der Kredit- oder Finanzdienstleistungsinstitute bzw. bestimmter Arten oder Gruppen von Kredit- oder Finanzdienstleistungsinstituten bzw. deren Geschäftsleiter von einzelnen Vorschriften des Kreditwesengesetzes (§ 31 Abs. 1 Satz 1 KWG);

– Festlegung der Bestimmungen über die Erhebung und die Beitreibung der Umlage zur Deckung der Kosten des BAKred (§ 51 Abs. 1 Satz 3 KWG);

– (Nicht-) Anwendung von KWG-Vorschriften auf Unternehmungen mit Sitz in einem Drittstaat (§ 53c KWG);

– Erlass von Vorschriften im Interesse der Erfüllung der Verpflichtungen der Bausparkassen gegenüber ihren Gläubigern (§ 10 Satz 1 BausparkG);

– Erlass von Vorschriften über die Bestätigung der Umstellungsrechnung sowie über das Verfahren der Zuteilung und des Erwerbs der Ausgleichsforderungen von Geldinstituten mit Sitz in der ehemaligen DDR (Art. 28 Satz 1 und Satz 2 des Gesetzes zum Vereinigungsvertrag [201]).

---

[201] Vgl. DEUTSCHER BUNDESTAG (Gesetz zum Vereinigungsvertrag 1990), S. 518 ff.

In Ausnutzung dieser überwiegend im Kreditwesengesetz enthaltenen Ermächtigungen wurden von dem Bundesministerium der Finanzen inzwischen mehrere Rechtsverordnungen zu Fragen der Bankenaufsicht bekannt gegeben, so etwa die „Verordnung über die Festsetzung eines Zuschlages für die Berechnung des haftenden Eigenkapitals von Kreditinstituten in der Rechtsform der eingetragenen Genossenschaft" [202] sowie die „Verordnungen über die Freistellung von Unternehmen mit Sitz außerhalb der Europäischen Union von Vorschriften des Gesetzes über das Kreditwesen" [203]. Bei den meisten der vorangehend aufgeführten Verordnungskompetenzen hat jedoch das Bundesministerium der Finanzen, soweit es der Gesetzgeber gestattet, auf die Formulierung eigener Rechtsverordnungen verzichtet und von der Möglichkeit zur Übertragung der Befugnis zum Erlass von Rechtsverordnungen auf das BAKred Gebrauch gemacht [204], um dessen auf dem dauernden Kontakt mit dem Kredit- und Finanzdienstleistungsgewerbe beruhende Sachkenntnis für diese wichtigen Aufsichtsmaßnahmen zu nutzen. Namentlich sind seitdem folgende Rechtsverordnungen des BAKred auf dem Gebiet der Bankenaufsicht ergangen:

– die „Verordnung zum Schutz der Gläubiger von Bausparkassen" [205];

– die „Verordnung über die Bestätigung der Umstellungsrechnung und das Verfahren der Zuteilung und des Erwerbs von Ausgleichsforderungen" [206];

– die „Verordnung über Angaben zu den Krediten an ausländische Kreditnehmer nach dem Gesetz über das Kreditwesen" [207];

– die „Verordnung über die Anzeigen und die Vorlage von Unterlagen nach dem Gesetz über das Kreditwesen" [208];

– die „Verordnung über die Erstanzeige von Finanzdienstleistungsinstituten und Wertpapierhandelsbanken nach dem Gesetz über das Kreditwesen" [209];

---

[202] Vgl. BUNDESMINISTERIUM DER FINANZEN (Zuschlagsverordnung 1984), S. 64k-65.

[203] Vgl. BUNDESMINISTERIUM DER FINANZEN (Erste Freistellungsverordnung 1994), S. 887; BUNDESMINISTERIUM DER FINANZEN (Zweite Freistellungsverordnung 1995), S. 1703; BUNDESMINISTERIUM DER FINANZEN (Dritte Freistellungsverordnung 1999), S. 5.

[204] Vgl. BUNDESMINISTERIUM DER FINANZEN (Übertragungsverordnung 1973), S. 1; BUNDESMINISTERIUM DER FINANZEN (Übertragungsverordnung 1990), S. 2; BUNDESMINISTERIUM DER FINANZEN (Übertragungsverordnung 1997), S. 3156; BUNDESMINISTERIUM DER FINANZEN (Übertragungsverordnung 1998), S. 35 f.

[205] Vgl. BAKRED (Bausparkassen-Verordnung 1998), S. 15a ff.

[206] Vgl. BAKRED (BUZA-Verordnung 1995), S. 231 ff.

[207] Vgl. BAKRED (Länderrisikoverordnung 1996), S. 1 ff.

[208] Vgl. BAKRED (Anzeigenverordnung 1997), S. 1 ff.

[209] Vgl. BAKRED (Erstanzeigenverordnung 1997), S. 1 ff.

- die „Verordnung über die Ergänzungsanzeige von Finanzdienstleistungsinstituten und Wertpapierhandelsbanken nach dem Gesetz über das Kreditwesen"[210];

- die „Verordnung über die Prüfung der Jahresabschlüsse und Zwischenabschlüsse der Kreditinstitute und Finanzdienstleistungsinstitute und über die Prüfung nach § 12 Abs. 1 Satz 3 des Gesetzes über Kapitalanlagegesellschaften sowie die darüber zu erstellenden Berichte"[211];

- die „Verordnung über die Erfassung, Bemessung, Gewichtung und Anzeige von Krediten im Bereich der Großkredit- und Millionenkreditvorschriften des Gesetzes über das Kreditwesen"[212];

- die „Verordnung über die Einreichung zusammengefasster Monatsausweise nach dem Gesetz über das Kreditwesen"[213];

- die „Verordnung über die Umlegung der Kosten des Bundesaufsichtsamtes für das Kreditwesen"[214];

- die „Verordnung zur Einreichung von Monatsausweisen nach dem Gesetz über das Kreditwesen"[215] sowie

- die „Verordnung zur Einreichung von Monatsausweisen durch Skontroführer nach dem Gesetz über das Kreditwesen"[216].

Diese Mitwirkungsrechte des BAKred zeigen deutlich, dass die Tätigkeit des BAKred „nicht nur als Aufsicht über die Einhaltung von Maßstäben zu verstehen ist, die von dritter Seite vorgegeben werden"[217]. Die Tätigkeit des BAKred beinhaltet vielmehr immer auch selbst das Setzen von Maßstäben, wodurch es dem BAKred möglich sein soll, sich den permanent wechselnden Verhältnissen in der Kredit- und Finanzdienstleistungswirtschaft aufsichtsrechtlich anzupassen[218]. Rechtsverordnungen des BAKred können allerdings den Kredit- und Finanzdienstleistungsinstituten bzw. den Geschäftsleitern dieser Institute keine grundsätzlich neuen Pflichten auferlegen; sie können lediglich klarstellen, welche Maß-

---

[210] Vgl. BAKRED (Ergänzungsanzeigenverordnung 1997), S. 1 ff.

[211] Vgl. BAKRED (Prüfungsberichtsverordnung 1998), S. 3690 ff.

[212] Vgl. BAKRED (Großkredit- und Millionenkreditverordnung 1999), S. 242 ff.

[213] Vgl. BAKRED (Zusammengefaßte-Monatsausweise-Verordnung 1999), S. 79 ff.

[214] Vgl. BAKRED (Umlage-Verordnung Kredit- und Finanzdienstleistungswesen 1999), S. 3 ff.

[215] Vgl. BAKRED (Monatsausweisverordnung 1999), S. 65 ff.

[216] Vgl. BAKRED (Skontroführer-Monatsausweisverordnung 1999), S. 72 ff.

[217] BIEG, HARTMUT (Bankenaufsicht 1983), S. 74. Gemeint sind hier die Vorgaben der Legislative bzw. der Exekutive.

[218] Vgl. BIEG, HARTMUT (Bankenaufsicht 1983), S. 74.

stäbe nach Auffassung des BAKred im Kredit- und Finanzdienstleistungsgewerbe einzuhalten sind, um die Erfüllung der Handlungsziele des Kreditwesengesetzes [219] sicherzustellen [220].

d) Bundesministerium der Justiz

Das Bundesministerium der Justiz ist nur in einem geringen Umfang an der Ausführung des Kreditwesengesetzes beteiligt. Seine Einflussmöglichkeiten beschränken sich auf den Bereich der externen Rechnungslegung von Kredit- und Finanzdienstleistungsinstituten [221]. So ermächtigt § 330 Abs. 2 i. V. m. Abs. 1 HGB das Bundesministerium der Justiz, im Einvernehmen mit dem Bundesministerium der Finanzen und im Benehmen mit der Deutschen Bundesbank durch Rechtsverordnung spezielle Formblätter für die Bilanz und die Gewinn- und Verlustrechnung der Kredit- und Finanzdienstleistungsinstitute vorzuschreiben oder andere Vorschriften für die Gliederung des Jahresabschlusses und des Konzernabschlusses oder den Inhalt des Anhangs, des Konzernanhangs, des Lageberichts oder des Konzernlageberichts von Kredit- und Finanzdienstleistungsinstituten zu erlassen, soweit dies erforderlich ist, um den geschäftszweigbezogenen Besonderheiten der Kredit- und Finanzdienstleistungsinstitute zu entsprechen. In eine solche Rechtsverordnung des Bundesministeriums der Justiz können außerdem nähere Bestimmungen über die Aufstellung des Jahres- und des Konzernabschlusses sowie des Zwischenabschlusses gemäß § 340a Abs. 3 HGB bzw. des Konzernzwischenabschlusses gemäß § 340i Abs. 4 HGB aufgenommen werden, falls dies zur Erreichung der Aufgaben des BAKred oder der Deutschen Bundesbank notwendig ist, insbesondere um einheitliche Unterlagen zur Beurteilung der von den Kredit- und Finanzdienstleistungsinstituten durchgeführten Bankgeschäfte und erbrachten Finanzdienstleistungen zu erhalten [222]. Aufgrund dieser Ermächtigungsvorschriften ist bislang lediglich eine Rechtsverordnung des Bundesministeriums der Justiz ergangen, und zwar die „Verordnung über die Rechnungslegung der Kreditinstitute und Finanzdienstleistungsinstitute" i. d. F. der Bekanntmachung vom 11. Dezember 1998 [223].

---

[219] Vgl. dazu Kapitel E, S. 161 ff.

[220] Vgl. BIEG, HARTMUT (Bankenaufsicht 1983), S. 74.

[221] Zur weitgehenden Anwendbarkeit der branchenspezifischen Rechnungslegungsvorschriften für Kreditinstitute (§§ 340a bis 340o HGB) auf Finanzdienstleistungsinstitute vgl. § 340 Abs. 4 HGB.

[222] Vgl. § 330 Abs. 2 Satz 4 HGB.

[223] Vgl. BUNDESMINISTERIUM DER JUSTIZ (Kreditinstituts-Rechnungslegungsverordnung 1998), S. 3658 ff.

III. Die Adressaten der Bankenaufsicht

1. Einleitende Bemerkungen

Vor In-Kraft-Treten der Fünften [224] und Sechsten KWG-Novelle [225] wurden in der Bundesrepublik Deutschland von der allgemeinen staatlichen Bankenaufsicht ausschließlich Kreditinstitute erfasst [226]. Seit diesen Novellierungen aber richtet sich das Kreditwesengesetz und damit die Aufsichtstätigkeit des BAKred an einen nachhaltig erweiterten Adressatenkreis [227]. An erster Stelle sind hierbei die Finanzdienstleistungsinstitute zu nennen, die unter dem Blickwinkel des Kreditwesengesetzes inzwischen eine weitgehend gleichberechtigte Position neben den Kreditinstituten einnehmen. Gemäß § 6 Abs. 1 KWG übt das BAKred die Aufsicht über die Kreditinstitute *und* die Finanzdienstleistungsinstitute nach den Vorschriften des Kreditwesengesetzes aus. Nach Auffassung von ARTOPOEUS unterliegen die Finanzdienstleistungsinstitute damit „einer der klassischen Bankenaufsicht nachgebildeten staatlichen Überwachung durch das Bundesaufsichtsamt für das Kreditwesen" [228]. An zweiter Stelle stehen die Finanzunternehmen, die Finanzholding-Gesellschaften sowie die Unternehmen mit bankbezogenen Hilfsdiensten. Ihre Bedeutung als Regulierungsobjekte der Bankenaufsicht erlangen diese Wirtschaftseinheiten durch ihre Einbeziehung in die konsolidierte Beaufsichtigung von Institutsgruppen und Finanzholding-Gruppen. Gemischte Unternehmen schließlich dienen dem BAKred als eine wichtige ergänzende Informationsquelle zur Beurteilung der finanziellen Lage derjenigen Einlagenkreditinstitute und Wertpapierhandelsunternehmen, die einem gemischten Unternehmen als Tochterunternehmen nachgeordnet sind [229].

---

[224] Vgl. DEUTSCHER BUNDESTAG (Fünftes Gesetz zur Änderung des Gesetzes über das Kreditwesen 1994), S. 2735 ff. (Tag des In-Kraft-Tretens war der 31. Dezember 1995).

[225] Vgl. Art. 1 i. V. m. Art. 4 des Gesetzes zur Umsetzung von EG-Richtlinien zur Harmonisierung bank- und wertpapieraufsichtsrechtlicher Vorschriften. Teile der Sechsten KWG-Novelle, insbesondere sämtliche die Kreditinstitute entlastenden Regelungen, sind am 29. Oktober 1997 in Kraft getreten. Am 1. Januar 1998 sind sodann die übrigen Bestimmungen der Sechsten KWG-Novelle unter Berücksichtigung der in § 64e KWG enthaltenen Übergangsvorschriften in Kraft getreten.

[226] So beispielsweise BUNDESREGIERUNG (Entwurf eines Fünften Gesetzes zur Änderung des KWG 1994), S. 1 u. S. 19.

[227] Vgl. zur Übersicht *Abbildung 5*, S. 100.

[228] ARTOPOEUS, WOLFGANG (6. KWG-Novelle 1998), S. 1088.

[229] Vgl. auch BUNDESREGIERUNG (Entwurf eines Fünften Gesetzes zur Änderung des KWG 1994), S. 20.

Die vorgenommene Ausdehnung des traditionellen Geltungsbereiches der Bankenaufsicht hat im Wesentlichen zwei Ursachen. Zum einen ist sie Ausdruck wirtschaftlicher Veränderungen. Beispiele dafür sind die zunehmende kapitalmäßige Verflechtung unterschiedlicher Unternehmungen des Finanzsektors sowie die immer schwieriger werdende Grenzziehung zwischen den geschäftlichen Betätigungsfeldern dieser Unternehmungen. Zum anderen spiegeln sich in ihr diverse europarechtliche Einflüsse wider. Vor allem die Richtlinien der Europäischen Union zur Harmonisierung des Bankenaufsichtsrechts [230] waren hier der Anlass dafür, dass in der jüngeren Vergangenheit die begrifflichen Grundlagen des Kreditwesengesetzes mehrmals an die dortigen Vorgaben angepasst werden mussten. Die nachfolgenden Ausführungen verdeutlichen diese Veränderungen in Bezug auf die Festlegung der Adressaten der Bankenaufsicht, wobei zwischen den unmittelbaren und den mittelbaren Adressaten der Bankenaufsicht unterschieden werden kann.

2. Die unmittelbaren Adressaten der Bankenaufsicht

a) Kreditinstitute

Angesichts der vielfältigen Ausprägungen bankbetrieblicher Aktivitäten ist es aus ökonomischer Sicht bis heute nicht gelungen, eine allseits befriedigende Definition des Begriffs „Kreditinstitut" zu erarbeiten, die alle charakteristischen Merkmale und Aufgaben einer solchen Wirtschaftseinheit auch tatsächlich erschöpfend aufgreift [231]. Die Freiheit der Begriffsbildung sowie die Notwendigkeit der Zweckvariation von Begriffen im Zeitablauf verstärken vielmehr zwangsläufig die mit dem Begriff „Kreditinstitut" verbundenen wechselnden Denkinhalte. Aus bankenaufsichtsrechtlichen Gründen ist es allerdings unumgänglich, eine möglichst exakte inhaltliche Ausgestaltung des Kreditinstitutsbegriffs vorzunehmen, denn allein hierdurch kann sichergestellt werden, dass die im Kreditwesengesetz für das Bankgewerbe erlassenen Rechtsnormen ihren Adressatenkreis auch wirklich erreichen [232]. Zur Erfüllung der Tätigkeitsziele des BAKred [233] bedarf es daher einer präzisen Umschreibung der als Kreditinstitute in Frage kommenden Wirtschaftseinheiten. Dieser Abgrenzung des sachlichen Geltungsbereichs der

---

[230] Vgl. hierzu den Überblick in *Abbildung 3*, S. 72 ff.

[231] Vgl. MÜLHAUPT, LUDWIG (Einführung 1980), S. 19; BÜSCHGEN, HANS E. (Bankbetriebslehre 1994), S. 3.

[232] Ähnlich BÜSCHGEN, HANS E. (Bankbetriebslehre 1994), S. 3.

[233] Vgl. Kapitel E, S. 161 ff.

Bankenaufsicht dient die Legaldefinition des Begriffs „Kreditinstitut" in § 1 Abs. 1 Satz 1 KWG [234].

§ 1 Abs. 1 Satz 1 KWG determiniert die rechtlich relevanten Kriterien für die Qualifikation einer Betriebswirtschaft als Kreditinstitut. Kreditinstitute sind danach Unternehmungen, die Bankgeschäfte gewerbsmäßig betreiben, und zwar – entgegen der früheren Rechtslage [235] – auch dann, „wenn der Umfang dieser Geschäfte objektiv keinen in kaufmännischer Weise eingerichteten Geschäftsbetrieb erfordert" [236]. Um als Kreditinstitut zu gelten, ist es also für eine Unternehmung, die Bankgeschäfte anbietet, zukünftig nicht mehr entscheidend, in welchem Umfang sie diese Geschäfte betreibt. Es genügt vielmehr bereits die gewerbsmäßige Verrichtung der Bankgeschäfte. Diese ist gegeben, wenn das Betreiben der Bankgeschäfte auf eine gewisse Dauer angelegt ist und von der betreibenden Unternehmung mit der Absicht der Gewinnerzielung verfolgt wird [237]. Als Folge dieser Festlegung werden in Zukunft auch diejenigen Unternehmungen als Kreditinstitute erfasst, die aufgrund der geringen Zahl der Bankgeschäfte, die sie gleichzeitig tätigen, keinen in kaufmännischer Weise eingerichteten Geschäftsbetrieb benötigen. Erfordert allerdings der Umfang der Bankgeschäfte einer Unternehmung objektiv einen in kaufmännischer Weise eingerichteten Geschäftsbetrieb, so „ist das Betreiben der Bankgeschäfte auch ohne Gewinnerzielungsabsicht als gewerbsmäßig anzusehen" [238]. Die Gewerbsmäßigkeit der Bankgeschäfte und damit die Einstufung der Unternehmung als Kreditinstitut wird in diesem Fall unwiderlegbar vermutet [239]. Für die Klassifikation einer Unternehmung als Kreditinstitut ist die gewählte Rechtsform dagegen grundsätzlich ohne Belang [240]. Seit dem 1. Mai 1976 – dem Tag des In-Kraft-Tretens der Zweiten KWG-Novelle – dürfen jedoch aus Gründen des Gläubigerschutzes Kreditinstitu-

---

[234] Zur Gegenüberstellung der juristischen und ökonomischen Betrachtungsweise des Kreditinstitutsbegriffs vgl. m. w. A. WASCHBUSCH, GERD (Jahresabschlußpolitik 1992), S. 5 ff.

[235] Vgl. dazu BUNDESMINISTERIUM DER JUSTIZ (Verfahren 1963), S. 8; SCHÖNLE, HERBERT (Börsenrecht 1976), S. 3 ff.; BÄHRE, INGE LORE; SCHNEIDER, MANFRED (KWG-Kommentar 1986), S. 75 ff.; DEPPE, HANS-DIETER (Kreditinstitute 1993), Sp. 2436 ff.; SZAGUNN, VOLKHARD; HAUG, ULRICH; ERGENZINGER, WILHELM (Kreditwesen 1997), S. 76 ff.; REISCHAUER, FRIEDRICH; KLEINHANS, JOACHIM (Kreditwesengesetz 2000), Kza. 115, § 1, S. 2b ff.

[236] BUNDESREGIERUNG (Entwurf eines Gesetzes zur Umsetzung von EG-Richtlinien 1997), S. 62.

[237] Vgl. BUNDESREGIERUNG (Entwurf eines Gesetzes zur Umsetzung von EG-Richtlinien 1997), S. 62.

[238] BUNDESMINISTERIUM DER FINANZEN (Begründung 1996), S. 16.

[239] Vgl. BUNDESMINISTERIUM DER FINANZEN (Begründung 1996), S. 16. Nach Auffassung des BAKred sollte sich die Entscheidungsfindung primär an dem Kriterium der Gewerbsmäßigkeit ausrichten, sodass die Entscheidung darüber, ob der Geschäftsumfang einen in kaufmännischer Weise eingerichteten Geschäftsbetrieb erfordert, nur subsidiär zu treffen ist; vgl. BAKRED (Umfang 1999), S. 1.

[240] Vgl. BUNDESREGIERUNG (Entwurf eines KWG 1959), S. 27; BUNDESMINISTERIUM DER JUSTIZ (Verfahren 1963), S. 8.

te, die eine Erlaubnis des BAKred nach § 32 Abs. 1 KWG benötigen, nicht mehr in der Rechtsform des Einzelkaufmanns errichtet werden (unter Wahrung des Besitzstands der zu diesem Zeitpunkt bereits zugelassenen Einzelbankiers) [241].

Ergänzend ist zu beachten, dass ebenfalls aus Anlass des Gläubigerschutzes für verschiedene Spezialkreditinstitute durch Gesetz bestimmte Rechtsformen zwingend vorgeschrieben sind, so bspw. für Hypothekenbanken und Schiffspfandbriefbanken die Rechtsform der AG oder KGaA (§ 2 HypBankG, § 2 Abs. 1 SchiffsBankG), für Kapitalanlagegesellschaften die Rechtsform der AG oder GmbH (§ 1 Abs. 3 Satz 1 KAGG) sowie für private Bausparkassen die Rechtsform der AG (§ 2 Abs. 1 BausparkG).

Die Bezugnahme in der Legaldefinition des § 1 Abs. 1 Satz 1 KWG auf die Bankgeschäfte bedingt schließlich unter dem Gesichtspunkt der Rechtsklarheit ausdrücklich eine Konkretisierung dessen, was der Gesetzgeber als originäre Bestandteile des Leistungsprogrammangebots eines Kreditinstituts ansieht. Diese Konkretisierung findet sich in § 1 Abs. 1 Satz 2 KWG, der die folgenden zwölf Bankgeschäfte aufzählt [242]:

1. das Einlagengeschäft, d. h. die Annahme fremder Gelder als Einlagen oder anderer (unbedingt) rückzahlbarer Gelder des Publikums, sofern der Rückzahlungsanspruch nicht in Inhaber- oder Orderschuldverschreibungen verbrieft wird, und zwar ohne Rücksicht darauf, ob Zinsen vergütet werden [243];

2. das Kreditgeschäft, d. h. die Gewährung von Gelddarlehen und Akzeptkrediten;

3. das Diskontgeschäft, d. h. den Ankauf von Wechseln und Schecks;

4. das Finanzkommissionsgeschäft, d. h. die Anschaffung und die Veräußerung von Finanzinstrumenten [244] im eigenen Namen für fremde Rechnung (verdeckte Stellvertretung);

---

[241] Vgl. § 2a Abs. 1 KWG sowie BUNDESREGIERUNG (Entwurf eines Zweiten Gesetzes zur Änderung des KWG 1975), S. 10 f.; kritisch hierzu WELCKER, JOHANNES (Bankenaufsicht 1978), S. 48 ff.

[242] Zur näheren Erläuterung einzelner dieser Bankleistungsarten vgl. BÄHRE, INGE LORE; SCHNEIDER, MANFRED (KWG-Kommentar 1986), S. 78 ff.; BUNDESREGIERUNG (Entwurf eines Gesetzes zur Umsetzung von EG-Richtlinien 1997), S. 62 ff.; SZAGUNN, VOLKHARD; HAUG, ULRICH; ERGENZINGER, WILHELM (Kreditwesen 1997), S. 86 ff.; BAKRED (Finanzdienstleistungssektor 1999), S. 4; NIRK, RUDOLF (Kreditwesengesetz 1999), S. 28 ff.; REISCHAUER, FRIEDRICH; KLEINHANS, JOACHIM (Kreditwesengesetz 2000), Kza. 115, § 1, S. 8a ff.

[243] Als Folge dieser Erweiterung des Einlagenbegriffs werden nunmehr auch diejenigen Unternehmungen aufsichtspflichtig, „die einem Massenpublikum rückzahlbare stille Beteiligungen als Kapitalanlage anbieten. Ist bei derartigen stillen Beteiligungen die Rückzahlbarkeit allerdings eingeschränkt, etwa durch die Vereinbarung einer Verlustbeteiligung oder eine Nachrangabrede, ist der Einlagencharakter nicht erfüllt, und die betreffenden Geschäfte bleiben aufsichtsfrei." ARTOPOEUS, WOLFGANG (6. KWG-Novelle 1998), S. 1086.

[244] Zum bankaufsichtsrechtlichen Sammelbegriff der Finanzinstrumente vgl. *Anlage 10*, S. 571 ff.

5. das (Effekten-) Depotgeschäft, d. h. die Verwahrung und die Verwaltung von Wertpapieren für andere;

6. das Investmentgeschäft, d. h. die in § 1 Abs. 1 und Abs. 6 Satz 1 KAGG bezeichneten Geschäfte der Kapitalanlagegesellschaften;

7. das Darlehenserwerbsgeschäft, d. h. die Eingehung der Verpflichtung, Darlehensforderungen vor Fälligkeit zu erwerben;

8. das Garantiegeschäft, d. h. die Übernahme von Bürgschaften, Garantien und sonstigen Gewährleistungen für andere;

9. das Girogeschäft, d. h. die Durchführung des bargeldlosen Zahlungsverkehrs und des Abrechnungsverkehrs;

10. das Emissions(übernahme)geschäft, d. h. die Übernahme von Finanzinstrumenten auf eigenes Risiko zum Zwecke der Platzierung oder die Übernahme gleichwertiger Garantien für den Platzierungserfolg (sog. „echtes Underwriting");

11. das Geldkartengeschäft, d. h. die Ausgabe vorausbezahlter Karten zu Zahlungszwecken, es sei denn, der Kartenemittent ist auch der Leistungserbringer, der die Zahlung aus der Karte erhält;

12. das Netzgeldgeschäft, d. h. die Schaffung und die Verwaltung elektronischer Zahlungseinheiten in Rechnernetzen [245].

§ 3 KWG enthält ergänzend zur abschließenden Enumeration der Bankgeschäfte in § 1 Abs. 1 Satz 2 KWG eine Aufstellung von Geschäften, die den Kreditinstituten verboten sind, wie z. B. das Geschäft von Werksparkassen und Zwecksparunternehmen (Letztere mit Ausnahme der Bausparkassen). Es sind dies „Geschäfte, bei denen die Sicherheit der Einlagen in besonderem Maße gefährdet ist, die eine Gefahr für den Bestand der Währung darstellen oder die gegen die guten Sitten verstoßen" [246]. Das BAKred verfügt hierbei über das erforderliche Instrumentarium, um das Betreiben verbotener Geschäfte i. S. d. § 3 KWG zu unterbinden [247]. Unabhängig davon wird ein Zuwiderhandeln gegen die Verbote des § 3 KWG nach § 54 Abs. 1 Nr. 1, Abs. 2 KWG als Straftat sanktioniert.

---

[245] Bei den Bankgeschäften gemäß § 1 Abs. 1 Satz 2 Nr. 4 u. Nr. 10 KWG (Finanzkommissionsgeschäft sowie Emissionsübernahmegeschäft) handelt es sich um Wertpapierdienstleistungen i. S. d. § 2 Abs. 3 Nr. 1 u. Nr. 5 WpHG. Kreditinstitute, die eines dieser Bankgeschäfte oder aber Finanzdienstleistungen für andere gemäß § 1 Abs. 1a Satz 2 Nr. 1 bis 4 KWG erbringen, gelten von daher als Wertpapierdienstleistungsunternehmen i. S. d. § 2 Abs. 4 WpHG. Vgl. auch *Anlage 4*, S. 560 f.

[246] BUNDESREGIERUNG (Entwurf eines KWG 1959), S. 28 f.; ferner WIRTSCHAFTSAUSSCHUSS DES DEUTSCHEN BUNDESTAGES (Bericht über den Entwurf eines KWG 1961), S. 4.

[247] Vgl. die §§ 37, 44c i. V. m. § 50 KWG.

Unternehmungen, die die in § 1 Abs. 1 Satz 2 KWG aufgelisteten Bankleistungs-arten mit Gewinnerzielungsabsicht oder insgesamt in einer Größenordnung be-treiben, die nur noch mit einer in kaufmännischer Weise eingerichteten Organi-sation bewältigt werden kann, sind demzufolge Kreditinstitute i. S. d. Bankenauf-sicht und unterliegen damit als solche den detaillierten Vorschriften des Kredit-wesengesetzes. Sie bedürfen daher vor Aufnahme ihrer Geschäftstätigkeit insbe-sondere der schriftlichen Erlaubnis des BAKred gemäß § 32 Abs. 1 KWG [248]. Ob die in § 1 Abs. 1 Satz 2 KWG aufgeführten Arten von Bankgeschäften hierbei von den Unternehmungen nebeneinander [249] oder als alleiniger Geschäftszweig ausgeübt werden, ist vollkommen unerheblich [250]. Das Betreiben auch nur einer einzigen Art dieser Bankgeschäfte mit Gewinnerzielungsabsicht oder in dem in § 1 Abs. 1 Satz 1 KWG bezeichneten Ausmaß genügt ebenso wie das Betreiben von Bankgeschäften lediglich als Neben- oder Hilfsgeschäfte zur Förderung eines anderen Geschäfts [251]. Bestehen in Einzelfällen Zweifel an der Einstufung einer Unternehmung als Kreditinstitut, so entscheidet darüber gemäß § 4 Satz 1 KWG das BAKred. Sein Beschluss hat Vorrang vor allen anderen Verwaltungsbehör-den, um die einheitliche Behandlung einer Unternehmung in Bezug auf ihren Status als Kreditinstitut zu gewährleisten [252]. Das BAKred kann zudem gemäß § 2 Abs. 4 Satz 1 KWG *im Einzelfall* bestimmen, dass auf ein Kreditinstitut ge-nau bezeichnete Vorschriften des Kreditwesengesetzes (z. B. die §§ 10 bis 18 KWG) *insgesamt* nicht anzuwenden sind, solange das Kreditinstitut wegen der Art der von ihm betriebenen Geschäfte insoweit nicht der Aufsicht bedarf. Eine diesbezügliche Entscheidung des BAKred ist zur Unterrichtung der Gläubiger im Bundesanzeiger bekannt zu machen [253]. Eine *im Einzelfall* vergleichbar umfas-sende Freistellungsmöglichkeit durch das BAKred – allerdings nur im Benehmen mit der Deutschen Bundesbank – besteht für eine Unternehmung, die ausschließ-lich das Geldkartengeschäft gemäß § 1 Abs. 1 Satz 2 Nr. 11 KWG betreibt [254].

---

[248] Das Betreiben von Bankgeschäften ohne die nach § 32 Abs. 1 KWG erforderliche Erlaubnis kann vom BAKred unter Einsatz von Zwangsmitteln untersagt werden; vgl. dazu § 37 i. V. m. § 50 KWG. Zur strafrechtlichen Behandlung dieses Sachverhalts vgl. § 54 Abs. 1 Nr. 2, Abs. 2 KWG.

[249] Eine Vollbanklizenz bezieht sich auf alle Bankleistungsarten i. S. d. § 1 Abs. 1 Satz 2 KWG mit Ausnahme des Investmentgeschäfts. Dieses ist ausschließlich den Kapitalanlagegesellschaften vor-behalten; vgl. § 2 Abs. 2 Buchstabe c) KAGG.

[250] Vgl. BUNDESREGIERUNG (Entwurf eines KWG 1959), S. 27.

[251] Vgl. BUNDESREGIERUNG (Entwurf eines KWG 1959), S. 27; BUNDESMINISTERIUM DER JUSTIZ (Ver-fahren 1963), S. 8.

[252] Vgl. § 4 Satz 2 KWG; ferner BUNDESREGIERUNG (Entwurf eines KWG 1959), S. 30; WIRTSCHAFTS-AUSSCHUSS DES DEUTSCHEN BUNDESTAGES (Bericht über den Entwurf eines KWG 1961), S. 4 f.

[253] Vgl. § 2 Abs. 4 Satz 2 KWG.

[254] Vgl. § 2 Abs. 5 Satz 1 KWG.

Nach § 53 Abs. 1 KWG gelten die rechtlich unselbstständigen Zweigstellen von Unternehmungen mit Sitz im Ausland ebenfalls als aufsichtspflichtige Kreditinstitute, sofern sie im Inland Bankgeschäfte betreiben oder Teilakte solcher Geschäfte erbringen. Für diese Zweigstellen ausländischer Unternehmungen bestehen diverse Sonderbestimmungen, nach denen sie aufsichtsrechtlich grundsätzlich so behandelt werden, als ob sie inländische Kreditinstitute wären [255]. Rechtlich unselbstständige Zweigniederlassungen eines Einlagenkreditinstituts [256] oder eines Wertpapierhandelsunternehmens mit Sitz in einem anderen Staat des Europäischen Wirtschaftsraums werden indessen von diesen Sonderregelungen wieder weitgehend ausgenommen, da sie nach dem sog. „Herkunftslandprinzip" überwacht werden [257]. Bei den Behörden des Aufnahmelandes (hier dem BAKred) verbleiben hinsichtlich dieser Zweigniederlassungen lediglich die in der Europäischen Union noch nicht harmonisierten Aufsichtsbereiche wie z. B. die Kontrolle der Liquidität.

Obwohl an sich die Voraussetzungen des § 1 Abs. 1 KWG zur Bestimmung der Kreditinstitutseigenschaft erfüllt sind, finden die Normen des Kreditwesengesetzes auf eine Reihe von Anstalten, Einrichtungen und Unternehmungen wegen ihrer besonderen öffentlichen Aufgaben, wegen eines fehlenden bankenaufsichtsrechtlichen Interesses oder weil sie bereits einer anderen staatlichen Aufsicht unterstehen ganz oder in großen Teilen keine Anwendung [258]. Nach § 2 Abs. 1 KWG handelt es sich im Einzelnen um

– die Deutsche Bundesbank,

– die Kreditanstalt für Wiederaufbau,

– die Sozialversicherungsträger und die Bundesanstalt für Arbeit,

– die privaten und öffentlich-rechtlichen Versicherungsunternehmen,

– die Unternehmungen des Pfandleihgewerbes, soweit sie das für sie typische Kreditgeschäft gegen Faustpfand betreiben,

– die Unternehmensbeteiligungsgesellschaften,

---

[255] Vgl. § 53 Abs. 2 bis 4 KWG.

[256] § 1 Abs. 3d Satz 1 KWG bezeichnet Kreditinstitute, die Einlagen oder andere rückzahlbare Gelder des Publikums entgegennehmen *und* das Kreditgeschäft betreiben, als Einlagenkreditinstitute. Dieser Begriff deckt sich mit der EG-rechtlichen Kreditinstitutsdefinition; vgl. BUNDESREGIERUNG (Entwurf eines Gesetzes zur Umsetzung von EG-Richtlinien 1997), S. 68.

[257] Vgl. § 53b Abs. 1 bis 6 KWG. Zum Prinzip der Herkunftslandkontrolle vgl. Kapitel B.II.2.ad), S. 51 f.

[258] Vgl. BUNDESREGIERUNG (Entwurf eines KWG 1959), S. 27 f.; WIRTSCHAFTSAUSSCHUSS DES DEUTSCHEN BUNDESTAGES (Bericht über den Entwurf eines KWG 1961), S. 3.

– die Unternehmungen, die Bankgeschäfte ausschließlich mit ihrem Mutterunternehmen oder ihren Tochter- oder Schwesterunternehmen betreiben, sowie

– die Unternehmungen, die das Finanzkommissionsgeschäft ausschließlich an einer Börse, an der ausnahmslos Derivate gehandelt werden, für andere Mitglieder dieser Börse betreiben (sog. „Locals") und deren Verbindlichkeiten aus diesem Bankgeschäft durch ein System zur Sicherung der Erfüllung der Geschäfte an dieser Börse abgedeckt sind.

Mit Ausnahme der Deutschen Bundesbank sowie der beiden zuletzt genannten Gruppen von Unternehmungen gelten jedoch für alle genannten Anstalten, Einrichtungen und Unternehmungen einzelne Vorschriften des Kreditwesengesetzes. So hat die Kreditanstalt für Wiederaufbau den § 14 KWG (Meldepflicht für Millionenkredite) sowie die aufgrund von § 47 Abs. 1 Nr. 2 und § 48 KWG getroffenen Krisenregelungen (vorübergehende Schließung bzw. Wiederaufnahme des allgemeinen Bankverkehrs) zu beachten [259]. Der Pflicht zur Anzeige der Millionenkredite unterliegen ferner die Sozialversicherungsträger, die Bundesanstalt für Arbeit, die Versicherungsunternehmen sowie die Unternehmensbeteiligungsgesellschaften [260]. Für die Versicherungsunternehmen, die Unternehmungen des Pfandleihgewerbes sowie die Unternehmensbeteiligungsgesellschaften gelten zudem die übrigen Vorschriften des Kreditwesengesetzes insoweit, als sie Bankgeschäfte ausüben, die für sie nicht eigentümlich sind [261].

Die vorstehend herausgearbeitete juristische Auslegung des Bankbegriffs verdeutlicht, dass in der Bundesrepublik Deutschland bereits die Aufnahme der Geschäftstätigkeit in *einem* der zwölf genannten Bankgeschäftsbereiche – üblicherweise mit Gewinnerzielungsabsicht – für die Beurteilung einer Unternehmung als Kreditinstitut völlig ausreicht. Der in den Europäischen Gemeinschaften zugrunde gelegte Bankbegriff ist dagegen sehr viel enger gefasst. Ein Kreditinstitut ist danach eine Unternehmung, deren „Tätigkeit darin besteht, Einlagen oder andere rückzahlbare Gelder des Publikums entgegenzunehmen *und* Kredite für eigene Rechnung zu gewähren" [262]. Im Gegensatz zum Kreditinstitutsbegriff des § 1 Abs. 1 KWG ist also auf europäischer Ebene das Einlagengeschäft *nur in Ver-*

---

[259] Vgl. § 2 Abs. 2 Satz 1, 1. Halbsatz KWG.

[260] Vgl. § 2 Abs. 2 Satz 1, 2. Halbsatz KWG.

[261] Vgl. § 2 Abs. 3 KWG.

[262] Art. 1, 1. Gedankenstrich Erste Bankrechtskoordinierungsrichtlinie (Hervorhebung durch den Verfasser). Zu den „anderen rückzahlbaren Geldern des Publikums" zählen hierbei anders als in § 1 Abs. 1 Satz 2 Nr. 1 KWG u. a. auch die laufende Ausgabe von Schuldverschreibungen und ähnlichen Wertpapieren; vgl. RAT DER EUROPÄISCHEN GEMEINSCHAFTEN (Erste Bankrechtskoordinierungsrichtlinie 1977), S. 30 (5. Erwägungsgrund).

bindung mit dem Kreditgeschäft wesensbestimmend (korrelierende Aktivitäten, die den Kern der Banktätigkeit umschreiben)[263]. Die Struktur des von einer Geschäftsbank in der Bundesrepublik Deutschland insgesamt angebotenen Leistungsprogramms sagt deshalb auch nichts Neues über deren Kreditinstitutseigenschaft an sich aus, sie gibt vielmehr Auskunft über deren mehr oder weniger starke Universalisierung bzw. Spezialisierung[264]. Die nähere Kennzeichnung der Geschäftstätigkeit einzelner Banken durch Beschreibung ihrer Geschäftskreise im Sinne der artmäßigen Zusammensetzung des von ihnen jeweils angebotenen Leistungsprogramms erlaubt daher lediglich ihre Differenzierung im Sinne einer Typenbildung[265], indem unter Zugrundelegung dieses Klassifizierungskriteriums Geschäftsbanken mit der Tendenz zu universeller bankbetrieblicher Betätigung von Geschäftsbanken mit der Tendenz zu spezieller bankbetrieblicher Betätigung unterschieden werden. Diese Abgrenzung der beiden Haupttypen von Geschäftsbanken lässt außerdem erkennen, dass jede Bank sich im Rahmen ihrer Leistungsprogrammpolitik – selbstverständlich unter Beachtung gesetzlicher Vorgaben – grundsätzlich selbst mit den Problemen der Zusammenstellung verschiedener Bankleistungsarten oder Leistungsartenbereiche zu einer für den Bankkunden attraktiven und zur Nachfrage anregenden Gesamtheit beschäftigen muss, also u. a. Entscheidungen hinsichtlich der anzustrebenden Leistungsprogrammbreite und -tiefe zu treffen hat[266]. Damit entfällt aber auch zwangsläufig die Möglichkeit einer allgemein gültigen Charakterisierung der Leistungsprogrammstruktur einer Universal- bzw. Spezialbank. Ein Blick in die bundesdeutsche Bankenlandschaft bestätigt dies. Er zeigt zum Teil deutliche Abweichungen in der Angebotspalette der einzelnen Universal- und Spezialkreditinstitute, wobei die Ursachen hierfür sowohl in den unterschiedlichen Aufgaben als auch den unterschiedlichen Kundensegmenten dieser Kreditinstitute zu suchen sind.

Je nach dem Grad der arbeitsvereinigenden Kombination von Bankleistungsarten findet demnach die Universalbank und die Spezialbank in der ökonomischen Wirklichkeit der Bundesrepublik Deutschland einen unterschiedlichen Niederschlag. Das grundlegende Wesensmerkmal einer Universalbank besteht hierbei darin, dass sie – sei es auch erst unter Einschaltung juristisch verselbstständigter Tochtergesellschaften bzw. von Beteiligungsunternehmungen oder unter Inan-

---

[263] Näheres hierzu bei TROBERG, PETER (Europäische Aufsicht 1979), S. 12 ff. Vgl. auch *Anlage 5*, S. 562 f.

[264] Vgl. HAHN, OSWALD (Bankwirtschaft 1989), S. 2.

[265] Zur ausführlichen Darstellung verschiedener typenbildender Merkmale von Kreditinstituten vgl. HAHN, OSWALD (Bankwirtschaft 1989), S. 8-268, hier insb. S. 66 ff.

[266] Zu den Ansatzpunkten für Gestaltungsmöglichkeiten der Leistungsprogrammpolitik vgl. HAHN, OSWALD (Führung 1977), S. 209 ff.

spruchnahme der Mitarbeit übergeordneter Zentralkreditinstitute bzw. ange-
schlossener Verbundpartner – absatzwirtschaftlich in der Lage ist, die gesetzlich
erlaubten banküblichen Geschäfte nahezu ausnahmslos offerieren zu können, ihr
also die Gelegenheit gegeben wird, ein umfassendes Bankgeschäft „unter einem
Dach" zu betreiben. Bezüglich der Beurteilung der Universalität des Leistungsprogramms einer Bank kommt es demnach für den Bankkunden nicht darauf an,
ob ein Kreditinstitut die von ihm angebotenen Bankdienstleistungen im eigenen
Namen und für eigene Rechnung erstellt oder ob es nur als Vermittler auftritt,
sondern vielmehr darauf, ob er im Wesentlichen sämtliche herkömmlichen Formen des Bankgeschäfts über ein und dieselbe Bank abwickeln kann [267]. Ergänzend kommt aus Sicht des Kreditinstituts die freien Entschlüssen unterliegende
Andienung der im Einzelnen ausgewählten Bankgeschäftsarten an alle kontrahie-
rungswilligen bzw. -fähigen Kunden(gruppen) hinzu. Als universalbanktypische
Grundausstattung werden allerdings nach allgemeiner Auffassung – ungeachtet
der Intensität der jeweiligen Wahrnehmung – zumindest das Einlagen- und das
Kreditgeschäft auf der einen Seite verbunden mit dem Emissions-, dem Finanz-
kommissions- und dem Effektendepotgeschäft auf der anderen Seite angesehen [268]. Demgemäß zählen in der Bundesrepublik Deutschland unter Heranziehung des Gliederungsschemas der bankenstatistischen Erhebungen der Deutschen
Bundesbank [269] zum Bereich der Universalbanken die Kreditbanken sowie die
Kreditinstitute des Sparkassen- und Genossenschaftssektors [270]. Fehlt dagegen
ein Teil des skizzierten universellen Mindestangebots, so liegt eine Spezialbank
vor. Spezialisierte Geschäftsbanken in diesem Sinne sind die Realkreditinstitute,
die Kreditinstitute mit Sonderaufgaben, die Bausparkassen [271], die Wohnungs-

---

[267] Vgl. Dürer, Peter (Universalbanken 1971), S. 13 f.

[268] Ähnlich Scheidl, Karl (Geschäftsbanken 1993), S. 217; Büschgen, Hans E. (Bankbetriebslehre 1998), S. 69.

[269] Zu der von der Deutschen Bundesbank nach bankenaufsichtsrechtlichen Gesichtspunkten vorgenommenen Einteilung der Geschäftsbanken in sog. „Bankengruppen" vgl. Deutsche Bundesbank
(Hrsg.) (Verzeichnis 1999), S. 37 ff.; Deutsche Bundesbank (Bankenstatistik 1999), S. 111 f.

[270] Vgl. auch Deutsche Bundesbank (Geschäftsentwicklung 1971), S. 31; Bundesministerium der
Finanzen (Hrsg.) (Studienkommission 1979), S. 42 f., Tz. 150; Mülhaupt, Ludwig (Einführung
1980), S. 77; Deppe, Hans-Dieter (Kreditinstitute 1993), Sp. 2437 f. u. Sp. 2445; Büschgen,
Hans E. (Bankbetriebslehre 1998), S. 79, S. 87 f. u. S. 94; Süchting, Joachim; Paul, Stephan
(Bankmanagement 1998), S. 30 u. S. 657. Zur weiteren Untergliederung dieser drei Universal-
bankengruppen vgl. *Anlage 6*, S. 564.

[271] Da das Bauspargeschäft nicht in der Auflistung der Bankgeschäfte des § 1 Abs. 1 Satz 2 KWG
enthalten ist, sind Bausparkassen auch keine Kreditinstitute i. S. d. § 1 Abs. 1 KWG; ihre Kredit-
instituteigenschaft ergibt sich vielmehr aus § 1 Abs. 1 Satz 1 BausparkG. Im Übrigen ist die Ausübung des Bauspargeschäfts allein auf die Bausparkassen beschränkt; vgl. § 1 Abs. 1 Satz 2 BausparkG.

unternehmen mit Spareinrichtung [272), die Kapitalanlagegesellschaften, die Wert-
papiersammelbanken sowie die Bürgschaftsbanken und sonstigen Kreditinstitute [273). Durch ihre freiwillige bzw. gesetzlich vorgesehene Beschränkung auf ganz
bestimmte Arten von Bankgeschäften – so dürfen beispielsweise Kapitalanlagegesellschaften nur das Investmentgeschäft sowie die damit unmittelbar verbundenen Nebentätigkeiten betreiben [274) – unterscheiden sie sich in charakteristischer
Weise von den universell tätigen Geschäftsbanken. Letztere bieten übrigens im
Wege einer Leistungsprogrammausweitung häufig zusätzliche Marktleistungen
an, die nicht ihrem eigentlichen Betätigungsfeld entstammen. Es handelt sich
hierbei um leistungsprogrammpolitische Entscheidungen hinsichtlich der Aufnahme banknaher und bankfremder Leistungsprogrammbestandteile. Während
Erstere eng mit banktypischen Leistungsarten verknüpft sind und diese ersetzen
bzw. ergänzen (so bspw. das Leasing oder das Factoring), geht es bei Letzteren
hingegen um Geschäfte, die in keinem oder allenfalls in einem mittelbaren Zusammenhang mit traditionellen Bankdienstleistungen stehen und die i. d. R. über
den in § 1 Abs. 1 Satz 2 KWG gesteckten Rahmen weit hinausreichen und auch
keine Finanzdienstleistungen im Sinne des § 1 Abs. 1a Satz 2 KWG darstellen.
Als Erscheinungsformen des bankfremden Geschäfts lassen sich diverse Vermitt-
lungs-, Handels- und Beratungsgeschäfte unterscheiden [275). DEPPE bezeichnet
einen derart diversifizierten Universalbankbetrieb als „Allfinanzbank" [276).

Damit die Bankenaufsicht sich einen besseren Überblick über das Ausmaß banknaher bzw. bankfremder Geschäfte verschaffen kann, haben die Kreditinstitute
die Aufnahme und die Einstellung des Betreibens von Geschäften, die keine

---

[272) Wohnungsunternehmen mit Spareinrichtung gelten ab dem 1. Januar 1990 als Kreditinstitute
i. S. d. Kreditwesengesetzes. Sie bilden seit diesem Zeitpunkt in der Bankstellenstatistik eine eigene
Bankengruppe.

[273) Zur weiteren Untergliederung der Spezialbankengruppen vgl. *Anlage 6*, S. 564. Die frühere statistische Bankengruppe „Teilzahlungskreditinstitute" ist Ende 1986 mangels verbliebener Bedeutung
des sie kennzeichnenden Teilzahlungsgeschäfts aufgelöst worden. Die bis dahin in dieser Gruppe
enthaltenen Kreditinstitute wurden entsprechend ihrer Rechtsform ab Januar 1987 den Bankengruppen „Regionalbanken und sonstige Kreditbanken", „Privatbankiers" sowie „Kreditgenossenschaften" zugeordnet; vgl. DEUTSCHE BUNDESBANK (Bankenstatistik 1999), S. 111 f. Zukünftig gehören zum Bereich der Spezialbanken auch die Wertpapierhandelsbanken; vgl. auch BUNDES-
REGIERUNG (Entwurf eines Begleitgesetzes 1997), S. 20. Wertpapierhandelsbanken sind Kreditinstitute, die *keine* Einlagenkreditinstitute sind und die Bankgeschäfte i. S. d. § 1 Abs. 1 Satz 2 Nr. 4
oder Nr. 10 KWG betreiben oder Finanzdienstleistungen i. S. d. § 1 Abs. 1a Satz 2 Nr. 1 bis 4
KWG erbringen; vgl. § 1 Abs. 3d Satz 3 KWG. Vgl. hierzu sowie zur Definition des Begriffs
„Wertpapierhandelsunternehmen" *Anlage 1*, S. 555 f.

[274) Vgl. § 2 Abs. 2 Buchstabe c) KAGG mit Verweis auf § 1 Abs. 1 und Abs. 6 Satz 1 KAGG.

[275) Vgl. zu den vorstehenden Ausführungen HAHN, OSWALD (Führung 1977), S. 210 f.; SINGER, JÜR-
GEN (Geschäft 1986), S. 471 u. S. 472.

[276) Vgl. DEPPE, HANS-DIETER (Kreditinstitute 1993), Sp. 2443 ff.

Bankgeschäfte und auch keine Finanzdienstleistungen im Sinne des Kreditwesengesetzes sind, dem BAKred und der Deutschen Bundesbank unverzüglich anzuzeigen [277]. Anlass für diese Anzeigepflicht ist, dass Verluste aus Geschäftssparten, auf die die bankenaufsichtsrechtlichen Bestimmungen nicht zugeschnitten sind, die Existenz eines Kreditinstituts gefährden können. Durch die Anzeigepflicht soll insoweit sichergestellt werden, dass negative Auswirkungen banknaher oder bankfremder Geschäfte auf die bankgeschäftliche Betätigung einzelner Kreditinstitute bzw. das Kreditgewerbe insgesamt möglichst rechtzeitig erkannt werden [278].

Der zahlenmäßige Vergleich des Universalbankensektors mit dem Spezialbankensektor verdeutlicht schließlich die überragende Rolle der Universalkreditinstitute im Geschäftsbankensystem der Bundesrepublik Deutschland. Ende 1997 entfielen nach der Bankstellenstatistik der Deutschen Bundesbank von den 3.578 erfassten Kreditinstituten annähernd 94 % auf die Gruppe der Universalbanken [279]. Ihr Anteil am Geschäftsvolumen aller berichtspflichtigen Kreditinstitute betrug dabei rd. 73 % [280]. Berücksichtigt man zudem die diversen Beteiligungen von Universalbanken an Spezialbanken [281], so ist die beherrschende Marktstellung der Universalkreditinstitute in der Bundesrepublik Deutschland in Wahrheit sogar noch größer, als es die vorstehende Marktanteilszahl wiedergibt. Die Universalbank stellt damit fraglos die für das bundesdeutsche Kreditgewerbe strukturbestimmende und repräsentative Kreditinstitutsform dar. Es ist daher gerechtfertigt, das bundesdeutsche Kreditwesen – so wie MÜLHAUPT auch [282] – als Universalbankensystem zu bezeichnen [283].

---

[277] Vgl. § 24 Abs. 1 Nr. 9 KWG i. V. m. § 11 AnzV.

[278] Vgl. BUNDESREGIERUNG (Entwurf eines Zweiten Gesetzes zur Änderung des KWG 1975), S. 14.

[279] Vgl. *Anlage 7*, S. 565 f. *Anlage 7* zeigt eine Aufteilung der Gesamtzahl der Kreditinstitute, ihrer in- und ausländischen Zweigstellen sowie ihrer Auslandstöchter nach Bankengruppen.

[280] Vgl. *Anlage 8*, S. 567 f. *Anlage 8* gibt einen Überblick über die Geschäftsvolumina und Marktanteile der einzelnen Bankengruppen. Ergänzende Informationen zur Gliederung der Kreditinstitute nach unterschiedlichen Größenklassen und Bankengruppen enthält *Anlage 9*, S. 569 f.

[281] Kapitalverflechtungen von Universalbanken mit Spezialbanken liegen insbesondere bei den Realkreditinstituten vor. Die meisten privaten Hypothekenbanken stehen im Konzernverbund mit den Großbanken bzw. den Regionalbanken und sonstigen Kreditbanken; vgl. O. V. (Hypothekenbanken 1998), S. 1214.

[282] Vgl. MÜLHAUPT, LUDWIG (Einführung 1980), S. 77; ähnlich PRIEWASSER, ERICH (Bankbetriebslehre 1996), S. 115.

[283] Zu den Vor- und Nachteilen des Universalbankensystems vgl. u. a. DUWENDAG, DIETER (Kreditwesen 1978), S. 624 f.; MÜLHAUPT, LUDWIG (Einführung 1980), S. 277 ff.; BÜSCHGEN, HANS E. (Zeitgeschichtliche Problemfelder 1983), S. 351 ff.; BÜSCHGEN, HANS E. (Bankbetriebslehre 1998), S. 72 ff.; SÜCHTING, JOACHIM; PAUL, STEPHAN (Bankmanagement 1998), S. 121 ff.

b) Finanzdienstleistungsinstitute

Mit In-Kraft-Treten der Sechsten Novelle des Kreditwesengesetzes [284], die vorwiegend der Transformation von drei Richtlinien der Europäischen Gemeinschaften in bundesdeutsches Recht dient [285], wurde der Geltungsbereich der Bankenaufsicht deutlich erweitert. Weitgehend gleichgestellte Aufsichtsadressaten neben den Kreditinstituten sind seit dem 1. Januar 1998 die Finanzdienstleistungsinstitute [286]. Diese werden begrifflich durch präzise Definitionsmerkmale (§ 1 Abs. 1a KWG) und eine Ausschlussfiktion (§ 2 Abs. 6 KWG) gegenüber Banken und anderen Wirtschaftseinheiten des Finanzsektors abgegrenzt.

§ 1 Abs. 1a Satz 1 KWG bezeichnet Finanzdienstleistungsinstitute als Unternehmungen, „die Finanzdienstleistungen für andere gewerbsmäßig oder in einem Umfang erbringen, der einen in kaufmännischer Weise eingerichteten Geschäftsbetrieb erfordert, und die keine Kreditinstitute sind". Die Qualifikation einer Unternehmung als Finanzdienstleistungsinstitut ist demnach ausdrücklich gegenüber ihrer Einordnung als Kreditinstitut nachrangig. Eine Unternehmung, die bereits nach § 1 Abs. 1 KWG in den Kreis der Kreditinstitute einzubeziehen ist, kann nicht gleichzeitig auch Finanzdienstleistungsinstitut sein [287]. Ansonsten orientiert sich aber § 1 Abs. 1a Satz 1 KWG an der tatbestandlichen Umschreibung des Kreditinstitutsbegriffs in § 1 Abs. 1 Satz 1 KWG. Auch hier kommt es daher für die Einstufung einer Unternehmung als Finanzdienstleistungsinstitut in erster Linie nicht darauf an, ob der tatsächliche Umfang der Finanzdienstleistun-

---

[284] Vgl. Art. 1 i. V. m. Art. 4 des Gesetzes zur Umsetzung von EG-Richtlinien zur Harmonisierung bank- und wertpapieraufsichtsrechtlicher Vorschriften. Teile der Sechsten KWG-Novelle, insbesondere sämtliche die Kreditinstitute entlastenden Regelungen, sind am 29. Oktober 1997 in Kraft getreten. Am 1. Januar 1998 sind sodann die übrigen Bestimmungen der Sechsten KWG-Novelle unter Berücksichtigung der in § 64e KWG enthaltenen Übergangsvorschriften in Kraft getreten.

[285] Vgl. RAT DER EUROPÄISCHEN GEMEINSCHAFTEN (Kapitaladäquanzrichtlinie 1993), S. 1 ff.; RAT DER EUROPÄISCHEN GEMEINSCHAFTEN (Wertpapierdienstleistungsrichtlinie 1993), S. 27 ff. sowie EUROPÄISCHES PARLAMENT; RAT DER EUROPÄISCHEN UNION (Richtlinie zwecks verstärkter Beaufsichtigung von Finanzunternehmen 1995), S. 7 ff. Wichtige Teile der Wertpapierdienstleistungsrichtlinie wurden mit den sog. Wohlverhaltensregeln und den Meldepflichten bei Wertpapiertransaktionen bereits zuvor durch das Wertpapierhandelsgesetz in bundesdeutsches Recht umgesetzt.

[286] Vgl. § 6 Abs. 1 KWG. Der Gesetzgeber spricht von einem neuen Typus von Unternehmungen, „der der Aufsicht durch das BAKred unterstellt wird"; BUNDESREGIERUNG (Entwurf eines Gesetzes zur Umsetzung von EG-Richtlinien 1997), S. 65. Das europäische Recht verwendet statt des Begriffs „Finanzdienstleistungsinstitut" den Begriff „Wertpapierfirma"; vgl. Art. 1 Nr. 2 Wertpapierdienstleistungsrichtlinie. Beide Begriffe sind jedoch nicht völlig deckungsgleich; vgl. BAKRED (Jahresbericht 1998), S. 7; DEUTSCHE BUNDESBANK (Geschäftsbericht 1998), S. 155; DEUTSCHE BUNDESBANK (Novelle 1998), S. 62; ferner den Überblick in *Anlage 5*, S. 562 f. *Anlage 12*, S. 577 ff., gibt eine erste Übersicht über die wichtigsten Vorschriften für Finanzdienstleistungsinstitute und Wertpapierhandelsbanken nach der Sechsten KWG-Novelle.

[287] Vgl. BUNDESREGIERUNG (Entwurf eines Gesetzes zur Umsetzung von EG-Richtlinien 1997), S. 65.

gen objektiv einen in kaufmännischer Weise eingerichteten Geschäftsbetrieb erfordert, sondern ob die Finanzdienstleistungen gewerbsmäßig, d. h. für eine gewisse Dauer und mit Gewinnerzielungsabsicht erbracht werden. Sofern der tatsächliche Umfang der Finanzdienstleistungen der Unternehmung objektiv einen in kaufmännischer Weise eingerichteten Geschäftsbetrieb nach sich zieht, ist allerdings – analog der Regelung für Kreditinstitute in § 1 Abs. 1 Satz 1 KWG – das Erbringen der Finanzdienstleistungen auch dann als gewerbsmäßig anzusehen, wenn eine Gewinnerzielungsabsicht fehlt. Als Finanzdienstleistungen im bankenaufsichtsrechtlichen Sinne gelten hierbei gemäß § 1 Abs. 1a Satz 2 KWG die folgenden sieben Geschäftsgegenstände [288]:

1. die Anlagevermittlung, d. h. die Vermittlung von Geschäften über die Anschaffung und die Veräußerung von Finanzinstrumenten [289] oder deren Nachweis [290];

2. die Abschlussvermittlung, d. h. die Anschaffung und die Veräußerung von Finanzinstrumenten im fremden Namen für fremde Rechnung (offene Stellvertretung) [290];

3. die Finanzportfolioverwaltung, d. h. die Verwaltung einzelner in Finanzinstrumenten angelegter Vermögen für andere mit einem Entscheidungsspielraum im Rahmen der Anlagepolitik [291];

4. der Eigenhandel, d. h. die Anschaffung und die Veräußerung von Finanzinstrumenten im eigenen Namen für eigene Rechnung als Dienstleistung für andere [292];

---

[288] Bei der Enumeration der Finanzdienstleistungen in § 1 Abs. 1a Satz 2 KWG handelt es sich um eine abschließende Regelung. Zur näheren Erläuterung der Finanzdienstleistungen des § 1 Abs. 1a Satz 2 KWG vgl. BUNDESREGIERUNG (Entwurf eines Gesetzes zur Umsetzung von EG-Richtlinien 1997), S. 65 ff.; DEUTSCHE BUNDESBANK (Finanzdienstleistungen 1998), S. 3 ff.; BAKRED (Finanzdienstleistungssektor 1999), S. 2 f.; HÜLSEN, ANDREAS (Jahresabschlußprüfung 1999), S. 98 f.

[289] Zur Klärung des bankenaufsichtsrechtlichen Sammelbegriffs der Finanzinstrumente vgl. § 1 Abs. 11 KWG sowie BUNDESREGIERUNG (Entwurf eines Gesetzes zur Umsetzung von EG-Richtlinien 1997), S. 69 f.; ferner *Anlage 10*, S. 571 f.

[290] Bei der Anlage- bzw. Abschlussvermittlung ist das Erfordernis eines in kaufmännischer Weise eingerichteten Geschäftsbetriebs regelmäßig bei Überschreiten der folgenden Grenze anzunehmen: 25 Vermittlungsgeschäfte pro Monatsdurchschnitt. Der Monatsdurchschnitt berechnet sich aus dem Unternehmensumsatz der vergangenen 6 Monate. Vgl. BAKRED (Umfang 1999), S. 2.

[291] Bei der Finanzportfolioverwaltung ist das Erfordernis eines in kaufmännischer Weise eingerichteten Geschäftsbetriebs regelmäßig bei Überschreiten einer der beiden folgenden Grenzen anzunehmen: Bestand von 3 Portfolios oder ein Gesamtvolumen von 1 Mio. DM. Vgl. BAKRED (Umfang 1998), S. 1; BAKRED (Umfang 1999), S. 2.

[292] „Zu den Eigenhändlern zählen insbesondere die amtlichen und freien Skontroführer an den Wertpapierbörsen"; DEUTSCHE BUNDESBANK (Novelle 1998), S. 64. Beim Eigenhandel ist das Erfordernis eines in kaufmännischer Weise eingerichteten Geschäftsbetriebs im Regelfall bei Überschreiten

(Fortsetzung nächste Seite)

5. die Drittstaateneinlagenvermittlung, d. h. die Vermittlung von Einlagengeschäften mit Unternehmungen mit Sitz außerhalb des Europäischen Wirtschaftsraums [293];

6. das Finanztransfergeschäft, d. h. die Besorgung von Zahlungsaufträgen für andere im bargeldlosen Zahlungsverkehr [294], sowie

7. das Sortengeschäft, d. h. der Handel mit Sorten [295].

Bei Erfüllung der in § 1 Abs. 1a Satz 1 KWG festgelegten Voraussetzungen genügt bereits das Betreiben eines einzigen der angeführten Finanzdienstleistungsgeschäfte, um die Eigenschaft einer inländischen Unternehmung als Finanzdienstleistungsinstitut und damit die Unterwerfung unter das Kreditwesengesetz zu begründen. Andere als die in § 1 Abs. 1a Satz 2 KWG aufgezählten Geschäfte schaffen dagegen bei ihrer Erbringung noch kein Finanzdienstleistungsinstitut mit aufsichtlicher Relevanz.

Sofern rechtlich unselbstständige Zweigstellen von ausländischen Unternehmungen im Inland Finanzdienstleistungsgeschäfte betreiben oder Teilakte solcher Geschäfte erbringen, gelten auch sie als Finanzdienstleistungsinstitute im Sinne des Kreditwesengesetzes [296]. Für diese Zweigstellen ausländischer Unternehmungen bestehen diverse Sonderbestimmungen, nach denen sie aufsichtsrechtlich grundsätzlich so behandelt werden, als ob sie inländische Finanzdienstleistungsinstitute wären [297]. Rechtlich unselbstständige Zweigniederlassungen eines Einlagenkre-

---

(Fortsetzung)
der folgenden Grenze anzunehmen: 25 Handelsgeschäfte pro Monatsdurchschnitt. Der Monatsdurchschnitt berechnet sich aus dem Umsatz der Unternehmung der vergangenen 6 Monate. Vgl. BAKRED (Umfang 1999), S. 2.

[293] Bei der Drittstaateneinlagenvermittlung ist das Erfordernis eines in kaufmännischer Weise eingerichteten Geschäftsbetriebs regelmäßig bei Überschreiten einer der beiden folgenden Grenzen anzunehmen: 25 einzelne Vermittlungen oder ein Gesamtvolumen von 25.000 DM jeweils pro Monatsdurchschnitt. Der Monatsdurchschnitt berechnet sich aus dem Unternehmensumsatz der vergangenen 6 Monate. Der Betrag von 25.000 DM darf nur überschritten werden, wenn sich das Gesamtvolumen aus weniger als 6 einzelnen Vermittlungen zusammensetzt. Vgl. BAKRED (Umfang 1999), S. 2.

[294] Beim Finanztransfergeschäft ist das Erfordernis eines in kaufmännischer Weise eingerichteten Geschäftsbetriebs im Regelfall bei Überschreiten der folgenden Grenze anzunehmen: 5 Transaktionen bei einem Gesamtvolumen (Summe der eingehenden und ausgehenden Transaktionen) von 10.000 DM pro Monatsdurchschnitt. Der Monatsdurchschnitt berechnet sich aus dem Unternehmensumsatz der vergangenen 6 Monate. Vgl. BAKRED (Umfang 1999), S. 2.

[295] Beim Sortengeschäft ist das Erfordernis eines in kaufmännischer Weise eingerichteten Geschäftsbetriebs regelmäßig bei Überschreiten der folgenden Grenze anzunehmen: 50 Transaktionen pro Monatsdurchschnitt, sofern die Summe der Sortenankäufe und Sortenverkäufe – gegebenenfalls umgerechnet – den Betrag von 30.000 DM übersteigt. Der Monatsdurchschnitt berechnet sich aus dem Unternehmensumsatz der vergangenen 6 Monate. Vgl. BAKRED (Umfang 1999), S. 2.

[296] Vgl. § 53 Abs. 1 KWG.

[297] Vgl. § 53 Abs. 2 bis 4 KWG.

ditinstituts oder eines Wertpapierhandelsunternehmens mit Sitz in einem anderen Staat des Europäischen Wirtschaftsraums werden indessen von diesen Sonderregelungen wieder weitgehend ausgenommen, da sie nach dem sog. „Herkunftslandprinzip" überwacht werden [298].

Die Bestimmungen der §§ 1 Abs. 1a, 53 KWG erfüllen den Zweck, der Finanzdienstleistungsbranche eine dem Kreditwesen vergleichbare gewerberechtliche Ordnung zu geben [299]. Finanzdienstleistungsinstitute [300] haben mittlerweile annähernd dieselben Aufsichtsvorschriften zu beachten wie die Kreditinstitute selbst. Vor allem bedürfen sie vor Aufnahme ihrer Geschäftätigkeit einer schriftlichen Erlaubnis des BAKred gemäß § 32 Abs. 1 KWG. Damit unterliegen die in § 1 Abs. 1a Satz 2 KWG aufgelisteten Finanzdienstleistungsgeschäfte, die bislang genehmigungsfrei angeboten werden konnten, ebenso einem generellen Verbot mit Erlaubnisvorbehalt wie die Bankgeschäfte des § 1 Abs. 1 Satz 2 KWG. Das Erbringen von Finanzdienstleistungen ohne die nach § 32 Abs. 1 KWG erforderliche Zulassung kann deshalb vom BAKred auch unter Einsatz von Zwangsmitteln untersagt werden [301].

Für Finanzdienstleistungsinstitute, die außer der Drittstaateneinlagenvermittlung, dem Finanztransfergeschäft und dem Sortengeschäft (§ 1 Abs. 1a Satz 2 Nr. 5 bis Nr. 7 KWG) keine weiteren Finanzdienstleistungen erbringen, sieht das Kreditwesengesetz allerdings eine Freistellung von einer Reihe gesetzlicher Vorschriften vor [302]. Vergleichbares gilt für Anlagevermittler und Abschlussvermittler (§ 1 Abs. 1a Satz 2 Nr. 1 und Nr. 2 KWG), die nicht befugt sind, sich bei der Erbringung von Finanzdienstleistungen Eigentum oder Besitz an Geldern oder Wertpapieren von Kunden zu verschaffen, und die auch nicht auf eigene Rechnung mit Finanzinstrumenten handeln [303]. Da diese Unternehmungen nicht selbst Schuldner ihrer Kunden hinsichtlich der Hauptleistungen aus den vermittelten bzw. abgeschlossenen Geschäften werden, unterliegen sie lediglich einer eingeschränkten Solvenzaufsicht durch das BAKred [304].

---

[298] Vgl. § 53b Abs. 1 bis 6 KWG. Zum Prinzip der Herkunftslandkontrolle vgl. Kapitel B.II.2.ad), S. 51 f.

[299] Diese Neuausrichtung der Bankenaufsicht wird aus Sicht der Praxis grundsätzlich positiv bewertet; vgl. KARG, MANFRED; LINDEMANN, JAN HENNING (Weg 1996), S. 2.

[300] Derzeitigen Schätzungen zufolge dürften langfristig etwa 3.000 bis 3.500 Finanzdienstleistungsinstitute unter die Bankenaufsicht fallen; vgl. o. V. (Kooperation 1998), S. 20.

[301] Vgl. dazu § 37 KWG i. V. m. § 50 KWG. Zur strafrechtlichen Behandlung dieses Sachverhalts vgl. § 54 Abs. 1 Nr. 2, Abs. 2 KWG.

[302] Vgl. § 2 Abs. 7 KWG.

[303] Vgl. § 2 Abs. 8 KWG.

[304] Vgl. BUNDESREGIERUNG (Entwurf eines Gesetzes zur Umsetzung von EG-Richtlinien 1997), S. 72.

§ 2 Abs. 6 Satz 1 KWG zählt über diese Freistellungsregelungen hinaus bestimmte Wirtschaftseinheiten auf, die wegen ihrer besonderen öffentlichen Aufgaben oder wegen eines fehlenden bankenaufsichtlichen Interesses nicht als Finanzdienstleistungsinstitute im Sinne des Kreditwesengesetzes anzusehen sind, auch wenn sie Finanzdienstleistungsgeschäfte gemäß § 1 Abs. 1a Satz 2 KWG betreiben. Dazu gehören im Einzelnen:

1. die Deutsche Bundesbank;

2. die Kreditanstalt für Wiederaufbau;

3. die öffentliche Schuldenverwaltung des Bundes, eines seiner Sondervermögen, eines Landes oder eines anderen Staates des Europäischen Wirtschaftsraums und deren Zentralbanken;

4. die privaten und öffentlich-rechtlichen Versicherungsunternehmen;

5. die Unternehmungen, die Finanzdienstleistungen ausschließlich für ihr Mutterunternehmen oder ihre Tochter- oder Schwesterunternehmen erbringen;

6. die Unternehmungen, deren Finanzdienstleistung ausschließlich in der Verwaltung eines Systems von Arbeitnehmerbeteiligungen an den eigenen oder an mit ihnen verbundenen Unternehmen besteht;

7 die Unternehmungen, die ausschließlich Finanzdienstleistungen im Sinne sowohl der Nr. 5 als auch der Nr. 6 erbringen;

8. die Unternehmungen, die als Finanzdienstleistungen i. S. d. § 1 Abs. 1a Satz 2 Nr. 1 bis Nr. 4 KWG ausschließlich die Anlage- und Abschlussvermittlung zwischen Kunden und

   – einem lizenzierten Kredit- oder Finanzdienstleistungsinstitut,

   – einer nach § 53b Abs. 1 Satz 1 KWG oder § 53b Abs. 7 KWG tätigen Unternehmung [305],

   – einer Unternehmung, die aufgrund einer Rechtsverordnung nach § 53c KWG gleichgestellt oder freigestellt ist, oder

   – einer ausländischen Investmentgesellschaft

betreiben, sofern sich diese Finanzdienstleistungen auf Anteilscheine von Kapitalanlagegesellschaften oder auf ausländische Investmentanteile, die nach dem Auslandinvestmentgesetz vertrieben werden dürfen, beschränken und die Unternehmungen nicht befugt sind, sich bei der Erbringung dieser

---

[305] Es sind dies Einlagenkreditinstitute oder Wertpapierhandelsunternehmen mit Sitz in einem anderen Staat des Europäischen Wirtschaftsraums (vgl. § 53b Abs. 1 Satz 1 KWG) bzw. bestimmte Tochterunternehmen von Einlagenkreditinstituten (vgl. § 53b Abs. 7 KWG).

Finanzdienstleistungen Eigentum oder Besitz an Geldern, Anteilscheinen oder Anteilen von Kunden zu verschaffen [306];

9. die Unternehmungen, die Finanzdienstleistungen ausschließlich an einer Börse [307], an der ausnahmslos Derivate [308] gehandelt werden, für andere Mitglieder dieser Börse erbringen (sog. „Locals") und deren Verbindlichkeiten aus diesen Dienstleistungen durch ein System zur Sicherung der Erfüllung der Geschäfte an dieser Börse abgedeckt sind;

10. die Angehörige freier Berufe (z. B. Rechtsanwälte), die Finanzdienstleistungen nur gelegentlich im Rahmen ihrer Berufstätigkeit erbringen und einer Berufskammer in der Form der Körperschaft des öffentlichen Rechts angehören, deren Berufsrecht die Erbringung von Finanzdienstleistungen nicht ausschließt [309];

11. die Unternehmungen, deren Haupttätigkeit darin besteht, Geschäfte über Rohwaren mit gleichartigen Unternehmungen, mit den Erzeugern oder den gewerblichen Verwendern der Rohwaren zu tätigen, und die Finanzdienstleistungen nur für diese Personen und nur insoweit erbringen, als es für ihre Haupttätigkeit erforderlich ist;

12. die Unternehmungen, deren einzige Finanzdienstleistung der Handel mit Sorten ist, sofern ihre Haupttätigkeit nicht im Sortengeschäft liegt. Hotels, Reisebüros, Kaufhäuser und andere Unternehmungen, die den Handel mit Sorten lediglich als Nebentätigkeit betreiben, werden somit auch weiterhin nicht der Aufsicht durch das BAKred unterstellt, weil das Sortengeschäft nicht im Vordergrund ihrer geschäftlichen Betätigung steht [310].

---

[306] Da die Institute oder Unternehmungen, an die die Vermittlung erfolgt, bereits selbst einer Aufsicht unterliegen, wird eine weitergehende Beaufsichtigung der ausschließlich die Aufträge weiterleitenden Unternehmungen als nicht erforderlich angesehen; vgl. BUNDESREGIERUNG (Entwurf eines Gesetzes zur Umsetzung von EG-Richtlinien 1997), S. 72.

[307] Zum bankenaufsichtsrechtlichen Begriff der Börse vgl. § 1 Abs. 3e KWG.

[308] Zum bankenaufsichtsrechtlichen Begriff der Derivate vgl. § 1 Abs. 11 Satz 4 KWG.

[309] Nach Auffassung des BAKred können sich die Angehörige freier Berufe nur dann auf diese Ausnahmevorschrift berufen, sofern sie die Finanzdienstleistungen nicht gewerbsmäßig erbringen bzw. ein in kaufmännischer Weise eingerichteter Geschäftsbetrieb für die Erbringung der Finanzdienstleistungen nicht erforderlich ist. Nach den Anforderungen des BAKred müssen die erbrachten Finanzdienstleistungen zudem dem Kernbereich der jeweiligen berufstypischen Aufgaben zuzuordnen sein. Bei den hieraus erzielten Einkünften muss es sich um Einkünfte aus freiberuflicher Tätigkeit handeln. Vgl. zu diesen Ausführungen HÜLSEN, ANDREAS (Jahresabschlußprüfung 1999), S. 100.

[310] Vgl. BUNDESREGIERUNG (Entwurf eines Gesetzes zur Umsetzung von EG-Richtlinien 1997), S. 67 u. S. 72.

Die vorstehend genannten Wirtschaftseinheiten sind von den Regelungen des Kreditwesengesetzes gänzlich befreit [311]. Sie sind aber z. T. anderen staatlichen Kontrollen unterstellt. Im Übrigen obliegt es dem BAKred, in Zweifelsfällen zu entscheiden, ob auf eine Unternehmung die für Finanzdienstleistungsinstitute vorgesehenen Normen des Kreditwesengesetzes anzuwenden sind oder nicht [312]. Sein Beschluss bindet hierbei alle anderen Verwaltungsbehörden [313].

§ 2 Abs. 10 KWG enthält schließlich noch eine Sonderregelung für so genannte freie Mitarbeiter im Bereich der Anlage- und Abschlussvermittlung. Übt ein solcher freier Mitarbeiter als selbstständiger Unternehmer die Anlage- oder Abschlussvermittlung ausschließlich für Rechnung und unter der Haftung eines Einlagenkreditinstituts oder eines Wertpapierhandelsunternehmens mit Sitz im Inland oder einer nach § 53b Abs. 1 Satz 1 oder Abs. 7 KWG tätigen Unternehmung oder unter der gesamtschuldnerischen Haftung solcher Institute oder Unternehmungen aus, ohne andere Finanzdienstleistungen zu erbringen, und wird dies dem BAKred von einem oder einer dieser haftenden Institute oder Unternehmungen angezeigt, so gilt er wegen dieser engen Anbindung *nicht* als Finanzdienstleistungsinstitut im Sinne des Kreditwesengesetzes [314]. Seine Tätigkeit wird unter den vorgenannten Bedingungen vielmehr denjenigen Instituten oder Unternehmungen zugerechnet, für deren Rechnung und unter deren Haftung er seine Tätigkeit erbringt [315].

3. Die mittelbaren Adressaten der Bankenaufsicht

a) Vorbemerkungen

Die bisher besprochenen Kredit- und Finanzdienstleistungsinstitute stellen die unmittelbaren Adressaten der Bankenaufsicht dar [316]. Mittelbare Adressaten der Bankenaufsicht sind dagegen seit In-Kraft-Treten der Fünften KWG-Novelle [317]

---

[311] Für Einrichtungen und Unternehmungen i. S. d. § 2 Abs. 6 Satz 1 Nr. 3 und Nr. 4 KWG gelten die Vorschriften des Kreditwesengesetzes insoweit, als sie Finanzdienstleistungen erbringen, die für sie nicht eigentümlich sind; vgl. § 2 Abs. 6 Satz 2 KWG.

[312] Vgl. § 4 Satz 1 KWG.

[313] Vgl. § 4 Satz 2 KWG.

[314] Vgl. § 2 Abs. 10 Satz 1 KWG.

[315] Vgl. § 2 Abs. 10 Satz 2 KWG. Zu näheren Einzelheiten vgl. BAKRED (Anforderungen 1998), S. 1 ff.

[316] Vgl. § 6 Abs. 1 KWG.

[317] Vgl. DEUTSCHER BUNDESTAG (Fünftes Gesetz zur Änderung des Gesetzes über das Kreditwesen 1994), S. 2735 ff. (Tag des In-Kraft-Tretens war der 31. Dezember 1995).

– mit ihr erfolgte insbesondere die Umsetzung der Konsolidierungsrichtlinie [318] sowie der Großkreditrichtlinie der Europäischen Gemeinschaften [319] in bundesdeutsches Recht – die Finanzunternehmen, die Finanzholding-Gesellschaften sowie die Unternehmen mit bankbezogenen Hilfsdiensten [320]. Durch ihre Berücksichtigung im Rahmen des bankenaufsichtsrechtlichen Zusammenfassungsverfahrens wendet sich das Kreditwesengesetz nunmehr auch an diese Wirtschaftseinheiten und erweitert in dieser Hinsicht die Befugnisse des BAKred. Bankenaufsichtsrechtliche Relevanz erlangen aber seither auch die so genannten „gemischten Unternehmen". Diese werden zwar nicht in die konsolidierte Beaufsichtigung von Institutsgruppen und Finanzholding-Gruppen einbezogen, aus Sicht des BAKred sind sie jedoch unverzichtbare Lieferanten von Informationen über die finanzielle Situation der ihnen als Tochterunternehmen nachgeordneten Einlagenkreditinstitute und Wertpapierhandelsunternehmen [321]. Dementsprechend werden auch ihnen im Kreditwesengesetz gewisse Pflichten auferlegt. Was unter Finanzunternehmen, Finanzholding-Gesellschaften, Unternehmen mit bankbezogenen Hilfsdiensten sowie gemischten Unternehmen im Sinne der Bankenaufsicht zu verstehen ist, erläutert § 1 Abs. 3 bis 3c KWG.

b) Finanzunternehmen

§ 1 Abs. 3 Satz 1 KWG definiert für das bundesdeutsche Bankenaufsichtsrecht den Begriff des Finanzunternehmens [322]. Finanzunternehmen sind danach Unternehmungen, die weder Kreditinstitute im Sinne des § 1 Abs. 1 KWG noch Finanzdienstleistungsinstitute im Sinne des § 1 Abs. 1a KWG sind [323] und deren Haupttätigkeit darin besteht,

---

[318]   Vgl. RAT DER EUROPÄISCHEN GEMEINSCHAFTEN (Konsolidierungsrichtlinie 1992), S. 52 ff.

[319]   Vgl. RAT DER EUROPÄISCHEN GEMEINSCHAFTEN (Großkreditrichtlinie 1993), S. 1 ff.

[320]   Vgl. auch BUNDESREGIERUNG (Entwurf eines Fünften Gesetzes zur Änderung des KWG 1994), S. 1 u. S. 19 f.

[321]   Vgl. BUNDESREGIERUNG (Entwurf eines Fünften Gesetzes zur Änderung des KWG 1994), S. 20.

[322]   Der bisherige Begriff „Finanzinstitut" wird zur deutlicheren Abgrenzung von den Begriffen „Kreditinstitut" und „Finanzdienstleistungsinstitut" durch den Begriff „Finanzunternehmen" ersetzt; vgl. BUNDESREGIERUNG (Entwurf eines Gesetzes zur Umsetzung von EG-Richtlinien 1997), S. 67.

[323]   Der Begriff „Finanzunternehmen" dient insoweit als Restgröße für Unternehmungen des Finanzsektors; vgl. BUNDESREGIERUNG (Entwurf eines Gesetzes zur Umsetzung von EG-Richtlinien 1997), S. 67. Vgl. auch *Anlage 1*, S. 555 f.

1. Beteiligungen zu erwerben [324],

2. Geldforderungen entgeltlich zu erwerben,

3. Leasingverträge abzuschließen [325],

4. Kreditkarten oder Reiseschecks auszugeben oder zu verwalten,

5. mit Finanzinstrumenten im eigenen Namen für eigene Rechnung zu handeln, ohne dass dies zugleich Dienstleistung für andere ist,

6. andere bei der Anlage in Finanzinstrumenten zu beraten (Anlageberatung),

7. Unternehmungen über die Kapitalstruktur, die industrielle Strategie und die damit verbundenen Fragen zu beraten sowie bei Zusammenschlüssen und Übernahmen von Unternehmungen diese mit Rat zu versehen und ihnen begleitende Dienstleistungen anzubieten oder

8. Darlehen zwischen Kreditinstituten zu vermitteln (Geldmaklergeschäfte).

Bei der Einstufung einer Unternehmung als Finanzunternehmen wird also – in analoger Weise zu den Begriffen „Kreditinstitut" und „Finanzdienstleistungsinstitut" [326] – an ihrer jeweiligen Schwerpunkttätigkeit angeknüpft. Sobald eine Unternehmung auch nur eine der vorstehend genannten Geschäftsarten [327] als Hauptleistung ausübt, wird sie bankenaufsichtsrechtlich zum Finanzunternehmen. Bei Objektgesellschaften beispielsweise kann dies bereits beim Abschluss eines einzigen Leasingvertrages der Fall sein [328]. Im Übrigen ist es durchaus denkbar, dass eine Unternehmung zwar eine der in § 1 Abs. 3 Satz 1 KWG angeführten Tätigkeiten als Hauptleistung anbietet, als notwendige Folge oder im Zusammenhang mit dieser Tätigkeit zugleich aber auch gehalten ist, Bank- oder Finanzdienstleistungsgeschäfte i. S. d. § 1 Abs. 1 Satz 2 bzw. Abs. 1a Satz 2 KWG zu betreiben. So könnten z. B. in Verbindung mit dem in § 1 Abs. 3 Satz 1 Nr. 4 KWG erwähnten Geschäft der Ausgabe oder Verwaltung von Kreditkarten oder Reiseschecks gleichzeitig genehmigungspflichtige Bankgeschäfte wie das Einla-

---

[324] Zur Einstufung so genannter „reiner Industrie- und Versicherungsholdings" als Finanzunternehmen vgl. BAKRED (4. KWG-Änderungsgesetz 1993/94), S. 344j; BAKRED (Einstufung 1995), S. 36 f.; BAKRED (Abzug 1999), S. 1 f.

[325] Zur Abgrenzung der von § 1 Abs. 3 Satz 1 Nr. 3 KWG erfassten Leasinggeschäfte vgl. BAKRED (Leasinggeschäft 1999), S. 1 f.

[326] Vgl. dazu Kapitel D.III.2.a), S. 141 f. sowie Kapitel D.III.2.b), S. 151 f.

[327] Der Katalog der Tätigkeiten von Finanzunternehmen wird in § 1 Abs. 3 Satz 1 KWG insgesamt abschließend aufgezählt. Das Bundesministerium der Finanzen kann jedoch nach vorheriger Anhörung der Deutschen Bundesbank durch Rechtsverordnung weitere Unternehmen als Finanzunternehmen bezeichnen, sofern deren Tätigkeit die eines Finanzunternehmens i. S. d. Zweiten Bankrechtskoordinierungsrichtlinie ist; vgl. § 1 Abs. 3 Satz 2 KWG.

[328] Vgl. BUNDESREGIERUNG (Entwurf eines Vierten Gesetzes zur Änderung des KWG 1992), S. 26.

gen-, Garantie- oder Girogeschäft ausgeübt werden [329]. Eine derartige Unternehmung ist allerdings dann ein Kredit- oder Finanzdienstleistungsinstitut und kein Finanzunternehmen [330].

c) Finanzholding-Gesellschaften

Gemäß den Bestimmungen des § 1 Abs. 3a KWG ist eine Finanzholding-Gesellschaft ein Finanzunternehmen, dessen Tochterunternehmen [331] ausschließlich oder hauptsächlich Kreditinstitute, Finanzdienstleistungsinstitute oder Finanzunternehmen sind, wobei – als strenge Nebenbedingung – mindestens ein Tochterunternehmen ein Einlagenkreditinstitut i. S. d. § 1 Abs. 3d Satz 1 KWG oder ein Wertpapierhandelsunternehmen i. S. d. § 1 Abs. 3d Satz 2 KWG sein muss. Die Qualifizierung eines Finanzunternehmens als Finanzholding-Gesellschaft setzt somit voraus, dass unter seinen Tochterunternehmen die Kreditinstitute und die Finanzdienstleistungsinstitute sowie die Finanzunternehmen dominieren. Dies trifft nach Ansicht der Bundesregierung insbesondere dann zu, wenn zumindest die Hälfte der Bilanzsumme oder die Hälfte des Eigenkapitals aller Tochterunternehmen auf diese Unternehmungen entfällt [332]. Ein Übergewicht der Kredit- und Finanzdienstleistungsinstitute sowie der Finanzunternehmen kann aber auch schon bei deutlich niedrigeren als den vorstehend genannten Anteilshöhen gegeben sein, sofern nämlich die geschäftlichen Aktivitäten dieser Unternehmungen für die Unternehmungsgruppe charakteristisch sind [333].

d) Unternehmen mit bankbezogenen Hilfsdiensten

Die terminologische Abgrenzung der Unternehmen mit bankbezogenen Hilfsdiensten, im Folgenden auch kurz als Hilfsunternehmen bezeichnet, findet sich in

---

[329] Vgl. BUNDESREGIERUNG (Entwurf eines Vierten Gesetzes zur Änderung des KWG 1992), S. 26.

[330] Ähnlich BUNDESREGIERUNG (Entwurf eines Vierten Gesetzes zur Änderung des KWG 1992), S. 26; DÜRSELEN, KARL E. (Änderungen 1993), S. 268.

[331] Tochterunternehmen im Sinne der Bankenaufsicht sind Unternehmungen, die unbeschadet von ihrer Rechtsform und ihrem Sitz entweder die Kriterien des § 290 HGB als Tochterunternehmen erfüllen oder auf die ein beherrschender Einfluss ausgeübt werden kann; vgl. § 1 Abs. 7 Satz 1 KWG. Zur Einstufung einer Unternehmung als Tochterunternehmen reicht also bereits die bloße Möglichkeit einer beherrschenden Einflussnahme aus; vgl. BUNDESREGIERUNG (Entwurf eines Fünften Gesetzes zur Änderung des KWG 1994), S. 22. Ablehnend hierzu der Zentrale Kreditausschuss; vgl. O. V. (Einwände 1993), S. 4.

[332] Vgl. BUNDESREGIERUNG (Entwurf eines Fünften Gesetzes zur Änderung des KWG 1994), S. 22.

[333] Vgl. BUNDESREGIERUNG (Entwurf eines Fünften Gesetzes zur Änderung des KWG 1994), S. 22.

§ 1 Abs. 3c HGB. Es handelt sich hierbei um Unternehmungen, deren Haupttätigkeit darin besteht, Hilfstätigkeiten im Verhältnis zur Haupttätigkeit eines
oder mehrerer Kredit- oder Finanzdienstleistungsinstitute zu erbringen, wie beispielsweise die Immobilienverwaltung oder das Betreiben von Rechenzentren.
Eine Grundstücksverwaltungsgesellschaft ist hiernach also nur dann ein Hilfsunternehmen im Sinne der Bankenaufsicht, wenn die von ihr verwalteten Grundstücke ein Kredit- oder Finanzdienstleistungsinstitut konkret unterstützen; unabdingbar für das Kredit- oder Finanzdienstleistungsinstitut brauchen die Grundstücke jedoch nicht zu sein [334]. Das Hilfsunternehmen selbst darf außerdem kein
Kredit- oder Finanzdienstleistungsinstitut und auch kein Finanzunternehmen sein.

e) Gemischte Unternehmen

Die Legaldefinition des Begriffs „gemischtes Unternehmen" ergibt sich aus § 1
Abs. 3b KWG. Ein gemischtes Unternehmen ist danach eine Unternehmung mit
mindestens einem Einlagenkreditinstitut oder einem Wertpapierhandelsunternehmen als Tochterunternehmen [335]. Das gemischte Unternehmen selbst darf
dabei allerdings weder den Status einer Finanzholding-Gesellschaft noch den eines Kredit- oder Finanzdienstleistungsinstituts innehaben. Gemischte Unternehmen in diesem Sinne sind vor allem Unternehmungen des nichtfinanziellen Sektors wie z. B. Handels- oder Industriebetriebe. Als gemischte Unternehmen kommen aber durchaus auch solche Finanzunternehmen in Frage, bei denen die für
Finanzholding-Gesellschaften kennzeichnende Dominanz der als Tochterunternehmen nachgeordneten Kredit- oder Finanzdienstleistungsinstitute oder Finanzunternehmen fehlt [336]. Das Wort „gemischt" bezieht sich insofern auch nicht auf
die Geschäftätigkeiten der an der Spitze der Gruppe stehenden Unternehmung,
sondern auf ihre verschiedenartigen Unternehmungsbeteiligungen [337].

---

[334] Vgl. BUNDESREGIERUNG (Entwurf eines Fünften Gesetzes zur Änderung des KWG 1994), S. 22.

[335] Zum bankenaufsichtsrechtlichen Begriff des Tochterunternehmens vgl. das vorliegende Kapitel,
S. 159, Fn. 331.

[336] Vgl. auch GÖTTGENS, MICHAEL; KARG, MANFRED (Grundzüge 1994), S. 197.

[337] Vgl. BUNDESREGIERUNG (Entwurf eines Fünften Gesetzes zur Änderung des KWG 1994), S. 22.

Kapitel E

Die Zwecke der Bankenaufsicht sowie die Tätigkeitsziele des Bundesaufsichtsamtes für das Kreditwesen

I. Überblick

Gläubigerschutz und Funktionenschutz dienen allgemein als Begründung zur Rechtfertigung der Notwendigkeit einer gewerbepolizeilichen Sonderbehandlung von Kredit- und Finanzdienstleistungsinstituten [1]. Auch die Harmonisierungsbestrebungen der Europäischen Union auf dem Gebiet des Bankenaufsichtsrechts lassen sich in weiten Teilen auf den Gläubigerschutz und den Funktionenschutz zurückführen [2]. Dementsprechend ist es auch Zweck der Bankenaufsicht in der Bundesrepublik Deutschland, durch umsichtige Überwachung die gesamtwirtschaftliche Funktionsfähigkeit des Kredit- und Finanzdienstleistungsapparates zu wahren sowie die Gläubiger der Kredit- und Finanzdienstleistungsinstitute nach Möglichkeit vor Vermögensverlusten zu schützen [3]. Zur Erreichung dieser Zwecksetzungen der bundesdeutschen Bankenaufsicht werden dem BAKred in § 6 Abs. 1 und Abs. 2 KWG zwei verschiedene Aufgabenbereiche – synonym hierfür auch Tätigkeitsziele – zugewiesen [4]. Es handelt sich um

– die Beaufsichtigung der Kredit- und Finanzdienstleistungsinstitute nach den Vorschriften des Kreditwesengesetzes sowie

– das Einschreiten gegen bestimmte Missstände im Kredit- und Finanzdienstleistungswesen.

---

[1] Vgl. hierzu ausführlich Kapitel A.II, S. 10 ff. und Kapitel A.III, S. 29.

[2] Vgl. u. a. RAT DER EUROPÄISCHEN GEMEINSCHAFTEN (Eigenmittelrichtlinie 1989), S. 16 (1. Erwägungsgrund); RAT DER EUROPÄISCHEN GEMEINSCHAFTEN (Konsolidierungsrichtlinie 1992), S. 52 (11. Erwägungsgrund); RAT DER EUROPÄISCHEN GEMEINSCHAFTEN (Wertpapierdienstleistungsrichtlinie 1993), S. 27 (2. Erwägungsgrund); KOMMISSION DER EUROPÄISCHEN GEMEINSCHAFTEN (Bankenausschuß 1994), S. 19.

[3] Vgl. BUNDESREGIERUNG (Entwurf eines KWG 1959), S. 20 u. S. 25 f.; BUNDESREGIERUNG (Stellungnahme 1959), S. 67.

[4] Zu weiteren sachverwandten Arbeitsgebieten des BAKred vgl. Kapitel D.II.1, S. 101 f.

Während das erstgenannte Tätigkeitsziel sich hierbei insbesondere auf das Verhalten des *einzelnen* Kredit- bzw. Finanzdienstleistungsinstituts bezieht, richtet sich das zweitgenannte Tätigkeitsziel dagegen auf Fehlentwicklungen, die den Banken- bzw. Finanzdienstleistungssektor in seiner *Gesamtheit* oder zumindest in *wesentlichen Teilen* betreffen [5]. Eine eindeutige Abgrenzung beider Aufgabenbereiche ist allerdings nicht möglich; die Übergänge sind vielmehr fließend [6]. Im Übrigen verfolgt das BAKred gemäß § 6 Abs. 4 KWG die ihm gesetzlich zugewiesenen Tätigkeitsziele ausschließlich im öffentlichen Interesse. *Abbildung 7* zeigt in einem ersten Überblick die diesbezüglichen Beziehungen.

Abb. 7: Die Verknüpfung von Gläubiger- und Funktionenschutz mit den Tätigkeitszielen des BAKred

Gläubigerschutz

Funktionenschutz

Beaufsichtigung der Kredit- und Finanzdienstleistungsinstitute nach den Vorschriften des Kreditwesengesetzes (§ 6 Abs. 1 i. V. m. Abs. 3 KWG)	Einschreiten gegen bestimmte Missstände im Kredit- und Finanzdienstleistungswesen (§ 6 Abs. 2 KWG)

Ausübung der Aufgaben nur im öffentlichen Interesse
(§ 6 Abs. 4 KWG)

---

[5]   Vgl. BUNDESGERICHTSHOF (Wetterstein-Entscheidung 1979), S. 1354 f.; MAYER, HELMUT (Bundesaufsichtsamt 1981), S. 25; BÄHRE, INGE LORE; SCHNEIDER, MANFRED (KWG-Kommentar 1986), S. 113 u. S. 114 f.; KÜMPEL, SIEGFRIED (Kapitalmarktrecht 1995), S. 1366 ff.; SZAGUNN, VOLKHARD; HAUG, ULRICH; ERGENZINGER, WILHELM (Kreditwesen 1997), S. 164; REISCHAUER, FRIEDRICH; KLEINHANS, JOACHIM (Kreditwesengesetz 2000), Kza. 115, § 6, S. 8 f.

[6]   Vgl. MAYER, HELMUT (Bundesaufsichtsamt 1981), S. 25.

II. Die Beaufsichtigung der Kredit- und Finanzdienstleistungsinstitute nach den Vorschriften des Kreditwesengesetzes

Entsprechend der Regelung des § 6 Abs. 1 KWG [7] übt das BAKred die Aufsicht über die Kredit- und Finanzdienstleistungsinstitute nach den Vorschriften des Kreditwesengesetzes aus [8]. Dies bedeutet, dass sich das BAKred mit der einzelnen Bank bzw. mit dem einzelnen Finanzdienstleistungsinstitut von seiner Errichtung an bis zur gegebenenfalls freiwilligen oder erzwungenen Auflösung zu befassen hat [9]. Zwischen beiden Polen liegt das für die Bankenaufsicht zentrale Interessengebiet der wirtschaftlichen Betätigung von Kredit- und Finanzdienstleistungsinstituten, bei der diese Institute insbesondere die Ordnungsvorschriften – KRÜMMEL spricht von geschäftspolitischen Wohlverhaltensregeln [10] – zu beachten haben, die für sie im Kreditwesengesetz und den dazu ergangenen Ergänzungsbestimmungen [11] festgehalten sind [12]. Das BAKred hat die Einhaltung dieser Ordnungsvorschriften, die zu einer soliden Geschäftsführung und zu einer gesunden inneren Struktur der Kredit- und Finanzdienstleistungsinstitute beitragen sollen [13], mit Hilfe des ihm gesetzlich zur Verfügung stehenden Instrumentariums laufend zu kontrollieren und im Bedarfsfall mit Zwangsmitteln durchzu-

---

[7] Nach Auffassung des BUNDESGERICHTSHOFS enthält § 6 Abs. 1 KWG „die Generalklausel für die 'eigentliche' Bankenaufsicht"; BUNDESGERICHTSHOF (Wetterstein-Entscheidung 1979), S. 1354. MAYER kennzeichnet diesen Tätigkeitsbereich des BAKred als „Bankenaufsicht im engeren Sinne"; MAYER, HELMUT (Bundesaufsichtsamt 1981), S. 25.

[8] Bestimmte Spezialkreditinstitute sind zusätzlich nach den Vorschriften der für sie erlassenen Sonderaufsichtsgesetze zu überwachen; vgl. § 3 HypBankG, § 3 SchiffsBankG, § 3 Abs. 1 Satz 1 BausparkG sowie § 2 Abs. 1 KAGG i. V. m. § 1 Abs. 1 Satz 2 Nr. 6 KWG; ferner Kapitel C.II, S. 95 f. In die Aufsicht des BAKred einzubeziehen sind aber auch die das Kreditwesengesetz ergänzenden Gesetze wie bspw. das Depotgesetz sowie diejenigen Bestimmungen des allgemeinen Rechts, insbesondere des Handels- und Gesellschaftsrechts, auf die das Kreditwesengesetz aufbaut (z. B. die Vorschriften über die Bilanzierung und Prüfung); vgl. dazu MÖSCHEL, WERNHARD (Wirtschaftsrecht 1972), S. 318 f.; SCHORK, LUDWIG; SCHORK, LEO (Kreditwesen 1999), S. 121 f.; REISCHAUER, FRIEDRICH; KLEINHANS, JOACHIM (Kreditwesengesetz 2000), Kza. 115, § 6, S. 4 ff.

[9] Vgl. MAYER, HELMUT (Bundesaufsichtsamt 1981), S. 25.

[10] Vgl. KRÜMMEL, HANS-JACOB (Normen 1975), S. 529; KRÜMMEL, HANS-JACOB (Bankenaufsichtsziele 1983), S. 11.

[11] An vorderster Stelle sind hier die quantitativen Strukturnormen des BAKred zu nennen, die als Eigenkapitalbelastungs- bzw. Fristenkongruenzregeln auf eine angemessene Eigenkapitalausstattung und eine ausreichende Liquiditätshaltung der Kredit- und Finanzdienstleistungsinstitute hin ausgerichtet sind; vgl. BAKRED (Eigenmittel- und Liquiditätsgrundsätze 1997), S. 1 ff.

[12] Vgl. MAYER, HELMUT (Bundesaufsichtsamt 1981), S. 25.

[13] Vgl. BUNDESREGIERUNG (Entwurf eines KWG 1959), S. 20.

setzen [14]. § 6 Abs. 1 KWG beschränkt sich von daher auch nicht nur auf eine bloße Aufgabenbeschreibung des BAKred. Er stellt vielmehr zugleich eine unmittelbare Rechtsgrundlage für das Tätigwerden des BAKred dar, nach der es dem BAKred möglich ist, belastende Verwaltungsakte [15] zur Befolgung auch derjenigen Gebote und Verbote des Kreditwesengesetzes durch die Kredit- und Finanzdienstleistungsinstitute zu erlassen, für die das Kreditwesengesetz selbst keine speziell geregelten Eingriffsbefugnisse des BAKred vorsieht [16]. Diese allgemeine Ermächtigung gemäß § 6 Abs. 1 KWG zum Erlass von belastenden Verwaltungsakten tritt neben die besonderen Ermächtigungen in einzelnen Vorschriften des Kreditwesengesetzes, soweit dort nichts anderes bestimmt ist [17].

Die im Zuge der Sechsten KWG-Novelle neu eingefügte Anordnungskompetenz des § 6 Abs. 3 KWG dient insofern auch nur der Ergänzung und Klarstellung. Ihr Inhalt orientiert sich an Vorschriften, die für das BAV, das BAWe sowie die Börsenaufsichtsbehörden der Länder bereits seit längerem gelten [18]. Das BAKred ist danach befugt, im Rahmen der ihm zugewiesenen Aufgaben nach pflichtgemäßem Ermessen gegenüber dem *einzelnen* Kredit- oder Finanzdienstleistungsinstitut und seinen Geschäftsleitern alle Anordnungen zu treffen, „die geeignet und erforderlich sind, Missstände in dem Institut zu verhindern oder zu beseitigen, welche die Sicherheit der dem Institut anvertrauten Vermögenswerte gefährden können oder die ordnungsmäßige Durchführung der Bankgeschäfte oder Finanzdienstleistungen beeinträchtigen" [19]. Als solche Missstände gelten insbesondere Versäumnisse bei der internen Organisation eines Kredit- oder Finanzdienstleistungsinstituts (z. B. bei den internen Kontrollverfahren, der Ausgestaltung der Innenrevision oder der Auslagerung von Geschäftsbereichen auf andere Unternehmungen), bei der Einhaltung der Grundsätze ordnungsmäßiger Geschäftsführung sowie bei der Sicherstellung der Gesamtverantwortung der Geschäftsleiter [20]. REISCHAUER/KLEINHANS sehen darüber hinaus eine Beeinträchtigung der

---

[14] Vgl. BUNDESREGIERUNG (Entwurf eines KWG 1959), S. 20 u. S. 30; MAYER, HELMUT (Bundesaufsichtsamt 1981), S. 25. MÖSCHEL bezeichnet eine solche Aufsicht als „Technik der Normgewährleistung"; MÖSCHEL, WERNHARD (Wirtschaftsrecht 1972), S. 235.

[15] Zur Definition des Verwaltungsaktes vgl. § 35 VwVfG.

[16] Vgl. BUNDESREGIERUNG (Entwurf eines KWG 1959), S. 30; MÖSCHEL, WERNHARD (Wirtschaftsrecht 1972), S. 317 ff.; HÜTZ, GERHARD (Bankenaufsicht 1990), S. 218 ff. u. S. 257 f.; a. A. TORMANN, WOLFGANG (Anordnungsbefugnisse 1977), S. 378.

[17] Vgl. BUNDESREGIERUNG (Entwurf eines KWG 1959), S. 30; ähnlich REISCHAUER, FRIEDRICH; KLEINHANS, JOACHIM (Kreditwesengesetz 2000), Kza. 115, § 6, S. 2 f.

[18] Vgl. § 81 Abs. 2 Satz 1 VAG, § 4 Abs. 1 Satz 3 WpHG sowie § 1a Abs. 2 BörsG.

[19] § 6 Abs. 3 KWG. Für Spezialkreditinstitute bestehen zudem eigene ergänzende Befugnisnormen; vgl. § 4 HypBankG, § 4 SchiffsBankG sowie § 3 Abs. 1 Satz 2 BausparkG.

[20] Vgl. BUNDESREGIERUNG (Entwurf eines Gesetzes zur Umsetzung von EG-Richtlinien 1997), S. 74.

ordnungsgemäßen Durchführung von Bankgeschäften, „wenn z. B. ein Institut an seine Kunden für die Durchführung bestimmter Geschäfte Karten ausgibt, die nicht ausreichend gegen den Missbrauch durch Dritte gesichert sind, oder beim Telefonbanking keine ausreichenden Sicherheitsvorkehrungen einbaut" [21]. Durch die Wendung „können" in § 6 Abs. 3 KWG erhält das BAKred zudem das Recht, bereits im Vorfeld vor Eintritt einer konkreten Gefahr für die Sicherheit der dem Institut anvertrauten Vermögenswerte verbindliche Anordnungen zu treffen [22].

Vorstehendes lässt deutlich werden, dass die Aufsichtsbemühungen des BAKred gemäß § 6 Abs. 1 KWG – unterstützt durch die Anordnungskompetenz des § 6 Abs. 3 KWG – bei den *einzelnen* Banken und Finanzdienstleistungsinstituten ansetzen [23]. Durch die Schaffung und die Aufrechterhaltung eines relativ hohen Bonitätsniveaus – LUSSER verweist auf die Notwendigkeit der Errichtung eines stabilen Fundaments [24] – soll erreicht werden, dass individuelle Gefährdungen der Institute gar nicht erst auftreten [25]. Das BAKred hat vielmehr darüber zu wachen, dass die Kredit- und Finanzdienstleistungsinstitute „so geführt werden, dass sie gegenwärtig in einem solventen Zustand sind und die Erwartung rechtfertigen, dass sie auch in Zukunft in einem solventen Zustand sein werden" [26]. Der Tendenz nach laufen die Anforderungen des Kreditwesengesetzes somit auf eine Unternehmenssicherung hinaus [27]; sie zielen darauf ab, die einzelne Bank oder das einzelne Finanzdienstleistungsinstitut als Verwalter fremden Vermögens möglichst intakt zu halten [28]. Eine umfassende staatliche Bestandsgarantie für jedes einzelne Kredit- oder Finanzdienstleistungsinstitut wird auf diesem Wege

---

[21] REISCHAUER, FRIEDRICH; KLEINHANS, JOACHIM (Kreditwesengesetz 2000), Kza. 115, § 6, S. 14.

[22] Vgl. REISCHAUER, FRIEDRICH; KLEINHANS, JOACHIM (Kreditwesengesetz 2000), Kza. 115, § 6, S. 2 u. S. 14.

[23] So auch BÄHRE, INGE LORE (Grenzen 1975), S. 412; BUNDESGERICHTSHOF (Wetterstein-Entscheidung 1979), S. 1354; BÄHRE, INGE LORE (Probleme 1985), S. 63; REISCHAUER, FRIEDRICH; KLEINHANS, JOACHIM (Kreditwesengesetz 2000), Kza. 115, § 6, S. 4. KÜMPEL spricht diesbezüglich von der institutsbezogenen Aufsicht; vgl. KÜMPEL, SIEGFRIED (Kapitalmarktrecht 1995), S. 1367. Ein weiterer wichtiger Anknüpfungspunkt der Bankenaufsicht ist die Einbindung der Kreditinstitute und Finanzdienstleistungsinstitute in eine Institutsgruppe oder Finanzholding-Gruppe.

[24] Vgl. LUSSER, MARKUS (Harmonisierung 1989), S. 102.

[25] Vgl. MAYER, HELMUT (Bundesaufsichtsamt 1981), S. 42; MÜLLER, WERNER A. (Gläubigerschutz 1981), S. 29.

[26] WELCKER, JOHANNES (Bankenaufsicht 1978), S. 26.

[27] Vgl. BÄHRE, INGE LORE (Grenzen 1975), S. 412; BUNDESREGIERUNG (Bericht über die Ausnahmebereiche des Gesetzes gegen Wettbewerbsbeschränkungen 1975), S. 17; BRESSER, KARL-LUDWIG (Kontrolle 1978), S. 14; WELCKER, JOHANNES (Struktur 1981), S. 61; SCHIERENBECK, HENNER; HÖLSCHER, REINHOLD (BankAssurance 1998), S. 108; SÜCHTING, JOACHIM; PAUL, STEPHAN (Bankmanagement 1998), S. 459.

[28] Vgl. DÜRRE, GÜNTER (Möglichkeiten 1973), S. 1189; DÜRRE, GÜNTER (Aufsichtsamt 1974), S. 187.

gleichwohl nicht angestrebt [29]. Es wird vielmehr akzeptiert, dass auch in den Bereichen Bank- und Finanzdienstleistungswirtschaft die Auslesefunktion des Wettbewerbs die Marktstrukturen verändert [30]. Was jedoch mit den Aufsichtsnormen des Kreditwesengesetzes grundsätzlich verbunden sein soll, ist eine Verminderung der Krisenanfälligkeit der Kredit- und Finanzdienstleistungsinstitute [31]. Sie sollen wirtschaftlich in die Lage versetzt werden, selbst schwierige Zeiten mühelos durchzustehen [32]. Die dem BAKred gemäß § 6 Abs. 1 KWG aufgetragene Aufsicht über die Kredit- und Finanzdienstleistungsinstitute ist daher auch nicht im Sinne einer unbedingten oder absoluten Existenzerhaltung zu interpretieren, sondern im Sinne einer Verringerung der Eintrittswahrscheinlichkeit eines Insolvenzfalles [33].

Eine so verstandene Institutssicherung bildet indessen kein eigenständiges bankenaufsichtsrechtliches Ziel. Sie erfolgt auch nicht der betroffenen Institute wegen und schon gar nicht zum Schutz der Vermögensinteressen der jeweiligen Eigenkapitalgeber [34]. Die Beschränkung der Gefahr des Fallierens eines Kredit- bzw. Finanzdienstleistungsinstituts durch aufsichtliche Maßnahmen des BAKred dient vielmehr der Absicht, die Gläubiger in diesen Wirtschaftsbereichen vor Vermögensverlusten infolge von Zahlungsunfähigkeit oder Überschuldung ihrer Bank oder ihres Finanzdienstleistungsinstituts zu bewahren [35]. Der *Kerngedanke des Kreditwesengesetzes* lautet demnach: Schutz der Vermögensansprüche der Gläubiger von Kredit- und Finanzdienstleistungsinstituten durch vorbeugende

---

[29] Vgl. zur Begründung und den damit verbundenen bankenaufsichtsrechtlichen Konsequenzen Kapitel A.II.3, S. 23 ff.

[30] Vgl. BUNDESREGIERUNG (Entwurf eines KWG 1959), S. 20; BUNDESREGIERUNG (Bericht über die Ausnahmebereiche des Gesetzes gegen Wettbewerbsbeschränkungen 1975), S. 17.

[31] Vgl. BUNDESREGIERUNG (Entwurf eines KWG 1959), S. 20.

[32] Nach DÜRRE ist dies die eigentliche Aufgabe der Bankenaufsicht nach dem Kreditwesengesetz; vgl. DÜRRE, GÜNTER (Möglichkeiten 1973), S. 1191. BÄHRE zufolge „ist nicht das Verbieten von Risiken ... die aufsichtliche Fragestellung, sondern das relative Begrenzen von Risiken in einer Weise, dass sie aus eigener Kraft aufgefangen werden können"; BÄHRE, INGE LORE (Interne Revision 1979), S. 37.

[33] Vgl. auch PROFESSOREN-ARBEITSGRUPPE (Stellungnahme 1981), S. 8 f.; KRÜMMEL, HANS-JACOB (Run 1984), S. 485 u. S. 487; KRÜMMEL, HANS-JACOB (Strukturnormen 1987), S. 41 f.; DEUTSCHE BUNDESBANK (Einlagensicherung 1992), S. 31; HEIN, MANFRED (Bankbetriebslehre 1993), S. 98.

[34] Vgl. PROFESSOREN-ARBEITSGRUPPE (Stellungnahme 1981), S. 8.

[35] Vgl. auch DÜRRE, GÜNTER (Aufsichtsamt 1974), S. 187; KRÜMMEL, HANS-JACOB (Normen 1975), S. 524; PROFESSOREN-ARBEITSGRUPPE (Stellungnahme 1981), S. 8; KRÜMMEL, HANS-JACOB (Bankenaufsichtsziele 1983), S. 11 u. S. 79 ff.; BÄHRE, INGE LORE; SCHNEIDER, MANFRED (KWG-Kommentar 1986), S. 113. BIEG hebt in diesem Zusammenhang hervor, dass das BAKred stellvertretend für die Gläubiger eines Kredit- oder Finanzdienstleistungsinstituts tätig wird; vgl. BIEG, HARTMUT (Bankrichtlinien 1989), S. 10; ferner MÜLLER, WERNER A. (Gläubigerschutz 1981), S. 39; CHRISTIAN, CLAUS-JÖRG (Informationsbasis 1992), S. 27.

Institutserhaltung [36]. Ein solcher *mittelbarer* Gläubigerschutz über die vorsorgliche Sicherung der Liquidität und Solvabilität einzelner Kredit- und Finanzdienstleistungsinstitute geht zudem regelmäßig einher mit einer allgemeinen Stärkung des Vertrauens der Öffentlichkeit in die Zuverlässigkeit und die Leistungsfähigkeit des Bank- bzw. Finanzdienstleistungsgewerbes. Die auf die Bestandssicherung von Kredit- und Finanzdienstleistungsinstituten ausgerichteten Einwirkungsmöglichkeiten des BAKred leisten aber dann – unterstützt durch weitere gläubigerschützende Maßnahmen [37] – zugleich einen Beitrag zur Funktionserhaltung des gesamten Kredit- und Finanzdienstleistungswesens und darüber hinaus der gesamten Volkswirtschaft, indem sie run-auslösende Vermögensverlusterwartungen der Gläubiger von Kredit- und Finanzdienstleistungsinstituten reduzieren [38].

Gläubigerschutz und Funktionenschutz sind somit Zwecke der bundesdeutschen Bankenaufsicht, die nicht völlig unabhängig voneinander zu betrachten sind. Es handelt sich vielmehr um miteinander verwobene Aufsichtsvorstellungen. Beide Zwecke bedingen sich gegenseitig, sie gehen ineinander über [39]. Was der Gesetzgeber Aufrechterhaltung der gesamtwirtschaftlichen Funktionsfähigkeit des Kredit- und Finanzdienstleistungsapparates und Sicherstellung der Gläubiger von Kredit- und Finanzdienstleistungsinstituten vor Vermögensverlusten nennt, sind nur zwei gewünschte Folgewirkungen desselben Sachverhaltes, nämlich der angesprochenen Insolvenzverhinderung [40]. Konsequenterweise verlangt der Funktionenschutz deshalb auch keine anderen Aufsichtsregelungen als diejenigen, die bereits aus Gründen des Gläubigerschutzes erforderlich sind [41].

---

[36] So oder ähnlich DÜRRE, GÜNTER (Möglichkeiten 1973), S. 1189; DÜRRE, GÜNTER (Aufsichtsamt 1974), S. 187; DÜRRE, GÜNTER (Thesen 1975), S. 896; BÄHRE, INGE LORE (Grenzen 1975), S. 411 f.; BECKER, WOLF-DIETER (Thesen 1975), S. 760; KRÜMMEL, HANS-JACOB (Normen 1975), S. 525 u. S. 545; WELCKER, JOHANNES (Bankenaufsicht 1978), S. 27; ZEITLER, ISABELLA (Bankenaufsicht 1984), S. 41.

[37] Hier ist neben geeigneten handelsrechtlichen Rechnungslegungs- und Publizitätsvorschriften insbesondere auf den *unmittelbaren* Gläubigerschutz durch Einlagensicherungs- oder Anlegerentschädigungssysteme hinzuweisen.

[38] Zu diesem Problemkreis vgl. ausführlich Kapitel A.II.3, S. 18 ff.

[39] Vgl. BIEG, HARTMUT (Bankenaufsicht 1983), S. 38; BIEG, HARTMUT (Bankrichtlinien 1989), S. 10; BIEG, HARTMUT (Bankbetriebslehre 1992), S. 77.

[40] Vgl. MÖSCHEL, WERNHARD (Wirtschaftsrecht 1972), S. 249; MÖSCHEL, WERNHARD (Systematik 1985), S. 1074; ähnlich KUPITZ, ROLF (Ausnahmebereich 1983), S. 21; a. A. BÜSSELMANN, ELKE (Eigenkapital 1993), S. 30 f.

[41] Vgl. BIEG, HARTMUT (Bankenaufsicht 1983), S. 38; BIEG, HARTMUT (Bankbetriebslehre 1992), S. 77. In einzelnen Formulierungen des Kreditwesengesetzes wird auf diese Aufsichtszwecke nochmals ausdrücklich Bezug genommen; vgl. u. a. die §§ 10 Abs. 1 Satz 1, 35 Abs. 2 Nr. 4, 46 Abs. 1 Satz 1, 46a Abs. 3 Satz 2, 47 Abs. 1 KWG.

Auch innerhalb der Europäischen Union sind unter „aufsichtsrechtlichen Gründen" solche „Gründe zu verstehen, denen aufgrund des EG-Rechts erlassene bzw. damit übereinstimmende Rechts- und Verwaltungsvorschriften zugrunde liegen, die die Solidität der einzelnen Finanzinstitute fördern sollen, um dadurch die Stabilität des gesamten Finanzsystems und den Schutz ihrer Kunden zu stärken" [42].

---

[42] KOMMISSION DER EUROPÄISCHEN GEMEINSCHAFTEN (Bankenausschuß 1994), S. 17.

III. Das Einschreiten gegen bestimmte Missstände im Kredit- und Finanzdienstleistungswesen

Über die eigentliche Bankenaufsicht des § 6 Abs. 1 KWG hinaus, deren Tätigkeitsziel es ist, die Anwendung der Normen des Kreditwesengesetzes durch die einzelnen Kredit- bzw. Finanzdienstleistungsinstitute zu gewährleisten [43], wird dem BAKred, soweit nicht das BAWe nach den Vorschriften des Wertpapierhandelsgesetzes zuständig ist, durch § 6 Abs. 2 KWG der zusätzliche Aufgabenbereich übertragen, gegen Missstände im Kredit- und Finanzdienstleistungswesen vorzugehen, die dazu geeignet sind, die Sicherheit der den Kredit- oder Finanzdienstleistungsinstituten anvertrauten Vermögenswerte zu gefährden, die ordnungsmäßige Durchführung der Bankgeschäfte oder Finanzdienstleistungen zu beeinträchtigen oder erhebliche Nachteile für die Gesamtwirtschaft herbeizuführen. In Verfolgung dieses ordnungspolitischen Auftrags, der Bankenaufsicht im weiteren Sinne, hat das BAKred die Pflicht, die *allgemeine* Entwicklung in der Kredit- und Finanzdienstleistungsbranche laufend zu beobachten, um auf diese Weise Tendenzen, die den Zwecken des Kreditwesengesetzes zuwiderlaufen und insofern als Missstände anzusehen sind [44], möglichst rechtzeitig erkennen und ihnen entgegentreten zu können [45]. Damit werden aber auch hier letztlich dieselben Postulate angesprochen wie in § 6 Abs. 1 KWG. Die auf § 6 Abs. 2 KWG beruhende Überwachung des Bank- und Finanzdienstleistungsapparates „als Ganzes oder mindestens in fachlichen oder regionalen Teilen" [46] dient in gleichem Maße dem Gläubiger- und Funktionenschutz wie die sich aus § 6 Abs. 1 KWG ergebende Aufsicht über die Einhaltung der Vorschriften des Kreditwesengeset-

---

[43] Vgl. Kapitel E.II, S. 163 ff.; ferner WIRTSCHAFTSAUSSCHUSS DES DEUTSCHEN BUNDESTAGES (Bericht über den Entwurf eines KWG 1961), S. 7.

[44] Was genau unter einem Missstand im Kredit- und Finanzdienstleistungssektor zu verstehen ist, lässt das Kreditwesengesetz offen. Gleichwohl kann von einem Missstand „nicht schon gesprochen werden, wenn nur in dem einen oder anderen Fall ein Fehlverhalten eines Instituts vorliegt"; MAYER, HELMUT (Bundesaufsichtsamt 1981), S. 26. BÄHRE/SCHNEIDER nennen zahlreiche Beispiele aus der bisherigen Praxis des BAKred, in denen erkannten Missständen im Kredit- bzw. Finanzdienstleistungsgewerbe entgegengewirkt worden ist; vgl. BÄHRE, INGE LORE; SCHNEIDER, MANFRED (KWG-Kommentar 1986), S. 115; ferner SZAGUNN, VOLKHARD; HAUG, ULRICH; ERGENZINGER, WILHELM (Kreditwesen 1997), S. 165 f.; REISCHAUER, FRIEDRICH; KLEINHANS, JOACHIM (Kreditwesengesetz 2000), Kza. 115, § 6, S. 11 ff.

[45] Vgl. BUNDESREGIERUNG (Entwurf eines KWG 1959), S. 30.

[46] BUNDESGERICHTSHOF (Wetterstein-Entscheidung 1979), S. 1354; ferner BÄHRE, INGE LORE; SCHNEIDER, MANFRED (KWG-Kommentar 1986), S. 114 f.

zes durch die einzelnen Kredit- und Finanzdienstleistungsinstitute [47]. Beide Tätigkeitsgebiete des BAKred sind – wie bereits in *Abbildung 7* (vgl. S. 162) gezeigt – tragende Säulen der dem Kreditwesengesetz zugrunde liegenden Absichten.

Im Gegensatz zu § 6 Abs. 1 KWG stellt die Missbrauchsaufsicht des § 6 Abs. 2 KWG allerdings „keine Ermächtigungsgrundlage für belastende Verwaltungsakte dar" [48]. Zu unmittelbaren hoheitlichen Eingriffen gegenüber den Kreditinstituten und Finanzdienstleistungsinstituten ist das BAKred allenfalls befugt, wenn und soweit ein Missstand in der Kredit- und Finanzdienstleistungsbranche sich zugleich als Summe von Verstößen der beteiligten Institute gegen bestimmte KWG-Vorschriften herausstellt oder das Verhalten von Geschäftsleitern der Institute im Zusammenhang mit einem Missstand dazu Anlass gibt, ihre vom Kreditwesengesetz geforderte fachliche Eignung oder Zuverlässigkeit zu bezweifeln [49]. Das BAKred kann daher drohenden oder schon bestehenden Missständen im Kredit- und Finanzdienstleistungswesen lediglich im Wege der sog. „moral suasion", der „Seelenmassage", begegnen [50]. Bestrebungen des BAKred auf diesem Gebiet laufen darauf hinaus, die Kredit- und Finanzdienstleistungsinstitute durch eine Politik der Belehrung, des gütlichen Zuredens, des Ermahnens oder des formlosen Ersuchens – konkret handelt es sich um rechtlich unverbindliche Mitteilungen oder Schreiben des BAKred an die jeweils betroffenen Institute oder deren Spitzenverbände [51] – zu einem aus Sicht der Bankenaufsicht gewünschten Verhalten zurückzuführen. Wird solchen Appellen des BAKred von Seiten der Kredit- oder Finanzdienstleistungswirtschaft nicht Rechnung getragen, so bleibt dem BAKred schließlich nur noch die Möglichkeit, das Bundesministerium der Finan-

---

[47] Dass mit § 6 Abs. 2 KWG sowohl Gesichtspunkte des Gläubigerschutzes als auch des Funktionenschutzes verfolgt werden, betonen u. a. KRÜMMEL, HANS-JACOB (Bankenaufsichtsziele 1983), S. 78 ff.; SEIFERT, EKKEHARD (Privilegierung 1984), S. 89; DEGENHART, HEINRICH (Eigenkapitalnormen 1987), S. 22; PHILIPP, FRITZ (Risikobegrenzungsnormen 1994), S. 53; PRIEWASSER, ERICH (Bankbetriebslehre 1996), S. 36; SCHIERENBECK, HENNER; HÖLSCHER, REINHOLD (BankAssurance 1998), S. 107 f.; SÜCHTING, JOACHIM; PAUL, STEPHAN (Bankmanagement 1998), S. 458.

[48] HÜTZ, GERHARD (Bankenaufsicht 1990), S. 220; ferner WIRTSCHAFTSAUSSCHUSS DES DEUTSCHEN BUNDESTAGES (Bericht über den Entwurf eines KWG 1961), S. 7; MÖSCHEL, WERNHARD (Wirtschaftsrecht 1972), S. 320; TORMANN, WOLFGANG (Anordnungsbefugnisse 1977), S. 378; BIEG, HARTMUT (Bankenaufsicht 1983), S. 76; SZAGUNN, VOLKHARD; HAUG, ULRICH; ERGENZINGER, WILHELM (Kreditwesen 1997), S. 165 f. u. S. 167.

[49] Vgl. MAYER, HELMUT (Bundesaufsichtsamt 1981), S. 26; BÄHRE, INGE LORE; SCHNEIDER, MANFRED (KWG-Kommentar 1986), S. 115 f.

[50] Vgl. auch SCHNEIDER, MANFRED (Bankenaufsicht 1978), S. 79.

[51] Zur Einordnung dieser mittelbaren Einwirkungsmöglichkeiten in das Handlungsgefüge des BAKred sowie zu ihrer aufsichtsrechtlichen Bedeutung vgl. insb. MÖSCHEL, WERNHARD (Wirtschaftsrecht 1972), S. 283 ff.; BIEG, HARTMUT (Bankenaufsicht 1983), S. 75 ff.; HOLTERHUS, GERHARD (Abschlußprüfung 1985), S. 12 ff.

zen hierüber zu unterrichten und den Gesetzgeber um Abhilfe durch rechtsetzende Maßnahmen zu bitten [52]. Da aber den Kredit- und Finanzdienstleistungsinstituten bzw. ihren Spitzenverbänden im Allgemeinen an einem guten Einvernehmen mit dem BAKred gelegen ist, werden auftretende Meinungsverschiedenheiten in Bezug auf Missständen im Bank- und Finanzdienstleistungsgewerbe durch gezielte Gesprächsaufnahmen zumeist bereits im Vorfeld administrativer oder legislativer Eingriffe behoben.

---

[52] Vgl. dazu BUNDESREGIERUNG (Entwurf eines KWG 1959), S. 30; SCHNEIDER, MANFRED (Bankenaufsicht 1978), S. 79; MAYER, HELMUT (Bundesaufsichtsamt 1981), S. 26; BÄHRE, INGE LORE; SCHNEIDER, MANFRED (KWG-Kommentar 1986), S. 116; KUNTZE, WOLFGANG (Bankenaufsicht 1994), S. 51; SZAGUNN, VOLKHARD; HAUG, ULRICH; ERGENZINGER, WILHELM (Kreditwesen 1997), S. 167.

IV. Die Ausübung der Aufgaben nur im Allgemeininteresse

§ 6 Abs. 4 KWG [53)] bestimmt, dass das BAKred die ihm nach dem Kreditwesengesetz und den anderen Aufsichtsgesetzen [54)] zugewiesenen Aufgaben ausschließlich im öffentlichen Interesse und nicht etwa zum Schutz der Individualinteressen von Einzelpersonen wahrnimmt [55)]. Erklärtes Ziel des § 6 Abs. 4 KWG ist damit die Nichtanerkennung von Amtspflichten gegenüber den durch das Wirken des BAKred „nur mittelbar geschützten Personen oder Personenkreisen" [56)]. Auf diese Weise soll verhindert werden, dass insbesondere einzelne Gläubiger von Kredit- oder Finanzdienstleistungsinstituten wegen eines bestimmten Handelns oder Unterlassens des BAKred „Schadensersatzansprüche gegen den Staat erheben können" [57)]. Der *unmittelbare* Gläubigerschutz wird insoweit den Einlagensicherungs- oder Anlegerentschädigungseinrichtungen des Kredit- und Finanzdienstleistungsgewerbes überlassen. Die allgemeine Haftung des BAKred gegenüber den beaufsichtigten Kredit- und Finanzdienstleistungsinstituten aus fehlerhaften Entscheidungen bleibt dagegen von der Regelung des § 6 Abs. 4 KWG unberührt [58)].

[53)] Eine § 6 Abs. 4 KWG vergleichbare Regelung gilt für das BAV sowie das BAWe; vgl. § 81 Abs. 1 Satz 3 VAG sowie § 4 Abs. 2 WpHG.

[54)] Gemeint sind u. a. das Hypothekenbankgesetz, das Schiffsbankgesetz sowie das Bausparkassengesetz.

[55)] Die Regelung in § 6 Abs. 4 KWG wurde im Rahmen der Dritten KWG-Novelle (dort noch als § 6 Abs. 3 KWG) ins Kreditwesengesetz eingefügt; vgl. BUNDESREGIERUNG (Entwurf eines Dritten Gesetzes zur Änderung des KWG 1984), S. 2. Sie stellt die Reaktion des Gesetzgebers auf zwei Urteile des Bundesgerichtshofs aus dem Jahre 1979 dar, in denen mangels einer erkennbaren einschränkenden Aufgabenzuweisung an das BAKred entgegen der bis dahin herrschenden Meinung die Auffassung vertreten wurde, die Pflicht zur Bankenaufsicht bestehe nicht nur zum Schutz der Funktionsfähigkeit des Kreditwesens und der Vermögensinteressen der Gläubigergesamtheit, sondern auch zu Gunsten des Einzelinteresses der Gläubiger von Kreditinstituten, sodass gemäß § 839 BGB i. V. m. Art. 34 GG grundsätzlich davon auszugehen sei, dass bei der schuldhaften Verletzung staatlicher Bankenaufsichtsgebote seitens des BAKred Amtshaftungsansprüche einzelner Gläubiger von Kreditinstituten gegenüber dem Bund begründet werden; vgl. BUNDESGERICHTSHOF (Wetterstein-Entscheidung 1979), S. 1354 ff.; BUNDESGERICHTSHOF (Herstatt-Entscheidung 1979), S. 1879 ff.

[56)] BUNDESREGIERUNG (Entwurf eines Dritten Gesetzes zur Änderung des KWG 1984), S. 20.

[57)] BUNDESREGIERUNG (Entwurf eines Dritten Gesetzes zur Änderung des KWG 1984), S. 20. Damit wurde nach Ansicht der Bundesregierung die vor den zitierten BGH-Entscheidungen bestehende Rechtslage, wonach den Belangen der Gläubiger nur in ihrer Gesamtheit Rechnung zu tragen war, wiederhergestellt. Zu den Bedenken hinsichtlich der Verfassungsmäßigkeit des § 6 Abs. 4 KWG vgl. vor allem SCHENKE, WOLF-RÜDIGER; RUTHIG, JOSEF (Amtshaftungsansprüche 1994), S. 2324 ff.

[58)] Vgl. BUNDESREGIERUNG (Entwurf eines Dritten Gesetzes zur Änderung des KWG 1984), S. 20.

Kapitel F

Das Instrumentarium der Bankenaufsicht

I. Einführende Bemerkungen und Überblick

Die Durchführung der Bankenaufsicht nach dem Kreditwesengesetz orientiert sich an marktwirtschaftlichen Grundsätzen [1]. Es handelt sich bei der bundesdeutschen Bankenaufsicht – so wie SCHNEIDER es formuliert – um die „Konzeption eines liberalen Wirtschaftsaufsichtsrechts" [2]. Dies äußert sich darin, dass die Regelungen des Kreditwesengesetzes die Anliegen des Gesetzgebers, nämlich den Gläubigerschutz und den Funktionenschutz, in einer Weise zu verwirklichen suchen, die der Freiheit zur geschäftlichen Betätigung einen sehr großen Spielraum lässt und die grundsätzlich darauf verzichtet, auf die unternehmerischen Entschließungen der Kredit- und Finanzdienstleistungsinstitute sowie auf die konkrete inhaltliche Ausgestaltung des einzelnen Bank- oder Finanzdienstleistungsgeschäfts unmittelbar Einfluss zu nehmen [3]. Das Kreditwesengesetz erlegt der Bankenaufsicht „Abstinenz hinsichtlich der Geschäfts*politik* der beaufsichtigten Banken (und Finanzdienstleistungsinstitute; Anm. d. Verf.) auf [4]. Als Folge die-

---

[1] Vgl. MAYER, HELMUT (Bundesaufsichtsamt 1981), S. 44; BUNDESREGIERUNG (Entwurf eines Dritten Gesetzes zur Änderung des KWG 1984), S. 18; SZAGUNN, VOLKHARD; HAUG, ULRICH; ERGENZINGER, WILHELM (Kreditwesen 1997), S. 67 f.; DEUTSCHE BUNDESBANK (Kreditwesen 1999), S. 6.

[2] SCHNEIDER, UWE H. (Entwicklung 1984), S. 99. Auf die Liberalität des geltenden Aufsichtssystems in der Bundesrepublik Deutschland verweisen ferner SCHNEIDER, MANFRED (Erfahrungen 1972), S. 101; SCHNEIDER, MANFRED (Wettbewerb 1973), S. 123; HERRHAUSEN, ALFRED (Regulierung 1983), S. 7 u. S. 9; SANIO, JOCHEN (Bundesaufsichtsamt 1992), Sp. 1160; ARTOPOEUS, WOLFGANG (Freiheit 1994), S. 1087; BAKRED (Jahresbericht 1996), S. 3; BAKRED (Jahresbericht 1997), Anhang 1, S. 1; a. A. FRANKENBERGER, WILHELM (Wandel 1995), S. 20 u. S. 25.

[3] Vgl. BUNDESREGIERUNG (Entwurf eines KWG 1959), S. 20; WIRTSCHAFTSAUSSCHUSS DES DEUTSCHEN BUNDESTAGES (Bericht über den Entwurf eines KWG 1961), S. 2; MÖSCHEL, WERNHARD (Wirtschaftsrecht 1972), S. 225; SANIO, JOCHEN (Bundesaufsichtsamt 1992), Sp. 1160. Darüber hinaus sollte der Gesetzgeber stets bemüht sein, aufsichtsrechtlich bedingte Wettbewerbsverzerrungen zwischen den einzelnen Gruppen von Kredit- und Finanzdienstleistungsinstituten abzubauen bzw. gar nicht erst entstehen zu lassen. Nach Auffassung KÖLLHOFERS war die Wettbewerbsneutralität der Bankenaufsicht in der Bundesrepublik Deutschland bisher gesichert; vgl. KÖLLHOFER, DIETRICH (Macht 1993), S. 153; a. A. SCHNEIDER, UWE H. (Entwicklung 1984), S. 103. Das Erfordernis einer wettbewerbsneutralen Durchführung der Bankenaufsicht stellt sich mittlerweile nicht nur im innerstaatlichen, sondern zunehmend auch im zwischenstaatlichen Bereich; vgl. dazu Kapitel B.I.2.c), S. 34 ff.

[4] BÄHRE, INGE LORE (Probleme 1985), S. 65 (Hervorhebung auch im Original).

ses bankenaufsichtsrechtlichen „Prinzips der Nichteinmischung" [5] können die Kredit- und Finanzdienstleistungsinstitute bzw. ihre Inhaber oder Geschäftsleiter unter Beachtung der allgemeinen Gesetze weitgehend selbstständig diejenige Geschäftspolitik betreiben, die sie für richtig erachten. Sie allein tragen die Verantwortung für ihre geschäftlichen Aktivitäten [6]. Eine Überprüfung der Zweckmäßigkeit und Richtigkeit ihrer Entscheidungen durch die Bankenaufsicht findet nicht statt [7]. Konsequenterweise bleibt deshalb auch innerhalb des Kredit- und Finanzdienstleistungsgewerbes der Selektionsprozess des Wettbewerbs erhalten [8]. Die Regelungen des Kreditwesengesetzes sehen durchaus vor, dass Kredit- oder Finanzdienstleistungsinstitute im Wege der Insolvenz aus dem Markt ausscheiden [9].

Damit sind die Ausgangsbedingungen der Handlungsmöglichkeiten der bundesdeutschen Bankenaufsicht festgelegt. Gläubigerschutz und Funktionenschutz sind sicherzustellen, ohne das Kreditgewerbe oder die Finanzdienstleistungsbranche aus dem marktwirtschaftlichen Wettbewerbssystem herauszunehmen. Um dies zu erreichen, wird den Trägern der Bankenaufsicht ein breitgefächertes Netz von Vorkehrungen mit vornehmlich präventiven, aber auch protektiven Elementen zur Verfügung gestellt. Während präventive regulatorische Maßnahmen das Risikoniveau der Kredit- und Finanzdienstleistungsinstitute beschränken und hierdurch die Wahrscheinlichkeit eines Zusammenbruchs dieser Institute vermindern helfen wollen, zielen protektive regulatorische Maßnahmen darauf ab, die Kredit- und Finanzdienstleistungsinstitute im Falle einer aktuell drohenden Insolvenz zu erhalten bzw. die Gläubiger dieser Institute vor eventuellen Vermögensverlusten zu bewahren [10]. Das Instrumentarium der Bankenaufsicht dient insofern „dem 'Feuerschutz' und ist 'Feuerwehr' zugleich" [11]. Es lässt sich in seiner Gesamtheit in die folgenden vier sachlichen Maßnahmenbereiche einteilen:

---

[5] Vgl. dahingehend HERRHAUSEN, ALFRED (Regulierung 1983), S. 7.

[6] Vgl. DÜRRE, GÜNTER (Aufsichtsamt 1974), S. 194; SCHNEIDER, MANFRED (Bankenaufsicht 1978), S. 78 u. S. 81; SCHNEIDER, UWE H. (Entwicklung 1984), S. 95 u. S. 103; GADDUM, JOHANN WILHELM (Rahmenbedingungen 1989), S. 48; MEISTER, EDGAR (Wettbewerb 1998), S. 5; DEUTSCHE BUNDESBANK (Kreditwesen 1999), S. 6.

[7] Vgl. auch SANIO, JOCHEN (Bundesaufsichtsamt 1992), Sp. 1154. Bei den instituteigenen Aufsichtsgremien ist dies anders zu beurteilen.

[8] Vgl. u. a. BUNDESREGIERUNG (Entwurf eines KWG 1959), S. 20; MAYER, HELMUT (Bundesaufsichtsamt 1981), S. 44; BÄHRE, INGE LORE (Herausforderung 1983), S. 24.

[9] Vgl. dazu Kapitel E.II, S. 165 f.

[10] Vgl. dahingehend RUDOLPH, BERND (Gestaltungsformen 1991), S. 598.

[11] SCHNEIDER, UWE H. (Entwicklung 1984), S. 102. Zum überwiegend vorbeugenden Charakter der Bankenaufsichtsbestimmungen vgl. MAYER, HELMUT (Bundesaufsichtsamt 1981), S. 41 f.; SEIFERT, EKKEHARD (Privilegierung 1984), S. 90.

(1) Der erste Maßnahmenbereich [12] umfasst alle Fragen, die mit der Errichtung eines Kredit- oder Finanzdienstleistungsinstituts zusammenhängen, wenn es also aus Sicht des BAKred darum geht, die zur Ausübung von Bank- oder Finanzdienstleistungsgeschäften „erforderliche Erlaubnis zu erteilen und zu prüfen, ob die hierfür vorgeschriebenen Anforderungen erfüllt sind" [13]. Es sind dies die Marktzugangsregelungen für Kredit- und Finanzdienstleistungsinstitute.

(2) Im Mittelpunkt des Normengeflechts der Bankenaufsicht – SANIO spricht vom „Kernstück" [14] – steht der zweite Maßnahmenbereich, der Ordnungsrahmen der laufenden geschäftlichen Tätigkeit von Kredit- und Finanzdienstleistungsinstituten [15]. Er enthält insbesondere Rahmenvorschriften für die innere Struktur der Kredit- und Finanzdienstleistungsinstitute, für die Gestaltung und Durchführung des Kreditgeschäfts, für das Betreiben von Handelsgeschäften sowie für das Eingehen von sog. „bedeutenden Beteiligungen" [16]. Als „abstrakte öffentlich-rechtliche Verhaltenspflichten" [17] – andere Autoren sprechen von allgemein-verbindlichen (Wohl-) Verhaltensregeln [18] – sind diese Normativbestimmungen darauf ausgerichtet, dass sowohl die Kreditinstitute als auch die Finanzdienstleistungsinstitute „Mindeststandards für ein ordnungsgemäßes und risikobewusstes Geschäftsgebaren einhalten" [19]. Sie verfolgen damit das Ziel, die von einem Kredit- oder Finanzdienstleistungsinstitut eingehbaren Risiken in aufsichtsrechtlich vertretbare Bahnen zu lenken, und zwar derart, dass das Kredit- oder Finanzdienstleistungsinstitut tat-

---

[12] Vgl. Kapitel F.III, S. 203 ff.

[13] MAYER, HELMUT (Bundesaufsichtsamt 1981), S. 52.

[14] SANIO, JOCHEN (Bundesaufsichtsamt 1992), Sp. 1160; ähnlich BALLWIESER, WOLFGANG; KUHNER, CHRISTOPH (Rechnungslegungsvorschriften 1994), S. 52; KUNTZE, WOLFGANG (Bankenaufsicht 1994), S. 49.

[15] Vgl. Kapitel F.IV, S. 218 ff.

[16] Zur Definition einer bedeutenden Beteiligung im Sinne der Bankenaufsicht vgl. § 1 Abs. 9 KWG; ferner Kapitel F.IV.5, S. 500, Fn. 1030.

[17] SCHNEIDER, UWE H. (Entwicklung 1984), S. 95.

[18] Vgl. u. a. KRÜMMEL, HANS-JACOB (Normen 1975), S. 529; DÜRRE, GÜNTER (Bankenaufsicht 1976), Sp. 88 f.; BIEG, HARTMUT (Bankenaufsicht 1983), S. 36, S. 79 u. S. 82; KRÜMMEL, HANS-JACOB (Bankenaufsichtsziele 1983), S. 11; HEIN, MANFRED (Bankbetriebslehre 1993), S. 99 ff.; PHILIPP, FRITZ (Risikobegrenzungsnormen 1994), S. 53.

[19] ARTOPOEUS, WOLFGANG (Freiheit 1994), S. 1087. Dass die Ordnungsvorschriften des Bankenaufsichtsrechts lediglich Mindestanforderungen zur Stärkung der Widerstandsfähigkeit der Kredit- und Finanzdienstleistungsinstitute gegen die Risiken des Bank- bzw. Finanzdienstleistungsgeschäfts beinhalten, betonen ferner BÄHRE, INGE LORE (Herausforderung 1983), S. 22; GADDUM, JOHANN WILHELM (Rahmenbedingungen 1989), S. 48; SANIO, JOCHEN (Bundesaufsichtsamt 1992), Sp. 1160; SZAGUNN, VOLKHARD; WOHLSCHIEß, KARL (Bankenaufsicht 1993), S. 268; SCHULTE-MATTLER, HERMANN; TRABER, UWE (Marktrisiko 1997), S. 14; MEISTER, EDGAR (Wettbewerb 1998), S. 5.

sächlich eintretende Risiken möglichst aus eigener Kraft aufzufangen vermag [20]. Hierdurch soll die Erwartung zumindest wesentlich verringert werden, dass bei einer möglichen Verlustrealisierung mit entsprechender „Aufzehrung" des Eigenkapitals der Fortbestand des Kredit- oder Finanzdienstleistungsinstituts und als Folge hiervon die Ansprüche der Gläubiger gefährdet sind [21].

WELCKER führt diesbezüglich folgende Bedingungen an, denen aufsichtsrechtliche Normen genügen müssen, damit sie einen nennenswerten Einfluss auf das Verhalten der Banken und Finanzdienstleistungsinstitute in Richtung der vom Gesetzgeber gewollten Zwecke besitzen [22]:

– Der Verwaltungsaufwand zur Erreichung der Norm muss vertretbar sein;

– die Norm muss von den Adressaten akzeptiert werden;

– die Norm muss das Verhalten der Kredit- und Finanzdienstleistungsinstitute in zielkonformer Weise verändern;

– es darf keine Möglichkeit zur Umgehung der Norm gegeben sein.

(3) Vorschriften, die von den Kredit- und Finanzdienstleistungsinstituten bei der Durchführung ihrer Geschäfte ein bestimmtes Verhalten verlangen, wären allerdings weitgehend ohne Einfluss, wenn sie nicht vom BAKred und der Deutschen Bundesbank als den beiden wichtigsten Trägern der Bankenaufsicht anhand eines ausgebauten Anzeigen- oder Meldewesens ständig auf ihre Befolgung hin kontrolliert werden könnten. Der dritte Maßnahmenbereich regelt dementsprechend die Informationsgewinnungswege des BAKred und der Deutschen Bundesbank [23]. Zur Unterrichtung beider Behörden werden sowohl den Kredit- und Finanzdienstleistungsinstituten als auch den Prüfern dieser Institute, hier insbesondere den Abschlussprüfern [24], eine Fülle unterschiedlicher Mitteilungspflichten auferlegt, denen sie entweder unaufgefordert allein aufgrund von KWG-Bestimmungen oder aufgrund spezieller Aufforderung seitens der Aufsichtsinstanzen nachzukommen haben.

---

[20] Vgl. BIEG, HARTMUT (Bankenaufsicht 1983), S. 82 f. Man spricht deshalb auch von Geschäfts- bzw. Risikobegrenzungsregeln; vgl. u. a. WASCHBUSCH, GERD (Jahresabschlußpolitik 1992), S. 205; ARNOLD, WOLFGANG (Eigenkapitalausstattung 1993), S. 12.

[21] Vgl. BIEG, HARTMUT (Bankenaufsicht 1983), S. 79.

[22] Vgl. WELCKER, JOHANNES (Bankenaufsicht 1978), S. 17; kritisch zum Verhältnis der Bedingungen zueinander BIEG, HARTMUT (Bankenaufsicht 1983), S. 79 f.

[23] Vgl. Kapitel F.V, S. 504 ff. Zur Einbindung der Deutschen Bundesbank in den Informationsgewinnungsprozess der Bankenaufsicht vgl. ferner Kapitel D.II.2, S. 106 ff.

[24] Vgl. dazu auch Kapitel D.II.3.b), S. 112 ff.

(4) Der vierte Maßnahmenbereich [25] schließlich betrifft die Eingriffsrechte des BAKred [26] im Allgemeinen und in besonders geregelten Fällen mit der Möglichkeit der zwangsweisen Durchsetzung aufsichtsrechtlicher Gebote und Verbote sowie der Verhängung von Geldbußen zwecks Ahndung von Ordnungswidrigkeiten der Kredit- und Finanzdienstleistungsinstitute.

Abbildung 8 [27] (vgl. S. 178) fasst die vorstehenden Ausführungen noch einmal zusammen und gibt einen Überblick über den strukturellen Aufbau des Instrumentariums der Bankenaufsicht. Vor der Diskussion der einzelnen Maßnahmenbereiche der Bankenaufsicht erfolgt allerdings aufgrund ihrer herausragenden Bedeutung im Gefüge der bankenaufsichtsrechtlichen Bestimmungen zuerst eine Erörterung der Eigenmittelausstattung der Kredit- und Finanzdienstleistungsinstitute.

---

[25] Vgl. Kapitel F.VI, S. 528 ff.

[26] Die Darstellung und Analyse der Eingriffsrechte der Bundesregierung in Krisensituationen sowohl des Kreditwesens als auch der Börsen erfolgte bereits in Kapitel D.II.4.b), S. 131 ff.

[27] In Anlehnung an BIEG, HARTMUT (Bankenaufsicht 1983), S. 81 f.

Abb. 8: Die Mittel der Bankenaufsicht – ein systematischer Aufriss

(1) Marktzugangsregelungen für Kredit- und Finanzdienstleistungsinstitute	
(2) Ordnungsrahmen der laufenden geschäftlichen Tätigkeit von Kredit- und Finanzdienstleistungsinstituten	Rahmenvorschriften für die innere Struktur der Kredit- und Finanzdienstleistungsinstitute
	Rahmenvorschriften für die Gestaltung und Durchführung des Kreditgeschäfts
	Rahmenvorschriften für das Betreiben von Handelsgeschäften
	Rahmenvorschriften für das Eingehen von so genannten „bedeutenden Beteiligungen"
(3) Informationsbasis der Bankenaufsichtsträger	Mitteilungspflichten der Kredit- und Finanzdienstleistungsinstitute gegenüber dem BAKred und der Deutschen Bundesbank – unaufgeforderte Bekanntgabe von Informationen aufgrund von KWG-Bestimmungen – Bekanntgabe von Informationen aufgrund spezieller Aufforderung
	Mitteilungspflichten der Prüfer von Kredit- und Finanzdienstleistungsinstituten gegenüber dem BAKred und der Deutschen Bundesbank – unaufgeforderte Bekanntgabe von Informationen aufgrund von KWG-Bestimmungen – Bekanntgabe von Informationen aufgrund spezieller Aufforderung
(4) Einwirkungsmöglichkeiten des BAKred auf die Kredit- und Finanzdienstleistungsinstitute	Eingriffsrechte im Allgemeinen und in besonders geregelten Fällen [*]
	Verwaltungszwang zur Durchsetzung aufsichtsrechtlicher Gebote und Verbote
	Ahndung von Ordnungswidrigkeiten durch die Verhängung von Geldbußen

[*] Zu den Eingriffsrechten der Bundesregierung in Krisensituationen sowohl des Kreditwesens als auch der Börsen vgl. Kapitel D.II.4.b), S. 131 ff.

II. Die Eigenmittelausstattung der Kredit- und Finanz- dienstleistungsinstitute als zentraler Anknüpfungs- punkt bankenaufsichtsrechtlicher Regelungen

Im System der Bankenaufsicht kommt der Ausstattung der Kredit- und Finanz- dienstleistungsinstitute mit Eigenkapital bzw. Eigenmitteln [28] eine Schlüssel- position zu. Dies liegt in den unterschiedlichen Funktionen begründet, die Eigen- kapitalelemente aus Sicht der Bankenaufsicht zu erfüllen haben [29]. Im Vorder- grund des bankenaufsichtsrechtlichen Interesses steht hierbei die Verlustaus- gleichsfunktion des Eigenkapitals im „going-concern-Fall" sowie die Garantie- oder Haftungsfunktion des Eigenkapitals im Konkursfall [30]. Beide Funktionen – REGNERY bezeichnet sie als die originären Funktionen des Eigenkapitals von Kredit- und Finanzdienstleistungsinstituten [31] – werden allerdings durch weitere bankenaufsichtsrechtlich relevante Funktionen ergänzt. Solche Funktionen des Eigenkapitals von Kredit- und Finanzdienstleistungsinstituten mit derivativem Charakter [32] sind insbesondere die Funktion der Errichtungsgrundlage (Ingang- setzungs- bzw. Gründungsfunktion), die Funktion der Beschränkung geschäft- licher Entfaltungsmöglichkeiten (Risikobegrenzungs- bzw. Bremsfunktion), die Finanzierungsfunktion sowie die Funktion der Schaffung von Vertrauen (Werbe- bzw. Repräsentationsfunktion). Sie finden ebenso wie die beiden erstgenannten Funktionen ihren Niederschlag in einzelnen Regelungen des Bankenaufsichts- rechts. Die Eigenmittelausstattung eines Kredit- oder Finanzdienstleistungsinsti- tuts ist somit in ihrer Gesamtheit bzw. in Teilen – wie auch *Abbildung 9* (vgl.

---

[28] Beide Begriffe werden im Folgenden synonym verwendet; vgl. auch Kapitel A.II.2, S. 14, Fn. 36.

[29] Zu den möglichen Funktionen des Eigenkapitals von Kredit- und Finanzdienstleistungsinstituten im Rahmen von Aufsichtsvorschriften vgl. vor allem die Übersichtsdarstellung bei HAGENMÜLLER, KARL FRIEDRICH (Strukturlehre 1976), S. 228 ff.; vgl. des Weiteren die ergänzenden Literaturhin- weise in Kapitel A.II.2, S. 16, Fn. 52.

[30] Ausführlich dazu BIEG, HARTMUT (Bankenaufsicht 1983), S. 15 ff.; BIEG, HARTMUT (Bankricht- linien 1989), S. 8 f.; BIEG, HARTMUT (Bankbetriebslehre 1992), S. 77 f. u. S. 80 f. GADDUM sieht in dem bankenaufsichtsrechtlichen Eigenkapital der Kredit- und Finanzdienstleistungsinstitute ein Si- cherheitsnetz für die vielfältigen Risiken, die diese Institute im nationalen und internationalen Ge- schäft eingehen; vgl. GADDUM, JOHANN WILHELM (Rahmenbedingungen 1989), S. 52. SÜCHTING spricht von Risikoträgern „in ihrer Eigenschaft als Verteidigungslinien zum Auffangen möglicher Verluste"; SÜCHTING, JOACHIM (Bankmanagement 1992), S. 357.

[31] Vgl. REGNERY, PETER (Bankeneigenkapital 1994), S. 80 ff.

[32] Vgl. REGNERY, PETER (Bankeneigenkapital 1994), S. 82 ff.

S. 181-186) zeigt – zentraler Anknüpfungspunkt und Eckstein für eine ganze Reihe wichtiger bankenaufsichtsrechtlicher Bestimmungen [33].

Abbildung 9 (vgl. S. 181-186) verdeutlicht die herausragende Rolle der Eigenmittel von Kredit- und Finanzdienstleistungsinstituten bei der Ausgestaltung des Bankenaufsichtsrechts. Für die Tätigkeit der Bankenaufsichtsträger, aber auch der Kredit- und Finanzdienstleistungsinstitute selbst, stellt deshalb die genaue Festlegung dessen, was als Eigenkapital im Sinne der Bankenaufsicht anzusehen ist, eine grundlegende Entscheidung dar [34]. Der Gesetzgeber hat hierbei allerdings auf die Schaffung eines für alle Kredit- und Finanzdienstleistungsinstitute einheitlichen Rechtsbegriffs der Eigenmittel verzichtet [35]. Er ist nicht den Weg gegangen, den Inhalt des Eigenkapitalbegriffs in abstrakter Weise zu umschreiben, beispielsweise durch Angabe qualitativer Anforderungen, die einzelne in Frage kommende Eigenkapitalbestandteile aus Sicht der Bankenaufsicht notwendig zu erfüllen haben [36]. Statt dessen gelangt aus Gründen der Rechtssicherheit in § 10 Abs. 1 bis 7 KWG, der Legaldefinition der Eigenmittelausstattung von Kredit- und Finanzdienstleistungsinstituten, das Enumerationsprinzip zur Anwendung [37], d.h., es werden abschließend – unter Beachtung rechtsformspezifischer Besonderheiten – sämtliche bankenaufsichtsrechtlich anerkannten Komponenten des Eigenkapitals von Kredit- und Finanzdienstleistungsinstituten sowie die im Einzelnen als zulässig erachteten Eigenkapitalbeträge aufgezählt. Darüber hinaus wird der voneinander abweichenden Qualität der in die Eigenmittelausstattung von Kredit- und Finanzdienstleistungsinstituten einbezogenen Eigenkapitalformen dadurch Rechnung getragen, dass diese zwei verschiedenen Eigenkapitalkategorien zugeordnet werden, und zwar gemäß § 10 Abs. 2 Satz 1 KWG ent-

---

[33] *Abbildung 9* (vgl. S. 181-186) bezieht sich ausschließlich auf Inhalte des Kreditwesengesetzes. Darüber hinausgehend finden sich in den Sonderaufsichtsgesetzen für Spezialbanken weitere Normen, die an der Höhe der Eigenmittel als Bemessungsgrundlage anknüpfen; vgl. beispielsweise § 5 Abs. 1 Nr. 7, § 7 HypBankG, § 5 Abs. 1 Nr. 4, Nr. 8 u. Nr. 9, § 7 SchiffsBankG, § 4 Abs. 1 Nr. 6 u. Abs. 3 Nr. 6 BausparkG.

[34] So auch GADDUM, JOHANN WILHELM (Rahmenbedingungen 1989), S. 52.

[35] Vgl. BRINKMANN, JÜRGEN (Bestimmungen 1979), S. 308; ZEITLER, ISABELLA (Bankenaufsicht 1984), S. 137; FOLLAK, KLAUS-PETER (Eigenkapitalbegriff 1988), S. 529.

[36] Zu den qualitativen Anforderungen an das bankenaufsichtsrechtliche Eigenkapital vgl. insbesondere BUNDESMINISTERIUM DER FINANZEN (HRSG.) (Studienkommission 1979), S. 350 ff., Tz. 1114 ff. u. S. 399, Tz. 1260; ferner MÜLLER, WERNER A. (Abgrenzung 1981), S. 283 ff.; BAUER, JÜRGEN (Anforderungen 1983), S. 55 ff.; FOLLAK, KLAUS-PETER (Eigenkapitalbegriff 1988), S. 673 ff.; BIEG, HARTMUT (Bankrichtlinien 1989), S. 12; RUDOLPH, BERND (Bankeigenkapital 1991), S. 47 ff.; REGNERY, PETER (Bankeneigenkapital 1994), S. 87 ff.

[37] Für HORN ist eine enumerative Eigenkapitaldefinition regelungstechnisch plausibel, „weil ein genereller Begriff in einem Normtatbestand leicht zu Subsumtionsschwierigkeiten führt"; HORN, NORBERT (Bankrecht 1989), S. 115.

Abb. 9: **Die Eigenmittelausstattung der Kredit- und Finanzdienstleistungsinstitute als Bezugsgröße bankenaufsichtsrechtlicher Vorschriften**

Rechtsnorm	Sachverhalt
§ 10 Abs. 1 KWG i. V. m. dem Eigenmittelgrundsatz I	Kredit- und Finanzdienstleistungsinstitute müssen im Interesse der Erfüllung ihrer Verpflichtungen gegenüber ihren Gläubigern, insbesondere zur Sicherheit der ihnen anvertrauten Vermögenswerte *angemessene Eigenmittel* haben. Die Konkretisierung des Kriteriums der Angemessenheit der Eigenmittel erfolgt hierbei durch den Eigenmittelgrundsatz I [1]. Dieser wird vom BAKred im Einvernehmen mit der Deutschen Bundesbank nach vorheriger Anhörung der Spitzenverbände der Kredit- und Finanzdienstleistungsinstitute aufgestellt.
§ 10 Abs. 9 KWG	Ein Wertpapierhandelsunternehmen muss *Eigenmittel* aufweisen, die mindestens 25 % seiner Kosten entsprechen, die in der Gewinn- und Verlustrechnung des letzten Jahresabschlusses unter den allgemeinen Verwaltungsaufwendungen, den Abschreibungen und Wertberichtigungen auf immaterielle Anlagewerte und Sachanlagen ausgewiesen sind [2].
§ 10a Abs. 1 KWG	Eine Institutsgruppe oder eine Finanzholding-Gruppe insgesamt muss über *angemessene Eigenmittel* verfügen. § 10 KWG über die Eigenmittelausstattung einzelner Kredit- oder Finanzdienstleistungsinstitute gilt entsprechend.
§ 11 KWG i. V. m. dem Liquiditätsgrundsatz II (neu) bzw. den Liquiditätsgrundsätzen II und III (alt)	Kredit- und Finanzdienstleistungsinstitute müssen ihre Mittel so anlegen, dass jederzeit eine ausreichende Zahlungsbereitschaft gewährleistet ist. Die Konkretisierung des unbestimmten Rechtsbegriffs „ausreichende Zahlungsbereitschaft" erfolgt entweder durch den Liquiditätsgrundsatz II (neu) [3] oder die Liquiditätsgrundsätze II und III (alt) [4]. Dieser bzw. diese werden ebenso wie der Eigenmittelgrundsatz I vom BAKred im Einvernehmen mit der Deutschen Bundesbank nach vorheriger Anhörung der Spitzenverbände der Kredit- und Finanzdienstleistungsinstitute aufgestellt.
§ 12 Abs. 1 KWG	Ein Einlagenkreditinstitut darf an einer Unternehmung des nicht finanziellen Sektors keine bedeutende Beteiligung [5] halten, deren Nennbetrag 15 % des *haftenden Eigenkapitals* des Einlagenkreditinstituts übersteigt. Der Gesamtnennbetrag der bedeutenden Beteiligungen an solchen Unternehmungen darf nicht größer sein als 60 % des *haftenden Eigenkapitals* des Einlagenkreditinstituts. Das Einlagenkreditinstitut darf die vorgenannten Grenzen mit Zustimmung des BAKred überschreiten. Das BAKred darf die Zustimmung nur erteilen, wenn das Einlagenkreditinstitut die über die Grenzen hinausgehenden Beteiligungen zu 100 % mit *haftendem Eigenkapital* unterlegt. Werden beide Grenzen überschritten, so besteht lediglich für den höheren Überschreitungsbetrag eine Unterlegungspflicht mit *haftendem Eigenkapital*. § 64a KWG enthält eine ergänzende Übergangsbestimmung.

Fortsetzung Abb. 9:

Rechtsnorm	Sachverhalt
§ 12 Abs. 2 KWG	Ein Kredit- oder Finanzdienstleistungsinstitut hat als übergeordnete Unternehmung einer Institutsgruppe oder Finanzholding-Gruppe, zu der mindestens ein Einlagenkreditinstitut gehört, sicherzustellen, dass die Gruppe an einer Unternehmung des nicht finanziellen Sektors bedeutende Beteiligungen [5] nicht hält, deren Nennbetrag 15 % des *haftenden Eigenkapitals* der Gruppe übersteigt. Es hat außerdem sicherzustellen, dass die Gruppe insgesamt an solchen Unternehmungen bedeutende Beteiligungen nicht hält, deren Nennbetrag zusammen 60 % des *haftenden Eigenkapitals* der Gruppe übersteigt. Mit Zustimmung des BAKred darf das Kredit- oder Finanzdienstleistungsinstitut zulassen, dass die Gruppe die vorgenannten Grenzen überschreitet. Das BAKred darf die Zustimmung nur erteilen, wenn das Kredit- oder Finanzdienstleistungsinstitut die über die Grenzen hinausgehenden Beteiligungen zu 100 % mit *haftendem Eigenkapital* der Gruppe unterlegt. Werden beide Grenzen überschritten, so besteht lediglich für den höheren Überschreitungsbetrag eine Unterlegungspflicht mit *haftendem Eigenkapital*. § 64a KWG enthält eine ergänzende Übergangsbestimmung.
	Großkreditreglement für Nichthandelsbuchinstitute [6]
§ 13 Abs. 1 Satz 1 KWG	Legaldefinition des Begriffs „Großkredit": Kredite an einen Kreditnehmer, die insgesamt 10 % des *haftenden Eigenkapitals* des kreditgebenden Nichthandelsbuchinstituts erreichen oder übersteigen, gelten als ein Großkredit. § 64d KWG enthält ergänzende Übergangsbestimmungen.
§ 13 Abs. 3 KWG	Großkreditobergrenzen: Der einzelne Großkredit darf 25 % (Großkrediteinzelobergrenze) und alle Großkredite zusammen dürfen das Achtfache des *haftenden Eigenkapitals* des Nichthandelsbuchinstituts (Großkreditgesamtobergrenze) nur mit Zustimmung des BAKred überschreiten. Bei Krediten an ein verbundenes Unternehmen [7], das weder einer Gruppe i. S. d. § 13b Abs. 2 KWG angehört noch durch die zuständigen Stellen eines anderen Staates des Europäischen Wirtschaftsraums [8] zu einer Gruppe nach Maßgabe der EG-Großkreditrichtlinie [9] zusammengefasst wird, darf der einzelne Großkredit ohne Zustimmung des BAKred höchstens 20 % des *haftenden Eigenkapitals* des Nichthandelsbuchinstituts betragen. Im Falle des Überschreitens der Großkrediteinzelobergrenze oder der Großkreditgesamtobergrenze ist der Überschreitungsbetrag zu 100 % mit *haftendem Eigenkapital* zu unterlegen. Ein Nichthandelsbuchinstitut, das sowohl die Großkrediteinzelobergrenze gegenüber einem oder mehreren Kreditnehmern als auch die Großkreditgesamtobergrenze überschreitet, hat nur den jeweils höheren Überschreitungsbetrag mit *haftendem Eigenkapital* zu unterlegen. § 64d KWG enthält ergänzende Übergangsbestimmungen.

Fortsetzung Abb. 9:

Rechtsnorm	Sachverhalt
	Großkreditreglement für Handelsbuchinstitute [10)]
§ 13a Abs. 1 Satz 3, 1. Halbsatz KWG	Legaldefinition des Begriffs „Gesamtbuch-Großkredit": Ein Gesamtbuch-Großkredit liegt vor, wenn die Gesamtheit der Kredite an einen Kreditnehmer (= kreditnehmerbezogene Gesamtposition) 10 % der *Eigenmittel* des Handelsbuchinstituts erreicht oder überschreitet.
§ 13a Abs. 1 Satz 3, 2. Halbsatz KWG	Legaldefinition des Begriffs „Anlagebuch-Großkredit": Ein Anlagebuch-Großkredit liegt vor, wenn die Gesamtheit der Kredite an einen Kreditnehmer *ohne* Berücksichtigung der kreditnehmerbezogenen Handelsbuch-Gesamtposition [11)] (= kreditnehmerbezogene Anlagebuch-Gesamtposition [12)]) 10 % des *haftenden Eigenkapitals* des Handelsbuchinstituts erreicht oder überschreitet.
§ 13a Abs. 3 bis 5 KWG	Großkreditobergrenzen:
– § 13a Abs. 3 Satz 1 bis Satz 4 KWG	– Die kreditnehmerbezogene Anlagebuch-Gesamtposition darf ohne Zustimmung des BAKred 25 % des *haftenden Eigenkapitals* des Handelsbuchinstituts nicht überschreiten (Anlagebuch-Großkrediteinzelobergrenze). Gegenüber einem verbundenen Unternehmen im Sinne des § 13 Abs. 3 Satz 3 KWG darf die kreditnehmerbezogene Anlagebuch-Gesamtposition nicht ohne Zustimmung des BAKred 20 % des *haftenden Eigenkapitals* des Handelsbuchinstituts übersteigen. Im Falle des Überschreitens der Anlagebuch-Großkrediteinzelobergrenze ist der Überschreitungsbetrag zu 100 % mit *haftendem Eigenkapital* zu unterlegen. § 64d KWG enthält ergänzende Übergangsbestimmungen.
– § 13a Abs. 3 Satz 5 bis Satz 7 KWG	– Alle Anlagebuch-Großkredite zusammen dürfen ohne Zustimmung des BAKred das Achtfache des *haftenden Eigenkapitals* des Handelsbuchinstituts nicht überschreiten (Anlagebuch-Großkreditgesamtobergrenze). Im Falle des Überschreitens der Anlagebuch-Großkreditgesamtobergrenze ist der Überschreitungsbetrag zu 100 % mit *haftendem Eigenkapital* zu unterlegen. Ein Handelsbuchinstitut, das sowohl die Anlagebuch-Großkrediteinzelobergrenze gegenüber einem oder mehreren Kreditnehmern als auch die Anlagebuch-Großkreditgesamtobergrenze überschreitet, hat nur den jeweils höheren Überschreitungsbetrag mit *haftendem Eigenkapital* zu unterlegen.
– § 13a Abs. 4 Satz 1 bis Satz 4 KWG	– Die kreditnehmerbezogene Gesamtposition darf ohne Zustimmung des BAKred 25 % der *Eigenmittel* des Handelsbuchinstituts nicht überschreiten (Gesamtbuch-Großkrediteinzelobergrenze). Gegenüber einem verbundenen Unternehmen im Sinne des § 13 Abs. 3 Satz 3 KWG darf die kreditnehmerbezogene Gesamtposition nicht ohne Zustimmung des BAKred 20 % der *Eigenmittel* des Handelsbuchinstituts übersteigen. Im Falle des Überschreitens der Gesamtbuch-Großkrediteinzelobergrenze ist der Überschreitungsbetrag gemäß den Regelungen des § 42 GroMiKV mit *Eigenmitteln* zu unterlegen. § 64d KWG enthält ergänzende Übergangsbestimmungen.

Fortsetzung Abb. 9:

Rechtsnorm	Sachverhalt
– § 13a Abs. 4 Satz 5 bis Satz 7 KWG	– Die Gesamtbuch-Großkredite zusammen dürfen ohne Zustimmung des BAKred das Achtfache der *Eigenmittel* des Handelsbuchinstituts nicht überschreiten (Gesamtbuch-Großkreditgesamtobergrenze). Im Falle des Überschreitens der Gesamtbuch-Großkreditgesamtobergrenze ist der Überschreitungsbetrag gemäß den Regelungen des § 43 GroMiKV mit *Eigenmitteln* zu unterlegen. Ein Handelsbuchinstitut, das sowohl die Gesamtbuch-Großkrediteinzelobergrenze gegenüber einem oder mehreren Kreditnehmern als auch die Gesamtbuch-Großkreditgesamtobergrenze überschreitet, hat nur den jeweils höheren Überschreitungsbetrag mit *Eigenmitteln* zu unterlegen.
– § 13a Abs. 5 Satz 1 und Satz 2 KWG	– Im Falle einer Überschreitung der Gesamtbuch-Großkrediteinzelobergrenze in Höhe von 25 % bzw. 20 % der *Eigenmittel* darf die kreditnehmerbezogene Handelsbuch-Gesamtposition auch mit der Zustimmung des BAKred höchstens das Fünffache der *Eigenmittel* des Handelsbuchinstituts, die nicht zur Unterlegung von Risiken des Anlagebuchs benötigt werden, betragen. Ein dennoch vorkommender Überschreitungsbetrag ist gemäß den Regelungen des § 43 GroMiKV mit *Eigenmitteln* zu unterlegen.
– § 13a Abs. 5 Satz 3 und Satz 4 KWG	– Alle kreditnehmerbezogenen Gesamtpositionen, die die Gesamtbuch-Großkrediteinzelobergrenze in Höhe von 25 % bzw. 20 % der *Eigenmittel* länger als 10 Tage überschreiten, dürfen nach Abzug der Beträge, die diese Obergrenzen nicht überschreiten (Gesamt-Überschreitungsposition), zusammen nicht das Sechsfache der *Eigenmittel* des Handelsbuchinstituts, die nicht zur Unterlegung von Risiken des Anlagebuchs benötigt werden, übersteigen. Ein eventueller Überschreitungsbetrag ist gemäß den Regelungen des § 43 GroMiKV mit *Eigenmitteln* zu unterlegen.
§ 13b KWG	Entsprechende Anwendung der für einzelne Institute geltenden Großkreditregelungen des § 13 Abs. 1, Abs. 3 und Abs. 4 sowie des § 13a Abs. 1 und Abs. 3 bis 6 KWG auf die von den Unternehmungen einer Institutsgruppe oder einer Finanzholding-Gruppe insgesamt gewährten Kredite. Ob Unternehmungen, die einer Gruppe angehören, insgesamt einen Großkredit ausgereicht haben und die Obergrenzen nach den §§ 13 und 13a KWG einhalten, ist anhand einer Zusammenfassung ihrer *Eigenmittel* einschließlich der Anteile anderer Gesellschafter und der Kredite an einen Kreditnehmer festzustellen, wenn für eine Unternehmung der Gruppe die kreditnehmerbezogene Gesamtposition 5 % ihres *haftenden Eigenkapitals* beträgt oder übersteigt.
§ 15 Abs. 3 Nr. 2 KWG	Nichtanwendung der Organkreditvorschriften auf Kredite an bestimmte Personen und Unternehmungen, wenn der Kredit weniger als 1 % des *haftenden Eigenkapitals* des Kredit- oder Finanzdienstleistungsinstituts oder weniger als 100.000 DM beträgt.

Fortsetzung Abb. 9:

Rechtsnorm	Sachverhalt
§ 24 Abs. 1 Nr. 5 und Nr. 10 KWG	Kredit- und Finanzdienstleistungsinstitute haben dem BAKred und der Deutschen Bundesbank unverzüglich anzuzeigen: – einen Verlust in Höhe von 25 % des *haftenden Eigenkapitals*, – das Absinken des *Anfangseigenkapitals* unter die Mindestanforderungen nach § 33 Abs. 1 Satz 1 Nr. 1 KWG.
§ 24a Abs. 2 Satz 2 KWG	Beabsichtigt ein Einlagenkreditinstitut oder ein Wertpapierhandelsunternehmen die Errichtung einer Zweigniederlassung in einem anderen Staat des Europäischen Wirtschaftsraums [8)], so unterrichtet das BAKred die zuständigen Stellen des Aufnahmestaats u.a. über die Höhe der *Eigenmittel* und die *Angemessenheit der Eigenmittelausstattung* des Instituts oder der Unternehmung.
§ 29 Abs. 1 Satz 3 KWG	Der Prüfer des Jahresabschlusses sowie eines Zwischenabschlusses hat zu prüfen, ob bei der Zurechnung von nicht realisierten Reserven nach § 10 Abs. 2b Satz 1 Nr. 6 und Nr. 7 KWG zum *haftenden Eigenkapital* eines Kredit- oder Finanzdienstleistungsinstituts die Ermittlungsvorschriften des § 10 Abs. 4a bis 4c KWG beachtet worden sind.
§ 32 Abs. 1 Satz 2 Nr. 1 i. V. m. § 33 Abs. 1 Satz 1 Nr. 1 KWG	Die Zulassung eines Kredit- oder Finanzdienstleistungsinstituts zum Geschäftsbetrieb setzt u.a. einen geeigneten Nachweis der zum Geschäftsbetrieb erforderlichen Mittel voraus. Die Erlaubnis ist vom BAKred zu versagen, wenn die zum Geschäftsbetrieb erforderlichen Mittel, insbesondere ein ausreichendes *Anfangskapital* im Sinne des § 10 Abs. 2a Satz 1 Nr. 1 bis Nr. 7 KWG, im Inland nicht zur Verfügung stehen. Das Gesetz nennt Mindestbeträge für die Höhe des Anfangskapitals (u.a. für Einlagenkreditinstitute einen Betrag in Höhe von 5 Mio. ECU). § 64b KWG enthält ergänzende Übergangsbestimmungen.

§ 35 Abs. 2 Nr. 4 und Nr. 5 KWG	Das BAKred kann die einem Kredit- oder Finanzdienstleistungsinstitut erteilte Erlaubnis zum Geschäftsbetrieb aufheben, wenn:
	– Gefahr für die Erfüllung der Verpflichtungen des Instituts gegenüber seinen Gläubigern, insbesondere für die Sicherheit der dem Institut anvertrauten Vermögenswerte, besteht und die Gefahr nicht durch andere Maßnahmen nach dem Kreditwesengesetz abgewendet werden kann; eine Gefahr für die Sicherheit der dem Institut anvertrauten Vermögenswerte besteht auch
	  – bei einem Verlust des Instituts in Höhe der Hälfte des nach § 10 KWG maßgebenden *haftenden Eigenkapitals* in einem Geschäftsjahr oder
	  – bei einem Verlust des Instituts in Höhe von jeweils mehr als 10 % des nach § 10 KWG maßgebenden *haftenden Eigenkapitals* in mindestens drei aufeinander folgenden Geschäftsjahren;
	– die *Eigenmittel* eines Wertpapierhandelsunternehmens nicht mindestens 25 % seiner Kosten i. S. d. § 10 Abs. 9 KWG entsprechen.

Fortsetzung Abb. 9:

Rechtsnorm	Sachverhalt
§ 45 KWG	Das BAKred kann Entnahmen durch die Inhaber oder Gesellschafter, die Ausschüttung von Gewinnen und die Gewährung von Krediten i. S. d. § 19 Abs. 1 KWG untersagen oder beschränken, wenn bei einem Kredit- oder Finanzdienstleistungsinstitut die *Eigenmittel* nicht den Anforderungen des § 10 Abs. 1 KWG entsprechen und das Institut den Mangel nicht innerhalb einer vom BAKred zu bestimmenden Frist behoben hat. Vergleichbares gilt für übergeordnete Unternehmungen i. S. d. § 10a Abs. 2 bis 5 KWG, falls die *konsolidierten Eigenmittel* der gruppenangehörigen Unternehmungen den Anforderungen des § 10a Abs. 1 KWG nicht entsprechen.

Erläuterungen zur Abb. 9:

¹⁾ Vgl. BAKRED (Eigenmittel- und Liquiditätsgrundsätze 1998), S. 1 ff.

²⁾ Zweck dieser Regelung, die nur für Wertpapierhandelsunternehmen gilt, ist es, eine ordnungsgemäße Abwicklung der Unternehmung, die in die Verlustzone gerät, sicherzustellen; vgl. BUNDESREGIERUNG (Entwurf eines Gesetzes zur Umsetzung von EG-Richtlinien 1997), S. 80; BAKRED (Jahresbericht 1998), S. 20. „Bei Fehlen eines Jahresabschlusses für das erste volle Geschäftsjahr sind die im Geschäftsplan für das laufende Jahr für die entsprechenden Posten vorgesehenen Aufwendungen auszuweisen"; § 10 Abs. 9 Satz 2 KWG. Zu Einzelheiten der Berechnung der erforderlichen Eigenmittel für Wertpapierhandelsunternehmen gemäß § 10 Abs. 9 KWG vgl. BAKRED (Eigenmittel 2000), S. 1 ff.

³⁾ Vgl. BAKRED (Eigenmittel- und Liquiditätsgrundsätze 1998), S. 1 ff.

⁴⁾ Ein Abdruck der Liquiditätsgrundsätze II und III (alt) findet sich in DEUTSCHE BUNDESBANK (Kreditwesen 1996), S. 166-169.

⁵⁾ Zur Definition einer bedeutenden Beteiligung vgl. § 1 Abs. 9 KWG.

⁶⁾ Nichthandelsbuchinstitute sind Kredit- oder Finanzdienstleistungsinstitute, die nach § 2 Abs. 11 KWG von der Anwendung der Vorschriften des Kreditwesengesetzes über das Handelsbuch freigestellt sind; vgl. § 13 Abs. 1 Satz 1 KWG.

⁷⁾ Als verbundene Unternehmen im Sinne der Großkreditvorschriften gelten Mutter-, Tochter- und Schwesterunternehmen. Zur Definition von Mutter-, Tochter- und Schwesterunternehmen vgl. § 1 Abs. 6 und Abs. 7 KWG.

⁸⁾ Zur Abgrenzung des Europäischen Wirtschaftsraums vgl. § 1 Abs. 5a Satz 1 KWG.

⁹⁾ Vgl. RAT DER EUROPÄISCHEN GEMEINSCHAFTEN (Großkreditrichtlinie 1993), S. 1 ff.

¹⁰⁾ Handelsbuchinstitute sind Kredit- oder Finanzdienstleistungsinstitute, die *nicht* nach § 2 Abs. 11 KWG von der Anwendung der Vorschriften des Kreditwesengesetzes über das Handelsbuch freigestellt sind; vgl. § 13a Abs. 1 Satz 1 KWG.

¹¹⁾ Die kreditnehmerbezogene Handelsbuch-Gesamtposition eines Handelsbuchinstituts umfasst „die Gesamtheit der Kredite an einen Kreditnehmer, die dem Handelsbuch zugeordnet werden"; § 13a Abs. 1 Satz 4 KWG. Zur Berechnung der kreditnehmerbezogenen Handelsbuch-Gesamtposition vgl. die §§ 37 bis 41 GroMiKV.

¹²⁾ Die kreditnehmerbezogene Anlagebuch-Gesamtposition eines Handelsbuchinstituts ist somit gleich der Gesamtheit der dem Anlagebuch zuzurechnenden Kredite an denselben Kreditnehmer. Zur Abgrenzung der bankenaufsichtsrechtlichen Begriffe „Handelsbuch" und „Anlagebuch" vgl. § 1 Abs. 12 KWG; ferner *Anlage 11*, S. 574 ff.

weder dem „haftenden Eigenkapital" oder den „Drittrangmitteln". Letztere dürfen lediglich zur Unterlegung der von Kredit- und Finanzdienstleistungsinstituten eingegangenen Marktpreisänderungsrisiken (einschließlich der Adressenrisiken aus dem Handelsbuch) herangezogen werden. Das „haftende Eigenkapital" [38] seinerseits setzt sich wiederum zusammen aus dem „Kernkapital" [39] und dem „Ergänzungskapital" [40] unter Berücksichtigung allgemeiner Abzugspositionen [41]. Schließlich kann innerhalb der „ergänzenden Eigenmittel" nochmals zwischen *drei* Qualitätsstufen unterschieden werden, nämlich zwischen dem „Ergänzungskapital erster Klasse", dem „Ergänzungskapital zweiter Klasse" und dem „Ergänzungskapital dritter Klasse" [42]. Die nachfolgende *Abbildung 10* [43] (vgl. S. 190-202) gibt diesbezüglich einen detaillierten Überblick. Sie zeigt die Konzeption

---

[38] Es sei an dieser Stelle darauf hingewiesen, dass der bankenaufsichtsrechtliche Begriff „haftendes Eigenkapital" irreführend ist, da nicht das Eigenkapital, sondern immer nur das Vermögen eines Kredit- oder Finanzdienstleistungsinstituts sowie gegebenenfalls weitere Haftungszusagen Dritter für die Verbindlichkeiten dieses Instituts haften. Vgl. auch ALSHEIMER, HERBERT (Kernfrage 1993), S. 111; DÜRSELEN, KARL E. (Novellierung 1994), S. 102 (Fn. 12).

[39] Synonym hierfür „Basiseigenmittel" oder auch „Erstrangmittel". Bei den Basiseigenmitteln eines Kredit- oder Finanzdienstleistungsinstituts handelt es sich um Eigenmittelbestandteile, die dem Kredit- oder Finanzdienstleistungsinstitut „uneingeschränkt und sogleich für die Risiko- oder Verlustdeckung zur Verfügung stehen, sobald sich die betreffenden Risiken oder Verluste ergeben"; Art. 2 Abs. 3 Satz 1 Eigenmittelrichtlinie i. V. m. Art. 2 Nr. 23 Kapitaladäquanzrichtlinie.

[40] Synonym hierfür „ergänzende Eigenmittel" oder auch „Zweitrangmittel". Gemäß Art. 3 Abs. 1 Eigenmittelrichtlinie i. V. m. Art. 2 Nr. 23 Kapitaladäquanzrichtlinie umfassen die ergänzenden Eigenmittel eines Kredit- oder Finanzdienstleistungsinstituts im Wesentlichen solche Eigenmittelbestandteile,
   – über die das Kredit- oder Finanzdienstleistungsinstitut frei verfügen kann, um normale geschäftliche Risiken abzudecken, wenn die Verluste und Wertminderungen noch nicht festgestellt wurden,
   – die aus den internen Unterlagen des Kredit- oder Finanzdienstleistungsinstituts ersichtlich sind und
   – die in ihrer Höhe von der Geschäftsleitung des Kredit- oder Finanzdienstleistungsinstituts bestätigt, von unabhängigen Wirtschaftsprüfern geprüft sowie den zuständigen Aufsichtsbehörden offengelegt und ihrer Überwachung unterworfen wurden.

[41] Vgl. § 10 Abs. 2 Satz 2 KWG. Während spezifische Abzugsposten nur im Rahmen des Kern- oder Ergänzungskapitals zum Ansatz kommen, führen allgemeine Abzugsposten zu einer Verminderung der Summe von Kern- und Ergänzungskapital.

[42] Allgemein erfolgt nur eine Differenzierung nach Ergänzungskapital erster und zweiter Klasse; vgl. u. a. BUNDESREGIERUNG (Entwurf eines Gesetzes zur Umsetzung von EG-Richtlinien 1997), S. 77; BOOS, KARL-HEINZ (Entwurf 1997), S. 122; KARG, MANFRED; LINDEMANN, JAN HENNING (Regierungsentwurf 1997), S. 128; SCHIERENBECK, HENNER; HÖLSCHER, REINHOLD (BankAssurance 1998), S. 126. Sachgerechter erscheint allerdings die hier vorgenommene Dreiteilung.

[43] Ähnlich strukturierte Abbildungen finden sich u. a. bei BIEG, HARTMUT (Bankrichtlinien 1989), Anlage 1, S. I bis III; HELLENTHAL, LUDGER (Bankenaufsichtsrecht 1992), S. 89 ff.; DÜRSELEN, KARL E. (Änderungen 1993), S. 272 f.; MÖLLER, KLAUS (Eigenkapitaldeckung 1993), S. 64 f.; SCHARPF, PAUL (Solvabilitätskoeffizient 1993), S. 193 f.; WIENBERG, KLAUS (Allfinanzkonglomerate 1993), S. 91; REGNERY, PETER (Bankeneigenkapital 1994), S. 157 ff.; GRUNER-SCHENK, PETRA (Harmonisierung 1995), S. 136 ff.; HOSSFELD, CHRISTOPHER (Eigenmittel 1997), S. 55, S. 64 u. S. 65.

des Kreditwesengesetzes zur Berechnung der bankenaufsichtsrechtlichen Eigenmittelausstattung von Kredit- und Finanzdienstleistungsinstituten [44], wobei vor allem auch die Verknüpfungen zwischen den einzelnen Güteklassen der Eigenmittel dargelegt werden [45].

Nach SZAGUNN/WOHLSCHIEß handelt es sich bei der gesetzlichen Fixierung des bankenaufsichtsrechtlichen Eigenkapitalbegriffs „um einen mit bemerkenswerter Perfektion definierten Kunstbegriff, durch den primär eine kontrollierbare Ermittlung der Haftungsbasis (eines Kredit- oder Finanzdienstleistungsinstituts; Anm. d. Verf.) gesichert werden soll" [46]. SEUSTER/GERHARD weisen deshalb auch zu Recht darauf hin, dass der im Kreditwesengesetz verwandte Eigenkapitalbegriff inhaltlich nicht identisch ist mit dem, was betriebswirtschaftlich unter Eigenkapital zu verstehen ist [47]. Ein wesentlicher Grund für diese Abweichung liegt nach SEUSTER/GERHARD darin, dass bestimmte Finanzierungsinstrumente bankenaufsichtsrechtlich als Eigenkapital eingestuft werden, obwohl sie – rechtlich betrachtet – Gläubigerkapital darstellen [48].

Die Definition der Eigenmittel nach § 10 Abs. 1 bis 7 KWG ist dadurch gekennzeichnet, dass die Kredit- und Finanzdienstleistungsinstitute ihre aktuelle Eigenmittelsituation zu berücksichtigen haben [49]. Verwirklicht wird dies „durch die Dynamisierung der Mehrzahl der konstitutiven und Abzugskomponenten des haftenden Eigenkapitals und durch eine vollständige Dynamisierung der konsti-

---

[44] Zur Bestimmung der Eigenmittelausstattung von inländischen Zweigstellen ausländischer Unternehmungen vgl. § 53 Abs. 2 Nr. 4 KWG. Zu näheren Einzelheiten vgl. SCHARPF, PAUL (Solvabilitätskoeffizient 1993), S. 102 f.

[45] Zur Diskussion einzelner Bestandteile der Eigenmittelausstattung von Kredit- und Finanzdienstleistungsinstituten vgl. insbesondere REGNERY, PETER (Bankeneigenkapital 1994), S. 160 ff.; ferner HELLENTHAL, LUDGER (Bankenaufsichtsrecht 1992), S. 92 ff.; BUNDESVERBAND DER DEUTSCHEN VOLKSBANKEN UND RAIFFEISENBANKEN E. V. (HRSG.) (Leitfaden 1993), S. 16 ff.; DÜRSELEN, KARL E. (Änderungen 1993), S. 270 ff.; MÖLLER, KLAUS (Eigenkapitaldeckung 1993), S. 19 ff.; REHBEIN, DIETER (Vierte Novelle 1993), S. 254 ff.; SCHARPF, PAUL (Solvabilitätskoeffizient 1993), S. 94 ff.; BAKRED (4. KWG-Änderungsgesetz 1993/1994), S. 332 ff.; GRUNER-SCHENK, PETRA (Harmonisierung 1995), S. 94 ff. u. S. 124 ff.; HOSSFELD, CHRISTOPHER (Eigenmittel 1997), S. 54 f. u. S. 63 ff.; SCHULTE-MATTLER, HERMANN; TRABER, UWE (Marktrisiko 1997), S. 21 ff.; SCHIERENBECK, HENNER; HÖLSCHER, REINHOLD (BankAssurance 1998), S. 121 ff.

[46] SZAGUNN, VOLKHARD; WOHLSCHIEß, KARL (Kreditwesen 1990), S. 162.

[47] Vgl. SEUSTER, HORST; GERHARD, STEPHAN (Eigenkapitalausstattung 1990), S. 11 u. S. 21; ferner BRINKMANN, JÜRGEN (Bestimmungen 1979), S. 308; FEYERABEND, FRIEDRICH-KARL (Bedeutung 1981), S. 84.

[48] Vgl. SEUSTER, HORST; GERHARD, STEPHAN (Eigenkapitalausstattung 1990), S. 22. Zum betriebswirtschaftlichen Eigenkapitalbegriff vgl. m. w. A. REGNERY, PETER (Bankeneigenkapital 1994), S. 65 ff.

[49] Vgl. BUNDESREGIERUNG (Entwurf eines Gesetzes zur Umsetzung von EG-Richtlinien 1997), S. 75.

tutiven und Abzugskomponenten der Drittrangmittel" [50]. Namentlich der Zufluss und der Abfluss externer Eigenmittel (z. B. von Genussrechtsverbindlichkeiten), die Erfüllung oder die Nichterfüllung bestimmter Qualitätskriterien und das Vorliegen eines Abzugstatbestands erhöhen oder vermindern die Eigenmittel kraft Gesetzes jeweils sofort und ohne besondere förmliche Einschaltung des BAKred in dem Augenblick, in dem der entsprechende Zurechnungs- oder Abzugstatbestand erfüllt ist (Herauf- und Herabsetzungsautomatik) [51]. Die Dynamisierung der Eigenmittelkomponenten ermöglicht damit den Kredit- und Finanzdienstleistungsinstituten „eine sehr eng an den geschäftspolitischen Bedürfnissen ausgerichtete Eigenmittelsteuerung" [52]. Für die Bemessung von Eigenkapitalveränderungen, die sich aus handels- oder steuerrechtlichen Bewertungsentscheidungen bzw. Gewinn- oder Verlustfeststellungen des Kredit- oder Finanzdienstleistungsinstituts ergeben, ist dagegen der nächste Jahresabschluss *oder* ein Zwischenabschluss maßgebend (Stichtagsprinzip).

---

[50] BUNDESREGIERUNG (Entwurf eines Gesetzes zur Umsetzung von EG-Richtlinien 1997), S. 75.

[51] Vgl. BUNDESREGIERUNG (Entwurf eines Gesetzes zur Umsetzung von EG-Richtlinien 1997), S. 59 u. S. 78.

[52] BUNDESREGIERUNG (Entwurf eines Gesetzes zur Umsetzung von EG-Richtlinien 1997), S. 59.

Abb. 10: Die Ermittlung der Eigenmittelausstattung eines Kredit- oder Finanzdienstleistungsinstituts gemäß § 10 Abs. 1 bis 7 KWG

Eigenmittelkomponente [1)	Rechtsgrundlage	TDM	TDM	TDM	TDM
A. Haftendes Eigenkapital					
I. Kernkapital (Erstrangmittel)					
Eingezahltes Kapital *[2) (Geschäfts-, Grund-, Stamm- oder Dotationskapital, die Geschäftsguthaben sowie die Vermögenseinlagen der persönlich haftenden Gesellschafter einer KGaA, die nicht auf das Grundkapital geleistet worden sind)	§ 10 Abs. 2a Satz 1 Nr. 1 bis 6 KWG				
+ offene Rücklagen (*)[3)][4)]	§ 10 Abs. 2a Satz 1 Nr. 1 bis 6 KWG	+.........			
+ Sonderposten für allgemeine Bankrisiken nach § 340g HGB[5)]	§ 10 Abs. 2a Satz 1 Nr. 7 KWG	+.........			
+ Vermögenseinlagen stiller Gesellschafter *[6)]	§ 10 Abs. 2a Satz 1 Nr. 8 KWG	+.........			
+ nachgewiesenes freies Vermögen des Inhabers oder der persönlich haftenden Gesellschafter *[7)]	§ 64e Abs. 5 KWG	+.........			
+ Jahresüberschuss[8)]	Begründung zum Regierungsentwurf	+.........			
+ Zwischengewinne[9)]	§ 10 Abs. 3 Satz 1 KWG	+.........			
Abzugsposten vom Kernkapital					
./. Bilanzverlust	§ 10 Abs. 2a Satz 2 Nr. 1 KWG	./..........			
./. Zwischenverluste	§ 10 Abs. 3 Satz 2 KWG	./..........			

Fortsetzung Abb. 10:

Eigenmittelkomponente [1]	Rechtsgrundlage	TDM	TDM	TDM	TDM
./. immaterielle Vermögensgegenstände *	§ 10 Abs. 2a Satz 2 Nr. 2 KWG	./.			
./. Korrekturposten gemäß § 10 Abs. 3b KWG [10]	§ 10 Abs. 2a Satz 2 Nr. 3 KWG	./.			
./. Entnahmen des Inhabers oder der persönlich haftenden Gesellschafter *	§ 10 Abs. 2a Satz 1 Nr. 1 und Nr. 2 KWG	./.			
./. Kredite an den Inhaber oder an persönlich haftende Gesellschafter * [11]	§ 10 Abs. 2a Satz 1 Nr. 1 und Nr. 2 KWG	./.			
./. Schuldenüberhang beim freien Vermögen des Inhabers *	§ 10 Abs. 2a Satz 1 Nr. 1 KWG	./.			
./. Buchwert [12] des Bestandes an eigenen Aktien oder Geschäftsanteilen (ohne kumulative Vorzugsaktien) * [13]	Folge des Grundsatzes der effektiven Kapitalaufbringung	./.			
./. Nennwert der kumulativen Vorzugsaktien *	§ 10 Abs. 2a Satz 1 Nr. 2 KWG	./.			
./. gekündigte Geschäftsguthaben sowie Geschäftsguthaben ausscheidender Genossen einschließlich der diesen zustehenden Anteile an der Ergebnisrücklage nach § 73 Abs. 3 GenG *	§ 10 Abs. 2a Satz 1 Nr. 3 KWG		./.		
./. Kredite an einen Kommanditisten, GmbH-Gesellschafter, Aktionär, Kommanditaktionär oder Anteilseigner eines öffentlich-rechtlichen Kredit- oder Finanzdienstleistungsinstituts, dem mehr als 25 % des Kapitals (Nennkapital, Summe der Kapitalanteile) des Kredit- oder Finanzdienstleistungsinstituts gehören oder dem mehr als 25 % der Stimmrechte zustehen, wenn die Kredite zu nicht marktmäßigen Bedingungen gewährt werden *oder* soweit sie nicht banküblich gesichert sind * [11] [14]	§ 10 Abs. 2a Satz 2 Nr. 4 KWG		./.		

Fortsetzung Abb. 10:

Eigenmittelkomponente [1]	Rechtsgrundlage	TDM	TDM	TDM	TDM	TDM
./. Kredite an stille Gesellschafter i. S. d. § 10 Abs. 4 KWG, deren Vermögenseinlage mehr als 25 % des Kernkapitals ohne Berücksichtigung der Vermögenseinlagen stiller Gesellschafter beträgt, wenn die Kredite zu nicht marktmäßigen Bedingungen gewährt werden *oder* soweit sie nicht banküblich gesichert sind * [11] [14]	§ 10 Abs. 2a Satz 2 Nr. 5 KWG					
Summe des Kernkapitals (A.I.)			./. .... =====			
II. Ergänzungskapital (Zweitrangmittel)						
1. Ergänzungskapital erster Klasse						
Vorsorgereserven nach § 340f HGB [15]	§ 10 Abs. 2b Satz 1 Nr. 1 KWG	....				
+ Nennwert der kumulativen Vorzugsaktien *	§ 10 Abs. 2b Satz 1 Nr. 2 KWG	+				
./. Buchwert [12] des Bestandes an eigenen kumulativen Vorzugsaktien * [13]	Folge des Grundsatzes der effektiven Kapitalaufbringung	./.				
+ 45 % der Rücklagen nach § 6b EStG, soweit diese Rücklagen durch die Einstellung von Gewinnen aus der Veräußerung von Grundstücken, grundstücksgleichen Rechten und Gebäuden entstanden sind	§ 10 Abs. 2b Satz 1 Nr. 3 KWG	+				
+ Genussrechtsverbindlichkeiten * [16]	§ 10 Abs. 2b Satz 1 Nr. 4 KWG	+				
./. Buchwert der in Wertpapieren verbrieften eigenen Genussrechte, die im Rahmen der Marktpflege erworben wurden * [17]	Folge des Grundsatzes der effektiven Kapitalaufbringung	./.				
Zwischensumme „Ergänzungskapital erster Klasse"		=====				

Fortsetzung Abb. 10:

Eigenmittelkomponente [1]	Rechtsgrundlage	TDM	TDM	TDM	TDM	TDM
2. Ergänzungskapital zweiter Klasse						
längerfristige nachrangige Verbindlichkeiten * [18]	§ 10 Abs. 2b Satz 1 Nr. 5 KWG	....				
./. Buchwert der in Wertpapieren verbrieften eigenen längerfristigen nachrangigen Verbindlichkeiten, die im Rahmen der Marktpflege erworben wurden * [19]	Folge des Grundsatzes der effektiven Kapitalaufbringung	./.				
+ Haftsummenzuschlag bei eingetragenen Genossenschaften * [20]	§ 10 Abs. 2b Satz 1 Nr. 8 KWG	+				
Zwischensumme „Ergänzungskapital zweiter Klasse"		=====	+			
Obergrenze für Zwischensumme „Ergänzungskapital zweiter Klasse": maximal 50 % der Summe des Kernkapitals	§ 10 Abs. 2b Satz 3 KWG	=====				
3. Ergänzungskapital dritter Klasse						
die im Anhang des letzten festgestellten Jahresabschlusses ausgewiesenen nicht realisierten Reserven bei Grundstücken, grundstücksgleichen Rechten und Gebäuden in Höhe von 45 % des Unterschiedsbetrags zwischen dem Buchwert und dem Beleihungswert [21]	§ 10 Abs. 2b Satz 1 Nr. 6 KWG	....				
+ die im Anhang des letzten festgestellten Jahresabschlusses ausgewiesenen nicht realisierten Reserven bei folgenden Anlagebuchpositionen:	§ 10 Abs. 2b Satz 1 Nr. 7 KWG					

Fortsetzung Abb. 10:

Eigenmittelkomponente [1]	Rechtsgrundlage	TDM	TDM	TDM	TDM
– bei Wertpapieren, die an einer Wertpapierbörse zum Handel zugelassen sind, in Höhe von 35 % des Unterschiedsbetrags zwischen dem Buchwert zuzüglich Vorsorgereserven [22] und dem Kurswert [23]	§ 10 Abs. 2b Satz 1 Nr. 7 Buchstabe a) KWG	+..........			
– bei nicht notierten Wertpapieren, die Anteile an zum Verbund der Kreditgenossenschaften oder der Sparkassen gehörenden Kapitalgesellschaften mit einer Bilanzsumme von mindestens 20 Mio. DM verbriefen, in Höhe von 35 % des Unterschiedsbetrags zwischen dem Buchwert zuzüglich Vorsorgereserven [22] und dem sog. gemeinen Wert, der nach § 11 Abs. 2 Satz 2 BewG festzustellen ist [24]	§ 10 Abs. 2b Satz 1 Nr. 7 Buchstabe b) KWG	+..........			
– bei Investmentfondsanteilen in Höhe von 35 % des Unterschiedsbetrags zwischen dem Buchwert zuzüglich Vorsorgereserven [22] und dem veröffentlichten Rücknahmepreis [25]	§ 10 Abs. 2b Satz 1 Nr. 7 Buchstabe c) KWG	+..........			
Zwischensumme „Ergänzungskapital dritter Klasse"		=========			
Obergrenze für Zwischensumme „Ergänzungskapital dritter Klasse": maximal 1,4 % der gewichteten Risikoaktiva gemäß Grundsatz I, sofern das Kernkapital mindestens 4,4 % dieser gewichteten Risikoaktiva ausmacht [26]			+..........		
Summe des Ergänzungskapitals insgesamt			========= =========		

Fortsetzung Abb. 10:

Eigenmittelkomponente [1]	Rechtsgrundlage	TDM	TDM	TDM	TDM
./. Korrekturposten gemäß § 10 Abs. 3b KWG [27]	§ 10 Abs. 2b Satz 1 KWG		./.		
Summe des korrigierten Ergänzungskapitals insgesamt (Ergänzungskapital brutto)			=========		
Obergrenze für Ergänzungskapital brutto (A.II.):	§ 10 Abs. 2b Satz 2 KWG				
– maximal 100 % der Summe des Kernkapitals (Ergänzungskapital netto)			=========	+	
III. Abzugsposten vom Kern- und Ergänzungskapital					
Erste Gruppe:					
Buchwert der Beteiligungen an Kreditinstituten (ausgenommen Kapitalanlagegesellschaften), Finanzdienstleistungsinstituten und Finanzunternehmen in Höhe von mehr als 10 % des Kapitals dieser Unternehmungen * [28] [29]	§ 10 Abs. 6 Satz 1 Nr. 1 KWG	....			
+ Buchwert der Forderungen aus längerfristigen nachrangigen Verbindlichkeiten an, aus Genussrechten an und aus Vermögenseinlagen als stiller Gesellschafter bei Kreditinstituten (ausgenommen Kapitalanlagegesellschaften), Finanzdienstleistungsinstituten und Finanzunternehmen, an denen das Kredit- oder Finanzdienstleistungsinstitut zu mehr als 10 % beteiligt ist *	§ 10 Abs. 6 Satz 1 Nr. 2 bis 4 KWG				
Zwischensumme der Abzüge der ersten Gruppe		+ .... =========	....		

Fortsetzung Abb. 10:

Eigenmittelkomponente [1]	Rechtsgrundlage	TDM	TDM	TDM	TDM	TDM
Zweite Gruppe:						
Buchwert der Beteiligungen an Kreditinstituten (ausgenommen Kapitalanlagegesellschaften), Finanzdienstleistungsinstituten und Finanzunternehmen in Höhe von höchstens 10 % des Kapitals dieser Unternehmungen * [29]	§ 10 Abs. 6 Satz 1 Nr. 5 Buchstabe a) KWG	....				
+ Buchwert der Forderungen aus längerfristigen nachrangigen Verbindlichkeiten an, aus Genussrechten an und aus Vermögenseinlagen als stiller Gesellschafter bei Kreditinstituten (ausgenommen Kapitalanlagegesellschaften), Finanzdienstleistungsinstituten und Finanzunternehmen, an denen das Kredit- oder Finanzdienstleistungsinstitut nicht *oder* nur in Höhe von höchstens 10 % des Kapitals dieser Unternehmungen beteiligt ist, *	§ 10 Abs. 6 Satz 1 Nr. 5 Buchstabe b) bis d) KWG	+				
./. 10 % der Summe aus A.I. und A.II. (Freibetrag)	§ 10 Abs. 6 Satz 1 Nr. 5 KWG	./. .... ====				
Zwischensumme der Abzüge der zweiten Gruppe (nur Beträge größer/gleich Null)			+			
Summe der Abzugsposten vom Kern- und Ergänzungskapital				./.		
Summe von A (= haftendes Eigenkapital)				====		
B. Drittrangmittel						
I. Nettogewinn * [30]	§ 10 Abs. 2c Satz 1 Nr. 1 KWG	....				

Fortsetzung Abb. 10:

Eigenmittelkomponente [1]	Rechtsgrundlage	TDM	TDM	TDM	TDM
II. kurzfristige nachrangige Verbindlichkeiten * [31]	§ 10 Abs. 2c Satz 1 Nr. 2 KWG	+			
./. Buchwert der in Wertpapieren verbrieften eigenen kurzfristigen nachrangigen Verbindlichkeiten, die im Rahmen der Marktpflege erworben wurden * [32]	Folge des Grundsatzes der effektiven Kapitalaufbringung	./.			
+ Kappungsbetrag des Ergänzungskapitals zweiter Klasse * [33]	§ 10 Abs. 2c Satz 3 KWG i. V. m. § 10 Abs. 2b Satz 3 KWG	+			
+ Kappungsbetrag des Ergänzungskapitals brutto * [33]	§ 10 Abs. 2c Satz 3 KWG i. V. m. § 10 Abs. 2b Satz 2 KWG	+			
Zwischensumme Drittrangmittel	§ 10 Abs. 2c Satz 2 KWG	= ====			
Obergrenze für Zwischensumme Drittrangmittel: maximal 250 % der Differenz zwischen dem freien Kernkapital [34] und 40 % des freien Ergänzungskapitals [35] (nur Beträge größer/gleich Null) [36][37]			....		
Summe von B (= Drittrangmittel)			= ====	= ====	
Summe von A. und B. (= Eigenmittelausstattung) [38]				+	= ====

Erläuterungen zur Abb. 10:

[1] Bei den mit einem „ *" gekennzeichneten Positionen handelt es sich um dynamische Eigenmittelbestandteile.

[2] Hier sind – ungeachtet ihrer genauen Bezeichnung im Einzelfall – alle Beträge aufzunehmen, die entsprechend der Rechtsform des Kredit- oder Finanzdienstleistungsinstituts als von den Gesellschaftern oder anderen Eigentümern gezeichnete Eigenkapitalbeträge gelten. Sie müssen gemäß § 10 Abs. 1 Satz 7 KWG tatsächlich zugeflossen sein (Grundsatz der effektiven Kapitalaufbringung). Der Grundsatz der effektiven Kapitalaufbringung, wonach die von Dritten zur Verfügung gestellten Eigenmittel nur berücksichtigt werden können, wenn sie dem Kredit- oder Finanzdienstleistungsinstitut tatsächlich zugeflossen und nicht wieder abgeflossen sind, verdeutlicht, dass diese Eigenmittel insbesondere die Funktion des laufenden Verlustausgleichs erfüllen sollen; vgl. auch HOSSFELD, CHRISTOPHER (Eigenmittel 1997), S. 53.

Fortsetzung Abb. 10:

3) Als Rücklagen i. S. d. § 10 Abs. 2a Satz 1 Nr. 1 bis 6 KWG „gelten nur die in der letzten für den Schluss eines Geschäftsjahres festgestellten Bilanz als Rücklagen ausgewiesenen Beträge mit Ausnahme solcher Passivposten, die erst bei ihrer Auflösung zu versteuern sind"; § 10 Abs. 3a Satz 1 KWG. Als Rücklagen ausgewiesene Beträge, die aus Erträgen gebildet worden sind, auf die erst bei Eintritt eines (ungewissen) zukünftigen Ereignisses Steuern zu entrichten sind, können nur mit einem Abschlag in Höhe von 55 % als Kernkapital berücksichtigt werden; vgl. § 10 Abs. 3a Satz 2 KWG. Zur Begründung dieses Ausnahmetatbestandes vgl. BUNDESREGIERUNG (Entwurf eines Gesetzes zur Umsetzung von EG-Richtlinien 1997), S. 78. Während die beiden erstgenannten Rücklagenformen statischen Charakter haben, können Rücklagen, die aufgrund eines bei der Emission von Anteilen erzielten Aufgeldes (z. B. Agio) oder anderweitig durch den Zufluss externer Mittel gebildet worden sind, bereits vom Zeitpunkt des Zuflusses an berücksichtigt werden (dynamischer Charakter); vgl. § 10 Abs. 3a Satz 3 KWG.

4) Das eingezahlte Kapital in seinen verschiedenen rechtsformabhängigen Formen und die offenen Rücklagen sind nach Ansicht der Bundesregierung „die beiden tragenden Säulen des Kernkapitals"; BUNDESREGIERUNG (Entwurf eines Gesetzes zur Umsetzung von EG-Richtlinien 1997), S. 76.

5) Zu den Regelungen des § 340g HGB vgl. WASCHBUSCH, GERD (Risikovorsorge 1994), S. 166 ff.

6) Zu den Voraussetzungen der Anerkennung stiller Vermögenseinlagen als haftendes Eigenkapital vgl. § 10 Abs. 1 Satz 7 u. Satz 8 sowie § 10 Abs. 4 KWG. Stille Vermögenseinlagen zählen nach der neuesten Terminologie des BAKred zu den sog. „innovativen Kapitalinstrumenten". Sie dürfen zusammen mit Emissionen, die unter Einschaltung einer gruppenangehörigen Zweckgesellschaft begeben werden, sowie sog. „preference shares", die mit einer Zins-Step up-Regelung begeben werden und seitens des Investors nicht kündbar sind, 15 % des Kernkapitals nicht überschreiten; vgl. BAKRED (Zuordnung 1999), S. 175.

7) Von dieser Zurechnungsmöglichkeit können nur solche Kreditinstitute in der Rechtsform des Einzelkaufmanns, einer Personenhandelsgesellschaft oder der KGaA Gebrauch machen, die am 1. Januar 1998 über eine Erlaubnis nach § 32 KWG verfügt haben (Bestandsschutzregelung); vgl. § 64e Abs. 5 KWG. Zu Einzelheiten der Berechnung des freien Vermögens vgl. BAKRED (Anerkennung 1963), S. 13 ff. Wertpapierhandelsunternehmen in der Rechtsform des Einzelkaufmanns oder einer Personenhandelsgesellschaft haben § 2a Abs. 2 Satz 1, 2. Halbsatz KWG zu beachten, wonach das freie Vermögen des Inhabers oder der Gesellschafter bei der Berechnung der Eigenmittel des Instituts außer Ansatz bleibt.

8) Ein eventueller Jahresüberschuss, der als bilanziell ausgewiesene Größe der Natur der Sache nach statisch ist, wird erst Bestandteil des Kernkapitals, „wenn der Jahresabschluss festgestellt und seine Zuweisung zum Geschäftskapital, zu den Rücklagen oder den Geschäftsguthaben beschlossen ist"; BUNDESREGIERUNG (Entwurf eines Gesetzes zur Umsetzung von EG-Richtlinien 1997), S. 76.

9) Zu den Voraussetzungen der Anerkennung von Zwischengewinnen als Kernkapital vgl. § 10 Abs. 3 Satz 3 bis 6 KWG. Davon abgesehen wird mit der in § 10 Abs. 3 Satz 1 KWG vorgenommenen Festlegung, dass ein Zwischenabschluss, der den für den Jahresabschluss vorgesehenen Anforderungen entspricht, für die Bemessung der Eigenmittel als Jahresabschluss gilt, die Möglichkeit geschaffen, unterjährige Veränderungen aller statischen Eigenmittelbestandteile bei der Berechnung der aufsichtsrechtlichen Eigenmittel zu berücksichtigen; vgl. FINANZAUSSCHUSS DES DEUTSCHEN BUNDESTAGES (Beschlußempfehlung und Bericht 1997), S. 162.

10) Es handelt sich bei diesem Korrekturposten um eine vom BAKred festzusetzende Abzugsposition vom haftenden Eigenkapital (Kern- oder Ergänzungskapital), mit der insbesondere noch nicht bilanzwirksam gewordene materielle Verluste eines Kredit- oder Finanzdienstleistungsinstituts, aber auch unterjährige Verminderungen

(Fortsetzung nächste Seite)

Fortsetzung Abb. 10:

(Fortsetzung)

der dem Ergänzungskapital zugerechneten nicht realisierten Reserven berücksichtigt werden können; vgl. § 10 Abs. 3b Satz 1 KWG. Das BAKred hat die Festsetzung dieser Abzugsposition auf Antrag des Kredit- oder Finanzdienstleistungsinstituts „aufzuheben, soweit die Voraussetzung für die Festsetzung wegfällt"; § 10 Abs. 3b Satz 3 KWG. Unabhängig davon wird die Festsetzung eines solchen Korrekturpostens „mit der Feststellung des nächsten für den Schluss eines Geschäftsjahres aufgestellten Bilanz gegenstandslos"; § 10 Abs. 3b Satz 2 KWG. Ein Kredit- oder Finanzdienstleistungsinstitut kann die Festsetzung eines solchen Korrekturpostens vermeiden, „indem es die erforderlichen Abschläge bei der Berechnung seiner Eigenmittel selbst ansetzt"; BUNDESREGIERUNG (Entwurf eines Gesetzes zur Umsetzung von EG-Richtlinien 1997), S. 78.

11) Vgl. dazu BAKRED (Abzug 1986), S. 239 ff.

12) Zur Relevanz der Buchwerte vgl. BAKRED (Behandlung 1988), S. 279.

13) Gemäß § 10 Abs. 1 Satz 8 KWG steht der Erwerb oder die Inpfandnahme von Anteilen des Instituts
   – durch einen im eigenen Namen, jedoch für Rechnung des Instituts handelnden Dritten,
   – durch ein Tochterunternehmen des Instituts oder
   – durch einen Dritten, der im eigenen Namen, jedoch für Rechnung eines Tochterunternehmens des Instituts handelt,
   für die Berücksichtigung der Anteile als Abzugsposition bei den Eigenmitteln dem Erwerb oder der Inpfandnahme durch das Institut selbst gleich. Derartige Anteile sind deshalb ebenfalls vom Kernkapital des Instituts abzuziehen. Gleiches gilt für den Erwerb von Geschäftsguthaben durch 100 %ige Tochtergesellschaften von Kreditinstituten in der Rechtsform der eingetragenen Genossenschaft; derartige Geschäftsguthaben sind unabhängig von ihrer Finanzierung vom Kernkapital der Muttergesellschaft abzuziehen. Vgl. BAKRED (Geschäftsguthaben 1995), S. 379a ff.

14) Für die Berechnung der Prozentsätze nach § 10 Abs. 2a Satz 2 Nr. 4 u. Nr. 5 KWG gilt § 16 Abs. 2 bis 4 AktG entsprechend; vgl. § 10 Abs. 2a Satz 3 KWG.

15) Zu den Regelungen des § 340f HGB vgl. WASCHBUSCH, GERD (Bewertungsprivileg 1994), S. 1046 ff.

16) Zu den Voraussetzungen der Anerkennung von Genussrechtsverbindlichkeiten als haftendes Eigenkapital vgl. § 10 Abs. 1 Satz 7 u. Satz 8 sowie § 10 Abs. 5 KWG.

17) Kredit- und Finanzdienstleistungsinstitute dürfen im Rahmen der Marktpflege bis zu 3 % des Gesamtnennbetrags der in Wertpapieren verbrieften eigenen Genussrechte erwerben. Eine Bezugnahme auf den Gesamtnennbetrag der jeweiligen Emission besteht nicht mehr. Abzuziehen ist auch nicht mehr der Gesamtnennbetrag der maximal zulässigen Marktpflegeposition, sondern nur noch derjenige Teil der Genussrechte, der tatsächlich im eigenen Bestand gehalten wird. Vgl. dazu BUNDESREGIERUNG (Entwurf eines Gesetzes zur Umsetzung von EG-Richtlinien 1997), S. 59 u. S. 79.

18) Zu den Voraussetzungen der Anerkennung längerfristiger nachrangiger Verbindlichkeiten als haftendes Eigenkapital vgl. § 10 Abs. 1 Satz 7 u. Satz 8 sowie § 10 Abs. 5a KWG.

19) Kredit- und Finanzdienstleistungsinstitute dürfen im Rahmen der Marktpflege bis zu 3 % des Gesamtnennbetrags der in Wertpapieren verbrieften eigenen längerfristigen nachrangigen Verbindlichkeiten erwerben. Eine Bezugnahme auf den Gesamtnennbetrag der jeweiligen Emission besteht nicht mehr. Abzuziehen ist auch

(Fortsetzung nächste Seite)

Fortsetzung Abb. 10:

(Fortsetzung)

nicht mehr der Gesamtnennbetrag der maximal zulässigen Marktpflegeposition, sondern nur noch derjenige Teil der längerfristigen nachrangigen Verbindlichkeiten, der tatsächlich im eigenen Bestand gehalten wird. Vgl. dazu BUNDESREGIERUNG (Entwurf eines Gesetzes zur Umsetzung von EG-Richtlinien 1997), S. 59 u. S. 79.

[20] Zur Vorgehensweise der Festsetzung des Haftsummenzuschlags vgl. BUNDESMINISTERIUM DER FINANZEN (Zuschlagsverordnung 1984), S. 64k-65.

[21] Zur Ermittlung des Beleihungswertes vgl. § 10 Abs. 4b KWG.

[22] Bei diesen Vermögenswerten sind gebildete Vorsorgereserven nach § 340f HGB sowie so genannte „stille Altreserven" nach § 26a KWG a. F. oder § 253 Abs. 4 HGB dem Buchwert wieder hinzuzurechnen; vgl. BAKRED (Abzugsposition 1995), S. 190 f.

[23] Zur Ermittlung des Kurswerts vgl. § 10 Abs. 4c Satz 1 bis 4 KWG.

[24] Zur Ermittlung des sog. gemeinen Wertes vgl. § 10 Abs. 4c Satz 5 KWG sowie BAKRED (Einbeziehung 1999), S. 1.

[25] Zu weiteren Voraussetzungen der Anerkennung nicht realisierter Reserven als haftendes Eigenkapital vgl. § 10 Abs. 4a Satz 3 und Satz 4 KWG sowie § 340c Abs. 3 HGB.

[26] „Für diese Berechnungen dürfen Positionen des Handelsbuchs als Positionen des Anlagebuchs berücksichtigt werden"; § 10 Abs. 4a Satz 2 KWG. Zweck dieser Regelung ist es, eine mit der Aufspaltung der Wertpapiere eines Instituts in ein Anlagebuch und ein Handelsbuch verbundene Verminderung der Bezugsgröße für die Berechnung nicht realisierter Reserven, die dem haftenden Eigenkapital zugerechnet werden können, zu verhindern; vgl. BUNDESREGIERUNG (Entwurf eines Gesetzes zur Umsetzung von EG-Richtlinien 1997), S. 79. Die Institute können allerdings selbst entscheiden, ob sie von der Möglichkeit der Berücksichtigung von Positionen des Handelsbuchs als Positionen des Anlagebuchs Gebrauch machen oder nicht; vgl. ebenda, S. 79; ferner FINANZAUSSCHUSS DES DEUTSCHEN BUNDESTAGES (Beschlußempfehlung und Bericht 1997), S. 162.

[27] Der Korrekturposten gemäß § 10 Abs. 3b KWG kann statt auf das Kernkapital auch auf das Ergänzungskapital festgesetzt werden; vgl. § 10 Abs. 2b Satz 1 KWG; ferner FINANZAUSSCHUSS DES DEUTSCHEN BUNDESTAGES (Beschlußempfehlung und Bericht 1997), S. 162 sowie Anm. 10 dieser Abbildung.

[28] Das BAKred kann auf Antrag eines Kredit- oder Finanzdienstleistungsinstituts Ausnahmen zulassen, wenn das Kredit- oder Finanzdienstleistungsinstitut Beteiligungen eines anderen Kredit- oder Finanzdienstleistungsinstituts oder eines Finanzunternehmens lediglich vorübergehend besitzt, um dieses Institut oder diese Unternehmung finanziell zu stützen (sog. „Rettungserwerb"); vgl. § 10 Abs. 6 Satz 1 Nr. 1 KWG.

[29] Ein Institut braucht Beteiligungen, die es oder die ihm übergeordnete Unternehmung *pflichtweise* in die Zusammenfassung nach § 10a KWG, nach § 13b Abs. 3 Satz 1 KWG und – für den Beteiligungsaltbestand am 1. Januar 1993 vorbehaltlich des § 64a Abs. 3 KWG – nach § 12 Abs. 2 Satz 1 u. Satz 2 KWG „einbezieht, nicht von seinem haftenden Eigenkapital abzuziehen"; § 10 Abs. 6 Satz 2 KWG. Entsprechendes gilt für Beteiligungen, die ein Institut oder die ihm übergeordnete Unternehmung *freiwillig* in die genannten Zusammenfassungen einbezieht oder die es *freiwillig* nach den für die Zusammenfassungen maßgebenden Bestimmungen konsolidiert; vgl. § 10 Abs. 6 Satz 3 KWG. Letzteres bedeutet, dass zunächst einmal diejenigen Beteiligungen nicht abzuziehen sind, die das Institut *selbst* auf frei-

(Fortsetzung nächste Seite)

Fortsetzung Abb. 10:

(Fortsetzung)

williger Basis im Falle einer bereits bestehenden Gruppe in die ohnehin durchzuführende Konsolidierung einbezieht oder andernfalls einen eigenen Konsolidierungskreis eröffnet. Eine Befreiung von der Abzugsverpflichtung besteht aber – entgegen der Rechtslage vor der Sechsten KWG-Novelle (vgl. dazu BAKRED (Abzugspflicht 1996), S. 472) – auch für diejenigen Beteiligungen, die die dem Institut übergeordnete Unternehmung freiwillig in eine bereits bestehende Konsolidierung einbezieht. Darüber hinaus brauchen Aktien und sonstiger Anteilsbesitz nicht in den Abzug nach § 10 Abs. 6 Satz 1 KWG einbezogen werden, wenn ein Institut sie dem Handelsbuch zuordnet; vgl. BAKRED (Ausnahme 1999), S. 1. Schließlich können Beteiligungen an sog. „reinen Industrie- und Versicherungsholdings" von der Abzugsregelung des § 10 Abs. 6 KWG ausgenommen werden, obwohl reine Industrie- und Versicherungsholdings tatbestandlich als Finanzunternehmen einzustufen sind; vgl. BAKRED (Abzug 1999), S. 1. Voraussetzung für diese Erleichterung ist, dass das Kredit- oder Finanzdienstleistungsinstitut „die betreffende Industrie- und Versicherungsholding trotz ihrer Qualifizierung als Finanzunternehmen in die Regelung des § 12 Abs. 1 KWG einbezieht"; ebenda, S. 1 f. Dem Kredit- oder Finanzdienstleistungsinstitut bleibt es jedoch unbenommen, die Beteiligung an einer reinen Industrie- und Versicherungsholding entsprechend den Bestimmungen des § 10 Abs. 6 KWG abzuziehen, „wenn es sie nicht den Begrenzungen nach § 12 Abs. 1 KWG unterwerfen möchte; es hat insoweit ein Wahlrecht"; ebenda, S. 2.

30) Der Nettogewinn wird definiert als der anteilige Gewinn, der bei einer Glattstellung aller Handelsbuchpositionen entstünde, abzüglich aller vorhersehbaren Aufwendungen und Ausschüttungen sowie der im Falle einer Liquidation der Unternehmung voraussichtlich entstehenden Verluste aus dem Anlagebuch, soweit diese nicht bereits im Korrekturposten gemäß § 10 Abs. 3b KWG berücksichtigt sind; vgl. § 10 Abs. 2c Satz 1 Nr. 1 KWG. Der Nettogewinn ist somit ein reiner Buchgewinn; vgl. auch BUNDESREGIERUNG (Entwurf eines Gesetzes zur Umsetzung von EG-Richtlinien 1997), S. 77. Zur Problematik der Berechnung des Nettogewinns vgl. HOSSFELD, CHRISTOPHER (Eigenmittel 1997), S. 64. Ersten Einschätzungen zufolge ist im Hinblick auf die institutsintern kaum umsetzbaren Vorgaben der Berechnung der Nettogewinne (hier insbesondere wegen der Liquidationsfiktion bei der Ermittlung der potenziellen Anlagebuchverluste) davon auszugehen, dass die Kredit- und Finanzdienstleistungsinstitute diese neue Eigenmittelkomponente kaum nutzen werden; vgl. BOOS, KARL-HEINZ (Entwurf 1997), S. 123; KARG, MANFRED; LINDEMANN, JAN HENNING (Regierungsentwurf 1997), S. 129.

31) Zu den Voraussetzungen der Anerkennung kurzfristiger nachrangiger Verbindlichkeiten als Drittrangmittel vgl. § 10 Abs. 1 Satz 7 u. Satz 8 sowie § 10 Abs. 7 KWG; ferner BAKRED (Emissionsbedingungen 1998), S. 1 ff.

32) Kredit- und Finanzdienstleistungsinstitute dürfen im Rahmen der Marktpflege bis zu 3 % des Gesamtnennbetrags der in Wertpapieren verbrieften eigenen kurzfristigen nachrangigen Verbindlichkeiten erwerben. Abzuziehen ist nicht der Gesamtnennbetrag der maximal zulässigen Marktpflegeposition, sondern nur derjenige Teil der kurzfristigen nachrangigen Verbindlichkeiten, der tatsächlich im eigenen Bestand gehalten wird. Vgl. auch BUNDESREGIERUNG (Entwurf eines Gesetzes zur Umsetzung von EG-Richtlinien 1997), S. 59.

33) Schöpft ein Kredit- oder Finanzdienstleistungsinstitut das Kontingent in Höhe von 250 % des freien Kernkapitals *nicht* durch kurzfristige nachrangige Verbindlichkeiten aus, kann es diese *insoweit* durch Positionen (insbesondere durch Genussrechtsverbindlichkeiten und längerfristige nachrangige Verbindlichkeiten), die allein wegen einer Kappung nach § 10 Abs. 2b Satz 2 oder Satz 3 KWG nicht als Ergänzungskapital berücksichtigt werden können, ersetzen; vgl. § 10 Abs. 2c Satz 3 KWG. Dies gilt auch dann, wenn diese Eigenmittelbestandteile nicht alle Voraussetzungen nach § 10 Abs. 7 KWG erfüllen; vgl. BAKRED (Emissionsbedingungen 1998), S. 3. Statt kurzfristiger nachrangiger Verbindlichkeiten kann ein Kredit- oder Finanzdienstleistungsinstitut auch weitere Genussrechts- oder längerfristige

(Fortsetzung nächste Seite)

Fortsetzung Abb. 10:

(Fortsetzung)

Nachrangverbindlichkeiten i. S. d. § 10 Abs. 5 oder Abs. 5a KWG aufnehmen und diese als Drittrangmittel berücksichtigen; vgl. BUNDESREGIERUNG (Entwurf eines Gesetzes zur Umsetzung von EG-Richtlinien 1997), S. 78. Darüber hinaus bestehen seitens des BAKred keine Bedenken, Genussrechtsverbindlichkeiten oder Vermögenseinlagen stiller Gesellschafter während der Auslaufphase der letzten zwei Jahre innerhalb der für Drittrangmittel vorgegebenen Grenzen als kurzfristige nachrangige Verbindlichkeiten zu berücksichtigen, sofern die Ausgabebedingungen dieser Eigenmittelbestandteile den Anforderungen des § 10 Abs. 7 KWG für kurzfristige nachrangige Verbindlichkeiten entsprechen; vgl. BAKRED (Emissionsbedingungen 1998), S. 3. Gleiches gilt für längerfristige nachrangige Verbindlichkeiten, soweit das Kredit- oder Finanzdienstleistungsinstitut während der Auslaufphase dieser Eigenmittel darauf verzichtet, diese entsprechend der Regelung des § 10 Abs. 5a Satz 2 KWG noch zu 40 % dem haftenden Eigenkapital zuzurechnen; vgl. ebenda, S. 3.

34) Das *freie Kernkapital* eines Kredit- oder Finanzdienstleistungsinstituts ist dasjenige Kernkapital, das nicht zur Unterlegung der Risiken aus dem Anlagebuch nach den Vorgaben des Kreditwesengesetzes benötigt wird; vgl. § 10 Abs. 2c Satz 2 KWG.

35) Das *freie Ergänzungskapital* eines Kredit- oder Finanzdienstleistungsinstituts umfasst diejenigen ergänzenden Eigenmittel (Zweitrangmittel), die nicht zur Unterlegung der Risiken aus dem Anlagebuch nach den Vorgaben des Kreditwesengesetzes benötigt werden; vgl. § 10 Abs. 2c Satz 2 KWG.

36) Durch die Begrenzung der zur Unterlegung der Positionen aus dem Handelsbuch geeigneten Drittrangmittel auf das Zweieinhalbfache der Differenz zwischen dem freien Kernkapital und 40 % des freien Ergänzungskapitals ergibt sich, dass jedes Geschäft im Anlagebuch (z. B. eine Kreditgewährung oder eine Kreditrückzahlung) durch seinen Kapitalverbrauch bzw. seine Kapitalfreisetzung die ansetzbaren Drittrangmittel verändert und damit Rückwirkungen auf Geschäftsmöglichkeiten im Handelsbuch hat.

37) Bei Wertpapierhandelsunternehmen werden gemäß § 10 Abs. 2c Satz 4 KWG die als Drittrangmittel berücksichtigungsfähigen Beträge grundsätzlich schon bei 200 % des freien Kernkapitals gekappt. Ein Wertpapierhandelsunternehmen kann die höhere Kappungsgrenze von 250 % nur für sich in Anspruch nehmen, wenn es die schwer realisierbaren Aktiva i. S. d. § 10 Abs. 2c Satz 5 KWG (u. a. Sachanlagen), soweit diese nicht bereits nach § 10 Abs. 6 Satz 1 Nr. 1 KWG vom haftenden Eigenkapital abgezogen werden, sowie die Verluste seiner Tochterunternehmen von den Drittrangmitteln abzieht; vgl. § 10 Abs. 2c Satz 4 KWG. Diese Regelung trägt dem Umstand Rechnung, dass die Geschäfte von Wertpapierhandelsunternehmen „im Allgemeinen kurzfristiger sind und größeren Schwankungen unterliegen als diejenigen von Kreditinstituten"; BUNDESREGIERUNG (Entwurf eines Gesetzes zur Umsetzung von EG-Richtlinien 1997), S. 78.

38) Ist nach den Vorschriften des Kreditwesengesetzes (bspw. § 12 Abs. 1 Satz 4 u. Satz 5 KWG) eine Position mit haftendem Eigenkapital oder Drittrangmitteln zu unterlegen, so stehen die Eigenmittel in diesem Umfang für die Unterlegung anderer Positionen nicht mehr zur Verfügung; insbesondere dürfen die Eigenmittel insoweit nicht mehr bei den Grundsätzen nach § 10 Abs. 1 Satz 2 und § 10a Abs. 1 Satz 2 KWG über die Angemessenheit der Eigenmittel berücksichtigt werden; vgl. § 10 Abs. 1 Satz 6 KWG. Vgl. hierzu auch BUNDESREGIERUNG (Entwurf eines Gesetzes zur Umsetzung von EG-Richtlinien 1997), S. 76.

III. Die Marktzugangsregelungen für Kredit- und Finanzdienstleistungsinstitute

Die staatliche Reglementierung der geschäftlichen Aktivitäten eines Kredit- oder Finanzdienstleistungsinstituts beginnt in der Bundesrepublik Deutschland bereits mit dessen Markteintritt. So bedarf, wer im Inland (Territorialitätsprinzip) gewerbsmäßig oder in einem Umfang, der einen in kaufmännischer Weise eingerichteten Geschäftsbetrieb erfordert, Bankgeschäfte betreiben oder Finanzdienstleistungen für andere erbringen will [53], hierzu der schriftlichen Erlaubnis des BAKred [54]. Gewerbe- und verwaltungsrechtlich gesehen handelt es sich bei dieser Regelung des Kreditwesengesetzes um ein Betätigungsverbot mit Erlaubnisvorbehalt [55]. Die Schriftform der Erlaubnis erfolgt hierbei aus Gründen der Rechtssicherheit und ist Voraussetzung für die Wirksamkeit der Erlaubnis [56]. Nichterlaubnisfähig sind Geschäfte, die nach § 3 KWG verboten sind [57].

Die Erlaubnis des BAKred für das Betreiben von Bankgeschäften oder das Erbringen von Finanzdienstleistungen für andere muss rechtzeitig vor Aufnahme der Geschäftstätigkeit vorliegen [58]. Das ergibt sich auch aus § 43 Abs. 1 KWG, der bestimmt, dass in den Fällen einer Erlaubnispflicht nach § 32 Abs. 1 Satz 1 KWG [59] Eintragungen in öffentliche Register (z. B. Handels- oder Genossenschaftsregister) erst dann vorgenommen werden dürfen, wenn dem zuständigen

---

[53] Nach überwiegender Meinung können Träger der Geschäftsbetriebserlaubnis nur voll rechtsfähige (natürliche oder juristische) Personen sein; vgl. SCHORK, LUDWIG (Zulassungsvorschriften 1962), S. 241; BÄHRE, INGE LORE; SCHNEIDER, MANFRED (KWG-Kommentar 1986), S. 374; HÜTZ, GERHARD (Bankenaufsicht 1990), S. 108; SCHORK, LUDWIG; SCHORK, LEO (Kreditwesen 1999), S. 337; REISCHAUER, FRIEDRICH; KLEINHANS, JOACHIM (Kreditwesengesetz 2000), Kza. 115, § 32, S. 7; a. A. BRÜCKNER, HEINZ (Erlaubnis 1969), S. 412 ff. sowie STOLTENBERG, ULRICH (Erlaubnis 1989), S. 54 ff.

[54] Vgl. § 32 Abs. 1 Satz 1 KWG.

[55] Vgl. SCHÖNLE, HERBERT (Börsenrecht 1976), S. 430; MAYER, HELMUT (Bundesaufsichtsamt 1981), S. 53; BÄHRE, INGE LORE; SCHNEIDER, MANFRED (KWG-Kommentar 1986), S. 373; HÜTZ, GERHARD (Bankenaufsicht 1990), S. 106 u. S. 136.

[56] Vgl. BUNDESREGIERUNG (Entwurf eines KWG 1959), S. 39.

[57] Vgl. dazu Kapitel D.III.2.a), S. 142.

[58] Vgl. BUNDESREGIERUNG (Entwurf eines KWG 1959), S. 39; ferner BÄHRE, INGE LORE; SCHNEIDER, MANFRED (KWG-Kommentar 1986), S. 374 f.; DEUTSCHE BUNDESBANK (Formalitäten 1996), S. 16; SZAGUNN, VOLKHARD; HAUG, ULRICH; ERGENZINGER, WILHELM (Kreditwesen 1997), S. 479; REISCHAUER, FRIEDRICH; KLEINHANS, JOACHIM (Kreditwesengesetz 2000), Kza. 115, § 32, S. 4.

[59] Zu den erlaubnispflichtigen Tatbeständen im Kredit- und Finanzdienstleistungsgewerbe vgl. im Einzelnen BÄHRE, INGE LORE; SCHNEIDER, MANFRED (KWG-Kommentar 1986), S. 375; SZAGUNN, VOLKHARD; HAUG, ULRICH; ERGENZINGER, WILHELM (Kreditwesen 1997), S. 476 f.; REISCHAUER, FRIEDRICH; KLEINHANS, JOACHIM (Kreditwesengesetz 2000), Kza. 115, § 32, S. 5 u. S. 9 f.

Registergericht die vorgeschriebene Zulassung zuvor nachgewiesen worden ist [60]. Die Erteilung der Erlaubnis zum Betreiben von Bank- oder Finanzdienstleistungsgeschäften – die Erlaubnis kann auch auf einzelne dieser Geschäfte beschränkt werden [61] – wirkt jedoch nicht konstitutiv [62]. Sie begründet nicht die Eigenschaft einer Unternehmung als Kredit- oder Finanzdienstleistungsinstitut und damit die Pflichten nach dem Kreditwesengesetz [63]. Hierfür ist allein die Erfüllung der Merkmale des § 1 Abs. 1 oder Abs. 1a KWG erforderlich und genügend [64]. Allerdings macht sich strafbar, wer Bankgeschäfte und/oder Finanzdienstleistungen ohne die nach § 32 Abs. 1 Satz 1 KWG notwendige Bewilligung anbietet [65]. Das BAKred kann in diesem Fall gemäß § 37 Satz 1 KWG „die sofortige Einstellung des Geschäftsbetriebs und die unverzügliche Abwicklung dieser Geschäfte anordnen". Nach § 37 Satz 2 und Satz 3 KWG besitzt das BAKred außerdem die Möglichkeit, für die Abwicklung Weisungen zu erlassen, eine geeignete Person als Abwickler zu bestellen sowie die im Einzelnen getroffenen Maßnahmen im Interesse der Gläubiger beispielsweise in der Tagespresse bekannt zu machen. Es kann dabei unterstützend auf die Zwangsmittel des § 50 KWG zurückgreifen sowie in Verdachtsfällen die Informations-, Prüfungs- und Durchsuchungsrechte des § 44c KWG wahrnehmen.

Die vorstehend skizzierte Erlaubnispflicht, eingebettet in ein formalisiertes Zulassungsverfahren [66], dient dem Zweck, das Eindringen ungeeigneter Personen oder finanziell unzulänglich ausgestatteter Unternehmungen in das Kredit- oder Finanzdienstleistungsgewerbe zu verhindern [67]. Sie soll zudem sicherstellen, dass die aufsichtsrechtlichen Normen bei der Organisation und bei der künftigen Tätigkeit eines Kredit- oder Finanzdienstleistungsinstituts eingehalten werden [68].

---

[60] Näheres dazu bei BÄHRE, INGE LORE; SCHNEIDER, MANFRED (KWG-Kommentar 1986), S. 441 ff.

[61] Vgl. DEUTSCHE BUNDESBANK (Kreditwesen 1999), S. 10.

[62] Vgl. SCHORK, LUDWIG (Zulassungsvorschriften 1962), S. 241; SCHORK, LUDWIG; SCHORK, LEO (Kreditwesen 1999), S. 337.

[63] Vgl. SCHORK, LUDWIG; SCHORK, LEO (Kreditwesen 1999), S. 337; ähnlich BÄHRE, INGE LORE; SCHNEIDER, MANFRED (KWG-Kommentar 1986), S. 74; SZAGUNN, VOLKHARD; HAUG, ULRICH; ERGENZINGER, WILHELM (Kreditwesen 1997), S. 476; REISCHAUER, FRIEDRICH; KLEINHANS, JOACHIM (Kreditwesengesetz 2000), Kza. 115, § 32, S. 4.

[64] Vgl. SCHORK, LUDWIG; SCHORK, LEO (Kreditwesen 1999), S. 337.

[65] Vgl. § 54 Abs. 1 Nr. 2, Abs. 2 KWG.

[66] Vgl. dazu DEUTSCHE BUNDESBANK (Formalitäten 1996), S. 16 ff.; DEUTSCHE BUNDESBANK (Finanzdienstleistungen 1998), S. 14 ff.

[67] Vgl. BUNDESREGIERUNG (Entwurf eines KWG 1959), S. 26; ferner WIRTSCHAFTSAUSSCHUSS DES DEUTSCHEN BUNDESTAGES (Bericht über den Entwurf eines KWG 1961), S. 14; SCHNEIDER, MANFRED (Erfahrungen 1972), S. 101.

[68] Vgl. SCHNEIDER, UWE H. (Entwicklung 1984), S. 103.

Um die Erreichung dieser Zielsetzungen zu gewährleisten, knüpft der Gesetzgeber die Erteilung einer Erlaubnis zum Betreiben von Bankgeschäften bzw. zur Erbringung von Finanzdienstleistungen für andere an die Erfüllung mehrerer Voraussetzungen an. Das Kreditwesengesetz selbst spricht freilich nicht von Zulassungsbedingungen; es zählt vielmehr in § 33 Abs. 1 Satz 1 und Abs. 3 KWG die tatsächlichen Gründe auf, aus denen eine beantragte Konzession [69] zur Errichtung eines Kredit- oder Finanzdienstleistungsinstituts durch das BAKred entweder versagt werden muss oder kann [70]. In positiver Formulierung können diese in § 33 Abs. 1 Satz 1 und Abs. 3 KWG angeführten Versagungsgründe jedoch durchaus als Erlaubnisvoraussetzungen bezeichnet werden [71]. Dementsprechend lassen sich für Kreditinstitute und Finanzdienstleistungsinstitute aus den Regelungen des Kreditwesengesetzes folgende Marktzulassungsbedingungen ableiten [72]:

1. Es müssen im Inland die zum Geschäftsbetrieb erforderlichen finanziellen Mittel, insbesondere ein ausreichendes haftendes Eigenkapital (Barkapital) zur Verfügung stehen [73]. Zum Nachweis der Existenz der dem Antragsteller der Geschäftsbetriebserlaubnis zur Verfügung stehenden Mittel ist die Bestätigung eines Einlagenkreditinstituts mit Sitz in einem Staat des Europäischen Wirtschaftsraums darüber vorzulegen, dass das anfängliche haftende Eigenkapital (kurz: Anfangseigenkapital) eingezahlt sowie frei von Rechten Dritter ist und zur freien Verfügung der Geschäftsleiter steht [74]. Zum Anfangseigenkapital von Kredit- und Finanzdienstleistungsinstituten zählen gemäß § 33

[69] Zu den im Rahmen des Erlaubnisantrags einzureichenden Anzeigen und vorzulegenden Unterlagen vgl. § 32 Abs. 1 Satz 2 KWG; ferner § 23 AnzV. § 32 Abs. 1 Satz 4 KWG sieht diesbezüglich für Finanzdienstleistungsinstitute Erleichterungen vor.

[70] Gemäß § 33 Abs. 4 KWG handelt es sich bei den Versagungsgründen des § 33 Abs. 1 Satz 1 und Abs. 3 KWG um einen abschließenden Katalog. Zu etwaigen Versagungsgründen außerhalb des Kreditwesengesetzes vgl. SCHNEIDER, MANFRED (Bankenaufsicht 1978), S. 25 f.; BÄHRE, INGE LORE; SCHNEIDER, MANFRED (KWG-Kommentar 1986), S. 381; SZAGUNN, VOLKHARD; HAUG, ULRICH; ERGENZINGER, WILHELM (Kreditwesen 1997), S. 506; REISCHAUER, FRIEDRICH; KLEINHANS, JOACHIM (Kreditwesengesetz 2000), Kza. 115, § 33, S. 2. In Sonderaufsichtsgesetzen finden sich zudem für Spezialkreditinstitute ergänzende Zulassungsvorschriften; vgl. etwa § 2 Abs. 2 KAGG sowie § 8 Abs. 1 BausparkG.

[71] Vgl. hierzu MAYER, HELMUT (Bundesaufsichtsamt 1981), S. 58.

[72] Zu einzelnen Details der Zulassungsanforderungen des § 33 Abs. 1 Satz 1 und Abs. 3 KWG vgl. u. a. BÄHRE, INGE LORE; SCHNEIDER, MANFRED (KWG-Kommentar 1986), S. 382 ff.; HÜTZ, GERHARD (Bankenaufsicht 1990), S. 109 ff.; SZAGUNN, VOLKHARD; HAUG, ULRICH; ERGENZINGER, WILHELM (Kreditwesen 1997), S. 491 ff.; ZERWAS, HERBERT; HANTEN, MATHIAS (Zulassung 1998), S. 2481 ff.; REISCHAUER, FRIEDRICH; KLEINHANS, JOACHIM (Kreditwesengesetz 2000), Kza. 115, § 33, S. 3 ff.

[73] Vgl. § 33 Abs. 1 Satz 1 Nr. 1, 1. Halbsatz KWG.

[74] Vgl. § 32 Abs. 1 Satz 2 Nr. 1 KWG i. V. m. § 23 Abs. 3 AnzV.

Abs. 1 Satz 1 Nr. 1, 1. Halbsatz KWG lediglich die Eigenkapitalkomponenten des § 10 Abs. 2a Satz 1 Nr. 1 bis 7 KWG, also das eingezahlte Kapital und die offenen Rücklagen (unter Abzug bestimmter Korrekturposten) sowie der Sonderposten für allgemeine Bankrisiken nach § 340g HGB.

Ein zu Beginn der Geschäftstätigkeit ausreichendes haftendes Eigenkapital dürfte regelmäßig dann anzunehmen sein, wenn als Anfangseigenkapital ein Geldbetrag vorhanden ist, der es neu errichteten Kredit- und Finanzdienstleistungsinstituten gestattet, „einen ordentlichen Geschäftsbetrieb in Gang zu setzen und über das erfahrungsgemäß kritische Anfangsstadium mit den üblicherweise zu erwartenden Anfangsverlusten hinaus aufrechtzuerhalten" [75]. Zweck der Erlaubnisvoraussetzung des § 33 Abs. 1 Satz 1 Nr. 1, 1. Halbsatz KWG – in ihr spiegelt sich die Ingangsetzungs- bzw. Gründungsfunktion des Eigenkapitals wider – ist es somit, zu erreichen, dass nur solche Kredit- oder Finanzdienstleistungsinstitute neu eröffnet werden, die von vornherein überlebensfähig sind [76]. Grundsätzlich obliegt es in diesem Zusammenhang dem BAKred, in Abhängigkeit von Art und Umfang der im Einzelnen beantragten Geschäftsbetriebserlaubnis das notwendige Mindestanfangseigenkapital eines Kredit- oder Finanzdienstleistungsinstituts durch rechtsnorminterpretierende Verwaltungsvorschriften zu beziffern [77]. So erwartet das BAKred von Unternehmungen, die *nicht* das Einlagengeschäft betreiben wollen, derzeit ein Anfangseigenkapital in Höhe von 5 Mio. DM [78]. Für die Erteilung einer Erlaubnis zum Betreiben einer Bausparkasse bzw. einer Hypothekenbank verlangt das BAKred hingegen regelmäßig ein Anfangseigenkapital in Höhe von 30 bzw. 50 Mio. DM, um den besonderen Anforderungen der Geschäftstätigkeit dieser Unternehmungen Rechnung zu tragen [79]. Das Kreditwesengesetz engt allerdings den diesbezüglichen Entscheidungsspielraum des BAKred ein; es nennt für bestimmte Kredit- und Finanzdienstleistungsinstitute die in *Abbildung 11* (vgl. S. 207-208) zusammengestellten Mindestbeträge für die Höhe der Anfangsausstattung mit haftendem Eigenkapital [80]. Unabhängig hiervon bestehen in sondergesetzlichen Vorschriften Mindestgrenzen für das anfängliche Eigenkapital in Höhe von 8 Mio. DM für Schiffspfandbrief-

---

[75] MAYER, HELMUT (Bundesaufsichtsamt 1981), S. 59; ähnlich BÄHRE, INGE LORE; SCHNEIDER, MANFRED (KWG-Kommentar 1986), S. 382 f.

[76] Vgl. SCHORK, LUDWIG (Zulassungsvorschriften 1962), S. 242.

[77] Vgl. MAYER, HELMUT (Bundesaufsichtsamt 1981), S. 59.

[78] Vgl. DEUTSCHE BUNDESBANK (Formalitäten 1996), S. 17.

[79] Vgl. DEUTSCHE BUNDESBANK (Formalitäten 1996), S. 17.

[80] Vgl. § 33 Abs. 1 Satz 1 Nr. 1, 2. Halbsatz Buchstabe a) bis d) KWG.

banken (§ 2 Abs. 2 SchiffsBankG) und von 5 Mio. DM für Kapitalanlagegesellschaften (§ 2 Abs. 2 Buchstabe a) KAGG).

Finanzdienstleistungsinstitute, die außer der *Drittstaateneinlagenvermittlung*, dem *Finanztransfergeschäft* und dem *Sortengeschäft* keine weitere Finanzdienstleistung erbringen, werden gemäß § 2 Abs. 7 KWG von der Vorschrift des § 33 Abs. 1 Satz 1 Nr. 1 KWG ausgenommen. Diese Finanzdienstleistungsinstitute brauchen kein Anfangseigenkapital vorzuhalten, da sie „keine Risikopositionen gegenüber Kunden aufbauen" [81].

Abb. 11:   Die Höhe des Mindesteigenkapitals für die Anfangstätigkeit von Kredit- und Finanzdienstleistungsinstituten

Arten von Kredit- und Finanzdienstleistungsinstituten	Mindesteigenkapitalausstattung zu Beginn der Geschäftstätigkeit
Einlagenkreditinstitute [1]	DM-Gegenwert von 5.000.000 ECU
Wertpapierhandelsbanken [2]	DM-Gegenwert von 730.000 ECU
Finanzdienstleistungsinstitute [2]:	
– Eigenhändler für andere	– DM-Gegenwert von 730.000 ECU
– Anlagevermittler, Abschlussvermittler sowie Finanzportfolioverwalter, die auf eigene Rechnung mit Finanzinstrumenten handeln	– DM-Gegenwert von 730.000 ECU
– Anlagevermittler, Abschlussvermittler sowie Finanzportfolioverwalter, die *nicht* auf eigene Rechnung mit Finanzinstrumenten handeln, aber *befugt* sind, sich bei der Erbringung von Finanzdienstleistungen Eigentum oder Besitz an Geldern oder Wertpapieren von Kunden zu verschaffen	– DM-Gegenwert von 125.000 ECU
– Anlagevermittler, Abschlussvermittler sowie Finanzportfolioverwalter, die *nicht* auf eigene Rechnung mit Finanzinstrumenten handeln und die auch *nicht befugt* sind, sich bei der Erbringung von Finanzdienstleistungen Eigentum oder Besitz an Geldern oder Wertpapieren von Kunden zu verschaffen [3]	– DM-Gegenwert von 50.000 ECU

---

[81]   BUNDESREGIERUNG (Entwurf eines Gesetzes zur Umsetzung von EG-Richtlinien 1997), S. 72.

Fortsetzung Abb. 11:

Erläuterungen zur Abb. 11:

[1] Den am 1. Januar 1993 bereits nach § 32 KWG zugelassenen *Einlagenkreditinstituten* darf abweichend von § 33 Abs. 1 Satz 1 Nr. 1, 2. Halbsatz Buchstabe d) KWG an Anfangseigenkapital ein niedrigerer Betrag als der Gegenwert von 5 Mio. ECU zur Verfügung stehen; vgl. § 64b Abs. 1 Satz 1 KWG. In diesem Fall darf das Anfangseigenkapital eines Einlagenkreditinstituts „nicht unter den am 31. Dezember 1990 vorhandenen Betrag absinken"; § 64b Abs. 1 Satz 2 KWG. Bei Einlagenkreditinstituten, die nach dem 31. Dezember 1990 zugelassen wurden, darf das Anfangseigenkapital „nicht unter den Betrag zum Zeitpunkt der Zulassung absinken"; § 64b Abs. 1 Satz 3 KWG. Soweit diese Voraussetzungen erfüllt sind, ist trotz Unterschreitens des DM-Gegenwertes von 5 Mio. ECU kein Versagungsgrund für die Aufhebung der Erlaubnis gegeben; vgl. § 64b Abs. 2 KWG. Bei einem Zusammenschluss von zwei oder mehreren Einlagenkreditinstituten, welche die Vergünstigung des § 64b Abs. 1 KWG für sich in Anspruch genommen haben, darf das Anfangseigenkapital des aus dem Zusammenschluss hervorgehenden Einlagenkreditinstituts mit Einwilligung des BAKred unter dem DM-Gegenwert von 5 Mio. ECU liegen, wenn keine Gefahr für den Gläubigerschutz besteht; vgl. § 64b Abs. 4 Satz 1 KWG. Das Anfangseigenkapital des zusammengeschlossenen Einlagenkreditinstituts muss in diesem Fall jedoch mindestens den zum Zeitpunkt des Zusammenschlusses vorhandenen Gesamtbetrag des Anfangseigenkapitals der sich zusammenschließenden Einlagenkreditinstitute erreichen; vgl. § 64b Abs. 4 Satz 2 KWG.

[2] *Wertpapierhandelsbanken* und *Finanzdienstleistungsinstitute*, die am 1. Januar 1998 zulässigerweise tätig waren, ohne über eine Erlaubnis des BAKred zu verfügen, und für die eine Erlaubnis nach § 64e Abs. 2 KWG als erteilt gilt, haben das nach § 33 Abs. 1 Satz 1 Nr. 1, 2. Halbsatz Buchstabe a) bis c) KWG erforderliche Anfangseigenkapital erst ab dem 1. Januar 2003 aufzuweisen; vgl. § 64e Abs. 3 Satz 1 KWG. Diese fünfjährige Übergangsfrist soll den betroffenen Instituten ausreichend Zeit geben, den Anfangseigenkapitalanforderungen zu genügen. Solange jedoch das Anfangseigenkapital dieser Institute geringer ist als der für die jeweiligen Tätigkeiten in § 33 Abs. 1 Satz 1 Nr. 1, 2. Halbsatz Buchstabe a) bis c) KWG vorgesehene Betrag, darf es nicht unter den Durchschnittswert der jeweils letzten sechs Monate sinken; vgl. § 64e Abs. 3 Satz 2, 1. Halbsatz KWG. Der Durchschnittswert ist alle sechs Monate zu berechnen und dem BAKred mitzuteilen; vgl. § 64e Abs. 3 Satz 2, 2. Halbsatz KWG

[3] Einem *Anlagevermittler* oder *Abschlussvermittler*, der nicht auf eigene Rechnung mit Finanzinstrumenten handelt und der auch nicht befugt ist, sich bei der Erbringung von Finanzdienstleistungen Eigentum oder Besitz an Geldern oder Wertpapieren von Kunden zu verschaffen, ist die Erlaubnis nach § 33 Abs. 1 Satz 1 Nr. 1, 2. Halbsatz Buchstabe a) KWG *nicht* zu versagen, wenn er anstelle des Anfangseigenkapitals den Abschluss einer geeigneten Versicherung zum Schutz der Kunden (z. B. einer Berufshaftpflichtversicherung) nachweist; vgl. § 33 Abs. 1 Satz 2 KWG. Auf derartige Anlagevermittler und Abschlussvermittler finden allerdings die Vorschriften des § 24a KWG über den Europäischen Pass (Errichtung einer Zweigniederlassung/grenzüberschreitender Dienstleistungsverkehr) keine Anwendung; vgl. § 2 Abs. 9 KWG. Eine als geeignet einzustufende Versicherung zum Schutz der Kunden muss insbesondere solche Schäden abdecken, die durch Falschberatung entstehen; vgl. BUNDESREGIERUNG (Entwurf eines Gesetzes zur Umsetzung von EG-Richtlinien 1997), S. 89. Außerdem darf der Schutz durch die Versicherung nicht hinter dem Schutz, der durch das Anfangseigenkapital in Höhe von 50.000 ECU gewährleistet würde, zurückbleiben; vgl. ebenda, S. 89.

2. Die Antragsteller und Geschäftsleiter eines Kredit- oder Finanzdienstleistungsinstituts müssen als persönlich zuverlässig gelten [82]. Hiervon ist grundsätzlich solange auszugehen, als nicht Tatsachen vorliegen, aus denen sich Zweifel an der persönlichen Zuverlässigkeit eines Antragstellers oder Geschäftsleiters ergeben. Nicht zuverlässig ist zum Beispiel, wer Vermögensdelikte begangen hat, gegen gesetzliche Ordnungsvorschriften für den Betrieb einer Unternehmung „nachhaltig verstoßen oder in seinem privaten oder geschäftlichen Verhalten gezeigt hat, dass von ihm eine solide Geschäftsführung nicht erwartet werden kann" [83]. Nach der Legaldefinition des § 1 Abs. 2 Satz 1 KWG sind Geschäftsleiter i. S. d. Kreditwesengesetzes „diejenigen natürlichen Personen, die nach Gesetz, Satzung oder Gesellschaftsvertrag zur Führung der Geschäfte und zur Vertretung eines Instituts in der Rechtsform einer juristischen Person oder einer Personenhandelsgesellschaft berufen sind" (sog. „geborene Geschäftsleiter").

3. Besteht an dem zu gründenden Kredit- oder Finanzdienstleistungsinstitut eine bedeutende Beteiligung [84], so müssen der Inhaber, die persönlich haftenden Gesellschafter oder die gesetzlichen Vertreter der beteiligten Unternehmung zuverlässig sein sowie den im Interesse der Gewährleistung einer soliden und umsichtigen Führung des Kredit- oder Finanzdienstleistungsinstituts zu stellenden Ansprüchen genügen [85]. Mit dieser Erlaubnisvoraussetzung wird dem BAKred ein Instrument an die Hand gegeben, das es ihm ermöglicht, der Errichtung inländischer Kreditinstitute oder Finanzdienstleistungsinstitute durch unsolide Anteilseigner vorbeugend entgegenzutreten.

Die Regelungen des § 2b KWG dienen dagegen der Zuverlässigkeitskontrolle der Anteilseigner *bereits bestehender* Kredit- und Finanzdienstleistungsinstitute. Durch entsprechende Anzeigepflichten [86] soll erreicht werden, dass die

---

[82] Vgl. § 33 Abs. 1 Satz 1 Nr. 2 i. V. m. § 32 Abs. 1 Satz 2 Nr. 2 u. Nr. 3 KWG. Zur Beurteilung der persönlichen Zuverlässigkeit der Antragsteller und der Geschäftsleiter sind die in § 1 Abs. 1 Satz 2 bzw. § 8 Satz 2 Nr. 2 AnzV vorgesehenen Erklärungen abzugeben; vgl. § 23 Abs. 4 u. Abs. 5 Satz 1 AnzV. Für Kapitalanlagegesellschaften vgl. zudem § 2 Abs. 2 Buchstabe b) KAGG.

[83] BUNDESREGIERUNG (Entwurf eines KWG 1959), S. 39. KUPITZ weist in diesem Zusammenhang darauf hin, dass Unredlichkeit des Managements in der Vergangenheit eine der häufigsten Ursachen für Bankinsolvenzen war; vgl. m. w. A. KUPITZ, ROLF (Ausnahmebereich 1983), S. 217 f.

[84] Zur Definition einer bedeutenden Beteiligung vgl. § 1 Abs. 9 KWG; ferner BUNDESREGIERUNG (Entwurf eines Vierten Gesetzes zur Änderung des KWG 1992), S. 26. Das europäische Recht verwendet statt dessen den inhaltsgleichen Begriff der „qualifizierten Beteiligung"; vgl. Art. 1 Nr. 10 Zweite Bankrechtskoordinierungsrichtlinie sowie Art. 1 Nr. 10 Wertpapierdienstleistungsrichtlinie.

[85] Vgl. § 33 Abs. 1 Satz 1 Nr. 3 KWG.

[86] Vgl. dazu *Abbildung 78*, S. 510 ff. u. S. 516 f.

Bankenaufsichtsinstanzen über jede geplante relevante Veränderung der Inhaberstruktur von Kredit- und Finanzdienstleistungsinstituten informiert werden. Das BAKred kann sodann überprüfen, inwieweit sich aus der beabsichtigten Neuordnung der Zusammensetzung des Eigentümerkreises Gefahren für die Funktionsfähigkeit des betreffenden Kredit- oder Finanzdienstleistungsinstituts und für den Gläubigerschutz ergeben können [87].

4. Der Inhaber und die Geschäftsleiter eines Kredit- oder Finanzdienstleistungsinstituts müssen die zur Leitung des Instituts erforderliche fachliche Eignung haben [88]. Diese setzt bei den genannten Personen in ausreichendem Maße theoretische und praktische Kenntnisse in den betreffenden Geschäften sowie Leitungserfahrung voraus [89]. Die Leitungserfahrung kann hierbei durchaus auch außerhalb eines Kreditinstituts oder Finanzdienstleistungsinstituts (beispielsweise bei einer anderen Wirtschaftsunternehmung oder bei einer einschlägigen Behörde) erworben worden sein [90]. In diesem Fall sind jedoch an das Vorliegen eines fundierten theoretischen und praktischen Wissens in Bankgeschäften und/oder Finanzdienstleistungen besonders strenge Maßstäbe anzulegen [91].

Um den Bewerbern für eine Geschäftsleiterfunktion bei einem Kredit- oder Finanzdienstleistungsinstitut zumindest einen gewissen Anhaltspunkt zu geben, wann sie mit der Erteilung der Erlaubnis rechnen können, stellt § 33 Abs. 2 Satz 2 KWG die widerlegbare gesetzliche Vermutung auf, dass die fachliche Eignung für die Leitung eines Kredit- oder Finanzdienstleistungsinstituts regelmäßig dann anzunehmen ist, wenn eine dreijährige erfolgreiche leitende Tätigkeit bei einem Kredit- oder Finanzdienstleistungsinstitut von

---

[87] Vgl. BUNDESREGIERUNG (Entwurf eines Vierten Gesetzes zur Änderung des KWG 1992), S. 27. Zu den Eingriffsrechten des BAKred im Rahmen der sog. Anteilseignerkontrolle vgl. *Abbildung 79*, S. 530 f.

[88] Vgl. § 33 Abs. 1 Satz 1 Nr. 4 KWG; ferner für Kapitalanlagegesellschaften § 2 Abs. 2 Buchstabe b) KAGG.

[89] Vgl. § 33 Abs. 2 Satz 1 KWG. Vertiefend hierzu DOHR, HANS-JOACHIM (Eignung 1990), S. 57 f. u. S. 100 f.; SÜCHTING, JOACHIM; SCHNEIDER, UWE H.; LINK, RAINER (Eignung 1991), S. 121 ff.; ZERWAS, HERBERT; HANTEN, MATHIAS (Zulassung 1998), S. 2481 ff.

[90] Vgl. BUNDESREGIERUNG (Entwurf eines Dritten Gesetzes zur Änderung des KWG 1984), S. 49; ferner BÄHRE, INGE LORE; SCHNEIDER, MANFRED (KWG-Kommentar 1986), S. 386; DOHR, HANS-JOACHIM (Eignung 1990), S. 100.

[91] Zur Beurteilung der zur Leitung eines Kredit- oder Finanzdienstleistungsinstituts erforderlichen fachlichen Eignung des Inhabers und der Geschäftsleiter sind dem BAKred die in § 8 Satz 2 Nr. 1 AnzV genannten Unterlagen einzureichen; vgl. § 23 Abs. 6 Satz 1 AnzV i. V. m. § 32 Abs. 1 Satz 2 Nr. 4 KWG. Auf Verlangen des BAKred sind zudem weitere Auskünfte zu erteilen; vgl. § 23 Abs. 6 Satz 2 AnzV.

vergleichbarer Größe und Geschäftsart nachgewiesen wird [92]. Diese Bezugnahme auf die Vergleichbarkeit von Größe und Geschäftsart verdeutlicht aber auch, dass die fachliche Qualifikation für die Leitung eines Kredit- oder Finanzdienstleistungsinstituts stets im Hinblick auf die Verhältnisse einer bestimmten Unternehmung zu prüfen ist [93]. Eine generelle Anerkennung der fachlichen Eignung von Personen für die Leitung eines Kredit- oder Finanzdienstleistungsinstituts durch das BAKred gibt es nicht [94].

Tatsachen, die gegen eine fachliche Eignung im Sinne des § 33 Abs. 1 Satz 1 Nr. 4 KWG sprechen, sind z. B. eine ungenügende fachliche Vorbildung in volkswirtschaftlichen, betriebswirtschaftlichen, steuerrechtlichen und allgemeinen rechtlichen Sachverhalten, mangelnde praktische Erfahrungen, aber auch unbefriedigende Leistungen in einer an sich hinlänglichen Leitungsposition [95]. Fehlt dem Inhaber oder einem „geborenen" Geschäftsleiter die erforderliche fachliche Eignung, so kann das BAKred diesen Mangel in Ausnahmefällen dadurch beheben, dass es einen „gekorenen" Geschäftsleiter anerkennt [96]. „Gekorene" Geschäftsleiter sind gemäß § 1 Abs. 2 Satz 2 bis 4 KWG solche natürlichen Personen, die kraft Vollmacht Geschäftsführungs- und Vertretungsbefugnis für das Kredit- oder Finanzdienstleistungsinstitut besitzen und vom BAKred unter Vorbehalt des Widerrufs als Geschäftsleiter bezeichnet werden, wozu es auf Antrag des Instituts oder von Amts wegen in Ausnahmefällen ermächtigt ist; die dabei in Frage kommenden Personen müssen zuverlässig sein und die erforderliche fachliche Eignung haben [97].

5. Kreditinstitute müssen mindestens zwei nicht nur ehrenamtlich tätige Geschäftsleiter haben, die für die Einhaltung der Vorschriften des Kreditwesen-

---

[92] Näheres dazu bei DOHR, HANS-JOACHIM (Eignung 1990), S. 101 f.; SZAGUNN, VOLKHARD; HAUG, ULRICH; ERGENZINGER, WILHELM (Kreditwesen 1997), S. 499 ff.

[93] Vgl. SCHORK, LUDWIG (Zulassungsvorschriften 1962), S. 243; DOHR, HANS-JOACHIM (Eignung 1990), S. 103.

[94] Vgl. SCHORK, LUDWIG (Zulassungsvorschriften 1962), S. 243; DOHR, HANS-JOACHIM (Eignung 1990), S. 103.

[95] Vgl. auch MAYER, HELMUT (Bundesaufsichtsamt 1981), S. 62.

[96] Vgl. § 33 Abs. 1 Satz 1 Nr. 4 KWG sowie BUNDESREGIERUNG (Entwurf eines KWG 1959), S. 39.

[97] Zur begrifflichen Unterscheidung der „geborenen" sowie „gekorenen" Geschäftsleiter von Kredit- und Finanzdienstleistungsinstituten vgl. BUNDESREGIERUNG (Entwurf eines KWG 1959), S. 27 u. S. 39; WIRTSCHAFTSAUSSCHUSS DES DEUTSCHEN BUNDESTAGES (Bericht über den Entwurf eines KWG 1961), S. 3; MAYER, HELMUT (Bundesaufsichtsamt 1981), S. 62 f.; BÄHRE, INGE LORE; SCHNEIDER, MANFRED (KWG-Kommentar 1986), S. 86 ff.; SZAGUNN, VOLKHARD; HAUG, ULRICH; ERGENZINGER, WILHELM (Kreditwesen 1997), S. 104 ff.; REISCHAUER, FRIEDRICH; KLEINHANS, JOACHIM (Kreditwesengesetz 2000), Kza. 115, § 1, S. 27 ff.

gesetzes gegenüber dem BAKred verantwortlich sind [98]. Dies gilt auch für
Finanzdienstleistungsinstitute, es sei denn, sie werden zu keiner Zeit zu
Schuldnern der Kunden, da sie nicht befugt sind, sich bei der Erbringung von
Finanzdienstleistungen Eigentum oder Besitz an Geldern oder Wertpapieren
von Kunden zu verschaffen [99]. Die Notwendigkeit dieses sog. „Vieraugenprinzips" wird mit den Gefahren begründet, die sich bei der Leitung eines
Kredit- oder Finanzdienstleistungsinstituts durch nur einen Geschäftsleiter
ergeben können, vor allem wenn dieser wegen Krankheit oder eines Urlaubs
nicht anwesend ist oder in einer nach außen nicht erkennbaren Weise die in
§ 33 Abs. 1 Satz 1 Nr. 2 und 4 KWG geforderte Sachkunde und Zuverlässigkeit vermissen lässt [100]. Das „Vieraugenprinzip" will insofern sicherstellen,
dass für das Kredit- oder Finanzdienstleistungsinstitut wesentliche Entscheidungen möglichst von mehreren Personen gemeinsam getroffen werden und
dass diese sich gegenseitig kontrollieren [101]. Das „Vieraugenprinzip" bedeutet jedoch nicht, „dass im Rahmen der Geschäftsführung und der Vertre-
tungsmacht stets mindestens zwei Geschäftsleiter handeln müssen" [102].

6. Das Kredit- oder Finanzdienstleistungsinstitut muss seine Hauptverwaltung
    im Inland haben [103].

7. Das Kredit- oder Finanzdienstleistungsinstitut muss bereit und auch in der
    Lage sein, die erforderlichen organisatorischen Vorkehrungen zum ordnungs-
    gemäßen Betreiben der beantragten Geschäfte zu schaffen [104]. Um dies zu
    dokumentieren, muss der Erlaubnisantrag einen tragfähigen Geschäftsplan
    enthalten, aus dem die Art der beabsichtigten Geschäfte unter begründeter
    Angabe ihrer künftigen Entwicklung [105], der organisatorische Aufbau des
    Instituts unter Beifügung eines Organigramms, das insbesondere die Zustän-

---

[98] Vgl. § 33 Abs. 1 Satz 1 Nr. 5 KWG. Mit dieser Erlaubnisvoraussetzung sachlich eng verknüpft ist
      die Regelung des § 2a Abs. 1 KWG, wonach Neugründungen im Kreditgewerbe in der Rechtsform
      des Einzelkaufmanns nicht mehr möglich sind; vgl. auch Kapitel D.III.2.a), S. 140 f.

[99] Vgl. § 33 Abs. 1 Satz 1 Nr. 5 KWG; ferner BUNDESREGIERUNG (Entwurf eines Gesetzes zur Umset-
      zung von EG-Richtlinien 1997), S. 89.

[100] Vgl. dazu BUNDESREGIERUNG (Entwurf eines Zweiten Gesetzes zur Änderung des KWG 1975),
      S. 15; ferner MAYER, HELMUT (Bundesaufsichtsamt 1981), S. 64; SZAGUNN, VOLKHARD; HAUG,
      ULRICH; ERGENZINGER, WILHELM (Kreditwesen 1997), S. 502.

[101] Vgl. DOHR, HANS-JOACHIM (Eignung 1990), S. 102.

[102] BAKRED (Verhinderung 1977), S. 156.

[103] Vgl. § 33 Abs. 1 Satz 1 Nr. 6 KWG.

[104] Vgl. § 33 Abs. 1 Satz 1 Nr. 7 KWG. Die besonderen organisatorischen Pflichten von Kredit- und
      Finanzdienstleistungsinstituten ergeben sich aus § 25a KWG.

[105] Hierzu sind Planbilanzen und Plangewinn- und -verlustrechnungen für die ersten drei vollen Ge-
      schäftsjahre nach Aufnahme des Geschäftsbetriebs vorzulegen.

digkeiten der Geschäftsleiter erkennen lässt, sowie die vorgesehenen internen Kontrollverfahren des Instituts hervorgehen [106]. Der Geschäftsplan selbst ist jedoch nicht Gegenstand der Erlaubnis, sondern dient lediglich der Information des BAKred [107]. Durch die Formulierung „tragfähiger Geschäftsplan" wird es zudem dem BAKred ermöglicht, bei der Erteilung einer Erlaubnis die Tragfähigkeit der Geschäftsplanung sowie die Ergebnisse der Prüfung einer Sicherungseinrichtung gemäß § 9 Abs. 3 ESAEG zu berücksichtigen [108].

8. Ist ein Kredit- oder Finanzdienstleistungsinstitut mit anderen Personen oder Unternehmungen in einen Unternehmensverbund eingebunden, so darf die Struktur dieses Unternehmensverbundes nicht dazu geeignet sein, eine wirksame Aufsicht über das Kredit- oder Finanzdienstleistungsinstitut zu beeinträchtigen [109]. Ziel dieser Regelung ist die Verhinderung der Einbindung eines neu zu gründenden Kredit- oder Finanzdienstleistungsinstituts in eine Unternehmensgruppe, deren Aufbau aufgrund fehlender Transparenz zum Beispiel der kapitalmäßigen Verflechtung eine angemessene Beaufsichtigung des Kredit- oder Finanzdienstleistungsinstituts durch das BAKred nicht möglich erscheinen lässt [110].

9. Ist das Kredit- oder Finanzdienstleistungsinstitut Tochterunternehmen eines Instituts mit Sitz im Ausland, so muss dieses ausländische Mutterunternehmen im Staat seines Sitzes oder seiner Hauptverwaltung wirksam überwacht werden [111]. Darüber hinaus muss die zuständige Aufsichtsstelle im Sitzstaat des Mutterunternehmens zu einer befriedigenden Zusammenarbeit mit dem BAKred bereit sein [112]. Diese Erlaubnisvoraussetzung ergänzt die strukturelle Erlaubnisvoraussetzung des § 33 Abs. 3 Nr. 1 KWG. Sie soll sicherstellen, dass eine wirksame Aufsicht über eine an sich transparente Gruppe von Un-

---

[106] Vgl. § 32 Abs. 1 Satz 2 Nr. 5 KWG i. V. m. § 23 Abs. 7 AnzV; vertiefend hierzu ZERWAS, HERBERT; HANTEN, MATHIAS (Zulassung 1998), S. 2484 f.

[107] Vgl. BUNDESREGIERUNG (Entwurf eines Dritten Gesetzes zur Änderung des KWG 1984), S. 49.

[108] Vgl. DEUTSCHER BUNDESTAG (Entwurf eines Einlagensicherungs- und Anlegerentschädigungsgesetzes 1998), S. 22 u. S. 26.

[109] Vgl. § 33 Abs. 3 Nr. 1 KWG. Während die bisher angeführten Erlaubnisvoraussetzungen im Hinblick auf eine Konzessionsvergabe ausnahmslos erfüllt sein müssen, ist aus Gründen der Flexibilität bei Nichtvorliegen dieser Erlaubnisvoraussetzung – ebenso wie bei den noch folgenden auch – die Entscheidung über die Zulassung eines Kredit- oder Finanzdienstleistungsinstituts in das pflichtgemäße Ermessen des BAKred gestellt. Allerdings ist eine Erlaubniserteilung seitens des BAKred trotz des Fehlens einer dieser Marktzulassungsbedingungen nur in besonderen Einzelfällen vorstellbar.

[110] Vgl. BUNDESREGIERUNG (Entwurf eines Vierten Gesetzes zur Änderung des KWG 1992), S. 40.

[111] Vgl. § 33 Abs. 3 Nr. 3 KWG.

[112] Vgl. § 33 Abs. 3 Nr. 3 KWG.

ternehmungen nicht an dem rechtlichen Umfeld oder der Einstellung der zuständigen Behörden im Sitzstaat des Mutterunternehmens scheitert [113].

Von diesen Bestimmungen einmal abgesehen sind Tochterunternehmen ausländischer Institute denselben Erlaubnisvorschriften unterworfen wie jedes andere inländische Kredit- oder Finanzdienstleistungsinstitut. Auch die Zulassungsbestimmungen des § 53 KWG für rechtlich und wirtschaftlich unselbstständige Zweigstellen von Unternehmungen mit Sitz im Ausland haben grundsätzlich die Gleichstellung mit Kredit- und Finanzdienstleistungsinstituten inländischen Rechts zum Ziel. Zweigniederlassungen eines Einlagenkreditinstituts oder eines Wertpapierhandelsunternehmens mit Sitz in einem anderen Staat des Europäischen Wirtschaftsraums benötigen dagegen wegen des in der Europäischen Union verankerten Prinzips der Herkunftslandkontrolle keine gesonderte Erlaubnis durch das BAKred. Ihre aufsichtsrechtliche Situation – gekennzeichnet durch die Erteilung des sog. „Europäischen Passes" – normiert § 53b KWG. Die besonderen Regelungen des § 53b KWG für Zweigniederlassungen von Unternehmungen mit Sitz in einem anderen Staat des Europäischen Wirtschaftsraums können zudem gemäß § 53c Nr. 2 KWG unter bestimmten Voraussetzungen per Rechtsverordnung des Bundesministeriums der Finanzen auch auf Unternehmungen mit Sitz in einem Drittstaat angewendet werden [114].

10. Dem Antrag auf Erlaubnis sind die in § 32 Abs. 1 Satz 2 KWG genannten Angaben und Unterlagen in einem ausreichenden Umfang beizufügen [115]. Diese Forderung betont die hohe Bedeutung einer möglichst eindeutigen und vollständigen Unterrichtung des BAKred vor Erteilung einer Konzession.

Den vorstehend dargestellten Marktzugangsregelungen ist gemeinsam, dass der Antragsteller im Falle ihrer Einhaltung grundsätzlich einen Rechtsanspruch auf Erteilung der Erlaubnis nach § 32 Abs. 1 Satz 1 KWG hat, und zwar unabhängig davon, ob für die geplante Tätigkeit ein örtlicher Bedarf oder ein gesamtwirtschaftliches Interesse besteht oder nicht [116]. Das BAKred hat die Erteilung der

---

[113] Vgl. BUNDESREGIERUNG (Entwurf eines Gesetzes zur Umsetzung von EG-Richtlinien 1997), S. 90.

[114] Vgl. zu diesem Gesamtkomplex HÜTZ, GERHARD (Bankenaufsicht 1990), S. 86 ff.; HELLENTHAL, LUDGER (Bankenaufsichtsrecht 1992), S. 65 ff.

[115] Vgl. § 33 Abs. 3 Nr. 4 KWG.

[116] Vgl. u. a. BUNDESREGIERUNG (Entwurf eines KWG 1959), S. 39; WIRTSCHAFTSAUSSCHUSS DES DEUTSCHEN BUNDESTAGES (Bericht über den Entwurf eines KWG 1961), S. 14; SCHORK, LUDWIG (Zulassungsvorschriften 1962), S. 242; SCHÖNLE, HERBERT (Börsenrecht 1976), S. 430 u. S. 436 f.; SCHNEIDER, MANFRED (Bankenaufsicht 1978), S. 24; MAYER, HELMUT (Bundesaufsichtsamt 1981), S. 58 f.; HÜTZ, GERHARD (Bankenaufsicht 1990), S. 107, S. 109 u. S. 136. Zur Unvereinbarkeit ei-
(Fortsetzung nächste Seite)

Erlaubnis im Bundesanzeiger bekannt zu machen sowie das BAWe darüber zu unterrichten [117]. Allerdings ist das BAKred gemäß § 32 Abs. 2 Satz 1 KWG befugt, die Erlaubnis unter Auflagen zu erteilen, sofern diese mit dem Zweck des Kreditwesengesetzes vereinbar sind und nicht wie die Einführung über § 33 KWG hinausgehender Versagungsgründe wirken [118]. Als solche Auflagen kommen u. a. in Frage die Verpflichtung, eine Verbreiterung der Eigenmittelausstattung herbeizuführen, einen weiteren sachkundigen Geschäftsleiter einzustellen oder einen nicht entsprechend § 33 Abs. 1 Satz 1 Nr. 4 KWG fachlich geeigneten persönlich haftenden Gesellschafter von der Geschäftsführung und Vertretung des Instituts auszuschließen [119]. Darüber hinaus besitzt das BAKred gemäß § 32 Abs. 2 Satz 2 KWG aber auch die Möglichkeit, die Erlaubnis auf einzelne Arten oder Unterarten von Bankgeschäften oder Finanzdienstleistungen zu beschränken. Dies kann sowohl auf Antrag als auch – gestützt auf die Versagungsgründe des § 33 Abs. 1 Satz 1 und Abs. 3 KWG – gegen den Willen des Antragstellers geschehen, z. B., wenn die in Aussicht genommenen Geschäftsleiter dem BAKred nur in bestimmten Geschäftszweigen fachlich geeignet erscheinen [120]. Im Übrigen ist das BAKred gehalten, vor Erteilung einer Erlaubnis für das Betreiben von Bankgeschäften oder das Erbringen von Finanzdienstleistungen für andere den für das Kredit- oder Finanzdienstleistungsinstitut in Betracht kommenden Träger der Sicherungseinrichtung anzuhören [121]. Diesem wird durch diese Anhörungspflicht – nicht zuletzt auch aus Gründen des Selbstschutzes [122] – Gelegenheit gegeben, auf Tatsachen hinzuweisen, die es nach den Statuten der Sicherungseinrichtung rechtfertigen würden, den Aufnahmeantrag des Kredit- oder Finanzdienstleistungsinstituts in den Sicherungsfonds abzulehnen [123]. Das BAKred hat

---

(*Fortsetzung*)
ner Bedürfnisprüfung im Bereich des Kredit- und Finanzdienstleistungswesens mit dem in Art. 12 Abs. 1 Satz 1 GG festgelegten Grundrecht der freien Berufswahl vgl. insb. BUNDESVERWALTUNGSGERICHT (Urteile 1959), S. 590 ff.

[117] Vgl. § 32 Abs. 4 KWG.

[118] Vgl. dazu SCHORK, LUDWIG (Zulassungsvorschriften 1962), S. 242; SCHORK, LUDWIG; SCHORK, LEO (Kreditwesen 1999), S. 338.

[119] Vgl. zu diesen und weiteren Beispielen BÄHRE, INGE LORE; SCHNEIDER, MANFRED (KWG-Kommentar 1986), S. 376; HÜTZ, GERHARD (Bankenaufsicht 1990), S. 116; SZAGUNN, VOLKHARD; HAUG, ULRICH; ERGENZINGER, WILHELM (Kreditwesen 1997), S. 480; REISCHAUER, FRIEDRICH; KLEINHANS, JOACHIM (Kreditwesengesetz 2000), Kza. 115, § 32, S. 13 f.

[120] Vgl. BUNDESREGIERUNG (Entwurf eines KWG 1959), S. 39; BÄHRE, INGE LORE; SCHNEIDER, MANFRED (KWG-Kommentar 1986), S. 375 f.; BÜSCHGEN, HANS E. (Bankbetriebslehre 1998), S. 286.

[121] Vgl. § 32 Abs. 3 KWG.

[122] Vgl. in diesem Sinne HÜTZ, GERHARD (Bankenaufsicht 1990), S. 137.

[123] Vgl. FINANZAUSSCHUSS DES DEUTSCHEN BUNDESTAGES (Bericht und Antrag zur Zweiten KWG-Novelle 1976), S. 7.

die diesbezügliche Stellungnahme des Trägers einer Sicherungseinrichtung in seine Erwägungen über die Vergabe der Geschäftsbetriebserlaubnis einzubeziehen, ist dadurch aber in keiner Weise gebunden [124]. Im Falle eines positiven Zulassungsbescheides ist das BAKred jedoch gehalten, dem Kredit- oder Finanzdienstleistungsinstitut, sofern es nach § 8 Abs. 1 ESAEG „beitragspflichtig ist, die Entschädigungseinrichtung mitzuteilen, der das Institut zugeordnet ist" [125]. Durch diese Mitteilung soll sichergestellt werden, dass das Kredit- oder Finanzdienstleistungsinstitut seinen Beitrags- und Mitwirkungspflichten gegenüber der betreffenden Entschädigungseinrichtung unverzüglich nach Erteilung der Erlaubnis nachkommt [126].

Eine einmal bewilligte Erlaubnis zum Betreiben von Bankgeschäften bzw. zur Erbringung von Finanzdienstleistungen für andere behält nicht unbegrenzt ihre Gültigkeit. Sie erlischt gemäß § 35 Abs. 1 Satz 1 KWG ohne jegliches Zutun des BAKred, „wenn von ihr nicht innerhalb eines Jahres seit ihrer Erteilung Gebrauch gemacht wird". Mit dieser Regelung soll verhindert werden, dass durch unausgenutzte Genehmigungen die Übersicht über den Bestand an arbeitenden Kredit- und Finanzdienstleistungsinstituten verloren geht [127]. Die Erlaubnis erlischt darüber hinaus auch dann, wenn das Kredit- oder Finanzdienstleistungsinstitut nach § 11 ESAEG von der Entschädigungseinrichtung, der es angehört, ausgeschlossen worden ist [128].

Andere Sachverhalte, die im Nachhinein zu einem automatischen Erlöschen der nach § 32 Abs. 1 Satz 1 KWG erteilten Geschäftsbetriebsbefugnis führen, sind der freiwillige Verzicht auf die Erlaubnis sowie der Tod des Inhabers der Erlaubnis [129]. Im letzteren Fall darf allerdings ein Kredit- oder Finanzdienstleis-

---

[124] Vgl. FINANZAUSSCHUSS DES DEUTSCHEN BUNDESTAGES (Bericht und Antrag zur Zweiten KWG-Novelle 1976), S. 7; MAYER, HELMUT (Bundesaufsichtsamt 1981), S. 65.

[125] § 32 Abs. 3a KWG.

[126] Vgl. DEUTSCHER BUNDESTAG (Entwurf eines Einlagensicherungs- und Anlegerentschädigungsgesetzes 1998), S. 26.

[127] Vgl. BUNDESREGIERUNG (Entwurf eines KWG 1959), S. 40.

[128] Vgl. § 35 Abs. 1 Satz 2 KWG.

[129] Vgl. SCHORK, LUDWIG (Zulassungsvorschriften 1962), S. 244; SCHNEIDER, MANFRED (Bankenaufsicht 1978), S. 26; BÄHRE, INGE LORE; SCHNEIDER, MANFRED (KWG-Kommentar 1986), S. 393; HÜTZ, GERHARD (Bankenaufsicht 1990), S. 121; SZAGUNN, VOLKHARD; HAUG, ULRICH; ERGENZINGER, WILHELM (Kreditwesen 1997), S. 516; SCHORK, LUDWIG; SCHORK, LEO (Kreditwesen 1999), S. 360.

tungsinstitut durch zwei Stellvertreter [130] auch ohne Erlaubnis für die Erben bis zur Dauer eines Jahres – aus besonderen Gründen kann das BAKred die Übergangszeit verlängern – fortgeführt werden, um es den Erben zu ermöglichen, in aller Ruhe über das weitere Schicksal des Kredit- oder Finanzdienstleistungsinstituts nachzudenken [131]. Die Stellvertreter, die unverzüglich nach dem Tode des Erlaubnisträgers zu bestimmen sind, gelten hierbei als Geschäftsleiter, müssen also dementsprechend qualifiziert sein [132]. Ist ein Stellvertreter nicht zuverlässig oder hat er nicht die erforderliche fachliche Eignung, ist das BAKred berechtigt, die Fortsetzung der Geschäfte zu untersagen [133].

Abschließend ist noch darauf hinzuweisen, dass § 61 KWG für die am 1. Januar 1962 bestehenden Kreditinstitute in der BRD eine Erlaubnis fingiert. Gleiches gilt gemäß § 63a Abs. 1 KWG für die am 1. Juli 1990 existierenden Kreditinstitute in der ehemaligen DDR. Darüber hinaus gilt ab dem 1. Januar 1995 die Erlaubnis für die unter dem Namen Deutsche Postbank AG errichtete Nachfolgeunternehmung der Deutschen Bundespost POSTBANK als erteilt [134]. § 64e Abs. 1 KWG enthält zudem für ein Kreditinstitut, das am 1. Januar 1998 über eine Erlaubnis als Einlagenkreditinstitut verfügt hat, die gesetzliche Erweiterung der bestehenden Erlaubnisgegenstände. Für ein solches Kreditinstitut gilt von diesem Zeitpunkt an die Erlaubnis für das Betreiben des Finanzkommissionsgeschäfts, des Emissionsgeschäfts, des Geldkartengeschäfts, des Netzgeldgeschäfts sowie für das Erbringen von Finanzdienstleistungen für andere als erteilt. § 64e Abs. 2 KWG enthält außerdem Übergangsregelungen für Finanzdienstleistungsinstitute und Wertpapierhandelsbanken, die am 1. Januar 1998 zulässigerweise tätig waren, ohne über eine Erlaubnis des BAKred zu verfügen [135].

---

[130] Für Finanzdienstleistungsinstitute, die nicht befugt sind, sich bei der Erbringung von Finanzdienstleistungen Eigentum oder Besitz an Geldern oder Wertpapieren von Kunden zu verschaffen, genügt hingegen – spiegelbildlich zur Durchbrechung des sog. „Vieraugenprinzips" – die Bestellung eines Stellvertreters; vgl. § 34 Abs. 2 Satz 5 KWG.

[131] Vgl. § 34 Abs. 2 Satz 1 u. Satz 4 KWG; ferner BUNDESREGIERUNG (Entwurf eines KWG 1959), S. 40; WIRTSCHAFTSAUSSCHUSS DES DEUTSCHEN BUNDESTAGES (Bericht über den Entwurf eines KWG 1961), S. 14. Zur strittigen Frage der Anwendbarkeit dieser Ausnahmeregelung sowohl auf Einzelkaufleute als auch auf die Vollhafter von Personenhandelsgesellschaften vgl. insbesondere BÄHRE, INGE LORE; SCHNEIDER, MANFRED (KWG-Kommentar 1986), S. 389 f.; HÜTZ, GERHARD (Bankenaufsicht 1990), S. 121; SZAGUNN, VOLKHARD; HAUG, ULRICH; ERGENZINGER, WILHELM (Kreditwesen 1997), S. 511.

[132] Vgl. § 34 Abs. 2 Satz 2 KWG.

[133] Vgl. § 34 Abs. 2 Satz 3 KWG.

[134] Vgl. § 64 Satz 1 KWG.

[135] Vgl. auch BUNDESREGIERUNG (Entwurf eines Gesetzes zur Umsetzung von EG-Richtlinien 1997), S. 99.

IV. Der Ordnungsrahmen der laufenden geschäftlichen Tätigkeit von Kredit- und Finanzdienstleistungsinstituten

1. Vorbemerkungen

So wichtig die im vorangegangenen Kapitel geschilderten Marktzugangsvoraussetzungen für Kredit- und Finanzdienstleistungsinstitute aus Sicht der Bankenaufsicht auch zu beurteilen sind, sie allein genügen nicht zur Erreichung der Tätigkeitsziele der allgemeinen staatlichen Bankenaufsicht. Da sie im Grunde genommen nur darauf abstellen, elementare Erfordernisse für die Gründung neuer Kredit- oder Finanzdienstleistungsinstitute durchzusetzen, bedürfen sie vielmehr zwingend der Ergänzung durch solche Regulierungsvorschriften, die sich auf die weitere wirtschaftliche Betätigung der Kredit- und Finanzdienstleistungsinstitute beziehen. Das geltende Bankenaufsichtsrecht trägt dieser Erkenntnis mit einer entsprechenden Ausgestaltung seiner Bestimmungen Rechnung. Es normiert für den laufenden Geschäftsbetrieb der Kredit- und Finanzdienstleistungsinstitute einen ordnungspolitischen Rahmen.

Der in der Bundesrepublik Deutschland vorzufindende Ordnungsrahmen der laufenden geschäftlichen Tätigkeit von Kredit- und Finanzdienstleistungsinstituten – er enthält sowohl quantitative als auch qualitative Aufsichtselemente [136] – ist Ausdruck des bankenaufsichtsrechtlichen Bestrebens, die Bonität der Kredit- und Finanzdienstleistungsinstitute im Interesse der Gläubiger auch nach erfolgter Geschäftsaufnahme zu sichern. Zu diesem Zweck umfasst er eine Reihe von geschäftspolitischen Wohlverhaltensregeln, die in ihrer Gesamtheit darauf ausgerichtet sind, die Kreditinstitute und die Finanzdienstleistungsinstitute zu einer ihre Funktionsfähigkeit jederzeit gewährleistenden Geschäftsgestaltung zu veranlassen. Allerdings handelt es sich bei diesen die Geschäftsentfaltungs- und damit die Risikoübernahmemöglichkeiten der Kredit- und Finanzdienstleistungsinstitute reduzierenden Ordnungsvorschriften – sie beruhen zumeist auf allgemeinen praktischen Erfahrungen – lediglich um Mindestanforderungen an eine umsichtige und solide Geschäftsführung der Kredit- und Finanzdienstleistungsinstitute, die verantwortungsbewusste Geschäftsleiter aus Gründen der Insolvenzprophy-

---

[136] Zur Unterscheidung vgl. RUDOLPH, BERND (Gestaltungsformen 1991), S. 600; MEISTER, EDGAR; OECHLER, ECKHARD (Limitierung 1996), S. 117 f.

laxe eigentlich bereits von sich aus, also ohne ausdrückliche Kontrolle durch eine staatliche Aufsichtsbehörde beachten sollten. Kredit- und Finanzdienstleistungs-institute sind daher auch nicht grundsätzlich von der Verpflichtung befreit, bei Bedarf über die Aufsichtsvorstellungen des Gesetzgebers bzw. der Träger der Bankenaufsicht hinausgehende, d. h. strengere Maßnahmen der Geschäfts- bzw. Risikobegrenzung zu entwickeln und anzuwenden.

Zentrale Inhalte des bestehenden bankenaufsichtsrechtlichen Regelwerks für den laufenden Geschäftsbetrieb der Kredit- und Finanzdienstleistungsinstitute – nach KRÜMMEL ein nicht vollständiges und nicht integriertes System von Aufsichtsin-strumenten [137] – sind die im Weiteren näher zu besprechenden Rahmenvorschrif-ten für die innere Struktur der Kredit- und Finanzdienstleistungsinstitute [138], für die Gestaltung und Durchführung des Kreditgeschäfts, für das Betreiben von Handelsgeschäften sowie für das Eingehen von sog. „bedeutenden Beteiligungen" an Unternehmungen außerhalb des finanziellen Sektors [139]. Soweit diese Norma-tivbestimmungen bereits abschließend im Kreditwesengesetz festgeschrieben sind, erwachsen aus ihnen unmittelbare Rechtspflichten für die jeweils betroffe-nen Kredit- und Finanzdienstleistungsinstitute [140]. Das BAKred hat hier nur noch die Aufgabe, „die Einhaltung dieser Normen zu überwachen, Verstöße zu bean-standen und die Erfüllung ggf. mit Hilfe seiner Zwangsmaßnahmen durchzuset-zen" [141]. Anders sieht es dagegen in den Fällen aus, in denen das BAKred eigens dazu ermächtigt wird, Aufsichtserfordernisse zu präzisieren, die im Kreditwesen-gesetz selbst nur als allgemeine Programmsätze formuliert sind. Das BAKred wird durch die Erteilung einer solchen Befugnis zur Konkretisierung von Auf-

---

[137] Vgl. KRÜMMEL, HANS-JACOB (Konstruktion 1985), S. 103; ferner PHILIPP, FRITZ (Risikobegren-zungsnormen 1994), S. 59. Zu Vorschlägen der Überführung der selektiven Risikobegrenzungs-normen des Bankenaufsichtsrechts in eine einzige umfassende und in sich konsistente Risiko-begrenzungsnorm vgl. insbesondere KEINE, FRIEDRICH-MICHAEL (Risikoposition 1986), S. 72 ff.; PROFESSOREN-ARBEITSGRUPPE (Reformvorschlag 1987), S. 285 ff.; BÖSL, KONRAD (Risiko-begrenzung 1993), S. 11 ff.

[138] Die Rahmenvorschriften für die innere Struktur der Kreditinstitute und der Finanzdienstleistungs-institute (verkürzend hierfür: Strukturnormen) setzen sich zusammen aus dem Eigenmittelgrund-satz I sowie dem Liquiditätsgrundsatz II (neu) bzw. den Liquiditätsgrundsätzen II und III (alt). Nach ARNOLD/SCHULTE-MATTLER handelt es sich bei diesen Strukturnormen der Bankenaufsicht um „das Herzstück einer jeden Bankaufsichtsgesetzgebung"; ARNOLD, WOLFGANG; SCHULTE-MATTLER, HERMANN (Eigenkapitalgrundsätze 1992), S. 764.

[139] Von einer gesonderten Betrachtung der Rahmenvorschriften über die Werbung der Kredit- und Finanzdienstleistungsinstitute – Rechtsgrundlage ist § 23 KWG – wird in dieser Arbeit aufgrund ihrer geringeren Relevanz abgesehen. Vgl. dazu insb. die Ausführungen bei BÄHRE, INGE LORE; SCHNEIDER, MANFRED (KWG-Kommentar 1986), S. 283 ff.; SZAGUNN, VOLKHARD; HAUG, ULRICH; ERGENZINGER, WILHELM (Kreditwesen 1997), S. 425 ff.; REISCHAUER, FRIEDRICH; KLEINHANS, JOACHIM (Kreditwesengesetz 2000), Kza. 115, § 23, S. 29 ff.

[140] Vgl. BIEG, HARTMUT (Bankenaufsicht 1983), S. 82.

[141] MÖSCHEL, WERNHARD (Wirtschaftsrecht 1972), S. 235.

sichtsmaßstäben nämlich in die Lage versetzt, den sich im Kredit- und Finanzdienstleistungsgewerbe vollziehenden wirtschaftlichen Veränderungen „mit möglichst geringem (zeitlichen; Anm. d. Verf.) Verzögerungseffekt aufsichtsrechtlich
zu entsprechen" [142]. Unter instrumentalen Aspekten (elastische Handhabung des
Bankenaufsichtsrechts) erweist sich dies durchaus als zweckmäßig.

2. Die Rahmenvorschriften für die innere Struktur der Kredit- und Finanzdienstleistungsinstitute

a) Die Begrenzung des Adressenrisikos sowie der Marktpreisänderungsrisiken durch den Eigenmittelgrundsatz I

aa) Grundlagen, Regelungsinhalte und Anwendungsbereich des Eigenmittelgrundsatzes I

Für die Fähigkeit der Kreditinstitute und der Finanzdienstleistungsinstitute, Vermögensverlustrisiken zu tragen, ist letztlich deren Ausstattung mit Eigenmitteln
von ausschlaggebender Bedeutung [143]. Diese Aussage stellt sowohl auf die Ver-
lustausgleichsfunktion der Eigenmittel im „going-concern-Fall" als auch auf die
Garantie- bzw. Haftungsfunktion der Eigenmittel im Insolvenzfall ab. PECCHIOLI
spricht von der Pufferfunktion der Eigenmittel „zur Abfederung unvorhergesehe-
ner Verluste" [144]. § 10 Abs. 1 Satz 1 KWG fordert deshalb auch, dass die Kredit-
und Finanzdienstleistungsinstitute im Interesse der Erfüllung ihrer Verpflichtungen gegenüber ihren Gläubigern, insbesondere zur Sicherheit der ihnen anvertrauten Vermögenswerte, stets über angemessene Eigenmittel verfügen müssen. § 10
Abs. 1 Satz 1 KWG unterstreicht somit ausdrücklich den Schutz der Gläubiger
als gesetzgeberische Motivation für diese Vorschrift und – wegen der systematischen Verknüpfung mit § 11 KWG – auch für die dort enthaltenen Bestimmungen [145]. Angesichts der Verschiedenheiten in der Geschäftsstruktur der einzelnen
Sparten des Kredit- und Finanzdienstleistungswesens und der Notwendigkeit einer flexiblen Anpassung an wechselnde wirtschaftliche Gegebenheiten verzichtet
der Gesetzgeber allerdings auf eine abschließende gesetzliche Regelung der An-

---

[142] DÜRRE, GÜNTER (Bundesaufsichtsamt 1972), S. 35.

[143] Vgl. BUNDESMINISTERIUM DER FINANZEN (HRSG.) (Studienkommission 1979), S. 204, Tz. 656.

[144] PECCHIOLI, RINALDO M. (Bankenaufsicht 1989), S. 157.

[145] Vgl. BIEG, HARTMUT (Bankenaufsicht 1983), S. 83 (Fn. 490); ferner MÖSCHEL, WERNHARD (Wirtschaftsrecht 1972), S. 236.

gemessenheit der Eigenmittel [146]. Er lässt bewusst offen, was unter dem Tatbestandsmerkmal „angemessene Eigenmittel" zu verstehen ist [147], und überträgt statt dessen in § 10 Abs. 1 Satz 2 KWG dem BAKred die nähere inhaltliche Ausgestaltung dieses unbestimmten Rechtsbegriffs [148]. Das BAKred ist danach gehalten, im Einvernehmen mit der Deutschen Bundesbank und nach vorheriger Anhörung der Spitzenverbände der Kredit- und Finanzdienstleistungsinstitute Grundsätze aufzustellen, nach denen es für den Regelfall beurteilt, ob die Eigenmittel eines Kreditinstituts oder eines Finanzdienstleistungsinstituts angemessen sind oder nicht. Diese Grundsätze sind sodann im Bundesanzeiger zu veröffentlichen [149]. Mit der Regelung des § 10 Abs. 1 Satz 2 KWG ist somit – ebenso wie mit der Regelung des § 11 Satz 2 KWG – „eine der wichtigsten Fragen der materiellen Bankenaufsicht vom Gesetzgeber auf die Verwaltungsebene verlagert worden" [150].

Das BAKred ist dem Regelungsauftrag des § 10 Abs. 1 Satz 2 KWG mit dem Erlass des Grundsatzes I über die Eigenmittel der Kredit- und Finanzdienstleistungsinstitute nachgekommen [151]. Dieser Grundsatz I besitzt allerdings – wie bereits in der amtlichen Begründung zum Kreditwesengesetz besonders hervor-

---

[146] Vgl. BUNDESREGIERUNG (Entwurf eines KWG 1959), S. 23; WIRTSCHAFTSAUSSCHUSS DES DEUTSCHEN BUNDESTAGES (Bericht über den Entwurf eines KWG 1961), S. 8. Es kommt hinzu, dass „sich Qualität und Umfang der durch die Eigenkapitalunterlegung abzusichernden Risiken naturgemäß nicht mit ausreichender Genauigkeit bestimmen lassen"; PECCHIOLI, RINALDO M. (Bankenaufsicht 1989), S. 157. ˙

[147] Statt von der Angemessenheit der Eigenmittelausstattung eines Kredit- oder Finanzdienstleistungsinstituts wird synonym auch von der Solvabilität eines Kredit- oder Finanzdienstleistungsinstituts gesprochen.

[148] Nach COOKE lässt sich die Frage der Angemessenheit der Eigenmittel eines Kredit- oder Finanzdienstleistungsinstituts „nicht mit Bestimmtheit oder dogmatisch beantworten. Dies ist daher ein Bereich par excellence, in dem es Aufgabe der Bankenaufsicht ist, durch die Festlegung von Maßstäben dieses Vakuum auszufüllen"; COOKE, W. P. (Banking Regulation 1981); zitiert nach PECCHIOLI, RINALDO M. (Bankenaufsicht 1989), S. 175 (Fn. 14).

[149] Vgl. § 10 Abs. 1 Satz 3 KWG. Vergleichbare Festlegungen bestehen nach § 10a Abs. 1 Satz 2 KWG für die Unternehmungen einer Institutsgruppe oder einer Finanzholding-Gruppe. Diese müssen gemäß § 10a Abs. 1 Satz 1 KWG *insgesamt* über angemessene Eigenmittel verfügen.

[150] MÖSCHEL, WERNHARD (Wirtschaftsrecht 1972), S. 225 f.; ebenso MÖSCHEL, WERNHARD (Bankenrecht 1975), S. 1026.

[151] Vgl. BAKRED (Bekanntmachung 1997), S. 1 ff. Der im Verlauf des Jahres 1997 grundlegend überarbeitete Grundsatz I wurde zu einem Einheitsgrundsatz über die Eigenmittel der Kreditinstitute und Finanzdienstleistungsinstitute fortentwickelt. Mit seinem In-Kraft-Treten zum 1. Oktober 1998 entfiel der bisherige Grundsatz Ia; vgl. BAKRED (Änderung 1997), S. 220 u. S. 230. Zur Entstehungsgeschichte und Fortentwicklung der Eigenkapitalgrundsätze des BAKred vgl. DEUTSCHE BUNDESBANK (Grundsätze 1962), S. 3 ff.; DEUTSCHE BUNDESBANK (Änderung 1964), S. 14 ff.; DEUTSCHE BUNDESBANK (Neufassung 1969), S. 37 ff.; DEUTSCHE BUNDESBANK (Grundsätze I und Ia 1990), S. 39 ff.; DEUTSCHE BUNDESBANK (Grundsätze 1993), S. 49 ff.; DEUTSCHE BUNDESBANK (Grundsatz I 1998), S. 67 ff.

gehoben wird [152] – weder den Charakter einer Rechtsnorm noch den eines Verwaltungsaktes [153]. Aus seiner Verletzung ergeben sich daher auch für die Kredit- und Finanzdienstleistungsinstitute keine unmittelbaren Rechtsfolgen [154]. Dennoch ist der auf die Begrenzung von Risiken ausgerichtete Grundsatz I für die Praxis der Bankenaufsicht von nicht zu unterschätzender Bedeutung, weil das BAKred mit seiner Bekanntgabe nach außen hin dokumentiert, wie es sein verwaltungsmäßiges Ermessen ausübt, wenn es die Frage der Angemessenheit der Eigenmittel eines Kredit- oder Finanzdienstleistungsinstituts beurteilt [155]. Verstößt ein Kredit- oder Finanzdienstleistungsinstitut nicht nur geringfügig oder wiederholt gegen die in § 2 Abs. 1 und Abs. 2 Grundsatz I festgelegten Grenzen, so begründet dies in der Regel die Vermutung des BAKred, dass den gesetzlichen Anforderungen des § 10 Abs. 1 Satz 1 KWG nicht entsprochen wird, dass also bei diesem Kredit- oder Finanzdienstleistungsinstitut keine ausreichenden bankenaufsichtsrechtlichen Eigenmittel vorhanden sind [156]. Beanstandungen der Aufsichtsbehörde, eventuell sogar Zwangsmaßnahmen nach § 45 KWG sind die Folge [157]. Die Kredit- und Finanzdienstleistungsinstitute sind aus diesem Grunde im Allgemeinen um strikte Einhaltung des Grundsatzes I bemüht. Die Verpflichtung zur Vorhaltung ständig angemessener Eigenmittel ist jedoch nicht gleichbedeutend mit der Verpflichtung zur täglichen Berechnung der Auslastungskennziffer des Grundsatzes I. Die Kredit- und Finanzdienstleistungsinstitute haben vielmehr dem BAKred und der Deutschen Bundesbank lediglich einmal monatlich die nach dem Grundsatz I „für die Überprüfung der angemessenen Eigen-

---

[152] Vgl. BUNDESREGIERUNG (Entwurf eines KWG 1959), S. 23; ferner WIRTSCHAFTSAUSSCHUSS DES DEUTSCHEN BUNDESTAGES (Bericht über den Entwurf eines KWG 1961), S. 8.

[153] Ebenso SCHORK, LUDWIG (Maßnahmen 1964), S. 37; MAYER, HELMUT (Bundesaufsichtsamt 1981), S. 71; BÄHRE, INGE LORE; SCHNEIDER, MANFRED (KWG-Kommentar 1986), S. 146.

[154] Vgl. BUNDESREGIERUNG (Entwurf eines KWG 1959), S. 23; ferner MAYER, HELMUT (Bundesaufsichtsamt 1981), S. 71; BÄHRE, INGE LORE; SCHNEIDER, MANFRED (KWG-Kommentar 1986), S. 146; SZAGUNN, VOLKHARD; HAUG, ULRICH; ERGENZINGER, WILHELM (Kreditwesen 1997), S. 290. SCHORK bezeichnet die Grundsätze des BAKred als nicht unmittelbar rechtsverbindliche Verlautbarungen von besonderem Gewicht; vgl. SCHORK, LUDWIG (Maßnahmen 1964), S. 36 f.; ebenso SCHÖNLE, HERBERT (Börsenrecht 1976), S. 438.

[155] Vgl. BUNDESREGIERUNG (Entwurf eines KWG 1959), S. 23 f.; MAYER, HELMUT (Bundesaufsichtsamt 1981), S. 71.

[156] Vgl. § 1 Abs. 1 Satz 2 Grundsatz I; ferner BUNDESREGIERUNG (Entwurf eines KWG 1959), S. 24; WIRTSCHAFTSAUSSCHUSS DES DEUTSCHEN BUNDESTAGES (Bericht über den Entwurf eines KWG 1961), S. 8. Gemäß § 1 Abs. 1 Satz 2 Grundsatz I gilt dieser Vermutungstatbestand bei Nichteinhaltung der Grenzen des Grundsatzes I durch die Unternehmungen einer Institutsgruppe oder einer Finanzholding-Gruppe entsprechend.

[157] Vgl. BIEG, HARTMUT (Bankenaufsicht 1983), S. 77. In diesem Zusammenhang ist auch an Sonderprüfungen gemäß § 44 Abs. 1 Satz 2 KWG zu denken.

mittelausstattung erforderlichen Angaben einzureichen" [158]. Zur Sicherstellung der ordnungsgemäßen Aufbereitung und Weiterleitung dieser Angaben müssen sie über eine ordnungsgemäße Organisation und angemessene interne Kontrollverfahren verfügen [159].

Sinn und Zweck des vom BAKred zur Beurteilung der Angemessenheit der Eigenmittelausstattung eines Instituts (einschließlich einer als rechtlich unselbstständige Einrichtung betriebenen Bausparkasse) verfassten Grundsatzes I ist es, darauf hinzuwirken, dass den einzelnen Instituten ein Mindestbestand an Eigenmitteln zur Abdeckung der von ihnen jeweils eingegangenen Adressen- sowie Marktpreisänderungsrisiken zur Verfügung steht [160]. Kredit- und Finanzdienstleistungsinstitute sind jedoch von den Anforderungen des Grundsatzes I nicht in gleichem Maße betroffen. So werden von den Finanzdienstleistungsinstituten nur diejenigen Unternehmungen erfasst, die Eigenhandel betreiben oder die als Anlagevermittler, Abschlussvermittler oder Finanzportfolioverwalter befugt sind, sich Eigentum oder Besitz an Geldern oder Wertpapieren von Kunden zu verschaffen, *oder* die auf eigene Rechnung mit Finanzinstrumenten handeln [161]. Anlagevermittler, Abschlussvermittler sowie Finanzportfolioverwalter, die nicht befugt sind, sich Eigentum oder Besitz an Geldern oder Wertpapieren von Kunden zu verschaffen, *und* die auch nicht auf eigene Rechnung mit Finanzinstrumenten handeln, werden damit von der Anwendung des Grundsatzes I ebenso ausgenommen wie Finanzdienstleistungsinstitute, die außer der Drittstaateneinlagenvermittlung, dem Finanztransfergeschäft und dem Sortengeschäft keine weitere Finanzdienstleistung für andere erbringen [162].

Die Einbeziehung der Finanzdienstleistungsinstitute, die als Anlagevermittler, Abschlussvermittler oder Finanzportfolioverwalter befugt sind, sich Eigentum oder Besitz an Geldern oder Wertpapieren von Kunden zu verschaffen, *oder* die auf eigene Rechnung mit Finanzinstrumenten handeln, unter den Anwendungskreis der Eigenmittelvorschriften des Grundsatzes I und damit unter die Solvenzaufsicht beruht auf der Überlegung, die Gläubiger derjenigen Anlagevermittler, Abschlussvermittler sowie Finanzportfolioverwalter, die Zugriff auf das Vermö-

---

[158] § 10 Abs. 1 Satz 4 KWG.

[159] Vgl. § 10 Abs. 1 Satz 5 KWG.

[160] Vgl. § 1 Abs. 1 Satz 1 i. V. m. § 2 Abs. 1 u. Abs. 2 Grundsatz I. Für die Unternehmungen einer Institutsgruppe oder einer Finanzholding-Gruppe vgl. § 1 Abs. 1 Satz 1 i. V. m. § 3 Grundsatz I. Zur Berücksichtigung von erschwerend oder erleichternd wirkenden Sonderverhältnissen durch das BAKred vgl. § 1 Abs. 1 Satz 3 i. V. m. Abs. 5 Grundsatz I.

[161] Vgl. § 1 Abs. 2 Satz 1 Grundsatz I.

[162] Vgl. § 1 Abs. 2 Satz 1 Grundsatz I i. V. m. § 2 Abs. 7 u. Abs. 8 KWG.

gen ihrer Kunden haben *oder* die infolge von Verlusten aus eigenen Geschäften das Vermögen ihrer Kundschaft gefährden können, zu schützen [163]. Aus demselben Grund bestimmt § 1 Abs. 2 Satz 2 Grundsatz I, dass die in der Rechtsform des Einzelkaufmanns oder der Personenhandelsgesellschaft geführten Finanzdienstleistungsinstitute, die mindestens eines der unter § 1 Abs. 2 Satz 1 Grundsatz I aufgelisteten Geschäfte betreiben, die auf eigene Rechnung des Inhabers oder der persönlich haftenden Gesellschafter abgeschlossenen Geschäfte in den Grundsatz I einzubeziehen haben [164].

Generell befreit von den Eigenmittelerfordernissen des Grundsatzes I sind die Kapitalanlagegesellschaften [165]. Wegen ihrer spezifischen Geschäftstätigkeit bestehen für diese Unternehmungen diverse Sonderregelungen im Kapitalanlagegesellschaftengesetz.

Für die gemischtwirtschaftlichen Kreditgenossenschaften sind dagegen lediglich in einem Teilbereich des Grundsatzes I Erleichterungen vorgesehen. Gemäß § 1 Abs. 4 Grundsatz I finden die Bestimmungen des Vierten Abschnitts des Grundsatzes I über die Eigenmittelunterlegungspflicht für Positionen in Rohwaren (§ 16 und § 17 Grundsatz I) keine Anwendung auf die von diesen Instituten üblicherweise betriebenen Warengeschäfte.

Wesentlich gehaltvoller als die vorstehend angeführten (Teil-) Ausnahmen vom Anwendungsbereich der Eigenmittelbestimmungen des Grundsatzes I ist aus Sicht der Kredit- und Finanzdienstleistungswirtschaft die Freistellungsregelung des § 1 Abs. 3 Grundsatz I zu beurteilen, die besagt, dass die Vorschriften des Fünften Abschnitts des Grundsatzes I zur Eigenmittelunterlegung von Handelsbuch-Risikopositionen einschließlich hiermit verbundener Adressenrisiken (§§ 18 bis 27 Grundsatz I) von den so genannten „Nichthandelsbuchinstituten" nicht einzuhalten sind. Was genau unter „Nichthandelsbuchinstituten" zu verstehen ist, ist hierbei in § 13 Abs. 1 Satz 1 KWG festgelegt. Nichthandelsbuchinstitute sind danach Kredit- oder Finanzdienstleistungsinstitute, die gemäß § 2 Abs. 11 KWG von der Anwendung der Vorschriften des Kreditwesengesetzes über das Handelsbuch [166] ausgenommen sind, weil ihre Handelsbuchpositionen unterhalb gesetz-

---

[163] Vgl. BAKRED (Erläuterungen 1997), S. 9; BAKRED (Änderung 1997), S. 220.

[164] Vgl. auch § 2a Abs. 2 Satz 1 KWG; ferner BAKRED (Erläuterungen 1997), S. 9 f.; BAKRED (Änderung 1997), S. 221; BUNDESREGIERUNG (Entwurf eines Gesetzes zur Umsetzung von EG-Richtlinien 1997), S. 73.

[165] Vgl. § 1 Abs. 2 Satz 1 Grundsatz I.

[166] Zum Begriff des Handelsbuchs im Sinne des Kreditwesengesetzes vgl. § 1 Abs. 12 KWG; ferner *Anlage 11*, S. 574 ff.

lich festgelegter Bagatellgrenzen liegen. *Abbildung 12* [167)] gibt einen diesbezüglichen Überblick über die Regelungen des § 2 Abs. 11 Satz 1 KWG.

Abb. 12: Die Bagatellgrenzen des § 2 Abs. 11 Satz 1 KWG für das Handelsbuch eines Kredit- oder Finanzdienstleistungsinstituts

Bagatellgrenzen			
Anteil des Handelsbuchs in Prozent der Gesamtsumme der bilanziellen und außerbilanziellen Geschäfte (relative Bagatellgrenze) [1)]			
in der Regel *kleiner* als 5 % [2)]	zu keiner Zeit *größer* als 6 % [3)]	in der Regel *größer* als 5 %	einmal *größer* als 6 %
⇓	⇓	⇓	⇓
Nichthandelsbuchinstitut	Nichthandelsbuchinstitut	Handelsbuchinstitut	Handelsbuchinstitut
Gesamtsumme der einzelnen Positionen des Handelsbuchs (absolute Bagatellgrenze) [4)]			
in der Regel *kleiner* als der Gegenwert von 15 Mio. ECU [2)]	zu keiner Zeit *größer* als der Gegenwert von 20 Mio. ECU [3)]	in der Regel *größer* als der Gegenwert von 15 Mio. ECU	einmal *größer* als der Gegenwert von 20 Mio. ECU
⇓	⇓	⇓	⇓
Nichthandelsbuchinstitut	Nichthandelsbuchinstitut	Handelsbuchinstitut	Handelsbuchinstitut

Erläuterungen zur Abb. 12:

[1)] Zur Bemessung der Gesamtsumme der bilanziellen und außerbilanziellen Geschäfte eines Kredit- oder Finanzdienstleistungsinstituts vgl. § 21 GroMiKV.

[2)] Überschreitungen dieser Grenzen „führen dann zu einer Einordnung als Handelsbuchinstitut, wenn sich die Überschreitungen häufen"; BAKRED (Handelsbuch 1999), S. 2. Eine solche Häufung ist anzunehmen, wenn ein Kredit- oder Finanzdienstleistungsinstitut per Geschäftsschluss an mindestens fünf aufeinander folgenden Geschäftstagen oder mindestens zehnmal während eines Kalendervierteljahres die Grenzen überschreitet, wobei untertägige Überschreitungen der Grenzen nach § 2 Abs. 11 Satz 1 Nr. 1 oder Nr. 2 KWG nicht berücksichtigt zu werden brauchen; vgl. ebenda, S. 2. Sofern sich ein Kredit- oder Finanzdienstleistungsinstitut aufgrund einer solchen Häufung von Überschreitungen nicht selbst als Handelsbuchinstitut einordnet, kann das BAKred in letzter Konsequenz die Einordnung als Handelsbuchinstitut durch einen feststellenden Verwaltungsakt durchsetzen; vgl. ebenda, S. 2.

[3)] Ein Kredit- oder Finanzdienstleistungsinstitut, das auch nur kurzfristig eine dieser Grenzen überschreitet, „wird mit dieser Überschreitung zum Handelsbuchinstitut, selbst wenn es die Überschreitung bis zum Geschäftsschluss wieder zurückführt"; BAKRED (Handelsbuch 1999), S. 2. Die Einhaltung dieser Grenzen ist zu jeder Zeit durch geeignete organisatorische Maßnahmen sicherzustellen und spätestens durch Rückschau zum Geschäftsschluss festzustellen; vgl. ebenda, S. 2.

[4)] Zur Bemessung der Gesamtsumme der einzelnen Positionen des Handelsbuchs eines Kredit- oder Finanzdienstleistungsinstituts vgl. § 22 GroMiKV.

[167)] Modifiziert entnommen aus SCHILLER, BETTINA; WIEDEMEIER, INGO (Chronologie 1998), S. 758.

Der in § 1 Abs. 3 Grundsatz I enthaltene Ausnahmetatbestand für Kredit- und Finanzdienstleistungsinstitute, die nur in geringem Umfang mit Finanzinstrumenten handeln, entspricht nach Auffassung des Gesetzgebers dem Grundsatz der Verhältnismäßigkeit [168]. Seiner Ansicht nach hätte die Pflicht zur Beachtung der vergleichsweise umfangreichen und komplexen Vorgaben des Fünften Abschnitts des Grundsatzes I zur Eigenmittelunterlegung des allgemeinen und besonderen Kursrisikos von zinssatz- und aktienkursbezogenen Finanzinstrumenten des Handelsbuchs sowie des Adressenrisikos aus Handelsbuchpositionen eine unangemessene bankenaufsichtliche Belastung dieser Institute (Aneignung von Spezialwissen sowie erhebliche Investitionen in die EDV-Ausstattung zur Berechnung und Meldung der Eigenmittelunterlegung) zur Folge [169]. Da allerdings auch Nichthandelsbuchinstitute unter Einhaltung der Schwellenwerte des § 2 Abs. 11 Satz 1 KWG Geschäftspositionen eingehen, die mit Zinssatz- oder Aktienkursänderungsrisiken verbunden sind und daher für diese Institute die Gefahr eines Vermögensverlustes beinhalten, erscheint ein Verzicht auf jegliche Überwachung dieser Marktpreisänderungsrisiken bankenaufsichtsrechtlich nicht vertretbar. Das BAKred sieht deshalb für die Nichthandelsbuchinstitute, die in der Bundesrepublik Deutschland den Großteil aller beaufsichtigten Kredit- und Finanzdienstleistungsinstitute bilden [170], anstelle der Anwendung der Vorschriften des Fünften Abschnitts des Grundsatzes I die regelmäßige Abgabe ergänzender Meldungen über das Derivategeschäft dieser Institute vor. Nichthandelsbuchinstitute haben insofern ihre marktrisikobehafteten Geschäftspositionen in Zinsinstrumenten und Aktien bzw. Aktienindizes zwar nicht mit Eigenmitteln zu unterlegen, statt dessen werden diese Geschäftspositionen aber einer besonderen Informationspflicht des BAKred unterworfen [171].

Handelsbuchinstitute hingegen fallen uneingeschränkt unter die Eigenmittelunterlegungsvorschriften des Fünften Abschnitts des Grundsatzes I. Es handelt sich

---

[168]   Vgl. BUNDESREGIERUNG (Entwurf eines Gesetzes zur Umsetzung von EG-Richtlinien 1997), S. 72. Die Einstufung als Nichthandelsbuchinstitut ist durch Vorstandsbeschluss zu dokumentieren und dem BAKred sowie der Deutschen Bundesbank nach § 2 Abs. 11 Satz 4 KWG unverzüglich schriftlich anzuzeigen; vgl. auch BAKRED (Handelsbuch 1999), S. 2.

[169]   Vgl. BUNDESREGIERUNG (Entwurf eines Gesetzes zur Umsetzung von EG-Richtlinien 1997), S. 72. Nach GLÜDER wirkt das anspruchsvolle und technisch aufwendige Regelwerk des Grundsatzes I zur Eigenmittelunterlegung von Handelsbuch-Risikopositionen einschließlich hiermit verbundener Adressenrisiken für die kleineren Institute „wie eine Markteintrittsbarriere für das Handelsgeschäft"; GLÜDER, DIETER (Neugestaltung 1996), S. 27.

[170]   Einer Proberechnung des BAKred zufolge fallen ca. 93 % der Kreditinstitute unter die Bagatellregelung des § 2 Abs. 11 KWG und sind damit als Nichthandelsbuchinstitute einzustufen; vgl. KARG, MANFRED; LINDEMANN, JAN HENNING (Weg 1996), S. 2; O. V. (Kapazitätsgrenze 1996), S. 35.

[171]   Vgl. BAKRED (Derivate-Verordnung 1997), S. 1 f.

hierbei um diejenigen Kredit- oder Finanzdienstleistungsinstitute, die *nicht* nach § 2 Abs. 11 KWG von der Anwendung der Vorschriften des Kreditwesengesetzes über das Handelsbuch ausgenommen sind [172]. Ein Kredit- oder Finanzdienstleistungsinstitut, das sich aufgrund der Vorgaben des Kreditwesengesetzes als Handelsbuchinstitut eingeordnet hat [173], kann sich allerdings „wieder von dieser Einordnung lösen, wenn es belegt, dass es mindestens für die letzten drei Monate die Bagatellgrenzen nach § 2 Abs. 11 Satz 1 KWG eingehalten hat" [174]. Vergleichbares gilt für ein Kredit- oder Finanzdienstleistungsinstitut, das durch einen feststellenden Verwaltungsakt des BAKred als Handelsbuchinstitut eingeordnet worden ist. Das BAKred wird dem Antrag eines solchen Instituts zur Aufhebung des Verwaltungsaktes „im Regelfall stattgeben, wenn das Institut belegt, dass es mindestens für die letzten drei Monate die Bagatellgrenzen nach § 2 Abs. 11 Satz 1 KWG eingehalten hat" [175].

Im Übrigen sind auch die Nichthandelsbuchinstitute verpflichtet, für bankenaufsichtsrechtliche Zwecke ein separates Handelsbuch zu führen und dabei die Vorschriften des § 1 Abs. 12 KWG zu beachten, da sie nur so nachweisen können, dass sie die in *Abbildung 12* (vgl. S. 225) aufgeführten Bagatellgrenzen einhalten [176]. Ein Nichthandelsbuchinstitut hat von daher „intern die erforderlichen organisatorischen Vorkehrungen zu schaffen, um die Einhaltung der Bagatellgrenzen zu überwachen" [177]. Solche organisatorischen Vorkehrungen „müssen sicherstellen, dass auch nur kurzfristige Überschreitungen einer Bagatellgrenze unverzüglich festgestellt und für Zwecke der Revision nachprüfbar festgehalten werden" [178]. Eine Beschreibung der Verfahren, eine Aufstellung der Berechnungsergebnisse und eine Aufschlüsselung der Positionen sind für das BAKred sowie die zuständige Zweiganstalt der Landeszentralbank auf Abruf vorzuhalten [179]. Unabhängig davon steht es jedem Kredit- oder Finanzdienstleistungsinstitut frei, sich als Handelsbuchinstitut einzuordnen, auch wenn es die Bagatellgrenzen nach § 2 Abs. 11 Satz 1 KWG ständig einhält [180]. In diesem Fall ist dem

---

[172] Vgl. § 13a Abs. 1 Satz 1 KWG.

[173] Die Einstufung als Handelsbuchinstitut ist ebenfalls durch Vorstandsbeschluss zu dokumentieren und dem BAKred sowie der Deutschen Bundesbank nach § 2 Abs. 11 Satz 4 KWG unverzüglich schriftlich anzuzeigen; vgl. auch BAKRED (Handelsbuch 1999), S. 2.

[174] BAKRED (Handelsbuch 1999), S. 3.

[175] BAKRED (Handelsbuch 1999), S. 2.

[176] Vgl. BUNDESREGIERUNG (Entwurf eines Gesetzes zur Umsetzung von EG-Richtlinien 1997), S. 73.

[177] BAKRED (Handelsbuch 1999), S. 1; vgl. auch § 24 Satz 1 GroMiKV.

[178] BAKRED (Handelsbuch 1999), S. 1.

[179] Vgl. § 24 Satz 2 GroMiKV sowie BAKRED (Handelsbuch 1999), S. 1.

[180] Vgl. BAKRED (Handelsbuch 1999), S. 1.

BAKred und der Deutschen Bundesbank gemäß § 2 Abs. 11 Satz 4 KWG unverzüglich Anzeige zu erstatten. Ein Kredit- oder Finanzdienstleistungsinstitut, das sich als Handelsbuchinstitut eingeordnet hat, ohne nach dem Kreditwesengesetz zu diesem Zeitpunkt oder in der Zeit danach dazu verpflichtet gewesen zu sein, kann sich allerdings *jederzeit* durch eine Gegenanzeige von dieser Einordnung lösen und sich wieder als Nichthandelsbuchinstitut einstufen [181].

Abbildung 13 [182] (vgl. S. 229) gibt – bezogen auf die vorstehenden Ausführungen – einen zusammenfassenden Überblick über die einzelnen Regelungsinhalte des Grundsatzes I zur Eigenmittelunterlegung des Adressenrisikos sowie der Marktpreisänderungsrisiken von Kredit- und Finanzdienstleistungsinstituten.

ab) Die Bestimmungen des Grundsatzes I über die erforderliche Mindesteigenkapitalausstattung zur Abdeckung des Adressenrisikos

(1) Die Koeffizientendarstellung für den Bereich des Adressenrisikos

Der vom BAKred aufgestellte Grundsatz I zielt unter anderem auf die Erfassung und die Reduzierung des Adressenrisikos der Kredit- und Finanzdienstleistungsinstitute [183]. Zu diesem Zweck setzt er das bankenaufsichtsrechtlich anerkannte haftende Eigenkapital eines Kredit- oder Finanzdienstleistungsinstituts zu dessen adressenrisikobehafteten Vermögensanlagen in Beziehung. § 2 Abs. 1 Grundsatz I bestimmt, dass die nach ihrem unterschiedlichen Risikogehalt gewichteten Risikoaktiva [184] eines Kredit- oder Finanzdienstleistungsinstitut – sie umfassen sowohl Bilanzaktiva als auch „traditionelle" sowie „innovative" nicht bilanzwirk-

---

[181] Vgl. BAKRED (Handelsbuch 1999), S. 2 f.

[182] Modifiziert entnommen aus DEUTSCHE BUNDESBANK (Grundsatz I 1998), S. 7.

[183] Ebenso BAKRED (Erläuterungen 1990), S. 3; DEUTSCHE BUNDESBANK (Grundsätze I und Ia 1990), S. 40; ARNOLD, WOLFGANG; SCHULTE-MATTLER, HERMANN (Eigenkapitalgrundsätze 1992), S. 764; BOOS, KARL-HEINZ; SCHULTE-MATTLER, HERMANN (Eigenkapitalgrundsatz I 1992), S. 639; SCHULTE-MATTLER, HERMANN (Eigenkapitalgrundsatz I 1994), S. 1; SCHARPF, PAUL; LUZ, GÜNTHER (Risikomanagement 1996), S. 511; SÜCHTING, JOACHIM; PAUL, STEPHAN (Bankmanagement 1998), S. 482. Zu den beiden Ausprägungen des Adressenrisikos eines Kredit- oder Finanzdienstleistungsinstituts, dem Ausfallrisiko auf der einen Seite sowie dem Erfüllungsrisiko auf der anderen Seite, vgl. vor allem BIEG, HARTMUT (Bankbetriebslehre 1992), S. 62 ff.; CHRISTIAN, CLAUS-JÖRG (Informationsbasis 1992), S. 113 ff.; ferner BÖSL, KONRAD (Risikovorschriften 1995), S. 26.

[184] Der im Grundsatz I verwandte Begriff der „Risikoaktiva" steht im Folgenden als Synonym für den sachgerechteren Begriff „adressenrisikobehaftete Vermögensanlagen".

Abb. 13: Überblick über die Regelungen des Grundsatzes I zur Eigenmittelunterlegung des Adressenrisikos sowie der Marktpreisänderungsrisiken von Kredit- und Finanzdienstleistungsinstituten

Risiken	Nichthandelsbuchinstitute		Handelsbuchinstitute	
	Adressenrisiko	Marktpreisänderungsrisiken	Adressenrisiko	Marktpreisänderungsrisiken
Erfasste Positionen	Risikoaktiva des Anlage- und Handelsbuchs	Fremdwährungs- und Rohwarenpositionen des Anlage- und Handelsbuchs	Risikoaktiva des Anlagebuchs / Adressenrisikopositionen des Handelsbuchs (Handelsbuch-Risikopositionen)	Zins- und Aktienpositionen des Handelsbuchs / Fremdwährungs- und Rohwarenpositionen des Anlage- und Handelsbuchs
Anrechnungsverfahren	Standardverfahren	Standardverfahren oder institutseigene Risikomodelle	Standardverfahren	Standardverfahren oder institutseigene Risikomodelle
Kapitalunterlegung	Haftendes Eigenkapital in Höhe von 8 % der gewichteten Risikoaktiva	Eigenmittel in Höhe der Anrechnungsbeträge für Marktpreisänderungsrisiken	Haftendes Eigenkapital in Höhe von 8 % der gewichteten Risikoaktiva	Eigenmittel in Höhe der Anrechnungsbeträge für Marktpreisänderungsrisiken bzw. Adressenrisiken des Handelsbuchs
Erforderliche Gesamtkapitalquote	mindestens 8 %		mindestens 8 %	

same Geschäfte [185] – täglich zum Geschäftsschluss [186] zu mindestens 8 % mit haftendem Eigenkapital zu unterlegen sind. Umformuliert bedeutet dies, dass die risikogewichteten Bilanzaktiva und die risikogewichteten „traditionellen" sowie „innovativen" nicht bilanzwirksamen Geschäfte eines Kredit- oder Finanzdienstleistungsinstituts das 12,5-fache seines haftenden Eigenkapitals nicht übersteigen dürfen. Die nachfolgende *Abbildung 14* (vgl. S. 231) zeigt den diesbezüglichen strukturellen Aufbau des Mindesteigenkapitalkoeffizienten (synonym hierfür Solvabilitätskoeffizienten) gemäß § 2 Abs. 1 Grundsatz I. Durch die Bezugnahme auf den Begriff des „haftenden Eigenkapitals" wird klargestellt, dass für die Deckung des Adressenrisikos eines Kredit- oder Finanzdienstleistungsinstituts Drittrangmittel nicht zur Verfügung stehen [187].

Der in § 2 Abs. 1 Grundsatz I geforderte Mindesteigenkapitalunterlegungsfaktor in Höhe von 8 % orientiert sich an internationalen Erfahrungswerten. Er leitet sich aus vertraulichen Statistiken ab, die innerhalb der Europäischen Union im Rahmen von Proberechnungen gesammelt wurden [188]. Die im Grundsatz I verwirklichte Konzeption zur Erfassung und Reduzierung des Adressenrisikos eines Kredit- oder Finanzdienstleistungsinstituts bietet darüber hinaus gegenüber den Alternativen (Festlegung einer bestimmten Relation der eigenen Mittel zu den fremden Mitteln bzw. zur Bilanzsumme oder zum Geschäftsvolumen) den Vorteil einer differenzierteren Betrachtungsweise, weil für die einzelnen Risikoaktiva unterschiedliche Gewichtungssätze je nach der generellen Risikolage dieser Anlagen herangezogen werden können. Sie entspricht zudem eher der besonderen Funktion des Eigenkapitals als Risikopolster, hängt doch das Vermögensverlustrisiko eines Kredit- oder Finanzdienstleistungsinstituts wesentlich von der Art der Anlage der ihm anvertrauten Mittel ab.

---

[185] Vgl. § 4 Satz 2 Nr. 1 bis 4 Grundsatz I. Zur Unterteilung der nicht bilanzwirksamen Geschäfte in „traditionelle" sowie „innovative" außerbilanzielle Geschäfte vgl. Boos, Karl-Heinz; Schulte-Mattler, Hermann (Neuregelungen 1993), S. 359; Scharpf, Paul (Solvabilitätskoeffizient 1993), S. 4; Regnery, Peter (Bankeneigenkapital 1994), S. 53; Schulte-Mattler, Hermann (Kreditrisiken 1994), S. 611; Schulte-Mattler, Hermann; Traber, Uwe (Marktrisiko 1997), S. 39.

[186] In Anlehnung an die in § 1 Abs. 2 Satz 1 GroMiKV getroffene Regelung wird der Zeitpunkt des Geschäftsschlusses eines Instituts grundsätzlich auf 24:00 Uhr MEZ/MESZ festgesetzt. Im Einzelfall ist aber auf Antrag eines Instituts auch eine hiervon abweichende zeitliche Festlegung möglich, sodass der Zeitpunkt des Geschäftsschlusses durchaus institutsindividuell variieren kann; vgl. Bakred (Erläuterungen 1997), S. 14.

[187] Vgl. auch Bakred (Erläuterungen 1997), S. 14.

[188] Vgl. Bader, Udo-Olaf (Bankenmarkt 1988), S. 249; Rat der Europäischen Gemeinschaften (Solvabilitätsrichtlinie 1989), S. 14 (9. Erwägungsgrund).

Abb. 14: Der strukturelle Aufbau des Solvabilitätskoeffizienten gemäß § 2 Abs. 1 Grundsatz I

$$\frac{\text{haftendes Eigenkapital}}{\text{gewichtete Risikoaktiva} *} \geq 8\ \%$$

$\Rightarrow$ haftendes Eigenkapital $\geq 8\ \%$ der gewichteten Risikoaktiva*

$\Rightarrow$ gewichtete Risikoaktiva* $\leq 12{,}5$-fache des haftenden Eigenkapitals

---

* gewichtete Risikoaktiva = risikogewichtete Bilanzaktiva + risikogewichtete „traditionelle"
nicht bilanzwirksame Geschäfte + risikogewichtete „innovative"
nicht bilanzwirksame Geschäfte

Dem Solvabilitätskoeffizienten gemäß § 2 Abs. 1 Grundsatz I kommt aus Sicht der Bankenaufsicht eine zentrale Rolle zu. Er liefert dem BAKred einen Maßstab zur Beurteilung der Angemessenheit der Eigenkapitalsituation von Kredit- und Finanzdienstleistungsinstituten, indem er das als Risikodeckungsmasse vorhandene haftende Eigenkapital eines Kredit- oder Finanzdienstleistungsinstituts den adressenbedingten Verlustmöglichkeiten bei den Vermögensanlagen dieses Instituts gegenüberstellt. Während die Risikobegrenzungsgröße (der Zähler des Koeffizienten) hierbei bereits im Kreditwesengesetz selbst eindeutig definiert ist, erfolgt die inhaltliche Präzisierung der Risikomessgröße (des Nenners des Koeffizienten) erst in § 4 i. V. m. den §§ 6 bis 13 Grundsatz I. Dort wird festgelegt, welche Risikoaktiva eines Kredit- oder Finanzdienstleistungsinstituts in welcher Höhe belastend in die Relation des Solvabilitätskoeffizienten eingehen, wobei in der Vorgehensweise der Berechnung zwischen den Bilanzaktiva [189], den „traditionellen" nicht bilanzwirksamen Geschäften [190] sowie den „innovativen" nicht bilanzwirksamen Geschäften [191] unterschieden wird.

Abbildung 15 (vgl. S. 232) gibt einen systematischen Überblick über die einzelnen Gruppen von Risikoaktiva gemäß § 4 Satz 2 Grundsatz I.

---

[189]   Vgl. Kapitel F.IV.2.ab).(2), S. 233 ff.

[190]   Vgl. Kapitel F.IV.2.ab).(3), S. 251 ff.

[191]   Vgl. Kapitel F.IV.2.ab).(4), S. 259 ff.

Abb. 15: Überblick über die einzelnen Gruppen von Risikoaktiva gemäß § 4 Satz 2 Grundsatz I

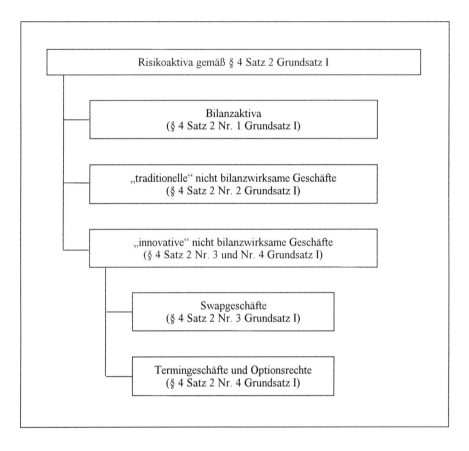

Bei Wertpapierhandelsunternehmen in der Rechtsform des Einzelkaufmanns oder einer Personenhandelsgesellschaft sind in die Beurteilung der Angemessenheit der Eigenmittel der Unternehmung gemäß § 10 Abs. 1 KWG auch die *privaten Risikoaktiva* des Inhabers oder der persönlich haftenden Gesellschafter (zum Beispiel Privatkredite an Dritte) einzubeziehen, ohne dabei die Haftungsbasis der Unternehmung um das freie Vermögen des Inhabers oder der persönlich haftenden Gesellschafter zu erweitern [192]. Der Grund für diese Sonderbehandlung von Wertpapierhandelsunternehmen in der Rechtsform des Einzelkaufmanns oder einer Personenhandelsgesellschaft liegt in der Befürchtung des Gesetzgebers, dass die Privatgläubiger des Einzelkaufmanns oder eines persönlich haftenden

---

[192] Vgl. § 2a Abs. 2 Satz 1 KWG sowie § 1 Abs. 2 Satz 2 Grundsatz I.

Gesellschafters einen Titel gegebenenfalls auch in das Geschäfts- bzw. Gesellschaftsvermögen einer solchen Unternehmung vollstrecken könnten [193].

Wie *Abbildung 14* (vgl. S. 231) verdeutlicht, bildet den Zähler des Solvabilitätskoeffizienten das haftende Eigenkapital gemäß § 10 Abs. 2 Satz 2 KWG [194]. Es ist hierbei zu beachten, dass das Kernkapital mindestens 50 %, bei Anerkennung nicht realisierter Reserven sogar 55 % des jeweils insgesamt benötigten haftenden Eigenkapitals ausmachen muss. Der erste Wert (50 %) ergibt sich aus der Bestimmung des § 10 Abs. 2b Satz 2 KWG, wonach bei der Berechnung des haftenden Eigenkapitals Ergänzungskapital nur bis zur Höhe des Kernkapitals berücksichtigt werden kann. Der zweite Wert (55 %) folgt aus der Bedingung des § 10 Abs. 4a Satz 1, 1. Halbsatz KWG, die besagt, dass nicht realisierte Reserven nur bei einer Kernkapitalquote von mindestens 4,4 % der gewichteten Risikoaktiva dem haftenden Eigenkapital zugerechnet werden dürfen. Dies sind bezogen auf den 8 %igen Mindesteigenkapitalunterlegungsfaktor 55 % dieser Größe [195].

Ergänzend zu diesen Überlegungen ist darauf hinzuweisen, dass der gemäß *Abbildung 10* (vgl. S. 190-202) errechnete Wert des haftenden Eigenkapitals für die Zwecke des Grundsatzes I gegebenenfalls noch um die mit haftendem Eigenkapital zu unterlegenden Positionen zu kürzen ist [196]. Eine solche Unterlegung von Positionen mit haftendem Eigenkapital ist vorgesehen für bedeutende Beteiligungen an Unternehmungen außerhalb des Finanzsektors, deren Nennbeträge über die in § 12 KWG ordnungspolitisch vorgegebenen Obergrenzen hinausgehen, und bei Krediten, die mit oder ohne Zustimmung des BAKred die Großkreditobergrenzen für Nichthandelsbuchinstitute nach § 13 Abs. 3 und Abs. 4 KWG bzw. für Handelsbuchinstitute nach § 13a Abs. 3 bis 6 KWG überschreiten.

(2) Die Ermittlung der risikogewichteten Anrechnungsbeträge von Bilanzaktiva

§ 7 Nr. 1 bis Nr. 12 Grundsatz I enthält eine abschließende Auflistung der anrechnungspflichtigen Bilanzaktiva im Sinne von § 4 Satz 2 Nr. 1 Grundsatz I. Im Einzelnen sind es folgende Positionen:

---

[193]   Vgl. BUNDESREGIERUNG (Entwurf eines Gesetzes zur Umsetzung von EG-Richtlinien 1997), S. 73; ferner BAKRED (Erläuterungen 1997), S. 9 f.; BAKRED (Änderung 1997), S. 221.

[194]   Zur Berechnung des haftenden Eigenkapitals vgl. *Abbildung 10*, S. 190-202.

[195]   Zu diesen Zusammenhängen vgl. BURGHOF, HANS-PETER; RUDOLPH, BERND (Bankenaufsicht 1996), S. 140.

[196]   Vgl. § 10 Abs. 1 Satz 6 KWG.

- Guthaben bei Zentralnotenbanken und Postgiroämtern,
- Schuldtitel öffentlicher Stellen und Wechsel, die zur Refinanzierung bei Zentralnotenbanken zugelassen sind,
- im Einzug befindliche Werte, für die entsprechende Zahlungen bereits bevorschusst wurden,
- Forderungen an Kreditinstitute,
- Forderungen an Kunden (einschließlich der Warenforderungen von Kreditinstituten mit Warengeschäft),
- Schuldverschreibungen und andere festverzinsliche Wertpapiere, soweit sie kein Termingeschäft oder Optionsrecht verbriefen,
- Aktien und andere nicht festverzinsliche Wertpapiere, soweit sie kein Termingeschäft oder Optionsrecht verbriefen,
- Warenbestand von Kreditgenossenschaften, die das Warengeschäft betreiben,
- Beteiligungen,
- Anteile an verbundenen Unternehmen,
- Sachanlagen,
- Gegenstände, über die von einem Kredit- oder Finanzdienstleistungsinstitut als Leasinggeber Leasingverträge abgeschlossen worden sind, und zwar unabhängig von ihrem Bilanzausweis,
- sonstige Vermögensgegenstände sowie
- Rechnungsabgrenzungsposten.

Ein Vergleich dieses Kataloges der gemäß § 2 Abs. 1 Grundsatz I mit haftendem Eigenkapital zu unterlegenden Vermögensgegenstände mit den Aktivpositionen der Bilanz eines Kreditinstituts oder eines Finanzdienstleistungsinstituts zeigt eine weitgehende Übereinstimmung. Bezeichnung, Gliederung und Abgrenzung der grundsatz-I-relevanten Bilanzaktiva orientieren sich an den Vorgaben der Verordnung des Bundesministeriums der Justiz über die Rechnungslegung der Kreditinstitute und Finanzdienstleistungsinstitute (RechKredV) [197]. Außer Betracht bleiben bei der Berechnung der risikogewichteten Anrechnungsbeträge von Bilanzaktiva allerdings diejenigen Positionen der Aktivseite der Bilanz, die

---

[197] Vgl. BAKRED (Erläuterungen 1992), S. 6; BAKRED (Erläuterungen 1997), S. 35. Zur Rechnungslegungsverordnung der Kredit- und Finanzdienstleistungsinstitute vgl. BUNDESMINISTERIUM DER JUSTIZ (Kreditinstituts-Rechnungslegungsverordnung 1998), S. 3658 ff. Besonders hervorzuheben sind in diesem Zusammenhang Formblatt 1 RechKredV sowie die §§ 12 bis 20 RechKredV. Zu Einzelheiten vgl. SCHARPF, PAUL (Solvabilitätskoeffizient 1993), S. 23 ff.; BIEG, HARTMUT (Rechnungslegung 1999), S. 189 ff.

- kein Adressenrisiko begründen [198],

- bei der Ermittlung der Anrechnungsbeträge für die Handelsbuch-Risikopositionen zu berücksichtigen sind [199],

- in die Ermittlung der Rohwarenposition einbezogen werden [200],

- Abzugsgrößen vom haftenden Eigenkapital eines Kredit- oder Finanzdienstleistungsinstituts darstellen [201] oder

- in vollem Umfang mit haftendem Eigenkapital unterlegt werden [202].

Darüber hinaus erfahren die im Einzug befindlichen Werte, für die entsprechende Zahlungen bereits bevorschusst wurden, sowie die Gegenstände, über die ein Kreditinstitut oder Finanzdienstleistungsinstitut als Leasinggeber Leasingverträge abgeschlossen hat, im Grundsatz I eine von ihrem tatsächlichen bilanziellen Ausweis abweichende Behandlung. Sie werden im Unterschied zur Gliederung der Bilanz gemäß Formblatt 1 RechKredV getrennt von den übrigen Aktivpositionen aufgeführt [203]. Schließlich werden von der Erfassung im Grundsatz I solche aktivische Rechnungsabgrenzungsposten ausgenommen, die wirtschaftlich als Korrekturposten zu Passivpositionen der Bilanz anzusehen und deshalb ebenfalls nicht mit einem Adressenrisiko behaftet sind [204]. „Dabei handelt es sich insbesondere um Ausgleichsposten für abgezinste Sparbriefe, andere Abzinsungspapiere, die zum Nennwert passiviert sind, sowie Schuldverschreibungen, die zu einem Unter-Pari-Kurs ausgegeben worden sind" [205].

---

[198] Es sind dies die Aktivpositionen 1a (Kassenbestand), 5c (Eigene Schuldverschreibungen), 9 (Treuhandvermögen) und 10 (Ausgleichsforderungen gegen die öffentliche Hand einschließlich Schuldverschreibungen aus deren Umtausch) gemäß Formblatt 1 RechKredV. Nicht erfasst werden ferner die in der Aktivposition 15 „Sonstige Vermögensgegenstände" ausgewiesenen Bestände an Goldbarren; vgl. § 4 Satz 3 Grundsatz I; ferner BAKRED (Erläuterungen 1997), S. 28.

[199] Vgl. § 4 Satz 2 Grundsatz I. Dieser Ausnahmetatbestand betrifft *nur* Handelsbuchinstitute. Nichthandelsbuchinstitute hingegen haben aufgrund des Unterschreitens der Bagatellgrenzen des § 2 Abs. 11 KWG auch diejenigen Bilanzaktiva nach den Vorschriften des Zweiten Abschnitts des Grundsatzes I mit haftendem Eigenkapital zu unterlegen, die dem Handelsbuch gemäß § 1 Abs. 12 KWG zugerechnet werden; vgl. auch BAKRED (Erläuterungen 1997), S. 27.

[200] Vgl. § 4 Satz 3 Nr. 1 Grundsatz I; ferner die Erläuterungen zur *Abbildung 30*, S. 290.

[201] Vgl. § 4 Satz 3 Nr. 2 Grundsatz I. Es sind dies die Aktivpositionen 11 (Immaterielle Anlagewerte), 13 (Ausstehende Einlagen auf das gezeichnete Kapital), 14 (Eigene Aktien oder Anteile) und 17 (Nicht durch Eigenkapital gedeckter Fehlbetrag) gemäß Formblatt 1 RechKredV sowie weitere nach § 10 Abs. 2a, Abs. 2b u. Abs. 6 KWG abzuziehende Posten.

[202] Vgl. § 4 Satz 3 Nr. 3 Grundsatz I.

[203] Vgl. BAKRED (Erläuterungen 1992), S. 7 u. S. 8.

[204] Vgl. BAKRED (Erläuterungen 1992), S. 9.

[205] BAKRED (Erläuterungen 1992), S. 9.

Ausgangspunkt der Ermittlung der Anrechnungsbeträge der so definierten Bilanzaktiva im Nenner des Solvabilitätskoeffizienten ist gem. § 6 Abs. 1 Nr. 1 Grundsatz I der bilanziell ausgewiesene Buchwert dieser Vermögensgegenstände. Dieser ist, soweit betroffen, um die als haftendes Eigenkapital nach § 10 Abs. 2b Satz 1 Nr. 1 KWG anerkannten Vorsorgereserven nach § 340f HGB zu erhöhen [206] bzw. um die passiven Rechnungsabgrenzungsposten aus Gebührenabgrenzung und für das Damnum auf Darlehen [207] zu kürzen [208]. Zu ermäßigen sind u. U. aber auch die Buchwerte der Gegenstände, über die ein Kredit- oder Finanzdienstleistungsinstitut als Leasinggeber Leasingverträge abgeschlossen hat, und zwar um die Posten, die wegen der Erfüllung oder der Veräußerung von Forderungen aus diesen Leasingverträgen gebildet wurden [209]. Ein solcher Posten darf allerdings maximal bis zum Buchwert des ihm zugehörigen Leasinggegenstandes abgezogen werden [210]. Anteilige Zinsen sind zudem „unter den sie betreffenden Positionen nur aufzuführen, soweit sie im Rahmen der Rechnungslegungsvorschriften [211] aktiviert wurden" [212]. Maßgeblich hierfür ist der letzte Zwischen- oder Jahresabschluss. Schließlich sind Wertberichtigungen von denjenigen Aktivpositionen abzusetzen, für die sie gebildet wurden [213]. Dies ist sachgerecht, da in Höhe der bereits kapitalmäßig berücksichtigten Wertberichtigungen kein eigenkapitalunterlegungsbedürftiges Ausfallrisiko mehr besteht [214].

Bilanzaktiva, die auf fremde Währung lauten, sind gemäß § 6 Abs. 2 Satz 1, 1. Halbsatz Grundsatz I zum Devisenkurs des jeweiligen Bewertungsstichtags (Stichtagskurs) in Deutsche Mark umzurechnen. Dabei sind für die an der Frankfurter Devisenbörse amtlich notierten Währungen die Kassamittelkurse und für die anderen Währungen die Mittelkurse aus feststellbaren An- und Verkaufskursen des Bewertungsstichtags zugrunde zu legen [215]. Bei der Umrechnung von

---

[206] Die Erfassung der Bilanzaktiva-Beträge in Höhe der gebildeten Vorsorgereserven nach § 340f HGB ist als Ausgleich für die Zurechnung dieser Vorsorgereserven zum haftenden Eigenkapital geboten; vgl. BAKRED (Erläuterungen 1997), S. 33.

[207] Vgl. dazu auch BAKRED (Abzug 1975), S. 38.

[208] Vgl. § 6 Abs. 1 Nr. 1 Grundsatz I; ferner BAKRED (Erläuterungen 1997), S. 33; DEUTSCHE BUNDESBANK (Erläuterungen 1999), S. 12.

[209] Vgl. § 6 Abs. 1 Nr. 1 Grundsatz I; ferner DEUTSCHE BUNDESBANK (Erläuterungen 1999), S. 13.

[210] Vgl. § 6 Abs. 1 Nr. 1 Grundsatz I; ferner DEUTSCHE BUNDESBANK (Erläuterungen 1999), S. 13 u. S. 16.

[211] Vgl. dazu § 11 Satz 1 RechKredV.

[212] DEUTSCHE BUNDESBANK (Erläuterungen 1999), S. 12.

[213] Vgl. BAKRED (Erläuterungen 1997), S. 33; DEUTSCHE BUNDESBANK (Erläuterungen 1999), S. 12.

[214] Vgl. BAKRED (Erläuterungen 1997), S. 33.

[215] Vgl. § 6 Abs. 2 Satz 2 Grundsatz I.

Beteiligungen und Anteilen an verbundenen Unternehmen, die nicht Bestandteil der Fremdwährungsposition sind, kann allerdings anstelle des Stichtagskurses der zum Zeitpunkt der Erstverbuchung dieser Bilanzaktiva maßgebliche Devisenkurs herangezogen werden [216].

Um der Tatsache Rechnung zu tragen, dass die im Eigenmittelgrundsatz I erfassten Bilanzaktiva nicht in gleichem Maße von einem Adressenausfall bedroht sind, sind die Bilanzaktiva in einem weiteren Schritt einer Bewertung hinsichtlich der Höhe ihres Adressenrisikos zu unterziehen. Hierzu werden die einzelnen Bilanzaktiva je nach dem Grad der Wahrscheinlichkeit ihres Ausfalls verschiedenen Risiko- bzw. Bonitätsklassen zugeordnet, die mit spezifischen, nach Meinung des BAKred risikoangemessenen Gewichtungsfaktoren versehen sind. Die gegebenenfalls bereinigten Buchwerte der Bilanzaktiva werden sodann mit den entsprechenden Risikogewichtungsfaktoren [217] multipliziert. Als Ergebnis errechnet sich – wie *Abbildung 16* (vgl. S. 238) zeigt – der in den Nenner des Solvabilitätskoeffizienten einzubeziehende risikogewogene Wert dieser Bilanzaktiva.

Bestimmend für die Unterteilung der Bilanzaktiva in mehrere Risikogruppen sind sowohl bonitäts- als auch geschäftsartenbezogene Merkmale wie beispielsweise die sektorale Stellung und die geographische Herkunft des Vertragspartners bzw. des Sicherungsgebers sowie die Absicherung oder die Laufzeit des dem betrachteten Bilanzaktivum zugrunde liegenden Geschäfts [218]. Mit Hilfe dieser Kriterien werden in § 13 Grundsatz I zur Zeit insgesamt sechs Risikoklassen mit Risikogewichtungsfaktoren von 0 %, 10 %, 20 %, 50 %, 70 % und 100 % unterschieden. Welcher Risikogewichtungsfaktor hierbei bei welchen Bilanzaktiva jeweils anzusetzen ist, folgt allerdings erst aus der Anwendung der Risikogewichtungssätze des § 13 Grundsatz I auf den Katalog der Bilanzaktiva gemäß § 7 Nr. 1 bis Nr. 12 Grundsatz I.

---

[216] Vgl. § 6 Abs. 2 Satz 1, 2. Halbsatz Grundsatz I.

[217] Synonym hierfür Adressengewichtungsfaktoren bzw. Bonitätsgewichte.

[218] Vgl. u. a. BADER, UDO-OLAF (Bankenmarkt 1988), S. 248; BIEG, HARTMUT (Bankrichtlinien 1989), S. 16; HELLENTHAL, LUDGER (Bankenaufsichtsrecht 1992), S. 111 ff.; BÜSCHGEN, HANS E. (Bankbetriebslehre 1994), S. 127 f.; BÖSL, KONRAD (Risikovorschriften 1995), S. 27.

**Abb. 16: Die Ermittlung der risikogewichteten Anrechnungsbeträge von
Bilanzaktiva**

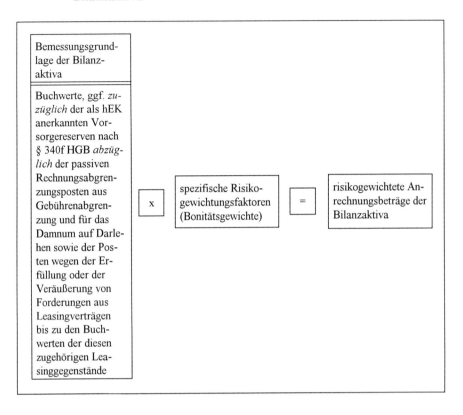

Abbildung 17 [219] (vgl. S. 239-249) gibt – bezogen auf die Bilanzaktiva des § 7
Grundsatz I – einen ausführlichen Überblick über die Risikogewichtungsfaktoren
gemäß § 13 Grundsatz I.

---

[219] Ähnlich strukturierte Abbildungen finden sich u. a. bei BOOS, KARL-HEINZ; SCHULTE-MATTLER,
HERMANN (Neuregelungen 1993), S. 360; GENOSSENSCHAFTSVERBAND HESSEN/RHEINLAND-PFALZ/
THÜRINGEN E. V. (HRSG.) (Bankenaufsichtsrecht 1993), S. 49 ff.; SCHARPF, PAUL (Solvabilitäts-
koeffizient 1993), S. 181 ff.; DÜRSELEN, KARL E. (Novellierung 1994), S. 109 ff.; REGNERY, PETER
(Bankeneigenkapital 1994), S. 54 ff.; SCHULTE-MATTLER, HERMANN; TRABER, UWE (Marktrisiko
1997), S. 32 f.

Abb. 17: Die Risikogewichtungsfaktoren für Bilanzaktiva gemäß § 13 Grundsatz I

Bilanzaktiva [1]	Risikogewich-tungsfaktoren in %
1. Guthaben bei Zentralnotenbanken und ausländischen Postgiroämtern	
a) Guthaben bei Zentralnotenbanken (täglich fällig)	
aa) Zentralnotenbanken der „Zone A" [2]	
(1) Deutsche Bundesbank	0
(2) sonstige Zentralnotenbanken	0
ab) Zentralnotenbanken der „Zone B" [3]	
(1) Guthaben, die auf die Landeswährung des jeweiligen Schuldners lauten und in dieser Währung refinanziert sind („Lokalfinanzierung")	0
(2) sonstige Guthaben	100
b) Guthaben bei ausländischen Postgiroämtern (täglich fällig)	20 [4]
2. Schuldtitel öffentlicher Stellen und Wechsel, die zur Refinanzierung bei Zentralnotenbanken zugelassen sind	
a) Schatzwechsel und unverzinsliche Schatzanweisungen sowie ähnliche Schuldtitel öffentlicher Stellen	
aa) des Bundes, eines rechtlich unselbstständigen Sondervermögens des Bundes oder eines Landes, der Länder, Gemeinden und Gemeindeverbände (Inland) [5]	0
ab) von ausländischen Zentralregierungen oder Zentralnotenbanken	
(1) der „Zone A"	0
(2) der „Zone B"	
(a) in der Landeswährung des jeweiligen Schuldners und in dieser refinanziert („Lokalfinanzierung")	0
(b) sonstige Schuldtitel	100
ac) von ausländischen Regionalregierungen und ausländischen örtlichen Gebietskörperschaften	
(1) der „Zone A"	0/20 [6]
(2) der „Zone B"	100
ad) der Europäischen Gemeinschaften	0
b) Wechsel, die unter Diskontabzug hereingenommen wurden und zur Refinanzierung bei Zentralnotenbanken zugelassen sind	analog Nr. 4 und Nr. 5
3. Im Einzug befindliche Werte, für die entsprechende Zahlungen bereits bevorschusst wurden	20

Fortsetzung Abb. 17:

Bilanzaktiva [1]	Risikogewichtungsfaktoren in %
4. Forderungen an Kreditinstitute [7]	
a) Kreditinstitute der „Zone A"	
aa) Kreditinstitute mit Sitz im Geltungsbereich des KWG (einschließlich der Zweigstellen gemäß § 53 KWG)	20 [8]
ab) sonstige Kreditinstitute [9]	20 [10]
b) Kreditinstitute der „Zone B" [11]	
ba) mit einer Ursprungslaufzeit ≤ 1 Jahr	20 [12]
bb) mit einer Ursprungslaufzeit > 1 Jahr	100
c) nationale und internationale Spezialkreditinstitute	
ca) die Kreditanstalt für Wiederaufbau (KfW)	0 [13]
cb) die Deutsche Ausgleichsbank	0 [13]
cc) die Europäische Investitionsbank (EIB)	20
cd) multilaterale Entwicklungsbanken [14]	20
5. Forderungen an Kunden (einschließlich der Warenforderungen von Kreditinstituten mit Warengeschäft)	
a) den Bund, ein rechtlich unselbstständiges Sondervermögen des Bundes oder eines Landes, die Länder, Gemeinden und Gemeindeverbände (Inland) [5]	0
b) ausländische Zentralregierungen	
ba) der „Zone A"	0
bb) der „Zone B"	
(1) in der Landeswährung des jeweiligen Schuldners und in dieser refinanziert („Lokalfinanzierung")	0
(2) sonstige Forderungen	100
c) ausländische Regionalregierungen und ausländische örtliche Gebietskörperschaften	
ca) der „Zone A"	0/20 [6]
cb) der „Zone B"	100
d) die Europäischen Gemeinschaften	0
e) juristische Personen des öffentlichen Rechts mit Trägerschaft einer inländischen Gebietskörperschaft sowie privatrechtliche Unternehmungen *in vollem Besitz* einer oder mehrerer inländischer Gebietskörperschaften [15]	
ea) ohne Erwerbscharakter	20
eb) mit Erwerbscharakter	100

Fortsetzung Abb. 17:

Bilanzaktiva [1]	Risikogewich-tungsfaktoren in %
f) Einrichtungen des öffentlichen Sektors in einem anderen Land der „Zone A"	
fa) ohne Erwerbscharakter	20 [16]
fb) mit Erwerbscharakter	100
g) ausländische Verwaltungseinrichtungen der „Zone A", die Zentral-regierungen, Regionalregierungen oder örtlichen Gebietskörper-schaften unterstehen, *sowie* privatrechtliche Unternehmungen im Besitz von Zentralregierungen, Regionalregierungen, örtlichen Gebietskörperschaften der „Zone A" oder von Stellen der „Zone A", die die gleichen Aufgaben wahrnehmen wie Regionalregierungen oder örtliche Gebietskörperschaften	
ga) ohne Erwerbscharakter	20 [17]
gb) mit Erwerbscharakter	100
h) kirchliche Körperschaften des öffentlichen Rechts	20 [18]
i) Finanzdienstleistungsinstitute mit Sitz im Geltungsbereich des KWG [19]	20 [20]
j) ausländische Wertpapierfirmen	
ja) der „Zone A" [21]	20 [22]
jb) der „Zone B"	100 [23]
k) Realkredite im Sinne von § 14 Abs. 2 Satz 3 Nr. 5 KWG [24]	
ka) Realkredite auf selbstgenutztes oder vermietetes Wohneigentum	
(1) bis zur Beleihungsgrenze [25]	50
(2) über der Beleihungsgrenze	100
kb) Realkredite auf gewerblich genutzte Immobilien	
(1) bis zu 50 % des Verkehrswertes bzw. 60 % des Beleihungs-wertes	50 [26]
(2) über 50 % des Verkehrswertes bzw. 60 % des Beleihungs-wertes	100
kc) Schiffshypothekarkredite	100
l) Bauspardarlehen aus Zuteilungen und Darlehen zur Vor- und Zwi-schenfinanzierung von Leistungen der Bausparkassen auf Bauspar-verträge ihrer Bausparer	70 [27]
m) sonstige Forderungen	100

Fortsetzung Abb. 17:

Bilanzaktiva [1]	Risikogewichtungsfaktoren in %
6. Schuldverschreibungen und andere festverzinsliche Wertpapiere, soweit sie kein Termingeschäft oder Optionsrecht verbriefen	
a) des Bundes, eines rechtlich unselbstständigen Sondervermögens des Bundes oder eines Landes, der Länder, Gemeinden und Gemeindeverbände (Inland) [5]	0
b) von ausländischen Zentralregierungen oder Zentralnotenbanken	
ba) der „Zone A"	0
bb) der „Zone B"	
(1) in der Landeswährung des jeweiligen Schuldners und in dieser refinanziert („Lokalfinanzierung")	0
(2) sonstige Schuldverschreibungen und andere festverzinsliche Wertpapiere	100
c) von ausländischen Regionalregierungen und ausländischen örtlichen Gebietskörperschaften	
ca) der „Zone A"	0/20 [6]
cb) der „Zone B"	100
d) der Europäischen Gemeinschaften	0
e) von Kreditinstituten	
ea) gemäß den Voraussetzungen des Artikels 22 Abs. 4 Satz 1 und Satz 2 Investmentrichtlinie	10 [28]
eb) sonstige	analog Nr. 4
f) von sonstigen Emittenten	100 bzw. analog Nr. 5e bis Nr. 5j
g) grundpfandrechtlich gesicherte Wertpapiere [29]	50
7. Aktien und andere nicht festverzinsliche Wertpapiere, soweit sie kein Termingeschäft oder Optionsrecht verbriefen	100 [30]
8. Warenbestand von Kreditgenossenschaften, die das Warengeschäft betreiben [31]	100
9. Beteiligungen	100 [32]
10. Anteile an verbundenen Unternehmen	100 [33]
11. Sachanlagen [34]	100

Fortsetzung Abb. 17:

Bilanzaktiva [1]	Risikogewichtungsfaktoren in %
12. Gegenstände, über die von einem Kredit- oder Finanzdienstleistungsinstitut als Leasinggeber Leasingverträge abgeschlossen worden sind, und zwar unabhängig von ihrem Bilanzausweis	entsprechend der Adressengewichtung des Leasingnehmers
13. Sonstige Vermögensgegenstände [34] [35]	100
14. Rechnungsabgrenzungsposten mit Forderungscharakter [36]	50 [37]
– vorstehend angeführte Bilanzaktiva, deren Erfüllung von den in § 13 Abs. 1 Nr. 1 sowie Abs. 3 Nr. 1 Grundsatz I genannten Adressen ausdrücklich gewährleistet wird [38], sind entsprechend der Adressengewichtung des Garanten zu erfassen [39] [40]	0 bzw. 20
– vorstehend angeführte Bilanzaktiva, *soweit* deren Erfüllung nachweislich gesichert ist durch Sicherheiten in Form von	
– Wertpapieren einer Zentralregierung oder Zentralnotenbank der „Zone A",	0
– Wertpapieren eines Landes, einer Gemeinde oder eines Gemeindeverbandes im Geltungsbereich des KWG	0
– Wertpapieren der Europäischen Gemeinschaften,	0
– Wertpapieren der Europäischen Investitionsbank,	20
– Wertpapieren einer multilateralen Entwicklungsbank,	20
– Wertpapieren einer ausländischen Regionalregierung oder ausländischen örtlichen Gebietskörperschaft der „Zone A",	0/20 [41]
sind entsprechend der Adressengewichtung des Emittenten der Wertpapiere zu erfassen [40] [42]	
– vorstehend angeführte Bilanzaktiva, *soweit* deren Erfüllung nachweislich gesichert ist durch Sicherheiten in Form von	
– Bareinlagen bei dem kreditgewährenden Institut,	0
– Bareinlagen, die bei einem anderen Institut der „Zone A" als dem kreditgewährenden Institut hinterlegt worden sind,	20
– Einlagenzertifikaten oder ähnlichen Papieren, die von dem kreditgewährenden Institut ausgegeben wurden und bei diesem hinterlegt sind [43],	0
– Einlagenzertifikaten oder ähnlichen Papieren eines anderen Instituts der „Zone A" als dem kreditgewährenden Institut [44],	20
sind mit entsprechend reduzierten Gewichtungssätzen zu erfassen [40] [42]	

Fortsetzung Abb. 17:

Erläuterungen zur Abb. 17:

[1] Außer Betracht bleiben gemäß § 4 Satz 2 und Satz 3 Grundsatz I diejenigen Bilanzaktiva, die

- bei der Ermittlung der Anrechnungsbeträge für die Handelsbuch-Risikopositionen zu berücksichtigen sind (betrifft nur Handelsbuchinstitute),
- in die Ermittlung der Rohwarenposition einbezogen werden,
- Abzugsgrößen vom haftenden Eigenkapital eines Kredit- oder Finanzdienstleistungsinstituts darstellen oder
- in vollem Umfang mit haftendem Eigenkapital unterlegt werden.

[2] Zur „Zone A" (synonym hierfür Präferenzzone) zählen in Übereinstimmung mit § 1 Abs. 5b Satz 1 KWG die Staaten des Europäischen Wirtschaftsraums (EWR) gemäß § 1 Abs. 5a Satz 1 KWG, die anderen Vollmitgliedstaaten der Organisation für wirtschaftliche Zusammenarbeit und Entwicklung (OECD) sowie diejenigen Staaten, die mit dem Internationalen Währungsfonds (IWF) besondere Kreditabkommen im Zusammenhang mit dessen Allgemeinen Kreditvereinbarungen (AKV) getroffen haben. Mitgliedsländer der OECD, die ihre Auslandsschulden umgeschuldet oder vor vergleichbaren Zahlungsschwierigkeiten gestanden haben, werden jedoch aufgrund ihrer verminderten Kreditwürdigkeit für einen Zeitraum von fünf Jahren aus der „Zone A" ausgeschlossen. Demnach umfasst die „Zone A" *zum gegenwärtigen Zeitpunkt* neben der Bundesrepublik Deutschland die folgenden Staaten: Australien, Belgien, Dänemark, Finnland, Frankreich, Griechenland, Großbritannien und Nordirland, Irland, Island, Italien, Japan, Kanada, Liechtenstein, Luxemburg, Neuseeland, Niederlande, Norwegen, Österreich, Polen, Portugal, Saudi-Arabien, Schweden, Schweiz, Spanien, Tschechische Republik, Türkei, Ungarn und die USA. Mexiko ist zwar im Jahre 1994 Vollmitglied der OECD geworden, wird allerdings aufgrund seiner anhaltend instabilen wirtschaftlichen und finanziellen Situation bis auf weiteres nicht der „Zone A" zugerechnet. Darüber hinaus zählt auch Südkorea, das im Jahre 1996 der OECD als Vollmitglied beigetreten ist, angesichts der zugespitzten Finanzkrise dieses Landes derzeit nicht zur „Zone A". Für die Zugehörigkeit verschiedener Kleinstaaten und Gebiete mit besonderem Status zur „Zone A" ist die Handhabung in dem Staat ausschlaggebend, mit dem sie völkerrechtlich oder wirtschafts- und währungsmäßig eng verbunden sind. Danach werden bis auf weiteres Bermuda, die Britischen Kanalinseln, Gibraltar, Guam, Isle of Man, Puerto Rico und Spitzbergen als sog. „Kleinstaaten" sowie insbesondere die Azoren, die Balearen, die Kanarischen Inseln, Ceuta, Melilla, die Faröer Inseln, Grönland, Guadeloupe, Martinique, Réunion und Guyana als sog. „Gebiete mit besonderem Status" der „Zone A" zugeordnet. Vgl. zu diesen Ausführungen BAKRED (Erläuterungen 1997), S. 51; BAKRED (Aufhebung 1997), S. 120; BAKRED (Zurechnung 1999), S. 1; DEUTSCHE BUNDESBANK (Erläuterungen 1999), S. 3; LANDESZENTRALBANK IN RHEINLAND-PFALZ UND IM SAARLAND (Abgrenzung 1999), S. 1. Die Gleichstellung der Bundesrepublik Deutschland mit den anderen Staaten oder Gebieten der „Zone A" impliziert, dass das Länderrisiko als besondere Ausprägung des Adressenrisikos in diesen Fällen als irrelevant anzusehen ist; ähnlich HORN, NORBERT (Bankrecht 1989), S. 119.

[3] Die zur „Zone B" gehörenden Länder werden gemäß § 1 Abs. 5b Satz 2 KWG negativ abgegrenzt; hierzu zählen alle Länder, die nicht unter der „Zone A" aufgeführt sind. Der „Zone B" – dem eigentlichen Auslandsbereich eines Kredit- oder Finanzdienstleistungsinstituts – werden auch folgende Kleinstaaten und Gebiete mit besonderem Status zugeordnet: Andorra, Hongkong, die Niederländischen Antillen, Macao, Monaco, San Marino und Vatikanstadt. Vgl. BAKRED (Erläuterungen 1997), S. 51 f.; DEUTSCHE BUNDESBANK (Erläuterungen 1999), S. 4; LANDESZENTRALBANK IN RHEINLAND-PFALZ UND IM SAARLAND (Abgrenzung 1999), S. 2.

[4] Vgl. dazu BAKRED (Bundespost 1993), S. 85 f.; BAKRED (Nachfolgeunternehmen 1995), S. 109 f.

[5] Hierzu zählen auch die inländischen Eigen- und Regiebetriebe der öffentlichen Haushalte (rechtlich unselbstständige Betriebe von Gebietskörperschaften) sowie die inländischen kommunalen Zweckverbände mit hoheitlichen Aufgaben; vgl. DEUTSCHE BUNDESBANK (Erläuterungen 1999), S. 8 f. Zu den allgemeinen Kriterien der Abgrenzung inländischer öffentlicher Stellen sowie der damit verbundenen Zuweisung von Bonitätsgewichten vgl. BAKRED (Erfüllung 1993/1996), S. 73 ff.; ZENTRALER KREDITAUSSCHUSS (Bonitätsgewichtungsfaktoren 1993), S. 284 ff.

Fortsetzung Abb. 17:

[6] Bilanzaktiva, deren Erfüllung von einer Regionalregierung oder einer örtlichen Gebietskörperschaft in einem anderen Staat des Europäischen Wirtschaftsraums geschuldet oder ausdrücklich gewährleistet wird, sind mit 0 % statt mit 20 % anzusetzen, sofern der betreffende EWR-Staat für derartige Bilanzaktiva eigens einen Gewichtungssatz von 0 % vorsieht, dieser Staat die Europäische Kommission hierüber unterrichtet und die Europäische Kommission ihrerseits diese Information bekannt gegeben hat. Eine Auflistung der derzeit mit einem adressenbezogenen Gewichtungssatz von 0 % versehenen Regionalregierungen und örtlichen Gebietskörperschaften anderer Staaten des Europäischen Wirtschaftsraums findet sich bei BAKRED (Behandlung 1993/1995), S. 86 ff.

[7] Sofern in dieser Position Forderungen an Zentralnotenbanken der „Zone A" oder der „Zone B" auszuweisen sind, erfolgt eine Risikogewichtung dieser Adressaten analog Nr. 1a.

[8] Der Risikogewichtungssatz von 20 % erhöht sich – vorbehaltlich der Ausführungen in Fn. 1 dieser Erläuterungen – auf 100 %, sofern die geschuldete Forderung dem haftenden Eigenkapital des Schuldnerinstituts zugerechnet wird. Ebenfalls mit 100 % anzusetzen sind Forderungen an Wohnungsunternehmen mit Spareinrichtung, die die Erlaubnis zum Betreiben des Einlagengeschäfts im Sinne von § 1 Abs. 1 Satz 2 Nr. 1 KWG besitzen; vgl. dazu BAKRED (Gewichtung 1995), S. 126; BAKRED (Erläuterungen 1997), S. 59; DEUTSCHE BUNDESBANK (Erläuterungen 1999), S. 5. Der Grund hierfür liegt in der eingeschränkten Solvenzaufsicht über Wohnungsunternehmen mit Spareinrichtung.

[9] Als sonstige Kreditinstitute der „Zone A" gelten entsprechend Art. 2 Abs. 1, 4. Gedankenstrich Solvabilitätsrichtlinie alle in den anderen EU-Mitgliedstaaten und EWR-Vertragsstaaten gemäß Art. 3 Erste Bankrechtskoordinierungsrichtlinie zugelassenen Kreditinstitute einschließlich ihrer Zweigstellen in Drittländern *sowie* die in den übrigen Staaten der „Zone A" zugelassenen Kreditinstitute, die unter die Definition von Art. 1, 1. Gedankenstrich Erste Bankrechtskoordinierungsrichtlinie fallen, einschließlich ihrer Zweigstellen in Drittländern; vgl. BAKRED (Erläuterungen 1997), S. 60.

[10] Soweit die von den sonstigen Kreditinstituten der „Zone A" geschuldeten Forderungen bei diesen Unternehmungen Eigenmittel im Sinne der EG-Eigenmittelrichtlinie oder entsprechende Eigenmittel darstellen, erfolgt – vorbehaltlich der Ausführungen in Fn. 1 dieser Erläuterungen – eine Anrechnung zu 100 %.

[11] Als Kreditinstitute der „Zone B" gelten nach Art. 2 Abs. 1, 5. Gedankenstrich Solvabilitätsrichtlinie alle außerhalb der „Zone A" als Kreditinstitut zugelassenen privaten und öffentlichen Unternehmungen, die der Definition in Art. 1, 1. Gedankenstrich Erste Bankrechtskoordinierungsrichtlinie genügen, einschließlich ihrer Zweigstellen in Drittländern; vgl. BAKRED (Erläuterungen 1997), S. 61.

[12] Die von den Kreditinstituten der „Zone B" geschuldeten Forderungen mit einer Ursprungslaufzeit von längstens einem Jahr erhalten – vorbehaltlich der Ausführungen in Fn. 1 dieser Erläuterungen – einen Risikogewichtungssatz von 100 %, soweit es sich bei ihnen um Eigenmittel handelt.

[13] Zur adressenmäßigen Gleichstellung der Kreditanstalt für Wiederaufbau sowie der Deutschen Ausgleichsbank mit dem Bund und der damit einhergehenden Zuerkennung eines Risikogewichtungssatzes in Höhe von jeweils 0 % vgl. § 1a des Gesetzes über die Kreditanstalt für Wiederaufbau sowie § 2a des Ausgleichsbankgesetzes.

[14] Als multilaterale Entwicklungsbanken im Sinne von Art. 2 Abs. 1, 7. Gedankenstrich Solvabilitätsrichtlinie gelten zur Zeit die Internationale Bank für Wiederaufbau und Entwicklung (Weltbank), die Internationale Finanz-Corporation, die Interamerikanische Investitionsgesellschaft, die Interamerikanische Entwicklungsbank, die Afrikanische Entwicklungsbank, die Asiatische Entwicklungsbank, die Karibische Entwicklungsbank, die Nordische Investitionsbank, der Sozialentwicklungsfonds des Europarates (ehemals: Wiedereingliederungsfonds des Europarates), die Europäische Bank für Wiederaufbau und Entwicklung sowie der Europäische Investitionsfonds; vgl. BAKRED (Erläuterungen 1997), S. 59; DEUTSCHE BUNDESBANK (Erläuterungen 1999), S. 5.

Fortsetzung Abb. 17:

[15] Hierzu zählen zunächst alle Verwaltungseinrichtungen, die öffentliche Aufgaben wahrnehmen (Hoheitsbetriebe). Darüber hinaus sind gemeinnützige Einrichtungen, die um ihres gemeinnützigen Zweckes willen unterhalten werden (z. B. Anstalten zur Kranken-, Gesundheits- und Wohlfahrtspflege oder zur Abwasser- und Abfallbeseitigung), sowie rechtlich selbstständige Anstalten zur Daseinsvorsorge (z. B. Verkehrs- und Versorgungsbetriebe) hierunter zu subsumieren. Ferner fallen hierunter die Landeswohlfahrtsverbände sowie die Sozialversicherungsträger (z. B. Bundesanstalt für Arbeit, Allgemeine Ortskrankenkassen) einschließlich der von ihnen betriebenen Anstalten und Einrichtungen (z. B. Sanatorien und Krankenhäuser). Weiterhin sind hier Kredite an den Ostdeutschen Sparkassen- und Giroverband, Berlin, sowie an berufsbezogene Personalkörperschaften (z. B. Kassenärztliche Vereinigungen, Ärztekammern), deren Recht in entsprechenden Kammergesetzen geregelt ist, aufzunehmen. Schließlich sind auch die Industrie- und Handelskammern hier zu erfassen. Vgl. zu diesen Ausführungen BAKRED (Erfüllung 1993/1996), S. 76; BAKRED (Erläuterungen 1997), S. 57; DEUTSCHE BUNDESBANK (Erläuterungen 1999), S. 10.

[16] Der Risikogewichtungsfaktor von 20 % kommt nur dann zur Anwendung, wenn die zuständigen Bankenaufsichtsbehörden des betreffenden Landes der „Zone A" eine anrechnungsmäßige Privilegierung dieser öffentlichen Stellen ohne Erwerbscharakter vorsehen. Der Anrechnungssatz von 20 % gilt zudem auch für solche öffentlichen Einrichtungen in einem anderen Land der „Zone A", für die in ihrem Heimatland von den dort zuständigen Bankenaufsichtsbehörden eine Adressengewichtung von 0 % festgelegt wird. Vgl. dazu BAKRED (Erläuterungen 1997), S. 58.

[17] Das adressenbezogene Gewicht in Höhe von 20 % gilt nur dann, wenn im Sitzstaat der betreffenden Verwaltungseinrichtung oder privatrechtlichen Unternehmung kein höherer Anrechnungssatz vorgesehen ist. Der Anrechnungssatz von 20 % gilt zudem auch für solche Verwaltungseinrichtungen sowie privatrechtlichen Unternehmungen in einem anderen Land der „Zone A", für die in ihrem Heimatland von den dort zuständigen Bankenaufsichtsbehörden eine Adressengewichtung von 0 % festgelegt wird. Vgl. dazu DEUTSCHE BUNDESBANK (Erläuterungen 1999), S. 11.

[18] Die anrechnungsmäßige Privilegierung kirchlicher Körperschaften des öffentlichen Rechts setzt voraus, dass sie bundesweit verfasst sind und aufgrund des Artikels 140 des Grundgesetzes und des Artikels 137 Abs. 6 der Weimarer Verfassung Steuern erheben oder am Steueraufkommen der steuererhebenden kirchlichen Körperschaften teilhaben; vgl. § 13 Abs. 3 Nr. 1j Grundsatz I; ferner BAKRED (Erfüllung 1993/1996), S. 76 f.

[19] Von den inländischen Finanzdienstleistungsinstituten erhalten *nur* diejenigen Institute einen Adressengewichtungssatz in Höhe von 20 %, die dem Grundsatz I unterliegen. Gemäß § 1 Abs. 2 Satz 1 Grundsatz I sind dies Eigenhändler sowie Anlagevermittler, Abschlussvermittler und Finanzportfolioverwalter, die befugt sind, sich Eigentum oder Besitz an Geldern oder Wertpapieren von Kunden zu verschaffen, *oder* die auf eigene Rechnung mit Finanzinstrumenten handeln. Alle anderen Finanzdienstleistungsinstitute sind dem normalen Unternehmungssektor zuzuordnen und mit einem Adressengewicht in Höhe von 100 % zu belegen.

[20] Die von inländischen Finanzdienstleistungsinstituten geschuldeten Forderungen erhalten – vorbehaltlich der Ausführungen in Fn. 1 dieser Erläuterungen – einen Risikogewichtungssatz von 100 %, sofern sie beim Schuldnerinstitut dem haftenden Eigenkapital zugerechnet werden.

[21] Hierzu zählen zum einen die in anderen Staaten des Europäischen Wirtschaftsraums zugelassenen Wertpapierfirmen im Sinne von Art. 2 Nr. 2 Kapitaladäquanzrichtlinie, für die die Eigenmittelanforderungen nach Art. 4 Abs. 1 Kapitaladäquanzrichtlinie gelten, *sowie* zum anderen die *anerkannten* Wertpapierfirmen dritter Länder im Sinne von Art. 2 Nr. 4 Kapitaladäquanzrichtlinie, soweit sie ihren Sitz in einem Land der „Zone A" haben und für sie Art. 4 Abs. 1 Kapitaladäquanzrichtlinie entsprechende Eigenmittelanforderungen gelten. Für alle anderen Wertpapierfirmen der „Zone A" bleibt es bis auf weiteres bei einer 100 %-Gewichtung. Zur Auflistung der derzeit anerkannten Wertpapierfirmen dritter Länder der „Zone A" vgl. DEUTSCHE BUNDESBANK (Erläuterungen 1999), S. 6. Für Börsen und Clearingstellen gilt weiterhin der Adressengewichtungssatz in Höhe von 100 %; vgl. BAKRED (Erläuterungen 1997), S. 60. Unbeschadet davon erhalten CEDEL und EUROCLEAR einen adressenbezogenen Gewichtungssatz in Höhe von 20 %; vgl. ebenda, S. 60.

Fortsetzung Abb. 17:

[22] Forderungen an Wertpapierfirmen im Sinne von Art. 2 Nr. 2 Kapitaladäquanzrichtlinie, die in einem anderen Staat des Europäischen Wirtschaftsraums oder der „Zone A" zugelassen sind, werden – vorbehaltlich der Ausführungen in Fn. 1 dieser Erläuterungen – zu 100 % angerechnet, falls sie bei diesen Unternehmungen Eigenmittel im Sinne der EG-Eigenmittelrichtlinie oder entsprechende Eigenmittel darstellen.

[23] Zur Vollanrechnung ausländischer Wertpapierfirmen der „Zone B" vgl. BAKRED (Erläuterungen 1997), S. 61; DEUTSCHE BUNDESBANK (Erläuterungen 1999), S. 7.

[24] § 14 Abs. 2 Satz 3 Nr. 5 KWG enthält eine Legaldefinition des Begriffs „Realkredit". Realkredite sind danach Kredite im Sinne des § 19 Abs. 1 KWG, *soweit* sie den Erfordernissen der §§ 11 und 12 Abs. 1 und Abs. 2 HypBankG entsprechen.

[25] Die Beleihungsgrenze beträgt 60 % des Wertes des als Kreditsicherheit dienenden Grundstückes gemäß den Erfordernissen des § 12 Abs. 1 u. Abs. 2 HypBankG.

[26] Der geminderte Anrechnungssatz in Höhe von 50 % für gewerbliche Realkredite gilt nur bis zum 31. Dezember 2006. Bis zu diesem Zeitpunkt können Kreditinstitute Darlehen, die in vollem Umfang durch Hypotheken auf Büroräume oder vielseitig nutzbare Geschäftsräume gesichert sind, mit 50 % im Grundsatz I gewichten. Als Bemessungsgrundlage für die Anrechnung im Grundsatz I gelten 50 % des Verkehrswertes oder 60 % des Beleihungswertes der Immobilie – je nachdem, welcher Wert niedriger ist. Die Anwendung des Risikogewichtungsfaktors in Höhe von 50 % auf gewerbliche Realkredite ist allerdings an die Erfüllung folgender Voraussetzungen geknüpft:

1. Die beliehenen Grundstücke müssen im Hoheitsgebiet eines EU-Mitgliedstaats oder EWR-Vertragsstaats, der eine Gewichtung mit 50 % erlaubt, belegen sein.

2. Die Rechts- und Verwaltungsvorschriften der betreffenden EU-Mitgliedstaaten oder EWR-Vertragsstaaten müssen strenge Kriterien für die Bewertung des Beleihungswertes enthalten.

3. Der Beleihungswert und insbesondere die zugrunde liegenden Annahmen über die Entwicklung des betreffenden Marktes sind mindestens alle drei Jahre neu zu bewerten Eine Neubewertung ist auch dann erforderlich, wenn der Verkehrswert um mehr als 10 % sinkt.

   Eine Neubewertung liegt vor, wenn eine sach- und fachkundige Person – dies kann auch ein *nicht* mit der Kreditbearbeitung befasster Mitarbeiter des darlehensgewährenden Kreditinstituts sein – das Wertgutachten dahingehend überprüft, ob die ursprüngliche Einschätzung der Rahmenbedingungen und die übrigen Annahmen über den betreffenden Markt, auf denen es beruht, weiterhin Gültigkeit haben. Das Resultat der Überprüfung ist in nachvollziehbarer Weise zu dokumentieren. Sollte sich bei der Überprüfung herausstellen, dass die seinerzeitigen Annahmen und Ergebnisse unzutreffend waren, ist eine neue Wertermittlung durchzuführen.

   Bei der Feststellung, ob der Verkehrswert um 10 % gesunken ist, genügt das Abstellen auf den regionalen Markt. Der Verkehrswert wird hierbei durch den Preis bestimmt, zu dem die Immobilie im Rahmen eines privaten Vertrages zwischen einem verkaufsbereiten Verkäufer und einem unabhängigen Käufer zum Zeitpunkt der Schätzung verkauft werden könnte, wobei als Annahme zugrunde gelegt wird, dass die Immobilie öffentlich auf dem Markt angeboten wird, dass die Marktbedingungen eine ordnungsgemäße Veräußerung ermöglichen und dass für die Aushandlung des Verkaufs ein im Hinblick auf die Art der Immobilie normaler Zeitraum zur Verfügung steht. Diese Definition deckt sich mit der Definition des Verkehrswertes nach § 194 BauGB.

4. Die Immobilien müssen vom Eigentümer selbst genutzt werden oder von diesem vermietet sein.

   Auf gewerbliche Realkredite, die vor dem 31. Dezember 2006 gewährt werden, findet die Risikogewichtung in Höhe von 50 % bis zu ihrer Fälligkeit Anwendung, sofern das Kreditinstitut verpflichtet ist, die vertraglichen Bedingungen einzuhalten. Auf die bis zum Zeitpunkt des In-Kraft-Tretens der Neuregelungen (26. August 1998) noch nicht zurückgezahlten gewerblichen Realkredite, die den Erfordernissen der §§ 11 und 12 Abs. 1 u. Abs. 2 HypBankG entsprechen, darf weiterhin der Gewichtungssatz in Höhe von 50 % im Grundsatz I angewendet werden. Zu den vorstehenden Ausführungen vgl. BAKRED (Anrechnung 1998), Nr. II, S. 2. Bauträgerdarlehen sind von der Anwendung des geminderten Anrechnungssatzes in Höhe von 50 % ausgeschlossen; vgl. BAKRED (Erläuterungen 1997), S. 63; DEUTSCHE BUNDESBANK (Erläuterungen 1999), S. 17.

Fortsetzung Abb. 17:

[27)] Bausparkassen sowie Girozentralen/Sparkassen mit rechtlich unselbstständiger Bausparkassenabteilung dürfen den Risikogewichtungsfaktor von 70 % nur dann für die genannten Darlehen anwenden, wenn sie jeweils nachweisen können, dass der gesamte fragliche Darlehensbestand zu mindestens 60 % unter Einhaltung der Beleihungsgrenze in Höhe von 80 % des Beleihungswertes gemäß § 7 Abs. 1 Satz 3 BausparkG grundpfandrechtlich gesichert ist. Werden die genannten Darlehen an Adressen gemäß § 13 Abs. 1 u. Abs. 3 Grundsatz I gewährt, kommen entsprechend reduzierte Risikogewichtungsfaktoren zur Anwendung. Vgl. dazu BAKRED (Erläuterungen 1997), S. 65.

[28)] Es handelt sich hier insbesondere um die im Inland von Kreditinstituten begebenen Schuldverschreibungen mit einer Deckung nach den Vorschriften des Hypothekenbankgesetzes, des Schiffsbankgesetzes oder des Gesetzes über die Pfandbriefe und verwandten Schuldverschreibungen öffentlich-rechtlicher Kreditanstalten. Gegenüber der früheren Regelung werden die öffentlichen Pfandbriefe sowie die Hypotheken- und Schiffspfandbriefe über den Emissionszeitpunkt 1. Januar 1998 hinaus dauerhaft privilegiert. Der Anrechnungssatz in Höhe von 10 % für besonders gedeckte Schuldverschreibungen steht allerdings unter dem Vorbehalt, dass der entsprechenden Auslegung von Art. 11 Abs. 2 Solvabilitätsrichtlinie, auf den die Regelung gestützt ist, von seiten der Europäischen Kommission nicht widersprochen wird; vgl. BAKRED (Erläuterungen 1997), S. 56 f. Sollte es sich erweisen, dass die getroffene Regelung einer EG-rechtlichen Überprüfung nicht standhält, müssen die Institute mit einer Anhebung des Risikogewichtungsfaktors von 10 % auf 20 % rechnen.

[29)] Dem gewerblichen Realkredit werden grundpfandrechtlich gesicherte Wertpapiere von Nichtbankemittenten (sog. „mortgage-backed-securities") gleichgestellt; vgl. DEUTSCHE BUNDESBANK (Geschäftsbericht 1996), S. 142. Es handelt sich hierbei um Wertpapiere, die hinsichtlich ihres Kapitals und ihres Zinsertrags in vollem Umfang und unmittelbar durch einen Pool grundpfandrechtlich gesicherter Darlehen gedeckt sind, sofern sichergestellt ist, dass die grundpfandrechtlichen Sicherheiten zugunsten der Erwerber der Wertpapiere gehalten werden; vgl. § 13 Abs. 4 Nr. 4 Grundsatz I. Zu zusätzlichen Einzelheiten vgl. BAKRED (Erläuterungen 1997), S. 64 f.; BAKRED (Behandlung 1999), S. 1.

[30)] Die unter dieser Position auszuweisenden Investmentanteile können statt mit 100 % mit dem sich aus der tatsächlichen Fondszusammensetzung ergebenden durchschnittlichen Gewichtungssatz angerechnet werden; vgl. dazu BAKRED (Anrechnung 1993), S. 79 ff. Auf diese Weise wird eine Benachteiligung der Investmentanteile gegenüber der Direktanlage vermieden.

[31)] Die Rohwarenbestände der gemischtwirtschaftlich tätigen Kreditgenossenschaften werden hier nur erfasst, sofern die Freistellungsregelung gemäß § 1 Abs. 4 Grundsatz I greift; vgl. dazu BAKRED (Erläuterungen 1997), S. 10 u. S. 35.

[32)] Konsolidierte sowie nicht konsolidierte Beteiligungen, die vom haftenden Eigenkapital des Instituts abgezogen werden, erhalten eine Gewichtung von 0 %.

[33)] Konsolidierte sowie nicht konsolidierte Anteile an verbundenen Unternehmen, die vom haftenden Eigenkapital des Instituts abgezogen werden, erhalten eine Gewichtung von 0 %.

[34)] Obwohl bei den „Sachanlagen" und den „Sonstigen Vermögensgegenständen" kein Adressenrisiko im eigentlichen Sinne besteht, werden sie in den Grundsatz I als anrechnungspflichtige Bilanzaktiva einbezogen. Zum einen will die Bankenaufsicht hierdurch verhindern, dass Kreditinstitute und Finanzdienstleistungsinstitute in nicht mit haftendem Eigenkapital zu unterlegende Positionen ausweichen. Zum anderen soll das auf diese Positionen entfallende haftende Eigenkapital der teilweisen Abdeckung sonstiger, nicht ohne weiteres fassbarer Verlustrisiken eines Kredit- oder Finanzdienstleistungsinstituts dienen. Vgl. dazu DEUTSCHE BUNDESBANK (Grundsätze 1993), S. 51.

[35)] Die unter den „Sonstigen Vermögensgegenständen" ausgewiesenen Bestände an Goldbarren werden *nicht* als Bilanzaktiva erfasst; vgl. § 4 Satz 3 Grundsatz I; ferner BAKRED (Erläuterungen 1997), S. 28; DEUTSCHE BUNDESBANK (Erläuterungen 1999), S. 12.

[36)] § 13 Abs. 4 Nr. 5 Grundsatz I stellt ausdrücklich klar, dass in dieser Position nur aktivische Rechnungsabgrenzungsposten mit Forderungscharakter anzurechnen sind. Buchungstechnisch begründete Rechnungsabgrenzungsposten für Passiva, z. B. aktivische Ausgleichsposten für zum Nennwert passivierte Schuldverschreibungen, die zu einem Unter-Pari-Kurs ausgegeben worden sind, bleiben somit anrechnungsfrei.

Fortsetzung Abb. 17:

[37] Aktivische Rechnungsabgrenzungsposten, bei denen sich der jeweilige Vertragspartner bestimmen lässt, sind mit dem individuellen Risikogewichtungsfaktor dieses Vertragspartners anzusetzen.

[38] Zur Auslegung des Begriffs der „ausdrücklichen Garantie" vgl. BAKRED (Erläuterungen 1997), S. 50.

[39] Eine Gewährleistung für den Bestand einer öffentlich-rechtlichen Einrichtung (Anstaltslast) und die Gewährträgerhaftung wirken allerdings in diesem Zusammenhang nicht anrechnungsbefreiend; vgl. BAKRED (Erläuterungen 1997), S. 50.

[40] Bei der Anrechnungsbegünstigung garantierter oder besicherter Bilanzaktiva ist die Multiplikation zweier ermäßigter Gewichtungssätze nicht erlaubt, auch wenn die Bedingungen für die Anwendung jedes einzelnen geminderten Anrechnungssatzes gegeben sind. Es darf in solchen Fällen nur der jeweils geringere Gewichtungsfaktor berücksichtigt werden. Vgl. BAKRED (Erläuterungen 1992), S. 27 f. SCHULTE-MATTLER/TRABER bezeichnen diesen Sachverhalt als „Prinzip des 'Austauschs der Bonitätsgewichte' "; SCHULTE-MATTLER, HERMANN; TRABER, UWE (Marktrisiko 1997), S. 30 (im Original z. T. hervorgehoben).

[41] Bilanzaktiva, *soweit* deren Erfüllung nachweislich gesichert ist durch Sicherheiten in Form von Wertpapieren einer Regionalregierung oder örtlichen Gebietskörperschaft in einem anderen Staat des Europäischen Wirtschaftsraums, sind mit 0 % statt mit 20 % anzusetzen, wenn derartig gesicherte Bilanzaktiva in diesem Staat nicht berücksichtigt werden, dieser Staat die Europäische Kommission hierüber unterrichtet und die Europäische Kommission ihrerseits diese Information bekannt gegeben hat.

[42] Zu den weiteren Voraussetzungen einer Anrechnungsbegünstigung besicherter Bilanzaktiva vgl. BAKRED (Erläuterungen 1997), S. 53 f.; ferner BAKRED (Auslegungsfragen 1994), S. 97 f.

[43] Zu den unter § 13 Abs. 1 Nr. 2 Buchstabe d) Grundsatz I aufgeführten Sicherheitsgegenständen „zählen auch Sicherheiten in Form von Schuldverschreibungen, die vom kreditgewährenden Institut ausgegeben wurden und bei diesem hinterlegt sind"; BAKRED (Erläuterungen 1997), S. 53; ferner BAKRED (Bankschuldverschreibungen 1996), S. 142 f.

[44] Zu den unter § 13 Abs. 3 Nr. 2 Buchstabe e) Grundsatz I genannten Papieren zählen auch Sicherheiten in Form von Schuldverschreibungen eines anderen Instituts der „Zone A" als dem kreditgewährenden Institut, welches unter § 13 Abs. 3 Nr. 1 Buchstabe f) oder g) Grundsatz I angesprochen ist; vgl. BAKRED (Erläuterungen 1997), S. 62; ferner BAKRED (Bankschuldverschreibungen 1996), S. 142 f.

Die PROFESSOREN-ARBEITSGRUPPE [220] beurteilt eine Risikoklassenbildung, so
wie sie derzeit in § 13 Grundsatz I vorgenommen wird, als offensichtlich sehr
grob [221], räumt gleichzeitig aber auch ein, dass pragmatische Erwägungen gegen
eine sehr viel weitergehendere Differenzierung sprechen, da hierdurch vor allem
die Handhabung und die Durchsetzung des Grundsatzes I erschwert würden. Die
Grobheit des Risikorasters beruht insbesondere darauf, dass bspw. Kredite an
Länder der „Zone A" trotz zum Teil erheblicher Risikounterschiede einheitlich
mit einem Risikogewicht von 0 % belegt werden, Kredite an Nichtinstitute hingegen grundsätzlich mit einem Risikogewicht von 100 %. Dies gilt selbst für international bekannte Großunternehmungen mit einem erstklassigen Rating.

Durch die Multiplikation der in *Abbildung 17* (vgl. S. 239-249) aufgeführten verschiedenen Risikogewichtungsfaktoren mit dem Mindesteigenkapitalkoeffizienten
in Höhe von 8 % ergeben sich für die einzelnen Risikoklassen von Bilanzaktiva
spezifische Eigenkapitalunterlegungsfaktoren. Einen Überblick über die Verbräuche an bzw. Bindung von haftendem Eigenkapital pro Einheit des adressenrisikobehafteten Volumens einer Risikoklasse gibt *Abbildung 18*.

**Abb. 18:   Die Eigenkapitalunterlegungsfaktoren für Bilanzaktiva differen-
ziert nach einzelnen Risikoklassen**

Risikoklasse	Risikogewich-tungsfaktor	Mindesteigen-kapitalkoeffizient	Eigenkapital-unterlegungs-faktor
(1)	(2)	(3)	(4) = (2) x (3)
I	0 %	8,0 %	0,0 %
II	10 %	8,0 %	0,8 %
III	20 %	8,0 %	1,6 %
IV	50 %	8,0 %	4,0 %
V	70 %	8,0 %	5,6 %
VI	100 %	8,0 %	8,0 %

Abbildung 18 zeigt, dass die 8 %ige Eigenkapitalunterlegung nur für diejenigen
Bilanzaktiva gilt, denen ein „volles" Adressenrisiko (Risikogewichtungsfaktor in
Höhe von 100 %) zugeordnet wird. Bei bestimmten anderen Bilanzaktiva wird

---

[220] Vgl. PROFESSOREN-ARBEITSGRUPPE (Reformvorschlag 1987), S. 289.

[221] Vgl. auch DEUTSCHE BUNDESBANK (Grundsatz I 1998), S. 68; MEISTER, EDGAR (Kreditrisiken
1999), S. 8.

dagegen ein geringeres Adressenrisiko unterstellt (Risikogewichtungsfaktoren in Höhe von 0 % bis 70 %), sodass diese Bilanzaktiva auch nur mit entsprechend weniger haftendem Eigenkapital zu unterlegen sind (0 % bis 5,6 %). Im Ergebnis bedeutet dies, „dass in den einzelnen Risikoklassen von einer Ausfallwahrscheinlichkeit der jeweiligen Adressen von durchschnittlich 8 %, 5,6 %, 4 %, 1,6 %, 0,8 % beziehungsweise 0 % ausgegangen wird" [222]. Dabei wird konzeptionell „ein risikomäßig breit gestreutes Kreditportfolio unterstellt, in dem sich Risikoüber- und Risikounterzeichnungen einzelner Positionen im Wesentlichen ausgleichen" [223]. Im Übrigen sollen auch die im Grundsatz I noch nicht erfassten Risiken wie z. B. das allgemeine Zinsänderungsrisiko aus dem Anlagebuch sowie die operationalen Risiken eines Kredit- oder Finanzdienstleistungsinstituts implizit mit *dem* Eigenkapital abgedeckt werden, das zur Unterlegung der Adressenrisiken vorzuhalten ist [224].

(3) Die Ermittlung der risikogewichteten Anrechnungsbeträge „traditioneller" nicht bilanzwirksamer Geschäfte

Die zweite Kategorie der in den Nenner des Solvabilitätskoeffizienten einzubeziehenden Risikoaktiva umfasst die so genannten „traditionellen" nicht bilanzwirksamen Geschäfte gemäß § 4 Satz 2 Nr. 2 Grundsatz I [225]. Es handelt sich dabei um außerbilanzielle Transaktionen, „mit deren Durchführung kreditähnliche Risiken verbunden sind" [226]. „Traditionelle" nicht bilanzwirksame Geschäfte gehören damit im Gegensatz zu den „neueren" bilanzunwirksamen Finanzinstrumenten wie Swaps, Termingeschäfte und Optionsrechte zum Kreditgeschäft im weitesten Sinne [227]. Sie unterliegen einem Adressenrisiko aufgrund möglicher Rückgriffsforderungen [228]. Außer Betracht bleiben allerdings diejenigen „traditionellen" bilanzunwirksamen Geschäfte, die bei der Ermittlung der Anrechnungsbeträge für die Handelsbuch-Risikopositionen zu berücksichtigen sind [229].

---

[222] DEUTSCHE BUNDESBANK (Grundsatz I 1998), S. 68.

[223] DEUTSCHE BUNDESBANK (Grundsatz I 1998), S. 68.

[224] Vgl. DEUTSCHE BUNDESBANK (Grundsatz I 1998), S. 68.

[225] Vgl. auch *Abbildung 15*, S. 232.

[226] BAKRED (Erläuterungen 1992), S. 5.

[227] Vgl. DEUTSCHE BUNDESBANK (Grundsätze 1993), S. 51.

[228] Vgl. BOOS, KARL-HEINZ; SCHULTE-MATTLER, HERMANN (Neuregelungen 1993), S. 361; SCHULTE-MATTLER, HERMANN (Kreditrisikonorm 1993), S. 979; DÜRSELEN, KARL E. (Novellierung 1994), S. 103; SCHULTE-MATTLER, HERMANN (Kreditrisiken 1994), S. 703; BOOS, KARL-HEINZ; SCHULTE-MATTLER, HERMANN (Kreditrisiken 1997), S. 475.

[229] Vgl. § 4 Satz 2 Grundsatz I.

Dieser Ausnahmetatbestand betrifft ausschließlich Handelsbuchinstitute. Nicht-handelsbuchinstitute haben dagegen aufgrund des Unterschreitens der Bagatell-grenzen des § 2 Abs. 11 KWG auch diejenigen „traditionellen" bilanzunwirk-samen Geschäfte nach den Vorschriften des Zweiten Abschnitts des Grundsatzes I mit haftendem Eigenkapital zu unterlegen, die dem Handelsbuch gemäß § 1 Abs. 12 KWG zugerechnet werden [230].

Da bei den „traditionellen" nicht bilanzwirksamen Geschäften das Adressenrisiko vielfach nicht in der Höhe des Nominalbetrags der Geschäfte besteht, ist für die Ermittlung der im Grundsatz I unterlegungspflichtigen Beträge dieser Geschäfts-positionen ein gegenüber den Bilanzaktiva modifiziertes Messsystem erforder-lich. Es kommt zur Anwendung eines zweistufigen Anrechnungsverfahrens [231]. In der *ersten Stufe* dieses zweistufigen Anrechnungsverfahrens erfolgt zunächst eine Korrektur der Bemessungsgrundlage der „traditionellen" nicht bilanzwirk-samen Geschäfte. Zu diesem Zweck werden in § 8 Grundsatz I die „traditionel-len" außerbilanziellen Geschäfte aufgelistet und einer von vier Risikogruppen zugeordnet [232]. Die Eingruppierung richtet sich hierbei nach der Wahrscheinlich-keit der Inanspruchnahme des Kredit- oder Finanzdienstleistungsinstituts, wobei zwischen Geschäften mit hohem Risiko (Risikogruppe 100 %), mittlerem Risiko (Risikogruppe 50 %), mittlerem bis niedrigem Risiko (Risikogruppe 20 %) und niedrigem Risiko (Risikogruppe 0 %) unterschieden wird (vgl. *Abbildung 19*, S. 253-256). Die Risikogruppe von 0 % wird allerdings in § 8 Grundsatz I nicht ausdrücklich erwähnt. Sie ergibt sich implizit aus den dortigen Regelungen.

Als Bemessungsgrundlage für die Anrechnung der „traditionellen" nicht bilanz-wirksamen Geschäfte im Grundsatz I ist der jeweilige Buchwert dieser Geschäfte heranzuziehen [233]. Dieser entspricht bei denjenigen „traditionellen" außerbilan-ziellen Geschäften, die unter dem Bilanzstrich zu vermerken sind, dem dort an-zugebenden Betrag (gemäß der Regelung des § 24 RechKredV nach Abzug eventuell passivierter Rückstellungen für drohende Verluste aus schwebenden Geschäften) [234]. Für diejenigen „traditionellen" nicht bilanzwirksamen Geschäf-

---

[230] Vgl. auch BAKRED (Erläuterungen 1997), S. 27.

[231] Vgl. hierzu TRABER, UWE (Eigenkapitaldeckungsnormen 1988), S. 356; BOOS, KARL-HEINZ; SCHULTE-MATTLER, HERMANN (Neuregelungen 1993), S. 361; SCHARPF, PAUL (Solvabilitätskoeffi-zient 1993), S. 55 f.; DÜRSELEN, KARL E. (Novellierung 1994), S. 103; SCHULTE-MATTLER, HER-MANN (Kreditrisiken 1994), S. 703 f.; BÖSL, KONRAD (Risikovorschriften 1995), S. 28; GRUNER-SCHENK, PETRA (Harmonisierung 1995), S. 148 u. S. 150.

[232] Zu Einzelheiten vgl. BAKRED (Erläuterungen 1992), S. 10 ff.; SCHARPF, PAUL (Solvabilitätskoeffi-zient 1993), S. 59 ff.

[233] Vgl. § 6 Abs. 1 Nr. 1 Grundsatz I.

[234] Vgl. BAKRED (Erläuterungen 1992), S. 18; BAKRED (Auslegungsfragen 1994), S. 96a f.

te, die *nicht* unter dem Bilanzstrich vermerkt werden, ist dagegen „als Buchwert der in der internen Vormerkbuchhaltung vermerkte Betrag anzusehen ggf. gekürzt um Rückstellungen, die für drohende Verluste aus schwebenden Geschäften gebildet worden sind" [235].

Abb. 19: Risikoklassifizierung der „traditionellen" nicht bilanzwirksamen Geschäfte gemäß § 8 Grundsatz I

I.	„Traditionelle" außerbilanzielle Geschäfte mit hohem Risikogehalt (Kreditumrechnungsfaktor 100 %)
1.	Den Kreditnehmern abgerechnete eigene Ziehungen im Umlauf
2.	Indossamentsverbindlichkeiten aus weitergegebenen Wechseln
3.	Bürgschaften und Garantien für Bilanzaktiva [1]
4.	Bestellung von Sicherheiten für fremde Verbindlichkeiten
5.	Unbedingte Verpflichtungen der Bausparkassen zur Ablösung fremder Vorfinanzierungs- und Zwischenkredite an Bausparer [2]
6.	Terminkäufe auf Bilanzaktiva, bei denen eine unbedingte Verpflichtung des Terminkäufers zur Abnahme des Geschäftsgegenstandes besteht [3]
7.	Platzierung von Termineinlagen auf Termin (z. B. Verkäufe von „Forward Forward Deposits") [4]
8.	Verkäufe von Bilanzaktiva mit Rückgriff, bei denen das Kreditrisiko beim verkaufenden Institut verbleibt [5]
9.	Beim Pensionsgeber vom Bestand abgesetzte Bilanzaktiva, die dieser mit der Vereinbarung auf einen Pensionsnehmer übertragen hat, dass er sie auf dessen Verlangen zurücknehmen muss („unechte Pensionsgeschäfte") [6]
10.	Unbezahlter Anteil von teileingezahlten Aktien und Wertpapieren [7]
II.	„Traditionelle" außerbilanzielle Geschäfte mit mittlerem Risikogehalt (Kreditumrechnungsfaktor 50 %)
1.	Eröffnung und Bestätigung von Akkreditiven
2.	Erfüllungsgarantien und sonstige Garantien und Gewährleistungen, sofern sie nicht für Bilanzaktiva übernommen wurden [8]
3.	Verpflichtungen aus „Note Issuance Facilities" (NIFs) und „Revolving Underwriting Facilities" (RUFs) [9]
4.	Noch nicht in Anspruch genommene Kreditzusagen, die eine Ursprungslaufzeit von mehr als einem Jahr haben *und* die nicht fristlos und vorbehaltlos von dem Institut gekündigt werden können (unwiderrufliche Kreditzusagen mit einer Ursprungslaufzeit von mehr als einem Jahr) [10] [11]

---

[235] BAKRED (Auslegungsfragen 1994), S. 97. Zur Umrechnung von auf Fremdwährung lautenden „traditionellen" nicht bilanzwirksamen Geschäften in Deutsche Mark vgl. § 6 Abs. 2 Grundsatz I.

Fortsetzung Abb. 19:

III. „Traditionelle" außerbilanzielle Geschäfte mit mittlerem bis niedrigem Risikogehalt (Kreditumrechnungsfaktor 20 %)
1. Eröffnung und Bestätigung von Dokumentenakkreditiven, die durch Warenpapiere und damit durch die zugrunde liegende Fracht gesichert werden
IV. „Traditionelle" außerbilanzielle Geschäfte mit niedrigem Risikogehalt (Kreditumrechnungsfaktor 0 %)
1. Noch nicht in Anspruch genommene Kreditzusagen mit einer Ursprungslaufzeit von bis zu einem Jahr (unwiderrufliche *und* jederzeit uneingeschränkt widerrufliche Kreditzusagen mit einer Ursprungslaufzeit von einem Jahr und weniger) [12]
2. Noch nicht in Anspruch genommene Kreditzusagen mit einer Ursprungslaufzeit von mehr als einem Jahr, sofern sie fristlos und vorbehaltlos von dem Institut gekündigt werden können (jederzeit uneingeschränkt widerrufliche Kreditzusagen mit einer Ursprungslaufzeit von mehr als einem Jahr) [13]

Erläuterungen zur Abb. 19:

[1] Gewährleistungsverpflichtungen dieser Art besitzen den Charakter eines „Kreditsubstituts", da sie das gewährleistende Kredit- oder Finanzdienstleistungsinstitut demselben Risiko aussetzen, als hätte es das Bilanzaktivum, auf das sich die Gewährleistung bezieht, im eigenen Bestand. Bürgschaften und Garantien für Bilanzaktiva – hierzu zählen auch Wechsel- und Scheckbürgschaften sowie Garantien für den Rechtsbestand abgetretener Forderungen – werden daher sowohl hinsichtlich ihrer Bemessungsgrundlage als auch ihrer Adressengewichtung den Bilanzaktiva selbst gleichgestellt. Vgl. BAKRED (Erläuterungen 1992), S. 10 f.; DEUTSCHE BUNDESBANK (Grundsätze 1993), S. 51; DEUTSCHE BUNDESBANK (Erläuterungen 1999), S. 31.

[2] Bei den hier in Rede stehenden unbedingten Ablöseverpflichtungen der Bausparkassen oder der Girozentralen/Sparkassen mit unselbstständiger Bausparkassenabteilung handelt es sich um Gewährleistungen i. S. d. § 4 Abs. 1 Nr. 4 BausparkG. Sie haben wegen des Bezugs zu Gelddarlehen die Eigenschaft einer Kreditgarantie und nicht die einer Kreditzusage und sind deshalb nach Abzug der angesammelten und der Bausparkasse oder der Girozentrale/Sparkasse mit unselbstständiger Bausparkassenabteilung im Falle der Ablösung uneingeschränkt zur Verfügung stehenden Bausparguthaben der Kreditnehmer mit 100 % ihrer Bemessungsgrundlage anzurechnen. Vgl. BAKRED (Erläuterungen 1992), S. 12.

[3] Terminkäufe der genannten Art werden von Anbeginn der Geschäftsvereinbarung mit der Absicht abgeschlossen, dass der Geschäftsgegenstand auch tatsächlich ausgeliefert wird. Demgemäß liegt das Risiko für den Terminkäufer darin, dass der Vertragspartner zum Erfüllungszeitpunkt des Geschäfts ein Bilanzaktivum liefert, dessen Werthaltigkeit infolge einer zwischenzeitlich eingetretenen Bonitätseinbuße des Schuldners des Bilanzaktivums gesunken ist. Das Verlustpotenzial des Terminkäufers bemisst sich aus diesem Grund auch nicht nach dem Gewicht des jeweiligen Vertragspartners (Verkäufers), sondern nach dem des Schuldners des auf Termin gekauften Vermögensgegenstandes. Terminkäufe, bei denen eine Lieferung zwar vorgesehen ist, die Erfüllung jedoch auch durch einen Differenzausgleich vorgenommen werden kann und üblicherweise auch erfolgt, fallen nicht unter diese Position. Vgl. BAKRED (Erläuterungen 1992), S. 12; DEUTSCHE BUNDESBANK (Erläuterungen 1999), S. 33.

[4] Bei der Platzierung einer Termineinlage auf Termin veräußert ein Institut per Termin – in Erwartung fallender Zinsen – eine Geldaufnahmemöglichkeit. Es verpflichtet sich dabei gegenüber dem Vertragspartner, diesem zu einem in der Zukunft liegenden Zeitpunkt eine Einlage für eine im Voraus vereinbarte Zeitdauer mit im Voraus festgelegten Konditionen zu überlassen. Damit geht das Institut das Risiko ein, dass der Vertragspartner seiner Verpflichtung zur Rückzahlung der verzinsten Einlage später nicht oder nicht vollständig nachkommt. Vgl. BAKRED (Erläuterungen 1992), S. 13 f.

Fortsetzung Abb. 19:

[5] Ein Verkauf von Bilanzaktiva mit Rückgriff ist als ein gewöhnlicher Verkaufsvertrag anzusehen, der durch eine Vereinbarung ergänzt wird, dass der Verkäufer die Erfüllung der zugrunde liegenden Bilanzaktiva (z. B. Kredite) gewährleistet; vgl. BAKRED (Erläuterungen 1992), S. 14.

[6] Bei „unechten Pensionsgeschäften" verbleibt das Adressenrisiko in Bezug auf den Schuldner der Forderung aus dem Pensionsgegenstand beim Pensionsgeber, da der Pensionsnehmer sein Recht, vom Pensionsgeber die Rücknahme des Pensionsgegenstandes zu verlangen, mit Sicherheit dann ausüben wird, wenn der Schuldner der Forderung aus dem Pensionsgegenstand insolvent und der Pensionsgegenstand damit wertlos geworden ist; vgl. BAKRED (Erläuterungen 1990), S. 11. Die Positionen aus unechten Pensionsgeschäften sind dementsprechend mit dem Adressengewicht des Schuldners der Forderung aus dem Pensionsgegenstand und nicht mit dem der Gegenpartei des Pensionsgeschäftes (also des Pensionsnehmers) zu belegen. Zur Definition und Bilanzierung „unechter Pensionsgeschäfte" vgl. ausführlich WASCHBUSCH, GERD (Rechnungslegung 1993), S. 172 f. u. S. 175 ff.

[7] Bei den hier angesprochenen Nachzahlungsverpflichtungen, die mit 100 % ihrer Bemessungsgrundlage als „traditionelle" außerbilanzielle Geschäfte anzurechnen sind, handelt es sich im Wesentlichen um die Verpflichtung zur Leistung noch ausstehender Einlagen auf Namensaktien, für deren Einzahlung der Aktionär haftet; vgl. auch BAKRED (Erläuterungen 1997), S. 36.

[8] Es handelt sich hierbei um die Übernahme von Garantien für die Erbringung der vertraglichen Leistungsverpflichtung des Begünstigten (des Hauptschuldners) gegenüber einem Dritten (dem Gläubiger). Das gewährleistende Institut steht insofern für einen Erfolg oder eine Leistung oder für den Nichteintritt eines bestimmten Nachteils oder Schadens ein, wobei für eine Zuordnung von Gewährleistungen unter diese Position (z. B. Anzahlungs-, Fertigstellungs- und Ausbietungsgarantien sowie Miet-, Prozess-, Zoll-, Steuerstundungs- und Nachbürgschaften) entscheidend ist, dass das Risiko einer Inanspruchnahme aus solchen Gewährleistungen regelmäßig geringer einzustufen ist als bei einer Bürgschaft oder Garantie für ein Bilanzaktivum (fehlender Charakter eines „Kreditsubstituts"). Vgl. BAKRED (Erläuterungen 1992), S. 15 f.; DEUTSCHE BUNDESBANK (Erläuterungen 1999), S. 34.

[9] Zur Anrechnung dieser speziellen Form von Krediteinräumungsgarantien im Grundsatz I vgl. auch BAKRED (Euronotes-Fazilitäten 1986), S. 45 ff.

[10] Hierzu zählen u. a. Verpflichtungen, Darlehen zu geben, Wertpapiere zu kaufen und Garantien oder Akzepte bereitzustellen. Unter die Anrechnung fallen jedoch nur förmlich gegenüber Kunden abgegebene Kreditzusagen. Intern festgelegte Kreditlinien, die dem Kunden nicht bekannt gegeben wurden, bleiben unberücksichtigt. Vgl. BAKRED (Erläuterungen 1992), S. 16.

[11] Kreditzusagen nach Baufortschritt sowie vergleichbare Projektfinanzierungen, bei denen die unbefristet erteilte Zusage bereits mit einem Teilbetrag entsprechend dem Bau- bzw. Projektfortschritt in Anspruch genommen worden ist, sind als „traditionelle" außerbilanzielle Geschäfte mit mittlerem Risikogehalt zu erfassen. Bei derartigen Kreditzusagen schließen die von der Rechtsprechung zu § 242 BGB entwickelten Grundsätze von Treu und Glauben eine frist- und vorbehaltlose Kündigung des noch nicht in Anspruch genommenen Zusagenteils aus; vgl. BAKRED (Auslegungsfragen 1994), S. 96; BAKRED (Anrechnung 1995), S. 122. „Keine Eigenkapitalunterlegung ist für Kreditzusagen erforderlich, die auf ein Jahr begrenzt sind und bei denen die Auszahlung nach Baufortschritt erfolgt"; DEUTSCHE BUNDESBANK (Erläuterungen 1999), S. 35; ferner BAKRED (Änderung 1997), S. 223.

[12] Soll der zugesagte Kreditbetrag nach Ablauf der Einjahresfrist weiterhin bereitgestellt werden, setzt dies eine Neuverhandlung mit dem Kunden voraus. Hierbei ist eine erneute förmliche Überprüfung der Kreditwürdigkeit des Empfängers der Kreditzusage sowie eine Anpassung an veränderte Marktkonditionen vorzunehmen. Bei nur formell auf ein Jahr befristeten Kreditzusagen mit automatischer Verlängerungsmöglichkeit sind diese Bedingungen regelmäßig nicht erfüllt. Sie fallen daher nicht unter die Anrechnungsfreistellung, sondern sind mit 50 % ihrer Bemessungsgrundlage im Grundsatz I zu erfassen. Das Gleiche gilt für eine förmliche Zusage für

(Fortsetzung nächste Seite)

Fortsetzung Abb. 19:

(Fortsetzung)
einen Zeitraum von einem Jahr oder weniger mit einer Verlängerungsoption für den Zusage-
berechtigten, bei deren Ausübung der Zusageverpflichtete keine Einwirkungsmöglichkeit wie
Rücktritt von oder vorbehaltlose Kündigung der Kreditzusage hat. Die mit dem Neuabschluss
von Kreditzusagen verbundene Vorbereitungs- und Bearbeitungszeit (Vorlaufzeit) geht zudem
nicht zu Lasten der Ursprungslaufzeit der Kreditzusage. Es wird als vertretbar angesehen, bei
der Bemessung der einjährigen Ursprungslaufzeit für anrechnungsfreie Kreditzusagen eine anrechnungsfreie Karenzzeit von höchstens 15 Tagen bzw. höchstens 30 Tagen bei Konsortien zu
berücksichtigen. Vgl. hierzu BAKRED (Auslegungsfragen 1994), S. 96; BAKRED (Kreditzusagen 1995), S. 114; BAKRED (Laufzeit 1995), S. 125 f.; BAKRED (Erläuterungen 1997), S. 36.

[13] Hierzu zählen auch unbefristet bzw. „bis auf weiteres" eingeräumte Kreditzusagen. Der jederzeitigen uneingeschränkten Widerruflichkeit solcher Kreditzusagen stehen dabei die von der
Rechtsprechung nach dem Grundsatz von Treu und Glauben (§ 242 BGB) entwickelten Beschränkungen, wonach eine Kündigung nicht „zur Unzeit" erfolgen und nicht rechtsmiss-
bräuchlich sein darf, nicht entgegen. Die Nichtanrechnung von jederzeit uneingeschränkt wider-
ruflichen Kreditzusagen im Grundsatz I steht allerdings unter dem Vorbehalt, dass die Kreditwürdigkeit des Empfängers der Zusage mindestens einmal im Jahr förmlich überprüft wird. Nur
unter dieser Voraussetzung ist das mit der Kreditzusage verbundene Adressenrisiko als unerheblich einzustufen. Vgl. BAKRED (Erläuterungen 1992), S. 16 f.; BAKRED (Anrechnung
1995), S. 121 f.; BAKRED (Kreditzusagen 1996), S. 136 f. Sofern bei einer Kreditzusage mit einer Ursprungslaufzeit von mehr als einem Jahr Einschränkungen des Kündigungsrechts nach
dem Verbraucherkreditgesetz greifen, beispielsweise nach § 12 VerbrKrG für zugesagte Teilzah-
lungskredite, ist eine solche Kreditzusage in jedem Fall im Grundsatz I anzurechnen; vgl. DEUT-
SCHE BUNDESBANK (Erläuterungen 1999), S. 35.

Im Anschluss an die in *Abbildung 19* (vgl. S. 253-256) dargestellte Risikogrup-
penbildung wird die maßgebliche Bemessungsgrundlage jedes „traditionellen"
nicht bilanzwirksamen Geschäfts mit dem entsprechenden Prozentsatz der zugehörigen Risikogruppe multipliziert. Als Ergebnis dieser Multiplikation von Bemessungsgrundlage und Kreditumrechnungsfaktor [236] errechnet sich der sog.
„Kreditäquivalenzbetrag" [237] dieses Geschäfts, der mit dem Adressenverlust-
risiko eines bilanzwirksamen Geschäfts direkt vergleichbar ist [238]. Die auf diese
Weise korrigierten Bemessungsgrundlagen der „traditionellen" bilanzunwirksamen Geschäfte werden sodann in der *zweiten Stufe* des zweistufigen Anrechnungsverfahrens – ebenso wie die Bemessungsgrundlagen der Bilanzaktiva – mit
dem gemäß § 13 Grundsatz I einschlägigen Risikogewichtungsfaktor (Bonitätsgewicht) des jeweiligen Vertragspartners bzw. Vertragsgegenstandes multipliziert. Als Resultat erhält man die für die Berechnung des Solvabilitätskoeffizienten relevanten anrechnungspflichtigen Beträge der „traditionellen" nicht bilanzwirksamen Geschäfte.

---

[236] Synonym hierfür „Konversionsfaktor" bzw. „Basisanrechnungssatz".

[237] Synonym hierfür „Basisanrechnungsbetrag".

[238] Vgl. auch BOOS, KARL-HEINZ; SCHULTE-MATTLER, HERMANN (Kreditrisiken 1997), S. 475.

Die spezifischen Risikogewichte des Vertragsgegenstandes sind sowohl bei Terminkäufen auf Bilanzaktiva mit fester Abnahmeverpflichtung als auch bei unechten Pensionsgeschäften zu verwenden. Dies folgt aus dem Risikogehalt dieser Geschäfte, der nicht von dem jeweiligen Vertragspartner abhängt, sondern von der Adressenkategorie, in die der betreffende Vermögensgegenstand im Hinblick auf den ihm zugehörigen Schuldner einzuordnen ist [239]. Im Falle der Gewährleistung bzw. der Besicherung „traditioneller" nicht bilanzwirksamer Geschäfte werden zudem anstelle der Risikogewichte des jeweiligen Vertragspartners die Risikogewichte des Gewährleistenden bzw. des als Sicherheit dienenden Aktivums herangezogen.

Abbildung 20 (vgl. S. 258) fasst die vorstehenden Ausführungen zu den beiden Stufen der Ermittlung der risikogewichteten Anrechnungsbeträge „traditioneller" außerbilanzieller Geschäfte nochmals in einer Übersicht zusammen.

---

[239] Vgl. BAKRED (Erläuterungen 1992), S. 12 u. S. 19; DEUTSCHE BUNDESBANK (Erläuterungen 1999), S. 33 u. S. 34.

**Abb. 20:   Die Ermittlung der risikogewichteten Anrechnungsbeträge
„traditioneller" nicht bilanzwirksamer Geschäfte**

1. Stufe: Berechnung der Kreditäquivalenzbeträge

Bemessungsgrund-
lage der „traditionel-
len" nicht bilanzwirk-
samen Geschäfte

Vermerk unter dem
Bilanzstrich:
Buchwerte (gemäß
§ 24 RechKredV nach
Abzug evtl. passivier-
ter Rückstellungen für
drohende Verluste aus   x   Kreditumrechnungs-   =   Kreditäquivalenz-
schwebenden Ge-   faktoren (Konversions-   beträge
schäften)   faktoren)

Kein Vermerk unter
dem Bilanzstrich:
Buchwerte gemäß der
internen Vormerk-
buchhaltung ggf. ge-
kürzt um Rückstel-
lungen, die für dro-
hende Verluste aus
schwebenden Ge-
schäften gebildet
worden sind

2. Stufe: Berechnung der unterlegungspflichtigen Beträge

Kreditäquivalenz-   x   spezifische Risiko-   =   risikogewichtete An-
beträge   gewichtungsfaktoren   rechnungsbeträge der
                             (Bonitätsgewichte)   „traditionellen" nicht
                                                               bilanzwirksamen Ge-
                                                               schäfte

Als Konsequenz der in *Abbildung 20* (vgl. S. 258) gezeigten zweifachen Gewichtung der „traditionellen" außerbilanziellen Geschäfte kommt es bei diesen zu so genannten „durchgerechneten" Anrechnungssätzen, die multipliziert mit dem Mindesteigenkapitalkoeffizienten in Höhe von 8 % zu den in *Abbildung 21* dargestellten Eigenkapitalunterlegungsfaktoren führen (Verbräuche an bzw. Bindung von haftendem Eigenkapital pro Einheit des Volumens einer Risikogruppe).

Abb. 21: Die Eigenkapitalunterlegungsfaktoren für „traditionelle" außerbilanzielle Geschäfte differenziert nach einzelnen Risikoklassen

Risiko-gruppe	Kreditum-rechnungs-faktor	Risikogewich-tungsfaktor [1]	„durchgerech-neter" Anrech-nungssatz [2]	Mindest-eigenkapital-koeffizient	Eigenkapital-unterlegungs-faktor
(1)	(2)	(3)	(4) = (2) x (3)	(5)	(6) = (4) x (5)
I	100 %	0 % 20 % 100 %	0 % 20 % 100 %	8,0 % 8,0 % 8,0 %	0,00 % 1,60 % 8,00 %
II	50 %	0 % 20 % 100 %	0 % 10 % 50 %	8,0 % 8,0 % 8,0 %	0,00 % 0,80 % 4,00 %
III	20 %	0 % 20 % 100 %	0 % 4 % 20 %	8,0 % 8,0 % 8,0 %	0,00 % 0,32 % 1,60 %
IV	0 %	0 % 20 % 100 %	0 % 0 % 0 %	8,0 % 8,0 % 8,0 %	0,00 % 0,00 % 0,00 %

Erläuterungen zur Abb. 21:

[1] Von praktischer Bedeutung für „traditionelle" nicht bilanzwirksame Geschäfte sind insbesondere die Risikogewichtungsfaktoren in Höhe von 0 %, 20 % und 100 %.

[2] Zu einem detaillierten Überblick über die „durchgerechneten" Anrechnungssätze der „traditionellen" außerbilanziellen Geschäfte vgl. GENOSSENSCHAFTSVERBAND HESSEN/RHEINLAND-PFALZ/THÜRINGEN E. V. (HRSG.) (Bankenaufsichtsrecht 1993), S. 71 ff. sowie SCHARPF, PAUL (Solvabilitätskoeffizient 1993), S. 189 ff.

(4) Die Ermittlung der risikogewichteten Anrechnungsbeträge „innovativer" nicht bilanzwirksamer Geschäfte

Neben den Bilanzaktiva und den „traditionellen" außerbilanziellen Geschäften fließen nach § 4 Satz 2 Nr. 3 und Nr. 4 Grundsatz I als dritte Kategorie der Risikoaktiva die „innovativen" nicht bilanzwirksamen Geschäfte in Form von Swaps,

Termingeschäften und Optionsrechten in die Berechnung des Nenners des Solvabilitätskoeffizienten ein [240], es sei denn, sie werden bei der Ermittlung der Anrechnungsbeträge für die Handelsbuch-Risikopositionen berücksichtigt. Dieser Ausnahmetatbestand des § 4 Satz 2 Grundsatz I betrifft allerdings ausschließlich Handelsbuchinstitute. Nichthandelsbuchinstitute haben dagegen aufgrund des Unterschreitens der Bagatellgrenzen des § 2 Abs. 11 KWG auch diejenigen „innovativen" bilanzunwirksamen Geschäfte nach den Vorschriften des Zweiten Abschnitts des Grundsatzes I mit haftendem Eigenkapital zu unterlegen, die dem Handelsbuch gemäß § 1 Abs. 12 KWG zugerechnet werden [241].

Die „innovativen" nicht bilanzwirksamen Geschäfte, die sich auch unter dem Oberbegriff „Derivate" zusammenfassen lassen, beziehen sich überwiegend auf Zinssätze, Fremdwährungskurse oder Kurse vergleichbarer Rechnungseinheiten (z. B. ECU, Sonderziehungsrechte), Rohwaren- oder Edelmetallpreise, Aktienkurse und Indizes. Im Wesentlichen handelt es sich dabei – systematisiert nach ihrer Risikoart – um die in *Abbildung 22* (vgl. S. 261-262) enumerativ aufgeführten Geschäfte. Das BAKred weist in diesem Zusammenhang ergänzend darauf hin, dass zur Gruppe der „innovativen" nicht bilanzwirksamen Geschäfte nicht nur Swaps, Termingeschäfte und Optionsrechte im engeren Sinne gehören, sondern auch alle aus diesen „Instrumenten abgeleiteten oder kombinierten sowie mit ihnen vergleichbaren Finanzprodukte" [242].

Das Adressenrisiko der in *Abbildung 22* (vgl. S. 261-262) genannten finanzinnovativen Produkte ergibt sich ebenso wie bei den Bilanzaktiva daraus, dass die beteiligten Geschäftspartner ihren vertraglichen Verpflichtungen gegenüber dem Kredit- oder Finanzdienstleistungsinstitut nicht mehr nachkommen [243]. Im Unterschied zu den Bilanzaktiva, bei denen gegebenenfalls die gesamten Anschaffungskosten verloren gehen, bezieht sich das Adressenrisiko bei einem „innovativen" nicht bilanzwirksamen Geschäft allerdings nicht auf die Höhe des Nominal-

---

[240] Vgl. auch *Abbildung 15*, S. 232.

[241] Vgl. auch BAKRED (Erläuterungen 1997), S. 27.

[242] BAKRED (Erläuterungen 1992), S. 6.

[243] Vgl. hierzu sowie zu den folgenden Ausführungen der Ermittlung risikogewichteter Anrechnungsbeträge „innovativer" nicht bilanzwirksamer Geschäfte TRABER, UWE (Eigenkapitaldeckungsnormen 1988), S. 355 ff.; ARNOLD, WOLFGANG; SCHULTE-MATTLER, HERMANN (KWG-Grundsatz I 1990), S. 432 ff.; DEUTSCHE BUNDESBANK (Grundsätze I und Ia 1990), S. 40 ff.; BIEG, HARTMUT (Bankbetriebslehre 1992), S. 124 ff.; SCHARPF, PAUL (Solvabilitätskoeffizient 1993), S. 82 ff.; DÜRSELEN, KARL E. (Novellierung 1994), S. 105 f.; GRUNER-SCHENK, PETRA (Harmonisierung 1995), S. 150 ff. u. S. 164 ff.; MEISTER, EDGAR; OECHLER, ECKHARD (Limitierung 1996), S. 119 ff.; SCHARPF, PAUL; LUZ, GÜNTHER (Risikomanagement 1996), S. 514 f. u. S. 518 ff.; BOOS, KARL-HEINZ; SCHULTE-MATTLER, HERMANN (Kreditrisiken 1997), S. 475 ff.; SCHULTE-MATTLER, HERMANN; TRABER, UWE (Marktrisiko 1997), S. 43 ff.

Abb. 22: Überblick über die in die Eigenmittelunterlegung nach § 4 Satz 2 Nr. 3 und Nr. 4 Grundsatz I einbezogenen „innovativen" nicht bilanzwirksamen Geschäfte

	Swaps	Termingeschäfte [1]	Optionsrechte [1] [2]
ausschließlich zinssatzbezogene Kontrakte	– Zinsswaps mit Festzinsteil – Zinsswaps ohne Festzinsteil (sog. „Basis-Swaps")	– Zinstermingeschäfte (einschl. der Käufe von „Forward Forward Deposits") – Forward Rate Agreements (Terminsatz-Vereinbarungen) – Zins-Futures – Termingeschäfte auf zinsbezogene Indizes – Futures auf zinsbezogene Indizes – Termingeschäfte auf Zinsswaps	– Zinsoptionen – Rechte aus Zinsbegrenzungsvereinbarungen wie „Caps", „Floors" und „Collars" [3] – Optionsscheine aus Optionsanleihen [4] – Optionen auf zinsbezogene Indizes – Optionen auf Zinsswaps („Swapoptionen" bzw. „Swaptions") – Optionen auf den Abschluss von Terminsatz-Vereinbarungen – Optionen auf Zins-Futures – Optionen auf den Abschluss von Zinsbegrenzungsvereinbarungen
fremdwährungskursbezogene Kontrakte sowie Kontrakte mit sonstigen Preisrisiken (z. B. aktienkurs- oder rohwarenpreisbezogene Kontrakte)	– Währungsswaps – Zins-/Währungsswaps – Swaps auf Aktien oder Aktienindizes – Swaps auf Rohwaren oder Rohwarenpreisindizes	– Devisentermingeschäfte – Devisen-Futures – Edelmetalltermingeschäfte – Edelmetall-Futures – Aktientermingeschäfte – Aktien-Futures – Termingeschäfte auf nicht zinsbezogene Indizes – Futures auf nicht zinsbezogene Indizes (z. B. DAX-Futures) – Termingeschäfte über Rohwaren oder Rohwarenpreisindizes	– Devisenoptionen – Edelmetalloptionen – Aktienoptionen – Optionen auf Devisen-Futures – Optionen auf nicht zinsbezogene Indizes (z. B. DAX-Optionen) – Optionen auf DAX-Futures – Optionen auf Rohwaren oder Rohwarenpreisindizes – Optionen auf Währungs- oder Zins-/Währungsswaps

Fortsetzung Abb. 22:

	Swaps	Termingeschäfte [1]	Optionsrechte [1] [2]
fremdwäh-rungskurs-bezogene Kon-trakte sowie Kontrakte mit sonstigen Preis-risiken (z. B. aktienkurs-oder rohwaren-preisbezogene Kontrakte)		• • • – Futures über Rohwa-ren oder Rohwaren-preisindizes – Termingeschäfte auf Währungs- oder Zins-/Währungs-swaps	

Erläuterungen zur Abb. 22:

[1] Nicht erfasst werden Terminvereinbarungen über individuell bestimmbare Gegenstände wie Be-teiligungen und Grundstücke sowie darauf bezogene Optionsrechte, da hier die Möglichkeit fehlt, zur Bestimmung des Adressenrisikos auf die an einer Börse ermittelten Marktpreise zurückzu-greifen; vgl. BAKRED (Erläuterungen 1990), S. 7; BAKRED (Erläuterungen 1997), S. 27.

[2] Stillhalterverpflichtungen aus Optionsgeschäften bleiben unberücksichtigt, da sie der Natur der Sache nach kein Adressenrisiko beinhalten; vgl. auch SCHARPF, PAUL; LUZ, GÜNTHER (Risiko-management 1996), S. 519; BUNDESREGIERUNG (Entwurf eines Gesetzes zur Umsetzung von EG-Richtlinien 1997), S. 70; SCHULTE-MATTLER, HERMANN; TRABER, UWE (Marktrisiko 1997), S. 44.

[3] Zur Einbeziehung vgl. BAKRED (Erläuterungen 1990), S. 4 f.

[4] Zur Zuordnung der Optionsscheine aus Optionsanleihen zu den Optionsrechten gemäß § 4 Satz 2 Nr. 4 Grundsatz I vgl. BAKRED (Erläuterungen 1992), S. 7.

betrages dieses Kontraktes, was einer Überzeichnung des tatsächlich vorhande-nen Risikos gleichkäme, sondern lediglich auf einen möglichen Eindeckungsver-lust. Dieser entsteht, wenn der Geschäftspartner ausfällt (Nichterfüllung des Ver-trages) und das Kredit- oder Finanzdienstleistungsinstitut zur Schließung der nun wieder offenen Marktposition [244] gezwungen ist, ein Ersatzgeschäft zu gegenüber

---

[244] Das BAKRED geht davon aus, dass Kredit- und Finanzdienstleistungsinstitute bei der überwiegen-den Mehrzahl der von ihnen abgeschlossenen finanzinnovativen Geschäfte „das alleinige Ziel der Schließung oder Reduzierung einer eigenen offenen Position verfolgen"; BAKRED (Erläuterungen 1990), S. 6. Die Einschätzung, dass es sich bei den „innovativen" nicht bilanzwirksamen Geschäf-ten der Kredit- und Finanzdienstleistungsinstitute in erster Linie um Sicherungs- und nicht um Spekulationsgeschäfte handelt, bestätigen auch statistische Erhebungen der Deutschen Bundesbank; vgl. MEISTER, EDGAR (Produkte 1994), S. 2. Gemäß den Grundsätzen der genossenschaftlichen Bankengruppe zur Risikobegrenzung bei derivativen Geschäften ist den Kreditgenossenschaften der ausschließlich spekulative Einsatz von Derivaten verboten. Als spekulativ werden dabei solche Ge-schäfte eingestuft, „die sich außerhalb von genehmigten und für die Bank tragbaren Risikolimiten bewegen"; BUNDESVERBAND DER DEUTSCHEN VOLKSBANKEN UND RAIFFEISENBANKEN E. V. (HRSG.) (Richtlinien 1996), S. 3 u. S. 12.

dem ursprünglichen Geschäft ungünstigeren Konditionen zu tätigen. Der Umfang der potenziellen Ersatz- bzw. Wiederbeschaffungskosten („replacement costs") innovativer Finanzgeschäfte bemisst sich demgemäß nicht nur nach der Bonität des Vertragspartners, sondern auch nach den zwischenzeitlich eingetretenen Veränderungen der relevanten Marktpreise (z. B. Zinssätze, Wechselkurse oder Rohwarenpreise) sowie nach der Laufzeit des Kontrakts bzw. des betreffenden Geschäftsgegenstandes. Für die Anrechnung im Grundsatz I müssen deshalb in einem *ersten Schritt* – analog den „traditionellen" nicht bilanzwirksamen Geschäften – zunächst die Nominalbeträge der derivativen Geschäfte unter Berücksichtigung dieser risikobeeinflussenden Faktoren in sog. „Kreditäquivalenzbeträge" [245] umgerechnet werden, um sie mit den Wertansätzen der Bilanzaktiva vergleichbar zu machen [246]. Erst in einem *zweiten Schritt* ist dann eine Gewichtung dieser Kreditäquivalenzbeträge entsprechend der Bonität der Geschäftspartner vorzunehmen.

Die Berechnung der Kreditäquivalenzbeträge „innovativer" nicht bilanzwirksamer Geschäfte (einschließlich der für diese Risikoaktiva übernommenen Gewährleistungen) erfolgt gemäß den §§ 10 und 11 Grundsatz I entweder nach der Marktbewertungsmethode („Current Exposure Method") oder nach der Laufzeitmethode („Original Exposure Method"). Nichtsdestoweniger steht den Handelsbuchinstituten nach Ablauf einer Übergangsfrist (ab dem 1. Oktober 1999) nur noch die Marktbewertungsmethode zur Verfügung [247]. Nichthandelsbuchinstitute haben dagegen zukünftig weiterhin die Möglichkeit, zwischen der Marktbewertungs- und der Laufzeitmethode zu wählen, sofern der Eindeckungsverlust bei den Finanzderivaten ausschließlich oder teilweise durch die Änderung von Zinssätzen, Wechselkursen oder des Goldpreises verursacht wird [248]. Beruht indessen der Eindeckungsverlust bei den Derivaten auf der Änderung von Aktienkursen, Edelmetallpreisen (außer dem Goldpreis), Rohwarenpreisen oder den Preisen sonstiger Geschäfte, so ist insoweit auch den Nichthandelsbuchinstituten nach Ablauf der oben genannten Übergangsfrist die Anwendung der Marktbewer-

---

[245] Synonym hierfür „Basisanrechnungsbeträge".

[246] Die Kreditäquivalenzbeträge machen erfahrungsgemäß lediglich einen Bruchteil der Nominalbeträge der „innovativen" außerbilanziellen Geschäfte aus und dürften bei dem einzelnen Kredit- oder Finanzdienstleistungsinstitut im Durchschnitt in aller Regel im unteren einstelligen Prozentbereich liegen; vgl. SCHULTE-MATTLER, HERMANN (Netting 1994), S. 302; SCHULTE-MATTLER, HERMANN; TRABER, UWE (Marktrisiko 1997), S. 45; ferner BIEG, HARTMUT (Bankbetriebslehre 1992), S. 131 f.; MEISTER, EDGAR (Bankenaufsicht 1994), S. 549.

[247] Vgl. § 9 Abs. 1 Satz 1 Grundsatz I; ferner BAKRED (Erläuterungen 1997), S. 38.

[248] Vgl. § 9 Abs. 1 Satz 2 Grundsatz I.

tungsmethode unbedingt vorgeschrieben [249]. Dies gilt auch für diejenigen Kontrakte, bei denen der Eindeckungsverlust zwar grundsätzlich auf der Änderung von Wechselkursen basiert, aber zusätzlich auch von anderen Preisänderungen als von Zinssatzschwankungen bestimmt wird (z. B. durch die Veränderung eines Aktienindexes) [250].

Gemäß § 9 Abs. 1 Satz 3 Grundsatz I dürfen Nichthandelsbuchinstitute das ihnen eingeräumte Verfahrenswahlrecht zur Erfassung des Adressenrisikos von Zins- und Fremdwährungskontrakten (einschließlich der Kontrakte auf Gold) für exakt bestimmte und eindeutig abgegrenzte Teilbereiche ihrer Geschäftstätigkeit durchaus unterschiedlich ausüben, wobei der Festlegung von Teilbereichen sowohl produktbezogene als auch organisatorische Gesichtspunkte zugrunde gelegt werden können (z. B. alle Swapgeschäfte oder die Abteilung „Zinsderivate" der Zentrale) [251]. Innerhalb der einzelnen Teilbereiche muss allerdings bei der Wahl der Berechnungsmethode einheitlich vorgegangen werden. § 9 Abs. 1 Satz 4 Grundsatz I erlaubt außerdem bei einem späteren Verfahrenswechsel nur den Übergang von der Laufzeit- zur Marktbewertungsmethode, nicht aber einen Wechsel in umgekehrter Richtung.

Nicht unter die in § 9 Abs. 1 Satz 2 Grundsatz I vorgenommene Einschränkung des Wahlrechts zwischen der Laufzeit- und der Marktbewertungsmethode fallen nach § 9 Abs. 1 Satz 5 Grundsatz I Swap- und Termingeschäfte sowie Optionsrechte im Rahmen der von den gemischtwirtschaftlichen Kreditgenossenschaften üblicherweise betriebenen Warengeschäfte, die gemäß § 1 Abs. 4 Grundsatz I von den Vorschriften des Vierten Abschnitts des Grundsatzes I betreffend die Rohwarenposition von Kredit- und Finanzdienstleistungsinstituten ausgenommen sind. Diese Sonderregelung, die für gemischtwirtschaftliche Kreditgenossenschaften, die keine Handelsbuchinstitute sind, eine erhebliche technische und arbeitsorganisatorische Erleichterung darstellt, ist nach Auffassung des BAKRED vertretbar, wenn mit dem Gebrauch der Laufzeitmethode die mit den besagten Geschäften einhergehenden Adressenrisiken hinreichend genau erfasst werden und diese Geschäfte weder Handels- noch Spekulationscharakter aufweisen [252].

Die zwingende Vorgabe der Marktbewertungsmethode für Handelsbuchinstitute einerseits sowie die eingeschränkte Zulässigkeit der Laufzeitmethode für Nichthandelsbuchinstitute andererseits liegt in der Erkenntnis begründet, dass die

---

[249] Vgl. BAKRED (Erläuterungen 1997), S. 38 u. S. 42.

[250] Vgl. BAKRED (Erläuterungen 1997), S. 42.

[251] Vgl. auch BAKRED (Anrechnung 1994), S. 105.

[252] Vgl. BAKRED (Erläuterungen 1997), S. 38 f.

Laufzeitmethode wegen inhärenter Unzulänglichkeiten eine im Vergleich zur Marktbewertungsmethode nur ungenaue Ermittlung der Kreditäquivalenzbeträge innovativer Finanzprodukte ermöglicht [253]. Darüber hinaus entspricht die Marktbewertungsmethode mittlerweile dem internationalen Standard und ist wesentlich besser als die Laufzeitmethode dazu geeignet, die adressenrisikoreduzierenden Effekte rechtsgültiger zweiseitiger Aufrechnungsvereinbarungen [254] sachgerecht abzubilden [255].

Darstellung der Marktbewertungsmethode gemäß § 10 Grundsatz I

Ausgangspunkt der Bestimmung der Kreditäquivalenzbeträge „innovativer" nicht bilanzwirksamer Geschäfte nach der Marktbewertungsmethode sind die aktuellen Ersatzbeschaffungskosten dieser Kontrakte bei einem hypothetisch unterstellten Ausfall der Vertragspartner. Die Ermittlung aktueller potenzieller Ersatzbeschaffungskosten (m. a. W. der gegenwärtigen Kosten für die Duplizierung der im Ursprungsvertrag vereinbarten Zahlungsströme) setzt hierbei eine täglich vorzunehmende Bewertung der entsprechenden Geschäfte zu Marktpreisen voraus. Aufgrund dieser unmittelbaren Marktbewertung werden allerdings im Grundsatz I nur diejenigen Kontrakte erfasst, bei denen der Marktwert positiv ist, bei denen also die Marktkonditionen zum Bewertungsstichtag für das Kredit- oder Finanzdienstleistungsinstitut ungünstiger sind als die vertraglichen Bedingungen aus dem anzurechnenden finanzinnovativen Geschäft. In diesen Fällen würde nämlich der Ausfall der Kontraktpartner Eindeckungsverluste für das Kredit- oder Finanzdienstleistungsinstitut zur Folge haben, und zwar in Form zusätzlicher Aufwendungen oder geringerer Erträge.

Bei Kontrakten mit einem negativen Marktwert könnten die Ersatzgeschäfte dagegen zum Bewertungsstichtag zu günstigeren Konditionen als den ursprünglich verabredeten abgeschlossen werden, sodass hier keine potenziellen Eindeckungsverluste vorliegen, sondern nicht realisierte Gewinne in Gestalt geringerer Aufwendungen oder höherer Erträge. Diese nicht realisierten Gewinne aus Kontrakten mit negativem Marktwert gehen jedoch nicht entlastend in den Grundsatz I ein und dürfen auch nicht mit den potenziellen Eindeckungsverlusten der Kontrakte mit positivem Marktwert saldiert werden [256]. Gleichwohl bleiben derivative Finanzprodukte mit negativem Marktwert im Grundsatz I nicht völlig unbe-

---

[253] Vgl. BAKRED (Erläuterungen 1997), S. 37 u. S. 38.
[254] Vgl. dazu § 12 Abs. 2 Grundsatz I.
[255] Vgl. BAKRED (Erläuterungen 1997), S. 37.
[256] Vgl. BAKRED (Erläuterungen 1990), S. 20.

rücksichtigt. Da durch die aktuelle Marktbewertung der „innovativen" nicht bilanzwirksamen Geschäfte lediglich das bis zum Bewertungsstichtag entstandene Ausfallrisiko abgebildet wird, ist bei Kontrakten mit einem negativen Marktwert ein möglicher künftiger Eindeckungsverlust nicht auszuschließen. Desgleichen ist bei Kontrakten mit einem positiven Marktwert die Möglichkeit einer künftigen weiteren Verschlechterung der Marktkonditionen in Betracht zu ziehen. Aus diesem Grunde wird sowohl bei einem Kontrakt mit einem positiven Marktwert als auch bei einem Kontrakt mit einem negativen Marktwert [257] dem Risiko eines in Zukunft eintretenden Eindeckungsverlustes durch einen spezifischen Zuschlagsfaktor („add-on") Rechnung getragen. Bemessungsgrundlage dieses Risikozuschlags ist

- bei Swapgeschäften sowie den für sie übernommenen Gewährleistungen der effektive Kapitalbetrag oder – in Ermangelung eines solchen – der aktuelle Marktwert des Geschäftsgegenstandes [258] und

- bei Termingeschäften und Optionsrechten sowie den für sie übernommenen Gewährleistungen der unter der Annahme der tatsächlichen Erfüllung [259] bestehende, zum aktuellen Marktkurs oder -preis umgerechnete Anspruch des Kredit- oder Finanzdienstleistungsinstituts auf Lieferung oder Abnahme des Geschäftsgegenstandes [260].

Mit der Wahl des Begriffs „effektiver Kapitalbetrag" bei der Bestimmung der Bemessungsgrundlage des Risikozuschlags von Swapgeschäften soll zum Ausdruck gebracht werden, dass bei Swapgeschäften „auf den für die Austauschzahlungen insgesamt maßgeblichen Wert des zugrunde liegenden Geschäftsgegenstandes abzustellen ist" [261]. Dadurch wird zum einen klargestellt, „dass insbesondere bei Swaps, bei denen der zugrunde liegende Geldbetrag mehrfach wäh-

---

[257] Ausgenommen sind lediglich währungsgleiche Zinsswaps ohne Festzinsanteil (z. B. 3-Monats-DM-LIBOR gegen 6-Monats-DM-LIBOR); vgl. § 10 Satz 1, 2. Halbsatz Grundsatz I; ferner BAKRED (Erläuterungen 1997), S. 41.

[258] Zu den Swapgeschäften, bei denen es keinen in Geldgrößen ausgedrückten Kapitalbetrag gibt, sondern nur einen Marktwert, zählen insbesondere Swaps auf Aktien oder Aktienindizes sowie auf Rohwaren oder Rohwarenpreisindizes.

[259] Eine Einbeziehung derivativer Geschäfte auf fiktiver Basis ist bei solchen Termingeschäften und Optionsrechten erforderlich, bei denen die physische Erfüllung der Liefer- oder Abnahmeansprüche vertraglich zugunsten eines Differenzausgleiches ausgeschlossen ist, was z. B. auf die sog. Forward Rate Agreements oder Indextermin- und -optionsgeschäfte zutrifft.

[260] Vgl. § 6 Abs. 1 Nr. 2 u. Nr. 3 Grundsatz I. Die Umrechnung von auf fremde Währung lautenden „innovativen" nicht bilanzwirksamen Geschäften in Deutsche Mark erfolgt für die an der Frankfurter Devisenbörse amtlich notierten Währungen zum Kassamittelkurs, für die anderen Währungen zum Mittelkurs aus feststellbaren An- und Verkaufskursen des jeweiligen Bewertungsstichtags; vgl. § 6 Abs. 2 Grundsatz I.

[261] BAKRED (Erläuterungen 1997), S. 34 (Hervorhebung auch im Original).

rend der Geschäftsdauer ausgetauscht wird, die Summe der noch ausstehenden Beträge die Bemessungsgrundlage darstellt" [262]. Zum anderen wird aber auch eine sachgerechte Erfassung solcher Swapgeschäfte sichergestellt, bei denen die Formel zur Ermittlung der Austauschzahlungen in einer Weise gewählt wird, die es erlaubt, den vertraglich festgelegten Kapitalbetrag „künstlich" zu verkleinern. Es handelt sich hierbei um sog. „multiplier swaps", bei denen auf einen vergleichsweise geringen Kapitalbetrag Austauschzahlungen in Höhe eines Mehrfachen der tatsächlichen Marktzinssätze zu leisten sind und die damit weitgehend Swapgeschäften entsprechen, bei denen die Austauschzahlungen in Höhe der marktüblichen Zinssätze auf einen deutlich höheren Kapitalbetrag geleistet werden [263].

§ 12 Grundsatz I sieht für gegenläufige finanzinnovative Geschäfte mit demselben Kontraktpartner (zweiseitige Beziehungen), die den Bedingungen des sog. „netting by novation" bzw. des sog. „close-out netting" genügen, eine Nettobetrachtung und damit eine Reduzierung der Bemessungsgrundlage vor [264].

Die Höhe des Zuschlagssatzes für das Risiko eines in Zukunft eintretenden Eindeckungsverlustes ist – wie *Abbildung 23* (vgl. S. 268) in einem Überblick zeigt – abhängig von der Restlaufzeit des Kontrakts bzw. des dem Kontrakt zugrunde liegenden Geschäftsgegenstandes (Restlaufzeit des „underlying instrument") [265] sowie der jeweiligen Geschäftsart.

Bei Anwendung der Marktbewertungsmethode errechnet sich somit der Kreditäquivalenzbetrag für jedes einzelne „innovative" nicht bilanzwirksame Geschäft aus den aktuellen potenziellen Ersatzbeschaffungskosten dieses Kontrakts, sofern sie einen positiven Wert aufweisen, sowie einem Zuschlag für die während der Restlaufzeit dieses Kontrakts mögliche Risikoerhöhung. Die auf diese Weise ermittelten Kreditäquivalenzbeträge derivativer Finanzprodukte sind anschließend zur Feststellung der mit haftendem Eigenkapital zu unterlegenden Beträge mit den in § 13 Grundsatz I vorgesehenen Risikogewichtungsfaktoren zu multi-

---

[262] BAKRED (Erläuterungen 1997), S. 34.

[263] Vgl. hierzu BAKRED (Erläuterungen 1997), S. 33.

[264] Vertiefend hierzu BAKRED (Erläuterungen 1997), S. 43 ff.; ferner ROSENTHAL, MARTIN (Banken-Netting 1994), S. 142 ff.; SCHULTE-MATTLER, HERMANN (Netting 1994), S. 304 ff.; BERNER, MIRKO (Netting 1996), S. 753 ff.; HÖFER, BIRGIT (Netting 1997), S. 50 ff.; KAISER, ANDREAS (Netting 1997), S. 341 ff.; SCHULTE-MATTLER, HERMANN; TRABER, UWE (Marktrisiko 1997), S. 51 ff. Zur anrechnungsermäßigenden Wirkung des „netting by novation" vgl. auch die Berechnungsbeispiele in den *Anlagen 13 und 14*, S. 582 ff.

[265] Zur näheren Bestimmung der maßgeblichen Restlaufzeit vgl. § 9 Abs. 2 Grundsatz I; ferner BAKRED (Erläuterungen 1990), S. 20 ff.; DEUTSCHE BUNDESBANK (Erläuterungen 1999), S. 39 ff.

Abb. 23: Die Zuschlagsfaktoren für „innovative" nicht bilanzwirksame Geschäfte nach der Marktbewertungsmethode

	„innovative" nicht bilanzwirksame Geschäfte [1] [2]				
Restlaufzeit des Kontrakts bzw. des Geschäftsgegenstandes	ausschließlich zinssatzbezogene Kontrakte	währungskurs- und goldpreisbezogene Kontrakte	aktienkursbezogene Kontrakte	edelmetallpreisbezogene Kontrakte (ohne Gold)	rohwarenpreisbezogene und sonstige Kontrakte [3]
bis 1 Jahr	0,0 %	1,0 %	6,0 %	7,0 %	10,0 %
über 1 Jahr bis 5 Jahre	0,5 %	5,0 %	8,0 %	7,0 %	12,0 %
über 5 Jahre	1,5 %	7,5 %	10,0 %	8,0 %	15,0 %

Erläuterungen zur Abb. 23:

[1] Bei finanzinnovativen Kontrakten, bei denen der von einem Kredit- oder Finanzdienstleistungsinstitut letztlich zu tragende Eindeckungsverlust auf der Änderung von Preisen mehrerer Kategorien (z. B. Zinssätze, Wechselkurse) beruht, ist gemäß § 10 Satz 4 Grundsatz I als maßgeblicher Zuschlagsfaktor der höchste Prozentsatz heranzuziehen, der sich aus allen betroffenen Preiskategorien ergibt. Vgl. auch BAKRED (Erläuterungen 1997), S. 40.

[2] Bei Swaps, bei denen der zugrunde liegende Kapitalbetrag während der Dauer des Geschäftes mehrfach ausgetauscht wird (sog. „multiplier swaps" oder „leveraged swaps"), ist der Zuschlagsfaktor „getrennt für jede der noch ausstehenden Zahlungen zu bestimmen, d. h. die jeweiligen Zuschlagssätze sind mit der Anzahl der im Rahmen des Geschäftes noch zu leistenden Zahlungen zu multiplizieren"; BAKRED (Erläuterungen 1997), S. 40.

[3] Die in dieser Spalte aufgeführten Zuschlagsfaktoren gelten auch für sonstige Swaps, Termingeschäfte, erworbene Optionen und ähnliche Derivate, die sich keiner anderen Spalte der Abbildung zuordnen lassen; vgl. BAKRED (Erläuterungen 1997), S. 40.

plizieren [266]. Diese liegen je nach eingeschätzter Bonität der Vertragspartner (bzw. der Garanten oder der als Sicherheit dienenden Gegenstände) grundsätzlich zwischen 0 % und 100 %. Da es sich allerdings bei dem überwiegenden Teil der Marktteilnehmer im Derivatehandel, insbesondere bei langlaufenden Kontrakten, regelmäßig um Adressen mit einem hohen Standing und einem erstklassigen Rating handelt [267], wird die Adressengewichtung „innovativer" außerbilanzieller Geschäfte generell auf maximal 50 % begrenzt (so genannter „50 % - cap") [268].

---

[266] Gegebenenfalls passivierte Rückstellungen für drohende Verluste aus schwebenden Geschäften wirken in diesem Zusammenhang anrechnungsmindernd. Sie sind von den Kreditäquivalenzbeträgen abzusetzen, *bevor* die Adressengewichtung vorgenommen wird; vgl. BAKRED (Auslegungsfragen 1994), S. 97; ferner DEUTSCHE BUNDESBANK (Erläuterungen 1999), S. 38 f.

[267] Vgl. LANDESZENTRALBANK IN HESSEN (Finanzderivate 1994), S. 7.

[268] Vgl. § 13 Abs. 4 Nr. 1 Grundsatz I.

Dies hat zur Folge, dass bei denjenigen Vertragspartnern, die nach dem allgemeinen Risikogewichtungsschema des § 13 Grundsatz I eigentlich mit einem Bonitätsgewicht von 100 % belegt sind (wie z. B. inländische Industrieunternehmen), lediglich ein Anrechnungssatz von 50 % heranzuziehen ist. Als weitere Besonderheit erhalten ausschließlich wechselkursabhängige Swaps, Termingeschäfte und Optionsrechte mit einer Ursprungslaufzeit von weniger als 15 Kalendertagen einen Risikogewichtungsfaktor in Höhe von 0 % und sind damit von einer Einbeziehung in den Nenner des Solvabilitätskoeffizienten ausgenommen [269]. Dadurch begünstigt werden in erster Linie Devisentermin- und Währungsoptionsgeschäfte [270]. Als Begründung für diese Anrechnungsfreistellung führt die Deutsche Bundesbank das vergleichsweise geringe Adressenrisiko kurzfristiger Währungskontrakte an [271]. Ebenfalls im Grundsatz I nicht erfasst werden Termingeschäfte und Optionsrechte, die täglichen Einschussverpflichtungen unterworfen sind ("margin" - System) und deren Erfüllung von einer anerkannten Wertpapieroder Terminbörse geschuldet oder gewährleistet wird (bspw. die an der Eurex oder an der London International Financial Futures Exchange gehandelten Kontrakte) [272]. Unter die Zuerkennung dieser Nullanrechnung fallen jedoch nur die angeführten Termingeschäfte und Optionsrechte sowie die für die Erfüllung derartiger Risikoaktiva übernommenen Gewährleistungen, nicht dagegen die von dem Kredit- oder Finanzdienstleistungsinstitut geleisteten Anfangseinschüsse ("initial margins"), die als Forderungen gegenüber der Börseneinrichtung und damit als Bilanzaktiva in den Grundsatz I eingehen [273].

Die folgende *Abbildung 24* (vgl. S. 270) verdeutlicht in einem Überblick die beiden beschriebenen Verfahrensschritte der Marktbewertungsmethode zur Ermittlung der mit haftendem Eigenkapital zu unterlegenden anrechnungspflichtigen Beträge "innovativer" nicht bilanzwirksamer Geschäfte [274].

---

[269] Vgl. § 13 Abs. 1 Nr. 3 Grundsatz I.

[270] Vgl. BAKRED (Erläuterungen 1990), S. 31.

[271] Vgl. DEUTSCHE BUNDESBANK (Grundsätze I und Ia 1990), S. 41.

[272] Vgl. § 13 Abs. 1 Nr. 4 Grundsatz I. Börsengehandelte Derivate bleiben unberücksichtigt, da das mit ihnen verbundene Adressenrisiko aufgrund bestehender Sicherheitsvorkehrungen an den einzelnen Börsen als vernachlässigbar angesehen werden kann.

[273] Vgl. BAKRED (Erläuterungen 1997), S. 56; DEUTSCHE BUNDESBANK (Erläuterungen 1999), S. 39.

[274] Zur Vorgehensweise der Marktbewertungsmethode vgl. auch das Berechnungsbeispiel in *Anlage 13*, S. 582 ff.

Abb. 24: Die Ermittlung der risikogewichteten Anrechnungsbeträge „innovativer" nicht bilanzwirksamer Geschäfte nach der Marktbewertungsmethode

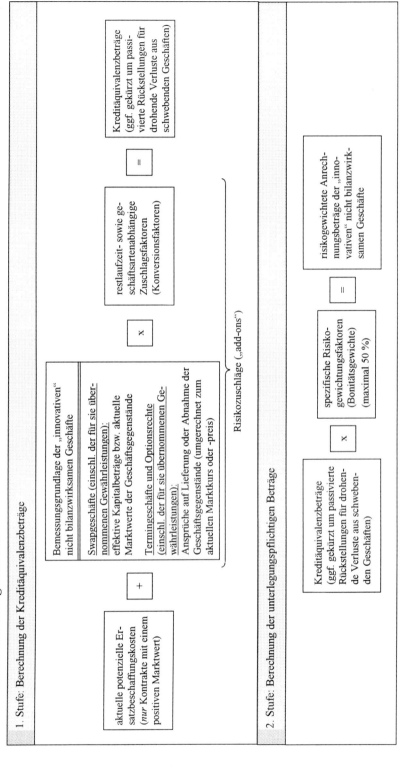

Mit Beginn der dritten Stufe der Wirtschafts- und Währungsunion haben derivative Fremdwährungskontrakte in ECU und in den nationalen Währungen der Teilnehmerstaaten die Eigenschaft von Derivaten verloren. Der Wert dieser Kontrakte wurde mit der Einführung des Euro am 1. Januar 1999 festgeschrieben. Dies trifft auch auf solche derivativen Zinskontrakte zu, deren Referenzzinssätze allein von ECU oder den nationalen Teilnehmerwährungen abgeleitet wurden und in denselben Referenzzinssatz des Euro-Währungsraums übergingen (z. B. cross currency swaps variabel gegen variabel, nicht aber variabel gegen fix). Derartige Kontrakte sind seit dem 1. Januar 1999 im Grundsatz I grundsätzlich in Höhe ihres Marktwertes wie bilanzielle Forderungen oder Verbindlichkeiten zu behandeln. Da der Fortfall der Derivateeigenschaft der betreffenden Kontrakte bei den Kredit- und Finanzdienstleistungsinstituten nicht zu einer Erhöhung der Adressenrisiken geführt hat, wird es bankenaufsichtlich als vertretbar angesehen, Geschäfte, die vor dem 1. Januar 1999 abgeschlossenen worden sind und mit der Einführung des Euro ihren derivativen Charakter verloren haben, weiterhin gemäß § 13 Abs. 4 Nr. 1 Grundsatz I mit höchstens 50 % zu gewichten und in das Anrechnungsverfahren gemäß § 12 Grundsatz I für anerkannte zweiseitige Aufrechnungsvereinbarungen und Schuldumwandlungsverträge einzubeziehen, und zwar auf Basis der Marktwerte, die die betreffenden Finanzderivate am Tag der Einführung des Euro, dem 1. Januar 1999, gehabt haben. Voraussetzung hierfür ist, dass diese Geschäfte nach der Marktbewertungsmethode gemäß § 10 Grundsatz I angerechnet werden, wobei bei der Anrechnung auf die Berücksichtigung zukünftiger potenzieller Adressenrisiken, also des „add-on", verzichtet werden kann, da solche aufgrund des abhanden gekommenen derivativen Charakters dieser Geschäfte nicht mehr bestehen. In Anbetracht der Tatsache, dass Geschäfte, die ihren derivativen und damit positionsöffnenden bzw. -schließenden Charakter verloren haben, kurz- bis mittelfristig glattgestellt werden können, handelt es sich bei der vorstehenden Ausnahmebestimmung um eine Übergangsregelung, die bis zum 31. Dezember 2001 befristet ist. [275]

---

[275] Zu den Ausführungen dieses Absatzes vgl. BAKRED (Behandlung 1998), S. 1.

Darstellung der Laufzeitmethode gemäß § 11 Grundsatz I

Während sich bei der Marktbewertungsmethode der Kreditäquivalenzbetrag eines derivativen Geschäfts aus der Addition des Betrages des zum Bewertungsstichtag bereits eingetretenen Eindeckungsverlustes und des Zuschlags für die während der Restlaufzeit des Kontraktes noch mögliche Risikoerhöhung errechnet, wird bei Anwendung der Laufzeitmethode der Kreditäquivalenzbetrag jedes „innovativen" nicht bilanzwirksamen Geschäfts allein auf der Grundlage des ursprünglichen Engagements veranschlagt. Er ergibt sich aus der Multiplikation der Bemessungsgrundlage des zu beurteilenden finanzinnovativen Geschäfts [276] mit einem pauschalen Umrechnungsfaktor für das potenzielle Adressenrisiko. Die jeweils aktuellen Marktbedingungen des Kontrakts spielen dabei keine Rolle. Der Umrechnungsfaktor seinerseits hängt wiederum von der Risikoart des Geschäfts sowie der Laufzeit des Kontrakts bzw. des betreffenden Geschäftsgegenstandes ab. Allerdings bestehen bei der Laufzeitmethode zwischen den einzelnen Geschäftsarten hinsichtlich der Abgrenzung der maßgeblichen Laufzeit Unterschiede. So bemessen sich die Umrechnungsfaktoren für ausschließlich zinssatzbezogene Kontrakte nach der Restlaufzeit, wohingegen bei Geschäften mit Wechselkurs- oder Goldpreisrisiken auf die Ursprungslaufzeit abgestellt wird [277].

Die nebenstehende *Abbildung 25* (vgl. S. 273) fasst die im Rahmen der Laufzeitmethode zur Gewichtung der Bemessungsgrundlage „innovativer" außerbilanzieller Geschäfte vorgeschriebenen Umrechnungsfaktoren in einem Überblick zusammen.

Die mittels der Laufzeitmethode ermittelten Kreditäquivalenzbeträge derivativer Finanzprodukte sind schließlich zur Feststellung der endgültigen Grundsatz-I-Anrechnungsbeträge entsprechend der Bonität des jeweiligen Geschäftspartners zu gewichten [278]. Sofern nicht die Voraussetzungen für einen niedrigeren Anrechnungssatz gegeben sind, ist hierbei ebenso wie bei der Marktbewertungsmethode ein Risikogewichtungsfaktor von höchstens 50 % zugrunde zu legen [279]. Ferner werden auch bei der Laufzeitmethode Währungskontrakte mit einer Ur-

---

[276] Zur Bestimmung der Bemessungsgrundlage derivativer Finanzprodukte vgl. die Ausführungen des vorliegenden Kapitels zur Marktbewertungsmethode auf S. 266 f.

[277] Zur näheren Bestimmung der maßgeblichen Ursprungs- bzw. Restlaufzeit vgl. § 9 Abs. 2 Grundsatz I; ferner BAKRED (Erläuterungen 1990), S. 20 ff.; DEUTSCHE BUNDESBANK (Erläuterungen 1999), S. 39 ff.

[278] Gegebenenfalls gebildete Rückstellungen für drohende Verluste aus schwebenden Geschäften sind *vorab* anrechnungsmindernd zu berücksichtigen; vgl. BAKRED (Auslegungsfragen 1994), S. 97; ferner DEUTSCHE BUNDESBANK (Erläuterungen 1999), S. 38 f.

[279] Vgl. § 13 Abs. 4 Nr. 1 Grundsatz I.

sprungslaufzeit von weniger als 15 Kalendertagen sowie Termingeschäfte und Optionsrechte, die täglichen Einschusszahlungen unterliegen und bei denen eine bonitätsmäßig einwandfreie Börseneinrichtung als Schuldner oder Garant des Kredit- oder Finanzdienstleistungsinstituts auftritt, von einer Anrechnung im Nenner des Solvabilitätskoeffizienten ausgenommen [280].

Abb. 25: Die Umrechnungsfaktoren für „innovative" nicht bilanzwirksame Geschäfte nach der Laufzeitmethode

	„innovative" nicht bilanzwirksame Geschäfte [1]	
Laufzeit des Kontrakts bzw. des Geschäftsgegenstandes	ausschließlich zinssatzbezogene Kontrakte (Restlaufzeit)	währungskurs- und goldpreisbezogene Kontrakte [2] (Ursprungslaufzeit)
bis 1 Jahr	0,5 %	2,0 %
über 1 Jahr bis 2 Jahre	1,0 %	5,0 %
für jedes weitere Jahr (vollendet oder nicht vollendet)	+ 1,0 %	+ 3,0 %

Erläuterungen zur Abb. 25:

[1] Bei Kontrakten mit zwei unterschiedlichen Preiselementen (z. B. Zins-/Währungsswaps) werden die Risiken nicht additiv, sondern insgesamt unter der höheren Risikokategorie (währungskurs- und goldpreisbezogene Kontrakte) erfasst.

[2] Bis zum Ablauf einer Übergangsfrist (30. September 1999) fielen unter diese Risikokategorie auch solche Kontrakte, bei denen der Eindeckungsverlust von anderen Preisänderungen als der Änderung von Wechselkursen oder des Goldpreises bestimmt war (z. B. aktienkurs- sowie rohwarenpreisbezogene Kontrakte).

Die folgende *Abbildung 26* (vgl. S. 274) zeigt in einem Überblick die beiden Verfahrensschritte der Laufzeitmethode zur Berechnung der Grundsatz-I-belastenden Wirkung „innovativer" nicht bilanzwirksamer Geschäfte [281].

---

[280] Vgl. § 13 Abs. 1 Nr. 3 u. Nr. 4 Grundsatz I.

[281] Zur Vorgehensweise der Laufzeitmethode vgl. auch das Berechnungsbeispiel in *Anlage 14*, S. 585 ff.

Abb. 26: Die Ermittlung der risikogewichteten Anrechnungsbeträge „innovativer" nicht bilanzwirksamer Geschäfte nach der Laufzeitmethode

1. Stufe: Berechnung der Kreditäquivalenzbeträge

Bemessungsgrundlage der „innovativen" nicht bilanzwirksamen Geschäfte				
Swapgeschäfte (einschl. der für sie übernommenen Gewährleistungen): effektive Kapitalbeträge bzw. aktuelle Marktwerte der Geschäftsgegenstände Termingeschäfte und Optionsrechte (einschl. der für sie übernommenen Gewährleistungen): Ansprüche auf Lieferung oder Abnahme der Geschäftsgegenstände (umgerechnet zum aktuellen Marktkurs oder -preis)	x	ursprungs- bzw. restlaufzeit- sowie geschäftsartenabhängige Umrechnungsfaktoren (Konversionsfaktoren)	=	Kreditäquivalenzbeträge (ggf. gekürzt um passivierte Rückstellungen für drohende Verluste aus schwebenden Geschäften)

2. Stufe: Berechnung der unterlegungspflichtigen Beträge

Kreditäquivalenzbeträge (ggf. gekürzt um passivierte Rückstellungen für drohende Verluste aus schwebenden Geschäften)	x	spezifische Risikogewichtungsfaktoren (Bonitätsgewichte) (maximal 50 %)	=	risikogewichtete Anrechnungsbeträge der „innovativen" nicht bilanzwirksamen Geschäfte

ac) Die Bestimmungen des Grundsatzes I über die erforderliche Mindesteigenkapitalausstattung zur Abdeckung der Marktpreisänderungsrisiken

(1) Die Betragsdeckungsdarstellung für den Bereich der Marktpreisänderungsrisiken

Über die Erfassung und Reduzierung des Adressenrisikos der Kredit- und Finanzdienstleistungsinstitute hinaus zielt der vom BAKred aufgestellte Grundsatz I auch auf die Messung und Begrenzung der Marktpreisänderungsrisiken [282] dieser Institute aus offenen, d. h. gegen Schwankungen der Marktpreise ungeschützten bilanziellen und außerbilanziellen Positionen. § 2 Abs. 2 Satz 1 Grundsatz I bestimmt, dass die Summe der Anrechnungsbeträge für die Marktrisikopositionen eines Kredit- oder Finanzdienstleistungsinstituts den um die Drittrangmittel vermehrten Differenzbetrag zwischen dem haftenden Eigenkapital und dem Risikoaktiva-Anrechnungsbetrag – dieser entspricht der in Höhe von 8 % berücksichtigten Summe der gewichteten Risikoaktiva – täglich bei Geschäftsschluss [283] nicht übersteigen darf. Für die mit Marktpreisänderungsrisiken behafteten offenen Positionen eines Kredit- oder Finanzdienstleistungsinstituts besteht somit ebenso eine Eigenmittelunterlegungspflicht wie für diejenigen Geschäfte, die mit einem Adressenrisiko verbunden sind. Hierdurch sollen die potenziellen Verluste aufgefangen werden, die ein Kredit- oder Finanzdienstleistungsinstitut selbst bei dauerhaft erstklassiger Bonität der Vertragspartner aufgrund einer aus seiner Sicht unvorteilhaften Veränderung von Marktpreisen – also im Wesentlichen von Devisenkursen, Rohwarenpreisen, Zinssätzen und Aktienkursen – erleiden kann (Bildung eines den Preisrisiken angemessenen Eigenkapitalpuffers).

Gemäß § 28 Abs. 3 Satz 1 Grundsatz I *dürfen* Handelsbuchinstitute nach einheitlicher und dauerhafter Wahl auf Antrag mit vorheriger Zustimmung des BAKred anstelle des standardmäßig vorgegebenen „Delta-Plus-Verfahrens" die „Szenario-Matrix-Methode" für die Ermittlung der Marktpreisänderungsrisiken aus Optionsgeschäften und gegebenenfalls der durch diese nachweislich gesicherten Bestände oder Geschäfte verwenden. Bei Ausübung dieses Institutswahlrechts gehen die Optionsgeschäfte und gegebenenfalls die durch sie nachweislich gesicher-

---

[282] Verkürzend hierfür Marktpreis-, Markt- oder Preisrisiken.

[283] In Anlehnung an die in § 1 Abs. 2 Satz 1 GroMiKV getroffene Regelung wird der Zeitpunkt des Geschäftsschlusses eines Kredit- oder Finanzdienstleistungsinstituts grundsätzlich auf 24:00 Uhr MEZ/MESZ festgesetzt. Im Einzelfall ist aber auf Antrag eines Kredit- oder Finanzdienstleistungsinstituts auch eine hiervon abweichende zeitliche Festlegung möglich, sodass der Zeitpunkt des Geschäftsschlusses durchaus institutsindividuell variieren kann; vgl. BAKRED (Erläuterungen 1997), S. 14.

ten Bestände oder Geschäfte allerdings nicht in die Bestimmung der eigenmittel-
unterlegungspflichtigen Marktrisikopositionen ein [284]. Die Summe der Anrechnungsbeträge für die Marktrisikopositionen beinhaltet insofern „auch nicht die für
Optionsgeschäfte erforderliche Eigenmittelunterlegung" [285]. Konsequenterweise
sind die nach der „Szenario-Matrix-Methode" *gesondert* ermittelten Anrechnungsbeträge für die Optionsgeschäfte der Summe der Anrechnungsbeträge für
die Marktrisikopositionen hinzuzurechnen [286].

Abbildung 27 gibt einen Überblick über den strukturellen Aufbau der Betragsdeckungsdarstellung gemäß § 2 Abs. 2 Satz 1 Grundsatz I.

**Abb. 27: Der strukturelle Aufbau der Betragsdeckungsdarstellung gemäß
§ 2 Abs. 2 Satz 1 Grundsatz I**

Summe der Anrechnungsbeträge für die Marktrisikopositionen [1]	$\leq$	(haftendes Eigenkapital ./. Risiko-aktiva-Anrechnungsbetrag [2]) + Drittrangmittel

[1] bei Ausübung des Institutswahlrechts des § 28 Abs. 3 Satz 1 Grundsatz I zuzüglich der Summe der nach der „Szenario-Matrix-Methode" gesondert ermittelten
Anrechnungsbeträge für die Optionsgeschäfte (betrifft nur Handelsbuchinstitute)

[2] Risikoaktiva-Anrechnungsbetrag = 8 % der Summe der gewichteten Risikoaktiva

Die rechte Seite der Betragsdeckungsdarstellung zeigt, dass ein Kreditinstitut
oder ein Finanzdienstleistungsinstitut zur Unterlegung seiner Marktpreisänderungsrisiken grundsätzlich auf zwei Kategorien von Eigenmitteln zurückgreifen
kann, und zwar auf das haftende Eigenkapital sowie die Drittrangmittel. Haftende
Eigenmittelkomponenten stehen allerdings nur insoweit zur Verfügung, als sie
nicht zur Abdeckung der Adressenrisiken benötigt werden bzw. schon zuvor im
Rahmen der Vorschriften der §§ 12, 13 bzw. 13a sowie 13b KWG zur Risiko-
unterlegung „verbraucht" sind [287]. Diese Bezugnahme auf das frei verfügbare
haftende Eigenkapital ist bankenaufsichtlich zu begrüßen. Sie folgt aus der Überlegung, einen gegebenen Betrag von Eigenmitteln möglichst zur Absicherung

---

[284] Vgl. § 28 Abs. 3 Satz 2 u. Satz 3 Grundsatz I.

[285] Vgl. BAKRED (Erläuterungen 1997), S. 16.

[286] Vgl. § 2 Abs. 2 Satz 1 Grundsatz I. Beschreibungen des „Delta-Plus-Verfahrens" sowie der „Sze-
nario-Matrix-Methode" finden sich bei KESTING, HELMUT (Standardverfahren 1996), S. 849 ff.;
SCHMIDT, DIRK; WARG, MARKUS (Optionen 1996), S. 827 ff.; SCHULTE-MATTLER, HERMANN
(Optionen 1996), S. 501 ff.; SCHULTE-MATTLER, HERMANN (Szenario-Matrix-Verfahren 1996),
S. 758 ff.; BAKRED (Erläuterungen 1997), S. 142 ff.

[287] Vgl. auch BAKRED (Erläuterungen 1997), S. 13.

lediglich eines Risikos einzusetzen, um auf diese Weise einer Doppel- oder Mehrfachbelegung des nur einmal vorhandenen haftenden Eigenkapitals mit verschiedenen Risiken entgegenzuwirken [288]. Mit dieser Sicherheitsphilosophie im Einklang steht auch die in § 10 Abs. 2c KWG vorgesehene Begrenzung der Verwendung von Drittrangmitteln. Danach ist der Umfang der Drittrangmittel, die ohnehin ausschließlich für die Abdeckung von Marktrisikopositionen herangezogen werden dürfen, von der Höhe des noch nicht mit Adressenrisiken belegten Teils des haftenden Eigenkapitals abhängig. Durch diese Koppelung des berücksichtigungsfähigen Volumens an Drittrangmitteln an den „überschüssigen" Bestand des haftenden Eigenkapitals wird der minderen Qualität dieser Eigenmittelbestandteile Rechnung getragen [289].

Während die Risikobegrenzungsgröße für den Bereich der Marktpreisänderungsrisiken, bestehend aus dem frei verfügbaren haftenden Eigenkapital sowie den Drittrangmitteln, sich somit aus den Regelungen des Kreditwesengesetzes sowie den Bestimmungen des Grundsatzes I über die erforderliche Mindesteigenkapitalausstattung zur Abdeckung der Adressenrisiken ableitet [290], erfolgt die inhaltliche Konkretisierung der korrespondierenden Risikomessgröße, d. h. die Bemessung der Summe der Anrechnungsbeträge für die einzelnen Marktrisikopositionen, in § 5 i. V. m. den §§ 14 bis 27 Grundsatz I. Dort wird festgelegt, in welcher Höhe die gegenüber Preisrisiken offenen bilanziellen sowie außerbilanziellen Geschäfte eines Kredit- oder Finanzdienstleistungsinstituts belastend in die Betragsdeckungsdarstellung des § 2 Abs. 2 Satz 1 Grundsatz I eingehen, wobei in der Vorgehensweise der Berechnung zwischen drei Gruppen von Marktrisikopositionen unterschieden wird [291]. Für alle Kredit- und Finanzdienstleistungsinstitute zählen hierzu die Währungsgesamtposition sowie die Rohwarenposition. Hinsichtlich der Handelsbuch-Risikopositionen (einschließlich der mit Adressenrisiken behafteten Positionen des Handelsbuchs) wird indessen differenziert. Diese werden nur bei den Handelsbuchinstituten den Marktrisikopositionen zugerechnet und sind deshalb auch nur hier nach den Vorschriften des Fünften Abschnitts des Grundsatzes I mit Eigenmitteln zu unterlegen. Dagegen wird bei den Nichthandelsbuchinstituten auf eine Eigenmittelunterlegung der Marktpreisänderungsrisiken der Handelsbuch-Risikopositionen einschließlich hiermit verbundener Adressenrisiken verzichtet. Hinsichtlich der erforderlichen Eigenmittelunter-

---

[288] Vgl. BAKRED (Erläuterungen 1997), S. 13.

[289] Zu Einzelheiten der Eigenkapitalberechnung von Kredit- und Finanzdienstleistungsinstituten vgl. *Abbildung 10*, S. 190 ff.

[290] Zu Letzterem vgl. Kapitel F.IV.2.ab), S. 228 ff.

[291] Vgl. § 2 Abs. 2 Satz 2 Grundsatz I.

legung der Adressenrisiken der Positionen des Handelsbuchs gelten in diesem Fall die Vorschriften des Zweiten Abschnitts des Grundsatzes I. Darüber hinaus ist für Nichthandelsbuchinstitute die regelmäßige Abgabe ergänzender Meldungen über das Derivategeschäft dieser Institute vorgesehen.

Gemäß einer Anordnung des BAKred vom 15. Dezember 1998 sind Überschreitungen der Obergrenze des § 2 Abs. 2 Satz 1 Grundsatz I zwischen den monatlichen Meldeterminen von den betroffenen Kredit- und Finanzdienstleistungsinstituten unverzüglich, d. h. ohne schuldhaftes Zögern schriftlich anzuzeigen [292]. „Die Anzeige hat das prozentuale Verhältnis des überschreitenden Betrages zu der Obergrenze des § 2 Abs. 2 Satz 1 Grundsatz I mitzuteilen" [293]. Diese Pflicht zur Anzeige wird bankenaufsichtlich für notwendig angesehen, weil Marktpreisänderungsrisiken aus Handelsgeschäften typischerweise erheblichen Schwankungen unterliegen und es daher möglich ist, dass die Eigenmittel eines Kredit- oder Finanzdienstleistungsinstituts zwischen den monatlichen Meldeterminen nicht in ausreichender Höhe vorhanden sind, um diese Schwankungen abzudecken. Mit der Anordnung des BAKred soll insofern sichergestellt werden, dass die Bankenaufsicht über diese Tatsache rechtzeitig Kenntnis erlangt [294].

(2) Die Ermittlung des Anrechnungsbetrages für die Währungsgesamtposition

(a) Überblick

Gemäß § 5 Abs. 1 i. V. m. den §§ 14 und 15 Grundsatz I bestimmen sich die Eigenmittelanforderungen für den Fremdwährungsrisikobereich eines Kredit- oder Finanzdienstleistungsinstituts nach den folgenden drei Schritten:

1. Konkretisierung der einbeziehungspflichtigen Positionen,

2. Berechnung der offenen Währungsgesamtposition sowie

3. Festlegung des Umfangs der Eigenmittelunterlegung.

---

[292] Vgl. BAKRED (Überschreitungen 1998), S. 1.

[293] BAKRED (Überschreitungen 1998), S. 1.

[294] Vgl. BAKRED (Obergrenze 1998), S. 1.

(b) Die Konkretisierung der einbeziehungspflichtigen Positionen

§ 5 Abs. 1 Satz 1 Grundsatz I zufolge fließen in die Berechnung der offenen Währungsgesamtposition eines Kredit- oder Finanzdienstleistungsinstituts alle bilanziellen sowie außerbilanziellen Geschäfte dieses Instituts ein, soweit sie auf fremde Währung oder auf Gold lauten [295] und damit einem Wechselkurs- bzw. Goldpreisrisiko ausgesetzt sind [296]. Eine detaillierte katalogartige Auflistung der hierbei zu berücksichtigenden Positionen enthält § 15 Abs. 1 und Abs. 2 Grundsatz I. *Abbildung 28* (vgl. S. 280-281) gibt dazu einen Überblick.

Die so genannten „strukturellen Währungspositionen" eines Kredit- oder Finanzdienstleistungsinstituts – das BAKred versteht hierunter die zu Anschaffungskursen bewerteten Beteiligungen einschließlich Anteilen an verbundenen Unternehmen in fremder Währung – dürfen auf Antrag des Instituts nach vorheriger Zustimmung des BAKred bei der Ermittlung der offenen Währungsgesamtposition außer Ansatz bleiben [297]. Das Fremdwährungsrisiko tritt hier gegenüber der Durchhalteabsicht in den Hintergrund. Ein entsprechendes Einbeziehungswahlrecht besteht für Positionen eines Instituts in fremder Währung, die bei der Berechnung der zur Risikoabdeckung heranziehungsfähigen Eigenmittel des Instituts vom haftenden Eigenkapital abgezogen oder in vollem Umfang mit haftendem Eigenkapital unterlegt werden. Auch diese Positionen können auf Antrag des Instituts nach vorheriger Zustimmung des BAKred bei der Ermittlung der offenen Währungsgesamtposition außer Acht gelassen werden [298]. Aus Gründen der Arbeitsvereinfachung gilt die Zustimmung des BAKred als erteilt, wenn die Institute, die eines der beiden genannten Wahlrechte in Anspruch nehmen wollen, dies unter detaillierter Angabe der jeweiligen Positionen dem BAKred formlos mitteilen und das BAKred diesem Ansinnen nicht widersprochen hat [299]. Die Beträge

---

[295] Positionen in Gold (hierzu zählen auch Goldmünzen) werden wie Devisenpositionen behandelt, da Gold eine ähnliche Volatilität wie Fremdwährungen aufweist und die Institute „es ähnlich wie Fremdwährungen verwalten"; BASELER AUSSCHUSS FÜR BANKENAUFSICHT (Marktrisiken 1996), S. 99 (Fn. 24). Positionen in Silber und Platinmetallen werden dagegen in der Rohwarenposition erfasst; vgl. § 5 Abs. 2 Grundsatz I.

[296] Das Goldpreisrisiko bzw. Wechselkurs- oder Devisenkursrisiko (auch Währungsrisiko im engeren Sinne) bezeichnet die Gefahr eines Vermögensverlustes aufgrund einer für das Kredit- oder Finanzdienstleistungsinstitut nachteiligen Veränderung des Goldpreises bzw. der zwischen zwei Währungen bestehenden Wertrelation; vgl. SCHULTE-MATTLER, HERMANN; TRABER, UWE (Marktrisiko 1997), S. 69 u. S. 113. Zum Begriff und zu den Determinanten des Währungsrisikos vgl. ferner BIEG, HARTMUT (Bankbetriebslehre 1992), S. 68 ff.; CHRISTIAN, CLAUS-JÖRG (Informationsbasis 1992), S. 127 ff.; BÜSCHGEN, HANS E. (Bankbetriebslehre 1998), S. 1053 ff.; SCHIERENBECK, HENNER (Bankmanagement 1999), S. 162 ff.

[297] Vgl. § 5 Abs. 1 Satz 2 Grundsatz I.

[298] Vgl. § 5 Abs. 1 Satz 2 Grundsatz I.

[299] Vgl. BAKRED (Erläuterungen 1997), S. 30.

der nicht in Ansatz gebrachten Positionen sowie Änderungen des Kreises der nicht berücksichtigten Positionen sind dem BAKred im Rahmen der Grundsatzmeldungen gesondert mitzuteilen [300].

Abb. 28: Einbeziehungspflichtige Geschäfte im Bereich des Wechselkursund Goldpreisrisikos gemäß § 15 Abs. 1 und Abs. 2 Grundsatz I

Aktivpositionen [1) 2)]	Passivpositionen [1)]
1. Auf der Aktivseite der Bilanz auszuweisende Vermögensgegenstände einschließlich zeitanteiliger Erträge [3) 4) 5)]	1. Auf der Passivseite der Bilanz auszuweisende Schulden einschließlich zeitanteiliger Aufwendungen [3)]
2. Liefer- und Zahlungsansprüche aus Kassa- und Termingeschäften sowie Ansprüche auf die Zahlung von Kapitalbeträgen aus Finanz-Swaps, soweit die Ansprüche nicht bereits als bilanzielle Bestände in der Aktivposition Nr. 1 erfasst sind	2. Liefer- und Zahlungsverpflichtungen aus Kassa- und Termingeschäften sowie Verpflichtungen zur Zahlung von Kapitalbeträgen aus Finanz-Swaps, soweit die Verpflichtungen nicht bereits als bilanzielle Bestände in der Passivposition Nr. 1 erfasst sind
3. Eventualansprüche auf Rückgabe von unecht in Pension gegebenen Gegenständen der Aktivposition Nr. 1	3. Eventualverbindlichkeiten zur Rückgabe von unecht in Pension genommenen Gegenständen der Aktivposition Nr. 1
4. Dem Institut im Falle der Ausübung eigener oder fremder Optionsrechte zustehende Liefer- oder Zahlungsansprüche aus Devisen- oder Goldoptionen [6)]	4. Vom Institut im Falle der Ausübung eigener oder fremder Optionsrechte zu erfüllende Liefer- oder Zahlungsverpflichtungen aus Devisen- oder Goldoptionen [6)]
5. Nicht unter der Aktivposition Nr. 4 erfasste eigene Optionsrechte in Höhe ihres Marktwerts	5. Nicht unter der Passivposition Nr. 4 erfasste fremde Optionsrechte in Höhe ihres Marktwerts
6. Unwiderrufliche Garantien und Gewährleistungen sowie vergleichbare Instrumente, die mit Sicherheit in Anspruch genommen werden, soweit ihre Inanspruchnahme zu einer Zunahme der Aktivpositionen Nr. 1 bis Nr. 4 führen wird	6. Unwiderrufliche Garantien und Gewährleistungen sowie vergleichbare Instrumente, die mit Sicherheit in Anspruch genommen werden, soweit ihre Inanspruchnahme zu einer Zunahme der Passivpositionen Nr. 1 bis Nr. 4 führen wird
7. Erwartete Einnahmen (mit Ausnahme der bereits in die Aktivposition Nr. 1 einbezogenen zeitanteiligen Erträge), soweit sie nachweislich durch eine oder mehrere der Passivpositionen Nr. 1 bis Nr. 4 gesichert sind (Einbeziehungswahlrecht) [7)]	7. Erwartete Ausgaben (mit Ausnahme der bereits in die Passivposition Nr. 1 einbezogenen zeitanteiligen Aufwendungen), soweit sie nachweislich durch eine oder mehrere der Aktivpositionen Nr. 1 bis Nr. 4 gesichert sind (Einbeziehungswahlrecht) [7)]

---

[300] Vgl. BAKRED (Erläuterungen 1997), S. 30.

Fortsetzung Abb. 28:

Erläuterungen zur Abb. 28:

[1] Gemäß § 15 Abs. 3 Satz 1 Grundsatz I sind die Aktiv- und Passivpositionen Nr. 1, Nr. 3 u. Nr. 6 in Höhe ihrer *Buchwerte*, die Aktiv- und Passivpositionen Nr. 5 in Höhe ihrer *Marktwerte* sowie die übrigen Aktiv- und Passivpositionen mit ihren *Nominalbeträgen* bei der Ermittlung der offenen Währungsgesamtposition zu berücksichtigen. Abweichend hiervon dürfen die in die Aktiv- und Passivpositionen Nr. 2 eingehenden Liefer- und Zahlungsansprüche bzw. -verpflichtungen aus Devisen- und Goldtermingeschäften nach einheitlicher und dauerhafter Wahl des Instituts statt mit ihren Nominalbeträgen in Höhe ihrer Gegenwartswerte (Barwerte) berücksichtigt werden; vgl. § 15 Abs. 3 Satz 2 Grundsatz I. „Voraussetzung für die Inanspruchnahme dieses Wahlrechtes ist allerdings, dass diese Termingeschäfte in der täglichen Risikosteuerung des Instituts mit ihren Gegenwartswerten berücksichtigt werden"; BAKRED (Erläuterungen 1997), S. 80. Das BAKred kann darüber hinaus verlangen, „dass ein Institut, das dieses Wahlrecht in Anspruch nimmt, die Einhaltung dieser Voraussetzung nachweist"; ebenda, S. 80.

[2] Die in fremder Währung oder in Deutscher Mark gebildeten Einzelwertberichtigungen zu Aktivpositionen sind unabhängig von der Art ihres Bilanzausweises von diesen abzuziehen; vgl. § 15 Abs. 3 Satz 3 Grundsatz I. Durch den generellen Abzug aller Einzelwertberichtigungen (also auch der in der Bilanz passivisch ausgewiesenen) wird gewährleistet, dass die Risikosituation der Institute, die insbesondere im Länderrisikobereich pauschalierte Einzelwertberichtigungen zu Fremdwährungsaktiva aus bisher geschlossenen Währungspositionen vornehmen, sachgerecht dargestellt wird. Institute, die in Höhe der in der Bilanz nicht aktivisch abgesetzten Einzelwertberichtigungen zusätzliche Fremdwährungsaktiva erwerben, halten ihre Position weiterhin geschlossen; bei Instituten, die dies versäumen, entsteht dagegen in Höhe der in der Bilanz nicht aktivisch abgesetzten Einzelwertberichtigungen eine offene Position. Vgl. dazu BAKRED (Erläuterungen 1990), S. 44 f.; BAKRED (Erläuterungen 1997), S. 80 f.

[3] Zeitanteilige Erträge bzw. Aufwendungen – im Wesentlichen handelt es sich hierbei um aufgelaufene, d. h. bereits angefallene, aber noch nicht fällige und damit abzugrenzende Zinsen – sind unter dieser Position auch dann zu erfassen, wenn sie noch nicht den zugehörigen bilanziellen Positionen zugeordnet worden sind; vgl. § 15 Abs. 1 Satz 1 Nr. 1 und Abs. 2 Satz 1 Nr. 1 Grundsatz I. Hinsichtlich der Ermittlung zeitanteiliger Erträge und Aufwendungen bestehen Vereinfachungsregelungen; vgl. dazu BAKRED (Erläuterungen 1997), S. 75 f.

[4] Das BAKred ist bis auf weiteres damit einverstanden, dass Kredit- und Finanzdienstleistungsinstitute, deren Gold- und Sorten*bestände* insgesamt den Gegenwert von 250.000 DM nicht übersteigen, diese Bestände bei der Ermittlung der offenen Währungsgesamtposition außer Ansatz lassen. Wird diese Grenze überschritten, so sind die Gold- und Sortenbestände jedoch *in vollem Umfang* bei der Ermittlung der offenen Währungsgesamtposition zu berücksichtigen. Vgl. BAKRED (Erläuterungen 1997), S. 29; BAKRED (Änderung 1997), S. 222.

[5] Die in Höhe der gezahlten Optionsprämien bilanziell ausgewiesenen Optionsrechte werden aus dieser Position herausgenommen und der Aktivposition Nr. 4 oder Nr. 5 zugeordnet; vgl. § 15 Abs. 1 Satz 1 Nr. 1 Grundsatz I.

[6] Die Ermittlung der Liefer- und Zahlungsansprüche bzw. -verpflichtungen aus Devisen- und Goldoptionen erfolgt nach Maßgabe des § 28 Grundsatz I; vgl. § 15 Abs. 1 Satz 1 Nr. 4 und Abs. 2 Satz 1 Nr. 4 Grundsatz I.

[7] Das Einbeziehungswahlrecht ist nach einheitlicher und dauerhafter Wahl des Instituts auszuüben; vgl. § 15 Abs. 1 Satz 2 bzw. Abs. 2 Satz 2 Grundsatz I.

(c) Die Berechnung der offenen Währungsgesamtposition

Die Ermittlung der offenen Währungsgesamtposition eines Kredit- oder Finanzdienstleistungsinstituts vollzieht sich nach den Regelungen des § 14 Abs. 1 und
Abs. 2 Grundsatz I wie folgt: Zunächst ist täglich bei Geschäftsschluss der Netto-
betrag der offenen Positionen in den einzelnen Fremdwährungen [301] [302] und in
Gold zu bestimmen. Zu diesem Zweck werden – getrennt für jede fremde Währung und für Gold – die einbeziehungspflichtigen Aktiv- und Passivpositionen [303]
in Höhe ihrer Bemessungsgrundlagen einander gegenübergestellt und die jeweils
offene Einzelwährungsposition sowie die offene Goldposition als Saldo der zuvor
in Deutsche Mark umgerechneten [304] aktivischen und passivischen Beträge ermit-

---

[301] Aktiv- und Passivpositionen in Verrechnungseinheiten, deren Kurs aus den Kursen anderer Währungen rechnerisch bestimmt wird (z. B. der ECU), dürfen nach einheitlicher und dauerhafter Wahl
des Instituts entweder wie eine eigenständige „fremde" Währung behandelt oder in die der Ver-
rechnungseinheit zugrunde liegenden Währungen aufgeschlüsselt werden; vgl. § 15 Abs. 4 Grundsatz I.

[302] Mit In-Kraft-Treten der 3. Stufe der Europäischen Wirtschafts- und Währungsunion, d. h. mit der
Einführung des Euro, bestehen für einen Übergangszeitraum vom 1.1.1999 bis zum 31.12.2001 die
nationalen Währungen der an dem Euro-Währungsraum teilnehmenden Staaten als Untereinheiten
des Euro weiter. Hierbei ist zu berücksichtigen, dass zwischen dem Euro und den nationalen Währungseinheiten der Teilnehmerstaaten sowie zwischen den Währungseinheiten der Teilnehmerstaaten untereinander kein Wechselkursrisiko mehr gegeben ist. Positionen in Euro und den Währungseinheiten der Teilnehmerstaaten sind vielmehr in Bezug auf das Marktrisiko als solche in gleicher
Währung anzusehen. Dies hat zur Folge, dass die Euro-Teilnehmerwährungen bei der Berechnung
der offenen Einzelwährungspositionen gemäß § 14 Abs. 2 Grundsatz I wie Inlandswährung zu behandeln sind. Vgl. BAKRED (Teilnehmerwährungen 1998), S. 1.

[303] Institute, die im Adressenrisikobereich bei der Bestimmung des Risikoaktiva-Anrechnungsbetrages
von der Möglichkeit der Anwendung des sog. „Transparenzprinzips" – vgl. dazu BAKRED (Anrechnung 1993), S. 79 ff. – Gebrauch machen und ihre im Bestand befindlichen Investmentanteile
statt mit 100 % mit der sich aus der tatsächlichen Fondszusammensetzung ergebenden Gewichtung
anrechnen, haben dieses Prinzip auch bei der Bestimmung der offenen Währungsgesamtposition
zwingend anzuwenden. Dies hat zur Konsequenz, dass diejenigen Investmentanteile im Bestand
des Instituts, deren Rücknahmepreis zwar auf Deutsche Mark lautet, bei denen das Sondervermögen aber auf fremde Währung lautende Bilanzaktiva wie bspw. Schuldverschreibungen und/oder
Termin- oder Optionsgeschäfte mit Fremdwährungs- oder Goldbezug enthält, entsprechend der
währungsmäßigen Zusammensetzung des Sondervermögens aufzugliedern und bei der Ermittlung
der offenen Währungsgesamtposition anteilig zu berücksichtigen sind. Hiervon kann nur abgesehen
werden, wenn der Anteil der auf Fremdwährung oder auf Gold lautenden Bestandteile des Sondervermögens nicht mehr als 10 % des Gesamtwertes des Sondervermögens beträgt. Vgl. BAKRED
(Erläuterungen 1997), S. 76; BAKRED (Teilnehmerwährungen 1998), S. 1 f.

[304] Bestimmend für die Umrechnung von Fremdwährungspositionen in Deutsche Mark ist § 6 Abs. 2
Grundsatz I; vgl. § 14 Abs. 1 Satz 2, 1. Halbsatz Grundsatz I. Danach sind für die an der Frankfur-
ter Devisenbörse amtlich notierten Währungen die Kassamittelkurse, für die anderen Währungen
die Mittelkurse aus feststellbaren An- und Verkaufskursen des jeweiligen Bewertungsstichtags als
Umrechnungskurse zugrunde zu legen. Für die Umrechnung der auf Gold lautenden Aktiv- und
Passivpositionen in Deutsche Mark ist die Notierung von Gold an der Frankfurter Goldbörse für
12,5-kg-Barren (1 kg = 32 Feinunzen) maßgebend (amtliches Goldpreis-Fixing); vgl. § 14 Abs. 1
Satz 2, 2. Halbsatz Grundsatz I.

telt. Nur in Höhe dieser aktivisch oder passivisch ausgerichteten Salden [305] ist ein Kredit- oder Finanzdienstleistungsinstitut von Wechselkursschwankungen oder einer Veränderung des Goldpreises erfolgsmäßig betroffen. Das Devisenkurs- bzw. Goldpreisrisiko findet demnach lediglich insoweit eine Angriffsfläche, als sich Aktiva und Passiva in einer Fremdwährung bzw. in Gold betragsmäßig nicht entsprechen. Für den gedeckten Teil einer Einzelwährungs- bzw. Goldposition wird indessen angenommen, dass sich negative und positive Effekte aus der Veränderung des Wechselkurses bzw. des Goldpreises kompensieren. Dem steht allerdings gegenüber, dass zeitliche Inkongruenzen in der Fälligkeit von Ansprüchen und Verpflichtungen in einer Fremdwährung bzw. in Gold durchaus auch bei volumenbezogen übereinstimmenden Aktiv- und Passivpositionen zu Verlusten führen können [306].

Im Anschluss an die Ermittlung der offenen Einzelwährungspositionen sowie der offenen Goldposition sind Erstere getrennt nach ihrer aktivischen und passivischen Ausrichtung, also nach Plus- und Minuspositionen, zu addieren. Die betragsmäßig größere der beiden Summen aus allen Plus- und allen Minuspositionen – entscheidend ist allein der absolute Betrag – ist die offene Nettowährungsposition eines Kredit- oder Finanzdienstleistungsinstituts. Sie bildet zusammen mit der offenen Goldposition – auch hier ist der Absolutwert des Saldos heranzuziehen – die eigenmittelunterlegungspflichtige Währungsgesamtposition des Instituts.

Die vorstehend beschriebene Vorgehensweise der Zusammenfassung der offenen Positionen in den einzelnen Fremdwährungen – es handelt sich um das sog. Standardverfahren zur Messung des Wechselkursrisikos [307] – „berücksichtigt die in der Realität bis zu einem gewissen Grad vorhandenen Zusammenhänge von Be-

---

[305] Bei einem aktivisch ausgerichteten Saldo, d. h. die Aktiva sind größer als die Passiva (Aktivüberhang), wird im Allgemeinen von einer Plusposition oder auch „long position" gesprochen. Bei einem passivisch ausgerichteten Saldo, d. h. die Passiva sind größer als die Aktiva (Passivüberhang), handelt es sich hingegen um eine Minusposition oder „short position". Vgl. hierzu BÜSCHGEN, HANS E. (Bankbetriebslehre 1998), S. 1054.

[306] Vgl. dazu mit einem Berechnungsbeispiel BIEG, HARTMUT (Bankbetriebslehre 1992), S. 68 f.

[307] Denkbare Alternativen zum Standardverfahren – sie wird auch als „Short-Hand"-Methode bezeichnet – sind die „Benchmarkmethode" sowie die „Simulationsmethode". Beide Methoden erfahren allerdings keine Aufnahme in den Grundsatz I, da sie einen sehr starken Modellcharakter besitzen und die Kredit- und Finanzdienstleistungsinstitute gemäß § 2 Abs. 2 Satz 3 Grundsatz I ohnehin die Möglichkeit haben, anstelle des Standardverfahrens eigene Risikomodelle zu verwenden, sofern diese den Anforderungen des Siebten Abschnitts des Grundsatzes I (§§ 32 bis 37 Grundsatz I) genügen. Beschreibungen der „Benchmarkmethode" sowie der „Simulationsmethode" finden sich bei GRAMLICH, DIETER (Währungsrisiken 1995), S. 925 f.; SCHULTE-MATTLER, HERMANN; TRABER, UWE (Quantifizierung 1995), S. 627 ff.; SCHULTE-MATTLER, HERMANN; TRABER, UWE (Marktrisiko 1997), S. 124 ff.

wegungen der Kurse fremder Währungen (Korrelationen)" [308]. Sie beruht auf der Annahme, dass einerseits nicht sämtliche offenen Einzelwährungspositionen zu Verlusten führen (dies entspräche einem „Worst-Case-Szenario"), andererseits aber auch keine vollständige Kompensation zwischen offenen Einzelwährungspositionen mit aktivischer und passivischer Ausrichtung gegeben ist (dies entspräche einem „Best-Case-Szenario") [309]. Es liegt vielmehr die Vorstellung zugrunde, dass ein Kredit- oder Finanzdienstleistungsinstitut Verluste in einer Währungsposition (z. B. long position in USD) lediglich teilweise durch Gewinne in einer anderen entgegengerichteten Währungsposition (z. B. short position in SFR) ausgleichen kann („Middle-Case-Szenario") [310]. Folgt man dieser Auffassung, dass die Bestimmung der offenen Nettowährungsposition nach der „Middle-Case-Methode" der tatsächlichen Risikoposition eines Kredit- oder Finanzdienstleistungsinstituts am nächsten kommt (empirische Untersuchungen des Baseler Ausschusses für Bankenaufsicht weisen darauf hin [311]), so genügt es, die höhere der beiden Summen aller Plus- oder Minuspositionen als risikobehaftet einzustufen und mit Eigenkapital zu unterlegen.

(d) Die Festlegung des Umfangs der Eigenmittelunterlegung

§ 14 Abs. 3 Grundsatz I bestimmt, dass die offene Währungsgesamtposition eines Kredit- oder Finanzdienstleistungsinstituts für die Ermittlung des Anrechnungsbetrages in der Betragsdeckungsdarstellung des § 2 Abs. 2 Satz 1 Grundsatz I mit 8 % zu gewichten ist. § 14 Abs. 3 Grundsatz I nimmt damit Bezug auf den potenziellen Schaden, den ein Kredit- oder Finanzdienstleistungsinstitut aus seinem Fremdwährungs- bzw. Goldengagement erfahren kann, und verlangt für diesen die Vorhaltung eines angemessenen Eigenmittelbetrages. Dieser steht in der Folge entsprechend dem strukturellen Aufbau der Betragsdeckungsdarstellung für die Absicherung weiterer Marktpreisänderungsrisiken eines Kredit- oder Finanzdienstleistungsinstituts (z. B. in dessen Rohwarenbereich) nicht mehr zur Verfügung.

§ 14 Abs. 3 Grundsatz I enthält allerdings für Kredit- und Finanzdienstleistungsinstitute mit einem nur geringen Währungs- oder Goldgeschäft eine Bagatellrege-

[308] BAKRED (Erläuterungen 1997), S. 70.

[309] Vgl. SCHULTE-MATTLER, HERMANN; TRABER, UWE (Marktrisiko 1997), S. 118 f.; HARTMANN-WENDELS, THOMAS; PFINGSTEN, ANDREAS; WEBER, MARTIN (Bankbetriebslehre 1998), S. 397.

[310] Vgl. SCHULTE-MATTLER, HERMANN; TRABER, UWE (Marktrisiko 1997), S. 119.

[311] Vgl. SCHULTE-MATTLER, HERMANN; TRABER, UWE (Marktrisiko 1997), S. 119.

lung in Form einer *Freigrenze*. Eine 8 %-ige Eigenmittelunterlegung der errechneten offenen Währungsgesamtposition ist danach nur erforderlich, sofern die offene Währungsgesamtposition eines Kredit- oder Finanzdienstleistungsinstituts den Betrag von 2 % oder die größere der beiden getrennt zu bestimmenden Summen aller in Deutsche Mark umgerechneten Aktiv- und Passivpositionen in allen fremden Währungen den Betrag von 100 % seiner Eigenmittel übersteigt. Diese Bagatellregelung findet jedoch dann keine Anwendung, wenn ein Kredit- oder Finanzdienstleistungsinstitut das Wahlrecht des § 14 Abs. 4 Satz 1 Grundsatz I in Anspruch nimmt [312]. Einem Kredit- oder Finanzdienstleistungsinstitut steht es hiernach frei, bei der Ermittlung des Anrechnungsbetrages für die offene Währungsgesamtposition gegenläufig ausgerichtete und nach Umrechnung in Deutsche Mark betragsmäßig gleiche Positionen in nachweislich eng verbundenen Währungen [313] bei der Berechnung der offenen Einzelwährungspositionen unberücksichtigt zu lassen und statt dessen 50 % des Betrages der ausgeglichenen Währungsposition der offenen Nettowährungsposition hinzuzufügen [314]. Als Konsequenz ergibt sich für geschlossene Positionen in hochkorrelierten Währungen ein Eigenkapitalverbrauch in Höhe von lediglich 4 %. Begründet wird dies mit dem verminderten Risiko derart ausgeglichener Währungspositionen [315].

Abbildung 29 (vgl. S. 286-287) verdeutlicht die vorstehenden Ausführungen anhand eines Berechnungsbeispiels.

---

[312] Vgl. § 14 Abs. 4 Satz 2 Grundsatz I.

[313] Fremde Währungen gelten als nachweislich eng verbunden, wenn bei Zugrundelegung der täglichen Wechselkurse für die letzten drei Jahre eine Wahrscheinlichkeit von mindestens 99 % – oder für die letzten fünf Jahre eine Wahrscheinlichkeit von mindestens 95 % – besteht, dass aus ausgeglichenen Einzelwährungspositionen in diesen Währungen über die nächsten zehn Arbeitstage kein Verlust entsteht, der mehr als 4 % des Wertes der ausgeglichenen Währungsposition beträgt; vgl. § 14 Abs. 5 Grundsatz I. Zu einem Berechnungsbeispiel vgl. BAKRED (Erläuterungen 1997), S. 73 f. Währungspaare, die gemäß dieser Definition als „eng verbunden" gelten, werden von der Österreichischen Nationalbank im Internet unter der Adresse http://www.oenb.co.at innerhalb der Rubrik „Statistik" (Tabelle 7.2.5.) publiziert.

[314] Das Wahlrecht des § 14 Abs. 4 Satz 1 Grundsatz I ist einheitlich und dauerhaft auszuüben. Dies bedeutet, dass ein Institut *täglich* für *alle* diejenigen Währungspaare, für die es dieses Wahlrecht in Anspruch nimmt, entsprechende Analysen zur Bestimmung, ob ein einzelnes Währungspaar als nachweislich eng verbunden angesehen werden kann, durchzuführen hat; vgl. BAKRED (Erläuterungen 1997), S. 70. Die durchgeführten statistischen Untersuchungen sind dem BAKred „bei der erstmaligen Inanspruchnahme dieses Wahlrechts unaufgefordert vorzulegen"; ebenda, S. 71. Das BAKred kann in der Folgezeit die unverzügliche Vorlage der aktuellen Untersuchungen verlangen und für den Fall, dass die Analysen nicht sachgerecht durchgeführt wurden, dem Institut die weitere Inanspruchnahme des Wahlrechts untersagen; vgl. ebenda, S. 71.

[315] Vgl. BAKRED (Erläuterungen 1997), S. 70.

Abb. 29: Die Ermittlung des Anrechnungsbetrages für die Währungsgesamtposition eines Kredit- oder Finanzdienst-leistungsinstituts

(1)	Summe der Aktivpositionen Nr. 1 bis Nr. 7 (umgerechnet in DM)	Summe der Passivpositionen Nr. 1 bis Nr. 7 (umgerechnet in DM)	offene Einzelwährungspositionen [1]	
			Beträge mit aktivischer Ausrichtung (Plus-positionen)	Beträge mit passivischer Ausrichtung (Minus-positionen)
	(2)	(3)	(4)	(5)
US-Dollar (USD)	130 Mio. USD x 1,4819 DM/USD = 192,647 Mio. DM	80 Mio. USD x 1,4819 DM/USD = 118,552 Mio. DM	74,095 Mio. DM (41,260 Mio. DM)	– –
Kanadischer Dollar (CAD)	45 Mio. CAD x 1,0945 DM/CAD = 49,2525 Mio. DM	75 Mio. CAD x 1,0945 DM/CAD = 82,0875 Mio. DM	– –	- 32,835 Mio. DM (0 Mio. DM)
Schweizer Franken (SFR)	125 Mio. SFR x 1,2401 DM/SFR = 155,0125 Mio. DM	195 Mio. SFR x 1,2401 DM/SFR = 241,8195 Mio. DM	– –	- 86,807 Mio. DM
Griechische Drachme (GRD)	4 Mrd. GRD x 0,0058 DM/GRD = 23,2 Mio. DM	3 Mrd. GRD x 0,0058 DM/GRD = 17,4 Mio. DM	5,800 Mio. DM	– –
Pfund Sterling (GBP)	78 Mio. GBP x 2,2605 DM/GBP = 176,319 Mio. DM	48 Mio. GBP x 2,2605 DM/GBP = 108,504 Mio. DM	67,815 Mio. DM	– –
Japanischer Yen (JPY)	3 Mrd. JPY x 0,013786 DM/JPY = 41,358 Mio. DM	9 Mrd. JPY x 0,013786 DM/JPY = 124,074 Mio. DM	– –	- 82,716 Mio. DM
Σ	638,9744 Mio. DM	693,5464 Mio. DM	147,710 Mio. DM (114,875 Mio. DM)	- 202,358 Mio. DM (- 169,523 Mio. DM)
ausgeglichene Währungsposition		0 Mio. DM (32,835 Mio. DM)		
offene Nettowährungsposition (der größere Betrag aus Sp. 4 oder Sp. 5 ohne Beachtung des Vorzeichens + 50 % der ausgeglichenen Währungs-		202,358 Mio. DM + 0,5 x 0 Mio. DM = 202,358 Mio. DM (169,523 Mio. DM + 0,5 x 32,835 Mio. DM = 185,9405 Mio. DM)		

Fortsetzung Abb. 29:

(1)	(2)	(3)
Gold	386 kg x 18.450 DM/kg = 7,1217 Mio. DM	– –
offene Goldposition (der Saldo der Beträge aus Sp. 2 und Sp. 3 ohne Beachtung des Vorzeichens)		|7,1217 Mio. DM – 0 Mio. DM| = 7,1217 Mio. DM
offene Währungsgesamtposition (offene Nettowährungsposition + offene Goldposition)		202,358 Mio. DM + 7,1217 Mio. DM = 209,4797 Mio. DM (185,9405 Mio. DM + 7,1217 Mio. DM = 193,0622 Mio. DM)
Bestimmung des Anrechnungsbetrages in der Betragsdeckungsdarstellung (offene Währungsgesamtposition x Eigenmittelunterlegungsfaktor)		209,4797 Mio. DM x 8 % = 16,758 Mio. DM (193,0622 Mio. DM x 8 % = 15,445 Mio. DM) [2)3)]

Erläuterungen zur Abb. 29:

[1)] Gemäß § 14 Abs. 4 Satz 1 Grundsatz I dürfen gegenläufig ausgerichtete und nach Umrechnung in Deutsche Mark betragsmäßig gleiche Positionen (ausgeglichene Währungspositionen) in nachweislich eng verbundenen Währungen bei der Ermittlung der offenen Einzelwährungspositionen außer Ansatz bleiben. Bei Ausnutzung dieses Institutswahlrechts ist die offene Nettowährungsposition um 50 % des Betrages der ausgeglichenen Währungsposition zu erhöhen. Die Zahlen in Klammern unterstellen eine solche Situation für das Währungspaar USD/CAD.

[2)] Im vorliegenden Beispiel wird unterstellt, dass die Bagatellregelung des § 14 Abs. 3 Grundsatz I nicht greift.

[3)] Unter der Annahme, dass es sich bei dem Währungspaar USD/CAD um nachweislich eng verbundene Währungen handelt, zeigt sich eine reduzierte Eigenmittelanforderung in Höhe von 16,758 Mio. DM ./. 15,445 Mio. DM = 1,313 Mio. DM. Dies entspricht 4 % der ausgeglichenen Währungsposition in Höhe von 32,835 Mio. DM.

(3)   Die Ermittlung des Anrechnungsbetrages für die Rohwarenposition

§ 2 Abs. 2 Satz 1 i. V. m. Satz 2 Nr. 2 Grundsatz I fordert erstmals für Kredit-
und Finanzdienstleistungsinstitute eine Eigenmittelunterlegung für Positionen in
Rohwaren. Damit verbunden ist für Banken eine Aufhebung des Verbots der
Durchführung von Warentermingeschäften [316]. Geschäfte dieser Art wurden bisher vom BAKred wegen ihres Risikogehalts als mit den Grundsätzen ordnungsgemäßer Geschäftsführung eines Kreditinstituts nicht vereinbar bezeichnet [317].
Sowohl Kredit- als auch Finanzdienstleistungsinstitute haben demnach zukünftig
die Möglichkeit, uneingeschränkt Positionen in Rohwaren zu halten oder einzu-
gehen [318]. Zur Abfederung der mit dem Abschluss von Rohwarengeschäften verbundenen Preisrisiken ist allerdings ein angemessener Eigenkapitalbetrag vorzuhalten. Die Rohwarenposition eines Kredit- oder Finanzdienstleistungsinstituts ist
in Höhe ihres Anrechnungsbetrages Bestandteil der Betragsdeckungsdarstellung
gemäß § 2 Abs. 2 Satz 1 Grundsatz I [319].

Die Ermittlung des Anrechnungsbetrages für die Rohwarenposition eines Kredit-
oder Finanzdienstleistungsinstituts in der Betragsdeckungsdarstellung des § 2
Abs. 2 Satz 1 Grundsatz I erfolgt nach den Vorschriften des Vierten Abschnitts
des Grundsatzes I (§ 16 und § 17 Grundsatz I) aus allen bilanziellen sowie außerbilanziellen Geschäften dieses Instituts, die einen Rohwarenbezug aufweisen und
damit der Gefahr einer Wertminderung aufgrund einer unvorteilhaften Veränderung der Preise von Rohwaren ausgesetzt sind [320]. Als „Rohwaren" im Sinne des
Grundsatzes I gelten hierbei die Produkte der Urproduktion (Bergbau und Land-
wirtschaft) sowie daraus erzeugte Halbfabrikate (z. B. Metalle, Legierungen,
Raffinerieprodukte) und Fertigprodukte (z. B. Zucker) [321]. Von der Anrechnung
in der Rohwarenposition ausgenommen sind allerdings Geschäfte in Gold, da
diese bereits bei der Berechnung der offenen Währungsgesamtposition berücksichtigt werden [322]. Darüber hinaus besteht eine Bagatellregelung für auf Silber

---

[316]   Vgl. BAKRED (Erläuterungen 1997), S. 11 u. S. 82; BAKRED (Warentermingeschäfte 1997),
       S. 124.

[317]   Vgl. BAKRED (Betreiben 1974), S. 1. Diese Auffassung des BAKred bezog sich allerdings lediglich
       auf *spekulative* Warentermingeschäfte. Soweit Kreditgenossenschaften mit Warenverkehr schon
       immer usancegemäß im branchenüblichen Rahmen Warentermingeschäfte betrieben haben, wurden
       solche Geschäfte auch bisher vom BAKred für vertretbar gehalten; vgl. BAKRED (Schreiben 1974),
       S. 1.

[318]   Vgl. BAKRED (Erläuterungen 1997), S. 82.

[319]   Vgl. auch Kapitel F.IV.2.ac).(1), S. 275 ff.

[320]   Vgl. § 5 Abs. 2 Grundsatz I.

[321]   Vgl. BAKRED (Erläuterungen 1997), S. 31.

[322]   Vgl. dazu Kapitel F.IV.2.ac).(2), S. 278 ff.

oder Platinmetalle lautende Positionen. Zur Entlastung der Institute erklärt sich das BAKred bis auf weiteres bereit, bei Instituten, bei denen ausschließlich physische Bestände von Silber und Platin in verarbeitetem *oder* unverarbeitetem Zustand, d. h. in Form von Barren, Münzen und Medaillen bestehen, auf eine Einbeziehung dieser Positionen in die Ermittlung des Anrechnungsbetrages für die Rohwarenposition zu verzichten, sofern der Gesamtwert dieser Bestände den Betrag von 50.000 DM nicht übersteigt [323]. „Wird diese Grenze überschritten, sind die Silber- und Platinbestände in vollem Umfang bei der Ermittlung der Rohwarenposition zu berücksichtigen" [324].

Eine katalogartige Aufzählung der bei der Ermittlung des Anrechnungsbetrages für die Rohwarenposition zu berücksichtigenden Aktiv- und Passivpositionen enthält § 16 Abs. 2 und Abs. 3 Grundsatz I. *Abbildung 30* (vgl. S. 290) gibt dazu einen Überblick.

Während § 16 Abs. 2 und Abs. 3 Grundsatz I festlegt, welche Aktiv- und Passivpositionen eines Kredit- oder Finanzdienstleistungsinstituts mit einem Rohwarenpreisrisiko behaftet sind, regelt § 16 Abs. 4 i. V. m. Abs. 1 Grundsatz I die einzelnen Verfahrensschritte zur Bestimmung der Eigenmittelanforderung für die Rohwarenposition eines Kredit- oder Finanzdienstleistungsinstituts. Danach setzt sich die Rohwarenposition eines Kredit- oder Finanzdienstleistungsinstituts aus den offenen Rohwareneinzelpositionen dieses Instituts zusammen und ist täglich bei Geschäftsschluss zu errechnen [325]. Die offenen Rohwareneinzelpositionen eines Instituts sind hierbei definiert als die Unterschiedsbeträge zwischen den Aktiv- und Passivpositionen in jeweils einer Rohware [326].

Bei der Berechnung der offenen Rohwareneinzelpositionen eines Instituts sind die Positionen in Rohwaren mit den Kassamarktpreisen der Rohwaren zu bewerten [327]. Als Kassamarktpreise von Rohwaren sind die Preise desjenigen Marktes zugrunde zu legen, „der für die betreffende Rohware im Hinblick auf das Umsatzvolumen als repräsentativ anzusehen ist" [328]. Die Entscheidung, welcher Markt aus welchen Gründen für die Ermittlung der für die Umrechnung heranzuziehenden Kassamarktpreise vom Institut als repräsentativ angesehen wird, ist zu dokumentieren; die Dokumentation ist dem BAKred auf Verlangen vorzu-

---

[323] Vgl. BAKRED (Erläuterungen 1997), S. 29 f.; BAKRED (Änderung 1997), S. 223.

[324] BAKRED (Erläuterungen 1997), S. 30.

[325] Vgl. § 16 Abs. 1 Satz 1 Grundsatz I.

[326] Vgl. § 16 Abs. 1 Satz 1 Grundsatz I.

[327] Vgl. § 16 Abs. 1 Satz 1 Grundsatz I.

[328] BAKRED (Erläuterungen 1997), S. 83.

legen [329]. Die Umrechnung der in der überwiegenden Mehrzahl der Fälle auf fremde Währung lautenden Rohwarenpreise in Deutsche Mark erfolgt hierbei gemäß § 16 Abs. 1 Satz 2 Grundsatz I nach den Vorschriften des § 6 Abs. 2 Grundsatz I. Danach sind für die an der Frankfurter Devisenbörse amtlich notierten Währungen die Kassamittelkurse, für die anderen Währungen die Mittelkurse aus feststellbaren An- und Verkaufskursen des jeweiligen Bewertungsstichtags als Umrechnungskurse zugrunde zu legen.

Abb. 30:   Einbeziehungspflichtige Geschäfte im Bereich des Rohwarenpreisrisikos gemäß § 16 Abs. 2 und Abs. 3 Grundsatz I

Aktivpositionen	Passivpositionen
1. Auf der Aktivseite der Bilanz auszuweisende Rohwarenbestände [1]	1. Lieferverpflichtungen aus Swap-, Kassa- und Termingeschäften
2. Lieferansprüche aus Swap-, Kassa- und Termingeschäften	2. Vom Institut im Falle der Ausübung eigener oder fremder Optionsrechte zu erfüllende Lieferverpflichtungen [2]
3. Dem Institut im Falle der Ausübung eigener oder fremder Optionsrechte zustehende Lieferansprüche [2]	3. Eventualverbindlichkeiten zur Rückgabe von unecht in Pension genommenen Gegenständen der Aktivposition Nr. 1
4. Eventualansprüche auf Rückgabe von unecht in Pension gegebenen Gegenständen der Aktivposition Nr. 1	

Erläuterungen zur Abb. 30:

[1] Um eine doppelte Eigenkapitalbelastung zu vermeiden, werden die in die Rohwarenposition eingehenden Rohwaren*bestände* gemäß § 4 Satz 3 Nr. 1 Grundsatz I von einer Einbeziehung in die Berechnung der adressenrisikogewichteten Anrechnungsbeträge von Bilanzaktiva befreit; vgl. auch Kapitel F.IV.2.ab).(2), S. 234 f. Dies gilt allerdings nicht für die Rohwarenbestände der gemischtwirtschaftlichen Kreditgenossenschaften, soweit die Freistellungsregelung nach § 1 Abs. 4 Grundsatz I greift; vgl. dazu das vorliegende Kapitel, S. 296. Die Rohwarenbestände gemischtwirtschaftlicher Kreditgenossenschaften sind in diesem Fall entsprechend den Regelungen für Bilanzaktiva mit Eigenkapital zu unterlegen; vgl. BAKRED (Erläuterungen 1997), S. 35. Die Herausnahme von Rohwarenpositionen aus der Berechnung des Risikoaktiva-Anrechnungsbetrages ist zudem ausdrücklich auf bilanziell auszuweisende Bestände von Rohwaren beschränkt. Rohwarenpreisbezogene Swaps, Termingeschäfte und Optionsrechte werden indessen zur Erfassung des Adressenrisikos aus diesen Geschäften der Kategorie der „innovativen" nicht bilanzwirksamen Geschäfte zugeordnet und dort als Risikoaktiva berücksichtigt; vgl. auch *Abbildung 22*, S. 261 f.

[2] Die Ermittlung der Lieferansprüche bzw. -verpflichtungen aus rohwarenpreisbezogenen Optionsrechten erfolgt nach Maßgabe des § 28 Grundsatz I; vgl. § 16 Abs. 2 Nr. 3 u. Abs. 3 Nr. 2 Grundsatz I.

---

[329] Vgl. BAKRED (Erläuterungen 1997), S. 83.

Nach erfolgter Ermittlung der offenen Rohwareneinzelpositionen eines Kredit-oder Finanzdienstleistungsinstituts sind diese in einem weiteren Schritt – ungeachtet ihres jeweiligen Vorzeichens – zusammenzufassen (Nettoposition im Rohwarenbereich) und zur Abdeckung des direktionalen Risikos mit einem Eigenmittelunterlegungsfaktor in Höhe von 15 % zu gewichten [330]. Zusätzlich sind alle Aktiv- und Passivpositionen in den einzelnen Rohwaren – ebenfalls ungeachtet ihres jeweiligen Vorzeichens – zu addieren (Bruttoposition im Rohwarenbereich) und zur Erfassung des Termin-, Zins- und Basisrisikos mit einem Gewichtungsfaktor in Höhe von 3 % zu multiplizieren [331]. Beide Beträge zusammen repräsentieren bei dieser Vorgehensweise – es handelt sich um das sog. „vereinfachte Verfahren" [332] – den Umfang der erforderlichen Eigenmittelunterlegung für das Rohwarenpreisrisiko eines Kredit- oder Finanzdienstleistungsinstituts. *Abbildung 31* (vgl. S. 292) verdeutlicht dies anhand eines Berechnungsbeispiels.

Wie das Berechnungsbeispiel in *Abbildung 31* (vgl. S. 292) zeigt, dürfen gegenläufige Positionen in *unterschiedlichen* Rohwaren in keinem Fall miteinander aufgerechnet werden. Dagegen besteht bei gegenläufigen Positionen in einzelnen Rohwaren, die verschiedenen Unterkategorien *einer* Rohwarengattung angehören (z. B. die Sorten „West Texas Intermediate" sowie „Arabian Light" bei der Gattung Rohöl), durchaus die Möglichkeit einer gegenseitigen Aufrechnung. Das BAKred entscheidet hierüber im Einzelfall [333].

---

[330] Vgl. § 16 Abs. 4 Satz 1 Grundsatz I. Das *direktionale Risiko* beschreibt das Verlustpotenzial aufgrund einer Veränderung der Spot(rohwaren)preise am Kassamarkt; vgl. C&L DEUTSCHE REVISION AG (HRSG.) (6. KWG-Novelle 1998), S. 408.

[331] Vgl. § 16 Abs. 4 Satz 2 Grundsatz I. Das *Terminrisiko* bezeichnet mögliche Veränderungen der Terminpreise, die nicht mit Zinsänderungen zusammenhängen, das *Zinsrisiko* erfasst die Unsicherheit über die Bestandshaltekosten und das *Basisrisiko* beschreibt unerwartete Veränderungen der Preisrelationen ähnlicher Rohwaren; vgl. C&L DEUTSCHE REVISION AG (HRSG.) (6. KWG-Novelle 1998), S. 408 f.

[332] Vgl. BAKRED (Erläuterungen 1997), S. 84.

[333] Vgl. dazu BAKRED (Erläuterungen 1997), S. 83 f.

Abb. 31: Die Ermittlung des Anrechnungsbetrages für die Rohwarenposition eines Kredit- oder Finanzdienstleistungsinstituts nach dem vereinfachten Verfahren

	Summe der Aktivpositionen Nr. 1 bis Nr. 4 (umgerechnet zu den Kassamarktpreisen)	Summe der Passivpositionen Nr. 1 bis Nr. 3 (umgerechnet zu den Kassamarktpreisen)	offene Rohwareneinzelpositionen	
			Beträge mit aktivischer Ausrichtung (Pluspositionen)	Beträge mit passivischer Ausrichtung (Minuspositionen)
Rohöl	23.000.000 DM	18.000.000 DM	5.000.000 DM	-,-
Sojabohnen	3.000.000 DM	5.000.000 DM	-,-	- 2.000.000 DM
Schweinebäuche	8.000.000 DM	9.000.000 DM	-,-	- 1.000.000 DM
Silber	42.000.000 DM	23.000.000 DM	19.000.000 DM	-,-
Platinmetalle	24.000.000 DM	9.000.000 DM	15.000.000 DM	-,-
Σ	100.000.000 DM	64.000.000 DM	39.000.000 DM	- 3.000.000 DM
Nettoposition im Rohwarenbereich (Summe aller offenen Rohwareneinzelpositionen ohne Beachtung der Vorzeichen)	-,-	42.000.000 DM		
Bruttoposition im Rohwarenbereich (Summe aller Aktiv- sowie Passivpositionen in den einzelnen Rohwaren ohne Beachtung der Vorzeichen)	164.000.000 DM	-,-		
Bestimmung des Anrechnungsbetrages der Nettoposition (Nettoposition im Rohwarenbereich x Eigenmittelunterlegungsfaktor in Höhe von 15 %)	42.000.000 DM x 15 % = 6.300.000 DM			
Bestimmung des Anrechnungsbetrages der Bruttoposition (Bruttoposition im Rohwarenbereich x Eigenmittelunterlegungsfaktor in Höhe von 3 %)	164.000.000 DM x 3 % = 4.920.000 DM			
Anrechnungsbetrag für die Rohwarenposition insgesamt (Anrechnungsbetrag der Nettoposition im Rohwarenbereich + Anrechnungsbetrag der Bruttoposition im Rohwarenbereich)	6.300.000 DM + 4.920.000 DM = 11.220.000 DM			

Als Alternative zu dem vorstehend geschilderten Verfahren der Quantifizierung des Rohwarenpreisrisikos können Kredit- und Finanzdienstleistungsinstitute nach dauerhafter Wahl [334] auf die sog. „Zeitfächermethode" gemäß § 17 Grundsatz I zurückgreifen [335]. Bei dieser Methode werden die Aktiv- und Passivpositionen in jeder einzelnen Rohware entsprechend ihrer Fälligkeit in ein Laufzeitraster (zeitlich gegliedertes Risikoerfassungssystem) eingestellt und in jedem der dortigen Laufzeitbänder (Zeitfächer) die geschlossenen und die offenen Positionen ermittelt [336]. Die Summe der geschlossenen Positionen der einzelnen Laufzeitbänder (ausgeglichene Bereichspositionen) sind mit 3 % Eigenkapital zu unterlegen (Teilanrechnungsbetrag 1). Die offenen Positionen eines jeden Laufzeitbandes (offene Bereichspositionen) dürfen sodann – beginnend mit dem kürzesten Laufzeitband – mit gegenläufigen offenen Positionen nachfolgender Laufzeitbänder in Form eines „Rollierens" oder „Vortragens" saldiert werden. Die auf diese Weise entstehenden geschlossenen Positionen über Laufzeitbandgrenzen hinweg sind ebenfalls in ihrer Summe mit 3 % zu gewichten (Teilanrechnungsbetrag 2). Da allerdings eine solche Absicherung von Positionen zwischen verschiedenen Laufzeitbändern zwangsläufig ungenau ist, kommt ein Zuschlag in Höhe von 0,6 % auf den Absolutwert der Summe der über die einzelnen Laufzeitbänder vorgetragenen Positionen hinzu (Teilanrechnungsbetrag 3). Die im letzten Laufzeitband verbleibende offene Position (Nettoposition im Rohwarenbereich) erhält schließlich ungeachtet ihres Vorzeichens eine Eigenmittelunterlegung von 15 % (Teilanrechnungsbetrag 4).

Die nachfolgende *Abbildung 32* (vgl. S. 294-295) zeigt die Ermittlung des Gesamtanrechnungsbetrages für das Rohwarenpreisrisiko eines Kredit- oder Finanzdienstleistungsinstituts nach der Zeitfächermethode. Das Berechnungsbeispiel beschränkt sich allerdings aus Gründen der Übersichtlichkeit auf die Betrachtung

---

[334] „Dauerhaft" bedeutet, dass Institute, die sich für die Zeitfächermethode entscheiden, hiervon nur in wohl begründeten Einzelfällen wieder abweichen und das vereinfachte Verfahren verwenden dürfen; vgl. BAKRED (Erläuterungen 1997), S. 85. Auf die Einführung des Einheitlichkeitsprinzips auf Institutsebene wurde allerdings bis auf weiteres verzichtet. Die Institute können deshalb die beiden Verfahren parallel, jedoch nur für unterschiedliche Rohwarenarten, verwenden. Innerhalb der einzelnen Rohwarenart ist dagegen einheitlich vorzugehen. Vgl. ebenda, S. 85.

[335] Obwohl die Zeitfächermethode in die Wahl der Institute gestellt ist, erwartet das BAKred, „dass Institute, die nicht nur unbedeutende Risikopositionen im Rohwarenbereich aufweisen, von diesem Wahlrecht Gebrauch machen und die Zeitfächermethode wählen"; BAKRED (Erläuterungen 1997), S. 85. Unabhängig davon steht den Kredit- und Finanzdienstleistungsinstituten aber auch die Möglichkeit offen, eigene Modelle zur Messung des Rohwarenpreisrisikos einzusetzen, sofern diese den Anforderungen des Siebten Abschnitts des Grundsatzes I (§§ 32 bis 37 Grundsatz I) genügen; vgl. § 2 Abs. 2 Satz 3 Grundsatz I.

[336] Vgl. hierzu sowie zum Folgenden § 17 Grundsatz I sowie BAKRED (Erläuterungen 1997), S. 85. Physische Bestände an Rohwaren sind in das kürzeste Laufzeitband einzuordnen.

Abb. 32: Die Ermittlung des Anrechnungsbetrages für die Rohwarenposition eines Kredit- oder Finanzdienstleistungsinstituts nach der Zeitfächermethode

Rohware „Schweinebäuche" (umgerechnet zum Kassamarktpreis in DM)

Laufzeitbänder (Zeitfächer)		bis zu einem Monat	über einem Monat bis zu drei Monaten	über drei Monate bis zu sechs Monaten	über sechs Monate bis zu einem Jahr	über einem Jahr bis zu zwei Jahren	über zwei Jahre bis zu drei Jahren	über drei Jahre	Summe (Absolutwert)
Summe der Aktivpositionen Nr. 1 bis Nr. 4		3.000.000	--	1.000.000	--	1.500.000	2.500.000	--	8.000.000
Summe der Passivpositionen Nr. 1 bis Nr. 3		1.000.000	2.500.000	--	--	1.500.000	--	4.000.000	9.000.000
ausgeglichene Bereichspositionen (Aufrechnungen innerhalb der Laufzeitbänder)		1.000.000	--	--	--	1.500.000	--	--	**2.500.000**
offene Bereichspositionen	aktivische Ausrichtung	2.000.000	--	1.000.000	--	--	2.500.000	--	--
	passivische Ausrichtung	--	-2.500.000	--	--	--	--	-4.000.000	--
vorgetragene Position	aktivische Ausrichtung	↱	2.000.000						
	passivische Ausrichtung		--						
verbleibende offene Position	aktivische Ausrichtung		--						
	passivische Ausrichtung		-500.000						
vorgetragene Position	aktivische Ausrichtung		↱	--					
	passivische Ausrichtung			-500.000					
verbleibende offene Position	aktivische Ausrichtung			500.000					
	passivische Ausrichtung			--					
vorgetragene Position	aktivische Ausrichtung			↱	500.000				
	passivische Ausrichtung				--				
verbleibende offene Position	aktivische Ausrichtung				500.000				
	passivische Ausrichtung				--				
vorgetragene Position	aktivische Ausrichtung				↱	500.000			
	passivische Ausrichtung					--			
verbleibende offene Position	aktivische Ausrichtung					500.000			
	passivische Ausrichtung					--			

Fortsetzung Abb. 32:

vorgetragene Position	aktivische Ausrichtung					500.000		
	passivische Ausrichtung					--		
verbleibende offene Position	aktivische Ausrichtung					3.000.000		
	passivische Ausrichtung					--		
vorgetragene Position	aktivische Ausrichtung						3.000.000	
	passivische Ausrichtung						--	
verbleibende offene Position (= Nettoposition)	aktivische Ausrichtung							**1.000.000**
	passivische Ausrichtung						-1.000.000	--
geschlossene Positionen über Laufzeitbandgrenzen hinweg (Aufrechnungen zwischen Laufzeitbändern)		--	2.000.000	--	500.000	--	3.000.000	**5.500.000**
vorgetragene Positionen		2.000.000	-500.000	500.000	500.000	3.000.000	3.000.000	**7.000.000**

Berechnung des Eigenmittelbedarfs:

Teilanrechnungsbetrag 1: Summe der ausgeglichenen Bereichspositionen (Aufrechnungen innerhalb der Laufzeitbänder) x Eigenmittelunterlegungsfaktor in Höhe von 3 % = 2.500.000 DM x 3 % = 75.000 DM

Teilanrechnungsbetrag 2: Summe der geschlossenen Positionen über Laufzeitbandgrenzen hinweg (Aufrechnungen zwischen Laufzeitbändern) x Eigenmittelunterlegungsfaktor in Höhe von 3 % = 5.500.000 DM x 3 % = 165.000 DM

Teilanrechnungsbetrag 3: Summe der vorgetragenen Positionen (Absolutwert) x Eigenmittelunterlegungsfaktor in Höhe von 0,6 % = 7.000.000 DM x 0,6 % = 42.000 DM

Teilanrechnungsbetrag 4: Verbleibende offene Position des letzten Laufzeitbandes (Absolutwert) x Eigenmittelunterlegungsfaktor in Höhe von 15 % = 1.000.000 DM x 15 % = 150.000 DM

⇒ Gesamtanrechnungsbetrag = Summe der Teilanrechnungsbeträge Nr. 1 bis Nr. 4 = 432.000 DM

Zum Vergleich: Berechnung des Eigenmittelbedarfs nach dem vereinfachten Verfahren

Anrechnungsbetrag der Nettoposition: Nettoposition im Rohwarenbereich x Eigenmittelunterlegungsfaktor in Höhe von 15 % = 1.000.000 DM x 15 % = 150.000 DM

Anrechnungsbetrag der Bruttoposition: Bruttoposition im Rohwarenbereich x Eigenmittelunterlegungsfaktor in Höhe von 3 % = 17.000.000 DM x 3 % = 510.000 DM

⇒ Gesamtanrechnungsbetrag = Anrechnungsbetrag der Nettoposition + Anrechnungsbetrag der Bruttoposition = 660.000 DM

einer einzigen Rohware (Aktiv- und Passivpositionen in der Rohware „Schweinebäuche") [337].

Die Bestimmungen des Vierten Abschnitts des Grundsatzes I finden keine Anwendung auf die in der Bundesrepublik Deutschland bereits seit längerer Zeit
üblicherweise betriebenen Warengeschäfte gemischtwirtschaftlicher Kreditgenossenschaften [338]. Zur Beurteilung der Frage, ob Geschäfte in Rohwaren in den
Genuss dieser Freistellungsregelung gelangen, ist allein auf den Charakter der
Rohwarengeschäfte selbst abzustellen. Sowohl Geschäftstyp als auch Art des Geschäftsgegenstandes müssen der traditionellen Tätigkeit gemischtwirtschaftlicher
Kreditgenossenschaften in diesem Geschäftssegment entsprechen. Nicht entscheidend ist in diesem Zusammenhang, ob ein als traditionell anzusehendes Roh-
warengeschäft von einer einzelnen gemischtwirtschaftlichen Kreditgenossen-
schaft in der Vergangenheit tatsächlich schon einmal betrieben wurde oder zum
ersten Mal in ihr Leistungsprogramm aufgenommen wird [339]. Der Grund für diese Ausnahmeregelung liegt in dem erfahrungsgemäß nur geringen Risiko der von
gemischtwirtschaftlichen Kreditgenossenschaften üblicherweise betriebenen Warengeschäfte.

---

[337] Vgl. dazu BAKRED (Erläuterungen 1997), S. 85 ff.

[338] Vgl. § 1 Abs. 4 Grundsatz I.

[339] Zu den vorstehenden Ausführungen vgl. BAKRED (Erläuterungen 1997), S. 10.

(4)   Die Ermittlung der Anrechnungsbeträge für die Handelsbuch-Risikopositionen

(a)   Überblick

Der Fünfte Abschnitt des Grundsatzes I (§§ 18 bis 27 Grundsatz I) beinhaltet die Bestimmungen des Grundsatzes I zur Eigenmittelunterlegung von Handelsbuch-Risikopositionen. Regelungsgegenstand sind die Positionsrisiken aus aktienkurs- sowie zinssatzbezogenen Finanzinstrumenten (§§ 18 bis 26 Grundsatz I) sowie die Adressenrisiken aus Handelsbuchpositionen (§ 27 Grundsatz I) [340]. Der erstgenannte Bereich umfasst hierbei die jeweiligen Vorschriften des Grundsatzes I zur Bestimmung der Anrechnungsbeträge für das allgemeine Kursrisiko (auch: allgemeines Marktrisiko) und für das besondere Kursrisiko (auch: spezifisches Risiko) aus aktienkurs- bzw. zinssatzbezogenen Positionen des Handelsbuchs. Der letztgenannte Bereich legt dagegen fest, welche Adressenrisiken im Zusammenhang mit den Beständen und Geschäften des Handelsbuchs mit Eigenmitteln zu unterlegen sind. Hierzu zählen das Abwicklungsrisiko, das Vorleistungsrisiko und die Erfüllungsrisiken aus Pensionsgeschäften und Leihgeschäften sowie aus außerbörslich gehandelten derivativen Instrumenten, d. h. aus solchen Instrumenten, die keinen täglichen Einschusspflichten unterworfen sind (Margin-System) und deren Erfüllung auch nicht von einer Wertpapier- oder Terminbörse geschuldet oder gewährleistet wird. Darüber hinaus sind die Adressenrisiken aus Forderungen in Form von Gebühren, Provisionen, Zinsen, Dividenden und Einschüssen zu erfassen, welche in einem unmittelbaren Zusammenhang mit den Positionen des Handelsbuchs stehen.

Abbildung 33 (vgl. S. 298) gibt einen Überblick über die Systematik der im Grundsatz I isoliert erfassten Risiken aus Positionen des Handelsbuchs.

Das vorstehend angesprochene „allgemeine Kursrisiko" beschreibt die Gefahr einer Marktpreisänderung bei einem Wertpapier, die – im Fall von Schuldtiteln oder davon abgeleiteten Instrumenten – einer allgemeinen Zinsänderung oder – im Fall von Aktien oder davon abgeleiteten Instrumenten – einer allgemeinen Bewegung am Aktienmarkt zuzuschreiben ist, die also in keinem ursächlichen Zusammenhang mit den spezifischen Merkmalen dieses Wertpapiers steht [341]. Das „allgemeine Kursrisiko" erfasst somit Kursänderungen eines Wertpapiers,

---

[340] Vgl. § 5 Abs. 3 i. V. m. § 18 Abs. 1 Nr. 1 u. Nr. 2 Grundsatz I.

[341] Vgl. BAKRED (Erläuterungen 1997), S. 89.

Abb. 33: Systematik der im Grundsatz I isoliert erfassten Risiken aus Positionen des Handelsbuchs

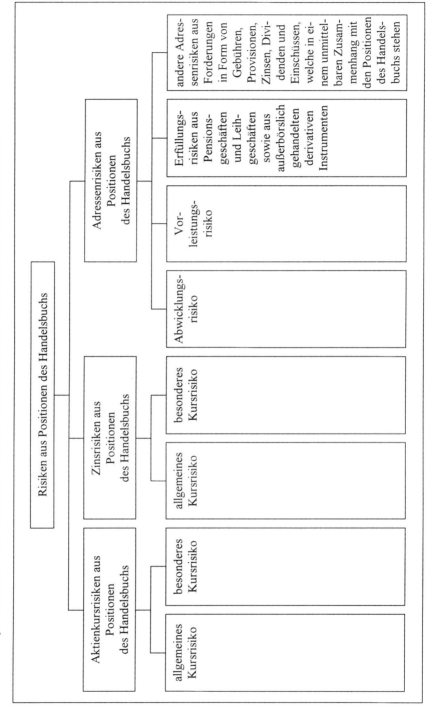

die sich aufgrund einer allgemeinen Marktentwicklung ergeben und nicht etwa einer Sonderentwicklung des betreffenden Wertpapiers, d. h. beispielsweise einer Veränderung in der Bonitätseinstufung des Wertpapieremittenten durch den Markt zuzuschreiben sind [342]. Je nach Ausrichtung der Position können die in den Kursnotierungen eines Wertpapiers zum Ausdruck kommenden allgemeinen Zinsänderungen (z. B. in der Höhe des Zinsniveaus, in der Form der Zinsstrukturkurve oder im Verhältnis verschiedener Zinsteilmärkte) bzw. allgemeinen Bewegungen des Aktienmarktes (z. B. als Folge politischer Ereignisse, konjunktureller Schwankungen oder veränderter Inflationserwartungen) zu positiven oder auch negativen Wertentwicklungen des Portfolios führen [343].

Das „besondere Kursrisiko" bezeichnet dagegen im Unterschied zum „allgemeinen Marktrisiko" die Veränderung des Marktpreises bei einem Wertpapier „aufgrund von Faktoren, die auf seinen Emittenten oder (im Falle eines abgeleiteten Instruments) auf den Emittenten des zugrunde liegenden Instruments zurückzuführen sind" [344]. Hierunter fallen nicht nur Veränderungen in der Bonitätseinstufung des Wertpapieremittenten durch den Markt, sondern auch unvorhersehbare Ereignisse wie z. B. Übernahme- oder Fusionsangebote [345]. Das „besondere Kursrisiko" stellt somit eine Sonderform des Adressenrisikos dar; es ist stets als Ausdruck der Bonitätsverbesserung oder -verschlechterung des Emittenten des einem Geschäft zugrunde liegenden Wertpapiers anzusehen [346].

(b) Die Ermittlung der Anrechnungsbeträge für das allgemeine und das besondere Aktienkursrisiko

(ba) Die Konkretisierung der einbeziehungspflichtigen Positionen

Zur Ermittlung des Anrechnungsbetrages für das Aktienkursrisikos sind die Anrechnungsbeträge aus dem allgemeinen (Aktien-) Kursrisiko und dem besonderen (Aktien-) Kursrisiko getrennt zu berechnen und zu einem Gesamtbetrag aufzuaddieren [347]. Um die Anrechnungsbeträge dieser beiden Risikoarten quantifizieren zu können, müssen allerdings zunächst sog. „Aktiennettopositionen" gebildet

---

[342] Vgl. BAKRED (Erläuterungen 1997), S. 89.

[343] Vgl. BAKRED (Erläuterungen 1997), S. 89.

[344] BAKRED (Erläuterungen 1997), S. 89.

[345] Vgl. BAKRED (Erläuterungen 1997), S. 89.

[346] Vgl. BAKRED (Erläuterungen 1997), S. 89.

[347] Vgl. dazu Kapitel F.IV.2.ac).(4).(bc) bis (be), S. 308 ff.

werden [348]. Diese setzen sich gemäß § 18 Abs. 1 Nr. 1 Buchstabe b) Grundsatz I aus sämtlichen aktienkursbezogenen Finanzinstrumenten zusammen, die dem Handelsbuch eines Kredit- oder Finanzdienstleistungsinstituts zugeordnet werden. Im Hinblick auf die Abgrenzung der aktienkursbezogenen Finanzinstrumente wird hierbei auf § 1 Abs. 11 KWG verwiesen. Danach fallen unter den bankenaufsichtsrechtlichen Sammelbegriff der Finanzinstrumente folgende vier Kategorien von Finanzprodukten [349]:

– am Markt handelbare Wertpapiere, auch wenn keine Urkunden über sie ausgestellt sind,

– Geldmarktinstrumente,

– Devisen und vergleichbare Rechnungseinheiten, die keine gesetzlichen Zahlungsmittel sind (z. B. Sonderziehungsrechte), sowie

– Derivate.

Da jedoch sowohl Geldmarktinstrumente als auch Devisen und vergleichbare Rechnungseinheiten keine Aktienkursrisiken beinhalten, scheiden sie aus dem Kreis der hier relevanten Finanzinstrumente aus. Von den verbleibenden Finanzinstrumenten sind die in *Abbildung 34* (vgl. S. 301) aufgeführten zu berücksichtigen.

Investmentanteile zählen zwar gemäß § 1 Abs. 11 Satz 2, 2. Halbsatz KWG ausdrücklich zu den Finanzinstrumenten; sie sind jedoch gemäß § 18 Abs. 4 Grundsatz I bei der Ermittlung der Handelsbuch-Risikopositionen außer Acht zu lassen. Somit sind sie auch dann nicht in die Berechnung der Aktiennettopositionen einzubeziehen, wenn ihr Wert vom Börsen- oder Marktpreis aktienkursbezogener Wertpapiere unmittelbar oder mittelbar abhängt und ihnen folglich ein Aktienkursrisiko immanent ist. Sie sind stattdessen als Risikoaktiva gemäß § 4 Satz 2 Grundsatz I zu erfassen. Gleiches gilt für Termingeschäfte und ähnliche Geschäfte, denen Investmentanteile zugrunde liegen [350].

Hat ein Kredit- oder Finanzdienstleistungsinstitut aktienkursbezogene Finanzinstrumente im Rahmen von Pensionsgeschäften übertragen oder im Rahmen von Leihgeschäften verliehen, so sind diese Finanzinstrumente gemäß § 18 Abs. 3 Grundsatz I entweder vom *Pensionsgeber* oder vom *Verleiher* in die Berechnung der Aktiennettopositionen einzubeziehen. Im Umkehrschluss bedeutet dies, dass

---

[348] Zur Berechnung der Aktiennettopositionen vgl. Kapitel F.IV.2.ac).(4).(bb), S. 304 ff.

[349] Zu Einzelheiten vgl. *Anlage 10*, S. 571 ff.

[350] Vgl. BAKRED (Erläuterungen 1997), S. 92 f.

Abb. 34: In die Ermittlung der Aktiennettopositionen gemäß § 18 Abs. 1 Nr. 1 Buchstabe b) Grundsatz I einzubeziehende Finanzinstrumente

---

Aktienkursbezogene Finanzinstrumente

- am Markt handelbare Wertpapiere, auch wenn keine Urkunden über sie ausgestellt sind

> Aktien

> Zertifikate, die Aktien vertreten (z. B. Zwischenscheine)

> Optionsscheine

> andere Wertpapiere, die mit Aktien vergleichbar sind

- Derivate, unabhängig davon, ob es sich um unbedingte oder bedingte Termingeschäfte handelt, deren Preis unmittelbar oder mittelbar abhängt von

> dem Börsen- oder Marktpreis aktienkursbezogener Wertpapiere

Übernommene Garantien und Gewährleistungen zur Übernahme von aktienkursbezogenen Wertpapieren sind in Höhe ihrer Anrechnungssätze zu berücksichtigen, sofern die Wertpapiere, auf die sich die Übernahmeverpflichtung bezieht, nicht bereits dem Bestand des Instituts zugerechnet werden (§ 18 Abs. 2 Grundsatz I).

Aktienkursbezogene Finanzinstrumente, die im Rahmen von Pensionsgeschäften übertragen oder im Rahmen von Leihgeschäften verliehen wurden, sind dem Pensionsgeber bzw. dem Verleiher zuzurechnen (§ 18 Abs. 3 Grundsatz I).

Investmentanteile sind nicht zu berücksichtigen (§ 18 Abs. 4 Grundsatz I). Sie sind stattdessen als Risikoaktiva gemäß § 4 Satz 2 Grundsatz I zu erfassen. Gleiches gilt für Termingeschäfte und ähnliche Geschäfte, denen Investmentanteile zugrunde liegen.

diese Finanzinstrumente beim Pensionsnehmer bzw. beim Entleiher von einer Anrechnung freigestellt sind. Diese Zuordnungsvorschrift ist risikoadäquat, da das Aktienkursrisiko bei diesen Geschäften stets beim Pensionsgeber bzw. beim Verleiher verbleibt. So hat bei einem Leihgeschäft der Entleiher die entliehenen aktienkursbezogenen Finanzinstrumente dem Verleiher zum vorher vereinbarten Preis zurückzugeben. Folglich geht eine negative Veränderung des Wertes dieser Finanzinstrumente zu Lasten des Verleihers. Diese Überlegung gilt entsprechend für Pensionsgeschäfte, und zwar unabhängig davon, ob sie als echte oder unechte Pensionsgeschäfte ausgestaltet sind.

Da gemäß § 18 Abs. 3 Grundsatz I die Zuordnung der im Rahmen von Pensionsgeschäften übertragenen aktienkursbezogenen Finanzinstrumente zum Pensionsgeber erfolgt, können Pensionsgeschäfte nur beim Pensionsgeber zu Positionserhöhungen führen. Eine solche Positionserhöhung ergibt sich beim Pensionsgeber durch den Abschluss eines unechten Pensionsgeschäfts über aktienkursbezogene Finanzinstrumente, denn in diesem Fall scheiden die verpensionierten Finanzinstrumente aus der Bilanz des Pensionsgebers aus und werden bilanziell dem Bestand des Pensionsnehmers zugerechnet. Eine Positionserhöhung bei der Ermittlung der Aktiennettopositionen ergibt sich demnach aus einem Abweichen der Zuordnung der verpensionierten aktienkursbezogenen Finanzinstrumente von der bilanziellen Zuordnung, die auf die wirtschaftlichen Verhältnisse abstellt [351]. Durch den Abschluss eines echten Pensionsgeschäfts erfolgt beim Pensionsgeber dagegen keine Positionserhöhung, da die verpensionierten aktienkursbezogenen Finanzinstrumente ohnehin von ihm zu bilanzieren sind [352].

Beim Pensionsnehmer hat der Abschluss eines echten Pensionsgeschäfts über aktienkursbezogene Finanzinstrumente keine Auswirkungen auf die Höhe seiner Aktiennettopositionen, da die verpensionierten Finanzinstrumente in diesem Fall erst gar nicht in seiner Bilanz erscheinen. Im Falle eines unechten Pensionsgeschäfts über aktienkursbezogene Finanzinstrumente sind die von ihm in Pension genommenen Finanzinstrumente dagegen auf der Aktivseite seiner Bilanz zu erfassen. Diese im Grunde bestandserhöhende Position wird allerdings durch die entsprechende Passivposition aus dem Rückübertragungswahlrecht des Pensionsnehmers kompensiert. Insoweit besteht eine Abweichung von den Bilanzierungsvorschriften für unechte Pensionsgeschäfte [353].

---

[351] Zur Bilanzierung von unechten Pensionsgeschäften vgl. WASCHBUSCH, GERD (Rechnungslegung 1993), S. 175 ff.

[352] Zur Bilanzierung von echten Pensionsgeschäften vgl. WASCHBUSCH, GERD (Rechnungslegung 1993), S. 173 ff.

[353] Vgl. zu den Ausführungen dieses Absatzes BAKRED (Erläuterungen 1997), S. 92.

Hat ein Institut gegenüber einem Dritten Garantien oder Gewährleistungen zur Übernahme von aktienkursbezogenen Wertpapieren übernommen (so genanntes „Platzierungsrisiko"), so sind diese *vor* ihrer Einbeziehung in die Aktiennettopositionen mit bestimmten Anrechnungssätzen zu gewichten, „sofern die Wertpapiere, auf die sich die Übernahmeverpflichtung bezieht, nicht bereits dem Bestand des Instituts zugerechnet werden"[354]. In diesem Fall sind die aktienkursbezogenen Wertpapiere in voller Höhe bei der Ermittlung der Aktiennettopositionen zu berücksichtigen, „da davon auszugehen ist, dass sich die Übernahmeverpflichtung bereits verwirklicht hat"[355]. Die Anrechnungssätze, die in Abhängigkeit von der zeitlichen Entfernung von dem Tag der verbindlichen Abgabe der Garantie- oder Gewährleistungserklärung gestaffelt sind, sind in *Abbildung 35* aufgeführt. Mit der schrittweisen Erhöhung der Anrechnungssätze wird einerseits dem Umstand Rechnung getragen, „dass eine Inanspruchnahme des Instituts aus einer Übernahmeerklärung umso wahrscheinlicher wird, je länger die Platzierung dauert"[356]. Andererseits wird berücksichtigt, dass ein Abweichen des aktuellen Marktpreises vom vereinbarten Übernahmekurs mit zunehmender zeitlicher Entfernung immer wahrscheinlicher wird.

Abb. 35: Anrechnungssätze bei verbindlicher Abgabe von Garantien und Gewährleistungen zur Übernahme von aktienkursbezogenen Wertpapieren gemäß § 18 Abs. 2 Grundsatz I

Seit verbindlicher Abgabe der Garantie- oder Gewährleistungserklärung vergangene Arbeitstage	Anrechnungssatz
0 [1]	0 % [2]
1	10 %
2	25 %
3	25 %
4	50 %
5	75 %
≥ 6	100 %

[1] Tag der verbindlichen Abgabe der Garantie- oder Gewährleistungserklärung.

[2] Ohne Auswirkung auf die Ermittlung der Aktiennettopositionen „bleibt die Abgabe einer Platzierungsgarantie für eine anstehende Aktienemission also nur, wenn das Institut noch vor dem nächsten Geschäftstag für die Aktien einen festen Abnehmer findet"; BAKRED (Abgabe 1999), S. 1.

---

[354] § 18 Abs. 2 Grundsatz I.

[355] BAKRED (Erläuterungen 1997), S. 91.

[356] C&L DEUTSCHE REVISION AG (HRSG.) (6. KWG-Novelle 1998), S. 343.

(bb)   Die Berechnung der Aktiennettopositionen

Die in die Ermittlung der Handelsbuch-Risikopositionen eines Instituts einzubeziehenden aktienkursbezogenen Finanzinstrumente sind zu Aktiennettopositionen zusammenzufassen. Aktiennettopositionen ergeben sich gemäß § 19 Abs. 1
Satz 1 Grundsatz I als Unterschiedsbeträge

- aus Beständen an *gleichen* aktienkursbezogenen Wertpapieren sowie
- aus Lieferansprüchen und Lieferverpflichtungen aus

    - Kassageschäften,

    - Termingeschäften,

    - Optionsgeschäften [357)] sowie

    - Swapgeschäften,

    die die *gleichen* aktienkursbezogenen Wertpapiere zum Geschäftsgegenstand
    haben oder sich vertraglich auf die *gleichen* aktienkursbezogenen Wertpapiere
    beziehen.

Übernahmeverpflichtungen [358)] sowie gegebenenfalls Pensions- und Leihgeschäfte sind bei der Ermittlung der Unterschiedsbeträge zu berücksichtigen, nicht jedoch Investmentanteile [359)].

Zur Berechnung der Aktiennettopositionen sind für *jedes* aktienkursbezogene
Wertpapier die Bestände und Lieferansprüche aus Kassa-, Termin-, Options-
sowie Swapgeschäften (Long-Positionen) den Lieferverpflichtungen aus Kassa-,
Termin-, Options- sowie Swapgeschäften (Short-Positionen) gegenüberzustellen
(vgl. *Abbildung 36*, S. 305). Der Betrag der Differenz zwischen Long- und Short-
Positionen in einem *einzelnen* Wertpapier (also: keine Berücksichtigung des Vorzeichens) ergibt die Aktiennettoposition des Instituts in *diesem* Wertpapier. Es
gilt also:

$$\left| \sum \binom{\text{Long} - \text{Positionen}}{\text{in einem Wertpapier}} - \sum \binom{\text{Short} - \text{Positionen}}{\text{in einem Wertpapier}} \right| = \begin{array}{l} \text{Aktiennettoposition in} \\ \text{einem Wertpapier} \end{array}$$

[357)] Lieferansprüche und -verpflichtungen aus Optionsgeschäften auf aktienkursbezogene Wertpapiere
    sind bei der Berechnung der Aktiennettopositionen gemäß § 19 Abs. 2 Satz 4 Grundsatz I mit ihren
    Deltaäquivalenten zu berücksichtigen.

[358)] Es ist bankenaufsichtlich nicht zu beanstanden, wenn ein Institut, das eine Platzierungsgarantie
    abgibt, der prozentualen Anrechnung (vgl. *Abbildung 35*, S. 303) nicht den angestrebten Markt-
    preis, sondern den Wert zugrunde legt, zu dem es die Aktien zeichnet, da das Platzierungsrisiko
    durch diesen Betrag hinreichend abgebildet wird; vgl. BAKRED (Abgabe 1999), S. 1.

[359)] Vgl. dazu § 18 Abs. 2 bis 4 Grundsatz I.

Abb. 36: Die Ermittlung der Aktiennettoposition eines Instituts in *einem* Wertpapier

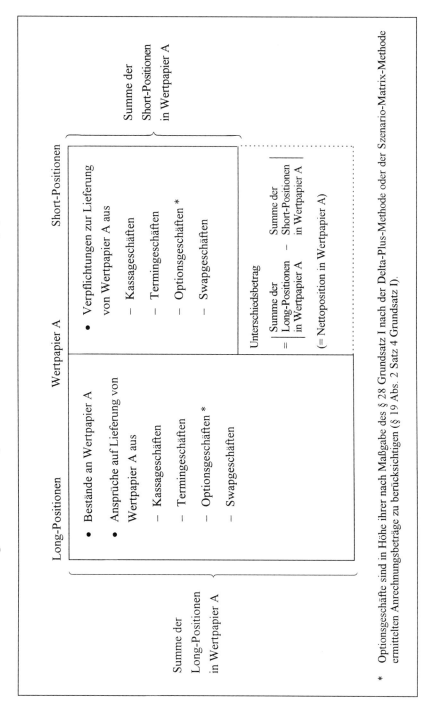

Wertpapier A

Long-Positionen

- Bestände an Wertpapier A
- Ansprüche auf Lieferung von Wertpapier A aus
  - Kassageschäften
  - Termingeschäften
  - Optionsgeschäften *
  - Swapgeschäften

Summe der
Long-Positionen
in Wertpapier A

Short-Positionen

- Verpflichtungen zur Lieferung von Wertpapier A aus
  - Kassageschäften
  - Termingeschäften
  - Optionsgeschäften *
  - Swapgeschäften

Summe der
Short-Positionen
in Wertpapier A

Unterschiedsbetrag

$$= \left| \begin{array}{c} \text{Summe der} \\ \text{Long-Positionen} \\ \text{in Wertpapier A} \end{array} - \begin{array}{c} \text{Summe der} \\ \text{Short-Positionen} \\ \text{in Wertpapier A} \end{array} \right|$$

(= Nettoposition in Wertpapier A)

* Optionsgeschäfte sind in Höhe ihrer nach Maßgabe des § 28 Grundsatz I nach der Delta-Plus-Methode oder der Szenario-Matrix-Methode ermittelten Anrechnungsbeträge zu berücksichtigen (§ 19 Abs. 2 Satz 4 Grundsatz I).

Zur Ermittlung der aktienkursbezogenen Lieferansprüche und Lieferverpflichtungen aus Termin-, Options- sowie Swapgeschäften sind diese Geschäfte „entsprechend ihrer zinsmäßigen Wirkung unter Beachtung der mit ihnen verbundenen Zahlungsströme in Komponenten aufzuspalten und in Höhe ihrer maßgeblichen Beträge zu berücksichtigen" [360]. In Bezug auf Termin-, Options- sowie Swapgeschäfte auf Wertpapiere sind dies „die auf die Wertpapiere bezogenen Long- und Short-Positionen (Lieferansprüche bei Terminkäufen sowie bei gekauften Kauf- und verkauften Verkaufsoptionen und Lieferverpflichtungen bei Terminverkäufen sowie bei verkauften Kauf- und gekauften Verkaufsoptionen) und die jeweils entgegenstehenden, als (ggf. fiktive) Finanzierungen (bzw. Mittelanlagen; Anmerkung des Verfassers) zu betrachtenden Short- bzw. Long-Positionen in Geld" [361]. Die auf die Wertpapiere bezogenen Komponenten sind hierbei bei der Bestimmung der Aktiennettopositionen zu berücksichtigen [362]. Die korrespondierenden Finanzierungs- bzw. Mittelanlagekomponenten (Zinskomponenten) aus aktienkursbezogenen Wertpapieren gehen allerdings – entgegen der Vorgehensweise bei zinssatzbezogenen Wertpapieren – nicht als eigenständige derivative Zinsgeschäfte in die Berechnung der Derivativ-Zinsnettopositionen ein, da das BAKred die Einbeziehung von Zinsrisiken aus Aktienderivaten in die Ermittlung der Eigenmittelunterlegung von Handelsbuch-Risikopositionen bis auf weiteres ausgesetzt hat [363]. Die auf die Wertpapiere bezogenen Komponenten sind – wie bereits oben angesprochen – in Höhe ihrer maßgeblichen Beträge zu berücksichtigen. Dies bedeutet, dass der jeweils aktuelle Marktwert anzusetzen ist, wobei die einzelnen Beträge gegebenenfalls in DM umzurechnen sind [364]. Ein Beispiel soll die aufgezeigten Zusammenhänge verdeutlichen.

Ein Institut hat ein Termingeschäft mit einer Fälligkeit in drei Monaten über den Kauf von 10.000 Aktien der X-AG abgeschlossen. Der aktuelle Marktpreis für eine X-Aktie beträgt 70,- DM/Stück, der vereinbarte Terminkurs beläuft sich auf 73,- DM/Stück. Dieses Wertpapiertermingeschäft wird in eine Aktienkomponente und eine Finanzierungskomponente aufgespalten, wobei die Aktienkomponente in Höhe ihres aktuellen Marktwerts, also in Höhe von

$$10.000 \text{ Stück} \times 70 \text{ DM/Stück} = 700.000,\text{- DM}$$

---

[360] § 19 Abs. 2 Satz 1 Grundsatz I.

[361] BAKRED (Erläuterungen 1997), S. 95.

[362] Vgl. BAKRED (Erläuterungen 1997), S. 95.

[363] Vgl. BAKRED (Erläuterungen 1997), S. 91.

[364] Vgl. § 19 Abs. 2 Satz 3, 1. Halbsatz Grundsatz I. § 19 Abs. 2 Satz 3, 2. Halbsatz Grundsatz I verweist bezüglich der Umrechnung der auf fremde Währung lautenden Marktwerte in DM auf § 6 Abs. 2 Grundsatz I.

in die Aktiennettoposition einbezogen wird. Da das Institut einen Lieferanspruch über 10.000 X-Aktien hat, sind die 700.000,- DM als Long-Position zu berücksichtigen und können mit eventuell vorhandenen, in X-Aktien bestehenden gegenläufigen Short-Positionen verrechnet werden.

Die Finanzierungskomponente stellt ein eigenständiges derivatives Zinsgeschäft (mit einer – vergleichbar einer Nullkuponanleihe – Nominalverzinsung von 0 %) dar, ist jedoch aufgrund der bestehenden Ausnahmeregelung des BAKred momentan noch nicht bei der Ermittlung der Derivativ-Zinsnettopositionen zu berücksichtigen [365].

Da zur Bestimmung der einzelnen Nettopositionen Saldierungen lediglich bei *gleichen* Wertpapieren möglich sind [366], stellt sich die Frage, wann Wertpapiere hinsichtlich ihrer Ausstattungsmerkmale als „gleich" anzusehen sind. Zur Beantwortung dieser Frage schreibt § 19 Abs. 3 Grundsatz I für aktienkursbezogene Positionen vor, dass Wertpapiere dann als gleich anzusehen sind, wenn sie

– von demselben Emittenten ausgegeben wurden,

– auf dieselbe Währung lauten,

– auf demselben nationalen Markt gehandelt werden,

– dem Inhaber hinsichtlich des Stimmrechts dieselbe Stellung verleihen sowie

– im Falle der Insolvenz des Emittenten denselben Rang einnehmen.

Damit die aktienkursbezogenen Wertpapiere als gleich angesehen werden, müssen grundsätzlich alle fünf Kriterien gleichzeitig erfüllt sein. Da es im Rahmen des besonderen Aktienkursrisikos aber irrelevant ist, auf welchem nationalen Markt die Wertpapiere eines Emittenten gehandelt werden, hat das BAKred bestimmt, dass Aktien von Emittenten, deren Aktien auf verschiedenen nationalen Märkten gehandelt werden, dem nationalen Markt des Sitzlandes des Emittenten zuzurechnen sind [367]. Diese Regelung gilt in gleichem Maße für das allgemeine Aktienkursrisiko [368]. Dies erscheint sinnvoll, da sich die Aktienkurse von Aktien eines Emittenten, die an verschiedenen nationalen Märkten notiert werden, in der Regel am – in die Landeswährung umgerechneten – Aktienkurs des Sitzlandes des Emittenten orientieren, sodass sie auf dem ausländischen Markt von dessen Niveauschwankungen nicht betroffen sein dürften.

---

[365] Die Finanzierungskomponente wäre *ohne* die Ausnahmeregelung des BAKred als Short-Position mit einer Fälligkeit in drei Monaten in Höhe ihres Barwerts bei der Berechnung der Derivativ-Zinsnettopositionen zu berücksichtigen.

[366] Vgl. § 19 Abs. 1 Satz 1 Grundsatz I.

[367] BAKRED (Erläuterungen 1997), S. 96.

[368] BAKRED (Erläuterungen 1997), S. 131.

Besitzen börsennotierte Wertpapiere dieselbe Wertpapierkennnummer, so geht das BAKred von der Gleichheit der Wertpapiere aus; ein weiterer Nachweis ist dann nicht erforderlich [369]. Gegenläufige Positionen in diesen Wertpapieren können daher ohne weiteres saldiert werden [370].

§ 19 Abs. 1 Satz 2 Grundsatz I bestimmt, dass Geschäfte, die sich auf einen Index beziehen (Indexgeschäfte), Wertpapieren gleichstehen. Insofern sind Positionen in Indexkontrakten grundsätzlich als selbstständige Positionen zu behandeln und mit Eigenmitteln zu unterlegen. Eine Verrechnung mit gegenläufigen, dem Index zugrunde liegenden Positionen ist daher prinzipiell nicht erlaubt. Allerdings enthält § 26 Grundsatz I eine Ausnahmeregelung für Positionen in Aktienindexkontrakten. Hiernach kann jedes Institut bei der Ermittlung der Aktiennettopositionen selbst entscheiden, ob es eine Aktienindexposition als eigenständige Position in einem Wertpapier behandelt oder ob es eine vollständige Aufschlüsselung der Aktienindexposition in die dem Index zugrunde liegenden Aktien vornimmt, um die sich so ergebenden Aktienpositionen gegebenenfalls mit gegenläufigen Positionen in diesen Aktien verrechnen zu können. Dieses Wahlrecht kann für jeden einzelnen Aktienindex separat in Anspruch genommen werden (z. B. die Ausübung des Wahlrechts für DAX30 und S&P500 bei gleichzeitiger Nichtausübung des Wahlrechts für MDAX und FTSE100) [371]. Es ist jedoch vorgeschrieben, dass die Ausübung des Wahlrechts für einen bestimmten Index innerhalb des Instituts einheitlich gehandhabt und – um das sog. „cherry picking" zu verhindern – dauerhaft ausgeübt wird [372]. Da eine Indexaufschlüsselung nur für Aktienindexgeschäfte statthaft ist, „sind Rentenindexgeschäfte immer als Geschäfte in einer eigenen Wertpapiergattung zu betrachten" [373].

(bc) Die Festlegung des Umfangs der Eigenmittelunterlegung für das allgemeine Aktienkursrisiko

Zur Ermittlung der Anrechnungsbeträge für die aktienkursbezogenen Handelsbuch-Risikopositionen müssen die Anrechnungsbeträge für das allgemeine und das besondere Aktienkursrisiko bekannt sein. Das allgemeine Aktienkursrisiko ist hierbei für *jeden* nationalen Aktienmarkt getrennt zu berechnen, da gerade die

---

[369] Vgl. BAKRED (Erläuterungen 1997), S. 96.

[370] Vgl. BAKRED (Erläuterungen 1997), S. 96.

[371] Vgl. BAKRED (Erläuterungen 1997), S. 135.

[372] Vgl. § 26 Grundsatz I; ferner BAKRED (Erläuterungen 1997), S. 135.

[373] BAKRED (Erläuterungen 1997), S. 95.

Risiken, die sich aus allgemeinen Bewegungen der *einzelnen* nationalen Aktienmärkte ergeben, erfasst werden sollen. Aus diesem Grunde ist auch nur der Saldo des jeweiligen nationalen Aktienmarktes zu berücksichtigen, der sich als Unterschiedsbetrag zwischen den entsprechend ihrer aktivischen (d. h. bestandsvermehrenden) oder passivischen (d. h. bestandsvermindernden) Ausrichtung in Höhe ihrer maßgeblichen Beträge zusammengefassten Aktiennettopositionen in den einzelnen Wertpapieren ergibt [374]. Der so für jeden nationalen Aktienmarkt ermittelte Unterschiedsbetrag zwischen den Aktiennettopositionen in den einzelnen Wertpapieren ist *jeweils* – ohne Berücksichtigung des Vorzeichens – in Höhe von 8 % als Teilanrechnungsbetrag für das allgemeine Aktienkursrisiko zu berücksichtigen [375].

Die nebenstehende *Abbildung 37* (vgl. S. 310) zeigt die Berechnungsmethode für das allgemeine Aktienkursrisiko. Hinsichtlich des allgemeinen Aktienkursrisikos wird dabei unterstellt, „dass *alle* auf einem nationalen Markt gehandelten Aktien in gleichem Maße von allgemeinen Marktbewegungen betroffen sind, sodass gegenläufige Aktiennettopositionen eines nationalen Marktes saldiert werden dürfen (Best Case Methode)" [376]. Da allerdings die Kursentwicklung verschiedener nationaler Aktienmärkte nicht unbedingt parallel verläuft, ist eine Verrechnung zwischen den einzelnen nationalen Aktienmärkten nicht vorgesehen.

(bd) Die Festlegung des Umfangs der Eigenmittelunterlegung für das besondere Aktienkursrisiko

Ergänzend zur Ermittlung des Anrechnungsbetrages für das allgemeine Aktienkursrisiko ist der Anrechnungsbetrag für das besondere Aktienkursrisiko zu berechnen. Hierzu sind die für die einzelnen aktienkursbezogenen Wertpapiere ermittelten Aktiennettopositionen in Höhe ihrer maßgeblichen Beträge zusammenzufassen und zwar unabhängig von ihrer bestandsvermehrenden oder bestandsvermindernden Ausrichtung [377]. Die so ermittelte Größe ist mit 4 % zu gewichten (vgl. *Abbildung 38*, S. 311). Damit ist es beim besonderen Aktienkursrisiko zwar erlaubt, Long- und Shortpositionen, die sich auf die *gleiche* Aktie beziehen, mit-

---

[374] Vgl. § 24 Grundsatz I.

[375] Vgl. § 24 Grundsatz I.

[376] HARTMANN-WENDELS, THOMAS; PFINGSTEN, ANDREAS; WEBER, MARTIN (Bankbetriebslehre 1998), S. 407 (Hervorhebung durch den Verfasser).

[377] Vgl. § 25 Abs. 1 Satz 1 Grundsatz I.

Abb. 37: Die Ermittlung des Anrechnungsbetrages für das allgemeine Aktienkursrisiko

nationaler Aktienmarkt 1

Aktiennettoposition in Wertpapier A (bestandsvermehrend)	Aktiennettoposition in Wertpapier C (bestandsvermindernd)
Aktiennettoposition in Wertpapier B (bestandsvermehrend)	Aktiennettoposition in Wertpapier D (bestandsvermindernd)
Gesamtnettoposition des Aktienmarktes 1	

nationaler Aktienmarkt 2

Aktiennettoposition in Wertpapier E (bestandsvermehrend)	Aktiennettoposition in Wertpapier G (bestandsvermindernd)
Aktiennettoposition in Wertpapier F (bestandsvermehrend)	Aktiennettoposition in Wertpapier H (bestandsvermindernd)
	Gesamtnettoposition des Aktienmarktes 2

nationaler Aktienmarkt 3

Aktiennettoposition in Wertpapier I (bestandsvermehrend)	Aktiennettoposition in Wertpapier L (bestandsvermindernd)
Aktiennettoposition in Wertpapier J (bestandsvermehrend)	Gesamtnettoposition des Aktienmarktes 3
Aktiennettoposition in Wertpapier K (bestandsvermehrend)	

Gesamtnettoposition des Aktienmarktes 1 * × 8 % = Teilanrechnungsbetrag für das allgemeine Aktienkursrisiko des Aktienmarktes 1

Gesamtnettoposition des Aktienmarktes 2 * × 8 % = Teilanrechnungsbetrag für das allgemeine Aktienkursrisiko des Aktienmarktes 2

Gesamtnettoposition des Aktienmarktes 3 * × 8 % = Teilanrechnungsbetrag für das allgemeine Aktienkursrisiko des Aktienmarktes 3

Summe der Teilanrechnungsbeträge für das allgemeine Aktienkursrisiko der Aktienmärkte 1 bis 3 = Anrechnungsbetrag des allgemeinen Aktienkursrisikos für die Handelsbuch-Risikopositionen

* ohne Berücksichtigung des Vorzeichens

Abb. 38: Die Ermittlung des Anrechnungsbetrages für das besondere Aktienkursrisiko

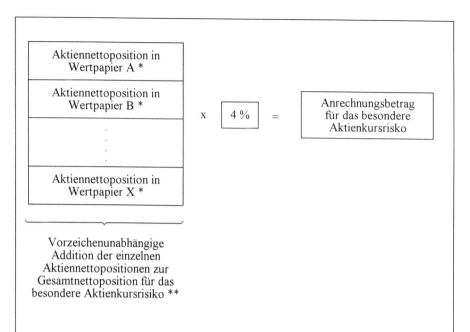

* Aktiennettopositionen sind mit nur 50 % ihres maßgeblichen Betrages zu berücksichtigen, wenn folgende zwei Voraussetzungen erfüllt sind:

1. Es muss sich um Aktiennettopositionen in hochliquiden Aktien mit hoher Anlagequalität (d. h. mit geringem Adressenrisiko) handeln.

2. Die Aktiennettopositionen in solchen hochliquiden Aktien mit hoher Anlagequalität dürfen *jeweils* nicht mehr als 5 % des Werts der Gesamtnettoposition für das besondere Aktienkursrisiko betragen (§ 25 Abs. 2 Satz 1 Grundsatz I). Eine Erhöhung dieser Grenze auf 10 % ist dann erlaubt, wenn der Gesamtwert der mit nur 50 % ihres maßgeblichen Betrages zu berücksichtigenden Aktiennettopositionen 50 % der Gesamtnettopositon für das besondere Aktienkursrisiko nicht übersteigt (§ 25 Abs. 2 Satz 2 Grundsatz I).

** Nettopositionen in Aktienindexkontrakten sind nicht zu berücksichtigen (§ 25 Abs. 1 Satz 2 Grundsatz I).

einander zu verrechnen, eine weitergehende Saldierung gegenläufiger Positionen innerhalb eines nationalen Aktienmarktes oder sogar zwischen verschiedenen nationalen Aktienmärkten scheidet aber aus.

Aktienindizes, die als für einen ganzen Markt repräsentativ angesehen werden können, sind – da sie stark diversifiziert, also über viele Branchen und Unternehmungen breit gestreut sind – nicht oder nur in vernachlässigbar geringem Umfang von der Bonität einer einzelnen Unternehmung abhängig. Daher sind Nettopositionen in Aktienindexkontrakten bei der Ermittlung des Anrechnungsbetrages für das besondere Aktienkursrisiko, durch das ja gerade das Risiko für das Institut bestimmt werden soll, das sich aus einer Bonitätsverschlechterung des Emittenten eines Wertpapiers ergibt, nicht zu berücksichtigen [378]. Um diesen Diversifikationseffekt nicht nur bei Aktienindexkontrakten berücksichtigen zu können, bestimmt § 25 Abs. 2 Satz 1 Grundsatz I, dass Aktiennettopositionen bei der Zusammenfassung zum Anrechnungsbetrag für das besondere Aktienkursrisiko mit nur 50 % ihres maßgeblichen Betrages zu berücksichtigen sind, wenn folgende zwei Voraussetzungen erfüllt sind:

1. Es muss sich um Aktiennettopositionen in hochliquiden Aktien mit hoher Anlagequalität (d. h. mit geringem Adressenrisiko) handeln.

2. Die Aktiennettopositionen in solchen hochliquiden Aktien mit hoher Anlagequalität dürfen *jeweils* nicht mehr als 5 % des Werts der gesamten Aktiennettopositionen betragen.

Zu 1.:

Aktien gelten gemäß § 25 Abs. 2 Satz 3 Grundsatz I dann als *hochliquide*, „wenn sie nachweislich in einen gängigen Aktienindex einbezogen sind". Das BAKred sieht zur Zeit die folgenden Aktienindizes als „gängig" an [379]:

– AEX (Niederlande),	– IBEX35 (Spanien),
– AllOrds (Australien),	– MIB 30 (Italien),
– BEL20 (Belgien),	– Nikkei225 (Japan),
– BVL 30 (Portugal),	– TSE35 (Kanada),
– DAX30 (Deutschland),	– EOE25 (Niederlande),

---

[378] Vgl. § 25 Abs. 1 Satz 2 Grundsatz I.

[379] Vgl. BAKRED (Erläuterungen 1997), S. 133. Es handelt sich hierbei um eine nicht abschließende Liste; vgl. BAKRED (Änderung 1997), S. 228.

- DAX100 (Deutschland),
- MDAX (Deutschland),
- CAC40 (Frankreich),
- FTSE100 (Großbritannien),
- HangSeng (Hong Kong),
- HEX 20 (Finnland),

- ATX (Österreich),
- OMX (Schweden),
- SMI (Schweiz),
- Strait Times (Singapur),
- S&P500 (USA),
- NASDAQ 100 (USA).

Damit Aktien das Kriterium „hohe Anlagequalität" erfüllen, müssen diese wiederum zwei Bedingungen erfüllen [380]:

a) Sie müssen nachweislich in einem Land mit liquidem Aktienmarkt zum Handel an einer Wertpapierbörse gemäß § 1 Abs. 3e KWG zugelassen sein.

Damit Wertpapiermärkte als Wertpapierbörsen gemäß § 1 Abs. 3e KWG gelten, müssen die folgenden dort aufgeführten Bedingungen erfüllt sein:

- sie müssen von staatlich anerkannten Stellen geregelt und überwacht werden,

- sie müssen regelmäßig stattfinden,

- sie müssen für das Publikum unmittelbar oder mittelbar zugänglich sein; hierzu reicht es aus, wenn den Börsenteilnehmern durch die Börsenordnung nicht untersagt ist, Geschäfte für diejenigen Personen kommissionsweise abzuschließen, die selbst nicht zum Handel an der Börse zugelassen sind [381]. Als Wertpapierbörsen i. S. d. § 1 Abs. 3e KWG gelten auch diejenigen für diese Wertpapierbörsen agierenden Clearingstellen, die von einer staatlich anerkannten Stelle geregelt und überwacht werden. Da die Clearingstellen in der Bundesrepublik Deutschland der Börsenaufsicht unterliegen, sind auch sie als Wertpapierbörsen i. S. d. § 1 Abs. 3e KWG anzusehen [382].

Als Länder mit einem liquiden Aktienmarkt werden vom BAKred zur Zeit angesehen [383]:

- Australien,
- Belgien,

- Hong Kong,
- Irland,

- Österreich,
- Portugal,

---

[380] Vgl. § 25 Abs. 2 Satz 4 Grundsatz I.

[381] Vgl. BUNDESREGIERUNG (Entwurf eines Gesetzes zur Umsetzung von EG-Richtlinien 1997), S. 68.

[382] Vgl. BUNDESREGIERUNG (Entwurf eines Gesetzes zur Umsetzung von EG-Richtlinien 1997), S. 68.

[383] Vgl. BAKRED (Erläuterungen 1997), S. 133.

– Dänemark,	– Italien,	– Schweden,
– Deutschland,	– Japan,	– Schweiz,
– Finnland,	– Kanada,	– Singapur,
– Frankreich,	– Luxemburg,	– Spanien,
– Griechenland,	– Niederlande,	– USA,
– Großbritannien,	– Norwegen.	

b) Sie dürfen nicht von einem Emittenten begeben worden sein, dessen in die Bestimmung der Zinsnettoposition einbezogenen Wertpapiere keine Aktiva mit hoher Anlagequalität gemäß § 23 Abs. 3 Grundsatz I darstellen.

Durch diese Voraussetzung soll verhindert werden, dass von einem Emittenten ausgegebene Aktien zwar als Papiere mit hoher Anlagequalität gelten, die von demselben Emittenten begebenen zinsbezogenen Wertpapiere dieses Kriterium jedoch nicht erfüllen. Hierdurch wird also „ein Gleichklang zwischen den bonitätsabhängigen Einstufungen für das besondere Kursrisiko zwischen zinsbezogenen Wertpapieren und Aktien hergestellt"[384]. Zur Überprüfung dieses Kriteriums hat ein Institut allerdings nur diejenigen zinsbezogenen Wertpapiere eines Emittenten zu berücksichtigen, die es selbst im eigenen Bestand hat[385].

Zu 2.:

Damit eine Anrechnung von Aktiennettopositionen in Höhe von nur 50 % vorgenommen werden kann, dürfen die einzelnen Aktiennettopositionen – wenn die Aktien die Voraussetzungen „hochliquide" und „hohe Anlagequalität" erfüllen – *jeweils* nicht mehr als 5 % des Werts der gesamten Aktiennettopositionen betragen. Hierdurch soll eine gewisse Mindeststreuung der Aktiennettopositionen, durch die erst der das besondere Aktienkursrisiko reduzierende Diversifikationseffekt erreicht wird, gewährleistet werden.

Eine Erhöhung der Grenze auf 10 %, die zu einer Verminderung der im Grunde gewünschten Mindeststreuung führt, ist gemäß § 25 Abs. 2 Satz 2 Grundsatz I nur dann erlaubt, wenn der Gesamtwert der mit nur 50 % ihres maßgeblichen Betrages zu berücksichtigenden Aktiennettopositionen 50 % des Werts der gesamten Aktiennettopositionen nicht übersteigt. Durch diese zusätzliche Vorgabe

---

[384] BAKRED (Erläuterungen 1997), S. 134.
[385] Vgl. BAKRED (Erläuterungen 1997), S. 134.

soll die mit der Verdoppelung der 5 %- Grenze einhergehende Reduzierung der Mindeststreuung beschränkt werden, sodass insgesamt noch ein bestimmter Diversifikationseffekt bestehen bleibt.

Die beschriebene Anrechnungserleichterung in Höhe von 50 % führt dazu, dass bei den privilegierten Aktiennettopositionen das besondere Aktienkursrisiko nur mit 2 % anstatt mit den ansonsten vorgeschriebenen 4 % Eigenmitteln zu unterlegen ist.

(be) **Der Gesamtanrechnungsbetrag für das allgemeine und das besondere Aktienkursrisiko**

Die gemäß den vorstehenden Ausführungen ermittelten Anrechnungsbeträge für das allgemeine und das besondere Aktienkursrisiko sind zum (Gesamt-) Anrechnungsbetrag des Aktienkursrisikos für die Handelsbuch-Risikopositionen aufzuaddieren (vgl. *Abbildung 39*). Dieser (Gesamt-) Anrechnungsbetrag stellt *eine* Komponente der Anrechnungsbeträge für die Handelsbuch-Risikopositionen eines Instituts dar. Die beiden anderen Komponenten sind der Anrechnungsbetrag des Zinsrisikos sowie der Anrechnungsbetrag für die sich aus den Handelsbuchpositionen ergebenden Adressenrisiken.

Abb. 39: Die Ermittlung des (Gesamt-) Anrechnungsbetrages des Aktienkursrisikos für die Handelsbuch-Risikopositionen eines Instituts

Anrechnungsbetrag für das allgemeine Aktienkursrisiko
+ Anrechnungsbetrag für das besondere Aktienkursrisiko
= (Gesamt-) Anrechnungsbetrag des Aktienkursrisikos für die Handelsbuch-Risikopositionen

Abbildung 40 (vgl. S. 316) zeigt anhand eines einfachen Beispiels die Berechnung des (Gesamt-) Anrechnungsbetrages des Aktienkursrisikos für die Handelsbuch-Risikopositionen eines Instituts.

Abb. 40: Die Ermittlung des (Gesamt-) Anrechnungsbetrages des Aktien-kursrisikos für die Handelsbuch-Risikopositionen eines Instituts (Berechnungsbeispiel)

Nationaler Aktienmarkt 1 (in TDM)	
Aktiennettoposition B	Aktiennettoposition A
$\lvert$ Long − Short $\rvert$	$\lvert$ Long − Short $\rvert$
= $\lvert$ 800 − 0 $\rvert$	= $\lvert$ 1.000 − 1.500 $\rvert$
= 800 (bestandsvermehrend)	= 500 (bestandsvermindernd)
	Gesamtnettoposition des Aktienmarktes 1: 300
Σ 800	Σ 800

(1) (Teil-) Anrechnungsbetrag für das *allgemeine* Aktienkursrisiko des Aktienmarktes 1:

    300.000 DM * 8 %   =   24.000 DM

(2) (Teil-) Anrechnungsbetrag für das *besondere* Aktienkursrisiko des Aktienmarktes 1:

        Aktiennettoposition A   500.000 DM
    + Aktiennettoposition B   + 800.000 DM
        Gesamtnettopositon für das   1.300.000 DM
        besondere Aktienkursrisko

    1.300.000 DM * 4 % =   52.000 DM

(3) Gesamtanrechnungsbetrag für das
    Aktienkursrisiko: 24.000 DM
                                + 52.000 DM
                                76.000 DM

(c) Die Ermittlung der Anrechnungsbeträge für das allgemeine und das besondere Zinsrisiko

(ca) Die Konkretisierung der einbeziehungspflichtigen Positionen

Entsprechend der Vorgehensweise beim Aktienkursrisiko sind zur Ermittlung des Anrechnungsbetrages für das Zinsrisiko die Anrechnungsbeträge für das allgemeine (zinspositionsbezogene) Kursrisiko sowie das besondere (zinspositionsbezogene) Kursrisiko getrennt zu berechnen und zu einem Gesamtbetrag aufzuaddieren. Zu diesem Zweck sind gemäß § 18 Abs. 1 Nr. 1 Buchstabe a) Grundsatz I Nettopositionen aus den dem Handelsbuch eines Kredit- oder Finanzdienstleistungsinstituts zugeordneten zinssatzbezogenen Finanzinstrumenten nach § 1 Abs. 11 KWG zu bilden (sog. „Zinsnettopositionen") [386]. Von den in § 1 Abs. 11 KWG insgesamt angesprochenen Finanzinstrumenten [387] sind also nur diejenigen zu berücksichtigen, bei denen eine Änderung von Zinssätzen zu einer Veränderung ihres Marktpreises führt. Aus diesem Grunde zählen sowohl Aktien als auch Zertifikate, die Aktien vertreten, nicht zu den hier relevanten zinssatzbezogenen Finanzinstrumenten. Derartige Finanzinstrumente sind keinem unmittelbaren Zinsrisiko ausgesetzt.

Investmentanteile, die gemäß § 1 Abs. 11 Satz 2, 2. Halbsatz KWG explizit zu den Finanzinstrumenten zählen, sind gemäß § 18 Abs. 4 Grundsatz I auch dann nicht in die Berechnung der Zinsnettopositionen einzubeziehen, wenn ihr Wert vom Börsen- oder Marktpreis zinssatzbezogener Wertpapiere unmittelbar oder mittelbar abhängt und sie insofern ein Zinsrisiko beinhalten. Die im Rahmen des Aktienkursrisikos angeführten Erläuterungen zur Nichteinbeziehung von Investmentanteilen [388] können hier sinngemäß übernommen werden. Gleiches gilt für die Erläuterungen über die Besonderheiten bei der Berücksichtigung von Garantien und Gewährleistungen zur Übernahme von aktienkursbezogenen Wertpapieren sowie von Pensions- und Leihgeschäften über aktienkursbezogene Finanzinstrumente [389]. Die von einem Institut übernommenen Garantien oder Gewährleistungen zur Übernahme von zinssatzbezogenen Wertpapieren sind in Abhängigkeit von der zeitlichen Entfernung zur verbindlichen Abgabe der Garantie- oder Gewährleistungserklärung mit den in *Abbildung 35* (vgl. S. 303) aufgelisteten Anrechnungssätzen zu gewichten.

---

[386] Zur Berechnung der Zinsnettopositionen vgl. Kapitel F.IV.2.ac).(4).(cb), S. 320 ff.

[387] Zu Einzelheiten vgl. *Anlage 10*, S. 571 ff.

[388] Vgl. Kapitel F.IV.2.ac).(4).(ba), S. 300.

[389] Vgl. Kapitel F.IV.2.ac).(4).(ba), S. 300-303.

Sofern Termineinlagen gemäß § 1 Abs. 12 Satz 1 Nr. 2 KWG dem Handelsbuch zuzurechnen sind, gelten sie nach Maßgabe des § 4 Satz 2 Grundsatz I nicht als Risikoaktiva und sind somit auch nicht in die Ermittlung des Eigenmittelunterlegungsbetrages für Adressenrisiken aus Positionen des Anlagebuchs einzubeziehen. Als dem Handelsbuch zugeordnete Geldmarktinstrumente i. S. d. § 1 Abs. 11 Satz 3 KWG stellen sie vielmehr zinssatzbezogene Finanzinstrumente dar und bilden daher entsprechende Zinsnettopositionen [390]. Sie sind mit ihren maßgeblichen Beträgen, d. h. mit ihren aktuellen Marktpreisen bzw. bei unverbrieften Instrumenten mit ihren Gegenwartswerten in die Berechnung der Anrechnungsbeträge für das allgemeine sowie das besondere Kursrisiko einzubeziehen [391].

Obwohl der Marktpreis von Devisen und vergleichbaren Rechnungseinheiten in einem gewissen Umfang auch von der Höhe des in- und ausländischen Zinsniveaus beeinflusst wird, wird die Gefahr einer Änderung des Marktpreises dieser Finanzinstrumente lediglich im Rahmen der Bestimmung der Fremdwährungsrisiken (§§ 14 und 15 Grundsatz I) berücksichtigt [392]. Der Grund hierfür liegt darin, dass Bestände an Devisen und vergleichbaren Rechnungseinheiten gemäß § 1 Abs. 12 Satz 3 KWG nicht dem Handelsbuch eines Instituts zugerechnet werden dürfen, sodass sie auch nicht als zinssatzbezogene Finanzinstrumente i. S. d. § 18 Abs. 1 Nr. 1 Buchstabe a) Grundsatz I in Betracht kommen. Demgegenüber stellen Devisentermingeschäfte, sofern sie von einem Institut dem Handelsbuch zugeordnet werden, aufgrund des mit ihnen verbundenen Zinsänderungsrisikos zinssatzbezogene Finanzinstrumente i. S. d. § 18 Abs. 1 Nr. 1 Buchstabe a) Grundsatz I dar; sie sind insofern bei der Berechnung der Derivativ-Zinsnettopositionen zu berücksichtigen [393]. Schließlich resultieren auch aus Positionen in Aktien- und Rohwarenderivaten Zinsänderungsrisiken [394]. Derartige Positionen werden jedoch vom BAKred bis auf weiteres von der Einbeziehung in die Ermittlung der Zinsnettopositionen ausgenommen [395].

Die zinssatzbezogenen Finanzinstrumente, die gemäß § 18 Abs. 1 Nr. 1 Buchstabe a) Grundsatz I in die Berechnung der Zinsnettopositionen eingehen, sind in *Abbildung 41* (vgl. S. 319) aufgeführt.

---

[390] Vgl. BAKRED (Erläuterungen 1997), S. 91.

[391] Vgl. BAKRED (Erläuterungen 1997), S. 91.

[392] Vgl. Kapitel F.IV.2.ac).(2).(b), S. 279 ff.

[393] Vgl. BAKRED (Erläuterungen 1997), S. 91.

[394] Dies wird bei einer Aufspaltung der Derivate in die Wertpapierkomponente und die gegenläufige Finanzierungs- bzw. Mittelanlagekomponente (Zinskomponente) deutlich.

[395] Vgl. BAKRED (Erläuterungen 1997), S. 91.

Abb. 41: In die Ermittlung der Zinsnettopositionen gemäß § 18 Abs. 1 Nr. 1 Buchstabe a) Grundsatz I einzubeziehende Finanzinstrumente

Zinssatzbezogene Finanzinstrumente

- am Markt handelbare Wertpapiere, auch wenn keine Urkunden über sie ausgestellt sind

Schuldverschreibungen

Genussscheine

Optionsscheine

andere Wertpapiere, die mit Schuldverschreibungen vergleichbar sind

- Geldmarktinstrumente

Forderungen, die nicht bereits unter den Begriff der am Markt handelbaren Wertpapiere fallen und üblicherweise auf dem Geldmarkt gehandelt werden

- Derivate, unabhängig davon, ob es sich um unbedingte oder bedingte Termingeschäfte handelt, deren Preis unmittelbar oder mittelbar abhängt von

dem Börsen- oder Marktpreis zinssatzbezogener Wertpapiere

dem Börsen- oder Marktpreis von Geldmarktinstrumenten

dem Kurs von Devisen oder Rechnungseinheiten[*]

Zinssätzen oder anderen Erträgen

[*] gilt nur für Devisentermingeschäfte

Übernommene Garantien und Gewährleistungen zur Übernahme von zinssatzbezogenen Wertpapieren sind in Höhe ihrer Anrechnungssätze zu berücksichtigen, sofern die Wertpapiere, auf die sich die Übernahmeverpflichtung bezieht, nicht bereits dem Bestand des Instituts zugerechnet werden (§ 18 Abs. 2 Grundsatz I).

Zinssatzbezogene Finanzinstrumente, die im Rahmen von Pensionsgeschäften übertragen oder im Rahmen von Leihgeschäften verliehen wurden, sind dem Pensionsgeber bzw. dem Verleiher zuzurechnen (§ 18 Abs. 3 Grundsatz I).

Investmentanteile sind nicht zu berücksichtigen (§ 18 Abs. 4 Grundsatz I). Sie sind stattdessen als Risikoaktiva gemäß § 4 Satz 2 Grundsatz I zu erfassen. Gleiches gilt für Termingeschäfte und ähnliche Geschäfte, denen Investmentanteile zugrunde liegen.

(cb)   Die Berechnung der Zinsnettopositionen

Die in die Ermittlung der Handelsbuch-Risikopositionen eines Instituts einzubeziehenden zinssatzbezogenen Finanzinstrumente sind zu Zinsnettopositionen zusammenzufassen. Zinsnettopositionen ergeben sich gemäß § 19 Abs. 1 Satz 1 Grundsatz I einerseits als Unterschiedsbeträge

- aus Beständen an *gleichen* zinssatzbezogenen Wertpapieren sowie

- aus Lieferansprüchen und Lieferverpflichtungen aus

  – Kassageschäften,

  – Termingeschäften,

  – Optionsgeschäften [396)] sowie

  – Swapgeschäften,

  die die *gleichen* zinssatzbezogenen Wertpapiere zum Geschäftsgegenstand haben oder sich vertraglich auf die *gleichen* zinssatzbezogenen Wertpapiere beziehen,

sowie andererseits als Unterschiedsbeträge

- aus *einander weitgehend entsprechenden*, gegenläufig ausgerichteten derivativen Geschäften, soweit sie der Zinsnettoposition zugehören.

Übernahmeverpflichtungen sowie gegebenenfalls Pensions- und Leihgeschäfte sind bei der Ermittlung der Unterschiedsbeträge zu berücksichtigen, nicht jedoch Investmentanteile [397)].

Bei der Ermittlung der Zinsnettopositionen ist zu beachten, dass eine Saldierung lediglich bei Beständen an gleichen zinssatzbezogenen Wertpapieren sowie bei Lieferansprüchen und Lieferverpflichtungen über die gleichen zinssatzbezogenen Wertpapiere möglich ist (sog. „Wertpapier-Zinsnettopositionen"), während die Unterschiedsbeträge aus einander weitgehend entsprechenden, gegenläufig ausgerichteten derivativen Geschäften, die der Zinsnettoposition zugehören, nicht in die Ermittlung der Wertpapier-Zinsnettopositionen einbezogen werden dürfen, sondern eine eigene Zinsnettopositionskategorie bilden (sog. „Derivativ-Zinsnettopositionen"). Diesen beiden Zinsnettopositionskategorien sind unterschiedliche zinssatzbezogene Finanzinstrumente bzw. aus einer Aufspaltung dieser In-

---

[396)] Lieferansprüche und -verpflichtungen aus Optionsgeschäften auf zinssatzbezogene Wertpapiere sind bei der Berechnung der Zinsnettopositionen in Höhe ihrer nach Maßgabe des § 28 Grundsatz I nach der Delta-Plus-Methode oder der Szenario-Matrix-Methode ermittelten Anrechnungsbeträge zu berücksichtigen; vgl. § 19 Abs. 2 Satz 4 Grundsatz I.

[397)] Vgl. dazu § 18 Abs. 2 bis 4 Grundsatz I.

strumente resultierende Komponenten (Wertpapierkomponenten und Finanzie-
rungs- bzw. Mittelanlagekomponenten) zuzuordnen.

Zur Ermittlung der Wertpapier-Zinsnettopositionen eines Instituts sind – analog
zur Vorgehensweise bei der Berechnung der Aktiennettopositionen – für *jedes*
zinssatzbezogene Wertpapier die Bestände und die Lieferansprüche aus Kassa-,
Termin-, Options- sowie Swapgeschäften (Long-Positionen) den Lieferverpflichtungen aus Kassa-, Termin-, Options- sowie Swapgeschäften (Short-Positionen)
gegenüberzustellen (vgl. auch *Abbildung 42*, S. 322). Der vorzeichenunabhängige
Saldo dieser für ein *einzelnes* zinssatzbezogene Wertpapier berechneten Long-
und Short-Positionen stellt die Wertpapier-Zinsnettoposition des Instituts in *diesem* Wertpapier dar. Es gilt also:

$$\left| \sum \binom{\text{Long} - \text{Positionen}}{\text{in einem Wertpapier}} - \sum \binom{\text{Short} - \text{Positionen}}{\text{in einem Wertpapier}} \right| = \frac{\text{Wertpapier - Zinsnettoposition in}}{\text{einem Wertpapier}}$$

Auch bei der Ermittlung der Wertpapier-Zinsnettopositionen erfolgt eine Aufspaltung der zinssatzbezogenen Termin-, Options- und Swapgeschäfte in ihre einzelnen Komponenten. Die bei diesen derivativen Geschäften auf die Wertpapiere
bezogenen Long- und Short-Positionen (Wertpapierkomponenten) sind bei der
Berechnung der Wertpapier-Zinsnettopositionen in Höhe ihres aktuellen Marktwerts zu erfassen [398], wobei die einzelnen Beträge gegebenenfalls in DM umzurechnen sind [399]. Die gegenläufigen Finanzierungs- bzw. Mittelanlagekomponenten (Zinskomponenten) sind dagegen als eigenständige derivative Zinsgeschäfte
anzusehen und bei der Bestimmung der Derivativ-Zinsnettopositionen in Höhe
ihres Barwerts zu berücksichtigen, wobei auch hier die einzelnen Beträge gegebenenfalls in DM umzurechnen sind. Die Derivativ-Zinsnettopositionen bestehen
allerdings nicht nur aus den Finanzierungs- bzw. Mittelanlagekomponenten von
denjenigen Termin-, Options- und Swapgeschäften, die zinssatzbezogene Wertpapiere als Geschäftsgegenstand haben. Auch Termin-, Options- und Swapgeschäfte, die überhaupt keine Wertpapiere als Geschäftsgegenstand haben, sind in
ihre Long- und Short-Positionen aufzuspalten. Zum Beispiel besitzt ein Zinsswap,

---

[398] Da es vielen Instituten Schwierigkeiten bereitet, den aktuellen Marktwert von verzinslichen Wertpapieren unter Berücksichtigung der aufgelaufenen Zinsen (Stückzinsen) – den sog. „dirty price" –
zu bestimmen, ist es einem Institut freigestellt, statt dessen den sog. „clean price", also den reinen
Börsenpreis, in dem die Stückzinsen nicht enthalten sind, nach einheitlicher Wahl zu verwenden;
vgl. BAKRED (Erläuterungen 1997), S. 95 f.

[399] Vgl. § 19 Abs. 2 Satz 3, 1. Halbsatz Grundsatz I. § 19 Abs. 2 Satz 3, 2. Halbsatz Grundsatz I verweist bezüglich der Umrechnung der auf fremde Währung lautenden Marktwerte in DM auf § 6
Abs. 2 Grundsatz I.

Abb. 42: Die Ermittlung der Wertpapier-Zinsnettoposition eines Instituts in *einem* Wertpapier

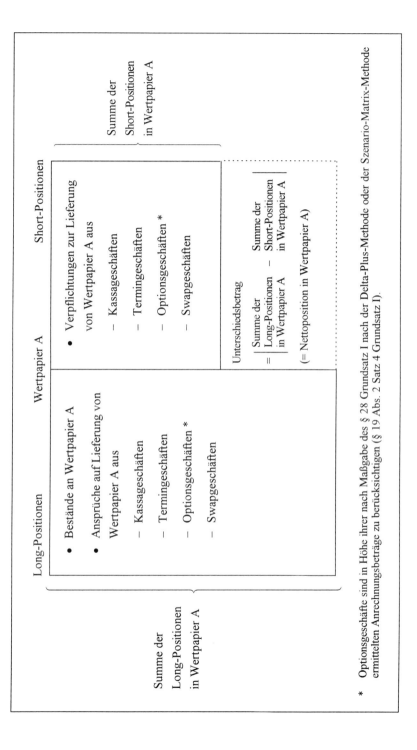

Long-Positionen   Wertpapier A   Short-Positionen

Summe der
Long-Positionen
in Wertpapier A

- Bestände an Wertpapier A
- Ansprüche auf Lieferung von Wertpapier A aus
  - Kassageschäften
  - Termingeschäften
  - Optionsgeschäften *
  - Swapgeschäften

Summe der
Short-Positionen
in Wertpapier A

- Verpflichtungen zur Lieferung von Wertpapier A aus
  - Kassageschäften
  - Termingeschäften
  - Optionsgeschäften *
  - Swapgeschäften

Unterschiedsbetrag

$$= \left| \begin{array}{c} \text{Summe der} \\ \text{Long-Positionen} \\ \text{in Wertpapier A} \end{array} - \begin{array}{c} \text{Summe der} \\ \text{Short-Positionen} \\ \text{in Wertpapier A} \end{array} \right|$$

(= Nettoposition in Wertpapier A)

* Optionsgeschäfte sind in Höhe ihrer nach Maßgabe des § 28 Grundsatz I nach der Delta-Plus-Methode oder der Szenario-Matrix-Methode ermittelten Anrechnungsbeträge zu berücksichtigen (§ 19 Abs. 2 Satz 4 Grundsatz I).

bei dem ein Institut den variablen 3-Monats-Euribor erhält und den variablen 6-Monats-Euribor zu zahlen hat, keine Wertpapierkomponente. In diesem Fall wären sowohl die Long-Position (Erhalt des 3-Monats-Euribor) als auch die Short-Position (Zahlung des 6-Monats-Euribor) bei der Ermittlung der Derivativ-Zinsnettopositionen zu berücksichtigen.

Die Finanzierungs- bzw. Mittelanlagekomponenten von Termin-, Options- und Swapgeschäften, die aktienkursbezogene Wertpapiere als Geschäftsgegenstand haben, sind indessen bei der Ermittlung der Derivativ-Zinsnettopositionen vorerst nicht zu berücksichtigen [400]. Diese momentane Nichtberücksichtigung gilt auch für die mit Rohwarenderivaten verbundenen Zinsänderungsrisiken [401]. Hingegen sind die mit Devisentermingeschäften verbundenen Zinsänderungsrisiken mit Eigenmitteln zu unterlegen, sodass diese Geschäfte in die Berechnung der Derivativ-Zinsnettopositionen einzubeziehen sind [402]. Die Devisentermingeschäfte sind zu diesem Zweck in ihre Komponenten aufzuspalten, wobei die Long- und Short-Positionen entsprechend den auf sie lautenden Währungen getrennt erfasst werden [403].

Da zur Bestimmung der einzelnen Wertpapier-Zinsnettopositionen Saldierungen lediglich bei *gleichen* Wertpapieren möglich sind [404], stellt sich auch hier die Frage, wann Wertpapiere hinsichtlich ihrer Ausstattungsmerkmale als „gleich" anzusehen sind. Zur Beantwortung dieser Frage schreibt § 19 Abs. 3 Grundsatz I für zinssatzbezogene Positionen vor, dass Wertpapiere dann als gleich anzusehen sind, wenn sie

- von demselben Emittenten ausgegeben wurden,

- auf dieselbe Währung lauten,

- auf demselben nationalen Markt gehandelt werden,

- in ihrem Rückzahlungsprofil übereinstimmen sowie

- im Falle der Insolvenz des Emittenten denselben Rang einnehmen.

Besitzen börsennotierte Wertpapiere dieselbe Wertpapierkennnummer, so geht das BAKred von der Gleichheit der Papiere aus; ein weiterer Nachweis ist dann

---

[400] Vgl. BAKRED (Erläuterungen 1997), S. 91; ferner Kapitel F.IV.2.ac).(4).(bb), S. 306 f.

[401] Vgl. BAKRED (Erläuterungen 1997), S. 91.

[402] Vgl. BAKRED (Erläuterungen 1997), S. 91.

[403] Vgl. C&L DEUTSCHE REVISION AG (HRSG.) (6. KWG-Novelle 1998), S. 348.

[404] Vgl. § 19 Abs. 1 Satz 1 Nr. 1 Grundsatz I.

nicht erforderlich [405]. Gegenläufige Positionen in diesen Wertpapieren können daher saldiert werden [406].

Bei zinssatzbezogenen Wertpapieren, die nicht an einer Börse notiert werden, sieht das BAKred eine Gleichheit insbesondere nur dann als gegeben an, wenn das Rückzahlungsprofil der Wertpapiere (u. a. bestimmt durch Verzinsung und Fälligkeit) gleich ist [407]. Dies bedeutet, dass die aus den Wertpapieren fließenden Zahlungsströme (cash-flows) im Hinblick auf

- Betrag,

- Währung *und*

- Zahlungszeitpunkt

übereinstimmen müssen. Aufgrund der vielfältigen Ausgestaltungsmöglichkeiten von zinssatzbezogenen Wertpapieren könnte eine Berücksichtigung lediglich der Nominalverzinsung sowie des Endfälligkeitstermins zu einer falschen Darstellung der Zinsrisikopositionen eines Instituts führen.

Im Rahmen der Bestimmung der Derivativ-Zinsnettopositionen sind ebenfalls Saldierungen möglich, allerdings nur dann, wenn es sich um gegenläufig ausgerichtete Positionen aus einander weitgehend entsprechenden derivativen Geschäften handelt [408]. Durch diese Saldierungsmöglichkeit, die als Institutswahlrecht ausgestaltet ist [409] und auch als „preprocessing" bezeichnet wird, soll eine risikogerechte Erfassung des Zinsänderungsrisikos aus derivativen Geschäften ermöglicht werden. Reagieren gegenläufige Positionen nämlich in gleicher Weise (nur mit umgekehrtem Vorzeichen) auf Zinsänderungen, so besteht für das Institut kein allgemeines Kursrisiko. Es handelt sich dann also um eine bezüglich des allgemeinen Kursrisikos geschlossene, d. h. risikolose Position, für die deshalb eine Eigenmittelunterlegung nicht erforderlich ist.

Um zu gewährleisten, dass nur solche gegenläufig ausgerichteten Positionen aus derivativen Geschäften miteinander saldiert werden, die in möglichst gleicher

---

[405] Vgl. BAKRED (Erläuterungen 1997), S. 96.

[406] Vgl. BAKRED (Erläuterungen 1997), S. 96.

[407] Vgl. hierzu sowie zum Folgenden BAKRED (Erläuterungen 1997), S. 96.

[408] Vgl. § 19 Abs. 1 Satz 1 Nr. 2 Grundsatz I.

[409] Insofern kann ein Institut auch auf die Möglichkeit der Aufrechnung von gegenläufigen Positionen aus derivativen Geschäften, die die Anforderungen des § 19 Abs. 4 Grundsatz I erfüllen, verzichten; vgl. BAKRED (Erläuterungen 1997), S. 94. Es muss dann zwar die Derivativ-Zinsnettopositionen ohne vorherige Saldierung in die Berechnung des allgemeinen Zinsrisikos einbeziehen, woraus sich u. U. ein höherer Eigenmittelbedarf ergibt; allerdings kann es dann darauf verzichten, zu überprüfen, ob die Saldierungsvoraussetzungen erfüllt sind.

Weise auf Zinsänderungen reagieren, ist in § 19 Abs. 4 Grundsatz I festgelegt worden, wann Positionen aus derivativen Geschäften als „einander weitgehend entsprechend" anzusehen sind. Im Gegensatz zu den Erfordernissen bei zinssatzbezogenen Wertpapieren muss bei Positionen aus derivativen Geschäften allerdings keine vollständige Identität bestehen. Dies wäre auch angesichts der großen Bedeutung von OTC-Geschäften, bei denen die Vertragskonditionen nicht standardisiert sind, sondern individuell ausgehandelt werden, nur sehr selten der Fall. Daher ist eine Saldierung von Positionen aus derivativen Geschäften auch dann erlaubt, wenn keine vollständige Identität der Geschäfte vorliegt, sondern sich ihre für das Zinsänderungsrisiko relevanten Konditionen (wie z. B. Nominalverzinsung und Restlaufzeit) nur derart geringfügig voneinander unterscheiden, dass immer noch eine weitgehend gleichförmige Wertentwicklung der Positionen erwartet werden kann und somit eine Saldierung im Hinblick auf das Zinsänderungsrisiko vertretbar erscheint [410]. Konkret müssen die folgenden Voraussetzungen erfüllt sein, damit Positionen aus derivativen Geschäften als einander weitgehend entsprechend anzusehen sind, sodass es erlaubt ist, gegenläufig ausgerichtete Positionen aus derivativen Geschäften miteinander zu saldieren:

1. Die Positionen aus derivativen Geschäften müssen zu derselben Kategorie von Instrumenten gehören [411]. Dies bedeutet, dass im Rahmen des „preprocessing"-Verfahrens nur Positionen gegeneinander aufrechenbar sind, die aus der komponentenmäßigen Aufspaltung von Geschäften derselben Instrumentenkategorie entsprechend § 19 Abs. 2 Grundsatz I resultieren [412]. Als Instrumentenkategorien gelten hierbei

   – Termingeschäfte in Wertpapieren,

   – Zinsfutures,

   – Forward Rate Agreements,

   – Swaps und

   – Devisentermingeschäfte [413].

   Eine Verrechnung von Positionen, die aus unterschiedlichen Instrumentenkategorien stammen (bspw. Zinsfutures und Forward Rate Agreements) ist nicht erlaubt, da das BAKred die Auffassung vertritt, dass nur bei Positionen

---

[410] Vgl. C&L DEUTSCHE REVISION AG (HRSG.) (6. KWG-Novelle 1998), S. 338.

[411] Vgl. BAKRED (Erläuterungen 1997), S. 97.

[412] Vgl. BAKRED (Erläuterungen 1997), S. 97.

[413] Vgl. BAKRED (Erläuterungen 1997), S. 97.

derselben Instrumentenkategorie davon auszugehen ist, dass „deren Wert in hohem Maße gleichförmig auf Zinsänderungen reagiert"[414].

2. Die Positionen aus derivativen Geschäften müssen denselben Nominalwert aufweisen[415]. In diesem Zusammenhang dürfen allerdings die einzelnen Seiten unterschiedlicher Swapgeschäfte in mehrere hypothetische Teilpositionen aufgespalten und im Rahmen des „preprocessing"-Verfahrens miteinander verrechnet werden[416].

3. Die Positionen aus derivativen Geschäften müssen auf dieselbe Währung lauten[417]. Diese Voraussetzung steht im Einklang mit der Vorschrift des § 20 Abs. 1 Grundsatz I, die besagt, dass im Rahmen der Bestimmung des allgemeinen Kursrisikos die Zinsnettopositionen getrennt nach Währungen zu berücksichtigen sind. Diese Regelung ist bei der Saldierung von Positionen aus derivativen Geschäften erforderlich, da diese Positionen auf Zinsänderungen unterschiedlich reagieren können, wenn sie auf verschiedene Währungen lauten.

4. Bei Positionen aus derivativen Geschäften darf sich ihre nach ihrem Kupon oder demselben variablen Referenzzinssatz bemessene Nominalverzinsung um nicht mehr als 15 Basispunkte unterscheiden[418]. Da das Ausmaß der Reaktion auf Zinsänderungen von der Nominalverzinsung abhängt, soll durch diese Vorschrift sichergestellt werden, dass die Positionen weitgehend gleichförmig auf Zinsänderungen reagieren.

Bei Positionen mit variabler Verzinsung ist eine Fallunterscheidung vorzunehmen. Ist noch keine Zinsfixierung erfolgt, so ist auf den variablen Referenzzinssatz abzustellen. Eine Saldierung ist in diesem Fall nur möglich, wenn bei den jeweiligen Positionen *derselbe* Referenzzinssatz zugrunde liegt und sich die Auf- oder Abschläge auf diesen Referenzzinssatz um nicht mehr als 15 Basispunkte unterscheiden[419]. Ist der variable Zinssatz hingegen bereits fixiert worden, so ist die tatsächliche Höhe des festgelegten Zinssatzes als Maßstab heranzuziehen[420].

---

[414] BAKRED (Erläuterungen 1997), S. 97.

[415] Vgl. § 19 Abs. 4 Nr. 1 Grundsatz I.

[416] Vgl. BAKRED (Erläuterungen 1997), S. 98.

[417] Vgl. § 19 Abs. 4 Nr. 1 Grundsatz I.

[418] Vgl. § 19 Abs. 4 Nr. 2 Grundsatz I.

[419] Vgl. BAKRED (Erläuterungen 1997), S. 98.

[420] Vgl. BAKRED (Erläuterungen 1997), S. 98.

5. Bei Positionen aus derivativen Geschäften darf die Differenz ihrer jeweiligen Restlaufzeit oder restlichen Zinsbindungsfrist bestimmte Zeitspannen nicht überschreiten [421]. Bei Positionen mit variabler Verzinsung, bei denen sich der Zinssatz während der Laufzeit ändern kann, ist hierbei der Zeitraum bis zum nächsten Zinsfestsetzungstermin (restliche Zinsbindungsfrist) relevant, während bei Festzins-Positionen die Restlaufzeit maßgebend ist. Fallen bei der Berechnung Kalendertage und Zinstage auseinander, so ist auf Zinstage abzustellen [422]. Die maximal zulässige Differenz ist nach der Länge der restlichen Zinsbindungsfrist oder Restlaufzeit gestaffelt und steigt mit zunehmender Länge. Sie beträgt im Einzelnen:

Länge der restlichen Zinsbindungsfrist oder Restlaufzeit	Zeitspanne in Kalendertagen
< 1 Monat	0
ein Monat bis ein Jahr	7
> 1 Jahr	30

Es ist allerdings nicht eindeutig erkennbar, welche Zeitspanne relevant ist, wenn die eine Position gemäß ihrer restlichen Zinsbindungsfrist bzw. Restlaufzeit der dafür geltenden Kategorie zuzuordnen ist, die andere Position aufgrund einer anderen Ausgestaltung jedoch in eine andere Kategorie fällt. Ist also bspw. eine Verrechnung zwischen zwei Positionen erlaubt, wenn die Restlaufzeit bei der ersten Position 1 Jahr beträgt (⇒ maximal zulässige Zeitspanne für die Differenz = 7 Tage), bei der zweiten Position aber 1 Jahr und 15 Tage (⇒ maximal zulässige Zeitspanne für die Differenz = 30 Tage)? Wird die erste Position als Maßstab angesehen, so ist eine Verrechnung nicht statthaft, da die Differenz der beiden Restlaufzeiten 15 Tage beträgt. Wird hingegen die zweite Position als relevant betrachtet, so ist eine Verrechnung möglich. Abgesehen von diesen eher technischen Abgrenzungsfragen ist auch die hier angesprochene Voraussetzung zweckadäquat, da das Ausmaß, mit der eine Position auf Zinsänderungen reagiert, von ihrer restlichen Zinsbindungsfrist bzw. Restlaufzeit abhängt.

---

[421] Vgl. § 19 Abs. 4 Nr. 3 Grundsatz I.

[422] Vgl. BAKRED (Erläuterungen 1997), S. 98.

Wie bereits bei der Behandlung der Aktiennettopositionen ausgeführt wurde [423] ist eine Indexaufschlüsselung und Einbeziehung der einzelnen Indexkomponenten in die Nettopositionen nur für Aktienindexgeschäfte statthaft. Daher sind Rentenindexgeschäfte stets „als Geschäfte in einer eigenen Wertpapiergattung zu betrachten" [424]. Eine Saldierung der Indexkomponenten mit gegenläufigen zinssatzbezogenen Wertpapierpositionen ist somit nicht möglich.

(cc) Die Festlegung des Umfangs der Eigenmittelunterlegung für das allgemeine Kursrisiko aus Zinsnettopositionen

Die Ermittlung der Anrechnungsbeträge für das allgemeine Kursrisiko aus Zinsnettopositionen wird in den §§ 20 bis 22 Grundsatz I geregelt. § 20 Abs. 1 Grundsatz I beschreibt in allgemeinen Formulierungen die Vorgehensweise bei Anwendung der Jahresbandmethode, die als Standardmethode vorgegeben wird. Anstelle der Jahresbandmethode dürfen die Institute gemäß § 20 Abs. 2 Grundsatz I aber auch die Durationmethode verwenden [425]. Dabei hat ein Institut das Wahlrecht nach § 20 Abs. 2 Grundsatz I einheitlich und dauerhaft auszuüben, wobei hinsichtlich des Kriteriums der Einheitlichkeit das sog. „gelockerte Einheitlichkeitsprinzip", das vom BAKred im Rahmen des Wahlrechts der Institute zwischen der Laufzeitmethode und der Marktbewertungsmethode hinsichtlich der Anrechnung bestimmter Risikoaktiva eingeführt wurde [426], sinngemäß anzuwenden ist [427]. Dies bedeutet, dass die Institute das ihnen in § 20 Abs. 2 Grundsatz I eingeräumte Wahlrecht nicht ausschließlich für die Gesamtheit aller von ihnen abgeschlossenen Geschäfte, sondern auch bereits für Teilbereiche ihrer Geschäftstätigkeit, die genau festgelegt und eindeutig abgegrenzt sein müssen, einheitlich ausüben dürfen [428]. Die Teilbereiche müssen allerdings „nach objektiven Kriterien bestimmt sein, deren Festlegung zu dokumentieren ist" [429]. So kann sich die Festlegung von Teilbereichen bspw. an der Art der Finanzprodukte (z. B. alle Swapgeschäfte) orientieren oder auf einzelne Währungen oder auf bestimmte organisatorisch abgegrenzte Bereiche des Instituts (z. B. die Abteilung „Zinsderi-

---

[423] Vgl. Kapitel F.IV.2.ac).(4).(bb), S. 308.

[424] BAKRED (Erläuterungen 1997), S. 95.

[425] Zusätzlich zu diesen beiden Methoden ist es den Instituten gestattet, ein eigenes Risikomodell zu verwenden; vgl. § 2 Abs. 2 Satz 3 i. V. m. § 32 Grundsatz I.

[426] Vgl. BAKRED (Anrechnung 1994), S. 103 ff.

[427] Vgl. BAKRED (Erläuterungen 1997), S. 100.

[428] Vgl. BAKRED (Anrechnung 1994), S. 105.

[429] BAKRED (Anrechnung 1994), S. 105.

vate" der Zentrale) beziehen [430]. Die Institute können dann für jeden einzelnen Teilbereich festlegen, welche der zur Auswahl stehenden Methoden (z. B. Jahresbandmethode, Durationmethode) angewendet werden soll. Insofern bezieht sich die Forderung des § 20 Abs. 2 Grundsatz I nach einheitlicher Ausübung des Wahlrechts lediglich auf die einzelnen Teilbereiche. Im Folgenden erfolgt ausschließlich eine Darstellung der Jahresbandmethode als Standardansatz. Zur Beschreibung der als Alternative vorgesehenen Durationmethode – sie stellt eine verfeinerte Standardmethode dar – wird auf die einschlägige Fachliteratur verwiesen [431].

Zur Ermittlung des Anrechnungsbetrages für das allgemeine Kursrisiko aus Zinsnettopositionen sind bei der Jahresbandmethode die Zinsnettopositionen in sog. Laufzeitbänder einzustellen. Um eine möglichst gleichförmige Reaktion der Barwerte der Zinsnettopositionen auf Änderungen der Marktzinsen zu gewährleisten, wird bei den Zinsnettopositionen nach drei Kriterien differenziert, und zwar:

1. nach der Währung,

2. nach der Nominalverzinsung sowie

3. nach der Zinsbindungsfrist.

Zu 1.: Währung

Wie bereits sowohl für das Vorliegen der Gleichheit von Wertpapieren als auch für die Beurteilung der einander weitgehenden Entsprechung von Positionen aus derivativen Geschäften eine Währungsidentität gefordert wurde [432], sind auch die Zinsnettopositionen getrennt nach Währungen in die jeweiligen Laufzeitbänder einzustellen [433]. Es ist also für *jede* einzelne Währung das in § 21 Abs. 1 Grundsatz I vorgegebene Laufzeitbandraster aufzustellen. Als Folge hiervon „besteht keine Verrechnungsmöglichkeit zwischen Positionen in verschiedenen Währungen" [434]. Die Vorgehensweise zur Ermittlung des Anrechnungsbetrages für das allgemeine Kursrisiko aus Zinsnettopositionen ist indessen bei allen Währungen gleich. Die in § 20 Abs. 1 Grundsatz I festgelegte Differenzierung der Zinsnettopositionen nach Währungen ist erforderlich, da das Risiko einer Preisänderung,

---

[430] Vgl. BAKRED (Anrechnung 1994), S. 105.

[431] Vgl. BAKRED (Erläuterungen 1997), S. 104 ff.; C&L DEUTSCHE REVISION AG (HRSG.) (6. KWG-Novelle 1998), S. 356 ff.; HARTMANN-WENDELS, THOMAS; PFINGSTEN, ANDREAS; WEBER, MARTIN (Bankbetriebslehre 1998), S. 410 ff.

[432] Vgl. § 19 Abs. 3 Nr. 2 u. Abs. 4 Nr. 1 Grundsatz I.

[433] Vgl. § 20 Abs. 1 Grundsatz I.

[434] BAKRED (Erläuterungen 1997), S. 100.

die sich aus einer Veränderung des Zinsniveaus ergibt, erfasst werden soll und der Preis einer Zinsposition sich an dem Zinsniveau desjenigen Landes orientiert, auf dessen Währung sie lautet.

Zu 2.: Nominalverzinsung

Für jedes Laufzeitschema einer Währung werden zwei Zinsbereiche (A und B) vorgegeben (vgl. *Abbildung 43*, S. 332), wobei für die Einstellung in einen der beiden Zinsbereiche die Nominalverzinsung der jeweiligen Zinsnettoposition maßgeblich ist [435]. So sind Zinsnettopositionen mit einer Nominalverzinsung von weniger als 3 % p. a. – hierzu zählen auch Nullkuponanleihen – in den Zinsbereich A einzustellen, während Zinsnettopositionen, bei denen die Nominalverzinsung mindestens 3 % p. a. beträgt, dem Zinsbereich B zugeordnet werden.

Die Differenzierung nach der Höhe der Nominalverzinsung ist sinnvoll, da die Zinsreagibilität einer Position u. a. von diesem Kriterium abhängt. So verändert sich beispielsweise der Barwert einer Nullkuponanleihe bei einer Änderung des Zinsniveaus unter sonst gleichen Umständen stärker, als dies bei einer ansonsten identischen Position, die eine Nominalverzinsung von z. B. 5 % p. a. besitzt, der Fall ist. Grundsätzlich gilt, dass von zwei bis auf die Höhe der Nominalverzinsung identischen Positionen diejenige die höhere Zinsreagibilität aufweist, die die geringere Nominalverzinsung besitzt, da bei ihr der Barwertanteil des am Ende der Laufzeit anfallenden Rückzahlungsbetrags am gesamten Zahlungsrückfluss am größten ist [436]. Durch die Vorgabe von lediglich zwei Zinsbereichen findet allerdings nur eine sehr grobe Berücksichtigung dieses Einflussfaktors statt. Eine akkuratere Erfassung erfolgt bei der alternativ anzuwendenden Durationmethode.

Zu 3.: Zinsbindungsfrist

Innerhalb eines Zinsbereichs sind die Zinsnettopositionen in Abhängigkeit von ihrer restlichen Zinsbindungsfrist in Höhe ihrer maßgeblichen Beträge in sog. „Laufzeitbänder" einzustellen. Diese Differenzierung nach der restlichen Zinsbindungsfrist der Zinsnettopositionen ist angebracht, da das Ausmaß der Barwertänderungen dieser Positionen bei Änderungen des Zinsniveaus von der Länge ihrer restlichen Zinsbindungsfrist abhängt. So wird von zwei festverzinslichen Anleihen, die bis auf die (Rest-) Laufzeit identisch ausgestattet sind, der Barwert derjenigen geringer auf eine Änderung des Zinsniveaus reagieren, die die kürzere

---

[435] Vgl. § 21 Abs. 1 Satz 1 u. Satz 2 Grundsatz I.

[436] Vgl. C&L DEUTSCHE REVISION AG (HRSG.) (6. KWG-Novelle 1998), S. 352.

(Rest-) Laufzeit aufweist [437], da die Beeinflussung des Barwerts durch eine Änderung des Diskontierungsfaktors aufgrund des kürzeren Diskontierungszeitraums geringer ist. Allerdings erfolgt bei der Jahresbandmethode keine taggenaue Differenzierung nach der restlichen Zinsbindungsfrist. Vielmehr werden größere Zeitspannen zu einem Laufzeitband zusammengefasst, sodass sich lediglich eine begrenzte Anzahl an Laufzeitbändern ergibt. Die Länge der zu einem Laufzeitband zusammengefassten Zeitspanne steigt dabei mit zunehmender Dauer der restlichen Zinsbindungsfrist (vgl. *Abbildung 43*, S. 332).

Abbildung 43 (vgl. S. 332) verdeutlicht zudem, dass es für den Zinsbereich A mehr Zeitspannen gibt als für den Zinsbereich B (15 gegenüber 13). Bis zu einer restlichen Zinsbindungsfrist von bis zu einem Jahr sind die Zeitspannen der Zinsbereiche A und B identisch. Danach umfassen die Zeitspannen des Zinsbereichs B stets einen längeren Zeitraum als die dazugehörigen Zeitspannen des Zinsbereichs A. Diese voneinander abweichenden Zeitspannen sollen der unterschiedlichen Zinsreagibilität der beiden Zinsbereiche Rechnung tragen. Da sowohl eine höhere Nominalverzinsung als auch eine kürzere restliche Zinsbindungsfrist eine geringere Zinsreagibilität bewirken, werden einzelnen Zeitspannen des höher verzinslichen Zinsbereichs B jeweils Zeitspannen des Zinsbereichs A mit einer geringeren restlichen Zinsbindungsfrist gegenübergestellt und jeweils zu einem Laufzeitband zusammengefasst. Auf diese Weise soll erreicht werden, dass Zinsnettopositionen aus den Zinsbereichen A und B, die in dasselbe Laufzeitband eingestellt werden, in ausreichendem Maße gleichförmig auf Veränderungen des Zinsniveaus reagieren und eine Verrechnung offener Zinsnettopositionen aus zwei Zinsbereichen eines Laufzeitbands möglich ist.

Da der Zinsbereich A zwei Zeitspannen mehr als der Zinsbereich B besitzt, stehen in den beiden letzten Laufzeitbändern den Zeitspannen des Zinsbereichs A keine Zeitspannen des Zinsbereichs B gegenüber. Die Zeitspannen der ersten vier Laufzeitbänder sind bei beiden Zinsbereichen identisch, da die Auswirkungen unterschiedlicher Zinssätze auf die Zinsreagibilität der Zinsnettopositionen bei einer restlichen Zinsbindungsfrist von bis zu einem Jahr als vernachlässigbar angesehen werden. Ergänzend ist darauf hinzuweisen, dass sich die Laufzeitbänder im Zeitablauf verschieben, d. h. ab dem jeweiligen Berechnungs*stichtag* und nicht nach Kalenderzeiträumen bemessen werden [438].

---

[437] Unter der Annahme, dass bei einer festverzinslichen Anleihe eine Änderung der Nominalverzinsung bis zum Laufzeitende der Anleihe nicht möglich ist, stimmen (Rest-) Laufzeit und (restliche) Zinsbindungsfrist dieser Anleihe überein.

[438] Vgl. § 21 Abs. 1 Satz 3 Grundsatz I.

Abb. 43: Laufzeitbänder, Laufzeitzonen und Gewichtungssätze der Jahresbandmethode gemäß § 21 Abs. 1 Grundsatz I

	Spalte A Laufzeitbänder im Zinsbereich A (restliche Zinsbindungsfrist) Nominalzins < 3 % p. a.	Spalte B Laufzeitbänder im Zinsbereich B (restliche Zinsbindungsfrist) Nominalzins ≥ 3 % p. a.	Spalte C Gewichtungssatz in %
kurzfristige Laufzeitzone (Laufzeitzone 1)	bis zu einem Monat		0,00
	über einem bis zu drei Monaten		0,20
	über drei bis zu sechs Monaten		0,40
	über sechs Monaten bis zu einem Jahr		0,70
mittelfristige Laufzeitzone (Laufzeitzone 2)	über einem bis zu 1,9 Jahren	über einem bis zu 2 Jahren	1,25
	über 1,9 bis zu 2,8 Jahren	über 2 bis zu 3 Jahren	1,75
	über 2,8 bis zu 3,6 Jahren	über 3 bis zu 4 Jahren	2,25
langfristige Laufzeitzone (Laufzeitzone 3)	über 3,6 bis zu 4,3 Jahren	über 4 bis zu 5 Jahren	2,75
	über 4,3 bis zu 5,7 Jahren	über 5 bis zu 7 Jahren	3,25
	über 5,7 bis zu 7,3 Jahren	über 7 bis zu 10 Jahren	3,75
	über 7,3 bis zu 9,3 Jahren	über 10 bis zu 15 Jahren	4,50
	über 9,3 bis zu 10,6 Jahren	über 15 bis zu 20 Jahren	5,25
	über 10,6 bis zu 12,0 Jahren	über 20 Jahren	6,00
	über 12,0 bis zu 20,0 Jahren		8,00
	über 20,0 Jahren		12,50

Nachdem die einzelnen Zinsnettopositionen unter Berücksichtigung ihrer Währung, ihrer Nominalverzinsung und ihrer restlichen Zinsbindungsfrist in die jeweiligen Laufzeitbänder eingestellt worden sind, sind die einzelnen Zinsnettopositionen zu gewichten [439]. Hierzu werden gemäß § 21 Abs. 1 Grundsatz I für jedes Laufzeitband Gewichtungssätze vorgegeben, die mit zunehmender Zeitspanne ansteigen, um die entsprechend der wachsenden Zinsreagibilität steigenden Zinsänderungsrisiken zu berücksichtigen [440]. Diese Gewichtungssätze – sie sind durch die Kapitaladäquanzrichtlinie [441] und die Baseler Eigenkapitalvereinbarung [442] vorgegeben – stellen ein pauschaliertes Ergebnis fiktiver Marktwertänderungen eines bestimmten standardisierten Zahlungsstroms dar, denen ein auf tatsächlichen Marktverhältnissen beruhendes Zinsniveau zugrunde liegt [443].

Die auf diese Weise gewichteten Zinsnettopositionen sind in jedem Laufzeitband getrennt nach ihrer Zinsbindungsrichtung (Long- oder Short-Positionen) zusammenzufassen [444]. Dabei hat die Zusammenfassung in jedem Laufzeitband jeweils über die einzelnen Zeitspannen der *beiden* Zinsbereiche A und B zu erfolgen (die beiden Zinsbereiche wurden ja gerade so gestaltet, dass Zinsnettopositionen verschiedener Zinsbereiche innerhalb eines Laufzeitbands annähernd gleich auf Zinsänderungen reagieren), sodass die bis dahin bestehende Trennung zwischen den beiden Zinsbereichen aufgehoben wird. Für jedes Laufzeitband sind also jeweils zwei Summen der gewichteten Zinsnettopositionen zu berechnen, nämlich die Summe der gewichteten Zinsnettopositionen mit Long-Ausrichtung sowie die Summe der gewichteten Zinsnettopositionen mit Short-Ausrichtung, die einander gegenübergestellt werden [445]. Anhand dieser Gegenüberstellung sind für jedes Laufzeitband „die sich betragsmäßig entsprechenden Summen der gewichteten Nettopositionen mit gegenläufigen Zinsbindungsrichtungen (ausgeglichene Bandpositionen) sowie die verbleibenden Unterschiedsbeträge (offene Bandpositionen) zu ermitteln" [446]. *Abbildung 44* (vgl. S. 334) veranschaulicht die diesbezügliche Berechnungsmethodik zur Bestimmung der *ausgeglichenen Bandposition* sowie der *offenen Bandposition* eines Laufzeitbands.

---

[439] Vgl. § 20 Abs. 1 Grundsatz I.

[440] Vgl. auch *Abbildung 43*, S. 332.

[441] Vgl. RAT DER EUROPÄISCHEN GEMEINSCHAFTEN (Kapitaladäquanzrichtlinie 1993), S. 15.

[442] Vgl. BASELER AUSSCHUSS FÜR BANKENAUFSICHT (Marktrisiken 1996), S. 89.

[443] Vgl. hierzu ausführlich C&L DEUTSCHE REVISION AG (HRSG.) (6. KWG-Novelle 1998), S. 353 f.; LUZ, GÜNTHER; SCHARPF, PAUL (Marktrisiken 1998), S. 256 ff.

[444] Vgl. § 21 Abs. 2 Grundsatz I.

[445] Die einzelnen Summen können auch den Wert Null annehmen, falls in das entsprechende Laufzeitband keine Zinsnettopositionen mit der relevanten Zinsbindungsrichtung eingestellt wurden.

[446] § 21 Abs. 3 Grundsatz I.

Abb. 44: Die Bestimmung der ausgeglichenen Bandposition sowie der offenen Bandposition eines Laufzeitbands gemäß § 21 Abs. 3 Grundsatz I

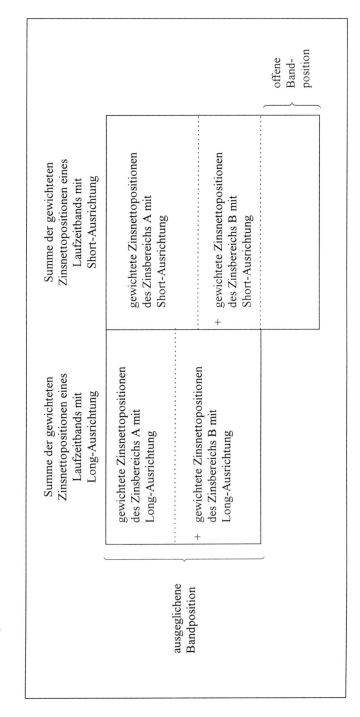

Im Anschluss an die Ermittlung der ausgeglichenen und offenen Bandpositionen sind die ausgeglichenen (geschlossenen) Bandpositionen sämtlicher Laufzeitbänder – ungeachtet ihrer Zugehörigkeit zu einer Laufzeitzone – aufzuaddieren; es ergibt sich die sog. *Gesamtsumme der ausgeglichenen Bandpositionen* [447].

Ein Zinsänderungsrisiko kann immer dann eliminiert werden, wenn zwei betragsmäßig gleiche Zinsnettopositionen auf Veränderungen der Zinssätze in gleichem Maße reagieren, ihre jeweiligen Zinsbindungsrichtungen einander jedoch genau entgegengesetzt sind (sog. „perfect hedge"). Dies ist beispielsweise bei gegenläufigen Positionen in gleichen Wertpapieren der Fall. Reagieren indessen einander gegenläufig ausgerichtete Positionen nicht völlig gleich auf Zinsänderungen, so ergibt sich zwar auch hier ein gewisser Risikokompensationseffekt; es bleibt aber ein Restrisiko bestehen, das als Basisrisiko bezeichnet wird. In der Regel ist ein solches Basisrisiko umso größer, je stärker sich die restlichen Zinsbindungsfristen zweier Zinsnettopositionen voneinander unterscheiden. Um den Risikokompensationseffekt von entgegengesetzten Zinsnettopositionen, die nicht völlig gleich auf Zinsänderungen reagieren, zu berücksichtigen, sieht § 21 Grundsatz I vor, auch solche Positionen gegeneinander aufzurechnen, so wie dies bei den gewichteten Zinsnettopositionen mit gegenläufiger Zinsbindungsrichtung desselben Laufzeitbands der Fall ist. Es dürfen also nicht nur Positionen innerhalb eines Laufzeitbands miteinander verrechnet werden, sondern auch entgegengesetzte Positionen aus verschiedenen Laufzeitbändern. Damit aber zuerst Positionen miteinander verrechnet werden, bei denen das Basisrisiko relativ gering ist, von denen also angenommen werden kann, dass sie noch einigermaßen gleichförmig auf Zinsänderungen reagieren, werden die einzelnen Laufzeitbänder gemäß § 21 Abs. 1 Satz 4 Grundsatz I in drei Laufzeitzonen eingeteilt (vgl. auch *Abbildung 43*, S. 332). Konkret werden

– die ersten vier Laufzeitbänder zur kurzfristigen Laufzeitzone (Laufzeitzone 1),
– die folgenden drei Laufzeitbänder zur mittelfristigen Laufzeitzone (Laufzeitzone 2) sowie
– die übrigen Laufzeitbänder zur langfristigen Laufzeitzone (Laufzeitzone 3),

verbunden.

Für jede Laufzeitzone sind sodann „die der Zone zugehörigen offenen Bandpositionen getrennt nach ihrer Zinsbindungsrichtung zusammenzufassen" [448]. Es sind also innerhalb einer jeden Laufzeitzone wiederum jeweils zwei Summen zu be-

---

[447] Vgl. § 21 Abs. 4 Satz 1 Grundsatz I.
[448] § 21 Abs. 4 Satz 2 Grundsatz I.

rechnen, nämlich die Summe der offenen Bandpositionen mit Long-Ausrichtung sowie die Summe der offenen Bandpositionen mit Short-Ausrichtung. Innerhalb einer jeden Laufzeitzone sind die so ermittelten summierten offenen Bandpositionen mit Long-Ausrichtung den diesen gegenläufigen summierten offenen Bandpositionen mit Short-Ausrichtung gegenüberzustellen und jeweils die *ausgeglichene Zonenposition* sowie die *offene Zonenposition* zu errechnen [449]. Hierbei ergibt sich die ausgeglichene Zonenposition für jede Laufzeitzone jeweils als die kleinere der beiden summierten offenen Bandpositionen, während die offene Zonenposition in jeder Laufzeitzone sich jeweils als der die ausgeglichene Zonenposition übersteigende Betrag der größeren summierten Bandposition (also als der Saldo der beiden summierten offenen Bandpositionen jeder Laufzeitzone) darstellt.

Bei den ausgeglichenen Zonenpositionen handelt es sich zwar um betragsmäßig geschlossene Zinsnettopositionen. Allerdings beinhalten sie ein Basisrisiko, da Zinsnettopositionen verschiedener Laufzeitbänder miteinander saldiert werden, die Zinsreagibilitäten dieser Zinsnettopositionen somit aufgrund verschiedener restlicher Zinsbindungsfristen im Allgemeinen unterschiedlich sein werden. Da aber hier nur Zinsnettopositionen innerhalb einer Laufzeitzone miteinander verrechnet werden und die restlichen Zinsbindungsfristen sich innerhalb einer Laufzeitzone nur in begrenztem Umfang voneinander unterscheiden, hält sich das mit der Saldierung verbundene Basisrisiko in akzeptablen Grenzen.

Ein höheres Basisrisiko ergibt sich in der Regel dann, wenn offene Zinsnettopositionen *verschiedener* Laufzeitzonen miteinander verrechnet werden. Dabei ist das Basisrisiko umso größer, je weiter die Laufzeitzonen auseinander liegen. Aus diesem Grund schreibt § 21 Abs. 5 Satz 2, 2. Halbsatz Grundsatz I vor, dass – unter Berücksichtigung ihrer jeweiligen Zinsbindungsrichtung – „zunächst die offene Zonenposition der kurzfristigen Zone mit der offenen Zonenposition der mittelfristigen Zone ... zu verrechnen" ist (Saldierung zwischen Laufzeitzone 1 und Laufzeitzone 2). Die nach dieser Verrechnung gegebenenfalls verbleibende offene Zonenposition ist entweder der kurzfristigen Laufzeitzone (sog. „verbleibende offene Zonenposition der kurzfristigen Zone") oder der mittelfristigen Laufzeitzone (sog. „verbleibende offene Zonenposition der mittelfristigen Zone") zuzuordnen, je nachdem welche der in die Saldierung eingegangenen offenen Zonenpositionen größer war. Sollte die offene Zonenposition der kurzfristigen Zone die gleiche Zinsbindungsrichtung wie die offene Zonenposition der mittelfristigen Zone aufweisen, ist keine Verrechnung der offenen Zonenpositionen

---

[449] Vgl. § 21 Abs. 5 Satz 1 Grundsatz I.

dieser beiden Laufzeitzonen möglich. Nur in diesem Fall kann sich sowohl eine verbleibende offene Zonenposition der kurzfristigen Zone als auch eine verbleibende offene Zonenposition der mittelfristigen Zone ergeben.

In einem nächsten Schritt ist dann – wiederum unter Berücksichtigung ihrer jeweiligen Zinsbindungsrichtung – die gegebenenfalls verbliebene offene Zonenposition der mittelfristigen Zone mit der offenen Zonenposition der langfristigen Zone zu verrechnen (Saldierung zwischen Laufzeitzone 2 und Laufzeitzone 3); die sich aus dieser Verrechnung eventuell ergebende verbleibende offene Zonenposition der langfristigen Zone ist schließlich mit einer gegebenenfalls verbliebenen gegenläufigen offenen Zonenposition der kurzfristigen Zone zusammenzufassen (Saldierung zwischen Laufzeitzone 3 und Laufzeitzone 1)[450]. Danach ist eine Verrechnung zwischen den Laufzeitzonen nicht mehr möglich, da keine Zinsnettopositionen mit einander entgegengerichteten Zinsbindungsrichtungen mehr vorliegen können. Es können aber nach diesen Verrechnungen bis zu drei verbleibende offene Zonenpositionen bestehen (nämlich maximal eine für jede Laufzeitzone), die die gleiche Zinsbindungsrichtung aufweisen (müssen). Diese sind zur sog. *verbleibenden offenen Zonensaldoposition* aufzuaddieren[451].

Um dem unterschiedlich hohen Basisrisiko Rechnung zu tragen, sind die ausgeglichenen Positionen sowie die verbleibende offene Zonensaldoposition wie in *Abbildung 45* (vgl. S. 338) dargestellt zu gewichten[452].

Auf den ersten Blick sieht es so aus, als ob die Gewichtung der ausgeglichenen Zonensaldoposition zwischen den verbleibenden offenen Zonenpositionen der kurzfristigen und der langfristigen Zone mit 150 % zu einer stärkeren Berücksichtigung (und damit zu einer höheren Eigenmittelunterlegungspflicht) der darin enthaltenen Zinsnettopositionen führt, als dies bei den Zinsnettopositionen der

---

[450] Vgl. § 21 Abs. 5 Satz 2, 2. Halbsatz Grundsatz I. Es ergibt sich im Ergebnis kein Unterschied, ob zuerst die offene Zonenposition der kurzfristigen Zone und die offene Zonenposition der mittelfristigen Zone saldiert werden und dann die verbleibende offene Zonenposition der mittelfristigen Zone mit der offenen Zonenposition der langfristigen Zone verrechnet wird oder – wie dies die Wahlmöglichkeit in Anhang I Textziffer 20 der Kapitaladäquanzrichtlinie gestattet – zuerst die offene Zonenposition der mittelfristigen Zone mit der offenen Zonenposition der langfristigen Zone verrechnet wird und danach die offene Zonenposition der kurzfristigen Zone mit der verbleibenden offenen Zonenposition der mittelfristigen Zone saldiert wird. Zur Vermeidung eines erhöhten Meldeaufwands bei den Instituten sowie eines größeren Arbeitsaufwands beim BAKred wurde deshalb auf die Aufnahme dieses Wahlrechts in den Grundsatz I verzichtet; vgl. BAKRED (Erläuterungen 1997), S. 101 f.

[451] Dies ergibt sich als Schlussfolgerung aus § 21 Abs. 6 Nr. 8 Grundsatz I in Übereinstimmung mit Anhang I Textziffer 22 der Kapitaladäquanzrichtlinie.

[452] Vgl. § 21 Abs. 6 Grundsatz I.

Abb. 45: **Gewichtungssätze für ausgeglichene Positionen sowie eine verbleibende offene Zonensaldoposition gemäß § 21 Abs. 6 Grundsatz I**

Position	Gewichtungssatz
Gesamtsumme der ausgeglichenen Bandpositionen (Saldierungen innerhalb der Laufzeitbänder)	10 %
ausgeglichene Zonenposition der kurzfristigen Zone (Saldierungen innerhalb der Laufzeitzone 1)	40 %
ausgeglichene Zonenposition der mittelfristigen Zone (Saldierungen innerhalb der Laufzeitzone 2)	30 %
ausgeglichene Zonenposition der langfristigen Zone (Saldierungen innerhalb der Laufzeitzone 3)	30 %
ausgeglichene Zonensaldoposition zwischen der kurzfristigen und der mittelfristigen Zone (Saldierung zwischen Laufzeitzone 1 und Laufzeitzone 2)	40 %
ausgeglichene Zonensaldoposition zwischen der verbleibenden offenen Zonenposition der mittelfristigen Zone und der offenen Zonenposition der langfristigen Zone (Saldierung zwischen Laufzeitzone 2 und Laufzeitzone 3)	40 %
ausgeglichene Zonensaldoposition zwischen den verbleibenden offenen Zonenpositionen der kurzfristigen und der langfristigen Zone (Saldierung zwischen Laufzeitzone 1 und Laufzeitzone 3)	150 %
verbleibende offene Zonensaldoposition	100 %

verbleibenden offenen Zonensaldoposition, die nur mit 100 % zu gewichten ist, der Fall ist. Es ist aber zu berücksichtigen, dass die ausgeglichene Zonensaldoposition zwischen den verbleibenden offenen Zonenpositionen der kurzfristigen und der langfristigen Zone Zinsnettopositionen sowohl mit Long-Ausrichtung als auch mit Short-Ausrichtung umfasst, also Zinsnettopositionen in doppeltem Umfang beinhaltet und somit jede Seite der gegenläufigen verbleibenden offenen Zonenposition im Ergebnis lediglich mit 75 % gewichtet wird, während die verbleibende offene Zonensaldoposition keine gegenläufigen Zinsnettopositionen umfasst und diese daher mit 100 % gewichtet werden.

Der Anrechnungsbetrag (= Eigenmittelunterlegungsbetrag) für das allgemeine Kursrisiko aus Zinsnettopositionen ergibt sich schließlich, indem die gewichteten ausgeglichenen Positionen sowie die gewichtete verbleibende offene Zonensaldoposition aufsummiert werden [453].

(cd) Die Festlegung des Umfangs der Eigenmittelunterlegung für das besondere Kursrisiko aus Zinsnettopositionen

Die Vorschriften zur Ermittlung des Anrechnungsbetrages für das besondere Kursrisiko aus Zinsnettopositionen befinden sich in § 23 Grundsatz I. Zur Berechnung dieses Anrechnungsbetrages sind die Zinsnettopositionen – unabhängig von ihrer aktivischen oder passivischen Ausrichtung – in Höhe ihrer nach § 19 Abs. 2 Satz 3 Grundsatz I bestimmten maßgeblichen Beträge, die nach den Regelungen des § 23 Grundsatz I mit ihren Qualitätsgewichtungsfaktoren zu gewichten sind, aufzuaddieren und die so erhaltene Summe mit 8 % zu gewichten. Eine über die Verrechnung von gegenläufig ausgerichteten Positionen in gleichen Wertpapieren hinausgehende Saldierung der Zinsnettopositionen ist demnach im Gegensatz zur Verfahrensweise beim allgemeinen Kursrisiko aus Zinsnettopositionen nicht möglich. Die Bonitätsveränderung eines Emittenten führt nämlich nur zu einer Wertänderung der von ihm begebenen Papiere und hat keinen Einfluss auf die Bonität anderer Emittenten und die Werthaltigkeit der von diesen emittierten Schuldtitel.

Abbildung 46 (vgl. S. 340) enthält eine vereinfachte Darstellung der Vorgehensweise zur Ermittlung des Anrechnungsbetrages für das besondere Kursrisiko aus Zinsnettopositionen.

Zur Differenzierung des besonderen Kursrisikos aus Zinsnettopositionen sieht § 23 Grundsatz I insgesamt fünf Qualitätsgewichtungsfaktoren vor, deren Höhe sich nach dem Risiko richtet, dass eine Bonitätsveränderung des Emittenten eintritt und diese eine Änderung des Marktwertes der Position zur Folge hat. Die Qualitätsgewichtungsfaktoren sowie die Anrechnungsvoraussetzungen sind in *Abbildung 47* (vgl. S. 341) aufgeführt.

---

[453] Vgl. § 21 Abs. 6 Grundsatz I.

Abb. 46: **Vereinfachte Darstellung der Ermittlung des Anrechnungsbetrages für das besondere Kursrisiko aus Zinsnetto-positionen**

maßgebliche Beträge der einzelnen Zinsnettopositionen

x

zugehörige Qualitätsgewichtungsfaktoren

x

8 %

=

Anrechnungsbetrag für das besondere Kursrisiko aus Zinsnettopositionen

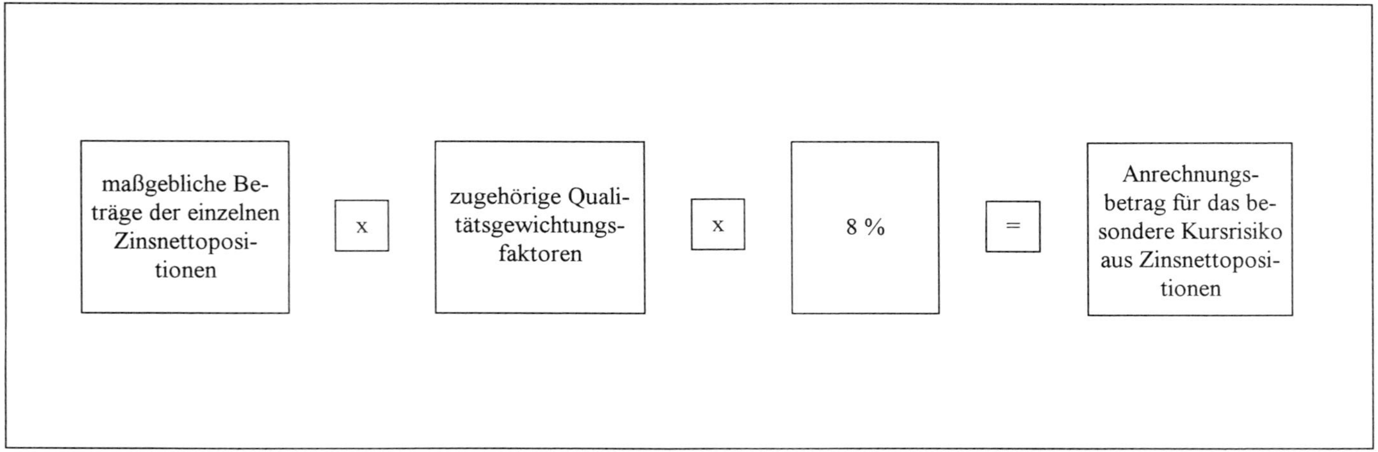

Abb. 47: Zuordnung der Qualitätsgewichtungsfaktoren zu Zinsrisiko-positionen

Zinsrisikopositionen	Qualitätsgewichtungsfaktor
Wertpapier-Zinsnettopositionen, deren Erfüllung geschuldet oder ausdrücklich gewährleistet wird von • dem Bund, einem Land, einem rechtlich unselbst-ständigen Sondervermögen des Bundes oder eines Landes, einer Gemeinde, einem Gemeindeverband oder der Kreditanstalt für Wiederaufbau, • einer ausländischen Zentralregierung, einer Zentral-notenbank der „Zone A" (einschl. Deutsche Bundes-bank) oder den Europäischen Gemeinschaften, • einer Regionalregierung oder örtlichen Gebietskör-perschaft in einem anderen Mitgliedstaat der EG oder Vertragsstaat über den EWR	0 %
Derivativ-Zinsnettopositionen, bei denen in Bezug auf den zugrunde liegenden Gegenstand kein emittenten-bezogenes Risiko besteht	0 %
Wertpapier-Zinsnettopositionen in Wertpapieren mit hoher Anlagequalität mit einer Restlaufzeit von • bis zu sechs Monaten	3,125 %
• über sechs Monaten bis zu zwei Jahren	12,5 %
• mehr als zwei Jahren	20 %
sonstige Zinsnettopositionen	100 %

<u>0 %-Gewichtung</u>

Gemäß § 23 Abs. 2 Grundsatz I sind bestimmte Zinsnettopositionen bei der Zu-sammenfassung der Zinsnettopositionen zur Ermittlung des Anrechnungsbetrages für das besondere Kursrisiko aus Zinsnettopositionen nicht zu berücksichtigen. Diese Nichtberücksichtigung kommt einer Gewichtung der relevanten Zinsnetto-positionen mit 0 % gleich [454].

---

[454] Vgl. BAKRED (Erläuterungen 1997), S. 125.

Die hier angesprochene Nullgewichtung ist für zwei Kategorien von Zinsnetto-positionen vorgesehen. Sie gilt zunächst für Nettopositionen in Wertpapieren, deren Erfüllung von staatlichen Stellen oder von Stellen, die über eine mit diesen vergleichbare Bonität verfügen, geschuldet oder ausdrücklich gewährleistet wird. Die Regelung des § 23 Abs. 2 Grundsatz I nimmt dabei auf die Bestimmungen des § 13 Abs. 1 Nr. 1 Grundsatz I Bezug, in dem die Nullgewichtung von Risiko-aktiva im Rahmen der Erfassung des Adressenrisikos aus Positionen des Anlage-buchs festgelegt ist. Für das besondere Kursrisiko aus Zinsnettopositionen gelten die in § 13 Abs. 1 Nr. 1 Grundsatz I genannten Vorschriften bis auf die Ausnahme, dass Risikoaktiva, deren Erfüllung von einer Zentralregierung oder einer Zentralnotenbank der „Zone B" geschuldet oder ausdrücklich gewährleistet wird und die auf die Währung des jeweiligen Schuldners bzw. Emittenten lauten und auch in dieser refinanziert sind (sog. „Lokalfinanzierungen"), nicht in die Null-gewichtung einzubeziehen sind. Diese Ausnahme ist darauf zurückzuführen, dass die Nullgewichtung „voraussetzen würde, dass die Institute nachweisen, dass zumindest die Wertpapierbestände (Long-Positionen) tatsächlich in lokaler Wäh-rung refinanziert sind, d. h. eine eindeutige Zuordnung der Refinanzierung über die gesamte Haltedauer stattfindet"[455]. Außerdem würden Probleme bei Short-Positionen auftreten, da bei diesen eine Refinanzierung naturgemäß nicht mög-lich ist.

Über die vorstehend angeführten Wertpapier-Zinsnettopositionen hinaus fallen auch Positionen, die in die Ermittlung der Derivativ-Zinsnettopositionen ein-gehen, unter die Nullgewichtung. Während bei den Nettopositionen in bestimm-ten Staatstiteln die außerordentlich hohe Bonität des Schuldners eine Wertverän-derung der Nettoposition aufgrund einer Bonitätsveränderung des Schuldners beinahe vollständig ausschließt und die Nullgewichtung damit gerechtfertigt er-scheint, ist bei den in den Derivativ-Zinsnettopositionen erfassten Positionen der Grund für die Nullgewichtung darin zu sehen, dass bei diesen der zugrunde lie-gende Geschäftsgegenstand ein Zinssatz ist, der kein emittentenbezogenes Risiko beinhalten kann.

<u>3,125 %-, 12,5 %- und 20 %-Gewichtung</u>

§ 23 Abs. 3 Grundsatz I sieht für Wertpapier-Zinsnettopositionen in *Wertpapie-ren mit hoher Anlagequalität* reduzierte Qualitätsgewichtungsfaktoren vor. Hier-durch soll dem verringerten besonderen Kursrisiko bestimmter Aktiva Rechnung getragen werden, das sich daraus ergibt, dass entweder der Emittent einem boni-

---

[455] BAKRED (Erläuterungen 1997), S. 125.

tätsmäßig bevorzugten Personenkreis angehört oder das Risiko der Nichterfüllung der Rückzahlung bei diesen Aktiva aus anderen Gründen deutlich geringer ist [456]. Welche Wertpapiere über eine hohe Anlagequalität verfügen, wird in § 23 Abs. 3 Satz 2 Grundsatz I festgelegt (vgl. hierzu auch *Abbildung 48*, S. 344). Zu den Wertpapieren mit hoher Anlagequalität zählen danach solche Wertpapiere, bei denen die Erfüllung von Personen nach § 13 Abs. 3 Nr. 1 Buchstabe a) bis g) sowie i) und j) Grundsatz I geschuldet oder ausdrücklich gewährleistet wird (sog. *Wertpapiere mit einem geringen besonderen Kursrisiko*). Es handelt sich also um Wertpapiere, die bei der Ermittlung des Adressenrisikos von Risikoaktiva des Anlagebuchs mit 20 % gewichtet werden. Hiervon besteht allerdings eine Ausnahme. Nicht zu den Wertpapieren mit einem geringen besonderen Kursrisiko zählen Wertpapiere, deren Erfüllung von einem Kreditinstitut der „Zone B" geschuldet oder ausdrücklich gewährleistet wird, auch wenn die Ursprungslaufzeit der Wertpapiere die Dauer eines Jahres nicht übersteigt und es sich nicht um Eigenmittel handelt. Die Herausnahme dieser Wertpapiere aus dem Kreis der bevorzugten Aktiva wird durch die allgemeine Bonitätseinstufung dieser Kreditinstitute begründet [457], obwohl diesen Wertpapieren im Rahmen der Berechnung des Adressenrisikos von Risikoaktiva des Anlagebuchs ein Bonitätsgewichtungsfaktor in Höhe von 20 % beigemessen wird.

Neben den Wertpapieren mit einem geringen besonderen Kursrisiko gelten auch solche Wertpapiere als Wertpapiere mit hoher Anlagequalität, die bestimmte Voraussetzungen erfüllen (vgl. auch *Abbildung 48*, S. 344):

1. Sie müssen auf mindestens einem geregelten Markt i. S. d. Art. 1 Nr. 13 Wertpapierdienstleistungsrichtlinie in einem Mitgliedstaat der Europäischen Union bzw. in einem Vertragsstaat über das EWR-Abkommen oder an einer anerkannten Börse eines anderen Landes der „Zone A" gehandelt werden [458]. Zu den anerkannten Börsen zählen diejenigen, die die Bedingungen der Legaldefinition der Wertpapier- und Terminbörsen gemäß § 1 Abs. 3e KWG erfüllen [459]. Diese Bedingungen, die bereits als Voraussetzung für den reduzierten Anrechnungssatz im Rahmen der Erfassung des besonderen Aktienkursrisikos für hochliquide Aktien mit hoher Anlagequalität zur Anwendung kamen, sind folgende.

---

[456]   Vgl. BAKRED (Erläuterungen 1997), S. 125.

[457]   Vgl. BAKRED (Erläuterungen 1997), S. 125.

[458]   Vgl. § 23 Abs. 3 Satz 2 Nr. 1 Grundsatz I.

[459]   Vgl. BAKRED (Erläuterungen 1997), S. 126.

Abb. 48:   Wertpapiere mit hoher Anlagequalität

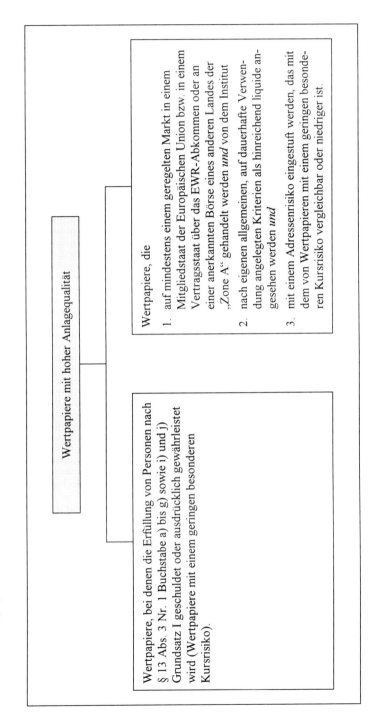

Die Börsen müssen

– von staatlich anerkannten Stellen geregelt und überwacht werden,

– regelmäßig stattfinden,

– für das Publikum unmittelbar oder mittelbar zugänglich sein; hierzu reicht es aus, wenn den Börsenteilnehmern durch die Börsenordnung nicht untersagt ist, Geschäfte für diejenigen Personen kommissionsweise abzuschließen, die selbst nicht zum Handel an der Börse zugelassen sind [460]. Als Wertpapierbörsen i. S. d. § 1 Abs. 3e KWG gelten auch diejenigen für diese Wertpapierbörsen agierenden Clearingstellen, die von einer staatlich anerkannten Stelle geregelt und überwacht werden. Da die Clearingstellen in der Bundesrepublik Deutschland der Börsenaufsicht unterliegen, sind auch sie als Wertpapierbörsen i. S. d. § 1 Abs. 3e KWG anzusehen [461].

Die geregelten Märkte i. S. d. Art. 1 Nr. 13 Wertpapierdienstleistungsrichtlinie erfüllen diese Voraussetzungen für die Einstufung als anerkannte Börsen der „Zone A" [462]. Als geregelte Märkte innerhalb der EU bzw. des EWR gelten zur Zeit u. a. die folgenden Märkte (es werden lediglich die in der Bundesrepublik Deutschland anerkannten Märkte aufgezählt) [463]:

– Berliner Wertpapierbörse (Amtlicher Handel, Geregelter Markt),

– Bremer Wertpapierbörse (Amtlicher Handel, Geregelter Markt),

– Rheinisch-Westfälische Börse zu Düsseldorf (Amtlicher Handel, Geregelter Markt),

– Frankfurter Wertpapierbörse (Amtlicher Handel, Geregelter Markt, Neuer Markt),

– Eurex Deutschland,

– Hanseatische Wertpapierbörse Hamburg (Amtlicher Handel, Geregelter Markt),

– Niedersächsische Börse zu Hannover (Amtlicher Handel, Geregelter Markt),

– Bayerische Börse (Amtlicher Handel, Geregelter Markt),

– Baden-Württembergische Wertpapierbörse zu Stuttgart (Amtlicher Handel, Geregelter Markt).

---

[460] Vgl. BUNDESREGIERUNG (Entwurf eines Gesetzes zur Umsetzung von EG-Richtlinien 1997), S. 68.

[461] Vgl. BUNDESREGIERUNG (Entwurf eines Gesetzes zur Umsetzung von EG-Richtlinien 1997), S. 68.

[462] Vgl. BAKRED (Erläuterungen 1997), S. 127.

[463] Zu dem derzeit gültigen Verzeichnis der geregelten Märkte innerhalb der EU gemäß Art. 16 Wertpapierdienstleistungsrichtlinie vgl. KOMMISSION DER EUROPÄISCHEN GEMEINSCHAFTEN (Verzeichnis 1999a), S. 19 f.; KOMMISSION DER EUROPÄISCHEN GEMEINSCHAFTEN (Verzeichnis 1999b), S. 20.

2. Zusätzlich zu dieser ersten Voraussetzung, die bereits eine gewisse Liquidität der Wertpapiere sicherstellen soll, ist es erforderlich, dass die Wertpapiere von dem Institut selbst als hinreichend liquide angesehen werden [464]. Zu diesem Zweck hat das Institut eigene allgemeine Kriterien aufzustellen, anhand derer es die Liquidität der Wertpapiere beurteilt. Diese eigenen allgemeinen Kriterien sind auf eine dauerhafte Verwendung hin anzulegen, um missbräuchlichen Gestaltungsmöglichkeiten vorzubeugen. Eine mehrmalige kurzfristige Änderung der eigenen allgemeinen Kriterien oder der Liquiditätseinstufung der Wertpapiere wird beim BAKred in aller Regel Zweifel an der ordnungsgemäßen Beurteilung aufwerfen, die dazu führen können, dass das BAKred von dem betroffenen Institut einen höheren Anrechnungssatz für die Positionen in den fraglichen Wertpapieren verlangt [465].

Aus Gründen der Nachvollziehbarkeit und Überprüfung der eigenen allgemeinen Kriterien sind diese vom Institut ausführlich zu dokumentieren und dem BAKred auf dessen Verlangen offen zu legen und zu begründen [466]. Ohne spezielle Aufforderung durch die Aufsichtsstellen hat das Institut von sich aus dem BAKred die erstmalige Verwendung eigener allgemeiner Kriterien zu melden [467]. Darüber hinaus ist im Prüfungsbericht nicht nur eine Darstellung der institutseigenen Beurteilungskriterien zu geben, sondern auch über die Einhaltung ihrer dauerhaften Verwendung zu berichten [468].

3. Als letzte Voraussetzung dafür, dass ein Institut Wertpapieren eine hohe Anlagequalität beimessen kann, schreibt § 23 Abs. 3 Satz 2 Nr. 2 Grundsatz I vor, dass die Wertpapiere von dem Institut mit einem Adressenrisiko eingestuft werden müssen, das mit dem von Wertpapieren mit einem geringen besonderen Kursrisiko (also nahezu alle Wertpapiere, denen bei der Erfassung des Adressenrisikos aus Positionen des Anlagebuches ein Bonitätsgewichtungsfaktor in Höhe von 20 % zugeordnet ist) vergleichbar oder niedriger ist. Durch diese letzte Bedingung wird zum einen verhindert, dass ein niedrigerer Qualitätsgewichtungsfaktor lediglich aus Liquiditätsgesichtspunkten (also ausschließlich aufgrund der beiden vorgenannten Kriterien) zur Anwendung kommt; zum anderen wird dadurch sichergestellt, dass das Institut keinen Wertpapieren einen bevorzugten Qualitätsgewichtungsfaktor zukommen las-

---

[464] Vgl. § 23 Abs. 3 Satz 2 Nr. 2 Grundsatz I.

[465] Vgl. BAKRED (Erläuterungen 1997), S. 129.

[466] Vgl. BAKRED (Erläuterungen 1997), S. 129.

[467] Vgl. BAKRED (Erläuterungen 1997), S. 129.

[468] Vgl. BAKRED (Erläuterungen 1997), S. 129.

sen kann, die es als ausfallrisikogefährdeter als Wertpapiere mit einem geringen besonderen Kursrisiko, für die die niedrigeren Qualitätsgewichtungsfaktoren ja ebenfalls gelten, einstuft. Eine konsistente Anwendung der Qualitätsgewichtungsfaktoren kann auf diese Weise ebenso gewährleistet werden wie eine allzu willkürliche Zuordnung der Qualitätsgewichtungsfaktoren zu einzelnen Wertpapieren verhindert wird.

§ 23 Abs. 3 Satz 3 Grundsatz I sieht schließlich drei verschiedene Qualitätsgewichtungsfaktoren für Wertpapier-Zinsnettopositionen in Wertpapieren mit hoher Anlagequalität vor. Diese Qualitätsgewichtungsfaktoren orientieren sich an der Restlaufzeit der Wertpapier-Zinsnettopositionen, um dem Umstand Rechnung zu tragen, dass die Wahrscheinlichkeit einer Bonitätsveränderung des Emittenten mit zunehmender Zeitspanne anwächst. Daher steigen die Qualitätsgewichtungsfaktoren auch mit zunehmender Restlaufzeit der Wertpapier-Zinsnettopositionen an. Im Einzelnen betragen die Qualitätsgewichtungsfaktoren für Wertpapier-Zinsnettopositionen mit einer Restlaufzeit von

- bis zu sechs Monaten   3,125 %,

- über sechs Monaten bis zu zwei Jahren   12,500 %,

- mehr als zwei Jahren   20,000 %.

100 %-Gewichtung

Der Qualitätsgewichtungsfaktor in Höhe von 100 % ist für diejenigen Zinsnettopositionen vorgesehen, auf die kein niedrigerer Qualitätsgewichtungsfaktor angewendet werden darf. Zu diesen „zählen die Emissionen, die im Hinblick auf die Fähigkeit des Emittenten zur Zinszahlung und Kapitalrückzahlung spekulative Merkmale aufweisen"[469]. Anzeichen für spekulative Merkmale bestehen aus Sicht des BAKred insbesondere dann, wenn es wahrscheinlich ist, dass für den Emittenten nachteilige wirtschaftliche, finanzielle oder geschäftliche Entwicklungen seine Fähigkeit oder Bereitschaft zur vertragsgemäßen Bedienung der Wertpapiere beeinträchtigen werden[470]. Aber auch bereits bei geringeren vorübergehenden Anfälligkeiten des Emittenten können seine Fähigkeit oder Bereitschaft zur fristgerechten Zinszahlung und Kapitalrückzahlung zweifelhaft erscheinen, sodass von der Anwendung eines niedrigeren Qualitätsgewichtungsfaktors abzusehen ist[471].

---

[469] BAKRED (Erläuterungen 1997), S. 130.

[470] Vgl. BAKRED (Erläuterungen 1997), S. 130.

[471] Vgl. BAKRED (Erläuterungen 1997), S. 130.

Nachdem die maßgeblichen Beträge der einzelnen Zinsnettopositionen – sie ergeben sich aus den aktuellen Marktpreisen der Wertpapiere – mit ihren jeweiligen Qualitätsgewichtungsfaktoren bewertet worden sind, sind diese – unter Vernachlässigung ihres Vorzeichens – aufzusummieren. Durch die Anwendung eines Gewichtungssatzes in Höhe von 8 % auf die so ermittelte Größe ergibt sich schließlich der Anrechnungsbetrag (= Eigenmittelunterlegungsbetrag) für das besondere Kursrisiko aus Zinsnettopositionen. Das gleiche Ergebnis stellt sich ein, wenn zunächst die Qualitätsgewichtungsfaktoren mit 8 % multipliziert werden, diese derart modifizierten Qualitätsgewichtungsfaktoren sodann auf die maßgeblichen Beträge der einzelnen Zinsnettopositionen angewendet werden und die so erhaltenen Beträge aufaddiert werden. Die modifizierten Qualitätsgewichtungsfaktoren – sie stellen den jeweiligen Eigenmittelunterlegungssatz dar – errechnen sich wie folgt:

$$0,000\,\% \quad x \quad 8\,\% \quad = \quad 0,00\,\%$$

$$3,125\,\% \quad x \quad 8\,\% \quad = \quad 0,25\,\%$$

$$12,500\,\% \quad x \quad 8\,\% \quad = \quad 1,00\,\%$$

$$20,000\,\% \quad x \quad 8\,\% \quad = \quad 1,60\,\%$$

$$100,000\,\% \quad x \quad 8\,\% \quad = \quad 8,00\,\%.$$

Diese modifizierten Qualitätsgewichtungsfaktoren entsprechen den Gewichten, die in Anhang I Textziffer 14 Kapitaladäquanzrichtlinie sowie in Teil A.1 Textziffer 4 der Änderung der Eigenkapitalvereinbarung zur Einbeziehung der Marktrisiken (Baseler Marktrisikoregelungen) als Anrechnungsfaktoren vorgesehen sind. Insofern werden diese internationalen Vorgaben – wenn auch in etwas modifizierter Form – eingehalten.

(ce) Der Gesamtanrechnungsbetrag für das allgemeine und das besondere Zinsrisiko

Die entsprechend den vorstehenden Ausführungen ermittelten Anrechnungsbeträge für das allgemeine zinspositionsbezogene Kursrisiko und das besondere zinspositionsbezogene Kursrisiko sind zum (Gesamt-) Anrechnungsbetrag des Zinsrisikos für die Handelsbuch-Risikopositionen aufzuaddieren (vgl. *Abbildung 49*, S. 349). Dieser (Gesamt-) Anrechnungsbetrag stellt *eine* Komponente der Anrechnungsbeträge für die Handelsbuch-Risikopositionen eines Instituts dar. Die beiden anderen Komponenten sind der Anrechnungsbetrag für das Aktienkursrisiko sowie der Anrechnungsbetrag für die sich aus den Handelsbuchpositionen ergebenden Adressenrisiken.

Abb. 49:   Die Ermittlung des (Gesamt-) Anrechnungsbetrages des Zins-risikos für die Handelsbuch-Risikopositionen eines Instituts

Anrechnungsbetrag für das allgemeine zins-positionsbezogene Kursrisiko

+ Anrechnungsbetrag für das besondere zins-positionsbezogene Kursrisiko

= (Gesamt-) Anrechnungsbetrag des Zinsrisikos für die Handelsbuch-Risikopositionen

(d)   Die Ermittlung der Anrechnungsbeträge für die Adressenrisiken der Handelsbuchpositionen

(da) Überblick

§ 27 Grundsatz I regelt die Eigenmittelanforderungen zur Abdeckung der Adres-senrisiken im Zusammenhang mit den Beständen und Geschäften des Handels-buchs. Hierzu zählen das Abwicklungsrisiko, das Vorleistungsrisiko und die Er-füllungsrisiken aus Pensionsgeschäften und Leihgeschäften sowie aus außerbörs-lich gehandelten derivativen Instrumenten, d. h. aus solchen Instrumenten, die keinen täglichen Einschusspflichten unterworfen sind (Margin-System) und deren Erfüllung auch nicht von einer Wertpapierbörse oder Terminbörse geschuldet oder gewährleistet wird. Darüber hinaus sind die Adressenrisiken aus Forderun-gen in Form von Gebühren, Provisionen, Zinsen, Dividenden und Einschüssen zu erfassen, die in einem unmittelbaren Zusammenhang mit den Positionen des Handelsbuchs stehen (vgl. auch *Abbildung 33*, S. 298). Unberücksichtigt bleiben lediglich solche Kontrakte, „die offenkundig keinem Risiko eines Ausfalls der Gegenpartei unterliegen"[472]. Darunter fallen so genannte „interne Geschäfte", die ein Institut zur Sicherstellung des Handelserfolgs abgeschlossen hat[473]. Da bei diesen Geschäften das Institut selbst als Partei *und* Gegenpartei auftritt, be-steht kein bankenaufsichtlich relevantes Adressenrisiko[474].

---

[472]   BAKRED (Erläuterungen 1997), S. 136.

[473]   Vgl. BAKRED (Erläuterungen 1997), S. 136.

[474]   Vgl. BAKRED (Erläuterungen 1997), S. 136.

(db) Der Anrechnungsbetrag für das Abwicklungsrisiko

Das Abwicklungsrisiko tritt bei Geschäften mit Schuldtiteln oder Anteilspapieren auf, die nach Ablauf des zwischen den Vertragsparteien vereinbarten Erfüllungszeitpunktes noch nicht abgewickelt sind [475]. Im Falle einer solchen nicht vertragsgemäßen, d. h. verspäteten oder sogar ausfallenden Abwicklung der Geschäfte seitens der Vertragspartner besteht die Gefahr, dass sich die Marktverhältnisse bis zur endgültigen Erfüllung der Geschäfte bzw. bis zur Durchführung von Ersatzgeschäften zum Nachteil des Instituts entwickelt haben. Konkret bedeutet dies, dass infolge einer nicht fristgerechten oder ausbleibenden Erfüllung der Geschäfte ein Handelsverlust droht, weil ein Verkauf der Schuldtitel oder Anteilspapiere aufgrund eines zwischenzeitlich veränderten Marktpreises nur noch zu einem niedrigeren bzw. ein Kauf der Schuldtitel oder Anteilspapiere nur noch zu einem höheren Preis möglich ist [476]. Es droht ein Verlust in Höhe der Differenz zwischen dem ursprünglich vereinbarten Abrechnungspreis und dem aktuellen Marktwert des zugrunde liegenden Geschäftsgegenstandes [477]. Das Institut seinerseits hat bei Eintreten des Abwicklungsrisikos selbst noch nicht geleistet und ist auch zukünftig von der Erbringung der eigenen Leistung freigestellt.

Das Abwicklungsrisiko kommt u. a. bei den Wertpapierkassageschäften zum Tragen, die nach den Usancen der Börsen Zug um Zug zu erfüllen sind [478]. Zur Vermeidung übermäßiger Belastungen des Primärgeschäfts der Institute sieht das BAKred allerdings bis auf weiteres davon ab, „die das Abwicklungsrisiko betreffende Regelung auf den Absatz von Erstemissionen eigener oder fremder Wertpapiere zu erstrecken, bei denen zwischen dem Datum der Verkaufs- bzw. Übernahmevereinbarung und dem Zeitpunkt der tatsächlichen Aushändigung der Stücke aus emissionstechnischen Gründen ein Zeitraum liegt, der fünfzehn Geschäftstage nicht überschreitet" [479].

Für die Ermittlung des Anrechnungsbetrages für das Abwicklungsrisiko bei Geschäften mit Schuldtiteln und Anteilspapieren kann sich ein Institut nach einheitlicher und dauerhafter Wahl zwischen zwei Methoden entscheiden [480]. Entweder wird die Summe der Unterschiedsbeträge zwischen dem jeweils vereinbarten Ab-

---

[475] Vgl. § 27 Abs. 1 Nr. 1 Grundsatz I.

[476] Vgl. auch HARTMANN-WENDELS, THOMAS; PFINGSTEN, ANDREAS; WEBER, MARTIN (Bankbetriebslehre 1998), S. 419.

[477] Vgl. § 27 Abs. 1 Nr. 1 Grundsatz I.

[478] Vgl. BAKRED (Erläuterungen 1997), S. 137.

[479] BAKRED (Erläuterungen 1997), S. 137; ferner BAKRED (Änderung 1997), S. 228.

[480] Vgl. § 27 Abs. 2 Nr. 1 Grundsatz I.

rechnungspreis und dem aktuellen Marktwert der Wertpapiere („Methode A")
oder aber – vereinfachend – die Summe der Abrechnungspreise der zugrunde liegenden Wertpapiere („Methode B") mit einem Faktor gewichtet, dessen Höhe
von der Zeitdauer der Überschreitung des zwischen den Vertragsparteien vereinbarten Erfüllungszeitpunktes abhängig ist. Voraussetzung für die Erfassung des
Abwicklungsrisikos bei Geschäften mit Schuldtiteln und Anteilspapieren nach
„Methode A" ist, dass das ursprünglich vereinbarte Wertpapiergeschäft für das
Institut einen positiven Marktwert aufweist [481]. Dies ist der Fall, wenn die vereinbarten Vertragskonditionen günstiger als die aktuellen Marktkonditionen sind.

Abbildung 50 (vgl. S. 352) zeigt die Ermittlung des Anrechnungsbetrages und
damit den Eigenmittelverbrauch für das Abwicklungsrisiko bei Geschäften mit
Schuldtiteln und Anteilspapieren nach „Methode A" und nach „Methode B". Es
zeigt sich hierbei, dass ein anrechnungspflichtiges Abwicklungsrisiko erst ab dem
fünften Geschäftstag nach dem vereinbarten Abwicklungstermin vorliegt. Beträgt
die Verzögerung 46 Geschäftstage oder länger, ist das Abwicklungsrisiko generell nach „Methode A", also in Höhe des zugunsten des Instituts bestehenden
Unterschiedsbetrages zwischen dem ursprünglich vereinbarten Abrechnungspreis
und dem aktuellen Marktwert des jeweiligen Wertpapiers anzurechnen [482].

(dc) Der Anrechnungsbetrag für das Vorleistungsrisiko

Das Vorleistungsrisiko – synonym hierfür Pipelinerisiko [483] – ergibt sich aus
Wertpapiergeschäften, bei denen das Institut selbst bereits eine Vorleistung erbracht hat, die Gegenleistung des Vertragspartners aber noch aussteht [484]. In einem solchen Fall, in dem die Leistungen des Instituts und des Kontrahenten nicht
Zug um Zug erbracht werden, besteht die Gefahr, dass der Kontrahent seinen
Verpflichtungen nicht nachkommt und die Vorleistung verloren ist. Das Vorleistungsrisiko bezeichnet somit einen potenziellen Verlust des Instituts „aufgrund
der Nichterfüllung der Gegenleistung des Kontrahenten nach Erbringung der eigenen Leistung" [485]. Dass das hier angesprochene Risiko eines Verlustes der
Vorleistung selbst dann erheblich sein kann, wenn zwischen Vorleistung und Ge-

---

[481] Vgl. BAKRED (Erläuterungen 1997), S. 139.

[482] Vgl. § 27 Abs. 2 Nr. 1 Grundsatz I.

[483] Zur Verwendung dieses Begriffs vgl. C&L DEUTSCHE REVISION AG (HRSG.) (6. KWG-Novelle
1998), S. 286.

[484] Vgl. BAKRED (Erläuterungen 1997), S. 137.

[485] C&L DEUTSCHE REVISION AG (HRSG.) (6. KWG-Novelle 1998), S. 286.

Abb. 50: Die Ermittlung des Anrechnungsbetrages für das Abwicklungsrisiko bei Geschäften mit Schuldtiteln und Anteilspapieren nach „Methode A" und nach „Methode B"

„Methode A"

Anzahl der Geschäftstage nach dem vereinbarten Abwicklungstermin	vereinbarter Abrechnungspreis	aktueller Marktwert der zugrunde liegenden Wertpapiere	zugunsten des Instituts bestehender Unterschiedsbetrag	zeitabhängiger Gewichtungssatz	Anrechnungsbetrag (4) x (5)
(1)	(2)	(3)	(4)	(5)	(6)
5 bis 15				8 %	
16 bis 30				50 %	
31 bis 45				75 %	
46 und mehr				100 %	

Anrechnungsbetrag für das Abwicklungsrisiko nach „Methode A" =

„Methode B"

Anzahl der Geschäftstage nach dem vereinbarten Abwicklungstermin	vereinbarter Abrechnungspreis	zeitabhängiger Gewichtungssatz	Anrechnungsbetrag (2) x (3)
(1)	(2)	(3)	(4)
5 bis 15		0,5 %	
16 bis 30		4,0 %	
31 bis 45		9,0 %	
46 und mehr	Unterschiedsbetrag „Methode A" =	100,0 %	

Anrechnungsbetrag für das Abwicklungsrisiko nach „Methode B" =

genleistung nur eine Zeitspanne von einigen Stunden liegt, zeigt der Fall des Kölner Bankhauses I. D. Herstatt. „Am 26.6.1974 hatte das Bankhaus Herstatt die Zahlungen aus Devisengeschäften mit amerikanischen Banken bereits erhalten, aber aufgrund der Zeitverschiebung die Gegenleistungen noch nicht erbracht, als das Bankhaus Herstatt durch das BAKred geschlossen wurde"[486].

Der Anrechnungsbetrag für das Vorleistungsrisiko von Wertpapiergeschäften ergibt sich gemäß § 27 Abs. 2 Nr. 2 Grundsatz I aus dem Wert der geschuldeten Gegenleistung, der zunächst mit dem für die Gegenpartei geltenden Bonitätsgewicht nach Maßgabe des § 13 Grundsatz I, also in Höhe von 0 %, 20 % oder 100 % zu gewichten ist. Der sich nach dieser Gewichtung ergebende Betrag ist sodann mit Eigenmitteln in Höhe von 8 % zu unterlegen. *Abbildung 51* (vgl. dazu S. 354) zeigt die Ermittlung des Anrechnungsbetrages und damit den Eigenmittelverbrauch für das Vorleistungsrisiko im Rahmen von Wertpapiergeschäften.

Bei einem Kauf von Wertpapieren (d. h. ein Institut hat die Wertpapiere vor deren Eingang bezahlt) ist der Wert der geschuldeten Gegenleistung der jeweilige Marktwert des noch nicht gelieferten Wertpapiers, bei einem Verkauf von Wertpapieren (d. h. ein Institut hat die Wertpapiere vor Eingang der Bezahlung geliefert) der geschuldete Kaufpreis der Wertpapiere, wobei eine Unterlegung mit Eigenmitteln grundsätzlich schon ab dem Zeitpunkt des Erbringens der Vorleistung erforderlich ist[487]. Lediglich im Falle von grenzüberschreitenden Transaktionen sind Vorleistungen erst anrechnungspflichtig, „wenn sie länger als einen Geschäftstag bestehen"[488]. Durch diese Anrechnungserleichterung wird der bei grenzüberschreitenden Wertpapiergeschäften üblicherweise einen Geschäftstag in Anspruch nehmenden Abwicklung Rechnung getragen[489].

(dd) Der Anrechnungsbetrag für das Erfüllungsrisiko aus Pensionsgeschäften und Leihgeschäften

Nach § 27 Abs. 1 Nr. 3 Grundsatz I sind die aus Pensionsgeschäften und aus Leihgeschäften resultierenden Erfüllungsrisiken ebenfalls mit Eigenmitteln zu unterlegen. Als Pensions- und Leihgeschäfte gelten im vorliegenden Zusammen-

---

[486] HARTMANN-WENDELS, THOMAS; PFINGSTEN, ANDREAS; WEBER, MARTIN (Bankbetriebslehre 1998), S. 420.

[487] Vgl. auch C&L DEUTSCHE REVISION AG (HRSG.) (6. KWG-Novelle 1998), S. 327.

[488] § 27 Abs. 1 Nr. 2 Grundsatz I.

[489] Vgl. BAKRED (Erläuterungen 1997), S. 137.

Abb. 51: Die Ermittlung des Anrechnungsbetrages für das Vorleistungsrisiko im Rahmen von Wertpapier-geschäften

Wert der geschuldeten Gegenleistung [1] (1)	Bonitätsgewicht (2)	bonitätsgewichteter Wert (1) x (2) (3)	Anrechnungssatz (4)	Anrechnungsbetrag (3) x (4) (5)
	0 %		8 %	
	20 %		8 %	
	100 %		8 %	
Anrechnungsbetrag für das Vorleistungsrisiko =				

[1] Marktwert der noch nicht gelieferten Wertpapiere bzw. geschuldeter Kaufpreis der Wertpapiere.

hang solche Geschäfte zwischen einem Institut und einem Dritten, „die die Übertragung von Finanzinstrumenten des Handelsbuches auf bestimmte Zeit gegen die Zahlung eines Geldbetrages oder die Bestellung einer Sicherheit (in Form einer Barsicherheit oder einer Wertpapiersicherheit) zum Gegenstand haben" [490].

Erfüllungsrisiken aus Pensionsgeschäften

Bei einem *echten Pensionsgeschäft*, bei dem der Pensionsnehmer verpflichtet ist, die ihm vom Pensionsgeber gegen Zahlung eines Geldbetrages überlassenen Pensionsgegenstände zurückzuübertragen, besteht sowohl beim Pensionsgeber als auch beim Pensionsnehmer ein Erfüllungsrisiko und damit die Gefahr einer Vermögenseinbuße durch den Ausfall der Gegenpartei. Für den *Pensionsgeber* liegt dieses Erfüllungsrisiko darin, dass der Pensionsnehmer den Pensionsgegenstand entgegen der ursprünglichen Geschäftsvereinbarung nicht zurücküberträgt und der zu Beginn der Laufzeit des echten Pensionsgeschäftes erhaltene Geldbetrag den zum Zeitpunkt des Ausfalls des Pensionsnehmers realisierbaren Marktwert des Pensionsgegenstandes nicht deckt. Demgemäß ergibt sich das *Vermögensverlustrisiko beim Pensionsgeber eines echten Pensionsgeschäftes* in Höhe des positiven Unterschiedsbetrages zwischen dem aktuellen Marktwert der übertragenen Finanzinstrumente und dem vom Pensionsnehmer erhaltenen Geldbetrag [491]. Für den *Pensionsnehmer* liegt das Erfüllungsrisiko dagegen darin, dass der Pensionsgeber bei Ablauf des echten Pensionsgeschäftes den ursprünglich vereinbarten Geldbetrag nicht zahlt und der zum Zeitpunkt des Ausfalls des Pensionsgebers realisierbare Marktwert des in Pension genommenen Geschäftsgegenstandes zur Deckung dieses Rückübertragungsbetrages nicht ausreicht. Das *Vermögensverlustrisiko beim Pensionsnehmer eines echten Pensionsgeschäftes* bemisst sich dementsprechend in Höhe des positiven Unterschiedsbetrages zwischen dem hingegebenen Geldbetrag an den Pensionsgeber und dem aktuellen Marktwert der erhaltenen Finanzinstrumente [492].

Bei einem *unechten Pensionsgeschäft*, bei dem der Pensionsnehmer lediglich berechtigt, aber nicht verpflichtet ist, die ihm vom Pensionsgeber gegen Zahlung eines Geldbetrages überlassenen Pensionsgegenstände zurückzuübertragen, besteht im Gegensatz zu einem echten Pensionsgeschäft *nur* beim Pensionsnehmer ein Erfüllungsrisiko. Die Gefahr einer Vermögenseinbuße für den *Pensionsnehmer* bei Ausfall des Pensionsgebers liegt darin, dass er sein Rückübertragungs-

---

[490] BAKRED (Erläuterungen 1997), S. 137.

[491] Vgl. § 27 Abs. 1 Nr. 3 Buchstabe a) Grundsatz I.

[492] Vgl. § 27 Abs. 1 Nr. 3 Buchstabe b) Grundsatz I.

wahlrecht im Falle einer negativen Wertentwicklung des Pensionsgegenstandes (der Marktwert des Pensionsgegenstandes ist zum Zeitpunkt der Rückübertragung niedriger als der vereinbarte Rückübertragungsbetrag) nicht durchsetzen kann. Daher bemisst sich das *Vermögensverlustrisiko beim Pensionsnehmer eines unechten Pensionsgeschäftes* ebenfalls in Höhe des positiven Unterschiedsbetrages zwischen dem hingegebenen Geldbetrag an den Pensionsgeber und dem aktuellen Marktwert der erhaltenen Finanzinstrumente [493]. Für den *Pensionsgeber* stellt sich hingegen die Situation bei einem unechten Pensionsgeschäft wie folgt dar. Ist der Marktwert des Pensionsgegenstandes zum Zeitpunkt der Rückübertragung höher als der vereinbarte Rückübertragungsbetrag, wird der Pensionsnehmer in aller Regel von seinem Rückübertragungswahlrecht keinen Gebrauch machen, sondern den Pensionsgegenstand weiterhin in seinem Bestand halten bzw. den Differenzbetrag am Markt vereinnahmen. Der Pensionsgeber befindet sich in diesem Fall in einer Situation entgangener Gewinne. Ist allerdings der Marktwert des Pensionsgegenstandes zum Zeitpunkt der Rückübertragung niedriger als der vereinbarte Rückübertragungsbetrag, so entsteht durch die dann üblicherweise vorgenommene Rückübertragung des Pensionsgegenstandes durch den Pensionsnehmer beim Pensionsgeber ein Verlust in Höhe der Differenz zwischen Marktwert und Rückübertragungsbetrag. Der Pensionsgeber ist damit bei einem unechten Pensionsgeschäft zwar einem Marktpreisänderungsrisiko ausgesetzt, es besteht jedoch für ihn „kein anrechnungspflichtiges Risiko des Ausfalls des Pensionsnehmers" [494]. Die Risikolage des Pensionsgebers entspricht vielmehr wirtschaftlich der Situation eines Instituts aus dem Verkauf einer Verkaufsoption [495].

Das Erfüllungsrisiko aus Pensionsgeschäften besteht somit jeweils in Höhe der positiven Differenz zwischen dem aktuellen Marktwert der übertragenen Finanzinstrumente und dem erhaltenen Geldbetrag (Pensionsgeber im Falle eines echten Pensionsgeschäfts) bzw. in Höhe der positiven Differenz zwischen dem hingegebenen Geldbetrag und dem aktuellen Marktwert der erhaltenen Finanzinstrumente (Pensionsnehmer im Falle eines echten *bzw.* eines unechten Pensionsgeschäfts). Diese Unterschiedsbeträge sind mit dem für die Gegenpartei gemäß § 13 Grundsatz I geltenden Bonitätsgewicht, also in Höhe von 0 %, 20 % oder 100 % zu gewichten und jeweils in Höhe von 8 % mit Eigenmitteln zu unterlegen [496]. *Abbildung 52* (vgl. S. 358) zeigt die diesbezügliche Vorgehensweise der Ermittlung des Anrechnungsbetrages für das Erfüllungsrisiko aus Pensionsgeschäften.

---

[493] Vgl. § 27 Abs. 1 Nr. 3 Buchstabe b) Grundsatz I.

[494] BAKRED (Änderung 1997), S. 228; ferner BAKRED (Erläuterungen 1997), S. 138.

[495] Vgl. BAKRED (Erläuterungen 1997), S. 138.

[496] Vgl. § 27 Abs. 2 Nr. 3 Grundsatz I.

Erfüllungsrisiken aus Leihgeschäften

Die Berücksichtigung der Erfüllungsrisiken aus Leihgeschäften erfolgt analog zu den Pensionsgeschäften. Für den *Verleiher* besteht ein Erfüllungsrisiko und damit die Gefahr einer Vermögenseinbuße in Höhe der positiven Differenz zwischen dem aktuellen Marktwert der verliehenen Finanzinstrumente und dem erhaltenen Geldbetrag bzw. dem aktuellen Marktwert der entgegengenommenen Sicherheiten einschließlich der gegebenenfalls aufgelaufenen Zinsen [497]. Das Erfüllungsrisiko des *Entleihers* ergibt sich entsprechend in Höhe der positiven Differenz zwischen dem hingegebenen Geldbetrag bzw. dem aktuellen Marktwert der geleisteten Sicherheiten einschließlich der gegebenenfalls aufgelaufenen Zinsen und dem aktuellen Marktwert der erhaltenen Finanzinstrumente [498]. Diese Unterschiedsbeträge sind – wie *Abbildung 52* (vgl. S. 358) zeigt – ebenfalls mit dem für die Gegenpartei gemäß § 13 Grundsatz I geltenden Bonitätsgewicht, also in Höhe von 0 %, 20 % oder 100 % zu gewichten und jeweils in Höhe von 8 % mit Eigenmitteln zu unterlegen [499].

Die vorstehend geschilderten Regelungen für die Ermittlung des Anrechnungsbetrages für das Erfüllungsrisiko aus Pensionsgeschäften und aus Leihgeschäften mit Finanzinstrumenten des Handelsbuches gelten nur, sofern die Pensions- und Leihgeschäfte die in § 27 Abs. 3 Grundsatz I aufgelisteten Voraussetzungen erfüllen. Danach ist eine Anrechnung der Pensionsgeschäfte bzw. Leihgeschäfte lediglich in Höhe der oben aufgezeigten Unterschiedsbeträge nur dann möglich, wenn beim Pensionsnehmer bzw. beim Entleiher die Risikopositionen, d. h. die in das jeweilige Pensions- bzw. Leihgeschäft einbezogenen Geschäfts- und Sicherheitsgegenstände einer täglichen Marktbewertung unterworfen und die Sicherheitsleistungen bei einer risikoerhöhenden Ausweitung der Unterschiedsbeträge an die veränderten Marktgegebenheiten angepasst werden [500]. Darüber hinaus muss sichergestellt sein, dass im Falle der Insolvenz einer Vertragspartei das Pensions- bzw. Leihgeschäft beendet und glattgestellt werden kann, d. h. die gegenseitig bestehenden Ansprüche und Verpflichtungen in schuldersetzender Weise aufgerechnet werden können [501]. Schließlich dürfen die Pensions- bzw. Leihgeschäfte nicht zum Schein abgeschlossen worden sein [502]. Sind diese Voraus-

---

[497] Vgl. § 27 Abs. 1 Nr. 3 Buchstabe a) Grundsatz I.

[498] Vgl. § 27 Abs. 1 Nr. 3 Buchstabe b) Grundsatz I.

[499] Vgl. § 27 Abs. 2 Nr. 3 Grundsatz I.

[500] Vgl. § 27 Abs. 3 Satz 1 Nr. 1 u. Nr. 2 Grundsatz I; ferner BAKRED (Erläuterungen 1997), S. 140.

[501] Vgl. § 27 Abs. 3 Satz 1 Nr. 3 Grundsatz I; ferner BAKRED (Erläuterungen 1997), S. 140.

[502] Vgl. § 27 Abs. 3 Satz 1 Nr. 4 Grundsatz I.

Abb. 52: Die Ermittlung des Anrechnungsbetrages für das Erfüllungsrisiko aus Pensionsgeschäften und Leihgeschäften

aktueller Marktwert der übertragenen Finanzinstrumente	erhaltener Geldbetrag bzw. aktueller Marktwert der erhaltenen Sicherheiten	Unterschiedsbetrag zugunsten des Instituts (1) ./. (2)	Bonitätsgewicht	bonitätsgewichteter Unterschiedsbetrag (3) x (4)	Anrechnungssatz	Anrechnungsbetrag (5) x (6)
(1)	(2)	(3)	(4)	(5)	(6)	(7)
			0 %		8 %	
			20 %		8 %	
			100 %		8 %	
Teilanrechnungsbetrag für Geschäfte als Pensionsgeber bzw. Verleiher von Finanzinstrumenten						A =

hingegebener Geldbetrag bzw. aktueller Marktwert der hinterlegten Sicherheiten	aktueller Marktwert der erhaltenen Finanzinstrumente	Unterschiedsbetrag zugunsten des Instituts (1) ./. (2)	Bonitätsgewicht	bonitätsgewichteter Unterschiedsbetrag (3) x (4)	Anrechnungssatz	Anrechnungsbetrag (5) x (6)
(1)	(2)	(3)	(4)	(5)	(6)	(7)
			0 %		8 %	
			20 %		8 %	
			100 %		8 %	
Teilanrechnungsbetrag für Geschäfte als Pensionsnehmer bzw. Entleiher von Finanzinstrumenten						B =
Anrechnungsbetrag für das Erfüllungsrisiko aus Pensionsgeschäften und Leihgeschäften (Summe A + B)						

setzungen beim Pensionsnehmer bzw. beim Entleiher nicht gegeben, ist der Anrechnungsbetrag für das Erfüllungsrisiko aus Pensionsgeschäften und aus Leihgeschäften mit Finanzinstrumenten des Handelsbuches gemäß den Vorschriften des Zweiten Abschnitts des Grundsatzes I (§§ 6 bis 13 Grundsatz I) zu errechnen [503].

Die in § 27 Abs. 3 Grundsatz I aufgeführten Bedingungen gelten bei denjenigen Pensionsgeschäften bzw. Leihgeschäften als erfüllt, auf die die Bestimmungen des Rahmenvertrages für echte Pensionsgeschäfte bzw. für Wertpapier-Leihgeschäfte im Interbankenverkehr Anwendung finden [504]. Unabhängig davon gilt, dass auf Pensionsgeschäfte und Leihgeschäfte, die ein Institut mit einem direkt oder indirekt anerkannten Clearing- und Abwicklungssystem wie CEDEL oder EUROCLEAR abgeschlossen hat, das Anrechnungsverfahren gemäß § 27 Abs. 2 Nr. 3 Grundsatz I anzuwenden ist [505].

(de) Der Anrechnungsbetrag für das Erfüllungsrisiko bei außerbörslich gehandelten derivativen Instrumenten

Gemäß § 27 Abs. 1 Nr. 4 Grundsatz I sind in die Adressenrisikopositionen des Handelsbuches eines Instituts alle derivativen Instrumente (Finanzswaps, Finanztermingeschäfte und Optionsrechte) des Handelsbuches einzubeziehen, die keinen täglichen Einschusspflichten unterworfen sind (Margin-System) und deren Erfüllung auch nicht von einer Wertpapierbörse oder Terminbörse geschuldet oder gewährleistet wird (sog. „OTC-Derivate"). Der Anrechnungsbetrag für das Erfüllungsrisiko bei diesen außerbörslich gehandelten derivativen Instrumenten ermittelt sich entsprechend der Vorgehensweise für das Anlagebuch. Ausgangspunkt ist der mittels der Marktbewertungsmethode nach § 10 Grundsatz I errechnete Kreditäquivalenzbetrag (synonym hierfür Basisanrechnungsbetrag) des jeweils betrachteten OTC-Derivats [506]. Dieser wird mit dem Bonitätsgewicht der Gegenpartei nach Maßgabe des § 13 Grundsatz I gewichtet (maximal 50 %) und mit 8 % Eigenmitteln unterlegt [507]. *Abbildung 53* (vgl. S. 360) zeigt die diesbezügliche Vorgehensweise der Berechnung.

---

[503] Vgl. § 27 Abs. 3 Satz 2 Grundsatz I.

[504] Vgl. BAKRED (Erläuterungen 1997), S. 140.

[505] Vgl. BAKRED (Erläuterungen 1997), S. 141.

[506] Zur Ermittlung der Kreditäquivalenzbeträge „innovativer" nicht bilanzwirksamer Geschäfte nach der Marktbewertungsmethode vgl. Kapitel F.IV.2.ab).(4), S. 265 ff.

[507] Vgl. § 27 Abs. 1 Nr. 4 u. Abs. 2 Nr. 4 Grundsatz I; ferner BAKRED (Erläuterungen 1997), S. 139.

Abb. 53: Die Ermittlung des Anrechnungsbetrages für das Erfüllungsrisiko bei sog. „OTC-Derivaten"

Kreditäquivalenzbetrag (Basisanrechnungsbetrag) [1]	Bonitätsgewicht	bonitätsgewichteter Betrag $(1) \times (2)$	Anrechnungssatz	Anrechnungsbetrag $(3) \times (4)$
(1)	(2)	(3)	(4)	(5)
	0 %		8 %	
	20 %		8 %	
	50 %		8 %	
Anrechnungsbetrag für das Erfüllungsrisiko bei sog. „OTC-Derivaten" =				

[1] Ermittelt anhand der Marktbewertungsmethode gemäß § 10 Grundsatz I.

(df) Der Anrechnungsbetrag für das Adressenrisiko aus Forderungen in Form von Gebühren, Provisionen, Zinsen, Dividenden und Einschüssen

Gemäß § 27 Abs. 1 Nr. 5 Grundsatz I sind Forderungen in Form von Gebühren, Provisionen, Zinsen, Dividenden und Einschüssen, die in einem unmittelbaren Zusammenhang mit den Positionen des Handelsbuchs stehen, hinsichtlich ihres Adressenrisikos ebenfalls mit Eigenmitteln zu unterlegen, sofern sie nicht bereits unter den Bilanzaktiva im Sinne des § 7 Grundsatz I erfasst oder von den Eigenmitteln abgezogen werden. Der Anrechnungsbetrag für das Adressenrisiko aus diesen Forderungen bemisst sich nach der Höhe des jeweiligen Buchwertes, der unter Berücksichtigung der Bonitätsgewichtung gemäß § 13 Grundsatz I mit dem Eigenmittelunterlegungssatz in Höhe von 8 % zu multiplizieren ist [508]. *Abbildung 54* (vgl. S. 362) verdeutlicht die diesbezügliche Vorgehensweise der Berechnung.

(e) Die Zusammenfassung der Anrechnungsbeträge für die Handelsbuch-Risikopositionen

Die bisher ermittelten Anrechnungsbeträge für die einzelnen Risiken aus Handelsbuch-Risikopositionen (Aktienkursrisiko, Zinsrisiko und Adressenrisiko) stellen ihrerseits wieder Teilanrechnungsbeträge in Bezug auf die Gesamtheit der Anrechnungsbeträge für die Marktrisikopositionen dar. Da diese drei Teilanrechnungsbeträge sich jeweils aus Positionen des Handelsbuchs berechnen [509], werden sie der besseren Übersichtlichkeit wegen zur Summe der Anrechnungsbeträge für die Handelsbuch-Risikopositionen aufaddiert (vgl. *Abbildung 55*, S. 363).

---

[508] Vgl. § 27 Abs. 1 Nr. 5 u. Abs. 2 Nr. 5 Grundsatz I; ferner BAKRED (Erläuterungen 1997), S. 139.

[509] Vgl. § 5 Abs. 3 Grundsatz I.

Abb. 54: Die Ermittlung des Anrechnungsbetrages für das Adressenrisiko aus Forderungen in Form von Gebühren, Provisionen, Zinsen, Dividenden und Einschüssen

Buchwert der Forderungen	Bonitätsgewicht	bonitätsgewichteter Betrag (1) x (2)	Anrechnungssatz	Anrechnungsbetrag (3) x (4)
(1)	(2)	(3)	(4)	(5)
	0 %		8 %	
	20 %		8 %	
	100 %		8 %	
Anrechnungsbetrag für das Adressenrisiko aus Forderungen in Form von Gebühren, Provisionen, Zinsen, Dividenden und Einschüssen =				

Abb. 55: Die Ermittlung der Summe der Anrechnungsbeträge für die Handelsbuch-Risikopositionen eines Instituts

```
        Anrechnungsbetrag für das Aktienkursrisiko
        aus Positionen des Handelsbuchs
    +   Anrechnungsbetrag für das Zinsrisiko
        aus Positionen des Handelsbuchs
    +   Anrechnungsbetrag für das Adressenrisiko
        aus Positionen des Handelsbuchs
    =   Summe der Anrechnungsbeträge für die
        Handelsbuch-Risikopositionen
```

(5) Die Zusammenfassung der Anrechnungsbeträge für die Marktrisikopositionen

Um das Risiko aus den Marktrisikopositionen eines Instituts quantifizieren zu können, sind die drei bisher berechneten Anrechnungsbeträge zur Summe der Anrechnungsbeträge für die Marktrisikopositionen aufzuaddieren. Bei diesen drei Anrechnungsbeträgen handelt es sich um (vgl. auch *Abbildung 56*, S. 364)

– den Anrechnungsbetrag für die Währungsgesamtposition,

– den Anrechnungsbetrag für die Rohwarenposition und

– die Summe der Anrechnungsbeträge für die Handelsbuch-Risikopositionen,

wobei sich Letztere wiederum aus

– dem Anrechnungsbetrag für das Aktienkursrisiko aus Positionen des Handelsbuchs,

– dem Anrechnungsbetrag für das Zinsrisiko aus Positionen des Handelsbuchs und

– dem Anrechnungsbetrag für das Adressenrisiko aus Positionen des Handelsbuchs

zusammensetzt (vgl. *Abbildung 55*).

Anhand der so ermittelten Größe (Summe der Anrechnungsbeträge für die Marktrisikopositionen) kann beurteilt werden, ob das Institut die Erfordernisse des § 2 Abs. 2 Satz 1 Grundsatz I einhält, also über ausreichende Eigenmittel zur Deckung der Marktpreisänderungsrisiken verfügt.

Abb. 56: Die Ermittlung der Summe der Anrechnungsbeträge für die Marktrisikopositionen eines Instituts

Anrechnungsbetrag für die Währungsgesamtposition

+ Anrechnungsbetrag für die Rohwarenposition

+ Summe der Anrechnungsbeträge für die
Handelsbuch-Risikopositionen

─────────────────────────

= Summe der Anrechnungsbeträge für die
Marktrisikopositionen

**ad) Die Darstellung des Adressenrisikos sowie der Marktpreisänderungs-
risiken in einer Gesamtkennziffer**

Die Koeffizienten- und die Betragsdeckungsdarstellung der Eigenmittelanforde-
rungen nach § 2 Abs. 1 und Abs. 2 Satz 1 Grundsatz I [510] werden durch eine sog.
Gesamtkennziffer über die Eigenmittelausstattung der Kredit- und Finanzdienst-
leistungsinstitute ergänzt. Diese Gesamtkennziffer ist gemäß § 2 Abs. 3 Satz 1
Grundsatz I definiert als das in Prozent ausgedrückte Verhältnis zwischen den im
Grundsatz I anrechenbaren Eigenmitteln eines Instituts und der Summe seiner
gewichteten Risikoaktiva vermehrt um die mit dem Faktor 12,5 multiplizierte
Summe seiner Anrechnungsbeträge für die Marktrisikopositionen. Bei Ausübung
des Institutswahlrechts des § 28 Abs. 3 Satz 1 Grundsatz I erhöht sich zudem die
Summe der Anrechnungsbeträge für die Marktrisikopositionen um die Summe
der nach der „Szenario-Matrix-Methode" gesondert ermittelten Anrechnungsbeträge für die Optionsgeschäfte (betrifft nur Handelsbuchinstitute). Bei Nichthandelsbuchinstituten beschränkt sich dagegen die Summe der Anrechnungsbeträge für die Marktrisikopositionen auf die Anrechnungsbeträge für die offene
Währungsgesamtposition und die offene Rohwarenposition. Die Multiplikation
mit dem Faktor 12,5 erfolgt, um die Summe der Anrechnungsbeträge für die
Marktrisikopositionen und – im Falle des § 28 Abs. 3 Satz 1 Grundsatz I – für die
Optionsgeschäfte mit der Summe der gewichteten Risikoaktiva vergleichbar zu
machen (Rückrechnung der Summe der Anrechnungsbeträge für die Marktrisikopositionen in der Betragsdeckungsdarstellung in die Summe der zugrunde liegenden Risikopositionen) [511].

---

[510] Vgl. *Abbildung 14*, S. 231 und *Abbildung 27*, S. 276.

[511] Vgl. BAKRED (Erläuterungen 1997), S. 18.

Die Einführung der Gesamtkennziffer über die Eigenmittelausstattung der Kredit-
und Finanzdienstleistungsinstitute dient lediglich darstellenden Zwecken. Sie hat
die Aufgabe, die Eigenmittelbelegung eines Kredit- oder Finanzdienstleistungsinstituts sowohl durch Adressen- als auch Marktpreisänderungsrisiken in einer
einzigen Größe anschaulich wiederzugeben [512]. Die Einleitung bankenaufsichtsrechtlicher Maßnahmen bei unzureichenden Eigenmitteln ist hingegen allein an
die fortgesetzte Nichteinhaltung der in § 2 Abs. 1 und Abs. 2 Satz 1 Grundsatz I
festgelegten Eigenmittelanforderungen geknüpft [513].

Abbildung 57 (vgl. S. 366) gibt einen Überblick über den strukturellen Aufbau
der Gesamtkennziffer gemäß § 2 Abs. 3 Satz 1 Grundsatz I. Sofern ein Institut
eine Gesamtkennziffer in Höhe von 8 % oder mehr aufweist, ist sichergestellt,
dass das Institut zugleich den Eigenmittelanforderungen nach § 2 Abs. 1 und
Abs. 2 Satz 1 Grundsatz I genügt. Beläuft sich dagegen die Gesamtkennziffer auf
unter 8 %, so werden die Eigenmittelanforderungen nach § 2 Abs. 1 und/oder
Abs. 2 Satz 1 Grundsatz I verfehlt (Nichteinhaltung des Solvabilitätskoeffizienten
für den Bereich der Adressenrisiken und/oder der Betragsdeckungsdarstellung für
den Bereich der Marktpreisänderungsrisiken).

Die Kredit- und Finanzdienstleistungsinstitute haben die Gesamtkennziffer über
ihre Eigenmittelausstattung zum Ultimo eines jeden Kalendermonats zu ermitteln
und bis zum fünften Arbeitstag des auf den jeweiligen Monatsultimo folgenden
Kalendermonats der zuständigen Landeszentralbank zu melden, welche die Meldung an das BAKred weiterleitet [514]. Der Umfang der allmonatlich einzureichenden Meldungen beschränkt sich dabei auf die Angaben zur Gesamtkennziffer und
zu den wichtigsten Zwischenaggregaten. Ausführlichere Meldungen zu den Risikoaktiva und den einzelnen Marktrisikopositionen sowie – im Falle des § 28
Abs. 3 Satz 1 Grundsatz I – den Optionsgeschäften im Rahmen der „Szenario-
Matrix-Methode" nach § 31 Grundsatz I werden dagegen nur zum Ultimo eines
jeden Kalenderquartals verlangt. Die mit dem Verzicht auf die monatlichen Meldungen zu allen Teilpositionen des Grundsatzes I verbundene Entlastung des externen Meldewesens der Kredit- und Finanzdienstleistungsinstitute steht jedoch
unter dem Vorbehalt, dass die Kredit- und Finanzdienstleistungsinstitute die Angaben zu den einzelnen Meldeposten fortlaufend vorhalten und in der Lage sind,
auf Anforderung des BAKred die ausführlichen Meldungen zum Grundsatz I, der

---

[512] Vgl. BAKRED (Erläuterungen 1997), S. 14.

[513] Vgl. BAKRED (Erläuterungen 1997), S. 14.

[514] Vgl. hierzu sowie zum Folgenden BAKRED (Erläuterungen 1997), S. 21 f.

Abb. 57: Der strukturelle Aufbau der Gesamtkennziffer über die Eigenmittelausstattung der Kredit- und Finanzdienstleistungsinstitute gemäß § 2 Abs. 3 Satz 1 Grundsatz I

Gesamtkennziffer gemäß § 2 Abs. 3 Satz 1 Grundsatz I	=	anrechenbare Eigenmittel [1]	
		Summe der gewichteten Risikoaktiva	12,5 x Summe der Anrechnungs- + beträge für die Marktrisikopositionen [2]

[1] Zu den anrechenbaren Eigenmitteln zählen das *verfügbare haftende Eigenkapital* (bestehend aus Kern- und Ergänzungskapital) sowie die Drittrangmittel, soweit diese Eigenmittelbestandteile nicht bereits anderweitig aufgrund von Abzugs- und Unterlegungsvorschriften verbraucht sind (bspw. zur Deckung von Großkreditüberschreitungen). Die unter den anrechenbaren Eigenmitteln zu erfassenden Drittrangmittel sind allerdings auf die zur Unterlegung der Anrechnungsbeträge für die Marktrisikopositionen und – im Falle des § 28 Abs. 3 Satz 1 Grundsatz I – für die Optionsgeschäfte *tatsächlich* herangezogenen Teile der Drittrangmittel beschränkt (*genutzte Drittrangmittel*); vgl. § 2 Abs. 3 Satz 2 Grundsatz I. Die zusätzliche Einbeziehung der den Eigenmitteln zurechenbaren, aber *nicht* zur Unterlegung der Anrechnungsbeträge für die Marktrisikopositionen und – im Falle des § 28 Abs. 3 Satz 1 Grundsatz I – für die Optionsgeschäfte *herangezogenen* Teile der Drittrangmittel (*ungenutzte Drittrangmittel*) in den Zähler der Gesamtkennziffer wird als nicht zweckgerecht angesehen, da damit de facto unterstellt werden würde, dass Drittrangmittel auch zur Unterlegung der Adressenrisiken aus Positionen des Anlagebuches zur Verfügung stehen; vgl. BAKRED (Erläuterungen 1997), S. 19.

[2] Bei Ausübung des Institutswahlrechts des § 28 Abs. 3 Satz 1 Grundsatz I zuzüglich der Summe der nach der „Szenario-Matrix-Methode" gesondert ermittelten Anrechnungsbeträge für die Optionsgeschäfte (betrifft nur Handelsbuchinstitute).

täglich einzuhalten ist, zeitnah – d. h. spätestens nach zehn Arbeitstagen – vorzulegen. Gesetzliche Grundlage für die Anforderung, dass die Kredit- und Finanzdienstleistungsinstitute die den Grundsatz I betreffenden Informationen vorzuhalten und auf Abruf zu melden haben, ist § 10 Abs. 1 Satz 5 KWG, wonach die Kredit- und Finanzdienstleistungsinstitute zur Sicherstellung der ordnungsgemäßen Aufbereitung und Weiterleitung der für die Überprüfung der angemessenen Eigenmittelausstattung erforderlichen Angaben über eine ordnungsgemäße Organisation und angemessene interne Kontrollverfahren verfügen müssen.

§ 2 Abs. 3 Satz 3 Grundsatz I bestimmt, dass die Kredit- und Finanzdienstleistungsinstitute neben der Gesamtkennziffer zusätzlich noch eine nachrichtlich anzugebende Kennziffer ermitteln müssen, die zusammen mit der Gesamtkennziffer an die zuständigen Bankenaufsichtsbehörden weiterzuleiten ist. Diese Kennziffer soll dem Umstand Rechnung tragen, dass in die Berechnung der Gesamtkennziffer lediglich die zur Unterlegung der Marktpreisänderungsrisiken *tatsächlich* genutzten Drittrangmittel einbezogen werden, einem Institut darüber hinaus aber u. U. noch weitere anrechenbare, jedoch nicht genutzte Drittrangmittel zur Verfügung stehen, mit denen zukünftig aufzubauende Marktpreisänderungsrisiken unterlegt werden können. Zur Darstellung dieser Eigenmittelreserve wird die nachrichtlich anzugebende Kennziffer definiert als das in Prozent ausgedrückte Verhältnis zwischen den ungenutzten, aber den Eigenmitteln zurechenbaren Drittrangmitteln und dem Nenner der Gesamtkennziffer, also der Summe der gewichteten Risikoaktiva zuzüglich der mit dem Faktor 12,5 multiplizierten Summe der Anrechnungsbeträge für die Marktrisikopositionen [515]. *Abbildung 58* zeigt die Vorgehensweise der Berechnung der nachrichtlich anzugebenden Kennziffer für die ungenutzten Drittrangmittel.

Abb. 58: Die nachrichtlich anzugebende Kennziffer für ungenutzte Drittrangmittel gemäß § 2 Abs. 3 Satz 3 Grundsatz I

nachrichtlich anzugebende Kennziffer gemäß § 2 Abs. 3 Satz 3 Grundsatz I	=	ungenutzte, aber den Eigenmitteln zurechenbare Drittrangmittel	
		Summe der gewichteten Risikoaktiva	12,5 x Summe der Anrechnungsbeträge für die Marktrisikopositionen [1]
		+	

[1] Bei Ausübung des Institutswahlrechts des § 28 Abs. 3 Satz 1 Grundsatz I zuzüglich der Summe der nach der „Szenario-Matrix-Methode" gesondert ermittelten Anrechnungsbeträge für die Optionsgeschäfte (betrifft nur Handelsbuchinstitute).

---

[515] Vgl. § 2 Abs. 3 Satz 3 Grundsatz I.

b) Die Begrenzung der Liquiditätsrisiken durch die bisherigen Liquiditäts-grundsätze II und III bzw. den neuen Liquiditätsgrundsatz II

ba) Überblick

Da Kreditinstitute hinsichtlich ihrer Zahlungsfähigkeit spezifischen Gefährdungen ausgesetzt sind [516], bedürfen sie einer besonderen Liquiditätsvorsorge [517]. Gleiches gilt vor allem für solche Finanzdienstleistungsinstitute, „die befugt sind, sich bei der Erbringung von Finanzdienstleistungen Eigentum oder Besitz an Geldern oder Wertpapieren von Kunden zu verschaffen, und die zugleich auf eigene Rechnung an den Börsen und mit OTC-Instrumenten handeln" [518]. Der Gesetzgeber sah sich daher dazu veranlasst, ins Kreditwesengesetz eine spezielle Regelung für die Aufrechterhaltung der Liquidität von Kredit- und Finanzdienstleistungsinstituten aufzunehmen [519]. § 11 Satz 1 KWG fordert von den Kredit- und Finanzdienstleistungsinstituten, ihre Mittel so anzulegen, „dass jederzeit eine ausreichende Zahlungsbereitschaft gewährleistet ist". Was unter dem unbestimmten Rechtsbegriff „ausreichende Zahlungsbereitschaft" zu verstehen ist, lässt der Gesetzgeber selbst allerdings offen [520]. Aus Gründen der Flexibilität beauftragt er vielmehr das BAKred mit der näheren inhaltlichen Ausgestaltung dieses allgemeinen Programmsatzes. Gemäß § 11 Satz 2 KWG ist das BAKred gehalten, im Einvernehmen mit der Deutschen Bundesbank sowie nach vorheriger Anhö-

---

[516]   Zu den Ursachen und Ausprägungsformen der Liquiditätsrisiken von Kreditinstituten vgl. BIEG, HARTMUT (Bankbetriebslehre 1992), S. 71 ff.; CHRISTIAN, CLAUS-JÖRG (Informationsbasis 1992), S. 136 ff.; MANTZKE, INGO (Liquiditätsnormen 1994), S. 13 ff.; SCHIERENBECK, HENNER (Bankmanagement 1994), S. 716 f.

[517]   Vgl. SZAGUNN, VOLKHARD; WOHLSCHIEß, KARL (Bankenaufsicht 1993), S. 272.

[518]   BUNDESREGIERUNG (Entwurf eines Gesetzes zur Umsetzung von EG-Richtlinien 1997), S. 81.

[519]   Es wird im Folgenden die Liquiditätsdefinition von WITTE zugrunde gelegt, wonach unter Liquidität die Fähigkeit eines Wirtschaftssubjekts (hier: eines Kredit- oder Finanzdienstleistungsinstituts) verstanden wird, die zu jedem Zeitpunkt seines Bestehens vertraglich oder gesetzlich zwingend bzw. wirtschaftlich unumgänglich fälligen Zahlungsverpflichtungen uneingeschränkt erfüllen zu können; vgl. WITTE, EBERHARD (Liquiditätspolitik 1963), S. 3 u. S. 15. In diesem Zusammenhang ist ergänzend darauf hinzuweisen, dass der Liquiditätsbegriff im Betriebswirtschaftslehre zur Kennzeichnung verschiedener Aspekte herangezogen wird; vgl. hierzu BIEG, HARTMUT (Schwebende Geschäfte 1977), S. 180 ff.; ferner MÜLHAUPT, LUDWIG (Einführung 1980), S. 196 ff.; MANTZKE, INGO (Liquiditätsnormen 1994), S. 8 ff.; SÜCHTING, JOACHIM; PAUL, STEPHAN (Bankmanagement 1998), S. 459 f.

[520]   Nach SCHORK ist die Forderung des § 11 Satz 1 KWG nach einer jederzeitigen ausreichenden Zahlungsbereitschaft der Kreditinstitute für den auf Erfahrungswerten beruhenden Normalfall gedacht und nicht für den unvorhergesehenen Abzug aller Fremdmittel im Wege eines allgemeinen Runs auf die Schalter der Kreditinstitute; vgl. SCHORK, LUDWIG; SCHORK, LEO (Kreditwesen 1999), S. 213; ferner BÄHRE, INGE LORE; SCHNEIDER, MANFRED (KWG-Kommentar 1986), S. 164.

rung der Spitzenverbände des Kredit- und Finanzdienstleistungsgewerbes [521] Grundsätze aufzustellen, nach denen es für den Regelfall beurteilt, ob die Liquidität eines Kredit- oder Finanzdienstleistungsinstituts ausreicht oder nicht. Die Grundsätze sind sodann im Bundesanzeiger zu veröffentlichen [522]. Dies ist mit dem Erlass der bisherigen Liquiditätsgrundsätze II und III [523] sowie des neuen Liquiditätsgrundsatzes II [524] geschehen.

bb) Die Bestimmungen der bisherigen Liquiditätsgrundsätze II und III

Mit In-Kraft-Treten der Neufassung des Liquiditätsgrundsatzes II zum 1. Juli 2000 werden die bisher gültigen Liquiditätsgrundsätze II und III aufgehoben, da sie aufgrund konzeptioneller Mängel [525] letztlich nicht mehr für die bankenaufsichtsrechtliche Beurteilung der Liquiditätssituation eines Kreditinstituts geeignet sind. Bis zu diesem Zeitpunkt sind von den Kreditinstituten weiterhin die bisherigen Liquiditätsgrundsätze II und III zu melden. Kreditinstitute, die den neuen Liquiditätsgrundsatz II allerdings schon vor dem 1. Juli 2000 anwenden wollen, können nach eigener Wahl bereits ab Januar 1999 von den bisherigen Liquiditätsgrundsätzen II und III auf den neuen Liquiditätsgrundsatz II umstellen, sofern sie ihre Umstellungsabsicht dem BAKred sowie der zuständigen Landeszentralbank rechtzeitig vor der erstmaligen Meldung nach der Umstellung mitteilen. An der vorgenommenen Umstellung ist in der Folgezeit festzuhalten [526].

Die bisherigen Liquiditätsgrundsätze II und III basieren in ihrer konzeptionellen Ausformung auf der „Goldenen Bankregel" HÜBNERS [527] sowie der von WAGNER [528] entwickelten „Bodensatztheorie"; sie enthalten darüber hinaus aber

---

[521] Die Einbeziehung der Spitzenverbände des Kredit- und Finanzdienstleistungsgewerbes ermöglicht es, die Erfahrungen und die Erfordernisse der Praxis bei der Formulierung der Grundsätze zu berücksichtigen; vgl. BUNDESREGIERUNG (Entwurf eines KWG 1959), S. 24.

[522] Vgl. § 11 Satz 3 KWG.

[523] Vgl. BAKRED (Liquiditätsgrundsätze 1996), S. 166-169. Zur Entstehungsgeschichte und Fortentwicklung der bisherigen Liquiditätsgrundsätze II und III vgl. DEUTSCHE BUNDESBANK (Grundsätze 1962), S. 3 ff.; DEUTSCHE BUNDESBANK (Neufassung 1969), S. 37 ff.; DEUTSCHE BUNDESBANK (Neufassung 1973), S. 11 ff.; DEUTSCHE BUNDESBANK (Grundsätze 1993), S. 49 ff.; ferner den Überblick bei BRÜGGESTRAT, REINER (Liquiditätsrisikoposition 1990), S. 48 ff.

[524] Vgl. BAKRED (Bekanntmachung 1998), S. 16985 f.

[525] Vgl. dazu das vorliegende Kapitel, S. 379 ff.

[526] Zu den Ausführungen dieses Absatzes vgl. BAKRED (Erläuterungen 1998), S. 66.

[527] Vgl. HÜBNER, OTTO (Banken 1854), S. 28.

[528] Vgl. WAGNER, ADOLPH (Beiträge 1857), S. 164 ff.

auch Elemente der auf MOULTON [529] zurückgehenden „Shiftability-Theorie" [530]. Aufgrund spezifischer Besonderheiten ihrer Geschäftätigkeit finden allerdings die Bestimmungen der bisherigen Liquiditätsgrundsätze II und III auf eine Reihe von Kreditinstituten keine Anwendung. Hiervon betroffen sind die Kapitalanlagegesellschaften, die reinen Hypothekenbanken, die Schiffspfandbriefbanken, die Bausparkassen (einschließlich derjenigen, die als rechtlich unselbstständige Einrichtungen betrieben werden), die öffentlich-rechtlichen Grundkreditanstalten, die Teilzahlungsbanken sowie solche Kreditinstitute, die lediglich das Darlehenserwerbsgeschäft und/oder das Garantiegeschäft ausüben [531]. Die von den bisherigen Liquiditätsgrundsätzen II und III ausgenommenen Kreditinstitute unterliegen jedoch einer individuellen Liquiditätsbeurteilung seitens des BAKred [532]. Ebenfalls keine Anwendung finden die bisherigen Liquiditätsgrundsätze II und III auf Finanzdienstleistungsinstitute, es sei denn, sie erbringen Finanzdienstleistungen im Sinne des § 1 Abs. 1a Satz 2 Nr. 4 KWG (sog. „Eigenhändler") [533]. Die Befreiung des überwiegenden Teils der Finanzdienstleistungsinstitute von den bisherigen Liquiditätsgrundsätzen II und III liegt in der besonderen Geschäftsstruktur dieser Art von Unternehmungen begründet, sodass Regelungen, die auf die üblicherweise anzutreffende Geschäftsstruktur von Kreditinstituten zugeschnitten sind, nicht ohne weiteres angewendet werden können [534]. Die Nichtanwendung der bisherigen Liquiditätsgrundsätze II und III entbindet die hiervon betroffenen Finanzdienstleistungsinstitute jedoch nicht von der Einhaltung der Anforderung des § 11 Satz 1 KWG, wonach die Institute ihre Mittel so anlegen müssen, „dass jederzeit eine ausreichende Zahlungsbereitschaft gewährleistet ist" [535].

---

[529]   Vgl. MOULTON, HAROLD GEORGE (Commercial Banking 1918), S. 484 ff., S. 638 ff., S. 705 ff. u. insb. S. 849 ff.

[530]   Zur Darstellung und kritischen Würdigung der „Goldenen Bankregel", der „Bodensatztheorie" und der „Shiftability-Theorie" sowie weiterer Liquiditätstheorien vgl. u. a. HOFFMANN, HORST (Dispositionsregeln 1967), S. 13 ff.; MÜLHAUPT, LUDWIG (Einführung 1980), S. 206 ff.; BRÜGGESTRAT, REINER (Liquiditätsrisikoposition 1990), S. 44 ff.; BIEG, HARTMUT (Bankbetriebslehre 1992), S. 172 ff.; MANTZKE, INGO (Liquiditätsnormen 1994), S. 23 ff.; BETGE, PETER (Bankbetriebslehre 1996), S. 216 ff.; SÜCHTING, JOACHIM; PAUL, STEPHAN (Bankmanagement 1998), S. 460 ff.

[531]   Vgl. Abs. 3 und Abs. 4 der bisherigen Präambel zu den Grundsätzen des BAKred über die Eigenmittel und die Liquidität der Institute.

[532]   Vgl. SZAGUNN, VOLKHARD; HAUG, ULRICH; ERGENZINGER, WILHELM (Kreditwesen 1997), S. 271.

[533]   Vgl. Abs. 3 der bisherigen Präambel zu den Grundsätzen des BAKred über die Eigenmittel und die Liquidität der Institute.

[534]   Vgl. BAKRED (Erläuterungen 1997), S. 6.

[535]   Vgl. BAKRED (Begleitschreiben 1998), S. 291.

Bei der Konstruktion der bisherigen Liquiditätsgrundsätze II und III – KRÜMMEL bezeichnet sie als Fristenkongruenzregeln [536] – sind das BAKred und die Deutsche Bundesbank von der Erkenntnis ausgegangen, dass diese auf die Sicherung ausreichender Liquidität ausgerichteten Grundsätze nicht nur den Umfang und die Beschaffenheit der Liquiditätsreserven der Kreditinstitute bestimmen sollten, sondern insgesamt auf eine sorgfältige Verwendung der verfügbaren Finanzierungsmittel abheben müssten [537]. Aus diesem Grunde wurde eine indirekte Methode zur Festlegung der liquide zu haltenden Mittel gewählt. Statt die Unterhaltung von Liquiditätsreserven in Höhe eines bestimmten Prozentsatzes der Verbindlichkeiten zu verlangen [538], werden durch die bisherigen Liquiditätsgrundsätze II und III in zwei Bilanzschichten die schwer oder jedenfalls nicht ohne weiteres liquidisierbaren Aktiva eines Kreditinstituts auf bestimmte Teile seiner Passiva begrenzt [539]. So besagt der für das langfristige Geschäft der Kreditinstitute maßgebende bisherige Liquiditätsgrundsatz II, dass die Summe der anzurechnenden Beträge bestimmter langfristig gebundener Vermögenswerte die Summe der anzurechnenden Beträge bestimmter als langfristig zur Verfügung stehend angesehener Finanzierungsmittel nicht übersteigen darf. Der gleichen Überlegung folgt der bisherige Liquiditätsgrundsatz III für das kurz- und mittelfristige Geschäft der Kreditinstitute. Der bisherige Liquiditätsgrundsatz III bindet bestimmte kurz- und mittelfristige Anlagemöglichkeiten eines Kreditinstituts an den Bestand bestimmter hereingenommener Refinanzierungsmittel in diesem Fristenbereich. Materiell führt diese indirekte Formulierung der bisherigen Liquiditätsgrundsätze zwar zu keiner anderen Liquiditätsvorhaltung als bei einer direkten Vorgehensweise [540]. Im Unterschied zu einer direkten Liquiditätsregel ist allerdings ein geringerer Spielraum für die Kreditinstitute zur Fristentransformation gegeben [541].

Abbildung 59 (vgl. S. 372-374) und *Abbildung 60* (vgl. S. 375-376) geben einen detaillierten Überblick über die Aufbausystematik der bisherigen Liquiditäts-

---

[536] Vgl. KRÜMMEL, HANS-JACOB (Konstruktion 1985), S. 100 f.; KRÜMMEL, HANS-JACOB (Strukturnormen 1987), S. 44.

[537] Vgl. BÜSCHGEN, HANS E. (Bankbetriebslehre 1994), S. 135; SZAGUNN, VOLKHARD; HAUG, ULRICH; ERGENZINGER, WILHELM (Kreditwesen 1997), S. 296.

[538] So bspw. § 16 KWG 1934.

[539] Zur diesbezüglichen Gestaltungsfreiheit des BAKred vgl. BUNDESREGIERUNG (Entwurf eines KWG 1959), S. 31.

[540] Vgl. BÄHRE, INGE LORE; SCHNEIDER, MANFRED (KWG-Kommentar 1986), S. 165; SZAGUNN, VOLKHARD; HAUG, ULRICH; ERGENZINGER, WILHELM (Kreditwesen 1997), S. 297.

[541] Vgl. BIEG, HARTMUT (Bankbetriebslehre 1992), S. 181; SANIO, JOCHEN (Bundesaufsichtsamt 1992), Sp. 1162.

Abb. 59: Schematische Darstellung des bisherigen Liquiditätsgrundsatzes II

Aktivkomponenten	Anrechnungssatz	Passivkomponenten	Anrechnungssatz
1. Forderungen an Kreditinstitute und Kunden mit vereinbarter Laufzeit oder Kündigungsfrist von 4 Jahren oder länger [1][2]	100 %	1. Eigenkapital [6]	100 %
+ 2. nicht börsengängige Wertpapiere [3]	100 %	+ 2. (langfristige) Verbindlichkeiten (ohne Spareinlagen) gegenüber Kreditinstituten und aus dem Bankgeschäft gegenüber anderen Gläubigern mit vereinbarter Laufzeit oder Kündigungsfrist von 4 Jahren oder länger [7]	100 %
+ 3. Beteiligungen	100 %		
+ 4. Anteile an einer herrschenden oder mit Mehrheit beteiligten Gesellschaft	100 %	+ 3. (kurz- und mittelfristige) Verbindlichkeiten (ohne Spareinlagen) aus dem Bankgeschäft gegenüber anderen Gläubigern mit täglicher Fälligkeit sowie vereinbarter Laufzeit oder Kündigungsfrist von weniger als 4 Jahren (Sicht- und Termineinlagen < 4 Jahre gegenüber Nichtbanken) [7]	10 %
+ 5. Grundstücke und Gebäude	100 %		
+ 6. Betriebs- und Geschäftsausstattung	100 %		
Zwischensumme		+ 4. Spareinlagen [8]	60 %
./. 7. Wertberichtigungen		+ 5. umlaufende und vorverkaufte Schuldverschreibungen mit einer Laufzeit von mehr als 4 Jahren (langfristige Schuldverschreibungen > 4 Jahre) [9][10]	100 %
./. 8. passive Rechnungsabgrenzungsposten aus Gebührenabgrenzung im Teilzahlungsfinanzierungsgeschäft [4]		+ 6. umlaufende und vorverkaufte Schuldverschreibungen mit einer Laufzeit bis zu 4 Jahren (kurz- und mittelfristige Schuldverschreibungen ≤ 4 Jahre) [10]	60 %
./. 9. passive Rechnungsabgrenzungsposten für das Damnum auf Darlehen [5]		+ 7. Pensionsrückstellungen	60 %
		+ 8. Verbindlichkeiten gegenüber angeschlossenen Kreditinstituten mit vereinbarter Laufzeit oder Kündigungsfrist von mindestens 6 Monaten, aber weniger als 4 Jahren (nur für Girozentralen und Zentralkassen)	20 %
Summe der Aktivkomponenten	nicht mehr als	Summe der Passivkomponenten	

Fortsetzung Abb. 59:

Erläuterungen zur Abb. 59:

1) Hierzu zählen auch Forderungen an Kunden, die im Factoring-Geschäft erworben werden; vgl. BAKRED (Erfassung 1973), S. 6.

2) Werden Forderungen (gleiches gilt für Namensschuldverschreibungen) mit einer ursprünglich vereinbarten Laufzeit oder Kündigungsfrist von mehr als vier Jahren erworben, deren Restlaufzeit zum Zeitpunkt des Erwerbs weniger als vier Jahre beträgt oder deren Weiterveräußerung unabhängig von der Dauer der Restlaufzeit vor Ablauf von vier Jahren verbindlich vereinbart ist, so können diese Forderungen (Namensschuldverschreibungen) im Rahmen der Anerkennung positiver Sonderverhältnisse statt den Aktivkomponenten des bisherigen Grundsatzes II den Aktivkomponenten des bisherigen Grundsatzes III zugerechnet werden; vgl. BAKRED (Ausweis 1978), S. 7 f.

3) Als nicht börsengängig sind alle Wertpapiere anzusehen, die weder an einer deutschen Börse im amtlichen Handel oder im Geregelten Markt noch an einer ausländischen Börse gehandelt werden; Freiverkehrswerte gelten somit als nicht börsengängige Wertpapiere. Zum Begriff der nicht börsengängigen Wertpapiere vgl. BAKRED (Wertpapiere 1963/1974/1975), S. 1 f. sowie BAKRED (Behandlung 1993), S. 87a f.

4) Ein Abzug passiver Rechnungsabgrenzungsposten aus Gebührenabgrenzung im Teilzahlungsfinanzierungsgeschäft von den korrespondierenden Aktivkomponenten des bisherigen Grundsatzes II – gleiches gilt für den bisherigen Grundsatz III – ist „von der Sache her gerechtfertigt, da derartige Rechnungsabgrenzungsposten für Ratenkredite, bei denen die Zinsen für die gesamte Laufzeit des Darlehens im Voraus belastet werden, eine Liquiditätsvorsorge nicht erfordern und ein Finanzierungsmittelbedarf insoweit nicht besteht"; BAKRED (Gebührenabgrenzung 1970), S. 3; ferner BAKRED (Abzug 1975), S. 38.

5) Passive Rechnungsabgrenzungsposten für das Damnum auf Darlehen dürfen aufgrund des zinsähnlichen Charakters des Darlehensdammums von den korrespondierenden Aktivkomponenten des bisherigen Grundsatzes II – gleiches gilt für den bisherigen Grundsatz III – abgezogen werden; vgl. BAKRED (Abzug 1975), S. 38.

6) Das im bisherigen Grundsatz II als langfristiges Finanzierungsmittel zugelassene Eigenkapital unterscheidet sich in seinem Umfang von den in der Risikobegrenzungsnorm des Grundsatzes I anzusetzenden Eigenmitteln. So werden die im Rahmen der 4. und 6. KWG-Novelle neu als Eigenkapitalkomponenten anerkannten Bestandteile (insbesondere nicht realisierte Reserven auf Grundstücke und Gebäude sowie auf Wertpapiere, nachrangige Verbindlichkeiten sowie der Sonderposten für allgemeine Bankrisiken gemäß § 340g HGB) bei der Berechnung der Kennziffer des bisherigen Grundsatzes II unabhängig davon, ob ihnen eine Finanzierungsfunktion zukommt oder nicht, nicht als zusätzliches Eigenkapital erfasst, da dies zu einer vom BAKred nicht beabsichtigten inhaltlichen Änderung des bisherigen Grundsatzes II führen würde; vgl. BAKRED (Anpassung 1993), S. 92. Gleichwohl wird zumindest das aufgrund des Eingehens nachrangiger Verbindlichkeiten eingezahlte Kapital, das den Kreditinstituten befristet zur Verfügung steht, „als Refinanzierungsmittel – wie andere Verbindlichkeiten auch – entsprechend der jeweiligen Ausgestaltung der Bedingungen (Laufzeit, Verbriefung) den dafür gesondert vorgesehenen Positionen zugeordnet"; ebenda, S. 92 f. Dem Charakter des bisherigen Grundsatzes II als Finanzierungsnorm entsprechend werden zudem das anerkannte freie Vermögen des Inhabers oder eines persönlich haftenden Gesellschafters eines Kreditinstituts sowie der Haftsummenzuschlag bei eingetragenen Kreditgenossenschaften nicht zum Eigenkapital im Sinne des bisherigen Grundsatzes II gezählt; vgl. BAKRED (Anerkennung 1963), S. 14; ferner BIEG, HARTMUT (Bankenaufsicht 1983), S. 84; BÄHRE, INGE LORE; SCHNEIDER, MANFRED (KWG-Kommentar 1986), S. 166; SCHORK, LUDWIG (Kreditwesen 1995), S. 452. Zwischenzeitliche Kapitalentnahmen oder -einzahlungen werden dagegen bei der Berechnung des Eigenkapitals im bisherigen Grundsatz II berücksichtigt; vgl. SZAGUNN, VOLKHARD; HAUG, ULRICH; ERGENZINGER, WILHELM (Kreditwesen 1997), S. 298.

Fortsetzung Abb. 59:

7) Zu den Verbindlichkeiten gegenüber Kreditinstituten bzw. aus dem Bankgeschäft gegenüber anderen Gläubigern zählen auch begebene Namensschuldverschreibungen sowie Sparbriefe und ähnliche Zertifikate (jeweils entsprechend ihrer Fristigkeit).

8) Zum Begriff der Spareinlagen vgl. § 21 Abs. 4 RechKredV.

9) Langfristige Schuldverschreibungen mit einem Kündigungsrecht des Gläubigers sind den kurz- und mittelfristigen Schuldverschreibungen zuzuordnen und zwar von dem Zeitpunkt an, zu dem der Gläubiger sie erstmals bei Vorliegen einer Kündigungsfrist von vier Jahren oder kürzer hätte kündigen können. Besteht bei langfristigen Schuldverschreibungen schon von Anfang an ein jederzeitiger Rückzahlungsanspruch des Gläubigers, so sind sie auch von Anfang an wie kurz- und mittelfristige Schuldverschreibungen zu behandeln. Derartige langfristige Schuldverschreibungen werden mithin im bisherigen Grundsatz II nur noch zu 60 % und im bisherigen Grundsatz III zu 20 % als Finanzierungsmittel anerkannt. Vgl. hierzu BAKRED (Emission 1972/1976). S. 4 f.

10) Die auf der Aktivseite ausgewiesenen eigenen Schuldverschreibungen sind von den Schuldverschreibungen im Umlauf abzusetzen; vgl. SZAGUNN, VOLKHARD; HAUG, ULRICH; ERGENZINGER, WILHELM (Kreditwesen 1997), S. 299. Die Erfassung vorverkaufter Stücke als Finanzierungsmittel wird dagegen damit begründet, „dass die Eigentumsverschaffung der Papiere lediglich aus technischen Gründen noch nicht erfolgt ist"; ebenda, S. 299.

Aktivkomponenten	Anrechnungssatz
1. Forderungen an Kreditinstitute mit vereinbarter Laufzeit oder Kündigungsfrist von mindestens 3 Monaten, aber weniger als 4 Jahren	20 %
+ 2. Forderungen an Kunden mit vereinbarter Laufzeit oder Kündigungsfrist von weniger als 4 Jahren (einschließlich der Warenforderungen von Kreditinstituten mit Warengeschäft)[1]	100 %
+ 3. den Kreditnehmern abgerechnete eigene Ziehungen und von diesen ausgestellte und ihnen abgerechnete Solawechsel im Bestand[2] sowie die Eventualforderungen aus solchen Wechseln im Umlauf	
+ 4. börsengängige Anteile und Investmentanteile[3]	100 %
+ 5. „sonstige Aktiva" (einschließlich des Warenbestandes von Kreditinstituten mit Warengeschäft)[4][5]	100 %
Zwischensumme	100 %
./. 6. Wertberichtigungen	
./. 7. passive Rechnungsabgrenzungsposten aus Gebührenabgrenzung im Teilzahlungsfinanzierungsgeschäft[6]	
./. 8. passive Rechnungsabgrenzungsposten für das Damnum auf Darlehen[6]	
Summe der Aktivkomponenten	nicht mehr als

Passivkomponenten	Anrechnungssatz
1. Verbindlichkeiten gegenüber Kreditinstituten mit täglicher Fälligkeit sowie vereinbarter Laufzeit oder Kündigungsfrist von weniger als 3 Monaten, jedoch ohne die von der Kundschaft bei Dritten benutzten Kredite[7]	10 %
+ 2. Verbindlichkeiten gegenüber Kreditinstituten mit vereinbarter Laufzeit oder Kündigungsfrist von mindestens 3 Monaten, aber weniger als 4 Jahren, jedoch ohne die von der Kundschaft bei Dritten benutzten Kredite[7]	50 %
+ 3. Verbindlichkeiten gegenüber Kreditinstituten aus von der Kundschaft bei Dritten benutzten Krediten[8]	80 %
+ 4. Spareinlagen[9]	20 %
+ 5. sonstige (kurz- und mittelfristige) Verbindlichkeiten aus dem Bankgeschäft gegenüber anderen Gläubigern mit täglicher Fälligkeit sowie vereinbarter Laufzeit oder Kündigungsfrist von weniger als 4 Jahre (Sicht- und Termineinlagen < 4 Jahre gegenüber Nichtbanken)[7]	60 %
+ 6. Verpflichtungen aus Warengeschäften und aufgenommenen Warenkrediten ohne die in Nr. 8 enthaltenen Verpflichtungen von Kreditinstituten mit Warengeschäft	80 %
+ 7. umlaufende und vorverkaufte Schuldverschreibungen mit einer Laufzeit bis zu 4 Jahren (kurz- und mittelfristige Schuldverschreibungen ≤ 4 Jahre)[10]	20 %
+ 8. eigene Akzepte und Solawechsel im Umlauf und den Kreditnehmern abgerechnete eigene Ziehungen und von diesen ausgestellte und ihnen abgerechnete Solawechsel im Umlauf[2]	80 %
Zwischensumme	
+/./. 9. Finanzierungsüberschuss oder Finanzierungsfehlbetrag aus Grundsatz II	100 %
Summe der Passivkomponenten	

Fortsetzung Abb. 60:

Erläuterungen zur Abb. 60:

1) Hierzu zählen auch im Factoring-Geschäft erworbene Forderungen an Nichtbanken; vgl. BAKRED (Erfassung 1973), S. 6.

2) Von dieser Position ausgenommen sind Solawechsel der Bank für Internationalen Zahlungsausgleich und der Einfuhr- und Vorratsstellen sowie Solawechsel, die zur Inanspruchnahme von Krediten der Ausfuhrkredit-Gesellschaft mbH und der Gesellschaft zur Finanzierung von Industrieanlagen mbH begeben werden.

3) Von den börsengängigen Wertpapieren werden lediglich die Dividendenwerte und die Investmentanteile angerechnet. Die börsengängigen festverzinslichen Wertpapiere bleiben außer Betracht, da sie zum großen Teil zentralbankfähig sind und somit „auch dann als Grundlage für die Geldbeschaffung dienen können, wenn sich die Börse vorübergehend als nicht aufnahmefähig erweist", SZAGUNN, VOLKHARD; HAUG, ULRICH; ERGENZINGER, WILHELM (Kreditwesen 1997), S. 300. Investmentanteile im Sinne dieser Position sind allerdings auch Anteile solcher Fonds, „die aufgrund entsprechender Bestimmungen Anlagen nur im Bereich der festverzinslichen Wertpapiere tätigen dürfen", BAKRED (Berücksichtigung 1976), S. 40.

4) Aktive Steuerabgrenzungen gemäß § 274 Abs. 2 HGB können bei der Berechnung des bisherigen Grundsatzes III von den „sonstigen Aktiva" abgesetzt werden, da sie keinen Vermögenswert darstellen, sondern eine Bilanzierungshilfe, für die ein Finanzierungsmittelbedarf nicht besteht; vgl. BAKRED (Steuerabgrenzungen 1989), S. 66 f. Aufgrund ihres Liquiditätscharakters sind außerdem die als „sonstige Aktiva" ausgewiesenen Schecks, fälligen Schuldverschreibungen, Zins- und Dividendenscheine sowie die zum Einzug erhaltenen Papiere von dieser Position abzuziehen; vgl. BAKRED (Anpassung 1993), S. 93.

5) Die in dieser Position erfassten Edelmetallbestände können bei der Berechnung des bisherigen Grundsatzes III außer Ansatz bleiben. Auf Gold oder andere Edelmetalle lautende Forderungen und Verbindlichkeiten sind dagegen mit den auf DM oder andere Währungen lautenden Forderungen und Verbindlichkeiten zusammenzufassen mit der Konsequenz, dass derartige Edelmetallforderungen und -verbindlichkeiten in den bisherigen Grundsatz III (ggf. auch in den bisherigen Grundsatz II) mit den jeweiligen Anrechnungssätzen einzubeziehen sind. Vgl. hierzu BAKRED (Anwendung 1979), S. 36d.

6) Zur Abzugsmöglichkeit derartiger passiver Rechnungsabgrenzungsposten von den korrespondierenden Aktivkomponenten des bisherigen Grundsatzes III vgl. BAKRED (Gebührenabgrenzung 1970), S. 3 f.; BAKRED (Abzug 1975), S. 38.

7) Zu den Verbindlichkeiten gegenüber Kreditinstituten bzw. aus dem Bankgeschäft gegenüber anderen Gläubigern zählen auch begebene Namensschuldverschreibungen sowie Sparbriefe und ähnliche Zertifikate (jeweils entsprechend ihrer Fristigkeit).

8) Sofern Verbindlichkeiten gegenüber Kreditinstituten aus von der Kundschaft bei Dritten benutzten Krediten eine vereinbarte Laufzeit oder Kündigungsfrist von vier Jahren oder länger haben, sind sie zu 100 % als Finanzierungsmittel im bisherigen Grundsatz II zu berücksichtigen; vgl. BAKRED (Anrechnung 1976), S. 39.

9) Zum Begriff der Spareinlagen vgl. § 21 Abs. 4 RechKredV.

10) Die auf der Aktivseite ausgewiesenen eigenen Schuldverschreibungen sind von den Schuldverschreibungen im Umlauf abzusetzen; vgl. SZAGUNN, VOLKHARD; HAUG, ULRICH; ERGENZINGER, WILHELM (Kreditwesen 1997), S. 299. Die Erfassung vorverkaufter Stücke als Finanzierungsmittel wird dagegen damit begründet, „dass die Eigentumsverschaffung der Papiere lediglich aus technischen Gründen noch nicht erfolgt ist", ebenda, S. 299.

grundsätze II und III. Beide Abbildungen lassen hierbei erkennen, dass die zu erfassenden Aktivkomponenten zumeist mit 100 % die Grundsätze belasten, während die Passivkomponenten in aller Regel mit einem Wert kleiner als 100 % die Grundsätze entlasten. Die bisherigen Liquiditätsgrundsätze II und III sind zudem insoweit miteinander verbunden, als ein Finanzierungsüberschuss bzw. ein Finanzierungsfehlbetrag aus Grundsatz II bei der Berechnung des Finanzierungsvolumens von Grundsatz III berücksichtigt wird. Ein etwaiger Finanzierungsüberhang beim Grundsatz II wirkt sich somit positiv auf den Grundsatz III aus (nicht aber umgekehrt), weil es liquiditätsmäßig unbedenklich erscheint, „kurz- und mittelfristige Aktiva mit langfristigen Mitteln zu finanzieren, nicht aber umgekehrt langfristige Aktiva mit kurz- und mittelfristigen Mitteln" [542]. Damit „erfüllt Grundsatz II die wichtige Aufgabe eines Vorschaltelements zu Grundsatz III" [543]

Abbildung 59 (vgl. S. 372-374) und *Abbildung 60* (vgl. S. 375-376) verdeutlichen, dass die bisherigen Liquiditätsgrundsätze II und III die Liquiditätsrisiken der Kreditinstitute zu vermindern suchen, indem sie mittels zweier sich rechnerisch ergänzender Finanzierungsnormen die Verwendungsmöglichkeiten der Passiva für lang-, mittel- und kurzfristige Aktivgeschäfte begrenzen. Bei den verbleibenden anrechnungsfreien (Rest-)Positionen handelt es sich um die liquiden Anlagen eines Kreditinstituts und deren Finanzierung. Struktur und Umfang dieser Aktiv- und Passivpositionen werden implizit durch die bisherigen Liquiditätsgrundsätze II und III festgelegt. So gelten folgende Aktivkomponenten als Vermögenswerte mit einem so hohen Liquiditätsgrad (flüssige Mittel), dass sie in ihrer Höhe keinerlei Beschränkung unterliegen [544]:

- Kassenbestand,

- Guthaben bei Zentralnotenbanken und Postgiroämtern,

- Forderungen an Kreditinstitute mit vereinbarter Laufzeit oder Kündigungsfrist von weniger als 3 Monaten,

- 80 % der Forderungen an Kreditinstitute mit vereinbarter Laufzeit oder Kündigungsfrist von mindestens 3 Monaten, aber weniger als 4 Jahren,

- Schecks, fällige Schuldverschreibungen, Zins- und Dividendenscheine sowie die zum Einzug erhaltenen Papiere,

---

[542] BÄHRE, INGE LORE; SCHNEIDER, MANFRED (KWG-Kommentar 1986), S. 166.

[543] DEUTSCHE BUNDESBANK (Grundsätze 1962), S. 10.

[544] Vgl. u. a. MAYER, HELMUT (Bundesaufsichtsamt 1981), S. 80; BÄHRE, INGE LORE; SCHNEIDER, MANFRED (KWG-Kommentar 1986), S. 167; BIEG, HARTMUT (Bankbetriebslehre 1992), S. 178.

- Wechsel (ausgenommen Debitorenziehungen und bestimmte Solawechsel im Bestand),
- Schatzwechsel und unverzinsliche Schatzanweisungen,
- börsengängige festverzinsliche Wertpapiere sowie
- Ausgleichs- und Deckungsforderungen gegen die öffentliche Hand.

Um die bisherigen Liquiditätsgrundsätze II und III zu erfüllen, muss ein Kreditinstitut in den vorstehend aufgeführten liquiden Anlagen [545] mindestens die in den Grundsätzen nicht erfassten Finanzierungsmittel halten. Diese Passivwerte bilden, da sie als besonders liquiditätsvorsorgebedürftig eingestuft werden, die Untergrenze der durch die bisherigen Liquiditätsgrundsätze II und III geforderten Liquiditätsreserve. Im Einzelnen zählen hierzu die nachfolgend aufgezählten Passivpositionen [546]:

- 90 % der Verbindlichkeiten gegenüber Kreditinstituten mit täglicher Fälligkeit sowie vereinbarter Laufzeit oder Kündigungsfrist von weniger als 3 Monaten, jedoch ohne die von der Kundschaft bei Dritten benutzten Kredite,
- 50 % der Verbindlichkeiten gegenüber Kreditinstituten mit vereinbarter Laufzeit oder Kündigungsfrist von mindestens 3 Monaten, aber weniger als 4 Jahren, jedoch ohne die von der Kundschaft bei Dritten benutzten Kredite (vorbehaltlich der Sonderregelung für Girozentralen und Zentralkassen),
- 80 % der Verbindlichkeiten gegenüber angeschlossenen Kreditinstituten mit vereinbarter Laufzeit oder Kündigungsfrist von mindestens 6 Monaten, aber weniger als 4 Jahren (nur bei Girozentralen und Zentralkassen),
- 20 % der Verbindlichkeiten gegenüber Kreditinstituten aus von der Kundschaft bei Dritten benutzten Krediten mit einer vereinbarten Laufzeit oder Kündigungsfrist von weniger als 4 Jahren,
- 20 % der Spareinlagen,
- 30 % der (kurz- und mittelfristigen) Verbindlichkeiten aus dem Bankgeschäft gegenüber anderen Gläubigern mit täglicher Fälligkeit sowie vereinbarter Laufzeit oder Kündigungsfrist von weniger als 4 Jahren (Sicht- und Termineinlagen < 4 Jahre gegenüber Nichtbanken),

---

[545] MÜLHAUPT weist in diesem Zusammenhang zu Recht darauf hin, dass die bisherigen Liquiditätsgrundsätze II und III zu den liquiden Anlagen eines Kreditinstituts nicht nur die primärliquiden Mittel rechnen, sondern auch solche Vermögenswerte, die zur Sekundär- und Tertiärliquidität eines Kreditinstituts gehören; vgl. MÜLHAUPT, LUDWIG (Einführung 1980), S. 212. Zur Definition der Begriffe Primär-, Sekundär- und Tertiärliquidität vgl. ebenda, S. 196 f.

[546] Vgl. u. a. BÄHRE, INGE LORE; SCHNEIDER, MANFRED (KWG-Kommentar 1986), S. 167; MÜLHAUPT, LUDWIG (Einführung 1980), S. 211 f.; BIEG, HARTMUT (Bankbetriebslehre 1992), S. 179.

- 20 % der Verpflichtungen aus Warengeschäften und aufgenommenen Warenkrediten,

- 20 % der umlaufenden und vorverkauften Schuldverschreibungen mit einer Laufzeit bis zu 4 Jahren (kurz- und mittelfristige Schuldverschreibungen ≤ 4 Jahre),

- 20 % der eigenen Akzepte und Solawechsel im Umlauf und der den Kreditnehmern abgerechneten eigenen Ziehungen und von diesen ausgestellten und ihnen abgerechneten Solawechsel im Umlauf (ausgenommen bestimmte Solawechsel),

- 40 % der Pensionsrückstellungen,

- 100 % der sonstigen Rückstellungen sowie

- 100 % der Sonderposten mit Rücklageanteil und der sonstigen Passiva.

Die Einhaltung des von den bisherigen Liquiditätsgrundsätzen II und III vorgegebenen Mindestverhältnisses der flüssigen Mittel zu bestimmten liquiditätsvorsorgebedürftigen Passiva bedeutet jedoch nicht, dass die vom Gesetzgeber angestrebte Sicherung der jederzeitigen Zahlungsbereitschaft einer Bank hierdurch auch tatsächlich gewährleistet ist. Dies liegt zum einen darin begründet, dass die Möglichkeiten eines Kreditinstituts, sich bei Bedarf Zahlungsmittel an den Geld- und Kapitalmärkten zu beschaffen, in erster Linie von seiner Bonität abhängen und nicht von irgendwie gearteten Fristenbeziehungen zwischen Finanzmittelaufnahme und -verwendung [547]. Zum anderen weisen die bisherigen Liquiditätsgrundsätze II und III mehrere konzeptionelle Mängel auf. Besonders hervorzuheben sind in diesem Zusammenhang folgende Gesichtspunkte:

➢ Bei der Berechnung der Auslastungsgrade der bisherigen Liquiditätsgrundsätze II und III handelt es sich um eine stichtagsbezogene Betrachtung vergangenheitsorientierter Bilanzdaten bzw. Daten der Monatlichen Bilanzstatis-

---

[547] Nach STÜTZEL folgt die Liquidität im Sinne eines ausreichenden Umfangs sichtbar vorhandener Bestände an liquiden Reserven der Bonität und nicht umgekehrt; vgl. STÜTZEL, WOLFGANG (Bankpolitik 1964), S. 34, Tz. 60. Dementsprechend kommt STÜTZEL zu dem Schluss, dass bankenaufsichtliche Vorschriften zur Aufrechterhaltung der jederzeitigen Zahlungsbereitschaft eines Kreditinstituts aus Gründen des Einlegerschutzes weder notwendig noch hinreichend seien; vgl. ebenda, S. 35, Tz. 65; ferner PROFESSOREN-ARBEITSGRUPPE (Reformvorschlag 1987), S. 289. Diese Anschauung setzt allerdings voraus, dass es einem Kreditinstitut stets gelingt, seine Bonität glaubwürdig nach außen hin zu signalisieren; darüber hinaus darf es an den Geld- und Kapitalmärkten, die dem Kreditinstitut zur Zahlungsmittelbeschaffung offen stehen, zu keiner Liquiditätsknappheit kommen; vgl. hierzu SÜCHTING, JOACHIM; PAUL, STEPHAN (Bankmanagement 1998), S. 480. Zur Rechtfertigung der Existenz eigenständiger bankenaufsichtsrechtlicher Liquiditätsnormen vgl. BRÜGGESTRAT, REINER (Liquiditätsrisikoposition 1990), S. 39 ff.; MANTZKE, INGO (Liquiditätsnormen 1994), S. 94 ff.

tik [548]. „Das Liquiditätsproblem ist jedoch nicht ein statisches, sondern ein dynamisches Phänomen" [549]. Aussagen über die zukünftige Zahlungsfähigkeit eines Kreditinstituts anhand der ermittelten Kennziffern der bisherigen Liquiditätsgrundsätze II und III sind daher nur bedingt möglich. Sachgerechter wäre eine an erwarteten Zahlungsströmen ausgerichtete Liquiditätsbeurteilung.

➢ Entsprechend der Zugrundelegung bilanzieller Bestandsgrößen bleiben bei der Ausgestaltung der bisherigen Liquiditätsgrundsätze II und III wesentliche liquiditätsrelevante Sachverhalte unberücksichtigt. So werden in den bisherigen Liquiditätsgrundsätzen II und III weder Kreditzusagen und Eventualverbindlichkeiten aus Bürgschaften, Garantien und sonstigen Gewährleistungen noch Refinanzierungszusagen erfasst, obwohl sie zu Aus- bzw. Einzahlungen führen und damit die Liquiditätssituation eines Kreditinstituts entscheidend beeinflussen können [550].

➢ Für die Zuordnung der Aktiv- und Passivkomponenten zu den einzelnen Fristenkategorien der bisherigen Liquiditätsgrundsätze II und III sind die ursprünglich vereinbarten Laufzeiten oder Kündigungsfristen dieser Positionen maßgebend. Seine Bewandtnis hat dies in den früheren Rechnungslegungsvorschriften für Kreditinstitute, die von dem Kriterium der Ursprungsfristigkeit ausgingen [551]. Für eine Einschätzung der Zahlungsbereitschaft eines Kreditinstituts sind aber allein Restlaufzeiten entscheidend [552], „also die tatsächlichen Fristen, für die bestimmte Finanzierungsmittel noch zur Verfügung stehen bzw. Aktivwerte gebunden sind" [553].

➢ Der strukturelle Aufbau der bisherigen Liquiditätsgrundsätze II und III bietet den Kreditinstituten zahlreiche Möglichkeiten der Umgehung im Sinne des Ausweises fiktiver Liquidität. Besonders beliebt sind hierbei sog. Ring- bzw.

---

[548] Vgl. MANTZKE, INGO (Liquiditätsnormen 1994), S. 180 u. S. 182.

[549] MÜLHAUPT, LUDWIG (Einführung 1980), S. 198 (im Original z. T. hervorgehoben).

[550] Vgl. BIEG, HARTMUT (Bankenaufsicht 1983), S. 87; BÄHRE, INGE LORE; SCHNEIDER, MANFRED (KWG-Kommentar 1986), S. 167.

[551] Vgl. dazu BIEG, HARTMUT (Bankenaufsicht 1983), S. 86; SCHIERENBECK, HENNER (Bankmanagement 1994), S. 722.

[552] Vgl. MAYER, HELMUT (Bundesaufsichtsamt 1981), S. 81; BIEG, HARTMUT (Bankenaufsicht 1983), S. 86.

[553] SCHIERENBECK, HENNER (Bankmanagement 1994), S. 722. Zur Diskussion der Frage, inwieweit der Bilanzausweis von Aktiva und Passiva nach Restlaufzeiten einen besseren Einblick in die Liquiditätslage der Kreditinstitute zu vermitteln vermag als nach Ursprungslaufzeiten, vgl. insbesondere BIEG, HARTMUT (Stichtagsfristigkeiten 1983), S. 279 ff.; CHRISTIAN, CLAUS-JÖRG (Restlaufzeiten 1987), S. 229 ff.

Karussellgeschäfte im Interbankenverkehr zur Verbesserung der Auslastungs-kennziffer des bisherigen Liquiditätsgrundsatzes III [554]. Begründet z. B. ein Kreditinstitut bei einem anderen Kreditinstitut eine 6-Monatseinlage in Höhe von 1 Mio. DM (Anrechnung zu 20 % als Anlage im bisherigen Grundsatz III) und nimmt es gleichzeitig von diesem eine 6-Monatseinlage in Höhe von 1 Mio. DM (Anrechnung zu 50 % als Finanzierungsmittel im bisherigen Grundsatz III) entgegen, so führt dies bei beiden Kreditinstituten jeweils zu einer Nettoentlastung des bisherigen Grundsatzes III in Höhe von 30 % des im Ringgeschäft getätigten Volumens [555]. Eine tatsächliche Verbesserung der Liquiditätslage der beteiligten Kreditinstitute ist hierdurch jedoch nicht zu verzeichnen. Es handelt sich auf beiden Seiten lediglich um einen formalen Liquiditätsgewinn.

Erleichterungen bei der Einhaltung der bisherigen Liquiditätsgrundsätze II und III verschaffen darüber hinaus aber auch Gegenseitigkeitsgeschäfte mit Bankschuldverschreibungen und unechte Pensionsgeschäfte [556]. Schließlich besteht noch die Möglichkeit, liquiditätsgrundsatzbelastende Geschäfte be-wusst liquiditätsgrundsatzneutral zu refinanzieren [557].

Angesichts der vorstehend aufgezeigten Unzulänglichkeiten können die bisheri-gen Liquiditätsgrundsätze II und III allenfalls einen ersten Anhaltspunkt zur Beur-teilung der Zahlungsfähigkeit von Kreditinstituten liefern [558]. Es kommt hinzu, dass sie weder den Charakter einer Rechtsnorm noch den eines Verwaltungsaktes besitzen [559]. Aus ihrer Verletzung ergeben sich daher auch für die Banken keine direkten Rechtsfolgen [560]. Dennoch erlangen die bisherigen Liquiditätsgrund-sätze II und III eine nicht zu unterschätzende Bedeutung für die Geschäftspolitik

---

[554] Vgl. dazu SCHIERENBECK, HENNER (Bankmanagement 1994), S. 722; SZAGUNN, VOLKHARD; HAUG, ULRICH; ERGENZINGER, WILHELM (Kreditwesen 1997), S. 297.

[555] Im kurzfristigen Interbankenverkehr (vereinbarte Laufzeit oder Kündigungsfrist der Forderungen und Verbindlichkeiten < 3 Monate) beträgt die Nettoentlastung des bisherigen Grundsatzes III im-merhin noch 10 % des Ringgeschäftsvolumens.

[556] Vgl. BRÜGGESTRAT, REINER (Liquiditätsrisikoposition 1990), S. 80 ff.; WASCHBUSCH, GERD (Jah-resabschlußpolitik 1992), S. 296 ff.; SZAGUNN, VOLKHARD; HAUG, ULRICH; ERGENZINGER, WIL-HELM (Kreditwesen 1997), S. 297 f.

[557] Zur liquiditätsgrundsatzneutralen Refinanzierung als Ziel des Liquiditätsmanagements von Kredit-instituten vgl. CHRISTIAN, CLAUS-JÖRG; WASCHBUSCH, GERD (Refinanzierung 1988), S. 480 ff.; BIEG, HARTMUT (Bankbetriebslehre 1992), S. 184 ff.

[558] Zu Vorschlägen einer sachgerechteren Ausgestaltung bankenaufsichtsrechtlicher Liquiditätsvor-schriften vgl. BRÜGGESTRAT, REINER (Liquiditätsrisikoposition 1990), S. 121 ff.; MANTZKE, INGO (Liquiditätsnormen 1994), S. 116 ff.

[559] Vgl. BUNDESREGIERUNG (Entwurf eines KWG 1959), S. 23; ferner WIRTSCHAFTSAUSSCHUSS DES DEUTSCHEN BUNDESTAGES (Bericht über den Entwurf eines KWG 1961), S. 8.

[560] Vgl. BUNDESREGIERUNG (Entwurf eines KWG 1959), S. 23.

der Kreditinstitute. Eine nicht nur geringfügige oder wiederholte Überschreitung der in den bisherigen Liquiditätsgrundsätzen II und III festgelegten Obergrenzen begründet nämlich in der Regel die Vermutung des BAKred, dass die Liquidität des betreffenden Kreditinstituts zu wünschen übrig lässt [561]. Beanstandungen des BAKred, eventuell sogar Zwangsmaßnahmen nach § 45 KWG sind die Folge. Da die bisherigen Liquiditätsgrundsätze II und III allerdings lediglich auf einer groben Durchschnittsbetrachtung für den Regelfall beruhen und auch nur im Regelfall einzuhalten sind, kann das BAKred bei der Beurteilung der Angemessenheit der Liquidität eines Kreditinstituts Sonderverhältnisse berücksichtigen, „die – je nach Sachlage – geringere oder höhere Anforderungen rechtfertigen" [562]. Damit soll den unterschiedlichen strukturellen Gegebenheiten der einzelnen Institute Rechnung getragen werden [563]. Im Übrigen sind die Kreditinstitute auch bei Beachtung der Relationen der bisherigen Liquiditätsgrundsätze II und III nicht von der Verpflichtung befreit, im wohlverstandenen Eigeninteresse eine höhere Liquiditätsvorsorge als in den Grundsätzen vorgesehen zu treffen, wenn dies unter betriebswirtschaftlichen Aspekten geboten erscheint [564].

Die Notwendigkeit, höhere Anforderungen an die Liquiditätsausstattung eines Kreditinstituts zu stellen, ist aus Sicht des BAKred hinsichtlich der bisherigen Liquiditätsgrundsätze II und III beispielsweise dann gegeben, wenn ein Kreditinstitut in einer Hochzinsphase wie zu Beginn der 90er Jahre aus jahresabschlusspolitischen Überlegungen einen mehr oder weniger großen Teil seiner börsengängigen festverzinslichen Wertpapiere dem Anlagevermögen zuordnet, um sich durch die Inanspruchnahme des gemilderten Niederstwertprinzips gemäß § 253 Abs. 2 Satz 3 HGB die Abschreibung auf den niedrigeren Börsenkurs dieser Wertpapiere am Jahresabschlussstichtag zu ersparen. Da das Kreditinstitut mit einem solchen Bilanzierungsverhalten zu erkennen gibt, dass es die entsprechenden Wertpapiere kurzfristig nicht veräußern will, werden diese Vermögenswerte vom BAKred nicht mehr den hochliquiden Anlagen zugeordnet. Das BAKred legt in diesem Fall vielmehr Sonderverhältnisse in der Weise fest, dass bei der Berechnung der bisherigen Liquiditätsgrundsätze II und III „alle nicht nach dem strengen Niederstwertprinzip bilanzierten Schuldverschreibungen mit einer Rest-

---

[561] Vgl. Abs. 2 Satz 1 der bisherigen Präambel zu den Grundsätzen des BAKred über die Eigenmittel und die Liquidität der Institute.

[562] Abs. 2 Satz 3 der bisherigen Präambel zu den Grundsätzen des BAKred über die Eigenmittel und die Liquidität der Institute.

[563] Das BAKRED denkt in diesem Zusammenhang insbesondere an Wertpapierhandelsbanken sowie an Finanzdienstleistungsinstitute, die als Eigenhändler im Sinne des § 1 Abs. 1a Satz 2 Nr. 4 KWG tätig sind; vgl. BAKRED (Erläuterungen 1997), S. 6 f.

[564] Vgl. SZAGUNN, VOLKHARD; HAUG, ULRICH; ERGENZINGER, WILHELM (Kreditwesen 1997), S. 271.

laufzeit von vier Jahren oder länger als zusätzliche Aktivkomponente in den Grundsatz II und Papiere kürzerer Restlaufzeit als zusätzliche Aktivkomponente in den Grundsatz III einzubeziehen sind" [565].

bc) Die Bestimmungen des neuen Liquiditätsgrundsatzes II

Wie bereits aufgezeigt [566], weisen die bisherigen Liquiditätsgrundsätze II und III in ihrer Ausgestaltung eine Reihe von Schwächen auf und sind demzufolge nur bedingt zur Beurteilung der Liquiditätssituation eines Kreditinstituts geeignet. Es kommt hinzu, dass die bisherigen Liquiditätsgrundsätze II und III den in den vergangenen 25 Jahren eingetretenen Änderungen in der Geschäftstätigkeit der Kreditinstitute, den Umstrukturierungen in der Kreditwirtschaft und der Entwicklung neuer Instrumente auf den Finanzmärkten keine Rechnung tragen. Darüber hinaus halten die bisher geltenden Liquiditätsgrundsätze II und III einem Vergleich internationaler Regelungen für Liquiditätserfassungen nicht mehr stand. Schließlich findet die Anforderung des § 11 Satz 1 KWG nun auch auf Finanzdienstleistungsinstitute Anwendung. Die bisherigen Liquiditätsgrundsätze II und III, die auf die typischen Aktivitäten einer Universalbank zugeschnitten sind, berücksichtigen jedoch die geschäftlichen Besonderheiten der mit der 6. KWG-Novelle unter Aufsicht gestellten Finanzdienstleistungsinstitute nicht und kommen daher für die bankenaufsichtsrechtliche Beurteilung der Liquiditätslage dieser Institute nicht in Betracht. Aus diesen Gründen war eine umfassende Überarbeitung der bisherigen Liquiditätsgrundsätze II und III unumgänglich [567]. Ergebnis der diesbezüglichen Bemühungen ist die Bekanntmachung der Neufassung des Liquiditätsgrundsatzes II vom 25. November 1998 [568].

Die nachfolgende *Abbildung 61* [569] (vgl. S. 384) gibt einen Überblick über die Institute, die den neuen Liquiditätsgrundsatz II spätestens ab dem 1. Juli 2000 [570] zu beachten haben [571].

---

[565] LANDESZENTRALBANK IN RHEINLAND-PFALZ UND IM SAARLAND (Jahresbericht 1993), S. 72.

[566] Vgl. Kapitel F.IV.2.bb), S. 379 ff.

[567] Zu den vorstehend geschilderten Hintergründen für die Überarbeitung der Liquiditätsvorschriften der Bankenaufsicht vgl. insbesondere BAKRED (Erläuterungen 1998), S. 28 f.; BAKRED (Jahresbericht 1999), S. 14 f.

[568] Vgl. BAKRED (Bekanntmachung 1998), S. 16985 f.

[569] In Anlehnung an HOFMANN, GERHARD; WERNER, JOHANNES (Liquiditätsgrundsatz II 1999), S. 26.

[570] Zu den Übergangsregelungen vgl. Kapitel F.IV.2.bb), S. 369.

[571] Vgl. auch BAKRED (Erläuterungen 1998), S. 34 f.

Abb. 61: Der Anwendungsbereich des neuen Liquiditätsgrundsatzes II

---

1. Kreditinstitute
   - Kreditinstitute, die Bankgeschäfte gemäß § 1 Abs. 1 Satz 2 KWG betreiben [1]

2. Finanzdienstleistungsinstitute
   - die Eigenhandel betreiben (§ 1 Abs. 1a Satz 2 Nr. 4 KWG)
   - die als Anlagevermittler (§ 1 Abs. 1a Satz 2 Nr. 1 KWG), Abschlussvermittler (§ 1 Abs. 1a Satz 2 Nr. 2 KWG) oder Finanzportfolioverwalter (§ 1 Abs. 1a Satz 2 Nr. 3 KWG) befugt sind, sich Eigentum oder Besitz an Geldern oder Wertpapieren von Kunden zu verschaffen, *oder* die auf eigene Rechnung mit Finanzinstrumenten handeln [2]

3. inländische Zweigniederlassungen von ausländischen Unternehmungen
   - inländische Zweigniederlassungen von Unternehmungen mit Sitz in einem anderen Staat des Europäischen Wirtschaftsraums (§ 53b Abs. 1 Satz 1 und Abs. 7 Satz 1 KWG)
   - inländische Zweigniederlassungen von Unternehmungen mit Sitz in einem Drittstaat (§ 53c KWG)

Erläuterungen zur Abb. 61:

[1] Nicht anzuwenden ist der neue Liquiditätsgrundsatz II auf Kapitalanlagegesellschaften sowie Wohnungsunternehmen mit Spareinrichtung; vgl. § 1 Abs. 2 Nr. 1 u. Nr. 2 Grundsatz II. Bei diesen Kreditinstituten wird von einer ausreichenden Liquidität aufgrund spezialgesetzlicher Vorschriften ausgegangen. So haben Wohnungsunternehmen mit Spareinrichtung weiterhin den auf sie zugeschnittenen Liquiditätsstatus zum Ende eines jeden Quartals und den Finanzierungsstatus zum Jahresultimo zu ermitteln; vgl. dazu BAKRED (Wohnungspolitik 1990), S. 38 ff.

[2] Anlagevermittler, Abschlussvermittler sowie Finanzportfolioverwalter, die nicht befugt sind, sich Eigentum oder Besitz an Geldern oder Wertpapieren von Kunden zu verschaffen, *und* die auch nicht auf eigene Rechnung mit Finanzinstrumenten handeln, werden damit von der Anwendung des neuen Liquiditätsgrundsatzes II ebenso ausgenommen wie diejenigen Finanzdienstleistungsinstitute, die außer der Drittstaateneinlagenvermittlung (§ 1 Abs. 1a Satz 2 Nr. 5 KWG), dem Finanztransfergeschäft (§ 1 Abs. 1a Satz 2 Nr. 6 KWG) und dem Sortengeschäft (§ 1 Abs. 1a Satz 2 Nr. 7 KWG) keine weitere Finanzdienstleistung für andere erbringen; vgl. § 1 Abs. 2 Nr. 3 Grundsatz II i. V. m. § 2 Abs. 7 u. Abs. 8 KWG.

Das Konzept des neuen – eng an die Probeerhebungen für einen EU-Liquiditäts-koeffizienten [572] angelehnten – Liquiditätsgrundsatzes II geht von der begründeten Annahme aus, dass die Zahlungsbereitschaft eines Instituts in erster Linie vom Ausmaß der zu erwartenden Zahlungsströme, dem verfügbaren Bestand an hochliquiden Aktiva sowie von den eingeräumten Refinanzierungslinien am

---

[572] Rechtsgrundlage für die im zweijährigen Rhythmus durchzuführenden Liquiditätsberechnungen für einen EU-Beobachtungskoeffizienten ist Art. 6 Abs. 1 Erste Bankrechtskoordinierungsrichtlinie. Zu den bestehenden Abweichungen des neuen Liquiditätsgrundsatzes II von dem Liquiditätskoeffizienten der Europäischen Union vgl. BAKRED (Erläuterungen 1998), S. 30 f.

Geldmarkt bestimmt wird [573]. Demgemäß werden die bei einem Institut zu einem festgelegten Stichtag vorhandenen Zahlungsmittel und Zahlungsverpflichtungen entsprechend ihren Restlaufzeiten in vier Laufzeitbänder (täglich fällig bis zu einem Monat, über einem Monat bis zu drei Monaten, über drei Monate bis zu sechs Monaten, über sechs Monate bis zu zwölf Monaten) eingestellt [574]. Durch die Gegenüberstellung der Zahlungsmittel und Zahlungsverpflichtungen der jeweiligen Laufzeitbänder (Fristeninkongruenz-Analyse) erhält das BAKred einen Überblick über die künftig zu erwartenden Rück- und Abflüsse von Liquidität bei den einzelnen Instituten in den betreffenden Zeiträumen. Börsennotierte Wertpapiere sowie gedeckte Schuldverschreibungen im Sinne von Art. 22 Abs. 4 Investmentfondsrichtlinie werden allerdings – abweichend vom Restlaufzeitenprinzip – stets als hochliquide Aktiva im Laufzeitband „täglich fällig bis zu einem Monat" erfasst, da derartige Wertpapiere aufgrund ihrer jederzeitigen Veräußerbarkeit als geeignet angesehen werden, unerwartete Liquiditätsabflüsse auszugleichen.

Die Zahlungsbereitschaft eines Instituts wird gemäß dem neuen Liquiditätsgrundsatz II unter Normalbedingungen („going concern"-Annahme) gemessen. Sie wird bankenaufsichtsrechtlich als ausreichend eingestuft, wenn – vom Meldestichtag an gerechnet – die im nächsten Monat zur Verfügung stehenden Zahlungsmittel die während dieses Zeitraumes zu erwartenden Liquiditätsabflüsse mindestens decken (ex ante-Betrachtung) [575]. Beurteilt wird dies anhand einer Liquiditätskennzahl, die das Institut zum Ende eines jeden Kalendermonats (Meldestichtag) zu berechnen hat [576]. Die Liquiditätskennzahl wird in § 2 Abs. 2 Satz 2 Grundsatz II definiert als das Verhältnis zwischen den im ersten Laufzeitband (täglich

---

[573] Vgl. hierzu sowie zu den nachfolgenden Ausführungen DEUTSCHE BUNDESBANK (Geschäftsbericht 1999), S. 160; DEUTSCHE BUNDESBANK (Grundsatz II 1999), S. 6 f.; HOFMANN, GERHARD; WERNER, JOHANNES (Liquiditätsgrundsatz II 1999), S. 24.

[574] Bei der Bestimmung der Restlaufzeiten sind die Monate *kalendermäßig genau* zu berechnen; vgl. dazu DEUTSCHE BUNDESBANK (Erläuterungen 1998), S. 1. Für die zeitliche Einteilung der Laufzeitbänder ist dagegen folgende Wahlmöglichkeit gegeben. Zum einen können alle Monate einheitlich mit *jeweils 30 Tagen* in den Laufzeitbändern angesetzt werden, sodass sämtliche Positionen mit einer Restlaufzeit von bis zu 30 Tagen dem ersten Laufzeitband, von über 30 bis zu 90 Tagen dem zweiten Laufzeitband, von über 90 bis zu 180 Tagen dem dritten Laufzeitband und von über 180 bis zu 360 Tagen dem vierten Laufzeitband zuzuordnen sind. Zum anderen besteht die Möglichkeit, die Laufzeitbänder zum jeweiligen Meldestichtag *nach Kalendermonaten* einzuteilen. Demnach würde das erste Laufzeitband z. B. bei einer zum Ultimo März zu erstattenden Meldung den Monat April, das zweite Laufzeitband die Monate Mai und Juni, das dritte Laufzeitband die Monate Juli bis September und das vierte Laufzeitband die Monate Oktober bis März umfassen. Vgl. dahingehend BAKRED (Grundsatz II 1999), S. 4.

[575] Vgl. DEUTSCHE BUNDESBANK (Geschäftsbericht 1999), S. 160; DEUTSCHE BUNDESBANK (Grundsatz II 1999), S. 7.

[576] Vgl. § 2 Abs. 2 Satz 1 Grundsatz II.

fällig bis zu einem Monat) verfügbaren Zahlungsmitteln und den während dieses Zeitraumes abrufbaren Zahlungsverpflichtungen (Ein-Monats-Kennzahl). Diese Liquiditätskennzahl (vgl. auch *Abbildung 62*) ist die bankenaufsichtsrechtlich relevante Messgröße für die Beurteilung der ausreichenden Zahlungsbereitschaft eines Instituts und muss wenigstens den Wert eins betragen (kein Defizit an Ein-Monats-Liquidität) [577]. Trifft dies zu, geht das BAKred für den Regelfall davon aus, dass sich die Zahlungseingänge und -ausgänge eines Instituts im nächsten Monat im Gleichgewicht befinden [578]. Unterschreiten dagegen die monatlich verfügbaren Zahlungsmittel die monatlich abrufbaren Zahlungsverpflichtungen wiederholt oder nicht unerheblich, so ist in der Regel die Vermutung des BAKred begründet, dass das Institut über keine ausreichende Zahlungsbereitschaft verfügt [579]. Das Institut wird in diesem Fall vom BAKred zur Verbesserung seiner Liquiditätslage und zur Einhaltung des neuen Liquiditätsgrundsatzes II aufgefordert werden [580]. Darüber hinaus wird das BAKred anhand der Werte der Liquiditätskennzahl nach § 2 Abs. 2 Grundsatz II entscheiden, ob Maßnahmen wegen unzureichender Liquidität gemäß § 45 Abs. 1 Satz 1 Nr. 2 KWG anzuordnen sind.

Abb. 62: Der strukturelle Aufbau der Liquiditätskennzahl gemäß § 2 Abs. 2 Grundsatz II

$$\frac{\text{Summe der verfügbaren Zahlungsmittel des ersten Laufzeitbandes}}{\text{Summe der abrufbaren Zahlungsverpflichtungen des ersten Laufzeitbandes}} \geq 1$$

Erstes Laufzeitband: täglich fällig bis zu einem Monat

Obwohl die Liquiditätskennzahl nach § 2 Abs. 2 Grundsatz II lediglich zum Ende eines jeden Monats zu berechnen und einzuhalten ist, erwartet das BAKred, dass die Institute auch zwischen den Meldestichtagen über eine ausreichende Liquidität verfügen [581]. Bestehen bei einem Institut Anhaltspunkte für eine nicht ausrei-

---

[577] Vgl. § 2 Abs. 2 Satz 3 Grundsatz II.

[578] Vgl. § 1 Abs. 1 Satz 1 i. V. m. § 2 Abs. 1 u. Abs. 2 Grundsatz II.

[579] Vgl. § 1 Abs. 1 Satz 2 Grundsatz II.

[580] Vgl. BAKRED (Erläuterungen 1998), S. 38.

[581] Vgl. BAKRED (Erläuterungen 1998), S. 38.

chende Zahlungsbereitschaft zwischen den Meldestichtagen, so wird das BAKred prüfen, ob das Institut die in § 2 Abs. 2 Satz 1 Grundsatz II getroffene Monatsultimoregelung in missbräuchlicher Absicht ausnutzt [582]. Sollte dies der Fall sein, wird das BAKred geeignete Maßnahmen zur Abhilfe einleiten.

Unabhängig von den vorstehenden Regelungen kann das BAKred bei einem Institut, dessen Liquidität aufgrund struktureller Besonderheiten von den im Allgemeinen geltenden Gegebenheiten abweicht, Sonderverhältnisse berücksichtigen, die – je nach Sachlage – geringere oder höhere Anforderungen im neuen Liquiditätsgrundsatz II nach sich ziehen [583]. Mit der Möglichkeit, positive oder negative Sonderverhältnisse zu berücksichtigen, ist die Elastizität sichergestellt, die der Gesetzgeber für die Anwendung der Grundsätze nach den §§ 10 und 11 KWG als erforderlich erachtet hat [584]. Die Berücksichtigung positiver Sonderverhältnisse bei einem Institut scheidet allerdings üblicherweise dann aus, wenn das Institut die Liquiditätskennzahl nach § 2 Abs. 2 Grundsatz II einhält [585]. In welcher Weise geringere oder höhere Anforderungen im Rahmen der Berücksichtigung von Sonderverhältnissen gestellt werden, ist im Übrigen „im Einzelfall nach Maßgabe der jeweiligen Gegebenheiten zu entscheiden" [586]. In bestimmten Fällen dürfte es nahe liegen, bei der Ermittlung der Liquiditätskennzahl zusätzliche Zahlungsmittel oder Zahlungsverpflichtungen zu berücksichtigen [587]. In anderen Fällen könnten die geringeren oder höheren Anforderungen darin bestehen, andere Anrechnungssätze für einzelne Zahlungsmittel oder Zahlungsverpflichtungen festzulegen [588].

In Ergänzung zur Liquiditätskennzahl sind sog. Beobachtungskennzahlen zu berechnen, die über die Liquiditätsverhältnisse eines Instituts im zweiten, dritten und vierten Laufzeitband (also für den Zeitraum zwischen einem Monat und zwölf Monaten nach dem Meldestichtag) Auskunft geben sollen [589]. Die Ermittlung dieser Beobachtungskennzahlen erfolgt entsprechend der Vorgehensweise bei der Berechnung der Liquiditätskennzahl (vgl. *Abbildung 63*, S. 388) [590]. Da-

---

[582] Vgl. BAKRED (Erläuterungen 1998), S. 38 f.

[583] Vgl. § 1 Abs. 1 Satz 3 Grundsatz II.

[584] Vgl. BUNDESREGIERUNG (Entwurf eines KWG 1959), S. 23 f.

[585] Vgl. BAKRED (Erläuterungen 1998), S. 33.

[586] BAKRED (Erläuterungen 1998), S. 33.

[587] Vgl. BAKRED (Erläuterungen 1998), S. 33.

[588] Vgl. BAKRED (Erläuterungen 1998), S. 33.

[589] Vgl. § 2 Abs. 3 Satz 1 Grundsatz II.

[590] Vgl. § 2 Abs. 3 Satz 2 Grundsatz II.

bei sind etwaige Zahlungsmittelüberschüsse aus dem vorherigen Laufzeitband (Vorliegen einer positiven Fristeninkongruenz) als zusätzliche Zahlungsmittel in dem darauf folgenden Laufzeitband zu berücksichtigen [591]. „Diese Überlaufregelung trägt dem Gedanken Rechnung, dass durch kurzfristige Zahlungsverpflichtungen nicht gebundene Zahlungsmittel uneingeschränkt zur Begleichung längerfristiger Zahlungsverpflichtungen zur Verfügung stehen" [592]. Es wird also davon ausgegangen, dass die Posten der Liquiditätsreserve auch zu einem späteren Zeitpunkt in primärliquide Mittel (Bargeld oder Zentralbankgeld) umgewandelt und deshalb als potenzielle Zahlungsmittel zur Einlösung der später fällig werdenden Zahlungsverpflichtungen verwandt werden können [593].

Abb. 63: Der strukturelle Aufbau der Beobachtungskennzahlen gemäß § 2 Abs. 3 Grundsatz II

Summe der verfügbaren Zahlungsmittel des jeweiligen Laufzeitbandes
+ etwaiger Zahlungsmittelüberschuss des vorhergehenden Laufzeitbandes
Summe der abrufbaren Zahlungsverpflichtungen des jeweiligen Laufzeitbandes

Zweites Laufzeitband: über einem Monat bis zu drei Monaten

Drittes Laufzeitband: über drei Monate bis zu sechs Monaten

Viertes Laufzeitband: über sechs Monate bis zu zwölf Monaten

Die von den einzelnen Instituten zu meldenden Beobachtungskennzahlen gemäß § 2 Abs. 3 Grundsatz II „dienen lediglich nachrichtlichen Zwecken" [594]. Es werden den Instituten vom BAKred „keine mindestens einzuhaltenden Werte vorgegeben" [595]. Die Beobachtungskennzahlen sollen vielmehr der Bankenaufsicht einen Einblick in die von einem Institut im kurzfristigen Bereich (bis zu einem Jahr) vorgenommene Fristentransformation gewähren [596]. Beobachtungskennzahlen, die einen Wert unter eins annehmen, deuten dabei darauf hin, dass die von

---

[591] Vgl. § 2 Abs. 3 Satz 3 Grundsatz II.

[592] BAKRED (Erläuterungen 1998), S. 39.

[593] Vgl. BAKRED (Erläuterungen 1998), S. 39.

[594] BAKRED (Erläuterungen 1998), S. 39.

[595] BAKRED (Erläuterungen 1998), S. 39.

[596] Vgl. BAKRED (Erläuterungen 1998), S. 39; ferner HOFMANN, GERHARD; WERNER, JOHANNES (Liquiditätsgrundsatz II 1999), S. 25.

einem Institut kurzfristig hereingenommenen Gelder längerfristig angelegt werden [597]. Damit ist nach der Wertung des Liquiditätsgrundsatzes II allerdings kein akutes Abruf- bzw. Abzugsrisiko verbunden, „solange die Ein-Monats-Liquiditätskennzahl den Wert eins übersteigt" [598].

Die nachfolgende *Abbildung 64* [599] (vgl. S. 390) zeigt an einem Zahlenbeispiel die Berechnung der Liquiditätskennzahl sowie der Beobachtungskennzahlen gemäß § 2 Abs. 2 und Abs. 3 Grundsatz II.

Vorstehende Zusammenhänge verdeutlichen die zentrale Zielrichtung des neuen Liquiditätsgrundsatzes II. Im Vordergrund steht die Begrenzung des Abruf- bzw. Abzugsrisikos von Instituten [600]. Hierunter ist die Gefahr zu verstehen, dass Kunden Kreditlinien oder andere in Aussicht gestellte Geldleistungen unerwartet (d. h. *vor* dem geplanten Zeitpunkt) in Anspruch nehmen bzw. Gläubiger über ihre Einlagen unvorhergesehen (eventuell sogar *vor* deren Fälligkeit) verfügen. Der Begrenzung des Refinanzierungsrisikos [601], das in den bisherigen Liquiditätsgrundsätzen II und III im Mittelpunkt der Regulierung stand, kommt dagegen im neuen Liquiditätsgrundsatz II lediglich eine sehr untergeordnete Bedeutung zu [602]. Eine weitere Komponente der originären Liquiditätsrisiken, nämlich das Terminrisiko, das in der Gefahr besteht, dass die tatsächlichen Zeitpunkte von Zahlungsmittelrückflüssen aus Vermögensgegenständen den geplanten bzw. vereinbarten Rückflusszeitpunkten zeitlich nachgelagert sind, bleibt auch im neuen Liquiditätsgrundsatz II unberücksichtigt [603].

Das BAKred begründet die veränderte Zielrichtung des neu gefassten Liquiditätsgrundsatzes II mit der Feststellung, „dass bei einem solventen und ertragsstarken Institut im Allgemeinen keine unüberbrückbaren Hindernisse für die Sicherstel-

---

[597] Vgl. BAKRED (Erläuterungen 1998), S. 39.

[598] BAKRED (Erläuterungen 1998), S. 39.

[599] Modifiziert entnommen aus DEUTSCHE BUNDESBANK (Grundsatz II 1999), S. 7; HOFMANN, GERHARD; WERNER, JOHANNES (Liquiditätsgrundsatz II 1999), S. 25.

[600] Vgl. BAKRED (Jahresbericht 1999), S. 15; SPÖRK, WOLFGANG; AUGE-DICKHUT, STEFANIE (Liquiditätskennzahl 1999), S. 181.

[601] Ein Refinanzierungsrisiko (auch Geldanschlussrisiko) besteht dann, wenn ein Institut eine positive Fristentransformation betreibt, also kürzerfristig zur Verfügung stehende Mittel längerfristig verwendet bzw. in ihrer Nutzung festlegt, *und* es dem Institut nicht gelingt, die erforderliche Substitution der Finanzierungsmittel (Anschlussfinanzierung) vorbehaltlos sicherzustellen.

[602] SPÖRK/AUGE-DICKHUT weisen darauf hin, dass Kreditinstitute gemäß den Vorschriften des neuen Liquiditätsgrundsatzes II deutlich mehr Fristentransformation betreiben können, als dies bei den bisherigen Liquiditätsgrundsätzen II und III möglich war; vgl. SPÖRK, WOLFGANG; AUGE-DICKHUT, STEFANIE (Liquiditätskennzahl 1999), S. 181 f.

[603] Vgl. GRELCK, MICHAEL; RODE, MICHAEL (Liquiditätsgrundsatz 1999), S. 68; SPÖRK, WOLFGANG; AUGE-DICKHUT, STEFANIE (Liquiditätskennzahl 1999), S. 181.

Abb. 64: Zahlenbeispiel zur Berechnung der Liquiditätskennzahl sowie der Beobachtungskennzahlen gemäß § 2 Abs. 2 und Abs. 3 Grundsatz II

Zahlungsmittel und Zahlungsverpflichtungen	Laufzeitband I: täglich fällig bis zu einem Monat	Laufzeitband II: über einem Monat bis zu drei Monaten	Laufzeitband III: über drei Monate bis zu sechs Monaten	Laufzeitband IV: über sechs Monate bis zu zwölf Monaten
A. Summe der verfügbaren Zahlungsmittel	200	100	80	40
B. Summe der abrufbaren Zahlungsverpflichtungen	160	180	60	80
C. Fristeninkongruenzen (A ./. B)	+ 40	– 80	+ 20	– 40
D. Positive Fristeninkongruenzen	+ 40	– –	+ 20	– –
E. Summe der verfügbaren Zahlungsmittel + etwaiger Zahlungsmittelüberschuss des vorhergehenden Laufzeitbandes (A + D des vorhergehenden Laufzeitbandes)	– –	140 [100 + 40]	80	60 [40 + 20]
F. Liquiditätskennzahl (A/B)	(mindestens 1,0) **1,25**			
G. Beobachtungskennzahlen (E/B)		0,78	(keine Mindestvorgaben) **1,33**	0,75

lung der mittel- und langfristigen Refinanzierung bestehen, die gegebenenfalls im Wege der zusätzlichen Geldaufnahme am Interbankenmarkt und/oder der außerplanmäßigen Veräußerung von Wertpapieren erfolgen kann" [604]. Im Vergleich dazu wird der kurzfristige Bereich als problematischer eingeschätzt [605]. In der Zeitspanne von einem Kalendermonat „ist die Gefahr von Liquiditätsengpässen auch für solvente und ertragsstarke Institute gegeben, da unerwartete Ereignisse und unvorhergesehene Marktumstände die Zahlungsfähigkeit des einzelnen Instituts über das Normalmaß hinaus beanspruchen können" [606]. Der über einen Monat hinausgehende Zeitraum bis zu einem Jahr ist aus Sicht des BAKred allerdings insoweit von Interesse, als in diesem Bereich möglicherweise bestehende Liquiditätsprobleme eines Instituts auf strukturell bedingte Refinanzierungsschwierigkeiten dieses Instituts hindeuten können [607].

Eine enumerative Aufzählung der Zahlungsmittel und kurzfristigen Zahlungsverpflichtungen einschließlich ihrer Zuordnung zu den einzelnen Laufzeitbändern findet sich in den §§ 3 und 4 Grundsatz II. Dabei werden die grundsatzrelevanten Zahlungsmittel nach dem Kriterium der abnehmenden Liquidität geordnet, wobei zwischen der Liquidität erster und zweiter Klasse unterschieden wird. Bei den Positionen der Liquidität erster Klasse handelt es sich um Bargeld oder Zentralbankgeld (primärliquide Mittel) oder um Aktiva, die jederzeit und ohne weiteres in Bargeld oder Zentralbankgeld umgewandelt werden können (sekundärliquide Mittel). Sie werden unabhängig von den vertraglich vereinbarten (Rest-) Laufzeiten in das erste Laufzeitband (täglich fällig bis zu einem Monat) eingeordnet. Die Positionen der Liquidität zweiter Klasse sind dagegen entsprechend ihren jeweiligen Fälligkeiten (Restlaufzeiten von bis zu einem Jahr) in die einzelnen Laufzeitbänder des Liquiditätserfassungsschemas einzustellen. Insgesamt werden aber nur solche Positionen als Zahlungsmittel berücksichtigt, die unzweifelhaft Liquiditätszuflüsse innerhalb der vorgegebenen Fristenbereiche der Laufzeitbänder generieren. [608]

Bei der Einteilung der Zahlungsverpflichtungen ist zu unterscheiden zwischen kurzfristigen Verpflichtungen ohne feste Fälligkeiten und solchen mit fest vereinbarten Laufzeiten oder Kündigungsfristen. Bei den kurzfristigen Zahlungsver-

---

[604] BAKRED (Erläuterungen 1998), S. 29 f.

[605] Vgl. BAKRED (Erläuterungen 1998), S. 30.

[606] BAKRED (Erläuterungen 1998), S. 30.

[607] Vgl. BAKRED (Erläuterungen 1998), S. 30.

[608] Zu den Ausführungen dieses Absatzes vgl. BAKRED (Erläuterungen 1998), S. 37, S. 39 f. u. S. 44; DEUTSCHE BUNDESBANK (Grundsatz II 1999), S. 8; HOFMANN, GERHARD; WERNER, JOHANNES (Liquiditätsgrundsatz II 1999), S. 25.

pflichtungen, denen keine fest vereinbarten Laufzeiten oder Kündigungsfristen zugrunde liegen und die daher täglich in Höhe eines Teilbetrages oder insgesamt abgerufen bzw. abgezogen werden können, muss ein Institut mit der jederzeitigen Inanspruchnahme rechnen. Sie sind daher dem ersten Laufzeitband zuzuordnen, wobei dem Ausmaß des unterstellten Abruf- bzw. Abzugsrisikos durch differenzierte, empirisch ermittelte Anrechnungssätze Rechnung getragen wird. Bei den kurzfristigen Zahlungsverpflichtungen mit fest vereinbarten Laufzeiten oder Kündigungsfristen ist dagegen ein vorzeitiger Abruf oder Abzug der Gelder vertraglich ausgeschlossen. Da bei diesen Verpflichtungen Zeitpunkte und Beträge der anfallenden Auszahlungen feststehen, sind sie entsprechend ihren jeweiligen Fälligkeiten (Restlaufzeiten von längstens einem Jahr) in die einzelnen Laufzeitbänder des Liquiditätserfassungsschemas einzutragen. [609]

Abbildung 65 (vgl. S. 393-400) gibt einen Überblick über die einzelnen Komponenten der Zahlungsmittel und Zahlungsverpflichtungen einschl. ihrer Zuordnung zu den verschiedenen Laufzeitbändern gemäß den §§ 3, 4, 8 und 9 Grundsatz II. Ergänzend dazu finden sich Hinweise zu den verschiedenen Bemessungsgrundlagen der Zahlungsmittel und Zahlungsverpflichtungen gemäß § 6 Grundsatz II.

In § 3 Abs. 3 Grundsatz II werden zur Vermeidung möglicher Fehldeutungen und daraus resultierenden fehlerhaften Anrechnungen abschließend diejenigen Positionen aufgelistet, die nicht als grundsatzrelevante Zahlungsmittel berücksichtigt werden dürfen, weil sie weder als Bestandteil der Liquidität erster Klasse angesehen werden können noch in den nächsten zwölf Monaten fällig werden und damit der Liquidität zweiter Klasse zuzurechnen sind [610]. Im Einzelnen handelt es sich um

- Forderungen und Wechsel, auf die Einzelwertberichtigungen gebildet worden sind, sofern aktuelle Leistungsstörungen bei diesen Krediten vorliegen [611],

- Beteiligungen und Anteile an verbundenen Unternehmen,

---

[609] Zu den Ausführungen dieses Absatzes vgl. BAKRED (Erläuterungen 1998), S. 37 f., S. 48 f. u. S. 51; DEUTSCHE BUNDESBANK (Grundsatz II 1999), S. 8; HOFMANN, GERHARD; WERNER, JOHANNES (Liquiditätsgrundsatz II 1999), S. 26.

[610] Vgl. BAKRED (Erläuterungen 1998), S. 40.

[611] „Bei Ratenkrediten ist von aktuellen Leistungsstörungen regelmäßig dann auszugehen, wenn der Kreditnehmer mit der Zahlung mehr als einer Rate in Verzug ist oder wenn mindestens eine Mahnung seitens des Instituts erfolgt ist"; BAKRED (Erläuterungen 1998), S. 47. Forderungen und Wechsel, auf die zwar Wertberichtigungen gebildet worden sind, bei denen aber aktuelle Leistungsstörungen *nicht* vorliegen, sind entsprechend ihren Restlaufzeiten als Liquidität zweiter Klasse gemäß § 3 Abs. 2 Grundsatz II zu erfassen; vgl. ebenda, S. 47. Ungeachtet der Wertberichtigungen kann in diesem Fall vom Zufluss der Liquidität ausgegangen werden, allerdings gemäß § 6 Abs. 1 Satz 4 Grundsatz II gekürzt um die gebildeten Wertberichtigungen; vgl. ebenda, S. 47.

Abb. 65: Komponenten der Zahlungsmittel und Zahlungsverpflichtungen einschließlich ihrer Zuordnung zu den verschiedenen Laufzeitbändern gemäß den §§ 3 und 4 Grundsatz II

Zahlungsmittel [1) 2)]	Bemessungsgrundlage [3) 4)]	Zahlungsverpflichtungen [1) 2)]	Bemessungsgrundlage [4)]
1. Liquidität erster Klasse (Einordnung in das Laufzeitband I)		**1. Verpflichtungen ohne feste Fälligkeiten** (Einordnung in das Laufzeitband I)	
a) Primärliquide Mittel (Barreserve)		– 40 % der täglich fälligen Verbindlichkeiten gegenüber Kreditinstituten [11)]	Buchwerte
– Kassenbestand	Buchwerte	– 10 % der täglich fälligen Verbindlichkeiten gegenüber Kunden [11)]	Buchwerte
– Guthaben bei Zentralnotenbanken [5)]	Buchwerte	– 10 % der Spareinlagen	Buchwerte
b) Sekundärliquide Mittel		– 10 % des Unterschiedsbetrags zwischen Bauspareinlagen und Bauspardarlehen (Sonderregelung für Bausparkassen)	Buchwerte
– Inkassopapiere [6)]	Buchwerte		
– unwiderrufliche Kreditzusagen, die das Institut erhalten hat [7)]	Buchwerte	– 5 % der Eventualverbindlichkeiten aus weitergegebenen Wechseln	Buchwerte
– börsennotierte Wertpapiere [8)] (einschl. der dem Institut als Pensionsnehmer oder Entleiher im Rahmen von Pensionsgeschäften oder Leihgeschäften übertragenen börsennotierten Papiere)	Marktkurse	– 5 % der Eventualverbindlichkeiten aus übernommenen Bürgschaften und Gewährleistungsverträgen [12)]	Buchwerte
– gedeckte Schuldverschreibungen [9)] (einschl. der dem Institut als Pensionsnehmer oder Entleiher im Rahmen von Pensionsgeschäften oder Leihgeschäften übertragenen gedeckten Schuldverschreibungen)	Marktkurse	– 5 % des Haftungsbetrags aus der Bestellung von Sicherheiten für fremde Verbindlichkeiten	Buchwerte
		– 20 % der Platzierungs- und Übernahmeverpflichtungen [13)]	Buchwerte
– 90 % der Anteile an Geldmarktfonds und Wertpapierfonds [10)]	Rücknahmepreise	– 20 % der noch nicht in Anspruch genommenen, unwiderruflich zugesagten Kredite (es sei denn, sie fallen unter die Nr. 3) [14) 15)]	Buchwerte

Fortsetzung Abb. 65:

Zahlungsmittel [1] [2]	Bemessungsgrundlage [3] [4]	Zahlungsverpflichtungen [1] [2]	Bemessungsgrundlage [4]
2. Liquidität zweiter Klasse (Einordnung in die Laufzeitbänder I bis IV entsprechend den jeweiligen Restlaufzeiten zum Meldestichtag [16])		**2. Verpflichtungen mit fest vereinbarten Laufzeiten oder Kündigungsfristen (Einordnung in die Laufzeitbänder I bis IV entsprechend den jeweiligen Restlaufzeiten zum Meldestichtag [16])**	
– Forderungen an das Europäische System der Zentralbanken (ESZB) und an sonstige Zentralbanken [17]	Buchwerte	– Verbindlichkeiten gegenüber dem Europäischen System der Zentralbanken (ESZB) und sonstigen Zentralbanken [20]	Buchwerte
– Forderungen an Kreditinstitute [18]	Buchwerte	– Verbindlichkeiten gegenüber Kreditinstituten	Buchwerte
– Forderungen an Kunden [18]	Buchwerte	– 20 % der Verbindlichkeiten von Zentralbanken gegenüber ihren Girozentralen und Zentralkassen sowie von Girozentralen und Zentralkassen gegenüber angeschlossenen Sparkassen und Kreditgenossenschaften	Buchwerte
– 20 % der ausstehenden Hypothekardarlehen, die im Zusammenhang mit einer Zinsanpassung innerhalb der nächsten zwölf Monate fällig werden oder fällig werden können (Sonderregelung für Hypothekenbanken) [19]	Buchwerte		
– 10 % der ausstehenden Kommunaldarlehen, die im Zusammenhang mit einer Zinsanpassung innerhalb der nächsten zwölf Monate fällig werden oder fällig werden können (Sonderregelung für Hypothekenbanken) [19]	Buchwerte	– Verbindlichkeiten gegenüber Kunden	Buchwerte
		– Sachverbindlichkeiten des entleihenden Instituts zur Rückgabe entliehener Wertpapiere	Marktkurse
– Wechsel, sofern diese nicht unter den Forderungen an Kreditinstitute oder an Kunden erfasst werden	Buchwerte		
– Sachforderungen des verleihenden Instituts auf Rückgabe der verliehenen Wertpapiere	Marktkurse	– Sachverbindlichkeiten des Pensionsnehmers aus der Rückgabepflicht von Wertpapieren im Rahmen von echten Pensionsgeschäften	Marktkurse

Fortsetzung Abb. 65:

Zahlungsmittel [1) 2)]	Bemessungsgrundlage [3) 4)]	Zahlungsverpflichtungen [1) 2)]	Bemessungsgrundlage [4)]
– andere als die unter der Liquidität erster Klasse erfassten Schuldverschreibungen und anderen festverzinslichen Wertpapiere (einschl. der dem Institut als Pensionsnehmer bzw. Leihnehmer im Rahmen von Pensionsgeschäften bzw. Leihgeschäften übertragenen festverzinslichen Wertpapiere)	Buchwerte	– Geldverbindlichkeiten des Pensionsgebers aus unechten Pensionsgeschäften in Höhe des Rückzahlungsbetrags, sofern der aktuelle Marktwert der übertragenen Wertpapiere unter dem vereinbarten Rückzahlungspreis liegt	Rückzahlungsbeträge
– Ansprüche des Pensionsgebers auf Rückübertragung von Wertpapieren im Rahmen echter Pensionsgeschäfte	Marktkurse	– verbriefte Verbindlichkeiten [21)]	Rückzahlungsbeträge
– Geldforderungen des Pensionsnehmers aus unechten Pensionsgeschäften in Höhe des Rückzahlungsbetrags, sofern der aktuelle Marktwert der übertragenen Wertpapiere unter dem vereinbarten Rückzahlungspreis liegt	Rückzahlungsbeträge	– nachrangige Verbindlichkeiten	Rückzahlungsbeträge
– Ausgleichsforderungen gegen die öffentliche Hand (Ausgleichsfonds Währungsumstellung) einschl. der Schuldverschreibungen aus deren Umtausch, soweit verbriefte Ausgleichsforderungen nicht unter den börsennotierten Wertpapieren und damit der Liquidität erster Klasse erfasst werden	Buchwerte	– Genussrechtskapital	Buchwerte
		– sonstige Verbindlichkeiten	Buchwerte
		3. **Unwiderruflich zugesagte Investitions- und Hypothekarkredite, die nach Baufortschritt ausgezahlt werden** (Einordnung in die Laufzeitbänder I bis IV nach der erwarteten Inanspruchnahmen während der auf den Meldestichtag folgenden zwölf Monaten) [22)] – 12 % im Laufzeitband I – 16 % im Laufzeitband II – 24 % im Laufzeitband III – 48 % im Laufzeitband IV	Buchwerte

Fortsetzung Abb. 65:

Erläuterungen zur Abb. 65:

1) Auf ausländische Währungen lautende Zahlungsmittel und Zahlungsverpflichtungen sind zu dem von der Europäischen Zentralbank am Meldestichtag festgestellten und von der Deutschen Bundesbank veröffentlichten Referenzkurs (ESZB-Referenzkurs) in diejenige Währung umzurechnen, in der die Meldung erstellt wird (DM oder EUR); vgl. § 6 Abs. 2 Satz II. Bei der Umrechnung von Währungen, für die kein ESZB-Referenzkurs veröffentlicht wird, sind die Mittelkurse aus feststellbarer An- und Verkaufskursen des Meldestichtags zugrunde zu legen; vgl. § 6 Abs. 2 Satz 2 Grundsatz II.

2) Die Anrechnungssätze zur Erfassung der Liquiditätseffekte der im neuen Liquiditätsgrundsatz II zu berücksichtigenden Zahlungsmittel und Zahlungsverpflichtungen „beruhen im Wesentlichen auf Angaben aus der Kreditwirtschaft, die insbesondere längerfristige Erfahrungen aus den Bankgeschäften widerspiegeln"; BAKRED (Begleitschreiben 1998), S. 290. Wegen der bankenaufsichtsrechtlichen Zielsetzung, vor allem das Abzugsrisiko zu begrenzen, reichte es allerdings nicht aus, den Anrechnungssätzen der Zahlungsverpflichtungen lediglich die durchschnittlichen Abzugsraten zugrunde zu legen, geboten waren „vielmehr höhere Anrechnungssätze, die auch außergewöhnliche Liquiditätsbeanspruchungen der Institute abdecken"; ebenda, S. 290.

3) Gemäß § 6 Abs. 1 Satz 4 Grundsatz II sind von den Buchwerten der korrespondierenden Zahlungsmittel Wertberichtigungen für das Länderrisiko, Pauschalwertberichtigungen und solche Einzelwertberichtigungen abzusetzen, „die ohne Vorliegen aktueller Leistungsstörungen gebildet worden sind und deshalb der Anrechnung der Liquidität aus den wertberichtigten Forderungen insgesamt nicht entgegenstehen"; BAKRED (Erläuterungen 1998), S. 59 f. Sofern Institute aus meldetechnischen Gründen nicht dazu in der Lage sind, den Abzug der Wertberichtigungen von den Buchwerten der Zahlungsmittel vorzunehmen, auf die sie sich beziehen, wird ihnen nach vorheriger Mitteilung an das BAKred die Anwendung eines pauschalisierenden Verfahrens zur Absetzung der Wertberichtigungen zugestanden. Eine nähere Beschreibung des pauschalisierenden Abzugsverfahrens findet sich bei BAKRED (Erläuterungen 1998), S. 60 f. Vgl. dazu ergänzend BAKRED (Grundsatz II 1999), S. 3. Vorsorgereserven nach § 340f HGB sind nicht als Wertberichtigungen im Sinne des § 6 Abs. 1 Satz 4 Grundsatz II anzusehen und bleiben deshalb als mögliche Abzugsposten unberücksichtigt; vgl. BAKRED (Grundsatz II 1999), S. 3. Der in den bisherigen Liquiditätsgrundsätzen II und III zugestandene Abzug passiver Rechnungsabgrenzungsposten aus Gebührenabgrenzung im Teilzahlungsfinanzierungsgeschäft und für das Damnum auf Darlehen von den korrespondierenden Aktivkomponenten wird im neuen Liquiditätsgrundsatz II grundsätzlich nicht gestattet. „Im neuen Liquiditätserfassungsschema werden Einnahmen vor dem Abschlussstichtag, die entweder ganz oder teilweise Ertrag für eine bestimmte Zeit nach diesem Tag darstellen, insgesamt – das heißt unabhängig von der Rechnungsabgrenzung – als zusätzliche Zahlungsmittel angerechnet, da sie ohne Einschränkung zur Begleichung von Zahlungsverpflichtungen zur Verfügung stehen"; BAKRED (Erläuterungen 1998), S. 61. Es wird den Instituten allerdings freigestellt, an der handelsbilanziellen Rechnungsabgrenzung auch im neuen Liquiditätsgrundsatz II festzuhalten. Der Verzicht auf den Abzug passiver transitorischer Rechnungsabgrenzungsposten im neuen Liquiditätsgrundsatz II ist bei erstmaliger Anwendung dem BAKred gegenüber anzuzeigen, wobei die einmal gewählte Verfahrensweise beizubehalten ist. Vgl. dazu BAKRED (Erläuterungen 1998), S. 61.

4) Als Marktkurse sind gemäß § 6 Abs. 1 Satz 2 Grundsatz II die zum Geschäftsschluss des jeweiligen Meldestichtags amtlich festgestellten Kurse oder – sofern diese nicht vorliegen – die unter Zugrundelegung von Marktparametern ermittelten Marktpreise heranzuziehen. Das hierbei angewandte Bewertungsverfahren und die verwendeten Eingabedaten sind zu dokumentieren und dem BAKred auf dessen Verlangen offen zu legen; vgl. BAKRED (Erläuterungen 1998), S. 59. „Fällt der Meldestichtag auf einen Tag, der keinen Geschäftstag darstellt, ist auf die Gegebenheiten am Ende des letzten dem Meldestichtag vorangegangenen Geschäftstages abzustellen"; ebenda, S. 59.

Fortsetzung Abb. 65:

5) Unter den „Guthaben bei Zentralnotenbanken" sind täglich fällige Guthaben zu erfassen, über die die Institute jederzeit verfügen können. Dagegen ist die Inanspruchnahme einer Einlagenfazilität, d. h. der Möglichkeit, bei der Deutschen Bundesbank, der EZB und den anderen nationalen Zentralbanken des ESZB „über Nacht" Geld anzulegen, nicht unter dieser Position, sondern als täglich fällige Forderung an das ESZB auszuweisen. Vgl. dazu BAKRED (Erläuterungen 1998), S. 40.

6) Zu den Inkassopapieren zählen Schecks und sonstige Inkassopapiere, sofern sie innerhalb von 30 Tagen ab Einreichung zur Vorlage bestimmt und dem Einreicher bereits gutgeschrieben sind, ferner fällige Schuldverschreibungen sowie Zins- und Gewinnanteilscheine; vgl. BAKRED (Erläuterungen 1998), S. 40.

7) Als unwiderrufliche Kreditzusagen, die das Institut erhalten hat, „sind förmlich abgegebene und rechtsgeschäftlich verbindliche Zusagen zu berücksichtigen, soweit die Voraussetzungen für die Inanspruchnahme der zugesagten Kreditmittel erfüllt sind und die Kreditlinien unverzüglich abgerufen werden können"; BAKRED (Erläuterungen 1998), S. 40 f. Es dürfen also als unwiderrufliche Kreditzusagen nur solche Kreditzusagen „bei denen unzweifelhaft feststeht, dass sie auf Initiative des Instituts ohne Schwierigkeiten in Liquidität umgewandelt werden können"; ebenda, S. 41. Dementsprechend sind eingeräumte Refinanzierungsfazilitäten bei einem übergeordneten Institut im Rahmen eines Liquiditätsverbundes (Kreditgenossenschaften und Sparkassen) unter dieser Position nur aufzuführen, sofern sie rechtsverbindlichen Charakter haben; vgl. ebenda, S. 41.

8) Börsennotierte Wertpapiere (einschl. börsennotierter Geldmarktpapiere), die als Liquidität erster Klasse angesehen werden können, müssen die nachfolgend aufgeführten Bedingungen kumulativ erfüllen:

– Es werden nur solche Wertpapiere berücksichtigt, die nach dem strengen Niederstwertprinzip gemäß § 253 Abs. 3 HGB bewertet sind. Dies bedeutet, dass neben den Wertpapieren des Handelsbestandes (§ 340c Abs. 1 HGB) und der Liquiditätsreserve (§ 340f Abs. 1 HGB) nur solche wie Anlagevermögen behandelte Wertpapiere in Betracht kommen, die mit dem strengen Niederstwert angesetzt werden. Verzichtet also ein Institut bei Wertpapieren des Anlagevermögens unter Ausnutzung der Möglichkeiten des gemilderten Niederstwertprinzips auf den Ansatz des Niederstwerts, so bringt es damit zum Ausdruck, dass es diese Wertpapiere langfristig halten will und diese folglich nicht als uneingeschränkt liquide Mittel zur Verfügung stehen. Die Berücksichtigung derart bewerteter Anlagewertpapiere als Liquidität erster Klasse wird deshalb für nicht vertretbar angesehen.

– Die Wertpapiere müssen einer geschäftstäglichen Marktbewertung unterliegen, d. h., die Institute müssen jederzeit, also nicht nur zu den Meldestichtagen, Kenntnis über den aktuellen Wert dieser Wertpapiere haben. Führt ein Institut eine solche Marktbewertung nicht durch, so darf es die Wertpapiere gemäß § 6 Abs. 1 Satz 3 Grundsatz II in Höhe eines Teilbetrages der jeweiligen Buchwerte anrechnen. Bei den Schuldverschreibungen und den anderen festverzinslichen Wertpapieren im Bestand beläuft sich der Anrechnungssatz auf 90 % des Buchwerts sowie bei den Aktien und den anderen nicht festverzinslichen Wertpapieren im Bestand auf 80 % des Buchwerts. Mit der Festlegung der Abschlagssätze in Höhe von 10 % bzw. 20 % wird der Gefahr Rechnung getragen, dass der aktuell realisierbare Wert bei Liquidisierung eines Wertpapiers infolge von Marktänderungen hinter dem Buchwert zurückbleibt.

– Die Wertpapiere müssen marktgängig sein, d. h. sie müssen zum Handel auf einem geregelten Markt im Sinne des Art. 1 Nr. 13 Wertpapierdienstleistungsrichtlinie in einem Mitgliedstaat der Europäischen Union, einem Staat des Abkommens über den Europäischen Wirtschaftsraum oder an einer anerkannten Börse im Sinne des § 1 Abs. 3e KWG eines anderen Landes der „Zone A" zugelassen sein.

Vgl. zu diesen Ausführungen BAKRED (Erläuterungen 1998), S. 41-43 u. S. 59; BAKRED (Behandlung 2000), S. 1.

Fortsetzung Abb. 65:

9) Bei den hier zu erfassenden Schuldverschreibungen, die die Voraussetzungen des Art. 22 Abs. 4 Satz 1 und Satz 2 Investmentfondsrichtlinie erfüllen, handelt es sich aufgrund der dahinter stehenden Deckungsmasse „um besonders sichere Papiere, die jederzeit am Markt veräußerbar sind", BAKRED (Erläuterungen 1998), S. 43. Hierzu zählen auch „im Bestand befindliche eigene Pfandbriefe bzw. Kommunalobligationen des Emittenten", ebenda, S. 43. Gedeckte Schuldverschreibungen sind grundsätzlich in Höhe des jeweiligen Marktkurses zu erfassen. Ist der Marktkurs nicht verfügbar, so darf das Papier gemäß § 6 Abs. 1 Satz 3 Grundsatz II in Höhe von 90 % des Buchwertes berücksichtigt werden. Die Berücksichtigung gedeckter Schuldverschreibungen als Liquidität erster Klasse erfordert zudem ihre Bewertung nach dem strengen Niederstwertprinzip gemäß § 253 Abs. 3 HGB; vgl. BAKRED (Behandlung 2000), S. 1 f.

10) Der Abschlag in Höhe von 10 % des Rücknahmepreises trägt dem Umstand Rechnung, dass die Anteile an Geldmarktfonds und Wertpapierfonds einerseits und die den Sondervermögen zugrunde liegenden Wertpapiere andererseits nicht identisch sind und die Investmentanteile insofern lediglich abgeleitete Liquidität erster Klasse darstellen; vgl. BAKRED (Erläuterungen 1998), S. 44. „Investmentanteile, bei denen die Einhaltung der nach dem KAGG oder dem AuslInvestmG geltenden Abwicklungsvorschriften nicht sichergestellt ist, oder bei denen eine sieben Börsentage überschreitende Abwicklungsfrist gilt, stellen keine zahlungsmittelerhöhenden Liquiditätsreserven im Grundsatz II dar und sind deshalb außer Acht zu lassen", ebenda, S. 44. Unabhängig davon erfordert die Berücksichtigung der Anteile an Geldmarktfonds und Wertpapierfonds als Liquidität erster Klasse ihre Bewertung nach dem strengen Niederstwertprinzip gemäß § 253 Abs. 3 HGB; vgl. BAKRED (Behandlung 2000), S. 1 f.

11) Zu den täglich fälligen Verbindlichkeiten gegenüber Kreditinstituten und Kunden zählen nur Sichtverbindlichkeiten, d. h. Verbindlichkeiten, über die der Gläubiger jederzeit ohne vorherige Kündigung verfügen kann; vgl. BAKRED (Erläuterungen 1998), S. 49.

12) „Bürgschaften und Gewährleistungen sind nicht anzurechnen, soweit diese durch die öffentliche Hand rückverbürgt sind und das Institut als Hauptbürge nicht in Vorleistung treten muss"; BAKRED (Erläuterungen 1998), S. 50.

13) Bei den hier zu erfassenden Platzierungs- und Übernahmeverpflichtungen handelt es sich ausschließlich um Verpflichtungen aus am Geldmarkt revolvierend begebenen Finanzinstrumenten wie RUFs und NIFs. Sie sind in Höhe der noch nicht in Anspruch genommenen Garantiebeträge anzurechnen. Vgl. dazu BAKRED (Erläuterungen 1998), S. 50; BAKRED (Grundsatz II 1999), S. 2.

14) Zu den unwiderruflichen Kreditzusagen zählen alle unwiderruflichen Verpflichtungen, die Anlass zu einem Kreditrisiko geben können. Insbesondere handelt es hierbei um formlich abgegebene Verpflichtungen, Darlehen zu geben, Wertpapiere zu kaufen sowie Garantien und Akzepte bereitzustellen. Damit fallen auch Platzierungs- und Übernahmegarantien für Aktien, Immobilienfondsanteile und andere Kapitalmarktpapiere unter die hier zu erfassenden Zahlungsverpflichtungen. Nicht anzurechnen sind dagegen Kreditzusagen, soweit sich diese auf weitergeleitete Kredite im Rahmen öffentlicher Förderprogramme beziehen. Der weitergeleitete Kredit muss zudem nicht notwendigerweise als Treuhandkredit ausgestaltet sein. Vgl. dazu BAKRED (Erläuterungen 1998), S. 50; BAKRED (Grundsatz II 1999), S. 2.

15) Aufgrund der Unterschiede zwischen den Anrechnungssätzen für abgegebene unwiderrufliche Kreditzusagen in Höhe von 20 % und für erhaltene unwiderrufliche Kreditzusagen in Höhe von 100 % besteht die Gefahr, dass ein Institut unter Beteiligung eines Dritten versuchen könnte, diese Diskrepanz zu seinen Gunsten mit dem Ziel einer Anhebung seiner Liquiditätskennzahl auszunutzen (Abschluss eines so genannten Karussellgeschäfts). Da eine solche Vorgehens-

(Fortsetzung nächste Seite)

Fortsetzung Abb. 65:

(Fortsetzung)

weise dem Zweck der Anrechnungsvorschriften des neuen Liquiditätsgrundsatzes II entgegenläuft, wird das BAKred bei Vorliegen von Anhaltspunkten für den Abschluss von Karussellgeschäften das betreffende Institut zu einer umgehenden Sachverhaltsaufklärung auffordern und die sofortige Einstellung der missbräuchlichen Geschäftspraktiken verlangen. Darüber hinaus ist nach Prüfung des Einzelfalls mit der Einleitung von Maßnahmen gegenüber den zuständigen Mitgliedern der Geschäftsleitung zu rechnen. Vgl. BAKRED (Erläuterungen 1998), S. 50 f.

16) Welcher Zeitraum als Restlaufzeit anzusehen ist, ergibt sich für die einzelnen Fallgestaltungen aus § 7 Grundsatz II:

– Als Restlaufzeit gilt grundsätzlich der Zeitraum zwischen dem jeweiligen Meldestichtag und dem Fälligkeitstag der jeweiligen Zahlungsmittel und Zahlungsverpflichtungen. Fällt das Laufzeitende eines Zahlungsmittels oder einer Zahlungsverpflichtung auf ein Wochenende bzw. einen gesetzlichen Feiertag, so ist für die Bestimmung der Restlaufzeit das in den entsprechenden Vertragsunterlagen für diesen Fall festgelegte Fälligkeitsdatum heranzuziehen. Haben die Vertragsparteien hierzu keine Regelung getroffen, ist der nächste Geschäftstag als Fälligkeitstag anzusetzen. Rechtsverbindliche Prolongationen sind bei der Liquiditätsberechnung entsprechend dem neu vereinbarten Fälligkeitstag zu berücksichtigen. Sofern vorzeitige Kündigungsmöglichkeiten bestehen, sind diese bei Verbindlichkeiten zu beachten, nicht hingegen bei Forderungen und Wertpapieren im Bestand.

– Bei ungekündigten Kündigungsgeldern gilt als maßgebliche Restlaufzeit die jeweilige Kündigungsfrist, wobei eine Kündigungssperrfrist hinzuzurechnen ist.

– Bei Forderungen und Verbindlichkeiten, die in regelmäßigen Raten zurückzuzahlen sind (Ratenkredite), gilt als Restlaufzeit der Zeitraum, der zwischen dem jeweiligen Meldestichtag und dem Fälligkeitstag jedes Teilbetrages liegt. Anteilige Zinsen bei in Raten zu tilgenden Darlehen dürfen dabei von den Instituten sowohl auf der Zahlungsmittel- als auch auf der Zahlungsverpflichtungsseite angerechnet werden.

– Bei Annuitätendarlehen sind die Rückzahlungsbeträge (Tilgungsbeträge) in Höhe der jeweiligen Teilbeträge in die einzelnen Laufzeitbänder einzustellen.

– Im Interbankengeschäft hereingenommene Tagesgelder „bis auf weiteres" („tägliches Geld b. a. w.") und Tagesgelder mit täglicher Kündigungsfrist („Geld von heute auf morgen") sind nicht als täglich fällige Verbindlichkeiten gegenüber Kreditinstituten, sondern als Verbindlichkeiten gegenüber Kreditinstituten mit vereinbarter Laufzeit oder Kündigungsfrist von bis zu einem Jahr zu erfassen. Tagesgelder mit täglicher Kündigungsfrist gelten unabhängig davon, ob sie den Zusatz „b. a. w." enthalten oder nicht, als Festgelder mit eintägiger Laufzeit.

Vgl. zu diesen Ausführungen BAKRED (Erläuterungen 1998), S. 62 f.; BAKRED (Grundsatz II 1999), S. 4; DEUTSCHE BUNDESBANK (Erläuterungen 1998), S. 2.

17) Zu den Forderungen an das ESZB zählen:

– Forderungen aus der Platzierung von Termineinlagen mit fester Laufzeit und festem Zinssatz bei der Deutschen Bundesbank, der EZB oder anderen nationalen Zentralbanken im ESZB,

– die dem Institut eingeräumte Einlagenfazilität zur Anlage von Übernachtliquidität beim ESZB,

(Fortsetzung nächste Seite)

Fortsetzung Abb. 65:

(Fortsetzung)

– Forderungen aus dem Rückkauf von Fremdwährung per Termin im Rahmen von Devisenswaps mit dem ESZB (diese Forderungen sind entsprechend den Restlaufzeiten der jeweiligen Devisenswapgeschäfte in das Laufzeitenraster einzustellen),

– Forderungen aus ESZB-Schuldverschreibungen, soweit es sich nicht um Inhaber- oder Orderschuldverschreibungen handelt, und

– Forderungen aus befristeten Transaktionen des ESZB.

Vgl. BAKRED (Erläuterungen 1998), S. 44 f.

18) Kontokorrentkredite sind dem ersten Laufzeitband zuzuordnen, sofern sie unbefristet sind. Dagegen ist im Falle einer Befristung der Zeitraum zwischen dem Meldestichtag und der Fälligkeit des Kontokorrentkredits für dessen Einordnung in das Liquiditätserfassungsschema maßgebend. Vgl. BAKRED (Erläuterungen 1998), S. 45.

19) Bei den ausstehenden Hypothekar- und Kommunaldarlehen von Hypothekenbanken, die im Zusammenhang mit einer Zinsanpassung innerhalb der nächsten zwölf Monate fällig werden oder fällig werden können (sog. „Quasitilgungen"), gilt als Restlaufzeit der Zeitraum zwischen dem jeweiligen Meldestichtag und dem Ablauf der Zinsbindungsfrist; vgl. § 8 Nr. 3 Grundsatz II. Ist eine Hypothekenbank nicht in der Lage, eine Aufteilung der Darlehensbeträge in die einzelnen Laufzeitbänder entsprechend den jeweiligen Restlaufzeiten vorzunehmen, darf sie „die pro Jahr erwarteten Quasitilgungen anteilig (pro rata) den Laufzeitbändern zuordnen"; BAKRED (Erläuterungen 1998), S. 64.

20) Refinanzierungsgeschäfte mit der Deutschen Bundesbank in Form von Offenmarktgeschäften (Offenmarktkredite) und ständigen Fazilitäten (Übernachtkredite) werden inzwischen ausschließlich durch Verpfändung besichert. Zu diesem Zweck nimmt die Deutsche Bundesbank refinanzierungsfähige Sicherheiten in einen Pfandpool herein, wobei die Verpfändung dieser Sicherheiten generell und unabhängig von den einzelnen Refinanzierungsgeschäft erfolgt. Da aus diesem Grunde eine konkrete Zuordnung einzelner Sicherheiten zu den jeweiligen Refinanzierungsgeschäften nicht möglich ist, bleiben alle verpfändeten Wertpapiere, Buchforderungen und Wechsel ihren ursprünglichen Positionen zugeordnet, d. h., es erfolgt kein Abzug der Pfandpoolsicherheiten in Höhe des Refinanzierungsbetrags von den Aktivkomponenten. Vgl. dazu DEUTSCHE BUNDESBANK (Erläuterungen 1998), S. 7 f.

21) Die vom Institut *ausgegebenen* Zerobonds sind als verbriefte Verbindlichkeiten in Höhe der jeweiligen Rückzahlungsbetrages anzusetzen. Dagegen ist bei der Bemessungsgrundlage für die Zerobonds *im Bestand* auf die jeweiligen Marktkurse (im Falle börsennotierter Zerobonds, die nicht wie Anlagevermögen bewertet werden) bzw. Buchwerte (im Falle anderer Zerobonds) abzustellen. Vgl. BAKRED (Grundsatz II 1999), S. 1.

22) Abrufdarlehen, bei denen sowohl der Zeitpunkt der Inanspruchnahme als auch die Höhe *genau* feststehen, sind entsprechend der zeitlichen Festlegung voll in das betreffende Laufzeitband einzustellen; vgl. BAKRED (Erläuterungen 1998), S. 54.

- zurückgekaufte ungedeckte Schuldverschreibungen eigener Emissionen [612],

- im Rahmen von Pensionsgeschäften oder Leihgeschäften übertragene Wertpapiere für die Dauer des Geschäfts beim Pensionsgeber oder Verleiher [613],

- als Sicherheiten gestellte Wertpapiere, die der Verfügung durch das Institut entzogen sind, für den Zeitraum der Sicherheitenbestellung [614],

- andere als die in § 3 Abs. 1 Nr. 7 Grundsatz II aufgeführten Investmentanteile.

Eine besondere Behandlung im Rahmen des neuen Liquiditätsgrundsatzes II erfahren die Wertpapierpensions- und Wertpapierleihgeschäfte. Die Begründung für diese Sonderbehandlung liegt darin, dass sich die Liquiditätseffekte aus Wertpapierpensions- und Wertpapierleihgeschäften weder aus den Regelungen des bilanziellen Ausweises dieser Geschäfte noch aus den entsprechenden Anrechnungsvorschriften des Eigenmittelgrundsatzes I sachgerecht ableiten lassen [615]. Aus diesem Grunde erfolgt die Abbildung der Liquiditätseffekte aus Wertpapierpensions- und Wertpapierleihgeschäften nach dem sog. Bruttoprinzip [616]. Dies bedeutet, dass neben dem (potenziellen) Mittelzufluss bzw. -abfluss in Geld auch die (potenziellen) Geldforderungen bzw. Geldverbindlichkeiten aus diesen Geschäften bei den jeweiligen Vertragspartnern berücksichtigt werden. Es kommt hinzu, dass die durch die verpensionierten bzw. verliehenen Wertpapiere verkörperte Liquiditätsreserve den Zahlungsmitteln derjenigen Vertragspartei zugerech-

---

[612] Der Ausschluss dieser Aktiva beruht auf der Überlegung, „dass es für ein in Liquiditätsschwierigkeiten geratenes Institut schwierig bis unmöglich sein dürfte, seine zurückgekauften eigenen Papiere wieder am Markt unterzubringen und sich auf diese Weise Liquidität zu verschaffen"; BAKRED (Erläuterungen 1998), S. 48. Zurückgekaufte ungedeckte Schuldverschreibungen eigener Emissionen dürfen allerdings vom Passivumlauf abgesetzt werden; vgl. ebenda, S. 48.

[613] Der Ausschluss dieser Wertpapiere beim Pensionsgeber oder Verleiher ist unabhängig vom Bilanzausweis. Es genügt, dass die Wertpapiere für die Dauer des Pensions- oder Leihgeschäftes der Verfügung des Pensionsgebers oder Verleihers entzogen sind. Konsequenterweise werden Wertpapiere, die im Rahmen von Pensionsgeschäften oder Leihgeschäften übertragen wurden, beim Pensionsnehmer oder Entleiher den Zahlungsmitteln zugerechnet. Vgl. dazu BAKRED (Erläuterungen 1998), S. 48.

[614] Zwar sind Wertpapiere, die als Sicherheiten gestellt werden, weiterhin dem Vermögen des Sicherheitengebers zuzurechnen, sie stehen ihm aber nicht mehr als Reserve zwecks Umwandlung in primärliquide Mittel zur Verfügung. Wertpapiere, die als Deckungsmasse in das Deckungsregister eingetragen und wegen der festen Zweckbindung der Disposition des Sicherheitengebers entzogen sind, stellen daher keine anrechenbare Liquidität dar. Für die Dauer der Sicherheitenbestellung ist die Liquidität des Sicherheitengebers dementsprechend zu kürzen. Dies bedeutet im Falle der Bestellung börsennotierter Wertpapiere als Sicherheiten für Zahlungsverpflichtungen mit einer Restlaufzeit von beispielsweise fünf Monaten, dass die börsennotierten Wertpapiere nicht mehr als Zahlungsmittel im ersten Laufzeitband (täglich fällig bis zu einem Monat) angerechnet werden können, wohl aber zu den Zahlungsmitteln im vierten Laufzeitband (über sechs Monate bis zu zwölf Monaten) zählen. Vgl. dazu BAKRED (Erläuterungen 1998), S. 48.

[615] Vgl. BAKRED (Erläuterungen 1998), S. 54.

[616] Vgl. zu den folgenden Ausführungen BAKRED (Erläuterungen 1998), S. 55.

net wird, die die faktische Verfügungsgewalt über die Wertpapiere innehat. Darüber hinaus sind bei den jeweiligen Vertragspartnern die Rückübertragungsverpflichtungen bzw. -ansprüche aus Wertpapierpensions- und Wertpapierleihgeschäften als sachbezogene Forderungen bzw. Verbindlichkeiten auszuweisen. Welcher Liquiditätseffekt aus dem Abschluss von Wertpapierpensions- und Wertpapierleihgeschäften per Saldo eintritt, hängt damit nicht nur von der Höhe des Unterschiedsbetrages zwischen den Liquiditätszuflüssen und -abflüssen ab (Betragskomponente), sondern auch von den vereinbarten Zeitpunkten der Liquiditätszuflüsse und -abflüsse (Zeitkomponente) [617].

Die nebenstehende *Abbildung 66* [618] (vgl. S. 403) zeigt zusammenfassend auf, wie gemäß § 5 Grundsatz II die einzelnen Bestandteile der Wertpapierpensions- und Wertpapierleihgeschäfte sowohl beim Pensionsgeber bzw. Verleiher als auch beim Pensionsnehmer bzw. Entleiher liquiditätsmäßig zu erfassen sind.

3. Die Rahmenvorschriften für die Gestaltung und Durchführung des Kreditgeschäfts

a) Vorbemerkungen

Neben den Aufsichtsvorschriften für die innere Struktur der Kredit- und Finanzdienstleistungsinstitute sind die Normativbestimmungen für die Gestaltung und Durchführung des Kreditgeschäfts ein weiterer wesentlicher Bestandteil des Ordnungsrahmens der laufenden geschäftlichen Tätigkeit von Kredit- und Finanzdienstleistungsinstituten. Der Grund hierfür leitet sich aus der Erkenntnis ab, dass es sich beim Kreditgeschäft um einen Geschäftsbereich handelt, aus dem heraus bei einem Kredit- oder Finanzdienstleistungsinstitut „am ehesten existenzgefährdende Verluste entstehen können" [619]. Erfolg und Schicksal einer Vielzahl von Kredit- und Finanzdienstleistungsinstituten hängen von der Qualität ihres Kreditportefeuilles ab [620]. Von daher verwundert es auch nicht, dass die Entwicklung der Adressenrisiken im Kreditgeschäft traditioneller Schwerpunkt der bankenaufsichtsrechtlichen Überwachung ist [621]. Ein möglichst umfassender Einblick in

---

[617] Zu Berechnungsbeispielen vgl. DEUTSCHE BUNDESBANK (Erläuterungen 1998), S. 2 ff.; KIRMßE, STEFAN; SIEMES, ANDREAS (Grundsatz II 1999), S. 1116 ff.

[618] In Anlehnung an BAKRED (Erläuterungen 1998), S. 55, S. 56 u. S. 58.

[619] HEIN, MANFRED (Bankbetriebslehre 1993), S. 99; ähnlich MAYER, HELMUT (Bundesaufsichtsamt 1981), S. 41 f. u. S. 86; ARTOPOEUS, WOLFGANG (Kreditrisiken 1996), S. 14.

[620] Vgl. ARTOPOEUS, WOLFGANG (Kreditrisiken 1996), S. 14.

[621] Vgl. ARTOPOEUS, WOLFGANG (Kreditrisiken 1996), S. 14 u. S. 16.

Abb. 66: Liquiditätseffekte aus Wertpapierpensions- und Wertpapierleihgeschäften gemäß § 5 Grundsatz II

echtes Wertpapierpensionsgeschäft	
Liquiditätswirkung beim Pensionsgeber	**Liquiditätswirkung beim Pensionsnehmer**
1. Mittelzufluss in Geld (Erhöhung der Guthaben bei Zentralnotenbanken)	1. Mittelabfluss in Geld (Verminderung der Guthaben bei Zentralnotenbanken)
2. Erhöhung der Geldverbindlichkeiten gegenüber Kreditinstituten oder Kunden in Höhe des Rückzahlungsbetrages	2. Erhöhung der Geldforderungen an Kreditinstitute oder Kunden in Höhe des Rückzahlungsbetrages
3. Kürzung des Wertpapierbestandes	3. Erhöhung des Wertpapierbestandes
4. Erfassung der Sachforderungen aus dem Rückübertragungsanspruch von Wertpapieren in Höhe der Marktkurse der Wertpapiere [1]	4. Erfassung der Sachverbindlichkeiten aus der Rückgabepflicht von Wertpapieren in Höhe der Marktkurse der Wertpapiere [1]

unechtes Wertpapierpensionsgeschäft	
Liquiditätswirkung beim Pensionsgeber	**Liquiditätswirkung beim Pensionsnehmer**
1. Mittelzufluss in Geld (Erhöhung der Guthaben bei Zentralnotenbanken)	1. Mittelabfluss in Geld (Verminderung der Guthaben bei Zentralnotenbanken)
2. Kürzung des Wertpapierbestandes	2. Erhöhung des Wertpapierbestandes
3. Für den Zeitraum, in dem der aktuelle Marktwert der übertragenen Wertpapiere *unter* dem vereinbarten Rückzahlungspreis liegt, erfolgt	3. Für den Zeitraum, in dem der aktuelle Marktwert der übertragenen Wertpapiere *unter* dem vereinbarten Rückzahlungspreis liegt, erfolgt
a) die Anrechnung einer Geldverbindlichkeit gegenüber Kreditinstituten oder Kunden in Höhe des Rückzahlungsbetrages	a) die Anrechnung einer Geldforderung an Kreditinstitute oder Kunden in Höhe des Rückzahlungsbetrages
b) die Einbuchung der übertragenen Wertpapiere zum Marktwert	b) die Ausbuchung der übertragenen Wertpapiere zum Marktwert

Wertpapierleihgeschäft	
Liquiditätswirkung beim Verleiher	**Liquiditätswirkung beim Entleiher**
1. Erfassung der Sachforderungen auf Rückgabe der verliehenen Wertpapiere in Höhe der Marktkurse der Wertpapiere [1]	1. Erfassung der Sachverbindlichkeiten zur Rückgabe der entliehenen Wertpapiere in Höhe der Marktkurse der Wertpapiere [1]
2. Kürzung des Wertpapierbestandes	2. Erhöhung des Wertpapierbestandes

Erläuterungen zur Abb. 66:

[1] Sofern bei nicht börsennotierten Wertpapieren die Marktkurse nicht bekannt sind, sind die wertpapierbezogenen Sachforderungen und Sachverbindlichkeiten in Höhe der jeweiligen Buchwerte der betreffenden Wertpapiere anzurechnen; vgl. BAKRED (Grundsatz II 1999), S. 2.

das Kreditgeschäft der Kredit- und Finanzdienstleistungsinstitute soll rechtzeitig die in diesem Geschäftszweig angelegten Gefahren erkennen lassen, damit das BAKred bei Bedarf zum Schutz der den Kredit- oder Finanzdienstleistungsinstituten anvertrauten Gelder einschreiten kann [622].

Im Zentrum der bankenaufsichtsrechtlichen Bestimmungen über die Kreditgebarung der Kredit- und Finanzdienstleistungsinstitute stehen die Vorschriften über eine Gruppe besonders kritischer Geschäfte. Es sind dies die so genannten Groß-, Millionen- und Organkredite, die sich in der Vergangenheit wiederholt als außerordentlich gefahrenträchtig vor allem für den Bestand eines Kreditinstituts erwiesen haben. Die entsprechenden Ordnungsprinzipien im Kreditwesengesetz zielen auf eine nachhaltige Verminderung der Vermögensverlustrisiken aus der Vergabe dieser Kredite. Ergänzend kommt eine gesetzliche Verhaltensnorm hinzu, die sicherstellen soll, dass von den Kreditinstituten grundsätzlich keine Kredite ohne eine ausreichende Überprüfung der Kreditwürdigkeit des jeweiligen Kreditnehmers gewährt werden.

b) Die Vorschriften zur Regulierung des Großkreditgeschäfts

ba) Zwecksetzung der Großkreditvorschriften

Für die Erreichung der Tätigkeitsziele der Bankenaufsicht ist es nicht nur bedeutsam, die mit Adressenrisiken behafteten Geschäfte in ihrer Gesamtheit zu begrenzen [623], sondern auch dafür Sorge zu tragen, dass im Kreditgeschäft die Abhängigkeit eines Kredit- oder Finanzdienstleistungsinstituts von einem einzelnen Geschäftspartner oder von mehreren Geschäftspartnern, die miteinander in einer engen Beziehung stehen, nicht zu groß ist [624]. Denn die übermäßige Konzentration von Krediten auf einen einzigen Kunden oder eine Gruppe von verbundenen Kunden – die DEUTSCHE BUNDESBANK spricht in diesem Zusammenhang von „Klumpenrisiken aus dem Kreditgeschäft" [625] – birgt für die Solvabilität eines Kredit- oder Finanzdienstleistungsinstituts ein beträchtliches Risiko [626]. So kön-

---

[622] Vgl. auch SCHNEIDER, MANFRED (Erfahrungen 1972), S. 104; SCHNEIDER, MANFRED (Bankenaufsicht 1978), S. 32 f.; KÜMPEL, SIEGFRIED (Kapitalmarktrecht 1995), S. 1356 f.

[623] Vgl. dazu Kapitel F.IV.2.ab), S. 228 ff.

[624] Vgl. GRUNER-SCHENK, PETRA (Harmonisierung 1995), S. 182.

[625] DEUTSCHE BUNDESBANK (Novelle 1994), S. 64.

[626] Vgl. RAT DER EUROPÄISCHEN GEMEINSCHAFTEN (Großkreditrichtlinie 1993), S. 1 (4. Erwägungsgrund); BUNDESREGIERUNG (Entwurf eines Fünften Gesetzes zur Änderung des KWG 1994), S. 20; BAKRED (Jahresbericht 1996), S. 8.

nen bei größeren Kreditengagements schon einige wenige Ausfälle ausreichen, um ein Kredit- oder Finanzdienstleistungsinstitut in ernsthafte wirtschaftliche Schwierigkeiten zu bringen [627]. Diese Bedrohung ist umso größer, je mehr sich die Höhe des einzelnen Kreditengagements der Höhe des Verlustausgleichspotenzials des Kredit- oder Finanzdienstleistungsinstituts annähert. Spätestens wenn diese Grenze überschritten wird, häufig jedoch bereits sehr viel früher, ist die Existenz des Kredit- oder Finanzdienstleistungsinstituts mit der des Kreditnehmers untrennbar verbunden, da kaum ein Kredit- oder Finanzdienstleistungsinstitut dazu in der Lage sein dürfte, einen Verlust in der Größenordnung eines Großkredits, der das zur Verfügung stehende Verlustausgleichspotenzial zu einem nennenswerten Teil oder vielleicht sogar vollständig aufzehrt, aus eigener Kraft zu überwinden. Der Zusammenbruch des Kreditnehmers hätte in einer solchen Situation (Vorliegen einer „Gefahrengemeinschaft") unweigerlich auch den Zusammenbruch des Kredit- oder Finanzdienstleistungsinstituts zur Folge.

Die besondere Risikoinhärenz von Großkrediten ergibt sich demnach nicht etwa aus einer gegenüber kleineren Krediten grundsätzlich höheren Ausfallwahrscheinlichkeit dieser Kredite. Sie liegt vielmehr allein darin begründet, dass Ausfälle von Krediten, die in Relation zum Verlustausgleichspotenzial eines Kredit- oder Finanzdienstleistungsinstituts vergleichsweise hoch sind, gerade wegen ihrer Größe sehr viel schneller die Weiterführung eines Kredit- oder Finanzdienstleistungsinstituts gefährden können als dies beim Ausfall kleinerer Kredite der Fall ist [628]. Es erscheinen daher Risikozerfällungsnormen [629] im Kreditwesengesetz

---

[627] Es besteht in der Literatur weitgehend Konsens, dass Ausfälle von Großkrediten eine der Hauptursachen von Bankinsolvenzen sind; vgl. u. a. STÜTZEL, WOLFGANG (Bankpolitik 1964), S. 34 f., Tz. 64; KRÜMMEL, HANS-JACOB (Liquiditätssicherung 1968), S. 282; MÖSCHEL, WERNHARD (Wirtschaftsrecht 1972), S. 228 u. S. 244; DÜRRE, GÜNTER (Aufsichtsamt 1974), S. 192; SCHNEIDER, MANFRED (Bankenaufsicht 1978), S. 33; WELCKER, JOHANNES (Bankenaufsicht 1978), S. 37 u. S. 53; BAKRED (Jahresbericht 1996), S. 8. Empirische Analysen zu den Ursachen von Fallissements im Kreditgewerbe bestätigen diese Einschätzung; vgl. STEIN, JOHANN HEINRICH VON (Insolvenzen 1969), S. 216 i. V. m. Tabelle I; BUNDESREGIERUNG (Gegenäußerung 1975), S. 24; KÜBLER, BRUNO M. (Nachkriegsinsolvenzen 1975), S. 172; MERTEN, HANS-LOTHAR (Pleitenmacher 1975), S. 42 ff.; SCHULTZE-KIMMLE, HORST-DIETER (Schwierigkeiten 1977), S. 225 u. S. 227 f. Vgl. dazu auch den Überblick bei BIEG, HARTMUT (Bankenaufsicht 1983), S. 19 ff.

[628] Ähnlich BIEG, HARTMUT (Bankenaufsicht 1983), S. 23; KUPITZ, ROLF (Ausnahmebereich 1983), S. 221; HEIN, MANFRED (Bankbetriebslehre 1993), S. 100.

[629] Der *Begriff „Risikozerfällung"* beinhaltet in dem hier vorliegenden Zusammenhang die *Diversifikation der Größenordnung von Adressenrisiken.* Der *Begriff „Risikostreuung"* beschreibt dagegen die *Diversifikation der Eintrittsursachen von Adressenrisiken* (z. B. nach der Kreditart, nach der örtlichen Platzierung oder nach der Rechtsform, Größe oder Branchenzugehörigkeit der Kreditnehmer). Zur Unterscheidung dieser beiden Formen der Diversifikation von Risiken vgl. vor allem KRÜMMEL, HANS-JACOB (Liquiditätssicherung 1969), S. 72; KRÜMMEL, HANS-JACOB (Normen 1975), S. 539; KRÜMMEL, HANS-JACOB (Bankbeteiligungen 1978), S. 127; ferner ERDLAND, ALEXANDER (Eigenkapital 1981), S. 29 ff.; BIEG, HARTMUT (Bankenaufsicht 1983), S. 23 (Fn. 126); BURGHOF, HANS-PETER; RUDOLPH, BERND (Bankenaufsicht 1996), S. 40 f.

als sachgerecht, die die maximalen Vermögensverlustrisiken eines Kredit- oder Finanzdienstleistungsinstituts in Bezug auf einen einzigen Kreditnehmer oder eine Gruppe verbundener Kreditnehmer auf ein aus Sicht der Bankenaufsicht als vertretbar angesehenes Ausmaß begrenzen. Die §§ 13 und 13a KWG dienen dieser Verringerung des Großausfallrisikos. Sie enthalten – differenziert nach Nichthandelsbuchinstituten und Handelsbuchinstituten [630] – besondere Vorschriften zur Vergabe von Großkrediten, die darauf ausgerichtet sind, der Gefahr zu begegnen, dass bereits durch den Ausfall eines oder mehrerer Großkredite die Insolvenz des kreditgewährenden Kredit- oder Finanzdienstleistungsinstituts hervorgerufen wird [631]. Die Großkredite werden jedoch nicht nur in ihrem Umfang beschränkt. Sie werden zudem in die gemeinsame Verantwortung aller Geschäftsleiter gestellt und durch entsprechende Informationspflichten einer weitgehenden Kontrolle durch die Bankenaufsichtsinstanzen unterworfen.

bb) Großkredite von Nichthandelsbuchinstituten

(1) Großkreditdefinition und Großkreditberechnung

Die Legaldefinition des Begriffs „Großkredit" findet sich in § 13 Abs. 1 Satz 1 KWG. Danach liegt ein Großkredit vor, wenn die Kredite an einen Kreditnehmer insgesamt 10 % des haftenden Eigenkapitals [632] des kreditgebenden Nichthandelsbuchinstituts erreichen oder übersteigen. § 64d KWG sieht allerdings für die Anwendung dieser im Rahmen der Fünften KWG-Novelle zum 31. Dezember 1995 eingeführten 10 %-Grenze eine großzügige Übergangsfrist vor. Dabei wird – wie *Abbildung 67* (vgl. S. 407) zeigt [633] – zwischen zwei Größenklassen von Nichthandelsbuchinstituten unterschieden.

Entsprechend der Großkreditdefinition des § 13 Abs. 1 Satz 1 KWG ist für das Vorliegen eines Großkredits die Höhe der Summe aller Kredite an einen Kreditnehmer entscheidend. Es stellt sich damit die Frage, welche Geschäfte eines Nichthandelsbuchinstituts als Kredite im Sinne des § 13 KWG anzusehen sind und wer als Kreditnehmer im Sinne dieser Vorschrift gilt. Darüber hinaus ist zu

---

[630] Zur Abgrenzung der Nichthandelsbuchinstitute von den Handelsbuchinstituten vgl. die Ausführungen in Kapitel F.IV.2.aa), S. 224 ff.

[631] § 13b KWG regelt die Überwachung der Großkredite von Institutsgruppen und Finanzholding-Gruppen.

[632] Zur Berechnung des haftenden Eigenkapitals vgl. *Abbildung 10*, S. 190 ff.

[633] In Anlehnung an DÜRSELEN, KARL E. (Großkreditnormen 1996), S. 52.

**Abb. 67: Die Übergangsbestimmungen des § 64d KWG für die Großkredit-
definitionsgrenze des § 13 Abs. 1 Satz 1 KWG**

Geltungsbereich	Nichthandelsbuchinstitute mit hEK > 7 Mio. ECU am 5. Feb. 1993 [1)]		Nichthandelsbuchinstitute mit hEK ≤ 7 Mio. ECU am 5. Feb. 1993 [1) 2)]	
Zeitraum	bis zum 31. Dez. 1998	ab dem 1. Jan. 1999	bis zum 31. Dez. 2003	ab dem 1. Jan. 2004
Großkredit- definitions- grenze [3)]	≥ 15 % hEK	≥ 10 % hEK	≥ 15 % hEK	≥ 10 % hEK

Erläuterungen zur Abb. 67:

[1)] Für die Berechnung der Höhe des haftenden Eigenkapitals ist der amtliche Umrechnungskurs am 5. Februar 1993 in Höhe von 1,95156 DM/ECU zugrunde zu legen, sodass der Schwellenwert bei 13.660.920 DM liegt.

[2)] Diese größenspezifische Sonderregelung für Nichthandelsbuchinstitute mit einem haftenden Eigenkapital von nicht mehr als 7 Mio. ECU am 5. Februar 1993 gilt nicht, falls ein solches Institut nach diesem Stichtag mit einem anderen Institut verschmolzen worden ist oder wird und das haftende Eigenkapital der verschmolzenen Institute 7 Mio. ECU übersteigt. Zu weiteren Einzelheiten vgl. BAKRED (§ 64d 1999), S. 10.

[3)] Die jeweilige Großkreditdefinitionsgrenze ist sowohl bei Altkrediten (Kreditgewährung vor dem 1. Januar 1996) als auch bei Neukrediten (Kreditgewährung ab dem 1. Januar 1996) zu beachten.

klären, welche Kreditnehmer rechtlich und/oder wirtschaftlich derart eng miteinander verbunden oder sogar voneinander abhängig sind, dass sie zu einer Risikoeinheit zusammenzufassen sind.

- **Begriff des Kredits**

Die Definition dessen, was Kredite im Sinne des § 13 KWG sind, erfolgt in § 19 Abs. 1 KWG [634)]. Der Gesetzgeber geht hierbei von einem sehr umfassenden Kreditbegriff aus. „Grundsätzlich gelten alle einem Adressaten zuordenbaren Risikoaktiva als Kredite" [635)]. Zu berücksichtigen sind also – jeweils bezogen auf

---

[634)] Der Kreditbegriff des § 19 Abs. 1 KWG erstreckt sich über die Großkreditbestimmungen des § 13 KWG hinaus auch auf die Großkreditvorschriften der §§ 13a, 13b KWG sowie auf das Millionenkreditmeldeverfahren des § 14 KWG. Für die Regelungen über Organkredite (§§ 15 und 17 KWG) und die Offenlegung der wirtschaftlichen Verhältnisse von Kreditnehmern (§ 18 KWG) ist dagegen der Kreditbegriff des § 21 KWG maßgeblich, der von dem des § 19 Abs. 1 KWG deutlich abweicht; vgl. dazu die Anlagen 15 und 16, S. 588 ff. Zur Zweiteilung des Kreditbegriffs im Kreditwesengesetz vgl. auch MIELK, HOLGER (Kreditbegriff 1995), S. 43 ff.

[635)] DEUTSCHE BUNDESBANK (Novelle 1994), S. 65.

einen Kreditnehmer – nicht nur nahezu die gesamten Bilanzaktiva, sondern auch die derivativen Finanzinstrumente [636] einschließlich der für die Erfüllung derartiger Geschäfte übernommenen Gewährleistungen (sog. „innovative" nicht bilanzwirksame Geschäfte) sowie die anderen außerbilanziellen Geschäfte (sog. „traditionelle" nicht bilanzwirksame Geschäfte). Voraussetzung ist allein, dass diese Geschäfte für das Nichthandelsbuchinstitut mit einem Adressenrisiko behaftet sind [637].

Die nachfolgende *Abbildung 68* (vgl. S. 409-411) gibt einen systematischen Überblick über den Kreditbegriff des § 19 Abs. 1 KWG. Während es sich bei den Bilanzaktiva und den anderen außerbilanziellen Geschäften jeweils um eine abschließende Aufzählung handelt, wurde der Gesetzestext bei den derivativen Finanzinstrumenten bewusst weit gefasst, um der Bankenaufsicht in diesem Bereich die Möglichkeit zu geben, alle aufsichtsrechtlich relevanten Risikoaktiva eines Nichthandelsbuchinstituts interpretatorisch erfassen zu können [638].

Die Bemessungsgrundlagen und Berechnungsmethoden der in *Abbildung 68* (vgl. S. 409-411) aufgeführten Kredite sind in der gemäß § 22 KWG erlassenen Großkredit- und Millionenkreditverordnung [639] geregelt. Ausgangspunkt der Ermittlung der maßgeblichen Kreditbeträge ist danach bei den Bilanzaktiva der Buchwert dieser Vermögensgegenstände [640]. Dieser ist, soweit betroffen, um die vorgenommenen Einzelwertberichtigungen zu erhöhen [641]. Darüber hinaus sind die Buchwerte der Gegenstände, über die ein Nichthandelsbuchinstitut als Leasinggeber Leasingverträge abgeschlossen hat, um diejenigen Posten zu kürzen, die wegen der Erfüllung oder der Veräußerung von Forderungen aus diesen Leasingverträgen gebildet wurden [642]. Ein solcher Posten darf jedoch maximal bis zum

---

[636] Zum Begriff der derivativen Finanzinstrumente vgl. § 1 Abs. 11 Satz 4 KWG; ferner BUNDESREGIERUNG (Entwurf eines Gesetzes zur Umsetzung von EG-Richtlinien 1997), S. 69 f. sowie *Anlage 10*, S. 571 ff.

[637] Vgl. auch BAKRED (Jahresbericht 1996), S. 81.

[638] Vgl. BAKRED (Erläuterungen zur Großkredit- und Millionenkreditverordnung 1998), S. 9.

[639] Vgl. BAKRED (Großkredit- und Millionenkreditverordnung 1999), S. 242 ff.

[640] Vgl. § 2 Nr. 1 GroMiKV. Bilanzaktiva, die auf fremde Währung lauten, sind zum jeweils aktuellen Devisenkurs in DM oder EUR umzurechnen; vgl. § 3 Satz 1 GroMiKV. Hierbei „sind die von der Europäischen Zentralbank ermittelten und von der Deutschen Bundesbank veröffentlichten Referenzkurse, für die anderen Währungen die Mittelkurse aus feststellbaren An- und Verkaufskursen zugrunde zu legen"; § 3 Satz 2 GroMiKV. Bei der Umrechnung von Beteiligungen einschließlich Anteilen an verbundenen Unternehmen, die nicht Bestandteil der Fremdwährungsposition sind, kann allerdings anstelle des aktuellen Kurses der zum Zeitpunkt ihrer Erstverbuchung maßgebliche Devisenkurs verwendet werden; vgl. § 3 Satz 3 GroMiKV.

[641] Vgl. § 2 Nr. 1 GroMiKV.

[642] Vgl. § 2 Nr. 1 GroMiKV.

Abb. 68: Überblick über den Kreditbegriff des § 19 Abs. 1 KWG

Kreditgruppe 1: Bilanzaktiva gem. § 19 Abs. 1 Satz 1 und Satz 2 KWG [1)]

1. Guthaben bei Zentralnotenbanken und Postgiroämtern

2. Schuldtitel öffentlicher Stellen und Wechsel, die zur Refinanzierung bei Zentralnotenbanken zugelassen sind

3. Im Einzug befindliche Werte, für die entsprechende Zahlungen bereits bevorschusst wurden

4. Forderungen an Kreditinstitute und Kunden (einschließlich der Warenforderungen von Kreditinstituten mit Warengeschäft)

5. Schuldverschreibungen und andere festverzinsliche Wertpapiere, soweit sie kein Recht verbriefen, das unter die in § 19 Abs. 1 Satz 1 KWG genannten Derivate fällt

6. Aktien und andere nicht festverzinsliche Wertpapiere, soweit sie kein Recht verbriefen, das unter die in § 19 Abs. 1 Satz 1 KWG genannten Derivate fällt

7. Beteiligungen

8. Anteile an verbundenen Unternehmen

9. Gegenstände, über die von einem Institut als Leasinggeber Leasingverträge abgeschlossen worden sind, und zwar unabhängig von ihrem Bilanzausweis

10. sonstige Vermögensgegenstände, sofern sie einem Adressenrisiko unterliegen

Kreditgruppe 2: derivative Finanzinstrumente gem. § 19 Abs. 1 Satz 1 KWG einschl. der für die Erfüllung derartiger Geschäfte übernommenen Gewährleistungen ("innovative" nicht bilanzwirksame Geschäfte) [2)]		
Swapgeschäfte	Termingeschäfte in Form von Festgeschäften	Termingeschäfte in Form von Optionsgeschäften [3)]
ausschließlich zinssatzbezogene Kontrakte:	ausschließlich zinssatzbezogene Kontrakte:	ausschließlich zinssatzbezogene Kontrakte:
– Zinsswaps mit Festzinsteil – Zinsswaps ohne Festzinsteil (sog. „Basis-Swaps")	– Zinstermingeschäfte (einschließlich der Käufe von „Forward Forward Deposits") – Forward Rate Agreements (Terminsatz-Vereinbarungen) – Zins-Futures – Termingeschäfte auf zinsbezogene Indizes – Futures auf zinsbezogene Indizes – Termingeschäfte auf Zinsswaps	– Zinsoptionen – Rechte aus Zinsbegrenzungsvereinbarungen wie „Caps", „Floors" und „Collars" – Optionsscheine aus Optionsanleihen – Optionen auf zinsbezogene Indizes – Optionen auf Zinsswaps („Swapoptionen" bzw. „Swaptions") – Optionen auf den Abschluss von Terminsatz-Vereinbarungen – Optionen auf Zins-Futures – Optionen auf den Abschluss von Zinsbegrenzungsvereinbarungen

Fortsetzung Abb. 68:

fremdwährungskursbezogene Kontrakte sowie Kontrakte mit sonstigen Preisrisiken:	fremdwährungskursbezogene Kontrakte sowie Kontrakte mit sonstigen Preisrisiken:	fremdwährungskursbezogene Kontrakte sowie Kontrakte mit sonstigen Preisrisiken:
– Währungsswaps – Zins-/Währungsswaps – Swaps auf Aktien oder Aktienindizes – Swaps auf Rohwaren oder Rohwarenpreisindizes	– Devisentermingeschäfte – Devisen-Futures – Edelmetalltermingeschäfte – Edelmetall-Futures – Aktientermingeschäfte – Aktien-Futures – Termingeschäfte auf nicht zinsbezogene Indizes – Futures auf nicht zinsbezogene Indizes (z. B. DAX-Futures) – Termingeschäfte über Rohwaren [4] oder Rohwarenpreisindizes – Futures über Rohwaren oder Rohwarenpreisindizes – Termingeschäfte auf Währungs- oder Zins-/Währungsswaps	– Devisenoptionen – Edelmetalloptionen – Aktienoptionen – Optionen auf Devisen-Futures – Optionen auf nicht zinsbezogene Indizes (z. B. DAX-Optionen) – Optionen auf DAX-Futures – Optionen auf Rohwaren [4] oder Rohwarenpreisindizes – Optionen auf Währungs- oder Zins-/Währungsswaps

---

Kreditgruppe 3: andere außerbilanzielle Geschäfte gem. § 19 Abs. 1 Satz 1 und Satz 3 KWG
(„traditionelle" nicht bilanzwirksame Geschäfte)

1. Den Kreditnehmern abgerechnete eigene Ziehungen im Umlauf
2. Indossamentsverbindlichkeiten aus weitergegebenen Wechseln
3. Bürgschaften und Garantien für Bilanzaktiva
4. Erfüllungsgarantien und andere als die in Nr. 3 genannten Garantien und Gewährleistungen, soweit sie sich nicht auf die in § 19 Abs. 1 Satz 1 KWG genannten Derivate beziehen
5. Eröffnung und Bestätigung von Akkreditiven
6. Unbedingte Verpflichtungen der Bausparkassen zur Ablösung fremder Vorfinanzierungs- und Zwischenkredite an Bausparer
7. Haftung aus der Bestellung von Sicherheiten für fremde Verbindlichkeiten
8. Beim Pensionsgeber vom Bestand abgesetzte Bilanzaktiva, die dieser mit der Vereinbarung auf einen Pensionsnehmer übertragen hat, dass er sie auf dessen Verlangen zurücknehmen muss („unechte Pensionsgeschäfte")
9. Verkäufe von Bilanzaktiva mit Rückgriff, bei denen das Kreditrisiko bei dem verkaufenden Institut verbleibt
10. Terminkäufe auf Bilanzaktiva, bei denen eine unbedingte Verpflichtung des Terminkäufers zur Abnahme des Liefergegenstandes besteht
11. Platzierung von Termineinlagen auf Termin (z. B. Verkäufe von „Forward Forward Deposits")

Fortsetzung Abb. 68:

---

12. Ankaufs- und Refinanzierungszusagen

13. Noch nicht in Anspruch genommene Kreditzusagen, die eine Ursprungslaufzeit von mehr als einem Jahr haben *und* die nicht jederzeit fristlos und vorbehaltlos von dem Institut gekündigt werden können

14. Noch nicht in Anspruch genommene Kreditzusagen, die eine Ursprungslaufzeit von bis zu einem Jahr haben *oder* die jederzeit fristlos und vorbehaltlos von dem Institut gekündigt werden können

---

Erläuterungen zur Abb. 68:

[1] Nicht unter den Kreditbegriff des § 19 Abs. 1 KWG fallen die folgenden Bilanzaktiva: „Kassenbestand", „Treuhandvermögen", „Immaterielle Anlagewerte", „Sachanlagen, ohne Leasingvermögen", „Ausstehende Einlagen auf das gezeichnete Kapital", „Eigene Aktien oder Anteile", „Sonstige Vermögensgegenstände, soweit sie keinem Adressenrisiko unterliegen" sowie „Rechnungsabgrenzungsposten, soweit keine Adresse und kein Ausfallrisiko festgestellt werden kann".

[2] Zur Gruppe der „innovativen" bilanzunwirksamen Geschäfte gehören nicht nur Swaps, Termingeschäfte und Optionsrechte im engeren Sinne, sondern auch alle aus diesen Instrumenten abgeleiteten oder mit ihnen vergleichbaren Finanzprodukte.

[3] Stillhalterverpflichtungen aus Optionsgeschäften bleiben außen vor, da sie der Natur der Sache nach kein Adressenrisiko beinhalten; vgl. auch BUNDESREGIERUNG (Entwurf eines Gesetzes zur Umsetzung von EG-Richtlinien 1997), S. 70.

[4] Von der Kreditdefinition ausgenommen sind die als Festgeschäfte oder Rechte ausgestalteten Termingeschäfte
   – auf individuell bestimmte Gegenstände (Speziesschuld),
   – auf Gegenstände, die für den Einsatz oder den Verbrauch in dem Institut bestimmt sind, sowie
   – auf Gegenstände, die bei gemischtwirtschaftlich tätigen Kreditgenossenschaften für den Verkauf an den Endverbraucher vorgesehen sind; vgl. BAKRED (Erläuterungen zur Großkredit- und Millionenkreditverordnung 1998), S. 11.

Buchwert des ihm zugehörigen Leasinggegenstandes abgezogen werden [643]. Aufgelaufene, aber noch nicht fällige Zinsen fließen ebenfalls nicht in die Bemessungsgrundlage für Bilanzaktiva ein [644].

Als Bemessungsgrundlage für die Bestimmung der maßgeblichen Kreditbeträge der anderen außerbilanziellen Geschäfte ist der Kapitalbetrag, für den das Nichthandelsbuchinstitut eventuell einzustehen hat, bzw. – in Ermangelung eines solchen – der jeweilige Buchwert dieser Geschäfte heranzuziehen [645]. Dieser entspricht entweder dem unter dem Bilanzstrich anzugebenden oder dem in der in-

---

[643] Vgl. § 2 Nr. 1 GroMiKV.

[644] Vgl. BAKRED (Erläuterungen zur Großkredit- und Millionenkreditverordnung 1998), S. 8.

[645] Vgl. § 2 Nr. 7 GroMiKV. Auf Fremdwährung lautende andere außerbilanzielle Geschäfte sind zum aktuellen Devisenkurs in DM oder EUR umzurechnen, wobei die von der Europäischen Zentralbank ermittelten und von der Deutschen Bundesbank veröffentlichten Referenzkurse, für die anderen Währungen die Mittelkurse aus feststellbaren An- und Verkaufskursen zugrunde zu legen sind; vgl. § 3 Satz 1 u. Satz 2 GroMiKV.

ternen Vormerkbuchhaltung festgehaltenen Betrag. Da auch die bei den anderen außerbilanziellen Geschäften gebildeten Risikovorsorgen unberücksichtigt bleiben, sind möglicherweise passivierte Rückstellungen für drohende Verluste aus schwebenden Geschäften dem Buchwert dieser Geschäfte wieder hinzuzurechnen [646].

Hinsichtlich der Ermittlung der maßgeblichen Kreditbeträge bei den derivativen Finanzinstrumenten wird zwischen zwei Gruppen von Geschäften unterschieden. So ist bei den Swapgeschäften sowie den für sie übernommenen Gewährleistungen der effektive Kapitalbetrag [647] oder – in Ermangelung eines solchen – der aktuelle Marktpreis des Geschäftsgegenstandes [648] und bei den anderen als Festgeschäfte oder Rechte ausgestalteten Termingeschäften sowie den für sie übernommenen Gewährleistungen der unter der Annahme der tatsächlichen Erfüllung [649] bestehende, zum aktuellen Marktpreis umgerechnete Anspruch des Nichthandelsbuchinstituts auf Lieferung oder Abnahme des Geschäftsgegenstandes als Bemessungsgrundlage zugrunde zu legen [650] [651]. Da allerdings das Adressenrisiko derartiger derivativer Finanzinstrumente regelmäßig niedriger als ihr Nominalbetrag ist, gehen sie nicht mit ihren Nominalbeträgen, sondern lediglich mit ihren so genannten Kreditäquivalenzbeträgen in den Gesamtkreditbetrag

---

[646] Vgl. BAKRED (Erläuterungen zur Großkredit- und Millionenkreditverordnung 1998), S. 17.

[647] Mit der Formulierung „effektiver Kapitalbetrag" soll zum Ausdruck gebracht werden, dass bei den Swapgeschäften auf den für die Austauschzahlungen insgesamt relevanten Wert des Geschäftsgegenstandes abzustellen ist. Auf diese Weise werden Manipulationen der Bemessungsgrundlage durch die Konstruktion von sog. „multiplier swaps" – statt „8 % fix gegen LIBOR auf 100.000 TDM" werden bspw. „16 % fix gegen 2 x LIBOR auf 50.000 TDM" vereinbart – verhindert. Die Bemessungsgrundlage beträgt in dem einen wie in dem anderen Fall dieses Beispiels 100.000 TDM. Vgl. BAKRED (Erläuterungen zur Großkredit- und Millionenkreditverordnung 1998), S. 12.

[648] Zu den Swapgeschäften, bei denen auf den aktuellen Marktpreis des Geschäftsgegenstandes abgestellt wird, zählen insbesondere Swaps auf Aktien oder Aktienindizes sowie auf Rohwaren oder Rohwarenpreisindizes; vgl. BAKRED (Erläuterungen zur Großkredit- und Millionenkreditverordnung 1998), S. 12.

[649] Eine Einbeziehung derivativer Geschäfte auf fiktiver Basis ist bei solchen als Festgeschäfte oder Rechte ausgestalteten Termingeschäften erforderlich, bei denen die physische Erfüllung der Liefer- oder Abnahmeansprüche vertraglich zugunsten eines Differenzausgleiches ausgeschlossen ist, was z. B. auf die sog. Forward Rate Agreements oder Indextermin- und -optionsgeschäfte zutrifft.

[650] Vgl. § 2 Nr. 2 und Nr. 3 GroMiKV. Die §§ 5 bis 8 GroMiKV sehen für gegenläufige finanzinnovative Geschäfte mit demselben Kontraktpartner (zweiseitige Beziehungen), die den Bedingungen des „close-out-netting" bzw. des „netting by novation" genügen, eine Nettobetrachtung und damit eine Reduzierung der Bemessungsgrundlage vor. Zu Einzelheiten vgl. BAKRED (Erläuterungen zur Großkredit- und Millionenkreditverordnung 1998), S. 22 ff.; DEUTSCHE BUNDESBANK (Merkblatt 1998), S. 19 ff.

[651] Auf fremde Währung lautende derivative Finanzinstrumente sind jeweils zum aktuellen Devisenkurs in DM oder EUR umzurechnen, wobei die von der Europäischen Zentralbank ermittelten und von der Deutschen Bundesbank veröffentlichten Referenzkurse, für die anderen Währungen die Mittelkurse aus feststellbaren An- und Verkaufskursen zugrunde zu legen sind; vgl. § 3 Satz 1 u. Satz 2 GroMiKV.

ein [652]. Die Nichthandelsbuchinstitute haben hierbei hinsichtlich der ausschließlich zinssatz-, währungs- oder goldpreisbezogenen Kontrakte sowie der entsprechenden Mischformen ein Wahlrecht, nach welchem Verfahren sie die Kreditäquivalenzbeträge berechnen wollen. § 4 Abs. 2 Satz 1 Nr. 1 GroMiKV gestattet den Nichthandelsbuchinstituten bezüglich der angeführten Geschäfte sowohl die Anwendung der Laufzeit- als auch der Marktbewertungsmethode [653]. Ausdrücklich zugelassen ist zudem das sog. „gelockerte Einheitlichkeitsprinzip" gemäß § 4 Abs. 2 Satz 2 und Satz 3 GroMiKV [654]. Nichthandelsbuchinstitute dürfen danach das ihnen eingeräumte Verfahrenswahlrecht zur Erfassung des Adressenrisikos von finanzinnovativen Produkten für genau bestimmte und eindeutig abgegrenzte Teilbereiche ihrer Geschäftstätigkeit unterschiedlich ausüben, wobei die Festlegung von Teilbereichen, die zu dokumentieren ist, sowohl nach produktbezogenen als auch nach organisatorischen Kriterien erfolgen kann (z. B. alle Swapgeschäfte oder die Abteilung „Zinsderivate" der Zentrale). Innerhalb der einzelnen Teilbereiche muss indessen bei der Wahl der Berechnungsmethode einheitlich vorgegangen werden. § 2 Abs. 2 Satz 4 GroMiKV erlaubt außerdem bei einem späteren Verfahrenswechsel nur den Übergang von der Laufzeit- zur Marktbewertungsmethode, nicht aber einen Wechsel in umgekehrter Richtung. Ergänzend ist darauf hinzuweisen, dass die Wahl zwischen der Laufzeit- und der Marktbewertungsmethode für den Grundsatz I und die Zwecke der Großkredit- und Millionenkreditverordnung einheitlich auszuüben ist [655]. Schließlich gilt die Einschränkung des Wahlrechts zwischen der Laufzeit- und der Marktbewertungsmethode auf die reinen zinssatz-, währungs- oder goldpreisbezogenen Kontrakte sowie die entsprechenden Mischformen „bis auf weiteres nicht für die von den gemisch-wirtschaftlichen Kreditgenossenschaften üblicherweise betriebenen Warentermingeschäfte" [656].

---

[652] Vgl. BARTH, ANDREAS; KROPP, MATTHIAS (Transformation 1995), S. 1299. Gewährleistungen, die für „innovative" bilanzunwirksame Geschäfte gestellt werden, sind hinsichtlich ihrer Bemessungsgrundlage wie die Originärgeschäfte zu behandeln. Dies hat zur Folge, dass derartige Gewährleistungen ebenfalls nur mit ihrem Kreditäquivalenzbetrag in die Berechnung des Gesamtkreditbetrages einzubeziehen sind. Vgl. dazu BAKRED (Erläuterungen zur Großkredit- und Millionenkreditverordnung 1998), S. 12.

[653] Eine nähere Beschreibung dieser beiden in § 4 Abs. 1 und Abs. 2 GroMiKV geregelten Verfahren kann an dieser Stelle unterbleiben. Sie sind in weiten Teilen denen des Grundsatzes I nachgebildet. Vgl. dahingehend Kapitel F.IV.2.ab).(4), S. 265 ff. Zu Einzelheiten der Laufzeitmethode und der Marktbewertungsmethode – bezogen auf den Kreditbegriff des § 19 Abs. 1 KWG – vgl. SCHARPF, PAUL; LUZ, GÜNTHER (Risikomanagement 1996), S. 553 ff.

[654] Vgl. dazu BAKRED (Anrechnung 1994), S. 103 ff.; BAKRED (Erläuterungen zur Großkredit- und Millionenkreditverordnung 1998), S. 20.

[655] Vgl. BAKRED (Erläuterungen zur Großkredit- und Millionenkreditverordnung 1998), S. 20.

[656] BAKRED (Erläuterungen zur Großkredit- und Millionenkreditverordnung 1998), S. 21; vgl. auch § 4 Abs. 2 Satz 1 Nr. 1 GroMiKV.

• Begriff des Kreditnehmers

Das Kreditwesengesetz enthält für die Zwecke des § 13 KWG keine Definition des Begriffs „Kreditnehmer" [657]. Der Gesetzgeber geht vielmehr davon aus, dass sich die Kreditnehmereigenschaft im Allgemeinen aus der Natur der einzelnen Geschäfte ableiten lässt [658]. Konkret bedeutet dies, dass als Kreditnehmer grundsätzlich derjenige Kunde anzusehen ist, auf dessen Leistungsfähigkeit (Bonität) das Nichthandelsbuchinstitut bei einer Kreditausreichung primär vertraut. Lediglich in § 19 Abs. 3 bis Abs. 6 KWG finden sich für die folgenden vier Sonderfälle klarstellende Hinweise des Gesetzgebers zur Person des Kreditnehmers [659].

– Bei Krediten aus öffentlichen Fördermitteln oder aus Eigenmittelprogrammen, die ein Förderinstitut des Bundes oder der Länder aufgrund selbstständiger Kreditverträge – gegebenenfalls unter Einschaltung weiterer Durchleitungsinstitute – über Hausbanken zu zuvor bestimmten Konditionen an Endkreditnehmer leitet, fingiert § 19 Abs. 3 KWG in Bezug auf den § 13 KWG [660] die einzelnen Endkreditnehmer als Kreditnehmer des Förderinstituts, wenn die Kreditforderungen dem Förderinstitut zur Sicherheit abgetreten werden [661].

– Für die Anwendung des § 13 KWG [662] gelten bei Krediten, die Zentralkreditinstitute – gemeint sind die Deutsche Genossenschaftsbank und die Deutsche Girozentrale – über die ihnen angeschlossenen regionalen Zentralbanken oder Girozentralen oder über die diesen angeschlossenen eingetragenen Genossenschaften oder Sparkassen an Endkreditnehmer leiten, die einzelnen Endkreditnehmer als Kreditnehmer des Zentralkreditinstituts, sofern die Kreditforderungen an das Zentralkreditinstitut zur Sicherheit abgetreten werden (§ 19 Abs. 4 KWG).

– Bei dem entgeltlichen Erwerb von Geldforderungen gilt gemäß § 19 Abs. 5, 1. Halbsatz KWG der Veräußerer der Forderungen als Kreditnehmer im Sinne

---

[657] Gleiches gilt für die Zwecke des § 10 KWG sowie der §§ 13a bis 18 KWG.

[658] Vgl. BÄHRE, INGE LORE; SCHNEIDER, MANFRED (KWG-Kommentar 1986), S. 250.

[659] Ergänzend dazu legen die §§ 11 bis 13 GroMiKV für eine Reihe von Geschäften fest, wer für die Zwecke der §§ 13 bis 14 KWG als Kreditnehmer anzusehen ist. Zu Einzelheiten vgl. BAKRED (Erläuterungen zur Großkredit- und Millionenkreditverordnung 1998), S. 39 ff. Darüber hinaus räumt § 14 GroMiKV dem BAKred die Möglichkeit ein, auf Antrag eines Instituts eine von der grundsätzlichen Festlegung des Kreditnehmers abweichende Regelung zu treffen. Zu den Kreditnehmern bei ausgewählten Geschäftsarten vgl. DEUTSCHE BUNDESBANK (Merkblatt 1998), S. 74 ff.

[660] Eine entsprechende Festlegung erfolgt für die §§ 13a und 13b KWG.

[661] Vgl. auch FINANZAUSSCHUSS DES DEUTSCHEN BUNDESTAGES (Beschlußempfehlung und Bericht zur Fünften KWG-Novelle 1994), S. 48 f.; BAKRED (Großkreditmeldungen 1996), S. 475.

[662] Eine entsprechende Festlegung erfolgt für die §§ 13a und 13b KWG.

des § 13 KWG [663], wenn er weiterhin für die Einbringlichkeit der übertragenen Forderungen einzustehen oder sie auf Verlangen des Erwerbers zurückzuerwerben hat. Ist dies nicht vereinbart, gelten gemäß § 19 Abs. 5, 2. Halbsatz KWG die jeweiligen Schuldner der angekauften Forderungen als Kreditnehmer.

– Haftet ein inländisches Kreditinstitut oder ein Einlagenkreditinstitut mit Sitz in einem anderen Staat des Europäischen Wirtschaftsraums selbstschuldnerisch für einen Kredit mit einer Restlaufzeit von nicht über einem Jahr an einen Dritten, der nicht selbst ein solches Institut ist, so wird für die Zwecke des § 13 KWG [664] statt des Dritten das inländische Kreditinstitut oder das Einlagenkreditinstitut mit Sitz in einem anderen Staat des Europäischen Wirtschaftsraums als Kreditnehmer angesehen (§ 19 Abs. 6 KWG). Mit dieser Sonderregelung werden Risikoverlagerungen aufgrund selbstschuldnerischer Haftungserklärungen bankenaufsichtlich anerkannt [665]. Die damit verbundene Erweiterung des Kreditvergabespielraums dürfte insbesondere für kleinere Institute von Bedeutung sein.

• Kreditnehmerzusammenfassung

Für die korrekte Einschätzung der Risikosituation eines Nichthandelsbuchinstituts im Kreditgeschäft reicht es nicht aus, allein die unterschiedlichen Arten von Krediten zusammenzufassen, die gegenüber einem einzelnen Kreditnehmer bestehen. Es ist vielmehr auch dem Umstand Rechnung zu tragen, dass es Fälle gibt, in denen Kredite an verschiedene Kreditnehmer praktisch ein einheitliches Risiko darstellen, weil diese Kreditnehmer in einer engen rechtlichen und/oder wirtschaftlichen Beziehung zueinander stehen [666]. Aus bankenaufsichtlicher Sicht ist es daher unumgänglich, derartige Kreditnehmer als eine Risikoeinheit zu betrachten. Die ihnen gewährten Kredite sind zusammenzurechnen und so zu behandeln, als ob nur ein einziger Kreditnehmer vorhanden wäre [667].

§ 19 Abs. 2 KWG greift die vorstehenden Überlegungen auf. Er regelt als „eine dem jeweiligen Kreditgeber obliegende Pflicht" [668] die Zusammenführung von

---

[663] Eine entsprechende Festlegung erfolgt für die §§ 13a bis 18 KWG.

[664] Eine entsprechende Festlegung erfolgt für die §§ 13a bis 14 KWG.

[665] Vgl. FINANZAUSSCHUSS DES DEUTSCHEN BUNDESTAGES (Beschlußempfehlung und Bericht 1997), S. 164.

[666] Vgl. MAYER, HELMUT (Bundesaufsichtsamt 1981), S. 88.

[667] Vgl. MAYER, HELMUT (Bundesaufsichtsamt 1981), S. 88.

[668] BISANI, HANS PAUL (Risikoeinheiten 1996), S. 130.

verschiedenen Kreditnehmern zu sog. „Kreditnehmereinheiten". Danach gelten im Hinblick auf den § 13 KWG [669] „als *ein* Kreditnehmer zwei oder mehr natürliche oder juristische Personen oder Personenhandelsgesellschaften, die insofern eine Einheit bilden, als eine von ihnen unmittelbar oder mittelbar beherrschenden Einfluss auf die andere oder die anderen ausüben kann" [670]. Aber auch ohne Vorliegen eines solchen Beherrschungsverhältnisses sind mehrere Kreditnehmer als eine Risikoeinheit zu behandeln, wenn die zwischen ihnen bestehenden (wirtschaftlichen) Abhängigkeiten es in einem hohen Maße als wahrscheinlich erscheinen lassen, dass finanzielle Schwierigkeiten eines Kreditnehmers zugleich auch bei den anderen Kreditnehmern zu Zahlungsschwierigkeiten führen [671]. Letzteres ist allerdings nicht dahingehend zu verstehen, dass bereits „Lieferanten und Zulieferer mit ihren Hauptabnehmern zu Kreditnehmereinheiten zusammenzufassen sind" [672].

Über die Generalklausel des § 19 Abs. 2 Satz 1 KWG hinaus, die die grundlegenden Bestimmungen für die Zuordnung von Kreditnehmern zu Kreditnehmereinheiten enthält [673], nennt § 19 Abs. 2 Satz 2 KWG mehrere Tatbestände, die als Regelfälle für die Bildung von Kreditnehmereinheiten anzusehen sind [674]. Danach liegt eine Kreditnehmereinheit insbesondere vor [675]:

1. bei allen Unternehmungen, die demselben Konzern angehören, bei Unternehmungen, die durch Verträge verbunden sind, die vorsehen, dass die eine Unternehmung verpflichtet ist, ihren ganzen Gewinn an eine andere Unternehmung abzuführen, sowie bei in Mehrheitsbesitz stehenden Unternehmungen und den an ihnen mit Mehrheit beteiligten Unternehmungen oder Personen; von diesen *drei* Regelfallvarianten ausgenommen sind der Bund, seine Sondervermögen, die Länder, Gemeinden und Gemeindeverbände, die Europäischen Gemeinschaften, die Zentralregierungen ausländischer Staaten (also

---

[669] Eine entsprechende Festlegung erfolgt für den § 10 KWG sowie die §§ 13a bis 18 KWG.

[670] § 19 Abs. 2 Satz 1, 1. Fallvariante KWG (Hervorhebung durch den Verf.).

[671] Vgl. § 19 Abs. 2 Satz 1, 2. Fallvariante KWG.

[672] BUNDESREGIERUNG (Entwurf eines Fünften Gesetzes zur Änderung des KWG 1994), S. 31.

[673] Zu Einzelheiten vgl. BAKRED (Kreditnehmereinheiten 1997), S. 118 ff.

[674] § 19 Abs. 2 Satz 2 KWG ist gesetzestechnisch als unwiderlegbare Rechtsvermutung konzipiert. Dies hat zur Folge, dass zwei oder mehr Adressen, die unter einen der Tatbestände des § 19 Abs. 2 Satz 2 KWG fallen, zwingend zu einer Kreditnehmereinheit zusammenzufassen sind, und zwar unabhängig davon, ob sie sich unter eine der beiden Alternativen des § 19 Abs. 2 Satz 1 KWG subsumieren lassen oder nicht. Vgl. dazu BAKRED (Kreditnehmereinheiten 1997), S. 118.

[675] Zu Details vgl. BÄHRE, INGE LORE; SCHNEIDER, MANFRED (KWG-Kommentar 1986), S. 244 ff.; BUCHMANN, PETER (Kreditnehmereinheit 1997), S. 1225 ff.; SZAGUNN, VOLKHARD; HAUG, ULRICH; ERGENZINGER, WILHELM (Kreditwesen 1997), S. 408 ff.; BISANI, HANS PAUL (Kreditnehmereinheiten 1998), S. 14 ff. u. S. 53 ff.

sowohl Zentralregierungen der „Zone A" als auch der „Zone B") sowie die Regionalregierungen und örtlichen Gebietskörperschaften in anderen Staaten des Europäischen Wirtschaftsraums, für die gemäß Art. 7 Solvabilitätsrichtlinie die Risikogewichtung „Null" bekannt gegeben worden ist;

2. bei Personenhandelsgesellschaften und jedem ihrer persönlich haftenden Gesellschafter sowie bei Partnerschaften und jedem ihrer Partner;

3. bei Personen und Unternehmungen, für deren Rechnung Kredit aufgenommen wird, und denjenigen, die diesen Kredit in eigenem Namen aufnehmen (sog. „Strohmannkredite").

Bei Anwendung der Großkreditregelungen des § 13 KWG [676] gelten die Zusammenfassungsgebote des § 19 Abs. 2 Satz 1 KWG nicht für Kredite innerhalb einer Institutsgruppe oder einer Finanzholding-Gruppe nach § 13b Abs. 2 KWG an Unternehmungen, die in die Zusammenfassung nach § 13b Abs. 3 KWG einbezogen sind [677]. Entsprechendes gilt für Kredite an Mutterunternehmen mit Sitz in einem anderen Staat des Europäischen Wirtschaftsraums sowie an deren andere Tochterunternehmen, sofern das Institut, sein Mutterunternehmen und dessen andere Tochterunternehmen von den zuständigen Stellen des anderen Staates in die Überwachung der Großkredite auf konsolidierter Basis nach Maßgabe der Großkreditrichtlinie einbezogen werden [678].

(2) Anzeigen und Beschlussfassung

In Anbetracht der hohen Vermögensverlustrisiken, die für ein Institut mit der Vergabe von Großkrediten verbunden sind, bestehen für diesen Bereich besondere Mitteilungspflichten. Gemäß § 13 Abs. 1 Satz 1 KWG hat ein Nichthandelsbuchinstitut der Deutschen Bundesbank jede Großkreditausreichung grundsätzlich unverzüglich – d. h. ohne schuldhaftes Zögern [679] – anzuzeigen [680]. § 13 Abs. 1 Satz 2 KWG enthält allerdings aus Gründen der Verwaltungsvereinfachung die Ermächtigung, die Ad-hoc-Anzeige von Großkrediten im Rahmen

---

[676] Eine diesbezügliche Festlegung erfolgt auch für die Großkreditgewährung nach § 13a KWG.

[677] Vgl. § 19 Abs. 2 Satz 3 KWG.

[678] Vgl. § 19 Abs. 2 Satz 4 KWG.

[679] Vgl. dazu BAKRED (Auslegung 1971), S. 98.

[680] Zu den Ausnahmen von der Anzeigepflicht für Großkredite vgl. *Abbildung 70*, S. 428 ff. Gemäß § 13 Abs. 4 KWG ist die Anzeigepflicht nach § 13 Abs. 1 Satz 1 KWG entsprechend auch für Zusagen von Kreditrahmenkontingenten anzuwenden, allerdings mit der Maßgabe, dass die Anzeigen nur an Stichtagen zu erstatten sind, die durch eine Rechtsverordnung nach § 24 Abs. 4 Satz 1 KWG festgelegt werden; vgl. dahingehend § 34 GroMiKV.

einer Rechtsverordnung nach § 24 Abs. 4 Satz 1 KWG durch regelmäßige Sammelanzeigen zu ersetzen. Von dieser Rechtsverordnungsermächtigung hat das BAKred Gebrauch gemacht. Großkredite sind daher nicht mehr wie früher unverzüglich nach ihrer Gewährung, sondern jeweils bis zum Fünfzehnten der Monate Januar, April, Juli und Oktober nach ihrem Stand zum Ende des vorangegangenen Kalendervierteljahres der zuständigen Zweiganstalt der Landeszentralbank anzuzeigen [681]. Meldestichtage sind demgemäß der 31. Dezember, der 31. März, der 30. Juni und der 30. September. „Ist der Meldestichtag kein Geschäftstag, so sind die relevanten Beträge zum gleichen Zeitpunkt des vorhergehenden Geschäftstages anzugeben" [682]. Ergänzend zu den Angaben „am Meldestichtag" ist der jeweilige Höchststand der Großkredite im Verlauf des vorangegangenen Quartals mitzuteilen (Quartalshöchststand) [683]. Die Landeszentralbank leitet die ihr eingereichten Anzeigen – gegebenenfalls mit einer Stellungnahme versehen – an das BAKred weiter, es sei denn, das BAKred verzichtet zu seiner Entlastung auf die Weiterleitung bestimmter Anzeigen [684]. Sowohl die Deutsche Bundesbank als auch das BAKred erhalten durch diese kalendervierteljährlichen Sammelanzeigen einen Einblick in die Kreditpolitik und die Risikolage der Institute [685]. Die hieraus resultierenden Erkenntnisse sollen dem BAKred ein Eingreifen bei bedenklichen Entwicklungen selbst dann ermöglichen, wenn die nach § 13 Abs. 3 KWG für den einzelnen Großkredit und das gesamte Großkreditvolumen gesetzten Obergrenzen nicht überschritten werden.

Maßgebend für den Zeitpunkt der Auslösung der Anzeigepflicht nach § 13 Abs. 1 Satz 1 KWG und für die Ermittlung des Quartalshöchststandes ist der Stand der

---

[681] Vgl. § 30 GroMiKV; ferner DEUTSCHE BUNDESBANK (Merkblatt 1998), S. 33 ff. Ein Kredit, der während des Quartals die Großkreditanzeigegrenze erreicht oder überschritten hat, ist auch dann anzuzeigen, „wenn der anzeigepflichtige Betrag am Meldestichtag unter 10 v. H. des haftenden Eigenkapitals des Instituts zurückgeführt worden ist"; BAKRED (Erläuterungen zur Großkredit- und Millionenkreditverordnung 1998), S. 81.

[682] DEUTSCHE BUNDESBANK (Merkblatt 1998), S. 34.

[683] Vgl. BAKRED (Erläuterungen zur Großkredit- und Millionenkreditverordnung 1998), S. 81.

[684] Vgl. § 13 Abs. 1 Satz 3 KWG. Ein Kreditinstitut, das einem genossenschaftlichen Prüfungsverband angeschlossen ist oder durch die Prüfungsstelle eines Sparkassen- und Giroverbandes geprüft wird, hat zeitgleich mit der Einreichung seiner kalendervierteljährlichen Sammelanzeige bei der zuständigen Zweiganstalt der Landeszentralbank eine weitere Ausfertigung dieser Anzeige dem zuständigen Prüfungsverband bzw. der zuständigen Prüfungsstelle einzureichen. Diese reichen ihre Stellungnahme der Hauptverwaltung der für das betroffene Kreditinstitut jeweils zuständigen Landeszentralbank ein, sofern das Engagement aus ihrer Sicht anmerkungsbedürftig ist. Vgl. dazu § 15 Abs. 1 GroMiKV sowie BAKRED (Erläuterungen zur Großkredit- und Millionenkreditverordnung 1998), S. 48.

[685] Vgl. BUNDESREGIERUNG (Entwurf eines KWG 1959), S. 32; ferner SCHNEIDER, MANFRED (Bankenaufsicht 1978), S. 34.

Geschäfte täglich bei Geschäftsschluss (also um 24:00 Uhr MEZ/MESZ [686]), „solange der Kredit nicht die Großkrediteinzelobergrenze überschreitet" [687]. Auf den Stand des Rechnungswesens zum Zeitpunkt des sog. „Buchungsschnitts" kommt es dagegen nicht an [688]. Als Folge dieser „end of day-Betrachtung" werden Kredite, die kurzfristig unterhalb des Tages die Großkreditdefinitionsgrenze erreichen oder überschreiten, aber vor dem Ende des Geschäftstages wieder unter die Großkreditdefinitionsgrenze zurückgeführt werden, von der Anzeigepflicht nach § 13 Abs. 1 Satz 1 KWG nicht erfasst. Für die global operierenden Handelsbuchinstitute – Nichthandelsbuchinstitute dürften hiervon kaum betroffen sein – besteht allerdings aufgrund dieser „end of day-Betrachtung" – entscheidend ist die Perspektive der Institutszentrale in der Bundesrepublik Deutschland – die Gefahr, dass die Handelsaktivitäten ihrer ausländischen Zweigniederlassungen oder Tochterunternehmen, die in anderen Zeitzonen ansässig sind, beeinträchtigt werden. Um dies zu verhindern, enthält die Großkredit- und Millionenkreditverordnung eine Öffnungsklausel. Das BAKred kann danach im Einzelfall auf Antrag eines Instituts, das international tätig ist, durch Verwaltungsakt einen von 24:00 Uhr MEZ/MESZ abweichenden Zeitpunkt für die Auslösung der Anzeigepflicht nach § 13 Abs. 1 Satz 1 KWG festsetzen, der den internationalen Handelsaktivitäten dieses Instituts besser Rechnung trägt [689].

Im Zusammenhang mit dem Zeitpunkt der Auslösung der Anzeigepflicht nach § 13 Abs. 1 Satz 1 KWG sowie der Ermittlung des Quartalshöchststandes steht § 31 Abs. 1 Satz 1 GroMiKV. Ein Nichthandelsbuchinstitut hat danach seine Großkredite täglich zum Geschäftsschluss exakt zu berechnen [690]. Es kann sich jedoch gemäß § 31 Abs. 2 Satz 1 GroMiKV von dieser Verpflichtung befreien, solange es sicherstellt, dass seine Großkredite jeweils 80 % der Großkrediteinzelobergrenze nicht überschreiten, und es sich diesbezüglich durch eine Anzeige, die es der zuständigen Zweiganstalt der Landeszentralbank einreicht, bankenaufsichtlich festlegt. Von dieser Festlegung kann sich ein Nichthandelsbuchinstitut aber jederzeit durch eine entsprechende Gegenanzeige wieder lösen [691]. Solange ein Nichthandelsbuchinstitut von dem Wahlrecht des § 31 Abs. 2 Satz 1 GroMiKV

---

[686]   Zur Festlegung des Geschäftsschlusses im Sinne der Großkredit- und Millionenkreditverordnung vgl. § 1 Abs. 2 Satz 1 GroMiKV.

[687]   § 30 Abs. 5 Satz 1, 1. Halbsatz GroMiKV.

[688]   Vgl. DEUTSCHE BUNDESBANK (Merkblatt 1998), S. 34.

[689]   Vgl. § 1 Abs. 2 Satz 2 GroMiKV; ferner BAKRED (Erläuterungen zur Großkredit- und Millionenkreditverordnung 1998), S. 2.

[690]   Vgl. auch BAKRED (Erläuterungen zur Großkredit- und Millionenkreditverordnung 1998), S. 82.

[691]   Vgl. § 31 Abs. 2 Satz 2 GroMiKV.

Gebrauch macht, braucht es zudem bei der Ermittlung des Quartalshöchststandes nur die Monatsultima zu berücksichtigen [692]. Unter Monatsultimo im Sinne dieser Vorschrift ist hierbei der letzte Kalendertag des Monats bei Geschäftsschluss zu verstehen [693].

Der besonderen Bedeutung der Großkredite entspricht auch § 13 Abs. 2 KWG, der die Einräumung eines Großkredits in die gemeinsame Verantwortung aller Geschäftsleiter stellt. Danach darf ein Nichthandelsbuchinstitut in der Rechtsform einer juristischen Person oder einer Personenhandelsgesellschaft – unbeschadet der zivilrechtlichen Wirksamkeit des Rechtsgeschäfts – einen Großkredit nur aufgrund eines einstimmigen und aktenkundig zu machenden Beschlusses sämtlicher Geschäftsleiter gewähren [694]. Dieser Beschluss soll grundsätzlich vor der Großkreditvergabe erfolgen [695]. Ist dies ausnahmsweise wegen der Eilbedürftigkeit des Geschäftes nicht möglich, so muss die Zustimmung aller Geschäftsleiter unverzüglich nachgeholt werden [696]. Das Erfordernis einer nachträglichen Beschlussfassung ergibt sich mitunter aber auch im Bestand der Altkredite. Erlangt ein bereits ausgereichter Kredit infolge der Verringerung des haftenden Eigenkapitals die Eigenschaft eines Großkredits, so darf das Nichthandelsbuchinstitut diesen Großkredit – ebenfalls unbeschadet der zivilrechtlichen Wirksamkeit des Rechtsgeschäfts – nur aufgrund eines unverzüglich nachzuholenden einstimmigen und aktenkundig zu machenden Beschlusses sämtlicher Geschäftsleiter weitergewähren [697]. In beiden Fällen ist die Beschlussfassung innerhalb eines Monats nachzuholen. Bei Unterlassung der fristgerechten Nachholung eines einstimmigen Geschäftsleiterbeschlusses ist dem BAKred und der Deutschen Bundesbank Anzeige zu erstatten [698]. Maßgebend für den Zeitpunkt der Auslösung der Beschlussfassungspflichten nach § 13 Abs. 2 KWG ist ebenso wie

---

[692] Vgl. § 30 Abs. 5 Satz 2 GroMiKV.

[693] Vgl. § 30 Abs. 5 Satz 2 i. V. m. § 13 Abs. 1 Satz 5, 2. Halbsatz GroMiKV.

[694] Vgl. § 13 Abs. 2 Satz 1 und Satz 4 KWG. Bei der Verhinderung von Geschäftsleitern an der Beschlussfassung ist die Einstimmigkeit gewahrt, soweit Vertreter für den Verhinderungsfall bestellt sind und diese der Großkreditvergabe zugestimmt haben. Die Verhinderungsvertreter sind für den Zeitraum der Vertretung Geschäftsleiter. Es bedarf daher auch nicht im Nachhinein der Zustimmung verhinderter Geschäftsleiter. Gleiches gilt, wenn Geschäftsleiter, für die keine Vertreter vorgesehen sind, aus wichtigem Grund (z. B. höhere Gewalt, Krankheit, Urlaub) für einen Zeitraum von voraussichtlich mehr als zwei Wochen – gerechnet vom Zeitpunkt der angestrebten Abstimmung – verhindert sind, an der Beschlussfassung teilzunehmen. Diese Regelung ist auch dann anwendbar, wenn das Nichthandelsbuchinstitut nur zwei Geschäftsleiter hat. Vgl. zu diesen Ausführungen BAKRED (Beschlußfassung 1963), S. 17; BAKRED (Verhinderung 1977), S. 156.

[695] Vgl. § 13 Abs. 2 Satz 2 KWG.

[696] Vgl. § 13 Abs. 2 Satz 3 KWG.

[697] Vgl. § 13 Abs. 2 Satz 6 und Satz 7 KWG.

[698] Vgl. § 13 Abs. 2 Satz 5 und Satz 8 KWG i. V. m. § 32 GroMiKV.

bei der Anzeigepflicht nach § 13 Abs. 1 Satz 1 KWG der tatsächliche Stand der Geschäfte täglich um 24:00 Uhr MEZ/MESZ [699].

Die nachträgliche Erhöhung eines bereits beschlossenen Großkredits erfordert die Herbeiführung eines erneuten einstimmigen Beschlusses aller Geschäftsleiter [700]. Hiervon kann lediglich bei ganz geringfügigen Überschreitungen des bereits bewilligten Großkredits, wie sie etwa durch Belastung von Sollzinsen eintreten können, abgesehen werden [701]. Eine erneute einstimmige Beschlussfassung sämtlicher Geschäftsleiter ist darüber hinaus im Falle der Verlängerung eines Großkredits notwendig [702]. Dasselbe gilt für eine nachträgliche Änderung der Kreditkosten, es sei denn, dass die Änderung den ursprünglichen Vertragsfestlegungen entspricht, „z. B. bei einer von vornherein vereinbarten Zinsgleitklausel, die schon früher Gegenstand der Beschlussfassung war" [703]. Dagegen brauchen die Geschäftsleiter über einen bereits gewährten Großkredit nicht erneut zu beschließen, wenn dieser durch die Änderung von Devisenkursen oder anderen Marktpreisen bzw. durch die Begründung oder die Aufgabe von Positionen des Handelsbuchs zunächst „die Großkreditdefinitionsgrenze (§ 13 Abs. 1 KWG) unterschreitet und sie später wieder erreicht oder überschreitet, sofern der zuvor beschlossene Höchstbetrag für den Kredit nicht überschritten wird" [704].

Hinsichtlich der Frage, ob es den Geschäftsleitern gestattet ist, Vorratsbeschlüsse bei Großkrediten zu fassen, ist davon auszugehen, dass diese grundsätzlich zulässig sind [705]. Hierfür spricht nach Auffassung von REISCHAUER/KLEINHANS die Regelung in § 27 Satz 1 GroMiKV, wonach die Geschäftsleiter „sich zu den Terminen für die Abgabe der quartalsmäßigen Großkreditanzeigen über den Stand aller Großkredite zum Meldestichtag und vom höchsten Auslastungsgrad der einzelnen Großkredite im Verlauf des vorangegangenen Quartals in Kenntnis

---

[699] Gemäß § 13 Abs. 4 KWG gelten die Beschlussfassungspflichten nach § 13 Abs. 2 KWG auch für die Zusagen von Kreditrahmenkontingenten. Zu den Ausnahmen von den Vorschriften über Großkreditbeschlüsse vgl. *Abbildung 70*, S. 428 ff.

[700] Vgl. BAKRED (Schreiben 1975), S. 16; BÄHRE, INGE LORE; SCHNEIDER, MANFRED (KWG-Kommentar 1986), S. 186; NIRK, RUDOLF (Kreditwesengesetz 1999), S. 273.

[701] Vgl. BAKRED (Schreiben 1975), S. 16.

[702] Vgl. REISCHAUER, FRIEDRICH; KLEINHANS, JOACHIM (Kreditwesengesetz 2000), Kza. 115, § 13, S. 15; a. A. NIRK, RUDOLF (Kreditwesengesetz 1999), S. 273.

[703] BÄHRE, INGE LORE; SCHNEIDER, MANFRED (KWG-Kommentar 1986), S. 186.

[704] § 26 GroMiKV; ferner BAKRED (Erläuterungen zur Großkredit- und Millionenkreditverordnung 1998), S. 78.

[705] Vgl. REISCHAUER, FRIEDRICH; KLEINHANS, JOACHIM (Kreditwesengesetz 2000), Kza. 115, § 13, S. 16.

zu setzen" haben [706]. „Diese Vorschrift soll es ermöglichen, dass die Geschäftsleiter bei Vorratsbeschlüssen regelmäßig die Auslastung erfahren und z. B. bei
Verschlechterung der Bonität des Kreditnehmers neue Beschlüsse fassen" [707].

(3) Großkreditobergrenzen

Angesichts der von Großkrediten ausgehenden Gefahren genügt es nicht, Großkredite nur bestimmten Anzeige- und Beschlussfassungspflichten zu unterwerfen.
Zur Reduzierung des Großausfallrisikos ist es vielmehr unabdingbar, die Groß-
kredite auch in ihrem Umfang zu beschränken. § 13 Abs. 3 KWG trägt dieser
Forderung für das Großkreditgeschäft der Nichthandelsbuchinstitute Rechnung.
Er limitiert die Vergabe von Großkrediten durch die Einführung von zwei Be-
grenzungsnormen. Der einzelne Großkredit darf danach 25 % bzw. 20 % des
haftenden Eigenkapitals des Nichthandelsbuchinstituts nicht übersteigen [708]. Die
Grenze für alle Großkredite zusammen liegt hingegen bei 800 % des haftenden
Eigenkapitals des Nichthandelsbuchinstituts [709]. Ziel dieser beiden Obergrenzen
ist es, eine zu starke Konzentration von Krediten auf einen einzigen Kreditnehmer zu verhindern sowie ein Mindestmaß an Streuung der Kredite zu erreichen [710]. Es handelt sich bei diesen Großkreditregelungen allerdings lediglich um
eine Diversifikation der Größenordnung von Adressenrisiken. Eine Diversifikation der Eintrittsursachen von Adressenrisiken (bspw. nach der Kreditart, nach
Regionen, nach Branchen oder hinsichtlich des Verwendungszwecks) findet dagegen nicht statt.

---

[706] „Kredite an den Bund, die Deutsche Bundesbank, ein rechtlich unselbstständiges Sondervermögen
des Bundes oder eines Landes, ein Land, eine Zentralregierung oder Zentralnotenbank in einem
anderen Staat des Europäischen Wirtschaftsraums oder die Europäischen Gemeinschaften werden
von der Pflicht zur quartalsmäßigen Kenntnisnahme ausgenommen"; BAKRED (Erläuterungen zur
Großkredit- und Millionenkreditverordnung 1998), S. 79.

[707] REISCHAUER, FRIEDRICH; KLEINHANS, JOACHIM (Kreditwesengesetz 2000), Kza. 115, § 13, S. 16.

[708] Vgl. § 13 Abs. 3 Satz 1 und Satz 3 KWG. Die verminderte Grenze in Höhe von 20 % gilt für
Kredite an ein verbundenes Unternehmen, das weder einer Gruppe im Sinne des § 13b Abs. 2
KWG angehört noch durch die zuständigen Stellen eines anderen Staates des Europäischen Wirtschaftsraums zu einer Gruppe nach Maßgabe der EG-Großkreditrichtlinie zusammengefasst wird.
Der niedrigere Schwellenwert beruht auf der Erkenntnis, dass Kredite an verbundene Unternehmen
wegen der bestehenden Interdependenzen häufig mit einem höheren Risiko behaftet sind; vgl.
GRUNER-SCHENK, PETRA (Harmonisierung 1995), S. 189 f. Als verbundene Unternehmen im Sinne
der Großkreditvorschriften gelten Mutter-, Tochter- und Schwesterunternehmen. Zur Definition
von Mutter-, Tochter- und Schwesterunternehmen vgl. § 1 Abs. 6 und Abs. 7 KWG.

[709] Vgl. § 13 Abs. 3 Satz 5 KWG.

[710] Vgl. auch MAYER, HELMUT (Kreditwesen 1982), S. 126 f.; BOOS, KARL-HEINZ (Großkredite 1992),
S. 574.

Abbildung 69[711] (vgl. S. 423-424) gibt einen Überblick über die Großkreditobergrenzen des § 13 Abs. 3 KWG (einschl. der vom Gesetzgeber erlassenen umfangreichen Übergangsvorschriften nach § 64d KWG). Dabei wird auch hier – wie bei der Großkreditdefinitionsgrenze – zwischen zwei Größenklassen von Nichthandelsbuchinstituten unterschieden [712].

Abb. 69: Überblick über die Großkreditobergrenzen des § 13 Abs. 3 KWG (einschließlich der Übergangsbestimmungen gemäß § 64d KWG)

Geltungsbereich	Nichthandelsbuchinstitute mit hEK > 7 Mio. ECU am 5. Feb. 1993 [1]		Nichthandelsbuchinstitute mit hEK ≤ 7 Mio. ECU am 5. Feb. 1993 [1] [2]	
Zeitraum	bis zum 31. Dez. 1998	ab dem 1. Jan. 1999	bis zum 31. Dez. 2003	ab dem 1. Jan. 2004
zulässige Höhe für einen einzelnen Großkredit (Großkredit*einzel*obergrenze)	≤ 40 % hEK	≤ 25 % hEK [4]	≤ 40 % hEK	≤ 25 % hEK [5]
zulässige Höhe für einen einzelnen Großkredit an ein verbundenes Unternehmen [3]	≤ 30 % hEK	≤ 20 % hEK [4]	≤ 30 % hEK	≤ 20 % hEK [5]
zulässige Höhe für die Summe aller Großkredite (Großkredit*gesamt*obergrenze)	≤ 800 % hEK [6]		≤ 800 % hEK [6]	

Erläuterungen zur Abb. 69:

[1] Für die Berechnung der Höhe des haftenden Eigenkapitals ist der amtliche Umrechnungskurs am 5. Februar 1993 in Höhe von 1,95156 DM/ECU zugrunde zu legen, sodass der Schwellenwert bei 13.660.920 DM liegt.

[2] Diese größenspezifische Sonderregelung für Nichthandelsbuchinstitute mit einem haftenden Eigenkapital von nicht mehr als 7 Mio. ECU am 5. Februar 1993 gilt nicht, falls ein solches Institut nach diesem Stichtag mit einem anderen Institut verschmolzen worden ist oder wird und das haftende Eigenkapital der verschmolzenen Institute – maßgeblich ist auch hier der Stichtag 5. Februar 1993 – 7 Mio. ECU übersteigt. Vgl. auch BAKRED (§ 64d 1999), S. 10.

---

[711] In Anlehnung an DÜRSELEN, KARL E. (Großkreditnormen 1996), S. 51 u. S. 55.

[712] Zu den Ausnahmen von den Großkreditobergrenzen vgl. *Abbildung 70*, S. 428 ff.

Fortsetzung Abb. 69:

---

3) Bei den Krediten an verbundene Unternehmen ist der verminderte Schwellenwert für die zulässige Höhe des einzelnen Großkredits nur anzuwenden, wenn kein Ausnahmetatbestand nach § 13 Abs. 3 Satz 3 KWG vorliegt, nämlich Zusammenfassung zu einer Gruppe im Sinne des § 13b Abs. 2 KWG oder Zusammenfassung durch die zuständigen Stellen eines anderen Staates des Europäischen Wirtschaftsraums zu einer Gruppe nach Maßgabe der EG-Großkreditrichtlinie.

4) Kredite, die diese Obergrenze für den einzelnen Großkredit am 1. Januar 1999 überschreiten, sind bis zum 31. Dezember 2001 auf die 25 %- bzw. 20 %- Grenze zurückzuführen, es sei denn, es handelt sich um Altkredite, die vor dem 1. Januar 1996 gewährt wurden *und* die aufgrund vertraglicher Bedingungen erst nach dem 31. Dezember 2001 fällig werden. In diesem Fall gelten für diese Kredite bis zum Ende ihrer Laufzeit weiterhin die Höchstgrenzen von 40 % bzw. 30 %. Die vor dem 1. Januar 1996 bestehenden Beteiligungen fallen nicht unter diese Übergangsregelung, da sie das Kriterium der Fälligkeit nicht erfüllen; vgl. dazu BAKRED (Nichteinbeziehung 1995), S. 424. Zu weiteren Einzelheiten vgl. BAKRED (§ 64d 1999), S. 1 ff.

5) Kredite, die diese Obergrenze für den einzelnen Großkredit am 1. Januar 2004 überschreiten, sind bis zum 31. Dezember 2006 auf die 25 %- bzw. 20 %- Grenze zurückzuführen, es sei denn, es handelt sich um Altkredite, die vor dem 1. Januar 1996 gewährt wurden *und* die aufgrund vertraglicher Bedingungen erst nach dem 31. Dezember 2006 fällig werden. In diesem Fall gelten für diese Kredite bis zum Ende ihrer Laufzeit weiterhin die Höchstgrenzen von 40 % bzw. 30 %. Die vor dem 1. Januar 1996 bestehenden Beteiligungen fallen nicht unter diese Übergangsregelung, da sie das Kriterium der Fälligkeit nicht erfüllen; vgl. dazu BAKRED (Nichteinbeziehung 1995), S. 424. Zu weiteren Einzelheiten vgl. BAKRED (§ 64d 1999), S. 11 ff.

6) Für die Großkreditgesamtobergrenze sind keinerlei Übergangsregelungen vorgesehen.

Für die genaue Berechnung der Auslastung der Großkreditobergrenzen gemäß § 13 Abs. 3 KWG ist ebenso wie für die Auslösung der Anzeige- und Beschlussfassungspflichten nach § 13 Abs. 1 Satz 1 und Abs. 2 KWG erst einmal der tatsächliche Stand der Geschäfte täglich um 24:00 Uhr MEZ/MESZ maßgebend. Dies bedeutet jedoch nicht, dass die Höchstgrenzen für Großkredite nur zu diesem Zeitpunkt nicht überschritten werden dürfen. Da die Großkreditobergrenzen das Klumpenrisiko eines Nichthandelsbuchinstituts im laufenden Geschäft vermindern sollen, sind sie vielmehr während des gesamten Tages zu beobachten und ständig einzuhalten [713]. Ein Nichthandelsbuchinstitut hat deshalb durch geeignete organisatorische Maßnahmen sicherzustellen, dass es keine Positionen öffnet, die auch nur vorübergehend zu einem Überschreiten der Großkrediteinzel- oder Großkreditgesamtobergrenze führen. Kommt es dennoch zu einer auch nur untertägigen Überschreitung der Höchstgrenzen für Großkredite – die zivilrechtliche Gültigkeit der Rechtsgeschäfte wird durch eine solche unerlaubte Überschreitung nicht berührt –, so ist dem BAKred und der für das Nichthandelsbuchinstitut zuständigen Zweiganstalt der Landeszentralbank unverzüglich, d. h. spätestens am darauf folgenden Geschäftstag, schriftlich Anzeige zu erstatten [714];

---

[713] Vgl. auch BAKRED (Erläuterungen zur Großkredit- und Millionenkreditverordnung 1998), S. 84.

[714] Vgl. § 13 Abs. 3 Sätze 2, 4 und 6 KWG i. V. m. § 33 Abs. 1 Satz 1 GroMiKV; ferner BAKRED (Erläuterungen zur Großkredit- und Millionenkreditverordnung 1998), S. 84.

die Gründe für die Überschreitung sowie die voraussichtliche Dauer der Überschreitung sind hierbei darzulegen [715]. Durch diese Unterrichtung der Bankenaufsichtsträger wird allerdings der Verstoß gegen die Großkreditobergrenzen nicht geheilt. Ein Nichthandelsbuchinstitut hat zudem die unerlaubte Überschreitung einer Großkreditobergrenze erneut anzuzeigen, wenn sie gegenüber der letzten Anzeige erhöht wird [716]. Untertägige Erhöhungen, die allein durch die Änderung von Devisenkursen oder anderen Marktpreisen bedingt sind, sind dabei jedoch nicht zu berücksichtigen, sofern der Kreditbetrag bis zum Geschäftsschluss auf den zuletzt angezeigten Betrag zurückgeführt wird [717].

Der vorstehend geschilderte Sachverhalt stellt sich anders dar, wenn das BAKred im Wege eines Verwaltungsaktes einer Überschreitung der Großkreditobergrenzen ausdrücklich zugestimmt hat [718]. Beabsichtigt nämlich ein Nichthandelsbuchinstitut, durch die Erhöhung eines bereits bestehenden Kreditengagements oder die Begründung eines neuen Kreditengagements die eine oder andere Höchstgrenze für Großkredite zu überschreiten, so steht ihm die Möglichkeit offen, dies im Voraus beim BAKred zu beantragen [719]. Erst nachdem das BAKred die Erlaubnis erteilt hat [720], darf dann das Nichthandelsbuchinstitut das Kreditengagement entsprechend aufstocken bzw. neu eingehen [721]. Anderenfalls liegt auch hier ein Verstoß gegen die Großkreditobergrenzen vor, der auch durch einen nachträglich gestellten Antrag nicht rückwirkend zu heilen ist [722].

Schließlich ist unabhängig davon, ob das BAKred einer Überschreitung der Höchstgrenzen für Großkredite zugestimmt hat oder nicht, der die Großkrediteinzel- bzw. -gesamtobergrenze überschreitende Betrag – bei Überschreiten beider Obergrenzen der jeweils höhere Betrag – vollständig mit haftendem Eigenkapital

---

[715] Zu weiteren Angaben vgl. BAKRED (Erläuterungen zur Großkredit- und Millionenkreditverordnung 1998), S. 84.

[716] Vgl. § 33 Abs. 1 Satz 2, 1. Halbsatz GroMiKV.

[717] Vgl. § 33 Abs. 1 Satz 2, 2. Halbsatz GroMiKV.

[718] Die hierzu notwendige Ermächtigungsgrundlage findet sich in § 13 Abs. 3 Sätze 1, 3 und 5 KWG.

[719] Im Falle der geplanten Überschreitung einer Großkrediteinzelobergrenze ist zudem die einstimmige Beschlussfassung der Geschäftsleiter erforderlich; vgl. § 28 GroMiKV.

[720] Die Zustimmung steht im pflichtgemäßen Ermessen des BAKred; vgl. § 13 Abs. 3 Satz 8 KWG. Sie wird im Falle der geplanten Überschreitung einer Großkrediteinzelobergrenze u. a. davon abhängig gemacht, dass die Geschäftsleiter der Überschreitung einstimmig zugestimmt haben; vgl. BAKRED (Erläuterungen zur Großkredit- und Millionenkreditverordnung 1998), S. 79.

[721] Die Stattgabe des Antrages entbindet das Nichthandelsbuchinstitut nicht von der Pflicht, die tatsächliche Überschreitung der Großkreditobergrenzen dem BAKred und der Deutschen Bundesbank unverzüglich anzuzeigen.

[722] Vgl. BUNDESREGIERUNG (Entwurf eines Fünften Gesetzes zur Änderung des KWG 1994), S. 29.

zu unterlegen [723]. Das auf diese Weise „verbrauchte" haftende Eigenkapital steht dem Nichthandelsbuchinstitut für die Unterlegung anderer Risikopositionen nicht mehr zur Verfügung, insbesondere darf es nicht mehr bei den Grundsätzen nach § 10 Abs. 1 Satz 2 und § 10a Abs. 1 Satz 2 KWG über die Angemessenheit der Eigenmittel berücksichtigt werden [724]. Lediglich für diejenigen Nichthandelsbuchinstitute, die durch die Verschmelzung von Kreditnehmern oder durch vergleichbare Ereignisse [725] mit der Großkredit*einzel*obergrenze in Konflikt geraten und dies nicht vorhersehen konnten, schafft die Regelung in § 13 Abs. 3 Satz 9 KWG eine Entlastung. Das BAKred kann in diesen besonders gelagerten Fällen nach pflichtgemäßem Ermessen ein Nichthandelsbuchinstitut für einen begrenzten Zeitraum von der Eigenkapitalunterlegungspflicht nach § 13 Abs. 3 Satz 2 bzw. Satz 4 KWG befreien. Das Nichthandelsbuchinstitut, das unvorhergesehen in eine solche Überschreitungssituation gerät, ist jedoch auch hier gehalten, so schnell wie möglich den Kreditüberhang, der die Überschreitung verursacht, abzubauen [726]. Durch diese Ausnahmeregelung soll die Notwendigkeit einer kurzfristigen beträchtlichen Erhöhung des haftenden Eigenkapitals, das nach Rückführung des Überschreitungsbetrages nicht mehr erforderlich wäre, vermieden werden [727].

Ergänzend ist noch darauf hinzuweisen, dass ein Überschreitungsbetrag, der sich aus der Regelung ergibt, dass eventuelle Risikovorsorgen (im Wesentlichen Einzelwertberichtigungen und Rückstellungen für drohende Verluste aus schwebenden Geschäften) bei der Ermittlung der maßgeblichen Kreditbeträge außer Ansatz bleiben [728], nicht mit haftendem Eigenkapital abzudecken ist. Die im Kreditwesengesetz beabsichtigte Unterlegung mit haftendem Eigenkapital wird in diesem Fall bereits durch den Abzug vom haftenden Eigenkapital – bedingt durch die bilanzwirksame Bildung von Risikovorsorgen – erreicht.

---

[723] Vgl. § 13 Abs. 3 Satz 2, auch in Verbindung mit Satz 4, sowie Satz 6 und Satz 7 KWG.

[724] Vgl. § 10 Abs. 1 Satz 6 KWG. Auf der anderen Seite brauchen die durch haftendes Eigenkapital gedeckten Großkreditteile nicht als Risikoaktiva im Grundsatz I erfasst zu werden. Begründet wird dies damit, „dass bei denjenigen Kreditbeträgen, die im Rahmen der Großkreditvorschriften mit Eigenmitteln abgedeckt sind, eine Vorsorge im Hinblick auf das Adressenausfallrisiko bereits erfolgt ist"; BAKRED (Großkreditbeträge 1996), S. 139. Insofern werden sowohl der Zähler als auch der Nenner des Solvabilitätskoeffizienten um den gleichen Betrag gekürzt.

[725] Unter vergleichbaren Ereignissen sind namentlich die Bildung neuer oder die Erweiterung bestehender Kreditnehmereinheiten nach § 19 Abs. 2 KWG zu verstehen; vgl. BUNDESREGIERUNG (Entwurf eines Gesetzes zur Umsetzung von EG-Richtlinien 1997), S. 82.

[726] Vgl. BUNDESREGIERUNG (Entwurf eines Gesetzes zur Umsetzung von EG-Richtlinien 1997), S. 82.

[727] Vgl. BUNDESREGIERUNG (Entwurf eines Gesetzes zur Umsetzung von EG-Richtlinien 1997), S. 59.

[728] Vgl. dazu Kapitel F.IV.3.bb).(1), S. 408 u. S. 412.

(4) Ausnahmen von einzelnen Großkreditpflichten

§ 20 Abs. 1 bis Abs. 5 KWG regelt für bestimmte Kredite die Ausnahmen von den Verpflichtungen nach § 13 KWG. Es handelt sich hierbei vor allem um solche Kredite, die wegen ihrer Art, der Bonität des Kreditnehmers oder der geleisteten Sicherheiten als risikolos oder als nur mit einem verhältnismäßig geringen Risiko behaftet angesehen werden [729]. Über die im Kreditwesengesetz festgeschriebenen Ausnahmen von den Anzeige-, Beschlussfassungs- und Anrechnungsvorschriften hinausgehende Regelungen finden sich in der Großkredit- und Millionenkreditverordnung des BAKred. Die §§ 16 bis 20 GroMiKV beinhalten Erleichterungen in Form von Nullanrechnungen sowie Reduzierungen der für die Großkreditobergrenzen maßgeblichen Kreditbeträge. Das Rundschreiben Nr. 9/96 des BAKred [730] verweist zudem auf eine weitere Befreiung von der Anzeigepflicht des § 13 Abs. 1 KWG sowie den Anrechnungspflichten des § 13 Abs. 3 KWG. Zur besseren Übersicht werden die für Nichthandelsbuchinstitute relevanten Ausnahmetatbestände von den Großkreditregelungen in *Abbildung 70* [731] (vgl. S. 428-439) zusammengefasst dargestellt. Diese Ausnahmevorschriften für Nichthandelsbuchinstitute gelten für Handelsbuchinstitute grundsätzlich entsprechend.

---

[729] Vgl. MAYER, HELMUT (Bundesaufsichtsamt 1981), S. 88; DEUTSCHE BUNDESBANK (Novelle 1994), S. 65.

[730] Vgl. BAKRED (Nicht-Anwendung 1996), S. 485 ff.

[731] In Anlehnung an DEUTSCHE BUNDESBANK (Merkblatt 1998), S. 23 ff.

Abb. 70: Überblick über die Ausnahmetatbestände von den Großkreditregelungen für Nichthandelsbuchinstitute

Rechtsgrundlage	Kreditnehmer/Kreditart (Erleichterung)	§ 13 KWG kein Kredit	§ 13 Abs. 1 KWG keine Anzeige	§ 13 Abs. 2 und Abs. 4 KWG kein Beschluss	Großkrediteinzelobergrenze (Anrechnung)	Großkreditgesamtobergrenze (Anrechnung)
§ 20 Abs. 2 Satz 1 Nr. 1 Buchstabe a) bis d), Abs. 3 Satz 1, Abs. 4 und Abs. 5 KWG	Kredite an:					
	– den Bund, die Kreditanstalt für Wiederaufbau[1], die Deutsche Ausgleichsbank[1], die Deutsche Bundesbank, ein rechtlich unselbstständiges Sondervermögen des Bundes oder eines Landes, ein Land, eine Gemeinde oder einen Gemeindeverband		x	x	0 %	0 %
	– die Zentralregierung oder Zentralnotenbank in einem anderen Staat der „Zone A"[2]		x	x	0 %	0 %
	– die Europäischen Gemeinschaften		x	x	0 %	0 %
	– eine Regionalregierung oder örtliche Gebietskörperschaft in einem anderen Staat des Europäischen Wirtschaftsraums, für die nach Art. 7 Solvabilitätsrichtlinie die Risikogewichtung „Null" bekannt gegeben worden ist[3]		x	x	0 %	0 %
§ 20 Abs. 3 Satz 2 Nr. 2, 2. Halbsatz, Abs. 4 und Abs. 5 KWG	Forderungen einer eingetragenen Genossenschaft an ihre Zentralbank, einer Sparkasse an ihre Girozentrale sowie von einer genossenschaftlichen Zentralbank oder einer Girozentrale an ihr Zentralkreditinstitut, die dem Liquiditätsausgleich im Verbund dienen (inkl. Inhaberschuldverschreibungen, Depositenzertifikate und Schuldscheindarlehen)[4]			x	0 %	0 %

Fortsetzung Abb. 10.

Rechtsgrundlage	Kreditnehmer/Kreditart / Erleichterung	§ 13 KWG kein Kredit	§ 13 Abs. 1 KWG keine Anzeige	§ 13 Abs. 2 und Abs. 4 KWG kein Beschluss	Großkredit-einzelobergrenze Anrechnung	Großkredit-gesamtobergrenze
§ 16 Abs. 1 Nr. 7 GroMiKV	Forderungen an genossenschaftliche Zentralbanken aus bei diesen unterhaltenen, dem Liquiditätsausgleich im Verbund dienenden Guthaben von Kreditinstituten, die dem Verbund angehören, ohne eingetragene Genossenschaften zu sein			x	0 %	0 %
§ 20 Abs. 3 Satz 2 Nr. 1 und Abs. 4 KWG	Kredite an eine Zentralregierung oder Zentralnotenbank in einem Staat der „Zone B"[5], sofern die Kredite auf die Landeswährung des jeweiligen Schuldners oder Emittenten lauten und in dieser Währung refinanziert sind (sog. „Lokalfinanzierungen")				0 %	0 %
§ 17 Nr. 1 GroMiKV	unbedingt rückzahlbare und im Falle der Insolvenz oder der Liquidation des Kreditnehmers nicht nachrangig zu bedienende Kredite an eine Regionalregierung oder örtliche Gebietskörperschaft in einem anderen Staat des Europäischen Wirtschaftsraums, für die *nicht* nach Art. 7 Solvabilitätsrichtlinie die Risikogewichtung „Null" bekannt gegeben worden ist				20 %	20 %
§ 17 Nr. 4 GroMiKV	Kredite an bundesweit verfasste kirchliche Körperschaften des öffentlichen Rechts, die Steuern erheben oder am Steueraufkommen der steuererhebenden kirchlichen Körperschaften teilhaben				20 %	20 %

Fortsetzung Abb. 70:

Rechtsgrundlage	Kreditnehmer/Kreditart	Erleichterung	§ 13 KWG (kein Kredit)	§ 13 Abs. 1 KWG (keine Anzeige)	§ 13 Abs. 2 und Abs. 4 KWG (kein Beschluss)	Großkredit-einzelobergrenze (Anrechnung)	Großkredit-gesamtobergrenze (Anrechnung)
§ 17 Nr. 5 GroMiKV	Kredite an kommunale Zweckverbände					20 %	20 %
§ 20 Abs. 3 Satz 2 Nr. 2, 1. Halbsatz, Abs. 4 und Abs. 5 KWG	Kredite mit einer Restlaufzeit bis zu einem Jahr an Kreditinstitute mit Sitz im Inland [6] oder Einlagenkreditinstitute mit Sitz in einem anderen Staat der „Zone A" [2]				x	0 %	0 %
§ 16 Abs. 1 Nr. 1 bis Nr. 3 GroMiKV	– Forderungen an Einlagenkreditinstitute mit Sitz in einem Staat der „Zone B" [5] aus bei diesen unterhaltenen, nur der Geldanlage dienenden Guthaben mit einer Restlaufzeit bis zu drei Monaten – Forderungssalden auf Interbankverrechnungskonten bei Einlagenkreditinstituten mit Sitz in einem Staat der „Zone B" [5] [7] – Postlaufkredite [8] (bis einschl. 14 Kalendertage) an Einlagenkreditinstitute mit Sitz in einem Staat der „Zone B" [5] [9]					0 % 0 % 0 %	0 % 0 % 0 %
§ 17 Nr. 2 GroMiKV	Kredite mit einer Restlaufzeit von über einem Jahr bis zu drei Jahren an Kreditinstitute mit Sitz im Inland [6] oder an Einlagenkreditinstitute mit Sitz in einem anderen Staat der „Zone A" [2], sofern sie unbedingt rückzahlbar und im Falle der Insolvenz oder der Liquidation des Kreditnehmers nicht nachrangig zu bedienen sind					20 %	20 %

Fortsetzung Abb. 70:

Rechtsgrundlage	Kreditnehmer/Kreditart — Erleichterung	§ 13 KWG kein Kredit	§ 13 Abs. 1 KWG keine Anzeige	§ 13 Abs. 2 und Abs. 4 KWG kein Beschluss	Großkredit-einzelobergrenze (Anrechnung)	Großkredit-gesamtobergrenze
§ 17 Nr. 3 GroMiKV	Kredite mit einer Restlaufzeit von bis zu drei Jahren an qualifizierte Wertpapierhandelsunternehmen [10] mit Sitz in einem anderen Staat der „Zone A" [2], sofern sie unbedingt rückzahlbar und im Falle der Insolvenz oder der Liquidation des Kreditnehmers nicht nachrangig zu bedienen sind [11]				20 %	20 %
§ 18 Nr. 1 GroMiKV	Schuldverschreibungen mit einer Restlaufzeit von mehr als drei Jahren von einem Kreditinstitut mit Sitz im Inland [6] oder einem Einlagenkreditinstitut oder einem qualifizierten Wertpapierhandelsunternehmen [10] mit Sitz in einem anderen Staat der „Zone A" [2], sofern für die Schuldverschreibungen an einer Wertpapierbörse [12] täglich ein Börsenpreis festgestellt wird und sie unbedingt rückzahlbar und im Falle der Insolvenz oder der Liquidation des Emittenten nicht nachrangig zu bedienen sind				50 %	50 %
§ 16 Abs. 1 Nr. 5 GroMiKV	als Festgeschäfte oder Rechte ausgestaltete Termingeschäfte (Futures und Optionen), die täglichen Einschussverpflichtungen unterworfen sind (Margin-System) und deren Erfüllung von einer Wertpapier- oder Terminbörse [12] *geschuldet* wird, sowie die für derartige Geschäfte übernommenen Gewährleistungen				0 % [13]	0 % [13]

Fortsetzung Abb. 70:

Rechtsgrundlage	Kreditnehmer/Kreditart	Erleichterung	§ 13 KWG kein Kredit	§ 13 Abs. 1 KWG keine Anzeige	§ 13 Abs. 2 und Abs. 4 KWG kein Beschluss	Großkredit-einzelobergrenze Anrechnung	Großkredit-gesamtobergrenze Anrechnung
§ 19 GroMiKV i. V. m. § 20 Abs. 3 Satz 2 Nr. 2, 1. Halbsatz KWG, § 17 Nr. 2 und § 18 Nr. 1 GroMiKV	Kredite an die Europäische Investitionsbank oder eine multilaterale Entwicklungsbank [14] mit						
		– einer Restlaufzeit bis zu einem Jahr				0 %	0 %
		– einer Restlaufzeit von über einem Jahr bis zu drei Jahren, sofern sie unbedingt rückzahlbar und im Falle der Insolvenz oder der Liquidation des Kreditnehmers nicht nachrangig zu bedienen sind				20 %	20 %
		– mit einer Restlaufzeit von mehr als drei Jahren, sofern es sich um Kredite in Form von Schuldverschreibungen handelt, für die an einer Wertpapierbörse [12] täglich ein Börsenpreis festgestellt wird und die unbedingt rückzahlbar und im Falle der Insolvenz oder der Liquidation des Emittenten nicht nachrangig zu bedienen sind				50 %	50 %
§ 20 Abs. 1 Nr. 1 KWG	usancemäßige Vorleistungen bei Wechselkursgeschäften (Abwicklung der Geschäfte innerhalb von zwei Geschäftstagen ab Vorleistung) [15]		x	x	x	0 %	0 %
§ 20 Abs. 1 Nr. 2 KWG	usancemäßige Vorleistungen bei Wertpapiergeschäften (Abwicklung der Geschäfte innerhalb von fünf Geschäftstagen ab Vorleistung) [15]		x	x	x	0 %	0 %

Fortsetzung Abb. 70.

Rechtsgrundlage	Kreditnehmer/Kreditart	Erleichterung	§ 13 KWG kein Kredit	§ 13 Abs. 1 KWG keine Anzeige	§ 13 Abs. 2 und Abs. 4 KWG kein Beschluss	Großkredit-einzelobergrenze Anrechnung	Großkredit-gesamtobergrenze
§ 20 Abs. 1 Nr. 3 KWG	Bilanzaktiva, die nach § 10 Abs. 6 Satz 1 Nr. 1 bis Nr. 4, § 10a Abs. 9 Satz 3 oder § 13b Abs. 5 KWG vom haftenden Eigenkapital abzuziehen sind		x	x	x	0 %	0 %
§ 20 Abs. 1 Nr. 4 KWG	abgeschriebene Kredite [16]		x	x	x	0 %	0 %
Rundschreiben Nr. 9/96 des BAKred	Verfügungen über unter dem Vorbehalt des Eingangs oder der Rückbelastung gutgeschriebene Beträge im Lastschrift- und Scheckeinzugsverfahren (sog. „Usancekredite")			x		0 %	0 %
§ 16 Abs. 1 Nr. 4 GroMiKV	derivative Geschäfte mit einer Ursprungslaufzeit von weniger als 15 Kalendertagen, bei denen der potenzielle Eindeckungsaufwand *ausschließlich* auf der Änderung von Wechselkursen beruht, sowie die für solche Geschäfte übernommenen Gewährleistungen					0 %	0 %
§ 16 Abs. 1 Nr. 6 GroMiKV	Anteile an Tochterunternehmen, welche das Institut nach den §§ 10a, 12 und 13b KWG *pflichtweise konsolidiert* [17]					0 %	0 %
§ 20 Abs. 4 KWG i. V. m. § 19 Abs. 1 Satz 3 Nr. 14 KWG	noch nicht in Anspruch genommene Kreditzusagen, die eine Ursprungslaufzeit von bis zu einem Jahr haben *oder* die jederzeit fristlos und vorbehaltlos von dem Institut gekündigt werden können						0 %

Fortsetzung Abb. 70:

Rechtsgrundlage	Kreditnehmer/Kreditart — Erleichterung	§ 13 KWG — kein Kredit	§ 13 Abs. 1 KWG — keine Anzeige	§ 13 Abs. 2 und Abs. 4 KWG — kein Beschluss	Großkredit-einzelobergrenze — Anrechnung	Großkredit-gesamtobergrenze — Anrechnung
§ 20 Abs. 2 Satz 1 Nr. 1 Buchstabe e), Abs. 3 Satz 1, Abs. 4 und Abs. 5 KWG	Kredite, die ausdrücklich *gewährleistet* werden durch:					
	– den Bund, die Kreditanstalt für Wiederaufbau [1], die Deutsche Ausgleichsbank [1], die Deutsche Bundesbank, ein rechtlich unselbstständiges Sondervermögen des Bundes oder eines Landes, ein Land, eine Gemeinde oder einen Gemeindeverband		x	x	0 %	0 %
	– die Zentralregierung oder Zentralnotenbank in einem anderen Staat der „Zone A" [2]		x	x	0 %	0 %
	– die Europäischen Gemeinschaften		x	x	0 %	0 %
	– eine Regionalregierung oder örtliche Gebietskörperschaft in einem anderen Staat des Europäischen Wirtschaftsraums, für die nach Art. 7 Solvabilitätsrichtlinie die Risikogewichtung „Null" bekannt gegeben worden ist [3]		x	x	0 %	0 %
§ 20 Abs. 2 Satz 1 Nr. 2, Abs. 3 Satz 1, Abs. 4 und Abs. 5 KWG	Kredite, *soweit* sie gedeckt sind durch Sicherheiten in Form von					
	– Wertpapieren, die von einem der in § 20 Abs. 2 Satz 1 Nr. 1 KWG genannten Emittenten, der KfW oder der DtA ausgegeben worden sind		x	x	0 %	0 %
	– Bareinlagen bei dem kreditgewährenden Institut		x	x	0 %	0 %

Fortsetzung Abb. 70.

Rechtsgrundlage	Kreditnehmer/Kreditart — Erleichterung	§ 13 KWG kein Kredit	§ 13 Abs. 1 KWG keine Anzeige	§ 13 Abs. 2 und Abs. 4 KWG kein Beschluss	Großkredit-einzelobergrenze Anrechnung	Großkredit-gesamtobergrenze Anrechnung
	– Einlagenzertifikaten oder ähnlichen Papieren, die von dem kreditgewährenden Institut ausgegeben wurden und bei diesem hinterlegt sind [18]		x	x	0 %	0 %
§ 20 Abs. 3 Satz 2 Nr. 3, Abs. 4 und Abs. 5 KWG	Schuldverschreibungen, die die Voraussetzungen des Art. 22 Abs. 4 Satz 1 und Satz 2 Investmentrichtlinie erfüllen [19]			x	0 %	0 %
§ 20 Abs. 3 Satz 2 Nr. 4 und Abs. 4 KWG	Kredite, die gesichert sind durch Grundpfandrechte auf Wohneigentum, das von dem Kreditnehmer gegenwärtig oder zukünftig selbst genutzt oder vermietet wird oder über das er als Leasinggeber Leasingverträge mit einer Kaufoption des Leasingnehmers abgeschlossen hat und das so lange sein Eigentum bleibt, wie der Leasingnehmer oder Mieter seine Kaufoption nicht ausgeübt hat, *soweit* die Kredite 50 % des Grundstückswertes – maßgeblich ist der Verkehrswert – nicht übersteigen *und* wenn der Wert des Grundstücks jährlich nach den von dem BAKred festgelegten Bewertungsvorschriften ermittelt wird [20]				0 %	0 %
§ 20 Abs. 3 Satz 2 Nr. 5 und Abs. 4 KWG	vor dem 1. Januar 2002 gewährte Kredite, die den Erfordernissen des § 12 Abs. 1 u. Abs. 2 HypBankG entsprechen, *soweit* sie 50 % des Grundstückswertes nicht übersteigen [21]				0 %	0 %

Fortsetzung Abb. 70:

Rechtsgrundlage	Kreditnehmer/Kreditart — Erleichterung	§ 13 KWG — kein Kredit	§ 13 Abs. 1 KWG — keine Anzeige	§ 13 Abs. 2 und Abs. 4 KWG — kein Beschluss	Großkrediteinzelobergrenze — Anrechnung	Großkreditgesamtobergrenze
§ 20 Abs. 1 GroMiKV	Kredite, *soweit* sie nach Maßgabe des § 20 Abs. 3 GroMiKV durch qualifizierte Wertpapiere [22] mit dem erforderlichen Marktwertüberschuss gesichert werden				0 %	0 %
§ 16 Abs. 1 Nr. 5 GroMiKV	als Festgeschäfte oder Rechte ausgestaltete Termingeschäfte (Futures und Optionen), die täglichen Einschussverpflichtungen unterworfen sind (Margin-System) und deren Erfüllung *von einer Wertpapier- oder Terminbörse* [12] *gewährleistet* wird, sowie die für derartige Geschäfte übernommenen Gewährleistungen				0 %	0 %
§ 17 Nr. 1 GroMiKV	unbedingt rückzahlbare und im Falle der Insolvenz oder der Liquidation des Kreditnehmers nicht nachrangig zu bedienende Kredite, die von einer Regionalregierung oder örtlichen Gebietskörperschaft in einem anderen Staat des Europäischen Wirtschaftsraums ausdrücklich *gewährleistet* werden (vorbehaltlich der Regelung in § 20 Abs. 3 Satz 1 i. V. m. Abs. 2 Satz 1 Nr. 1 Buchstabe d) KWG)				20 %	20 %
§ 18 Nr. 2 GroMiKV	die Eröffnung und Bestätigung von Dokumentenakkreditiven, die durch Warenpapiere und damit durch die zugrunde liegende Ware gesichert sind [23]				50 %	50 %

Erläuterungen zur Abb. 70:

1) Zur adressenmäßigen Gleichstellung der Kreditanstalt für Wiederaufbau (KfW) sowie der Deutschen Ausgleichsbank (DtA) mit dem Bund und der damit einhergehenden Gleichbehandlung hinsichtlich der Freistellung von den Anforderungen des § 13 KWG vgl. § 1a des Gesetzes über die Kreditanstalt für Wiederaufbau sowie § 2a des Ausgleichsbankgesetzes.

2) Zur „Zone A" (synonym hierfür Präferenzzone) zählen in Übereinstimmung mit § 1 Abs. 5b Satz 1 KWG die Staaten des Europäischen Wirtschaftsraums (EWR) gemäß § 1 Abs. 5a Satz 1 KWG, die anderen Vollmitgliedstaaten der Organisation für wirtschaftliche Zusammenarbeit und Entwicklung (OECD) sowie diejenigen Staaten, die mit dem Internationalen Währungsfonds (IWF) besondere Kreditabkommen im Zusammenhang mit dessen Allgemeinen Kreditvereinbarungen (AKV) getroffen haben. Mitgliedsländer der OECD, die ihre Auslandsschulden umgeschuldet oder vor vergleichbaren Zahlungsschwierigkeiten gestanden haben, werden jedoch aufgrund ihrer verminderten Kreditwürdigkeit für einen Zeitraum von fünf Jahren aus der „Zone A" ausgeschlossen. Demnach umfasst die „Zone A" *zum gegenwärtigen Zeitpunkt* neben der Bundesrepublik Deutschland die folgenden Staaten: Australien, Belgien, Dänemark, Finnland, Frankreich, Griechenland, Großbritannien und Nordirland, Irland, Island, Italien, Japan, Kanada, Liechtenstein, Luxemburg, Neuseeland, Niederlande, Norwegen, Österreich, Polen, Portugal, Saudi-Arabien, Schweden, Schweiz, Spanien, Tschechische Republik, Türkei, Ungarn und die USA. Mexiko ist zwar im Jahre 1994 Vollmitglied der OECD geworden, wird allerdings aufgrund seiner anhaltend instabilen wirtschaftlichen und finanziellen Situation bis auf weiteres nicht der „Zone A" zugerechnet. Darüber hinaus zählt auch Südkorea, das im Jahre 1996 der OECD als Vollmitglied beigetreten ist, angesichts der zugespitzten Finanzkrise dieses Landes derzeit nicht zur „Zone A". Für die Zugehörigkeit verschiedener Kleinstaaten und Gebiete mit besonderem Status zur „Zone A" ist die Handhabung in dem Staat ausschlaggebend, mit dem sie völkerrechtlich oder wirtschafts- und währungsmäßig eng verbunden sind. Danach werden bis auf weiteres Bermuda, die Britischen Kanalinseln, Gibraltar, Guam, Isle of Man, die Färöer Inseln, Grönland, Guadeloupe, Martinique, Réunion und Guyana als sog. „Kleinstaaten" sowie insbesondere die Azoren, die Balearen, die Kanarischen Inseln, Ceuta, Melilla, Puerto Rico und Spitzbergen als sog. „Gebiete mit besonderem Status" der „Zone A" zugeordnet. Vgl. zu diesen Ausführungen BAKRED (Erläuterungen 1997), S. 51; BAKRED (Aufhebung 1997), S. 120; BAKRED (Zurechnung 1999), S. 1; DEUTSCHE BUNDESBANK (Erläuterungen 1999), S. 3; LANDESZENTRALBANK IN RHEINLAND-PFALZ UND IM SAARLAND (Abgrenzung 1999), S. 1.

3) Eine Auflistung der derzeit mit einem adressenbezogenen Gewichtungssatz von 0 % versehenen Regionalregierungen und örtlichen Gebietskörperschaften anderer Staaten des Europäischen Wirtschaftsraums findet sich bei BAKRED (Behandlung 1993/1995), S. 86 ff.

4) Nach Auffassung des BAKred kommen für den Liquiditätsausgleich im Verbund grundsätzlich alle hierfür geeigneten Instrumente in Frage; vgl. BAKRED (Liquiditätshaltung 1995), S. 425.

5) Die zur „Zone B" gehörenden Länder werden gemäß § 1 Abs. 5b Satz 2 KWG negativ abgegrenzt; hierzu zählen alle Länder, die nicht unter der „Zone A" aufgeführt sind. Der „Zone B" – dem eigentlichen Auslandsbereich eines Nichthandelsbuchinstituts – werden auch folgende Kleinstaaten und Gebiete mit besonderem Status zugeordnet: Andorra, Hongkong, die Niederländischen Antillen, Macao, Monaco, San Marino und Vatikanstadt. Vgl. DEUTSCHE BUNDESBANK (Erläuterungen 1999), S. 4; LANDESZENTRALBANK IN RHEINLAND-PFALZ UND IM SAARLAND (Abgrenzung 1999), S. 2.

6) Inländische Kreditinstitute werden, auch wenn sie EG-rechtlich nicht als Einlagenkreditinstitute zu qualifizieren sind, für Zwecke der Adressengewichtung prinzipiell den Einlagenkreditinstituten der „Zone A" gleichgestellt. Ausgenommen von dieser adressenmäßigen Gleichstellung sind derzeit nur die Wohnungs-

(Fortsetzung nächste Seite)

Fortsetzung Abb. 70:

(Fortsetzung)

unternehmen mit Spareinrichtung. Kredite an diese Adressen sind unabhängig von ihrer Laufzeit grundsätzlich mit 100 % auf die Großkreditobergrenzen anzu-rechnen. Der Grund hierfür liegt in der eingeschränkten Solvenzaufsicht über Wohnungsunternehmen mit Spareinrichtung. Vgl. auch BAKRED (Erläuterungen zur Großkredit- und Millionenkreditverordnung 1998), S. 59.

7) Der Abschlussprüfer hat bei Einlagenkreditinstituten mit Sitz in Ländern der „Zone B" darauf zu achten, dass über Interbankverrechnungskonten keine Finan-zierungen vorgenommen werden, da solche Finanzierungen mit den Grundsätzen ordnungsmäßiger Geschäftsführung unvereinbar sind; vgl. BAKRED (Erläute-rungen zur Großkredit- und Millionenkreditverordnung 1998), S. 51.

8) Als Postlaufkredite werden Überbrückungskredite im internationalen Zahlungsverkehr verstanden, die sich die Institute untereinander zur finanziellen Abwick-lung von Waren- und Dienstleistungsgeschäften – häufig im Zusammenhang mit Dokumentenakkreditiven – für die Zeit von der Ausführung einer Zahlung bis spätestens zum Eintreffen der Deckung auf dem üblichen Postweg einräumen; vgl. BAKRED (Erläuterungen zur Großkredit- und Millionenkreditverordnung 1998), S. 51.

9) Postlaufkredite an Kreditinstitute mit Sitz im Inland oder an Einlagenkreditinstitute mit Sitz in einem anderen Staat der „Zone A" fallen unter die Ausnahmere-gelung des § 20 Abs. 3 Satz 2 Nr. 2, 1. Halbsatz KWG.

10) Zum Begriff der qualifizierten Wertpapierhandelsunternehmen vgl. § 1 Abs. 5 GroMiKV sowie BAKRED (Erläuterungen zur Großkredit- und Millionenkredit-verordnung 1998), S. 5 ff.

11) Auf Antrag eines Nichthandelsbuchinstituts kann das BAKred Forderungen mit einer Restlaufzeit von bis zu drei Monaten an qualifizierte Wertpapierhandels-unternehmen sowie derivative Geschäfte mit einer Restlaufzeit von bis zu einem Jahr mit qualifizierten Wertpapierhandelsunternehmen (einschließlich der von qualifizierten Wertpapierhandelsunternehmen für solche Geschäfte übernommenen Gewährleistungen) für eine Übergangszeit auf Widerruf von der Anrechnung auf die Großkreditobergrenzen ausnehmen, sofern diese Kreditnehmer Mutter-, Tochter- oder Schwesterunternehmen des Nichthandelsbuchinstituts sind und ih-ren Sitz in einem anderen Staat der „Zone A" haben; vgl. § 16 Abs. 3 GroMiKV.

12) Wertpapier- oder Terminbörsen im Sinne des Kreditwesengesetzes sind damit auch der Großkredit- und Millionenkreditverordnung „sind Wertpapier- oder Terminmärkte, die von staatlich anerkannten Stellen geregelt und überwacht werden, regelmäßig stattfinden und für das Publikum unmittelbar oder mittelbar zugänglich sind, einschließlich ihrer Systeme zur Sicherung der Erfüllung der Geschäfte an diesen Märkten (Clearingstellen), die von staatlich anerkannten Stellen geregelt und überwacht werden"; § 1 Abs. 3e KWG.

13) Der Anrechnungssatz in Höhe von 0 %, „erstreckt sich nicht auf die Anfangseinschüsse (*initial margins*) und andere im Rahmen von Termingeschäften an Bör-seneinrichtungen geleistete Einschüsse, auf die ein Institut einen Rückzahlungsanspruch hat", BAKRED (Erläuterungen zur Großkredit- und Millionenkreditver-ordnung 1998), S. 53. Kritisch hierzu BARTH, ANDREAS; KROPP, MATTHIAS (Transformation 1995), S. 1302.

14) Als multilaterale Entwicklungsbanken im Sinne der Großkredit- und Millionenkreditverordnung gelten zur Zeit die Internationale Bank für Wiederaufbau und Entwicklung (Weltbank), die Internationale Finanz-Corporation, die Interamerikanische Investitionsgesellschaft, die Interamerikanische Entwicklungsbank, die Afrikanische Entwicklungsbank, die Asiatische Entwicklungsbank, die Karibische Entwicklungsbank, die Nordische Investitionsbank, der Wiedereingliede-rungsfonds des Europarats, die Europäische Bank für Wiederaufbau und Entwicklung sowie der Europäische Investitionsfonds; vgl. § 1 Abs. 3 GroMiKV.

15) Diese Vorschriften gelten ausschließlich für Nichthandelsbuchinstitute; Handelsbuchinstitute haben statt dessen die Sondervorschrift des § 37 Nr. 4 i. V. m. § 40 GroMiKV zu beachten.

16) Es handelt sich hierbei um Kredite, die eine Rückzahlung nicht mehr erwarten lassen und deshalb endgültig ausgebucht wurden; vgl. SZAGUNN, VOLKHARD; HAUG, ULRICH; ERGENZINGER, WILHELM (Kreditwesen 1997), S. 383.

17) Gemäß § 16 Abs. 2 Satz 1 GroMiKV kann das BAKred auf Antrag eines Instituts widerruflich bestimmen, dass alle oder einzelne Kredite des Instituts an ein Tochterunternehmen, welches das Institut nach den §§ 10a, 12 und 13b KWG *pflichtweise konsolidiert*, nicht auf die Großkreditobergrenzen angerechnet werden, wenn das Institut das Tochterunternehmen in seine zentrale Großrisikosteuerung einbezieht. Das BAKred kann hierbei im Rahmen des Antrags angemessene Übergangsregelungen hinsichtlich der Patronatserklärungen für Tochterunternehmen vorsehen, die das Institut noch nicht in seine zentrale Großrisikosteuerung einbezieht; vgl. § 16 Abs. 2 Satz 2 GroMiKV. „Eine zentrale Großrisikosteuerung setzt voraus, dass das nachgeordnete Unternehmen nicht nur alle Bewegungen unverzüglich – über Positionsänderungen unterrichtet, sondern in ein gemeinsames und von der Muttergesellschaft überwachtes Limitsystem integriert wird"; BAKRED (Erläuterungen zur Großkredit- und Millionenkreditverordnung 1998), S. 56.

18) Sicherheiten in Form von Schuldverschreibungen, zu denen auch Schuldverschreibungen mit einer Deckung zählen, die nach den Vorschriften des Hypothekenbankgesetzes, des Schiffsbankgesetzes oder des Gesetzes über die Pfandbriefe und verwandten Schuldverschreibungen öffentlich-rechtlicher Kreditanstalten zu bilden ist, stehen den Sicherheiten in Form von Einlagenzertifikaten gleich, sofern sie ebenfalls von dem kreditgewährenden Institut ausgegeben wurden und bei diesem hinterlegt sind; vgl. BAKRED (Bankschuldverschreibungen 1996), S. 143.

19) Es handelt sich hierbei vor allem um Schuldverschreibungen (auch Namensschuldverschreibungen) mit einer Deckung nach den Vorschriften des Hypothekenbankgesetzes, des Schiffsbankgesetzes oder des Gesetzes über die Pfandbriefe und verwandten Schuldverschreibungen öffentlich-rechtlicher Kreditanstalten. Zur Privilegierung der Namenspfandbriefe vgl. BAKRED (Subsumierung 1995), S. 383. Nach Einschätzung des ZENTRALEN KREDITAUSSCHUSSES erfüllen aber auch gedeckte Schuldverschreibungen der Deutschen Genossenschaftsbank sowie landwirtschaftliche Rentenbriefe, Landeskulturrentenbriefe und Landesbodenbriefe die Voraussetzungen des Art. 22 Abs. 4 Satz 1 und Satz 2 Investmentrichtlinie; vgl. ZENTRALER KREDITAUSSCHUSS (Stellungnahme 1996b), S. 10.

20) Zu Einzelheiten vgl. BAKRED (Wohneigentum 1996), S. 116 f.; ferner BARTHELMES, LORENZ (Anzeigen 1997), S. 203.

21) Näheres hierzu bei BAKRED (Anrechnungserleichterungen 1999), S. 1 ff.

22) Gemäß § 20 Abs. 2 Satz 1 GroMiKV zählen zu den qualifizierten Wertpapieren zum einen Schuldverschreibungen, die unbedingt rückzahlbar und im Falle der Insolvenz oder der Liquidation des Emittenten nicht nachrangig zu bedienen sind *und* für die an einer Wertpapierbörse täglich ein Börsenpreis festgestellt wird, sowie zum anderen Aktien, die in einen gängigen Aktienindex einbezogen sind. Zu den gängigen Aktienindizes im Sinne der Großkredit- und Millionenkreditverordnung vgl. § 1 Abs. 1 GroMiKV. Zu Ausnahmen vgl. § 20 Abs. 2 Satz 2 GroMiKV.

23) Dokumentenakkreditive, für die der Bank Deckungsguthaben zur Verfügung stehen, sind keine Kredite im Sinne der Großkredit- und Millionenkreditverordnung; vgl. BAKRED (Erläuterungen zur Großkredit- und Millionenkreditverordnung 1998), S. 68. Insofern unterliegen derartige Dokumentenakkreditive auch nicht den Anzeige-, Beschlussfassungs- sowie Anrechnungsvorschriften des § 13 KWG.

bc) Großkredite von Handelsbuchinstituten

Die bankenaufsichtsrechtliche Überwachung der Großkredite von Handelsbuchinstituten erfolgt nach den Bestimmungen des § 13a KWG. Dabei orientiert sich
§ 13a KWG in seinem formalen Aufbau an den Großkreditvorschriften für Nichthandelsbuchinstitute. Der grundsätzliche inhaltliche Unterschied zu den Regelungen des § 13 KWG liegt indessen in der konsequenten methodischen Aufspaltung eines Handelsbuchinstituts in einen Handelsbuchbereich und einen Anlage-
buchbereich [732]. Die Zusammenführung dieser beiden Bereiche wird erst in
§ 13a Abs. 4 KWG vorgenommen. Entsprechend dieser systematischen Aufteilung der Geschäftspositionen eines Handelsbuchinstituts in ein „Handelsbuch"
und in ein „Anlagebuch" [733] ergibt sich für diesen Typus von Unternehmungen
auch die Pflicht zur Anzeige von zwei Arten von Großkrediten, und zwar der
„Gesamtbuch-Großkredite" sowie der „Anlagebuch-Großkredite". Von einem
„Gesamtbuch-Großkredit" ist hierbei auszugehen, sobald die Gesamtheit der
Kredite an einen Kreditnehmer, unabhängig davon, ob sie dem Handelsbuch oder
dem Anlagebuch zugerechnet werden (= kreditnehmerbezogene Gesamtposition),
10 % der Eigenmittel des Handelsbuchinstituts erreicht oder überschreitet [734].
Ein „Anlagebuch-Großkredit" liegt dagegen vor, wenn die Gesamtheit der Kredite an einen Kreditnehmer *ohne* Berücksichtigung der kreditnehmerbezogenen
Handelsbuch-Gesamtposition [735] (= kreditnehmerbezogene Anlagebuch-Gesamtposition [736]) 10 % des haftenden Eigenkapitals des Handelsbuchinstituts erreicht
oder überschreitet [737].

Hinsichtlich der Notwendigkeit der Beschlussfassung über Großkredite bestehen
für Handelsbuchinstitute keine Abweichungen zu den Nichthandelsbuchinstitu-

---

[732]   Vgl. dahingehend § 13a Abs. 1, Abs. 3 und Abs. 5 KWG.

[733]   Zur Abgrenzung der bankenaufsichtsrechtlichen Begriffe „Handelsbuch" und „Anlagebuch" vgl.
§ 1 Abs. 12 KWG sowie *Anlage 11*, S. 574 ff.

[734]   Vgl. § 13a Abs. 1 Satz 3, 1. Halbsatz KWG. Bis zum 31. Dezember 1998 gilt für die Gesamtbuch-
Großkreditdefinitionsgrenze ein Schwellenwert in Höhe von 15 %; vgl. § 64d Satz 1 KWG. Für
Handelsbuchinstitute, deren haftendes Eigenkapital am 5. Februar 1993 7 Mio. ECU nicht überstiegen hat, verlängert sich diese Frist um 5 Jahre bis zum 31. Dezember 2003; vgl. § 64d Satz 4,
1. Halbsatz KWG. Vgl. auch die diesbezüglichen Ausführungen zu den Nichthandelsbuchinstituten
in *Abbildung 67*, S. 407.

[735]   Die kreditnehmerbezogene Handelsbuch-Gesamtposition eines Handelsbuchinstituts umfasst „die
Gesamtheit der Kredite an einen Kreditnehmer, die dem Handelsbuch zugeordnet werden"; § 13a
Abs. 1 Satz 4 KWG. Zur Berechnung der kreditnehmerbezogenen Handelsbuch-Gesamtposition
vgl. die §§ 37 bis 41 GroMiKV sowie BAKRED (Erläuterungen zur Großkredit- und Millionenkreditverordnung 1998), S. 87 ff.

[736]   Die kreditnehmerbezogene Anlagebuch-Gesamtposition eines Handelsbuchinstituts ist somit gleich
der Gesamtheit der dem Anlagebuch zuzurechnenden Kredite an denselben Kreditnehmer.

[737]   Vgl. § 13a Abs. 1 Satz 3, 2. Halbsatz KWG.

ten. Die Beschlussfassungspflichten werden in § 13a Abs. 2 KWG sowie in § 44 GroMiKV analog den Beschlussfassungspflichten für Nichthandelsbuchinstitute in § 13 Abs. 2 KWG sowie in den §§ 26 bis 28 GroMiKV geregelt.

Bei den Großkreditobergrenzen ergeben sich dagegen deutliche Regelungsunterschiede zwischen den beiden Institutskategorien. Während Nichthandelsbuchinstitute ihre Großkredite undifferenziert auf die Großkreditobergrenzen des § 13 Abs. 3 KWG anrechnen müssen, haben Handelsbuchinstitute ihre Großkredite getrennt nach der kreditnehmerbezogenen Anlagebuch-Gesamtposition und der kreditnehmerbezogenen Gesamtposition zu steuern [738]. Letztere umfasst zusätzlich zu den Positionen des Anlagebuchs die Positionen des Handelsbuchs, wobei die für die kreditnehmerbezogene Gesamtposition vorgesehenen Obergrenzen sich nicht wie bei der kreditnehmerbezogenen Anlagebuch-Gesamtposition am haftenden Eigenkapital, sondern an den Eigenmitteln des Handelsbuchinstituts orientieren. Diese Anbindung an eine erweiterte Deckungsbasis hat bei einer ansonsten gleichbleibenden Höhe der Obergrenzen zur Folge, dass ein Handelsbuchinstitut, das mit seinem Gesamtbuch die auf die Eigenmittel bezogenen Grenzen nicht überschreitet, im Anlagebuch über einen größeren Spielraum verfügt als ein Nichthandelsbuchinstitut, welches die am haftenden Eigenkapital anknüpfenden Obergrenzen mit all seinen Positionen einhalten muss. Das Handelsbuchinstitut muss dagegen die am haftenden Eigenkapital ausgerichteten Obergrenzen ausschließlich für sein Anlagebuch beachten. Insoweit ergibt sich für die Handelsbuchinstitute im Vergleich zu den Nichthandelsbuchinstituten ein deutlicher Vorteil [739].

Abbildung 71 (vgl. S. 442-444) gibt einen Überblick über die Großkreditobergrenzen für Handelsbuchinstitute gemäß § 13a Abs. 3 bis 5 KWG.

---

[738] Vgl. hierzu sowie zum Folgenden KARG, MANFRED; LINDEMANN, JAN HENNING (Regierungsentwurf 1997), S. 130.

[739] Vgl. BUNDESREGIERUNG (Entwurf eines Gesetzes zur Umsetzung von EG-Richtlinien 1997), S. 83.

Abb. 71: Überblick über die Großkreditobergrenzen für Handelsbuchinstitute gemäß § 13a Abs. 3 bis 5 KWG

	Grenze/Bezugsgröße	Überschreitung mit Zustimmung des BAKred möglich [1]	Pflichten im Falle der Überschreitung (unabhängig davon, ob das BAKred die Zustimmung erteilt hat oder nicht)
maximal zulässige Höhe für eine einzelne kreditnehmerbezogene Anlagebuch-Gesamtposition [2] (Anlagebuch-Großkredit*einzel*obergrenze)	25 % bzw. 20 % des haftenden Eigenkapitals [3] [4] (§ 13a Abs. 3 Satz 1 und Satz 3 KWG)	ja (§ 13a Abs. 3 Satz 1 und Satz 3 KWG)	– Anzeige der Überschreitung – Unterlegung des Überschreitungsbetrages zu 100 % mit haftendem Eigenkapital [5] [6] (§ 13a Abs. 3 Satz 2 und Satz 4 KWG)
maximal zulässige Höhe für die Summe aller Anlagebuch-Großkredite (Anlagebuch-Großkredit*gesamt*obergrenze)	800 % des haftenden Eigenkapitals (§ 13a Abs. 3 Satz 5 KWG)	ja (§ 13a Abs. 3 Satz 5 KWG)	– Anzeige der Überschreitung – Unterlegung des Überschreitungsbetrages zu 100 % mit haftendem Eigenkapital [6] (§ 13a Abs. 3 Satz 6 KWG)
maximal zulässige Höhe für eine einzelne kreditnehmerbezogene Gesamtposition [7] (Gesamtbuch-Großkredit*einzel*obergrenze)	25 % bzw. 20 % der Eigenmittel [3] [8] (§ 13a Abs. 4 Satz 1 und Satz 3 KWG)	ja [9] (§ 13a Abs. 4 Satz 1 und Satz 3 KWG)	– Anzeige der Überschreitung – Unterlegung des Überschreitungsbetrages mit haftendem Eigenkapital oder Drittrangmitteln [10] [11] (§ 13a Abs. 4 Satz 2 und Satz 4 KWG)
maximal zulässige Höhe für die Summe aller Gesamtbuch-Großkredite (Gesamtbuch-Großkredit*gesamt*obergrenze)	800 % der Eigenmittel (§ 13a Abs. 4 Satz 5 KWG)	ja (§ 13a Abs. 4 Satz 5 KWG)	– Anzeige der Überschreitung – Unterlegung des Überschreitungsbetrages zu 100 % mit haftendem Eigenkapital oder Drittrangmitteln [11] [12] (§ 13a Abs. 4 Satz 6 KWG i. V. m. § 43 Satz 1, 1. Halbsatz GroMiKV)

Grenze/Bezugsgröße	Grenze/Bezugsgröße	Überschreitung mit Zustimmung des BAKred möglich [1]	Pflichten im Falle der Überschreitung (unabhängig davon, ob das BAKred die Zustimmung erteilt hat oder nicht)
maximal zulässige Höhe für eine *einzelne* kreditnehmerbezogene Handelsbuch-Gesamtposition [13] (gilt im Falle des Überschreitens der Gesamtbuch-Großkrediteinzelobergrenze in Höhe von 25 % bzw. 20 % der Eigenmittel)	500 % der freien Eigenmittel [14] (§ 13a Abs. 5 Satz 1 KWG)	nein (§ 13a Abs. 5 Satz 1 KWG)	– unverzügliche Anzeige der Überschreitung – Unterlegung des Überschreitungsbetrages zu 100 % mit haftendem Eigenkapital oder Drittrangmitteln [15] (§ 13a Abs. 5 Satz 2 KWG i. V. m. § 43 Satz 2 GroMiKV)
maximal zulässige Höhe für die Summe aller kreditnehmerbezogenen Gesamtpositionen, die die Gesamtbuch-Großkrediteinzelobergrenze in Höhe von 25 % bzw. 20 % der Eigenmittel länger als 10 Tage überschreiten, abzüglich der Beträge, die diese Obergrenzen nicht überschreiten (Gesamt-Überschreitungsposition)	600 % der freien Eigenmittel [14] (§ 13a Abs. 5 Satz 3 KWG)	nein (§ 13a Abs. 5 Satz 3 KWG)	– unverzügliche Anzeige der Überschreitung – Unterlegung des Überschreitungsbetrages zu 100 % mit haftendem Eigenkapital oder Drittrangmitteln [15] (§ 13a Abs. 5 Satz 4 KWG i. V. m. § 43 Satz 2 GroMiKV)

Erläuterungen zur Abb. 71:

1) Die Zustimmung zur Überschreitung einer Großkreditobergrenze – soweit zulässig – steht im pflichtgemäßen Ermessen des BAKred; vgl. § 13a Abs. 3 Satz 8 und Abs. 4 Satz 8, 1. Halbsatz KWG.

2) Die *kreditnehmerbezogene Anlagebuch-Gesamtposition* umfasst gemäß § 13a Abs. 1 Satz 3, 2. Halbsatz KWG die Gesamtheit der Kredite an einen Kreditnehmer *ohne* Berücksichtigung der kreditnehmerbezogenen Handelsbuch-Gesamtposition. Im Umkehrschluss sind *alle* Kredite an einen Kreditnehmer, die dem Anlagebuch zugerechnet werden.

3) Der niedrigere Schwellenwert gilt für Kredite an ein verbundenes Unternehmen, das weder einer Gruppe im Sinne des § 13b Abs. 2 KWG angehört noch durch die zuständigen Stellen eines anderen Staates des Europäischen Wirtschaftsraums zu einer Gruppe nach Maßgabe der EG-Großkreditrichtlinie zusammengefasst wird. Als verbundene Unternehmen im Sinne der Großkreditvorschriften gelten Mutter-, Tochter- sowie Schwesterunternehmen. Zur Definition von Mutter-, Tochter- und Schwesterunternehmen vgl. § 1 Abs. 6 und Abs. 7 KWG.

Fortsetzung Abb. 71:

4) Bis zum 31. Dezember 1998 gilt für die Anlagebuch-Großkrediteinzelobergrenze ein Schwellenwert in Höhe von 40 % bzw. 30 % des haftenden Eigenkapitals; vgl. § 64d Satz 1 KWG. Für Handelsbuchinstitute, deren haftendes Eigenkapital am 5. Februar 1993 7 Mio. ECU nicht überstiegen hat, verlängert sich diese Frist um 5 Jahre bis zum 31. Dezember 2003; vgl. § 64d Satz 4, 1. Halbsatz KWG. Vgl. auch die diesbezüglichen Ausführungen zu den Nichthandelsbuchinstituten in *Abbildung 69*, S. 423 f.; ferner BAKRED (§§ 64d 1999), S. 1 ff.

5) Gemäß § 13a Abs. 3 Satz 9 KWG gilt für Handelsbuchinstitute § 13 Abs. 3 Satz 9 KWG (Möglichkeit der vorübergehenden Befreiung von der Pflicht zur Unterlegung des Überschreitungsbetrages mit haftendem Eigenkapital) entsprechend. Diese Befreiungsmöglichkeit beschränkt sich allerdings ausdrücklich auf das Anlagebuch von Handelsbuchinstituten. Der Grund hierfür liegt darin, dass „im Handelsbuch ein jederzeitiger Abbau der Positionen für zumutbar gehalten wird"; KARG, MANFRED; LINDEMANN, JAN HENNING (Regierungsentwurf 1997), S. 130.

6) Ein Handelsbuchinstitut, das sowohl die Anlagebuch-Großkrediteinzelobergrenze gegenüber einem oder mehreren Kreditnehmern als auch die Anlagebuch-Großkreditgesamtobergrenze überschreitet, hat nur den jeweils höheren Überschreitungsbetrag zu 100 % mit haftendem Eigenkapital zu unterlegen; vgl. § 13a Abs. 3 Satz 7 i.V.m. § 13 Abs. 3 Satz 7 KWG.

7) Die *kreditnehmerbezogene Gesamtposition* ist gleich der Summe *aller* Kredite an einen Kreditnehmer; vgl. § 13a Abs. 1 Satz 3, 1. Halbsatz KWG. Sie setzt sich somit zusammen aus der kreditnehmerbezogenen Anlagebuch-Gesamtposition sowie der kreditnehmerbezogenen Handelsbuch-Gesamtposition.

8) Bis zum 31. Dezember 1998 gilt für die Gesamtbuch-Großkrediteinzelobergrenze ein Schwellenwert in Höhe von 40 % bzw. 30 % der Eigenmittel; vgl. § 64d Satz 1 KWG. Für Handelsbuchinstitute, deren haftendes Eigenkapital am 5. Februar 1993 7 Mio. ECU nicht überstiegen hat, verlängert sich diese Frist um 5 Jahre bis zum 31. Dezember 2003; vgl. § 64d Satz 4, 1. Halbsatz KWG. Vgl. auch die diesbezüglichen Ausführungen zu den Nichthandelsbuchinstituten in *Abbildung 69*, S. 423 f.; ferner BAKRED (§§ 64d 1999), S. 1 ff.

9) Die Zustimmung zur Überschreitung der Gesamtbuch-Großkrediteinzelobergrenze in Höhe von 25 (40) % bzw. 20 (30) % der Eigenmittel gilt nur dann als erteilt, wenn die korrespondierende Anlagebuch-Großkrediteinzelobergrenze in Höhe von 25 (40) % bzw. 20 (30) % des haftenden Eigenkapitals nicht überschritten wird; vgl. § 13a Abs. 4 Satz 8, 2. Halbsatz KWG.

10) Zu näheren Einzelheiten vgl. § 42 GroMiKV sowie BAKRED (Erläuterungen zur Großkredit- und Millionenkreditverordnung 1998), S. 97 ff.

11) Ein Handelsbuchinstitut, das sowohl die Gesamtbuch-Großkrediteinzelobergrenze gegenüber einem oder mehreren Kreditnehmern als auch die Gesamtbuch-Großkreditgesamtobergrenze überschreitet, hat nur den jeweils höheren Überschreitungsbetrag mit Eigenmitteln zu unterlegen; vgl. § 13a Abs. 4 Satz 7 i.V.m. § 13 Abs. 3 Satz 7 KWG.

12) Das BAKred kann bei unerlaubten Überschreitungen höhere Unterlegungssätze sowie bei erlaubten Überschreitungen niedrigere Unterlegungssätze festlegen; vgl. § 43 Satz 1, 2. und 3. Halbsatz GroMiKV.

13) Die *kreditnehmerbezogene Handelsbuch-Gesamtposition* umfasst gemäß § 13a Abs. 1 Satz 4 KWG „die Gesamtheit der Kredite an einen Kreditnehmer, die dem Handelsbuch zugeordnet werden". Zur Berechnung der kreditnehmerbezogenen Handelsbuch-Gesamtposition (Handelsbuch-Teilpositionen) vgl. die §§ 37 bis 41 GroMiKV sowie BAKRED (Erläuterungen zur Großkredit- und Millionenkreditverordnung 1998), S. 87 ff.

14) Bei den freien Eigenmitteln handelt es sich um diejenigen Eigenmittel eines Handelsbuchinstituts, die nicht zur Unterlegung von Risiken des Anlagebuchs benötigt werden.

15) Das BAKred kann bei unerlaubten Überschreitungen höhere Unterlegungssätze festlegen; vgl. § 43 Satz 2 GroMiKV.

c) Die Vorschriften über die Meldung von Millionenkrediten

Neben den Großkrediten verkörpern Millionenkredite eine weitere wichtige Gefahrenquelle für die Existenz eines Kreditgebers. Selbst bei größeren Kreditgebern können Verluste aus der Vergabe von Millionenkrediten erhebliche negative Folgen nach sich ziehen [740]. Die besondere bankenaufsichtliche Bedeutung von Millionenkrediten ist hierbei vor allem darin zu sehen, dass auch durch eine Kreditwürdigkeitsprüfung und die Befragung des Kreditnehmers die Unkenntnis über bereits bestehende Millionenverschuldungen bei anderen Kreditgebern nicht mit letzter Sicherheit beseitigt werden kann [741]. Um der Gefahr des Verschweigens von Kreditinanspruchnahmen bei anderen Kreditgebern durch ein und denselben Kreditnehmer zu begegnen, ist es deshalb erforderlich, ein Informationssystem zu entwickeln, das es ermöglicht, die mehrfache Verschuldung eines Kreditnehmers mit Millionenkrediten festzustellen. Das in *Abbildung 72* (vgl. S. 446) skizzierte Anzeige- und Benachrichtigungsverfahren für Millionenkredite nach § 14 KWG dient diesem Zweck.

• Anzeigeverfahren

Nach § 14 Abs. 1 Satz 1 KWG sind Kreditinstitute [742], Finanzdienstleistungsinstitute i. S. d. § 1 Abs. 1a Satz 2 Nr. 4 KWG (Eigenhändler) [743] sowie Finanzunternehmen i. S. d. § 1 Abs. 3 Satz 1 Nr. 2 KWG (Factoringunternehmen [744]) verpflichtet, der Deutschen Bundesbank spätestens bis zum Fünfzehnten der Meldemonate Januar, April, Juli und Oktober diejenigen in- und ausländischen

---

[740] Vgl. SCHIERENBECK, HENNER; HÖLSCHER, REINHOLD (BankAssurance 1998), S. 182; REISCHAUER, FRIEDRICH; KLEINHANS, JOACHIM (Kreditwesengesetz 2000), Kza. 115, § 14, S. 3.

[741] Vgl. SCHIERENBECK, HENNER; HÖLSCHER, REINHOLD (BankAssurance 1998), S. 181.

[742] Neben den Kreditinstituten i. S. d. § 1 Abs. 1 KWG zählen zu den anzeigepflichtigen Kreditgebern auch die inländischen Zweigstellen (§ 53 KWG) ausländischer Kreditinstitute, sofern sie *nicht* unter die Regelungen des Europäischen Passes fallen, sowie die inländischen Zweigniederlassungen von Kreditinstituten mit Sitz in einem anderen Staat des Europäischen Wirtschaftsraumes, auch wenn sie unter die Regelungen des Europäischen Passes fallen; vgl. DEUTSCHE BUNDESBANK (Merkblatt 1998), S. 11 u. S. 12.

[743] Neben den Finanzdienstleistungsinstituten i. S. d. § 1 Abs. 1a Satz 2 Nr. 4 KWG (Eigenhändler) zählen zu den anzeigepflichtigen Kreditgebern auch die inländischen Zweigstellen (§ 53 KWG) ausländischer Eigenhändler, sofern sie *nicht* unter die Regelungen des Europäischen Passes fallen, sowie die inländischen Zweigniederlassungen von Eigenhändlern mit Sitz in einem anderen Staat des Europäischen Wirtschaftsraumes, auch wenn sie unter die Regelungen des Europäischen Passes fallen; vgl. DEUTSCHE BUNDESBANK (Merkblatt 1998), S. 11 u. S. 12.

[744] Zur Begründung der Einbeziehung der Factoringunternehmen in die Meldepflicht nach § 14 KWG vgl. BUNDESREGIERUNG (Entwurf eines Gesetzes zur Umsetzung von EG-Richtlinien 1997), S. 84; DEUTSCHE BUNDESBANK (Novelle 1998), S. 69.

Kreditnehmer [745] anzuzeigen, deren Verschuldung bei ihnen zu irgendeinem Zeitpunkt während der dem Meldetermin vorangegangenen drei Kalendermonate [746] 3 Millionen DM oder mehr betragen hat. Für die Höhe des Kreditbetrags ist der Stand der Geschäfte täglich bei Geschäftsschluss (gemäß § 1 Abs. 2 GroMiKV in der Regel um 24:00 Uhr MEZ/MESZ) maßgeblich; untertägige Spitzen, die bis zum Geschäftsschluss wieder unter die Dreimillionengrenze zurückgeführt werden, bleiben im Rahmen des Meldeverfahrens nach § 14 KWG unberücksichtigt [747].

Abb. 72: Überblick über die Struktur des Millionenkreditmeldewesens nach § 14 KWG

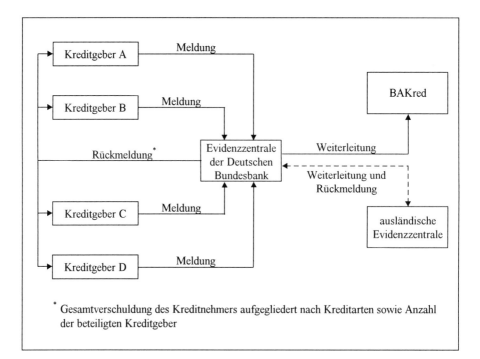

---

[745] Zur Kreditnehmereigenschaft bei ausgewählten Geschäftsarten vgl. DEUTSCHE BUNDESBANK (Merkblatt 1998), S. 74 ff.

[746] Berichtszeiträume sind somit jeweils die Monate Januar bis März, April bis Juni, Juli bis September und Oktober bis Dezember.

[747] Vgl. § 50 Abs. 1 Satz 1 GroMiKV.

Die Anzeigepflicht des § 14 Abs. 1 Satz 1 KWG greift auch dann, wenn die an einzelne Schuldner einer Kreditnehmereinheit [748] gewährten Kredite zwar unter 3 Mio. DM liegen, die Gesamtkreditinanspruchnahme der Kreditnehmereinheit bei dem einzelnen Kreditgeber jedoch 3 Mio. DM im Berichtszeitraum erreicht oder überschritten hat [749]. Über die Gesamtverschuldung der Kreditnehmereinheit hinaus ist in diesem Fall auch die Verschuldung der einzelnen Glieder der Kreditnehmereinheit anzugeben [750]. Eine weitere Besonderheit gilt für Gemeinschaftskredite in einer Größenordnung von 3 Mio. DM und mehr. Hier besteht eine Anzeigepflicht für alle beteiligten Kreditgeber, die auch dann zu erfüllen ist, wenn der Anteil des einzelnen Kreditgebers die Meldegrenze in Höhe von 3 Mio. DM nicht erreicht [751]. Auf diese Weise wird sichergestellt, dass auch der einem Kreditnehmer einheitlich gewährte Millionenkredit in das Millionenkreditmeldeverfahren der Deutschen Bundesbank eingeht. Bei Gemeinschaftskrediten, die 3 Mio. DM nicht erreichen, wird die Anzeigepflicht für einen beteiligten Kreditgeber dagegen „nur dann ausgelöst, wenn der auf ihn entfallende Anteil an dem Gemeinschaftskredit zusammen mit anderen eigenen Krediten an denselben Kreditnehmer 3 Millionen DM erreicht oder überschreitet" [752].

Das übergeordnete Unternehmen einer Instituts- oder Finanzholding-Gruppe im Sinne des § 13b Abs. 2 KWG hat zudem zusätzlich und gesondert für alle in- und ausländischen gruppenangehörigen Unternehmen, einschließlich Finanzunternehmen und Unternehmen mit bankbezogenen Hilfsdiensten, deren Millionenkredite anzuzeigen [753]. Hiervon ausgenommen sind lediglich diejenigen inländischen gruppenangehörigen Unternehmen, die selbst von der Anzeigepflicht für Millionenkredite erfasst werden [754]. Gemäß § 14 Abs. 1 Satz 4 KWG haben gruppenangehörige Unternehmen, die nicht selbst anzeigepflichtig sind, dem übergeordneten Unternehmen die für die Durchführung der Millionenkreditmeldungen notwendigen Angaben zu übermitteln. Mit dieser Ausweitung des Anzeigewesens für Millionenkredite auf gruppenangehörige Unternehmen wird dem Ziel einer möglichst vollständigen Darstellung der gesamten Millionen-

---

[748]   Zur Zusammenfassung verschiedener Schuldner zu einer Kreditnehmereinheit vgl. die diesbezüglichen Ausführungen in Kapitel F.IV.3.bb).(1), S. 415 ff.

[749]   Vgl. DEUTSCHE BUNDESBANK (Merkblatt 1998), S. 15.

[750]   Vgl. § 14 Abs. 3 Satz 1 KWG.

[751]   Vgl. § 14 Abs. 1 Satz 5 KWG. Zu weiteren Einzelheiten vgl. DEUTSCHE BUNDESBANK (Merkblatt 1998), S. 100 ff.

[752]   DEUTSCHE BUNDESBANK (Merkblatt 1998), S. 17.

[753]   Vgl. § 14 Abs. 1 Satz 2 KWG.

[754]   Vgl. § 14 Abs. 1 Satz 3 KWG.

kreditverschuldung eines Kreditnehmers ebenso Rechnung getragen wie mit der Einbeziehung weiterer wichtiger Kreditgeber in das Millionenkreditmeldeverfahren des § 14 KWG. Gemäß § 2 Abs. 2 Satz 1 KWG unterliegen der Anzeigepflicht nach § 14 KWG auch die Kreditanstalt für Wiederaufbau, die Sozialversicherungsträger, die Bundesanstalt für Arbeit, die Versicherungsunternehmen sowie die Unternehmensbeteiligungsgesellschaften.

Anzuzeigen im Rahmen der Millionenkreditmeldungen ist neben dem Namen und weiteren Stammdaten des Kreditnehmers insbesondere die Höhe seiner Verschuldung am Meldestichtag [755]. Meldestichtage sind gemäß § 50 Abs. 1 Satz 2 GroMiKV der jeweils letzte Kalendertag der Monate März, Juni, September bzw. Dezember. Die Anzeigen müssen die von dem Kreditnehmer tatsächlich in Anspruch genommenen oder sonst geschuldeten Beträge [756] nach dem Stand dieser Meldestichtage um 24:00 Uhr MEZ/MESZ wiedergeben [757]. Dies gilt auch dann, wenn die Verschuldung des Kreditnehmers zu diesem Zeitpunkt unterhalb von 3 Mio. DM liegt [758] oder nicht der Höchstverschuldung während der Berichtsperiode entspricht. Ist der Meldestichtag kein Geschäftstag, so ist der Stand der Verschuldung zum gleichen Zeitpunkt des vorhergehenden Geschäftstages anzugeben [759]. Auf den Stand des Rechnungswesens zum Zeitpunkt des so genannten „Buchungsschnitts" kommt es dagegen ausdrücklich nicht an [760].

Den Millionenkreditmeldungen des § 14 KWG liegt der weite Kreditbegriff des § 19 Abs. 1 KWG i. V. m. den Regelungen der Großkredit- und Millionenkreditverordnung zugrunde [761]. Ausgenommen von der Anzeigepflicht des § 14 KWG sind jedoch über die bereits erwähnten offenen Kreditzusagen hinaus [762] die nachfolgend aufgeführten Kredite [763]:

---

[755] Vgl. § 14 Abs. 1 Satz 6 KWG.

[756] Zugesagte, aber noch nicht in Anspruch genommene Kredite bleiben demnach unberücksichtigt; vgl. § 49 Nr. 2 GroMiKV.

[757] Vgl. § 50 Abs. 1 Satz 1, 1. Halbsatz GroMiKV i. V. m. § 50 Abs. 2 Satz 4 GroMiKV. Das BAKred kann im Einzelfall auf Antrag eines international tätigen Kreditgebers einen von 24:00 Uhr MEZ/MESZ abweichenden Zeitpunkt festsetzen; vgl. § 1 Abs. 2 GroMiKV.

[758] Im Falle einer vollständigen Zurückführung eines Millionenkredits am Meldestichtag ist eine so genannte „Nullanzeige" zu erstatten; vgl. DEUTSCHE BUNDESBANK (Merkblatt 1998), S. 57.

[759] Vgl. DEUTSCHE BUNDESBANK (Merkblatt 1998), S. 34.

[760] Vgl. DEUTSCHE BUNDESBANK (Merkblatt 1998), S. 34.

[761] Vgl. dazu Kapitel F.IV.3.bb).(1), S. 407 ff.

[762] Zu näheren Einzelheiten vgl. BAKRED (Erläuterungen zur Großkredit- und Millionenkreditverordnung 1998), S. 106.

[763] Vgl. § 20 Abs. 6 KWG.

1. usancemäßige Vorleistungen bei Wechselkurs- oder Wertpapiergeschäften, sofern die Geschäfte innerhalb von zwei bzw. fünf Geschäftstagen ab Vorleistung abgewickelt werden,

2. abgeschriebene Kredite [764],

3. Kredite an

   - den Bund,

   - die Deutsche Bundesbank,

   - die Kreditanstalt für Wiederaufbau (KfW) [765],

   - die Deutsche Ausgleichsbank (DtA) [766],

   - ein rechtlich unselbstständiges Sondervermögen des Bundes oder eines Landes,

   - ein Land, eine Gemeinde oder einen Gemeindeverband [767],

   - eine juristische Person des öffentlichen Rechts, die von einer der vorgenannten Adressen getragen wird und keine Erwerbszwecke verfolgt, oder an eine Unternehmung ohne Erwerbscharakter im Besitz einer der vorgenannten Adressen [768],

   - die Europäischen Gemeinschaften oder

   - die Europäische Investitionsbank,

---

[764] Die Befreiung abgeschriebener Kredite von der Meldepflicht für Millionenkredite setzt voraus, dass sie endgültig ausgebucht worden sind; vgl. DEUTSCHE BUNDESBANK (Merkblatt 1998), S. 31. Wertberichtigte Kredite sowie Kredite, für die Rückstellungen gebildet wurden, sind daher selbst dann noch in Höhe ihrer Inanspruchnahme am Meldestichtag anzuzeigen, wenn für sie in voller Höhe eine Risikovorsorge getroffen wurde; vgl. ebenda, S. 31; ferner BAKRED (Anzeigepflicht 1996), S. 480.

[765] Diese Freistellung von der Meldepflicht für Millionenkredite ergibt sich aus der adressenmäßigen Gleichstellung der Kreditanstalt für Wiederaufbau (KfW) mit dem Bund gemäß § 1a des Gesetzes über die Kreditanstalt für Wiederaufbau.

[766] Diese Freistellung von der Meldepflicht für Millionenkredite ergibt sich aus der adressenmäßigen Gleichstellung der Deutschen Ausgleichsbank (DtA) mit dem Bund gemäß § 2a des Ausgleichsbankgesetzes.

[767] Kredite an kommunale Zweckverbände brauchen, obwohl sie keine Gebietskörperschaften sind, ebenfalls nicht angezeigt zu werden, sofern mindestens eine Mitgliedsgemeinde oder ein Mitgliedsgemeindeverband gesetzlich für die Verbindlichkeiten des kommunalen Zweckverbandes unbegrenzt haftet; vgl. DEUTSCHE BUNDESBANK (Merkblatt 1998), S. 30.

[768] Kredite an rechtlich selbstständige Unternehmen in privater Rechtsform, die sich im Besitz einer der vorgenannten Stellen befinden, sind meldepflichtig, sofern die Unternehmen Erwerbscharakter aufweisen; vgl. DEUTSCHE BUNDESBANK (Merkblatt 1998), S. 30. Kredite an eine Industrie- und Handelskammer sind dagegen auch dann nicht meldepflichtig, wenn die Kammer unter der Trägerschaft ihrer Mitglieder steht; vgl. ebenda, S. 30.

4. Anteile an anderen Unternehmungen unabhängig von ihrem Bilanzausweis [769] sowie

5. die Wertpapiere des Handelsbestandes [770].

Nicht zu den anzeigepflichtigen Krediten zählen ferner [771]:

- Forderungen der inländischen Zweigstellen bzw. Zweigniederlassungen ausländischer Unternehmungen i. S. d. §§ 53, 53b oder 53c KWG an eigene Häuser im Ausland, soweit diese Forderungen in den Verrechnungssaldo gemäß § 53 Abs. 2 KWG einbezogen werden,

- Ausgleichsforderungen gemäß Art. 8 § 4 Abs. 1 der Anlage I zu dem Vertrag über die Schaffung einer Währungs-, Wirtschafts- und Sozialunion zwischen der Bundesrepublik Deutschland und der Deutschen Demokratischen Republik, die wie Direktforderungen an den Bund zu behandeln sind,

- Verfügungen über unter dem Vorbehalt des Eingangs oder der Rückbelastung gutgeschriebene Beträge im Lastschrift- und Scheckeinzugsverfahren (so genannte „Usancekredite") [772],

- weiche Patronatserklärungen für andere Unternehmen (i. d. R. Tochterunternehmen) [773],

- Akkreditive, für die einem Kreditgeber Deckungsguthaben zur Verfügung stehen, sowie bargedeckte Avale;

---

[769] Hierzu zählen insbesondere Aktien, Beteiligungen und Genossenschaftsanteile. Die Vermögenseinlagen typischer und atypischer stiller Gesellschafter sind dagegen ebenso wie Genussrechte und nachrangige Forderungen nicht als Anteile an anderen Unternehmungen anzusehen und deshalb stets meldepflichtig; vgl. BAKRED (Anzeigepflicht 1996), S. 480; DEUTSCHE BUNDESBANK (Merkblatt 1998), S. 31.

[770] Die Abgrenzung der Wertpapiere des Handelsbestandes von den Wertpapieren des Anlagevermögens und der Liquiditätsreserve hängt im Wesentlichen ausschließlich von der Disposition des einzelnen Kreditgebers ab. Entscheidend ist allein der von dem Kreditgeber angestrebte Verwendungszweck der Wertpapiere. Der Handelsbestand an Wertpapieren umfasst insofern nur solche Wertpapiere, „die mit der Absicht angeschafft wurden, sie kurzfristig wieder zu veräußern, die also dem Eigenhandel dienen"; DEUTSCHE BUNDESBANK (Merkblatt 1998), S. 31. Zur Ermessensfreiheit bei der Zuordnung von Wertpapieren zu den einzelnen bilanziellen Wertpapierkategorien vgl. ausführlich WASCHBUSCH, GERD (Jahresabschlußpolitik 1992), S. 367 ff.

[771] Vgl. § 49 Nr. 1 u. Nr. 3 GroMiKV; BAKRED (Erläuterungen zur Großkredit- und Millionenkreditverordnung 1998), S. 4 (Fn. 1) u. S. 105 f.; DEUTSCHE BUNDESBANK (Merkblatt 1998), S. 31 f.

[772] Erhält ein Institut die Nachricht, dass mit der Rückgabe einer Lastschrift zu rechnen ist, ist der verfügte Betrag ab sofort bei der Meldepflicht für Millionenkredite zu berücksichtigen.

[773] Im Gegensatz zu harten Patronatserklärungen, die eine rechtliche Verpflichtung darstellen und als Kredite im Sinne von § 19 Abs. 1 KWG gelten, handelt es sich bei weichen Patronatserklärungen lediglich um rechtlich unverbindliche Absichtserklärungen; sie beinhalten von daher allenfalls eine moralische Verpflichtung.

– Kredite an Kreditnehmer, für deren Verbindlichkeiten der Bund kraft Gesetzes selbstschuldnerisch haftet.

• **Benachrichtigungsverfahren**

Für die Auswertung der Millionenkreditanzeigen besteht bei der Deutschen Bundesbank die so genannte „Evidenzzentrale". Dort werden die gemeldeten Millionenkredite erfasst und nach Kreditnehmern zusammengestellt. Ergibt sich dabei, dass einem Kreditnehmer von mehreren Kreditgebern Millionenkredite gewährt worden sind, so ist es Aufgabe der Deutschen Bundesbank, die anzeigenden Kreditgeber zu benachrichtigen [774]. In dieser Rückmeldung wird keine Aussage über die Bonität von Kreditnehmern getroffen. Die Benachrichtigung darf nur Angaben über die angezeigte Gesamtverschuldung des Kreditnehmers und über die Anzahl (nicht aber die Namen) der beteiligten Kreditgeber enthalten [775]. Durch diese Einschränkung soll vermieden werden, dass Kreditgeber die Höhe der ausgereichten Millionenkredite ihrer Mitbewerber erfahren [776]. Zur Verbesserung der Aussagekraft der Rückmeldung wird allerdings zusätzlich eine Aufgliederung des Schuldenstandes des Kreditnehmers nach im Einzelnen festgelegten Kreditarten vorgenommen [777]. Gemäß § 14 Abs. 2 Satz 3 KWG sind jeweils gesondert in einer Summe anzugeben:

1. die bilanziell ausgewiesenen Kredite i. S. d. § 19 Abs. 1 Satz 1 und Satz 2 KWG,

2. die derivativen Geschäfte gemäß § 19 Abs. 1 Satz 1 KWG einschließlich der für die Erfüllung derartiger Geschäfte übernommenen Gewährleistungen [778],

---

[774] Vgl. § 14 Abs. 2 Satz 1 KWG. Gemäß § 14 Abs. 2 Satz 5 KWG dürfen die bei einer anzeigepflichtigen Unternehmung beschäftigten Personen Angaben, die der Unternehmung im Rahmen der Millionenkreditevidenz zugehen, Dritten nicht offenbaren und nicht verwerten. Angesichts der Sensibilität dieser Daten wird dies „befugterweise nur mit der ausdrücklichen oder konkludenten Einwilligung des Betroffenen möglich sein"; BUNDESREGIERUNG (Entwurf eines Gesetzes zur Umsetzung von EG-Richtlinien 1997), S. 84. Ein unbefugtes Offenbaren oder Verwerten von Angaben über Millionenkredite ist deshalb auch nach den §§ 55a und 55b KWG strafbewehrt.

[775] Vgl. § 14 Abs. 2 Satz 2 KWG. Gelten nach § 19 Abs. 2 KWG mehrere Schuldner als ein Kreditnehmer, so ist den beteiligten Kreditgebern über die Gesamtverschuldung der Kreditnehmereinheit hinaus auch die Verschuldung derjenigen Schuldner der Kreditnehmereinheit mitzuteilen, denen sie selbst oder die ihnen nachgeordneten Unternehmungen i. S. d. § 14 Abs. 1 Satz 2 und Satz 3 KWG Kredite gewährt haben; vgl. § 14 Abs. 3 Satz 2 und Satz 3 KWG.

[776] Vgl. SZAGUNN, VOLKHARD; HAUG, ULRICH; ERGENZINGER, WILHELM (Kreditwesen 1997), S. 335.

[777] Die Aufgliederung der Gesamtverschuldung des Kreditnehmers nach unterschiedlichen Kreditarten erfordert eine entsprechend differenzierte Vorgehensweise bei der Abgabe der Millionenkreditmeldungen; vgl. dazu DEUTSCHE BUNDESBANK (Merkblatt 1998), S. 58 ff.

[778] „Für die Meldungen nach § 14 KWG ist als Zusatzinformation bei derivativen Geschäften neben dem Kreditäquivalenzbetrag nachrichtlich die Summe der Nominalbeträge anzugeben"; DEUTSCHE BUNDESBANK (Merkblatt 1998), S. 19.

3. bestimmte „traditionelle" nicht bilanzwirksame Geschäfte des § 19 Abs. 1 Satz 1 und Satz 3 KWG (u. a. Bürgschaften und Garantien für Bilanzaktiva, die Eröffnung und Bestätigung von Akkreditiven, die Haftung aus der Bestellung von Sicherheiten für fremde Verbindlichkeiten sowie Ankaufs- und Refinanzierungszusagen),

4. die öffentlich verbürgten Kredite,

5. die Realkredite,

6. die Interbankkredite i. S. d. § 20 Abs. 3 Satz 2 Nr. 2 KWG sowie i. S. d. § 16 Abs. 1 Nr. 7 GroMiKV,

7. die Forderungen aus Leasing- und Factoringgeschäften.

Zusätzlich zu diesen Benachrichtigungen „erhalten Kreditgeber, die Millionenkredite an ausländische Kreditnehmer angezeigt haben, von der Evidenzzentrale eine Zusammenstellung über die Höhe der insgesamt an die Kreditnehmer eines Landes gewährten Kredite" [779].

Über die Benachrichtigung der am Millionenkreditmeldeverfahren beteiligten Kreditgeber hinaus erfüllt die Deutsche Bundesbank schließlich auch eine Informationsfunktion gegenüber dem BAKred. Gemäß § 14 Abs. 1 Satz 7 i. V. m. § 13 Abs. 1 Satz 3 KWG hat die Deutsche Bundesbank die bei ihr eingehenden Millionenkreditanzeigen mit einer Stellungnahme versehen an das BAKred weiterzuleiten, es sei denn, dieses verzichtet auf die Weiterleitung der Anzeigen. Letzteres ist aus arbeitsökonomischen Gründen der Fall. Das BAKred behält sich aber den jederzeitigen Zugriff auf die von der Deutschen Bundesbank eingerichtete Datenbank für Millionenkredite vor [780].

- **Erkenntnisse aus der Millionenkreditevidenz**

Die Sammlung und Bearbeitung aller Millionenkreditanzeigen in einer öffentlichen Evidenzzentrale [781] „hat sich nach übereinstimmender Ansicht aller Beteiligten als eine wichtige Informationsquelle bewährt" [782]. Sie dient in gleichem

---

[779] DEUTSCHE BUNDESBANK (Evidenzzentrale 1998), S. 90.

[780] Vgl. SZAGUNN, VOLKHARD; HAUG, ULRICH; ERGENZINGER, WILHELM (Kreditwesen 1997), S. 337.

[781] Nach MÖSCHEL hat ein öffentliches Evidenzsystem „gegenüber einem privaten ... den Vorteil, dass damit wettbewerbsbeschränkenden Absprachen kein Vorschub geleistet wird"; MÖSCHEL, WERNHARD (Wirtschaftsrecht 1972), S. 251.

[782] DEUTSCHE BUNDESBANK (Millionenkredite 1987), S. 44. Auf den im internationalen Vergleich hohen Qualitätsstandard des bundesdeutschen Millionenkreditmeldeverfahrens verweist MEISTER, EDGAR (Bankenaufsicht 1994), S. 548. Vgl. ferner BUNDESREGIERUNG (Entwurf eines Gesetzes zur Umsetzung von EG-Richtlinien 1997), S. 84.

Maße den Interessen der mit der Bankenaufsicht befassten Stellen und den Interessen der Kreditgeber [783]. So erhalten die Bankenaufsichtsträger eine umfassende und zeitnahe Übersicht über die Verteilung der Millionenkredite in der gesamten Wirtschaft. Darüber hinaus ermöglicht die Kenntnis der Millionenkredite der Bankenaufsicht einen zusätzlichen Einblick in die Gestaltung des Kreditgeschäfts einzelner Kreditgeber. Vor allem die erweiterte Aufschlüsselung der Millionenkredite in den Anzeigen gestattet in dieser Hinsicht verschiedene Auswertungen, die auf aktuellem Datenmaterial beruhen [784]. Von besonderer Bedeutung sind dabei Vergleiche im Zeitablauf, die u. U. Rückschlüsse auf eine veränderte Geschäftspolitik eines Kreditgebers erlauben, z. B. in der Kreditgewährung gegenüber Kreditnehmern mit Sitz im Ausland oder in der Streuung der Kredite nach Wirtschaftssektoren [785]. Es kommt hinzu, dass etwaige Risikokonzentrationen unterhalb der Großkreditdefinitionsgrenze erkennbar werden. Nicht zu unterschätzen ist in diesem Zusammenhang aber auch die Unterrichtung der Bankenaufsicht über die Aktivitäten von Kreditgebern und Kreditnehmern in derivativen Geschäften. Die Schaffung von mehr Transparenz in diesem Bereich – speziell im außerbörslichen Handel – war ausschlaggebend dafür, auch die Derivate einschließlich der für die Erfüllung derartiger Geschäfte übernommenen Gewährleistungen mit ihren Kreditäquivalenzbeträgen in die Millionenkreditmeldungen des § 14 KWG einzubeziehen [786].

Die in das Meldeverfahren für Millionenkredite eingebundenen Kreditgeber erlangen ihrerseits durch die turnusmäßigen Rückmeldungen seitens der Deutschen Bundesbank wertvolle Informationen über die Höhe und die Struktur der Millionenkreditverschuldung ihrer Kreditnehmer. Sie können die daraus gewonnenen Erkenntnisse in die laufende Bonitätsüberwachung ihrer Kreditnehmer einbeziehen [787]. Insbesondere aber haben sie durch diese Benachrichtigungen die Möglichkeit, entsprechende Selbstauskünfte ihrer Kreditnehmer über Anzahl und Um-

---

[783] Vgl. dazu BUNDESREGIERUNG (Entwurf eines KWG 1959), S. 33; BUNDESREGIERUNG (Entwurf eines Dritten Gesetzes zur Änderung des KWG 1984), S. 42.

[784] Vgl. DEUTSCHE BUNDESBANK (Millionenkredite 1987), S. 44.

[785] Vgl. DEUTSCHE BUNDESBANK (Millionenkredite 1987), S. 44.

[786] Die Summe der Nominalbeträge der derivativen Geschäfte ist nachrichtlich als Zusatzinformation zur Summe der Kreditäquivalenzbeträge anzugeben; vgl. DEUTSCHE BUNDESBANK (Merkblatt 1998), S. 19.

[787] Vgl. NIRK, RUDOLF (Kreditwesengesetz 1999), S. 305. Unter dem Gesichtspunkt der Effizienz erweist sich allerdings die im Rahmen der Vierten KWG-Novelle vorgenommene Anhebung der Meldegrenze für Millionenkredite von 1 Mio. DM auf 3 Mio. DM als problematisch, da gerade bei Krediten an die mittelständische Kundschaft und an Privatpersonen diese Grenze häufig nicht erreicht wird und damit den Kreditgebern wesentliche Informationen über die aktuelle Verschuldung ihrer Kreditnehmer vorenthalten werden; vgl. auch ARNOLD, WOLFGANG; BOOS, KARL-HEINZ (KWG-Novelle 1991), S. 368; BOOS, KARL-HEINZ (Regierungsentwurf 1992), S. 458.

fang aufgenommener Millionenkredite zu verifizieren [788]. Kreditgeber sollen auf diese Weise zu einer eigenverantwortlichen Geschäftsbeschränkung bei der Vergabe von Millionenkrediten befähigt werden [789]. Hierzu trägt auch bei, dass Kreditgeber mit In-Kraft-Treten der Sechsten KWG-Novelle den in der Millionenkreditevidenz ausgewiesenen Stand der Verschuldung eines Kreditnehmers schon im Vorfeld der Bewilligung eines Millionenkredits erfragen können. Nach § 14 Abs. 2 Satz 4 KWG teilt die Deutsche Bundesbank einer anzeigepflichtigen Unternehmung auf Antrag den Schuldenstand eines Kunden mit, sofern die anzeigepflichtige Unternehmung erklärungsgemäß beabsichtigt, dem Kunden einen Kredit in Höhe von 3 Mio. DM oder mehr zu gewähren oder einen bereits ausgereichten Kredit auf 3 Mio. DM oder mehr zu erhöhen, und der Kunde der Vorabinformation zugestimmt hat. Mit dieser Neuregelung wird die Basis für Millionenkreditentscheidungen deutlich verbessert und eine seither immer wieder kritisierte Informationslücke in der Millionenkreditevidenz geschlossen. Gleichzeitig entschärft sich das Problem der Abgabe von sog. „Luftmeldungen", mit denen die anzeigende Unternehmung Millionenkreditinanspruchnahmen während des Berichtszeitraums lediglich vortäuscht, um sich hierdurch unter Verstoß gegen das Bankgeheimnis eine Benachrichtigung der Deutschen Bundesbank über die Kreditengagements der gemeldeten Kreditnehmer zu erschleichen [790].

Das Millionenkreditmeldeverfahren nach § 14 KWG ist jedoch insofern unvollständig, als die Verschuldung von Kreditnehmern bei Unternehmungen mit Sitz im Ausland – abgesehen von der Kreditaufnahme bei den ausländischen nachgeordneten Unternehmungen inländischer Kreditgeber – nicht erfasst wird [791]. In Anbetracht der zunehmenden internationalen Verflechtung der Kreditströme erweist sich dies aber als gewichtiger Mangel. Es gibt deshalb auch Bestrebungen, für Kredite ab einer bestimmten Größenordnung länderübergreifende Kreditmeldesysteme einzuführen. Vergleichsweise weit fortgeschritten ist hierbei die internationale Zusammenarbeit zwischen den in Europa bestehenden Evidenzzentralen der Länder Belgien, Bundesrepublik Deutschland, Frankreich, Italien, Österreich, Portugal und Spanien. Der zwischen diesen Staaten vereinbarte Austausch von Informationen über die Verschuldung von Kreditnehmern kann allerdings

---

[788] Vgl. NIRK, RUDOLF (Kreditwesengesetz 1999), S. 305.

[789] Vgl. BIEG, HARTMUT (Bankenaufsicht 1983), S. 95.

[790] Zur Einstufung eines solchen Verhaltens als Ordnungswidrigkeit i. S. d. § 56 Abs. 2 Nr. 4 KWG vgl. BAKRED (Millionenkreditanzeigen 1988), S. 284.

[791] Vgl. auch BUNDESREGIERUNG (Entwurf eines Dritten Gesetzes zur Änderung des KWG 1984), S. 42.

bislang nur für bankenaufsichtliche Zwecke genutzt werden [792]. Die weiteren Bemühungen zur Intensivierung dieser Zusammenarbeit konzentrieren sich daher insbesondere darauf, in diesen Ländern die rechtlichen und organisatorischen Grundlagen zu schaffen, damit die von den ausländischen Evidenzzentralen erhaltenen Informationen in Zukunft auch den jeweiligen inländischen Kreditgebern zugänglich gemacht werden können [793]. In der Bundesrepublik Deutschland liegen die diesbezüglichen gesetzlichen Voraussetzungen bereits vor. Für den Fall des Abschlusses zwischenstaatlicher Vereinbarungen oder der Ratifizierung einer Richtlinie der Europäischen Gemeinschaften über Kreditmeldungen i. S. d. Millionenkreditvorschriften ist die Deutsche Bundesbank nach § 14 Abs. 4 KWG befugt, die Anzeigen über Millionenkredite in der nach § 14 Abs. 2 Satz 2 und Satz 3 KWG vorgesehenen Zusammenfassung an die zuständigen Stellen im Ausland weiterzuleiten sowie Angaben über die Verschuldung von Kreditnehmern bei Unternehmungen mit Sitz im Ausland in die Benachrichtigungen gemäß § 14 Abs. 2 KWG einzubeziehen.

d) Die Vorschriften über die Vergabe von Organkrediten

Über den Bereich der Groß- und Millionenkredite hinaus stellen Organkredite ein weiteres Schwerpunktrisiko im Kreditgeschäft der Kreditinstitute und Finanzdienstleistungsinstitute dar [794]. Es handelt sich hierbei um Kredite an Kreditnehmer, die in einer besonders engen persönlichen und/oder rechtlichen Beziehung zu dem kreditgewährenden Kredit- oder Finanzdienstleistungsinstitut stehen [795]. Bei derartigen Krediten können Interessenkollisionen zum Nachteil des Kredit- oder Finanzdienstleistungsinstituts prinzipiell nicht ausgeschlossen werden [796]. Vor allem bergen Organkredite die Gefahr in sich, dass bei Kreditentscheidungen sachfremde Erwägungen in den Vordergrund treten oder sonst wie die erforderliche Umsicht vernachlässigt wird und als Folge hiervon Kredite vergeben wer-

---

[792] Vgl. DEUTSCHE BUNDESBANK (Geschäftsbericht 1999), S. 166.

[793] Vgl. DEUTSCHE BUNDESBANK (Geschäftsbericht 1999), S. 166.

[794] Nach Auffassung der BUNDESREGIERUNG sind Finanzdienstleistungsinstitute gleichermaßen dem Organkreditrisiko ausgesetzt wie Kreditinstitute; vgl. BUNDESREGIERUNG (Entwurf eines Gesetzes zur Umsetzung von EG-Richtlinien 1997), S. 84.

[795] Vgl. BÄHRE, INGE LORE; SCHNEIDER, MANFRED (KWG-Kommentar 1986), S. 205.

[796] Vgl. BUNDESREGIERUNG (Entwurf eines KWG 1959), S. 33 f.; BUNDESREGIERUNG (Entwurf eines Dritten Gesetzes zur Änderung des KWG 1984), S. 43; SZAGUNN, VOLKHARD; WOHLSCHIEß, KARL (Bankenaufsicht 1993), S. 275.

den, die wirtschaftlich nicht zu rechtfertigen sind [797]. Der in die Organkreditvorschriften einbezogene Kreditnehmerkreis ist dementsprechend weit. Er erfasst
sowohl Kredite an nahe stehende natürliche Personen als auch an Unternehmungen, die mit dem Kredit- oder Finanzdienstleistungsinstitut durch personelle
Verflechtungen oder durch das Vorliegen von Beteiligungen verbunden sind. Die
nachfolgende *Abbildung 73* (vgl. S. 457-458) gibt dazu einen detaillierten Überblick.

Es kommt hinzu, dass die Regelungen des § 19 Abs. 2 KWG zur Kreditnehmer-
zusammenfassung auch auf die Organkreditvorschriften anwendbar sind. Hieraus
folgt, dass die nach § 19 Abs. 2 KWG zusammenzurechnenden Kredite insgesamt
als ein Organkredit anzusehen sind. Das Organkreditverhältnis entsteht bereits
dann, wenn erstmals einem von der Zusammenfassung nach § 19 Abs. 2 KWG
betroffenen Kreditnehmer ein Kredit gewährt wird. Dabei ist es nicht erforderlich, dass gerade der Kreditnehmer in den besonderen Beziehungen zu dem
Kredit- oder Finanzdienstleistungsinstitut steht, die das Organkreditverhältnis
begründen. Es genügt, wenn diese Voraussetzung bei einem anderen Glied der
Kreditnehmereinheit vorliegt, ohne dass diesem selbst ein Kredit eingeräumt ist.

Organkredite sind weder verboten noch in ihrer Höhe über die Großkreditnormen
hinaus betragsmäßig begrenzt [798]. Angesichts der den Organkrediten innewoh-
nenden Risiken hielt es der Gesetzgeber aber für notwendig, die Vergabe von
Organkrediten an erschwerende Voraussetzungen zu knüpfen. Bestimmte Anforderungen an das Zustandekommen der Organkreditentscheidung sollen sicherstellen, dass auch bei Organkrediten die Bonitätsprüfung mit der an sich üblichen
geschäftlichen Sorgfalt vorgenommen wird [799]. Gleichzeitig soll erreicht werden,
dass Organkredite möglichst nur zu Bedingungen eingeräumt werden, wie sie
auch für andere Kreditnehmer gelten [800].

---

[797] Vgl. BUNDESREGIERUNG (Entwurf eines KWG 1959), S. 33 f.; WIRTSCHAFTSAUSSCHUSS DES DEUT-
SCHEN BUNDESTAGES (Bericht über den Entwurf eines KWG 1961), S. 9; DÜRRE, GÜNTER (Aufsichtsamt 1974), S. 192. Historisch lassen sich im Kreditgewerbe einige Fälle nachweisen, in denen
schwere Schäden oder sogar Fallissements durch Kredite an Organkreditnehmer hervorgerufen
worden sind; vgl. BUNDESREGIERUNG (Entwurf eines Gesetzes zur Umsetzung von EG-Richtlinien
1997), S. 84; ferner den Überblick über die Ursachen von Bankinsolvenzen im Kreditgeschäft bei
BIEG, HARTMUT (Bankenaufsicht 1983), S. 22.

[798] Vgl. BUNDESREGIERUNG (Entwurf eines KWG 1959), S. 33; WIRTSCHAFTSAUSSCHUSS DES DEUT-
SCHEN BUNDESTAGES (Bericht über den Entwurf eines KWG 1961), S. 9; SCHNEIDER, MANFRED
(Bankenaufsicht 1978), S. 36; SZAGUNN, VOLKHARD; WOHLSCHIEß, KARL (Bankenaufsicht 1993),
S. 275.

[799] Vgl. auch MAYER, HELMUT (Bundesaufsichtsamt 1981), S. 93.

[800] Vgl. SZAGUNN, VOLKHARD; WOHLSCHIEß, KARL (Bankenaufsicht 1993), S. 275.

Abb. 73:   Überblick über den Kreis der Organkreditnehmer gemäß § 15 Abs. 1 Satz 1 und Abs. 2 Satz 1 KWG

Gruppe 1: Organschaftlich verbundene natürliche Personen gemäß § 15 Abs. 1 Satz 1 Nr. 1 bis Nr. 6 und Abs. 2 Satz 1 KWG

Kredite [1] an:

- Geschäftsleiter des Kredit- oder Finanzdienstleistungsinstituts [2],
- nicht zu den Geschäftsleitern gehörende Gesellschafter des Kredit- oder Finanzdienstleistungsinstituts, wenn dieses in der Rechtsform einer Personenhandelsgesellschaft oder der GmbH betrieben wird,
- persönlich haftende Gesellschafter eines in der Rechtsform der KGaA betriebenen Kredit- oder Finanzdienstleistungsinstituts, die nicht Geschäftsleiter sind,
- Mitglieder eines zur Überwachung der Geschäftsführung bestellten Organs des Kredit- oder Finanzdienstleistungsinstituts, wenn die Überwachungsbefugnisse des Organs durch Gesetz geregelt sind (Aufsichtsorgan) [2] [3],
- Prokuristen und zum gesamten Geschäftsbetrieb ermächtigte Handlungsbevollmächtigte des Kredit- oder Finanzdienstleistungsinstituts,
- Ehegatten und minderjährige Kinder der vorgenannten Personen,
- persönlich haftende Gesellschafter, an Geschäftsführer, an Mitglieder des Vorstandes oder des Aufsichtsorgans, an Prokuristen und an zum gesamten Geschäftsbetrieb ermächtigte Handlungsbevollmächtigte einer von dem Kredit- oder Finanzdienstleistungsinstitut abhängigen oder das Kredit- oder Finanzdienstleistungsinstitut beherrschenden Unternehmung sowie an ihre Ehegatten und minderjährigen Kinder,
- stille Gesellschafter des Kredit- oder Finanzdienstleistungsinstituts [4].

Gruppe 2: Organschaftlich verbundene Unternehmungen gemäß § 15 Abs. 1 Satz 1 Nr. 7 bis Nr. 11 KWG

Kredite [1] an:

- Unternehmungen in der Rechtsform einer juristischen Person oder einer Personenhandelsgesellschaft, wenn ein Geschäftsleiter, ein Prokurist oder ein zum gesamten Geschäftsbetrieb ermächtigter Handlungsbevollmächtigter des Kredit- oder Finanzdienstleistungsinstituts gesetzlicher Vertreter oder Mitglied des Aufsichtsorgans der juristischen Person oder Gesellschafter der Personenhandelsgesellschaft ist,
- Unternehmungen in der Rechtsform einer juristischen Person oder einer Personenhandelsgesellschaft, wenn ein gesetzlicher Vertreter der juristischen Person, ein Gesellschafter der Personenhandelsgesellschaft, ein Prokurist oder ein zum gesamten Geschäftsbetrieb ermächtigter Handlungsbevollmächtigter dieser Unternehmung dem Aufsichtsorgan des Kredit- oder Finanzdienstleistungsinstituts angehört,
- Unternehmungen, an denen das Kredit- oder Finanzdienstleistungsinstitut oder ein Geschäftsleiter mit mehr als 10 % des Kapitals der Unternehmung beteiligt ist [5] oder bei denen das Kredit- oder Finanzdienstleistungsinstitut oder ein Geschäftsleiter persönlich haftender Gesellschafter ist,
- Unternehmungen, die an dem Kredit- oder Finanzdienstleistungsinstitut mit mehr als 10 % des Kapitals des Kredit- oder Finanzdienstleistungsinstituts beteiligt sind [5],
- Unternehmungen in der Rechtsform einer juristischen Person oder einer Personenhandelsgesellschaft, wenn ein gesetzlicher Vertreter der juristischen Person oder ein Gesellschafter der Personenhandelsgesellschaft an dem Kredit- oder Finanzdienstleistungsinstitut mit mehr als 10 % des Kapitals beteiligt ist [5].

Fortsetzung Abb. 73:

Erläuterungen zur Abb. 73:

1) Die Regelungen über Organkredite (§§ 15 und 17 KWG) unterliegen einem wesentlich engeren Kreditbegriff als die Bestimmungen über Groß- und Millionenkredite. Die Definition dessen, was Kredite im Sinne der Organkreditvorschriften sind, findet sich in § 21 Abs. 1 KWG; Ausnahmen hiervon enthält § 21 Abs. 2 und Abs. 3 KWG. Zu einem Überblick über den Kreditbegriff des § 21 Abs. 1 i. V. m. Abs. 2 und Abs. 3 KWG vgl. *Anlage 15*, S. 588 f.

2) Nach § 15 Abs. 1 Satz 3 KWG steht der Gewährung eines Kredits die Gestattung von Entnahmen durch einen Geschäftsleiter oder ein Mitglied des Aufsichtsorgans gleich, sofern die Entnahmen über die diesen Personen zustehenden Vergütungen hinausgehen, insbesondere auch, wenn diesen Personen gestattet wird, Vorschüsse auf Vergütungen zu entnehmen. „Ggf. sind Kredite und Entnahmen zusammenzurechnen"; BÄHRE, INGE LORE; SCHNEIDER, MANFRED (KWG-Kommentar 1986), S. 213.

3) Unter den Begriff des Aufsichtsorgans fallen nicht nur solche Aufsichtsorgane, deren Einrichtung durch Gesetz zwingend vorgeschrieben ist, wie bspw. der Aufsichtsrat der AG (§§ 95 bis 116 AktG), der KGaA (§ 287 AktG) oder der eingetragenen Genossenschaft (§§ 36 bis 41 GenG), sondern „auch der fakultative Aufsichtsrat einer GmbH, da nach § 52 GmbHG seine Befugnisse im Allgemeinen ebenfalls gesetzlich geregelt sind"; BÄHRE, INGE LORE; SCHNEIDER, MANFRED (KWG-Kommentar 1986), S. 208; ferner WIRTSCHAFTSAUSSCHUSS DES DEUTSCHEN BUNDESTAGES (Bericht über den Entwurf eines KWG 1961), S. 9; SZAGUNN, VOLKHARD; HAUG, ULRICH; ERGENZINGER, WILHELM (Kreditwesen 1997), S. 348; SCHORK, LUDWIG; SCHORK, LEO (Kreditwesen 1999), S. 255.

4) Organkredite an stille Gesellschafter, die zum großen Teil natürliche Personen, zunehmend aber auch juristische Personen sind, werden hinsichtlich der Organkreditvorschriften wie Unternehmensorgankredite behandelt; vgl. SZAGUNN, VOLKHARD; HAUG, ULRICH; ERGENZINGER, WILHELM (Kreditwesen 1997), S. 344 u. S. 345 f.

5) Für den Beteiligungsbegriff nach § 15 Abs. 1 Satz 1 Nr. 9 bis Nr. 11 KWG gilt eine Bagatellgrenze in Höhe von 10 %. Beteiligungen bis zu dieser Grenze begründen demnach kein Organverhältnis. Dagegen gilt aufgrund einer unwiderlegbaren gesetzlichen Vermutung jeder Besitz an Aktien oder Geschäftsanteilen in Höhe von 25 % oder mehr am Kapital (Nennkapital, Summe der Kapitalanteile) einer anderen Unternehmung als Beteiligung im Sinne der Organkreditbestimmungen, ohne dass es auf die Dauer des Anteilsbesitzes ankommt; vgl. § 15 Abs. 1 Satz 2 KWG. Von § 15 Abs. 1 Satz 1 Nr. 9 bis Nr. 11 KWG werden zudem nur unmittelbare, nicht aber mittelbare Beteiligungen erfasst; vgl. BÄHRE, INGE LORE; SCHNEIDER, MANFRED (KWG-Kommentar 1986), S. 219; SCHORK, LUDWIG (Kreditwesen 1995), S. 214.

Gemäß § 15 Abs. 1 Satz 1 KWG dürfen Organkredite nur aufgrund eines einstimmigen Beschlusses sämtlicher Geschäftsleiter des Kredit- oder Finanzdienstleistungsinstituts und nur mit ausdrücklicher Zustimmung des Aufsichtsorgans gewährt werden. Bei Organkrediten an bestimmte Personen einer das Kredit- oder Finanzdienstleistungsinstitut beherrschenden Unternehmung (§ 15 Abs. 2 Satz 1 KWG) muss zusätzlich noch die ausdrückliche Zustimmung des Aufsichtsorgans der herrschenden Unternehmung erteilt sein [801]. Der Beschluss der

---

[801] Vgl. § 15 Abs. 2 Satz 2 KWG.

Geschäftsleiter [802] und der Beschluss über die Zustimmung des Aufsichtsorgans [803] sind hierbei grundsätzlich vor der Bereitstellung des Kredits zu fassen, damit sie bankenaufsichtlich ihre volle Wirkung entfalten können [804]. Eine Ausnahme von diesem Prinzip ist lediglich für eilbedürftige Kredite an stille Gesellschafter sowie an organschaftlich verbundene Unternehmungen vorgesehen. In diesen Fällen ist es im Interesse der Aufrechterhaltung eines geregelten Geschäftsablaufs ausreichend, den Beschluss aller Geschäftsleiter und die Zustimmung des Aufsichtsorgans unverzüglich im Anschluss an die Kreditgewährung herbeizuführen [805]. Unverzüglich bedeutet in diesem Zusammenhang jedoch nicht, dass die Geschäftsleiter und Mitglieder des Aufsichtsorgans zu außerplanmäßigen Sitzungen einberufen werden müssen [806]. Dem Erfordernis der unverzüglichen nachträglichen Beschlussfassung ist Genüge getan, wenn die betreffenden Organe bei der nächsten turnusmäßigen Zusammenkunft über die Organkreditvergabe befinden [807]. Wird der Geschäftsleiterbeschluss nicht innerhalb von zwei Monaten oder die Zustimmung des Aufsichtsorgans nicht innerhalb von vier Monaten – jeweils vom Tage der Kreditgewährung an gerechnet – nachgeholt, so ist dies allerdings dem BAKred unverzüglich anzuzeigen [808]. Das BAKred erhält durch eine solche Verspätungsanzeige die Möglichkeit, etwaige Missstände bei Organkrediten zu erkennen und bei Bedarf einzuschreiten.

---

[802] Geschäftsleiter, an die ein Kredit vergeben werden soll, „dürfen an der Beschlussfassung über diesen Kredit nicht teilnehmen"; BAKRED (Beschlußfassung 1963), S. 17. Nach SZAGUNN/HAUG/ERGENZINGER hat dies auch zu gelten, „wenn über Kredite an Angehörige oder Strohmänner eines Geschäftsleiters beschlossen wird"; SZAGUNN, VOLKHARD; HAUG, ULRICH; ERGENZINGER, WILHELM (Kreditwesen 1997), S. 347. Sind Geschäftsleiter verhindert, an der Beratung und Beschlussfassung über Organkredite teilzunehmen, so ist ebenso wie bei der Beratung und Beschlussfassung über Großkredite zu verfahren; vgl. dazu Kapitel F.IV.3.bb).(2), S. 420, Fn. 694.

[803] Für den Beschluss über die Zustimmung des Aufsichtsorgans verlangt der Gesetzgeber im Gegensatz zum Beschluss der Geschäftsleiter keine Einstimmigkeit; vgl. BUNDESREGIERUNG (Entwurf eines KWG 1959), S. 34. „Es genügt also, wenn das Aufsichtsorgan die Zustimmung mit der in Satzung, Gesellschaftsvertrag oder Gesetz vorgeschriebenen Mehrheit beschließt"; BÄHRE, INGE LORE; SCHNEIDER, MANFRED (KWG-Kommentar 1986), S. 209. Das BAKred hat sich zudem damit einverstanden erklärt, dass die erforderliche Zustimmung des Aufsichtsorgans zur Gewährung von Organkrediten auf einen Ausschuss des Aufsichtsorgans (Kreditausschuss) übertragen wird. Dieser Ausschuss ist mit mindestens drei Mitgliedern des Aufsichtsorgans zu besetzen, die an der Beschlussfassung auch teilnehmen müssen. Zu weiteren Einzelheiten vgl. BAKRED (Zustimmung 1976/1994), S. 129 f.

[804] Vgl. § 15 Abs. 4 Satz 1 KWG. Nach der Vorstellung des Gesetzgebers ist der Zustimmungsbeschluss des Aufsichtsorgans nach dem Geschäftsleiterbeschluss zu fassen, sodass die Zustimmung des Aufsichtsorgans rechtstechnisch als Genehmigung und nicht als Einwilligung zu verstehen ist; vgl. BUNDESREGIERUNG (Entwurf eines KWG 1959), S. 34.

[805] Vgl. § 15 Abs. 4 Satz 4 KWG.

[806] Vgl. BÄHRE, INGE LORE; SCHNEIDER, MANFRED (KWG-Kommentar 1986), S. 210.

[807] Vgl. BUNDESREGIERUNG (Entwurf eines KWG 1959), S. 34.

[808] Vgl. § 15 Abs. 4 Satz 5 KWG.

Handelt es sich beim Kreditnehmer um eine der in § 15 Abs. 1 Satz 1 Nr. 1 bis Nr. 5 und Abs. 2 Satz 1 KWG angeführten natürlichen Personen, so lässt der Gesetzgeber Ausnahmen von dem Gebot, dass die Beschlüsse vor der Gewährung des Kredits zu erwirken sind, nicht zu [809]. § 15 Abs. 4 Satz 6 KWG gestattet jedoch zur Vereinfachung des Kreditbereitstellungsverfahrens, dass der Beschluss der Geschäftsleiter und der Beschluss über die Zustimmung des Aufsichtsorgans zu Krediten an organschaftlich verbundene Personen – mit Ausnahme der Kredite an stille Gesellschafter – für bestimmte Kreditgeschäfte und Arten von Kreditgeschäften zeitlich vor der eigentlichen Kreditvergabe, d. h. auf Vorrat gefasst werden. Derartige Vorratsbeschlüsse dürfen aber höchstens für ein Jahr im Voraus gefasst werden. Ist der Kreditfall in dieser Zeit nicht eingetreten, der Kredit also nicht gewährt worden, so muss gegebenenfalls ein neuer Beschluss sowohl der Geschäftsleiter als auch des Aufsichtsorgans herbeigeführt werden [810]. Da unter den Begriff der Kreditgewährung schon die Kreditzusage und nicht erst die Inanspruchnahme des Kredits fällt [811], reicht es allerdings aus, wenn der Kredit innerhalb des beschlossenen Zeitraums zugesagt wird [812]. Es schadet demnach nicht, wenn der zugesagte Kredit tatsächlich „erst nach Ablauf der Geltungsdauer des Vorratsbeschlusses und ohne dass ein neuer Beschluss gefasst wurde in Anspruch genommen wird" [813].

Die Beschlüsse der Geschäftsleiter und des Aufsichtsorgans sind aktenkundig zu machen [814]. Sie müssen ferner Bestimmungen über die Verzinsung und die Rückzahlung des Organkredits enthalten [815]. Letzteres bedeutet aber nicht, dass ein exakter Rückzahlungstermin ausgehandelt werden muss; es genügt vielmehr auch die Festlegung einer Kündigungsfrist [816]. Änderungen des Zinssatzes im Zeitablauf bedürfen indessen, sofern sie nicht aufgrund einer von vornherein vereinbarten Zinsgleitklausel vorgenommen werden, jeweils einer erneuten einstimmigen Beschlussfassung sämtlicher Geschäftsleiter sowie der Zustimmung des Auf-

---

[809] Vgl. BÄHRE, INGE LORE; SCHNEIDER, MANFRED (KWG-Kommentar 1986), S. 210 f.

[810] Vgl. BÄHRE, INGE LORE; SCHNEIDER, MANFRED (KWG-Kommentar 1986), S. 211.

[811] Vgl. auch SZAGUNN, VOLKHARD; HAUG, ULRICH; ERGENZINGER, WILHELM (Kreditwesen 1997), S. 348; SCHORK, LUDWIG; SCHORK, LEO (Kreditwesen 1999), S. 256.

[812] Vgl. BÄHRE, INGE LORE; SCHNEIDER, MANFRED (KWG-Kommentar 1986), S. 211.

[813] SCHORK, LUDWIG; SCHORK, LEO (Kreditwesen 1999), S. 256.

[814] Vgl. § 15 Abs. 4 Satz 3 KWG.

[815] Vgl. § 15 Abs. 4 Satz 2 KWG.

[816] Vgl. BÄHRE, INGE LORE; SCHNEIDER, MANFRED (KWG-Kommentar 1986), S. 209. Hinsichtlich der Behandlung von Dispositionskrediten weist das BAKRED ausdrücklich darauf hin, dass es ausreichend ist, wenn die Beschlüsse Angaben zu Kündigungsmöglichkeiten des Dispositionskredits enthalten; vgl. BAKRED (Organkreditbeschlüsse 1986), S. 248 f.

sichtsorgans [817]. Gleiches gilt für nachträgliche Krediterhöhungen, soweit sie mehr als 10 % des ursprünglich beschlossenen Kreditbetrages ausmachen [818]. Die Verlängerung eines bereits gewährten Organkredits löst dagegen keinen erneuten Beschlussfassungszwang aus [819]. Um die Beschlussgremien nicht mit Bagatellfällen zu belasten, werden zudem Kreditausreichungen, denen von der Größenordnung her bankenaufsichtlich keine allzu hohe Bedeutung zukommt, von dem Erfordernis der vorherigen Beschlussfassung der Geschäftsleiter und Zustimmung des Aufsichtsorgans freigestellt. Hierzu zählen zunächst Kredite an Prokuristen und an zum gesamten Geschäftsbetrieb ermächtigte Handlungsbevollmächtigte sowie an ihre Ehegatten und minderjährigen Kinder, sofern der Kredit ein Jahresgehalt des Prokuristen oder des Handlungsbevollmächtigten nicht übersteigt [820]. Unberücksichtigt bleiben schließlich auch Kredite an stille Gesellschafter sowie an organschaftlich verbundene Unternehmungen, wenn der Kredit weniger als 1 % des haftenden Eigenkapitals des Kredit- oder Finanzdienstleistungsinstituts oder weniger als 100.000 DM beträgt [821].

Wird ein Organkredit entgegen den Vorschriften des § 15 Abs. 1, Abs. 2 oder Abs. 4 KWG gewährt, so führt dies nicht zur Unwirksamkeit des Rechtsgeschäfts [822]. Um das Gewicht der Organkreditregelungen zu verstärken, bestimmt jedoch § 15 Abs. 5 KWG, dass Personalorgankredite, ausgenommen Kredite an stille Gesellschafter, ungeachtet entgegenstehender Vereinbarungen sofort zurückzuzahlen sind, wenn sie ohne die vorgeschriebenen Beschlüsse der Geschäftsleiter und des Aufsichtsorgans ausgereicht wurden. Rechtstechnisch bedeutet dies die gesetzliche Änderung der im Kreditvertrag vorgesehenen Fälligkeit der Rückzahlungsforderung des Kreditinstituts oder Finanzdienstleistungsinstituts [823]. Diese zivilrechtliche Folge kann nur dadurch abgewendet werden, dass sämtliche Geschäftsleiter sowie das Aufsichtsorgan der Organkreditgewährung nachträglich zustimmen [824]. Bei den Krediten an organschaftlich verbundene Unternehmungen und an stille Gesellschafter entfällt dagegen aus Gründen

---

[817] Vgl. BAKRED (Konditionen 1974a), S. 113; BAKRED (Konditionen 1974b), S. 113 f.

[818] Vgl. § 15 Abs. 3 Nr. 3 KWG; ferner BAKRED (Auslegungsfragen 1986), S. 259.

[819] Vgl. BAKRED (Konditionen 1974a), S. 113.

[820] Vgl. § 15 Abs. 3 Nr. 1 KWG.

[821] Vgl. § 15 Abs. 3 Nr. 2 KWG.

[822] Vgl. BUNDESREGIERUNG (Entwurf eines KWG 1959), S. 34.

[823] Vgl. BÄHRE, INGE LORE; SCHNEIDER, MANFRED (KWG-Kommentar 1986), S. 212. Der Pflicht zur Rückzahlung des Organkredits entspricht die Verpflichtung des Kredit- oder Finanzdienstleistungsinstituts, einen solchen Kredit auch zurückzufordern; vgl. BUNDESREGIERUNG (Entwurf eines KWG 1959), S. 34.

[824] Vgl. § 15 Abs. 5 KWG.

des Vertrauensschutzes die Pflicht zur sofortigen Rückzahlung eines unter Verletzung der Beschlussfassungsvorschriften gewährten Kredits [825]. Da es sich hier in aller Regel um Kredite im üblichen Geschäftsverkehr handelt, soll sich der Kreditnehmer, der dem Kreditinstitut oder Finanzdienstleistungsinstitut nicht so nahe steht wie die in § 15 Abs. 1 Satz 1 Nr. 1 bis Nr. 5 und Abs. 2 Satz 1 KWG genannten Personen, darauf verlassen können, dass die internen Voraussetzungen für die Kreditvergabe bei dem Kredit- oder Finanzdienstleistungsinstitut erfüllt sind [826]. Sowohl bei den Unternehmensorgankrediten als auch bei den Personalorgankrediten wird aber der besonderen Verantwortung der Geschäftsleiter und Mitglieder des Aufsichtsorgans in der Weise Nachdruck verliehen, dass sie bei schuldhaften Verstößen gegen die Anforderungen des § 15 KWG dem Kredit- oder Finanzdienstleistungsinstitut als Gesamtschuldner für den entstandenen Schaden haften [827]. Diese Haftung ist selbstständig und besteht unabhängig von einer etwaigen Haftung aufgrund anderer gesetzlicher oder vertraglicher Bestimmungen [828]. Wegen der häufig nur schwer nachweisbaren Nichtbeachtung der Pflichten nach § 15 KWG schreibt § 17 Abs. 1, 2. Halbsatz KWG zudem eine Umkehr der Beweislast vor. Die betroffenen Geschäftsleiter und Mitglieder des Aufsichtsorgans haben danach den Entlastungsbeweis anzutreten, dass sie nicht schuldhaft gehandelt haben.

Die Schadensersatzansprüche des Kredit- oder Finanzdienstleistungsinstituts, die gemäß § 17 Abs. 3 KWG in fünf Jahren verjähren, können „auch von dessen Gläubigern geltend gemacht werden, soweit sie von diesem keine Befriedigung erlangen können" [829]. Den Gläubigern gegenüber wird diese Schadensersatzpflicht weder durch einen Verzicht oder Vergleich des Kredit- oder Finanzdienstleistungsinstituts noch dadurch aufgehoben, dass bei Kredit- oder Finanzdienstleistungsinstituten in der Rechtsform der juristischen Person die Kreditgewährung auf einem Beschluss des obersten Organs des Kredit- oder Finanzdienstleistungsinstituts (Hauptversammlung, Generalversammlung, Gesellschafterversammlung) beruht [830].

---

[825]   Vgl. BUNDESREGIERUNG (Entwurf eines KWG 1959), S. 34.

[826]   Vgl. BUNDESREGIERUNG (Entwurf eines KWG 1959), S. 34.

[827]   Vgl. § 17 Abs. 1, 1. Halbsatz KWG.

[828]   Vgl. BUNDESREGIERUNG (Entwurf eines KWG 1959), S. 35; BÄHRE, INGE LORE; SCHNEIDER, MANFRED (KWG-Kommentar 1986), S. 221.

[829]   § 17 Abs. 2 Satz 1 KWG.

[830]   Vgl. § 17 Abs. 2 Satz 2 KWG.

e) Die Vorschriften über eine ausreichende Prüfung der wirtschaftlichen Verhältnisse von Kreditnehmern

ea) Die Offenlegungspflicht nach § 18 Satz 1 KWG – Anwendungsbereich und Zielsetzung

Wesentliche Voraussetzung für die Einschätzung der Adressenrisiken im Kreditgeschäft ist eine umfassende und sachgerechte Prüfung der Kreditwürdigkeit (Bonität) der Kreditnehmer. Von daher sollte es eigentlich selbstverständlich sein, dass sich ein Kreditgeber „einerseits vor der Zusage und andererseits regelmäßig während der Laufzeit eines Kredits vergewissert, dass der Kreditnehmer in der Lage ist, den Kredit vereinbarungsgemäß zurückzuzahlen"[831]. Die sorgfältige Prüfung neuer Kreditanträge und die laufende Überwachung bereits ausgereichter Kredite sind die wichtigsten Instrumente, mit denen ein Kreditgeber Vermögensverlustgefahren im Kreditgeschäft zu reduzieren vermag[832]. Es entspricht deshalb auch einem allgemein anerkannten kreditgeschäftlichen Grundsatz, sich als Kreditgeber die für die Beurteilung der zukünftigen Leistungsfähigkeit eines Kreditnehmers erforderlichen Informationen zu beschaffen. Gleichwohl sah sich der Gesetzgeber aufgrund bestehender Unzulänglichkeiten in der Kreditvergabepolitik mancher Kreditinstitute dazu veranlasst, diese bedeutende kaufmännische Regel für den Bereich des Kreditgewerbes zur gesetzlichen Norm zu erheben. Gemäß § 18 Satz 1 KWG darf ein Kreditinstitut einen Kredit[833] von insgesamt mehr als 500.000 DM nur gewähren, wenn es sich von dem Kreditnehmer oder der Kreditnehmereinheit[834] die wirtschaftlichen Verhältnisse, insbesondere durch Vorlage der Jahresabschlüsse, offen legen lässt[835]. Diese Verpflichtung gilt für jedes Kreditinstitut unabhängig von seiner Rechtsform und von der Art der betriebenen Geschäfte[836]. Sie beschränkt sich zudem nicht allein auf

---

[831] MAYER, HELMUT (Bundesaufsichtsamt 1981), S. 91.

[832] Vgl. HEIN, MANFRED (Anforderungen 1986), S. 15.

[833] Zu der für die Anwendung der Vorschriften des § 18 KWG maßgebenden Kreditdefinition des § 21 KWG vgl. *Anlage 16*, S. 590 f.

[834] Zur Abgrenzung der Begriffe „Kreditnehmer" und „Kreditnehmereinheit" vgl. die Ausführungen in Kapitel F.IV.3.bb).(1), S. 414 ff.

[835] Von einer Kreditgewährung im Sinne des § 18 Satz 1 KWG ist auszugehen, sobald der Kredit „schriftlich oder mündlich zugesagt oder ohne vorherige Bewilligung als Überziehung zugelassen wird"; BAKRED (Offenlegung 1998), S. 1. „Rechtlich unverbindliche Absichtserklärungen, bei denen das Kreditinstitut in seiner Entscheidung frei bleibt, die Auszahlung des Kredits zu verweigern, sind keine Zusagen"; ebenda, S. 1.

[836] Vgl. BAKRED (Offenlegung 1998), S. 1. Finanzdienstleistungsinstitute werden dagegen von der Verhaltensnorm des § 18 Satz 1 KWG nicht erfasst.

den Zeitpunkt vor Aufnahme des Kreditengagements [837]. Das Kreditinstitut ist vielmehr gehalten, die wirtschaftliche Entwicklung eines Kreditnehmers, dem ein Kredit von über 500.000 DM eingeräumt wurde, während der gesamten Dauer der Kreditbeziehung kontinuierlich zu beobachten und zu analysieren [838].

Zweck der Verhaltensregel des § 18 Satz 1 KWG ist es, so weit wie möglich sicherzustellen, dass die Kreditinstitute die Kreditwürdigkeit ihrer Schuldner in ausreichendem Maße anhand von Kreditunterlagen prüfen [839]. § 18 Satz 1 KWG wirkt von daher „unmittelbar auf das Verhältnis zwischen Kreditinstitut und Kreditnehmer ein" [840]. Als eine wichtige qualitative Anforderung an das Betreiben des Kreditgeschäfts soll er die Banken vor leichtsinnigen Kreditausreichungen bewahren und sie bei bereits bestehenden Kreditvereinbarungen frühzeitig von Bonitätsverschlechterungen ihrer Schuldner Kenntnis erlangen lassen [841]. Der gesetzliche Zwang zur Offenlegung der wirtschaftlichen Verhältnisse der Kreditnehmer ist unter diesen Gesichtspunkten geeignet, die Verhandlungsposition der Kreditinstitute bei der Durchsetzung ihrer Informationsansprüche gegenüber ihren Schuldnern zu stärken [842]. Vor allem will die Offenlegungspflicht nach § 18 Satz 1 KWG aber verhindern, dass die Kreditnehmer die Kreditinstitute gegeneinander ausspielen und unter Hinweis auf eine großzügigere Handhabung durch die Konkurrenz zum Verzicht auf die Prüfung ihrer Kreditwürdigkeit bewegen [843]. Aus Gründen der Wettbewerbsgleichheit wurde deswegen auch bewusst von einer Differenzierung der Offenlegungsgrenze nach der Größe des jeweiligen Kreditinstituts abgesehen. „Potenzielle Kreditnehmer sollen bei allen Kreditinstituten einem gleich gearteten Offenlegungsverlangen begegnen" [844]. Die damit

---

[837] Wird ein Kredit vor der Bonitätsprüfung des Kreditnehmers zugesagt, aber erst nach der Bonitätsprüfung ausgezahlt, so wird dieses Verfahren vom BAKred im Hinblick auf § 18 KWG nicht beanstandet, sofern die Kreditzusage nur bedingt erfolgt, d. h., wenn nach Einsicht in die Unterlagen zu den wirtschaftlichen Verhältnissen des Kreditnehmers die Verweigerung des Kredits noch möglich ist; vgl. O. V. (Anmerkungen 1995), S. 521. Vgl. auch BAKRED (Offenlegung 1998), S. 1.

[838] Vgl. BAKRED (Offenlegung 1998), S. 3. Gewährt ein Kreditinstitut vorsätzlich oder fahrlässig entgegen § 18 Satz 1 KWG einen Kredit, so begeht es eine Ordnungswidrigkeit, die mit einer Geldbuße in Höhe von bis zu 300.000 DM geahndet werden kann; vgl. § 56 Abs. 3 Nr. 4 u. Abs. 4 KWG.

[839] Vgl. BUNDESREGIERUNG (Entwurf eines KWG 1959), S. 35; WIRTSCHAFTSAUSSCHUSS DES DEUTSCHEN BUNDESTAGES (Bericht über den Entwurf eines KWG 1961), S. 10.

[840] TRÖLLER, MANFRED (Zielsetzung 1985), S. 193; a. A. SAUTER, WOLFGANG (Offenlegung 1996), S. 132.

[841] Vgl. ARTOPOEUS, WOLFGANG (Kreditrisiken 1996), S. 17.

[842] Vgl. WIRTSCHAFTSAUSSCHUSS DES DEUTSCHEN BUNDESTAGES (Bericht über den Entwurf eines KWG 1961), S. 10; ferner TRÖLLER, MANFRED (Zielsetzung 1985), S. 195 u. S. 206.

[843] Vgl. BUNDESREGIERUNG (Entwurf eines KWG 1959), S. 35.

[844] ALSHEIMER, CONSTANTIN (Offenlegung 1997), S. 464.

verbundene Verletzung marktwirtschaftlicher Prinzipien (Eingriff in die individuelle Vertragsgestaltung) [845] wird vom Gesetzgeber im Interesse der Sicherung des einzelnen Kreditinstituts und seiner Gläubiger in Kauf genommen. Folgerichtig misst auch das BAKred aus Gründen des Gläubiger- und Funktionenschutzes der Einhaltung des § 18 Satz 1 KWG seit jeher große Bedeutung bei. Dies umso mehr, als ein Blick in die Bankenpraxis selbst heute noch z. T. erhebliche Mängel bei der korrekten Anwendung des § 18 Satz 1 KWG erkennen lässt [846]. So stellt auch ARTOPOEUS fest, dass Verluste im Kreditgeschäft immer wieder auf gravierende Versäumnisse der Banken bei der Kreditwürdigkeitsprüfung und Kreditüberwachung ihrer Schuldner zurückzuführen sind [847].

eb) Die Verfahrensschritte der Bonitätsprüfung nach § 18 Satz 1 KWG

Es entspricht der Intention des § 18 Satz 1 KWG, dass die Offenlegung der wirtschaftlichen Verhältnisse der Kreditnehmer tatsächlich erfolgen muss [848]. Das bloße Bemühen um Offenlegung „– gleichgültig mit welchem Nachdruck – reicht nicht aus" [849]. Ein Kreditinstitut kann sich demnach dem Gebot des § 18 Satz 1 KWG nicht durch den Hinweis entziehen, es habe seine Kreditnehmer zwar dazu aufgefordert, die zur Offenlegung der wirtschaftlichen Verhältnisse notwendigen Unterlagen einzureichen, die Kreditnehmer seien diesem Verlangen aber nicht nachgekommen. Dem Willen des Gesetzgebers ist erst Genüge getan, wenn das Kreditinstitut die Vorlage der Unterlagen auch wirklich durchsetzt [850]. Gelingt dies bei einem Kreditnehmer nicht, so darf das Kreditinstitut „den Kredit nicht gewähren oder muss – bei laufenden Engagements – ihn notfalls kündigen" [851]. Die hierfür erforderlichen zivilrechtlichen Voraussetzungen hat sich die Bank vor Eingehung des Kreditengagements zu verschaffen [852]. In den Kreditverträgen ist

---

[845] Vgl. SÜCHTING, JOACHIM; STAHLSCHMIDT, DIRK (Informationsanforderung 1979), S. 1081 u. S. 1084; HEIN, MANFRED (Anforderungen 1986), S. 18.
[846] Vgl. BAKRED (Jahresbericht 1996), S. 12.
[847] Vgl. ARTOPOEUS, WOLFGANG (Kreditrisiken 1996), S. 17.
[848] Vgl. BAKRED (Offenlegung 1998), S. 3.
[849] BAKRED (Offenlegung 1998), S. 3.
[850] Vgl. BUNDESREGIERUNG (Entwurf eines Zweiten Gesetzes zur Änderung des KWG 1975), S. 12. Vorlage der Unterlagen bedeutet die körperliche Übergabe der Unterlagen zu den wirtschaftlichen Verhältnissen des Kreditnehmers an das Kreditinstitut; vgl. BAKRED (Offenlegung 1998), S. 3. Diese Unterlagen sind zumindest in Form einer vollständigen Kopie (auch in Form eines elektronischen Datenträgers) zu den Kreditakten zu nehmen; vgl. ebenda, S. 3. Vgl. auch O. V. (Anmerkungen 1995), S. 521.
[851] BAKRED (Offenlegung 1998), S. 3 (im Original z. T. in Fettdruck).
[852] Vgl. BAKRED (Offenlegung 1998), S. 3.

ausdrücklich zu vereinbaren, dass das Kreditinstitut berechtigt ist, das Kreditverhältnis vorzeitig aufzulösen, sofern der Kreditnehmer dem Kreditinstitut die zur Beurteilung seiner Bonität benötigten Unterlagen nicht oder nicht in angemessener Zeit zur Verfügung stellt [853]. Diese Regelung soll allerdings die Bank – insbesondere bei Krediten, die ansonsten störungsfrei bedient werden – nicht zu einem Kündigungsautomatismus verpflichten [854]. Sofern das Kreditinstitut alle nach den Umständen zumutbaren Anstrengungen unternimmt, die Offenlegung der wirtschaftlichen Verhältnisse durchzusetzen, und in den Kreditakten nachvollziehbar darlegt, weshalb es das Kreditengagement trotz Verweigerung der Offenlegung fortführt, wird der Verstoß gegen das Offenlegungsgebot des § 18 Satz 1 KWG bankenaufsichtlich ohne Konsequenzen bleiben [855]. Eine Erhöhung oder Verlängerung eines solchen Kreditengagements „kommt jedoch nur nach Offenlegung der wirtschaftlichen Verhältnisse des Kreditnehmers in Frage" [856].

Die vorstehenden Ausführungen dürfen nicht zu dem Eindruck verleiten, § 18 Satz 1 KWG sei allein darauf ausgerichtet, die Vorlage von Unterlagen zu gewährleisten. Zum Regelungsgegenstand dieser Verhaltensnorm gehört natürlich auch die fachkundige Durchsicht des von den einzelnen Schuldnern bereitgestellten Datenmaterials. Erst wenn sich aufgrund einer solchen Auswertung die Heranziehung weiterer Unterlagen als entbehrlich erweist, „liegen dem Kreditinstitut die wirtschaftlichen Verhältnisse des Kreditnehmers offen" [857]. Schließlich sind Art, Umfang und Ergebnis der Auswertung von dem Kreditinstitut aktenkundig zu machen [858]. Nur so ist es möglich, nachträglich zu überprüfen, ob die Bank die Anforderungen des § 18 Satz 1 KWG erfüllt hat. Insgesamt betrachtet vollzieht sich demnach das Verfahren der Offenlegung nach § 18 Satz 1 KWG in den folgenden drei Schritten [859]:

1. Vorlage aussagekräftiger Unterlagen,

2. Auswertung sowie

3. Dokumentation.

Diese Rechtspflichten ergeben sich jeweils unmittelbar aus § 18 Satz 1 KWG [860].

---

[853] Vgl. o. V. (Anmerkungen 1995), S. 522.

[854] Vgl. BAKRED (Offenlegung 1998), S. 3.

[855] Vgl. BAKRED (Offenlegung 1998), S. 3.

[856] BAKRED (Offenlegung 1998), S. 3 f.

[857] BAKRED (Offenlegung 1998), S. 3.

[858] Vgl. BAKRED (Offenlegung 1998), S. 3.

[859] Vgl. BAKRED (Offenlegung 1998), S. 3.

[860] Vgl. BAKRED (Offenlegung 1998), S. 3.

<u>Zu 1.</u>: Vorlage aussagekräftiger Unterlagen

§ 18 Satz 1 KWG fordert von den Kreditinstituten, sich die wirtschaftlichen Verhältnisse ihrer Kreditnehmer bei Krediten ab einer Größenordnung von mehr als 500.000 DM offen legen zu lassen. Die Frage, welche Unterlagen vor und während der Dauer der Kreditverbindung zur Beachtung dieser gesetzlich geregelten Pflicht tatsächlich vorzulegen sind, haben die Kreditinstitute nach eigenem Ermessen im jeweiligen Einzelfall zu entscheiden [861]. Dieses Ermessen wird allerdings dadurch eingeschränkt, dass der Gesetzgeber insbesondere die Einreichung der Jahresabschlüsse verlangt [862]. Die Jahresabschlüsse stehen damit nach dem Willen des Gesetzgebers im Vordergrund der Kreditwürdigkeitsprüfung nach § 18 Satz 1 KWG, die gesetzliche Formulierung „insbesondere" verdeutlicht aber auch, dass der Gesetzgeber hier lediglich ein Mindestmaß an Offenlegung festlegen wollte [863]. Die Kreditinstitute kommen aus diesem Grunde nicht umhin, sich bei Bedarf neben den Jahresabschlüssen weitere Erkenntnisquellen zu erschließen. Bei Kreditnehmern, die keinen Jahresabschluss erstellen, ist die Einholung anderer Unterlagen ohnehin unumgänglich. Für die Beantwortung der Frage, ab wann die wirtschaftlichen Verhältnisse eines Kreditnehmers als ausreichend offen gelegt angesehen werden können, bietet es sich daher an, zwischen bilanzierenden und nicht bilanzierenden Kreditnehmern zu unterscheiden.

* <u>Kredite an bilanzierende Kreditnehmer</u>

Handelt es sich bei dem Kreditnehmer um eine Unternehmung, die zur Buchführung und Bilanzaufstellung verpflichtet ist, so muss sich das Kreditinstitut bei der Erstausreichung eines Kredits nicht nur den aktuellen Jahresabschluss, sondern möglichst die Jahresabschlüsse der vergangenen drei Jahre vorlegen lassen [864]. Gegebenenfalls sind auch die jeweiligen Lageberichte der Unternehmung anzufordern [865]. Mit dieser Auffassung befindet sich das BAKred zwar nicht in vol-

---

[861] Vgl. FRÜH, ANDREAS (Bonitätsprüfung 1995), S. 1705; ALSHEIMER, CONSTANTIN (Offenlegung 1997), S. 464.

[862] Vgl. ALSHEIMER, CONSTANTIN (Offenlegung 1997), S. 464.

[863] Vgl. HEIN, MANFRED (Anforderungen 1986), S. 17 f.; SZAGUNN, VOLKHARD; WOHLSCHIEß, KARL (Bankenaufsicht 1993), S. 277. KRÜMMEL zufolge handelt die Vorschrift des § 18 Satz 1 KWG von der „Untergrenze des Bonitätsprüfungsniveaus vom Standpunkt des einlegerschützenden Gesetzgebers"; KRÜMMEL, HANS-JACOB (Normen 1975), S. 536.

[864] Vgl. BAKRED (Anforderungen 1999), S. 1.

[865] Vgl. BAKRED (Anforderungen 1999), S. 1. Die vom BAKred gewählte Formulierung „gegebenenfalls" ist dahingehend zu interpretieren, dass der Bank zur Erfüllung der Anforderungen des § 18 Satz 1 KWG „immer ein Lagebericht vorliegen muss, wenn ein solcher vom Kreditnehmer zu erstellen ist bzw. freiwillig erstellt wird"; O. V. (Anmerkungen 1995), S. 522.

lem Einklang mit der amtlichen Gesetzesbegründung zum Kreditwesengesetz von 1961, die die Einreichung des zeitlich letzten Jahresabschlusses vor der Kreditgewährung für ausreichend erachtet [866], der Ansicht des BAKred ist jedoch zuzustimmen, da sich die Nachhaltigkeit der für die Kreditrückführung wesentlichen Ertrags- und Finanzkraft einer Unternehmung vielfach erst aus dem Vergleich einer Reihe von Jahresabschlüssen zutreffend bestimmen lässt [867]. Die Vorlage früherer Jahresabschlüsse erübrigt sich allenfalls dann, wenn auf andere Art und Weise eine genaue und zuverlässige Beurteilung der wirtschaftlichen Entwicklung einer Unternehmung erzielt werden kann [868]. Davon abgesehen entspricht es der ordnungsgemäßen Überwachung eines Kreditgeschäfts, dass sich die Kreditinstitute die Jahresabschlüsse solange offen legen lassen, wie das Kreditverhältnis besteht [869].

Die Jahresabschlüsse sind den Kreditinstituten mit dem Inhalt zu unterbreiten, der für die Aufstellung und Feststellung des Jahresabschlusses maßgeblich ist [870]. Die Kreditinstitute dürfen also nicht auf diejenigen Teile des Jahresabschlusses verzichten, für die im Rahmen gesetzlicher Erleichterungen [871] keine allgemeine Publizitätspflicht vorgesehen ist [872]. Jahresabschlüsse, die unter Inanspruchnahme gesetzlich eingeräumter Erleichterungen aufgestellt worden sind [873], stehen dagegen nicht im Widerspruch zu § 18 Satz 1 KWG [874]. Die Kreditinstitute müssen in solchen Fällen allerdings zusätzlich zu den Jahresabschlüssen weitere Informationen und Unterlagen einholen, „soweit dies für eine sachgerechte Beurteilung der Kreditwürdigkeit erforderlich ist" [875].

---

[866] Vgl. BUNDESREGIERUNG (Entwurf eines KWG 1959), S. 35.

[867] Vgl. ALSHEIMER, CONSTANTIN (Offenlegung 1997), S. 464; eher ablehnend FRÜH, ANDREAS (Bonitätsprüfung 1995), S. 1705.

[868] Vgl. SAUTER, WOLFGANG (Offenlegung 1996), S. 136.

[869] Vgl. BUNDESREGIERUNG (Entwurf eines KWG 1959), S. 35. Bei der Beurteilung der Frage, ob bei einer konzernangehörigen Unternehmung neben dem Einzelabschluss auch die Jahresabschlussunterlagen des Gesamtkonzerns und gegebenenfalls einzelner besonders bedeutender weiterer Konzernunternehmungen einzureichen sind, hat das Kreditinstitut auf die Umstände des jeweiligen Einzelfalls abzustellen. Das Kreditinstitut hat insoweit bei der Prüfung der Bonität der unmittelbar kreditnehmenden Konzernunternehmung einen Beurteilungsspielraum. Vgl. dazu BAKRED (Offenlegung 1998), S. 2.

[870] Vgl. BAKRED (Anforderungen 1999), S. 1. Zur rechtlichen Notwendigkeit der Hereinnahme unterzeichneter Jahresabschlüsse vgl. PRIEBE, FRANK; LÖCKE, JÜRGEN (Kreditunterlagen 1998), S. 494 ff.

[871] Vgl. die §§ 326, 327 HGB sowie § 9 Abs. 2 u. Abs. 3 PublG.

[872] Vgl. BAKRED (Anforderungen 1999), S. 1.

[873] Vgl. § 266 Abs. 1 Satz 3, § 276 und § 288 HGB.

[874] Vgl. BAKRED (Anforderungen 1999), S. 1.

[875] BAKRED (Anforderungen 1999), S. 1.

Sofern kreditnehmende Unternehmungen ihre Jahresabschlüsse aufgrund gesetzlicher Verpflichtung von Abschlussprüfern im Sinne des § 319 HGB prüfen lassen oder sich freiwillig einer Prüfung unterziehen, die nach Art und Umfang der handelsrechtlichen Pflichtprüfung entspricht, haben sich die Kreditinstitute stets die geprüften Jahresabschlüsse vorlegen zu lassen [876]. Diese genügen in der Regel den Anforderungen des § 18 Satz 1 KWG, sofern sie innerhalb der jeweils maßgeblichen Frist vorliegen [877] und mit einem uneingeschränkten Bestätigungs- bzw. Prüfungsvermerk versehen worden sind [878]. Die Vorlage anderer als der mit dem Jahresabschluss einzureichenden Unterlagen zur Offenlegung der wirtschaftlichen Verhältnisse ist allerdings dann erforderlich, wenn „Anlass besteht, die Verlässlichkeit des Jahresabschlusses – insbesondere im Hinblick auf die in ihm enthaltenen Angaben oder die Qualifikation bzw. Person des Prüfers – in Zweifel zu ziehen" [879]. Die Heranziehung weiterer Unterlagen ist zudem dann geboten, wenn die pflichtweise bzw. auf freiwilliger Basis geprüften Jahresabschlüsse selbst bei zeitnaher Vorlage allein kein klares, hinreichend verlässliches Urteil über die wirtschaftliche Situation der einzelnen Kreditnehmer ermöglichen [880]. Dies dürfte insbesondere dann der Fall sein, wenn die Jahresabschlüsse eine stark negative Entwicklung aufweisen oder/oder Unklarheiten über die Ausnutzung von Bilanzierungs- und Bewertungswahlrechten bestehen [881]. Von besonderem Gewicht ist in diesem Zusammenhang die bankeigene Auswertung der Prüfungsberichte der Abschlussprüfer [882]. Sie lassen vor allem erkennen, ob und in welchem Umfang die Unternehmungen Gebrauch von jahresabschlusspolitischen Gestaltungsmöglichkeiten gemacht haben [883]. Darüber hinaus haben Kreditinstitute in jedem Fall weitere Unterlagen über Liquidität, Substanz und Erfolg der kreditnehmenden Unternehmungen heranzuziehen, wenn die jeweils maßgeblichen Fristen bei der Einreichung der Jahresabschlussunterlagen nicht eingehal-

---

[876] Vgl. BAKRED (Anforderungen 1999), S. 1.

[877] Das BAKRED sieht sowohl für den Fall der Erstoffenlegung als auch für die Fälle der laufenden Offenlegung die zeitliche Nähe eines testierten Jahresabschlusses dann noch als gegeben an, wenn er dem kreditgewährenden Kreditinstitut von großen und mittelgroßen Kapitalgesellschaften innerhalb von neun Monaten sowie von kleinen Kapitalgesellschaften und sonstigen nicht prüfungspflichtigen, aber bilanzierungspflichtigen Kreditnehmern innerhalb von zwölf Monaten nach dem Jahresabschlussstichtag eingereicht wird; vgl. BAKRED (Anforderungen 1999), S. 1 f.

[878] Vgl. BAKRED (Anforderungen 1999), S. 2.

[879] BAKRED (Anforderungen 1999), S. 2.

[880] Vgl. BAKRED (Anforderungen 1999), S. 2.

[881] Vgl. auch BRINKMANN, JÜRGEN (Verhältnisse 1986), S. 60 f.

[882] Vgl. BAKRED (Anforderungen 1999), S. 2.

[883] Im Grunde genommen sollte die Vorlage der Prüfungsberichte wegen ihres regelmäßig hohen Informationsgehalts zur Norm werden; vgl. auch SAUTER, WOLFGANG (Offenlegung 1996), S. 136.

ten werden [884]. Weitere Unterlagen, die hier geeignet sind, den Kreditinstituten ein zeitnäheres und genaueres Bild über die wirtschaftlichen Verhältnisse ihrer Kreditnehmer zu vermitteln, sind z. B. Nachweise über Auftragsbestände, Umsatzzahlen, betriebswirtschaftliche Auswertungen, Umsatzsteuervoranmeldungen, Zwischenabschlüsse, Erfolgs- und Liquiditätspläne, Einkommensnachweise sowie Wirtschaftlichkeitsberechnungen des zu finanzierenden Vorhabens [885].

Hat eine nicht prüfungspflichtige, aber bilanzierungspflichtige Unternehmung ihren Jahresabschluss zwar rechtzeitig innerhalb der Einreichungsfrist von zwölf Monaten vorgelegt, ohne diesen jedoch einer freiwilligen – in Art und Umfang der handelsrechtlichen Pflichtprüfung entsprechenden – Prüfung unterzogen zu haben, hat das Kreditinstitut – unter Berücksichtigung der Umstände des jeweiligen Einzelfalls – zu prüfen, ob und gegebenenfalls in welchem Umfang weitere (zeitnahe) Unterlagen heranzuziehen sind, um sich ein klares Bild über die wirtschaftliche Situation der kreditnehmenden Unternehmung zu verschaffen [886]. Auf die Heranziehung weiter Unterlagen wird das Kreditinstitut dabei selbst bei Mitwirkung eines Angehörigen der wirtschaftsprüfenden oder steuerberatenden Berufe vor allem dann nicht verzichten können, wenn „... Anlass besteht, die Verlässlichkeit des Jahresabschlusses insbesondere im Hinblick auf die Person des Mitwirkenden oder die im Jahresabschluss enthaltenen Angaben in Zweifel zu ziehen" [887].

- Kredite an nicht bilanzierende Kreditnehmer

Bei den nicht bilanzierungspflichtigen Kreditnehmern haben sich die Kreditinstitute auf ähnlich sicherer Grundlage wie bei den bilanzierenden Kreditnehmern ein klares und zeitnahes Bild von der wirtschaftlichen Situation ihrer Kreditnehmer zu verschaffen [888]. Zu diesem Zweck müssen sie sich von den einzelnen Kreditnehmern deren Einkommens- und Vermögensverhältnisse offen legen lassen. Selbstauskünfte der Kreditnehmer in Form von Einkommenserklärungen und Vermögensaufstellungen genügen hierbei zur Erfüllung der Anforderungen des § 18 Satz 1 KWG, wenn die Angaben in den Selbstauskünften vollständig sind und von den Kreditnehmern glaubhaft gemacht werden, mit den den Kreditinstituten bekannten Tatsachen übereinstimmen und von den Kreditinstituten im

---

[884] Vgl. BAKRED (Anforderungen 1999), S. 2.

[885] Vgl. BAKRED (Anforderungen 1999), S. 2.

[886] Vgl. BAKRED (Anforderungen 1999), S. 2.

[887] BAKRED (Anforderungen 1999), S. 2.

[888] Vgl. BAKRED (Offenlegung 1998), S. 5.

Hinblick auf ihre Vertretbarkeit beurteilt worden sind [889]. Grundsätzlich sollten aber auch hier zur Absicherung der Informationen geeignete Nachweise wie Grundbuchauszüge, Einkommensteuerbescheide [890] und Lohn- bzw. Gehaltsbescheinigungen der Arbeitgeber [891] angefordert und gegebenenfalls eine Wirtschaftlichkeitsberechnung des zu finanzierenden Vorhabens durchgeführt werden [892]. Bei Krediten an Gewerbetreibende und Freiberufler, die keine Jahresabschlüsse erstellen, ist darüber hinaus eine Einnahmen- und Ausgabenrechnung (Überschussrechnung) gemäß § 4 Abs. 3 EStG zu verlangen, die wenigstens eine den ungekürzten Gewinn- und Verlustrechnungen von bilanzierenden Unternehmungen vergleichbare Informationstiefe aufweist [893]. Auskünfte Dritter, z. B. von Auskunfteien oder anderen Banken, entsprechen dagegen allein nicht dem Gebot des § 18 Satz 1 KWG [894], stellen aber u. U. eine wertvolle Ergänzung bereits zugegangener Informationen dar.

Zu 2.:   Auswertung

Bedeutung und Tragweite des § 18 Satz 1 KWG erschöpfen sich nicht etwa in der alleinigen Vorlage der erforderlichen Unterlagen durch die Kreditnehmer. Die Kreditinstitute haben vielmehr die eingereichten Unterlagen auch zukunftsgerichtet auszuwerten, sie auf Plausibilität und innere Widersprüche hin zu überprüfen und gegebenenfalls mit anderweitigen Erkenntnissen abzugleichen [895]. Den einzelnen Banken soll auf diese Weise die Notwendigkeit der Bereitstellung weiterer Unterlagen oder der Vornahme eigener Ermittlungen aufgezeigt bzw. eine abschließende Entscheidung über die Kreditvergabe ermöglicht werden [896]. Mit der gesetzlichen Pflicht zur Offenlegung der wirtschaftlichen Verhältnisse der Kreditnehmer wird also „nicht in den Entscheidungsspielraum der Kreditinstitute eingegriffen, ob es unter Risikogesichtspunkten vertretbar ist, einen Kredit

---

[889] Vgl. O. V. (Anmerkungen 1995), S. 522.

[890] „Der Einkommensteuerbescheid nebst Einkommensteuererklärung sollten dem Kreditinstitut binnen zwölf Monaten ab Ende des Veranlagungszeitraums vorgelegt werden"; BAKRED (Offenlegung 1998), S. 6.

[891] Sofern die kreditgewährende Bank das Lohn- bzw. Gehaltskonto des Kreditnehmers selbst führt, reicht ein entsprechender EDV-Ausdruck der Kontendaten; vgl. BAKRED (Offenlegung 1998), S. 6; ferner O. V. (Anmerkungen 1995), S. 523.

[892] Vgl. BAKRED (Offenlegung 1998), S. 5 f.; ferner O. V. (Anmerkungen 1995), S. 522.

[893] Vgl. BAKRED (Offenlegung 1998), S. 5 f. Überschussrechnungen sind ebenso wie Vermögensaufstellungen von den Kreditnehmern unter Angabe des Datums zu unterschreiben; vgl. ebenda, S. 6.

[894] Vgl. BAKRED (Offenlegung 1998), S. 6.

[895] Vgl. BAKRED (Offenlegung 1998), S. 7.

[896] Vgl. BAKred (Offenlegung 1998), S. 7; ferner SAUTER, WOLFGANG (Offenlegung 1996), S. 138.

zu gewähren"[897]. Die Entscheidung darüber, wie bei bestimmten wirtschaftlichen Verhältnissen das Kreditrisiko einzuschätzen ist, bleibt letztlich den Kreditinstituten selbst überlassen, „die bei ihrer Entscheidungsfindung die Gesamtumstände der Kreditverhältnisse zu würdigen haben"[898]. Gelangt die mit der Kreditwürdigkeitsprüfung in der Bank betraute Stelle dabei zu der Beurteilung, dass ein ausreichend zuverlässiger Einblick in die wirtschaftlichen Verhältnisse des Kreditnehmers gegeben ist, so kann auf der Grundlage dieses Einblicks der Kredit von den dazu berufenen Entscheidungsträgern des Kreditinstituts ausgereicht oder fortgesetzt werden[899]. Einer im Einzelfall nicht risikofreien Kreditvergabe steht damit die Vorschrift des § 18 Satz 1 KWG „nicht entgegen, sofern sich das kreditgewährende Institut über die aus der Kreditvergabe herrührenden Risiken ein klares Bild verschafft und sie als verkraftbar beurteilt"[900].

Zu 3.: Dokumentation

Neben der Vorlage der Unterlagen und deren Auswertung wird ausdrücklich verlangt, dass die eingereichten Unterlagen, Art und Umfang der Auswertung sowie die aus ihr gezogenen Schlussfolgerungen zu den Akten zu nehmen und mindestens sechs Jahre aufzubewahren sind[901]. Die Tatsachen und Belege, die das Kreditwürdigkeitsurteil seinerseits begründeten und die es rechtfertigen, dieses Urteil während der laufenden Überwachung des Kreditengagements weiterhin aufrechtzuerhalten, müssen für die Geschäftsleitung, die Innenrevision, den Abschlussprüfer[902] und die Bankenaufsicht in den Kreditakten festgehalten werden, sodass sie jederzeit nachprüfen können, ob dem Gebot des § 18 Satz 1 KWG Rechnung getragen worden ist[903].

---

[897] TRÖLLER, MANFRED (Zielsetzung 1985), S. 197.

[898] TRÖLLER, MANFRED (Zielsetzung 1985), S. 197 f.

[899] Vgl. BAKRED (Offenlegung 1998), S. 7.

[900] BAKRED (Offenlegung 1998), S. 1.

[901] Vgl. BAKRED (Offenlegung 1998), S. 7.

[902] Gemäß § 29 Abs. 1 KWG ist der Abschlussprüfer verpflichtet, im Rahmen der Jahresabschlussprüfung u. a. auch die Einhaltung des § 18 Satz 1 KWG zu überprüfen und hierzu in seinem Prüfungsbericht Stellung zu nehmen; vgl. auch § 58 PrüfbV. Das BAKRED bemängelt allerdings in diesem Zusammenhang die deutlich voneinander abweichenden Beurteilungsmaßstäbe der Abschlussprüfer; vgl. BAKRED (Jahresbericht 1996), S. 12.

[903] Vgl. BAKRED (Offenlegung 1998), S. 3 u. S. 7.

ec) Die Ausnahmen von der Pflicht zur Offenlegung der wirtschaftlichen Verhältnisse eines Kreditnehmers

In einigen eng umgrenzten Fällen [904] sieht der Gesetzgeber Ausnahmen von der Pflicht zur Durchführung einer Bonitätsprüfung nach § 18 Satz 1 KWG vor. Dies gilt zunächst für diejenigen Kredite, die gemäß § 21 Abs. 2 und Abs. 3 KWG als vergleichsweise risikolos eingestuft werden [905], sodass allgemein auf die Vorlage von Kreditunterlagen verzichtet werden kann. Darüber hinaus fordert der Gesetzgeber keine Offenlegung der wirtschaftlichen Verhältnisse eines Kreditnehmers

1. bei Krediten bis einschließlich 500.000 DM,

2. bei Krediten, bei denen das Verlangen nach Offenlegung im Hinblick auf die gestellten Sicherheiten oder auf die Mitverpflichteten offensichtlich unbegründet wäre (§ 18 Satz 2 KWG),

3. bei bestimmten Krediten, die der Finanzierung selbst genutzten Wohneigentums dienen (§ 18 Satz 3 KWG),

4. bei Krediten an bestimmte ausländische Staatsadressen (§ 18 Satz 4 KWG) sowie

5. bei bestimmten entgeltlich erworbenen Forderungen aus nicht bankmäßigen Handelsgeschäften (§ 21 Abs. 4 KWG).

Zu 1.:   Kredite bis einschließlich 500.000 DM

Kredite, die die Freigrenze in Höhe von 500.000 DM [906] nicht übersteigen, unterliegen nicht der Verhaltensnorm des § 18 Satz 1 KWG. Maßgebend für die Errechnung des Gesamtkreditvolumens ist der jeweils höhere Betrag aus zugesagten Krediten und Inanspruchnahmen [907], wobei alle Kredite im Sinne des § 21 Abs. 1 KWG an einen Kreditnehmer bzw. eine Kreditnehmereinheit zusammenzufassen sind [908]. Außer Betracht bleiben die in § 21 Abs. 2 und Abs. 3 KWG

---

[904] Es entspricht dem Sinn und dem Zweck der Offenlegungspflicht des § 18 Satz 1 KWG, dass bei der Beurteilung der Frage, ob ein Ausnahmetatbestand vorliegt, grundsätzlich ein strenger Maßstab anzulegen ist; vgl. MAYER, HELMUT (Bundesaufsichtsamt 1981), S. 93.

[905] Vgl. dazu *Anlage 16*, S. 590 f.

[906] Die in § 18 Satz 1 KWG enthaltene Freigrenze in Höhe von 500.000 DM ist im Laufe der Zeit mehrfach angehoben worden. Als Begründung hierfür wurde regelmäßig die Anpassung an veränderte wirtschaftliche Rahmenbedingungen angeführt; vgl. bspw. BUNDESREGIERUNG (Entwurf eines Fünften Gesetzes zur Änderung des KWG 1994), S. 30; BUNDESRAT (Stellungnahme 1997), S. 119.

[907] Vgl. SAUTER, WOLFGANG (Offenlegung 1996), S. 134; ferner FRÜH, ANDREAS (Bonitätsprüfung 1995), S. 1703; ALSHEIMER, CONSTANTIN (Offenlegung 1997), S. 462.

[908] Vgl. BAKRED (Offenlegung 1998), S. 1; ferner SAUTER, WOLFGANG (Offenlegung 1996), S. 133.

erwähnten Kredite[909]. Im Übrigen bejaht das BAKred die Anwendung von § 18 Satz 1 KWG selbst bei einer nur kurzfristigen und betraglich unerheblichen Überschreitung der gesetzlich festgeschriebenen Offenlegungsgrenze[910]. Auf der anderen Seite stellt die hier angesprochene Bagatellregelung die Geschäftsleitung eines Kreditinstituts nicht von der Verantwortung frei, auch bei Krediten in geringerer Höhe nach den Grundsätzen einer ordnungsgemäßen Geschäftsführung die Offenlegung der wirtschaftlichen Verhältnisse des Kreditnehmers zu verlangen[911]. Die in § 18 Satz 1 KWG festgelegte Betragsgrenze darf die Geschäftsleiter eines Kreditinstituts nicht zu der Auffassung verleiten, bei Krediten bis einschließlich 500.000 DM sei ein Offenlegungsinteresse sowie ein Offenlegungserfordernis nicht gegeben[912]. Die Kreditinstitute sind bei Krediten bis zu 500.000 DM lediglich flexibler, was die Erschließung von Erkenntnisquellen im Rahmen der Kreditwürdigkeitsprüfung anbelangt[913]. Aber auch hier ist davon auszugehen, dass mit zunehmender Größe des Kredits und mit steigendem Risikograd grundsätzlich auch höhere Anforderungen an die zur Beurteilung der wirtschaftlichen Verhältnisse eines Kreditnehmers heranzuziehenden Unterlagen zu stellen sind. Dies dürfte insbesondere für solche Kreditengagements gelten, die in ihrer betragsmäßigen Höhe eine Grenze von 10 % des haftenden Eigenkapitals der kreditgewährenden Bank erreichen oder übersteigen[914]. Im Übrigen hat der Abschlussprüfer gemäß § 58 Abs. 3 PrüfbV die Verfahren, nach denen sich das Kreditinstitut bei Krediten von insgesamt höchstens 500.000 DM die wirtschaftlichen Verhältnisse des jeweiligen Kreditnehmers offen legen lässt, darzustellen und zu beurteilen.

---

[909] Vgl. BAKRED (Offenlegung 1998), S. 1.

[910] Vgl. ALSHEIMER, CONSTANTIN (Offenlegung 1997), S. 462 f.; kritisch dazu FRÜH, ANDREAS (Bonitätsprüfung 1995), S. 1704.

[911] Vgl. BUNDESREGIERUNG (Entwurf eines Zweiten Gesetzes zur Änderung des KWG 1975), S. 12; BRINKMANN, JÜRGEN (Verhältnisse 1986), S. 58; SAUTER, WOLFGANG (Offenlegung 1996), S. 133; BAKRED (Offenlegung 1998), S. 10 (Fn. 1).

[912] Vgl. BRINKMANN, JÜRGEN (Verhältnisse 1986), S. 58.

[913] Vgl. auch FINANZAUSSCHUSS DES DEUTSCHEN BUNDESTAGES (Beschlußempfehlung und Bericht 1997), S. 163; LEHNHOFF, JOCHEN (6. KWG-Novelle 1997), S. 3.

[914] Vgl. BAKRED (Offenlegung 1998), S. 10 (Fn. 1).

Zu 2.: Kredite, bei denen das Verlangen nach Offenlegung im Hinblick auf die gestellten Sicherheiten oder auf die Mitverpflichteten offensichtlich unbegründet wäre (§ 18 Satz 2 KWG)

• Befreiung von der Pflicht zur Offenlegung aufgrund unverkennbar ausreichender Sicherheiten

Gemäß § 18 Satz 2 KWG dürfen die Kreditinstitute von der Offenlegung der wirtschaftlichen Verhältnisse ihrer Kreditnehmer absehen, wenn dieses Verlangen im Hinblick auf die von den Kreditnehmern gestellten Sicherheiten offensichtlich unbegründet wäre. Allein das Vorhandensein banküblicher Sicherheiten rechtfertigt jedoch noch nicht einen Verzicht auf die Prüfung der Kreditwürdigkeit eines Kreditnehmers. Die von den Kreditnehmern eingeräumten Sicherheiten müssen vielmehr in ihrer Gesamtheit so beschaffen sein, „dass ihre Realisierung aller Voraussicht nach das zur Verfügung gestellte Kapital und die Zinsen betragsmäßig voll abdeckt" [915]. Das BAKred sieht diese besondere Qualität einer Sicherheit zum Teil „nur nach vorsorglichen Wertabschlägen als Risikopuffer für unerwartete Wertverluste als gegeben an" [916]. Danach können die von den Kreditnehmern angebotenen Sicherheiten grundsätzlich mit den in *Abbildung 74* (vgl. S. 476-477) angeführten Wertansätzen berücksichtigt werden [917].

Bei den in der Anlage zum Rundschreiben 9/98 aufgeführten Sicherheiten handelt es sich um eine nicht abschließende Regelung [918]. Dort nicht aufgeführte Sicherheiten können vorbehaltlich der Zustimmung des BAKred „in besonders gelagerten Einzelfällen als im Rahmen von § 18 Satz 2 KWG geeignete Sicherheiten berücksichtigt werden" [919]. Hierzu hat das kreditgewährende Kreditinstitut einen entsprechenden Antrag schriftlich beim BAKred zu stellen, in dem das Kreditinstitut die Qualität der beantragten Sicherheit unter besonderer Berücksichtigung der für die Zwecke des § 18 Satz 2 KWG wichtigen Kriterien der Veräußerbarkeit und Verwertbarkeit als Voraussetzungen einer etwaigen Verwertung nachzuweisen hat [920]. Auf der Grundlage eines solchen Antrags entscheidet das BAKred, „ob und gegebenenfalls zu welchem Anrechnungssatz die beantragte Sicherheit im Rahmen von § 18 Satz 2 KWG berücksichtigt werden kann" [921].

---

[915] BAKRED (Offenlegung 1998), S. 7 f.

[916] SAUTER, WOLFGANG (Offenlegung 1996), S. 139.

[917] Vgl. BAKRED (Offenlegung 1998), Anlage zum Rundschreiben 9/98, S. 1-2.

[918] Vgl. BAKRED (Änderung 1999), S. 1.

[919] BAKRED (Änderung 1999), S. 1.

[920] Vgl. BAKRED (Änderung 1999), S. 1.

[921] BAKRED (Änderung 1999), S. 1.

Abb. 74: Sicherheitenliste gemäß § 18 Satz 2 KWG

Sicherheiten	Wertansatz bis zu
I. Sicht-, Spar- und Termineinlagen, Bausparguthaben, Lebensversicherungen	
1. die offene und bestätigte Abtretung von *oder* Pfandrechte an Rückzahlungsansprüchen aus Sicht-, Spar- und Termineinlagen	100 % des aktuellen Kapitalbetrages
2. die offene und bestätigte Abtretung von *oder* Pfandrechte an Rückzahlungsansprüchen aus Spar- und Termineinlagen bei Kreditinstituten der Zone A	80 % des aktuellen Kapitalbetrages
3. die offene und bestätigte Abtretung von *oder* Pfandrechte an Rückzahlungsansprüchen aus Bausparguthaben	Ansparwert
4. die offene und bestätigte Abtretung von *oder* Pfandrechte an Rückzahlungsansprüchen aus Lebensversicherungen bei im Bundesgebiet zum Geschäftsbetrieb zugelassenen Versicherungsunternehmen	80 % des Rückkaufwertes
II. Pfandrechte an Wertpapieren	
1. Anleihen	
a) Zone A	
aa) festverzinsliche einer Gebietskörperschaft mit einer Restlaufzeit bis zu 1 Jahr *sowie* variabel verzinsliche, sofern sie an einer Börse der Zone A gehandelt werden	95 % des Kurswertes
ab) festverzinsliche einer Gebietskörperschaft mit einer Restlaufzeit von 1 bis zu 10 Jahren, sofern sie an einer Börse der Zone A gehandelt werden	90 % des Kurswertes
ac) festverzinsliche einer Gebietskörperschaft mit einer Restlaufzeit über 10 Jahre, sofern sie an einer Börse der Zone A gehandelt werden	80 % des Kurswertes
ad) Bundesschatzbriefe, Finanzierungsschätze des Bundes	100 % des aktuellen Kapitalbetrages
ae) weitere mündelsichere Schuldverschreibungen	– 95 % des Kurswertes bei einer Restlaufzeit bis zu 1 Jahr – 90 % des Kurswertes bei einer Restlaufzeit von 1 bis zu 10 Jahren – 80 % des Kurswertes bei einer Restlaufzeit über 10 Jahre

Fortsetzung Abb. 74:

af) festverzinsliche eines Kreditinstituts auf die Währung eines Zone A-Landes denominiert mit einer Restlaufzeit bis zu 1 Jahr, sofern sie an einer Börse der Zone A gehandelt werden	90 % des Kurswertes
ag) festverzinsliche eines Kreditinstituts auf die Währung eines Zone A-Landes denominiert mit einer Restlaufzeit über 1 Jahr, sofern sie an einer Börse der Zone A gehandelt werden	80 % des Kurswertes
ah) variabel verzinsliche eines Kreditinstituts auf die Währung eines Zone A-Landes denominiert, sofern sie an einer Börse der Zone A gehandelt werden (alle Restlaufzeiten)	90 % des Kurswertes
ai) festverzinsliche *und* variabel verzinsliche eines Nicht-Kreditinstituts auf die Währung eines Zone A-Landes denominiert, sofern sie an einer Börse der Zone A gehandelt werden (alle Restlaufzeiten)	70 % des Kurswertes
b) Zone B	
börsennotierte Anleihen auf die Währung eines Zone A-Landes denominiert	60 % des Kurswertes
2. an inländischen Börsen notierte Aktien (in DM notiert)	60 % des Kurswertes
III. Pfandrechte an Edelmetallen und Edelmetallzertifikaten	50 % des Metallwertes
IV. Pfandrechte an Investmentzertifikaten	
1. Anteile an Wertpapiersondervermögen, die von einer inländischen Kapitalanlagegesellschaft verwaltet werden, wenn die Vermögenswerte entsprechend den Vertragsbedingungen überwiegend in Wertpapieren anzulegen sind, die an einer inländischen Börse gehandelt werden	60 % des Rücknahmepreises
2. Anteile an Grundstück-Sondervermögen, die von einer inländischen Kapitalanlagegesellschaft verwaltet werden, wenn seit dem Zeitpunkt der Bildung des Sondervermögens eine Frist von vier Jahren verstrichen ist	50 % des Rücknahmepreises
V. Grundpfandrechte an in- und ausländischen Liegenschaften (Diese Regelung ist gegenüber § 21 Abs. 3 Nr. 1 KWG subsidiär.)	50 % des jährlich zu ermittelnden Verkehrswertes

Die Kreditinstitute müssen über die Entwicklung der Werthaltigkeit der hereingenommenen Sicherheiten im Bilde sein [922]. Bei einem Wegfall (z. B. durch Freigabe) oder der Wertminderung von Sicherheiten haben sie sofort zu untersuchen, ob es weiterhin zulässig ist, von der Offenlegung der wirtschaftlichen Verhältnisse des Kreditnehmers Abstand zu nehmen. Ist dies nicht der Fall, müssen sie sich unverzüglich um Einsichtnahme in die Wirtschaftslage des betreffenden Kreditnehmers bemühen. Die vorgenommene Prüfung der Entwicklung der Werthaltigkeit der Sicherheiten und ihr Ergebnis sind von den Kreditinstituten aktenkundig zu machen.

- Befreiung von der Pflicht zur Offenlegung aufgrund nachweisbar guter Bonität der Mitverpflichteten

Ein Verzicht auf die Offenlegung der wirtschaftlichen Verhältnisse des Kreditnehmers kann nach § 18 Satz 2 KWG auch im Hinblick auf die Mitverpflichteten gerechtfertigt sein. Als Mitverpflichtete im Sinne dieses Ausnahmetatbestandes kommen allerdings nur diejenigen Personen oder Unternehmungen in Frage, die sich rechtsgeschäftlich neben dem Kreditnehmer für einen bestimmten Kredit verpflichtet haben, also insbesondere Wechselaussteller, Wechselindossanten oder Bürgen [923]. Voraussetzung hierfür ist, dass der Kreditnehmer keine wesentliche Bedeutung für die wirtschaftliche Situation des Mitverpflichteten hat. Darüber hinaus kommen Personen oder Unternehmungen, die eine wirtschaftliche Identität mit dem Kreditnehmer darstellen, auch dann nicht als Mitverpflichtete, die einen Verzicht auf die Offenlegung der wirtschaftlichen Verhältnisse des Kreditnehmers rechtfertigen können, in Betracht, wenn sie selbst keinen Kredit bei dem kreditgewährenden Kreditinstitut aufgenommen haben. Damit scheiden als mögliche Mitverpflichtete insbesondere die persönlich haftenden Gesellschafter einer kreditnehmenden Personenhandelsgesellschaft sowie die Partner von Partnergesellschaften aus.

Offensichtlich unbegründet ist das Verlangen nach Offenlegung der wirtschaftlichen Verhältnisse des Kreditnehmers nur dann, wenn die einwandfreie Bonität der Mitverpflichteten zweifelsfrei feststeht sowie dem Kreditinstitut nachgewiesenermaßen bekannt und ihre Mithaftung weder gesetzlich noch rechtsgeschäftlich einer Beschränkung unterworfen ist [924]. Es dürfen keinerlei vernünftige

---

[922] Vgl. hierzu sowie zu den folgenden Ausführungen dieses Absatzes BAKRED (Offenlegung 1998), S. 8.

[923] Vgl. hierzu sowie zu den folgenden Ausführungen dieses Absatzes BAKRED (Offenlegung 1998), S. 8.

[924] Vgl. BAKRED (Offenlegung 1998), S. 8.

Zweifel daran aufkommen, dass die volle Rückzahlung des Kredits einschließlich der Zinsen durch die Inanspruchnahme der Mitverpflichteten gesichert ist [925]. Um zu dieser Einschätzung zu gelangen, hat sich das Kreditinstitut die wirtschaftlichen Verhältnisse der Mitverpflichteten im Sinne des § 18 Satz 1 KWG offen legen zu lassen, bevor es von einer Offenlegung der wirtschaftlichen Verhältnisse des eigentlichen Kreditnehmers absieht [926]. Ergibt sich hierbei, dass das Verlangen nach Offenlegung der wirtschaftlichen Verhältnisse des Kreditnehmers wegen der Bonität schon eines Teils der Mitverpflichteten offenkundig unbegründet ist, so bedarf es der Offenlegung der wirtschaftlichen Verhältnisse durch andere Mitverpflichtete nicht mehr. Dies ist insbesondere dann der Fall, wenn ein Mitverpflichteter unter den Katalog des § 21 Abs. 2 Nr. 1 oder Abs. 3 Nr. 3 KWG fällt [927]. Das Ergebnis einer solchen Untersuchung ist in einer Weise aktenkundig zu machen, die es allen für die Überprüfung der Kreditentscheidung zuständigen Stellen erlaubt, sich zu jeder Zeit ein Urteil darüber zu machen, ob die Voraussetzungen für die Berücksichtigung eines Mitverpflichteten im Sinne des § 18 Satz 2 KWG erfüllt sind [928].

Zu 3.: bestimmte Kredite, die der Finanzierung selbst genutzten Wohneigentums dienen (§ 18 Satz 3 KWG)

Die Kreditinstitute sind grundsätzlich gehalten, die wirtschaftliche Entwicklung ihrer Kreditnehmer, denen sie jeweils Kredite von mehr als 500.000 DM ausgereicht haben, während der gesamten Dauer der Kreditbeziehung kontinuierlich zu beobachten und zu analysieren [929]. Eine Befreiung hiervon besteht lediglich für einen Teil der privaten Baufinanzierungen. Gemäß § 18 Satz 3 KWG kann ein Kreditinstitut von der laufenden, nicht aber der erstmaligen Offenlegung der wirtschaftlichen Verhältnisse eines Kreditnehmers absehen, wenn

– der Kredit grundpfandrechtlich gesichert ist,

– das Pfandobjekt Wohneigentum ist, das von dem Kreditnehmer zu einem wesentlichen Teil selbst genutzt wird,

– der Kredit 80 % des Beleihungswertes des Pfandobjektes nach § 12 Abs. 1 und Abs. 2 HypBankG nicht übersteigt und

---

[925] Vgl. BAKRED (Offenlegung 1998), S. 7.

[926] Vgl. BAKRED (Offenlegung 1998), S. 8; a. A. FRÜH, ANDREAS (Bonitätsprüfung 1995), S. 1707.

[927] Vgl. BAKRED (Offenlegung 1998), S. 8.

[928] Ähnlich BAKRED (Offenlegung 1998), S. 8.

[929] Vgl. Kapitel F.IV.3.ea), S. 464.

– der Kreditnehmer die von ihm geschuldeten Zins- und Tilgungsleistungen störungsfrei erbringt.

Mit dieser Ausnahmeregelung im Bereich der laufenden Kreditwürdigkeitsprüfung trägt der Gesetzgeber den Bedürfnissen der Kreditwirtschaft Rechnung. Erfahrungsgemäß zeichnet sich der durch § 18 Satz 3 KWG erfasste Kreditnehmerkreis durch eine sehr gute Zahlungsmoral aus, sodass der durch eine laufende Offenlegung der wirtschaftlichen Verhältnisse „verursachte Verwaltungsaufwand in keinem angemessenen Verhältnis zu den zu verhindernden Risiken steht" [930]. Im Vergleich hierzu werden Kredite, *soweit* sie den Erfordernissen der §§ 11 und 12 Abs. 1 und Abs. 2 HypBankG entsprechen, vollständig von der Bestimmung des § 18 Satz 1 KWG befreit [931]. § 18 Satz 3 KWG besitzt aus diesem Grunde nur für Pfandobjekte mit einem Beleihungswert von über 2.500.000 DM praktische Bedeutung [932]. Bei einem niedrigeren Beleihungswert liegt der Differenzbetrag zwischen der 60 %-Grenze des § 21 Abs. 3 Nr. 1 KWG und der 80 %-Grenze des § 18 Satz 3 KWG stets unter 500.000 DM, sodass das Offenlegungsgebot des § 18 Satz 1 KWG nicht greift [933].

Zu 4.:   Kredite an bestimmte ausländische Staatsadressen (§ 18 Satz 4 KWG)

Gemäß § 18 Satz 4 KWG ist eine Offenlegung der wirtschaftlichen Verhältnisse von Kreditnehmern nicht erforderlich bei Krediten an eine ausländische öffentliche Stelle im Sinne des § 20 Abs. 2 Satz 1 Nr. 1 Buchstabe b) bis d) KWG. Mit der Aufnahme dieses Ausnahmetatbestandes in § 18 KWG werden Kredite an bestimmte ausländische Staatsadressen (u. a. an Zentralregierungen in einem anderen Staat der „Zone A" oder an eine Regionalregierung oder örtliche Gebietskörperschaft in einem anderen Staat des Europäischen Wirtschaftsraums, für die nach Art. 7 Solvabilitätsrichtlinie die Risikogewichtung „Null" bekannt gegeben worden ist) wie Kredite an inländische Staatsadressen behandelt. Diese Gleichstellung ist eine Folge der Harmonisierung des Bankenaufsichtsrechts.

---

[930] FINANZAUSSCHUSS DES DEUTSCHEN BUNDESTAGES (Beschlußempfehlung und Bericht zur Fünften KWG-Novelle 1994), S. 47.

[931] Vgl. § 21 Abs. 3 Nr. 1 KWG.

[932] Vgl. BAKRED (Offenlegung 1998), S. 9.

[933] Vgl. BAKRED (Offenlegung 1998), S. 9.

Zu 5.: bestimmte entgeltlich erworbene Forderungen aus nicht bankmäßigen Handelsgeschäften (§ 21 Abs. 4 KWG)

§ 21 Abs. 4 KWG gestattet es den Kreditinstituten, bei Krediten aufgrund des entgeltlichen Erwerbs von Forderungen aus nicht bankmäßigen Handelsgeschäften auf die Offenlegung der wirtschaftlichen Verhältnisse zu verzichten, wenn

– derartige Forderungen gegen den jeweiligen Schuldner laufend erworben werden,

– der Veräußerer der Forderungen nicht für ihre Erfüllung einzustehen hat und

– die einzelne Forderung innerhalb von drei Monaten, vom Tage des Ankaufs an gerechnet, fällig ist.

Diese Ausnahmevorschrift bringt eine Erleichterung für Kreditinstitute, die im Rahmen des echten Factoring die Außenstände von Anschlusskunden durch den Ankauf von Forderungen aus Lieferungen und Leistungen laufend refinanzieren und dabei den Anschlusskunden auch das Ausfallrisiko durch Delkredereübernahme abnehmen, selbst aber in keinen originären Vertragsbeziehungen zu den Forderungsschuldnern stehen und somit kaum in der Lage sind, die Kreditgewährung von der ausreichenden Offenlegung der wirtschaftlichen Verhältnisse der Forderungsschuldner abhängig zu machen [934]. Mithin berücksichtigt der Gesetzgeber beim echten Factoring praktische Schwierigkeiten im Zusammenhang mit der Durchführung der Bonitätsprüfung von Kreditnehmern [935]. Unter Risikogesichtspunkten erscheint es allerdings bedenklich, dass für erworbene Forderungen andere Maßstäbe angelegt werden als für direkt vergebene Kredite [936]. Der eigentliche Grund für die Ausnahmeregelung des § 21 Abs. 4 KWG dürfte von daher wohl eher in dem Bestreben zu suchen sein, Wettbewerbsnachteile der Kreditinstitute, die u. a. auch das Factoringgeschäft betreiben, gegenüber den ausschließlich Factoring anbietenden Unternehmungen, die als Spezialinstitute nicht dem Offenlegungsgebot des § 18 Satz 1 KWG unterliegen, zu vermeiden [937].

---

[934] Vgl. BÄHRE, INGE LORE; SCHNEIDER, MANFRED (KWG-Kommentar 1986), S. 231; HEIN, MANFRED (Anforderungen 1986), S. 19.

[935] Vgl. FRÜH, ANDREAS (Bonitätsprüfung 1995), S. 1708.

[936] Vgl. HEIN, MANFRED (Anforderungen 1986), S. 19; SZAGUNN, VOLKHARD; HAUG, ULRICH; ERGENZINGER, WILHELM (Kreditwesen 1997), S. 363.

[937] Vgl. HEIN, MANFRED (Anforderungen 1986), S. 20; SZAGUNN, VOLKHARD; HAUG, ULRICH; ERGENZINGER, WILHELM (Kreditwesen 1997), S. 363; NIRK, RUDOLF (Kreditwesengesetz 1999), S. 256.

4. Die Rahmenvorschriften für das Betreiben von Handelsgeschäften

a) Vorbemerkungen

Seit Ende der 80er Jahre ist speziell im Zusammenhang mit dem verstärkten Aufkommen derivativer Finanzinstrumente eine deutliche Zunahme der Handelsaktivitäten von Kreditinstituten zu beobachten. Das Ergebnis aus dem Handelsgeschäft ist mittlerweile vor allem bei den im Derivatebereich besonders stark engagierten Banken zu einer bestimmenden Größe ihrer Gewinn- und Verlustrechnung geworden. Die von den Kreditinstituten durchgeführten Handelstransaktionen dienen hierbei nicht nur dem Aufbau eines Anlagebestandes, der Investition verfügbarer Mittel in der Liquiditätsreserve oder der Absicherung bereits bestehender Geschäfte, sondern in z. T. nicht unbeachtlicher Höhe auch der Begründung von Risikopositionen im Eigenhandel. Gerade das auf die Erzielung von Eigenhandelserfolgen ausgerichtete Handelsgeschäft mit Derivaten beinhaltet aber nicht zu unterschätzende Risiken für die Existenz eines Kreditinstituts. Wie die Erfahrung zeigt, können sich im Handel mit Derivaten wegen der großen Hebelwirkung dieser Instrumente und der Unberechenbarkeit der Finanzmärkte sehr viel schneller daseinsbedrohende Verlustpotenziale entwickeln als beispielsweise im klassischen Kreditgeschäft [938]. „Die Gefahr, dass ein durch Verluste im Handelsgeschäft (mit Derivaten; Anm. d. Verf.) verursachter Zusammenbruch eines größeren 'market player' andere Finanzmarktakteure ernsthaft in Mitleidenschaft ziehen und im schlimmsten Fall eine die Finanzmärkte erschütternde Kettenreaktion auslösen könnte, ist durchaus real" [939].

Vor diesem Hintergrund verwundert es nicht, dass das BAKred bemüht ist, den Kreditinstituten durch das Aufsichtsrecht Rahmenbedingungen für ihr Handelsgeschäft zu setzen, um unternehmerischem Fehlverhalten in diesem Betätigungsfeld nach Möglichkeit vorzubeugen. Die Bankenaufsicht muss Kreditinstitute mit Hilfe geeigneter Vorschriften und Standards und unter Berücksichtigung nationaler und internationaler Wettbewerbsverhältnisse dazu anhalten, auch im Handelsgeschäft durch entsprechende Kontrolle, Begrenzung und Absicherung von Risiken so viel Vorsicht walten zu lassen, dass sie weder sich selbst oder die ihnen anvertrauten Gelder und Vermögenswerte noch andere Marktteilnehmer und

---

[938] Vgl. Artopoeus, Wolfgang (Handelsgeschäfte 1996), S. 150. Ein besonders augenfälliges Beispiel für den unsachgemäßen Einsatz derivativer Finanzprodukte ist der im Frühjahr 1995 durch einen Händler spekulativ herbeigeführte Kollaps der Londoner Barings Bank.

[939] Artopoeus, Wolfgang (Handelsgeschäfte 1996), S. 150.

damit das gesamte Finanzsystem gefährden [940]. Auch der Baseler Ausschuss für Bankenaufsicht betont in diesem Zusammenhang ausdrücklich die besondere Bedeutung eines soliden internen Risikocontrollings und Risikomanagements für eine umsichtige Geschäftsführung der Kreditinstitute und für die Förderung der Stabilität im Finanzsystem als Ganzes [941].

Resultat der vorstehenden Überlegungen ist die in Abstimmung mit der Deutschen Bundesbank und im Einvernehmen mit dem BAWe im Oktober 1995 herausgegebene Verlautbarung zu den Mindestanforderungen an das Betreiben von Handelsgeschäften der Kreditinstitute [942]. Diese Verlautbarung des BAKred fasst die bis zu diesem Zeitpunkt bestehenden „Mindestanforderungen für bankinterne Kontrollmaßnahmen bei Devisengeschäften – Kassa und Termin" [943] sowie die „Anforderungen an das Wertpapierhandelsgeschäft der Kreditinstitute" [944] zusammen und ergänzt sie um weitere Anforderungen an das Risikocontrolling und Risikomanagement der Kreditinstitute. Grundlage dieser erweiterten Anforderungen sind die im Sommer 1993 veröffentlichten Empfehlungen der Group of Thirty über derivative Finanzinstrumente sowie die im Jahre 1994 vom Baseler Ausschuss für Bankenaufsicht bei der BIZ vorgelegten Richtlinien für das Risikomanagement im Derivativgeschäft [945].

Die Mindestanforderungen des BAKred an das Betreiben von Handelsgeschäften stellen ein Instrument der laufenden Bankenaufsicht dar. Sie beschreiben die qualitativen Voraussetzungen, die Kreditinstitute nach Ansicht des BAKred sowohl in ihrer Aufbau- als auch in ihrer Ablauforganisation erfüllen müssen, wenn sie Handelsgeschäfte umsichtig und risikobewusst durchführen wollen [946]. Das BAKred überwacht die Einhaltung dieser Mindestanforderungen und schreitet bei deren Missachtung gegen die betreffenden Kreditinstitute ein. Die in der Verlautbarung des BAKred aufgestellten Mindestanforderungen an das Betreiben von

---

[940] Vgl. ARTOPOEUS, WOLFGANG (Handelsgeschäfte 1996), S. 150.

[941] Vgl. BASELER AUSSCHUSS FÜR BANKENAUFSICHT (Derivativgeschäft 1994), S. 183.

[942] Vgl. BAKRED (Mindestanforderungen 1995), S. 395a ff.

[943] Vgl. Schreiben des BAKred I 4 – 32 vom 24. Februar 1975.

[944] Vgl. Schreiben des BAKred V 3 – Gr. 8/77 vom 30. Dezember 1980.

[945] Vgl. GROUP OF THIRTY (HRSG.) (Principles 1993), S. 1 ff.; BASELER AUSSCHUSS FÜR BANKENAUFSICHT (Derivativgeschäft 1994), S. 182 ff.

[946] Der mit der Bekanntgabe der Mindestanforderungen an das Betreiben von Handelsgeschäften vollzogene Schritt zu einer mehr qualitativ orientierten Aufsicht ist nach Auffassung von ARTOPOEUS vor allem auch als Ausdruck des Bemühens des BAKred um eine flexiblere, an den Bedürfnissen des modernen Bankgeschäfts ausgerichtete Überwachungstätigkeit zu werten; vgl. ARTOPOEUS, WOLFGANG (Handelsgeschäfte 1996), S. 155.

Handelsgeschäften sind zudem Gegenstand der Prüfungstätigkeit des Jahresabschlussprüfers [947].

Die Mindestanforderungen des BAKred gelten für alle Kreditinstitute im Sinne des Kreditwesengesetzes einschließlich ihrer rechtlich unselbstständigen Zweigstellen im Ausland [948]. Nicht erfasst werden dagegen die rechtlich selbstständigen Tochterunternehmen deutscher Kreditinstitute im Ausland, da für diese die Aufsichtsbehörden des jeweiligen Gastlandes zuständig sind. Unabhängig davon erscheint es aber durchaus sachgerecht, dass auch bestimmte Finanzdienstleistungsinstitute sowie Industrie-, Dienstleistungs-, Handels- und Versorgungsunternehmungen mit umfangreichem und komplexem Handelsgeschäft auf die Mindestanforderungen des BAKred sinngemäß zurückgreifen [949].

Die in den Mindestanforderungen des BAKred festgelegten Grundsätze ordnungsgemäßer Geschäftsführung im Handelsbereich der Kreditinstitute sind bei näherer Betrachtung nichts anderes als ein Katalog von „best practices", die dem veränderten Geschäftsumfeld für Banken auf den Finanzmärkten Rechnung tragen und bei allen betroffenen Kreditinstituten dazu führen sollen, dass die institutsspezifischen Bestimmungen dem allgemein üblichen Niveau entsprechen [950]. „Ihre Funktion besteht nicht zuletzt darin, das Risikobewusstsein der Geschäftsleiter zu schärfen und sie davor zu warnen, Geschäfte zu tätigen, deren Risiken sie nicht voll erfassen und kontrollieren können, weil sie nicht über das notwendige Know-how und ausreichend qualifiziertes Personal, die erforderlichen Organisationsstrukturen oder hinlängliche Risikomess- und Steuerungstechniken verfügen" [951]. Diese Zwecksetzung der Mindestanforderungen zeigt sich auch im Gliederungsaufbau der Verlautbarung. Die Mindestanforderungen des BAKred beziehen sich danach im Wesentlichen auf die folgenden fünf Regelungsbereiche:

1. Abgrenzung des Begriffs der Handelsgeschäfte,

2. Allgemeine Anforderungen,

3. Anforderungen an das Risikocontrolling und Risikomanagement,

4. Anforderungen an die Organisation der Handelstätigkeit sowie

5. Anforderungen an die Innenrevision.

---

[947] Vgl. BAKRED (Begleitschreiben 1995b), S. 412.

[948] Vgl. BAKRED (Mindestanforderungen 1995), S. 396.

[949] Vgl. auch JAKOB, KLAUS-D. (Betreiben 1995), S. 479; DEUTSCHE BUNDESBANK (Mindestanforderungen 1996), S. 64; C&L DEUTSCHE REVISION AG (HRSG.) (Anforderungen 1998), S. 16 u. S. 180.

[950] Vgl. C&L DEUTSCHE REVISION AG (HRSG.) (Anforderungen 1998), S. 17 u. S. 180.

[951] ARTOPOEUS, WOLFGANG (Handelsgeschäfte 1996), S. 152.

b) Abgrenzung des Begriffs der Handelsgeschäfte

Da die Verfahren, nach denen die Handelsaktivitäten der Banken zu organisieren und zu überwachen sind, für alle Arten der Handelsgeschäfte grundsätzlich übereinstimmen, wurde vom BAKred der Anwendungsbereich der Verlautbarung bewusst weit gefasst. Als Handelsgeschäfte im Sinne der Mindestanforderungen gelten alle Kontrakte, die entweder ein Geldmarktgeschäft [952], ein Wertpapiergeschäft [953], ein Devisengeschäft, ein Edelmetallgeschäft oder ein Derivategeschäft [954] „zur Grundlage haben und die im eigenen Namen und für eigene oder fremde Rechnung abgeschlossen werden" [955]. Zu den Handelsgeschäften zählen aber auch – ungeachtet des Geschäftsgegenstandes – Vereinbarungen von Rückgabe- oder Rücknahmeverpflichtungen sowie die Pensionsgeschäfte [956]. Der Kreis der in die Mindestanforderungen einzubeziehenden Transaktionen ist somit „bedeutend weiter gezogen, als dies dem traditionellen Verständnis von Handelsgeschäften entspricht" [957]. Die Verlautbarung des BAKred orientiert sich am Risikogehalt der Handelsgeschäfte und erstreckt sich auf alle Käufe und Verkäufe in den angesprochenen Geschäftsarten, die sowohl eigenständig als auch als Hilfsgeschäfte durchgeführt werden, und zwar unabhängig davon, mit welcher Absicht (Hedging, Arbitrage oder Spekulation) die Abwicklung dieser Geschäfte erfolgte und ob sie an einer Börse oder auf dem OTC-Markt getätigt wurden [958].

Im Ergebnis führt diese weite Abgrenzung des Begriffs der Handelsgeschäfte dazu, dass beinahe alle Handelsaktivitäten eines Kreditinstituts von den Mindestanforderungen des BAKred berührt werden. Der Anwendungsbereich der Verlautbarung deckt nicht nur den gesamten Handelsbestand eines Kreditinstituts ab, sondern betrifft auch diejenigen Geschäfte, die für die Liquiditätsreserve oder den Anlagebestand abgeschlossen werden [959]. Zum Anwendungsbereich der

---

[952] Geldmarktgeschäfte (u. a. die Geldhandelstransaktionen für Zwecke der Liquiditätssteuerung) unterliegen unabhängig von ihrer jeweiligen Laufzeit bzw. Fristigkeit den Mindestanforderungen.

[953] Das Wertpapiergeschäft beinhaltet auch den Handel in Schuldscheinen und Namensschuldverschreibungen sowie die Wertpapierleihe, nicht jedoch Emissionsgeschäfte.

[954] Zu den Geschäften in Derivaten gehören alle Geschäfte, deren Preis sich von einem zugrunde liegenden Aktivum („underlying"), von einem Referenzpreis, einem Referenzzins oder einem Referenzindex ableitet; vgl. BAKRED (Mindestanforderungen 1995), S. 397.

[955] BAKRED (Mindestanforderungen 1995), S. 397.

[956] Vgl. BAKRED (Mindestanforderungen 1995), S. 397.

[957] DEUTSCHER SPARKASSEN- UND GIROVERBAND E. V. (HRSG.) (Sparkassen-Leitfaden 1996), S. 6; vgl. ferner CASTEEL, WILHELM; KRÜPPEL, WOLFGANG (Anforderungen 1996), S. 11; MIELK, HOLGER (Mindestanforderungen 1996), S. 30.

[958] Vgl. HANENBERG, LUDGER (Verlautbarung 1996), S. 641 u. S. 643.

[959] Vgl. BAKRED (Begleitschreiben 1995b), S. 411; DEUTSCHE BUNDESBANK (Mindestanforderungen 1996), S. 56 f.; HANENBERG, LUDGER (Verlautbarung 1996), S. 641.

Verlautbarung gehören damit insbesondere auch die Wertpapiere der Liquiditätsreserve und des Anlagebestandes [960]. Außerdem darf der Kreis der Handelsgeschäfte „auch nicht dadurch eingeengt werden, indem allein auf kurzfristige
Geschäfte abgestellt wird" [961]. Der Anwendungsbereich der Verlautbarung umfasst zudem über die Eigenhandelsgeschäfte der Kreditinstitute hinaus einen
Großteil der Geschäfte mit Kunden [962]. Gänzlich ausgenommen sind lediglich
die Festgeldanlagen von Kunden, das Münzgeschäft sowie der Handel mit Reiseschecks, da diese Geschäftsarten „weder ihrer Art noch – regelmäßig – dem Umfang nach geeignet sind, eine Basis für bedeutende Risiken des jeweiligen Instituts zu werden" [963]. Daneben bestehen wegen des fehlenden Adressen- und
Marktpreisänderungsrisikos für bestimmte Arten von Handelsgeschäften Teilaus-
nahmen von den Mindestanforderungen des BAKred. So werden Kommissionsgeschäfte ohne Selbsteintritt in Wertpapieren und Derivaten bis auf die Ausführungen zur valutagerechten Buchung von Wertpapierkassageschäften von den
Vorschriften der Verlautbarung freigestellt [964]. Auf Kommissionsgeschäfte ohne
Selbsteintritt in Devisen und Edelmetallen finden die Regelungen der Verlautbarung über das Risikocontrolling und Risikomanagement nur hinsichtlich der
Bestimmungen zu den rechtlichen Risiken Anwendung [965]. Gleiches gilt für die
von verbandsangehörigen Kreditinstituten, also Sparkassen und Kreditgenossenschaften, getätigten Festpreisgeschäfte in Wertpapieren mit Kunden, sofern sichergestellt ist, dass das Festpreisgeschäft mit dem Kunden auf der Ebene des
Primärinstituts nachweislich unverzüglich durch die Vornahme eines Gegenge-
schäftes mit dem Zentralinstitut glattgestellt wird [966]. Unter Festpreisgeschäften
in Wertpapieren mit Kunden sind hierbei „Geschäfte mit Wertpapieren fremder
Emittenten sowie der Zweithandel mit eigenen Emissionen zu verstehen" [967].

---

[960] Vgl. BAKRED (Organisation 1996), S. 412b f.

[961] BAKRED (Organisation 1996), S. 412c.

[962] Vgl. BAKRED (Begleitschreiben 1995a), S. 4; HANENBERG, LUDGER (Verlautbarung 1996), S. 641.

[963] BAKRED (Begleitschreiben 1995b), S. 411.

[964] Vgl. BAKRED (Mindestanforderungen 1995), S. 397; BAKRED (Begleitschreiben 1995a), S. 4.

[965] Vgl. BAKRED (Mindestanforderungen 1995), S. 397; BAKRED (Begleitschreiben 1995a), S. 4.

[966] Vgl. BAKRED (Mindestanforderungen 1995), S. 397; BAKRED (Begleitschreiben 1995a), S. 4.

[967] DEUTSCHER SPARKASSEN- UND GIROVERBAND E. V. (HRSG.) (Sparkassen-Leitfaden 1996), S. 7.

c) Allgemeine Anforderungen

ca) Verantwortung der Geschäftsleitung

Ein besonderes Anliegen der Mindestanforderungen des BAKred ist die Festschreibung der Verantwortung sämtlicher Geschäftsleiter einer Bank für die ordnungsgemäße Organisation und Überwachung der Handelsgeschäfte [968]. Die Geschäftsleiter eines Kreditinstituts dürfen das Geldmarktgeschäft sowie das Geschäft mit Wertpapieren, Devisen, Edelmetallen und Derivaten nicht sich selbst überlassen. Sie sind vielmehr gemeinsam dafür zuständig, dass nur solche Handelsgeschäfte durchgeführt werden, „die das Institut beherrscht und deren Risiken in einem überschaubaren, die finanziellen Kräfte des Instituts nicht übersteigenden Rahmen bleiben" [969]. Diese Gesamtverantwortung aller Geschäftsleiter einer Bank ergibt sich zwar bereits aus den Bestimmungen des Gesellschaftsrechts und ist beispielsweise in § 93 Abs. 1 Satz 1 AktG bzw. § 43 Abs. 1 GmbHG festgelegt. Mit der Hervorhebung dieser Gesamtverantwortung in den Mindestanforderungen will das BAKred allerdings ausdrücklich klarstellen, dass im Bereich der Handelsgeschäfte trotz der heute weit verbreiteten Arbeitsteilung auf Geschäftsleiterebene auch diejenigen Geschäftsleiter, die nicht unmittelbar in das Risikocontrolling oder Risikomanagement des Kreditinstituts eingebunden sind, eigene Obliegenheitspflichten haben und bei Missachtung dieser Pflichten auf der Grundlage der Verlautbarung belangt werden können [970].

Um der von den Mindestanforderungen postulierten Mitverantwortung eines jeden Geschäftsleiters gerecht zu werden, ist es aus Sicht des BAKred unerlässlich, dass die Geschäftsleiter den Risikogehalt der Handelsgeschäftstätigkeit eines Kreditinstituts beurteilen können [971]. Dies bedeutet jedoch nicht, dass alle Mitglieder der Geschäftsleitung über detaillierte Kenntnisse in den einzelnen Handelsgeschäftsformen verfügen müssen [972]. Es wird aber erwartet, dass jeder Geschäftsleiter zumindest so viel von der Wirkungsweise der Handelsgeschäfte und den Marktmechanismen versteht, dass er selbst das Risikopotenzial der betref-

---

[968] Vgl. BAKRED (Mindestanforderungen 1995), S. 397. Zum bankenaufsichtsrechtlichen Begriff des Geschäftsleiter vgl. § 1 Abs. 2 KWG.

[969] ARTOPOEUS, WOLFGANG (Handelsgeschäfte 1996), S. 151.

[970] Vgl. CASTEEL, WILHELM; KRÜPPEL, WOLFGANG (Anforderungen 1996), S. 11; DEUTSCHE BUNDESBANK (Mindestanforderungen 1996), S. 57; DEUTSCHER SPARKASSEN- UND GIROVERBAND E. V. (HRSG.) (Sparkassen-Leitfaden 1996), S. 9.

[971] Vgl. BAKRED (Mindestanforderungen 1995), S. 397.

[972] Vgl. BAKRED (Begleitschreiben 1995a), S. 5; HÖFER, BIRGIT; JÜTTEN, HERBERT (Betreiben 1995), S. 753; MIELK, HOLGER (Mindestanforderungen 1996), S. 30.

fenden Geschäfte abschätzen und sich ein Urteil darüber bilden kann, ob das Kreditinstitut „die Verluste verkraften kann, die entstehen würden, wenn Marktpartner ausfallen oder die Märkte sich anders als erwartet entwickeln" [973]. Nur dann ist die Geschäftsleitung in ihrer Gesamtheit in der Lage, die nach Art, Umfang, Risikogehalt und Komplexität der Handelsgeschäfte erforderlichen organisatorischen Vorkehrungen zur Begrenzung der mit diesen Geschäften verbundenen Risiken zu treffen. Hierzu gehört insbesondere die Limitierung und die Überwachung der sich aus den Handelsgeschäften ergebenden Adressen- und Marktpreisänderungsrisiken im Rahmen eines Risikocontrolling- und Risikomanagementsystems [974].

cb) Festlegung von Rahmenbedingungen durch die Geschäftsleitung

Ihrer Gesamtverantwortung für die ordnungsgemäße Organisation und Überwachung der Handelsgeschäfte entsprechend hat die Geschäftsleitung eines Kreditinstituts schriftlich zu fixierende Beschlüsse über die Rahmenbedingungen der Handelsaktivitäten zu fassen [975]. Die wichtigsten durch die Rahmenbedingungen zu regelnden Sachverhalte sind hierbei katalogartig in der Verlautbarung des BAKred aufgelistet [976]. Sie betreffen – wie *Abbildung 75* (vgl. S. 489) in einem Überblick zeigt – die geschäftspolitische Ausrichtung, die Steuerung, die Organisation sowie die Dokumentation und Kontrolle der Handelsgeschäfte [977].

Die in *Abbildung 75* (vgl. S. 489) aufgeführten Rahmenbedingungen bilden die Eckpfeiler der Handelsgeschäftstätigkeit einer Bank. Mit ihrer Hilfe soll sichergestellt werden, dass die getätigten Handelsgeschäfte stets im Einklang stehen mit den von allen Geschäftsleitern erörterten und genehmigten Grundsätzen [978]. Die Rahmenbedingungen sind deshalb periodisch einer Überprüfung zu unterziehen und von der Geschäftsleitung an veränderte Gegebenheiten anzupassen [979]. Sie sind darüber hinaus durch detaillierte Organisationsrichtlinien (z. B. Arbeitsablaufbeschreibungen, Stellenbeschreibungen und Kompetenzzuordnungen) in An-

---

[973] ARTOPOEUS, WOLFGANG (Handelsgeschäfte 1996), S. 151.

[974] Vgl. BAKRED (Mindestanforderungen 1995), S. 397.

[975] Vgl. BAKRED (Mindestanforderungen 1995), S. 398.

[976] Vgl. BAKRED (Mindestanforderungen 1995), S. 398.

[977] Vgl. auch HANENBERG, LUDGER (Verlautbarung 1996), S. 638. Zu Einzelheiten vgl. C&L DEUTSCHE REVISION AG (HRSG.) (Anforderungen 1998), S. 28 ff.

[978] Vgl. C&L DEUTSCHE REVISION AG (HRSG.) (Anforderungen 1998), S. 27 u. S. 29.

[979] Vgl. BAKRED (Mindestanforderungen 1995), S. 398.

Abb. 75: Die Rahmenbedingungen der Handelstätigkeit von Kreditinstituten

geschäftspolitische Ausrichtung	Steuerung	Organisation	Dokumentation und Kontrolle
• Handelsstrategien in den einzelnen Produktgruppen • lokale Märkte oder Börsenplätze, an denen gehandelt werden darf • Art und Umfang der Handelsgeschäfte • Kontrahentenkreis, mit dem gehandelt werden darf	• Verfahren zur Messung, Analyse, Überwachung und Steuerung der Risiken • Höhe der zulässigen Risikopositionen nach Geschäfts- oder Risikoarten oder Organisationseinheiten oder Portfolios • Verfahren, wie bei Limitüberschreitungen oder extremen Marktentwicklungen zu reagieren ist	• Funktion und Verantwortung (Kompetenzen) einzelner Mitarbeiter und Arbeitseinheiten • personelle und technische Ausstattung • rechtliche Gestaltung und Dokumentation der Handelsgeschäfte • Wahrung der Vertraulichkeit bei Geschäftsabschlüssen	• internes Rechnungswesen und externe Rechnungslegung • internes Kontroll- und Überwachungssystem • internes Berichtswesen

weisungen für die Praxis umzusetzen [980]. Diese Organisationsrichtlinien müssen zudem nicht nur ebenfalls laufend überprüft und aktualisiert, sondern den einzelnen Mitarbeitern auch ständig „zur Verfügung gestellt und beispielsweise in Schulungsveranstaltungen erläutert werden" [981]. Die Mitarbeiter haben schließlich von den sie betreffenden Organisationsrichtlinien nachweislich Kenntnis zu nehmen [982].

cc) Geschäfte in neuartigen Produkten oder auf neuen Märkten

Die Gesamtverantwortung der Geschäftsleitung eines Kreditinstituts für die ordnungsgemäße Organisation und Überwachung der Handelstätigkeit gilt auch für die Aufnahme von Geschäften in neuartigen Produkten oder auf neuen Märkten. Von einem neuartigen Produkt bei einem Kreditinstitut ist hierbei stets dann auszugehen, wenn dieses Produkt in irgendeinem der beteiligten Unternehmungs-

---

[980] Vgl. BAKRED (Mindestanforderungen 1995), S. 398; DEUTSCHE BUNDESBANK (Mindestanforderungen 1996), S. 58.

[981] DEUTSCHE BUNDESBANK (Mindestanforderungen 1996), S. 58.

[982] Vgl. BAKRED (Mindestanforderungen 1995), S. 398.

bereiche (z. B. Disposition/Abschluss, Abwicklung/Kontrolle, Rechnungswesen, Überwachung) zu Änderungen in der bisherigen Handhabung führt [983]. Sinngemäß trifft dieses Kriterium auch für die Aktivitäten auf neuen Märkten zu [984]. Die Mindestanforderungen des BAKred sehen daher aus Sicherheitsgründen die in *Abbildung 76* dargestellten Verfahrensschritte vor, die bei einer Bank erst zu durchlaufen sind, bevor der regelmäßige Handel mit neuartigen Produkten oder auf neuen Märkten beginnt [985].

Abb. 76: Ablaufschema zur Aufnahme von Handelsgeschäften in neuartigen Produkten oder auf neuen Märkten

Verfahrensschritte für die Einführung neuartiger Produkte bzw. für die Aufnahme von Aktivitäten auf neuen Märkten
1. Schritt: Vorabgenehmigung einer Testphase durch den für den Abschluss von Handelsgeschäften zuständigen Geschäftsleiter
– Genehmigungsgrundlage: ein organisatorisch umfassendes und detailliertes Konzept
– unverzügliche Unterrichtung der übrigen Geschäftsleiter
2. Schritt: Testphase
– überschaubarer Geschäftsumfang
– Einbeziehung aller später in die Arbeitsabläufe eingebundenen Stellen (insb. auch der Innenrevision) im Rahmen ihrer jeweiligen Aufgaben
3. Schritt: Erfüllung der Voraussetzungen für die förmliche Aufnahme des laufenden Handels
– erfolgreiche Beendigung der Testphase
– interne Arbeitsanweisungen
– qualifiziertes Personal
– angemessene technische Ausstattung
– wirksame Risikokontrollsysteme
– Zustimmung der gesamten Geschäftsleitung
4. Schritt: Beginn des laufenden Handels mit neuartigen Geschäften oder an neuen Märkten

---

[983] Vgl. C&L DEUTSCHE REVISION AG (HRSG.) (Anforderungen 1998), S. 44; ähnlich DEUTSCHER SPARKASSEN- UND GIROVERBAND E. V. (HRSG.) (Sparkassen-Leitfaden 1996), S. 13.

[984] Vgl. C&L DEUTSCHE REVISION AG (HRSG.) (Anforderungen 1998), S. 45.

[985] Vgl. BAKRED (Mindestanforderungen 1995), S. 398 f.

cd) Qualifikation und Verhalten der Mitarbeiter

Ein weiteres Ziel der Verlautbarung des BAKred ist die Sicherstellung der notwendigen Qualifikation der Mitarbeiter, die mit dem Abschluss, dem Risikocontrolling und Risikomanagement, der Abwicklung, dem Rechnungswesen, der Überwachung, der Revision und der Organisation der Handelsgeschäfte betraut sind. Die Geschäftsleitung einer Bank hat dafür Sorge zu tragen, dass diese Mitarbeiter sowie deren Stellvertreter in ihrem jeweiligen Verantwortungsbereich über umfassende Kenntnisse nicht nur in den gehandelten Produkten, sondern auch in den eingesetzten Handels- und Steuerungstechniken verfügen [986]. Die Gehälter der im Handel aktiv tätigen Mitarbeiter sollten zudem so gestaltet werden, dass sie nicht zu stark von der Entwicklung der erwirtschafteten Handelsergebnisse abhängen, um Anreize für eine übermäßige Risikobereitschaft zu vermeiden [987]. Die Gehälter der Mitarbeiter in den übrigen Abteilungen wie z. B. im Risikocontrolling und Risikomanagement sowie in der Abwicklung sind dagegen so zu bemessen, dass für diese z. T. komplexen Tätigkeiten qualifiziertes Personal gefunden und auch gehalten werden kann [988]. Die Dienstvorgesetzten der Handelsbereiche haben schließlich im Rahmen ihrer Kontrollaufgaben auf das Verhalten der Mitarbeiter im Umgang mit Geschäftspartnern und Maklern zu achten (z. B. auf die Entgegennahme oder Gewährung von Vorteilen oder Geschenken bzw. die Bevorzugung bestimmter Händler oder Makler ohne sachliche Begründung) [989]. Werden in diesen Bereichen oder aus anderen Gründen Manipulationen von eigenen Mitarbeitern festgestellt, die einen nicht unerheblichen Schaden für das Kreditinstitut zur Folge haben, so sind das BAKred und die Deutsche Bundesbank von der Geschäftsleitung hierüber unverzüglich zu unterrichten [990]. Das BAKred soll dadurch in die Lage versetzt werden, möglichst frühzeitig sachgerechte Maßnahmen zur Behebung dieses Missstandes ergreifen zu können [991].

---

[986] Vgl. BAKRED (Mindestanforderungen 1995), S. 399.

[987] Vgl. BAKRED (Mindestanforderungen 1995), S. 399.

[988] Vgl. BAKRED (Mindestanforderungen 1995), S. 399.

[989] Vgl. BAKRED (Mindestanforderungen 1995), S. 399. Auf eine Überwachungspflicht für Händler in Bezug auf Alkohol- und Drogenmissbrauch sowie auf Glücksspiel wurde indessen verzichtet; vgl. DEUTSCHE BUNDESBANK (Mindestanforderungen 1996), S. 59.

[990] Vgl. BAKRED (Mindestanforderungen 1995), S. 400.

[991] Vgl. HÖFER, BIRGIT; JÜTTEN, HERBERT (Betreiben 1995), S. 753; DEUTSCHE BUNDESBANK (Mindestanforderungen 1996), S. 59.

ce) Abschluss von Geschäften zu marktgerechten Bedingungen

Von grundlegender Bedeutung im Rahmen der Mindestanforderungen des BAKred an das Betreiben von Handelsgeschäften „ist die Forderung nach Abschluss von Geschäften nur zu marktgerechten Bedingungen" [992]. Die internen Kontrollstellen einer Bank haben fortwährend zu überprüfen und zu dokumentieren, dass die Geschäftsabschlüsse im Handelsbereich „den zum Abschlusszeitpunkt der Geschäfte üblichen Marktbedingungen entsprechen" [993]. Hintergrund dieser Regelung ist die Erkenntnis, dass in der Vergangenheit bei spektakulären Schieflagen Geschäfte zu marktabweichenden Kursen immer wieder eine zentrale Rolle gespielt haben [994]. Es soll daher verhindert werden, dass mit solchen Geschäften willkürlich Verluste oder Gewinne in andere Rechnungslegungsperioden oder zwischen den Geschäftspartnern verlagert oder sogar Sachverhalte in betrügerischer Weise verfälscht werden [995]. Darüber hinaus soll aber auch einer durch den Abschluss von Handelsgeschäften möglichen verdeckten Kreditgewährung entgegengetreten werden [996].

cf) Aufbewahrung von Unterlagen

Zur Sicherstellung der Überprüfbarkeit von Handelsgeschäften ist deren ordnungsgemäße Dokumentation unerlässlich. „Jedes Geschäft muss revisionstechnisch nachvollziehbar sein" [997]. Die Mindestanforderungen des BAKred sehen aus diesem Grunde für sämtliche Geschäfts-, Kontroll- und Überwachungsunterlagen, die im Zusammenhang mit Handelsgeschäften stehen, eine Mindestaufbewahrungsfrist von bis zu zwei Jahren vor [998]. Etwaige weitergehende gesetzliche Aufbewahrungsfristen, z. B. gemäß § 257 HGB, bleiben hiervon unberührt. Unabhängig von den Mindestaufbewahrungsfristen nach den Mindestanforderungen

---

[992] DEUTSCHE BUNDESBANK (Mindestanforderungen 1996), S. 59. Hiervon ausgenommen sind lediglich die Prolongation von Devisentermin- oder -optionsgeschäften zum Kurs bzw. Basispreis des ursprünglichen Geschäfts sowie die vorzeitige Erfüllung von Devisentermingeschäften zu nicht marktgerechten Bedingungen, sofern bestimmte Voraussetzungen erfüllt sind; vgl. dazu BAKRED (Mindestanforderungen 1995), S. 409 f. sowie BAKRED (Prolongation 1996), S. 412g f.

[993] BAKRED (Mindestanforderungen 1995), S. 400.

[994] Vgl. DEUTSCHE BUNDESBANK (Mindestanforderungen 1996), S. 59.

[995] Vgl. DEUTSCHE BUNDESBANK (Mindestanforderungen 1996), S. 59.

[996] Vgl. DEUTSCHE BUNDESBANK (Mindestanforderungen 1996), S. 59.

[997] BAKRED (Mindestanforderungen 1995), S. 400.

[998] Vgl. BAKRED (Mindestanforderungen 1995), S. 400. Die vom BAKred gewünschten Aufzeichnungen der Geschäftsgespräche der Händler auf Tonträger unterliegen dagegen lediglich einer Mindestaufbewahrungsfrist von drei Monaten; vgl. ebenda, S. 400 u. S. 403.

sollten jedoch die genannten Unterlagen grundsätzlich erst nach Rücksprache mit der Innenrevisionsabteilung vernichtet werden.

d) Anforderungen an das Risikocontrolling und Risikomanagement

Ein zentraler Bestandteil der Mindestanforderungen des BAKred besteht in der Notwendigkeit des Aufbaus eines Risikocontrolling- und -managementsystems zur Begrenzung der mit den Handelsgeschäften verknüpften Risiken. Dabei werden die beiden Begriffe „Risikocontrolling" und „Risikomanagement" im Sprachgebrauch des BAKred in erster Linie funktional interpretiert. So versteht das BAKred unter dem Begriff „Risikomanagement" ein System zur aktiven Steuerung (Limitierung) der Risiken (insbesondere der Adressen- und Marktpreisänderungsrisiken) aus Handelsgeschäften [999]. Der Begriff „Risikocontrolling" bezeichnet dagegen ein System zur Messung und Überwachung der von der Disposition eingegangenen Risikopositionen und zur Analyse des sich hieraus ergebenden Verlustpotenzials [1000]. Während die Aufgaben des Risikocontrollings [1001] daher zwingend einer vom Handel weisungsunabhängigen Stelle zu übertragen sind [1002], ist das Risikomanagement ein Instrument der Geschäftsleitung und des Handels [1003].

Um gerade kleineren Banken den Marktzugang nicht unnötig zu erschweren bzw. sogar völlig zu verwehren, ist von Seiten des BAKred bewusst darauf verzichtet worden, den Banken ein konkretes Risikocontrolling- und -managementsystem für ihre Handelsaktivitäten vorzugeben. Dem Grundsatz der Verhältnismäßigkeit entsprechend hat sich die Ausgestaltung eines solchen Systems am Umfang, an der Komplexität und am Risikogehalt der betriebenen oder beabsichtigten Handelsgeschäfte zu orientieren [1004]. Die Mindestanforderungen des BAKred beto-

---

[999] Vgl. BAKRED (Mindestanforderungen 1995), S. 400.

[1000] Vgl. BAKRED (Mindestanforderungen 1995), S. 400.

[1001] Die DEUTSCHE BUNDESBANK nennt als weitere Aufgaben des Risikocontrollings die tägliche Risikomeldung an die Geschäftsleitung, die Kontrolle der Handelsergebnisse, die Beteiligung an der Testphase für Geschäfte in neuartigen Produkten oder auf neuen Märkten sowie die Überprüfung und die Weiterentwicklung des Risikoüberwachungssystems; vgl. DEUTSCHE BUNDESBANK (Mindestanforderungen 1996), S. 60.

[1002] Vgl. BAKRED (Mindestanforderungen 1995), S. 400.

[1003] Vgl. JAKOB, KLAUS-D. (Betreiben 1995), S. 479; MIELK, HOLGER (Mindestanforderungen 1996), S. 31.

[1004] Vgl. BAKRED (Mindestanforderungen 1995), S. 400. Neben Umfang, Komplexität und Risikogehalt der Handelsgeschäfte sind als weitere Kriterien bei der Konzeption eines Risikocontrolling- und Risikomanagementsystems die geschäftspolitische Ausrichtung eines Kreditinstituts, „die allgemeinen Handelsusancen und die sonstigen Marktgegebenheiten zu berücksichtigen"; ebenda, S. 400.

nen damit die Flexibilität bei der Ausfertigung eines Risikocontrolling- und -managementsystems. Sie eröffnen den einzelnen Banken genügend Freiräume zur Erarbeitung institutsindividueller Lösungen [1005]. So können in Abhängigkeit von der Art und der Intensität der jeweiligen Handelsgeschäftstätigkeit sowohl aufwendige interne Risikomodelle als auch einfache Standardverfahren zur Anwendung gelangen. „Die Flexibilität kann allerdings nicht so weit gehen, dass auf ausreichende Vorkehrungen generell verzichtet wird; wer auch nur gelegentlich komplexe, risikoreiche Geschäfte im eigenen Namen oder für die Kundschaft tätigt, muss sicherstellen, dass er das daraus resultierende Risiko im Griff hat" [1006].

Das von den einzelnen Kreditinstituten jeweils einzurichtende Risikocontrolling- und -managementsystem muss insbesondere dazu in der Lage sein, die mit der Durchführung von Handelsgeschäften verbundenen Marktpreisänderungsrisiken zu erfassen und zu quantifizieren [1007]. Darüber hinaus soll es in ein möglichst alle Geschäftsbereiche des Kreditinstituts umfassendes Konzept zur Risikoüberwachung und -steuerung eingebettet sein und die Identifizierung und Analyse von vergleichbaren Risiken aus Nichthandelsaktivitäten zulassen. Das System ist detailliert zu dokumentieren, mindestens einmal jährlich zu überprüfen und kontinuierlich an veränderte marktmäßige und organisatorische Rahmenbedingungen anzupassen. Beim Einsatz von Risikomodellen ist zudem zu gewährleisten, dass die mit Hilfe dieser Modelle ermittelten Risikowerte im Rahmen des so genannten „back-testing" ständig mit der tatsächlichen Entwicklung verglichen und bei größeren Abweichungen Modellanpassungen vorgenommen werden. Schließlich sind die Risikopositionen im Handelsbereich regelmäßig auf ihr Verlustpotenzial hin zu untersuchen. Dabei sind nicht nur mehr oder minder wahrscheinliche Ereignisse zugrunde zu legen, sondern auch auf den schlimmsten Fall („worst case") bezogene Szenarien wie beispielsweise außergewöhnliche Marktpreisänderungen, Störungen in der Liquidität der Märkte oder Ausfälle großer Marktteilnehmer. Die Geschäftsleitung einer Bank ist über die Ergebnisse dieser Untersuchungen in aussagefähiger Form nachweislich zu unterrichten.

Die der Geschäftsleitung eines Kreditinstituts mitgeteilten Analyseergebnisse des Risikocontrolling- und -managementsystems bilden die Grundlage für die Limitierung der Risikopositionen im Handelsbereich. Es liegt in der Verantwortung

---

[1005] Vgl. auch BAKRED (Folgeschreiben 1996), S. 412; BAKRED (Regelungen 1998), S. 416.

[1006] DEUTSCHE BUNDESBANK (Mindestanforderungen 1996), S. 61.

[1007] Vgl. zu dieser sowie zu den folgenden Anforderungen BAKRED (Mindestanforderungen 1995), S. 400 f.

der Geschäftsleitung – ausgehend von einer festgelegten Verlustobergrenze [1008] – ein System risikobegrenzender Limite zu installieren, das zumindest die Adressen- sowie die Marktpreisänderungsrisiken von Handelsgeschäften erfasst [1009]. Für jede dieser Risikoarten sind Globallimite zu bestimmen und von der Geschäftsleitung zu bewilligen [1010]. Daraus folgt, dass ohne vorherige Zustimmung der Geschäftsleitung oder einer von ihr autorisierten Stelle kein Handelsgeschäft abgeschlossen werden darf, „für welches kein Limit existiert oder das zu einer Limitüberschreitung führen würde" [1011]. Für die Wirksamkeit dieses Grundsatzes ist es allerdings entscheidend, dass eine umgehende Anrechnung der Handelsgeschäfte auf die entsprechenden Limite stattfindet und jedem Händler zeitnahe Informationen über die für ihn relevanten Limite und ihre aktuelle Ausnutzung zur Verfügung stehen [1012]. Außerdem sind sämtliche Handelspositionen wenigstens einmal täglich zum Geschäftsschluss zu Gesamtrisikopositionen zusammenzufassen und der Geschäftsleitung gegenüber spätestens bis zum Geschäftsbeginn des nächsten Tages unter Auflistung der einzelnen Risikoarten darzulegen [1013]. Die Handelspositionen sowie die mit ihnen zusammenhängenden Risiken sind zu diesem Zweck einer ständigen Neubewertung zu unterziehen.

Das BAKred sieht allerdings hinsichtlich der zuletzt angeführten Anforderung verschiedene Erleichterungen vor [1014]. So müssen Geschäfte – insbesondere Derivategeschäfte –, die zumindest über einen längeren Zeitraum eine im Wesentlichen geschlossene Position herbeiführen, wegen des damit verbundenen geringen Risikos nicht einer ständigen Positions- und Risikobewertung unterworfen werden. Geschäfte, die vollkommen geschlossene Positionen bilden, können sogar vollständig aus der Risikoüberwachung herausgenommen werden. Darüber hinaus dürfen Institute, bei denen Umfang und Risikogehalt des Bestandes eine

---

[1008]   Die Verlustobergrenze ist Ausdruck der Risikoneigung der Geschäftsleitung eines Kreditinstituts. Sie gibt den Betrag an, den die Geschäftsleitung eines Instituts maximal als Jahresverlust aus Handelsgeschäften hinzunehmen bereit ist. Bei der Festsetzung der Höhe der Verlustobergrenze ist die Eigenkapitalausstattung und die Ertragssituation des jeweiligen Instituts angemessen zu berücksichtigen.

[1009]   Vgl. BAKRED (Mindestanforderungen 1995), S. 401.

[1010]   Vgl. BAKRED (Mindestanforderungen 1995), S. 401. Änderungen in der Risikoeinschätzung erfordern eine unverzügliche Anpassung dieser Limite; vgl. ebenda, S. 401. Darüber hinaus dürfte es aus Risikogesichtspunkten allgemein sinnvoll sein, die Globallimite in Teillimite aufzugliedern (bspw. nach Geschäftsarten, nach Portfolios oder nach Organisationseinheiten).

[1011]   BAKRED (Mindestanforderungen 1995), S. 401.

[1012]   Vgl. BAKRED (Mindestanforderungen 1995), S. 402.

[1013]   Vgl. BAKRED (Mindestanforderungen 1995), S. 402.

[1014]   Zu diesen Ausnahmeregelungen vgl. BAKRED (Begleitschreiben 1995b), S. 411; BAKRED (Folgeschreiben 1996), S. 412a; BAKRED (Bewertung 1996), S. 412g; BAKRED (Regelungen 1998), S. 417 f.

tägliche Bewertung entbehrlich machen, die also ein nur sehr begrenztes Handelsgeschäft betreiben und deren Bestand aus weitgehend risikolosen Anlagen besteht, vom Grundsatz der täglichen Bewertung abweichen und eine wöchentliche – eventuell sogar lediglich monatliche – Bewertung des Bestandes durchführen. An diese Entscheidung, die in den Verantwortungsbereich der Geschäftsleitung fällt, sind strenge Maßstäbe anzulegen; sie ist zu begründen, zu dokumentieren und regelmäßig auf ihre Berechtigung hin zu überprüfen. Von dieser Ausnahmeregelung betroffen sind in erster Linie die wie Anlagevermögen bewerteten Wertpapiere, aber auch solche Wertpapierbestände oder andere Finanzinstrumente, die bis zu ihrer Endfälligkeit gehalten oder nur selten umgeschichtet werden. Dies kann in Abhängigkeit von der Art der Wertpapiere oder der anderen Finanzinstrumente z. B. bei der Liquiditätsreserve oder auch bei so genannten strategischen Beständen der Fall sein. Ein Abweichen von der täglichen Bewertung bestimmter Bestände erlaubt zudem für diese Bestände auch eine Anpassung der Berichtsintervalle gegenüber dem zuständigen Geschäftsleiter.

e) Anforderungen an die Organisation der Handelstätigkeit

Die Mindestanforderungen des BAKred verlangen für den Arbeitsablauf im Bereich der Handelstätigkeit einer Bank die klare funktionale Trennung von Handel, Abwicklung und Kontrolle, Rechnungswesen sowie Überwachung [1015]. Darüber hinaus wird zumindest für den Handelsbereich (Abschluss von Geschäften) auch eine strenge (aufbau-) organisatorische Trennung von den übrigen Bereichen bis zur Ebene der Geschäftsleitung hinauf gefordert [1016]. Der für den Handel zuständige Geschäftsleiter (Handelsvorstand) darf demnach in keinem der anderen Funktionsbereiche Verantwortung tragen. Die Bereiche Abwicklung und Kontrolle, Rechnungswesen sowie Überwachung können dagegen durchaus einer größeren Organisationseinheit unter der einheitlichen Leitung eines Geschäftsleiters zugeordnet werden [1017]. Zur Vermeidung von Interessenkollisionen ist aber auch innerhalb dieser drei Funktionsbereiche jederzeit zu gewährleisten, dass miteinander nicht vereinbare Tätigkeiten von verschiedenen Personen wahrgenommen

---

[1015] Vgl. BAKRED (Mindestanforderungen 1995), S. 403.

[1016] Vgl. BAKRED (Mindestanforderungen 1995), S. 404; BAKRED (Begleitschreiben 1995a), S. 7.

[1017] Eine angemessene Verteilung der Verantwortlichkeiten lässt sich somit aus Sicht des BAKred bereits bei einem zweiköpfigen Vorstand erreichen.

werden [1018]. Ist bei einem Kreditinstitut eine durchgängige Funktionstrennung aus Gründen der Betriebsgröße nicht möglich oder wegen des geringen Umfangs der Handelsaktivitäten unverhältnismäßig, so muss die ordnungsgemäße Abwicklung der Handelsgeschäfte durch die unmittelbare Einschaltung der Geschäftsleitung sichergestellt werden [1019]. Es ist allerdings davon auszugehen, dass das BAKred diesen Ausnahmetatbestand in aller Regel sehr restriktiv handhaben wird [1020].

Abbildung 77 (vgl. S. 497-498) enthält eine Auflistung der Aufgaben [1021], die das BAKred den einzelnen Funktionsbereichen der Handelstätigkeit von Banken unter Berücksichtigung bankenaufsichtlicher Erwägungen zuordnet.

Abb. 77: Überblick über die Verteilung der Aufgaben auf die einzelnen Funktionsbereiche der Handelstätigkeit von Kreditinstituten

---

Funktionsbereich Handel

- sämtliche Geschäfte sind sofort nach Geschäftsabschluss mit allen maßgebenden Daten zu erfassen und anschließend unverzüglich mit allen Unterlagen an die Abwicklung weiterzuleiten
- jeder Geschäftsabschluss ist sofort zur Ermittlung der jeweiligen Handelsposition zu erfassen (Fortschreibung der Handelsbestände)
- Geschäfte, die nach Erfassungsschluss der Abwicklung abgeschlossen werden (so genannte „Spätgeschäfte"), sind als solche zu kennzeichnen und bei den Positionen des Abschlusstages zu berücksichtigen
- Händlerzettel über Spätgeschäfte sind unverzüglich einer Stelle außerhalb des Handels zu übergeben
- Geschäftsabschlüsse außerhalb der Geschäftsräume sind vom Händler dem eigenen Institut unverzüglich in geeigneter Form (z. B. telefonisch oder fernschriftlich) anzuzeigen, besonders zu kennzeichnen und dem zuständigen Geschäftsleiter bzw. einer von ihm autorisierten Stelle zur Kenntnis zu bringen
- bei Geschäftsabschlüssen außerhalb der Geschäftsräume ist vom Kontrahenten eine sofortige fernschriftliche Bestätigung zu verlangen

---

[1018] Vgl. BAKRED (Mindestanforderungen 1995), S. 404. Bei der Ausgestaltung von Vertretungsregelungen ist darauf zu achten, dass sowohl auf Geschäftsleiterebene als auch in den einzelnen Fachabteilungen das Prinzip der funktionalen und organisatorischen Trennung erhalten bleibt. Vgl. auch BAKRED (Vertretungsregelung 1996), S. 412d; BAKRED (Regelungen 1998), S. 420.

[1019] Vgl. BAKRED (Mindestanforderungen 1995), S. 404. Zu weiteren Einzelheiten vgl. BAKRED (Folgeschreiben 1996), S. 412a f.; BAKRED (Organisation 1996), S. 412c f.; BAKRED (Regelungen 1998), S. 418 f.

[1020] Vgl. DEUTSCHER SPARKASSEN- UND GIROVERBAND E. V. (HRSG.) (Sparkassen-Leitfaden 1996), S. 24.

[1021] Vgl. dazu BAKRED (Mindestanforderungen 1995), S. 404 ff.

Fortsetzung Abb. 77:

Funktionsbereich Abwicklung und Kontrolle

- unverzügliche Ausfertigung der Geschäftsbestätigungen bzw. der Abrechnungen
- Vornahme der weiteren Abwicklung (z. B. Terminüberwachung, Zahlungsanweisungen)
- laufende Kontrolle sämtlicher Geschäftsabschlüsse mit entsprechender Dokumentation
- umgehende Klärung von Unstimmigkeiten (bei nicht offensichtlichen Irrtümern unter Einschaltung einer von der Geschäftsleitung ermächtigten Stelle außerhalb des Handelsbereichs); das Ergebnis der Klärung ist in angemessener Weise festzuhalten
- Überwachung des fristgerechten Eingangs von Gegenbestätigungen
- unverzügliche Reklamation fehlender bzw. unvollständiger Gegenbestätigungen (Ausnahme: Kassageschäfte, die in allen Teilen ordnungsgemäß erfüllt sind)

Funktionsbereich Rechnungswesen

- ungeachtet ihrer endgültigen Buchung sind sämtliche Geschäfte unverzüglich zu erfassen
- Nebenabreden zu Nicht-Handelsgeschäften, die zu Handelspositionen führen, sind zu erfassen und in die Berechnung der jeweiligen Risikopositionen einzubeziehen
- schwebende Geschäfte sind im Zeitpunkt des Abschlusses in Nebenbüchern (z. B. auf Vormerkkonten) festzuhalten und erst am Tag ihrer Erfüllung auf den Haupt- und Einzelkonten bilanzwirksam zu buchen (valutagerechte Buchung)
- regelmäßige Abstimmung der Positionen je Währung und Geschäftsart sowie der Handelsergebnisse mit den vom Handel ermittelten Werten

Funktionsbereich Überwachung

- zeitnahe, d. h. fortlaufende Überwachung des Risikogehalts der Handelsgeschäfte durch ein Mitglied der Geschäftsleitung oder eine von dieser autorisierten Stelle (jeweils ohne unmittelbare Verantwortung für das Tagesgeschäft im Handel)
- nachweisliche tägliche Unterrichtung des zuständigen Geschäftsleiters (schriftlich oder in anderer geeigneter Form) über die Risikopositionen und die Handelsergebnisse zum Schluss eines Geschäftstages
- Überschreitungen von Kontrahentenlimiten sind ab einer von der Geschäftsleitung festzulegenden Grenze dem zuständigen Geschäftsleiter täglich schriftlich anzuzeigen
- der zuständige Geschäftsleiter ist mindestens einmal im Monat über die schwebenden Termingeschäfte (einschließlich Options- und Pensionsgeschäfte und nicht unverzüglich abgerechnete Geschäfte) mit den wesentlichen Kontrahenten zu unterrichten
- unverzügliche Unterrichtung des zuständigen Geschäftsleiters bei wiederholten oder gravierenden Verletzungen der Mindestanforderungen oder der dazu ergangenen internen Anweisungen, bei nicht marktgerechten Bedingungen sowie unüblichem Geschäftsgebaren oder bei Verdacht auf unkorrektes Handeln eines Marktteilnehmers
- der für die Überwachung zuständige Geschäftsleiter hat den anderen Mitgliedern der Geschäftsleitung – ihrer Gesamtverantwortung entsprechend – mindestens einmal im Monat die Entwicklung der Risiko- und Ertragslage in den einzelnen Handelsbereichen zu erläutern und dabei auf besondere Risiken, nennenswerte Limitüberschreitungen sowie außergewöhnliche Geschäftsabschlüsse und deren geschäftliche Hintergründe hinzuweisen (Letzteres ist zu dokumentieren)

f) Anforderungen an die Innenrevision

Eine qualifizierte Innenrevision wird allgemein als ein wichtiges Instrument angesehen, um vergleichsweise schnell und zeitnah Fehlentwicklungen in einer Bank bemerken und beheben zu können [1022]. Aus diesem Grunde überträgt das BAKred der Innenrevision eines Kreditinstituts die Aufgabe, in unregelmäßigen, aber angemessenen Zeitabständen festzustellen, ob die Mindestanforderungen auch tatsächlich beachtet werden [1023]. Die wesentlichen Prüfungsfelder – hierzu gehören insbesondere das Limitsystem, die Positions- und Ergebnisermittlung, Veränderungen bei den Datenverarbeitungssystemen, die Vollständigkeit, Richtigkeit und Zeitnähe des internen Berichtswesens, die Funktionstrennung sowie die Marktgerechtigkeit der Bedingungen – sind hierbei im Sinne einer risikoorientierten Vorgehensweise wenigstens jährlich und jeder Teilbereich der Mindestanforderungen zumindest alle drei Jahre zu prüfen, wobei der Prüfungsturnus in einem Prüfungsplan zu dokumentieren ist [1024]. Die jeweiligen Revisionsberichte sind sämtlichen Mitgliedern der Geschäftsleitung in schriftlicher Form vorzulegen und aufgeführte Beanstandungen und Empfehlungen sind auf der Grundlage einer Stellungnahme des für den kontrollierten Teilbereich der Mindestanforderungen zuständigen Geschäftsleiters unverzüglich und konsequent zu beseitigen bzw. umzusetzen [1025]. Um dieser Anforderung den nötigen Nachdruck zu verleihen, sind von der Innenrevision die noch nicht beseitigten Mängel bzw. noch nicht umgesetzten Vorschläge allen Geschäftsleitern nachweislich mindestens einmal im Jahr zur Kenntnis zu bringen [1026]. Schließlich liegt es in der Verantwortung der Innenrevision, mindestens einmal jährlich sämtlichen Kontrahenten Aufstellungen über die schwebenden Termingeschäfte zu übermitteln und deren Rückbestätigungen zu überwachen [1027]. Diese regelmäßigen Abstimmungsaktionen mit den Marktpartnern dienen dazu, etwaige Unstimmigkeiten im eigenen Institut aufzudecken.

[1022] Vgl. DEUTSCHE BUNDESBANK (Mindestanforderungen 1996), S. 62 f.

[1023] Vgl. BAKRED (Mindestanforderungen 1995), S. 408. Zu den bankenaufsichtlichen Vorgaben für die Ausgestaltung der Innenrevisionstätigkeit vgl. BAKRED (Innenrevision 1976/1977), S. 124 ff.

[1024] Vgl. BAKRED (Mindestanforderungen 1995), S. 408.

[1025] Vgl. BAKRED (Mindestanforderungen 1995), S. 408; DEUTSCHE BUNDESBANK (Mindestanforderungen 1996), S. 63.

[1026] Vgl. BAKRED (Mindestanforderungen 1995), S. 408.

[1027] Vgl. BAKRED (Mindestanforderungen 1995), S. 409.

5. Die Rahmenvorschriften für das Eingehen von so genannten „bedeutenden Beteiligungen" an Unternehmungen des nichtfinanziellen Sektors

§ 12 Abs. 1 KWG enthält Bestimmungen zur Beschränkung des Beteiligungsbesitzes von Einlagenkreditinstituten an Unternehmungen außerhalb des finanziellen Sektors [1028]. Danach darf ein Einlagenkreditinstitut an einer Unternehmung des nichtfinanziellen Sektors [1029] keine bedeutende Beteiligung [1030] halten, deren Nennbetrag 15 % des haftenden Eigenkapitals des Einlagenkreditinstituts übersteigt [1031]. Außerdem darf der Gesamtnennbetrag aller bedeutenden Beteiligungen an solchen Unternehmungen nicht größer sein als 60 % des haftenden Eigenkapitals des Einlagenkreditinstituts [1032]. Anteile an einer branchenfremden Unternehmung, die nicht dazu vorgesehen sind, durch die Herstellung einer dauernden Verbindung dem eigenen Geschäftsbetrieb des Einlagenkreditinstituts zu dienen, bleiben allerdings bei der Berechnung der Höhe der bedeutenden Beteiligung außer Ansatz [1033]. Mit dieser Ausnahmeregelung für Anteile, die keine Finanzanlagen sind, wird den Einlagenkreditinstituten hinreichende Flexibilität eingeräumt, unbeschadet der Vorschriften des § 12 Abs. 1 KWG Anteile an Unternehmungen des nichtfinanziellen Sektors „als Grundlage für tägliche Bankgeschäfte erwerben zu können" [1034].

[1028] Zur analogen Anwendung der Regelungen des § 12 Abs. 1 KWG auf konsolidierter Basis vgl. § 12 Abs. 2 KWG. Der neu gestaltete § 12 KWG entspricht materiell im Wesentlichen dem früheren § 12 Abs. 5 KWG.

[1029] Zu den Unternehmungen des nichtfinanziellen Sektors zählt jede Unternehmung, die bankenaufsichtsrechtlich weder als Kreditinstitut, Finanzdienstleistungsinstitut, Finanzunternehmen oder Versicherungsunternehmen noch als ein Unternehmen mit bankbezogenen Hilfsdiensten eingestuft wird.

[1030] Eine bedeutende Beteiligung ist gegeben, wenn unmittelbar oder mittelbar über ein oder mehrere Tochterunternehmen im Sinne des § 1 Abs. 7 Satz 1 KWG mindestens 10 % des Kapitals oder der Stimmrechte einer Unternehmung gehalten werden oder wenn auf die Geschäftsführung der Unternehmung, an der eine Beteiligung besteht, ein maßgeblicher Einfluss ausgeübt werden kann; vgl. § 1 Abs. 9 Satz 1 KWG. Die mittelbar gehaltenen Beteiligungen sind hierbei gem. § 1 Abs. 9 Satz 3 KWG der mittelbar beteiligten Unternehmung in vollem Umfang zuzurechnen. Für die Berechnung des Anteils der Stimmrechte gilt § 22 Abs. 1 u. Abs. 3 WpHG; vgl. § 1 Abs. 9 Satz 2 KWG. Die inhaltliche Ausgestaltung des Begriffs des „maßgeblichen Einflusses" orientiert sich an der Vorschrift des § 311 Abs. 1 HGB; vgl. BUNDESREGIERUNG (Entwurf eines Vierten Gesetzes zur Änderung des KWG 1992), S. 26.

[1031] Vgl. § 12 Abs. 1 Satz 1 KWG.

[1032] Vgl. § 12 Abs. 1 Satz 2 KWG.

[1033] Vgl. § 12 Abs. 1 Satz 3 KWG.

[1034] BUNDESREGIERUNG (Entwurf eines Vierten Gesetzes zur Änderung des KWG 1992), S. 34.

Die beiden in § 12 Abs. 1 Satz 1 und Satz 2 KWG festgelegten Grenzen für bedeutende Beteiligungen an Unternehmungen außerhalb des Finanzsektors stellen keine absoluten Obergrenzen dar. Um die geschäftspolitischen Handlungsmöglichkeiten eines Einlagenkreditinstituts im Falle überragender Unternehmungsinteressen nicht über Gebühr zu erschweren, können mit Zustimmung des BAKred sowohl der Einzel- als auch der Gesamtgrenzwert überschritten werden [1035]. Das BAKred darf die Zustimmung hierzu aber nur erteilen, wenn das Einlagenkreditinstitut die über die 15 %- oder 60 %-Grenze „hinausgehenden Beteiligungen, bei Überschreitung beider Grenzen den höheren Betrag, mit haftendem Eigenkapital unterlegt" [1036]. Als Konsequenz dieser Unterlegungspflicht steht das haftende Eigenkapital dem Einlagenkreditinstitut in diesem Umfang für die Unterlegung anderer Risikopositionen nicht mehr zur Verfügung, insbesondere darf es nicht mehr bei den Grundsätzen nach § 10 Abs. 1 Satz 2 KWG über die Angemessenheit der Eigenmittel berücksichtigt werden [1037].

Die Rahmenvorschriften des § 12 Abs. 1 KWG für das Eingehen so genannter „bedeutender Beteiligungen" an Unternehmungen des nichtfinanziellen Sektors verfolgen in erster Linie das Ziel, die Ansteckungsgefahr für die Solidität eines Einlagenkreditinstituts durch in Schwierigkeiten geratene Beteiligungsunternehmungen zu verringern [1038]. Es soll verhindert werden, dass die Probleme einer nichtfinanziellen Beteiligungsunternehmung über den Verlust des Anteilsbesitzes hinaus auf das die Beteiligung haltende Einlagenkreditinstitut übergreifen [1039]. Bei näherer Betrachtung ist jedoch mit den beiden Risikobegrenzungsregeln des § 12 Abs. 1 Satz 1 und Satz 2 KWG – sie sind ihrer Zwecksetzung entsprechend dem Bereich der Solvabilitätsnormen zuzuordnen [1040] – keine allzu starke Einschränkung der Beteiligungsmöglichkeiten eines Einlagenkreditinstituts an Unter-

---

[1035] Vgl. § 12 Abs. 1 Satz 4 KWG; ferner BUNDESREGIERUNG (Entwurf eines Vierten Gesetzes zur Änderung des KWG 1992), S. 34.

[1036] § 12 Abs. 1 Satz 5 KWG.

[1037] Vgl. § 10 Abs. 1 Satz 6 KWG. Gemäß § 64a KWG hat ein Einlagenkreditinstitut, das am 1. Januar 1993 die nach § 12 Abs. 1 KWG vorgesehenen Grenzen für bedeutende Beteiligungen nicht einhält, erst innerhalb von 10 Jahren von diesem Zeitpunkt an gerechnet – also bis zum 31. Dezember 2002 – die Anforderungen dieser Vorschrift zu erfüllen. Während dieses Übergangszeitraumes brauchen Grenzüberschreitungen, die auf den Beteiligungsaltbestand am 1. Januar 1993 zurückzuführen sind, nicht mit haftendem Eigenkapital unterlegt zu werden; vgl. BAKRED (4. KWG-Änderungsgesetz 1993/1994), S. 344h.

[1038] Vgl. BUNDESREGIERUNG (Entwurf eines Vierten Gesetzes zur Änderung des KWG 1992), S. 34; DEUTSCHE BUNDESBANK (Vierte Novelle 1993), S. 38.

[1039] Vgl. BURGHOF, HANS-PETER; RUDOLPH, BERND (Bankenaufsicht 1996), S. 157.

[1040] Vgl. auch AMELY, TOBIAS (Beteiligungspolitik 1991), S. 838; BURGHOF, HANS-PETER; RUDOLPH, BERND (Bankenaufsicht 1996), S. 157 u. S. 183 (Fn. 116).

nehmungen außerhalb des Finanzsektors verbunden [1041]. Der Wirkungsgrad dieser Strukturvorschriften wird vielmehr dadurch erheblich abgeschwächt, dass bei der Ermittlung der Grenzwerte nach § 12 Abs. 1 Satz 1 und Satz 2 KWG auf den Nennbetrag und nicht auf den zumeist weit höheren Buch- oder Marktwert der branchenfremden Beteiligungen abgestellt wird. Als Folge hiervon dürften die Regelungen des § 12 Abs. 1 KWG nur sehr wenige Einlagenkreditinstitute dazu zwingen, ihren bereits bestehenden Anteilsbesitz an Unternehmungen des nichtfinanziellen Sektors abzubauen bzw. auf das Eingehen neuer Beteiligungen in diesem Unternehmungsbereich zu verzichten [1042]. Nach dem Willen des Gesetzgebers sind auch weiterhin Beteiligungen eines Einlagenkreditinstituts in einer Größenordnung von bis zu 100 % an Unternehmungen, die nicht dem Finanzsektor zuzurechnen sind, zulässig, sofern das dazu erforderliche haftende Eigenkapital vorgehalten wird [1043]. Allenfalls die 60 %-Grenze des § 12 Abs. 1 Satz 2 KWG kann hier in Einzelfällen die Beteiligungspolitik eines Einlagenkreditinstituts restriktiv beeinflussen. Dies verdeutlicht, dass es *nicht* Intention des § 12 Abs. 1 KWG ist, die mit dem Halten von Anteilen an Unternehmungen des nichtfinanziellen Sektors verbundene Machtposition der Einlagenkreditinstitute in der deutschen Wirtschaft zurückzuführen. Wäre dies beabsichtigt, müssten die Grenzen für den Anteilsbesitz in Relation zum Kapital der Beteiligungsunternehmung, nicht dagegen – so wie es in § 12 Abs. 1 Satz 1 und Satz 2 KWG augenblicklich der Fall ist – zum haftenden Eigenkapital der Einlagenkreditinstitute gezogen werden. Darüber hinaus wären in eine solche Regelung sämtliche Kreditinstitute einzubeziehen [1044].

Vorstehendes lässt erkennen, dass die Begrenzungsvorschriften des § 12 Abs. 1 KWG gegenwärtig ohne besondere bankenaufsichtliche Bedeutung sind. Sie laufen weitgehend ins Leere. Aus Gründen des Gläubiger- und Funktionenschutzes sind sie deshalb einer Überarbeitung zu unterziehen. Im Mittelpunkt der Reformüberlegungen sollte hierbei die Verschärfung des Einzel- sowie des Gesamtgrenzwertes stehen. Alternativ dazu besteht die Möglichkeit, von der Nennbetragsbetrachtung abzurücken und zukünftig die Buch- oder Marktwerte der nichtfinanziellen Beteiligungen der Berechnung der Anteilsquoten zugrunde zu legen. Schließlich ist zu prüfen, ob über die Einlagenkreditinstitute hinaus nicht auch

---

[1041] Eine gegenteilige Auffassung vertreten LEHNHOFF, JOCHEN (KWG-Novelle 1993), S. 281; BETGE, PETER (Bankbetriebslehre 1996), S. 131.

[1042] Ähnlich HOFFMANN, DIETHER (EG-Bankenmarkt 1990), S. 178; AMELY, TOBIAS (Beteiligungspolitik 1991), S. 838.

[1043] Vgl. BUNDESREGIERUNG (Entwurf eines Vierten Gesetzes zur Änderung des KWG 1992), S. 34.

[1044] Zur Diskussion eines diesbezüglichen Vorschlags der SPD-Bundestagsfraktion vgl. HAMMEN, HORST (Beschränkung 1996), S. 133 ff.

die übrigen Banken von den Strukturnormen des § 12 Abs. 1 KWG erfasst werden sollten. Das Bundesministerium der Finanzen hat eine solche Ausdehnung des subjektiven Anwendungsbereiches des § 12 Abs. 1 KWG im Vorfeld der Sechsten KWG-Novelle zwar vorgesehen [1045], letztlich wurde dieses Vorhaben aber nicht umgesetzt.

[1045] Vgl. BUNDESMINISTERIUM DER FINANZEN (Begründung 1996), S. 62.

V. Die Informationsbasis der Bankenaufsichtsträger

1. Vorbemerkungen

Ein wirksamer Gläubiger- und Funktionenschutz setzt voraus, dass die Bankenaufsicht jederzeit umfassend über den laufenden Geschäftsbetrieb der Kredit- und Finanzdienstleistungsinstitute unterrichtet ist. Denn erst ein ausgebautes Anzeigen- und Meldewesen sowie hinreichende Auskunfts- und Kontrollrechte ermöglichen es dem BAKred in Zusammenarbeit mit der Deutschen Bundesbank nachzuprüfen, ob die bankenaufsichtsrechtlichen Risikobegrenzungsvorschriften von den jeweiligen Kredit- und Finanzdienstleistungsinstituten auch tatsächlich eingehalten werden. Gesicherte Erkenntnisse über die wirtschaftlichen Verhältnisse und das Risikoverhalten der Kredit- und Finanzdienstleistungsinstitute sind zudem verantwortlich dafür, dass das BAKred rechtzeitig von seinen Eingriffsbefugnissen zur Abwendung von Gefahren für einzelne Kredit- oder Finanzdienstleistungsinstitute und ihre Gläubiger Gebrauch machen kann [1046]. Die Regelungen im Kreditwesengesetz zur Informationsversorgung des BAKred nehmen von daher in der Konzeption der bankenaufsichtsrechtlichen Überwachung einen besonderen Stellenwert ein. Als „Kern der Bankenaufsicht" [1047] erhöhen sie zum einen die Effektivität des auf die Reduktion von Risiken ausgerichteten Ordnungsrahmens der laufenden geschäftlichen Betätigung von Kredit- und Finanzdienstleistungsinstituten. Zum anderen bilden sie die Grundlage für gezielte Eingriffe des BAKred in die Geschäftstätigkeit eines Kredit- oder Finanzdienstleistungsinstituts.

Vorstehende Ausführungen verdeutlichen die zentrale Stellung der Informationsbasis der Bankenaufsichtsträger im System bankenaufsichtsrechtlicher Regulierung. Die Informationsgewinnungswege des BAKred und der Deutschen Bundesbank sind wesentlicher Bestandteil der kreditwesengesetzlichen Vorschriften. Zur Unterrichtung beider Behörden werden nicht nur den Kredit- und Finanzdienstleistungsinstituten, sondern auch den Prüfern dieser Institute, hier vor allem den Jahresabschlussprüfern, zahlreiche unterschiedliche Mitteilungspflichten auferlegt, denen sie entweder unaufgefordert allein aufgrund von KWG-Bestimmun-

---

[1046] Vgl. BIEG, HARTMUT (Bankenaufsicht 1983), S. 92 u. S. 96; CHRISTIAN, CLAUS-JÖRG (Informationsbasis 1992), S. 35 f. u. S. 87.

[1047] So DÜRRE, GÜNTER (Problematik 1974), S. 127.

gen oder aufgrund spezieller Aufforderung seitens der Aufsichtsinstanzen nachzukommen haben. Die unaufgefordert bekannt zu gebenden Informationen lassen
sich zudem danach unterscheiden, ob sie regelmäßig zu übermitteln sind oder erst
bei Eintritt bestimmter Ereignisse.

2. Die Mitteilungspflichten der Kredit- und Finanzdienst-leistungsinstitute gegenüber dem BAKred und der Deutschen Bundesbank

a) Die unaufgeforderte Bekanntgabe von Informationen aufgrund von KWG-Bestimmungen

aa) Regelmäßig zu übermittelnde Informationen

Im Mittelpunkt der periodisch anfallenden Informationen steht der handelsrechtliche Jahresabschluss der Kredit- und Finanzdienstleistungsinstitute. Dieser setzt
sich aus Bilanz, Gewinn- und Verlustrechnung sowie Anhang zusammen und ist
nach § 26 Abs. 1 Satz 1 KWG von den Kredit- und Finanzdienstleistungsinstituten in den ersten drei Monaten des neuen Geschäftsjahres für das vergangene Geschäftsjahr aufzustellen und sowohl dem BAKred als auch der Deutschen Bundesbank unverzüglich einzureichen. Im Anschluss an die Beendigung der Jahresabschlussprüfung [1048] ist diesen Institutionen auch der festgestellte handelsrechtliche Jahresabschluss [1049] und der Lagebericht, sofern ein solcher erstattet wird,
jeweils ohne zeitliche Verzögerung vorzulegen [1050]. Der festgestellte handelsrechtliche Jahresabschluss muss hierbei mit dem Prüfungstestat des Abschlussprüfers (Bestätigungsvermerk oder Vermerk über die Versagung der Bestätigung)
versehen sein [1051]. Stellt ein Kredit- oder Finanzdienstleistungsinstitut einen
Konzernabschluss oder einen Konzernlagebericht auf, so sind auch diese Unterlagen dem BAKred und der Deutschen Bundesbank unverzüglich zuzuleiten [1052].

[1048] Die Prüfung des handelsrechtlichen Jahresabschlusses ist spätestens vor Ablauf des fünften Monats
des dem Jahresabschlussstichtag nachfolgenden Geschäftsjahres vorzunehmen; vgl. § 340k Abs. 1
Satz 2 HGB.

[1049] Die Feststellung des handelsrechtlichen Jahresabschlusses hat unmittelbar nach der Prüfung zu erfolgen; vgl. § 340k Abs. 1 Satz 3 HGB.

[1050] Vgl. § 26 Abs. 1 Satz 1 KWG.

[1051] Vgl. § 26 Abs. 1 Satz 2 KWG.

[1052] Vgl. § 26 Abs. 3 Satz 1 KWG.

Die dem BAKred und der Deutschen Bundesbank zu übermittelnden Jahresabschlussunterlagen sind für die Informationsversorgung der Bankenaufsichtsinstanzen von nicht zu unterschätzender Bedeutung [1053]. Der handelsrechtliche
Jahresabschluss ist die einzige Erkenntnisquelle, die auf eine Bewertung der
Vermögens- und Schuldenpositionen der Kredit- und Finanzdienstleistungsinstitute abzielt und das hieraus resultierende Eigenkapital der Institute ableitet [1054].
Nur er erlaubt unter Hinzuziehung der von den Jahresabschlussprüfern einzureichenden Prüfungsberichte einen vergleichsweise umfassenden Einblick in die
Entwicklung der Vermögens-, Finanz- und Ertragslage der Kredit- und Finanzdienstleistungsinstitute. Eine verlässliche Beurteilung der wirtschaftlichen Ge-
samtsituation eines Kredit- oder Finanzdienstleistungsinstituts anhand des handelsrechtlichen Jahresabschlusses wird allerdings durch die Mehrfachzweck-
setzung dieses Rechenwerkes erschwert [1055]. Bei der Ausgestaltung des handelsrechtlichen Jahresabschlusses handelt es sich nämlich um einen vom Gesetzgeber
diktierten Kompromiss zum Ausgleich divergierender Interessen der verschiedenen Jahresabschlussadressatengruppen [1056]. Als Folge dieses Kompromisses ergibt sich, dass der handelsrechtliche Jahresabschluss nicht ausschließlich auf die
Offenlegungswünsche des BAKred und der Deutschen Bundesbank hin ausgerichtet ist. Sein Aussagegehalt für aufsichtsrechtliche Belange wird hierdurch
aber zwangsläufig geschmälert. Es kommt hinzu, dass der handelsrechtliche Jahresabschluss nur einmal jährlich zu erstellen ist und damit den Bankenaufsichtsträgern nur in größeren Zeitabständen als Informationsgrundlage zur Verfügung
steht.

Den Nachteil, nicht geprüft zu werden, aber den Vorteil einer höheren Aktualität
haben – verglichen mit den handelsrechtlichen Jahresabschlüssen – die nach § 25
Abs. 1 Satz 1 KWG von den einzelnen Kredit- und Finanzdienstleistungsinstituten bei der Deutschen Bundesbank unverzüglich nach Ablauf eines jeden Monats
einzureichenden Monatsausweise [1057]. Die Deutsche Bundesbank leitet die ihr

---

[1053] Dem BAKRED zufolge zählt die Auswertung der handelsrechtlichen Jahresabschlüsse der Kreditinstitute und in Zukunft wohl auch der Finanzdienstleistungsinstitute „zu den zentralen Grundlagen der Aufsichtätigkeit"; BAKRED (Jahresbericht 1996), S. 27.

[1054] Vgl. CHRISTIAN, CLAUS-JÖRG (Informationsbasis 1992), S. 43; SZAGUNN, VOLKHARD; HAUG,
ULRICH; ERGENZINGER, WILHELM (Kreditwesen 1997), S. 453.

[1055] Vertiefend hierzu CHRISTIAN, CLAUS-JÖRG (Informationsbasis 1992), S. 44 ff.

[1056] Vgl. m. w. A. WASCHBUSCH, GERD (Jahresabschlußpolitik 1992), S. 95 ff.

[1057] Vgl. BIEG, HARTMUT (Bankenaufsicht 1983), S. 93.

zugegangenen Monatsausweise [1058] mit einer Stellungnahme versehen an das BAKred weiter [1059], es sei denn, dieses verzichtet zu seiner Entlastung auf die Weiterleitung bestimmter Monatsausweise [1060]. Führt die Deutsche Bundesbank gemäß § 18 BBankG monatliche Bilanzstatistiken durch [1061], so gelten aus Gründen der Arbeitsvereinfachung die hierzu erstellten Meldungen zugleich als Monatsausweise im Sinne des § 25 Abs. 1 Satz 1 KWG [1062]. Die Meldungen zur Monatlichen Bilanzstatistik – sie sind auf vorgeschriebenen Vordrucken unter Beachtung der von der Deutschen Bundesbank erlassenen Richtlinien vorzunehmen [1063] – liefern damit nicht nur Datenmaterial für die Beobachtung der kredit- und währungspolitischen Lage, sondern insbesondere auch für die bankenaufsichtliche Überwachung der Kredit- und Finanzdienstleistungsinstitute [1064] [1065].

[1058] Eine übergeordnete Unternehmung i. S. d. § 13b Abs. 2 KWG hat neben dem eigenen Monatsausweis zusätzlich einen zusammengefassten Monatsausweis für die gruppenangehörigen Unternehmungen einzureichen; vgl. § 25 Abs. 2 Satz 1 KWG. Zum Aufbau und Inhalt zusammengefasster Monatsausweise vgl. BAKRED (Zusammengefaßte-Monatsausweise-Verordnung 1997), S. 1 ff.

[1059] Die Deutsche Bundesbank praktiziert hinsichtlich ihrer Stellungnahmen ein so genanntes „Negativverfahren", d. h., sie äußert sich nur, sofern gewisse Kriterien erfüllt sind oder allgemein Anlass zu Bedenken besteht. Der Verzicht auf eine Stellungnahme ist somit als Erklärung der Deutschen Bundesbank anzusehen, dass keine Bedenken vorliegen. Zu dieser Vorgehensweise vgl. SZAGUNN, VOLKHARD; HAUG, ULRICH; ERGENZINGER, WILHELM (Kreditwesen 1997), S. 451.

[1060] Vgl. § 25 Abs. 1 Satz 2 KWG.

[1061] Vgl. dahingehend DEUTSCHE BUNDESBANK (Anordnung 1997), S. 131 f.

[1062] Vgl. § 25 Abs. 1 Satz 3 KWG; ferner BUNDESREGIERUNG (Entwurf eines KWG 1959), S. 37. Das BAKred besitzt vor der Anordnung einer statistischen Erhebung nach § 18 BBankG ein Anhörungsrecht; vgl. § 7 Abs. 1 Satz 4, 1. Halbsatz KWG. Das BAKred wird hierdurch in die Lage versetzt, darauf Einfluss zu nehmen, dass die Deutsche Bundesbank bei der inhaltlichen Ausgestaltung bilanzstatistischer Meldungen bankenaufsichtliche Gesichtspunkte gebührend berücksichtigt. Letztlich steht aber die eigentliche Funktion der Monatlichen Bilanzstatistik, nämlich die Erfassung verlässlicher Daten über die monetäre Entwicklung in der Bundesrepublik Deutschland, im Vordergrund der Betrachtung; vgl. LÜKE, ANNA-ELISABETH (Bankenstatistik 1976), Sp. 91; SCHLESINGER, HELMUT (Bankenstatistik 1985), S. 110; BOCKELMANN, HORST (Bundesbank 1996), S. 39.

[1063] Vgl. DEUTSCHE BUNDESBANK (Richtlinien 1999), S. 9 ff. Die Deutsche Bundesbank kann Ergebnisse der Monatlichen Bilanzstatistik für allgemeine Zwecke veröffentlichen; vgl. § 18 Satz 3 BBankG. Derartige Veröffentlichungen dürfen allerdings keine institutsspezifischen Angaben enthalten; vgl. § 18 Satz 4 BBankG.

[1064] Vgl. BÄHRE, INGE LORE; SCHNEIDER, MANFRED (KWG-Kommentar 1986), S. 315; WASCHBUSCH, GERD (Jahresabschlußpolitik 1992), S. 41.

[1065] Zur Befreiung bestimmter Arten oder Gruppen von Kreditinstituten von der Pflicht zur Einreichung von Meldungen zur Monatlichen Bilanzstatistik bzw. von Monatsausweisen vgl. DEUTSCHE BUNDESBANK (Anordnung 1997), S. 131 f. sowie § 31 Abs. 1 Satz 1 Nr. 1 KWG. Dem BAKred ist es darüber hinaus möglich, auch einzelne Kredit- oder Finanzdienstleistungsinstitute von den Verpflichtungen des § 25 KWG freizustellen; vgl. § 31 Abs. 2 Satz 1 KWG. In all diesen Fällen hat sich das BAKred aber vorbehalten, die Einreichung von Monatsausweisen zu verlangen, wenn diese für die Aufsicht von Bedeutung sind.

Bei den Meldungen zur Monatlichen Bilanzstatistik bzw. den Monatsausweisen handelt es sich um einen periodisch zu erstellenden Status. Dieser entspricht formal weitgehend dem Schema der handelsrechtlichen Jahresbilanz und enthält im Wesentlichen eine monatliche Zusammenstellung der aktivischen und passivischen Bestandskonten der Kreditinstitute und Finanzdienstleistungsinstitute unter Einbeziehung des Saldos der Aufwands- und Ertragskonten [1066]. Neubewertungen gegenüber dem letzten handelsrechtlichen Jahresabschluss brauchen jedoch normalerweise nicht vorgenommen zu werden [1067]; maßgebend ist allein der Stand der Bücher am Meldestichtag. Aus diesem Grund weicht auch die statistische Meldung bzw. der Monatsausweis für das Ende eines Geschäftsjahres von der Jahresbilanz ab. Bestandsänderungen im Zusammenhang mit der Jahresabschlussaufstellung, wie z. B. Bewertungskorrekturen von Forderungen und Wertpapieren, gehen nur einmal im Geschäftsjahr in die Monatliche Bilanzstatistik bzw. den Monatsausweis ein [1068]. Dieser Zeitpunkt liegt in aller Regel in den ersten drei Monaten des Geschäftsjahres. Damit sind aber – insgesamt betrachtet – die Informationen der bankenstatistischen Meldungen bzw. der Monatsausweise über den geschäftlichen Erfolg eines Kredit- oder Finanzdienstleistungsinstituts unzureichend [1069]. Zwar ist die Entwicklung des Saldos der laufenden Aufwendungen und Erträge während des Geschäftsjahres erkennbar, die bei Kredit- und Finanzdienstleistungsinstituten letztlich entscheidenden Bewertungsrisiken mit ihren Auswirkungen auf den Eigenkapitalausweis sind indessen nur ausnahmsweise zu ersehen. Die Meldungen zur Monatlichen Bilanzstatistik bzw. die Monatsausweise gewähren allerdings einen genaueren Einblick in die Entwicklung der einzelnen Geschäftszweige als die handelsrechtlichen Jahresabschlüsse der Kreditinstitute und Finanzdienstleistungsinstitute, da die Aktiva und Passiva nach Arten, Fristigkeiten und Wirtschaftssektoren weiter zu untergliedern sind [1070]. Darüber hinaus sind u. a. auch Angaben über Eventualverbindlichkeiten, Verbindlichkeiten aus Termingeschäften und andere nicht passivierte

---

[1066] Vgl. BIEG, HARTMUT (Bankenaufsicht 1983), S. 94; SZAGUNN, VOLKHARD; HAUG, ULRICH; ERGENZINGER, WILHELM (Kreditwesen 1997), S. 448.

[1067] Vgl. u. a. MAYER, HELMUT (Bundesaufsichtsamt 1981), S. 83 f.; BIEG, HARTMUT (Bankenaufsicht 1983), S. 94; SCHLESINGER, HELMUT (Bankenstatistik 1985), S. 111; SZAGUNN, VOLKHARD; HAUG, ULRICH; ERGENZINGER, WILHELM (Kreditwesen 1997), S. 448.

[1068] Vgl. SCHLESINGER, HELMUT (Bankenstatistik 1985), S. 111 f.

[1069] Vgl. BIEG, HARTMUT (Bankenaufsicht 1983), S. 94; SZAGUNN, VOLKHARD; HAUG, ULRICH; ERGENZINGER, WILHELM (Kreditwesen 1997), S. 448.

[1070] Vgl. BIEG, HARTMUT (Bankenaufsicht 1983), S. 94; SZAGUNN, VOLKHARD; HAUG, ULRICH; ERGENZINGER, WILHELM (Kreditwesen 1997), S. 448.

Verpflichtungen mitzuteilen [1071]. Diese vertiefte Einsichtnahme in die Geschäftsstrukturen der Kredit- und Finanzdienstleistungsinstitute sowie ihre größere Zeitnähe führen schließlich dazu, dass die Zahlen der Monatlichen Bilanzstatistik bzw. des Monatsausweises auch als Fundus für die Berechnung der Grundsatzkennziffern verwendet werden [1072]. Hieraus folgt jedoch nicht, dass die Kredit- und Finanzdienstleistungsinstitute die Grundsätze des BAKred nur an den Meldestichtagen zu erfüllen haben. Die Kredit- und Finanzdienstleistungsinstitute müssen vielmehr zu jedem Zeitpunkt ihres Bestehens den Eigenmittel- und Liquiditätsanforderungen des BAKred entsprechen [1073].

ab) Fallweise zu übermittelnde Informationen

Neben den laufenden Mitteilungspflichten stellen die Anzeigepflichten für konkrete Einzelvorgänge im Geschäftsbetrieb der Kredit- und Finanzdienstleistungsinstitute eine wertvolle Erkenntnisquelle für die Praxis der Bankenaufsicht dar. Solche Anzeigen, die an das Vorliegen besonderer Tatbestände anknüpfen und dem BAKred und/oder der Deutschen Bundesbank entweder unverzüglich oder zu bestimmten Zeitpunkten zuzuleiten sind [1074], betreffen zum einen den Ordnungsrahmen der laufenden geschäftlichen Tätigkeit von Kredit- und Finanzdienstleistungsinstituten. Zum anderen sind sie Resultat wichtiger personeller, organisatorischer, finanzieller und gesellschaftsrechtlicher Veränderungen bei Kredit- und Finanzdienstleistungsinstituten. Anzeigepflichtig sind hierbei in erster Linie die Kredit- und Finanzdienstleistungsinstitute selbst oder ihre jeweiligen Geschäftsleiter. Daneben bestehen unter anderem aber auch für den Erwerber oder den Inhaber einer bedeutenden Beteiligung [1075], für Finanzholding-Gesellschaften [1076] sowie für Institute mit Sitz im Ausland Anzeigepflichten gegenüber dem BAKred und der Deutschen Bundesbank. *Abbildung 78* (vgl. S. 510-521) gibt dazu einen umfassenden Überblick.

[1071] Vgl. DEUTSCHE BUNDESBANK (Anordnung 1997), S. 131.

[1072] Vgl. BIEG, HARTMUT (Bankenaufsicht 1983), S. 94.

[1073] Vgl. BIEG, HARTMUT (Bankenaufsicht 1983), S. 94; BÄHRE, INGE LORE; SCHNEIDER, MANFRED (KWG-Kommentar 1986), S. 150.

[1074] Details über die Erstattung der Anzeigen, den Einreichungsweg und die Empfänger der Anzeigen sind in einer speziellen Verordnung des BAKred geregelt; vgl. BAKRED (Anzeigenverordnung 1997), S. 1 ff.

[1075] Zum Begriff der bedeutenden Beteiligung vgl. Kapitel F.IV.5, S. 500, Fn. 1030.

[1076] Zum Begriff der Finanzholding-Gesellschaften vgl. Kapitel D.III.3.c), S. 159.

Abb. 78: Überblick über die nach dem Kreditwesengesetz anzeigepflichtigen Tatbestände

Rechtsgrundlage der Anzeigepflicht	anzeigepflichtige Wirtschaftssubjekte	Gegenstand der Anzeigepflicht
§ 1 Abs. 12 Satz 5 KWG	Kredit- und Finanzdienstleistungsinstitute	die institutsintern festgelegten Kriterien für die Einbeziehung von Positionen in das Handelsbuch sowie die Änderungen dieser Kriterien im Zeitablauf unter Darlegung der Gründe
§ 2 Abs. 11 Satz 4 KWG	Kredit- und Finanzdienstleistungsinstitute	– die Inanspruchnahme der Freistellungsmöglichkeit von den Vorschriften über das Handelsbuch – das Überschreiten einer der Bagatellgrenzen des § 2 Abs. 11 Satz 1 Nr. 3 KWG – die freiwillige Anwendung der Regelungen über das Handelsbuch
§ 2b Abs. 1 Satz 1 i. V. m. Satz 2 und Satz 4 KWG	Erwerber einer bedeutenden Beteiligung	die Absicht des Erwerbs einer bedeutenden Beteiligung an einem Kredit- oder Finanzdienstleistungsinstitut unter Angabe der Höhe der beabsichtigten Beteiligung, der für die Beurteilung der Zuverlässigkeit des Erwerbers wesentlichen Tatsachen (ist der Erwerber eine juristische Person oder eine Personenhandelsgesellschaft, so sind die für die Beurteilung der Zuverlässigkeit der gesetzlichen Vertreter oder persönlich haftenden Gesellschafter wesentlichen Tatsachen anzugeben) sowie der Personen und Unternehmungen, von denen der Erwerber die entsprechenden Anteile erwerben will
§ 2b Abs. 1a Satz 2 und Satz 3 KWG	Erwerber einer bedeutenden Beteiligung	den Vollzug oder den Nichtvollzug des beabsichtigten Erwerbs einer bedeutenden Beteiligung an einem Kredit- oder Finanzdienstleistungsinstitut (nach Ablauf einer vom BAKred festgesetzten Frist)

Fortsetzung Abb. 78:

Rechtsgrundlage der Anzeigepflicht	anzeigepflichtige Wirtschaftssubjekte	Gegenstand der Anzeigepflicht
§ 2b Abs. 1 Satz 5 KWG	Inhaber einer bedeutenden Beteiligung	bei bestehenden bedeutenden Beteiligungen an einem Kredit- oder Finanzdienstleistungsinstitut, die von einer juristischen Person oder einer Personenhandelsgesellschaft gehalten werden, jeden neu bestellten gesetzlichen Vertreter oder neuen persönlich haftenden Gesellschafter unter Angabe der für die Beurteilung seiner Zuverlässigkeit wesentlichen Tatsachen
§ 2b Abs. 1 Satz 6 KWG	Inhaber einer bedeutenden Beteiligung	die Absicht, den Betrag einer bestehenden bedeutenden Beteiligung an einem Kredit- oder Finanzdienstleistungsinstitut so zu erhöhen, – dass die Schwellenwerte von 20 %, 33 % oder 50 % der Stimmrechte oder des Kapitals des Kredit- oder Finanzdienstleistungsinstituts erreicht oder überschritten werden oder – dass das Kredit- oder Finanzdienstleistungsinstitut unter die Kontrolle des Inhabers der bedeutenden Beteiligung kommt
§ 2b Abs. 1a Satz 2 und Satz 3 KWG	Inhaber einer bedeutenden Beteiligung	den Vollzug oder den Nichtvollzug der beabsichtigten Erhöhung einer bestehenden bedeutenden Beteiligung an einem Kredit- oder Finanzdienstleistungsinstitut (nach Ablauf einer vom BAKred festgesetzten Frist)
§ 2b Abs. 4 Satz 1 KWG	Inhaber einer bedeutenden Beteiligung	– die Absicht der Aufgabe einer bestehenden bedeutenden Beteiligung an einem Kredit- oder Finanzdienstleistungsinstitut – die Absicht, den Betrag einer bestehenden bedeutenden Beteiligung an einem Kredit- oder Finanzdienstleistungsinstitut so zu vermindern, dass die Schwellenwerte von 20 %, 33 % oder 50 % der Stimmrechte oder des Kapitals des Kredit- oder Finanzdienstleistungsinstituts unterschritten werden

Fortsetzung Abb. 78:

Rechtsgrundlage der Anzeigepflicht	anzeigepflichtige Wirtschaftssubjekte	Gegenstand der Anzeigepflicht
		– die Absicht, eine bestehende bedeutende Beteiligung an einem Kredit- oder Finanzdienstleistungsinstitut so zu verändern, dass das Kredit- oder Finanzdienstleistungsinstitut nicht mehr der Kontrolle des Inhabers der bedeutenden Beteiligung unterliegt
§ 2b Abs. 4 Satz 3 und Satz 4 KWG	Inhaber einer bedeutenden Beteiligung	den Vollzug oder den Nichtvollzug der beabsichtigten Absenkung oder Veränderung einer bestehenden bedeutenden Beteiligung an einem Kredit- oder Finanzdienstleistungsinstitut (nach Ablauf einer vom BAKred festgesetzten Frist)
§ 1 Abs. 3 AnzV	Inhaber einer bedeutenden Beteiligung	– die Zulassung in einem anderen Staat des Europäischen Wirtschaftsraums als Einlagenkreditinstitut oder Wertpapierhandelsunternehmen – die Erlangung der Stellung eines Mutterunternehmens eines in einem anderen Staat des Europäischen Wirtschaftsraums zugelassenen Einlagenkreditinstituts oder Wertpapierhandelsunternehmens – die Übernahme der Kontrolle über ein in einem anderen Staat des Europäischen Wirtschaftsraums zugelassenes Einlagenkreditinstitut oder Wertpapierhandelsunternehmen
§ 10 Abs. 4a Satz 4 KWG	Kredit- und Finanzdienstleistungsinstitute	die Berechnung der nicht realisierten Reserven unter Angabe der maßgeblichen Wertansätze
§ 10 Abs. 4b Satz 4 KWG i. V. m. § 32 Abs. 3 KAGG	Kredit- und Finanzdienstleistungsinstitute	die Bestellung der Mitglieder eines Sachverständigenausschusses für die Ermittlung des Beleihungswertes von Grundstücken, grundstücksgleichen Rechten und Gebäuden unter Darlegung der erforderlichen Voraussetzungen gemäß § 32 Abs. 2 KAGG (u. a. Unabhängigkeit, Zuverlässigkeit sowie fachliche Eignung) [1]

Fortsetzung Abb. 78:

Rechtsgrundlage der Anzeigepflicht	anzeigepflichtige Wirtschaftssubjekte	Gegenstand der Anzeigepflicht
§ 10 Abs. 5 Satz 7 KWG	Kredit- und Finanzdienstleistungsinstitute	die Absicht, im Rahmen der Marktpflege bis zu 3 % des Gesamtnennbetrags der in Wertpapieren verbrieften eigenen Genussrechte zu erwerben
§ 10 Abs. 5a Satz 7 und Abs. 7 Satz 6 KWG	Kredit- und Finanzdienstleistungsinstitute	die Absicht, im Rahmen der Marktpflege bis zu 3 % des Gesamtnennbetrags der in Wertpapieren verbrieften eigenen längerfristigen bzw. kurzfristigen nachrangigen Verbindlichkeiten zu erwerben
§ 10 Abs. 7 Satz 7 KWG	Kredit- und Finanzdienstleistungsinstitute	das Absinken der Eigenmittel durch Tilgungs- oder Zinszahlungen auf kurzfristige nachrangige Verbindlichkeiten unter 120 % des Gesamtbetrags der nach § 10 Abs. 1 Satz 1 KWG angemessenen Eigenmittel
§ 10 Abs. 8 Satz 1 i. V. m. Satz 2 und Satz 3 KWG	Kredit- und Finanzdienstleistungsinstitute	vom Kernkapital gemäß § 10 Abs. 2a Satz 2 Nr. 4 oder Nr. 5 KWG abzuziehende Kredite unter Angabe der gestellten Sicherheiten und der vereinbarten Kreditbedingungen (rechtsgeschäftliche Änderungen der gestellten Sicherheiten oder der vereinbarten Kreditbedingungen führen zu einer erneuten Anzeigepflicht dieser Abzugskredite unter Angabe der entsprechenden Änderungen [2]) [3]
§ 12a Abs. 1 Satz 3 KWG	Kredit- und Finanzdienstleistungsinstitute sowie Finanzholding-Gesellschaften	die Begründung, die Veränderung oder die Aufgabe einer Beteiligung oder einer Unternehmungsbeziehung i. S. d. § 12a Abs. 1 Satz 1 KWG
§ 13 Abs. 1 Satz 1 KWG	Nichthandelsbuchinstitute	die Vergabe eines Großkredits [4]
§ 13 Abs. 2 Satz 5 und Satz 8 KWG	Nichthandelsbuchinstitute	die Unterlassung der fristgerechten Nachholung eines einstimmigen Geschäftsleiterbeschlusses über Großkredite, die – ohne vorherige Beschlussfassung gewährt wurden bzw. – nachträglich durch Verringerung des haftenden Eigenkapitals zum Großkredit geworden sind

Fortsetzung Abb. 78:

Rechtsgrundlage der Anzeigepflicht	anzeigepflichtige Wirtschaftssubjekte	Gegenstand der Anzeigepflicht
§ 13 Abs. 3 Satz 2 und Satz 4 KWG	Nichthandelsbuchinstitute	das Überschreiten der Großkrediteinzelobergrenze
§ 13 Abs. 3 Satz 6 KWG	Nichthandelsbuchinstitute	das Überschreiten der Großkreditgesamtobergrenze
§ 13 Abs. 4 KWG	Nichthandelsbuchinstitute	die Zusage eines Kreditrahmenkontingents, das 10 % des haftenden Eigenkapitals des Nichthandelsbuchinstituts erreicht oder übersteigt
§ 13a Abs. 1 Satz 1 i. V. m. Satz 3 KWG	Handelsbuchinstitute	die Vergabe eines Gesamtbuch- sowie eines Anlagebuch-Großkredits
§ 13a Abs. 2 i. V. m. § 13 Abs. 2 Satz 5 und Satz 8 KWG	Handelsbuchinstitute	die Unterlassung der fristgerechten Nachholung eines einstimmigen Geschäftsleiterbeschlusses über Gesamtbuch- sowie Anlagebuch-Großkredite, die – ohne vorherige Beschlussfassung gewährt wurden bzw. – nachträglich durch Verringerung der Eigenmittel zu einem Gesamtbuch- oder Anlagebuch-Großkredit geworden sind
§ 13a Abs. 3 Satz 2 und Satz 4 KWG	Handelsbuchinstitute	das Überschreiten der Anlagebuch-Großkrediteinzelobergrenze
§ 13a Abs. 3 Satz 6 KWG	Handelsbuchinstitute	das Überschreiten der Anlagebuch-Großkreditgesamtobergrenze
§ 13a Abs. 4 Satz 2 und Satz 4 KWG	Handelsbuchinstitute	das Überschreiten der Gesamtbuch-Großkrediteinzelobergrenze
§ 13a Abs. 4 Satz 6 KWG	Handelsbuchinstitute	das Überschreiten der Gesamtbuch-Großkreditgesamtobergrenze
§ 13a Abs. 5 Satz 2 und Satz 4 KWG	Handelsbuchinstitute	das Überschreiten handelsbereichsspezifischer Großkreditobergrenzen
§ 13a Abs. 6 KWG	Handelsbuchinstitute	die Zusage eines Kreditrahmenkontingents, das 10 % der Eigenmittel des Handelsbuchinstituts erreicht oder übersteigt

Fortsetzung Abb. 78:

Rechtsgrundlage der Anzeigepflicht	anzeigepflichtige Wirtschaftssubjekte	Gegenstand der Anzeigepflicht
§ 13b Abs. 1 i. V. m. Abs. 4 Satz 1 KWG	übergeordnete Unternehmungen von Institutsgruppen oder Finanzholding-Gruppen	entsprechende Anwendung der Anzeigevorschriften des § 13 Abs. 1, Abs. 3 und Abs. 4 KWG sowie des § 13a Abs. 1 und Abs. 3 bis 6 KWG
§ 14 Abs. 1 Satz 1 KWG	Kreditinstitute, Eigenhändler sowie Factoringunternehmen	die Vergabe von Millionenkrediten
§ 14 Abs. 1 Satz 2 i. V. m. Satz 3 KWG	übergeordnete Unternehmungen im Sinne des § 13b Abs. 2 KWG	die Vergabe von Millionenkrediten durch nachgeordnete Unternehmungen im Sinne des § 13b Abs. 2 KWG, es sei denn, diese Unternehmungen sind selbst anzeigepflichtig
§ 15 Abs. 4 Satz 5 KWG	Kredit- und Finanzdienstleistungsinstitute	– die Unterlassung der fristgerechten Nachholung eines einstimmigen Organkreditbeschlusses sämtlicher Geschäftsleiter – die Unterlassung der fristgerechten Nachholung eines Zustimmungsbeschlusses des Aufsichtsorgans zur Vergabe eines Organkredits
§ 23a Abs. 2 Satz 1 KWG	Kredit- und Finanzdienstleistungsinstitute	das Ausscheiden aus einer Sicherungseinrichtung
§ 24 Abs. 1 Nr. 1 KWG	Kredit- und Finanzdienstleistungsinstitute	– die Absicht der Bestellung eines Geschäftsleiters unter Angabe der für die Beurteilung der Zuverlässigkeit und der fachlichen Eignung dieser Person wesentlichen Tatsachen – den Vollzug der Bestellung eines Geschäftsleiters – die Absicht der Ermächtigung einer Person zur Einzelvertretung des Kredit- oder Finanzdienstleistungsinstituts in dessen gesamten Geschäftsbereich unter Angabe der für die Beurteilung der Zuverlässigkeit und der fachlichen Eignung dieser Person wesentlichen Tatsachen – den Vollzug der Ermächtigung einer Person zur Einzelvertretung des Kredit- oder Finanzdienstleistungsinstituts in dessen gesamten Geschäftsbereich

Fortsetzung Abb. 78:

Rechtsgrundlage der Anzeigepflicht	anzeigepflichtige Wirtschaftssubjekte	Gegenstand der Anzeigepflicht
§ 24 Abs. 1 Nr. 2 KWG	Kredit- und Finanzdienstleistungsinstitute	das Ausscheiden eines Geschäftsleiters sowie die Entziehung der Befugnis einer Person zur Einzelvertretung des Kredit- oder Finanzdienstleistungsinstituts in dessen gesamten Geschäftsbereich
§ 24 Abs. 1 Nr. 3 KWG	Kredit- und Finanzdienstleistungsinstitute	die Übernahme und die Aufgabe einer unmittelbaren Beteiligung an einer anderen Unternehmung sowie Veränderungen in der Höhe der unmittelbaren Beteiligung (als unmittelbare Beteiligung gilt das Halten von mindestens 10 % der Anteile am Kapital oder der Stimmrechte der anderen Unternehmung) [5]
§ 24 Abs. 1 Nr. 4 KWG	Kredit- und Finanzdienstleistungsinstitute	die Änderung der Rechtsform [6] sowie die Änderung der Firma
§ 24 Abs. 1 Nr. 5 KWG	Kredit- und Finanzdienstleistungsinstitute	einen Verlust in Höhe von 25 % oder mehr des haftenden Eigenkapitals [7]
§ 24 Abs. 1 Nr. 6 KWG	Kredit- und Finanzdienstleistungsinstitute	die Verlegung der Niederlassung oder des Sitzes
§ 24 Abs. 1 Nr. 7 KWG	Kredit- und Finanzdienstleistungsinstitute	die Errichtung, die Verlegung und die Schließung einer Zweigstelle in einem Drittstaat
§ 24 Abs. 1 Nr. 8 KWG	Kredit- und Finanzdienstleistungsinstitute	die Einstellung des Geschäftsbetriebs
§ 24 Abs. 1 Nr. 9 KWG	Kredit- und Finanzdienstleistungsinstitute	die Aufnahme und die Einstellung des Betreibens von Geschäften, die nicht Bankgeschäfte oder Finanzdienstleistungen sind, oder von Geschäften, für welche die Erlaubnis nach § 64e Abs. 1 KWG als erteilt gilt [8]
§ 24 Abs. 1 Nr. 10 KWG	Kredit- und Finanzdienstleistungsinstitute	– das Absinken des Anfangskapitals unter die Mindestanforderungen nach § 33 Abs. 1 Satz 1 Nr. 1 KWG – der Wegfall einer geeigneten Versicherung zum Schutz der Kunden nach § 33 Abs. 1 Satz 2 KWG

Fortsetzung Abb. 78:

Rechtsgrundlage der Anzeigepflicht	anzeigepflichtige Wirtschaftssubjekte	Gegenstand der Anzeigepflicht
§ 24 Abs. 1 Nr. 11 KWG	Kredit- und Finanzdienstleistungsinstitute	– der Erwerb oder die Aufgabe einer bedeutenden Beteiligung an dem anzeigenden Kredit- oder Finanzdienstleistungsinstitut – das Erreichen, das Über- oder das Unterschreiten der Beteiligungsschwellen von 20 %, 33 % oder 50 % der Stimmrechte oder des Kapitals des anzeigenden Kredit- oder Finanzdienstleistungsinstituts – die Tatsache, dass das anzeigende Kredit- oder Finanzdienstleistungsinstitut Tochterunternehmen einer anderen Unternehmung wird oder nicht mehr ist
§ 24 Abs. 1 Nr. 12 KWG	Kredit- und Finanzdienstleistungsinstitute	jeder Fall, in dem die Gegenpartei eines Pensions- oder Wertpapierdarlehensgeschäftes ihren Erfüllungsverpflichtungen nicht nachgekommen ist
§ 24 Abs. 1 Nr. 13 KWG	Kredit- und Finanzdienstleistungsinstitute	das Bestehen, die Änderung oder die Beendigung einer engen Verbindung zu einer anderen natürlichen Person oder einer anderen Unternehmung [9]
§ 24 Abs. 1a Satz 1 Nr. 1 KWG	Kredit- und Finanzdienstleistungsinstitute	das Bestehen von mittelbaren Beteiligungen an anderen Unternehmungen [10]
§ 24 Abs. 1a Satz 1 Nr. 2 KWG	Kredit- und Finanzdienstleistungsinstitute	den Namen und die Anschrift des Inhabers einer bedeutenden Beteiligung an dem anzeigenden Kredit- oder Finanzdienstleistungsinstitut und an den ihm nach § 10a KWG nachgeordneten Unternehmungen mit Sitz im Ausland und die Höhe dieser Beteiligungen [11]
§ 24 Abs. 1a Satz 1 Nr. 3 KWG i. V. m. § 15 AnzV	Kredit- und Finanzdienstleistungsinstitute	die Errichtung, die Verlegung und die Schließung einer inländischen Zweigstelle [12]
§ 24 Abs. 2 KWG i. V. m. § 16 AnzV	Kredit- und Finanzdienstleistungsinstitute	die Absicht, sich mit einem anderen Kredit- oder Finanzdienstleistungsinstitut zu vereinigen [13]
§ 24 Abs. 3 Satz 1 Nr. 1 KWG	Geschäftsleiter	die Aufnahme und die Beendigung einer Tätigkeit als Geschäftsleiter oder als Aufsichtsrats- oder Verwaltungsratsmitglied einer anderen Unternehmung [14]

Fortsetzung Abb. 78:

Rechtsgrundlage der Anzeigepflicht	anzeigepflichtige Wirtschaftssubjekte	Gegenstand der Anzeigepflicht
§ 24 Abs. 3 Satz 1 Nr. 2 i. V. m. Satz 2 KWG	Geschäftsleiter	die Übernahme und die Aufgabe einer unmittelbaren Beteiligung an einer Unternehmung sowie Veränderungen in der Höhe der unmittelbaren Beteiligung (als unmittelbare Beteiligung gilt das Halten von mindestens 25 % der Anteile am Kapital der Unternehmung) [15]
§ 24 Abs. 3a Satz 3 KWG	Finanzholding-Gesellschaften	die Begründung, die Veränderung oder die Aufgabe von Beteiligungen oder Unternehmensbeziehungen an Kredit- oder Finanzdienstleistungsinstituten, Finanzunternehmen oder Unternehmen mit bankbezogenen Hilfsdiensten, die als der Finanzholding-Gesellschaft nachgeordnete Unternehmungen im Sinne des § 10a Abs. 3 bis 5 KWG anzusehen sind [16]
§ 24a Abs. 1 i. V. m. Abs. 4 Satz 1 KWG	Einlagenkreditinstitute sowie Wertpapierhandelsunternehmen	die Absicht der Errichtung einer Zweigniederlassung in einem anderen Staat des Europäischen Wirtschaftsraums unter Angabe des Staates, in dem die Zweigniederlassung errichtet werden soll, eines Geschäftsplans, aus dem die Art der geplanten Geschäfte und der organisatorische Aufbau der Zweigniederlassung hervorgehen, der Anschrift der Zweigniederlassung sowie des Namens des Leiters der Zweigniederlassung (spätere Änderungen dieser Verhältnisse begründen eine erneute Anzeigepflicht)
§ 24a Abs. 3 Satz 1 und Satz 2 i. V. m. Abs. 4 Satz 1 KWG	Einlagenkreditinstitute sowie Wertpapierhandelsunternehmen	die Absicht der Erbringung bestimmter grenzüberschreitender Dienstleistungen in einem anderen Staat des Europäischen Wirtschaftsraums unter Angabe des Staates, in dem die grenzüberschreitenden Dienstleistungen erbracht werden sollen, sowie eines Geschäftsplans, aus dem die Art der geplanten grenzüberschreitenden Dienstleistungen zu ersehen ist (spätere Änderungen dieser Verhältnisse begründen eine erneute Anzeigepflicht)

Fortsetzung Abb. 78:

Rechtsgrundlage der Anzeigepflicht	anzeigepflichtige Wirtschaftssubjekte	Gegenstand der Anzeigepflicht
§ 24a Abs. 4 Satz 2 KWG	Einlagenkreditinstitute sowie Wertpapierhandelsunternehmen	Änderungen der Verhältnisse der Einlagensicherungseinrichtung oder der Anlegerentschädigungseinrichtung oder des gleichwertigen Schutzes i. S. d § 23a Abs. 2 Satz 1 KWG, sofern in einem anderen Staat des Europäischen Wirtschaftsraums eine Zweigniederlassung errichtet wurde
§ 24b Abs. 1 Satz 1 und Satz 2 KWG	Kredit- und Finanzdienstleistungsinstitute	die Absicht, ein Zahlungs- und/oder Wertpapierliefer- und -abrechnungssystem zu veranstalten (unter Benennung der Teilnehmer), sowie spätere Änderungen des Teilnehmerkreises
§ 25a Abs. 2 Satz 3 KWG	Kredit- und Finanzdienstleistungsinstitute	die Absicht sowie den Vollzug der Auslagerung von Bereichen, die für die Durchführung der Bankgeschäfte oder Finanzdienstleistungen wesentlich sind, auf andere Unternehmungen (sog. „Outsourcing")
§ 28 Abs. 1 Satz 1 i. V. m. Abs. 3 KWG	Kredit- und Finanzdienstleistungsinstitute	die Bestellung des Abschlussprüfers (gilt nicht für Kreditinstitute, die einem genossenschaftlichen Prüfungsverband angeschlossen sind oder durch die Prüfungsstelle eines Sparkassen- und Giroverbandes geprüft werden)
§ 46b Abs. 1 Satz 1 KWG	Geschäftsleiter (bei Instituten in der Rechtsform des Einzelkaufmanns der Inhaber)	die Zahlungsunfähigkeit oder die Überschuldung des Kredit- oder Finanzdienstleistungsinstituts
§ 53a Satz 2 KWG	Institute mit Sitz im Ausland	die Absicht sowie den Vollzug der Errichtung einer Repräsentanz
§ 53a Satz 5 KWG	Institute mit Sitz im Ausland	die Verlegung oder die Schließung einer Repräsentanz

Erläuterungen zur Abb. 78:

[1] Das Ausscheiden eines Sachverständigen sowie Änderungen der für die Beurteilung der Unabhängigkeit, der Zuverlässigkeit und der fachlichen Eignung eines Sachverständigen tatsächlichen Verhältnisse sind ebenfalls anzeigepflichtig; vgl. § 3 Abs. 2 Satz 1 AnzV. Zu Einzelheiten vgl. auch BAKRED (4. KWG-Änderungsgesetz 1993/1994), S. 334 ff.

[2] Eine Änderungsanzeige ist gemäß § 5 Abs. 2 AnzV nicht erforderlich, „wenn sich die rechtsgeschäftliche Änderung der Kreditbedingungen auf eine Anpassung des Zinssatzes entsprechend der Entwicklung des Marktzinses beschränkt".

Fortsetzung Abb. 78:

[3] Auf Verlangen des BAKred ist den Bankenaufsichtsinstanzen alle fünf Jahre eine Sammelanzeige der Abzugskredite einzureichen; vgl. § 10 Abs. 8 Satz 4 KWG.

[4] Zu weiteren Einzelheiten vgl. Kapitel F.IV.3.bb).(2), S. 417 ff.

[5] Eine Veränderung in der Höhe einer unmittelbaren Beteiligung ist nur anzuzeigen, wenn durch die Änderung 20 %, 33 % oder 50 % des Kapitals oder der Stimmrechte der Unternehmung erreicht, über- oder unterschritten werden oder die Unternehmung ein Tochterunternehmen wird oder nicht mehr ist; vgl. § 9 Abs. 2 AnzV.
Das BAKred verzichtet bis auf weiteres auf die Anzeige von unmittelbaren Beteiligungen i. S. d. § 24 Abs. 1 Nr. 3 KWG, deren Nennwert den Gegenwert in Höhe von 50.000 ECU nicht überschreitet, sofern die Beteiligung höchstens 20 % der Kapitalanteile oder Stimmrechte ausmacht; vgl. BAKRED (Beteiligungen 1998), S. 1. Vermögenseinlagen, die das Kredit- oder Finanzdienstleistungsinstitut einer anderen Unternehmung als stiller Gesellschafter zur Verfügung gestellt hat, sind im Rahmen des § 24 Abs. 1 Nr. 3 KWG nur dann anzeigepflichtig, wenn sie – gegebenenfalls im Verbund mit gesellschaftsrechtlichen Anteilen – mindestens 10 % der Stimmrechte der Beteiligungsunternehmung vermitteln; vgl. ebenda, S. 2.

[6] Die Änderung der Rechtsform ist nur anzuzeigen, soweit hierfür nicht bereits eine Erlaubnis nach § 32 Abs. 1 KWG erforderlich ist. Dies ist dann der Fall, wenn durch die Änderung der Rechtsform ein neuer Rechtsträger entsteht (z. B. Umwandlung einer Personenhandelsgesellschaft in eine Kapitalgesellschaft).

[7] Diese Anzeigepflicht ist als ein Warnsignal für eine akute Gefährdung des Kredit- oder Finanzdienstleistungsinstituts anzusehen. Sie setzt bereits dann ein, wenn sich ein Verlust in der maßgebenden Höhe erkennbar abzeichnet, d. h. von der Geschäftsleitung des Kredit- oder Finanzdienstleistungsinstituts nach einer überschlägigen Berechnung der Aufwendungen und Erträge als bestehend angenommen werden muss; vgl. BÄHRE, INGE LORE; SCHNEIDER, MANFRED (KWG-Kommentar 1986), S. 300 sowie SZAGUNN, VOLKHARD; HAUG, ULRICH; ERGENZINGER, WILHELM (Kreditwesen 1997), S. 435 f.

[8] Die Anzeige der Aufnahme des Betreibens von Geschäften, die nicht Bankgeschäfte oder Finanzdienstleistungen sind, ist nach § 11 Abs. 2 Satz 1, 1. Halbsatz AnzV nur erforderlich, wenn mit dem jeweiligen Geschäft voraussichtlich ein Jahresumsatz erzielt wird, der über 500.000 DM hinausgeht. Die Aufnahme solcher Geschäfte ist nachträglich anzuzeigen, wenn der Jahresumsatz entgegen der Voraussicht 500.000 DM überschreitet; vgl. § 11 Abs. 2 Satz 1, 2. Halbsatz AnzV. Die Einstellung des Betreibens von Geschäften, die nicht Bankgeschäfte oder Finanzdienstleistungen sind, ist nur dann anzuzeigen, wenn zuvor auch ihre Aufnahme anzuzeigen war; vgl. § 11 Abs. 2 Satz 2 AnzV. § 11 Abs. 2 Satz 3 AnzV enthält zudem einen Katalog von Geschäften, die unabhängig vom Jahresumsatz von der Anzeigepflicht des § 24 Abs. 1 Nr. 9 KWG freigestellt sind (u. a. die Einziehung von Wechseln, Schecks und Lastschriften, der Verkauf von Reiseschecks, der An- und Verkauf von Münzen, Medaillen und unverarbeiteten Edelmetallen, die Vermietung von Schließ- und Schrankfächern, die Vermittlung von Kreditkartenverträgen, Bausparverträgen, Versicherungsverträgen und Verträgen über Bürgschaften, Garantien und sonstige Gewährleistungen, der Verkauf von Speisen und Getränken an Mitarbeiter).

[9] Zur Definition einer engen Verbindung vgl. § 1 Abs. 10 KWG. Eine Änderungsanzeige ist nur dann abzugeben, wenn 20 %, 33 % oder 50 % des Kapitals oder der Stimmrechte der Unternehmung erreicht, über- oder unterschritten werden oder die Unternehmung ein Mutter-, Tochter- oder Schwesterunternehmen wird oder nicht mehr ist; vgl. § 13 Abs. 2 Satz 1 AnzV. Die mittelbar gehaltenen Kapitalanteile oder Stimmrechte sind dabei den mittelbar beteiligten Unternehmungen jeweils in vollem Umfang zuzurechnen; vgl. § 13 Abs. 2 Satz 2 AnzV.

[10] Mittelbare Beteiligungen im Sinne des § 24 Abs. 1a Satz 1 Nr. 1 KWG sind Anteile am Kapital oder an Stimmrechten in Höhe von mindestens 10 %, vermittelt auf *jeder* Stufe durch
– ein Tochterunternehmen im Sinne des § 1 Abs. 7 KWG *oder*
– eine Beteiligung in Höhe von jeweils 20 % oder mehr des Kapitals oder der Stimmrechte der zwischengeschalteten Unternehmung; vgl. § 14 Abs. 2 Satz 1 AnzV.
Zu weiteren Einzelheiten vgl. § 14 AnzV sowie BAKRED (Beteiligungen 1998), S. 5 ff.

Fortsetzung Abb. 78:

[11] Öffentlich-rechtliche Sparkassen, bei denen der Anstaltseigner zu 100 % mit dem Anstaltsträger identisch ist, ein maßgeblicher Einfluss auf die Sparkasse ausschließlich durch ihn ausgeübt werden kann und Dritte, insbesondere auch stille Gesellschafter, keine Stimmrechte an der Sparkasse halten, sind von der Anzeigepflicht des § 24 Abs. 1a Satz 1 Nr. 2 KWG befreit; vgl. BAKRED (Beteiligungen 1998), S. 3. Sollten stille Gesellschafter mit Stimmrechten im Verwaltungsrat vertreten sein, müssen die betroffenen Sparkassen die Anzeige nach § 24 Abs. 1a Satz 1 Nr. 2 KWG erstatten, auch wenn keiner der stillen Gesellschafter 10 % der Stimmrechte erreicht; vgl. ebenda, S. 3.

[12] Gemäß § 15 Abs. 2 AnzV sind die Errichtung, die Verlegung und die Schließung einer inländischen Zweigstelle *nicht* anzuzeigen, wenn die Zweigstelle
- nur vorübergehend für einen Zeitraum bis zu zwölf Monaten errichtet, verlegt oder geschlossen wird,
- nur automatisierte Bankgeschäfte oder Finanzdienstleistungen erbringt oder
- ausschließlich dem Betreiben von Geschäften dient, die keine Bankgeschäfte oder Finanzdienstleistungen sind.

[13] Die Absicht der Vereinigung ist von den beteiligten Instituten gemäß § 16 Satz 2 AnzV „anzuzeigen, sobald auf Grund der geführten Verhandlungen die Wahrscheinlichkeit besteht, dass die Vereinigung zustande kommen wird". Nach Abschluss der Verhandlungen ist das Verhandlungsergebnis unverzüglich anzuzeigen; vgl. § 16 Satz 3 AnzV. Gleiches gilt für den rechtlichen Vollzug der Vereinigung; vgl. § 16 Satz 3 AnzV.

[14] Nicht anzuzeigen ist die Tätigkeit des Geschäftsleiters eines Kredit- oder Finanzdienstleistungsinstituts als Inhaber einer Einzelfirma; vgl. BAKRED (Anzeigepflicht 1978), S. 160 f.

[15] Veränderungen in der Höhe der unmittelbaren Beteiligung eines Geschäftsleiters an einer Unternehmung sind nach § 17 Abs. 2 AnzV nur dann anzuzeigen, wenn die Beteiligung 33 % oder 50 % des Kapitals der Unternehmung erreicht, über- oder unterschreitet.

[16] Darüber hinaus hat eine Finanzholding-Gesellschaft den Bankaufsichtsinstanzen einmal jährlich eine Sammelanzeige der Kredit- und Finanzdienstleistungsinstitute, der Finanzunternehmen und der Unternehmen mit bankbezogenen Hilfsdiensten, die ihr nachgeordnete Unternehmungen im Sinne des § 10a Abs. 3 bis 5 KWG sind, einzureichen; vgl. § 24 Abs. 3a Satz 1 KWG. Das BAKred übermittelt seinerseits „hierüber eine Aufstellung den zuständigen Stellen der anderen Staaten des Europäischen Wirtschaftsraums und der Kommission der Europäischen Gemeinschaften"; § 24 Abs. 3a Satz 2 KWG.

b) Die Bekanntgabe von Informationen aufgrund spezieller Aufforderung

Die vorgenannten Informationen, die Kredit- und Finanzdienstleistungsinstitute den Bankenaufsichtsträgern ohne besondere Aufforderung aufgrund von Vorschriften des Kreditwesengesetzes entweder in bestimmten Zeitabständen oder bei Vorliegen der entsprechenden Tatbestände zur Verfügung stellen müssen, gewähren in ihrer Gesamtheit einen grundsätzlich weitgehenden Einblick in die Struktur und die laufende Geschäftstätigkeit der Kredit- und Finanzdienstleistungsinstitute. Für eine wirkungsvolle Durchführung der Bankenaufsicht reicht diese Art der Informationsgewinnung allein jedoch nicht aus. Denn ein Aufsichtssystem, das vorzugsweise an Informationen in Form von Anzeigen und Meldungen von Seiten der beaufsichtigten Kredit- und Finanzdienstleistungsinstitute anknüpft, setzt in hohem Maße deren loyale Mitwirkung, d. h. die korrekte Erfüllung der Mitteilungspflichten voraus [1077]. Gerade in Situationen, in denen es um die Offenlegung von Verstößen gegen bankenaufsichtsrechtliche Bestimmungen oder Fehlentwicklungen bei einem Kredit- oder Finanzdienstleistungsinstitut geht, ist aber nicht auszuschließen, dass es das eine oder andere Kredit- oder Finanzdienstleistungsinstitut mit der Informationsbereitstellung nicht so genau nimmt und in der Hoffnung, Sachverhalte vertuschen oder die Bankenaufsichtsinstanzen täuschen zu können, notwendige Anzeigen und Meldungen unterlässt, nicht vollständig oder zu spät erstattet oder sogar falsch, d. h. bewusst manipuliert einreicht [1078]. Den Bankenaufsichtsträgern sind von daher eigenständige Informationserhebungsrechte zuzugestehen. Sie müssen dazu in der Lage sein, sich Informationen über aufsichtsrelevante Tatbestände selbst zu beschaffen. Ferner ist sicherzustellen, dass aufklärungsbedürftige Sachverhalte an Ort und Stelle nachgeprüft werden können [1079].

Besondere Bedeutung erlangt in diesem Zusammenhang zunächst die Regelung des § 44 Abs. 1 Satz 1 KWG. Das BAKred, die anderen Personen und Einrichtungen, deren sich das BAKred gemäß § 8 Abs. 1 KWG bei der Wahrnehmung seiner Aufgaben bedienen kann [1080], sowie die Deutsche Bundesbank besitzen danach das Recht, sowohl von den Kredit- und Finanzdienstleistungsinstituten als auch von den einzelnen Mitgliedern ihrer Organe [1081] Auskünfte über alle Geschäftsangelegenheiten einzuholen sowie die Vorlage von Unterlagen zu verlangen. Bei den auf Anforderung vorzulegenden Unterlagen handelt es sich um schriftliche Geschäftsunterlagen im weitesten Sinne. Darunter fallen u. a. die Buchführungsunterlagen, der gesamte Schriftverkehr, Aktenvermerke, interne Arbeits- und Organisationsanweisungen sowie Sitzungsniederschriften [1082]. Die Kredit- und Finanzdienstleistungsinstitute bzw. die Mitglieder ihrer Organe können sich einem solchen Auskunftsersuchen oder Vorlageverlangen nicht dadurch

---

[1077] Vgl. DÜRRE, GÜNTER (Aufsichtsamt 1974), S. 195; MAYER, HELMUT (Bundesaufsichtsamt 1981), S. 45; BÄHRE, INGE LORE (Wirtschaftsprüfer 1985), S. 43.

[1078] Vgl. DÜRRE, GÜNTER (Aufsichtsamt 1974), S. 195; SCHULTZE-KIMMLE, HORST-DIETER (Schwierigkeiten 1977), S. 226; BÄHRE, INGE LORE (Interne Revision 1979), S. 35 f.; MAYER, HELMUT (Bundesaufsichtsamt 1981), S. 45; HEIN, MANFRED (Bankbetriebslehre 1993), S. 104.

[1079] Vgl. MAYER, HELMUT (Bundesaufsichtsamt 1981), S. 122.

[1080] Zur Mitwirkung anderer Stellen bei der Bankenaufsicht vgl. Kapitel D.II.3, S. 111 ff.

[1081] Als Organmitglieder kommen nicht nur die Mitglieder des geschäftsführenden Organs, sondern auch die Mitglieder eines Aufsichtsorgans, also des Aufsichtsrats oder eines diesem gleichstehenden Gremiums, in Betracht; vgl. MAYER, HELMUT (Bundesaufsichtsamt 1981), S. 123; SZAGUNN, VOLKHARD; HAUG, ULRICH; ERGENZINGER, WILHELM (Kreditwesen 1997), S. 580.

[1082] Vgl. MAYER, HELMUT (Bundesaufsichtsamt 1981), S. 123; BÄHRE, INGE LORE; SCHNEIDER, MANFRED (KWG-Kommentar 1986), S. 449.

entziehen, dass sie sich auf das Bankgeheimnis berufen [1083]. Der zur Erteilung einer Auskunft Verpflichtete kann jedoch die Auskunft auf solche Fragen verweigern, deren Beantwortung ihn selbst oder bestimmte ihm nahe stehende Personen der Gefahr strafrechtlicher Verfolgung oder eines Ordnungswidrigkeitsverfahrens aussetzen würde [1084]. Die Vorlage von Unterlagen kann dagegen von den dazu Verpflichteten in keinem Fall abgelehnt werden [1085].

Das BAKred ist darüber hinaus gemäß § 44 Abs. 1 Satz 2 KWG befugt, auch ohne besonderen Anlass Prüfungen bei den von ihm beaufsichtigten Kredit- und Finanzdienstleistungsinstituten vorzunehmen. Seine Bediensteten sowie die von ihm bestellten Personen dürfen zu diesem Zweck die Geschäftsräume des Kredit- oder Finanzdienstleistungsinstituts „innerhalb der üblichen Betriebs- und Geschäftszeiten betreten und besichtigen" [1086]. Das BAKred übt allerdings das ihm nach § 44 Abs. 1 Satz 2 KWG zustehende Prüfungsrecht nur in Ausnahmefällen selbst aus. Zumeist beauftragt es Wirtschaftsprüfer, Wirtschaftsprüfungsgesellschaften, die genossenschaftlichen Prüfungsverbände oder die Prüfungsstellen der Sparkassen- und Giroverbände, mitunter auch Angehörige der Deutschen Bundesbank, mit der Vornahme von Sonderprüfungen nach § 44 Abs. 1 Satz 2 KWG, wobei zur Vermeidung von Interessenkonflikten darauf geachtet wird, dass die mit der Prüfungsdurchführung befassten Personen nicht zugleich auch die Prüfer des handelsrechtlichen Einzel- und/oder Konzernabschlusses des betreffenden Kredit- oder Finanzdienstleistungsinstituts sind [1087]. Einer Sonderprüfung nach § 44 Abs. 1 Satz 2 KWG kommt von daher auch die Wirkung einer Prüfung der Einzel- oder Konzernabschlussprüfung eines Kredit- oder Finanzdienstleistungsinstituts zu [1088]. Die Mitarbeit der Deutschen Bundesbank bei solchen Sonderprüfungen erstreckt sich auf die Prüfung des gesamten Handelsgeschäfts der Kredit- und Finanzdienstleistungsinstitute [1089]. Unabhängig davon sind die Kosten einer Sonderprüfung nach § 44 Abs. 1 Satz 2 KWG von dem jeweils betroffenen Kredit- oder Finanzdienstleistungsinstitut gesondert zu erstatten und auf Verlangen des BAKred vorzuschießen [1090].

[1083] Vgl. MAYER, HELMUT (Bundesaufsichtsamt 1981), S. 123; BÄHRE, INGE LORE; SCHNEIDER, MANFRED (KWG-Kommentar 1986), S. 449.

[1084] Vgl. § 44 Abs. 6 KWG.

[1085] Vgl. BÄHRE, INGE LORE; SCHNEIDER, MANFRED (KWG-Kommentar 1986), S. 453; SZAGUNN, VOLKHARD; HAUG, ULRICH; ERGENZINGER, WILHELM (Kreditwesen 1997), S. 595.

[1086] § 44 Abs. 1 Satz 3 KWG.

[1087] Vgl. MAYER, HELMUT (Bundesaufsichtsamt 1981), S. 43 f. u. S. 125 f.; BÄHRE, INGE LORE (Wirtschaftsprüfer 1985), S. 48; BAKRED (Jahresbericht 1999), S. 63.

[1088] Vgl. HOLTERHUS, GERHARD (Abschlußprüfung 1985), S. 59.

[1089] Vgl. DEUTSCHE BUNDESBANK (Geschäftsbericht 1997), S. 162.

[1090] Vgl. § 51 Abs. 3 Satz 1 KWG.

Das BAKred kann außerdem bei Kredit- und Finanzdienstleistungsinstituten in der Rechtsform einer juristischen Person zu den Hauptversammlungen, Generalversammlungen oder Gesellschafterversammlungen sowie zu den Sitzungen der Aufsichtsorgane Vertreter entsenden [1091]. Diesen ist es gestattet, in einer solchen Versammlung oder Sitzung das Wort zu ergreifen [1092]. Schließlich kann das BAKred die Einberufung der genannten Versammlungen und die Anberaumung von Sitzungen der Verwaltungs- und Aufsichtsorgane sowie die Ankündigung von Gegenständen zur Beschlussfassung verlangen [1093]. Wird auf seine Forderung hin eine Sitzung des Verwaltungsorgans anberaumt oder für eine solche Sitzung ein Gegenstand zur Beschlussfassung angekündigt, so können Vertreter des BAKred auch an dieser Sitzung teilnehmen und dort das Wort ergreifen [1094].

Die vorstehenden Ausführungen verdeutlichen, dass dem BAKred hinsichtlich seiner Aufgabenerfüllung umfassende Sachverhaltsermittlungskompetenzen vorbehalten sind. Vor allem die Möglichkeit, Kreditinstitute und Finanzdienstleistungsinstitute ergänzend zu den Jahresabschlussprüfungen jederzeit prüfen zu können, ohne dies ausdrücklich begründen zu müssen, stellt ein wirksames Mittel dar, sich zusätzliche Kenntnisse über die wirtschaftliche Lage eines Kredit- oder Finanzdienstleistungsinstituts zu beschaffen. Im Unterschied zu den Jahresabschlussprüfungen gibt es jedoch bei den Prüfungen nach § 44 Abs. 1 Satz 2 KWG „keinen bestimmten Prüfungsstichtag oder Prüfungsturnus und auch keinen vorgeschriebenen Prüfungsumfang" [1095]. Sofern keine konkreten Verdachtsmomente vorliegen, die eine sofortige Prüfung bei einem bestimmten Kredit- oder Finanzdienstleistungsinstitut als zweckmäßig und notwendig erscheinen lassen, nutzt das BAKred dieses Instrument vielmehr dahingehend, dass es die Prüfungen gemäß § 44 Abs. 1 Satz 2 KWG – zumeist in Teilbereichen und in unregelmäßigen zeitlichen Abständen – breit streut [1096]. Die Prüfungen nach § 44 Abs. 1 Satz 2 KWG erhalten damit in erster Linie den Status von Routineprüfungen; sie bilden „einen Bestandteil normaler Aufsichtstätigkeit" [1097]. So verbindet der Gesetzgeber mit der Prüfung nach § 44 Abs. 1 Satz 2 KWG die Erwartung, dass die

---

[1091]   Vgl. § 44 Abs. 4 Satz 1 KWG.

[1092]   Vgl. § 44 Abs. 4 Satz 2 KWG.

[1093]   Vgl. § 44 Abs. 5 Satz 1 KWG.

[1094]   Vgl. § 44 Abs. 5 Satz 2 und Satz 3 KWG.

[1095]   MAYER, HELMUT (Bundesaufsichtsamt 1981), S. 125.

[1096]   Vgl. SZAGUNN, VOLKHARD; WOHLSCHIEß, KARL (Bankenaufsicht 1993), S. 280. Im Bankensektor wird vom BAKred angestrebt, Sonderprüfungen nach § 44 Abs. 1 Satz 2 KWG in einem Fünf-Jahres-Turnus durchzuführen; vgl. BAKRED (Jahresbericht 1999), S. 46.

[1097]   SCHNEIDER, MANFRED (Bankenaufsicht 1978), S. 49.

Kreditinstitute und Finanzdienstleistungsinstitute sowie ihre Angestellten zu einer ordnungsgemäßen und risikobewussten Führung der Geschäfte angehalten werden [1098]. Allerdings dürfte bei denjenigen Prüfungen, die vom BAKred tatsächlich ohne besonderen Anlass angeordnet werden, die Entdeckung von bisher nicht erfassten Risikoquellen eher ein Zufallsergebnis sein [1099].

3. Die Mitteilungspflichten der Prüfer von Kredit- und Finanzdienstleistungsinstituten gegenüber dem BAKred und der Deutschen Bundesbank

a) Die unaufgeforderte Bekanntgabe von Informationen aufgrund von KWG-Bestimmungen

Es wurde bereits an anderer Stelle darauf hingewiesen, dass die bundesdeutsche Bankenaufsicht nicht als eine permanente Prüfungsaufsicht konzipiert ist [1100]. Aus Kostengründen wurde auf den Aufbau und die Unterhaltung eines bankenaufsichtseigenen Prüferstabes verzichtet. Es war daher unumgänglich, außenstehende Prüfer in die Überwachung der Kreditinstitute und Finanzdienstleistungsinstitute einzubinden. Besondere Bedeutung erlangen hierbei die Abschlussprüfer der Einzel- sowie der Konzernabschlüsse von Kredit- und Finanzdienstleistungsinstituten. Ihre Prüfertätigkeit ist eng an den Informationsbedürfnissen der Bankenaufsicht ausgerichtet [1101]. So sind die Abschlussprüfer der Einzel- sowie der Konzernabschlüsse von Kredit- und Finanzdienstleistungsinstituten gehalten, unverzüglich nach Beendigung der Prüfung ihre Prüfungsberichte dem BAKred und der Deutschen Bundesbank vorzulegen [1102]. Diese Prüfungsberichte geben detailliert Auskunft über die wirtschaftlichen Verhältnisse sowie das Risikoverhalten der Kredit- und Finanzdienstleistungsinstitute. Sie gehören damit zweifellos

---

[1098] Vgl. BUNDESREGIERUNG (Entwurf eines Zweiten Gesetzes zur Änderung des KWG 1975), S. 16; ferner BAKRED (Jahresbericht 1999), S. 46.

[1099] Vgl. BÄHRE, INGE LORE (Wirtschaftsprüfer 1985), S. 48.

[1100] Vgl. Kapitel D.II.3.bb), S. 115.

[1101] Vgl. dazu Kapitel D.II.3.bb), S. 113 ff. Zur Funktion der Depotprüfer als Informationslieferant der Bankenaufsicht vgl. Kapitel D.II.3.bc), S. 120 ff.

[1102] Vgl. für den Einzelabschluss § 26 Abs. 1 Satz 3 und Satz 4 KWG sowie für den Konzernabschluss § 26 Abs. 3 Satz 2 und Satz 3 KWG. Erfolgt im Zusammenhang mit einer Sicherungseinrichtung eines Verbandes der Kredit- und Finanzdienstleistungsinstitute eine zusätzliche Prüfung des externen Rechnungswesens von Kredit- oder Finanzdienstleistungsinstituten, so ist auch der Bericht über diese Prüfung vom Prüfer ohne zeitliche Verzögerung an das BAKred und die Deutsche Bundesbank weiterzuleiten; vgl. § 26 Abs. 2 KWG. Zur sofortigen Einreichungspflicht der Prüfungsberichte von Zwischenabschlüssen vgl. § 10 Abs. 3 Satz 6 KWG.

zu den bedeutsamsten Unterlagen, die den Bankenaufsichtsinstanzen derzeit zur Auswertung einzureichen sind.

Die Pflicht zur Weiterleitung von Prüfungsberichten wird durch eine unmittelbare Redepflicht der Abschlussprüfer ergänzt. Werden dem Abschlussprüfer eines Kredit- oder Finanzdienstleistungsinstituts während der laufenden Prüfungshandlungen Tatsachen bekannt, welche die Einschränkung oder die Versagung des Bestätigungsvermerkes rechtfertigen, den Bestand des Kredit- oder Finanzdienstleistungsinstituts gefährden oder seine Entwicklung wesentlich beeinträchtigen können oder die gravierende Verstöße der Geschäftsleiter gegen Gesetz, Satzung oder Gesellschaftsvertrag erkennen lassen, so hat er dies von sich aus sogleich dem BAKred und der Deutschen Bundesbank anzuzeigen [1103]. Diese Warnverpflichtung bei besonders aufsichtsrelevanten Vorgängen dient dazu, den zeitlichen Abstand zwischen Prüfungsfeststellungen auf der einen Seite und Kenntniserlangung durch die Bankenaufsichtsbehörden auf der anderen Seite im Interesse eines möglichst frühzeitigen Ergreifens bankenaufsichtlicher Maßnahmen deutlich zu verkürzen [1104].

b) Die Bekanntgabe von Informationen aufgrund spezieller Aufforderung

Die Berichterstattungspflicht der Abschlussprüfer von Kredit- und Finanzdienstleistungsinstituten gegenüber den aufsichtsführenden Stellen erschöpft sich nicht in der unaufgeforderten Bekanntgabe von Informationen aufgrund von Bestimmungen des Kreditwesengesetzes. Das BAKred sowie die Deutsche Bundesbank verfügen vielmehr über die Möglichkeit, in eigener Initiative zusätzliche Informationen von dem Abschlussprüfer eines Kreditinstituts oder Finanzdienstleistungsinstituts zu erfragen. So besitzen die genannten Behörden das Recht, sich den eingereichten Prüfungsbericht vom Abschlussprüfer erläutern zu lassen [1105]. Auf Verlangen des BAKred oder der Deutschen Bundesbank hat der Abschlussprüfer ihnen auch sonstige bei der Prüfung bekannt gewordene Tatsachen mitzuteilen, die gegen eine ordnungsgemäße Durchführung der Geschäfte des geprüften Kredit- oder Finanzdienstleistungsinstituts sprechen [1106]. Dieses Auskunftsverlangen ist darüber hinaus „zeitlich nicht begrenzt, kann sich also u. U. auch

---

[1103] Vgl. § 29 Abs. 3 Satz 1 KWG.

[1104] Zur Krisenwarnfunktion des Abschlussprüfers eines Kredit- oder Finanzdienstleistungsinstituts vgl. auch Kapitel D.II.3.bb), S. 119 f.

[1105] Vgl. § 29 Abs. 3 Satz 2 KWG.

[1106] Vgl. § 29 Abs. 3 Satz 2 KWG.

auf zurückliegende Jahre beziehen"[1107]. Das von einem solchen Auskunftsbegehren betroffene Kredit- oder Finanzdienstleistungsinstitut hat zudem keine
rechtliche Handhabe, sich gegen das Auskunftsverlangen des BAKred oder der
Deutschen Bundesbank an den Abschlussprüfer oder gegen die Auskunftsertei-
lung durch den Abschlussprüfer zur Wehr zu setzen[1108].

[1107] BÄHRE, INGE LORE; SCHNEIDER, MANFRED (KWG-Kommentar 1986), S. 359.

[1108] Vgl. BÄHRE, INGE LORE; SCHNEIDER, MANFRED (KWG-Kommentar 1986), S. 359.

VI. Die Einwirkungsmöglichkeiten des BAKred auf die Kredit- und Finanzdienstleistungsinstitute

1. Überblick

Das BAKred kann die ihm zugewiesenen Tätigkeitsziele [1109] nur erreichen, wenn es über ein rechtliches Instrumentarium verfügt, das es ihm ermöglicht, bei Verstößen der Kredit- und Finanzdienstleistungsinstitute gegen bankenaufsichtliche Erfordernisse einzuschreiten. Es muss dazu in der Lage sein, die Einhaltung des auf den laufenden Geschäftsbetrieb der Kredit- und Finanzdienstleistungsinstitute bezogenen Ordnungsrahmens und die korrekte Erfüllung der ihm gegenüber bestehenden Mitteilungspflichten sicherzustellen. Das Kreditwesengesetz enthält die hierzu notwendigen Einwirkungsmöglichkeiten des BAKred auf das Kredit- und Finanzdienstleistungswesen. Es sind dies neben den Eingriffsrechten des BAKred im Allgemeinen und in besonders geregelten Fällen die Befugnisse des BAKred zur zwangsweisen Durchsetzung aufsichtsrechtlicher Gebote und Verbote sowie zur Verhängung von Geldbußen zwecks Ahndung von Ordnungswidrigkeiten der Kredit- und Finanzdienstleistungsinstitute.

In der Regel obliegt es dem BAKred, in Abhängigkeit von den Gegebenheiten der zugrunde liegenden Situation zu entscheiden, welches der ihm gesetzlich eingeräumten Instrumente zu welchem Zeitpunkt zum Einsatz gelangt. Das BAKred hat hierbei nach pflichtgemäßem Ermessen zu verfahren, „d. h. es darf weder aufgrund subjektiver Erwägungen, die nicht sachlichen Zwecken entsprechen, noch aus sachfremden Motiven heraus handeln" [1110]. Darüber hinaus gilt auch für das BAKred der rechtsstaatliche Grundsatz der Verhältnismäßigkeit der Verwaltung, „demzufolge das angewandte Mittel in einem richtigen Verhältnis zum Erfolg stehen muss und die Anwendung eines schärferen Mittels nur zulässig ist, wenn die Anwendung eines milderen Mittels bei vernünftiger Würdigung aller Umstände keinen Erfolg verspricht" [1111].

[1109] Vgl. dazu ausführlich Kapitel E, S. 161 ff.

[1110] SZAGUNN, VOLKHARD; HAUG, ULRICH; ERGENZINGER, WILHELM (Kreditwesen 1997), S. 168.

[1111] SZAGUNN, VOLKHARD; HAUG, ULRICH; ERGENZINGER, WILHELM (Kreditwesen 1997), S. 168; ähnlich BÄHRE, INGE LORE; SCHNEIDER, MANFRED (KWG-Kommentar 1986), S. 114.

2. Die Eingriffsrechte des BAKred im Allgemeinen und in besonders geregelten Fällen

Das Kreditwesengesetz gestattet es dem BAKred, in vielfältiger Weise in den Geschäftsbetrieb der Kredit- und Finanzdienstleistungsinstitute einzugreifen. Da diese Eingriffe in Form von belastenden Verwaltungsakten [1112] erfolgen, bedarf das BAKred allerdings in jedem Einzelfall einer gesetzlichen Ermächtigung, um nicht rechtswidrig zu handeln [1113]. Denn das BAKred ist – so wie jede andere Verwaltungsbehörde auch – „an den Vorbehalt des Gesetzes als Ausschnitt des Prinzips der Gesetzmäßigkeit der Verwaltung nach Art. 20 Abs. 3 GG gebunden" [1114]. Eine allgemeine Rechtsgrundlage für belastende Verwaltungsakte des Aufsichtsamtes enthält hierbei § 6 Abs. 1 KWG [1115]. Danach ist es dem BAKred möglich, belastende Verwaltungsakte zur Befolgung auch derjenigen Normen des Kreditwesengesetzes durch die Kredit- und Finanzdienstleistungsinstitute zu erlassen, die keine speziell geregelten Eingriffsrechte des BAKred vorsehen. Diese allgemeine Ermächtigung nach § 6 Abs. 1 KWG zum Erlass von belastenden Verwaltungsakten – sie wird durch die Anordnungskompetenz in § 6 Abs. 3 KWG ergänzt – tritt neben die besonderen Ermächtigungen in einzelnen Vorschriften des Kreditwesengesetzes, soweit dort nichts anderes bestimmt ist.

Die nachfolgende *Abbildung 79* (vgl. S. 530-542) gibt einen umfassenden Überblick über die im Kreditwesengesetz in besonderen Fällen vorgesehenen Eingriffsrechte des BAKred. Diese betreffen vor allem die Kredit- und Finanzdienstleistungsinstitute als solche bzw. ihre jeweiligen Geschäftsleiter, richten sich aber u. a. auch gegen den Erwerber oder den Inhaber einer bedeutenden Beteiligung sowie gegen Finanzholding-Gesellschaften.

[1112] Zum Begriff des Verwaltungsaktes vgl. § 35 VwVfG.

[1113] Vgl. HÜTZ, GERHARD (Bankenaufsicht 1990), S. 217 u. S. 257.

[1114] HÜTZ, GERHARD (Bankenaufsicht 1990), S. 217.

[1115] Vgl. hierzu sowie zum Folgenden Kapitel E.II, S. 163 ff.

Abb. 79: Überblick über die im Kreditwesengesetz eigens normierten Eingriffsrechte des BAKred

Rechtsgrundlage des Eingriffs	Adressat des Eingriffs	Inhalt des Eingriffs	Voraussetzungen des Eingriffs
§ 2b Abs. 1a Satz 1 KWG	Erwerber bzw. Inhaber einer bedeutenden Beteiligung	Untersagung des beabsichtigten Erwerbs bzw. der vorgesehenen Erhöhung einer bedeutenden Beteiligung an einem Kredit- oder Finanzdienstleistungsinstitut [1]	Vorliegen von Tatsachen, die die Annahme rechtfertigen, dass – der Erwerber bzw. Inhaber oder – wenn er eine juristische Person oder eine Personenhandelsgesellschaft ist – ein gesetzlicher Vertreter oder Gesellschafter nicht zuverlässig ist oder aus anderen Gründen nicht den im Interesse einer soliden und umsichtigen Führung des Instituts zu stellenden Ansprüchen genügt oder – das Institut durch die Begründung oder Erhöhung der bedeutenden Beteiligung mit dem Erwerber oder Inhaber der bedeutenden Beteiligung in einen Unternehmensverbund eingebunden würde, der eine wirksame Aufsicht über das Institut beeinträchtigt, oder – das Institut durch die Begründung oder Erhöhung der bedeutenden Beteiligung Tochterunternehmen eines Instituts mit Sitz im Ausland würde, das im Staat seines Sitzes oder seiner Hauptverwaltung nicht wirksam beaufsichtigt wird oder dessen zuständige Aufsichtsstelle zu einer befriedigenden Zusammenarbeit mit dem BAKred nicht bereit ist

Fortsetzung Abb. 79:

Rechtsgrundlage des Eingriffs	Adressat des Eingriffs	Inhalt des Eingriffs	Voraussetzungen des Eingriffs
§ 2b Abs. 2 Satz 1 i. V. m. Satz 2 KWG	Inhaber einer bedeutenden Beteiligung sowie den von ihm kontrollierten Unternehmungen	– Untersagung der Ausübung der Stimmrechte bei einer bestehenden bedeutenden Beteiligung an einem Kredit- oder Finanzdienstleistungsinstitut [2] – Anordnung, dass über Anteile, soweit sie eine bedeutende Beteiligung begründen, nur mit Zustimmung des BAKred verfügt werden darf [2]	– Vorliegen einer der Voraussetzungen für eine Untersagungsverfügung nach § 2b Abs. 1a Satz 1 KWG oder – Nichterfüllung der Anzeigepflichten nach § 2b Abs. 1 KWG durch den Inhaber einer bedeutenden Beteiligung und Unterlassung der Nachholung innerhalb einer vom BAKred festgelegten Frist oder – Erwerb bzw. Erhöhung einer bedeutenden Beteiligung entgegen einer vollziehbaren Untersagung nach § 2b Abs. 1a Satz 1 KWG
§ 2b Abs. 2 Satz 3 i. V. m. Satz 4 bis Satz 8 KWG	Inhaber einer bedeutenden Beteiligung sowie den von ihm kontrollierten Unternehmungen	Beauftragung eines Treuhänders mit der Veräußerung der Anteile, soweit sie eine bedeutende Beteiligung begründen	Vorliegen einer der Voraussetzungen für eine Untersagungsverfügung nach § 2b Abs. 2 Satz 1 Nr. 1 und Nr. 3 KWG, wenn der Inhaber der bedeutenden Beteiligung dem BAKred nicht innerhalb einer von diesem bestimmten angemessenen Frist einen zuverlässigen Erwerber nachweist
§ 2b Abs. 5 Satz 1 i. V. m. Satz 2 und Satz 3 KWG	Erwerber einer unmittelbaren oder mittelbaren Beteiligung	vorläufige Untersagung oder Beschränkung des Erwerbs einer unmittelbaren oder mittelbaren Beteiligung an einem Kredit- oder Finanzdienstleistungsinstitut, durch das das Kredit- oder Finanzdienstleistungsinstitut zu einem Tochterunternehmen einer Unternehmung mit Sitz außerhalb der Europäischen Gemeinschaften würde	Vorliegen eines entsprechenden Beschlusses der Kommission oder des Rates der Europäischen Gemeinschaften, der nach Art. 22 Abs. 2 Zweite Bankrechtskoordinierungsrichtlinie oder Art. 7 Abs. 5 Wertpapierdienstleistungsrichtlinie zustande gekommen ist

Fortsetzung Abb. 79:

Rechtsgrundlage des Eingriffs	Adressat des Eingriffs	Inhalt des Eingriffs	Voraussetzungen des Eingriffs
§ 12a Abs. 2 Satz 1 i. V. m. Satz 2 KWG	Kredit- und Finanzdienst-leistungsinstitute sowie Finanzholding-Gesell-schaften	Untersagung der Fortführung einer Beteiligung oder einer Unternehmungsbeziehung an einer nachgeordneten Unternehmung im Sinne des § 10a Abs. 2 bis 5 oder § 13b Abs. 2 KWG	die übergeordnete Unternehmung erhält von der nachgeordneten Unternehmung nicht die für die Erfüllung der Pflichten nach den §§ 10a, 13b oder 25 Abs. 2 KWG erforder-lichen Angaben
§ 23 Abs. 1 KWG	Kredit- und Finanzdienst-leistungsinstitute	Untersagung bestimmter Arten der Werbung	Missstände bei der Werbung der Kredit- oder Finanzdienstleistungsinstitute sowie fehlende Zuständigkeit des BAWe nach § 36b WpHG
§ 28 Abs. 1 Satz 2 KWG	Kredit- und Finanzdienst-leistungsinstitute	Verlangen nach Bestellung eines anderen Ab-schlussprüfers [3)]	die Bestellung ist zur Erreichung des Prü-fungszwecks geboten
§ 28 Abs. 2 Satz 1 KWG	Kredit- und Finanzdienst-leistungsinstitute	Antrag beim Registergericht des Sitzes des Kredit- oder Finanzdienstleistungsinstituts auf Bestellung eines Abschlussprüfers [3)]	– die Anzeige der Bestellung des Abschluss-prüfers nach § 28 Abs. 1 Satz 1 KWG wird nicht unverzüglich nach Ablauf des Geschäftsjahres erstattet oder – das Kredit- oder Finanzdienstleistungs-institut kommt dem Verlangen nach Be-stellung eines anderen Abschlussprüfers nach § 28 Abs. 1 Satz 2 KWG nicht un-verzüglich nach oder – der gewählte Abschlussprüfer lehnt die Annahme des Prüfungsauftrages ab, fällt weg oder ist am rechtzeitigen Abschluss der Prüfung verhindert und das Kredit- oder Finanzdienstleistungsinstitut bestellt nicht unverzüglich einen anderen Ab-schlussprüfer

Rechtsgrundlage des Eingriffs	Adressat des Eingriffs	Inhalt des Eingriffs	Voraussetzungen des Eingriffs
§ 28 Abs. 2 Satz 4 KWG	Kredit- und Finanzdienstleistungsinstitute	Antrag beim Registergericht des Sitzes des Kredit- oder Finanzdienstleistungsinstituts auf Abberufung des gerichtlich bestellten Abschlussprüfers[3]	– –
§ 34 Abs. 2 Satz 3 KWG	Kredit- und Finanzdienstleistungsinstitute	Untersagung der befristeten Fortführung der Geschäfte durch Stellvertreter nach dem Tode des Inhabers der Erlaubnis[4]	Unzuverlässigkeit oder mangelnde fachliche Eignung eines nach dem Tode des Inhabers der Erlaubnis berufenen Stellvertreters
§ 35 Abs. 2 KWG i. V. m. § 48 Abs. 2 Satz 3 Nr. 1 u. Nr. 2 sowie § 49 Abs. 2 Satz 1 Nr. 2 VwVfG	Kredit- und Finanzdienstleistungsinstitute	Aufhebung der Erlaubnis zum Betreiben von Bankgeschäften oder der Erbringung von Finanzdienstleistungen[5]	Erlaubnisaufhebungsgründe liegen vor, – wenn die erteilte Geschäftsbetriebserlaubnis, wie sich nachträglich zeigt, durch unrichtige oder unvollständige Angaben des Antragstellers, durch arglistige Täuschung, durch Drohung oder durch andere unlautere Mittel, wie etwa die Bestechung, rechtswidrig erwirkt worden ist; – wenn eine mit der Erteilung der Geschäftsbetriebserlaubnis verbundene Auflage nicht oder nicht innerhalb der gesetzten Frist erfüllt worden ist; – wenn der Geschäftsbetrieb, auf den sich die Erlaubnis bezieht, seit mehr als sechs Monaten nicht mehr ausgeübt worden ist; – wenn ein Kreditinstitut in der Rechtsform des Einzelkaufmanns betrieben wird[6];

Fortsetzung Abb. 79:

Rechtsgrundlage des Eingriffs	Adressat des Eingriffs	Inhalt des Eingriffs	Voraussetzungen des Eingriffs

			– wenn dem BAKred Tatsachen bekannt werden, welche die Versagung der Erlaubnis nach § 33 Abs. 1 Satz 1 Nr. 1 bis Nr. 7 oder Abs. 3 Nr. 1 bis Nr. 3 KWG rechtfertigen würden;
			
			– wenn Gefahr für die Erfüllung der Verpflichtungen des Kredit- oder Finanzdienstleistungsinstituts gegenüber seinen Gläubigern, insbesondere für die Sicherheit der ihm anvertrauten Vermögenswerte, besteht und die Gefahr nicht durch andere Maßnahmen nach dem Kreditwesengesetz abgewendet werden kann; eine Gefahr für die Sicherheit der dem Kredit- oder Finanzdienstleistungsinstitut anvertrauten Vermögenswerte besteht u. a.
			
			  – bei einem Verlust in Höhe von 50 % oder mehr des nach § 10 KWG maßgebenden haftenden Eigenkapitals oder
			
			  – bei einem Verlust in Höhe von jeweils mehr als 10 % des nach § 10 KWG maßgebenden haftenden Eigenkapitals in mindestens drei aufeinander folgenden Geschäftsjahren (nachhaltige Unrentabilität);

Fortsetzung Abb. 12.

Rechtsgrundlage des Eingriffs	Adressat des Eingriffs	Inhalt des Eingriffs	Voraussetzungen des Eingriffs
			– wenn die Eigenmittel eines Wertpapierhandelsunternehmens nicht mindestens einem Viertel seiner Kosten im Sinne des § 10 Abs. 9 KWG entsprechen; – wenn das Kredit- oder das Finanzdienstleistungsinstitut nachhaltig gegen Bestimmungen des Kreditwesengesetzes, des Wertpapierhandelsgesetzes oder gegen die zur Durchführung dieser Gesetze erlassenen Verordnungen oder Anordnungen verstoßen hat.
§ 36 Abs. 1 KWG	– Kredit- und Finanzdienstleistungsinstitute – Geschäftsleiter	– Verlangen nach Abberufung der für das Vorliegen bestimmter Erlaubnisaufhebungsgründe verantwortlichen Geschäftsleiter und/oder – Untersagung der Tätigkeitsausübung bei Kredit- oder Finanzdienstleistungsinstituten in der Rechtsform einer juristischen Person	Ersatzmaßnahmen für die Erlaubnisaufhebung in den Fällen des § 35 Abs. 2 Nr. 3, Nr. 4 und Nr. 6 KWG
§ 36 Abs. 2 Satz 1 KWG	– Kredit- und Finanzdienstleistungsinstitute – Geschäftsleiter	– Verlangen nach Abberufung eines Geschäftsleiters und/oder – Untersagung der Tätigkeitsausübung bei Kredit- oder Finanzdienstleistungsinstituten in der Rechtsform einer juristischen Person	der betreffende Geschäftsleiter hat vorsätzlich oder leichtfertig gegen die Bestimmungen des Kreditwesengesetzes oder des Wertpapierhandelsgesetzes, gegen die zur Durchführung dieser Gesetze erlassenen Verordnungen oder gegen Anordnungen des BAKred oder des BAWe verstoßen und setzt trotz Verwarnung durch das BAKred oder das BAWe dieses Verhalten fort

Fortsetzung Abb. 79:

Rechtsgrundlage des Eingriffs	Adressat des Eingriffs	Inhalt des Eingriffs	Voraussetzungen des Eingriffs
§ 37 Satz 1 und Satz 2 KWG	natürliche oder juristische Personen	– Anordnung der sofortigen Einstellung des Geschäftsbetriebs und der unverzüglichen Abwicklung der Geschäfte – Erlass von Weisungen für die Abwicklung und Bestellung einer geeigneten Person als Abwickler	– Betreiben von Bankgeschäften oder Erbringung von Finanzdienstleistungen ohne die nach § 32 KWG erforderliche Erlaubnis oder – Betreiben von Geschäften, die nach § 3 KWG ausdrücklich verboten sind
§ 38 Abs. 1 Satz 1 KWG	Kredit- und Finanzdienstleistungsinstitute	Verfügung der Abwicklung eines Kredit- oder Finanzdienstleistungsinstituts [7]	– Aufhebung der Erlaubnis durch das BAKred oder – Erlöschen der Erlaubnis [8]
§ 38 Abs. 2 Satz 1 KWG	Kredit- und Finanzdienstleistungsinstitute	Erlass allgemeiner Weisungen für die Abwicklung eines Kredit- oder Finanzdienstleistungsinstituts [9]	– –
§ 38 Abs. 2 Satz 2 KWG	Kredit- und Finanzdienstleistungsinstitute	Antrag beim Registergericht auf Bestellung eines Abwicklers [9]	die sonst zur Abwicklung berufenen Personen bieten keine Gewähr für die ordnungsgemäße Abwicklung des Kredit- oder Finanzdienstleistungsinstituts
§ 38 Abs. 2 Satz 4 KWG	Kredit- und Finanzdienstleistungsinstitute	Bestellung eines Abwicklers [9]	die sonst zur Abwicklung berufenen Personen bieten keine Gewähr für die ordnungsgemäße Abwicklung des Kredit- oder Finanzdienstleistungsinstituts sowie fehlende Zuständigkeit des Registergerichts

Fortsetzung Abb. 13.

Rechtsgrundlage des Eingriffs	Adressat des Eingriffs	Inhalt des Eingriffs	Voraussetzungen des Eingriffs
§ 45 Abs. 1 Satz 1 KWG [10]	Kredit- und Finanzdienstleistungsinstitute	– Untersagung oder Beschränkung von Entnahmen durch den Inhaber oder die Gesellschafter und/oder – Untersagung oder Beschränkung der Ausschüttung von Gewinnen [11] und/oder – Untersagung oder Beschränkung der Gewährung von Krediten i. S. d. § 19 Abs. 1 KWG	– die Eigenmittel des Kredit- oder Finanzdienstleistungsinstituts entsprechen nicht den Anforderungen des § 10 Abs. 1 KWG oder – die Anlage der Mittel des Kredit- oder Finanzdienstleistungsinstituts entspricht nicht den Anforderungen des § 11 Satz 1 KWG
§ 45 Abs. 1 Satz 2 i. V. m. Satz 1 KWG [10]	übergeordnete Unternehmungen i. S. d. § 10a Abs. 2 bis Abs. 5 KWG	– Untersagung oder Beschränkung von Entnahmen durch den Inhaber oder die Gesellschafter und/oder – Untersagung oder Beschränkung der Ausschüttung von Gewinnen [11] und/oder – Untersagung oder Beschränkung der Gewährung von Krediten i. S. d. § 19 Abs. 1 KWG	die konsolidierten Eigenmittel der gruppenangehörigen Unternehmungen entsprechen nicht den Anforderungen des § 10a Abs. 1 KWG
§ 45a Abs. 1 Satz 1 KWG	Finanzholding-Gesellschaften mit Sitz im In- oder Ausland	Untersagung der Ausübung der Stimmrechte an den im Inland nachgeordneten Unternehmungen	die Finanzholding-Gesellschaft an der Spitze einer Finanzholding-Gruppe übermittelt der übergeordneten Unternehmung nicht die für die Zusammenfassung nach § 10a oder § 13b KWG erforderlichen Angaben (es ist auch nicht möglich, den Erfordernissen der bankenaufsichtlichen Zusammenfassung in anderer Weise Rechnung zu tragen)

Fortsetzung Abb. 79:

Rechtsgrundlage des Eingriffs	Adressat des Eingriffs	Inhalt des Eingriffs	Voraussetzungen des Eingriffs
§ 46 Abs. 1 Satz 1 und Satz 2 KWG	Kredit- und Finanzdienstleistungsinstitute bzw. Inhaber und Geschäftsleiter	Ergreifen einstweiliger Maßnahmen, insbesondere – Erlass von Anweisungen für die Geschäftsführung des Kredit- oder Finanzdienstleistungsinstituts – Verbot der Annahme von Einlagen oder Geldern oder Wertpapieren von Kunden und der Gewährung von Krediten i. S. d. § 19 Abs. 1 KWG – Untersagung oder Beschränkung der Tätigkeitsausübung von Inhabern und Geschäftsleitern [12] – Bestellung von Aufsichtspersonen	– Bestehen einer konkreten Gefahr für die Erfüllung der Verpflichtungen des Kredit- oder Finanzdienstleistungsinstituts gegenüber seinen Gläubigern, insbesondere für die Sicherheit der ihm anvertrauten Vermögenswerte, oder – Bestehen eines begründeten Verdachts, dass eine wirksame Aufsicht über das Kredit- oder Finanzdienstleistungsinstitut z. B. aufgrund seiner Einbindung in einen Unternehmensverbund nicht möglich ist
§ 46 Abs. 2 Satz 1 KWG	Kredit- und Finanzdienstleistungsinstitute	Antrag beim Gericht des Sitzes des Kredit- oder Finanzdienstleistungsinstituts auf Bestellung der erforderlichen geschäftsführungs- und vertretungsbefugten Personen [13]	Geschäftsleitern ist die Ausübung ihrer Tätigkeit gemäß § 46 Abs. 1 Satz 2 Nr. 3 KWG untersagt worden und infolge dieser Untersagung sind die zur Geschäftsführung und Vertretung des Kredit- oder Finanzdienstleistungsinstituts befugten Personen nicht mehr in der erforderlichen Anzahl vorhanden
§ 46 Abs. 2 Satz 2 i. V. m. § 46a Abs. 5 KWG	Kredit- und Finanzdienstleistungsinstitute	Antrag beim Gericht des Sitzes des Kredit- oder Finanzdienstleistungsinstituts auf Abberufung gerichtlich bestellter geschäftsführungs- und vertretungsbefugter Personen [13]	Vorliegen eines wichtigen Grundes

Fortsetzung Abb. 19:

Rechtsgrundlage des Eingriffs	Adressat des Eingriffs	Inhalt des Eingriffs	Voraussetzungen des Eingriffs
§ 46a Abs. 1 Satz 1 KWG	Kredit- und Finanzdienstleistungsinstitute	Ergreifen vorübergehender Maßnahmen zur Vermeidung der Insolvenz eines Kredit- oder Finanzdienstleistungsinstituts [14] [15]: – Erlass eines Veräußerungs- und Zahlungsverbots an das Kredit- oder Finanzdienstleistungsinstitut [16] – Anordnung der Schließung des Kredit- oder Finanzdienstleistungsinstituts für den Verkehr mit der Kundschaft – Verbot der Entgegennahme von Zahlungen, die nicht zur Tilgung von Schulden gegenüber dem Kredit- oder Finanzdienstleistungsinstitut bestimmt sind, es sei denn, die zuständige Einlagensicherungs- oder Anlegerentschädigungseinrichtung stellt die Befriedigung der Berechtigten in vollem Umfang sicher [17]	neben dem Bestehen einer konkreten Gefahr oder eines begründeten Verdachts i. S. v. § 46 Abs. 1 Satz 1 KWG das Vorliegen der Insolvenznähe
§ 46a Abs. 2 Satz 1 KWG	Kredit- und Finanzdienstleistungsinstitute	Antrag beim Gericht des Sitzes des Kredit- oder Finanzdienstleistungsinstituts auf Bestellung der erforderlichen geschäftsführungs- und vertretungsbefugten Personen [18]	das BAKred hat Maßnahmen nach § 46a Abs. 1 Satz 1 KWG angeordnet und Geschäftsleitern ist die Ausübung ihrer Tätigkeit untersagt worden und infolge dieser Untersagung sind die zur Geschäftsführung und Vertretung des Kredit- oder Finanzdienstleistungsinstituts befugten Personen nicht mehr in der erforderlichen Anzahl vorhanden

Fortsetzung Abb. 79:

Rechtsgrundlage des Eingriffs	Adressat des Eingriffs	Inhalt des Eingriffs	Voraussetzungen des Eingriffs
§ 46a Abs. 5 KWG	Kredit- und Finanzdienstleistungsinstitute	Antrag beim Gericht des Sitzes des Kredit- oder Finanzdienstleistungsinstituts auf Abberufung gerichtlich bestellter geschäftsführungs- und vertretungsbefugter Personen [18]	Vorliegen eines wichtigen Grundes
§ 46b Abs. 1 Satz 4 KWG	Kredit- und Finanzdienstleistungsinstitute	Antrag beim Insolvenzgericht auf Eröffnung des Insolvenzverfahrens über das Vermögen eines Kredit- oder Finanzdienstleistungsinstituts	Zahlungsunfähigkeit oder Überschuldung des Kredit- oder Finanzdienstleistungsinstituts

Erläuterungen zur Abb. 79:

1) Vor Ergreifen einer Maßnahme nach § 2b Abs. 1a Satz 1 KWG hat das BAKred gemäß § 2b Abs. 3 Satz 1 KWG „die zuständigen Stellen des anderen Staates des Europäischen Wirtschaftsraums anzuhören, wenn es sich bei dem Erwerber der bedeutenden Beteiligung um ein in dem anderen Staat zugelassenes Einlagenkreditinstitut oder Wertpapierhandelsunternehmen, um ein Mutterunternehmen eines in dem anderen Staat zugelassenes Einlagenkreditinstitut oder Wertpapierhandelsunternehmens oder um eine Person handelt, die ein in dem anderen Staat zugelassenes Einlagenkreditinstitut oder Wertpapierhandelsunternehmen kontrolliert, und wenn das Institut, an dem der Erwerber eine Beteiligung zu halten beabsichtigt, durch den Erwerb unter dessen Kontrolle käme".

2) Vor Ergreifen einer Maßnahme nach § 2b Abs. 2 Satz 1 KWG gegenüber Erwerbern im Sinne des § 2b Abs. 3 Satz 1 KWG hat das BAKred gemäß § 2b Abs. 3 Satz 2 KWG die zuständigen Stellen des anderen Staates des Europäischen Wirtschaftsraums „zu unterrichten; es soll sie vorher anhören, wenn nicht zu befürchten ist, dass durch die Verzögerung die Wirksamkeit der Maßnahmen vereitelt oder wesentlich beeinträchtigt wird".

3) Diese Befugnis gilt „nicht für Kreditinstitute, die einem genossenschaftlichen Prüfungsverband angeschlossen sind oder durch die Prüfungsstelle eines Sparkassen- und Giroverbandes geprüft werden"; § 28 Abs. 3 KWG.

4) § 34 Abs. 2 KWG – und damit auch diese Befugnis – erstreckt sich sowohl auf Kredit- und Finanzdienstleistungsinstitute in der Rechtsform des Einzelkaufmanns als auch auf solche in der Rechtsform einer Personenhandelsgesellschaft; vgl. BUNDESREGIERUNG (Entwurf eines KWG 1959), S. 40; BUNDESREGIERUNG (Entwurf eines Zweiten Gesetzes zur Änderung des KWG 1975), S. 15; REISCHAUER, FRIEDRICH; KLEINHANS, JOACHIM (Kreditwesengesetz 2000), Kza. 115, § 34, S. 2 f. BÄHRE/SCHNEIDER zufolge beschränkt sich dagegen die Anwendung des § 34 Abs. 2 KWG ausschließlich auf Einzelkaufleute; vgl. BÄHRE, INGE LORE; SCHNEIDER, MANFRED (KWG-Kommentar 1986), S. 389 f.; differenziert hierzu SZAGUNN, VOLKHARD; HAUG, ULRICH; ERGENZINGER, WILHELM (Kreditwesen 1997), S. 511.

Fortsetzung Abb. 79:

5) Bei der Erlaubnisaufhebung handelt es sich um den letzten und stärksten Eingriff, der dem BAKred zur Verfügung steht. Die Erlaubnisaufhebung ist ebenso wie das Erlöschen der Erlaubnis vom BAKred im Bundesanzeiger bekannt zu machen und dem BAWe sowie den zuständigen Stellen der anderen Staaten des Europäischen Wirtschaftsraums, in denen das Kredit- oder Finanzdienstleistungsinstitut Zweigniederlassungen errichtet hat oder im Wege des grenzüberschreitenden Dienstleistungsverkehrs tätig gewesen ist, mitzuteilen; vgl. § 38 Abs. 3 KWG.

6) Unter Wahrung des Bestandsschutzes der Einzelbankiers, die vor dem 1. Mai 1976 – dem Tag des Inkrafttretens der Zweiten KWG-Novelle – zugelassen wurden; vgl. Art. 2 § 4 Abs. 1 Zweite KWG-Novelle.

7) Eine diesbezügliche Entscheidung des BAKred wirkt wie ein – sonst von den Gesellschaftern bzw. Anteilseignern vorzunehmender – Auflösungsbeschluss; vgl. § 38 Abs. 1 Satz 2 KWG. Sie ist daher „dem Registergericht mitzuteilen und von diesem in das Handels- oder Genossenschaftsregister einzutragen"; § 38 Abs. 1 Satz 3 KWG. Sie kann allerdings gemäß § 38 Abs. 1 Satz 1 i. V. m. Abs. 4 KWG nur bei Kredit- oder Finanzdienstleistungsinstituten in der Rechtsform einer juristischen Person des privaten Rechts oder einer Personenhandelsgesellschaft getroffen werden.

8) Gemäß § 35 Abs. 1 KWG erlischt die Erlaubnis, „wenn von ihr nicht innerhalb eines Jahres seit ihrer Erteilung Gebrauch gemacht wird". Andere Gründe, die ein Erlöschen der Erlaubnis zur Folge haben, sind der Verzicht des Erlaubnisträgers, ferner bei juristischen Personen deren Auflösung sowie bei Einzelkaufleuten oder Personenhandelsgesellschaften der Tod des Inhabers der Erlaubnis; vgl. MAYER, HELMUT (Bundesaufsichtsamt 1981), S. 66; HÜTZ, GERHARD (Bankenaufsicht 1990), S. 120 f.

9) Diese Befugnis gilt gemäß § 38 Abs. 4 KWG nicht für Kredit- und Finanzdienstleistungsinstitute in der Rechtsform einer juristischen Person des öffentlichen Rechts.

10) Gemäß § 45 Abs. 2 Satz 1 KWG darf das BAKred die in § 45 Abs. 1 KWG bezeichneten Anordnungen – es handelt sich um Maßnahmen im Vorfeld von Gefahrensituationen – erst treffen, wenn das Kredit- oder Finanzdienstleistungsinstitut den beanstandeten Mangel unzureichender Eigenmittel oder unzureichender Liquidität nicht innerhalb einer vom BAKred zu bestimmenden Frist behoben hat.

11) Der Verfügung des BAKred entgegenstehende Beschlüsse über die Gewinnausschüttung sind nichtig; vgl. § 45 Abs. 2 Satz 2 KWG.

12) Bei Kredit- und Finanzdienstleistungsinstituten, die in einer anderen Rechtsform als der des Einzelkaufmanns betrieben werden, sind Geschäftsleiter, denen die Ausübung ihrer Tätigkeit untersagt worden ist, für die Dauer der Untersagung auch von der Geschäftsführung und der Vertretung des Kredit- oder Finanzdienstleistungsinstituts ausgeschlossen; vgl. § 46 Abs. 1 Satz 4 KWG. Sie können zudem für die Dauer der Untersagung auch keine weiteren Einflussmöglichkeiten nutzen, die ihnen ansonsten zustehen mögen, z. B. wenn sie gleichzeitig Gesellschafter sind; vgl. § 46 Abs. 1 Satz 6 KWG.

13) Diese Befugnis gilt gemäß § 46 Abs. 2 Satz 2 i. V. m. § 46a Abs. 7 KWG nicht für Kredit- und Finanzdienstleistungsinstitute in der Rechtsform einer juristischen Person des öffentlichen Rechts.

14) § 46a Abs. 1 Satz 1 KWG gestattet es dem BAKred, durch die Anordnung eines vorübergehenden Moratoriums für ein Not leidend gewordenes Kredit- oder Finanzdienstleistungsinstitut den beteiligten Wirtschaftskreisen Zeit für Überlegungen und Maßnahmen zu geben, mit dem Ziel, einen Schaden für die Gläubiger des betreffenden Kredit- oder Finanzdienstleistungsinstituts und für die gesamte Kredit- und Finanzdienstleistungswirtschaft zu vermeiden bzw. ihn möglichst gering zu halten; vgl. FINANZAUSSCHUSS DES DEUTSCHEN BUNDESTAGES (Bericht und Antrag zur Zweiten KWG-Novelle 1976), S. 4 u. S. 8. Die Eröffnung eines

(Fortsetzung nächste Seite)

Fortsetzung Abb. 79:

(Fortsetzung)

Moratoriums nach § 46a Abs. 1 Satz 1 KWG ist von dem in § 47 Abs. 1 Nr. 1 KWG vorgesehenen Moratorium zu unterscheiden, das von der Bundesregierung zur Abwehr gesamtwirtschaftlicher Gefahren gegenüber einem oder mehreren Kreditinstituten – nicht dagegen gegenüber Finanzdienstleistungsinstituten – angeordnet werden kann; vgl. dazu Kapitel D.II.4.b), S. 131 ff.

15) Zwangsvollstreckungen, Arreste und einstweilige Verfügungen in das Vermögen des Kredit- oder Finanzdienstleistungsinstituts sind während der Dauer von Maßnahmen nach § 46a Abs. 1 Satz 1 KWG nicht zulässig; vgl. § 46a Abs. 1 Satz 5 KWG.

16) Das Kredit- oder Finanzdienstleistungsinstitut darf nach Erlass des Veräußerungs- und Zahlungsverbots die im Zeitpunkt des Erlasses laufenden Geschäfte abwickeln und neue Geschäfte eingehen, soweit diese zur Abwicklung erforderlich sind, wenn und soweit die zuständige Einlagensicherungs- oder Anlegerentschädigungseinrichtung die zur Durchführung dieser Geschäfte notwendigen Mittel zur Verfügung stellt oder sich verpflichtet, die aus diesen Geschäften insgesamt entstehenden Vermögensminderungen des Kredit- oder Finanzdienstleistungsinstituts, soweit dies zur vollen Befriedigung sämtlicher Gläubiger erforderlich ist, diesem zu erstatten; vgl. § 46a Abs. 1 Satz 3 KWG. Das BAKred kann darüber hinaus Ausnahmen vom Veräußerungs- und Zahlungsverbot zulassen, soweit dies für die Durchführung der Verwaltung des Kredit- oder Finanzdienstleistungsinstituts notwendig ist (z. B. für die Bezahlung der Gehälter der Mitarbeiter, der Mietkosten, der Fernsprechgebühren u. Ä.); vgl. § 46a Abs. 1 Satz 4 KWG.

17) Die Einlagensicherungs- oder Anlegerentschädigungseinrichtung kann ihre Verpflichtungserklärung davon abhängig machen, dass eingehende Zahlungen, soweit sie nicht zur Tilgung von Schulden gegenüber dem Kredit- oder Finanzdienstleistungsinstitut bestimmt sind, von dem zum Zeitpunkt des Erlasses des Veräußerungs- und Zahlungsverbots vorhandenen Vermögen des Kredit- oder Finanzdienstleistungsinstituts zugunsten der Einrichtung getrennt gehalten und verwaltet werden; vgl. § 46a Abs. 1 Satz 2 KWG.

18) Diese Befugnis gilt gemäß § 46a Abs. 2 Satz 1 i. V. m. Abs. 7 KWG nicht für Kredit- und Finanzdienstleistungsinstitute in der Rechtsform des Einzelkaufmanns oder einer juristischen Person des öffentlichen Rechts.

3. Die zwangsweise Durchsetzung aufsichtsrechtlicher Gebote und Verbote

Eine effektive Bankenaufsicht benötigt nicht nur gesetzlich geregelte Eingriffsrechte, „die es ihr gestatten, Verwaltungsakte mit gebietendem oder untersagendem Inhalt zu erlassen"[1116]. Erforderlich ist vielmehr auch die Möglichkeit einer zwangsweisen Durchsetzung der auf der Grundlage dieser Eingriffsrechte erlassenen Verwaltungsakte, falls die Adressaten den Geboten oder Verboten des BAKred nicht freiwillig nachkommen. § 50 Abs. 1 Satz 1 KWG bestimmt daher, dass das BAKred die Befolgung der Verfügungen, die es innerhalb seiner gesetzlichen Befugnisse trifft[1117], mit Zwangsmitteln nach den Vorschriften des Verwaltungs-Vollstreckungsgesetzes durchsetzen kann. Der in § 50 Abs. 1 Satz 1 KWG normierte Verwaltungszwang[1118] entspricht dabei im Wesentlichen der Zwangsvollstreckung nach den §§ 704 ff. ZPO, allerdings mit dem Unterschied, dass der Verwaltungszwang aufgrund der Titel- bzw. Vollstreckungsfunktion des Verwaltungsaktes ohne Einschaltung eines erkennenden Gerichts und nicht durch besondere Vollzugsorgane (Gerichtsvollzieher, Vollstreckungsgericht) ausgeübt wird, sondern gemäß § 7 Abs. 1, 1. Halbsatz VwVG durch die Behörde, die den Verwaltungsakt erlassen hat, also durch das BAKred[1119]. Voraussetzung für das Ergreifen von Verwaltungszwang ist, dass die vom BAKred angeordnete Verfügung im Zeitpunkt der Festsetzung und Anwendung des angedrohten Zwangsmittels vollziehbar ist[1120]. Das ist nach § 6 Abs. 1 VwVG dann der Fall, wenn der Verwaltungsakt „unanfechtbar ist oder wenn sein sofortiger Vollzug angeordnet oder wenn dem Rechtsmittel keine aufschiebende Wirkung beigelegt ist".

Die Zwangsmittel, auf die das BAKred zur Durchsetzung seiner Verfügungen zurückgreifen kann, sind in § 9 Abs. 1 VwVG aufgezählt. Es sind dies die Er-

---

[1116] HÜTZ, GERHARD (Bankenaufsicht 1990), S. 229 f.

[1117] Rechtsquellen dieser Befugnisse sind neben dem Kreditwesengesetz die verschiedenen Sonderaufsichtsgesetze, die die spezifische Situation der auf bestimmte Geschäfte spezialisierten Kreditinstitute berücksichtigen, so etwa das Hypothekenbankgesetz, das Bausparkassengesetz oder das Gesetz über Kapitalanlagegesellschaften.

[1118] Zum Verfahren bei der Anwendung von Verwaltungszwang vgl. BÄHRE, INGE LORE; SCHNEIDER, MANFRED (KWG-Kommentar 1986), S. 501 ff.; SZAGUNN, VOLKHARD; HAUG, ULRICH; ERGENZINGER, WILHELM (Kreditwesen 1997), S. 660 f.

[1119] Vgl. BÄHRE, INGE LORE; SCHNEIDER, MANFRED (KWG-Kommentar 1986), S. 497; HÜTZ, GERHARD (Bankenaufsicht 1990), S. 230; SZAGUNN, VOLKHARD; HAUG, ULRICH; ERGENZINGER, WILHELM (Kreditwesen 1997), S. 656.

[1120] Vgl. die §§ 6, 14 und 15 VwVG; ferner BÄHRE, INGE LORE; SCHNEIDER, MANFRED (KWG-Kommentar 1986), S. 499.

satzvornahme, das Zwangsgeld und der unmittelbare Zwang [1121]. Welches dieser Zwangsmittel im Einzelfall anzuwenden ist [1122], ist hierbei unter Beachtung des § 9 Abs. 2 VwVG zu entscheiden. Das ausgewählte Zwangsmittel muss danach in einem angemessenen Verhältnis zu seinem Zweck stehen und ist möglichst so festzulegen, dass der Betroffene und die Allgemeinheit am wenigsten beeinträchtigt werden. Als Zwangsmittel im Rahmen der Bankenaufsicht dürfte insofern fast ausschließlich das Zwangsgeld nach § 11 VwVG in Frage kommen. Das Zwangsgeld ist „so gut wie ausnahmslos das angemessene und ausreichende Mittel zur Durchsetzung von Geboten oder Verboten des BAKred" [1123]. Seine Höhe beträgt bei Maßnahmen nach § 2b Abs. 1a Satz 1, Abs. 2 Satz 1 KWG sowie nach den §§ 37 und 44c KWG bis zu 500.000 DM, bei Maßnahmen nach den §§ 46 und 46a KWG bis zu 250.000 DM und bei anderen Maßnahmen bis zu 100.000 DM [1124].

4. Die Ahndung von Ordnungswidrigkeiten durch die Verhängung von Geldbußen

Neben dem Verwaltungszwang nach § 50 KWG, der bewirken soll, dass die vom BAKred getroffenen Maßnahmen letztlich auch tatsächlich durchgeführt werden, stehen die Bußgeldvorschriften des § 56 KWG. Ihr Ziel ist die Ahndung von Verwaltungsunrecht im Bereich des Kredit- und Finanzdienstleistungswesens, d. h. von schuldhaft begangenen rechtswidrigen Handlungen oder Unterlassungen, die nicht so schwer wiegen, dass sie als Straftaten von den Strafverfolgungsbehörden verfolgt werden müssten, die aber aus Gründen der öffentlichen Ordnung und Sicherheit nicht allgemein ungesühnt bleiben sollen [1125]. Die Ermittlungen zur Feststellung, ob eine solche mit Geldbuße bedrohte Ordnungswidrigkeit begangen wurde, führt das BAKred als die nach § 36 Abs. 1 Nr. 1 OWiG i. V. m. § 60 KWG sachlich zuständige Verwaltungsbehörde. Das BAKred kann diese Ermitt-

---

[1121] Zu Einzelheiten vgl. die §§ 10 bis 12 VwVG; ferner BÄHRE, INGE LORE; SCHNEIDER, MANFRED (KWG-Kommentar 1986), S. 499 f.; SZAGUNN, VOLKHARD; HAUG, ULRICH; ERGENZINGER, WILHELM (Kreditwesen 1997), S. 658 f.

[1122] Da gemäß § 17 VwVG gegen juristische Personen des öffentlichen Rechts ohne besondere Bestimmung keine Zwangsmittel zulässig sind, das BAKred aber in der Lage sein muss, sich bei Bedarf auch gegenüber Kredit- oder Finanzdienstleistungsinstituten in der Rechtsform einer juristischen Person des öffentlichen Rechts durchsetzen zu können, erlaubt § 50 Abs. 1 Satz 2 KWG auch gegenüber solchen Instituten die Anwendung von Zwangsmitteln.

[1123] BÄHRE, INGE LORE; SCHNEIDER, MANFRED (KWG-Kommentar 1986), S. 500; ebenso SZAGUNN, VOLKHARD; HAUG, ULRICH; ERGENZINGER, WILHELM (Kreditwesen 1997), S. 659.

[1124] Vgl. § 50 Abs. 2 KWG.

[1125] Vgl. BÄHRE, INGE LORE; SCHNEIDER, MANFRED (KWG-Kommentar 1986), S. 533 f.

lungen entweder selbst vornehmen oder sich dazu gemäß § 46 Abs. 1 OWiG i. V. m. § 161 Satz 2 StPO der Hilfe der Polizei bedienen [1126]. Im Gegensatz zum Strafrecht [1127] ist das BAKred allerdings nicht verpflichtet, gegen Ordnungswidrigkeiten durch Erlass eines Bußgeldbescheides [1128] einzuschreiten. Eine derartige Entscheidung liegt vielmehr in seinem pflichtgemäßen Ermessen [1129].

Abbildung 80 (vgl. S. 546-547) gibt einen Überblick über die Tatbestände, die Ordnungswidrigkeiten i. S. d. § 56 Abs. 1 bis Abs. 3 KWG darstellen und daher vom BAKred mit einer Geldbuße belegt werden können. Die Höhe der Geldbuße beträgt gemäß § 17 Abs. 1 OWiG i. V. m. § 56 Abs. 4 KWG mindestens 5 DM, höchstens jedoch – nach Fallgruppen unterschieden – 100.000, 300.000 oder 1.000.000 DM [1130]. Das BAKred verfügt damit bei der Festsetzung einer Geldbuße über einen z. T. beträchtlichen Spielraum. Inwieweit es diesen ausschöpft, hat es im Einzelfall sorgfältig zu prüfen. Orientierungsmaßstab ist vor allem der Unrechtsgehalt des Verstoßes gegen KWG-Vorschriften [1131]. Darüber hinaus sind die Größe der Schuld sowie die wirtschaftlichen Verhältnisse des Täters in Betracht zu ziehen [1132]. Es ist zudem zu beachten, dass die Geldbuße den wirtschaftlichen Vorteil, den der Täter aus der begangenen Ordnungswidrigkeit gezogen hat, übersteigen soll [1133]. Reichen die vom Gesetzgeber vorgesehenen Höchstgrenzen hierzu nicht aus, so können sie überschritten werden [1134].

[1126] Vgl. BÄHRE, INGE LORE; SCHNEIDER, MANFRED (KWG-Kommentar 1986), S. 541.

[1127] Vgl. § 152 Abs. 2 StPO.

[1128] Vgl. dazu die §§ 65 und 66 OWiG.

[1129] Vgl. § 47 Abs. 1 Satz 1 OWiG; ferner BÄHRE, INGE LORE; SCHNEIDER, MANFRED (KWG-Kommentar 1986), S. 541; SZAGUNN, VOLKHARD; HAUG, ULRICH; ERGENZINGER, WILHELM (Kreditwesen 1997), S. 732.

[1130] Diese Höchstgrenzen gelten nur für vorsätzliches Handeln. Für fahrlässiges oder leichtfertiges Handeln ermäßigt sich die Höchstbuße auf die Hälfte des jeweils vorgesehenen Höchstbetrages; vgl. § 17 Abs. 2 OWiG i. V. m. § 56 KWG.

[1131] Vgl. BUNDESREGIERUNG (Entwurf eines KWG 1959), S. 44; ferner § 17 Abs. 3 Satz 1 OWiG.

[1132] Vgl. BUNDESREGIERUNG (Entwurf eines KWG 1959), S. 44; ferner § 17 Abs. 3 Satz 1 und Satz 2 OWiG. Zur Täterschaft bei Ordnungswidrigkeiten vgl. BÄHRE, INGE LORE; SCHNEIDER, MANFRED (KWG-Kommentar 1986), S. 540 f.; SZAGUNN, VOLKHARD; HAUG, ULRICH; ERGENZINGER, WILHELM (Kreditwesen 1997), S. 730 ff.

[1133] Vgl. § 17 Abs. 4 Satz 1 OWiG.

[1134] Vgl. § 17 Abs. 4 Satz 2 OWiG.

Abb. 80: Überblick über die Bußgeldvorschriften des § 56 KWG

Ordnungswidrigkeiten mit einer Bußgeldbewehrung bis zu einer Höhe von 100.000 DM

- die vorsätzliche oder leichtfertige Verletzung diverser Anzeigepflichten, u. a. der Pflicht zur Anzeige von Groß- und Millionenkrediten (§ 56 Abs. 2 Nr. 4 KWG)
- die vorsätzliche oder leichtfertige Verletzung der Pflicht zur Einreichung eines Zwischenabschlusses, eines Zwischenprüfungsberichts, eines Monatsausweises, eines Jahresabschlusses, eines Lageberichts, eines Prüfungsberichts, eines Konzernabschlusses oder eines Konzernlageberichts (§ 56 Abs. 2 Nr. 5 KWG)
- die vorsätzliche oder leichtfertige Aufnahme der Tätigkeit einer Repräsentanz entgegen § 53a Satz 4 KWG (§ 56 Abs. 2 Nr. 8 KWG)
- die vorsätzliche oder fahrlässige Verletzung der Anzeigepflicht nach § 10 Abs. 5 Satz 7 oder Abs. 5a Satz 7 KWG, jeweils auch in Verbindung mit einer Rechtsverordnung nach § 24 Abs. 4 Satz 1 KWG (§ 56 Abs. 3 Nr. 1 KWG)
- das vorsätzliche oder fahrlässige Halten einer bedeutenden Beteiligung entgegen § 12 Abs. 1 Satz 1 oder Satz 2 KWG (§ 56 Abs. 3 Nr. 2 KWG)
- das vorsätzliche oder fahrlässige Nichtsicherstellen, dass eine Institutsgruppe oder Finanzholding-Gruppe keine bedeutende Beteiligung hält, die § 12 Abs. 2 Satz 1 oder Satz 2 KWG entgegensteht (§ 56 Abs. 3 Nr. 3 KWG)
- der vorsätzliche oder fahrlässige Verstoß gegen eine vom BAKred gemäß § 44 Abs. 5 Satz 1 KWG verlangte Maßnahme (§ 56 Abs. 3 Nr. 11 KWG)
- die vorsätzliche oder fahrlässige Zuwiderhandlung gegen eine Rechtsverordnung nach § 47 Abs. 1 Nr. 2 oder Nr. 3 oder § 48 Abs. 1 Satz 1 KWG, jedoch nur, soweit die Rechtsverordnung für einen bestimmten Tatbestand auf diese Bußgeldvorschrift verweist (§ 56 Abs. 3 Nr. 13 KWG)

Ordnungswidrigkeiten mit einer Bußgeldbewehrung bis zu einer Höhe von 300.000 DM

- die vorsätzliche oder leichtfertige Verletzung der Anzeigepflicht nach § 2b Abs. 1 Satz 1, Satz 5 oder Satz 6 KWG, jeweils auch in Verbindung mit einer Rechtsverordnung nach § 24 Abs. 4 Satz 1 KWG (§ 56 Abs. 2 Nr. 1 KWG)
- die vorsätzliche oder leichtfertige Verletzung der Einreichungspflicht von Unterlagen nach § 2b Abs. 1 Satz 3 KWG, auch in Verbindung mit einer Rechtsverordnung nach § 24 Abs. 4 Satz 1 KWG (§ 56 Abs. 2 Nr. 2 KWG)
- die vorsätzliche oder leichtfertige Zuwiderhandlung gegen eine vollziehbare Untersagung nach § 12a Abs. 2 Satz 1 KWG (§ 56 Abs. 2 Nr. 3 Buchstabe b) KWG)
- die vorsätzliche oder fahrlässige Gewährung eines Kredits entgegen § 18 Satz 1 KWG (§ 56 Abs. 3 Nr. 4 KWG)
- die vorsätzliche oder fahrlässige Zuwiderhandlung gegen eine vollziehbare Anordnung nach § 23 Abs. 1 oder § 45 Abs. 1 Satz 1 oder Satz 2 KWG (§ 56 Abs. 3 Nr. 5 KWG)
- die vorsätzliche oder fahrlässige Verletzung der Hinweispflicht nach § 23a Abs. 1 Satz 3 KWG (§ 56 Abs. 3 Nr. 6 KWG)
- die vorsätzliche oder fahrlässige Verletzung der Unterrichtungspflicht nach § 23a Abs. 2 KWG (§ 56 Abs. 3 Nr. 7 KWG)
- die vorsätzliche oder fahrlässige Zuwiderhandlung gegen eine vollziehbare Auflage nach § 32 Abs. 2 Satz 1 KWG (§ 56 Abs. 3 Nr. 8 KWG)

Fortsetzung Abb. 80:

Ordnungswidrigkeiten mit einer Bußgeldbewehrung bis zu einer Höhe von 300.000 DM (Fortsetzung)
– die vorsätzliche oder fahrlässige Verletzung der Auskunfts- oder Vorlagepflichten nach § 44 Abs. 1 Satz 1, Abs. 2 Satz 1 oder § 44c Abs. 1 KWG (§ 56 Abs. 3 Nr. 9 KWG) – die vorsätzliche oder fahrlässige Verletzung der Duldungspflichten nach § 44 Abs. 1 Satz 4, Abs. 2 Satz 4, Abs. 4 Satz 3, Abs. 5 Satz 4 oder § 44c Abs. 5 Satz 1 KWG (§ 56 Abs. 3 Nr. 10 KWG)

Ordnungswidrigkeiten mit einer Bußgeldbewehrung bis zu einer Höhe von 1.000.000 DM
– die vorsätzliche Zuwiderhandlung gegen eine vollziehbare Anordnung nach § 36 Abs. 1 oder Abs. 2 Satz 1 KWG (§ 56 Abs. 1 KWG) – die vorsätzliche oder leichtfertige Zuwiderhandlung gegen eine vollziehbare Untersagung oder Anordnung nach § 2b Abs. 1a Satz 1 oder Abs. 2 Satz 1 KWG (§ 56 Abs. 2 Nr. 3 Buchstabe a) KWG) – das vorsätzliche oder leichtfertige unerlaubte Überschreiten der Großkrediteinzelobergrenze nach § 13 Abs. 3 Satz 1 bzw. Satz 3 KWG oder der Anlagebuch-Großkrediteinzelobergrenze nach § 13a Abs. 3 Satz 1 bzw. Satz 3 KWG (§ 56 Abs. 2 Nr. 6 KWG) – das vorsätzliche oder leichtfertige unerlaubte Überschreiten der Großkreditgesamtobergrenze nach § 13 Abs. 3 Satz 5 KWG oder der Anlagebuch-Großkreditgesamtobergrenze nach § 13a Abs. 3 Satz 5 KWG (§ 56 Abs. 2 Nr. 7 KWG) – die vorsätzliche oder fahrlässige Zuwiderhandlung gegen eine vollziehbare Anordnung nach § 46 Abs. 1 Satz 1 oder § 46a Abs. 1 Satz 1 KWG (§ 56 Abs. 3 Nr. 12 KWG)

In Abgrenzung zu den Ordnungswidrigkeiten betrachtet das Kreditwesengesetz folgende Tatbestände als kriminelles Unrecht:

– das Betreiben von Geschäften, die nach § 3 KWG verboten sind (§ 54 Abs. 1 Nr. 1 und Abs. 2 KWG),

– das Betreiben von Bankgeschäften oder die Erbringung von Finanzdienstleistungen ohne die nach § 32 Abs. 1 Satz 1 KWG erforderliche Erlaubnis (§ 54 Abs. 1 Nr. 2 und Abs. 2 KWG),

– die Verletzung der Pflicht zur Anzeige der Zahlungsunfähigkeit oder der Überschuldung eines Kredit- oder Finanzdienstleistungsinstituts (§ 55 KWG) sowie

– die unbefugte Verwertung oder Offenbarung von Angaben über Millionenkredite (§§ 55a und 55b KWG).

Schlussbetrachtung

Es wurde bereits bei den Überlegungen zur Begründung der staatlichen Überwachung von Kreditinstituten [1] sowie bei den Ausführungen zu den Zwecken der Bankenaufsicht und den Tätigkeitszielen des BAKred [2] darauf hingewiesen, dass es in einer auf marktwirtschaftlichen Prinzipien beruhenden Wirtschaftsordnung keine Bestandsgarantie für Unternehmungen, auch nicht für Kreditinstitute, geben kann. Der ordnungspolitische Zielkonflikt zwischen Einlegerschutz einerseits sowie marktwirtschaftlichem Ausleseprozess andererseits [3] konnte aus diesem Grunde vom Gesetzgeber auch nicht völlig zugunsten des Einlegerschutzes gelöst werden [4]. Die konzeptionelle Ausgestaltung des Kreditwesengesetzes – sie belässt den Geschäftsleitern der Kreditinstitute die alleinige Verantwortung für ihre geschäftspolitischen Entscheidungen – beinhaltet vielmehr als Marktdisziplinierungsinstrument die Möglichkeit des Ausscheidens eines Kreditinstituts aus dem Wettbewerb [5]. Dies verdeutlicht wiederum die notwendigerweise bestehenden Grenzen der allgemeinen staatlichen Bankenaufsicht. Sie kann zwar mit Hilfe der ihr zur Verfügung stehenden Maßnahmen auf die Reduzierung der Krisenanfälligkeit der Kreditinstitute und damit einhergehend einen verbesserten Schutz der Einlagengläubiger hinwirken, sie ist aber außerstande, Bankinsolvenzen unter allen Umständen zu verhindern. Eine solche Zielsetzung hat ihr der Gesetzgeber deshalb „auch ausdrücklich nicht auferlegt" [6]. Denn eine Fehlerquote von Null ist in der Kreditwirtschaft selbst bei sorgfältiger Überwachung der Solidität des Geschäftsgebarens sowie der finanziellen Gesundheit der Banken nicht zu erwarten [7]. So bezeichnet es HONOLD als illusorisch, zu glauben, die Bankenaufsicht könne in einer Marktwirtschaft Zusammenbrüche von Kreditinstituten ausnahmslos verhindern [8]. Konsequenterweise nimmt das BAKred daher für sich auch

---

[1] Vgl. Kapitel A.II.3, S. 23 ff.

[2] Vgl. Kapitel E.II, S. 165 f.

[3] So DÜRRE, GÜNTER (Aufsichtsamt 1974), S. 187; ferner SAMM, CARL-THEODOR (Novellierung 1976), S. 310.

[4] Vgl. BIEG, HARTMUT (Bankenaufsicht 1983), S. 102.

[5] Nach DÜRRE sind Bankinsolvenzen „ein untrüglicher Beweis dafür, dass der Wettbewerb unter den Kreditinstituten funktioniert"; DÜRRE, GÜNTER (Möglichkeiten 1973), S. 1190.

[6] KUNTZE, WOLFGANG (Perspektiven 1991), S. 8.

[7] Vgl. DÜRRE, GÜNTER (Aufsichtsamt 1974), S. 195; ähnlich BÄHRE, INGE LORE (Grenzen 1975), S. 411.

[8] Vgl. HONOLD, EDUARD (Bankenaufsicht 1956), S. 157.

nicht in Anspruch, geschäftspolitische Entscheidungen im Kreditwesen mit der Unfehlbarkeit treffen zu können, „an der es eigens hierfür qualifizierten Bankern gelegentlich mangelt" [9]. Die Verlagerung der Verantwortung für die Geschäftspolitik der Kreditinstitute etwa auf das BAKred ist aus diesem Grunde auch nicht dazu geeignet, etwas herbeizuführen, was es nicht gibt, nämlich risikolose Bankgeschäfte [10].

Die trotz aller Vorsorgebemühungen seitens der Bankenaufsichtsinstanzen unvermeidlichen Zusammenbrüche von Kreditinstituten – etwa infolge fehlerhafter Geschäftsabschlüsse oder auch infolge unvorhersehbarer, der jeweiligen Geschäftsleitung nicht zur Last zu legender Ereignisse [11] – werden jedoch unter Einbeziehung des BAKred zumeist so abgewickelt, dass sie nach außen hin nicht so öffentlichkeitswirksam wie in manch anderen Wirtschaftsbereichen in Erscheinung treten (z. B. durch stille Liquidation, Bestandsübertragung oder Fusion) [12]. Dies gelingt allerdings – wie die Erfahrung zeigt – nicht ausschließlich. Angesichts der besonderen Vertrauensanfälligkeit des Kreditgewerbes [13] ist es daher erforderlich, Vorsorge dafür zu treffen, dass im Falle einer nicht zu umgehenden offenen Bankinsolvenz die Einleger so weit wie nur irgend möglich vor Vermögensverlusten bewahrt werden [14]. Das geeignete Mittel, einen von dem Schicksal der einzelnen Banken losgelösten Schutz der Einleger zu erreichen, ist die Errichtung leistungsfähiger Einlagensicherungssysteme [15]. Sie sind „die konsequente Ergänzung einer auf den Einlegerschutz hin ausgerichteten Bankenaufsicht in einer Marktwirtschaft" [16]. Vergleichbares gilt für die Sicherstellung des Anleger-

---

[9] DÜRRE, GÜNTER (Möglichkeiten 1973), S. 1190.

[10] Vgl. DÜRRE, GÜNTER (Möglichkeiten 1973), S. 1190.

[11] Es kommt hinzu, dass die Bankenaufsicht kriminelle Vorgänge innerhalb eines Kreditinstituts nur bedingt ausschließen kann.

[12] Zu dieser Tätigkeit des BAKred vgl. DÜRRE, GÜNTER (Möglichkeiten 1973), S. 1191; DÜRRE, GÜNTER (Problematik 1974), S. 129; BUNDESREGIERUNG (Bericht über die Ausnahmebereiche des Gesetzes gegen Wettbewerbsbeschränkungen 1975), S. 17.

[13] Vgl. dazu Kapitel A.II.3, S. 18 ff.

[14] Vgl. SCHNEIDER, MANFRED (Bankenaufsicht 1978), S. 94. Nach BÄHRE besteht weitgehend Konsens darüber, dass der Ausleseprozess des Wettbewerbs nicht auf dem Rücken der Einleger ausgetragen werden kann, ohne gleichzeitig das Vertrauen in die gesamte Kreditwirtschaft zu tangieren; vgl. BÄHRE, INGE LORE (Herausforderung 1983), S. 24.

[15] Vgl. SCHNEIDER, MANFRED (Bankenaufsicht 1978), S. 94. Zu den erforderlichen Grundbedingungen für die Leistungsfähigkeit eines Einlagensicherungssystems vgl. insbesondere KRÜMMEL, HANS-JACOB (Normen 1975), S. 531 f.; KRÜMMEL, HANS-JACOB (Begrenzung 1976), S. 187 ff.; ferner KUPITZ, ROLF (Ausnahmebereich 1983), S. 234 f.

[16] SCHNEIDER, MANFRED (Bankenaufsicht 1978), S. 94. Zur Notwendigkeit der Unterstützung der allgemeinen staatlichen Bankenaufsicht durch eine wirksame Einlagensicherung vgl. auch BUNDESREGIERUNG (Bericht über die Wettbewerbsverschiebungen im Kreditgewerbe und über eine Einlagensicherung 1968), S. IX f.

und Funktionenschutzes im Finanzdienstleistungsgewerbe. Hier geht es darum, durch die Errichtung leistungsfähiger Anlegerentschädigungseinrichtungen das Vertrauen der Anleger in die Realisierbarkeit ihrer vertraglichen Ansprüche aus Wertpapiergeschäften zu gewährleisten, um auf diese Weise einen überstürzten Abbruch von Geschäftsbeziehungen zu Finanzdienstleistungsinstituten zu vermeiden.

Hinsichtlich des Verhältnisses von allgemeiner staatlicher Bankenaufsicht einerseits und Einlagensicherung bzw. Anlegerentschädigung durch spezielle Selbstschutzsysteme des Kredit- und Finanzdienstleistungsgewerbes andererseits ist abschließend zu bemerken, dass beide Bereiche in einer komplementären Beziehung zueinander stehen. Während die Bankenaufsicht versucht, ein gewisses Sicherheitsniveau in der gesamten Kredit- und Finanzdienstleistungswirtschaft zu erhalten bzw. herbeizuführen, indem sie die Kredit- und Finanzdienstleistungsinstitute zur Befolgung von Risikobegrenzungsnormen anhält, springen die Einlagensicherungs- bzw. Anlegerentschädigungseinrichtungen ein, wenn dieses Sicherheitsnetz nicht hält und für den Einleger bzw. Anleger Schäden aus dem Zusammenbruch einer Bank bzw. eines Finanzdienstleistungsinstituts zu entstehen drohen oder tatsächlich entstehen. Unverkennbar besteht damit ein Zusammenhang zwischen der Stärke und Haltbarkeit des bankenaufsichtlichen Sicherheitsnetzes und dem Umfang, in dem die Einlagensicherungs- bzw. Anlegerentschädigungseinrichtungen gefordert werden. Einlagensicherungs- bzw. Anlegerentschädigungseinrichtungen können nur leistungsfähig bleiben, wenn durch eine vorbeugende Gefahrenabwehr seitens der Bankenaufsicht die Fälle, in denen der drohende Zusammenbruch eines Kredit- oder Finanzdienstleistungsinstituts abzuwehren ist bzw. Zahlungen an Einleger oder Anleger zu leisten sind, auf ein unvermeidbares Mindestmaß beschränkt werden. Auf der anderen Seite bedarf aber auch die Bankenaufsicht der Unterstützung durch wirksame Einlagensicherungs- bzw. Anlegerentschädigungseinrichtungen, da sie – wie bereits dargelegt – Insolvenzen in der Kredit- und Finanzdienstleistungswirtschaft nicht gänzlich verhindern kann.

Die vorstehend skizzierte Zweigleisigkeit einer verlustvorbeugenden Sicherung der Kredit- und Finanzdienstleistungsinstitute durch die Bankenaufsicht (Vorlaufsicherung) und einer verlustersetzenden Sicherung der Einlagen bzw. Ansprüche aus Wertpapiergeschäften durch das Kredit- und Finanzdienstleistungsgewerbe (Abdeckung des Restrisikos) dürfte den besten Weg zum Einleger- bzw. Anlegerschutz darstellen. Diese duale Konzeption lässt einerseits Raum für ein marktwirtschaftlich gebotenes Ausscheiden ungeeigneter Wettbewerber, verhindert andererseits aber auch die Ausweitung einzelner Fallissements zu einer sachlich unbegründeten und gefährlichen Vertrauenskrise gegenüber dem gesamten Kredit- und Finanzdienstleistungsgewerbe. Die Einlagensicherungs- bzw. Anlegerentschädigungseinrichtungen dienen damit nicht nur dem Individualschutz der Einleger bzw. Anleger, sie leisten vielmehr auch einen maßgeblichen Beitrag zur Stabilität des Finanzsystems insgesamt, indem sie die Vertrauensanfälligkeit der Kredit- und Finanzdienstleistungswirtschaft reduzieren.

ANHANG

Anlage 1: Abgrenzung der Begriffe „Kreditinstitut", „Finanzdienstleistungsinstitut" und „Finanzunternehmen" anhand der getätigten Geschäfte

Kreditinstitute gemäß § 1 Abs. 1 KWG		Finanzdienstleistungsinstitute gemäß § 1 Abs. 1a KWG	Finanzunternehmen gemäß § 1 Abs. 3 Satz 1 KWG
– Einlagen- *und* Kreditgeschäft ↪ – Einlagenkreditinstitute gemäß § 1 Abs. 3 Satz 1 KWG – Einlagen- *oder* Kreditgeschäft – Diskontgeschäft – (Effekten-) Depotgeschäft – Investmentgeschäft – Darlehenserwerbsgeschäft/Forderungsankauf – Garantiegeschäft – Girogeschäft – Geldkartengeschäft – Netzgeldgeschäft	– Finanzkommissionsgeschäft – Emissionsübernahmegeschäft	– Anlagevermittlung – Abschlussvermittlung – Finanzportfolioverwaltung – Eigenhandel für andere – Drittstaateneinlagenvermittlung – Finanztransfergeschäft – Sortengeschäft	– Erwerb von Beteiligungen – Entgeltlicher Erwerb von Geldforderungen – Abschluss von Leasingverträgen – Ausgabe oder Verwaltung von Kreditkarten oder Reiseschecks – Handel mit Finanzinstrumenten im eigenen Namen für eigene Rechnung – Anlageberatung – Unternehmensberatung – Geldmaklergeschäfte

Wertpapierhandelsbanken gemäß § 1 Abs. 3d Satz 3 KWG

Wertpapierhandelsunternehmen (= Wertpapierfirmen) gemäß § 1 Abs. 3d Satz 2 KWG

Fortsetzung Anlage 1:

Anmerkungen zur Anlage 1:

- Einlagenkreditinstitute sind *Kreditinstitute*, die das Einlagen- <u>und</u> das Kreditgeschäft betreiben; vgl. § 1 Abs. 3d Satz 1 KWG. „Der Begriff des Einlagenkreditinstituts ist mit der EG-rechtlichen Kreditinstitutsdefinition identisch"; BUNDESREGIERUNG (Entwurf eines Gesetzes zur Umsetzung von EG-Richtlinien 1997), S. 68.

- Wertpapierhandelsunternehmen sind *Institute*, die <u>keine</u> Einlagenkreditinstitute sind und die bestimmte Bankgeschäfte (das Finanzkommissionsgeschäft oder das Emissionsübernahmegeschäft) betreiben oder bestimmte Finanzdienstleistungen (Anlagevermittlung, Abschlussvermittlung, Finanzportfolioverwaltung oder Eigenhandel für andere) erbringen, es sei denn, diese Bankgeschäfte oder Finanzdienstleistungen beschränken sich auf Devisen, Rechnungseinheiten oder Derivate, deren Preis unmittelbar oder mittelbar von dem Börsen- oder Marktpreis von Waren oder Edelmetallen abhängt; vgl. § 1 Abs. 3d Satz 2 KWG. Die Definition des Wertpapierhandelsunternehmens „entspricht der Definition der Wertpapierfirma gemäß der Wertpapierdienstleistungsrichtlinie ..."; BUNDESREGIERUNG (Entwurf eines Gesetzes zur Umsetzung von EG-Richtlinien 1997), S. 68. Wertpapierhandelsunternehmen können somit – je nach Erlaubnisumfang – sowohl Kreditinstitute als auch *nur* Finanzdienstleistungsinstitute sein. Die Begriffe „Finanzdienstleistungsinstitut" sowie „Wertpapierhandelsunternehmen" (= „Wertpapierfirma") sind allerdings nicht völlig deckungsgleich; vgl. BAKRED (Jahresbericht 1998), S. 7; DEUTSCHE BUNDESBANK (Geschäftsbericht 1998), S. 155; DEUTSCHE BUNDESBANK (Novelle 1998), S. 62.

- Wertpapierhandelsbanken sind *Kreditinstitute*, die <u>keine</u> Einlagenkreditinstitute sind und die bestimmte Bankgeschäfte (das Finanzkommissionsgeschäft oder das Emissionsübernahmegeschäft) betreiben oder bestimmte Finanzdienstleistungen (Anlagevermittlung, Abschlussvermittlung, Finanzportfolioverwaltung oder Eigenhandel für andere) erbringen; vgl. § 1 Abs. 3d Satz 3 KWG.

Anlage 2: **Die Eigenkapitalausstattung deutscher Banken in den Jahren 1995-1998 (differenziert nach Bankengruppen)**

Bankengruppe	Anteil des Eigenkapitals [1] der zur Bankenstatistik berichtenden Kreditinstitute an ihrem Geschäftsvolumen [2] (ohne Aktiva und Passiva der Auslandsfilialen sowie der Bausparkassen)			
	Ende 1995	Ende 1996	Ende 1997	Ende 1998
Kreditbanken	6,44 %	6,10 %	6,12 %	5,66 %
– Großbanken [3]	7,21 %	7,23 %	7,34 %	6,09 %
– Regionalbanken und sonstige Kreditbanken [4]	6,31 %	5,75 %	5,81 %	5,60 %
– Zweigstellen ausländischer Banken (§ 53 KWG)	2,87 %	1,85 %	1,40 %	3,45 %
– Privatbankiers [5]	6,07 %	6,16 %	6,33 %	6,38 %
Sparkassensektor	3,58 %	3,61 %	3,75 %	3,85 %
– Landesbanken/Girozentralen [6]	3,25 %	3,26 %	3,50 %	3,67 %
– Sparkassen	3,87 %	3,93 %	4,01 %	4,04 %
Genossenschaftssektor	4,37 %	4,41 %	4,53 %	4,46 %
– Genossenschaftliche Zentralbanken [7]	3,83 %	3,58 %	3,71 %	3,53 %
– Kreditgenossenschaften	4,53 %	4,69 %	4,81 %	4,82 %
Realkreditinstitute	2,41 %	2,35 %	2,22 %	2,13 %
Kreditinstitute mit Sonderaufgaben [8]	3,14 %	3,12 %	2,91 %	2,82 %
alle Bankengruppen	4,20 %	4,12 %	4,15 %	4,03 %

Anmerkungen zur Anlage 2:

[1] Nach der hier zugrunde gelegten Definition umfasst das Eigenkapital der Banken neben dem gezeichneten Kapital die offenen Rücklagen, das Genussrechtskapital sowie den Fonds für allgemeine Bankrisiken (abzüglich ausgewiesener Verluste). – [2] Das Geschäftsvolumen der Banken errechnet sich aus der Bilanzsumme zuzüglich Indossamentsverbindlichkeiten aus rediskontierten Wechseln, den Kreditnehmern abgerechnete eigene Ziehungen im Umlauf sowie aus dem Wechselbestand vor Verfall zum Einzug versandte Wechsel. – [3] Deutsche Bank AG, Dresdner Bank AG, Commerzbank AG. – [4] Einschl. Privatbankiers, die nicht die Rechtsform eines Einzelkaufmanns oder einer Personenhandelsgesellschaft haben. – [5] Nur Kreditinstitute in der Rechtsform des Einzelkaufmanns oder der Personenhandelsgesellschaft. – [6] Einschl. Deutsche Girozentrale/Deutsche Kommunalbank. – [7] Einschl. Deutsche Genossenschaftsbank. – [8] Einschl. Deutsche Postbank AG.

Quelle: DEUTSCHE BUNDESBANK (Statistischer Teil 1996), Tab. IV.3, S. 20* f.; DEUTSCHE BUNDESBANK (Statistischer Teil 1997), Tab. IV.3, S. 20* f.; DEUTSCHE BUNDESBANK (Statistischer Teil 1998), Tab. IV.3, S. 20* f.; DEUTSCHE BUNDESBANK (Statistischer Teil 1999), Tab. IV.3, S. 20* f.

Anlage 3: **Die Eigenmittelausstattung der Unternehmungen des nichtfinanziellen Sektors (differenziert nach Wirtschaftsbereichen)**

a) **Die Eigenmittelquoten westdeutscher Unternehmungen in den Jahren
1994-1996**

Wirtschaftsbereiche	Anteil der Eigenmittel [1] westdeutscher Unternehmungen des nicht-finanziellen Sektors an ihrer Bilanzsumme [2]		
	Ende 1994 [3]	Ende 1995 [3]	Ende 1996 [3]
Verarbeitendes Gewerbe	23,3 %	23,7 %	23,7 %
darunter:			
– Ernährungsgewerbe	19,0 %	18,7 %	20,5 %
– Textilgewerbe	20,6 %	20,5 %	21,4 %
– Bekleidungsgewerbe	16,8 %	18,2 %	18,3 %
– Holzgewerbe [4]	10,8 %	11,2 %	11,3 %
– Papiergewerbe	23,0 %	21,7 %	24,1 %
– Verlags- und Druck-gewerbe [5]	12,4 %	13,6 %	13,3 %
– Chemische Industrie	39,9 %	40,0 %	38,4 %
– Maschinenbau	21,0 %	20,6 %	20,4 %
– Elektrotechnik	24,5 %	25,3 %	24,3 %
Energie- und Wasser-versorgung	23,7 %	25,3 %	25,1 %
Baugewerbe	5,9 %	6,0 %	5,9 %
Großhandel [6]	14,6 %	14,3 %	14,7 %
Einzelhandel [7]	3,6 %	3,4 %	3,2 %
Verkehr [8]	13,3 %	14,1 %	14,7 %
Bergbau	18,3 %	18,1 %	19,3 %
alle Unternehmungen	17,6 %	17,9 %	17,9 %

Anmerkungen zur Anlage 3a:

[1] Eigenkapital, Rücklagen und Gewinnvortrag, abzüglich Berichtigungsposten zum Eigenkapital und einschl. anteiliger Sonderposten mit Rücklageanteil. – [2] Abzüglich Berichtigungsposten zum Eigen-kapital. – [3] Hochgerechnete Ergebnisse für früheres Bundesgebiet einschl. Berlin (West). – [4] Ohne Herstellung von Möbeln. – [5] Einschl. Vervielfältigung von bespielten Ton-, Bild- und Datenträgern. – [6] Einschl. Handelsvermittlung. – [7] Einschl. Kraftfahrzeughandel, Tankstellen, Instandhaltung und Reparatur von Kraftfahrzeugen und Gebrauchsgütern. – [8] Ohne Eisenbahnen und ohne Nachrichten-übermittlung.

Quelle: DEUTSCHE BUNDESBANK (Finanzierungsverhältnisse 1997), S. 48 ff.; DEUTSCHE BUNDESBANK (Finanzierungsverhältnisse 1998), S. 42 ff.

b) Die Eigenmittelquoten ostdeutscher Unternehmungen in den Jahren 1994-1997

Wirtschaftsbereiche	Anteil der Eigenmittel [1] ostdeutscher Unternehmungen des nicht-finanziellen Sektors an ihrer Bilanzsumme [2]			
	Ende 1994	Ende 1995	Ende 1996	Ende 1997
Verarbeitendes Gewerbe	26,7 %	27,8 %	28,8 %	31,0 %
Baugewerbe	8,0 %	7,8 %	7,6 %	7,5 %
Handel [3]	17,8 %	17,1 %	15,8 %	15,5 %
alle Unternehmungen [4]	22,4 %	22,6 %	23,1 %	24,6 %

Anmerkungen zur Anlage 3b:

[1] Eigenkapital, Rücklagen und Gewinnvortrag, abzüglich Berichtigungsposten zum Eigenkapital und einschl. anteiliger Sonderposten mit Rücklageanteil. – [2] Abzüglich Berichtigungsposten zum Eigenkapital. – [3] Einzelhandel, Großhandel und Handelsvermittlung. – [4] Zusammengefasste Ergebnisse.

Quelle: DEUTSCHE BUNDESBANK (Ertragslage 1997), S. 45; DEUTSCHE BUNDESBANK (Ertragslage 1998), S. 39; DEUTSCHE BUNDESBANK (Ertragslage 1999), S. 79.

Anlage 4: **Struktur und Verknüpfung der Leistungsprogramme der Kredit- und Finanzdienstleistungsinstitute gemäß § 1 Abs. 1 und Abs. 1a KWG sowie der Wertpapierdienstleistungsunternehmen gemäß § 2 Abs. 4 WpHG**

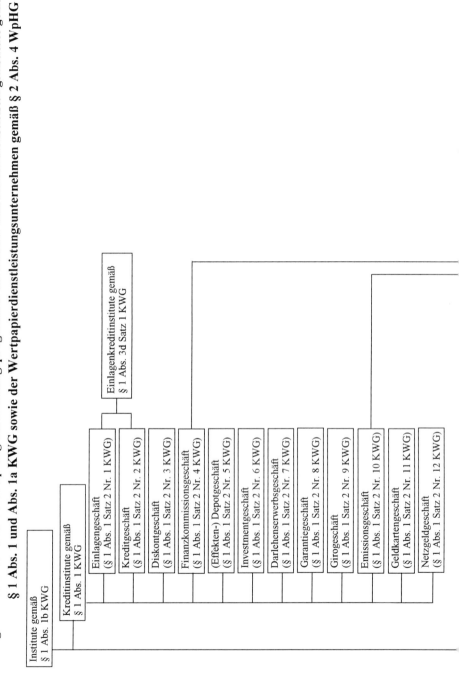

Anlage 5: Struktur und Verknüpfung der Leistungsprogramme der Kredit- und Finanzdienstleistungsinstitute gemäß § 1 Abs. 1 und Abs. 1a KWG sowie der Kreditinstitute und Wertpapierfirmen nach EU-Recht

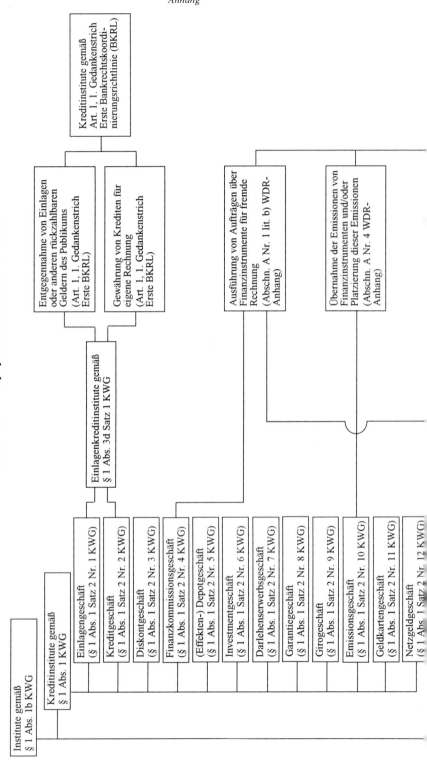

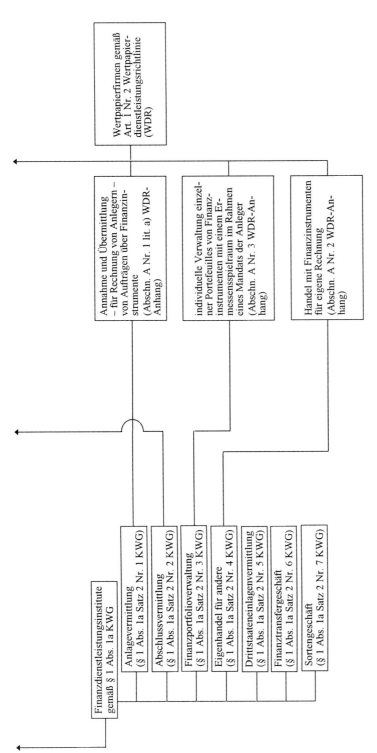

Anlage 6: Systematisierung des Geschäftsbankensektors nach der Struktur der angebotenen Geschäfte [1]

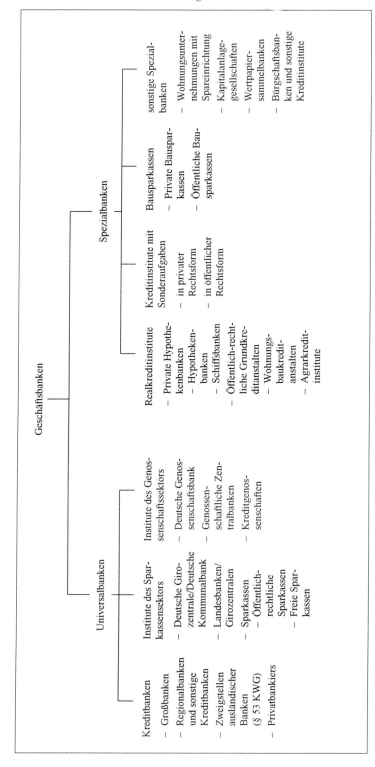

[1] In Anlehnung an die Untergliederung der Bundesbankstatistik; vgl. DEUTSCHE BUNDESBANK (HRSG.) (Verzeichnis 1999), S. 37 ff.; DEUTSCHE BUNDESBANK (Bankenstatistik 1999), S. 111 f.

Anlage 7: Anzahl der Kreditinstitute und ihrer Zweigstellen nach Bankengruppen

	Stand am Jahresende 1997					
					Nachrichtlich:	
	Kreditinstitute		Inländische Zweigstellen	Inländische Bankstellen insgesamt	Auslandszweig-stellen [2]	Auslands-töchter [3]
Bankengruppe [1]	absolut	in %				
Kreditbanken	322	9,00	7.081	7.403	186	235
– Großbanken	3	0,08	3.553	3.556	130	157
– Regionalbanken und sonstige Kreditbanken	187	5,23	3.238	3.425	50	77
– Zweigstellen ausländischer Banken (§ 53 KWG) [4]	75	2,10	51	126	–	–
– Privatbankiers [5]	57	1,59	239	296	6	1
Sparkassensektor	611	17,08	19.179	19.790	43	48
– Landesbanken/Giro-zentralen [6]	13	0,36	428	441	40	47
– Sparkassen	598	16,71	18.751	19.349	3	1
Genossenschaftssektor	2.422	67,69	16.804	19.226	17	16
– Genossenschaftliche Zentralbanken [7]	4	0,11	42	46	8	14
– Kreditgenossenschaften [8]	2.418	67,58	16.762	19.180	9	2
Universalbankensektor insgesamt	3.355	93,77	43.064	46.419	246	299
Realkreditinstitute	35	0,98	290	325	2	4
Kreditinstitute mit Sonderaufgaben [9]	17	0,47	77	94	6	3
Bausparkassen	34	0,95	3.635	3.669	13	2
– Private Bausparkassen	21	0,59	2.738	2.759	9	2
– Öffentliche Bausparkassen [10]	13	0,36	897	910	4	–
⋮	⋮	⋮	⋮	⋮	⋮	⋮

Fortsetzung Anlage 7:

	• • •	• • •	• • •	• • •	• • •	• • •	• • •
In der Monatlichen Bilanzstatistik nicht erfasste Bankengruppen	136	3,80	20	156	1	6
– Wohnungsunternehmungen mit Spareinrichtung	39	1,09	2	41	–	–
– Kapitalanlagegesellschaften	68	1,90	13	81	1	6
– Wertpapiersammelbanken	1	0,03	4	5	–	–
– Bürgschaftsbanken und sonstige Kreditinstitute	28	0,78	1	29	–	–
Spezialbankensektor insgesamt (ohne Deutsche Postbank AG)	222	6,20	4.022	4.244	22	15
Deutsche Postbank AG	1	0,03	16.100	16.101	5	2
Spezialbankensektor insgesamt (einschl. Deutsche Postbank AG)	223	6,23	20.122	20.345	27	17
Geschäftsbankensektor insgesamt	3.578	100,00	63.186	66.764	273	316

Anmerkungen zur Anlage 7:

[1] Sämtliche in der Bankstellenstatistik erfassten Kreditinstitute (ohne abwickelnde Kreditinstitute). – [2] Einschl. Nebenzweigstellen (z. B. Stadtzweigstellen), soweit gemeldet. – [3] Beteiligungen von mindestens 50 % an Kreditinstituten, Factoring- und Leasingunternehmungen, ohne deren Zweigstellen. – [4] Die erste Zweigstelle einer ausländischen Bank im Inland wird gemäß § 53 Abs. 1 KWG als Kreditinstitut erfasst, alle weiteren als Zweigstellen. – [5] Nur Kreditinstitute in der Rechtsform des Einzelkaufmanns oder der Personenhandelsgesellschaft. – [6] Einschl. Deutsche Girozentrale/Deutsche Kommunalbank. – [7] Einschl. Deutsche Genossenschaftsbank. – [8] Einschl. sonstiger nicht in genossenschaftlicher Rechtsform betriebener Kreditinstitute, die dem BVR angeschlossen sind. – [9] Ohne Deutsche Postbank AG. – [10] Es bestehen nur fünf rechtlich selbstständige öffentliche Bausparkassen, die übrigen acht Bausparkassen sind rechtlich unselbstständige Abteilungen der jeweiligen Landesbanken/Girozentralen.

Quelle: DEUTSCHE BUNDESBANK (Bankenstatistik 1999), Tab. IV.1, S. 104.

Anlage 8: Geschäftsvolumen der Kreditinstitute nach Bankengruppen

Bankengruppe	Gesamtzahl der monatlich zur Bankenstatistik berichtenden Kreditinstitute [1]	Geschäftsvolumen [2] [3] (Stand am Jahresende 1998)	
		in Mio. DM	in % aller Bankengruppen
Kreditbanken	328	2.551.315	24,63
– Großbanken	3	1.106.963	10,68
– Regionalbanken und sonstige Kreditbanken	185	1.190.852	11,50
– Zweigstellen ausländischer Banken (§ 53 KWG) [4]	84	197.072	1,90
– Privatbankiers [5]	56	56.428	0,55
Sparkassensektor	607	3.628.144	35,02
– Landesbanken/Girozentralen [6]	13	1.839.874	17,76
– Sparkassen	594	1.788.270	17,26
Genossenschaftssektor	2.260	1.419.551	13,70
– Genossenschaftliche Zentralbanken [7]	4	396.580	3,83
– Kreditgenossenschaften [8]	2.256	1.022.971	9,87
Universalbankensektor insgesamt	3.195	7.599.010	73,35
Realkreditinstitute	33	1.555.136	15,01
Kreditinstitute mit Sonderaufgaben [9]	18	933.586	9,01
Bausparkassen [10]	34	272.308	2,63
– Private Bausparkassen	21	193.282	1,87
– Öffentliche Bausparkassen	13	79.026	0,76
Spezialbankensektor insgesamt	85	2.761.030	26,65
Geschäftsbankensektor insgesamt (mit Bausparkassen)	3.280	10.360.040	100,00
Geschäftsbankensektor insgesamt (ohne Bausparkassen)	3.246	10.087.732	– –

Fortsetzung Anlage 8:

<u>Anmerkungen zur Anlage 8:</u>

[1] Einschl. abwickelnder Kreditinstitute. – [2] Bilanzsumme zuzüglich Indossamentsverbindlichkeiten aus rediskontierten Wechseln (einschl. aus dem Wechselbestand vor Verfall zum Einzug versandte Wechsel). – [3] Ohne Aktiva und Passiva der Auslandsfilialen. – [4] Die erste Zweigstelle einer ausländischen Bank im Inland wird gem. § 53 Abs. 1 KWG als Kreditinstitut erfasst, alle weiteren als Zweigstellen. – [5] Nur Kreditinstitute in der Rechtsform des Einzelkaufmanns oder der Personenhandelsgesellschaft. – [6] Einschl. Deutsche Girozentrale/Deutsche Kommunalbank. – [7] Einschl. Deutsche Genossenschaftsbank. – [8] Einschl. sonstiger nicht in genossenschaftlicher Rechtsform betriebener Kreditinstitute, die dem BVR angeschlossen sind. – [9] Einschl. Deutsche Postbank AG. – [10] Das Geschäftsvolumen der Bausparkassen entspricht ihrer Bilanzsumme.

Quelle: DEUTSCHE BUNDESBANK (Bankenstatistik 1999), Tab. I.1 bis Tab. I.3, S. 6-15 sowie Tab. III.2, S. 103.

Anlage 9: Gliederung der Kreditinstitute nach Größenklassen und Bankengruppen

Die im Rahmen der monatlichen bankenstatistischen Erhebungen berichtenden Kreditinstitute verteilen sich nach ihrem Geschäftsvolumen [2) 3)] (Stand am Jahresende 1997) auf folgende Größenklassen:

Bankengruppe	Gesamtzahl der monatlich zur Bankenstatistik berichtenden Kreditinstitute [1)]	unter 25 Mio. DM	25 Mio. DM bis unter 50 Mio. DM	50 Mio. DM bis unter 100 Mio. DM	100 Mio. DM bis unter 250 Mio. DM	250 Mio. DM bis unter 500 Mio. DM	500 Mio. DM bis unter 1 Mrd. DM	1 Mrd. DM bis unter 5 Mrd. DM	5 Mrd. DM und mehr
Kreditbanken	326	25	11	18	34	51	42	95	50
– Großbanken	3	–	–	–	–	–	–	–	3
– Regionalbanken und sonstige Kreditbanken	187	5	5	9	20	30	24	56	38
– Zweigstellen ausländischer Banken (§ 53 KWG) [4)]	77	8	5	1	9	15	7	25	7
– Privatbankiers [5)]	59	12	1	8	5	6	11	14	2
Sparkassensektor	611	–	–	1	6	44	93	382	85
– Landesbanken/Girozentralen [6)]	13	–	–	–	–	–	–	–	13
– Sparkassen	598	–	–	1	6	44	93	382	72
Genossenschaftssektor	2.424	17	135	404	839	535	319	159	16
– Gen. Zentralbanken [7)]	4	–	–	–	–	–	–	–	4
– Kreditgenossenschaften [8)]	2.420	17	135	404	839	535	319	159	12
Universalbankensektor insgesamt	3.361	42	146	423	879	630	454	636	151

Fortsetzung Anlage 9:

Die im Rahmen der monatlichen bankenstatistischen Erhebungen berichtenden Kreditinstitute verteilen sich nach ihrem Geschäftsvolumen [2] [3] (Stand am Jahresende 1997) auf folgende Größenklassen:

Bankengruppe	Gesamtzahl der monatlich zur Bankenstatistik berichtenden Kreditinstitute [1]	unter 25 Mio. DM	25 Mio. DM bis unter 50 Mio. DM	50 Mio. DM bis unter 100 Mio. DM	100 Mio. DM bis unter 250 Mio. DM	250 Mio. DM bis unter 500 Mio. DM	500 Mio. DM bis unter 1 Mrd. DM	1 Mrd. DM bis unter 5 Mrd. DM	5 Mrd. DM und mehr
Realkreditinstitute	35	–	–	–	2	1	–	4	28
Kreditinstitute mit Sonderaufgaben [9]	18	–	–	1	–	1	1	3	12
Bausparkassen	34	–	–	–	–	1	3	18	12
Spezialbankensektor insgesamt	87	0	0	1	2	3	4	25	52
Geschäftsbankensektor insgesamt	3.448	42	146	424	881	633	458	661	203

Anmerkungen zur Anlage 9:

[1] Einschl. abwickelnder Kreditinstitute. – [2] Bilanzsumme zuzüglich Indossamentsverbindlichkeiten aus rediskontierten Wechseln (einschl. aus dem Wechselbestand vor Verfall zum Einzug versandte Wechsel). – [3] Ohne Aktiva und Passiva der Auslandsfilialen. – [4] Die erste Zweigstelle einer ausländischen Bank im Inland wird gemäß § 53 Abs. 1 KWG als Kreditinstitut erfasst, alle weiteren als Zweigstellen. – [5] Nur Kreditinstitute in der Rechtsform des Einzelkaufmanns oder der Personenhandelsgesellschaft. – [6] Deutsche Girozentrale/Deutsche Kommunalbank. – [7] Einschl. Deutsche Genossenschaftsbank. – [8] Einschl. sonstiger nicht in genossenschaftlicher Rechtsform betriebener Kreditinstitute, die dem BVR angeschlossen sind. – [9] Einschl. Deutsche Postbank AG.

Quelle: Deutsche Bundesbank (Bankenstatistik 1999), Tab. IV.2, S. 105.

Anlage 10: Abgrenzung des bankenaufsichtsrechtlichen Sammelbegriffs der Finanzinstrumente gemäß § 1 Abs. 11 KWG

Finanzinstrumente (Überblick)
Unter den bankenaufsichtsrechtlichen Sammelbegriff der Finanzinstrumente werden gemäß § 1 Abs. 11 Satz 1 KWG folgende *vier Kategorien* von Finanzprodukten zusammengefasst [1]:   1. am Markt handelbare Wertpapiere, auch wenn keine Urkunden über sie ausgestellt sind,   2. Geldmarktinstrumente,   3. Devisen und vergleichbare Rechnungseinheiten, die keine gesetzlichen Zahlungsmittel sind (z. B. Sonderziehungsrechte), sowie   4. Derivate.
Kategorie 1: am Markt handel*bare* Wertpapiere, auch wenn keine Urkunden über sie ausgestellt sind (§ 1 Abs. 11 Satz 2 KWG) [2]
Bsp.: – Aktien [3];   – Zertifikate, die Aktien vertreten [4];   – Schuldverschreibungen [5];   – Genussscheine;   – Optionsscheine;   – andere Wertpapiere, die mit Aktien oder Schuldverschreibungen vergleichbar sind [6];   – Anteilscheine, die von einer Kapitalanlagegesellschaft oder einer ausländischen Investmentgesellschaft ausgegeben werden;
Kategorie 2: Geldmarktinstrumente (§ 1 Abs. 11 Satz 3 KWG) [7]
Bsp.: – kurz- und mittelfristige Schuldscheindarlehen;   – bestimmte Unternehmensgeldmarktpapiere;   – Deposit Notes;   – Finanzierungsfazilitäten;
Kategorie 3: Devisen und vergleichbare Rechnungseinheiten, die keine gesetzlichen Zahlungsmittel sind (z. B. Sonderziehungsrechte)
Bsp.: – Bestände an Devisen und vergleichbaren Rechnungseinheiten;   – Kassageschäfte in Devisen und vergleichbaren Rechnungseinheiten;
Kategorie 4: Derivate (§ 1 Abs. 11 Satz 4 KWG) [8]
Bsp.: – Zinsswaps, Zinstermingeschäfte (einschließlich der Käufe von „Forward Forward Deposits"), Forward Rate Agreements (Terminsatz-Vereinbarungen), Zins-Futures, Futures auf zinsbezogene Indizes, Zinsoptionen, Rechte aus Zinsbegrenzungsvereinbarungen wie „Caps", „Floors" und „Collars", Optionen auf zinsbezogene Indizes, Optionen auf Zinsswaps, Optionen auf Zins-Futures;   – Währungsswaps, Zins-/Währungsswaps, Devisentermingeschäfte, Devisen-Futures, Devisenoptionen, Optionen auf Währungs- oder Zins-/Währungsswaps, Optionen auf Devisen-Futures;

Fortsetzung Anlage 10:

Kategorie 4: Derivate (§ 1 Abs. 11 Satz 4 KWG) [8]

- – Edelmetalltermingeschäfte, Edelmetall-Futures, Edelmetalloptionen;
- – Swaps auf Aktien oder Aktienindizes, Aktientermingeschäfte, Aktien-Futures, Futures auf nicht zinsbezogene Indizes (u. a. DAX-Futures), Aktienoptionen, Optionen auf nicht zinsbezogene Indizes (u. a. DAX-Optionen), Optionen auf DAX-Futures;
- – Swaps auf Rohwaren oder Rohwarenpreisindizes, Termingeschäfte über Rohwaren- oder Rohwarenpreisindizes, Futures über Rohwaren- oder Rohwarenpreisindizes, Optionen auf Rohwaren- oder Rohwarenpreisindizes;

Anmerkungen zur Anlage 10:

[1] Nicht unter den Begriff der Finanzinstrumente fallen u. a.:
- – Bausparverträge,
- – Immobilien,
- – Kredite,
- – Versicherungen,
- – Termin- und Spargelder,
- – gesellschaftsrechtliche Beteiligungen (mit Ausnahme von Aktien), die nicht fungibel und nicht an einem Markt handelbar sind (z. B. GmbH-, KG- oder GbR-Anteile); vgl. BAKRED (Finanzdienstleistungssektor 1999), S. 5 f.

[2] Der Begriff „Markt" umfasst sowohl den organisierten, d. h. den staatlich regulierten Geld- oder Kapitalmarkt (z. B. die Börse) als auch den nicht organisierten Geld- oder Kapitalmarkt (z. B. den Telefonhandel); vgl. BUNDESREGIERUNG (Entwurf eines Gesetzes zur Umsetzung von EG-Richtlinien 1997), S. 100. Voraussetzung ist außerdem, „dass die Wertpapiere fungibel sind"; ebenda, S. 100. Dagegen ist es unerheblich, ob die Wertpapiere tatsächlich an einem Markt gehandelt werden; allein die Möglichkeit des Handels genügt. Zur Handelbarkeit der Wertpapiere i. S. d. § 1 Abs. 11 Satz 2 KWG vgl. vertiefend BAKRED (Anhang 1999), S. 2 ff.

[3] Unter den Begriff der „Aktien" zu subsumieren sind sämtliche deutsche und ausländische Aktienarten sowie erworbene Bezugsrechte auf Aktien; vgl. BAKRED (Anhang 1999), S. 4.

[4] Zertifikate, die Aktien vertreten, sind Aktienersatzpapiere oder Papiere, die ausgestellt werden, um die Handelbarkeit von Aktien zu erleichtern. Hierzu zählen bspw. die auf dem US-amerikanischen Kapitalmarkt über deutsche Aktien ausgegebenen „Hinterlegungsscheine" über eine Vielzahl oder einen Bruchteil von Aktien (American Depositary Receipts; kurz: ADRs). Vgl. dazu BAKRED (Anhang 1999), S. 4.

[5] Schatzanweisungen, Einlagenzertifikate und Commercial Papers sind in der Regel Schuldverschreibungen und damit Wertpapiere im vorliegenden Sinne; vgl. BUNDESREGIERUNG (Entwurf eines Gesetzes zur Umsetzung von EG-Richtlinien 1997), S. 100.

[6] „Mit Aktien sind solche Wertpapiere vergleichbar, die ein Mitgliedschaftsrecht verkörpern"; BUNDESREGIERUNG (Entwurf eines Zweiten Finanzmarktförderungsgesetzes 1994), S. 39. Hierzu zählen z. B. Zwischenscheine (oder Interimsscheine) gemäß § 8 Abs. 6 AktG sowie Wertpapiere, die Mitgliedschaftsrechte einer nach ausländischem Recht verfassten Gesellschaft verkörpern; vgl. BAKRED (Anhang 1999), S. 5 f. Mit Schuldverschreibungen vergleichbar sind Wertpapiere, „die einen Anspruch auf ein schuldrechtliches Forderungsrecht verkörpern"; BUNDESREGIERUNG (Entwurf eines Zweiten Finanzmarktförderungsgesetzes 1994), S. 39. Hierunter fallen bspw. Zinsscheine, die bei der Trennung von ihren Anleihemänteln als rechtlich selbstständige Handelsgegenstände entstehen (sog. „Bondstripping"); vgl. BAKRED (Anhang 1999), S. 6.

[7] Als *Geldmarktinstrumente* werden sämtliche Forderungen erfasst, die üblicherweise auf dem Geldmarkt gehandelt werden und nicht bereits unter den Begriff der am Markt handelbaren Wertpapiere fallen („Auffangtatbestand"); vgl. auch BUNDESREGIERUNG (Entwurf eines Gesetzes

(Fortsetzung nächste Seite)

Fortsetzung Anlage 10:

(*Fortsetzung*)
zur Umsetzung von EG-Richtlinien 1997), S. 69 u. S. 100. Es sind dies nicht wertpapiermäßig verbriefte oder als Wertrechte ausgestaltete Forderungsrechte; vgl. ebenda, S. 69. Nicht zu den Geldmarktinstrumenten zählen z. B. Termingelder und Sparbriefe (Letztere insbesondere aufgrund ihrer fehlenden Fungibilität); vgl. ebenda, S. 100.

[8] Als *Derivate* (synonym hierfür derivative Geschäfte) werden die als Festgeschäfte (unbedingte Termingeschäfte) oder Optionsgeschäfte (bedingte Termingeschäfte) ausgestalteten Termingeschäfte bezeichnet, deren Preis unmittelbar oder mittelbar abhängt von

– dem Börsen- oder Marktpreis von Wertpapieren,
– dem Börsen- oder Marktpreis von Geldmarktinstrumenten,
– dem Kurs von Devisen oder Rechnungseinheiten,
– Zinssätzen oder anderen Erträgen oder
– dem Börsen- oder Marktpreis von Waren oder Edelmetallen.

Die Berücksichtigung von Derivaten (beim Optionsgeschäft auch in der Form der Übernahme von Stillhalterverpflichtungen) ist unabhängig davon, ob sie an einer Börse oder als OTC-Derivate gehandelt werden.

Anlage 11: Abgrenzung der bankenaufsichtsrechtlichen Begriffe „Handelsbuch" und „Anlagebuch" gemäß § 1 Abs. 12 KWG

Handelsbuch

Dem Handelsbuch eines Kredit- oder Finanzdienstleistungsinstituts sind gemäß § 1 Abs. 12 Satz 1 und Satz 2 KWG folgende Positionen zuzuordnen:

1. Finanzinstrumente [1], handelbare Forderungen [2] und handelbare Anteile [3], die das Institut zum Zweck des Wiederverkaufs im Eigenbestand hält *oder* die von dem Institut übernommen werden, um bestehende oder erwartete Unterschiede zwischen den Kauf- und Verkaufspreisen oder Preis- und Zinsschwankungen *kurzfristig* zu nutzen, damit ein *Eigenhandelserfolg* erzielt wird (§ 1 Abs. 12 Satz 1 Nr. 1 KWG) [4] [5],

2. Bestände und Geschäfte zur Absicherung von Marktpreisänderungsrisiken des Handelsbuchs und damit im Zusammenhang stehende Refinanzierungsgeschäfte (§ 1 Abs. 12 Satz 1 Nr. 2 KWG),

3. Aufgabegeschäfte (§ 1 Abs. 12 Satz 1 Nr. 3 KWG) [6],

4. Forderungen in Form von Gebühren, Provisionen, Zinsen, Dividenden und Einschüssen, die mit den Positionen des Handelsbuchs unmittelbar verknüpft sind (§ 1 Abs. 12 Satz 1 Nr. 4 KWG), sowie

5. Pensions-, Darlehens- sowie wirtschaftlich vergleichbare Geschäfte auf Positionen des Handelsbuchs (§ 1 Abs. 12 Satz 2 KWG).

Anlagebuch

Das Anlagebuch eines Kredit- oder Finanzdienstleistungsinstituts wird negativ abgegrenzt; es umfasst gemäß § 1 Abs. 12 Satz 4 KWG alle bilanziellen sowie außerbilanziellen Geschäfte eines Kredit- oder Finanzdienstleistungsinstituts, die nicht dem Handelsbuch zuzurechnen sind. Hierzu zählen *neben dem traditionellen Kreditgeschäft* insbesondere auch folgende Positionen:

1. Devisen, vergleichbare Rechnungseinheiten (z. B. Sonderziehungsrechte) sowie Rohwaren- und Edelmetallderivate [7],

2. die Wertpapiere der Liquiditätsreserve (Regelfall) [8] sowie

3. die Wertpapiere des Anlagebestands [9].

Anmerkungen zur Anlage 11:

[1] Zum Begriff der Finanzinstrumente vgl. § 1 Abs. 11 KWG; ferner Anlage 10, S. 571 ff.

[2] Unter den Begriff „handelbare Forderungen" können längerfristige Schuldscheindarlehen subsumiert werden. Kurz- und mittelfristige Schuldscheindarlehen gelten dagegen als Geldmarkt- und damit als Finanzinstrumente; vgl. KARG, MANFRED (Abgrenzung 1998), S. 4.

[3] Als handelbare Anteile i. S. d. § 1 Abs. 12 Satz 1 Nr. 1 KWG gelten nur Beteiligungen an Gesellschaften, die nicht schon Finanzinstrumente sind (z. B. Anteile an einer GmbH, KG oder eG); vgl. KARG, MANFRED (Abgrenzung 1998), S. 4.

[4] „Die Handelbarkeit der Instrumente nach § 1 Abs. 12 Satz 1 Nr. 1 KWG ist wichtig, um eine Einbeziehung von Geschäften in das Handelsbuch zu verhindern, die am Markt nicht umgeschlagen werden können und so – mit gegenüber dem Anlagebuch relativ geringen Anrechnungs- und Unterlegungssätzen – zu einer Risikoverdichtung bei dem Institut führen können"; BAKRED (Handelsbuch 1999), S. 4.

Fortsetzung Anlage 11:

[5] Der Hinweis auf den Geschäftszweck, *kurzfristig* einen Eigenhandelserfolg erzielen zu wollen, ist das entscheidende Merkmal für die Zuordnung einer Position zum Handelsbuch; vgl. BUNDESREGIERUNG (Entwurf eines Gesetzes zur Umsetzung von EG-Richtlinien 1997), S. 70; BAKRED (Handelsbuch 1999), S. 6. Der Begriff „Eigenhandelserfolg" bezeichnet hierbei ein positives oder negatives Handelsergebnis, d. h. einen Ertrag oder Aufwand aus Finanzgeschäften, der bei Kreditinstituten nach § 340c Abs. 1 HGB in der Gewinn- und Verlustrechnung in der Saldierungsposition „Nettoertrag oder Nettoaufwand aus Finanzgeschäften" zu zeigen ist; vgl. BUNDESREGIERUNG (Entwurf eines Gesetzes zur Umsetzung von EG-Richtlinien 1997), S. 70. Die Wahl des Zuordnungsmerkmals „Ziel der Erwirtschaftung eines Eigenhandelserfolgs" verdeutlicht aber auch, dass die Institute im Rahmen eines Ermessensspielraums weitgehend selbst bestimmen können, welche Positionen sie dem Handelsbuch zuweisen; ebenso MIELK, HOLGER (Neuregelungen 1996), S. 36. Insbesondere können identische Finanzinstrumente je nach Zweckbestimmung unterschiedlichen Beständen zugeordnet werden; vgl. KARG, MANFRED (Abgrenzung 1998), S. 6. Eine betragsmäßig fixierte Höhe des zulässigen Gesamtbestandes an Positionen des Handelsbuchs gibt es nicht. Eventuellen Missbräuchen bei der Zuordnungsentscheidung wird allein dadurch entgegengetreten, dass gemäß § 1 Abs. 12 Satz 5 KWG die Einbeziehung von Positionen in das Handelsbuch nach institutsintern festgelegten und auch nachprüfbaren Kriterien zu erfolgen hat, die dem BAKred und der Deutschen Bundesbank ebenso mitzuteilen sind wie Änderungen dieser Kriterien im Zeitablauf (Letztere allerdings unter Darlegung der Gründe). Darüber hinaus ist die Umwidmung von Positionen des Handelsbuches in das Anlagebuch bzw. umgekehrt in den Unterlagen des Kredit- oder Finanzdienstleistungsinstituts nachvollziehbar zu dokumentieren und hinreichend zu begründen; vgl. § 1 Abs. 12 Satz 6 KWG. Schließlich hat der Abschlussprüfer die Einhaltung der institutsintern festgelegten Kriterien „im Rahmen der Jahresabschlussprüfung zu überprüfen und zu bestätigen"; § 1 Abs. 12 Satz 7 KWG. Zu weiteren Einzelheiten vgl. BAKRED (Handelsbuch 1999), S. 4 ff.

[6] Bei den sog. „Aufgabegeschäften" handelt es sich um Geschäfte nach § 95 HGB und § 13 BörsG, bei denen der Handelsmakler die Gegenseite bei Abschluss des Geschäftes noch nicht benennen kann, sich deren Bezeichnung vorbehält und sich bis zur Findung der endgültigen Ausführungsadresse selbst einsetzt (eigene Aufgabe). Der Auftraggeber des Geschäftes besitzt das Recht, vom Handelsmakler selbst Erfüllung zu verlangen, falls dieser nicht oder nicht rechtzeitig einen geeigneten Geschäftspartner vermittelt (Garantiehaftung). Aufgabegeschäfte i. S. d. § 1 Abs. 12 Satz 1 Nr. 3 KWG sind beim Handelsmakler stets dem Handelsbuch zuzuordnen. Vgl. zu diesen Ausführungen C&L DEUTSCHE REVISION AG (HRSG.) (6. KWG-Novelle 1998), S. 52 und BAKRED (Handelsbuch 1999), S. 9. Zur Kritik an der Einbeziehung dieser Geschäfte in das Handelsbuch vgl. ZENTRALER KREDITAUSSCHUSS (Stellungnahme 1996a), S. 7 f.; BOOS, KARL-HEINZ (Entwurf 1997), S. 121.

[7] Vgl. § 1 Abs. 12 Satz 3 KWG. Die generelle Zuordnung dieser Positionen zum Anlagebuch ist darauf zurückzuführen, dass das Fremdwährungsrisiko sowie das Rohwarenpreisrisiko „auf das Gesamtbuch bezogen zu ermitteln sind. Von daher ist es sachgerecht, sie nicht in das Handelsbuch einzubeziehen. Entsprechende Positionen sind auch nicht bei der Ermittlung der Bagatellgrenzen gem. § 2 Abs. 11 KWG zu berücksichtigen"; KARG, MANFRED (Abgrenzung 1998), S. 5. Die generelle Herausnahme der Rohwaren- und Edelmetallderivate aus dem Handelsbuch „wird mit Umsetzung der Richtlinie 98/31/EG des Europäischen Parlaments und des Rates vom 22. Juni 1998 in deutsches Recht entfallen"; BAKRED (Handelsbuch 1999), S. 10.

[8] Vgl. BUNDESREGIERUNG (Entwurf eines Gesetzes zur Umsetzung von EG-Richtlinien 1997), S. 70; BAKRED (Jahresbericht 1998), S. 14. Die Abgrenzung der Wertpapiere der Liquiditätsreserve erfolgt nach handelsbilanziellen Maßstäben. Es sind dies gem. § 340f Abs. 1 Satz 1 HGB die in den Aktivpositionen „Schuldverschreibungen und andere festverzinsliche Wertpapiere" sowie „Aktien und andere nicht festverzinsliche Wertpapiere" ausgewiesenen Wertpapiere, „die weder wie Anlagevermögen behandelt werden noch Teil des Handelsbestands sind". In diesem Zusammenhang ist ausdrücklich darauf hinzuweisen, dass die Kredit- und Finanzdienstleistungsinstitute hinsichtlich der Qualifizierung von Wertpapieren als Liquiditätsreserve über einen sehr großen Ermessensspielraum verfügen; vgl. dazu insb. WASCHBUSCH, GERD (Jahresabschlußpolitik 1992), S. 367 ff. Sofern Wertpapiere der Liquiditätsreserve zur Absicherung von Marktpreis-

(Fortsetzung nächste Seite)

Anhang

Fortsetzung Anlage 11:

(Fortsetzung)
änderungsrisiken des Handelsbuchs dienen, werden sie zusammen mit den zugehörigen Refinanzierungsgeschäften nicht dem Anlagebuch, sondern dem Handelsbuch zugeordnet; vgl. auch C&L DEUTSCHE REVISION AG (HRSG.) (6. KWG-Novelle 1998), S. 51 f. u. S. 65; C&L DEUTSCHE REVISION AG (HRSG.) (Finanzdienstleistungsinstitute 1998), S. 75 f.

9) Bei den Wertpapieren des Anlagebestands eines Kredit- oder Finanzdienstleistungsinstituts handelt es sich um diejenigen Wertpapiere, die aus Sicht des Kredit- oder Finanzdienstleistungsinstituts der längerfristigen Vermögensanlage dienen (sollen) und deshalb, insbesondere für Zwecke der Bewertung, wie Anlagevermögen behandelt werden; vgl. BUNDESREGIERUNG (Entwurf eines Bankbilanzrichtlinie-Gesetzes 1990), S. 22. Sie sind daher bereits ihrer Zweckbestimmung entsprechend dem Anlagebuch eines Kredit- oder Finanzdienstleistungsinstituts zuzurechnen; vgl. auch KARG, MANFRED (Abgrenzung 1997), S. 393; KARG, MANFRED; LINDEMANN, JAN HENNING (Regierungsentwurf 1997), S. 127; BAKRED (Handelsbuch 1999), S. 7.

Anlage 12: Übersicht über die wichtigsten Vorschriften für Finanzdienstleistungsinstitute und Wertpapierhandelsbanken nach der Sechsten KWG-Novelle

	Gruppe I	Gruppe II	Gruppe III a	Gruppe III b	Gruppe IV
	a) Wertpapierhandelsbanken b) Eigenhändler für andere c) Anlage- und Abschlussvermittler sowie Finanzportfolioverwalter, die auf eigene Rechnung mit Finanzinstrumenten handeln	Anlagevermittler, Abschlussvermittler sowie Finanzportfolioverwalter, die *nicht* auf eigene Rechnung mit Finanzinstrumenten handeln, aber *befugt* sind, sich Eigentum oder Besitz an Geldern oder Wertpapieren von Kunden zu verschaffen	Finanzportfolioverwalter, die *nicht* auf eigene Rechnung mit Finanzinstrumenten handeln und die auch *nicht befugt* sind, sich Eigentum oder Besitz an Geldern oder Wertpapieren von Kunden zu verschaffen	Anlagevermittler und Abschlussvermittler, die *nicht* auf eigene Rechnung mit Finanzinstrumenten handeln und die auch *nicht befugt* sind, sich Eigentum oder Besitz an Geldern oder Wertpapieren von Kunden zu verschaffen	a) Drittstaateneinlagenvermittlung b) Finanztransfergeschäft c) Sortengeschäft

1. Zulassungsvorschriften:

Erlaubnis (§ 32 KWG)	notwendig	notwendig	notwendig	notwendig	notwendig
Anfangskapital – § 33 Abs. 1 Satz 1 Nr. 1 KWG [1] (grundsätzlich)	730.000 ECU	125.000 ECU	50.000 ECU	50.000 ECU *oder* Versicherung	– –
– § 64e Abs. 3 Satz 2 KWG (Übergangsregelung) [2]	mindestens Durchschnitt der letzten 6 Monate	mindestens Durchschnitt der letzten 6 Monate	mindestens Durchschnitt der letzten 6 Monate	mindestens Durchschnitt der letzten 6 Monate	– –
Geschäftsleiter (§ 33 Abs. 1 Satz 1 Nr. 5 KWG)	a) 2 Geschäftsleiter b) + c) 1 Geschäftsleiter [3]	2 Geschäftsleiter	1 Geschäftsleiter	1 Geschäftsleiter	1 Geschäftsleiter [3]

Fortsetzung Anlage 12:

	Gruppe I	Gruppe II	Gruppe III		Gruppe IV
			a	b	
2. Monatsausweise und Jahresabschlüsse:					
Monatsausweise (§ 25 KWG)	einzureichen	einzureichen	einzureichen	einzureichen	einzureichen
Jahresabschluss (§ 26 KWG)					
– aufgestellter [4]	in den ersten 3 Monaten einzureichen	in den ersten 3 Monaten einzureichen	in den ersten 3 Monaten einzureichen	in den ersten 3 Monaten einzureichen	in den ersten 3 Monaten einzureichen
– festgestellter	einzureichen	einzureichen	einzureichen	einzureichen	einzureichen
Prüfungsbericht	einzureichen	einzureichen	einzureichen	einzureichen	einzureichen
3. Eigenmittel- und Liquiditätsvorschriften:					
Eigenmittelausstattung					
– § 10 Abs. 1 KWG (Grundsatz I)	einzuhalten	einzuhalten	– –	– –	– –
– § 2a Abs. 2 KWG (Risikoaktiva des Inhabers bzw. der persönlich haftenden Gesellschafter) [4]	bei Einzelkaufmann bzw. Personenhandelsgesellschaft in Grundsatz I einzubeziehen sowie für die Zwecke der §§ 13 bis 13b KWG anwenden	bei Einzelkaufmann bzw. Personenhandelsgesellschaft in Grundsatz I einzubeziehen sowie für die Zwecke der §§ 13 bis 13b KWG anwenden	anwenden für die Zwecke der §§ 13 bis 13b KWG	– –	– –
– § 64e Abs. 3 Satz 4 KWG (Übergangsregelung) [5]	Grundsatz I ist ab dem 1. Januar 1999 einzuhalten	Grundsatz I ist ab dem 1. Januar 1999 einzuhalten	– –	– –	– –

Fortsetzung Anlage 12:

	Gruppe I	Gruppe II	Gruppe III a	Gruppe III b	Gruppe IV
– § 10 Abs. 9 KWG (Eigenmittel in Höhe von ¼ der Gemeinkosten) 4) 6)	einzuhalten	einzuhalten	einzuhalten	– –	– –
Eigenmittelkonsolidierung (§ 10a KWG)	Konsolidierungspflicht	Konsolidierungspflicht	Konsolidierungspflicht	Konsolidierungspflicht	Die Konsolidierungspflicht besteht, wenn das Institut als Finanzinstitut i. S. d. EG-Konsolidierungsrichtlinie und 2. EG-Bankrechtskoordinierungsrichtlinie zu qualifizieren ist.
Liquidität (§ 11 KWG) (Grundsatz II)	einzuhalten ab dem 1. Juli 2000	einzuhalten ab dem 1. Juli 2000	– –	– –	– –

4. Kreditvorschriften:

Großkredite

	Gruppe I	Gruppe II	Gruppe III a	Gruppe III b	Gruppe IV
– §§ 13, 13a KWG (grundsätzlich)	einzuhalten	einzuhalten	einzuhalten	– –	– –
– § 64e Abs. 3 Satz 4 KWG (Übergangsregelung) 5)	ab dem 1. Januar 1999 einzuhalten, sofern das Institut nicht in anderen Staaten des EWR tätig ist/wird	ab dem 1. Januar 1999 einzuhalten, sofern das Institut nicht in anderen Staaten des EWR tätig ist/wird	ab dem 1. Januar 1999 einzuhalten, sofern das Institut nicht in anderen Staaten des EWR tätig ist/wird	ab dem 1. Januar 1999 einzuhalten, sofern das Institut nicht in anderen Staaten des EWR tätig ist/wird	– –

Fortsetzung Anlage 12:

	Gruppe I	Gruppe II	Gruppe III a	Gruppe III b	Gruppe IV
Großkreditkonsolidierung (§ 13b KWG)	Konsolidierungspflicht	Konsolidierungspflicht	Konsolidierungspflicht	Konsolidierungspflicht	Die Konsolidierungspflicht besteht, wenn das Institut als Finanzinstitut i. S. d. EG-Konsolidierungsrichtlinie und 2. EG-Bankrechtskoordinierungsrichtlinie zu qualifizieren ist.
Millionenkredite (§ 14 KWG)	a) + b) anzeigepflichtig a) – –	– –	– –	– –	– –
Organkredite (§ 15 KWG)	einzuhalten	einzuhalten	einzuhalten	– –	– –

5. Anzeige- und Organisationspflichten:

	Gruppe I	Gruppe II	Gruppe III a	Gruppe III b	Gruppe IV
Anlegerentschädigungseinrichtung	Hinweispflicht	Hinweispflicht	Hinweispflicht	Hinweispflicht	– –
Anzeigen (§ 24 KWG)	Anzeigepflicht	Anzeigepflicht	Anzeigepflicht	Anzeigepflicht (ausgenommen § 24 Abs. 1 Nr. 10 KWG)	Anzeigepflicht (ausgenommen § 24 Abs. 1 Nr. 10 KWG)
Organisationspflichten (§ 25a KWG)	einzuhalten	einzuhalten	einzuhalten	einzuhalten	einzuhalten

Fortsetzung Anlage 12:

Anmerkungen zur Anlage 12:

1) Auf Institute, für die eine Erlaubnis nach § 64e Abs. 2 KWG als erteilt gilt, sind die Regelungen über das Anfangskapital erst ab dem 1. Januar 2003 anzuwenden; vgl. § 64e Abs. 3 Satz 1 KWG.

2) Diese Übergangsregelung gilt nur bis zum 31. Dezember 2002 für Institute, die das vereinfachte Zulassungsverfahren nach § 64e Abs. 2 KWG in Anspruch nehmen. Bei einem Unterschreiten des Durchschnittswertes kann das BAKred die Erlaubnis aufheben; vgl. § 64e Abs. 3 Satz 3 KWG.

3) Ist das Institut befugt, sich Eigentum oder Besitz an Geldern oder Wertpapieren von Kunden zu verschaffen, dann sind zwei Geschäftsleiter vorgeschrieben.

4) Hiervon ausgenommen sind Institute, deren Geschäfte sich nur auf Devisen, Rechnungseinheiten oder Warenderivate beschränken.

5) Diese Übergangsregelung gilt nur für Institute, die das vereinfachte Zulassungsverfahren nach § 64e Abs. 2 KWG in Anspruch nehmen. Die Erteilung eines Europäischen Passes nach § 24a KWG ist in diesem Fall nicht möglich.

6) Die Nichteinhaltung kann zur Aufhebung der Erlaubnis führen; vgl. § 35 Abs. 2 Nr. 5 KWG.

Quelle: Modifiziert entnommen aus http://www.bundesbank.de/lzb-nrw/index.htm

Anlage 13: Beispiel für die Berechnung der Eigenkapitalanforderung „innovativer" nicht bilanzwirksamer Geschäfte nach der Marktbewertungsmethode

1. Aufbereitung der Daten: Devisentermingeschäfte mit einer inländischen Bank

Nr.	Kontraktart	Nominalbetrag (in fremder Währung)	Art der Fremdwährung	vereinbarter Terminkurs in DM pro USD bzw. DM pro GBP	Abschlussdatum	Erfüllungsdatum	Restlaufzeit in Jahren	aktueller Terminkurs am 31.03.97 in DM pro USD bzw. DM pro GBP	aktueller Kassakurs am 31.03.97 in DM pro USD bzw. DM pro GBP
(1)	(2)	(3)	(4)	(5)	(6)	(7)	(8)	(9)	
1	Terminkauf	100.000	USD	1,70	30.06.96	31.12.99	2,75	1,80	1,75
2	Terminverkauf	90.000	USD	1,80	31.03.97	31.12.99	2,75	1,80	1,75
3	Terminkauf	50.000	GBP	2,70	30.06.94	28.02.98	0,92	2,55	2,60

2. Berechnung der Kreditäquivalenzbeträge (ohne Netting)

Nr.	Kontraktwert zu Vertragskonditionen in DM	aktuelle potenzielle Ersatzbeschaffungskosten des Kontrakts in DM	Eindeckungsgewinn/-verlust in DM	Kontrakte mit positivem Wert in DM	aktuelle Bemessungsgrundlage in DM	Zuschlagsfaktor in %	Wert des Risikozuschlags in DM	Kreditäquivalenzbetrag in DM
	(10) = (2) x (4)	(11) = (2) x (8)	(12) = (11) - (10)		(14) = (2) x (9)		(16) = (14) x (15)	(17) = (13) + (16)
	(10)	(11)	(12)	(13)	(14)	(15)	(16)	(17)
1	170.000	180.000	10.000	10.000	175.000	5	8.750	18.750
2	162.000	162.000	0	0	157.500	5	7.875	7.875
3	135.000	127.500	- 7.500	0	130.000	1	1.300	1.300

3. Berechnung der Eigenkapitalanforderungsbeträge (ohne Netting)

Nr.	Kreditäquivalenzbetrag in DM	Bonitätsgewicht der inländischen Bank in %	risikogewichteter Anrechnungsbetrag in DM	Mindesteigenkapitalkoeffizient in %	Eigenkapitalanforderung in DM
	(18) = (13) + (16)		(20) = (18) x (19)		(22) = (20) x (21)
	(18)	(19)	(20)	(21)	(22)
1	18.750	20	3.750	8	300,0
2	7.875	20	1.575	8	126,0
3	1.300	20	260	8	20,8
Eigenkapitalbindungsbetrag insgesamt (ohne Netting) [1]					446,8

Fortsetzung Anlage 13:

4. Aufbereitung der Daten unter Zugrundelegung des Netting durch Novation [2]: Devisentermingeschäfte mit einer inländischen Bank

Nr.	Kontrakt-art	Nominal-betrag (in fremder Währung)	Art der Fremd-währung	vereinbar-ter Ter-minkurs in DM pro USD bzw. DM pro GBP	Ab-schluss-datum	Er-füllungs-datum	Restlauf-zeit in Jahren	aktueller Termin-kurs am 31.03.97 in DM pro USD bzw. DM pro GBP	aktueller Kassa-kurs am 31.03.97 in DM pro USD bzw. DM pro GBP
	(23)	(24)	(25)	(26)	(27)	(28)	(29)	(30)	(31)
1/2	Termin-kauf	10.000 [3]	USD	0,80 [4]	31.03.97	31.12.99	2,75	1,80	1,75
3	Termin-kauf	50.000	GBP	2,70	30.06.94	28.02.98	0,92	2,55	2,60

5. Berechnung der Kreditäquivalenzbeträge unter Zugrundelegung des Netting durch Novation

Nr.	Kontrakt-wert zu Vertrags-konditio-nen in DM	aktuelle potenzielle Ersatzbe-schaffungs-kosten des Kontrakts in DM	Eindeckungs-gewinn/-ver-lust in DM	Kontrakte mit positi-vem Wert in DM	aktuelle Bemes-sungs-grundlage in DM	Zuschlags-faktor in %	Wert des Risikozu-schlags in DM	Kreditäqui-valenzbe-trag in DM
	(32) = (2) x (4)	(33) = (2) x (8)	(34) = (33) - (32)		(36) = (24) x (9)		(38) = (36) x (37)	(39) = (35) + (38)
	(32)	(33)	(34)	(35)	(36)	(37)	(38)	(39)
1/2	8.000 [3]	18.000 [3]	10.000	10.000	17.500 [3]	5	875	10.875
3	135.000	127.500	- 7.500	0	130.000	1	1.300	1.300

6. Berechnung der Eigenkapitalanforderungsbeträge unter Zugrundelegung des Netting durch Novation

Nr.	Kreditäquivalenz-betrag in DM	Bonitätsgewicht der inländischen Bank in %	risikogewichteter Anrechnungsbe-trag in DM	Mindesteigenkapi-talkoeffizient in %	Eigenkapitalan-forderung in DM
	(40) = (35) + (38)		(42) = (40) x (41		(44) = (42) x (43)
	(40)	(41)	(42)	(43)	(44)
1/2	10.875	20	2.175	8	174,0
3	1.300	20	260	8	20,8

Eigenkapitalbindungsbetrag insgesamt (mit Netting) [1]		194,8
Veränderung gegenüber dem Eigenkapitalbindungsbetrag insgesamt (ohne Netting) [5]		- 56,4 %

Fortsetzung Anlage 13:

Erläuterungen zur Anlage 13:

1) Ein Vergleich mit der Laufzeitmethode (Anlage 14, S. 585 ff.) zeigt eine deutlich niedrigere Eigenkapit anforderung.

2) Beim Novationsnetting gemäß § 12 Abs. 5 Grundsatz I handelt es sich um einen zweiseitigen Schuldu wandlungsvertrag zwischen einem Kredit- oder Finanzdienstleistungsinstitut und seinem Vertragspartn aufgrund dessen alle gegenüber diesem Vertragspartner (hier: inländische Bank) entstehenden Anspü und Verpflichtungen aus gegenläufigen Geschäften mit *gleicher* Währung und *gleichem* Erfüllungsdatu (hier: Kontrakt Nr. 1 und Kontrakt Nr. 2) laufend in schuldersetzender Weise verrechnet werden dürfen; v BAKRED (Erläuterungen 1997), S. 44 u. S. 48. Die durch die gegenseitige Saldierung der Ansprüche u Verpflichtungen entstehende Nettoposition ist sodann der weiteren Berechnung des Eigenkapitalanford rungsbetrages zugrunde zu legen.

3) Verrechnung der gegenläufigen Zahlungsströme der Kontrakte Nr. 1 und Nr. 2.

4) Dieser „neue" vereinbarte Terminkurs in DM pro USD errechnet sich wie folgt:
$$(170.000 \text{ DM} - 162.000 \text{ DM}) \div (100.000 \text{ USD} - 90.000 \text{ USD}) = 0,80 \text{ DM/USD}$$

5) Es zeigt sich hier deutlich die anrechnungsermäßigende Wirkung anerkannter zweiseitiger Schuldumwan lungsverträge.

Quelle: In Anlehnung an SCHULTE-MATTLER, HERMANN (Netting 1994), S. 303, S. 304 u. S. 307 SCHULTE-MATTLER, HERMANN; TRABER, UWE (Marktrisiko 1997), S. 47, S. 50, S. 53 u S. 54.

nlage 14: Beispiel für die Berechnung der Eigenkapitalanforderung „innovativer" nicht bilanzwirksamer Geschäfte nach der Laufzeitmethode

1. Aufbereitung der Daten: Devisentermingeschäfte mit einer inländischen Bank

Nr.	Kontrakt-art	Nominal-betrag (in frem-der Wäh-rung)	Art der Fremd-währung	vereinbar-ter Ter-minkurs in DM pro USD bzw. DM pro GBP	Ab-schluss-datum	Er-füllungs-datum	Ur-sprungs-laufzeit in Jahren	aktueller Termin-kurs am 31.03.97 in DM pro USD bzw. DM pro GBP	aktueller Kassa-kurs am 31.03.97 in DM pro USD bzw. DM pro GBP
	(1)	(2)	(3)	(4)	(5)	(6)	(7)	(8)	(9)
1	Termin-kauf	100.000	USD	1,70	30.06.96	31.12.99	3,50	1,80	1,75
2	Termin-verkauf	90.000	USD	1,80	31.03.97	31.12.99	2,75	1,80	1,75
3	Termin-kauf	50.000	GBP	2,70	30.06.94	28.02.98	3,67	2,55	2,60

2. Berechnung der Kreditäquivalenzbeträge (ohne Netting)

Nr.	aktuelle Bemessungsgrundlage in DM	Umrechnungsfaktor in %	Kreditäquivalenzbetrag in DM
	(10) = (2) x (9)		(12) = (10) x (11)
	(10)	(11)	(12)
1	175.000	11	19.250
2	157.500	8	12.600
3	130.000	11	14.300

3. Berechnung der Eigenkapitalanforderungsbeträge (ohne Netting)

Nr.	Kreditäquivalenzbetrag in DM	Bonitätsgewicht der inländischen Bank in %	Mindesteigenkapital-koeffizient in %	Eigenkapitalanfor-derung in DM
	(13) = (10) x (11)			(16) = (13) x (14) x (15)
	(13)	(14)	(15)	(16)
1	19.250	20	8	308,0
2	12.600	20	8	201,6
3	14.300	20	8	228,8
Eigenkapitalbindungsbetrag insgesamt (ohne Netting) [1]				738,4

Fortsetzung Anlage 14:

4. Aufbereitung der Daten unter Zugrundelegung des Netting durch Novation [2]: Devisentermingeschäfte mit einer inländischen Bank

Nr.	Kontrakt-art	Nominal-betrag (in fremder Währung)	Art der Fremd-währung	vereinbar-ter Ter-minkurs in DM pro USD bzw. DM pro GBP	Ab-schluss-datum	Er-füllungs-datum	Ur-sprungs-laufzeit in Jahren	aktueller Termin-kurs am 31.03.97 in DM pro USD bzw. DM pro GBP	aktueller Kassa-kurs am 31.03.97 in DM pro USD bzw. DM pro GBP
	(17)	(18)	(19)	(20)	(21)	(22)	(23)	(24)	(25)
1/2	Termin-kauf	10.000 [3]	USD	0,80 [4]	31.03.97	31.12.99	2,75	1,80	1,75
3	Termin-kauf	50.000	GBP	2,70	30.06.94	28.02.98	3,67	2,55	2,60

5. Berechnung der Kreditäquivalenzbeträge unter Zugrundelegung des Netting durch Novation

Nr.	aktuelle Bemessungsgrundlage in DM	Umrechnungsfaktor in %	Kreditäquivalenzbetrag in DM
	(26) = (18) x (9)		(28) = (26) x (27)
	(26)	(27)	(28)
1/2	17.500 [3]	8	1.400
3	130.000	11	14.300

6. Berechnung der Eigenkapitalanforderungsbeträge unter Zugrundelegung des Netting durch Novation

Nr.	Kreditäquivalenzbetrag in DM	Bonitätsgewicht der inländischen Bank in %	Mindesteigenkapital-koeffizient in %	Eigenkapitalanfor-derung in DM
	(29) = (26) x (27)			(32) = (29) x (30) x (31)
	(29)	(30)	(31)	(32)
1/2	1.400	20	8	22,4
3	14.300	20	8	228,8

Eigenkapitalbindungsbetrag insgesamt (mit Netting) [1]		251,2
Veränderung gegenüber dem Eigenkapitalbindungsbetrag insgesamt (ohne Netting) [5]		- 65,98 %

Fortsetzung Anlage 14:

Erläuterungen zur Anlage 14:

[1] Ein Vergleich mit der Marktbewertungsmethode (Anlage 13, S. 582 ff.) zeigt eine deutlich höhere Eigen-kapitalanforderung.

[2] Beim Novationsnetting gemäß § 12 Abs. 5 Grundsatz I handelt es sich um einen zweiseitigen Schuldum-wandlungsvertrag zwischen einem Kredit- oder Finanzdienstleistungsinstitut und seinem Vertragspartner, aufgrund dessen alle gegenüber diesem Vertragspartner (hier: inländische Bank) entstehenden Ansprüche und Verpflichtungen aus gegenläufigen Geschäften mit *gleicher* Währung und *gleichem* Erfüllungsdatum (hier: Kontrakt Nr. 1 und Kontrakt Nr. 2) laufend in schuldersetzender Weise verrechnet werden dürfen; vgl. BAKRED (Erläuterungen 1997), S. 44 u. S. 48. Die durch die gegenseitige Saldierung der Ansprüche und Verpflichtungen entstehende Nettoposition ist sodann der weiteren Berechnung des Eigenkapitalanforde-rungsbetrages zugrunde zu legen.

[3] Verrechnung der gegenläufigen Zahlungsströme der Kontrakte Nr. 1 und Nr. 2.

[4] Dieser „neue" vereinbarte Terminkurs in DM pro USD errechnet sich wie folgt:

$$(170.000 \text{ DM} - 162.000 \text{ DM}) \div (100.000 \text{ USD} - 90.000 \text{ USD}) = 0,80 \text{ DM/USD}$$

[5] Es zeigt sich hier deutlich die anrechnungsermäßigende Wirkung anerkannter zweiseitiger Schuldumwand-lungsverträge.

Quelle: In Anlehnung an SCHULTE-MATTLER, HERMANN (Netting 1994), S. 303, S. 304 u. S. 305; SCHULTE-MATTLER, HERMANN; TRABER, UWE (Marktrisiko 1997), S. 47, S. 48 u. S. 53.

Anlage 15:   Überblick über den Kreditbegriff des § 21 Abs. 1 i. V. m. Abs. 2 und Abs. 3 KWG (Regelungsbereich der Organkredite)

genereller Kreditbegriff für den Regelungsbereich der Organkredite (§ 21 Abs. 1 KWG)

Kredite im Sinne der Organkreditvorschriften (§§ 15 und 17 KWG) sind:

1. Gelddarlehen aller Art, entgeltlich erworbene Geldforderungen, Akzeptkredite sowie Forderungen aus Namensschuldverschreibungen mit Ausnahme der auf den Namen lautenden Pfandbriefe und Kommunalschuldverschreibungen;

2. die Diskontierung von Wechseln und Schecks;

3. Geldforderungen aus sonstigen Handelsgeschäften eines Kreditinstituts, ausgenommen die Forderungen aus Warengeschäften der Kreditgenossenschaften, sofern diese nicht über die handelsübliche Frist hinaus gestundet werden;

4. Bürgschaften, Garantien und sonstige Gewährleistungen eines Kredit- oder Finanzdienstleistungsinstituts sowie die Haftung eines Kredit- oder Finanzdienstleistungsinstituts aus der Bestellung von Sicherheiten für fremde Verbindlichkeiten;

5. die Verpflichtung, für die Erfüllung entgeltlich übertragener Geldforderungen einzustehen oder sie auf Verlangen des Erwerbers zurückzuerwerben;

6. der Besitz eines Kredit- oder Finanzdienstleistungsinstituts an Aktien oder Geschäftsanteilen einer anderen Unternehmung, der mindestens 25 % des Kapitals (Nennkapital, Summe der Kapitalanteile) der Beteiligungsunternehmung erreicht, ohne dass es auf die Dauer des Besitzes ankommt;

7. Gegenstände, über die ein Kredit- oder Finanzdienstleistungsinstitut als Leasinggeber Leasingverträge abgeschlossen hat, abzüglich bis zum Buchwert des ihm zugehörigen Leasinggegenstandes solcher Posten, die wegen der Erfüllung oder der Veräußerung von Forderungen aus diesen Leasingverträgen gebildet werden.

Zugunsten des Kredit- oder Finanzdienstleistungsinstituts bestehende Sicherheiten sowie Guthaben des Kreditnehmers bei dem Kredit- oder Finanzdienstleistungsinstitut bleiben bei der Ermittlung der Kredithöhe außer Betracht. Verschiedene Kredite an denselben Kreditnehmer sind zusammenzurechnen.

allgemeine Ausnahmen vom Kreditbegriff für Organkredite (§ 21 Abs. 2 KWG)

Als Kredite im Sinne der Organkreditvorschriften (§§ 15 und 17 KWG) gelten nicht:

1. Kredite an den Bund, ein rechtlich unselbstständiges Sondervermögen des Bundes oder eines Landes, ein Land, eine Gemeinde oder einen Gemeindeverband;

2. ungesicherte Forderungen an andere Institute aus bei diesen unterhaltenen, nur der Geldanlage dienenden Guthaben, die spätestens in drei Monaten fällig sind; Forderungen eingetragener Genossenschaften an ihre Zentralbanken, von Sparkassen an ihre Girozentralen sowie von Zentralbanken und Girozentralen an ihre Zentralkreditinstitute können später fällig gestellt sein;

3. von anderen Kredit- oder Finanzdienstleistungsinstituten angekaufte Wechsel, die von einem Institut angenommen, indossiert oder als eigene Wechsel ausgestellt sind, eine Laufzeit von höchstens drei Monaten haben und am Geldmarkt üblicherweise gehandelt werden;

4. abgeschriebene Kredite.

Fortsetzung Anlage 15:

bereichsspezifische Ausnahmen vom Kreditbegriff für Organkredite (§ 21 Abs. 3 KWG)
§ 15 Abs. 1 Satz 1 Nr. 6 bis Nr. 11 KWG gilt nicht für: 1. Kredite, *soweit* sie den Erfordernissen der §§ 11 und 12 Abs. 1 und Abs. 2 HypBankG entsprechen (Realkredite); 2. Kredite mit Laufzeiten von höchstens 15 Jahren gegen Bestellung von Schiffshypotheken, *soweit* sie den Erfordernissen des § 10 Abs. 1, Abs. 2 Satz 1 und Abs. 4 Satz 2, des § 11 Abs. 1 und Abs. 4 sowie des § 12 Abs. 1 und Abs. 2 SchiffsBankG entsprechen (Schiffshypothekarkredite); 3. Kredite an eine inländische juristische Person des öffentlichen Rechts, die nicht in § 21 Abs. 2 Nr. 1 KWG genannt ist, die Europäischen Gemeinschaften oder die Europäische Investitionsbank; 4. Kredite, *soweit* sie von einem der in § 21 Abs. 2 Nr. 1 KWG genannten Kreditnehmer gewährleistet sind.

**Anlage 16: Überblick über den Kreditbegriff des § 21 KWG (Regelungs-
bereich für die Offenlegung der wirtschaftlichen Verhältnisse
von Kreditnehmern)**

Kreditbegriff für den Regelungsbereich der Offenlegung der wirtschaftlichen Verhältnisse von Kreditnehmern (§ 21 Abs. 1 KWG)

Kredite im Sinne des § 18 KWG sind:

1. Gelddarlehen aller Art, entgeltlich erworbene Geldforderungen, Akzeptkredite sowie Forderungen aus Namensschuldverschreibungen mit Ausnahme der auf den Namen lautenden Pfandbriefe und Kommunalschuldverschreibungen;

2. die Diskontierung von Wechseln und Schecks;

3. Geldforderungen aus sonstigen Handelsgeschäften eines Kreditinstituts, ausgenommen die Forderungen aus Warengeschäften der Kreditgenossenschaften, sofern diese nicht über die handelsübliche Frist hinaus gestundet werden;

4. Bürgschaften, Garantien und sonstige Gewährleistungen eines Kreditinstituts sowie die Haftung eines Kreditinstituts aus der Bestellung von Sicherheiten für fremde Verbindlichkeiten;

5. die Verpflichtung, für die Erfüllung entgeltlich übertragener Geldforderungen einzustehen oder sie auf Verlangen des Erwerbers zurückzuerwerben;

6. der Besitz eines Kreditinstituts an Aktien oder Geschäftsanteilen einer anderen Unternehmung, der mindestens 25 % des Kapitals (Nennkapital, Summe der Kapitalanteile) der Beteiligungsunternehmung erreicht, ohne dass es auf die Dauer des Besitzes ankommt;

7. Gegenstände, über die ein Kreditinstitut als Leasinggeber Leasingverträge abgeschlossen hat, abzüglich bis zum Buchwert des ihm zugehörigen Leasinggegenstandes solcher Posten, die wegen der Erfüllung oder der Veräußerung von Forderungen aus diesen Leasingverträgen gebildet werden.

Zugunsten des Kreditinstituts bestehende Sicherheiten sowie Guthaben des Kreditnehmers bei dem Kreditinstitut bleiben bei der Ermittlung der Kredithöhe grundsätzlich außer Betracht. Verschiedene Kredite an denselben Kreditnehmer sind zusammenzurechnen.

Ausnahmen von der Pflicht zur Offenlegung der wirtschaftlichen Verhältnisse von Kreditnehmern (§ 21 Abs. 2 bis Abs. 4 KWG)

Als Kredite im Sinne des § 18 KWG gelten nicht:

1. Kredite an den Bund, ein rechtlich unselbstständiges Sondervermögen des Bundes oder eines Landes, ein Land, eine Gemeinde oder einen Gemeindeverband;

2. ungesicherte Forderungen an andere Institute aus bei diesen unterhaltenen, nur der Geldanlage dienenden Guthaben, die spätestens in drei Monaten fällig sind; Forderungen eingetragener Genossenschaften an ihre Zentralbanken, von Sparkassen an ihre Girozentralen sowie von Zentralbanken und Girozentralen an ihre Zentralkreditinstitute können später fällig gestellt sein;

3. von anderen Kredit- oder Finanzdienstleistungsinstituten angekaufte Wechsel, die von einem Institut angenommen, indossiert oder als eigene Wechsel ausgestellt sind, eine Laufzeit von höchstens drei Monaten haben und am Geldmarkt üblicherweise gehandelt werden;

Fortsetzung Anlage 16:

Ausnahmen von der Pflicht zur Offenlegung der wirtschaftlichen Verhältnisse von Kreditnehmern (§ 21 Abs. 2 bis Abs. 4 KWG)

4. abgeschriebene Kredite;

5. Kredite, *soweit* sie den Erfordernissen der §§ 11 und 12 Abs. 1 und Abs. 2 HypBankG entsprechen (Realkredite) [1];

6. Kredite mit Laufzeiten von höchstens 15 Jahren gegen Bestellung von Schiffshypotheken, *soweit* sie den Erfordernissen des § 10 Abs. 1, Abs. 2 Satz 1 und Abs. 4 Satz 2, des § 11 Abs. 1 und Abs. 4 sowie des § 12 Abs. 1 und Abs. 2 SchiffsBankG entsprechen (Schiffshypothekarkredite) [1];

7. Kredite an eine inländische juristische Person des öffentlichen Rechts, die nicht in § 21 Abs. 2 Nr. 1 KWG genannt ist, die Europäischen Gemeinschaften oder die Europäische Investitionsbank;

8. Kredite, *soweit* sie von einem der in § 21 Abs. 2 Nr. 1 KWG genannten Kreditnehmer gewährleistet sind [1];

9. Kredite aufgrund des entgeltlichen Erwerbs einer Forderung aus nicht bankmäßigen Handelsgeschäften, wenn

   – die Forderungen gegen den jeweiligen Schuldner laufend erworben werden,

   – der Veräußerer der Forderung nicht für ihre Erfüllung einzustehen hat und

   – die Forderung innerhalb von drei Monaten, vom Tage des Ankaufs an gerechnet, fällig ist [2].

Erläuterungen zur Anlage 16:

[1] Diese Ausnahmeregelungen berücksichtigen das Vorliegen von Sicherheiten in Form von Grundpfandrechten, Schiffshypotheken oder Gewährleistungen und gestatten auf diese Weise die Aufsplittung eines einheitlichen Kreditvertrages in einen gedeckten und nicht gedeckten Teil (sog. „unechtes Kreditsplitting"). Für das Überschreiten der zu einer Kreditwürdigkeitsprüfung verpflichtenden Offenlegungsgrenze des § 18 Satz 1 KWG ist insoweit nur der *nicht* gedeckte Teil eines Kredits maßgeblich; vgl. FINANZAUSSCHUSS DES DEUTSCHEN BUNDESTAGES (Beschlußempfehlung und Bericht zur Fünften KWG-Novelle 1994), S. 44 u. S. 49.

[2] Vgl. zu diesem Ausnahmetatbestand auch die Ausführungen in Kapitel F.IV.3.ec), S. 481.

LITERATURVERZEICHNIS

ALSHEIMER, CONSTANTIN (Entwicklung 1997): Die Entwicklung des Kreditwesengesetzes, in: Die Bank, 1997, Heft 1, S. 27-31.

ALSHEIMER, CONSTANTIN (Offenlegung 1997): Die Offenlegung der wirtschaftlichen Verhältnisse nach § 18 Kreditwesengesetz, in: ZfgK, 1997, Heft 10, S. 462-466.

ALSHEIMER, HERBERT (Kernfrage 1993): Das haftende Eigenkapital der Kreditinstitute – Kernfrage einer Harmonisierung der Bankenaufsicht in Europa, in: RIW, 1993, Heft 2, S. 111-115.

AMELY, TOBIAS (Beteiligungspolitik 1991): Beteiligungspolitik nach der geplanten KWG-Novelle, in: ZfgK, 1991, Heft 18, S. 838-840.

ARNOLD, WOLFGANG (Harmonisierung 1990): Harmonisierung des Bankaufsichtsrechts – Entwicklungsstand und Perspektiven, in: Die Bank, 1990, Heft 12, S. 668-672.

ARNOLD, WOLFGANG (Eigenkapitalausstattung 1993): Die Eigenkapitalausstattung europäischer Kreditinstitute und die Auswirkungen auf ihre Wettbewerbsfähigkeit, in: Handbuch Finanzdienstleistungen, hrsg. von WOLFGANG L. BRUNNER UND JOHANN VOLLATH, Stuttgart 1993, S. 9-19.

ARNOLD, WOLFGANG; BOOS, KARL-HEINZ (KWG-Novelle 1991): Vierte KWG-Novelle schafft Basis für gemeinsamen EG-Bankenmarkt, in: Die Bank, 1991, Heft 7, S. 364-368.

ARNOLD, WOLFGANG; SCHULTE-MATTLER, HERMANN (KWG-Grundsatz I 1990): KWG-Grundsatz I novelliert, in: Die Bank, 1990, Heft 8, S. 432-437.

ARNOLD, WOLFGANG; SCHULTE-MATTLER, HERMANN (Eigenkapitalgrundsätze 1992): Die Eigenkapitalgrundsätze I und Ia – Bankaufsichtliche Normen für Kredit- und Marktrisiken (Teil I und Teil II), in: WISU, 1992, Heft 10 und Heft 11, S. 764-772 und S. 879-882.

ARTOPOEUS, WOLFGANG (Freiheit 1994): „Soviel unternehmerische Freiheit wie möglich", in: ZfgK, 1994, Heft 22, S. 1085-1091.

ARTOPOEUS, WOLFGANG (Wandel 1995): Neue Aufgaben im Wandel des Marktes, in: B. Bl., 1995, Heft 11, S. 528-533.

ARTOPOEUS, WOLFGANG (Handelsgeschäfte 1996): Innovative Handelsgeschäfte und Bankenaufsicht, in: Sparkasse, 1996, Heft 4, S. 149-155.

ARTOPOEUS, WOLFGANG (Kreditrisiken 1996): Kreditrisiken aus bankaufsichtlicher Sicht, in: BI/GF, 1996, Heft 12, S. 14-18.

ARTOPOEUS, WOLFGANG (6. KWG-Novelle 1998): 6. KWG-Novelle und „Grauer Kapitalmarkt", in: WISU, 1998, Heft 10, S. 1086-1090.

ARTOPOEUS, WOLFGANG (Erfordernis 1998): Erfordernis und Grenzen staatlicher Bankenaufsicht, in: Finanzplatz Deutschland an der Schwelle zum 21. Jahrhundert – Schlaglichter • Herausforderungen • Visionen, hrsg. von HANS E. BÜSCHGEN, Frankfurt am Main 1999, S. 131-143.

BACHMANN, ROLF (Bankkonzernrechnung 1991): Bankkonzernrechnung – Ein Konzept für die Schweiz unter Berücksichtigung nationaler und internationaler Rahmenbedingungen, Bern/Stuttgart 1991.

BADER, UDO-OLAF (Bankenmarkt 1988): Der einheitliche Bankenmarkt 1992, in: Die Bank, 1988, Heft 5, S. 242-250.

BADER, UDO-OLAF (Kreditwirtschaft 1988): Die Kreditwirtschaft auf dem Weg in den Binnenmarkt, in: B. Bl., 1988, Heft 10, S. 474-480.

BADER, UDO-OLAF (Bankbilanzrichtlinie 1988): Die neue Bankbilanzrichtlinie der EG, in: Bankbilanzierung und Bankprüfung, hrsg. von ERIK SONNEMANN, Wiesbaden 1988, S. 15-41.

BADER, UDO-OLAF (Rahmenbedingungen 1989): 1992 – und was dann? – Überlegungen zu den Rahmenbedingungen der Kreditinstitute im einheitlichen europäischen Binnenmarkt und über Aufgaben und Probleme in der Zukunft aus gemeinschaftlicher Sicht, in: Perspektiven für den Europäischen Bankenmarkt, hrsg. von HANNES REHM, 2. Aufl., Bonn 1989, S. 73-114.

BADER, UDO-OLAF (EG-Grundgesetz 1990): Inhalt und Bedeutung der 2. Bankrechts-koordinierungsrichtlinie – ein EG-Grundgesetz für die Banken?, in: EuZW, 1990, Heft 4, S. 117-122.

BADER, UDO-OLAF (Eigenkapitalanforderungen 1990): Ein Vergleich der Eigenkapital-anforderungen für Kreditinstitute im Einheitlichen Europäischen Binnenmarkt mit den-jenigen des Baseler Abkommens und ihre kreditwirtschaftliche Bedeutung, in: Vorträge, Reden und Berichte aus dem Europa-Institut der Universität des Saarlandes, hrsg. von GEORG RESS, Nr. 194, Saarbrücken 1990.

BADER, UDO-OLAF (Entwicklung 1990): Die Entwicklung des europäischen Bankenauf-sichtsrechts, in: Der europäische Binnenmarkt 1992 – Auswirkungen für die deutsche Finanzwirtschaft –, hrsg. von HANS E. BÜSCHGEN UND UWE H. SCHNEIDER, Frankfurt am Main 1990, S. 17-41.

BÄHRE, INGE LORE (Grenzen 1975): Möglichkeiten und Grenzen der Bankaufsicht unter dem Aspekt der KWG-Novelle, in: Bank-Betrieb, 1975, Heft 12, S. 410-414.

BÄHRE, INGE LORE (Interne Revision 1979): Bankenaufsicht und Interne Revision, in: ZIR, 1979, Heft 1, S. 33-40.

BÄHRE, INGE LORE (Einlegerschutz 1981): Einlegerschutz durch Bankenaufsicht und Sicherungseinrichtungen, in: ÖBA, 1981, Heft 6, S. 182-201.

BÄHRE, INGE LORE (Internationales Banking 1982): Internationales Banking und Ban-kenaufsicht, in: Der Arbeitgeber, 1982, Heft 23, S. 1354-1360.

BÄHRE, INGE LORE (Herausforderung 1983): Die Herausforderung der Bankenaufsicht, in: Banken – Erfahrungen und Lehren aus einem Vierteljahrhundert (1958-1983), hrsg. von der LANDESBANK RHEINLAND-PFALZ – GIROZENTRALE, Frankfurt am Main 1983, S. 13-27.

BÄHRE, INGE LORE (Probleme 1985): Probleme der Bankenaufsicht internationaler Fi-nanzmärkte, in: Internationales Bankgeschäft, hrsg. von HANS-JACOB KRÜMMEL, Berlin 1985, S. 63-75.

BÄHRE, INGE LORE (Wirtschaftsprüfer 1985): Wirtschaftsprüfer und Bankenaufsicht, in: Beiträge zur Bankaufsicht, Bankbilanz und Bankprüfung unter Berücksichtigung der Dritten KWG-Novelle – Dr. Walter Scholz zum 65. Geburtstag, hrsg. von KARL-HEINZ FORSTER, Düsseldorf 1985, S. 35-48.

BÄHRE, INGE LORE; SCHNEIDER, MANFRED (KWG-Kommentar 1986): KWG-Kommentar, 3. Aufl., München 1986.

BAKRED (Anerkennung 1963): Anerkennung freien Vermögens als haftendes Eigenkapital nach § 10 Abs. 4 KWG – Mitteilung Nr. 1/63 vom 29. Juni 1963, abgedruckt in: CMBS (KWG-Textsammlung 1999), Nr. 4.26, S. 13-15.

BAKRED (Beschlußfassung 1963): Einstimmige Beschlußfassung sämtlicher Geschäftsleiter über die Gewährung von Großkrediten und Organkrediten (§ 13 Abs. 2, § 15 Abs. 1 KWG) – Mitteilung Nr. 2/63 vom 28. Oktober 1963, abgedruckt in: CMBS (KWG-Textsammlung 1999), Nr. 4.34, S. 17.

BAKRED (Wertpapiere 1963/1974/1975): Begriff der nicht börsengängigen Wertpapiere (Grundsatz II) – Schreiben vom 24. Januar, 8. März, 21. Mai und 6. Juni 1963 sowie vom 16. Januar 1974 und vom 29. April 1975, abgedruckt in: CMBS (KWG-Textsammlung 1999), Nr. 3.03, S. 1-2.

BAKRED (Gebührenabgrenzung 1970): Abzug der passiven Rechnungsabgrenzungsposten aus Gebührenabgrenzung im Teilzahlungsfinanzierungsgeschäft von den korrespondierenden Aktivkomponenten (Grundsätze II und III) – Schreiben vom 15. Mai 1970, abgedruckt in: CMBS (KWG-Textsammlung 1999), Nr. 3.09, S. 3-4.

BAKRED (Auslegung 1971): Auslegung des Begriffs „unverzüglich" in § 13 Abs. 1 KWG sowie Einhaltung der sich aus den §§ 26, 27 KWG ergebenden Verpflichtungen – Schreiben vom 8. April 1971, abgedruckt in: CMBS (KWG-Textsammlung 1999), Nr. 4.92, S. 98.

BAKRED (Emission 1972/1976): Emission von Schuldverschreibungen mit Kündigungsrecht des Gläubigers durch öffentlich-rechtliche Kreditanstalten, hier: Ausweis dieser Schuldverschreibungen in der Jahresbilanz der Emissionsinstitute und Behandlung in den Grundsätzen II und III zu § 11 KWG – Schreiben vom 13. November 1972 sowie vom 5. Januar 1976, abgedruckt in: CMBS (KWG-Textsammlung 1999), Nr. 16.07, S. 4-5.

BAKRED (Erfassung 1973): Erfassung von Forderungen aus Factoring-Geschäften in den Grundsätzen I bis III zu den §§ 10 und 11 KWG – Schreiben vom 2. Juli 1973, abgedruckt in: CMBS (KWG-Textsammlung 1999), Nr. 3.15, S. 6.

BAKRED (Konditionen 1974a): Beschlußfassungszwang und Anzeigepflicht nach den §§ 15, 16 KWG bei nachträglicher Änderung der Konditionen eines bereits ausgezahlten Organkredites – Schreiben vom 20. Juni 1974, abgedruckt in: CMBS (KWG-Textsammlung 1999), Nr. 4.114, S. 113.

BAKRED (Konditionen 1974b): Beschlußfassungszwang und Anzeigepflicht nach den §§ 15, 16 KWG bei nachträglicher Änderung der Konditionen eines bereits ausgezahlten Organkredites – Schreiben vom 6. September 1974, abgedruckt in: CMBS (KWG-Textsammlung 1999), Nr. 4.115, S. 113-114.

BAKRED (Betreiben 1974): Betreiben von Warentermingeschäften – Schreiben vom 24. Oktober 1974, Geschäftsnummer I 1 – 1269 - 1/74, Berlin 1974.

BAKRED (Schreiben 1974): Schreiben vom 13. Dezember 1974, Geschäftsnummer I 1 – 1269 – 1/74, Berlin 1974.

BAKRED (Schreiben 1975): Schreiben vom 4. Juni 1975, Geschäftsnummer IV 42.23.8, Berlin 1975, abgedruckt in: RK (Kreditwesengesetz 2000), Kza. 115, § 13, S. 16.

BAKRED (Abzug 1975): Abzug der passiven Rechnungsabgrenzungsposten für das Damnum auf Darlehen von den Krediten im Sinne des Grundsatzes I und von den korrespondierenden Aktivkomponenten der Grundsätze II und III – Schreiben vom 24. Juli 1975, abgedruckt in: CMBS (KWG-Textsammlung 1999), Nr. 3.23, S. 38.

BAKRED (Anrechnung 1976): Anrechnung der Verbindlichkeiten aus von der Kundschaft bei Dritten benutzten Krediten in den Grundsätzen II und III zu § 11 KWG – Schreiben vom 30. Januar 1976, abgedruckt in: CMBS (KWG-Textsammlung 1999), Nr. 3.26, S. 39.

BAKRED (Berücksichtigung 1976): Berücksichtigung von Investmentanteilen als Aktivkomponente im Grundsatz III – Schreiben vom 4. Juni 1976, abgedruckt in: CMBS (KWG-Textsammlung 1999), Nr. 3.27, S. 40.

BAKRED (Innenrevision 1976/1977): Anforderungen für die Ausgestaltung der Innenrevision – Schreiben vom 28. Mai 1976 sowie vom 24. Juni 1977, abgedruckt in: CMBS (KWG-Textsammlung 1999), Nr. 4.129, S. 124-125a.

BAKRED (Zustimmung 1976/1994): Zustimmung des Aufsichtsorgans bei Krediten nach § 15 KWG, hier: Zahlenmäßige Zusammensetzung eines vom Aufsichtsorgan gebildeten Ausschusses – Schreiben vom 20. August 1976 sowie vom 8. Juli 1994, abgedruckt in: CMBS (KWG-Textsammlung 1999), Nr. 4.134, S. 129-129a.

BAKRED (Verhinderung 1977): Beschlußfassung über die Gewährung von Groß- und Organkrediten durch einen Geschäftsleiter bei vorübergehender Verhinderung des zweiten Geschäftsleiters – Schreiben vom 2. November 1977, abgedruckt in: CMBS (KWG-Textsammlung 1999), Nr. 4.154, S. 156-157.

BAKRED (Anzeigepflicht 1978): Anzeigepflicht nach § 24 Abs. 3 KWG – Schreiben vom 6. Februar 1978, abgedruckt in: CMBS (KWG-Textsammlung 1999), Nr. 4.156, S. 160-162.

BAKRED (Ausweis 1978): Ausweis kurzfristig im Bestand gehaltener Schuldscheindarlehen und Namensschuldverschreibungen in der Jahresbilanz und Behandlung dieser Aktiva in den Liquiditätsgrundsätzen – Schreiben vom 4. Juli 1978, abgedruckt in: CMBS (KWG-Textsammlung 1999), Nr. 16.10, S. 7-8.

BAKRED (Anwendung 1979): Zur Anwendung des Grundsatzes Ia zu § 10 KWG – Schreiben vom 25. September 1979, abgedruckt in: CMBS (KWG-Textsammlung 1999), Nr. 3.18d, S. 36a-36d.

BAKRED (Organkreditbeschlüsse 1986): Organkreditbeschlüsse gem. § 15 Abs. 4 KWG, hier: Behandlung von Dispositionskrediten – Schreiben vom 19. März 1986, abgedruckt in: CMBS (KWG-Textsammlung 1999), Nr. 4.203, S. 248-249.

BAKRED (Abzug 1986): Anwendung der Bestimmungen über den Abzug von Krediten an Inhaber, persönlich haftende Gesellschafter und sonstige maßgebliche Anteilseigner von Kreditinstituten – Schreiben vom 8. April 1986, abgedruckt in: CMBS (KWG-Textsammlung 1999), Nr. 4.202, S. 239-248.

BAKRED (Euronotes-Fazilitäten 1986): Behandlung von Verpflichtungen der Kreditinstitute aus Euronotes-Fazilitäten bei der Anwendung des Grundsatzes I und der KWG-Vorschriften über das Kreditgeschäft – Schreiben vom 2. Juni 1986, abgedruckt in: CMBS (KWG-Textsammlung 1999), Nr. 3.36, S. 45-47.

BAKRED (Auslegungsfragen 1986): KWG-Novelle, hier: Auslegungsfragen zu Neuregelungen – Schreiben vom 7. November 1986, abgedruckt in: CMBS (KWG-Textsammlung 1999), Nr. 4.209, S. 259-260.

BAKRED (Vorschußzinsen 1987): Vorzeitige Rückzahlung von Spareinlagen, hier: Ausweis von Vorschußzinsen – Schreiben vom 22. Dezember 1987, abgedruckt in: CMBS (KWG-Textsammlung 1999), Nr. 4.219, S. 269-276.

BAKRED (Behandlung 1988): Behandlung eigener Anteile – Schreiben vom 8. April 1988, abgedruckt in: CMBS (KWG-Textsammlung 1999), Nr. 4.221, S. 279.

BAKRED (Millionenkreditanzeigen 1988): Millionenkreditanzeigen nach § 14 KWG, hier: Abgabe von „Luftmeldungen" – Schreiben vom 22. August 1988, abgedruckt in: CMBS (KWG-Textsammlung 1999), Nr. 4.224, S. 283-284.

BAKRED (Zinsberechnung 1989): Zinsberechnung bei Annuitätsdarlehen – Schreiben vom 6. Juni 1989, abgedruckt in: CMBS (KWG-Textsammlung 1999), Nr. 4.228, S. 287a-288.

BAKRED (Steuerabgrenzungen 1989): Liquiditätsgrundsätze, hier: Aktive Steuerabgrenzungen gemäß § 274 Abs. 2 HGB – Schreiben vom 23. Juni 1989, abgedruckt in: CMBS (KWG-Textsammlung 1999), Nr. 3.43, S. 66-67.

BAKRED (Wohnungsunternehmen 1990): Unternehmen, die auf Grund des Wohnungsgemeinnützigkeitsgesetzes als gemeinnützige Wohnungsunternehmen oder als Organe der staatlichen Wohnungspolitik anerkannt waren – Mitteilung vom 2. Januar 1990, abgedruckt in: CMBS (KWG-Textsammlung 1999), Nr. 4.58a, S. 31-37.

BAKRED (Erläuterungen 1990): Erläuterungen zur Bekanntmachung über die Änderung und Ergänzung der Grundsätze I und Ia vom 15. Mai 1990, abgedruckt in: Die neuen Grundsätze I und Ia über das Eigenkapital der Kreditinstitute, hrsg. von der Deutschen Bundesbank, Sonderdruck Nr. 2a, Frankfurt am Main 1990, Teil II, S. 1-72.

BAKRED (Wohnungspolitik 1990): Unternehmen, die auf Grund des Wohnungsgemeinnützigkeitsgesetzes als gemeinnützige Wohnungsunternehmen oder als Organe der staatlichen Wohnungspolitik anerkannt waren – Schreiben vom 27. September 1990, abgedruckt in: CMBS (KWG-Textsammlung 1999), Nr. 4.58c, S. 38-41.

BAKRED (Erläuterungen 1992): Erläuterungen zur Bekanntmachung über die Änderung und Ergänzung der Grundsätze über das Eigenkapital und die Liquidität der Kreditinstitute vom 29. Dezember 1992, Geschäftsnummer I 7 – 4216 – 1/91, Berlin 1992.

BAKRED (Anrechnung 1993): Anrechnung von Investmentanteilen im Grundsatz I – Schreiben vom 30. Juni 1993, abgedruckt in: CMBS (KWG-Textsammlung 1999), Nr. 3.55, S. 79-83.

BAKRED (Bundespost 1993): Grundsatz I gemäß §§ 10 und 10a KWG, hier: Anrechnung von Risikoaktiva, deren Erfüllung von der Deutschen Bundespost POSTBANK geschuldet bzw. ausdrücklich gewährleistet wird – Schreiben vom 26. Juli 1993, abgedruckt in: CMBS (KWG-Textsammlung 1999), Nr. 3.57, S. 85-86.

BAKRED (Behandlung 1993): Behandlung von Wertpapieren mit Sonderausstattung im Grundsatz II – Schreiben vom 10. September 1993, abgedruckt in: CMBS (KWG-Textsammlung 1999), Nr. 3.59, S. 87a-88.

BAKRED (Anpassung 1993): Grundsätze II und III, hier: Anpassung der Meldevordrucke an die ab 31. Dezember 1993 geltende Monatliche Bilanzstatistik (BiSta) –

Schreiben vom 5. November 1993, abgedruckt in: CMBS (KWG-Textsammlung 1999), Nr. 3.62, S. 92-94.

BAKRED (4. KWG-Änderungsgesetz 1993/1994): Viertes Gesetz zur Änderung des Gesetzes über das Kreditwesen und anderer Vorschriften über Kreditinstitute vom 21. Dezember 1992 – Schreiben vom 3. Juni 1993, vom 28. Dezember 1993 sowie vom 21. Juli 1994, abgedruckt in: CMBS (KWG-Textsammlung 1999), Nr. 4.248, S. 332-344l.

BAKRED (Behandlung 1993/1995): Grundsatz I gemäß § 10 KWG, hier: Behandlung von Risikoaktiva, deren Erfüllung von einer Regionalregierung oder örtlichen Gebietskörperschaft in einem anderen Mitgliedstaat der Europäischen Gemeinschaften geschuldet oder ausdrücklich garantiert wird – Schreiben vom 5. August 1993 sowie vom 10. April 1995, abgedruckt in: CMBS (KWG-Textsammlung 1999), Nr. 3.58, S. 86-87a.

BAKRED (Erfüllung 1993/1996): Grundsatz I gemäß §§ 10 und 10a KWG, hier: Anrechnung von Risikoaktiva, deren Erfüllung von „öffentlichen Stellen" im Geltungsbereich des KWG geschuldet oder ausdrücklich gewährleistet wird – Schreiben vom 1. April 1993 sowie vom 3. Juli 1996, abgedruckt in: CMBS (KWG-Textsammlung 1999), Nr. 3.52, S. 73-77a.

BAKRED (Auslegungsfragen 1994): Grundsatz I gemäß § 10 KWG, hier: Auslegungsfragen zur Neufassung vom 29. Dezember 1992 – Schreiben vom 8. Februar 1994, abgedruckt in: CMBS (KWG-Textsammlung 1999), Nr. 3.64, S. 95a-100.

BAKRED (Anrechnung 1994): Grundsatz I, hier: Anrechnung von Finanz-Swaps, Finanztermingeschäften und erworbenen Optionsrechten nach der Laufzeitmethode oder der Marktbewertungsmethode – Schreiben vom 27. Oktober 1994, abgedruckt in: CMBS (KWG-Textsammlung 1999), Nr. 3.69, S. 103-106.

BAKRED (Nachfolgeunternehmen 1995): Grundsatz I gemäß §§ 10 Abs. 1, 10a Abs. 1 KWG, hier: Behandlung der Verbindlichkeiten der Nachfolgeunternehmen der Deutschen Bundespost sowie des Bundeseisenbahnvermögens und der Deutschen Bahn AG – Schreiben vom 15. März 1995, abgedruckt in: CMBS (KWG-Textsammlung 1999), Nr. 3.72, S. 107-110.

BAKRED (Geschäftsguthaben 1995): Erwerb von Geschäftsguthaben durch 100 %ige Tochtergesellschaften von Kreditgenossenschaften – Schreiben vom 6. April 1995 sowie vom 16. August 1995, abgedruckt in: CMBS (KWG-Textsammlung 1999), Nr. 4.261.A, S. 379a-380a.

BAKRED (Abzugsposition 1995): Behandlung der Abzugsposition „Vorsorgereserven" bei der Ermittlung der nicht realisierten Reserven in Wertpapieren gemäß § 10 Abs. 4a Satz 1 Nr. 4 Buchstabe b KWG – Schreiben vom 18. April 1995, abgedruckt in: FN-IDW, 1995, Heft 5, S. 190-191.

BAKRED (Kreditzusagen 1995): Anrechnung von Kreditzusagen im Grundsatz I – Schreiben vom 25. April 1995, abgedruckt in: CMBS (KWG-Textsammlung 1999), Nr. 3.76, S. 114.

BAKRED (Subsumierung 1995): Subsumierung von angekauften Namenspfandbriefen unter § 20 Abs. 3 Satz 2 Nr. 3 KWG (5.) – Schreiben vom 25. April 1995, abgedruckt in: CMBS (KWG-Textsammlung 1999), Nr. 4.264, S. 383.

BAKRED (Einstufung 1995): Einstufung von „reinen Industrie- und Versicherungsholdings" als Finanzinstitute – Schreiben vom 17. Mai 1995, abgedruckt in: RK (Kreditwesengesetz 2000), Kza. 115, § 1, S. 36-36a.

BAKRED (Begleitschreiben 1995a): Begleitschreiben zu dem Zweiten Entwurf einer Verlautbarung über die „Mindestanforderungen an das Betreiben von Handelsgeschäften der Kreditinstitute (Stand: 16. August 1995)" vom 25. August 1995, Berlin 1995.

BAKRED (BUZA-Verordnung 1995): Verordnung über die Bestätigung der Umstellungsrechnung und das Verfahren der Zuteilung und des Erwerbs von Ausgleichsforderungen vom 29. Oktober 1990 i. d. F. der Bekanntmachung vom 7. Dezember 1994, zuletzt geändert durch Art. 1 der Fünften Verordnung zur Änderung der BUZA-Verordnung vom 26. September 1995, abgedruckt in: CMBS (KWG-Textsammlung 1999), Nr. 2.08, S. 231-239.

BAKRED (Anrechnung 1995): Anrechnung unbefristeter Kreditzusagen im Grundsatz I – Schreiben vom 20. Oktober 1995, abgedruckt in: CMBS (KWG-Textsammlung 1999), Nr. 3.82, S. 121-122.

BAKRED (Mindestanforderungen 1995): Mindestanforderungen an das Betreiben von Handelsgeschäften der Kreditinstitute – Verlautbarung vom 23. Oktober 1995, abgedruckt in: CMBS (KWG-Textsammlung 1999), Nr. 4.270, S. 395a-410.

BAKRED (Begleitschreiben 1995b): Begleitschreiben zu der Verlautbarung über die „Mindestanforderungen an das Betreiben von Handelsgeschäften der Kreditinstitute" vom 23. Oktober 1995, abgedruckt in: CMBS (KWG-Textsammlung 1999), Nr. 4.270, S. 410-412.

BAKRED (Nichteinbeziehung 1995): Nichteinbeziehung von Beteiligungen in die Großkreditobergrenze gemäß § 64d Satz 3 KWG (5.) – Schreiben vom 8. November 1995, abgedruckt in: CMBS (KWG-Textsammlung 1999), Nr. 4.271, S. 424.

BAKRED (Laufzeit 1995): Anrechnung von Krediten mit einer Laufzeit von 364 Tagen im Grundsatz I – Schreiben vom 20. November 1995, abgedruckt in: CMBS (KWG-Textsammlung 1999), Nr. 3.84, S. 125-126.

BAKRED (Liquiditätshaltung 1995): Liquiditätshaltung im Verbund gemäß §§ 20 Abs. 3 Satz 2 Nr. 2 und 21 Abs. 2 Nr. 2 KWG (5.) – Schreiben vom 12. Dezember 1995, abgedruckt in: CMBS (KWG-Textsammlung 1999), Nr. 4.272, S. 424a-425.

BAKRED (Gewichtung 1995): Gewichtung von Risikoaktiva gegenüber Wohnungsunternehmen mit Spareinrichtung im Grundsatz I gemäß §§ 10 Abs. 1, 10a Abs. 1 KWG – Schreiben vom 18. Dezember 1995, abgedruckt in: CMBS (KWG-Textsammlung 1999), Nr. 3.85, S. 126.

BAKRED (Erläuterungen zur Kreditbestimmungsverordnung 1995): Erläuterungen zur Verordnung nach § 22 des Gesetzes über das Kreditwesen (Kreditbestimmungsverordnung – KredBestV) vom 22. Dezember 1995, abgedruckt in: RK (Kreditwesengesetz 2000), Kza. 147, S. 1-33.

BAKRED (Abzugspflicht 1996): Vermeidung der Abzugspflicht nach § 10 Abs. 6a Satz 3 i. V. m. § 10 Abs. 6a Satz 2 KWG – Schreiben vom 5. Januar 1996, abgedruckt in: CMBS (KWG-Textsammlung 1999), Nr. 4.279, S. 471-472.

BAKRED (Kreditzusagen 1996): Anrechnung von unbefristeten Kreditzusagen im Grundsatz I gemäß §§ 10, 10a KWG – Schreiben vom 26. Februar 1996, abgedruckt in: CMBS (KWG-Textsammlung 1999), Nr. 3.91, S. 136-137.

BAKRED (Folgeschreiben 1996): Folgeschreiben zu der Verlautbarung über die „Mindestanforderungen an das Betreiben von Handelsgeschäften der Kreditinstitute" vom 3. April 1996, abgedruckt in: CMBS (KWG-Textsammlung 1999), Nr. 4.270, S. 412-412b.

BAKRED (Organisation 1996): Organisation der Handelstätigkeit – Schreiben vom 22. April 1996, abgedruckt in: CMBS (KWG-Textsammlung 1999), Nr. 4.270, S. 412b-412d.

BAKRED (Vertretungsregelung 1996): Vertretungsregelung für die Geschäftsleitung – Schreiben vom 23. April 1996, abgedruckt in: CMBS (KWG-Textsammlung 1999), Nr. 4.270, S. 412d.

BAKRED (Großkreditmeldungen 1996): Anwendung von § 19 Abs. 3 KWG auf Groß-kreditmeldungen und Beschlußfassung; keine Anwendung von § 19 Abs. 3 KWG auf § 18 KWG – Schreiben vom 20. Mai 1996, abgedruckt in: CMBS (KWG-Textsammlung 1999), Nr. 4.282, S. 475.

BAKRED (Anzeigepflicht 1996): Anzeigepflicht nach § 14 KWG für Sozialversicherungs-träger, hier: Änderungen aufgrund der 5. KWG-Novelle – Schreiben vom 28. Juni 1996, abgedruckt in: CMBS (KWG-Textsammlung 1999), Nr. 4.285, S. 479-481.

BAKRED (Ausnahme 1996): § 20 Abs. 2 KWG – Ausnahme von den Anzeigepflichten für Großkredite nach § 13 Abs. 1 und § 13a Abs. 1 KWG; § 20 Abs. 5 KWG – Ausnah-me von den Beschlußfassungspflichten nach § 13 Abs. 2 und 6 KWG – Rundschreiben Nr. 8/96 vom 10. Juli 1996, abgedruckt in: CMBS (KWG-Textsammlung 1999), Nr. 4.287, S. 483-484.

BAKRED (Nicht-Anwendung 1996): Nicht-Anwendung der Vorschriften der §§ 13-14 KWG auf Verfügungen über E. v. gutgeschriebene Beträge im Lastschrift- und Scheck-einzugsverfahren – Rundschreiben Nr. 9/96 vom 10. Juli 1996, abgedruckt in: CMBS (KWG-Textsammlung 1999), Nr. 4.288, S. 485-487.

BAKRED (Großkreditbeträge 1996): Anrechnung der über die Grenzen nach § 13 Abs. 4 Satz 1 KWG hinausgehenden Großkreditbeträge, die gemäß § 13 Abs. 4 Satz 3 KWG durch haftendes Eigenkapital abgedeckt sind – Rundschreiben Nr. 10/96 vom 23. August 1996, abgedruckt in: CMBS (KWG-Textsammlung 1999), Nr. 3.94, S. 138a-139.

BAKRED (Bewertung 1996): Tägliche Bewertung von Handelsgeschäften bei Kreditge-nossenschaften – Schreiben vom 29. August 1996, abgedruckt in: CMBS (KWG-Text-sammlung 1999), Nr. 4.270, S. 412f-412g.

BAKRED (Länderrisikoverordnung 1996): Verordnung über Angaben zu den Krediten an ausländische Kreditnehmer nach dem Gesetz über das Kreditwesen vom 19. Dezember 1985, zuletzt geändert durch Art. 1 der Zweiten Verordnung zur Änderung der Länder-risikoverordnung vom 3. September 1996, abgedruckt in: RK (Kreditwesengesetz 2000), Kza. 248, S. 1-4.

BAKRED (Prolongation 1996): Prolongation von Devisengeschäften (Ziffer 6.2 der Ver-lautbarung über die „Mindestanforderungen an das Betreiben von Handelsgeschäften der Kreditinstitute") – Schreiben vom 11. September 1996, abgedruckt in: CMBS (KWG-Textsammlung 1999), Nr. 4.270, S. 412g-412h.

BAKRED (Anrechnungserleichterungen 1996): § 20 Abs. 3 Satz 2 Nr. 5 KWG, hier: An-rechnungserleichterungen für Realkredite (Beleihungswert, Freibetragsregelung, Be-schränkung auf inländische Beleihungen) – Rundschreiben Nr. 13/96 vom 26. September 1996, abgedruckt in: RK (Kreditwesengesetz 2000), Kza. 281, Nr. 28, S. 115.

BAKRED (Liquiditätsgrundsätze 1996): Grundsätze über das Eigenkapital und die Liqui-dität der Kreditinstitute – Bekanntmachung Nr. 1/69 vom 20. Januar 1969, zuletzt geändert und ergänzt durch Bekanntmachung vom 2. Oktober 1996, abgedruckt in: DEUT-SCHE BUNDESBANK (Kreditwesen 1996), S. 166-169.

BAKRED (Bankschuldverschreibungen 1996): Berücksichtigung von Sicherheiten in Form von Bankschuldverschreibungen bei Anwendung des Grundsatzes I – Rundschreiben Nr. 14/96 vom 30. Oktober 1996, abgedruckt in: CMBS (KWG-Textsammlung 1999), Nr. 3.97, S. 142-143.

BAKRED (Wohneigentum 1996): § 20 Abs. 3 Satz 2 Nr. 4 KWG, hier: Anrechnungserleichterung für dinglich auf Wohneigentum gesicherte Kredite (Verkehrswert, Freibetragsregelung, Bewertungsvorschriften) – Rundschreiben Nr. 16/96 vom 30. Dezember 1996, abgedruckt in: RK (Kreditwesengesetz 2000), Kza. 281, Nr. 29, S. 116-117.

BAKRED (Jahresbericht 1996): Jahresbericht 1995, Berlin 1996.

BAKRED (Kreditnehmereinheiten 1997): Kreditnehmereinheiten nach § 19 Abs. 2 Satz 1 KWG – Rundschreiben Nr. 3/97 vom 24. Februar 1997, abgedruckt in: RK (Kreditwesengesetz 2000), Kza. 281, Nr. 30, S. 118-121.

BAKRED (Entwurf 1997): Entwurf einer Bekanntmachung über die Änderung und Ergänzung der Grundsätze über das Eigenkapital und die Liquidität der Kreditinstitute (Stand: 29. Mai 1997), Berlin 1997.

BAKRED (Erläuterungen zum Entwurf 1997): Erläuterungen zum Entwurf einer Bekanntmachung über die Änderung und Ergänzung der Grundsätze über das Eigenkapital und die Liquidität der Kreditinstitute (Stand: 29. Mai 1997), Berlin 1997.

BAKRED (Begleitschreiben 1997): Begleitschreiben vom 29. Mai 1997 zum Entwurf einer Bekanntmachung über die Änderung und Ergänzung der Grundsätze über das Eigenkapital und die Liquidität der Kreditinstitute, Geschäftsnummer I 7 – A 223 – 2/93, Berlin 1997.

BAKRED (Bekanntmachung 1997): Bekanntmachung über die Änderung und Ergänzung der Grundsätze über das Eigenkapital und die Liquidität der Kreditinstitute vom 29. Oktober 1997, in: BAnz., 11.11.1997, Nr. 210, S. 13555-13559, berichtigt durch Bekanntmachung vom 15. November 1997, in: BAnz., 28.11.1997, Nr. 223, S. 14162.

BAKRED (Erläuterungen 1997): Erläuterungen zur Bekanntmachung über die Änderung und Ergänzung der Grundsätze über das Eigenkapital und die Liquidität der Kreditinstitute vom 29. Oktober 1997, Geschäftsnummer I 7 – A 223 – 2/93, Berlin 1997.

BAKRED (Änderung 1997): Änderung und Ergänzung der Grundsätze über das Eigenkapital und die Liquidität der Kreditinstitute – Schreiben vom 31. Oktober 1997, abgedruckt in: CMBS (KWG-Textsammlung 1999), Nr. 3.01.b, S. 218-230.

BAKRED (Warentermingeschäfte 1997): Warentermingeschäfte – Rundschreiben Nr. 12/97 vom 27. November 1997, abgedruckt in: RK (Kreditwesengesetz 2000), Kza. 281, Nr. 34, S. 124.

BAKRED (Derivate-Verordnung 1997): Entwurf einer Verordnung über die Angaben zum Derivate-Geschäft der Institute gemäß § 25 Abs. 3 des Gesetzes über das Kreditwesen vom 27. November 1997, Geschäftsnummer I 7 – F 9 – 1/97, Berlin 1997.

BAKRED (Aufhebung 1997): Aufhebung der Zurechnung von Südkorea zur Zone A – Rundschreiben Nr. 13/97 vom 2. Dezember 1997, abgedruckt in: RK (Kreditwesengesetz 2000), Kza. 196, Nr. 63, S. 120.

BAKRED (Anzeigenverordnung 1997): Verordnung über die Anzeigen und die Vorlage von Unterlagen nach dem Gesetz über das Kreditwesen vom 29. Dezember 1997, abgedruckt in: RK (Kreditwesengesetz 2000), Kza. 245, S. 1-34.

BAKRED (Erstanzeigenverordnung 1997): Verordnung über die Erstanzeige von Finanzdienstleistungsinstituten und Wertpapierhandelsbanken nach dem Gesetz über das Kreditwesen vom 29. Dezember 1997, abgedruckt in: RK (Kreditwesengesetz 2000), Kza. 245a, S. 1-3.

BAKRED (Ergänzungsanzeigenverordnung 1997): Verordnung über die Ergänzungsanzeige von Finanzdienstleistungsinstituten und Wertpapierhandelsbanken nach dem Gesetz über das Kreditwesen vom 29. Dezember 1997, abgedruckt in: RK (Kreditwesengesetz 2000), Kza. 245b, S. 1-5.

BAKRED (Jahresbericht 1997): Jahresbericht 1996, Berlin 1997.

BAKRED (Bekämpfung 1998): Verlautbarung über Maßnahmen der Finanzdienstleistungsinstitute zur Bekämpfung und Verhinderung der Geldwäsche vom 30. Dezember 1997 – Rundschreiben Nr. 1/98 vom 15. Januar 1998, abgedruckt in: CMBS (KWG-Textsammlung 1999), Nr. 11.01.A, S. 20b-20z[1].

BAKRED (Regelungen 1998): Erläuterungen zu einzelnen Regelungen der Mindestanforderungen an das Betreiben von Handelsgeschäften der Kreditinstitute – Rundschreiben Nr. 4/98 vom 8. April 1998, abgedruckt in: CMBS (KWG-Textsammlung 1999), Nr. 4.270, S. 415-423.

BAKRED (Geldwäsche 1998): Verlautbarung über Maßnahmen der Kreditinstitute zur Bekämpfung und Verhinderung der Geldwäsche vom 30. März 1998 – Rundschreiben Nr. 5/98 vom 24. April 1998, abgedruckt in: CMBS (KWG-Textsammlung 1999), Nr. 11.01, S. 5-18a.

BAKRED (Erläuterungen zur Großkredit- und Millionenkreditverordnung 1998): Erläuterungen zur Verordnung über die Erfassung, Bemessung, Gewichtung und Anzeige von Krediten im Bereich der Großkredit- und Millionenkreditvorschriften des Gesetzes über das Kreditwesen vom 29. Dezember 1997 – Rundschreiben Nr. 6/98 vom 5. Mai 1998, Geschäftsnummer I 3 – 1097GroMiKV – 1/97, Berlin 1998.

BAKRED (Beteiligungen 1998): Erläuterungen zu den §§ 9, 12 bis 14 AnzV (unmittelbare, mittelbare Beteiligungen, Passivbeteiligungen, enge Verbindungen) – Rundschreiben Nr. 7/98 vom 2. Juni 1998, Geschäftsnummer I 3 – 41AnzV – 1/97, Berlin 1998.

BAKRED (Umfang 1998): Umfang der Finanzportfolioverwaltung, der einen in kaufmännischer Weise eingerichteten Geschäftsbetrieb erfordert – Schreiben vom 1. Juli 1998, Geschäftsnummer VII 4 – 71.50.01, Berlin 1998.

BAKRED (Anforderungen 1998): § 2 Abs. 10 Sätze 1 und 3 KWG – Anforderungen an den Inhalt der Anzeigen – Rundschreiben Nr. 8/98 vom 3. Juli 1998, Geschäftsnummer VII 4 – 71.61, Berlin 1998.

BAKRED (Offenlegung 1998): Überblick über die grundsätzlichen Anforderungen an die Offenlegung der wirtschaftlichen Verhältnisse nach § 18 KWG – Rundschreiben Nr. 9/98 vom 7. Juli 1998, Geschäftsnummer I 3 – 237 – 2/94, Berlin 1998.

BAKRED (Anrechnung 1998): Grundsatz I gemäß §§ 10 Abs. 1, 10a Abs. 1 KWG – Anrechnung gewerblicher Hypothekarkredite nach Inkrafttreten der Richtlinie des Europäischen Parlaments und des Rates zur Änderung der Richtlinie 89/647/EWG des Rates über einen Solvabilitätskoeffizienten für Kreditinstitute (Hypothekendarlehen) – Rundschreiben Nr. 14/98 vom 26. August 1998, Geschäftsnummer I 5 – H 112 – 6/93, Berlin 1998.

BAKRED (Teilnehmerwährungen 1998): Grundsatz I gemäß §§ 10, 10a KWG in der Fassung der Bekanntmachung vom 29. Oktober 1997 – Behandlung der Teilnehmerwährungen der Europäischen Währungsunion bei Ermittlung der Teilanrechnungsbeträge für das Währungsrisiko und das Zinsrisiko – Rundschreiben Nr. 15/98 vom 25. September 1998, Geschäftsnummer I 5 – A 231 – 11/98, Berlin 1998.

BAKRED (Emissionsbedingungen 1998): § 10 Abs. 7 KWG – Emissionsbedingungen für die Aufgabe kurzfristiger nachrangiger Verbindlichkeiten – Rundschreiben Nr. 18/98 vom 23. Oktober 1998, Geschäftsnummer I 3 – 21 – 15/98, Berlin 1998.

BAKRED (Bausparkassen-Verordnung 1998): Verordnung zum Schutz der Gläubiger von Bausparkassen vom 19. Dezember 1990, zuletzt geändert durch Verordnung zur Änderung der Bausparkassen-Verordnung vom 17. November 1998, abgedruckt in: CMBS (KWG-Textsammlung 1999), Nr. 9.02, S. 15a-17b.

BAKRED (Schreiben 1998): Schreiben an das IDW vom 25. November 1998 (V3-Gr 2/91), abgedruckt in: FN-IDW, 1999, Heft 1-2, S. 31.

BAKRED (Bekanntmachung 1998): Bekanntmachung über die Änderung und Ergänzung der Grundsätze über die Eigenmittel und die Liquidität der Institute vom 25. November 1998, abgedruckt in: BAnz., 9.12.1998, Nr. 232, S. 16985-16986.

BAKRED (Erläuterungen 1998): Erläuterungen zur Bekanntmachung über die Änderung und Ergänzung der Grundsätze über die Eigenmittel und die Liquidität der Institute vom 25. November 1998, abgedruckt in: DEUTSCHE BUNDESBANK (Grundsatz II 1999), S. 28-66.

BAKRED (Begleitschreiben 1998): Begleitschreiben vom 25. November 1998 zu der Bekanntmachung über die Änderung und Ergänzung der Grundsätze über die Eigenmittel und die Liquidität der Institute, abgedruckt in: CMBS (KWG-Textsammlung 1999), Nr. 3.01.f, S. 287-291.

BAKRED (Eigenmittel- und Liquiditätsgrundsätze 1998): Grundsätze über die Eigenmittel und die Liquidität der Institute – Bekanntmachung Nr. 1/69 vom 20. Januar 1969, zuletzt geändert durch Bekanntmachung vom 25. November 1998, abgedruckt in: CMBS (KWG-Textsammlung 1999), Nr. 3.01, S. 1-40e.

BAKRED (Obergrenze 1998): Anordnung gemäß § 44 Abs. 1 Satz 1 KWG über die Anzeige von Überschreitungen der Obergrenze des § 2 Abs. 2 Satz 1 Grundsatz I – Sammelschreiben vom 18. Dezember 1998, Geschäftsnummer I 5 – A 221 – 1/98, Berlin 1998.

BAKRED (Überschreitungen 1998): Anordnung vom 15. Dezember 1998 über die Anzeige von Überschreitungen der Obergrenze des § 2 Abs. 2 Satz 1 Grundsatz I durch Institute, Geschäftsnummer I 5 – A 221 – 1/98, Berlin 1998.

BAKRED (Prüfungsberichtsverordnung 1998): Verordnung über die Prüfung der Jahresabschlüsse und Zwischenabschlüsse der Kreditinstitute und Finanzdienstleistungsinstitute und über die Prüfung nach § 12 Abs. 1 Satz 3 des Gesetzes über Kapitalanlagegesellschaften sowie die darüber zu erstellenden Berichte vom 17. Dezember 1998, abgedruckt in: BGBl. I, 21.12.1998, Nr. 82, S. 3690-3744.

BAKRED (Erläuterungen zur PrüfbV 1998): Erläuterungen zur Verordnung über die Prüfung der Jahresabschlüsse und Zwischenabschlüsse der Kreditinstitute und Finanzdienstleistungsinstitute und über die Prüfung nach § 12 Abs. 1 Satz 3 des Gesetzes über Kapitalanlagegesellschaften sowie die darüber zu erstellenden Berichte vom 17. Dezember 1998, Geschäftsnummer I 4 – 31 – 1/98, Berlin 1998.

BAKRED (Ordnungsmäßigkeit 1998): Bekanntmachung über die Anforderungen an die Ordnungsmäßigkeit des Depotgeschäfts und der Erfüllung von Wertpapierlieferungsverpflichtungen vom 21. Dezember 1998, abgedruckt in: BAnz., 31.12.1998, Nr. 246, S. 17906-17907.

BAKRED (Behandlung 1998): Grundsatz I gemäß §§ 10 und 10a KWG (GS I) in der Fassung der Bekanntmachung vom 29. Oktober 1997 – Behandlung derivativer Zins- und Fremdwährungskontrakte mit Beginn der dritten Stufe der Wirtschafts- und Währungsunion – Rundschreiben Nr. 20/98 vom 21. Dezember 1998, Geschäftsnummer I 5 – A 231 – 11/98, Berlin 1998.

BAKRED (Jahresbericht 1998): Jahresbericht 1997, Berlin 1998.

BAKRED (Anrechnungserleichterungen 1999): § 20 Abs. 3 Satz 2 Nr. 5 KWG – Anrechnungserleichterungen für Realkredite (Beleihungswert, Freibetragsregelung, Beschränkung auf inländische Beleihungen) – Rundschreiben Nr. 2/99 vom 21. Januar 1999, Geschäftsnummer I 3 – 238 – 3/95, Berlin 1999.

BAKRED (Großkredit- und Millionenkreditverordnung 1999): Verordnung über die Erfassung, Bemessung, Gewichtung und Anzeige von Krediten im Bereich der Großkredit- und Millionenkreditvorschriften des Gesetzes über das Kreditwesen vom 29. Dezember 1997, geändert durch Art. 1 der Ersten Verordnung zur Änderung der Großkredit- und Millionenkreditverordnung vom 8. März 1999, abgedruckt in: CMBS (KWG-Textsammlung 1999), Nr. 2.11, S. 242-279.

BAKRED (Umlage-Verordnung Kredit- und Finanzdienstleistungswesen 1999): Verordnung über die Umlegung der Kosten des Bundesaufsichtsamtes für das Kreditwesen vom 8. März 1999, abgedruckt in: CMBS (KWG-Textsammlung 1999), Nr. 2.02, S. 3-6a.

BAKRED (Leasinggeschäft 1999): § 1 Abs. 3 Satz 1 Nr. 3 KWG – Leasinggeschäft Abgrenzung – Schreiben vom 10. März 1999, Geschäftsnummer I 3 – 1113 – 3/98, Berlin 1999.

BAKRED (Einbeziehung 1999): § 10 Abs. 2b Satz 1 Nr. 7 Buchstabe b) KWG – Einbeziehung von stillen Reserven in nicht börsennotierten Kapitalanteilen in das haftende Eigenkapital – Schreiben vom 15. März 1999, Geschäftsnummer I 3 – 21 – 11/98, Berlin 1999.

BAKRED (Zusammengefaßte-Monatsausweise-Verordnung 1999): Verordnung über die Einreichung zusammengefaßter Monatsausweise nach dem Gesetz über das Kreditwesen vom 29. Dezember 1997, geändert durch Art. 1 der Verordnung zur Änderung der Zusammengefaßte-Monatsausweise-Verordnung vom 17. März 1999, abgedruckt in: CMBS (KWG-Textsammlung 1999), Nr. 2.06.c, S. 79-86.

BAKRED (Zuordnung 1999): Leitlinien für die Zuordnung sogenannter innovativer Kapitalinstrumente zum bankaufsichtlichen Kernkapital, abgedruckt in: ZfgK, 1999, Heft 4, S. 175.

BAKRED (§ 64d 1999): § 64d KWG – Rundschreiben Nr. 7/99 vom 15. April 1999, Geschäftsnummer I 3 – 384D – 1/95, Berlin 1999.

BAKRED (Zurechnung 1999): Zurechnung von Polen zur Zone A – Rundschreiben Nr. 8/99 vom 21. April 1999, Geschäftsnummer I 5 – A 213 – 2/95, Berlin 1999.

BAKRED (Behandlung 1999): Grundsatz I gemäß §§ 10, 10a KWG (GS I) – Behandlung von grundpfandrechtlich gesicherten Wertpapieren im Hinblick auf die Richtlinie 98/32/EG des Europäischen Parlaments und des Rates vom 22. Juni 1998 zur Änderung – im Hinblick auf Hypotheken – der Richtlinie 89/647/EWG des Rates über einen Solvabilitätskoeffizienten für Kreditinstitute (Solvabilitätsrichtlinie) – Rundschreiben Nr. 9/99 vom 26. April 1999, Geschäftsnummer I 5 – A 233 – 1/98, Berlin 1999.

BAKRED (Monatsausweisverordnung 1999): Verordnung zur Einreichung von Monatsausweisen nach dem Gesetz über das Kreditwesen vom 31. Mai 1999, geändert durch Berichtigung vom 15. Juni 1999, abgedruckt in: CMBS (KWG-Textsammlung 1999), Nr. 2.06.a, S. 65-71.

BAKRED (Skontroführer-Monatsausweisverordnung 1999): Verordnung zur Einreichung von Monatsausweisen durch Skontroführer nach dem Gesetz über das Kreditwesen vom 31. Mai 1999, abgedruckt in: CMBS (KWG-Textsammlung 1999), Nr. 2.06.b, S. 72-78.

BAKRED (Finanzdienstleistungssektor 1999): Informationsblatt 1/99 für inländische Unternehmen im Finanzdienstleistungssektor (Stand: Juni 1999), Berlin 1999.

BAKRED (Organisationsplan 1999): Organisationsplan des Bundesaufsichtsamtes für das Kreditwesen (Stand: 1. September 1999), Berlin 1999.

BAKRED (Abgabe 1999): § 38 Abs. 3 GroMiKV – Abgabe von Plazierungsgarantien im Rahmen von Aktienemissionsverträgen – Bestimmung des Zeitpunktes der Übernahme des Plazierungsrisikos – Bestimmung des Wertes, der der prozentualen Anrechnung zugrunde zu legen ist – Rundschreiben Nr. 13/99 vom 6. Oktober 1999, Geschäftsnummer I 3 – 1097GroMiKV – 38/98, Berlin 1999.

BAKRED (Ausnahme 1999): § 10 Abs. 6 KWG – Abzug von Beteiligungen an Kreditinstituten, Finanzdienstleistungsinstituten und Finanzunternehmen – Ausnahme für Instrumente, die das Institut dem Handelsbuch zuordnet – Rundschreiben Nr. 14/99 vom 4. November 1999, Geschäftsnummer I 3 – 21 – 14/98, Berlin 1999.

BAKRED (Anforderungen 1999): Änderung der grundsätzlichen Anforderungen an die Offenlegung der wirtschaftlichen Verhältnisse nach § 18 KWG – Änderung des Rundschreibens 9/98 vom 7. Juli 1998 – I 3 – 237 – 2/94 – hinsichtlich der Regelung über die Offenlegung bei Krediten an bilanzierende Kreditnehmer – Rundschreiben Nr. 16/99 vom 29. November 1999, Geschäftsnummer I 3 – 237 – 2/94, Berlin 1999.

BAKRED (Handelsbuch 1999): Zuordnung der Bestände und Geschäfte der Institute zum Handelsbuch und zum Anlagebuch (§ 1 Abs. 12 KWG, § 2 Abs. 11 KWG) – Rundschreiben Nr. 17/99 vom 8. Dezember 1999, Geschäftsnummer I 3 – 1119 – 3/98, Berlin 1999.

BAKRED (Anhang 1999): Anhang zum Rundschreiben Nr. 17/99 vom 8. Dezember 1999, Geschäftsnummer I 3 – 1119 – 3/98, Berlin 1999.

BAKRED (Grundsatz II 1999): Grundsatz II (i. d. F. der Bekanntmachung vom 25. November 1998) gemäß § 11 KWG – Rundschreiben Nr. 18/99 vom 22. Dezember 1999, Geschäftsnummer I 5 – A 341 – 3/99, Berlin 1999.

BAKRED (Abzug 1999): § 10 Abs. 6 KWG – Abzug von Anteilen an reinen Industrie- und Versicherungsholdings – Rundschreiben Nr. 19/99 vom 23. Dezember 1999, Geschäftsnummer I 5 – 21 – 14/98, Berlin 1999.

BAKRED (Änderung 1999): Änderung der grundsätzlichen Anforderungen an die Offenlegung der wirtschaftlichen Verhältnisse nach § 18 KWG – Flexibilisierung der Sicherheitenliste nach § 18 Satz 2 KWG – Rundschreiben Nr. 20/99 vom 30. Dezember 1999, Geschäftsnummer I 3 – 237 – 2/94, Berlin 1999.

BAKRED (Umfang 1999): Umfang der Finanzdienstleistungsgeschäfte für andere, der einen in kaufmännischer Weise eingerichteten Geschäftsbetrieb erfordert, Geschäftsnummer VII 4 – 71.50.01, Berlin 1999.

BAKRED (Jahresbericht 1999): Jahresbericht 1998, Berlin 1999.

BAKRED (Eigenmittel 2000): § 10 Abs. 9 KWG – Berechnung der erforderlichen Eigenmittel für Wertpapierhandelsunternehmen gemäß § 10 Abs. 9 KWG – Sammelschreiben A/2000-WHB/FDI vom 14. Februar 2000, Geschäftsnummer VII 7 – 70.00.19, Berlin 2000.

BAKRED (Behandlung 2000): Grundsatz II (i. d. F. der Bekanntmachung vom 25. November 1998) gemäß § 11 KWG – Behandlung von gedeckten Schuldverschreibungen und Investmentanteilen als Liquidität erster Klasse – Rundschreiben Nr. 2/2000 vom 8. März 2000, Geschäftsnummer I 5 – A 341 – 3/99, Berlin 2000.

BAKRED; COMMISSION BANCAIRE; COMITÉ DES ÉTABLISSEMENTS DE CRÉDIT (Gemeinsamer Standpunkt 1992): Gemeinsamer Standpunkt zur Zusammenarbeit zwischen den französischen Behörden und deutschen Bankenaufsehern nach der Umsetzung der Zweiten Bankrechtskoordinierungsrichtlinie, Berlin, Oktober 1992, abgedruckt in: CMBS (KWG-Textsammlung 1999), Nr. 21.01, S. 1-28.

BALLWIESER, WOLFGANG; KUHNER, CHRISTOPH (Rechnungslegungsvorschriften 1994): Rechnungslegungsvorschriften und wirtschaftliche Stabilität, Bergisch Gladbach 1994.

BALTENSPERGER, ERNST (Regulierung 1988): Die Regulierung des Bankensektors, in: WiSt, 1988, Heft 2, S. 53-57.

BANK FOR INTERNATIONAL SETTLEMENTS (Compendium of documents 1999): Compendium of documents produced by the Basle Committee on Banking Supervision – Volume One: Basic Supervisory Methods, Volume Two: Advanced Supervisory Methods, Volume Three: International Supervisory Issues, Basle, January 1999.

BANK FÜR INTERNATIONALEN ZAHLUNGSAUSGLEICH (Basler Zusammenkünfte 1980): Die Bank für Internationalen Zahlungsausgleich und die Basler Zusammenkünfte, hrsg. zum 50jährigen Bestehen der Bank 1930-1980, Basel 1980.

BANK FÜR INTERNATIONALEN ZAHLUNGSAUSGLEICH (Jahresbericht 1986): 56. Jahresbericht (1. April 1985 - 31. März 1986), Basel, Juni 1986.

BANK FÜR INTERNATIONALEN ZAHLUNGSAUSGLEICH (Jahresbericht 1992): 62. Jahresbericht (1. April 1991 - 31. März 1992), Basel, Juni 1992.

BANK FÜR INTERNATIONALEN ZAHLUNGSAUSGLEICH (Jahresbericht 1993): 63. Jahresbericht (1. April 1992 - 31. März 1993), Basel, Juni 1993.

BANK FÜR INTERNATIONALEN ZAHLUNGSAUSGLEICH (Jahresbericht 1997): 67. Jahresbericht (1. April 1996 - 31. März 1997), Basel, Juni 1997.

BARTH, ANDREAS; KROPP, MATTHIAS (Transformation 1995): Die Transformation der EU-Großkreditrichtlinie in der 5. KWG-Novelle, in: WM, 1995, Heft 30, S. 1297-1304.

BARTHELMES, LORENZ (Anzeigen 1997): Anzeigen von Großkrediten nach dem KWG, in: B. Bl., 1997, Heft 4, S. 202-209.

BASELER AUSSCHUSS FÜR BANKENAUFSICHT (Steuerung 1982): Steuerung des internationalen Kreditgeschäfts der Banken – Analyse des Länderrisikos sowie Messung und Kontrolle des Länderengagements, Basel, März 1982.

BASELER AUSSCHUSS FÜR BANKENAUFSICHT (Baseler Konkordat 1983): Grundsätze für die Beaufsichtigung der ausländischen Niederlassungen von Banken, Basel, Mai 1983, abgedruckt in: CMBS (KWG-Textsammlung 1999), Nr. 23.01, S. 1-9.

BASELER AUSSCHUSS FÜR BANKENAUFSICHT (Behandlung 1986): Die Behandlung nicht bilanzwirksamer Risiken der Banken aus der Sicht der Bankenaufsicht, Basel, März 1986, abgedruckt in: CMBS (KWG-Textsammlung 1999), Nr. 23.02, S. 10z[15]-37.

BASELER AUSSCHUSS FÜR BANKENAUFSICHT (Baseler Konvergenzmodell 1988): Internationale Konvergenz der Eigenkapitalmessung und Eigenkapitalanforderungen, Basel, Juli 1988 (zuletzt geändert durch Bekanntmachung vom 7. April 1998), abgedruckt in: CMBS (KWG-Textsammlung 1999), Nr. 23.03, S. 37-66.

BASELER AUSSCHUSS FÜR BANKENAUFSICHT (Geldwäscherei 1988): Grundsatzerklärung zur Verhütung des Mißbrauchs des Bankensystems für die Geldwäscherei, Basel, Dezember 1988, abgedruckt in: CMBS (KWG-Textsammlung 1999), Nr. 23.04, S. 149-150b.

BASELER AUSSCHUSS FÜR BANKENAUFSICHT (Ergänzung des Baseler Konkordats 1990): Informationsaustausch zwischen Bankenaufsichtsbehörden – Ergänzung des Baseler Konkordats, Basel, April 1990, abgedruckt in: CMBS (KWG-Textsammlung 1999), Nr. 23.01.A u. Nr. 23.01.B, S. 9-10d.

BASELER AUSSCHUSS FÜR BANKENAUFSICHT (Auslegung 1990): Richtlinien zur Auslegung der Baseler Eigenkapitalvereinbarung, Basel, September 1990, abgedruckt in: CMBS (KWG-Textsammlung 1999), Nr. 23.03, S. 75a-75h.

BASELER AUSSCHUSS FÜR BANKENAUFSICHT (Messung 1991): Messung und Überwachung von Großkrediten, Basel, Januar 1991.

BASELER AUSSCHUSS FÜR BANKENAUFSICHT (Wertberichtigungen 1991): Änderung der Eigenkapitalvereinbarung betreffend die Einbeziehung allgemeiner Wertberichtigungen in das Eigenkapital, Basel, November 1991, abgedruckt in: CMBS (KWG-Textsammlung 1999), Nr. 23.03, S. 75h-75i.

BASELER AUSSCHUSS FÜR BANKENAUFSICHT (Ergänzung des Baseler Konkordats 1992): Mindestanforderungen für die Beaufsichtigung internationaler Bankkonzerne und ihrer grenzüberschreitenden Niederlassungen – Ergänzung des Baseler Konkordats, Basel, Juli 1992, abgedruckt in: CMBS (KWG-Textsammlung 1999), Nr. 23.01.C, S. 10d-10j.

BASELER AUSSCHUSS FÜR BANKENAUFSICHT (Änderung 1994): Änderung der Eigenkapitalvereinbarung vom Juli 1988, Basel, Juli 1994.

BASELER AUSSCHUSS FÜR BANKENAUFSICHT (Behandlung 1994): Baseler Eigenkapitalvereinbarung: Behandlung des Kreditrisikos aus bestimmten nicht bilanzwirksamen Positionen (Netting-Änderungen), Basel, Juli 1994.

BASELER AUSSCHUSS FÜR BANKENAUFSICHT (Risikomanagement 1994): Richtlinien für das Risikomanagement im Derivativgeschäft, Basel, Juli 1994, abgedruckt in: CMBS (KWG-Textsammlung 1999), Nr. 23.06, S. 182-204.

BASELER AUSSCHUSS FÜR BANKENAUFSICHT (Derivativgeschäft 1994): Aufsicht über das Derivativgeschäft der Banken, Basel, Dezember 1994.

608 *Literaturverzeichnis*

BASELER AUSSCHUSS FÜR BANKENAUFSICHT (Behandlung 1995): Behandlung des potentiellen Engagements aus nicht bilanzwirksamen Positionen, Basel, April 1995.

BASELER AUSSCHUSS FÜR BANKENAUFSICHT (Marktrisiken 1996): Änderung der Eigenkapitalvereinbarung zur Einbeziehung der Marktrisiken, Basel, Januar 1996 (zuletzt geändert durch Bekanntmachung vom 19. September 1997), abgedruckt in: CMBS (KWG-Textsammlung 1999), Nr. 23.03, S. 75p-131.

BASELER AUSSCHUSS FÜR BANKENAUFSICHT (Rahmenkonzept 1996): Aufsichtliches Rahmenkonzept für Backtesting (Rückvergleiche) bei der Berechnung des Eigenkapitalbedarfs zur Unterlegung des Marktrisikos mit bankeigenen Modellen, Basel, Januar 1996, abgedruckt in: CMBS (KWG-Textsammlung 1999), Nr. 23.03, S. 132-148.

BASELER AUSSCHUSS FÜR BANKENAUFSICHT (Management des Zinsänderungsrisikos 1997): Grundsätze für das Management des Zinsänderungsrisikos, Basel, September 1997, abgedruckt in: CMBS (KWG-Textsammlung 1999), Nr. 23.05, S. 151-182.

BASELER AUSSCHUSS FÜR BANKENAUFSICHT (Geschäftsbeziehungen 1999): Geschäftsbeziehungen zwischen Banken und Instituten mit hoher Risiko/Eigenkapital-Relation (HLI), Basel, Januar 1999, abgedruckt in: CMBS (KWG-Textsammlung 1999), Nr. 23.10.a, S. 305-337.

BASELER AUSSCHUSS FÜR BANKENAUFSICHT (Methoden 1999): Sachgerechte Methoden für Geschäftsbeziehungen zwischen Banken und Instituten mit hoher Risiko/Eigenkapital-Relation (HLI), Basel, Januar 1999, abgedruckt in: CMBS (KWG-Textsammlung 1999), Nr. 23.10.b, S. 337-352.

BASELER AUSSCHUSS FÜR BANKENAUFSICHT; OFFSHORE-GRUPPE VON BANKENAUFSICHTSBEHÖRDEN (Bankenaufsicht 1996): Grenzüberschreitende Bankenaufsicht, Basel, Oktober 1996, abgedruckt in: CMBS (KWG-Textsammlung 1999), Nr. 23.01.D, S. 10j-10z[15].

BASLE COMMITTEE ON BANKING SUPERVISION (Risks 1989): Risks in Computer and Telecommunication Systems, Basle, July 1989, abgedruckt in: Basle Committee on Banking Supervision: Report in International Developments in Banking Supervision, No. 7, Basle, September 1990, S. 51 ff.

BASLE COMMITTEE ON BANKING SUPERVISION (Report 1990): Report in International Developments in Banking Supervision, No. 7, Basle, September 1990.

BASLE COMMITTEE ON BANKING SUPERVISION (Interpretation 1996): Interpretation of the capital accord for the multilateral netting of forward value foreign exchange transactions, Basle, April 1996.

BASLE COMMITTEE ON BANKING SUPERVISION (Challenge 1997): The Year 2000 – A Challenge for Financial Institutions and Bank Supervisors, Basle, September 1997, abgedruckt in: CMBS (KWG-Textsammlung 1999), Nr. 23.08, S. 245-265.

BASLE COMMITTEE ON BANKING SUPERVISION (Core Principles 1997): Core Principles for Effective Banking Supervision, Basle, September 1997, abgedruckt in: CMBS (KWG-Textsammlung 1999), Nr. 23.09, S. 265-305.

BASLE COMMITTEE ON BANKING SUPERVISION (Evaluation 1998): Framework for the Evaluation of Internal Control Systems, Basle, January 1998.

BASLE COMMITTEE ON BANKING SUPERVISION (Risk Management 1998): Risk Management for Electronic Banking and Electronic Money Activities, Basle, March 1998.

BASLE COMMITTEE ON BANKING SUPERVISION (Amendment 1998): Amendment to the Basle Capital Accord of July 1988, Basle, April 1998.

BASLE COMMITTEE ON BANKING SUPERVISION (Consultative paper 1998): Consultative paper on on-balance-sheet netting, Basle, April 1998.

BASLE COMMITTEE ON BANKING SUPERVISION (Supervisory Cooperation 1998): Supervisory Cooperation on Year 2000 Cross-Border Issues, Basle, June 1998.

BASLE COMMITTEE ON BANKING SUPERVISION (Internal Control Systems 1998): Framework for Internal Control Systems in Banking Organisations, Basle, September 1998.

BASLE COMMITTEE ON BANKING SUPERVISION (Bank Transparency 1998): Enhancing Bank Transparency, Basle, September 1998.

BASLE COMMITTEE ON BANKING SUPERVISION (Loan Accounting 1998): Sound Practices for Loan Accounting, Credit Risk Disclosure and Related Matters, Basle, October 1998.

BASLE COMMITTEE ON BANKING SUPERVISION (Credit Risk Modelling 1999): Credit Risk Modelling: Current Practices and Applications, Basle, April 1999.

BASLE COMMITTEE ON BANKING SUPERVISION (Capital Adequacy Framework 1999): A New Capital Adequacy Framework (Consultativ Paper), Basle, June 1999.

BASLE COMMITTEE ON BANKING SUPERVISION (Credit Risk 1999): Principles for the Management of Credit Risk – Consultative Paper, Basle, July 1999.

BASLE COMMITTEE ON BANKING SUPERVISION (Credit Risk Disclosure 1999): Best Practices for Credit Risk Disclosure – Consultative Paper, Basle, July 1999.

BASLE COMMITTEE ON BANKING SUPERVISION (Sound Practices 1999): Sound Practices for Loan Accounting and Disclosure, Basle, July 1999.

BASLE COMMITTEE ON BANKING SUPERVISION (Supervisory Guidance 1999): Supervisory Guidance for Managing Settlement Risk in Foreign Exchange Transactions – Consultative Paper, Basle, July 1999.

BASLE COMMITTEE ON BANKING SUPERVISION; INTERNATIONAL ORGANIZATION OF SECURITIES COMMISSIONS; INTERNATIONAL ASSOCIATION OF INSURANCE SUPERVISORS (Supervision 1999): Supervision of Financial Conglomerates (Joint report), Basle, February 1999.

BASLE COMMITTEE ON BANKING SUPERVISION; TECHNICAL COMMITTEE OF THE IOSCO (Survey 1996): Survey of Disclosures about Trading and Derivatives Activities of Banks and Securities Firms, Basle, November 1996.

BASLE COMMITTEE ON BANKING SUPERVISION; TECHNICAL COMMITTEE OF THE IOSCO (Survey 1997): Survey of Disclosures about Trading and Derivatives Activities of Banks and Securities Firms 1996, Basle, November 1997.

BASLE COMMITTEE ON BANKING SUPERVISION; TECHNICAL COMMITTEE OF THE IOSCO (Supervisory Information 1998): Framework for Supervisory Information about Derivatives and Trading Activities of Banks and Securities Firms, Basle, September 1998.

BASLE COMMITTEE ON BANKING SUPERVISION; TECHNICAL COMMITTEE OF THE IOSCO (Survey 1998): Survey of Disclosures about Trading and Derivatives Activities of Banks and Securities Firms 1997, Basle, November 1998.

BASLE COMMITTEE ON BANKING SUPERVISION; TECHNICAL COMMITTEE OF THE IOSCO (Public Disclosure 1999): Recommendations for Public Disclosure of Trading and Derivatives Activities of Banks and Securities Firms – Consultative Paper, Basle, February 1999.

BAUER, JÜRGEN (Anforderungen 1983): Die Anforderungen der Bankenaufsicht an das haftende Eigenkapital der Kreditinstitute – Eine Untersuchung unter besonderer Berücksichtigung des relevanten Belastungsfalles, Berlin 1983.

BAUER, KLAUS-ALBERT (Recht 1985): Das Recht der internationalen Bankenaufsicht – Bankauslandsniederlassungen im Aufsichtsrecht der USA und der Bundesrepublik Deutschland, Baden-Baden 1985.

BAUMANN, WOLFGANG (Entscheidungsprozeß 1988): Willensbildungs- und Entscheidungsprozeß der EG, in: BI, 1988, Heft 10, S. 13-16.

BAWE (Jahresbericht 1996): Jahresbericht 1995, Frankfurt am Main 1996.

BAWE (Jahresbericht 1997): Jahresbericht 1996, Frankfurt am Main 1997.

BAWE (Finanzdienstleistungssektor 1998): Informationsblatt für inländische Unternehmen im Finanzdienstleistungssektor, die am 01. Januar 1998 unter die Aufsichtsvorschriften des WpHG fallen (Stand: 09. März 1998), Frankfurt am Main 1998.

BAXMANN, ULF G. (Transformationsleistung 1993): Die Transformationsleistung der Kreditinstitute, in: WISU, 1993, Heft 2, S. 112-115.

BAYERISCHER LANDTAG (Sparkassengesetz 1956): Gesetz über die öffentlichen Sparkassen (Sparkassengesetz) i. d. F. der Neubekanntmachung vom 1. Oktober 1956, zuletzt geändert durch Gesetz vom 10. August 1994, abgedruckt in: Bayerisches Sparkassengesetz nebst weiterer Bestimmungen – Textsammlung der Praxis, Aus- und Fortbildung, München 2000, 50. Ergänzungslieferung (Stand: 10. Januar 2000), Register 1-1, S. 1-14.

BAYERISCHES STAATSMINISTERIUM DES INNERN (Satzungsmuster für Sparkassen 1995): Satzungsmuster für Sparkassen vom 31. Januar 1995, abgedruckt in: Bayerisches Sparkassengesetz nebst weiterer Bestimmungen – Textsammlung der Praxis, Aus- und Fortbildung, München 2000, 50. Ergänzungslieferung (Stand: 10. Januar 2000), Register 1-2, S. 1-14.

BAYERISCHES STAATSMINISTERIUM DES INNERN (Sparkassenordnung 1997): Verordnung über die Organisation und den Geschäftsbetrieb der Sparkassen (Sparkassenordnung) vom 1. Dezember 1997, abgedruckt in: Bayerisches Sparkassengesetz nebst weiterer Bestimmungen – Textsammlung der Praxis, Aus- und Fortbildung, München 2000, 50. Ergänzungslieferung (Stand: 10. Januar 2000), Register 2-1, S. 1-14.

BECKER, WOLF-DIETER (Thesen 1975): Thesen zum Kreditwesengesetz, in: ZfgK, 1975, Heft 16, S. 758-761.

BECKER, WOLF-DIETER (Bankenregulierung 1987): Das Grundproblem der Bankenregulierung, in: Kapitalmarkt und Finanzierung, hrsg. von DIETER SCHNEIDER, Berlin 1987, S. 399-408.

BERGER, KLAUS-PETER (Eigenkapitalausstattung 1989): Die Eigenkapitalausstattung der Banken nach neuem EG-Recht, in: BB, 1989, Heft 15, S. 1017-1022.

BERNER, MIRKO (Netting 1996): Vertragliches Netting zur Reduzierung von Eigenkapitalkosten, in: Die Bank, 1996, Heft 12, S. 753-757.

BESTER, DIETMAR (Kontrolle 1986): Aufsichtsrechtliche Kontrolle internationaler Bankkonzerne – Möglichkeiten und Grenzen aus Sicht der deutschen Bankenaufsicht, Bergisch Gladbach/Köln 1986.

BETGE, PETER (Bankbetriebslehre 1996): Bankbetriebslehre, Berlin u. a. 1996.

BIEG, HARTMUT (Schwebende Geschäfte 1977): Schwebende Geschäfte in Handels- und Steuerbilanz – Die derzeitige und mögliche bilanzielle Behandlung beiderseits noch nicht erfüllter synallagmatischer Verträge unter besonderer Berücksichtigung der Interessen der Bilanzadressaten, Frankfurt am Main/Bern 1977.

BIEG, HARTMUT (Gläubigerschutzprinzip 1981): Gläubigerschutzprinzip, in: Handwörterbuch des Steuerrechts, hrsg. von GEORG STRICKRODT u. a., 2. Aufl., München/Bonn 1981, S. 686-689.

BIEG, HARTMUT (Bankenaufsicht 1983): Bankbilanzen und Bankenaufsicht, München 1983.

BIEG, HARTMUT (Stichtagsfristigkeiten 1983): Ursprungs- oder Stichtagsfristigkeiten – Zum Ausweis in Bankbilanzen, in: bankkaufmann, 1983, Heft 8, S. 279-282.

BIEG, HARTMUT (Vertrauensempfindlichkeit 1986): Erfordert die Vertrauensempfindlichkeit des Kreditgewerbes bankenspezifische Bilanzierungsvorschriften? (Teil I und Teil II), in: WPg, 1986, Heft 10 und Heft 11, S. 257-263 und S. 299-307.

BIEG, HARTMUT (Grundlagen 1988): Auswirkungen der Bankbilanzrichtlinie der Europäischen Gemeinschaften auf die Einzelabschlüsse von Kreditinstituten – Grundlagen und Bilanzaufbau, in: ZfbF, 1988, Heft 1, S. 3-31.

BIEG, HARTMUT (Bewertung 1988): Auswirkungen der Bankbilanzrichtlinie der Europäischen Gemeinschaften auf die Einzelabschlüsse von Kreditinstituten – Bewertung, Erfolgsrechnung und Anhang, in: ZfbF, 1988, Heft 2, S. 149-171.

BIEG, HARTMUT (Bankbilanzrichtlinie 1988): Neue Bankbilanzrichtlinie der Europäischen Gemeinschaften, in: Bankbilanzierung und Bankprüfung, hrsg. von ERIK SONNEMANN, Wiesbaden 1988, S. 43-66.

BIEG, HARTMUT (Bankrichtlinien 1989): Auswirkungen der Bankrichtlinien der Europäischen Gemeinschaften auf die Bankaktivitäten im Gemeinsamen Markt, in: Vorträge, Reden und Berichte aus dem Europa-Institut der Universität des Saarlandes, hrsg. von GEORG RESS, Nr. 190, Saarbrücken 1989.

BIEG, HARTMUT (Eigenkapitalausstattung 1989): Zur Eigenkapitalausstattung der Unternehmungen in der Bundesrepublik Deutschland, in: Besteuerung und Unternehmenspolitik – Festschrift für Günter Wöhe, hrsg. von GERD JOHN, München 1989, S. 23-48.

BIEG, HARTMUT (Bankbetriebslehre 1992): Bankbetriebslehre in Übungen, München 1992.

BIEG, HARTMUT (Bilanzierung 1994): Bilanzierung von Kreditinstituten, in: Beck'sches Handbuch der Rechnungslegung, hrsg. von EDGAR CASTAN u. a., München 1987, 7. Ergänzungslieferung (September 1994), Bd. I, Abschn. B 900, S. 1-91.

BIEG, HARTMUT (Rechnungslegung 1994): Externe Rechnungslegung und Prüfung in Kreditinstituten, in: Bank- und Versicherungslexikon, hrsg. von HENNER SCHIERENBECK, 2. Aufl., München/Wien 1994, S. 237-250.

BIEG, HARTMUT (Bilanzpolitik 1995): Bilanzpolitik der Kreditinstitute, in: Handwörterbuch des Bank- und Finanzwesens, hrsg. von WOLFGANG GERKE UND MANFRED STEINER, 2. Aufl., Stuttgart 1995, Sp. 275-287.

BIEG, HARTMUT (Bankenregulierung 1997): Aktions- und Reaktionsmöglichkeiten der Kreditwirtschaft im Prozeß der Bankenregulierung, in: ZfgK, 1997, Heft 2, S. 59-63.

BIEG, HARTMUT (Rechnungslegung 1999): Die externe Rechnungslegung der Kreditinstitute und Finanzdienstleistungsinstitute, München 1999.

BIENER, HERBERT (Rechnungslegung 1989): Die Rechnungslegung der Kreditinstitute – Eine Zusammenstellung der für Kreditinstitute des privaten und öffentlichen Rechts geltenden Gesetze, Vorschriften und Richtlinien sowie der für ihre Rechnungslegung bedeutsamen Richtlinien der EG und eine Einführung, Köln 1989.

BISANI, HANS PAUL (Risikoeinheiten 1996): Risikoeinheiten im Kreditgeschäft nach der 5. KWG-Novelle, in: Sparkasse, 1996, Heft 3, S. 130-138.

BISANI, HANS PAUL (Kreditnehmereinheiten 1998): Bildung von Kreditnehmereinheiten nach § 19 Abs. 2 KWG, Sternenfels/Berlin 1998.

BITZ, MICHAEL (Begründung 1988): Zur Begründung und Ausgestaltung bankaufsichtsrechtlicher Normen – eine risikotheoretische Analyse, in: Bankrisiken und Bankrecht – Fritz Philipp zum 60. Geburtstag, hrsg. von WOLFGANG GERKE, Wiesbaden 1988, S. 13-42.

BITZ, MICHAEL (Erscheinungsformen 1989): Erscheinungsformen und Funktionen von Finanzintermediären, in: WiSt, 1989, Heft 10, S. 430-436.

BITZ, MICHAEL (Finanzintermediäre 1994): Finanzintermediäre, in: Bank- und Versicherungslexikon, hrsg. von HENNER SCHIERENBECK, 2. Aufl., München/Wien 1994, S. 262-267.

BLAUROCK, UWE (Einleitung 1981): Einleitung, in: Das Bankwesen im Gemeinsamen Markt, hrsg. von UWE BLAUROCK, Baden-Baden 1981, S. 9-12.

BOCKELMANN, HORST (Bundesbank 1996): Die Deutsche Bundesbank, 3. Aufl., Frankfurt am Main 1996.

BÖSL, KONRAD (Risikobegrenzung 1993): Integrative Risikobegrenzung – Eine Konzeption für Banken und Bankenaufsicht, Wiesbaden 1993.

BÖSL, KONRAD (Risikovorschriften 1995): Bankaufsichtliche Risikovorschriften nach dem Grundsatz I – Kennzeichnung, Kritik und Ansatzpunkte einer Weiterentwicklung, in: FLF, 1995, Heft 1, S. 25-31.

BOOS, KARL-HEINZ (Regierungsentwurf 1992): Regierungsentwurf für eine vierte KWG-Novelle, in: Die Bank, 1992, Heft 8, S. 455-459.

BOOS, KARL-HEINZ (Großkredite 1992): EG-Richtlinie über die Überwachung und Kontrolle der Großkredite von Kreditinstituten, in: EuZW, 1992, Heft 18, S. 574-575.

BOOS, KARL-HEINZ (Entwurf 1997): Entwurf einer Sechsten KWG-Novelle, in: Die Bank, 1997, Heft 2, S. 119-125.

BOOS, KARL-HEINZ; MENTRUP, HORST (EG-Bankrechtsharmonisierung 1989): EG-Bankrechtsharmonisierung – Mögliche Folgen für die Bankenstruktur der Bundesrepublik, in: BI, 1989, Heft 1, S. 14-18.

BOOS, KARL-HEINZ; SCHULTE-MATTLER, HERMANN (Eigenkapitalgrundsatz I 1992): Neuer Eigenkapitalgrundsatz I vorgelegt, in: Die Bank, 1992, Heft 11, S. 639-643.

BOOS, KARL-HEINZ; SCHULTE-MATTLER, HERMANN (Neuregelungen 1993): Neuregelungen des Eigenkapitalgrundsatzes I, in: Die Bank, 1993, Heft 6, S. 358-363.

BOOS, KARL-HEINZ; SCHULTE-MATTLER, HERMANN (Kreditrisiken 1997): Der neue Grundsatz I: Kreditrisiken, in: Die Bank, 1997, Heft 8, S. 474-479.

BOPP, RICHARD (Europäische Aufsicht 1982): Europäische Aufsicht über die Kreditinstitute – Eine Untersuchung zum Stand der Entwicklung, Frankfurt am Main 1982.

BORN, KARL ERICH (Bankenkrise 1967): Die deutsche Bankenkrise 1931 – Finanzen und Politik, München 1967.

BORN, KARL ERICH (Auseinandersetzung 1978): Die Auseinandersetzung um die Einführung der Bankenaufsicht (1931), in: Die Banken im Spannungsfeld von Notenbank und Bankenaufsicht – 4. Symposium zur Bankengeschichte am 19. Oktober 1977, hrsg. vom WISSENSCHAFTLICHEN BEIRAT DES INSTITUTS FÜR BANKHISTORISCHE FORSCHUNG E. V., Frankfurt am Main 1978, S. 13-20.

BRANDENSTEIN-ZEPPELIN, CONSTANTIN VON (Bankaufsichtsrechtliche Konsolidierung 1989): Bankaufsichtsrechtliche Konsolidierung in der EG – Die EG-Richtlinie über eine Bankenaufsicht auf konsolidierter Basis – Voraussetzungen, Umfeld und Auswirkungen auf das grenzüberschreitende Bankgeschäft, Idstein 1989.

BRESSER, KARL-LUDWIG (Kontrolle 1978): Kontrolle und Vertrauen – gleichermaßen unentbehrlich, in: ZfgK, 1978, Heft 1, S. 12-14.

BRINKMANN, JÜRGEN (Bestimmungen 1979): Die gesetzlichen Bestimmungen über das Eigenkapital von Kreditinstituten in der Bundesrepublik Deutschland und der Schweiz, in: ÖBA, 1979, Heft 8, S. 307-323.

BRINKMANN, JÜRGEN (Verhältnisse 1986): Die Offenlegung der wirtschaftlichen Verhältnisse nach § 18 KWG, in: BI, 1986, Heft 4, S. 58-63.

BRÜCKNER, HEINZ (Erlaubnis 1969): Die Erlaubnis nach § 32 KWG für Personenhandelsgesellschaften, in: ZfgK, 1969, Heft 10, S. 412-414.

BRÜGGESTRAT, REINER (Liquiditätsrisikoposition 1990): Die Liquiditätsrisikoposition eines Kreditinstituts – Ein bankaufsichtliches Konzept zur Beurteilung und Beschränkung von Liquiditätsrisiken, Frankfurt am Main 1990.

BUCHMANN, PETER (Kreditnehmereinheiten 1992): Kreditnehmereinheiten – Wer gehört zu wem?, in: Kreditpraxis, 1992, Heft 4, S. 21-25.

BUCHMANN, PETER (Kreditnehmereinheit 1997): Die Kreditnehmereinheit gemäß § 19 II KWG, in: ZfgK, 1997, Heft 24, S. 1225-1230.

BÜSCHGEN, HANS E. (Zeitgeschichtliche Problemfelder 1983): Zeitgeschichtliche Problemfelder des Bankwesens der Bundesrepublik Deutschland, in: Deutsche Bankengeschichte, hrsg. vom WISSENSCHAFTLICHEN BEIRAT DES INSTITUTS FÜR BANKHISTORISCHE FORSCHUNG E. V., Bd. 3, Frankfurt am Main 1983, S. 349-409.

BÜSCHGEN, HANS E. (Geld und Banken 1993): Geld und Banken nach dem Zweiten Weltkrieg: Internationale Kapitalbewegungen, Bankensysteme, grenzüberschreitende Kooperation – Allgemeine Entwicklungslinien, in: Europäische Bankengeschichte, hrsg. von HANS POHL im Auftrag des Wissenschaftlichen Beirats des Instituts für bankhistorische Forschung e. V., Frankfurt am Main 1993, S. 455-485.

BÜSCHGEN, HANS E. (Bankbetriebslehre 1994): Bankbetriebslehre, 3. Aufl., Stuttgart/Jena 1994.

BÜSCHGEN, HANS E. (Bankbetriebslehre 1998): Bankbetriebslehre – Bankgeschäfte und Bankmanagement, 5. Aufl., Wiesbaden 1998.

BÜSSELMANN, ELKE (Eigenkapital 1993): Bankenaufsicht und marktbezogenes Eigenkapital, Wiesbaden 1993.

BUNDESGERICHTSHOF (Wetterstein-Entscheidung 1979): Urteil vom 15. Februar 1979 (Wetterstein-Entscheidung), III ZR 108/76, in: NJW, 1979, Heft 27, S. 1354-1358.

BUNDESGERICHTSHOF (Herstatt-Entscheidung 1979): Urteil vom 12. Juli 1979 (Herstatt-Entscheidung), III ZR 154/77, in: NJW, 1979, Heft 37, S. 1879-1882.

BUNDESMINISTERIUM DER FINANZEN (Übertragungsverordnung 1973): Verordnung zur Übertragung der Ermächtigung zum Erlaß von Rechtsverordnungen nach § 10 Satz 1 des Gesetzes über Bausparkassen auf das Bundesaufsichtsamt für das Kreditwesen vom 8. Januar 1973, abgedruckt in: RK (Kreditwesengesetz 2000), Kza. 761, S. 1.

BUNDESMINISTERIUM DER FINANZEN (Zuschlagsverordnung 1984): Verordnung über die Festsetzung eines Zuschlages für die Berechnung des haftenden Eigenkapitals von Kreditinstituten in der Rechtsform der eingetragenen Genossenschaft vom 6. Dezember 1963, zuletzt geändert durch Verordnung vom 20. Dezember 1984, abgedruckt in: CMBS (KWG-Textsammlung 1999), Nr. 2.05, S. 64k-65.

BUNDESMINISTERIUM DER FINANZEN (Übertragungsverordnung 1990): Verordnung zur Übertragung der Befugnis zum Erlaß von Rechtsverordnungen auf das Bundesaufsichtsamt für das Kreditwesen nach dem Gesetz zu dem Vertrag vom 18. Mai 1990 über die Schaffung einer Währungs-, Wirtschafts- und Sozialunion zwischen der Bundesrepublik Deutschland und der Deutschen Demokratischen Republik vom 4. September 1990, abgedruckt in: CMBS (KWG-Textsammlung 1999), Nr. 2.01.A, S. 2.

BUNDESMINISTERIUM DER FINANZEN (Erste Freistellungsverordnung 1994): Erste Verordnung über die Freistellung von Unternehmen mit Sitz außerhalb der Europäischen Gemeinschaft von Vorschriften des Gesetzes über das Kreditwesen vom 21. April 1994, in: BGBl. I, 3.5.1994, Nr. 26, S. 887.

BUNDESMINISTERIUM DER FINANZEN (Bekanntgabe 1994): Bekanntgabe des Erlasses über die Einrichtung des Bundesaufsichtsamtes für den Wertpapierhandel zum 1. August 1994 in Frankfurt am Main vom 31. August 1994, in: BAnz., 15.9.1994, Nr. 175, S. 10129.

BUNDESMINISTERIUM DER FINANZEN (Zweite Freistellungsverordnung 1995): Zweite Verordnung über die Freistellung von Unternehmen mit Sitz außerhalb der Europäischen Gemeinschaft von Vorschriften des Gesetzes über das Kreditwesen vom 13. Dezember 1995, in: BGBl. I, 20.12.1995, Nr. 64, S. 1703.

BUNDESMINISTERIUM DER FINANZEN (Verordnung zum EWR-Abkommen 1996): Verordnung zur Ausführung des Abkommens vom 2. Mai 1992 über den Europäischen Wirtschaftsraum für die Anwendung von Vorschriften des Gesetzes über das Kreditwesen vom 22. Februar 1996, abgedruckt in: CMBS (KWG-Textsammlung 1999), Nr. 2.10, S. 241.

BUNDESMINISTERIUM DER FINANZEN (Berichtigung 1996): Berichtigung der Neufassung des Gesetzes über das Kreditwesen vom 4. März 1996, in: BGBl. I, 25.3.1996, Nr. 17, S. 519.

BUNDESMINISTERIUM DER FINANZEN (Begründung 1996): Begründung zum Diskussionsentwurf eines Gesetzes zur Umsetzung der Wertpapierdienstleistungs- und Kapitaladäquanzrichtlinie sowie zur Änderung anderer bank- und wertpapieraufsichtsrechtlicher Vorschriften (Stand: 17. Juni 1996), Bonn 1996.

BUNDESMINISTERIUM DER FINANZEN (Übertragungsverordnung 1997): Verordnung zur Übertragung der Befugnis zum Erlaß von Rechtsverordnungen auf das Bundesaufsichtsamt für das Kreditwesen vom 19. Dezember 1997, in: BGBl. I, 23.12.1997, Nr. 86, S. 3156.

BUNDESMINISTERIUM DER FINANZEN (Übertragungsverordnung 1998): Verordnung zur Übertragung der Befugnis zum Erlaß von Rechtsverordnungen nach dem Gesetz über Kapitalanlagegesellschaften auf das Bundesaufsichtsamt für das Kreditwesen vom 25. Juni 1998, abgedruckt in: CMBS (KWG-Textsammlung 1999), Nr. 10.01.A, S. 35-36.

BUNDESMINISTERIUM DER FINANZEN (Bekanntmachung 1998): Bekanntmachung der Neufassung des Gesetzes über das Kreditwesen vom 9. September 1998, in: BGBl. I, 17.9.1998, Nr. 62, S. 2776-2819.

BUNDESMINISTERIUM DER FINANZEN (Dritte Freistellungsverordnung 1999): Dritte Verordnung über die Freistellung von Unternehmen mit Sitz außerhalb der Europäischen Union von Vorschriften des Gesetzes über das Kreditwesen vom 2. Juni 1999, abgedruckt in: RK (Kreditwesengesetz 2000), Kza. 115, Anhang zu § 53c, S. 5.

BUNDESMINISTERIUM DER FINANZEN (HRSG.) (Studienkommission 1979): Bericht der Studienkommission „Grundsatzfragen der Kreditwirtschaft", Bonn 1979.

BUNDESMINISTERIUM DER JUSTIZ (Verfahren 1963): Verfahren bei den Registergerichten – Schreiben vom 6. Februar 1963, abgedruckt in: CMBS (KWG-Textsammlung 1999), Nr. 4.22, S. 7-9.

BUNDESMINISTERIUM DER JUSTIZ (Kreditinstituts-Rechnungslegungsverordnung 1998): Verordnung über die Rechnungslegung der Kreditinstitute und Finanzdienstleistungsinstitute i. d. F. der Bekanntmachung vom 11. Dezember 1998, abgedruckt in: BGBl. I, 18.12.1998, Nr. 81, S. 3658-3681.

BUNDESMINISTERIUM DES AUSWÄRTIGEN (Bekanntmachung 1973): Bekanntmachung vom 8. März 1973 über das Inkrafttreten des Vertragswerks über den Beitritt Dänemarks, Irlands und des Vereinigten Königreichs zur Europäischen Wirtschaftsgemeinschaft, zur Europäischen Atomgemeinschaft und zur Europäischen Gemeinschaft für Kohle und Stahl, in: BGBl. II, 23.3.1973, Nr. 12, S. 175.

BUNDESMINISTERIUM DES AUSWÄRTIGEN (Bekanntmachung 1987): Bekanntmachung vom 31. Juli 1987 über das Inkrafttreten der Einheitlichen Europäischen Akte, in: BGBl. II, 18.8.1987, Nr. 20, S. 451.

BUNDESMINISTERIUM DES AUSWÄRTIGEN (Bekanntmachung 1993): Bekanntmachung vom 19. Oktober 1993 über das Inkrafttreten des Vertrags über die Europäische Union, in: BGBl. II, 30.10.1993, Nr. 38, S. 1947.

BUNDESMINISTERIUM FÜR WIRTSCHAFT (HRSG.) (ABC 1984): ABC der Europäischen Gemeinschaften (Stand: April 1984), Bonn 1984.

BUNDESMINISTERIUM FÜR WIRTSCHAFT (HRSG.) (ABC 1992): ABC der Europäischen Gemeinschaften (Stand: Mai 1992), Bonn 1992.

BUNDESRAT (Stellungnahme 1959): Stellungnahme zu dem Entwurf eines Gesetzes über das Kreditwesen, in: Bundestags-Drucksache 3/1114 vom 25.5.1959, S. 48-64.

BUNDESRAT (Stellungnahme 1997): Stellungnahme zu dem Entwurf eines Gesetzes zur Umsetzung von EG-Richtlinien zur Harmonisierung bank- und wertpapieraufsichtsrechtlicher Vorschriften, in: Bundestags-Drucksache 13/7142 vom 6.3.1997, S. 117-124.

BUNDESREGIERUNG (Entwurf eines KWG 1959): Entwurf eines Gesetzes über das Kreditwesen nebst Begründung, in: Bundestags-Drucksache 3/1114 vom 25.5.1959, S. 1-47.

BUNDESREGIERUNG (Stellungnahme 1959): Stellungnahme zu den Einwendungen des Bundesrates gegen den Entwurf eines Gesetzes über das Kreditwesen, in: Bundestags-Drucksache 3/1114 vom 25.5.1959, S. 65-71.

BUNDESREGIERUNG (Bericht über die Wettbewerbsverschiebungen im Kreditgewerbe und über eine Einlagensicherung 1968): Bericht der Bundesregierung über die Untersuchung der Wettbewerbsverschiebungen im Kreditgewerbe und über eine Einlagensicherung, in: Bundestags-Drucksache 5/3500 vom 18.11.1968.

BUNDESREGIERUNG (Bericht über die Ausnahmebereiche des Gesetzes gegen Wettbewerbsbeschränkungen 1975): Bericht der Bundesregierung über die Ausnahmebereiche des Gesetzes gegen Wettbewerbsbeschränkungen (GWB), in: Bundestags-Drucksache 7/3206 vom 4.2.1975.

BUNDESREGIERUNG (Entwurf eines Zweiten Gesetzes zur Änderung des KWG 1975): Entwurf eines Zweiten Gesetzes zur Änderung des Gesetzes über das Kreditwesen nebst Begründung, in: Bundestags-Drucksache 7/3657 vom 20.5.1975, S. 1-17.

BUNDESREGIERUNG (Gegenäußerung 1975): Gegenäußerung zur Stellungnahme des Bundesrates zu dem Entwurf eines Zweiten Gesetzes zur Änderung des Gesetzes über das Kreditwesen, in: Bundestags-Drucksache 7/3657 vom 20.5.1975, S. 23-35.

BUNDESREGIERUNG (Entwurf eines Dritten Gesetzes zur Änderung des KWG 1984): Entwurf eines Dritten Gesetzes zur Änderung des Gesetzes über das Kreditwesen nebst Begründung, in: Bundestags-Drucksache 10/1441 vom 14.5.1984, S. 1-57.

BUNDESREGIERUNG (Entwurf eines Bankbilanzrichtlinie-Gesetzes 1990): Entwurf eines Gesetzes zur Durchführung der Richtlinie des Rates der Europäischen Gemeinschaften über den Jahresabschluß und den konsolidierten Abschluß von Banken und anderen Finanzinstituten (Bankbilanzrichtlinie-Gesetz) nebst Begründung, in: Bundestags-Drucksache 11/6275 vom 19.1.1990, S. 1-30.

BUNDESREGIERUNG (Entwurf eines Vierten Gesetzes zur Änderung des KWG 1992): Entwurf eines Gesetzes zur Änderung des Gesetzes über das Kreditwesen und anderer Vorschriften über Kreditinstitute nebst Begründung, in: Bundestags-Drucksache 12/3377 vom 8.10.1992, S. 1-49.

BUNDESREGIERUNG (Entwurf eines Zweiten Finanzmarktförderungsgesetzes 1994): Entwurf eines Gesetzes über den Wertpapierhandel und zur Änderung börsenrechtlicher und wertpapierrechtlicher Vorschriften (Zweites Finanzmarktförderungsgesetz) nebst Begründung, in: Bundestags-Drucksache 12/6679 vom 27.1.1994, S. 1-93.

BUNDESREGIERUNG (Entwurf eines Fünften Gesetzes zur Änderung des KWG 1994): Entwurf eines Gesetzes zur Änderung des Gesetzes über das Kreditwesen und anderer Vorschriften über Kreditinstitute nebst Begründung, in: Bundestags-Drucksache 12/6957 vom 4.3.1994, S. 1-38.

BUNDESREGIERUNG (Entwurf eines Gesetzes zur Umsetzung von EG-Richtlinien 1997): Entwurf eines Gesetzes zur Umsetzung von EG-Richtlinien zur Harmonisierung bank- und wertpapieraufsichtsrechtlicher Vorschriften nebst Begründung, in: Bundestags-Drucksache 13/7142 vom 6.3.1997, S. 1-116.

BUNDESREGIERUNG (Entwurf eines Begleitgesetzes 1997): Entwurf eines Begleitgesetzes zum Gesetz zur Umsetzung von EG-Richtlinien zur Harmonisierung bank- und wertpapieraufsichtsrechtlicher Vorschriften nebst Begründung, in: Bundestags-Drucksache 13/7143 vom 6.3.1997, S. 1-38.

BUNDESVERBAND DER DEUTSCHEN VOLKSBANKEN UND RAIFFEISENBANKEN E. V. (HRSG.) (Leitfaden 1993): Leitfaden Neues Eigenkapital, 3. Aufl., Wiesbaden 1993.

BUNDESVERBAND DER DEUTSCHEN VOLKSBANKEN UND RAIFFEISENBANKEN E. V. (HRSG.) (Richtlinien 1996): Richtlinien der Kreditgenossenschaften für das Geschäft mit Finanzderivaten (Stand: 1. September 1996), Bonn 1996.

BUNDESVERBAND DEUTSCHER BANKEN E. V. (HRSG.) (Perspektiven 1994): Banken 1994 – Fakten, Meinungen, Perspektiven, Köln 1994.

BUNDESVERBAND ÖFFENTLICHER BANKEN DEUTSCHLANDS E. V. (Verbandsbericht 1998): Verbandsbericht 1997/1998, hrsg. von BERND LÜTHJE, Bonn 1998.

BUNDESVERBAND ÖFFENTLICHER BANKEN DEUTSCHLANDS E. V. (HRSG.) (Vorhaben 1999): Kreditwirtschaftlich wichtige Vorhaben der EU (Stand: 1. September 1999), 7. Aufl., Bonn/Brüssel 1999.

BUNDESVERFASSUNGSGERICHT (Urteil 1963): Urteil vom 24. Juli 1962, AZ 2 BvF 4, 5/61, 1, 2/62, in: Entscheidungen des Bundesverfassungsgerichts, hrsg. von den MITGLIEDERN DES BUNDESVERFASSUNGSGERICHTS, Bd. 14, Tübingen 1963, S. 197-221.

BUNDESVERFASSUNGSGERICHT (Urteil 1994): Urteil vom 12. Oktober 1993, AZ 2 BvR 2134, 2159/92, in: Entscheidungen des Bundesverfassungsgerichts, hrsg. von den MITGLIEDERN DES BUNDESVERFASSUNGSGERICHTS, Bd. 89, Tübingen 1994, S. 155-213.

BUNDESVERWALTUNGSGERICHT (Urteile 1959): Urteile vom 10. Juli 1958, BVerwG I C 195/56 (München), BVerwG I C 177/54 (Koblenz), BVerwG I C 205/55 (Bebenhausen), in: NJW, 1959, Heft 13, S. 590-595.

BURGHOF, HANS-PETER; RUDOLPH, BERND (Bankenaufsicht 1996): Bankenaufsicht – Theorie und Praxis der Regulierung, Wiesbaden 1996.

CASTEEL, WILHELM; KRÜPPEL, WOLFGANG (Anforderungen 1996): Bankaufsichtliche Anforderungen an Derivate, in: B. Bl., 1996, Heft 1, S. 10-14.

CECCHINI, PAOLO (Vorteil 1988): Europa '92 – Der Vorteil des Binnenmarktes, Baden-Baden 1988.

CHRISTIAN, CLAUS-JÖRG (Restlaufzeiten 1987): Ursprungs- oder Restlaufzeiten im Jahresabschluß der Kreditinstitute? – Eine Diskussion im Rahmen der EG-Harmonisierung im Bankenbereich, in: BB, 1987, Heft 4, S. 229-234.

CHRISTIAN, CLAUS-JÖRG (Informationsbasis 1992): Finanzinnovationen und bankaufsichtsrechtliche Information – Eine Konzeption der Informationsbasis der Bankenaufsicht zur laufenden Überwachung der Geschäftätigkeit und der Risikostrukturen von Kreditinstituten, Stuttgart 1992.

CHRISTIAN, CLAUS-JÖRG; WASCHBUSCH, GERD (EG-Bankbilanzrichtlinie 1987): Auswirkungen der EG-Bankbilanzrichtlinie auf die künftige Konzernrechnungslegung deutscher Kreditinstitute, in: BB, 1987, Heft 34, S. 2335-2339.

CHRISTIAN, CLAUS-JÖRG; WASCHBUSCH, GERD (Refinanzierung 1988): Liquiditätsgrundsatzneutrale Refinanzierung – Ein Ziel des Liquiditätsmanagements von Kreditinstituten, in: WiSt, 1988, Heft 9, S. 480-484.

CONSBRUCH, JOHANNES; MÖLLER, ANNEMARIE; BÄHRE, INGE LORE; SCHNEIDER, MANFRED (KWG-Textsammlung 1999): Kreditwesengesetz mit weiteren Vorschriften zum Aufsichtsrecht der Banken – Textsammlung, Bd. I u. Bd. II, 11. Aufl., München 1994, 58. Ergänzungslieferung (Stand: August 1999).

COOKE, W.P. (Banking Regulation 1981): Banking Regulation, Profits and Capital Generation, in: The Banker, 1981, No. 8, S. 21-23.

CORDEWENER, KARL-FRIEDRICH (Internationale Gremien 1990): Internationale Gremien für Bankaufsichtsfragen, in: Sparkasse, 1990, Heft 11, S. 505-511.

C&L DEUTSCHE REVISION AG (HRSG.) (Anforderungen 1998): Anforderungen an den Einsatz von Finanzinstrumenten bei Industrieunternehmen – Sinngemäße Anwendung der Mindestanforderungen des BAK für Handelsgeschäfte der Kreditinstitute, 2. Aufl., Frankfurt am Main 1998.

C&L DEUTSCHE REVISION AG (HRSG.) (6. KWG-Novelle 1998): 6. KWG-Novelle und neuer Grundsatz I – Kommentierung – Originaltexte, Frankfurt am Main 1998.

C&L DEUTSCHE REVISION AG (HRSG.) (Finanzdienstleistungsinstitute 1998): Finanzdienstleistungsinstitute – Kommentierung der neuen Solvenz- und Marktaufsicht, Frankfurt am Main 1998.

DAMM, ULRICH (Internationalisierung 1985): Die Internationalisierung der Bankenaufsicht, in: Die Bank, 1985, Heft 5, S. 212-216.

DEGENHART, HEINRICH (Eigenkapitalnormen 1987): Zweck und Zweckmäßigkeit bankaufsichtlicher Eigenkapitalnormen, Berlin 1987.

DELORS, JACQUES (Finanzraum 1988): Auf dem Weg zu einem europäischen Finanzraum, in: Ein Europäischer Finanzraum, hrsg. von der KOMMISSION DER EUROPÄISCHEN GEMEINSCHAFTEN, Luxemburg 1988, S. 3-6.

DELORS, JACQUES (Vorwort 1988): Vorwort, in: Europa-Banking – Bankpolitik im europäischen Finanzraum und währungspolitische Integration, hrsg. von DIETER DUWENDAG, Baden-Baden 1988, S. 9-10.

DEPPE, HANS-DIETER (KWG-Novellierung 1984): KWG-Novellierung und finanzielle Stabilität, in: ZfgK, 1984, Heft 7, S. 286-292.

DEPPE, HANS-DIETER (Kreditinstitute 1993): Kreditinstitute, in: Handwörterbuch der Betriebswirtschaft, hrsg. von WALDEMAR WITTMANN u. a., Bd. 2, 5. Aufl., Stuttgart 1993, Sp. 2435-2451.

DEUTSCHE BUNDESBANK (Grundsätze 1962): Die Grundsätze über das Eigenkapital und die Liquidität der Kreditinstitute gemäß §§ 10 und 11 des Gesetzes über das Kreditwesen, in: Monatsbericht der Deutschen Bundesbank, 1962, Nr. 3, S. 3-17.

DEUTSCHE BUNDESBANK (Änderung 1964): Änderung des Grundsatzes für die Angemessenheit des Eigenkapitals der Kreditinstitute, in: Monatsbericht der Deutschen Bundesbank, 1964, Nr. 12, S. 14-19.

DEUTSCHE BUNDESBANK (Neufassung 1969): Die Neufassung der „Grundsätze über das Eigenkapital und die Liquidität der Kreditinstitute" gemäß §§ 10 und 11 des Gesetzes über das Kreditwesen, in: Monatsbericht der Deutschen Bundesbank, 1969, Nr. 3, S. 37-43.

DEUTSCHE BUNDESBANK (Geschäftsentwicklung 1971): Die Geschäftsentwicklung der Bankengruppen 1960-1970, in: Monatsbericht der Deutschen Bundesbank, 1971, Nr. 4, S. 30-54.

DEUTSCHE BUNDESBANK (Neufassung 1973): Die Neufassung des Grundsatzes III über die Liquidität der Kreditinstitute gemäß § 11 des Gesetzes über das Kreditwesen, in: Monatsbericht der Deutschen Bundesbank, 1973, Nr. 4, S. 11-15.

DEUTSCHE BUNDESBANK (Millionenkredite 1987): Die Evidenzzentrale für Millionenkredite bei der Deutschen Bundesbank, in: Monatsbericht der Deutschen Bundesbank, 1987, Nr. 10, S. 41-45.

DEUTSCHE BUNDESBANK (Grundsätze I und Ia 1990): Die neuen Grundsätze I und Ia über das Eigenkapital der Kreditinstitute, in: Monatsbericht der Deutschen Bundesbank, 1990, Nr. 8, S. 39-46.

DEUTSCHE BUNDESBANK (Internationale Organisationen 1992): Internationale Organisationen und Gremien im Bereich von Währung und Wirtschaft, Sonderdruck Nr. 3 der Deutschen Bundesbank, 4. Aufl., Frankfurt am Main 1992.

DEUTSCHE BUNDESBANK (Einlagensicherung 1992): Die Einlagensicherung in der Bundesrepublik Deutschland, in: Monatsbericht der Deutschen Bundesbank, 1992, Nr. 7, S. 30-38.

DEUTSCHE BUNDESBANK (Europa 1992): Europa auf dem Weg zum Binnenmarkt, in: Monatsbericht der Deutschen Bundesbank, 1992, Nr. 10, S. 17-24.

DEUTSCHE BUNDESBANK (Vierte Novelle 1993): Die Vierte Novelle des Kreditwesengesetzes – ein weiterer Schritt zum europäischen Bankenmarkt, in: Monatsbericht der Deutschen Bundesbank, 1993, Nr. 1, S. 35-42.

DEUTSCHE BUNDESBANK (Grundsätze 1993): Grundsätze über das Eigenkapital und die Liquidität der Kreditinstitute, in: Monatsbericht der Deutschen Bundesbank, 1993, Nr. 3, S. 49-63.

DEUTSCHE BUNDESBANK (Geschäftsbericht 1993): Geschäftsbericht für das Jahr 1992, Frankfurt am Main 1993.

DEUTSCHE BUNDESBANK (Währungsunion 1994): Die zweite Stufe der Europäischen Wirtschafts- und Währungsunion – Regelungen und Auswirkungen auf den institutionellen Rahmen der deutschen Notenbankpolitik, in: Monatsbericht der Deutschen Bundesbank, 1994, Nr. 1, S. 25-44.

DEUTSCHE BUNDESBANK (Novelle 1994): Die Fünfte Novelle des Kreditwesengesetzes – Ein weiterer Schritt zur Harmonisierung der europäischen Bankaufsichtsregelungen, in: Monatsbericht der Deutschen Bundesbank, 1994, Nr. 11, S. 59-67.

DEUTSCHE BUNDESBANK (Geschäftsbericht 1994): Geschäftsbericht für das Jahr 1993, Frankfurt am Main 1994.

DEUTSCHE BUNDESBANK (Geldpolitik 1995): Die Geldpolitik der Bundesbank, Reihe Sonderveröffentlichung der Deutschen Bundesbank (Stand: Oktober 1995), Frankfurt am Main 1995.

DEUTSCHE BUNDESBANK (Mindestanforderungen 1996): Mindestanforderungen an das Betreiben von Handelsgeschäften der Kreditinstitute, in: Monatsbericht der Deutschen Bundesbank, 1996, Nr. 3, S. 55-64.

DEUTSCHE BUNDESBANK (Statistischer Teil 1996): Statistischer Teil, in: Monatsbericht der Deutschen Bundesbank, 1996, Nr. 4, S. 1*-76*.

DEUTSCHE BUNDESBANK (Formalitäten 1996): Merkblatt zu den Voraussetzungen und Formalitäten für die Erteilung einer Erlaubnis zum Betreiben von Bankgeschäften (Stand: September 1996), abgedruckt in: RK (Kreditwesengesetz 2000), Kza. 115, § 32, S. 16-23.

DEUTSCHE BUNDESBANK (Kreditwesen 1996): Gesetz über das Kreditwesen, Reihe Bankrechtliche Regelungen 2 (Stand: Oktober 1996), Frankfurt am Main 1996.

DEUTSCHE BUNDESBANK (Geschäftsbericht 1996): Geschäftsbericht für das Jahr 1995, Frankfurt am Main 1996.

DEUTSCHE BUNDESBANK (Anordnung 1997): Anordnung gemäß § 18 BBankG zur Monatlichen Bilanzstatistik vom 1. Januar 1996, zuletzt geändert durch Mitteilung vom 5. Februar 1997, abgedruckt in: Bankenstatistik – Richtlinien, Reihe Statistische Sonderveröffentlichung 1 (Stand: Januar 1999), hrsg. von der Deutschen Bundesbank, Frankfurt am Main 1999, S. 131-132.

DEUTSCHE BUNDESBANK (Statistischer Teil 1997): Statistischer Teil, in: Monatsbericht der Deutschen Bundesbank, 1997, Nr. 4, S. 1*-76*.

DEUTSCHE BUNDESBANK (Organisationen 1997): Weltweite Organisationen und Gremien im Bereich von Währung und Wirtschaft, Reihe Sonderveröffentlichung der Deutschen Bundesbank (Stand: April 1997), Frankfurt am Main 1997.

DEUTSCHE BUNDESBANK (Gremien 1997): Europäische Organisationen und Gremien im Bereich von Währung und Wirtschaft, Reihe Sonderveröffentlichung der Deutschen Bundesbank (Stand: Mai 1997), Frankfurt am Main 1997.

DEUTSCHE BUNDESBANK (Ertragslage 1997): Ertragslage und Finanzierungsverhältnisse ostdeutscher Unternehmen im Jahr 1995, in: Monatsbericht der Deutschen Bundesbank, 1997, Nr. 7, S. 41-55.

DEUTSCHE BUNDESBANK (Bankenstatistik 1997): Bankenstatistik Juli 1997, Statistisches Beiheft zum Monatsbericht 1, Frankfurt am Main 1997.

DEUTSCHE BUNDESBANK (Finanzierungsverhältnisse 1997): Ertragslage und Finanzierungsverhältnisse westdeutscher Unternehmen im Jahre 1996, in: Monatsbericht der Deutschen Bundesbank, 1997, Nr. 11, S. 31-55.

DEUTSCHE BUNDESBANK (Geschäftsbericht 1997): Geschäftsbericht für das Jahr 1996, Frankfurt am Main 1997.

DEUTSCHE BUNDESBANK (Novelle 1998): Die Sechste Novelle des Kreditwesengesetzes, 1998, Nr. 1, S. 61-71.

DEUTSCHE BUNDESBANK (Finanzdienstleistungen 1998): Merkblatt über die Erteilung einer Erlaubnis zum Erbringen von Finanzdienstleistungen gemäß § 32 Abs. 1 KWG (Stand: Februar 1998), Frankfurt am Main 1998.

DEUTSCHE BUNDESBANK (Statistischer Teil 1998): Statistischer Teil, in: Monatsbericht der Deutschen Bundesbank, 1998, Nr. 4, S. 1*-76*.

DEUTSCHE BUNDESBANK (Grundsatz I 1998): Der neue Grundsatz I, in: Monatsbericht der Deutschen Bundesbank, 1998, Nr. 5, S. 67-76.

DEUTSCHE BUNDESBANK (Ertragslage 1998): Ertragslage und Finanzierungsverhältnisse ostdeutscher Unternehmen im Jahr 1996, in: Monatsbericht der Deutschen Bundesbank, 1998, Nr. 7, S. 35-49.

DEUTSCHE BUNDESBANK (Evidenzzentrale 1998): Die Evidenzzentrale für Millionenkredite bei der Deutschen Bundesbank – Änderungen im Meldeverfahren, in: Monatsbericht der Deutschen Bundesbank, 1998, Nr. 8, S. 83-91.

DEUTSCHE BUNDESBANK (Merkblatt 1998): Merkblatt für die Abgabe der Groß- und Millionenkreditanzeigen nach §§ 13 bis 14 KWG, Reihe Bankrechtliche Regelungen 7 (Stand: September 1998), Frankfurt am Main 1998.

DEUTSCHE BUNDESBANK (Grundsatz I 1998): Grundsatz I über die Eigenmittel der Institute, Reihe Bankrechtliche Regelungen 2a (Stand: Oktober 1998), Frankfurt am Main 1998.

DEUTSCHE BUNDESBANK (Finanzierungsverhältnisse 1998): Ertragslage und Finanzierungsverhältnisse westdeutscher Unternehmen im Jahre 1997, in: Monatsbericht der Deutschen Bundesbank, 1998, Nr. 10, S. 27-49.

DEUTSCHE BUNDESBANK (Erläuterungen 1998): Ergänzende Erläuterungen zu den Meldevordrucken LI 1 und LI 2 (Zeiteinteilung, Pensions- und Leihgeschäfte sowie geldpolitisches Instrumentarium des ESZB) vom 25. November 1998, Frankfurt am Main 1998.

DEUTSCHE BUNDESBANK (Geschäftsbericht 1998): Geschäftsbericht für das Jahr 1997, Frankfurt am Main 1998.

DEUTSCHE BUNDESBANK (Richtlinien 1999): Richtlinien für die Meldungen der Kreditinstitute zur Monatlichen Bilanzstatistik, abgedruckt in: Bankenstatistik – Richtlinien, Reihe Statistische Sonderveröffentlichung 1 (Stand: Januar 1999), hrsg. von der Deutschen Bundesbank, Frankfurt am Main 1999, S. 9-127.

DEUTSCHE BUNDESBANK (Statistischer Teil 1999): Statistischer Teil, in: Monatsbericht der Deutschen Bundesbank, 1999, Nr. 2, S. 1*-76*.

DEUTSCHE BUNDESBANK (Bankenstatistik 1999): Bankenstatistik Februar 1999, Statistisches Beiheft zum Monatsbericht 1, Frankfurt am Main 1999.

DEUTSCHE BUNDESBANK (Kreditwesen 1999): Gesetz über das Kreditwesen, Reihe Bankrechtliche Regelungen 2 (Stand: März 1999), Frankfurt am Main 1999.

DEUTSCHE BUNDESBANK (Erläuterungen 1999): Erläuterungen zu den Meldungen der Institute zum Grundsatz I – Risikoaktiva (Stand: März 1999), Frankfurt am Main 1999.

DEUTSCHE BUNDESBANK (Ertragslage 1999): Ertragslage und Finanzierungsverhältnisse ostdeutscher Unternehmen im Jahr 1997, in: Monatsbericht der Deutschen Bundesbank, 1999, Nr. 7, S. 75-89.

DEUTSCHE BUNDESBANK (Grundsatz II 1999): Grundsatz II über die Liquidität der Institute, Reihe Bankrechtliche Regelungen 2b (Stand: August 1999), Frankfurt am Main 1999.

DEUTSCHE BUNDESBANK (Geschäftsbericht 1999): Geschäftsbericht für das Jahr 1998, Frankfurt am Main 1999.

DEUTSCHE BUNDESBANK (HRSG.) (Verzeichnis 1999): Verzeichnis der Kreditinstitute und ihrer Verbände sowie der Treuhänder für Kreditinstitute in der Bundesrepublik Deutschland, Reihe Bankgeschäftliche Informationen 2 (Stand: 31. Dezember 1998), Frankfurt am Main 1999.

DEUTSCHE BUNDESBANK (HRSG.) (Bankenstatistik 1999): Bankenstatistik – Richtlinien, Reihe Statistische Sonderveröffentlichung 1 (Stand: Januar 1999), Frankfurt am Main 1996.

DEUTSCHER BUNDESTAG (Grundgesetz 1949): Grundgesetz für die Bundesrepublik Deutschland vom 23. Mai 1949, zuletzt geändert durch das Gesetz zur Änderung des Grundgesetzes vom 16. Juli 1998, abgedruckt in: BECK'SCHE TEXTAUSGABEN: Wirtschaftsgesetze, Textsammlung für Juristen und Wirtschaftsfachleute, 15. Aufl., München 1991, 18. Ergänzungslieferung (September 1999), Nr. 1, S. 1-53.

DEUTSCHER BUNDESTAG (Gesetz über das Kreditwesen 1961): Gesetz vom 10. Juli 1961 über das Kreditwesen, in: BGBl. I, 15.7.1961, Nr. 49, S. 881-898.

DEUTSCHER BUNDESTAG (Schiffsbankgesetz 1963): Gesetz über Schiffspfandbriefbanken i. d. F. der Bekanntmachung vom 8. Mai 1963, zuletzt geändert durch Art. 20 des Gesetzes zur weiteren Fortentwicklung des Finanzplatzes Deutschland (Drittes Finanzmarktförderungsgesetz) vom 24. März 1998, abgedruckt in: CMBS (KWG-Textsammlung 1999), Nr. 6, S. 1-17.

DEUTSCHER BUNDESTAG (KfW-Gesetz 1969): Gesetz über die Kreditanstalt für Wiederaufbau i. d. F. der Bekanntmachung vom 23. Juni 1969, in: BGBl. I, 26.6.1969, Nr. 50, S. 574-576, zuletzt geändert durch das Gesetz zur weiteren Fortentwicklung des Finanzplatzes Deutschland vom 24. März 1998, in: BGBl. I, 1998, S. 529.

DEUTSCHER BUNDESTAG (Erstes Gesetz zur Änderung des Gesetzes über das Kreditwesen 1971): Gesetz vom 23. Dezember 1971 zur Änderung des Gesetzes über das Kreditwesen, in: BGBl. I, 28.12.1971, Nr. 135, S. 2139.

DEUTSCHER BUNDESTAG (Westvermögen-Abwicklungsgesetz 1972): Gesetz zur Abwicklung der unter Sonderverwaltung stehenden Vermögen von Kreditinstituten, Versicherungsunternehmen und Bausparkassen vom 21. März 1972, zuletzt geändert durch Art. 78 des Einführungsgesetzes zur Insolvenzordnung vom 5. Oktober 1994, abgedruckt in: CMBS (KWG-Textsammlung 1999), Nr. 30.09, S. 106-120.

DEUTSCHER BUNDESTAG (Zweites Gesetz zur Änderung des Gesetzes über das Kreditwesen 1976): Zweites Gesetz vom 24. März 1976 zur Änderung des Gesetzes über das Kreditwesen, in: BGBl. I, 25.3.1976, Nr. 31, S. 725-733.

DEUTSCHER BUNDESTAG (Drittes Gesetz zur Änderung des Gesetzes über das Kreditwesen 1984): Drittes Gesetz vom 20. Dezember 1984 zur Änderung des Gesetzes über das Kreditwesen, in: BGBl. I, 29.12.1984, Nr. 56, S. 1693-1707.

DEUTSCHER BUNDESTAG (Gesetz zur EEA 1986): Gesetz vom 19. Dezember 1986 zur Einheitlichen Europäischen Akte vom 28. Februar 1986, in: BGBl. II, 24.12.1986, Nr. 39, S. 1102-1115.

DEUTSCHER BUNDESTAG (DSL Bank-Gesetz 1989): Gesetz über die Deutsche Siedlungs- und Landesrentenbank vom 11. Juli 1989, in: BGBl. I, 18.7.1989, Nr. 36, S. 1421-1423.

DEUTSCHER BUNDESTAG (Gesetz zum Vereinigungsvertrag 1990): Gesetz zu dem Vertrag vom 18. Mai 1990 über die Schaffung einer Währungs-, Wirtschafts- und Sozialunion zwischen der Bundesrepublik Deutschland und der Deutschen Demokratischen Republik vom 25. Juni 1990, in: BGBl. II, 29.6.1990, Nr. 20, S. 518-536.

DEUTSCHER BUNDESTAG (Bausparkassengesetz 1991): Gesetz über Bausparkassen i. d. F. der Bekanntmachung vom 15. Februar 1991, zuletzt geändert durch Art. 3 § 11 des Gesetzes über die Zulassung von Stückaktien (Stückaktiengesetz) vom 25. März 1998, abgedruckt in: BECK'SCHE TEXTAUSGABEN: Wirtschaftsgesetze, Textsammlung für Juristen und Wirtschaftsfachleute, 15. Aufl., München 1991, 18. Ergänzungslieferung (September 1999), Nr. 142, S. 1-13.

DEUTSCHER BUNDESTAG (Bundesbankgesetz 1992): Gesetz über die Deutsche Bundesbank i. d. F. der Bekanntmachung vom 22. Oktober 1992, zuletzt geändert durch das Sechste Gesetz zur Änderung des Gesetzes über die Deutsche Bundesbank vom 22. Dezember 1997, abgedruckt in: BECK'SCHE TEXTAUSGABEN: Wirtschaftsgesetze, Textsammlung für Juristen und Wirtschaftsfachleute, 15. Aufl., München 1991, 18. Ergänzungslieferung (September 1999), Nr. 140, S. 1-18.

DEUTSCHER BUNDESTAG (Viertes Gesetz zur Änderung des Gesetzes über das Kreditwesen 1992): Gesetz vom 21. Dezember 1992 zur Änderung des Gesetzes über das Kreditwesen und anderer Vorschriften über Kreditinstitute, in: BGBl. I, 29.12.1992, Nr. 59, S. 2211-2228.

DEUTSCHER BUNDESTAG (Geldwäschegesetz 1993): Gesetz über das Aufspüren von Gewinnen aus schweren Straftaten (Geldwäschegesetz) vom 25. Oktober 1993, zuletzt geändert durch Art. 3 des Gesetzes zur Verbesserung der Bekämpfung der Organisierten Kriminalität vom 4. Mai 1998, abgedruckt in: CMBS (KWG-Textsammlung 1999), Nr. 11, S. 1-5.

DEUTSCHER BUNDESTAG (Berlin/Bonn-Gesetz 1994): Gesetz vom 26. April 1994 zur Umsetzung des Beschlusses des Deutschen Bundestages vom 20. Juni 1991 zur Vollendung der Einheit Deutschlands, in: BGBl. I, 6.5.1994, Nr. 27, S. 918-921.

DEUTSCHER BUNDESTAG (Fünftes Gesetz zur Änderung des Gesetzes über das Kreditwesen 1994): Gesetz vom 28. September 1995 zur Änderung des Gesetzes über das Kreditwesen und anderer Vorschriften über Kreditinstitute, in: BGBl. I, 7.10.1994, Nr. 67, S. 2735-2749.

DEUTSCHER BUNDESTAG (Depotgesetz 1995): Gesetz über die Verwahrung und Anschaffung von Wertpapieren (Depotgesetz) i. d. F. der Bekanntmachung vom 11. Januar 1995, zuletzt geändert durch Art. 12 des Handelsrechtsreformgesetzes vom 22. Juni 1998 (BGBl. I, S. 1474), abgedruckt in: BECK'SCHE TEXTAUSGABEN: Wirtschaftsgesetze, Textsammlung für Juristen und Wirtschaftsfachleute, 15. Aufl., München 1991, 18. Ergänzungslieferung (September 1999), Nr. 150, S. 1-15.

DEUTSCHER BUNDESTAG (Gesetz zur Umsetzung von EG-Richtlinien 1997): Gesetz vom 22. Oktober 1997 zur Umsetzung von EG-Richtlinien zur Harmonisierung bank- und wertpapieraufsichtsrechtlicher Vorschriften, in: BGBl. I, 28.10.1997, Nr. 71, S. 2518-2566.

DEUTSCHER BUNDESTAG (Begleitgesetz 1997): Begleitgesetz vom 22. Oktober 1997 zum Gesetz zur Umsetzung von EG-Richtlinien zur Harmonisierung bank- und wertpapieraufsichtsrechtlicher Vorschriften, in: BGBl. I, 28.10.1997, Nr. 71, S. 2567-2580.

DEUTSCHER BUNDESTAG (Entwurf eines Einlagensicherungs- und Anlegerentschädigungsgesetzes 1998): Entwurf eines Gesetzes zur Umsetzung der EG-Einlagensicherungsrichtlinie und der EG-Anlegerentschädigungsrichtlinie nebst Begründung, in: Bundestags-Drucksache 13/10188 vom 24.3.1998, S. 1-26.

DEUTSCHER BUNDESTAG (Einlagensicherungs- und Anlegerentschädigungsgesetz 1998): Gesetz vom 16. Juli 1998 zur Umsetzung der EG-Einlagensicherungsrichtlinie und der EG-Anlegerentschädigungsrichtlinie, in: BGBl. I, 22.7.1998, Nr. 45, S. 1842-1849.

DEUTSCHER BUNDESTAG (Börsengesetz 1998): Börsengesetz i. d. F. der Bekanntmachung vom 9. September 1998, abgedruckt in: BECK'SCHE TEXTAUSGABEN: Wirtschaftsgesetze, Textsammlung für Juristen und Wirtschaftsfachleute, 15. Aufl., München 1991, 18. Ergänzungslieferung (September 1999), Nr. 147, S. 1-34.

DEUTSCHER BUNDESTAG (Gesetz über das Kreditwesen 1998): Gesetz über das Kreditwesen in der Neufassung der Bekanntmachung vom 9. September 1998, zuletzt geändert durch Art. 3 des Gesetzes zur Änderung insolvenzrechtlicher und kreditwesenrechtlicher Vorschriften vom 8. Dezember 1999 (BGBl. I, 10.12.1999, Nr. 54, S. 2384-2385), abgedruckt in: RK (Kreditwesengesetz 2000), Kza. 106, S. 1-104.

DEUTSCHER BUNDESTAG (Auslandinvestmentgesetz 1998): Gesetz über den Vertrieb ausländischer Investmentanteile und über die Besteuerung der Erträge aus ausländischen Investmentanteilen i. d. F. der Bekanntmachung vom 9. September 1998, geändert durch Art. 12 des Steuerentlastungsgesetzes 1999/2000/2002 vom 24. März 1999, abgedruckt in: CMBS (KWG-Textsammlung 1999), Nr. 10 A, S. 1-24.

DEUTSCHER BUNDESTAG (Hypothekenbankgesetz 1998): Hypothekenbankgesetz i. d. F. der Bekanntmachung vom 9. September 1998, abgedruckt in: BECK'SCHE TEXTAUSGABEN: Wirtschaftsgesetze, Textsammlung für Juristen und Wirtschaftsfachleute, 15. Aufl., München 1991, 18. Ergänzungslieferung (September 1999), Nr. 144, S. 1-13.

DEUTSCHER BUNDESTAG (Kapitalanlagegesellschaftengesetz 1998): Gesetz über Kapitalanlagegesellschaften i. d. F. der Bekanntmachung vom 9. September 1998, geändert durch Art. 11 des Steuerentlastungsgesetzes 1999/2000/2002 vom 24. März 1999, abgedruckt in: CMBS (KWG-Textsammlung 1999), Nr. 10, S. 1-32b.

DEUTSCHER BUNDESTAG (Pfandbriefgesetz 1998): Gesetz über die Pfandbriefe und verwandten Schuldverschreibungen öffentlich-rechtlicher Kreditanstalten i. d. F. der Bekanntmachung vom 9. September 1998, abgedruckt in: BECK'SCHE TEXTAUSGABEN: Wirtschaftsgesetze, Textsammlung für Juristen und Wirtschaftsfachleute, 15. Aufl., München 1991, 18. Ergänzungslieferung (September 1999), Nr. 54, S. 1-6.

DEUTSCHER BUNDESTAG (Wertpapierhandelsgesetz 1998): Gesetz über den Wertpapierhandel (Wertpapierhandelsgesetz) i. d. F. der Bekanntmachung vom 9. September 1998, abgedruckt in: CMBS (KWG-Textsammlung 1999), Nr. 18.01, S. 1-38.

DEUTSCHER SPARKASSEN- UND GIROVERBAND E. V. (HRSG.) (Binnenmarkt 1993): Europäischer Binnenmarkt – Harmonisierung des Rechts der Kreditwirtschaft (Stand: März 1993), 6. Aufl., Bonn 1993.

DEUTSCHER SPARKASSEN- UND GIROVERBAND E. V. (HRSG.) (Sparkassen-Leitfaden 1996): Sparkassen-Leitfaden zur Umsetzung der Verlautbarung des Bundesaufsichtsamtes für das Kreditwesen vom 23. Oktober 1995 über „Mindestanforderungen an das Betreiben von Handelsgeschäften der Kreditinstitute" in Sparkassen (Stand: 16. Januar 1996), Bonn 1996.

DICKEN, ENGELBERT (Bankenwirtschaftspolitik 1981): Gemeinschaftliche Bankenwirtschaftspolitik, in: Das Bankwesen im Gemeinsamen Markt, hrsg. von UWE BLAUROCK, Baden-Baden 1981, S. 75-92.

DOHR, HANS-JOACHIM (Eignung 1990): Zur fachlichen Eignung des Geschäftsleiters einer Bank (Teil I und Teil II), in: FLF, 1990, Heft 2 und Heft 3, S. 56-58 und S. 100-103.

DORMANNS, ALBERT (Zusammenarbeit 1979): EG-Kommission bietet Banken neue Form der Zusammenarbeit, in: Die Bank, 1979, Heft 10, S. 470-471.

DÜRER, PETER (Universalbanken 1971): Die Universalbanken im westdeutschen Kreditgewerbe, in: ÖBA, 1971, Heft 1, S. 12-19.

DÜRRE, GÜNTER (Bundesaufsichtsamt 1972): Zehn Jahre Bundesaufsichtsamt für das Kreditwesen, in: Blätter für das Genossenschaftswesen, 1972, Heft 3, S. 33-38.

DÜRRE, GÜNTER (Möglichkeiten 1973): Möglichkeiten und Grenzen der Bankenaufsicht, in: ZfgK, 1973, Heft 24, S. 1189-1191.

DÜRRE, GÜNTER (Aufsichtsamt 1974): Kann das Aufsichtsamt Bankinsolvenzen verhindern?, in: ÖBA, 1974, Heft 6, S. 186-195.

DÜRRE, GÜNTER (Problematik 1974): Die Problematik der Bankenaufsicht, in: Neuzeitliche Bankpolitik – Analysen und Meinungen aus der deutschen Kreditwirtschaft, hrsg. von ROBERT WITTGEN, Frankfurt am Main 1974, S. 127-133.

DÜRRE, GÜNTER (Thesen 1975): Nochmals: „Thesen zum Kreditwesengesetz", in: ZfgK, 1975, Heft 19, S. 896-897.

DÜRRE, GÜNTER (Bankenaufsicht 1976): Bankenaufsicht, in: Handwörterbuch der Finanzwirtschaft, hrsg. von HANS E. BÜSCHGEN, Stuttgart 1976, Sp. 87-91.

DÜRSELEN, KARL E. (Änderungen 1993): Wesentliche Änderungen des Kreditwesengesetzes im Rahmen der Vierten KWG-Novelle, in: ZBB, 1993, Heft 4, S. 266-275.

DÜRSELEN, KARL E. (Novellierung 1994): Novellierung der Bankaufsichtsnorm Grundsatz I zur Erfassung und Begrenzung von Ausfallrisiken eines Kreditinstituts, in: ZBB, 1994, Heft 1, S. 100-115.

DÜRSELEN, KARL E. (Großkreditnormen 1996): Die Großkreditnormen des § 13 KWG nach der Fünften Novelle des Kreditwesengesetzes, in: ZBB, 1996, Heft 1, S. 46-57.

DÜRSELEN, KARL E. (Kredite 1997): Kredite im Rahmen der Großkreditnormen des § 13 KWG, in: ZBB, 1997, Heft 1, S. 24-48.

DUWENDAG, DIETER (Kreditwesen 1978): Kreditwesen in der Bundesrepublik Deutschland – II: Überblick, in: HdWW, hrsg. von WILLI ALBERS u. a., Bd. 4, Stuttgart u. a. 1978, S. 624-640.

DUWENDAG, DIETER (Europa-Banking 1988): „Europa-Banking" – ein Überblick, in: Europa-Banking – Bankpolitik im europäischen Finanzraum und währungspolitische Integration, hrsg. von DIETER DUWENDAG, Baden-Baden 1988, S. 13-39.

EINHEITLICHE EUROPÄISCHE AKTE (EEA) vom 17./28. Februar 1986, in: ABl. der EG, 29.6.1987, Nr. L 169, S. 1-29.

EMMERICH, VOLKER (4. KWG-Novelle 1993): Die 4. KWG-Novelle (Teil I und Teil II), in: FLF, 1993, Heft 2 und Heft 3, S. 46-49 und S. 106-111.

ENGELEN KLAUS C. (Bereitschaft 1994): Internationale Finanzmärkte/Amerikas Börsenaufsichtschef möchte auch international neue Akzente setzen – Für neue IOSCO-Gespräche – Flexiblere Zulassungsregeln und mehr Bereitschaft zur globalen Kooperation, in: HB, 21.2.1994, Nr. 36, S. 10.

ENGELEN, KLAUS C. (Streit 1994): Internationale Finanzmärkte/Amerikas Wertpapierhüter richten sich auf eine lange Übergangszeit ohne harmonisierte Eigenkapitalregeln ein – Spekulative Fonds stiften Streit unter Wertpapier- und Bankenkontrolleuren, in: HB, 8.3.1994, Nr. 47, S. 13.

ENGELEN, KLAUS C. (Schwächen 1994): Internationale Finanzmärkte/Bei der Regulierung derivativer Finanzprodukte zeigen sich die Schwächen einer fragmentierten internationalen Aufsicht – Basels neuer Chefaufseher plädiert für die graduelle Ausweitung der Kontrollen, in: HB, 30.5.1994, Nr. 102, S. 12.

ENGELS, WOLFRAM (Bankensolvenztheorien 1978): Bankensolvenztheorien und Praxis der Bankenaufsicht, in: Die Banken im Spannungsfeld von Notenbank und Bankenaufsicht – 4. Symposium zur Bankengeschichte am 19. Oktober 1977, hrsg. vom WISSENSCHAFTLICHEN BEIRAT DES INSTITUTS FÜR BANKHISTORISCHE FORSCHUNG E. V., Frankfurt am Main 1978, S. 23-31.

ENSTHALER, JÜRGEN (Entwicklung 1989): Die Entwicklung des Gemeinschaftsrechts nach der „Einheitlichen Europäischen Akte", in: technologie & management, 1989, Heft 1, S. 15-19.

ENSTHALER, JÜRGEN (Diskriminierung 1990): Die umgekehrte Diskriminierung im EWG-Vertrag – Ein Weg zum Binnenmarkt, in: RIW, 1990, Heft 9, S. 734-741.

ENSTHALER, JÜRGEN (Binnenmarkt 1995): Auf dem Weg vom Binnenmarkt zur Europäischen Union, in: Vom Binnenmarkt zur Europäischen Union – Die Gemeinschaft zwischen Zweckverband und neuer Staatlichkeit, hrsg. von JÜRGEN ENSTHALER, Berlin 1995, S. 9-32.

ERDLAND, ALEXANDER (Eigenkapital 1981): Eigenkapital und Einlegerschutz bei Kreditinstituten – Eine funktions- und abbildungstheoretische Analyse, Berlin 1981.

EUROPÄISCHES PARLAMENT; RAT DER EUROPÄISCHEN UNION (Richtlinie zur Änderung der Börsenprospektrichtlinie 1994): Richtlinie des Europäischen Parlaments und des Rates vom 30. Mai 1994 zur Änderung der Richtlinie 80/390/EWG zur Koordinierung der Bedingungen für die Erstellung, die Kontrolle und die Verbreitung des Prospekts, der für die Zulassung von Wertpapieren zur amtlichen Notierung an einer Wertpapierbörse zu veröffentlichen ist, im Hinblick auf die Verpflichtung zur Veröffentlichung eines Prospekts (94/18/EG), in: ABl. der EG, 31.5.1994, Nr. L 135, S. 1-4.

EUROPÄISCHES PARLAMENT; RAT DER EUROPÄISCHEN UNION (Richtlinie über Einlagensicherungssysteme 1994): Richtlinie des Europäischen Parlaments und des Rates vom 30. Mai 1994 über Einlagensicherungssysteme (94/19/EG), in: ABl. der EG, 31.5.1994, Nr. L 135, S. 5-14.

EUROPÄISCHES PARLAMENT; RAT DER EUROPÄISCHEN UNION (Richtlinie zwecks verstärkter Beaufsichtigung von Finanzunternehmen 1995): Richtlinie des Europäischen Parlaments und des Rates vom 29. Juni 1995 zur Änderung der Richtlinien 77/780/EWG und 89/646/EWG betreffend Kreditinstitute, der Richtlinien 73/239/EWG und 92/49/EWG betreffend Schadenversicherungen, der Richtlinien 79/267/EWG und 92/96/EWG betreffend Lebensversicherungen, der Richtlinie 93/22/EWG betreffend Wertpapierfirmen sowie der Richtlinie 85/611/EWG betreffend bestimmte Organismen für gemeinsame Anlagen in Wertpapieren (OGAW) zwecks verstärkter Beaufsichtigung dieser Finanzunternehmen (95/26/EG), in: ABl. der EG, 18.7.1995, Nr. L 168, S. 7-13.

EUROPÄISCHES PARLAMENT; RAT DER EUROPÄISCHEN UNION (Nettingrichtlinie 1996): Richtlinie des Europäischen Parlaments und des Rates vom 21. März 1996 zur Änderung der Richtlinie 89/647/EWG im Hinblick auf die aufsichtliche Anerkennung von Schuldumwandlungsverträgen und Aufrechnungsvereinbarungen („vertragliches Netting") (96/10/EG), in: ABl. der EG, 3.4.1996, Nr. L 85, S. 17-21.

EUROPÄISCHES PARLAMENT; RAT DER EUROPÄISCHEN UNION (Überweisungsrichtlinie 1997): Richtlinie des Europäischen Parlaments und des Rates vom 27. Januar 1997 über grenzüberschreitende Überweisungen (97/5/EG), in: ABl. der EG, 14.2.1997, Nr. L 43, S. 25-30.

EUROPÄISCHES PARLAMENT; RAT DER EUROPÄISCHEN UNION (Richtlinie über Anlegerentschädigungssysteme 1997): Richtlinie des Europäischen Parlaments und des Rates vom 3. März 1997 über Systeme für die Entschädigung der Anleger (97/9/EG), in: ABl. der EG, 26.3.1997, Nr. L 84, S. 22-29.

EUROPÄISCHES PARLAMENT; RAT DER EUROPÄISCHEN UNION (Richtlinie zur Änderung der Verbraucherkreditrichtlinie 1998): Richtlinie des Europäischen Parlaments und des Rates vom 16. Februar 1998 zur Änderung der Richtlinie 87/102/EWG zur Angleichung der Rechts- und Verwaltungsvorschriften der Mitgliedstaaten über den Verbraucherkredit (98/7/EG), in: ABl. der EG, 1.4.1998, Nr. L 101, S. 17-23.

EUROPÄISCHES PARLAMENT; RAT DER EUROPÄISCHEN UNION (Richtlinie über die Begrenzung des Systemrisikos 1998): Richtlinie des Europäischen Parlaments und des Rates vom 19. Mai 1998 über die Wirksamkeit von Abrechnungen in Zahlungs- sowie Wertpapierliefer- und -abrechnungssystemen (98/26/EG), in: ABl. der EG, 11.6.1998, Nr. L 166, S. 45-50.

EUROPÄISCHES PARLAMENT; RAT DER EUROPÄISCHEN UNION (Richtlinie zur Änderung der Kapitaladäquanzrichtlinie 1998): Richtlinie des Europäischen Parlaments und des Rates vom 22. Juni 1998 zur Änderung der Richtlinie 93/6/EWG des Rates über die angemessene Eigenkapitalausstattung von Wertpapierfirmen und Kreditinstituten (98/31/EG), in: ABl. der EG, 21.7.1998, Nr. L 204, S. 13-25.

EUROPÄISCHES PARLAMENT; RAT DER EUROPÄISCHEN UNION (Richtlinie zur Änderung des Solvabilitätskoeffizienten 1998): Richtlinie des Europäischen Parlaments und des Rates vom 22. Juni 1998 zur Änderung – im Hinblick auf Hypotheken – der Richtlinie 89/647/EWG des Rates über einen Solvabilitätskoeffizienten für Kreditinstitute (98/32/EG), in: ABl. der EG, 21.7.1998, Nr. L 204, S. 26-28.

EUROPÄISCHES PARLAMENT; RAT DER EUROPÄISCHEN UNION (Richtlinie für ein bankenaufsichtliches Änderungspaket 1998): Richtlinie des Europäischen Parlaments und des Rates vom 22. Juni 1998 zur Änderung des Artikels 12 der Richtlinie 77/780/EWG des Rates zur Koordinierung der Rechts- und Verwaltungsvorschriften über die Aufnahme und Ausübung der Tätigkeit der Kreditinstitute, der Artikel 2, 5, 6, 7 und 8 sowie der Anhänge II und III der Richtlinie 89/647/EWG des Rates über einen Solvabilitätskoeffizienten für Kreditinstitute und des Artikels 2 sowie des Anhangs II zur Richtlinie 93/6/EWG des Rates über die angemessene Eigenkapitalausstattung von Wertpapierfirmen und Kreditinstituten (98/33/EG), in: ABl. der EG, 21.7.1998, Nr. L 204, S. 29-36.

EVERLING, ULRICH (Rechtsangleichung 1990): Probleme der Rechtsangleichung zur Verwirklichung des europäischen Binnenmarktes, in: Festschrift für Ernst Steindorff zum 70. Geburtstag am 13.3.1990, hrsg. von JÜRGEN F. BAUR, Berlin 1990, S. 1155-1173.

FALTLHAUSER, KURT (Hauptproblem 1994): „Das Hauptproblem der Banken ist ihr Image in der Öffentlichkeit", in: ZfgK, 1994, Heft 22, S. 1079-1084.

FEYERABEND, FRIEDRICH-KARL (Bedeutung 1981): Die Bedeutung des Haftsummenzuschlages der Genossenschaftsbanken, Baden-Baden 1981.

FINANZAUSSCHUSS DES DEUTSCHEN BUNDESTAGES (Bericht und Antrag zur Zweiten KWG-Novelle 1976): Bericht und Antrag des Finanzausschusses (7. Ausschuß) über den von der Bundesregierung eingebrachten Entwurf eines Zweiten Gesetzes zur Änderung des Gesetzes über das Kreditwesen – Drucksache 7/3657 – und über den Antrag der Abgeordneten Dr. Sprung, Höcherl, Dr. Müller-Hermann, Leicht, Schedl, Spilker, Schmidhuber, Franke (Osnabrück), Wohlrabe und der Fraktion der CDU/CSU betr. Sicherung von Einlagen im Kreditgewerbe – Drucksache 7/2734 –, in: Bundestags-Drucksache 7/4631 vom 23.1.1976.

FINANZAUSSCHUSS DES DEUTSCHEN BUNDESTAGES (Beschlußempfehlung und Bericht zur Fünften KWG-Novelle 1994): Beschlußempfehlung und Bericht des Finanzausschusses (7. Ausschuß) zu dem Gesetzentwurf der Bundesregierung – Drucksache 12/6957 –, in: Bundestags-Drucksache 12/7985 vom 16.6.1994.

FINANZAUSSCHUSS DES DEUTSCHEN BUNDESTAGES (Beschlußempfehlung und Bericht 1997): Beschlußempfehlung und Bericht des Finanzausschusses (7. Ausschuß) zu den Gesetzentwürfen der Bundesregierung – Drucksachen 13/7142 und 13/7143 –, zu dem Gesetzentwurf der Abgeordneten Margareta Wolf (Frankfurt), Andrea Fischer (Berlin) und der Fraktion BÜNDNIS 90/DIE GRÜNEN – Drucksache 13/351 – sowie zu dem Gesetzentwurf der Abgeordneten Hans Martin Bury, Joachim Poß, Anke Fuchs (Köln), weiterer Abgeordneter und der Fraktion der SPD – Drucksache 13/856 –, in: Bundestags-Drucksache 13/7627 vom 13.5.1997.

FITCHEW, GEOFFREY (Bankrechtsentwicklung 1987): Die Grundlinien der europäischen Bankrechtsentwicklung, in: Der Langfristige Kredit, 1987, Heft 2, S. 44-47.

FLESCH, JOHANN RUDOLF (Anforderungen 1996): EU, BIZ und IOSCO – Anforderungen und Regulierungskosten der Bankenaufsicht, in: ZfgK, 1996, Heft 21, S. 1042-1051.

FOLLAK, KLAUS-PETER (Eigenkapitalbegriff 1988): Der Eigenkapitalbegriff: Eckpfeiler einer internationalen Harmonisierung der Bankenaufsicht (Teil I und Teil II), in: ÖBA, 1988, Heft 6 und Heft 7, S. 527-544 und S. 667-682.

FOLLAK, KLAUS-PETER (Vereinheitlichung 1990): Die Vereinheitlichung der Bankenaufsicht in Europa, in: ÖBA, 1990, Heft 3, S. 151-161.

FOLLAK, KLAUS-PETER (Eigenkapitalanforderungen 1993): Internationale Harmonisierung der Eigenkapitalanforderungen an Banken – Die Umsetzung der Erkenntnisse des Baseler Bankenüberwachungsausschusses und der EG, in: ÖBA, 1993, Heft 11, S. 861-876.

FRANCK, CHRISTIAN (Binnenmarkt 1992): Die Banken im Binnenmarkt, in: Die Bank, 1992, Heft 12, S. 688-690.

FRANKE, GÜNTER (Finanzmärkte 1987): Organisation und Regulierung internationaler Finanzmärkte, in: Kapitalmarkt und Finanzierung, hrsg. von DIETER SCHNEIDER, Berlin 1987, S. 429-444.

FRANKENBERGER, WILHELM (Wandel 1995): Das KWG im Wandel der Zeiten – Es war einmal ... ein liberales Bankenaufsichtsrecht, in: BI/GF, 1995, Heft 12, S. 20-25.

FRAUWALLNER, EDITH (Preiseffekte 1992): Preiseffekte der europäischen Finanzintegration und Anpassungserfordernisse der Preispolitik der Banken – Darstellung und kritische Analyse der Price Waterhouse-Studie, in: Banken im Binnenmarkt, hrsg. von STEFAN GRILLER, Wien 1992, S. 1167-1188.

FRÜH, ANDREAS (Bonitätsprüfung 1995): Die Bonitätsprüfung nach § 18 Kreditwesengesetz (neu), in: WM, 1995, Heft 39, S. 1701-1709.

GADDUM, JOHANN WILHELM (Harmonisierung 1988): Harmonisierung der Bankenaufsicht in der EG, in: Europa-Banking – Bankpolitik im europäischen Finanzraum und währungspolitische Integration, hrsg. von DIETER DUWENDAG, Baden-Baden 1988, S. 111-129.

GADDUM, JOHANN WILHELM (Rahmenbedingungen 1989): Die aufsichtsrechtlichen Rahmenbedingungen des internationalen Bankgeschäfts, in: Handbuch des internationalen Bankgeschäfts, hrsg. von HANS E. BÜSCHGEN UND KURT RICHOLT, Wiesbaden 1989, S. 45-69.

GADDUM, JOHANN WILHELM (Implementierung 1990): Implementierung der EG-Richtlinien in das deutsche Kreditwesengesetz, in: Auszüge aus Presseartikeln, hrsg. von der DEUTSCHEN BUNDESBANK, 1990, Nr. 26, S. 2-6.

GAMERDINGER, DIETER (Finanzplatz 1993): Finanzplatz Deutschland, in: ZfgK, 1993, Heft 15, S. 717-718.

GEIGER, WALTER (Bankaufsichtsnormen 1989): Auswirkungen internationaler Bankaufsichtsnormen auf die Struktur der deutschen Kreditwirtschaft, in: Finanzintermediation und Risikomanagement – Vorträge und Berichte der Tagung Finanzintermediation und Risikomanagement am 15. September 1988, hrsg. von HANS-JACOB KRÜMMEL UND BERND RUDOLPH, Frankfurt am Main 1989, S.260-270.

GENOSSENSCHAFTSVERBAND HESSEN/RHEINLAND-PFALZ/THÜRINGEN E. V. (HRSG.) (Bankenaufsichtsrecht 1993): Das neue Bankenaufsichtsrecht – 4. Novelle zum Kreditwesengesetz – Änderungen der Grundsätze I und Ia, Frankfurt am Main 1993.

GERICHTSHOF DER EUROPÄISCHEN GEMEINSCHAFTEN (Urteil 1979): Urteil vom 20. Februar 1979 in der Rechtssache 120/78 – REWE-Zentral-AG gegen Bundesmonopolverwaltung für Branntwein, in: Tätigkeiten des Gerichtshofs der Europäischen Gemeinschaften, 1979, Nr. 6, S. 1-2.

GLESKE, LEONARD (Elemente 1989): Die Elemente eines Europäischen Kapitalmarktes, in: Perspektiven für den Europäischen Bankenmarkt, hrsg. von HANNES REHM, 2. Aufl., Bonn 1989, S. 187-205.

GLÜDER, DIETER (Neugestaltung 1996): Bankaufsichtsrecht: Neugestaltung stellt hohe Anforderungen an die Banken!, in: Kreditpraxis, 1996, Heft 2, S. 24-28.

GÖTTGENS, MICHAEL; KARG, MANFRED (Grundzüge 1994): Grundzüge des Entwurfs einer Fünften KWG-Novelle, in: WPg, 1994, Heft 7, S. 197-207.

GRAMLICH, DIETER (Währungsrisiken 1995): Neufassung der Bankenaufsicht über Währungsrisiken, in: ZfgK, 1995, Heft 18, S. 924-928.

GRELCK, MICHAEL; RODE, MICHAEL (Mindestanforderungen 1998): Internationale Mindestanforderungen an eine effektive Bankenaufsicht, in: ZfgK, 1998, Heft 19, S. 1079-1084.

GRELCK, MICHAEL; RODE, MICHAEL (Liquiditätsgrundsatz 1999): Der neue Liquiditätsgrundsatz, in: ZfgK, 1999, Heft 2, S. 68-71.

GRILLER, STEFAN (Binnenmarkt 1992): Banken im Binnenmarkt, in: Banken im Binnenmarkt, hrsg. von STEFAN GRILLER, Wien 1992, S. 3-22.

GRÖSCHEL, ULRICH (Bundesrepublik 1990): Bundesrepublik Deutschland, in: Kreditinstitute im europäischen Binnenmarkt 1993 – Tradition, Struktur, Perspektiven –, hrsg. von der GESELLSCHAFT ZUR FÖRDERUNG DER WISSENSCHAFTLICHEN FORSCHUNG ÜBER DAS SPAR- UND GIROWESEN E. V., Stuttgart 1990, S. 27-62.

GRÖSCHEL, ULRICH (Spielfeld 1990): Ebenes Spielfeld, in: Sparkasse, 1990, Heft 6, S. 242.

GRÖSCHEL, ULRICH (Bankenmarkt 1992): Der gemeinsame Bankenmarkt – eine Herausforderung für das Finanzmanagement, in: Euro-Markt '93 – EG-Praxis für Unternehmer, hrsg. von JÜRGEN BELLERS UND ERNST SCHMACKE, Neuwied 1990, 3. Ergänzungslieferung (Januar 1992), Kapitel III/2, S. 1-18.

GROUP OF THIRTY (HRSG.) (Principles 1993): Derivatives: Practices and Principles, Washington D.C. 1993.

GRÜGER, WOLFGANG (Bankrechtsharmonisierung 1993): EG-Binnenmarkt und Bankrechtsharmonisierung: Herausforderungen für die Genossenschaftsbanken, in: Handbuch Finanzdienstleistungen, hrsg. von WOLFGANG L. BRUNNER UND JOHANN VOLLATH, Stuttgart 1993, S. 21-34.

GRUNDMANN, WOLFGANG (Einlagensicherungssysteme 1992): Die Einlagensicherungssysteme, in: ZfgK, 1992, Heft 24, S. 1134-1138.

GRUNER-SCHENK, PETRA (Harmonisierung 1995): Harmonisierung des Bankaufsichtsrechts – Erforderliche Anpassungsmaßnahmen – Konsequenzen für die deutsche Kreditwirtschaft, Berlin 1995.

HAGENMÜLLER, KARL FRIEDRICH (Strukturlehre 1976): Der Bankbetrieb, Bd. I: Strukturlehre – Kapitalbeschaffung der Kreditinstitute, 4. Aufl., Wiesbaden 1976.

HAHN, OSWALD (Führung 1977): Die Führung des Bankbetriebes – Eine Einführung in die Geschäftsbank-Politik, Stuttgart u. a. 1977.

HAHN, OSWALD (Bankwirtschaft 1989): Struktur der Bankwirtschaft, Bd. 1: Banktypologie und Universalbanken, 2. Aufl., Berlin 1989.

HAMMEN, HORST (Beschränkung 1996): Beschränkung von Beteiligungen der Kreditinstitute an Nichtbankunternehmen, in: ZHR, 1996, Heft 2, S. 133-162.

HANENBERG, LUDGER (Verlautbarung 1996): Zur Verlautbarung über Mindestanforderungen an das Betreiben von Handelsgeschäften der Kreditinstitute des Bundesaufsichtsamtes für das Kreditwesen, in: WPg, 1996, Heft 18, S. 637-648.

HARTMANN, MANFRED (Reform 1977): Ökonomische Aspekte der Reform des KWG, Stuttgart 1977.

HARTMANN-WENDELS, THOMAS; PFINGSTEN, ANDREAS; WEBER, MARTIN (Bankbetriebslehre 1998): Bankbetriebslehre, Berlin u. a. 1998.

HEIN, MANFRED (Anforderungen 1986): Die gesetzlichen Anforderungen an Kreditprüfung und Kreditüberwachung in Bankbetrieben, in: WiSt, 1986, Heft 1, S. 15-20.

HEIN, MANFRED (Bankbetriebslehre 1993): Einführung in die Bankbetriebslehre, 2. Aufl., München 1993.

HELLENTHAL, LUDGER (Bankenaufsichtsrecht 1992): Das Bankenaufsichtsrecht der Europäischen Gemeinschaft, Berlin 1992.

HERRHAUSEN, ALFRED (Regulierung 1983): Wettbewerb und Regulierung in der Kreditwirtschaft, Tübingen 1983.

HÖFER, BIRGIT (Netting 1997): Netting und Ausfallrisiko – Neuregelungen für OTC-Finanzderivate, in: Die Bank, 1997, Heft 1, S. 50-53.

HÖFER, BIRGIT; JÜTTEN, HERBERT (Betreiben 1995): Mindestanforderungen an das Betreiben von Handelsgeschäften, in: Die Bank, 1995, Heft 12, S. 752-756.

HOFMANN, GERHARD; WERNER, JOHANNES (Liquiditätsgrundsatz II 1999): Der neue Liquiditätsgrundsatz II – eine bankaufsichtliche Beurteilung, in: Sparkasse, 1999, Heft 1, S. 23-28.

HOFFMANN, DIETHER (Börsenrecht 1990): Banken- und Börsenrecht der EWG, Baden-Baden 1990.

HOFFMANN, DIETHER (EG-Bankenmarkt 1990): Neue Rahmenbedingungen für den EG-Bankenmarkt, in: ZfgK, 1990, Heft 4, S. 178-180.

HOFFMANN, HORST (Dispositionsregeln 1967): Dispositionsregeln zur Solvenzsicherung von Depositenbanken, Diss., Saarbrücken 1967.

HOLTERHUS, GERHARD (Abschlußprüfung 1985): Früherkennung von Bankkrisen bei der Abschlußprüfung, Frankfurt am Main 1985.

HONOLD, EDUARD (Bankenaufsicht 1956): Die Bankenaufsicht, Diss., Mannheim 1956.

HORN, NORBERT (Bankrecht 1989): Bankrecht auf dem Weg nach Europa, in: ZBB, 1989, Heft 3, S. 107-121.

HORN, NORBERT (Entwicklungslinien 1994): Entwicklungslinien des europäischen Bank- und Finanzdienstleistungsrechts, in: ZBB, 1994, Heft 2, S. 130-141.

HOSSFELD, CHRISTOPHER (Jahresabschlüsse 1996): Die Jahresabschlüsse deutscher und französischer Kreditinstitute – Untersuchung der Vergleichbarkeit nach Umsetzung der EG-Bankbilanzrichtlinie, Stuttgart 1996.

HOSSFELD, CHRISTOPHER (Eigenmittel 1997): Die neue Definition der Eigenmittel (Teil I und Teil II), in: Bank Magazin, 1997, Heft 4 und Heft 5, S. 53-55 und S. 63-65.

HÜBNER, OTTO (Banken 1854): Die Banken, Leipzig 1854.

HÜLSEN, ANDREAS (Jahresabschlußprüfung 1999): Prüfungs- und Berichtspflichten bei der Jahresabschlußprüfung von Finanzdienstleistungsinstituten, in: WPg, 1999, Heft 3, S. 98-110.

HÜTZ, GERHARD (Bankenaufsicht 1990): Die Bankenaufsicht in der Bundesrepublik Deutschland und in den USA – Ein Rechtsvergleich, Berlin 1990.

HUMM, HUBERT (Währungssicherung 1989): Bankenaufsicht und Währungssicherung, Berlin 1989.

JAKOB, KLAUS-D. (Betreiben 1995): Die neuen Mindestanforderungen an das Betreiben von Handelsgeschäften der Kreditinstitute, in: Sparkasse, 1995, Heft 10, S. 479-481.

JAKOBS, GEORG (Vorteil 1996): Bankenrecht/„Strenge Aufsicht Vorteil für Finanzplatz" – Artopoeus: Das KWG ist viel zu kompliziert, in: HB, 23.12.1996, Nr. 248, S. 23.

KAISER, ANDREAS (Netting 1997): Die erweiterte aufsichtsrechtliche Anerkennung des bilateralen Netting von Finanztermingeschäften, in: WiB, 1997, Heft 7, S. 341-345.

KALDENKERKEN, THOMAS VAN (Controlling 1992): Controlling in Sparkassen – Rahmenbedingungen und Perspektiven für die Geschäftstätigkeit in den 90er Jahren, Stuttgart 1992.

KARG, MANFRED (Abgrenzung 1997): Bedeutsame Abgrenzung des Handelsbuches, in: B.Bl., 1997, Heft 8, S. 391-395.

KARG, MANFRED (Abgrenzung 1998): Abgrenzung des Handelsbuchs gemäß § 1 Abs. 12 KWG – Positionspapier einer Arbeitsgruppe des Deutschen Sparkassen- und Giroverbandes e. V. (Az.: 7710/08), Bonn 1998.

KARG, MANFRED; LINDEMANN, JAN HENNING (Weg 1996): Auf den Weg gebracht – 6. KWG-Novelle – Ein organisatorischer und systemtechnischer Kraftakt, in: DtSparkZ, 2.7.1996, Nr. 50, S. 2.

KARG, MANFRED; LINDEMANN, JAN HENNING (Regierungsentwurf 1997): Regierungsentwurf der 6. KWG-Novelle, in: Sparkasse, 1997, Heft 3, S. 123-132.

KARIGER, JÖRG C. (Kreditaufsicht 1991): Die Ausgestaltung der internationalen Kreditaufsicht und Möglichkeiten der Weiterentwicklung, Frankfurt am Main u. a. 1991.

KEINE, FRIEDRICH-MICHAEL (Risikoposition 1986): Die Risikoposition eines Kreditinstituts – Konzeption einer umfassenden bankaufsichtsrechtlichen Verhaltensnorm, Wiesbaden 1986.

KESTING, HELMUT (Standardverfahren 1996): Baseler Eigenkapitalvorschriften: Die Standardverfahren bezüglich der Marktrisiken bei Optionen, in: ÖBA, 1996, Heft 11, S. 848-854.

KIRCHHOF, PAUL (Maastricht-Urteil 1995): Das Maastricht-Urteil des Bundesverfassungsgerichts, in: Vom Binnenmarkt zur Europäischen Union – Die Gemeinschaft zwischen Zweckverband und neuer Staatlichkeit, hrsg. von JÜRGEN ENSTHALER, Berlin 1995, S. 33-48.

KIRMßE, STEFAN; SIEMES, ANDREAS (Grundsatz II 1999): Der neue Grundsatz II – eine kritische Betrachtung der Erfassung unechter Pensionsgeschäfte, in: ZfgK, 1999, Heft 20, S. 1116-1118.

KLANTEN, THOMAS (Unionsvertrag 1994): Der Unionsvertrag von Maastricht – eine neue Stufe europäischer Integration, in: Sparkasse, 1994, Heft 1, S. 15-19.

KLANTEN, THOMAS (EG-Richtlinie 1994): Wann gilt eine EG-Richtlinie unmittelbar? – Zur Wirkung europäischen Rechts im Inland, in: Sparkasse, 1994, Heft 12, S. 554-556.

KLEIN, WILHELM (Entwurf 1960): Der Entwurf eines Gesetzes über das Kreditwesen – ein zeitgemäßer Gesetzesvorschlag, in: AG, 1960, Heft 8, S. 219-223.

KLEINHANS, JOACHIM (Bankenaufsicht 1967): Bankenaufsicht, in: Enzyklopädisches Lexikon für das Geld-, Bank- und Börsenwesen, hrsg. von BERNHARD BENNING u. a., Bd. I (A-H), 3. Aufl., Frankfurt am Main 1967, S. 137-140.

KLOOS, GERHARD (Transformation 1993): Die Transformation der 4. EG-Richtlinie (Bilanzrichtlinie) in den Mitgliedstaaten der Europäischen Gemeinschaft – Eine Analyse der verbliebenen Rechnungslegungsunterschiede aufgrund von nationalen Wahlrechtsausnutzungen, Berlin 1993.

KLUG, ULRICH (Gutachten 1968): Gutachten über die Hauptunterschiede im geltenden Bankrecht der Mitgliedstaaten und über die Möglichkeiten für eine Koordinierung, Dokument XIV/12659/68, Brüssel 1968.

KLUGE, OLAV (Mindestharmonisierung 1990): Die Mindestharmonisierung des Bankenrechts, in: ZfgK, 1990, Heft 4, S. 182-186.

KNOBL, PETER (Europabankrecht 1992): Europabankrecht, in: Banken im Binnenmarkt, hrsg. von STEFAN GRILLER, Wien 1992, S. 25-476.

KÖCKLER, WOLFGANG D. (Bankenbinnenmarkt 1995): Tausend Tage Europäischer Bankenbinnenmarkt: Eine Bilanz anhand der Zweiten Bankenrichtlinie, in: Der Langfristige Kredit, 1995, Heft 24, S. 806-810.

KÖHLER, CLAUS (Aspekte 1983): Internationale Aspekte der Bankenaufsicht – Vortrag vor dem Sparkassen-Prüfertag am 21.9.1983, in: Auszüge aus Presseartikeln, hrsg. von der DEUTSCHEN BUNDESBANK, 1983, Nr. 87, S. 1-5.

KÖHLER, CLAUS (Bankenaufsicht 1983): Internationale Aspekte der Bankenaufsicht, in: B.Bl., 1983, Heft 10, S. 370-372.

KÖLLHOFER, DIETRICH (Macht 1993): Banken, Macht und Staat, in: technologie & management, 1993, Heft 4, S. 151-154.

KÖLLHOFER, DIETRICH (Eigenmittelvorschriften 1994): Sind die neuen Eigenmittelvorschriften praktikabel?, in: ZfgK, 1994, Heft 6, S. 272-273.

KÖNNEKER, WILHELM (Bundesbank 1973): Die Deutsche Bundesbank, 2. Aufl., Frankfurt am Main 1973.

KOMMISSION DER EUROPÄISCHEN GEMEINSCHAFTEN (Entwurf einer Koordinierungsrichtlinie 1972): Entwurf einer Richtlinie zur Koordinierung der Rechts- und Verwaltungsvorschriften für die Aufnahme und Ausübung der selbständigen Tätigkeiten der Kreditinstitute, Dokument XIV/508/72-D, Brüssel 1972.

KOMMISSION DER EUROPÄISCHEN GEMEINSCHAFTEN (Empfehlung betreffend Wohlverhaltensregeln für Wertpapiertransaktionen 1977): Empfehlung der Kommission vom 25. Juli 1977 betreffend europäische Wohlverhaltensregeln für Wertpapiertransaktionen (77/534/EWG), in: ABl. der EG, 20.8.1977, Nr. L 212, S. 37-40 (Berichtigungen der Empfehlung 77/534/EWG, in: ABl. der EG, 18.11.1977, Nr. L 294, S. 28).

KOMMISSION DER EUROPÄISCHEN GEMEINSCHAFTEN (Weißbuch 1985): Vollendung des Binnenmarktes – Weißbuch der Kommission an den Europäischen Rat vom 14. Juni 1985, KOM(85) 310 endg., Brüssel 1985.

KOMMISSION DER EUROPÄISCHEN GEMEINSCHAFTEN (Großkreditempfehlung 1987): Empfehlung der Kommission vom 22. Dezember 1986 über die Überwachung und Kontrolle der Großkredite von Kreditinstituten (87/62/EWG), in: ABl. der EG, 4.2.1987, Nr. L 33, S. 10-15.

KOMMISSION DER EUROPÄISCHEN GEMEINSCHAFTEN (Empfehlung Einlagensicherungssysteme 1987): Empfehlung der Kommission vom 22. Dezember 1986 zur Einführung von Einlagensicherungssystemen in der Gemeinschaft (87/63/EWG), in: ABl. der EG, 4.2.1987, Nr. L 33, S. 16-17.

KOMMISSION DER EUROPÄISCHEN GEMEINSCHAFTEN (Geänderter Vorschlag für eine Hypothekarkreditrichtlinie 1987): Geänderter Vorschlag der Kommission vom 27. Mai 1987 für eine Richtlinie des Rates über die Niederlassungsfreiheit und den freien Dienstleistungsverkehr auf dem Gebiet des Hypothekarkredits (87/C 161/04), in: ABl. der EG, 19.6.1987, Nr. C 161, S. 4-10.

KOMMISSION DER EUROPÄISCHEN GEMEINSCHAFTEN (Schaffung 1987): Mitteilung der Kommission über die Schaffung eines europäischen Finanzraums vom 4. November 1987, KOM(87) 550 endg., Brüssel 1987.

KOMMISSION DER EUROPÄISCHEN GEMEINSCHAFTEN (Empfehlung für einen Verhaltenskodex im Zahlungsverkehr 1987): Empfehlung der Kommission vom 8. Dezember 1987 für einen Verhaltenskodex im Bereich des elektronischen Zahlungsverkehrs (Beziehungen zwischen Finanzinstituten, Händlern/Dienstleistungserbringern und Verbrauchern) (87/598/EWG), in: ABl. der EG, 24.12.1987, Nr. L 365, S. 72-73.

KOMMISSION DER EUROPÄISCHEN GEMEINSCHAFTEN (Geänderter Vorschlag für eine Richtlinie zur Sanierung und Liquidation der Kreditinstitute 1988): Geänderter Vorschlag der Kommission vom 11. Januar 1988 für eine Richtlinie des Rates über die Sanierung und Liquidation der Kreditinstitute und die Einlagensicherungssysteme (88/C 36/01), in: ABl. der EG, 8.2.1988, Nr. C 36, S. 1-22.

KOMMISSION DER EUROPÄISCHEN GEMEINSCHAFTEN (Empfehlung zu Zahlungssystemen 1988): Empfehlung der Kommission vom 17. November 1988 zu Zahlungssystemen, insbesondere zu den Beziehungen zwischen Karteninhabern und Kartenausstellern (88/590/EWG), in: ABl. der EG, 24.11.1988, Nr. L 317, S. 55-58.

KOMMISSION DER EUROPÄISCHEN GEMEINSCHAFTEN (Empfehlung zur Transparenz der Bankkonditionen 1990): Empfehlung der Kommission vom 14. Februar 1990 zur Transparenz der Bankkonditionen bei grenzüberschreitenden Finanztransaktionen (90/109/EWG), in: ABl. der EG, 15.3.1990, Nr. L 67, S. 39-43.

KOMMISSION DER EUROPÄISCHEN GEMEINSCHAFTEN (Richtlinie zur technischen Anpassung der Definition der „multilateralen Entwicklungsbanken" 1991): Richtlinie der Kommission vom 19. Dezember 1990 zur technischen Anpassung der Definition der „multilateralen Entwicklungsbanken" in der Richtlinie 89/647/EWG des Rates über einen Solvabilitätskoeffizienten für Kreditinstitute (91/31/EWG), in: ABl. der EG, 23.1.1991, Nr. L 17, S. 20.

KOMMISSION DER EUROPÄISCHEN GEMEINSCHAFTEN (Geänderter Vorschlag für eine Verordnung über Sicherheiten 1991): Geänderter Vorschlag der Kommission vom 31. Januar 1991 für eine Verordnung (EWG) des Rates über die von den Kreditinstituten und Versicherungsunternehmen geleisteten Sicherheiten (91/C 53/11), in: ABl. der EG, 28.2.1991, Nr. C 53, S. 74-76.

KOMMISSION DER EUROPÄISCHEN GEMEINSCHAFTEN (Richtlinie betreffend die technische Definition der „multilateralen Entwicklungsbanken" 1994): Richtlinie der Kommission vom 15. März 1994 zur Anpassung der Richtlinie 89/647/EWG des Rates über einen Solvabilitätskoeffizienten für Kreditinstitute betreffend die technische Definition der „multilateralen Entwicklungsbanken" (94/7/EG), in: ABl. der EG, 6.4.1994, Nr. L 89, S. 17.

KOMMISSION DER EUROPÄISCHEN GEMEINSCHAFTEN (Bankenausschuß 1994): Beratender Bankenausschuß (1991-1994) – Bericht des Vorsitzenden, Dokument XV/1201/94-DE, Brüssel 1994.

KOMMISSION DER EUROPÄISCHEN GEMEINSCHAFTEN (Richtlinie zur Anpassung der Solvabilitätsrichtlinie 1995): Richtlinie der Kommission vom 31. Mai 1995 zur Anpassung der Richtlinie 89/647/EWG des Rates über einen Solvabilitätskoeffizienten für Kreditinstitute hinsichtlich der technischen Definition der „Zone A" sowie der Gewichtung der Aktiva in Form von durch die Europäischen Gemeinschaften ausdrücklich garantierten Forderungen (95/15/EG), in: ABl. der EG, 8.6.1995, Nr. L 125, S. 23-24.

KOMMISSION DER EUROPÄISCHEN GEMEINSCHAFTEN (Richtlinie betreffend die technische Definition der „multilateralen Entwicklungsbanken" 1995): Richtlinie der Kommission vom 15. Dezember 1995 zur Anpassung der Richtlinie 89/647/EWG des Rates über einen Solvabilitätskoeffizienten für Kreditinstitute betreffend die technische Definition der „multilateralen Entwicklungsbanken" (95/67/EG), in: ABl. der EG, 28.12.1995, Nr. L 314, S. 72.

KOMMISSION DER EUROPÄISCHEN GEMEINSCHAFTEN (Vorschlag für eine Richtlinie über Zahlungssysteme 1996): Vorschlag der Kommission vom 30. Mai 1996 für eine Richtlinie des Europäischen Parlaments und des Rates über die Endgültigkeit der Abrechnung und die Stellung von Sicherheiten in Zahlungssystemen (96/C 207/08), in: ABl. der EG, 18.7.1996, Nr. C 207, S. 13-16.

KOMMISSION DER EUROPÄISCHEN GEMEINSCHAFTEN (Mitteilung zu Auslegungsfragen 1997): Mitteilung der Kommission zu Auslegungsfragen über den freien Dienstleistungsverkehr und das Allgemeininteresse in der Zweiten Bankenrichtlinie (97/C 209/04), in: ABl. der EG, 10.7.1997, Nr. C 209, S. 6-22.

KOMMISSION DER EUROPÄISCHEN GEMEINSCHAFTEN (Mitteilung über bestimmte rechtliche Aspekte von Investitionen 1997): Mitteilung der Kommission über bestimmte rechtliche Aspekte von Investitionen innerhalb der EU (97/C 220/06), in: ABl. der EG, 19.7.1997, Nr. C 220, S. 15-18.

KOMMISSION DER EUROPÄISCHEN GEMEINSCHAFTEN (Empfehlung zu Zahlungssystemen 1997): Empfehlung der Kommission vom 30. Juli 1997 zu den Geschäften, die mit elektronischen Zahlungsinstrumenten getätigt werden (besonders zu den Beziehungen zwischen Emittenten und Inhabern solcher Instrumente) (97/489/EG), in: ABl. der EG, 2.8.1997, Nr. L 208, S. 52-58.

KOMMISSION DER EUROPÄISCHEN GEMEINSCHAFTEN (Vorschlag für eine Richtlinie über elektronisches Geld 1998): Entwurf eines Vorschlags der Kommission vom 21 September 1998 für eine Richtlinie des Europäischen Parlaments und des Rates über die Aufnahme, Ausübung und Beaufsichtigung der Tätigkeit von E-Geldinstituten sowie einer Richtlinie zur Änderung der Richtlinie 77/780/EWG zur Koordinierung der Rechts- und Verwaltungsvorschriften über die Aufnahme und Ausübung der Tätigkeit der Kreditinstitute, KOM(98) 461 endg., Brüssel 1998.

KOMMISSION DER EUROPÄISCHEN GEMEINSCHAFTEN (Finanzdienstleistungen 1998): Mitteilung der Kommission „Finanzdienstleistungen: Abstecken eines Aktionsrahmens" vom 28. Oktober 1998, KOM(1998) 625 endg., Brüssel 1998.

KOMMISSION DER EUROPÄISCHEN GEMEINSCHAFTEN (Aktionsplan 1999): Mitteilung der Kommission „Umsetzung des Finanzmarktrahmens: Aktionsplan" vom 11. Mai 1999, KOM(1999) 232 endg., Brüssel 1999.

KOMMISSION DER EUROPÄISCHEN GEMEINSCHAFTEN (Verzeichnis 1999a): Verzeichnis der geregelten Märkte, das der Kommission von den Mitgliedstaaten gemäß Art. 16 der Wertpapierdienstleistungs-Richtlinie (93/22/EWG) übermittelt wurde (1999/C 151/09), in: ABl. der EG, 29.5.1999, Nr. C 151, S. 19-20.

KOMMISSION DER EUROPÄISCHEN GEMEINSCHAFTEN (Verzeichnis 1999b): Verzeichnis der geregelten Märkte, das dem Ständigen Ausschuß der EFTA-Staaten gemäß Art. 16 der Wertpapierdienstleistungs-Richtlinie (93/22/EWG) übermittelt wird und Gegenstand von Punkt 30b des Anhangs IX des Abkommens über den Europäischen Wirtschaftsraum ist (1999/C 151/10), in: ABl. der EG, 29.5.1999, Nr. C 151, S. 20.

KOMMISSION DER EUROPÄISCHEN GEMEINSCHAFTEN (Vorschlag für eine Richtlinie zur Änderung der Geldwäsche-Richtlinie 1999): Vorschlag der Kommission vom 14. Juli 1999 für eine Richtlinie des Europäischen Parlaments und des Rates zur Änderung der Richtlinie 91/308/EWG vom 10. Juni 1991 über die Verhinderung der Nutzung des Finanzsystems für Zwecke der Geldwäsche, KOM(1999) 352 endg., Brüssel 1999.

KOMMISSION DER EUROPÄISCHEN GEMEINSCHAFTEN (Geänderter Vorschlag für eine Richtlinie über den Fernverkauf von Finanzdienstleistungen an Verbraucher 1999): Geänderter Vorschlag der Kommission vom 23. Juli 1999 für eine Richtlinie des Europäischen Parlaments und des Rates über den Fernverkauf von Finanzdienstleistungen an Verbraucher und zur Änderung der Richtlinie 90/619/EWG des Rates und der Richtlinien 97/7/EG und 98/27/EG, KOM(1999) 385 endg., Brüssel 1999.

KRÜMMEL, HANS-JACOB (Bankzinsen 1964): Bankzinsen – Untersuchungen über die Preispolitik von Universalbanken, Köln u. a. 1964.

KRÜMMEL, HANS-JACOB (Liquiditätssicherung 1968): Liquiditätssicherung im Bankwesen (Teil I), in: KuK, 1968, Heft 3, S. 247-307.

KRÜMMEL, HANS-JACOB (Liquiditätssicherung 1969): Liquiditätssicherung im Bankwesen (Teil II), in: KuK, 1969, Heft 1, S. 60-110.

KRÜMMEL, HANS-JACOB (Normen 1975): Bankpolitische Normen und ihre Wirkungen auf das Bankgeschäft, in: KuK, 1975, Heft 4, S. 524-548.

KRÜMMEL, HANS-JACOB (Begrenzung 1976): Die Begrenzung des Kreditrisikos im Kreditwesengesetz aus der Sicht der Kredittheorie, in: ÖBA, 1976, Heft 5, S. 181-199.

KRÜMMEL, HANS-JACOB (Bankbeteiligungen 1978): Bankbeteiligungen oder über eine nützliche Anstrengung des Begriffs, in: ÖBA, 1978, Heft 4, S. 114-128.

KRÜMMEL, HANS-JACOB (Bankenaufsichtsziele 1983): Bankenaufsichtsziele und Eigenkapitalbegriff, Frankfurt am Main 1983.

KRÜMMEL, HANS-JACOB (Run 1984): Schutzzweck und Aufsichtseingriffe – Über den Run auf die Bankschalter und seine Verhinderung, in: KuK, 1984, Heft 4, S. 474-489.

KRÜMMEL, HANS-JACOB (Funktionen 1985): Bedeutung und Funktionen des Eigenkapitals in der modernen Kreditwirtschaft, in: ÖBA, 1985, Heft 6, S. 187-198.

KRÜMMEL, HANS-JACOB (Konstruktion 1985): Einige Probleme der Konstruktion bankaufsichtlicher Risikobegrenzungsregeln, in: Beiträge zur Bankaufsicht, Bankbilanz und Bankprüfung unter Berücksichtigung der Dritten KWG-Novelle – Dr. Walter Scholz zum 65. Geburtstag, hrsg. von KARL-HEINZ FORSTER, Düsseldorf 1985, S. 91-117.

KRÜMMEL, HANS-JACOB (Strukturnormen 1987): Neue Finanzierungsformen und aufsichtsrechtliche Strukturnormen, in: Neuere Entwicklungen auf den Finanzmärkten, hrsg. von HENNER SCHIERENBECK, Frankfurt am Main 1987, S. 39-76.

KRUMNOW, JÜRGEN (Bedeutung 1991): Die Bedeutung des Europäischen Gemeinschaftsrechts für die Reform des Kreditwesengesetzes, in: Vorträge, Reden und Berichte aus dem Europa-Institut der Universität des Saarlandes, hrsg. von GEORG RESS, Nr. 231, Saarbrücken 1991.

KÜBLER, BRUNO M. (Nachkriegsinsolvenzen 1975): Die deutschen Nachkriegsinsolvenzen im Bankensektor – Chronik – Ursachenanalyse – Konsequenzen, in: BFuP, 1975, Heft 2, S. 162-178.

KÜMPEL, SIEGFRIED (Kapitalmarktrecht 1995): Bank- und Kapitalmarktrecht, Köln 1995.

KUNTZE, WOLFGANG (Entwicklungstendenzen 1988): Entwicklungstendenzen im nationalen und internationalen Bankwesen, in: BI, 1988, Heft 1, S. 5-9.

KUNTZE, WOLFGANG (Verbraucherschutz 1988): Bankenaufsicht als Verbraucherschutz?, in: b & m, 1988, Heft 4, S. 5-12.

KUNTZE, WOLFGANG (Perspektiven 1991): „Die bankaufsichtsrechtlichen Perspektiven des europäischen Binnenmarktes 1993" – Referat im Rahmen der 5. Tagung Geld, Banken und Versicherungen der Universität Karlsruhe am 13. Dezember 1990, in: Auszüge aus Presseartikeln, hrsg. von der DEUTSCHEN BUNDESBANK, 1991, Nr. 2, S. 3-9.

KUNTZE, WOLFGANG (Wettbewerbsgleichheit 1991): Europäische Wettbewerbsgleichheit im Bankensektor, in: BI/GF, 1991, Heft 5, S. 5-8.

KUNTZE, WOLFGANG (Bankenaufsicht 1994): Bankenaufsicht (BAK), in: Bank- und Versicherungslexikon, hrsg. von HENNER SCHIERENBECK, 2. Aufl., München/Wien 1994, S. 43-53.

KUPITZ, ROLF (Ausnahmebereich 1983): Die Kreditwirtschaft als wettbewerbspolitischer Ausnahmebereich – Ein Beitrag zur ökonomischen Begründung der Regelungen des Gesetzes über das Kreditwesen gegen Wettbewerbsbeschränkungen, Thun/Frankfurt am Main 1983.

LÄUFER, THOMAS (Vertragstexte 1993): Europäische Gemeinschaft – Europäische Union – Die Vertragstexte von Maastricht mit den deutschen Begleitgesetzen, 2. Aufl., Bonn 1993.

LÄUFER, THOMAS (Texte 1998): Vertrag von Amsterdam – Texte des EU-Vertrages und des EG-Vertrages, Bonn 1998.

LANDESZENTRALBANK IN HESSEN (Bankenaufsicht 1991): Bankenaufsicht am Finanzplatz Frankfurt, in: Frankfurter Finanzmarkt-Bericht, Nr. 3, Frankfurt am Main 1991, S. 1-6.

LANDESZENTRALBANK IN HESSEN (Finanzderivate 1994): Zur Diskussion über Finanzderivate – Hohe Anforderungen an das Risikomanagement, in: Frankfurter Finanzmarkt-Bericht, Nr. 18, Frankfurt am Main 1994, S. 1-10.

LANDESZENTRALBANK IN HESSEN (Rolle 1998): Die Rolle der Landeszentralbanken im Europäischen System der Zentralbanken, in: Frankfurter Finanzmarkt-Bericht, Nr. 32, Frankfurt am Main 1998, S. 1-9.

LANDESZENTRALBANK IN RHEINLAND-PFALZ UND IM SAARLAND (Jahresbericht 1993): Jahresbericht 1992, Mainz 1993.

LANDESZENTRALBANK IN RHEINLAND-PFALZ UND IM SAARLAND (Abgrenzung 1999): Bankenaufsicht – Abgrenzung der Länder der Zone A (§ 1 Abs. 5b KWG) – Schreiben vom 11. November 1999, Mainz 1999.

LEHNHOFF, JOCHEN (KWG-Novelle 1993): KWG-Novelle verabschiedet – Grundgesetz der Banken weitgehend neu gefaßt –, in: WM, 1993, Heft 7, S. 277-282.

LEHNHOFF, JOCHEN (Offenlegung 1996): Offenlegung der wirtschaftlichen Verhältnisse – stets aktuell, in: BI/GF, 1996, Heft 7, S. 2-3.

LEHNHOFF, JOCHEN (6. KWG-Novelle 1997): 6. KWG-Novelle verabschiedet, in: BI/GF, 1997, Heft 7, S. 2-3.

LINDEMANN, JAN HENNING (Realkreditbegriff 1997): Dem Realkreditbegriff des KWG droht die Spaltung, in: Sparkasse, 1997, Heft 3, S. 143-145.

LINDLAR, E. JÜRGEN (Prüfungsverband 1994): 25 Jahre Prüfungsverband deutscher Banken e. V., in: Die Bank, 1994, Heft 12, S. 748-751.

LÜKE, ANNA-ELISABETH (Bankenstatistik 1976): Bankenstatistik, in: Handwörterbuch der Finanzwirtschaft, hrsg. von HANS E. BÜSCHGEN, Stuttgart 1976, Sp. 91-98.

LÜKE, ROLF E. (Geheimnis 1981): 13. Juli 1931 – Das Geheimnis der Deutschen Bankenkrise, Frankfurt am Main 1981.

LUSSER, MARKUS (Harmonisierung 1989): Internationale Harmonisierung von Bankenrecht und Finanzmarktaufsicht – Ziele und Probleme, in: ZBB, 1989, Heft 3, S. 101-107.

LUZ, GÜNTHER; SCHARPF, PAUL (Marktrisiken 1998): Marktrisiken in der Bankenaufsicht, Stuttgart 1998.

MANTZKE, INGO (Liquiditätsnormen 1994): Liquiditätsnormen als bankaufsichtsrechtliches Instrument – Eine vergleichende Analyse im Europäischen Binnenmarkt, Frankfurt am Main u. a. 1994.

MAYER, DIETMAR; BRECHFELD, DIRK (Geldwäschegesetz 1995): Die Pflichten der Kreditinstitute nach dem Geldwäschegesetz – Erläuterungen mit Checkliste für die externe und interne Revision, in: WPg, 1995, Heft 10, S. 334-343.

MAYER, HELMUT (Bundesaufsichtsamt 1981): Das Bundesaufsichtsamt für das Kreditwesen, Düsseldorf 1981.

MAYER, HELMUT (Kreditwesen 1982): Das Bundesaufsichtsamt für das Kreditwesen, in: WiSt, 1982, Heft 3, S. 124-128.

MEISTER, EDGAR (Bankenaufsicht 1994): Aktuelle Fragen der Bankenaufsicht, in: ZfgK, 1994, Heft 11, S. 548-549.

MEISTER, EDGAR (Produkte 1994): Derivative Produkte und Bankenaufsicht, in: Auszüge aus Presseartikeln, hrsg. von der DEUTSCHEN BUNDESBANK, 1994, Nr. 62, S. 1-5.

MEISTER, EDGAR (Herausforderungen 1995): Aktuelle Herausforderungen an die Bankenaufsicht aus Sicht der Deutschen Bundesbank, in: Auszüge aus Presseartikeln, hrsg. von der DEUTSCHEN BUNDESBANK, 1995, Nr. 9, S. 6-11.

MEISTER, EDGAR (Wettbewerb 1998): Bankenaufsicht und Wettbewerb, in: Auszüge aus Presseartikeln, hrsg. von der DEUTSCHEN BUNDESBANK, 1998, Nr. 38, S. 4-8.

MEISTER, EDGAR (Spielregeln 1998): Grenzüberschreitende Bankenaufsicht verstärken – Zusammenwachsende Märkte erfordern vergleichbare Spielregeln für alle Marktteilnehmer, in: Auszüge aus Presseartikeln, hrsg. von der DEUTSCHEN BUNDESBANK, 1998, Nr. 51, S. 1-3.

MEISTER, EDGAR (Banks 1999): Allow Banks to Fail! – Statement vor dem Symposium der Universität Frankfurt, in Frankfurt am Main, am 1. Februar 1999, in: Auszüge aus Presseartikeln, hrsg. von der DEUTSCHEN BUNDESBANK, 1999, Nr. 7, S. 7-8.

MEISTER, EDGAR (Kreditrisiken 1999): Kreditrisiken und deren bankaufsichtliche Eigenkapitalunterlegung vor dem Hintergrund des Strukturwandels auf dem Bankensektor, in: BI/GF, 1999, Heft 4, S. 6-10.

MEISTER, EDGAR; OECHLER, ECKHARD (Limitierung 1996): Bankenaufsichtliche Limitierung von Risiken aus Derivaten, in: Risikosteuerung von Derivaten, hrsg. von JÜRGEN KRUMNOW, Wiesbaden 1996, S. 113-133.

MERTEN, HANS-LOTHAR (Pleitenmacher 1975): Die Pleitenmacher, München 1975.

MERTENS, HANS-JOACHIM (Gruppenkonsolidierung 1984): Gruppenkonsolidierung jenseits des Konzernrechts? – Rechtspolitische Erwägungen zu Konsolidierungskreis und -schwelle nach dem RegE zur Änderung des KWG, in: AG, 1984, Heft 9, S. 225-245.

MEYER-HORN, KLAUS (Bankenpolitik 1988): Die Bankenpolitik der EG, in: Der Langfristige Kredit, 1988, Heft 6, S. 170-176.

MEYER-HORN, KLAUS (Freizügigkeit 1989): Freizügigkeit und EG-Standards – Rechtliche Problematik und geschäftspolitische Überlegungen für die EWG-Sparkassen, in: Chancen und Risiken der deutschen Banken im Gemeinsamen Markt, hrsg. von ROSEMARIE KOLBECK, Frankfurt am Main 1989, S. 95-121.

MIELK, HOLGER (Kreditbegriff 1995): Neuer Kreditbegriff ab dem 31. Dezember 1995 – zweigeteilte Systematik –, in: BI/GF, 1995, Heft 12, S. 43-45.

MIELK, HOLGER (Mindestanforderungen 1996): Die wesentlichen Neuregelungen im Zusammenhang mit den Mindestanforderungen an das Betreiben von Handelsgeschäften der Kreditinstitute, in: BI/GF, 1996, Heft 5, S. 28-32.

MIELK, HOLGER (Neuregelungen 1996): Wichtige Neuregelungen des Diskussionsentwurfs zur 6. KWG-Novelle, in: BI/GF, 1996, Heft 12, S. 35-38.

MINISTERRAT FÜR DIE REICHSVERTEIDIGUNG (Verordnung 1940): Verordnung zur Änderung des Gesetzes über das Kreditwesen vom 23. Juli 1940, in: RGBl. I, 31.7.1940, Nr. 135, S. 1047.

MINISTERRAT FÜR DIE REICHSVERTEIDIGUNG (Verordnung 1944): Verordnung zur Änderung des Gesetzes über das Kreditwesen vom 18. September 1944, in: RGBl. I, 26.9.1944, Nr. 45, S. 211-213.

MÖLLER, KLAUS (Eigenkapitaldeckung 1993): Eigenkapitaldeckung bei Sparkassen und Landesbanken, Stuttgart 1993.

MÖSCHEL, WERNHARD (Wirtschaftsrecht 1972): Das Wirtschaftsrecht der Banken – Die währungs-, bankaufsicht-, kartell- und EWG-rechtliche Sonderstellung der Kreditinstitute, Frankfurt am Main 1972.

MÖSCHEL, WERNHARD (Bankenrecht 1975): Bankenrecht und Wirtschaftsordnung, in: BB, 1975, Heft 23, S. 1025-1030.

MÖSCHEL, WERNHARD (Systematik 1985): Eine Systematik von Bankenregulierungszielen, in: Festschrift für Walter Stimpel zum 68. Geburtstag am 29. November 1985, hrsg. von MARCUS LUTTER, HANS-JOACHIM MERTENS UND PETER ULMER, Berlin/New York 1985, S. 1065-1085.

MÖSCHEL, WERNHARD (Wurzeln 1991): Wurzeln der Bankenaufsicht, in: Festschrift für Theodor Heinsius zum 65. Geburtstag am 25. September 1991, hrsg. von FRIEDRICH KÜBLER, HANS-JOACHIM MERTENS UND WINFRIED WERNER, Berlin/New York 1991, S. 575-590.

MOULTON, HAROLD GEORGE (Commercial Banking 1918): Commercial Banking and Capital Formation, in: Journal of Political Economy, 1918, S. 484-508, S. 638-663, S. 705-731 u. S. 849-881.

MÜLHAUPT, LUDWIG (Einführung 1980): Einführung in die Betriebswirtschaftslehre der Banken – Struktur und Grundprobleme des Bankbetriebs und des Bankwesens in der Bundesrepublik Deutschland, 3. Aufl., Wiesbaden 1980.

MÜLHAUPT, LUDWIG (Bankenkrise 1982): Von der Bankenkrise 1931 zur Bankenaufsicht 1981, in: ZfbF, 1982, Heft 5, S. 435-455.

MÜLLER, LOTHAR (Auswirkungen 1989): Der europäische Binnenmarkt und seine Auswirkungen auf die Kreditgenossenschaften aus Sicht der Notenbank, in: Auszüge aus Presseartikeln, hrsg. von der DEUTSCHEN BUNDESBANK, 1989, Nr. 90, S. 6-8.

MÜLLER, LOTHAR (Bankrechtsharmonisierung 1992): Auswirkungen der europäischen Bankrechtsharmonisierung auf deutsche Kreditinstitute, in: Rechnungslegung und Prüfung 1992 – Vorträge der Jahre 1989-1991 vor dem Münsteraner Gesprächskreis Rechnungslegung und Prüfung e. V., hrsg. von JÖRG BAETGE, Düsseldorf 1992, S. 27-41.

MÜLLER, WERNER A. (Abgrenzung 1981): Zur Abgrenzung des haftenden Eigenkapitals von Kreditinstituten, in: ZfB, 1981, Heft 3, S. 283-289.

MÜLLER, WERNER A. (Gläubigerschutz 1981): Bankenaufsicht und Gläubigerschutz – Eine Analyse von Regulierungs- und Aufsichtsvorschriften für Kreditinstitute, Baden-Baden 1981.

MÜLLER-ENDERS, WALDEMAR (Harmonisierung 1986): Zur Harmonisierung des Bankaufsichtsrechts, in: ZfgK, 1986, Heft 10, S. 460-464.

NADIG, RETO (Bankenaufsicht 1991): Grundlagen der grenzüberschreitenden Bankenaufsicht, Zürich 1991.

NIERHAUS, MICHAEL; STERN, KLAUS (Regionalprinzip 1992): Regionalprinzip und Sparkassenhoheit im europäischen Bankenbinnenmarkt, Frankfurt am Main 1992.

NIRK, RUDOLF (Kreditwesengesetz 1999): Das Kreditwesengesetz – Einführung und Kommentar, 11. Aufl., Frankfurt am Main 1999.

O. V. (Geschäftsbedingungen 1993): Allgemeine Geschäftsbedingungen – Grundregeln für die Beziehung zwischen Kunde und Bank (Stand: Januar 1993), abgedruckt in: BECK'SCHE TEXTAUSGABEN: Wirtschaftsgesetze, Textsammlung für Juristen und Wirtschaftsfachleute, 15. Aufl., München 1991, 18. Ergänzungslieferung (September 1999), Nr. 25, S. 1-15.

O. V. (Einwände 1993): Einwände gegen Fünfte KWG-Novelle – ZKA fordert Beschränkung auf Umsetzung der Richtlinien, in: Auszüge aus Presseartikeln, hrsg. von der DEUTSCHEN BUNDESBANK, 1993, Nr. 91, S. 4.

O. V. (EG-Vorhaben 1994): EG-Vorhaben zum Bankaufsichtsrecht, in: Die Bank, 1994, Heft 7, S. 430-432.

O. V. (Überwachung 1994): Bundesaufsichtsamt für das Kreditwesen/Artopoeus will effiziente Überwachung – Risikomodelle der Kreditinstitute fordern Bankenaufsicht heraus, in: HB, 9./10.12.1994, Nr. 238, S. 37 u. S. 39.

O. V. (Kunden 1995): Privatbank Mody/Kunden räumen panikartig ihre Konten ab – Bankenaufsicht prüft den Vorstand, in: HB, 17.1.1995, Nr. 12, S. 17.

O. V. (Anmerkungen 1995): Anmerkungen zur BAKred-Verlautbarung zu § 18 KWG, in: FN-IDW, 1995, Heft 12, S. 521-523.

O. V. (Kapazitätsgrenze 1996): Bankenaufsicht/Vorentwurf des BAKred für neuen Grundsatz – Artopoeus: Amt arbeitet an seiner Kapazitätsgrenze, in: HB, 27.6.1996, Nr. 122, S. 35.

O. V. (Top-Player 1997): Kreditgewerbe/Breuer sieht Verflechtung von Banken und Versicherungen mit Skepsis – Top-Player unter den Banken stoßen in neue Dimensionen vor, in: HB, 15.9.1997, Nr. 177, S. 22.

O. V. (Hypothekenbanken 1998): Die privaten Hypothekenbanken, in: ZfgK, 1998, Heft 21, S. 1211-1219.

O. V. (Kooperation 1998): Kreditwirtschaft/Banken immer größer – Mehr Kooperation bei der Aufsicht, in: HB, 28.12.1998, Nr. 250, S. 20.

O. V. (EWU-Bankenaufsicht 1999): Für eine effiziente EWU-Bankenaufsicht, in: Deutsche Sparkassenzeitung, 26.2.1999, Nr. 15, S. 3.

PADOA-SCHIOPPA, TOMMASO (Banking Supervision 1994): Bank Internationalization – Problems for Banking Supervision, in: Auszüge aus Presseartikeln, hrsg. von DER DEUTSCHEN BUNDESBANK, 1994, Nr. 62, S. 13-16.

PECCHIOLI, RINALDO M. (Bankenaufsicht 1989): Bankenaufsicht in den OECD-Ländern – Entwicklungen und Probleme, Baden-Baden 1989.

PECCHIOLI, RINALDO M. (Policy Issues 1993): The Internationalisation of Banking – The Policy Issues, Paris 1993.

PHILIPP, FRITZ (Risikobegrenzungsnormen 1994): Bankenaufsichtsrechtliche Risikobegrenzungsnormen, in: Bank- und Versicherungslexikon, hrsg. von HENNER SCHIERENBECK, 2. Aufl., München/Wien 1994, S. 53-60.

PIEPER, ULRICH (Wirtschafts- und Sozialausschuß 1993): Der Wirtschafts- und Sozialausschuß der Europäischen Gemeinschaft, in: IWB, 25.6.1993, Nr. 12, S. 573-576.

PONTZEN, MARTIN (Bankenkrise 1999): Die deutsche Bankenkrise 1931: Gründe, Ursachen, Auslöser, in: ZfgK, 1999, Heft 2, S. 77-78.

PRICE WATERHOUSE (Cost 1988): The „Cost of Non-Europe" in Financial Services, in: Research on the „Cost of Non-Europe", Basic Findings, Bd. 9, hrsg. von der KOMMISSION DER EUROPÄISCHEN GEMEINSCHAFTEN, Luxemburg 1988.

PRIEBE, FRANK; LÖCKE, JÜRGEN (Kreditunterlagen 1998): Unterzeichnete Kreditunterlagen nach § 18 KWG, in: B. Bl., 1998, Heft 10, S. 494-496.

PRIESEMANN, JOHANNES (Überblick 1994): Überblick zum aktuellen Stand des europäischen Bankenaufsichtsrechts, in: WM, 1994, Heft 26, S. 1155-1159.

PRIEWASSER, ERICH (Bankbetriebslehre 1996): Bankbetriebslehre, 5. Aufl., München/Wien 1996.

PROFESSOREN-ARBEITSGRUPPE (Stellungnahme 1981): Zur Bestimmung des „haftenden Eigenkapitals" von Kreditinstituten – Stellungnahme zum Bericht der Studienkommission „Grundsatzfragen der Kreditwirtschaft", Frankfurt am Main 1981.

PROFESSOREN-ARBEITSGRUPPE (Reformvorschlag 1987): Bankaufsichtsrechtliche Begrenzung des Risikopotentials von Kreditinstituten – Ein Reformvorschlag, in: DBW, 1987, Heft 3, S. 285-302.

RABE, STEPHAN (Geldwäsche-Verlautbarung 1998): Die neue Geldwäsche-Verlautbarung des Bundesaufsichtsamts für das Kreditwesen, in: Sparkasse, 1998, Heft 7, S. 335-338.

RAT DER EUROPÄISCHEN GEMEINSCHAFTEN (Beitritts- und Anpassungsakte 1973): Beschluß des Rates vom 1. Januar 1973 zur Anpassung der Dokumente betreffend den Beitritt neuer Mitgliedstaaten zu den Europäischen Gemeinschaften, in: ABl. der EG, 1.1.1973, Nr. L 2, S. 1-27.

RAT DER EUROPÄISCHEN GEMEINSCHAFTEN (Niederlassungs- und Dienstleistungsrichtlinie 1973): Richtlinie des Rates vom 28. Juni 1973 zur Aufhebung der Beschränkungen der Niederlassungsfreiheit und des freien Dienstleistungsverkehrs für selbständige Tätigkeiten der Kreditinstitute und anderer finanzieller Einrichtungen (73/183/EWG), in: ABl. der EG, 16.7.1973, Nr. L 194, S. 1-5 (Berichtigungen der Richtlinie 77/183/EWG, in: ABl. der EG, 21.11.1973, Nr. L 320, S. 26 sowie in: ABl. der EG, 22.1.1974, Nr. L 17, S. 22-23).

RAT DER EUROPÄISCHEN GEMEINSCHAFTEN (Erste Bankrechtskoordinierungsrichtlinie 1977): Erste Richtlinie des Rates vom 12. Dezember 1977 zur Koordinierung der Rechts- und Verwaltungsvorschriften über die Aufnahme und Ausübung der Tätigkeit der Kreditinstitute (77/780/EWG), in: ABl. der EG, 17.12.1977, Nr. L 322, S. 30-37.

RAT DER EUROPÄISCHEN GEMEINSCHAFTEN (Vierte Gesellschaftsrichtlinie 1978): Vierte Richtlinie des Rates vom 25. Juli 1978 aufgrund von Artikel 54 Absatz 3 Buchstabe g) des Vertrages über den Jahresabschluß von Gesellschaften bestimmter Rechtsformen (78/660/EWG), in: ABl. der EG, 14.8.1978, Nr. L 222, S. 11-31.

RAT DER EUROPÄISCHEN GEMEINSCHAFTEN (Börsenzulassungsrichtlinie 1979): Richtlinie des Rates vom 5. März 1979 zur Koordinierung der Bedingungen für die Zulassung von Wertpapieren zur amtlichen Notierung an einer Wertpapierbörse (79/279/EWG), in: ABl. der EG, 16.3.1979, Nr. L 66, S. 21-25.

RAT DER EUROPÄISCHEN GEMEINSCHAFTEN (Börsenprospektrichtlinie 1980): Richtlinie des Rates vom 17. März 1980 zur Koordinierung der Bedingungen für die Erstellung, die Kontrolle und die Verbreitung des Prospekts, der für die Zulassung von Wertpapieren zur amtlichen Notierung an einer Wertpapierbörse zu veröffentlichen ist (80/390/EWG), in: ABl. der EG, 17.4.1980, Nr. L 100, S. 1-26.

RAT DER EUROPÄISCHEN GEMEINSCHAFTEN (Zwischenberichtsrichtlinie 1982): Richtlinie des Rates vom 15. Februar 1982 über regelmäßige Informationen, die von Gesellschaften zu veröffentlichen sind, deren Aktien zur amtlichen Notierung an einer Wertpapierbörse zugelassen sind (82/121/EWG), in: ABl. der EG, 20.2.1982, Nr. L 48, S. 26-29.

RAT DER EUROPÄISCHEN GEMEINSCHAFTEN (Richtlinie zur Änderung der Börsenzulassungs- und Börsenprospektrichtlinie 1982): Richtlinie des Rates vom 3. März 1982 zur

Änderung der Richtlinie 79/279/EWG zur Koordinierung der Bedingungen für die Zulassung von Wertpapieren zur amtlichen Notierung an einer Wertpapierbörse und der Richtlinie 80/390/EWG zur Koordinierung der Bedingungen für die Erstellung, die Kontrolle und die Verbreitung des Prospekts, der für die Zulassung von Wertpapieren zur amtlichen Notierung an einer Wertpapierbörse zu veröffentlichen ist (82/148/EWG), in: ABl. der EG, 5.3.1982, Nr. L 62, S. 22-23.

RAT DER EUROPÄISCHEN GEMEINSCHAFTEN (Siebente Gesellschaftsrichtlinie 1983): Siebente Richtlinie des Rates vom 13. Juni 1983 aufgrund von Artikel 54 Absatz 3 Buchstabe g) des Vertrages über den konsolidierten Abschluß (83/349/EWG), in: ABl. der EG, 18.7.1983, Nr. L 193, S. 1-17.

RAT DER EUROPÄISCHEN GEMEINSCHAFTEN (Konsolidierungsrichtlinie 1983): Richtlinie des Rates vom 13. Juni 1983 über die Beaufsichtigung der Kreditinstitute auf konsolidierter Basis (83/350/EWG), in: ABl. der EG, 18.7.1983, Nr. L 193, S. 18-20.

RAT DER EUROPÄISCHEN GEMEINSCHAFTEN (ECU-Änderungsrichtlinie 1984): Richtlinie des Rates vom 27. November 1984 zur Änderung der in ECU ausgedrückten Beträge der Richtlinie 78/660/EWG (84/569/EWG), in: ABl. der EG, 4.12.1984, Nr. L 314, S. 28.

RAT DER EUROPÄISCHEN GEMEINSCHAFTEN (Richtlinie zur Änderung der Ersten Bankrechtskoordinierungsrichtlinie 1985): Richtlinie des Rates vom 8. Juli 1985 zur Änderung der Richtlinie 77/780/EWG zur Koordinierung der Rechts- und Verwaltungsvorschriften über die Aufnahme und Ausübung der Tätigkeit der Kreditinstitute (85/345/EWG), in: ABl. der EG, 16.7.1985, Nr. L 183, S. 19-20.

RAT DER EUROPÄISCHEN GEMEINSCHAFTEN (Investmentfondsrichtlinie 1985): Richtlinie des Rates vom 20. Dezember 1985 zur Koordinierung der Rechts- und Verwaltungsvorschriften betreffend bestimmte Organismen für gemeinsame Anlagen in Wertpapieren (OGAW) (85/611/EWG), in: ABl. der EG, 31.12.1985, Nr. L 375, S. 3-18.

RAT DER EUROPÄISCHEN GEMEINSCHAFTEN (Empfehlung zur Investmentfondsrichtlinie 1985): Empfehlung des Rates vom 20. Dezember 1985 zu Artikel 25 Absatz 1 zweiter Unterabsatz der Richtlinie 85/611/EWG (85/612/EWG), in: ABl. der EG, 31.12.1985, Nr. L 375, S. 19.

RAT DER EUROPÄISCHEN GEMEINSCHAFTEN (Richtlinie zur Anwendung der Ersten Bankrechtskoordinierungsrichtlinie 1986): Richtlinie des Rates vom 17. April 1986 zur Ermächtigung bestimmter Mitgliedstaaten, die Anwendung der Richtlinie 77/780/EWG hinsichtlich einiger Kreditinstitute erneut aufzuschieben (86/137/EWG), in: ABl. der EG, 23.4.1986, Nr. L 106, S. 35.

RAT DER EUROPÄISCHEN GEMEINSCHAFTEN (Richtlinie zur Änderung der Ersten Bankrechtskoordinierungsrichtlinie 1986): Richtlinie des Rates vom 27. Oktober 1986 zur Änderung der Richtlinie 77/780/EWG hinsichtlich der Liste der ständigen Ausklammerungen bestimmter Kreditinstitute (86/524/EWG), in: ABl. der EG, 4.11.1986, Nr. L 309, S. 15-16.

RAT DER EUROPÄISCHEN GEMEINSCHAFTEN (Bankbilanzrichtlinie 1986): Richtlinie des Rates vom 8. Dezember 1986 über den Jahresabschluß und den konsolidierten Abschluß von Banken und anderen Finanzinstituten (86/635/EWG), in: ABl. der EG, 31.12.1986, Nr. L 372, S. 1-17 (Berichtigungen der Richtlinie 86/635/EWG, in: ABl. der EG, 23.11.1988, Nr. L 316, S. 51-52).

RAT DER EUROPÄISCHEN GEMEINSCHAFTEN (Verbraucherkreditrichtlinie 1987): Richtlinie des Rates vom 22. Dezember 1986 zur Angleichung der Rechts- und Verwaltungsvorschriften der Mitgliedstaaten über den Verbraucherkredit (87/102/EWG), in: ABl. der EG, 12.2.1987, Nr. L 42, S. 48-52.

RAT DER EUROPÄISCHEN GEMEINSCHAFTEN (Richtlinie zur Änderung der Börsenprospektrichtlinie 1987): Richtlinie des Rates vom 22. Juni 1987 zur Änderung der Richtlinie 80/390/EWG zur Koordinierung der Bedingungen für die Erstellung, die Kontrolle und die Verbreitung des Prospekts, der für die Zulassung von Wertpapieren zur amtlichen Notierung an einer Wertpapierbörse zu veröffentlichen ist (87/345/EWG), in: ABl. der EG, 4.7.1987, Nr. L 185, S. 81-83.

RAT DER EUROPÄISCHEN GEMEINSCHAFTEN (Beschluß zu den Durchführungsbefugnissen der Kommission 1987): Beschluß des Rates vom 13. Juli 1987 zur Festlegung der Modalitäten für die Ausübung der der Kommission übertragenen Durchführungsbefugnisse (87/373/EWG), in: ABl. der EG, 18.7.1987, Nr. L 197, S. 33-35.

RAT DER EUROPÄISCHEN GEMEINSCHAFTEN (Richtlinie zur Änderung der Investmentfondsrichtlinie 1988): Richtlinie des Rates vom 22. März 1988 zur Änderung der Richtlinie 85/611/EWG zur Koordinierung der Rechts- und Verwaltungsvorschriften betreffend bestimmte Organismen für gemeinsame Anlagen in Wertpapieren (OGAW) in bezug auf die Anlagepolitik bestimmter OGAW (88/220/EWG), in: ABl. der EG, 19.4.1988, Nr. L 100, S. 31-32.

RAT DER EUROPÄISCHEN GEMEINSCHAFTEN (Kapitalverkehrsrichtlinie 1988): Richtlinie des Rates vom 24. Juni 1988 zur Durchführung von Artikel 67 des Vertrages (88/361/EWG), in: ABl. der EG, 8.7.1988, Nr. L 178, S. 5-18.

RAT DER EUROPÄISCHEN GEMEINSCHAFTEN (Richtlinie über Meldepflichten bei Beteiligungen 1988): Richtlinie des Rates vom 12. Dezember 1988 über die bei Erwerb und Veräußerung einer bedeutenden Beteiligung an einer börsennotierten Gesellschaft zu veröffentlichenden Informationen (88/627/EWG), in: ABl. der EG, 17.12.1988, Nr. L 348, S. 62-65.

RAT DER EUROPÄISCHEN GEMEINSCHAFTEN (Richtlinie betreffend die Jahresabschlüsse von Zweigstellen ausländischer Banken 1989): Richtlinie des Rates vom 13. Februar 1989 über die Pflichten der in einem Mitgliedstaat eingerichteten Zweigniederlassungen von Kreditinstituten und Finanzinstituten mit Sitz außerhalb dieses Mitgliedstaats zur Offenlegung von Jahresabschlußunterlagen (89/117/EWG), in: ABl. der EG, 16.2.1989, Nr. L 44, S. 40-42.

RAT DER EUROPÄISCHEN GEMEINSCHAFTEN (Emissionsprospektrichtlinie 1989): Richtlinie des Rates vom 17. April 1989 zur Koordinierung der Bedingungen für die Erstellung, Kontrolle und Verbreitung des Prospekts, der im Falle öffentlicher Angebote von Wertpapieren zu veröffentlichen ist (89/298/EWG), in: ABl. der EG, 5.5.1989, Nr. L 124, S. 8-15.

RAT DER EUROPÄISCHEN GEMEINSCHAFTEN (Eigenmittelrichtlinie 1989): Richtlinie des Rates vom 17. April 1989 über die Eigenmittel von Kreditinstituten (89/299/EWG), in: ABl. der EG, 5.5.1989, Nr. L 124, S. 16-20.

RAT DER EUROPÄISCHEN GEMEINSCHAFTEN (Insiderrichtlinie 1989): Richtlinie des Rates vom 13. November 1989 zur Koordinierung der Vorschriften betreffend Insider-Geschäfte (89/592/EWG), in: ABl. der EG, 18.11.1989, Nr. L 334, S. 30-32.

RAT DER EUROPÄISCHEN GEMEINSCHAFTEN (Zweite Bankrechtskoordinierungsrichtlinie 1989): Zweite Richtlinie des Rates vom 15. Dezember 1989 zur Koordinierung der Rechts- und Verwaltungsvorschriften über die Aufnahme und Ausübung der Tätigkeit der Kreditinstitute und zur Änderung der Richtlinie 77/780/EWG (89/646/EWG), in: ABl. der EG, 30.12.1989, Nr. L 386, S. 1-13 (Berichtigungen der Richtlinie 89/646/EWG, in: ABl. der EG, 19.1.1990, Nr. L 15, S. 30 sowie in: ABl. der EG, 22.9.1990, Nr. L 258, S. 35).

RAT DER EUROPÄISCHEN GEMEINSCHAFTEN (Solvabilitätsrichtlinie 1989): Richtlinie des Rates vom 18. Dezember 1989 über einen Solvabilitätskoeffizienten für Kreditinstitute (89/647/EWG), in: ABl. der EG, 30.12.1989, Nr. L 386, S. 14-22.

RAT DER EUROPÄISCHEN GEMEINSCHAFTEN (Richtlinie zur Änderung der Verbraucher-kreditrichtlinie 1990): Richtlinie des Rates vom 22. Februar 1990 zur Änderung der Richtlinie 87/102/EWG zur Angleichung der Rechts- und Verwaltungsvorschriften der Mitgliedstaaten über den Verbraucherkredit (90/88/EWG), in: ABl. der EG, 10.3.1990, Nr. L 61, S. 14-18.

RAT DER EUROPÄISCHEN GEMEINSCHAFTEN (Richtlinie zur Änderung der Börsenpro-spektrichtlinie 1990): Richtlinie des Rates vom 23. April 1990 zur Änderung der Richt-linie 80/390/EWG hinsichtlich der gegenseitigen Anerkennung der Prospekte für öffent-liche Angebote als Börsenprospekt (90/211/EWG), in: ABl. der EG, 3.5.1990, Nr. L 112, S. 24-25.

RAT DER EUROPÄISCHEN GEMEINSCHAFTEN (Mittelstandsrichtlinie 1990): Richtlinie des Rates vom 8. November 1990 zur Änderung der Richtlinie 78/660/EWG über den Jah-resabschluß und der Richtlinie 83/349/EWG über den konsolidierten Abschluß hinsicht-lich der Ausnahme für kleine und mittlere Gesellschaften sowie der Offenlegung von Ab-schlüssen in ECU (90/604/EWG), in: ABl. der EG, 16.11.1990, Nr. L 317, S. 57-59.

RAT DER EUROPÄISCHEN GEMEINSCHAFTEN (Geldwäscherichtlinie 1991): Richtlinie des Rates vom 10. Juni 1991 zur Verhinderung der Nutzung des Finanzsystems zum Zwecke der Geldwäsche (91/308/EWG), in: ABl. der EG, 28.6.1991, Nr. L 166, S. 77-82.

RAT DER EUROPÄISCHEN GEMEINSCHAFTEN (Richtlinie zur Durchführung der Eigenmit-telrichtlinie 1991): Richtlinie des Rates vom 3. Dezember 1991 zur Durchführung der Richtlinie 89/299/EWG über die Eigenmittel von Kreditinstituten (91/633/EWG), in: ABl. der EG, 11.12.1991, Nr. L 339, S. 33-34.

RAT DER EUROPÄISCHEN GEMEINSCHAFTEN (Richtlinie zur Änderung der Eigenmittel-richtlinie 1992): Richtlinie des Rates vom 16. März 1992 zur Änderung der Richtlinie 89/299/EWG über die Eigenmittel von Kreditinstituten (92/16/EWG), in: ABl. der EG, 21.3.1992, Nr. L 75, S. 48-50.

RAT DER EUROPÄISCHEN GEMEINSCHAFTEN (Konsolidierungsrichtlinie 1992): Richtlinie des Rates vom 6. April 1992 über die Beaufsichtigung von Kreditinstituten auf konsoli-dierter Basis (92/30/EWG), in: ABl. der EG, 28.4.1992, Nr. L 110, S. 52-58 (Berichti-gungen der Richtlinie 92/30/EWG, in: ABl. der EG, 24.9.1992, Nr. L 280, S. 54).

RAT DER EUROPÄISCHEN GEMEINSCHAFTEN (Großkreditrichtlinie 1993): Richtlinie des Rates vom 21. Dezember 1992 über die Überwachung und Kontrolle der Großkredite von Kreditinstituten (92/121/EWG), in: ABl. der EG, 5.2.1993, Nr. L 29, S. 1-8.

RAT DER EUROPÄISCHEN GEMEINSCHAFTEN (Kapitaladäquanzrichtlinie 1993): Richtlinie des Rates vom 15. März 1993 über die angemessene Eigenkapitalausstattung von Wertpapierfirmen und Kreditinstituten (93/6/EWG), in: ABl. der EG, 11.6.1993, Nr. L 141, S. 1-26.

RAT DER EUROPÄISCHEN GEMEINSCHAFTEN (Wertpapierdienstleistungsrichtlinie 1993): Richtlinie des Rates vom 10. Mai 1993 über Wertpapierdienstleistungen (93/22/EWG), in: ABl. der EG, 11.6.1993, Nr. L 141, S. 27-46.

RAT DER EUROPÄISCHEN GEMEINSCHAFTEN (ECU-Änderungsrichtlinie 1994): Richtlinie des Rates vom 21. März 1994 zur Änderung der in ECU ausgedrückten Beträge der Richtlinie 78/660/EWG (94/8/EG), in: ABl. der EG, 25.3.1994, Nr. L 82, S. 33-34.

RAT DER EUROPÄISCHEN GEMEINSCHAFTEN (Richtlinie zur Änderung der Ersten Bankrechtskoordinierungsrichtlinie 1996): Richtlinie des Rates vom 11. März 1996 zur Änderung des Artikels 2 Absatz 2 der Richtlinie 77/780/EWG hinsichtlich der Liste der auf Dauer ausgeschlossenen Kreditinstitute (96/13/EG), in: ABl. der EG, 16.3.1996, Nr. L 66, S. 15-16.

REGNERY, PETER (Bankeneigenkapital 1994): Bankenaufsicht, Bankeneigenkapital und Wettbewerb – Die Eigenkapitaldefinition nach der Vierten KWG-Novelle und der Einfluß auf die Wettbewerbsfähigkeit deutscher Kreditinstitute, Stuttgart 1994.

REHBEIN, DIETER (Vierte Novelle 1993): Auf dem Wege zum Europäischen Bankenmarkt – Vierte Novelle des deutschen Kreditwesengesetzes, in: ÖBA, 1993, Heft 4, S. 251-259.

REICHSPRÄSIDENT (Verordnung 1931): Verordnung des Reichspräsidenten über Aktienrecht, Bankenaufsicht und über eine Steueramnestie vom 19. September 1931, in: RGBl. I, 21.9.1931, Nr. 63, S. 493-508.

REICHSREGIERUNG (KWG 1934): Reichsgesetz über das Kreditwesen vom 5. Dezember 1934, in: RGBl. I, 7.12.1934, Nr. 132, S. 1203-1214.

REICHSWIRTSCHAFTSMINISTER (KWG 1939): Bekanntmachung der neuen Fassung des Reichsgesetzes über das Kreditwesen vom 25. September 1939, in: RGBl. I, 30.9.1939, Nr. 192, S. 1955-1964.

REISCHAUER, FRIEDRICH; KLEINHANS, JOACHIM (Kreditwesengesetz 2000): Kreditwesengesetz – Kommentar, Loseblattsammlung, Bd. I, Bd. II u. Bd. III, Berlin 1963, Ergänzungslieferung 1/00 (Januar 2000).

RESS, GEORG (Europäische Union 1992): Die Europäische Union und die neue Qualität der Beziehungen zu den Europäischen Gemeinschaften, in: JuS, 1992, Heft 12, S. 985-991.

RICHOLT, KURT (Rahmenbedingungen 1989): Die ökonomischen Rahmenbedingungen des internationalen Bankgeschäfts, in: Handbuch des internationalen Bankgeschäfts, hrsg. von HANS E. BÜSCHGEN UND KURT RICHOLT, Wiesbaden 1989, S. 25-43.

RIEBELL, CLAUS (Vorschriften 1996): Die neuen Vorschriften auf einen Blick, in: B. Bl., 1996, Heft 2, S. 82-93.

RIEBELL, CLAUS; BARTHELMES, LORENZ (Kreditanzeigen 1987): Kreditanzeigen nach dem KWG, 3. Aufl., Stuttgart 1987.

RIEPE, STEFAN (Wertpapieraufsicht 1994): Die neue Wertpapieraufsicht in Deutschland – Entstehung, Funktionsweise und Perspektiven, in: ZfgK, 1994, Heft 23, S. 1156-1160.

RÖMER, MONIKA (Bankenaufsicht 1977): Harmonisierung der Bankenaufsicht in der Europäischen Gemeinschaft – Grundlagen und Ansätze, Berlin 1977.

ROSENTHAL, MARTIN (Weiterentwicklung 1992): Wettbewerbspolitische Folgen der Weiterentwicklung der Bankenaufsicht, in: FLF, 1992, Heft 2, S. 60-66.

ROSENTHAL, MARTIN (Banken-Netting 1994): Banken-Netting – Formen, bankpolitische Auswirkungen und bankaufsichtliche Behandlung, in: FLF, 1994, Heft 4, S. 142-146.

RUDOLPH, BERND (KWG-Novelle 1985): Anforderungen der KWG-Novelle an das Kreditmanagement der Banken, in: Innovationen im Kreditmanagement – Vorträge und Berichte der Tagung Innovationen im Kreditmanagement am 27. September 1984, hrsg. von HANS-JACOB KRÜMMEL UND BERND RUDOLPH, Frankfurt am Main 1985, S. 21-31.

RUDOLPH, BERND (Bankeigenkapital 1991): Das effektive Bankeigenkapital – Zur bankaufsichtlichen Beurteilung stiller Neubewertungsreserven, Frankfurt am Main 1991.

RUDOLPH, BERND (Gestaltungsformen 1991): Gestaltungsformen bankaufsichtlicher Normen, in: WISU, 1991, Heft 8-9, S. 596-601 u. S. 632.

SAARLÄNDISCHER LANDTAG (Sparkassengesetz 1993): Saarländisches Sparkassengesetz i. d. F. der Bekanntmachung vom 1. April 1993, in: ABl. des Saarlandes, 26.4.1993, Nr. 18, S. 360-369.

SAMM, CARL-THEODOR (Novellierung 1976): Zur Novellierung des Kreditwesengesetzes – Konsequenzen aus dem Herstatt-Debakel, in: ÖBA, 1976, Heft 8, S. 308-322.

SANDIG, CURT (Betriebswirtschaftspolitik 1966): Betriebswirtschaftspolitik, 2. Aufl. von „Die Führung des Betriebes – Betriebswirtschaftspolitik", Stuttgart 1966.

SANIO, JOCHEN (Bundesaufsichtsamt 1992): Kreditwesen, Bundesaufsichtsamt, in: Handwörterbuch der Revision, hrsg. von ADOLF G. COENENBERG UND KLAUS V. WYSOCKI, 2. Aufl., Stuttgart 1992, Sp. 1153-1168.

SATZUNG DES EUROPÄISCHEN SYSTEMS DER ZENTRALBANKEN UND DER EUROPÄISCHEN ZENTRALBANK (Protokoll Nr. 3 zum Vertrag über die Europäische Union), abgedruckt in: LÄUFER, THOMAS (Vertragstexte 1998), S. 36-61.

SAUTER, WOLFGANG (Offenlegung 1996): Offenlegung der wirtschaftlichen Verhältnisse von Kreditnehmern – Probleme in der praktischen Umsetzung, in: Interne Revision, 1996, Heft 3, S. 132-140.

SCHARPF, PAUL (Solvabilitätskoeffizient 1993): Der neue Solvabilitätskoeffizient der Kreditinstitute – Die Umsetzung der EG-Eigenmittel- und EG-Solvabilitätsrichtlinie, Düsseldorf 1993.

SCHARPF, PAUL; LUZ, GÜNTHER (Risikomanagement 1996): Risikomanagement, Bilanzierung und Aufsicht von Finanzderivaten, Stuttgart 1996.

SCHEIDL, KARL (Geschäftsbanken 1993): Die Geschäftsbanken, in: OBST/HINTNER – Geld-, Bank- und Börsenwesen, hrsg. von NORBERT KLOTEN UND JOHANN HEINRICH VON STEIN, 39. Aufl., Stuttgart 1993, S. 216-258.

SCHENKE, WOLF-RÜDIGER; RUTHIG, JOSEF (Amtshaftungsansprüche 1994): Amtshaftungsansprüche von Bankkunden bei der Verletzung staatlicher Bankenaufsichtspflichten, in: NJW, 1994, Heft 36, S. 2324-2329.

SCHIEBER, HELMUT (Aspekte 1993): Aspekte der Bankenaufsicht, in: Auszüge aus Presseartikeln, hrsg. von der DEUTSCHEN BUNDESBANK, 1993, Nr. 9, S. 5-7.

SCHIERENBECK, HENNER (Bankmanagement 1994): Ertragsorientiertes Bankmanagement – Controlling in Kreditinstituten, 4. Aufl., Wiesbaden 1994.

SCHIERENBECK, HENNER (Bankmanagement 1999): Ertragsorientiertes Bankmanagement – Bd. 2: Risiko-Controlling und Bilanzstruktur-Management, 6. Aufl., Wiesbaden 1999.

SCHIERENBECK, HENNER; HÖLSCHER, REINHOLD (BankAssurance 1998): BankAssurance – Institutionelle Grundlagen der Bank- und Versicherungsbetriebslehre, 4. Aufl., Stuttgart 1998.

SCHILLER, BETTINA; WIEDEMEIER, INGO (Chronologie 1998): Chronologie der Bankenaufsicht, in: ZfgK, 1998, Heft 13, S. 757-758.

SCHLESINGER, HELMUT (Bankenstatistik 1985): Die Bankenstatistik der Deutschen Bundesbank – Informationsmittel und analytisches Instrument, in: Risikovorsorge – Das Rechnungswesen als Informationsinstrument zur Steuerung und Kontrolle bankbetrieblicher Risiken, hrsg. von ROSEMARIE KOLBECK, Frankfurt am Main 1985, S. 109-130.

SCHMIDT, DIRK; WARG, MARKUS (Optionen 1996): Eigenkapitalunterlegung von Optionen: Praxis und Theorie, in: ZfgK, 1996, Heft 17, S. 827-830.

SCHMIDT, REINER (Wirtschaftsaufsicht 1982): Wirtschaftsaufsicht, in: HdWW, hrsg. von WILLI ALBERS u. a., Bd. 9, Stuttgart u. a. 1982, S. 34-44.

SCHNEIDER, MANFRED (Erfahrungen 1972): Zehn Jahre Erfahrungen mit dem Kreditwesengesetz, in: Bank-Betrieb, 1972, Heft 3, S. 100-109.

SCHNEIDER, MANFRED (Wettbewerb 1973): Der Wettbewerb der Kreditinstitute im Spannungsfeld von Bankenaufsicht und Notenbankpolitik, in: Bank-Betrieb, 1973, Heft 4, S. 122-126.

SCHNEIDER, MANFRED (Bankenaufsicht 1978): Praxis der Bankenaufsicht, Frankfurt am Main 1978.

SCHNEIDER, MANFRED (Zusammenarbeit 1987): Die internationale Zusammenarbeit der Bankenaufsicht, in: ZfgK, 1987, Heft 4, S. 144-148.

SCHNEIDER, MANFRED (Harmonisierung 1989): Die Harmonisierung der Bankaufsicht, in: Perspektiven für den Europäischen Bankenmarkt, hrsg. von HANNES REHM, 2. Aufl., Bonn 1989, S. 243-261.

SCHNEIDER, UWE H. (Entwicklung 1984): Die Entwicklung des Bankenaufsichtsrechts, in: Standortbestimmung – Entwicklungslinien der deutschen Kreditwirtschaft, hrsg. vom DEUTSCHEN SPARKASSEN- UND GIROVERBAND, Stuttgart 1984, S. 83-111.

SCHNEIDER, UWE H. (Bankensysteme 1989): Die Bankensysteme in den Mitgliedstaaten der Europäischen Gemeinschaften auf dem Weg in den EG-Binnenmarkt, in: Perspektiven für den Europäischen Bankenmarkt, hrsg. von HANNES REHM, 2. Aufl., Bonn 1989, S. 117-154.

SCHNEIDER, UWE H. (Bankenrecht 1990): Europäisches Bankenrecht und Wettbewerb der Bankensysteme, in: Vorträge, Reden und Berichte aus dem Europa-Institut der Universität des Saarlandes, hrsg. von GEORG RESS, Nr. 228, Saarbrücken 1990.

SCHNEIDER, UWE H. (Harmonisierung 1991): Die Harmonisierung des Bankrechts in der Europäischen Gemeinschaft, in: ÖBA, 1991, Heft 5, S. 312-326.

SCHNEIDER, UWE H.; TROBERG, PETER (Finanzdienstleistungen 1990): Finanzdienstleistungen im EG-Binnenmarkt: Sitzland- oder Gastlandrecht? – Zum Verhältnis zwischen europäischem Bankenaufsichtsrecht, europäischem Bankvertragsrecht und Verbraucherschutzrecht, in: WM, 1990, Heft 5, S. 165-172.

SCHÖNLE, HERBERT (Börsenrecht 1976): Bank- und Börsenrecht – Ein Studienbuch, 2. Aufl., München 1976.

SCHORK, LUDWIG (Zulassungsvorschriften 1962): Die Zulassungsvorschriften des Gesetzes über das Kreditwesen, in: Gewerbearchiv, 1962, Heft 11, S. 241-244.

SCHORK, LUDWIG (Maßnahmen 1964): Die allgemeinen Maßnahmen des Bundesaufsichtsamtes für das Kreditwesen, in: Bank-Betrieb, 1964, Heft 2, S. 35-37.

SCHORK, LUDWIG (Kreditwesen 1993): Gesetz über das Kreditwesen mit Begründung, Durchführungsvorschriften und Anmerkungen, 18. Aufl., Stuttgart 1993.

SCHORK, LUDWIG (Kreditwesen 1995): Gesetz über das Kreditwesen mit Begründung, Durchführungsvorschriften und Anmerkungen, 19. Aufl., Stuttgart 1995.

SCHORK, LUDWIG; SCHORK, LEO (Kreditwesen 1999): Gesetz über das Kreditwesen – Text mit Begründung, Durchführungsvorschriften und Anmerkungen, 20. Aufl., Stuttgart 1999.

SCHRAMM, BERNHARD (Perspektiven 1988): Perspektiven der deutschen Genossenschaftsbanken bei vollständiger Integration der EG-Finanzmärkte, in: Europa-Banking – Bankpolitik im europäischen Finanzraum und währungspolitische Integration, hrsg. von DIETER DUWENDAG, Baden-Baden 1988, S. 307-323.

SCHULTE-MATTLER, HERMANN (Kreditrisikonorm 1993): Neufassung der Kreditrisikonorm im KWG-Grundsatz I, in: WM, 1993, Heft 22, S. 977-981.

SCHULTE-MATTLER, HERMANN (Eigenkapitalgrundsatz I 1994): Eigenkapitalgrundsatz I der Kreditinstitute, in: WISU, 1994, Heft 4, S.1-2 (Beilage WISU-Studienblatt).

SCHULTE-MATTLER, HERMANN (Netting 1994): Ausfallrisiko und bilaterales Netting von OTC-Finanzderivaten, in: Die Bank, 1994, Heft 5, S. 302-307.

SCHULTE-MATTLER, HERMANN (Kreditrisiken 1994): Eigenkapitalgrundsatz I: Bankaufsichtliche Norm für Kreditrisiken (Teil I und Teil II), in: WISU, 1994, Heft 7 und Heft 8-9, S. 609-613 und S. 703-708.

SCHULTE-MATTLER, HERMANN (Optionen 1996): Delta-plus-Ansatz bei Optionen, in: Die Bank, 1996, Heft 8, S. 500-505.

SCHULTE-MATTLER, HERMANN (Szenario-Matrix-Verfahren 1996): Szenario-Matrix-Verfahren bei Optionen, in: Die Bank, 1996, Heft 12, S. 758-763.

SCHULTE-MATTLER, HERMANN; TRABER, UWE (Quantifizierung 1995): Benchmark- und Simulationsmethode zur Quantifizierung des Fremdwährungsrisikos, in: Die Bank, 1995, Heft 10, S. 626-632.

SCHULTE-MATTLER, HERMANN; TRABER, UWE (Marktrisiko 1997): Marktrisiko und Eigenkapital – Adressenausfall- und Preisrisiken, 2. Aufl., Wiesbaden 1997.

SCHULTZE-KIMMLE, HORST-DIETER (Schwierigkeiten 1977): Bankexterne und -interne Ursachen von Schwierigkeiten und Insolvenzen im deutschen Kreditwesen sowie Maßnahmen zu ihrer Verhütung, in: ÖBA, 1977, Heft 6, S. 220-239.

SCHUSTER, LEO (Bankenaufsicht 1967): Zentralbankpolitik und Bankenaufsicht in den EWG-Staaten, Köln/Opladen 1967.

SCHWARK, EBERHARD (Liberalisierung 1981): Die Liberalisierung der nationalen Banktätigkeiten und die Schaffung eines einheitlichen Bankenaufsichtsrechts, in: Das Bankwesen im Gemeinsamen Markt, hrsg. von UWE BLAUROCK, Baden-Baden 1981, S. 13-32.

SEIFERT, EKKEHARD (Privilegierung 1984): Privilegierung und Regulierung im Bankwesen – Ein Beitrag zur ordnungspolitischen Problematik branchenorientierter Strukturpolitik, Baden-Baden 1984.

SEITZ, JÜRGEN (Verordnung 1994): Die Verordnung über den Inhalt der Prüfungsberichte zu den Jahresabschlüssen und Zwischenabschlüssen der Kreditinstitute, in: WPg, 1994, Heft 15/16, S. 489-499.

SERVAIS, DOMINIQUE (Finanzraum 1988): Ein Europäischer Finanzraum – Liberalisierung des Kapitalverkehrs und finanzielle Integration, in: Ein Europäischer Finanzraum, hrsg. von der KOMMISSION DER EUROPÄISCHEN GEMEINSCHAFTEN, Luxemburg 1988, S. 9-57.

SEUSTER, HORST; GERHARD, STEPHAN (Eigenkapitalausstattung 1990): Verbesserung der Eigenkapitalausstattung bei Kreditgenossenschaften, Frankfurt am Main 1990.

SIEBEL, ULF R. (Eigenkapital 1980): Eigenkapital und Quasi-Eigenkapital von Kreditinstituten – Bemerkungen zum Thema mit rechtsvergleichenden Hinweisen –, Frankfurt am Main 1980.

SINGER, JÜRGEN (Geschäft 1986): Das bankfremde Geschäft, in: WiSt, 1986, Heft 9, S. 471-474.

SPÖRK, WOLFGANG; AUGE-DICKHUT, STEFANIE (Liquiditätskennzahl 1999): Die neue Liquiditätskennzahl – eine geeignete Größe zur Beurteilung von Kredit- und Finanzdienstleistungsinstituten?, in: ZfgK, 1999, Heft 4, S. 181-188.

STANNIGEL, HELLMUT (Berichterstattungspflicht 1977): Die unverzügliche Berichterstattungspflicht des Abschlußprüfers von Kreditinstituten nach Paragraph 29 Abs. 2 KWG (Teil I und Teil II), in: WPg, 1977, Heft 21 und Heft 22, S. 565-576 und S. 600-611.

STARKE, O.-ERNST (Reform 1978): Probleme einer umfassenden Reform der Bankenaufsicht in der Bundesrepublik Deutschland, in: DBW, 1978, Heft 2, S. 167-188.

STEIN, EKKEHART (Wirtschaftsaufsicht 1967): Die Wirtschaftsaufsicht, Tübingen 1967.

STEIN, JOHANN HEINRICH VON (Insolvenzen 1969): Insolvenzen privater Banken und ihre Ursachen – Eine empirische Darstellung, München 1969.

STOBBE, SUSANNE H. (Bankenrecht 1993): Die deutsche Kreditwirtschaft im europäischen Bankenrecht – Bestandsaufnahme und Auswirkungen der Harmonisierungsbestrebungen auf den bundesdeutschen Bankensektor, Frankfurt am Main u. a. 1993.

STOLTENBERG, ULRICH (Erlaubnis 1989): Erlaubnis nur für natürliche und juristische Personen?, in: ZfgK, 1989, Heft 2, S. 54-58.

STUCKEN, RUDOLF (Bankenkrise 1968): Die deutsche Bankenkrise von 1931, in: KuK, 1968, Heft 4, S. 390-404.

STÜTZEL, WOLFGANG (Bankpolitik 1964): Bankpolitik heute und morgen – Ein Gutachten, 2. Aufl., Frankfurt am Main 1964.

STÜTZEL, WOLFGANG; FRÖHLICH, HANS-PETER (Finanzvermögen 1993): Das Finanzvermögen – Definition, gesamtwirtschaftliche Rolle, statistische Erfassung, in: OBST/ HINTNER – Geld-, Bank- und Börsenwesen, hrsg. von NORBERT KLOTEN UND JOHANN HEINRICH VON STEIN, 39. Aufl., Stuttgart 1993, S. 46-62.

SÜCHTING, JOACHIM (Scheinargumente 1981): Scheinargumente in der Diskussion um stille Reserven bei Kreditinstituten, in: DBW, 1981, Heft 2, S. 207-220.

SÜCHTING, JOACHIM (Bankmanagement 1992): Bankmanagement, 3. Aufl., Stuttgart 1992.

SÜCHTING, JOACHIM (Finanzmanagement 1995): Finanzmanagement – Theorie und Politik der Unternehmensfinanzierung, 6. Aufl., Wiesbaden 1995.

SÜCHTING, JOACHIM; PAUL, STEPHAN (Bankmanagement 1998): Bankmanagement, 4. Aufl., Stuttgart 1998.

SÜCHTING, JOACHIM; SCHNEIDER, UWE H.; LINK, RAINER (Eignung 1991): Die fachliche Eignung von Verbandsprüfern der Sparkassen als Geschäftsleiter eines Kreditinstituts nach § 33 KWG unter besonderer Berücksichtigung der bankpraktischen Anforderungen, in: ZBB, 1991, Heft 2, S. 120-130.

SÜCHTING, JOACHIM; STAHLSCHMIDT, DIRK (Informationsanforderung 1979): Wettbewerb mit Informationsanforderung?, in: ZfgK, 1979, Heft 22, S. 1081-1086.

SZAGUNN, VOLKHARD; HAUG, ULRICH; ERGENZINGER, WILHELM (Kreditwesen 1997): Gesetz über das Kreditwesen – Kommentar, 6. Aufl., Stuttgart/Berlin/Köln 1997.

SZAGUNN, VOLKHARD; WOHLSCHIEß, KARL (Kreditwesen 1990): Gesetz über das Kreditwesen – Kommentar, 5. Aufl., Stuttgart/Berlin/Köln 1990.

SZAGUNN, VOLKHARD; WOHLSCHIEß, KARL (Ordnungsrahmen 1993): Der Ordnungsrahmen für die Kreditwirtschaft im Überblick, in: OBST/HINTNER – Geld-, Bank- und Börsenwesen, hrsg. von NORBERT KLOTEN UND JOHANN HEINRICH VON STEIN, 39. Aufl., Stuttgart 1993, S. 194-199.

SZAGUNN, VOLKHARD; WOHLSCHIEß, KARL (Bankenaufsicht 1993): Die Bankenaufsicht, in: OBST/HINTNER – Geld-, Bank- und Börsenwesen, hrsg. von NORBERT KLOTEN UND JOHANN HEINRICH VON STEIN, 39. Aufl., Stuttgart 1993, S. 259-286.

THODE, BERND (Anstaltslast 1994): Zur Gewährträgerhaftung und Anstaltslast bei Sparkassen und Landesbanken, in: Sparkasse, 1994, Heft 3, S. 134-136.

THODE, BERND; PERES, HOLGER (Gewährträgerhaftung 1997): Anstaltslast und Gewährträgerhaftung bei kommunalen Sparkassen und Landesbanken, in: BB, 1997, Heft 35, S. 1749-1752.

TIETMEYER, HANS (Bankenmarkt 1989): Der europäische Bankenmarkt als Teil der wirtschaftlichen Integration, in: Perspektiven für den Europäischen Bankenmarkt, hrsg. von HANNES REHM, 2. Aufl., Bonn 1989, S. 11-34.

TIETMEYER, HANS (Perspektiven 1992): Perspektiven für den deutschen Kapitalmarkt im Licht der europäischen Währungsunion, in: Auszüge aus Presseartikeln, hrsg. von der DEUTSCHEN BUNDESBANK, 1992, Nr. 34, S. 1-6.

TIETMEYER, HANS (Finanzmärkte 1996): Finanzmärkte und Beschäftigung, in: Auszüge aus Presseartikeln, hrsg. von der DEUTSCHEN BUNDESBANK, 1996, Nr. 43, S. 1-7.

TORMANN, WOLFGANG (Anordnungsbefugnisse 1977): Die Anordnungsbefugnisse des Bundesaufsichtsamtes gegenüber den Kreditinstituten, in: ZfgK, 1977, Heft 9, S. 375-378.

TRABER, UWE (Eigenkapitaldeckungsnormen 1988): Die internationale Harmonisierung bankaufsichtlicher Eigenkapitaldeckungsnormen – Ein Überblick, in: Sparkasse, 1988, Heft 8, S. 352-360.

TROBERG, PETER (Geduldprobe 1975): Das europäische Kreditwesengesetz – Geduldprobe oder Illusion?, in: Sparkasse, 1975, Heft 8, S. 232-234.

TROBERG, PETER (Bangen 1976): Brüsseler Bangen um das Bankrecht, in: ZfgK, 1976, Heft 13, S. 588-592.

TROBERG, PETER (Europäische Aufsicht 1979): Europäische Aufsicht über das Kreditwesen – Eine Analyse der ersten EG-Koordinierungsrichtlinie, ihrer Hintergründe und der Aussichten auf weitere Harmonisierung, Frankfurt am Main 1979.

TROBERG, PETER (Liberalisierung 1981): Die Liberalisierung der nationalen Banktätigkeiten und die Schaffung eines einheitlichen Bankenaufsichtsrechts, in: Das Bankwesen im Gemeinsamen Markt, hrsg. von UWE BLAUROCK, Baden-Baden 1981, S. 33-45.

TROBERG, PETER (Zukunft 1985): Die Zukunft des europäischen Bankenmarktes, in: WM, 1985, Heft 32, S. 957-968.

TROBERG, PETER (Integrationsprozeß 1989): Integrationsprozeß im Bereich der Finanzinstitute – Umfeld der Bankrechtskoordinierung und allgemeine Grundfragen, in: Perspektiven für den Europäischen Bankenmarkt, hrsg. von HANNES REHM, 2. Aufl., Bonn 1989, S. 35-72.

TROBERG, PETER (Bankaufsichtsrecht 1991): Europäisches Bankaufsichtsrecht – System oder Wildwuchs?, in: WM, 1991, Heft 41, S. 1745-1748.

TRÖLLER, MANFRED (Zielsetzung 1985): Zielsetzung des § 18 KWG und seine Umsetzung in die Praxis, in: Beiträge zur Bankaufsicht, Bankbilanz und Bankprüfung unter Berücksichtigung der Dritten KWG-Novelle – Dr. Walter Scholz zum 65. Geburtstag, hrsg. von KARL-HEINZ FORSTER, Düsseldorf 1985, S. 191-206.

TUCHTFELDT, EGON (Wirtschaftspolitik 1967): Das Instrumentarium der Wirtschaftspolitik – Ein Beitrag zu seiner Systematik, in: Grundlagen der Wirtschaftspolitik, hrsg. von GÉRARD GÄFGEN, 2. Aufl., Köln/Berlin 1967, S. 260-273.

UNTERSUCHUNGSAUSSCHUSS FÜR DAS BANKWESEN 1933 (Untersuchung 1933/34): Untersuchung des Bankwesens 1933, I. Teil: Vorbereitendes Material (Ansprachen und Referate), Bd. 1 u. 2, Berlin 1933, II. Teil: Statistiken (zusammengestellt von der Volkswirtschaftlichen und Statistischen Abteilung der Reichsbank), Berlin 1934.

VERBAND ÖFFENTLICHER BANKEN E. V. (Verbandsbericht 1995): Verbandsbericht 1994/1995, hrsg. von BERND LÜTHJE, Bonn 1995.

VERTRAG ÜBER DIE EUROPÄISCHE UNION (EU-Vertrag) vom 7. Februar 1992 i. d. F. vom 2. Oktober 1997, abgedruckt in: LÄUFER, THOMAS (Texte 1998), S. 18-46.

VERTRAG ÜBER DIE GRÜNDUNG DER EUROPÄISCHEN GEMEINSCHAFT FÜR KOHLE UND STAHL (EGKS-Vertrag) vom 18. April 1951 i. d. F. des Europäischen Unionsvertrags vom 7. Februar 1992, in: ABl. der EG, 31.8.1992, Nr. C 224, S. 80-85.

VERTRAG ZUR GRÜNDUNG DER EUROPÄISCHEN ATOMGEMEINSCHAFT (EAG-Vertrag) vom 25. März 1957 i. d. F. des Europäischen Unionsvertrags vom 7. Februar 1992, in: ABl. der EG, 31.8.1992, Nr. C 224, S. 86-94.

VERTRAG ZUR GRÜNDUNG DER EUROPÄISCHEN GEMEINSCHAFT (EG-Vertrag) vom 7. Februar 1992 i. d. F. vom 2. Oktober 1997, abgedruckt in: LÄUFER, THOMAS (Texte 1998), S. 54-210.

VERTRAG ZUR GRÜNDUNG DER EUROPÄISCHEN WIRTSCHAFTSGEMEINSCHAFT (EWG-Vertrag) vom 25. März 1957 i. d. F. der Einheitlichen Europäischen Akte (EEA) vom 17./28. Februar 1986, in: ABl. der EG, 29.6.1987, Nr. L 169, S. 5-11.

WAGNER, ADOLPH (Beiträge 1857): Beiträge zur Lehre von den Banken, Leipzig 1857.

WAGNER, KLAUS (Tätigkeit 1982): Die internationale Tätigkeit der Banken als aufsichtsrechtliches Problem, Baden-Baden 1982.

WAGNER-WIEDUWILT, KLAUS (Rechtsetzungsverfahren 1988): Neues Rechtsetzungsverfahren nach EWG-Vertrag, in: Die Bank, 1988, Heft 7, S. 388-393.

WAGNER-WIEDUWILT, KLAUS (Zusammenwirken 1988): Das Zusammenwirken der Organe der Europäischen Gemeinschaften im Rahmen von Rechtsetzungsverfahren, in: WM, 1988, Heft 17, S. 597-607.

WALB, ERNST (Bankkrise 1932): Die Bankkrise von 1931, in: ZfhF, 1932, Heft 1, S. 1-28.

WASCHBUSCH, GERD (Jahresabschlußpolitik 1992): Die handelsrechtliche Jahresabschlußpolitik der Universalaktienbanken – Ziele-Daten-Instrumente, Stuttgart 1992.

WASCHBUSCH, GERD (Rechnungslegung 1993): Die Rechnungslegung der Kreditinstitute bei Pensionsgeschäften – Zur Rechtslage nach § 340b HGB, in: BB, 1993, Heft 3, S. 172-179.

WASCHBUSCH, GERD (Risikovorsorge 1994): Die bankspezifische offene Risikovorsorge des § 340g HGB, in: Die Bank, 1994, Heft 3, S. 166-168.

WASCHBUSCH, GERD (Bewertungsprivileg 1994): Das bankspezifische Bewertungsprivileg des § 340f HGB, in: ZfbF, 1994, Heft 12, S. 1046-1064.

WEGENER, ULRICH (Bankenausschuß 1982): Neue Wege internationaler Zusammenarbeit im Bankenwesen – Der Beratende Bankenausschuß, in: BI, 1982, Heft 7, S. 16-18.

WELCKER, JOHANNES (Bankenaufsicht 1978): Neuordnung der Bankenaufsicht, Frankfurt am Main 1978.

WELCKER, JOHANNES (Struktur 1981): Struktur des deutschen Bankwesens, in: Hagener Universitätstexte – Bank- und Börsenwesen, Bd. 1: Struktur und Leistungsangebot, hrsg. von MICHAEL BITZ, München 1981, S. 1-70.

WESSEL, KARL-HEINZ (Partner 1994): „In vielen wirtschaftspolitisch wichtigen Fragen verstehen sich die Banken als konstruktive Partner des Staates", in: ZfgK, 1994, Heft 22, S. 1104-1108.

WIENBERG, KLAUS (Allfinanzkonglomerate 1993): Allfinanzkonglomerate, Adressenausfallrisiken und Bankenaufsicht, Göttingen 1993.

WINDMÖLLER, ROLF (Harmonisierung 1989): Die Harmonisierung der Rechnungslegung und die Auswirkung auf die Jahresabschlüsse der deutschen Kreditinstitute, in: Perspektiven für den Europäischen Bankenmarkt, hrsg. von HANNES REHM, 2. Aufl., Bonn 1989, S. 263-280.

WIRTSCHAFTSAUSSCHUSS DES DEUTSCHEN BUNDESTAGES (Bericht über den Entwurf eines KWG 1961): Schriftlicher Bericht des Wirtschaftsausschusses (16. Ausschuß) über den von der Bundesregierung eingebrachten Entwurf eines Gesetzes über das Kreditwesen – Drucksachen 1114, 2563 – und den vom Bundesrat eingebrachten Entwurf eines

Gesetzes über Zinsen, sonstige Entgelte und Werbung der Kreditinstitute – Drucksachen 884, 2563 –, in: Bundestags-Drucksache 3/2563 vom 16.3.1961 (Anlage).

WITTE, EBERHARD (Liquiditätspolitik 1963): Die Liquiditätspolitik der Unternehmung, Tübingen 1963.

WITTICH, GEORG (Erfahrungen 1995): Erste positive Erfahrungen mit dem neuen Amt, in: B. Bl., 1995, Heft 11, S. 534-538.

WITTSTOCK, JAN (Elemente 1970): Elemente eines allgemeinen Zielsystems der Unternehmung, in: ZfB, 1970, Heft 12, S. 833-852.

WOLF-WACKER, ELIZABETH (Bankenaufsicht 1987): Zur Begründung und Ausgestaltung von Bankenaufsicht, Krefeld 1987.

ZEITLER, ISABELLA (Bankenaufsicht 1984): Internationales Bankgeschäft als Problem der Bankenaufsicht, München 1984.

ZENTRALER KREDITAUSSCHUSS (Bonitätsgewichtungsfaktoren 1993): Bonitätsgewichtungsfaktoren der inländischen „öffentlichen Stellen" im Grundsatz I, abgedruckt in: MÖLLER, KLAUS (Eigenkapitaldeckung 1993), S. 284-287.

ZENTRALER KREDITAUSSCHUSS (Stellungnahme 1996a): Stellungnahme vom 5. August 1996 zum Diskussionsentwurf eines Gesetzes zur Umsetzung der Wertpapierdienstleistungs- und Kapitaladäquanz-Richtlinie sowie zur Änderung anderer bank- und wertpapieraufsichtsrechtlicher Vorschriften, Köln 1996.

ZENTRALER KREDITAUSSCHUSS (Stellungnahme 1996b): Stellungnahme vom 27. August 1996 zum Diskussionsentwurf eines Gesetzes zur Umsetzung der Wertpapierdienstleistungs- und Kapitaladäquanz-Richtlinie sowie zur Änderung anderer bank- und wertpapieraufsichtsrechtlicher Vorschriften, Köln 1996.

ZERWAS, HERBERT; HANTEN, MATHIAS (Zulassung 1998): Zulassung zum Geschäftsbetrieb für Kredit- und Finanzdienstleistungsinstitute – Im Überblick: Die Rechtslage nach der 6. KWG-Novelle, in: BB, 1998, Heft 49, S. 2481-2489.

ZIMMERMANN, FELIX A. (Finanzintermediation 1994): Wandel in der Finanzintermediation und damit verbundene Aufsichtsprobleme, in: Sparkasse, 1994, Heft 1, S. 23-26.